GRUNDRISSE DES RECHTS

———

Hartmut Maurer · Allgemeines Verwaltungsrecht

Allgemeines Verwaltungsrecht

von

Dr. Hartmut Maurer

em. o. Professor an der Universität Konstanz

16., überarbeitete und ergänzte Auflage

Verlag C. H. Beck München 2006

Verlag C. H. Beck im Internet:
beck.de

ISBN 3 406 54297 2

© 2006 Verlag C. H. Beck oHG
Wilhelmstraße 9, 80801 München
Satz und Druck: Druckerei C. H. Beck Nördlingen
(Adresse wie Verlag)

Gedruckt auf säurefreiem, alterungsbeständigem Papier
(hergestellt aus chorfrei gebleichtem Zellstoff)

Vorwort

Die Neuauflage berücksichtigt die neuere Gesetzgebung, Literatur und Rechtsprechung und bringt auch sonst verschiedentlich Ergänzungen und Verbesserungen. Das europäische Gemeinschaftsrecht, das zunehmend auf das deutsche Verwaltungsrecht einwirkt, wird an den jeweils maßgeblichen Stellen einbezogen und behandelt.

Die immer mehr anschwellende Literatur und Rechtsprechung erfordern eine Auswahl. Sie orientiert sich, wie bereits im Vorwort der ersten Auflage vermerkt wurde, an der grundsätzlichen Bedeutung, dem informativen Gehalt, der didaktischen Eignung und der zeitlichen Aktualität der einzelnen Stellungnahmen. Das führt auch dazu, daß ältere Zitate gestrichen werden müssen. Über die Großkommentare und sonstige größere Werke bleiben sie ohnehin erreichbar.

Für Kritik und Anregungen, vor allem auch von Studierenden, bin ich nach wie vor sehr dankbar. Sie werden berücksichtigt, auch wenn sie sich im Text der folgenden Neuauflage nicht niederschlagen sollten.

Herrn stud. jur. Andreas Kaefer danke ich für seine Unterstützung.

Konstanz, April 2006   Hartmut Maurer

Aus dem Vorwort zur ersten Auflage 1980

Das Buch ist in erster Linie für Studenten gedacht. Es soll die rechtsdogmatischen Grundzüge des Allgemeinen Verwaltungsrechts entwickeln, Verständnis für die Probleme dieses Rechtsbereichs wecken und fördern sowie die erforderlichen Rechtskenntnisse vermitteln.

Es ist verständlich, daß manche Probleme nur angedeutet oder überhaupt nicht behandelt werden konnten. Sie lassen sich aber mit Hilfe der Literatur- und Rechtsprechungsnachweise verfolgen. So mag dieser Grundriß auch als Ausgangspunkt für denjenigen dienen, der in bestimmte Bereiche des Verwaltungsrechts tiefer eindringen möchte. Die Auswahl der Literatur und Rechtsprechung orientiert sich an der grundsätzlichen Bedeutung bzw. didaktischen Eignung der verschiedenen Stellungnahmen und Entscheidungen; vorzugsweise werden Äußerungen neueren Datums herangezogen, da über sie leicht ältere Nachweise gefunden werden können.

Das öffentliche Sachenrecht, das einen Teil des Allgemeinen Verwaltungsrechts bildet, mußte aus räumlichen Gründen ausgeklammert werden. Das läßt sich auch deshalb vertreten, weil das öffentliche Sachenrecht für die Studenten vor allem am Beispiel des Straßenrechts aktuell wird, dieses Rechtsgebiet aber üblicherweise im Rahmen des Besonderen Verwaltungsrechts erörtert wird.

Inhaltsverzeichnis

4. Teil. Das Verwaltungshandeln: Die übrigen Handlungsformen

Inhaltsverzeichnis

Abkürzungsverzeichnis

Die Bundesgesetze sind u. a. in folgenden Gesetzessammlungen abgedruckt: *Sartorius*, Verfassungs- und Verwaltungsgesetze; *Schönfelder*, Deutsche Gesetze (Zivilrecht, Strafrecht, Verfahrensrecht); *Aichberger*, Sozialgesetzbuch. Die Landesgesetze ergeben sich aus den entsprechenden Landesgesetzessammlungen: *Dürig*, Gesetze des Landes Baden-Württemberg, *Ziegler/Tremel*, Verwaltungsgesetze des Freistaates Bayern; *Driehaus/Kärgel*, Verfassungs- und Verwaltungsgesetze Berlins; *Knöll/Antoni*, Gesetze des Landes Brandenburg; *Schefold*, Sammlung des bremischen Rechts; *Ramsauer*, Hamburgische Gesetze; *Fuhr/Pfeil*, Hessische Verfassungs- und Verwaltungsgesetze; *Knöll/Lambrecht*, Gesetze des Landes Mecklenburg-Vorpommern; *März*, Niedersächsische Gesetze; *v. Hippel/Rehborn*, Gesetze des Landes Nordrhein-Westfalen; *Rumetsch*, Landesrecht in Rheinland-Pfalz; *Hümmerich/Kopp*, Saarländische Gesetze; *Knöll/Antoni*, Landesgesetze Sachsen; *Knöll/Brachmann*, Landesgesetze Sachsen-Anhalt; *Schliesky*, Gesetze des Landes Schleswig-Holstein; *Knöll*, Landesgesetze Thüringen.

a. A.	anderer Ansicht
aaO.	am angegebenen Ort
ABl.	Amtsblatt
ABlEG	Amtsblatt der Europäischen Gemeinschaften (Reihe L – Rechtsvorschriften, Reihe C – Mitteilungen und Bekanntmachungen)
Abs.	Absatz
AcP	Archiv für die civilistische Praxis (Zeitschrift)
a. F.	alte(r) Fassung
AfK	Archiv für Kommunalwissenschaften
AG	Aktiengesellschaft, Ausführungsgesetz
AktG	Aktiengesetz (Schönfelder Nr. 51)
Anm.	Anmerkung
AO	Abgabenordnung vom 16. 3. 1976 (BGBl. I S. 613), i. d. F. vom 1. 10. 2002 (BGBl. I S. 3866)
AöR	Archiv des öffentlichen Rechts
Art.	Artikel
ASOG Bln.	Allgemeines Gesetz zum Schutz der öffentlichen Sicherheit und Ordnung in Berlin (Driehaus Nr. 200)
AtomG oder AtG	Atomgesetz (Sart. Nr. 835)
AtVfV	Atomrechtliche Verfahrensverordnung i. d. F. vom 3. 2. 1995 (BGBl. I S. 180)
AufenthG	Aufenthaltsgesetz (Sart. 565)
Aufl.	Auflage
AuslG	Ausländergesetz vom 28. 4. 1965 (BGBl. I S. 353), mehrfach, z. T. grundlegend geändert, ersetzt durch das AufenthG
Bad.-Württ.	Baden-Württemberg, baden-württembergisch

BadWürttVGH	Baden-Württembergischer Verwaltungsgerichtshof
BAföG	Bundesausbildungsförderungsgesetz (Sart. Nr. 420)
BauGB	Baugesetzbuch (Sart. Nr. 300)
BauGB-MaßnG	Maßnahmengesetz zum Baugesetzbuch vom 17. 5. 1990 (BGBl. I S. 926), aufgehoben durch Art. 11 BauROG mit Wirkung vom 1. 1. 1998
BauNVO	Baunutzungsverordnung (Sart. Nr. 311)
BauR	Baurecht, Zeitschrift für das gesamte öffentliche und private Baurecht
BauROG	Bau- und Raumordnungsgesetz vom 18. 8. 1997 (BGBl. I S. 2081), enthält vor allem die Neufassung des BauGB und des ROG (vgl. dort)
Bay.	Bayern, bayerisch
BayVBl	Bayerische Verwaltungsblätter
BayVGH	Bayerischer Verwaltungsgerichtshof
BB	Betriebs-Berater
BBahnG	Bundesbahngesetz; aufgehoben durch das ENeuOG vom 27. 12. 1993 (BGBl. I S. 2378)
BBauG	Bundesbaugesetz i. d. F. vom 18. 8. 1976 (BGBl. I S. 2256, 3617), zuletzt geändert durch Gesetz vom 18. 2. 1986 (BGBl. I S. 265); aufgehoben und ersetzt durch das BauGB
BBergG	Bundesberggesetz vom 13. 8. 1990 (BGBl. I S. 1310), mit späteren Änderungen
BBG	Bundesbeamtengesetz (Sart. Nr. 160)
Bbg.	Brandenburg, brandenburgisch
Bd.	Band
BDSG	Bundesdatenschutzgesetz (Sart. Nr. 245)
Begr.	begründet von
BFinHE	Entscheidungen des Bundesfinanzhofs
BGB	Bürgerliches Gesetzbuch (Schönfelder Nr. 20)
BGBl. I	Bundesgesetzblatt Teil I
BGH	Bundesgerichtshof
BGHZ	Entscheidungen des Bundesgerichtshofs in Zivilsachen
BGSG	Bundesgrenzschutzgesetz (Sart. Nr. 90)
BHO	Bundeshaushaltsordnung (Sart. Nr. 700)
BImSchG	Bundes-Immissionsschutzgesetz (Sart. Nr. 296)
Bln.	Berlin
BNotO	Bundesnotarordnung (Schönfelder E Nr. 98 a)
BRAO	Bundesrechtsanwaltsordnung (Schönfelder E Nr. 98)
BR-Drs.	Bundesratsdrucksache (Nummer und Jahrgang)
BR-Prot.	Stenographische Berichte der Verhandlungen des Bundesrates (Jahrgang und Seite)
BRRG	Beamtenrechtsrahmengesetz (Sart. Nr. 150)
BRS	Baurechtssammlung
BSeuchG	Bundes-Seuchengesetz, ersetzt durch das IfSG
BSHG	Bundessozialhilfegesetz, ersetzt durch das SGB XII (SartE. Nr 412)

BSozGE	Entscheidungen des Bundessozialgerichts
bspw.	beispielsweise
BT-Drs.	Drucksache des Deutschen Bundestages (Wahlperiode und Nummer)
BT-Prot.	Stenographische Berichte der Verhandlungen des Deutschen Bundestages (Wahlperiode und Seite)
BVerfG	Bundesverfassungsgericht
BVerfGE	Entscheidungen des Bundesverfassungsgerichts
BVerfGG	Gesetz über das Bundesverfassungsgericht (Sart. Nr. 40)
BVerfG-K	Kammer des Bundesverfassungsgerichts (§ 15a I BVerfGG)
BVerfSchG	Bundesverfassungsschutzgesetz (Sart. Nr. 80)
BVerwG	Bundesverwaltungsgericht
BVerwGE	Entscheidungen des Bundesverwaltungsgerichts
BVFG	Bundesvertriebenengesetz i. d. F. vom 2. 6. 1993 (BGBl. I S. 829)
BWStVR	Maurer/Hendler (Hg.), Baden-Württembergisches Staats- und Verwaltungsrecht
BWV	Bundeswehrverwaltung (Zeitschrift)
BWVPr	Baden-Württembergische Verwaltungspraxis
CR	Computer und Recht (Zeitschrift)
DAR	Deutsches Autorecht (Zeitschrift)
DB	Der Betrieb (Zeitschrift)
ders.	derselbe
DDR	Deutsche Demokratische Republik
dgl.	dergleichen
DJT	Deutscher Juristentag
DÖD	Der Öffentliche Dienst
DÖV	Die Öffentliche Verwaltung
DRiG	Deutsches Richtergesetz (Schönfelder Nr. 97)
DRiZ	Deutsche Richterzeitung
DSchG	Denkmalschutzgesetz
DStR	Deutsches Steuerrecht
DStJG	Veröffentlichungen der Deutschen Steuerjuristischen Gesellschaft e. V.
DtZ	Deutsch-Deutsche Rechts-Zeitschrift
DV	Die Verwaltung (Zeitschrift)
DVG	Deutsche Verwaltungsgeschichte, hg. von Jeserich/Pohl/ von Unruh, 6 Bde., 1983–1988; die römische Ziffer bezeichnet die Bandzahl
DVBl.	Deutsches Verwaltungsblatt
EAG Bau	Europarechtsanpassungsgesetz Bau vom 24. 6. 2004 (BGBl. I S. 1359)
EDV	Elektronische Datenverarbeitung
EG	Europäische Gemeinschaft(en)
EGBGB	Einführungsgesetz zum Bürgerlichen Gesetzbuch (Schönfelder Nr. 21)

JuSchG .... Jugendschutzgesetz (Sart. 400)
JZ .... Juristenzeitung
JZ-GD .... Juristenzeitung-Gesetzgebungsdienst (Beilage zur JZ)
KAG .... Kommunalabgabengesetz
KDVG .... Kriegsdienstverweigerungsgesetz (Sart. Nr. 626)
KHG .... Krankenhausfinanzierungsgesetz i. d. F. vom 10. 4. 1991
　　　　　　　　　　(BGBl. I S. 886), mit späteren Änderungen
KritV .... Kritische Vierteljahresschrift für Gesetzgebung und
　　　　　　　　　　Rechtswissenschaft
KrW-/AbfG .... Kreislaufwirtschafts- und Abfallgesetz (Sart. Nr. 298)
KStZ .... Kommunale Steuer-Zeitschrift
KVerf. .... Gesetz über die Selbstverwaltung der Gemeinden und
　　　　　　　　　　der Landkreise in der DDR (Kommunalverfassung) vom
　　　　　　　　　　17. 5. 1990 (GBl.-DDR I S. 255)
LadschlG .... Gesetz über den Ladenschluß (Sart. Nr. 805)
LAG .... Lastenausgleichsgesetz i. d. F. vom 2. 6. 1993
　　　　　　　　　　(BGBl. I S. 845), mit späteren Änderungen
LandbeschG .... Landbeschaffungsgesetz vom 23. 2. 1957 (BGBl. I
　　　　　　　　　　S. 134), zuletzt geändert durch Gesetz vom 9. 6. 1998
　　　　　　　　　　(BGBl. I S. 1242)
LBG .... Landesbeamtengesetz
LBO .... Landesbauordnung
Lit. .... Literatur
LKO .... Landkreisordnung
LKV .... Landes- und Kommunalverwaltung (Zeitschrift)
LMBG .... Lebensmittel- und Bedarfsgegenständegesetz
　　　　　　　　　　(Sart. E Nr. 861)
LS .... Leitsatz
LuftVG .... Luftverkehrsgesetz (Sart. E Nr. 975)
LVwVfG .... Landesverwaltungsverfahrensgesetz
MDR .... Monatsschrift für Deutsches Recht
MMR .... MultiMedia und Recht (Zeitschrift)
MV .... Mecklenburg-Vorpommern
m. w. N. .... mit weiteren Nachweisen
Nds. .... Niedersachsen, niedersächsisch
NJ .... Neue Justiz (Zeitschrift)
NJW .... Neue Juristische Wochenschrift
NRW .... Nordrhein-Westfalen, nordrhein-westfälisch
NuR .... Natur und Recht
NVwZ .... Neue Zeitschrift für Verwaltungsrecht
NVwZ-RR .... NVwZ-Rechtsprechungs-Report Verwaltungsrecht
OBG .... Ordnungsbehördengesetz
OEG .... Opferentschädigungsgesetz (Aichberger Nr. 985)
OLG .... Oberlandesgericht
OVG .... Oberverwaltungsgericht
OVGE .... Entscheidungssammlung des (jeweils angegebenen)
　　　　　　　　　　OVG
OWiG .... Gesetz über Ordnungswidrigkeiten (Schönfelder Nr. 94)

PBefG	Personenbeförderungsgesetz (Sart. Nr. 950)
PersV	Personalvertretung (Zeitschrift)
PolR	Allgemeines Polizei- und Ordnungsrecht
PostG	Postgesetz (Sart. Nr. 910)
PostVerfG	Postverfassungsgesetz, aufgehoben durch Gesetz vom 14. 9. 1994 (BGBl. I S. 2325, 2396)
Preuß.	Preußen, preußisch
Preuß. ALR	Allgemeines Landrecht für die preußischen Staaten vom 5. 2. 1794
ProdSG	Produktsicherheitsgesetz, ersetzt durch das GPSG
RAO	Reichsabgabenordnung vom 13. 12. 1919 i. d. F. vom 22. 5. 1931 (RGBl. I S. 161)
RBHG	Gesetz über die Haftung des Reichs für seine Beamten (Sart. Nr. 210)
recht	recht, (Schweiz.) Zeitschrift für juristische Ausbildung und Praxis
RGBl.	Reichsgesetzblatt
Rhl.-Pf.	Rheinland-Pfalz, rheinland-pfälzisch
Rn.	Randnummer
ROG	Raumordnungsgesetz (Sart. Nr. 340)
Rspr.	Rechtsprechung
RuStAG	Reichs- und Staatsangehörigkeitsgesetz vom 22. 7. 1913 (RGBl. S. 583) mit zahlreichen Änderungen und seit 1. 1. 2000 mit der Bezeichnung Staatsangehörigkeitsgesetz (StAG) (Sart. Nr. 15)
Saarl.	Saarland, saarländisch
Sachs., sächs.	Sachsen, sächsisch
S.-Anh.	Land Sachsen-Anhalt
Sart.	Sartorius Band I, Verfassungs- und Verwaltungsgesetze
Sart. E	Sartorius, Verfassungs- und Verwaltungsgesetz, Ergänzungsband
Sart. II	Sartorius Band II, Internationale Verträge – Europarecht
Schl.-Holst.	Schleswig-Holstein, schleswig-holsteinisch
Schl.-Holst.LVwG	Allgemeines Verwaltungsgesetz für das Land Schleswig-Holstein (Bausenhart/Guilleaume Nr. 2280)
SGB	Sozialgesetzbuch (Aichberger Nr. 1 ff.); die römischen Ziffern bezeichnen die einzelnen Bücher des SGB)
SGb.	Die Sozialgerichtsbarkeit (Zeitschrift)
SGG	Sozialgerichtsgesetz (Aichberger Nr. 850)
Sp.	Spalte
StAG	Staatsangehörigkeitsgesetz (Sart. Nr. 15)
StabG	Stabilitätsgesetz (Sart. Nr. 720)
StBauFG	Städtebauförderungsgesetz i. d. F. vom 18. 8. 1976 (BGBl. I S. 2318); inzwischen ersetzt durch das BauGB
st. Rspr.	ständige Rechtsprechung
StGB	Strafgesetzbuch (Schönfelder Nr. 85)

StHG 1981 .... Staatshaftungsgesetz vom 26. 6. 1981 (BGBl. I 553), für
                        nichtig erklärt durch Urteil des BVerfG vom 19. 10.
                        1982 (BGBl. I S. 1493; BVerfGE 61, 149)
StHG-DDR .... Staatshaftungsgesetz der DDR vom 12. 5. 1969
                        (GBl.-DDR S. 34) mit späteren Änderungen
                        (= Staatshaftungsgesetz der neuen Bundesländer)
StKV .... Staats- und Kommunal-Verwaltung
                        (ab 1978 Verwaltungsrundschau)
StPO .... Strafprozeßordnung (Schönfelder Nr. 90)
StrEG .... Gesetz über die Entschädigung für Strafverfolgungsmaß-
                        nahmen (Schönfelder Nr. 93)
StVG .... Straßenverkehrsgesetz (Schönfelder Nr. 35)
StVO .... Straßenverkehrsordnung (Schönfelder Nr. 35 a)
StVollzG .... Strafvollzugsgesetz (Schönfelder Nr. 91)
StUG .... Stasi-Unterlagen-Gesetz
StuW .... Steuer und Wirtschaft (Zeitschrift)
StVZO .... Straßenverkehrs-Zulassungs-Ordnung
                        (Schönfelder Nr. 35 b)
Thür. .... Thüringen
TÜV .... Technischer Überwachungsverein
TKG .... Telekommunikationsgesetz (Sart. Nr. 920)
TVG .... Tarifvertragsgesetz i. d. F. vom 25. 8. 1969
                        (BGBl. I S. 1323), mit späteren Änderungen
UIG .... Umweltinformationsgesetz (Sart. Nr. 294)
UPR .... Umwelt- und Planungsrecht (Zeitschrift)
UTR .... Jahrbuch des Umwelt- und Technikrechts
UVPG .... Gesetz über die Umweltverträglichkeitsprüfung
                        (Sart. Nr. 295)
UZwG .... Gesetz über den unmittelbaren Zwang bei Ausübung
                        öffentlicher Gewalt durch Vollzugsbeamte des Bundes
                        (Sart. Nr. 115)
VBlBW .... Verwaltungsblätter für Baden-Württemberg
Verf. .... Verfassung
VerfGH .... Verfassungsgerichtshof
VerfR .... Verfassungsrecht
Verh. .... Verhandlungen
VersG .... Versammlungsgesetz (Sart. Nr. 435)
VersR .... Versicherungsrecht (Zeitschrift)
VerwArch. .... Verwaltungsarchiv
VwprozR .... Verwaltungsprozessrecht
VerwR .... Verwaltungsrecht
VerwRspr. .... Verwaltungsrechtsprechung in Deutschland. Sammlung
                        obergerichtlicher Entscheidungen aus dem Verfassungs-
                        und Verwaltungsrecht
VG .... Verwaltungsgericht
VgV .... Vergabeverordnung
VGH .... Verwaltungsgerichtshof
VR .... Verwaltungsrundschau (Zeitschrift)

VVDStRL	Veröffentlichungen der Vereinigung der Deutschen Staatsrechtslehrer
VVG	Gesetz über den Versicherungsvertrag (Schönfelder Nr. 62)
VwGO	Verwaltungsgerichtsordnung (Sart. Nr. 600)
VwVfG	Verwaltungsverfahrensgesetz (Sart. Nr. 100)
VwVG	Verwaltungs-Vollstreckungsgesetz (Sart. Nr. 112)
VwZG	Verwaltungszustellungsgesetz (Sart. Nr. 110)
Währungsvertrag ...	Vertrag über die Schaffung einer Währungs-, Wirtschafts- und Sozialunion zwischen der Bundesrepublik Deutschland und der Deutschen Demokratischen Republik vom 25. 6. 1990 (Sart. II Nr. 1)
WaffG	Waffengesetz (Sart. Nr. 820)
WHG	Wasserhaushaltsgesetz (Sart. Nr. 845)
WPflG	Wehrpflichtgesetz (Sart. Nr. 620)
WRV	Weimarer Reichsverfassung vom 11. 8. 1919 (RGBl. 1383)
WirtschR	Wirtschaftsrecht (Zeitschrift)
WissR	Wissenschaftsrecht Wissenschaftsverwaltung Wissenschaftsförderung (Zeitschrift)
WiVerw	Wirtschaft und Verwaltung. Vierteljahresbeilage zum Gewerbearchiv
Wp.	Wahlperiode
ZBR	Zeitschrift für Beamtenrecht
ZevKR	Zeitschrift für evangelisches Kirchenrecht
ZfBR	Zeitschrift für deutsches und internationales Baurecht
ZfJ	Zentralblatt für Jugendrecht
ZFS	Zeitschrift für Sozialreform
ZG	Zeitschrift für Gesetzgebung
ZGB-DDR	Zivilgesetzbuch der Deutschen Demokratischen Republik vom 19. 6. 1975 (GBl. I S. 465)
ZHR	Zeitschrift für das gesamte Handelsrecht und Wirtschaftsrecht
ZLR	Zeitschrift für das gesamte Lebensmittelrecht
ZParl.	Zeitschrift für Parlamentsfragen
ZPO	Zivilprozeßordnung (Schönfelder Nr. 100)
ZRP	Zeitschrift für Rechtspolitik
zutr.	zutreffend

Im übrigen wird auf *Kirchner/Butz,* Abkürzungsverzeichnis der Rechtssprache, 5. Aufl. 2003, verwiesen.

Literatur

I. Lehrbücher und Grundrisse

1. Allgemeines Verwaltungsrecht

Achterberg, Norbert, Allgemeines Verwaltungsrecht, 2. Aufl. 1986
Battis, Ulrich, Allgemeines Verwaltungsrecht, 3. Aufl. 2002
Bull/Mehde, Allgemeines Verwaltungsrecht mit Verwaltungslehre, 7. Aufl. 2005
Detterbeck, Steffen, Allgemeines Verwaltungsrecht, 3. Aufl. 2005
Dörr/Francke, Sozialverwaltungsrecht, 2002
Driehaus/Pietzner, Einführung in das Allgemeine Verwaltungsrecht, 3. Aufl. 1996
Erbguth, Wilfried, Allgemeines Verwaltungsrecht, 2005
Erichsen/Ehlers (Hg.), Allgemeines Verwaltungsrecht, 12. Aufl. 2002
Faber, Heiko, Verwaltungsrecht, 4. Aufl. 1995
Giemulla/Jaworsky/Müller-Uri, Verwaltungsrecht, 7. Aufl. 2004
Götz, Volkmar, Allgemeines Verwaltungsrecht, 4. Aufl. 1997
Hendler, Reinhard, Allgemeines Verwaltungsrecht, Grundstrukturen und Klausurfälle, 3. Aufl. 2001
Huber, Peter Michael, Allgemeines Verwaltungsrecht, 2. Aufl. 1997
Ipsen, Jörn, Allgemeines Verwaltungsrecht, 4. Aufl. 2005
Jachmann, Monika, Allgemeines Verwaltungsrecht, 2. Aufl. 2003
Koch/Rubel/Heselhaus, Allgemeines Verwaltungsrecht, 3. Aufl. 2003
Loeser, Roman, System des Verwaltungsrechts, Bd. 1: Allgemeine Lehren, Methoden und Techniken; Bd. 2: Verwaltungsorganisation, 1994
Martens, Joachim, Die Praxis des Verwaltungsverfahrens, 1985
Mayer/Kopp, Allgemeines Verwaltungsrecht, 5. Aufl. 1985
Obermayer, Klaus, Grundzüge des Verwaltungsrechts und Verwaltungsprozeßrechts, 3. Aufl. 1988
Peine, Franz-Joseph, Allgemeines Verwaltungsrecht, 7. Aufl. 2004
Püttner, Günter, Allgemeines Verwaltungsrecht, 7. Aufl. 1995
Schmalz, Dieter, Allgemeines Verwaltungsrecht, 3. Aufl. 1998
Schmidt, Walter, Einführung in die Probleme des Verwaltungsrechts, 1982
Schmidt, Walter, Staats- und Verwaltungsrecht, 3. Aufl. 1999
Schmidt, Rolf, Allgemeines Verwaltungsrecht, 10. Aufl. 2006
Schmidt-Aßmann, Eberhard, Das allgemeine Verwaltungsrecht als Ordnungsidee, 2. Aufl. 2004 (zitiert: VerwR)
Schuppert, Gunnar Folke, Verwaltungswissenschaft. Verwaltung, Verwaltungsrecht, Verwaltungslehre, 2000
Schweickhardt/Vodung (Hg.), Allgemeines Verwaltungsrecht, 8. Aufl. 2004
Sodan/Ziekow, Grundkurs Öffentliches Recht. Staats- und Verwaltungsrecht, 2005

Sproll, Hans-Dieter, Allgemeines Verwaltungsrecht, 2 Bde., 1997/98
Stelkens, Paul, Verwaltungsverfahren, 1991
Ule/Laubinger, Verwaltungsverfahrensrecht, 4. Aufl. 1995
Wallerath, Maximilian, Allgemeines Verwaltungsrecht, 5. Aufl. 2000
Weides, Peter, Verwaltungsverfahren und Widerspruchsverfahren, 3. Aufl. 1993
Wolff/Bachof, Verwaltungsrecht, Bd. I, 9. Aufl. 1974; Bd. II, 4. Aufl. 1976;
    Bd. III, 4. Aufl. 1978
Wolff/Bachof/Stober, Verwaltungsrecht, Bd. 1, 11. Aufl. 1999; Bd. 2, 6. Aufl.
    2000; Bd. 3, 5. Aufl. 2004

2. Besonderes Verwaltungsrecht (Gesamtdarstellungen)

Achterberg/Püttner/Würtenberger (Hg.), Besonderes Verwaltungsrecht, 2 Bde.,
    2. Aufl. 2000
Schmidt, Rolf, Besonderes Verwaltungsrecht, 2 Bde., 10. Aufl. 2006
Schmidt-Aßmann, Eberhard (Hg.), Besonderes Verwaltungsrecht, 13. Aufl. 2005
Steiner, Udo (Hg.), Besonderes Verwaltungsrecht, 7. Aufl. 2003
Tettinger/Erbguth, Besonderes Verwaltungsrecht (Kommunalrecht, Polizei- und
    Ordnungsrecht, Baurecht), 8. Aufl. 2005

3. Verwaltungsprozeßrecht

Hufen, Friedhelm, Verwaltungsprozeßrecht, 6. Aufl. 2005
Kuhla/Hüttenbrink, Der Verwaltungsprozeß, 3. Aufl. 2002
Lorenz, Dieter, Verwaltungsprozeßrecht, 2000
Martini, Mario, Verwaltungsprozessrecht. Systematische Darstellung in Grafik-
    Text-Kombination, 3. Aufl. 2003
Schenke, Wolf-Rüdiger, Verwaltungsprozeßrecht, 10. Aufl. 2005
Schmitt Glaeser/Horn, Verwaltungsprozeßrecht, 15. Aufl. 2000
Stern, Klaus, Verwaltungsprozessuale Probleme in der öffentlich-rechtlichen
    Arbeit, 8. Aufl. 2000
Tettinger/Wahrendorf, Verwaltungsprozeßrecht, 3. Aufl. 2005
Ule, Carl Hermann, Verwaltungsprozeßrecht, 9. Aufl. 1987
Würtenberger, Thomas, Verwaltungsprozeßrecht, 1998

4. Europäisches Gemeinschaftsrecht (Auswahl)

Herdegen, Matthias, Europarecht, 7. Aufl. 2005
Huber, Peter Michael, Recht der Europäischen Integration, 2. Aufl. 2002
Oppermann, Thomas, Europarecht, 3. Aufl. 2005
Schwarze, Jürgen, Europäisches Verwaltungsrecht, 2. Aufl. 2005
Schweitzer/Hummer, Europarecht, 6. Aufl. 2001
Streinz, Rudolf, Europarecht, 7. Aufl. 2005

5. Ältere, aber auch heute noch bedeutsame Werke

Fleiner, Fritz, Institutionen des Deutschen Verwaltungsrechts, 8. Aufl. 1928
Forsthoff, Ernst, Lehrbuch des Verwaltungsrechts, 10. Aufl. 1973
Jellinek, Walter, Verwaltungsrecht, 3. Aufl. 1931, Nachträge 1934 und 1950;
    Neudruck der 3. Aufl. mit Nachtrag 1950 und Vorwort von *Bachof,* 1966

Mayer, Otto, Deutsches Verwaltungsrecht, 2 Bde., 1. Aufl. 1895/1896, 3. Aufl. 1924
Peters, Hans, Lehrbuch der Verwaltung, 1949

6. Weitere, öfter zitierte Lehrbücher

Brohm, Winfried, Öffentliches Baurecht, 3. Aufl. 2002
Drews/Wacke/Vogel/Martens, Gefahrenabwehr, 9. Aufl. 1986
Götz, Volkmar, Allgemeines Polizei- und Ordnungsrecht, 13. Aufl. 2001
Hesse, Konrad, Grundzüge des Verfassungsrechts der Bundesrepublik Deutschland, 20. Aufl. 1995 (zitiert: VerfR)
Pieroth/Schlink, Grundrechte, Staatsrecht II, 21. Aufl. 2005
Schenke, Wolf-Rüdiger, Polizei- und Ordnungsrecht, 4. Aufl. 2005
Stern, Klaus, Das Staatsrecht der Bundesrepublik Deutschland, Bd. I, 2. Aufl. 1984; Bd. II, 1980; Bd. III 1, 1988; Bd. III 2, 1994, Bd. V, 2000

II. Kommentare

1. Zum Verwaltungsverfahrensgesetz

Fehling/Kastner/Wahrendorf, Verwaltungsrecht, VwVfG – VwGO, 2006
Knack, Hans Joachim (Hg.), Verwaltungsverfahrensgesetz, 8. Aufl. 2004
Kopp/Ramsauer, Verwaltungsverfahrensgesetz, 9. Aufl. 2005
Meyer/Borgs, Kommentar zum Verwaltungsverfahrensgesetz, 2. Aufl. 1982
Obermayer, Klaus (Begr.), Kommentar zum Verwaltungsverfahrensgesetz, 3. Aufl. 1999
Stelkens/Bonk/Sachs, Verwaltungsverfahrensgesetz, 6. Aufl. 2001 (zitiert: StBS)
Foerster/Friedersen/Rohde, Allgemeines Verwaltungsgesetz für das Land Schleswig-Holstein, Loseblattausgabe, Stand 2004

2. Zur Verwaltungsgerichtsordnung

Bader/Funke-Kaiser u. a., Verwaltungsgerichtsordnung, 3. Aufl. 2005
Eyermann (Begr.), Verwaltungsgerichtsordnung, 11. Aufl. 2000, mit Nachtrag 2002
Kopp/Schenke, Verwaltungsgerichtsordnung, 14. Aufl. 2005
Redeker/von Oertzen, Verwaltungsgerichtsordnung, 14. Aufl. 2004
Schoch/Schmidt-Aßmann/Pietzner (Hg.), Verwaltungsgerichtsordnung, Loseblatt-Kommentar, 2. Bde., Stand 2005
Sodan/Ziekow (Hg.), Verwaltungsgerichtsordnung. Großkommentar, 2. Aufl. 2006
Wolff/Decker, Studienkommentar VwGO/VwVfG, 2005

III. Fallsammlungen und Anleitungen zur Lösung von Fällen

Achterberg, Norbert, Fälle und Lösungen nach höchstrichterlichen Entscheidungen, Allgemeines Verwaltungsrecht, 6. Aufl. 1986
Bovermann/Dünchheim, Examinatorium Allgemeines Verwaltungsrecht, 2. Aufl. 2001

Brinktrine/Kastner, Fallsammlung zum Verwaltungsrecht, 2. Aufl. 2005

Broß/Ronellenfitsch, Besonderes Verwaltungsrecht und Verwaltungsprozeßrecht, 5. Aufl. 1998

Brüning/Suerbaum, Examensfälle zum Öffentlichen Recht, 2005

Erichsen, Hans-Uwe, Verwaltungsrecht und Verwaltungsgerichtsbarkeit I, 2. Aufl. 1984

Erbel, Günter, Öffentlich-rechtliche Klausurenlehre mit Fallrepititorium, Bd. II: Verwaltungsrecht, 2. Aufl. 1983

Frenz, Walter, Öffentliches Recht. Eine nach Anspruchszielen geordnete Darstellung zur Examensvorbereitung, 2. Aufl. 2004

Geis, Max-Emanuel, Baden-Württembergisches Verwaltungsrecht. Übungs- und Examensklausurenkurs, 1998

Häde Ulrich, Verwaltungsrecht, 2. Aufl. 2002

Heyen, Erk Volkmar, 40 Klausuren aus dem Verwaltungsrecht, 8. Aufl. 2005

Herzog/Schick, Allgemeines Verwaltungsrecht (Prüfe Dein Wissen, Heft 17), 4. Aufl. 1980

Kämmerer, Jörn Axel, Allgemeines Verwaltungsrecht. Ein Fall-Kompendium, 1998

Kopp/Kopp, Allgemeines Verwaltungsrecht und Verwaltungsprozeßrecht in Fragen und Antworten, 3. Aufl. 1998

Muckel, Stefan, Klausurenkurs zum besonderen Verwaltungsrecht, 3. Aufl. 2005

von Münch, Ingo, Übungsfälle zum Staatsrecht, Verwaltungsrecht, Völkerrecht, 4. Aufl. 1972

Peine, Franz-Joseph, Klausurenkurs im Verwaltungsrecht, 2004

Püttner, Günter, Verwaltungsrechtsfälle. Ein Repetitorium. 2. Aufl. 1987

Richter/Schuppert/Bumke, Casebook Verwaltungsrecht, 3. Aufl. 2000

Rüfner/von Unruh/Borchert/Muckel, Öffentliches Recht, Bd. I, 6. Aufl. 1994; Bd. II, 5. Aufl. 1988

Schoch, Friedrich, Übungen im öffentlichen Recht II. Verwaltungsrecht und Verwaltungsprozeßrecht, 2. Aufl. 2005

Schwerdtfeger, Gunther, Öffentliches Recht in der Fallbearbeitung, 12. Aufl. 2004

Seidel/Reimer/Möstl, Allgemeines Verwaltungsrecht, 2. Aufl. 2005; *dies.*, Besonderes Verwaltungsrecht, 2. Aufl. 2005

Seiler, Christian, Examens-Repetitorium Verwaltungsrecht, 2005

Vogel, Klaus, Der Verwaltungsrechtsfall, 8. Aufl. 1980

Würtenberger, Thomas, Verwaltungsgerichtsbarkeit (Prüfe Dein Wissen, Heft 24), 2. Aufl. 1995

Zuleeg, Manfred, Fälle zum Allgemeinen Verwaltungsrecht, 3. Aufl. 2001

IV. Lehrbücher zum Allgemeinen Verwaltungsrecht in Österreich und in der Schweiz

Österreich:

Adamovich/Funk, Allgemeines Verwaltungsrecht, 3. Aufl. 1987

Antoniolli/Koja, Allgemeines Verwaltungsrecht. Lehr- und Handbuch für Studium und Praxis, 3. Aufl. 1996

Ermacora / Winkler / Koja / Rill / Funk (Hg.), Allgemeines Verwaltungsrecht, 1979
Raschauer, Bernhard, Allgemeines Verwaltungsrecht, 2. Aufl. 2003

Schweiz:

Fleiner-Gerster, Thomas, Grundzüge des allgemeinen und schweizerischen Verwaltungsrechts, 2. Aufl. 1980
Giacometti, Zaccaria, Allgemeine Lehren des rechtsstaatlichen Verwaltungsrechts, 1960
Grisel, André, Traité de droit administratif, 2 Bde., 1984
Gygi, Fritz, Verwaltungsrecht. Eine Einführung, 1986
Häfelin / Müller, Allgemeines Verwaltungsrecht, 4. Aufl. 2002
Jaag, Tobias, Schweizerisches Bundesverwaltungsrecht. Organisationsrecht, 1996
Jaag / Müller / Tschannen, Ausgewählte Gebiete des Bundesverwaltunsrechts, 6. Aufl. 2006
Knapp, Blaise, Grundlagen des Verwaltungsrechts, 2 Bde., 2. Aufl. 1992/1993
Kölz / Häner, Verwaltungsverfahren und Verwaltungsrechtspflege des Bundes, 2. Aufl. 1998
Moor, Pierre, Droit administratif, Vol. I, 2. Aufl. 1994; Vol. II, 2. Aufl. 2002; Vol. III 1992
Schwarzenbach, Hans Rudolf, Grundriß des allgemeinen Verwaltungsrechts, 11. Aufl. 1997
Tschannen / Zimmerli, Allgemeines Verwaltungsrecht, 2. Aufl. 2005
Zimmerli / Kälin / Kiener, Grundlagen des öffentlichen Verfahrensrechts, 2. Aufl. 2004

–

Kley, Andreas, Grundriss des Liechtensteinischen Verwaltungsrechts, 1998

Literaturnachweise zu Einzelbereichen und Einzelfragen finden sich am Ende der jeweiligen Paragraphen dieses Buches. Die hier zitierte allgemeine Literatur wird aus Raumgründen dort sowie im Text nur noch ausnahmsweise aufgeführt, da sich die einschlägigen Stellen über das Inhaltsverzeichnis oder das Sachregister leicht ermitteln lassen. Abgekürzte Literaturangaben (etwa aaO. oder VerwR für Allgemeines Verwaltungsrecht) verweisen auf diese Übersicht oder die Einzelübersichten am Ende der jeweiligen Paragraphen.

1. Teil. Verwaltung und Verwaltungsrecht

§ 1 Die Verwaltung

I. Der Begriff der Verwaltung

Wenn man sich mit dem Verwaltungs*recht* beschäftigen will, muß man gewisse Vorstellungen von seinem Gegenstand, der *Verwaltung,* haben. Das ist um so dringlicher, als der Begriff der Verwaltung mehrdeutig und teilweise auch nur schwer faßbar ist.

1. Die verschiedenen Verwaltungsbegriffe

a) Eine erste Eingrenzung ergibt sich, wenn man die Betrachtung 1 auf die *öffentliche Verwaltung,* d.h. die *Verwaltung des Staates i.w.S.* beschränkt, um die es im Rahmen des Verwaltungsrechts allein geht. Verwaltung gibt es auch im privaten, wirtschaftlichen und gesellschaftlichen Bereich, so etwa die Verwaltung eigenen oder fremden Vermögens, die Verwaltung eines Industrieunternehmens, die Verwaltung der Angelegenheiten eines Vereins. In verwaltungstechnischer Hinsicht lassen sich Struktur- und Ordnungsprinzipien finden, die mehr oder weniger für alle Verwaltungen maßgeblich sind. Die öffentliche Verwaltung bildet aber organisatorisch, funktionell und rechtlich eine in sich geschlossene Einheit, die von der Verwaltung in den übrigen Bereichen klar abgrenzbar ist.

b) Auch der so eingegrenzte Verwaltungsbegriff ist noch *mehr-* 2 *deutig.* Es sind folgende Deutungen möglich:
- *Verwaltung im organisatorischen Sinn* ist die Verwaltungsorganisation, die aus der Gesamtheit der Verwaltungträger, Verwaltungsorgane und sonstigen Verwaltungseinrichtungen besteht,
- *Verwaltung im materiellen Sinn* ist die Verwaltungstätigkeit, d.h. diejenige Staatstätigkeit, die die Wahrnehmung der Verwaltungsangelegenheiten zum Gegenstand hat,

– *Verwaltung im formellen Sinn* ist die gesamte von den Verwaltungsbehörden ausgeübte Tätigkeit ohne Rücksicht darauf, ob sie materiell verwaltender Art ist oder nicht.

3   c) *Die Unterscheidung von Verwaltung im organisatorischen und im materiellen Sinn* ist grundlegend. Sie erhält ihre Bedeutung durch das Prinzip der *Gewaltenteilung,* das in der Zuweisung bestimmter Staatstätigkeiten an bestimmte Staatsorgane besteht. Die beiden Begriffe decken sich in der Praxis nicht, sondern bilden zwei sich überschneidende Kreise. Die Verwaltungsaufgaben werden überwiegend, aber nicht ausschließlich von Verwaltungsorganen wahrgenommen, da in bestimmtem Umfang auch die Parlamente (Parlamentsverwaltung, Haushaltsangelegenheiten, Planung) und die Gerichte (Justizverwaltung, freiwillige Gerichtsbarkeit) verwaltend tätig werden können. Andererseits sind die Verwaltungsbehörden unter gewissen Voraussetzungen zur Rechtsetzung befugt (Erlaß von Rechtsverordnungen). Eine rechtsprechende Tätigkeit der Verwaltungsbehörden ist zwar theoretisch denkbar und früher auch ausgeübt worden, de lege lata aber ausgeschlossen, weil Art. 92 GG die Rechtsprechung ausschließlich den Gerichten zuweist (vgl. *BVerfGE* 22, 49, 73 ff. – Strafgewalt der Finanzämter).

4   d) Die *Verwaltung im organisatorischen Sinn* wird durch die zwar in sich komplexe, aber nach außen doch klar abgegrenzte staatliche Verwaltungsorganisation bestimmt. Die *Verwaltung im formellen Sinn* wird durch ihre Bezugnahme auf die Verwaltungsorganisation ebenfalls hinreichend gekennzeichnet. Dagegen ist die begriffliche Erfassung der *Verwaltung im materiellen Sinn* fraglich und umstritten.

2. Die Verwaltung im materiellen Sinn

5   In der Literatur gibt es *zwei Methoden,* den Begriff der Verwaltung im materiellen Sinn näher zu bestimmen. Die einen verzichten von vornherein auf eine positive Begriffsbestimmung und grenzen die Verwaltung nur *negativ* ab (dazu a); die anderen meinen, man dürfe nicht nur sagen, was die Verwaltung *nicht* ist, sondern müsse zu einer *positiven* Aussage kommen (dazu b).

6   a) Die *negative Begriffsbestimmung* geht von der Gewaltenteilungslehre aus, die bekanntlich zwischen Gesetzgebung, Exekutive und

Rechtsprechung unterscheidet. Danach ist die Verwaltung diejenige Staatstätigkeit, die *nicht* Gesetzgebung und *nicht* Rechtsprechung ist.

So vor allem die ältere Lehre in Anschluß an *Otto Mayer,* VerwR I S. 7; vgl. etwa *Jellinek,* VerwR S. 6: Verwaltung ist „die Tätigkeit des Staats oder eines sonstigen Trägers öffentlicher Gewalt außerhalb von Rechtsetzung und Rechtsprechung".

Der Erkenntniswert dieser Definition liegt darin, daß die Verwaltung in den Gesamtzusammenhang der Staatstätigkeit gestellt und in das auch dem Grundgesetz zugrunde liegende traditionelle Gewaltenteilungsschema eingeordnet wird. Gleichwohl kann sie aus verschiedenen Gründen nicht befriedigen:

– Zur vollziehenden Gewalt (Exekutive), also zu dem, was nach Abzug der Gesetzgebung und Rechtsprechung „übrigbleibt", gehört nicht nur die Verwaltung, sondern auch die Regierung (die staatsleitende, auf politische Entscheidungen bezogene Tätigkeit).
– Die „Subtraktionsmethode" führt nur dann zu einem eindeutigen Ergebnis, wenn die anderen Bereiche, nämlich die Gesetzgebung und die Rechtsprechung, eindeutig festlegen, was jedoch nicht der Fall ist.
– Es gibt Staatstätigkeiten, die sich nicht oder nicht zwanglos in das überkommene Gewaltenteilungsschema einordnen lassen, so vor allem die Kontrolle (parlamentarische Kontrolle, Rechnungskontrolle durch den Bundesrechnungshof, Kontrollfunktionen des Wehrbeauftragten, des Datenschutzbeauftragten oder sonstiger Beauftragter).
– Schließlich ist eine „Definition", die sich in der Negation erschöpft, wenig aufschlußreich.

b) Deshalb wird immer wieder versucht, die Verwaltung im **7** materiellen Sinne *positiv zu bestimmen.* Die Bezugnahme auf einzelne Merkmale

etwa die Verwirklichung der Staatszwecke für den Einzelfall *(Peters),* die Sozialgestaltung im Rahmen der Gesetze und auf dem Boden des Rechts *(Forsthoff),* den Einsatz hoheitlicher Mittel *(Giese),* die Weisungsgebundenheit *(Merkl),* die Rechtsanwendung, soweit nicht Streiterledigung und Strafrechtspflege *(Giacometti),* den planmäßigen zweckgerichteten Vollzug bereits getroffener politischer Entscheidungen *(Thieme),* die Herstellung verbindlicher Entscheidungen *(Luhmann),* die Dienstleistung *(Ellwein)*

weist zwar jeweils auf wesentliche Aspekte, gibt aber keine erschöpfende Definition. Sie ist z. T. auch an verwaltungswissenschaftlichen Fragestellungen ausgerichtet und daher für einen juristisch relevanten Verwaltungsbegriff, der an der verfassungsrechtlichen Funktionenteilung nicht vorbeigehen kann, nicht brauchbar. Die Versuche, die Verwaltung präziser zu definieren, bleiben dagegen ziemlich abstrakt und sind auch schwer nachvollziehbar.

Das gilt etwa für die bekannte Definition von *Wolff/Bachof* (VerwR I § 2 III): „Öffentliche Verwaltung im materiellen Sinne ist also die mannigfaltige, konditional oder nur zweckbestimmte, also insofern fremdbestimmte, nur teilplanende, selbstbeteiligt entscheidend ausführende und gestaltende Wahrnehmung der Angelegenheiten von Gemeinwesen und ihrer Mitglieder als solcher durch die dafür bestellten Sachverwalter des Gemeinwesens". Vgl. auch *Bachof*, EvStL Sp. 3828; ferner nunmehr in etwas abgewandelter Form *Wolff/Bachof/Stober*, VerwR § 2 Rn. 12.

c) In der neueren Literatur werden zunehmend – mehr oder weniger deutlich – beide Methoden miteinander kombiniert und die Verwaltung sowohl im Wege der negativen Abgrenzung als auch durch Benennung positiver Merkmale definiert.

So vor allem *Stern,* der zudem noch wesentlich auf das organisatorische Moment, die Organe der vollziehenden Gewalt als Träger der Verwaltung, abstellt, wobei freilich wiederum die Gefahr des Zirkelschlusses entsteht (Staatsrecht II S. 736 ff.). *Stern* scheidet in seiner Definition zunächst „negativ" die Rechtsetzung, die Regierung, die staatsleitende Planung, die militärische Verteidigung und die Rechtsprechung aus und bestimmt sodann „positiv" die Verwaltung als „die den Organen der vollziehenden Gewalt und bestimmten diesen zuzurechnenden Rechtssubjekten übertragene eigenverantwortliche ständige Erledigung der Aufgaben des Gemeinwesens durch konkrete Maßnahmen in rechtlicher Bindung nach (mehr oder weniger spezifiziert) vorgegebener Zwecksetzung" (S. 738).

8   d) Insgesamt zeigen die bisherigen Definitionsversuche, daß ein voll befriedigendes Ergebnis noch nicht erzielt worden ist und wohl auch nicht erreichbar ist. Das liegt nicht an mangelnden wissenschaftlichen Bemühungen, sondern an der Eigenart der Verwaltung, die nach Tätigkeitsbereichen, Aufgabenstellung, Struktur und Handlungsformen so vielgestaltig ist (vgl. unten II), daß eine begriffliche Erfassung nahezu unmöglich erscheint. So stellt denn auch *Forsthoff* (VerwR S. 1) fest, daß sich die Verwaltung nicht definieren, sondern nur beschreiben lasse.

3. Typische Merkmale der Verwaltung

Wenn auch der Begriff der Verwaltung im materiellen Sinne zweifelhaft ist, so lassen sich doch typische Merkmale der Verwaltung herausstellen, – Merkmale, die nicht stets, aber doch regelmäßig gegeben sind und somit das Wesen der Verwaltung charakterisieren.

a) Verwaltung ist *Sozialgestaltung*. Gegenstand der Verwaltung ist **9** das soziale Zusammenleben; die Verwaltung hat sich mit den Angelegenheiten des Gemeinwesens und der Menschen im Gemeinwesen zu befassen.

b) Daraus folgt, daß die Verwaltung am *öffentlichen Interesse* ori- **10** entiert sein muß. Die „öffentlichen Interessen" liegen allerdings nicht ein für allemal fest, sondern sind dem Wandel der Zeit unterworfen und auch in ihrer Zeit oft kontrovers. Vor allem im pluralistischen Staatswesen unserer Gegenwart ist immer wieder fraglich, was zu den öffentlichen Interessen gehört und welches Gewicht ihnen bei Interessenkonflikten zukommt. Maßgeblich sind vor allem die Verfassung und in deren Rahmen die Gesetzgebung. Die öffentlichen Interessen können sich mit Individualinteressen ganz oder teilweise decken, ihnen aber auch entgegenstehen. Da das Grundgesetz die Menschenwürde zum obersten Konstitutionsprinzip erklärt und die Grundrechte nachdrücklich garantiert (Art. 1 ff. GG), sind bei der Verfolgung der öffentlichen Interessen auch die Interessen einzelner zu beachten, ja kann sogar die Wahrnehmung von Individualinteressen zur öffentlichen Aufgabe gehören (etwa Sozialfürsorge).

c) Verwaltung ist vor allem *aktive, in die Zukunft gerichtete Ge-* **11** *staltung*. Das wird deutlich, wenn sie Gesetze vollzieht. Was der Gesetzgeber generell-abstrakt bestimmt, soll durch die Verwaltung „in die Tat" umgesetzt werden. Die Verwaltung beschränkt sich jedoch nicht auf den Gesetzesvollzug, sondern hat darüber hinaus viele Aufgaben, die gesetzlich nicht festgelegt sind, sondern sich allgemein aus ihrem Auftrag ergeben (etwa Bau von Straßen, Unterhaltung sozialer Einrichtungen, Förderung kultureller Bestrebungen). Insoweit kann und muß die Verwaltung schöpferisch tätig werden, agiert sie aus eigener Initiative und nach eigenen Vorstellungen; sie bleibt aber auch hierbei an die bestehenden rechtlichen Grenzen und an die Richtlinien der Regierung gebunden.

Durch das Merkmal der Gestaltung unterscheidet sich die Verwaltung von der *rechtsprechenden Tätigkeit*. Die Gerichte sind zur rechtskräftigen Entscheidung von konkreten Streitfällen in Anwendung des geltenden Rechts berufen. Sie werden auf Antrag tätig und entscheiden als „unbeteiligte Dritte". Man kann daher sagen, daß die Verwaltung mehr agierend, die Rechtsprechung mehr reagierend wirkt.

12   d) Die Verwaltung trifft *konkrete Maßnahmen* zur Regelung von Einzelfällen und zur Verwirklichung bestimmter Vorhaben.

Dadurch unterscheidet sich die Verwaltung von der *Gesetzgebung,* die auf den Erlaß genereller und abstrakter Regelungen gerichtet ist und damit eine Vielzahl gedachter Fälle erfaßt. Freilich darf auch dieser Gesichtspunkt nicht verabsolutiert werden: So hat z.B. die planende Verwaltung häufig zeitlich und räumlich weit auszugreifen; andererseits können auch „Gesetze" auf wesentliche Einzelfragen bezogen sein (Einzelfallgesetze, Maßnahmegesetze).

II. Die Vielgestaltigkeit der Verwaltung

13   Die Verwaltung läßt sich – abgesehen von der oben getroffenen Unterscheidung zwischen Verwaltungstätigkeit und Verwaltungsorganisation – unter weiteren, sich z.T. überschneidenden Kriterien aufschlüsseln. Die verschiedenen Differenzierungsmöglichkeiten machen die Mannigfaltigkeit und Komplexität sowie die vielfältigen Bezüge der Verwaltung deutlich. Anknüpfungspunkte für eine Unterscheidung bieten:

1. Der Gegenstand der Verwaltung

14   Die zahlreichen und verschiedenartigen Tätigkeitsbereiche der Verwaltung werden bereits durch die Wortverbindungen Bauverwaltung, Schulverwaltung, Gewerbe- und Wirtschaftsverwaltung, Sozialverwaltung, Finanzverwaltung, Bundeswehrverwaltung, Forstverwaltung usw. indiziert.

Einen Eindruck von den vielfältigen Verwaltungsaufgaben vermitteln der Organisationsplan für die Regierungspräsidien in Baden-Württemberg und das – weitgehend verwirklichte – Muster eines Verwaltungsgliederungsplans für Städte (vgl. dazu unten Anhang 1 und 2 am Ende des Buches).

2. Die Aufgaben oder Zwecksetzungen der Verwaltung

15   a) Die *Ordnungsverwaltung* dient der Aufrechterhaltung der öffentlichen Sicherheit und Ordnung durch Abwehr der diesen drohenden

Gefahren. Dazu gehört z. B. die Regelung des Straßenverkehrs, die Kontrolle gewerblicher Betätigungen, die Bekämpfung von Seuchen.

Die Bezeichnung „*Polizei*" ist nicht mit der Ordnungsverwaltung identisch. Der Polizeibegriff hat im Laufe der Zeit eine ständige Einengung erfahren: Er erfaßte im 17. und 18. Jahrhundert die gesamte Innenverwaltung, beschränkte sich dann im 19. Jahrhundert auf die Ordnungsverwaltung (Gefahrabwehr) und wird seit 1945 nur noch auf die allgemeine, nicht fachspezifische Gefahrabwehr bezogen. Daher ist z. B. die (fachspezifische) Seuchenbekämpfung (nach dem Bundesseuchengesetz) „Gesundheitsverwaltung", nicht mehr „Gesundheitspolizei".

b) Die *Leistungsverwaltung* hat einmal durch gezielte Unterstützung einzelner (Sozialhilfe, Studienbeihilfen) und zum anderen durch Bereitstellung öffentlicher Einrichtungen (Verkehrs- und Versorgungsbetriebe, Kindergärten, Schulen, Krankenhäuser usw.) die Lebensbedingungen der Bürger zu gewährleisten und zu verbessern. **16**

c) *Die „Daseinsvorsorge"* erfaßt einen Teilbereich der Leistungsverwaltung und ist daher ihr zuzuordnen. Der Begriff „Daseinsvorsorge" wurde erstmals von *Forsthoff* in seiner 1938 erschienen Schrift „Die Verwaltung als Leistungsträger" geprägt. *Forsthoff* beschränkte ihn zunächst auf die Bereitstellung existenziell notwendiger Leistungen und Güter für die Bevölkerung (Strom, Wasser, Verkehrsbetriebe), erstreckte ihn aber später auf weitere, für ein sinnvolles menschliches Dasein notwendige Leistungen und Güter im wirtschaftlichen, sozialen und kulturellen Bereich. Inzwischen ist der Begriff der Daseinsvorsorge zum Allgemeingut geworden, zugleich aber auch sowohl hinsichtlich seines inhaltlichen Umfangs als auch hinsichtlich seiner juristischen Relevanz umstritten. Nach ganz überwiegender Auffassung handelt es sich nicht um einen Rechtsbegriff, aus dem sich bestimmte Rechtsfolgen, etwa Leistungsansprüche des Bürgers, ableiten ließen. Vielmehr geht es um die Benennung einer wesentlichen Aufgabe des Staates im sozialen Rechtsstaat, zunächst der Verwaltung, die die entsprechenden Leistungen zu erbringen hat, aber auch des Gesetzgebers, der entsprechende Regelungen zu erlassen hat. Rechtliche Bedeutung erlangt die Daseinsvorsorge dadurch, dass sie verschiedentlich als Tatbestandsmerkmal gesetzlicher Regelungen auftaucht (vgl. *Ronellenfitsch*, S. 97 ff.), auch in der Rechtsprechung in Bezug genommen **16 a** wird (vgl. etwa *BVerfGE* 66, 248, 258; *BGHZ* 154, 146, 150) und europarechtlich unter der Bezeichnung „Dienstleistungen von allgemeinem wirtschaftlichen Interesse" auftaucht (Art. 16, 86 II EGV).

Vgl. E. *Forsthoff,* Rechtsfragen der leistenden Verwaltung, 1959 (dort sind auch die wesentlichen Teile der oben erwähnten Schrift abgedruckt); *ders.,* Der Staat der Industriegesellschaft, 1971, S. 75 ff.; *ders.,* Lehrbuch des Verwaltungsrechts, 10. Aufl. 1973, S. 370 ff.; vgl. ferner – auch zur Weiterentwicklung – *Ronellenfitsch,* Daseinsvorsorge als Rechtsbegriff. Aktuelle Entwicklungen im nationalen und europäischen Recht, in: Blümel (Hg.), Ernst Forsthoff, 2003, S. 53 ff.; *Pielow,* Grundstrukturen öffentlicher Versorgung, 2001, S. 353 ff.; *R. Schmidt,* Die Liberalisierung der Daseinsvorsorge, Der Staat 42 (2003), S. 225 ff.; *Papier,* Kommunale Daseinsvorsorge im Spannungsfeld zwischen nationalem Recht und Gemeinschaftsrecht, DVBl. 2003, 686 ff.; *Kersten,* Die Entwicklung des Konzepts der Daseinsvorsorge im Werk von Ernst Forsthoff, Der Staat, Bd. 44 (2005), S. 543 ff.; *Schink,* Kommunale Daseinsvorsorge in Europa, DVBl. 2005, S. 861 ff.; *Weltli,* Die kommunale Daseinsvorsorge und der Vertrag über eine Verfassung für Europa, AöR Bd. 130 (2005), S. 529 ff.

16 b   d) *Die Gewährleistungsverwaltung* unterscheidet sich von der soeben erwähnten Leistungsverwaltung dadurch, daß der Staat nicht selbst Leistungen für den Bürger erbringt, sondern von anderer, insbesondere privatwirtschaftlicher Seite aus erfolgende Leistungen gewährleistet. Es handelt sich um eine relativ neue Verwaltungsaufgabe, die durch die Privatisierung der letzten Jahre und Jahrzehnte bedingt ist. Der Staat überträgt oder überläßt bestimmte, bislang von ihm wahrgenommene Tätigkeiten der Daseinsvorsorge dem privatwirtschaftlichen, durch Markt und Wettbewerb geprägten Bereich, muß aber, wenn und weil sie im Interesse der Bevölkerung notwendig sind, durch geeignete Maßnahmen sicherstellen, daß sie von den Privatunternehmern auch in ausreichendem Maße und in angemessener Weise wahrgenommen werden. Der Staat muß insoweit regulierend in das Marktgeschehen eingreifen. Man spricht daher auch vom „Regulierungsverwaltungsrecht" Die Standardbeispiele bilden die Telekommunikation, das Postwesen, die Eisenbahn und die Energieversorgung.

Vgl. dazu *Hermes,* Staatliche Infrastrukturverantwortung, 1998; *Trute,* Regulierung am Beispiel des Telekommunikationsrechts, Festschrift für Brohm, 2002, S. 169 ff.; *Voßkuhle* Beteiligung Privater an der Wahrnehmung öffentlicher Aufgaben und staatliche Verantwortung, VVDStRL 62 (2003), S. 266, 304 ff.; *Masing,* Grundstrukturen eines Regulierungsverwaltungsrechts, DV 36

(2003), S. 1 ff.; *ders.*, Regulierungsverantwortung und Erfüllungsverantwortung, VerwArch. 95 (2004), S. 151 ff.; ferner unten § 23 Rn. 60 ff.

c) Die *Lenkungsverwaltung* bezweckt die breiter angelegte Förde- **17** rung und Steuerung ganzer Bereiche des sozialen, wirtschaftlichen und kulturellen Lebens, etwa durch Maßnahmen der Raumordnung, Unterstützung strukturell schwacher Wirtschaftszweige, Förderung kultureller Bestrebungen (Theater, Film usw.). Ein typisches Instrument der Lenkungsverwaltung ist der Plan, ferner die Subvention, die Vergünstigungen gewährt und damit Anreize schafft.

Die Lenkungsverwaltung ist von der Ordnungsverwaltung, Leistungsverwaltung und Gewährleistungsverwaltung nicht scharf zu trennen. So dienen Maßnahmen des Umweltschutzes sowohl der Gefahrabwehr (Verbot gesundheitsschädlicher Luftverschmutzung) als auch der Verbesserung der Lebensbedingungen. Die Subventionierung ist nach ihrer Zwecksetzung Lenkungsverwaltung, in ihrer konkreten Auswirkung für den einzelnen Empfänger Leistungsverwaltung.

d) Die *Abgabenverwaltung* dient der Beschaffung der für den Staat **18** erforderlichen Geldmittel durch Erhebung von Steuern und sonstigen vom Bürger zu erbringenden Abgaben (Gebühren, Beiträge, Ausgleichsabgaben).

e) Die *Bedarfsverwaltung* hat dafür zu sorgen, daß das Personal **19** und die Sachmittel, die für die Durchführung der Verwaltungsaufgaben erforderlich sind, zur Verfügung stehen.

3. Die Rechtswirkungen der Verwaltungsmittel für den Bürger

Dieses Kriterium führt zur traditionellen Unterscheidung von **20** Eingriffsverwaltung und Leistungsverwaltung. *Eingriffsverwaltung* liegt vor, wenn die Verwaltung in die Rechtssphäre des Bürgers eingreift und dessen Freiheit oder Eigentum beschränkt, wenn sie also dem Bürger Verpflichtungen und Belastungen auferlegt. *Leistungsverwaltung* ist dagegen anzunehmen, wenn sie dem Bürger Leistungen oder sonstige Vergünstigungen gewährt. Im ersten Fall tritt die Verwaltung befehlend auf und setzt ihre Befehle notfalls mit Zwang durch, im zweiten Fall bietet die Verwaltung helfend und fördernd an.

Beispiele für die Eingriffsverwaltung: Beschränkungen im Straßenverkehr, Gewerbeverbote, Enteignungen, Veranlagung zur Steuer. – Beispiele für die Leistungsverwaltung: Fürsorgeleistungen, Subventionen, Bereitstellung kommunaler Einrichtungen.

21   Die Unterscheidung Eingriffsverwaltung und Leistungsverwaltung stößt in der Literatur zunehmend auf Ablehnung. Dabei wird jedoch oft verkannt, daß der Begriff „Leistungsverwaltung" doppeldeutig verwendet wird: Er kann sowohl materiell auf das Leisten als Verwaltungszweck (vgl. oben Rn. 16) als auch instrumental auf das Leisten als Verwaltungsmittel bezogen werden. Im Gegensatzpaar Eingriffsverwaltung – Leistungsverwaltung ist nur die letztere Deutung sinnvoll. Die oben getroffene Unterscheidung zwischen Ordnungsverwaltung und Leistungsverwaltung findet in der Unterscheidung Eingriffsverwaltung und Leistungsverwaltung keineswegs ihre Entsprechung. Eingriffsverwaltung und Leistungsverwaltung im instrumentalen Sinn stehen sich überhaupt nicht als zwei je selbständige Bereiche gegenüber, sondern sind vielfach miteinander verzahnt:

– So werden Leistungen häufig von bestimmten Verpflichtungen (Belastungen, Eingriffen) *abhängig gemacht,* etwa die Fortzahlung eines Stipendiums von einer erfolgreich abgelegten Prüfung, die Gewährung eines zinsgünstigen Baudarlehens von der Beachtung gewisser Richtlinien bei der späteren Vermietung.
– Ein und dieselbe Maßnahme kann Leistung und Eingriff *zugleich* sein, sei es für den Leistungsempfänger selbst (Wasserversorgung mit Benutzungszwang), sei es für einen Dritten (Subventionierung, die die Wettbewerbslage zugunsten des Subventionierten und damit zwangsläufig zu Lasten des nicht subventionierten Konkurrenten verschiebt).
– In manchen Verwaltungsbereichen *wechseln* Leistung und Eingriff, so etwa Baubeschränkungen einerseits und finanzielle Unterstützung andererseits im Rahmen des Umweltschutzes oder der Altstadtsanierung.
– Schließlich können Eingriff und Leistung zur Verfolgung bestimmter Verwaltungsziele *ambivalent* eingesetzt werden. Die Verwaltung kann das von ihr intendierte Verhalten des Bürgers durch Gebote oder Verbote, aber auch – und vielleicht sogar noch wirksamer – durch (belastende) Steuern oder (begünstigende) Subventionen erreichen. So kann z. B. eine unerwünschte Überproduktion landwirtschaftlicher Güter durch Kontingentierung und entsprechende Verbote, aber auch durch steuerliche Belastungen oder durch Subventionierung von Alternativen eingedämmt werden. Sehr anschaulich ist auch das Beispiel von *Jellinek,* VerwR S. 22: „Die Vertilgung von Kreuzottern könnte vielleicht den Grundstückseigentümern als polizeiliche Verpflichtung einseitig auferlegt werden, aber die Aussetzung einer Prämie von 50 Pfg. für jede getötete Kreuzotter zeitigt möglicherweise bessere Ergebnisse."

Die Bezeichnungen *Eingriffsverwaltung* und *Leistungsverwaltung* im   22
instrumentalen Sinn sind daher nur noch angebracht als *Kurzfor-
meln* für die Summe der *Verwaltungsmaßnahmen,* die belastend in die
Rechte des Bürgers *eingreifen* bzw. begünstigend dem Bürger
Rechte oder sonstige Vorteile *gewähren.* Insoweit haben sie aber
noch ihre Berechtigung, da die Eingriffsakte und Leistungsakte
– wegen ihrer unterschiedlichen Rechtswirkung für den betroffenen Bürger – rechtlich z. T. verschieden behandelt werden müssen.
Das wird sich später bei der Erörterung des Gesetzesvorbehaltes
und bei der Behandlung der Rücknahme und des Widerrufs von
Verwaltungsakten zeigen.

4. Die Rechtsformen der Verwaltung

Die Verwaltung wird in der Regel *hoheitlich,* d. h. nach dem ihr   23
eigenen Verwaltungsrecht und damit öffentlich-rechtlich tätig (Ho-
heitsverwaltung); sie kann sich aber u. U. auch der *Rechtsformen des
Privatrechts* bedienen (privatrechtlich handelnde Verwaltung), vgl.
dazu unten § 3 Rn. 9.

5. Der Grad der Gesetzesbindung

a) Die *gesetzesabhängige Verwaltung* wird durch besondere gesetz-   24
liche Regelungen bestimmt und geleitet. Die Gesetzesbindung
kann unterschiedliche Intensität aufweisen: Sie kann strikt sein mit
der Folge, daß die Verwaltung bei Vorliegen der gesetzlichen Tatbestandsvoraussetzungen entsprechend tätig werden *muß* (sog. rechtlich gebundene Verwaltung). Sie kann aber auch gelockert sein,
indem der Verwaltung bei Vorliegen der Tatbestandsvoraussetz-
zungen ein bestimmtes Ermessen verbleibt (Ermessensverwaltung).

Beispiele: Nach § 15 III VersG *muß* eine verbotene Versammlung aufgelöst
werden, – Fall der gesetzesgebundenen Verwaltung. Nach § 15 II VersG *kann*
eine nicht angemeldete Versammlung aufgelöst werden, – die Auflösung liegt
im Ermessen der Verwaltung. Vgl. dazu sowie zum Beurteilungsspielraum
näher unter § 7.

b) Die *gesetzesfreie Verwaltung* ist dagegen gesetzlich nicht determi-   25
niert, sondern kann nach ihrer Initiative und nach ihren Vorstellungen tätig werden, wobei sie selbstverständlich die allgemeinen recht-

lichen Grenzen und Bindungen einhalten muß (Zuständigkeitsvorschriften, Grundrechte, allgemeine Grundsätze des Verwaltungsrechts).

Beispiele: Straßenbau (er wird in diesem Zusammenhang regelmäßig genannt; dabei ist jedoch zu beachten, daß die Verwaltung zwar bei der Entscheidung, ob, wo und wie eine Straße gebaut werden soll, „gesetzesfrei" ist,
bei der Realisierung ihrer Entscheidung aber an das jeweilige Straßengesetz
und eine Reihe weiterer gesetzlicher Vorschriften gebunden ist); Errichtung
gesetzlich nicht zwingend vorgeschriebener kommunaler Einrichtungen.

6. Gliederung der Verwaltungsorganisation

26   Die Verwaltungsorganisation des Staates i. w. S. kann nach den jeweils zuständigen Gemeinwesen (rechtsfähigen Verwaltungsträgern)
weiter aufgegliedert werden. Man spricht von unmittelbarer Staatsverwaltung, wenn der Staat selbst durch seine Behörden tätig wird,
und von mittelbarer Staatsverwaltung, wenn der Staat die Verwaltungsaufgaben nicht selbst wahrnimmt, sondern sie auf von
ihm geschaffene, rechtlich verselbständigte Körperschaften, Anstalten oder Stiftungen überträgt. Staat ist nach der föderalistischen
Struktur der Bundesrepublik Deutschland sowohl der Bund als auch
die Bundesländer, so daß es sowohl (unmittelbare und mittelbare)
Bundesverwaltung als auch (unmittelbare und mittelbare) Landesverwaltung gibt. Die Verwaltung durch die Gemeinden und Landkreise gehört zur mittelbaren Landesverwaltung, nimmt dort aber
einen hervorragenden Platz ein. Neben diesen öffentlich-rechtlichen Verwaltungsträgern gibt es noch eine ganze Anzahl privatrechtlicher Organisationen (AG, GmbH usw.) und Privatpersonen,
denen die Erledigung bestimmter Verwaltungsaufgaben übertragen
worden ist, wobei die privatrechtlichen Organisationen entweder zu
diesem Zweck geschaffen wurden oder aber – wie die Privatpersonen – neben ihrer eigenen unternehmerischen Tätigkeit mit Verwaltungsaufgaben betraut werden. Vgl. zum Ganzen unter §§ 21 ff.

27   **Literatur zu § 1:** *Dürig,* Verfassung und Verwaltung im Wohlfahrtsstaat, JZ
1953, 193 ff.; *Forsthoff,* Rechtsfragen der leistenden Verwaltung, 1959; *Morstein-
Marx* (Hg.), Verwaltung, 1965; *Badura,* Auftrag und Grenzen der Verwaltung
im sozialen Rechtsstaat, DÖV 1968, 446 ff.; *Bachof/Brohm,* Die Dogmatik des
Verwaltungsrechts vor den Gegenwartsaufgaben der Verwaltung, Referate mit
Diskussion, VVDStRL 30 (1972), S. 193 ff.; *Bull,* Die Staatsaufgaben nach dem

Grundgesetz 2. Aufl. 1977; *Schuppert,* Die öffentliche Aufgabe als Schlüsselbegriff der Verwaltungswissenschaft, VerwArch. 71 (1980), S. 309 ff.; *Bachof,* Verwaltung, in: EvStL, Sp. 3827 ff.; *Stern,* Staatsrecht II, S. 732 ff.; *Wahl,* Zur Lage der Verwaltung Ende des 20. Jahrhunderts, DVG S. 1197 ff.; *M. Schröder,* Die Bereiche der Regierung und der Verwaltung, HStR III (1988), § 67, insbes. Rn. 16; *Bryde/Haverkate,* Die Einheit der Verwaltung als Rechtsproblem, Referate mit Diskussion, VVDStRL 46 (1988), S. 181 ff. mit Begleitaufsätzen von *Oebbecke,* DVBl. 1987, 866 ff.; *Sachs,* NJW 1987, 2338; *Schuppert,* DÖV 1987, 757 ff.; *Wendt,* NWVBl. 1987, 33 ff.; *B. Becker,* Öffentliche Verwaltung, 1989; *Bullinger,* Verwaltung im Rhythmus von Wirtschaft und Gesellschaft, JZ 1991, 53 ff.; *H. Dreier,* Zur „Eigenständigkeit" der Verwaltung, DV 25 (1992), S. 137 ff.; *Roellecke,* Verwaltung und Verwaltungsrecht, DV 29 (1996), S. 1 ff.; *König/Siedentopf* (Hg.), Öffentliche Verwaltung in Deutschland, 1997; *K. König,* Der Verwaltungsstaat in Deutschland, VerwArch. 88 (1997), S. 545 ff.; *Burgi,* Funktionale Privatisierung und Verwaltungshilfe, 1999; *R. Schmidt,* Die Reform von Verwaltung und Verwaltungsrecht, VerwArch. 91 (2000), S. 149 ff.; *Bullinger,* Das Recht auf eine gute Verwaltung nach der Grundrechtecharta der EU, Festschrift für Brohm, 2002, S. 25 ff.

Vgl. ferner die (aus der verwaltungsrechtlichen Sicht kommenden) Lehrbücher zur Verwaltungslehre von: *Thieme,* Verwaltungslehre, 4. Aufl. 1984; *ders.,* Einführung in die Verwaltungslehre, 1995; *Lecheler,* Verwaltungslehre, 1988; *Püttner,* Verwaltungslehre, 3. Aufl. 2000.

§ 2 Zur Geschichte der Verwaltung und des Verwaltungsrechts; Verfassung und Verwaltung

I. Die Verfassungsabhängigkeit der Verwaltung

Verwaltung und Verwaltungsrecht werden wesentlich durch die **1** *Verfassung ihrer Zeit bestimmt.* Das ist für die Gegenwart seit der vielzitierten Formel des ehemaligen Präsidenten des BVerwG *Fritz Werner* „Verwaltungsrecht als konkretisiertes Verfassungsrecht" (DVBl. 1959, 527) allgemein anerkannt. Das galt aber auch, wenigstens in den wesentlichen Zusammenhängen, schon früher. Die in der (geschriebenen oder ungeschriebenen) Verfassung zum Ausdruck kommenden Entscheidungen über den Staat, über seine Aufgaben und seine Kompetenzen sowie über sein Verhältnis zu den Bürgern müssen sich in der Verwaltung und im Verwaltungsrecht niederschlagen, wenn sie Wirklichkeit werden sollen. Insofern ist die Verwaltung „tätig werdende Verfassung" (*Lorenz von Stein,* Handbuch der Verwaltungslehre, 3. Aufl. 1888, Bd. 1, S. 6). Jede Verfassungsepoche hat ihren Verwaltungstyp.

2   Das bedeutet freilich nicht, daß die Verwaltung lediglich eine
Komponente der Verfassung wäre oder gar das Verwaltungsrecht
ohne weiteres aus der Verfassung abgeschrieben werden könnte.
Die Verwaltung wird *auch* durch *die politischen, sozialen, wirtschaftlichen, technischen und kulturellen Verhältnisse ihrer Zeit bestimmt,* wobei
nicht nur die tatsächlichen Zustände und Entwicklungen, sondern
auch die Vorstellungen und Erwartungen maßgeblich sind. Sie hat
auf die Anforderungen ihrer Zeit zu reagieren und mit den technischen Möglichkeiten ihrer Zeit zu arbeiten. Ferner gibt es Aufgaben und Strukturen, die jeder Verwaltung eigen sind und unabhängig von der Zeit und den verfassungsrechtlichen Verhältnissen
bestehen. Verwaltung und Verwaltungsrecht liegen also gleichsam
im Koordinatensystem von determinierender Verfassung und prä-
gender Umwelt. Sie wirken ihrerseits auf die Verfassung zurück.

3   Es liegt auf der Hand, daß sich *Verfassungsumwälzungen* und *-neu-
schöpfungen* auf die *Verwaltung auswirken;* aber das geschieht in der
Regel nicht sofort in einem Schub, sondern mit zeitlichen Verzögerungen, da diese zunächst selbst verarbeitet und dann ihre Konsequenzen für das Verwaltungsrecht ermittelt und verwirklicht
werden müssen. Die Ausrichtung des Verwaltungsrechts am Verfassungsrecht ist sonach ein langwieriger Prozeß, an dem Gesetzgeber, Rechtsprechung und Rechtslehre gleichermaßen beteiligt
sind.

In diesem Sinne ist auch der viel zitierte Satz *Otto Mayers* „Verfassungsrecht
vergeht, Verwaltungsrecht besteht" (Vorwort zur 3. Aufl. seines Verwaltungs-
rechtslehrbuchs) zu verstehen, der, wie der Kontext zeigt, zeitbedingt war.
Das um die Jahrhundertwende erschienene Werk *Otto Mayers* war dem liberalen Rechtsstaat seiner Zeit verpflichtet und damit geradezu ein Beispiel der
Verfassungsabhängigkeit des Verwaltungsrechts. Im übrigen bringt dieser Satz
die *auch* vorhandene eigene Konstanz der Verwaltung zutreffend zum Ausdruck.

II. Epochen der Verwaltungsgeschichte

Die historische Entwicklung soll im folgenden nur insoweit
verfolgt werden, als sie zum Verständnis der gegenwärtigen Ver-
waltungssituation notwendig ist. Daher setzt die Darstellung erst
mit der beginnenden Neuzeit ein und beschränkt sich auf einige
typisierende und generalisierende Bemerkungen.

1. Die Verwaltung im absoluten Staat des 17. und 18. Jahrhunderts

Im 17. Jahrhundert gelang es den Landesherren (Monarchen, **4** Fürsten) in Auseinandersetzung mit dem Adel, sich aus den Bindungen des überkommenen Ständerechts zu lösen („princeps legibus solutus"), die Staatsgewalt auszubauen und alle staatlichen Befugnisse in ihrer Person zu vereinen. Sie stützten sich auf das Beamtentum und das stehende Heer, die damals von ihnen zur Begründung und Erhaltung ihrer Macht geschaffen wurden. Die Beamten und Soldaten waren ausschließlich dem Landesherrn verpflichtet, der seinerseits – von den wenigen, praktisch kaum wirksamen Bindungen des Reichsrechts abgesehen – keinen rechtlichen Beschränkungen unterlag.

Die rechtliche Begründung lieferte das ius eminens. Es gab dem Landesherrn die Befugnis, in die sog. wohlerworbenen Rechte (iura quaesita), d. h. die auf besonderen Rechtstiteln beruhenden Rechte (insbesondere des Adels auf Grund des Ständerechts), einzugreifen. Im Laufe der Zeit wurde das ursprünglich als Ausnahmerecht gedachte ius eminens immer weiter ausgedehnt und bildete schließlich die Grundlage für das umfassende Hoheitsrecht des Landesherrn.

Die Verwaltungstätigkeit nahm an Umfang und Intensität erheblich zu. Sie griff reglementierend und befehlend, fördernd und helfend in alle Bereiche des gesellschaftlichen, wirtschaftlichen und sozialen Lebens ein, ja kümmerte sich sogar um die privaten Angelegenheiten des einzelnen. Der Grund für diese weit ausgreifende und aktive Verwaltung war einmal das Bestreben, durch Förderung von Gewerbe und Wirtschaft die für das Heerwesen und für die Hofhaltung erforderlichen Finanzmittel zu erlangen, aber auch die patriarchalisch verankerte Auffassung, daß der Staat nicht nur für das Wohl der Allgemeinheit, sondern auch für das Wohl (die „Glückseligkeit") des einzelnen Menschen zu sorgen habe.

Der absolute Staat wird daher auch als Wohlfahrtsstaat oder Polizeistaat (wobei „Polizei" den gesamten Bereich der inneren Verwaltung abdeckte) bezeichnet. Jedenfalls zeichnete er sich durch seine umfassende und intensive, zugleich aber auch rechtlich ungebundene Verwaltung aus.

Immerhin entwickelte sich gerade in jener Zeit die sog. Fiskustheorie: Der einzelne hat danach zwar die Eingriffe des Monarchen in seine (wohlerworbenen oder naturrechtlich begründeten) Rechte hinzunehmen, konnte aber ggf. vom Fiskus, der als selbständige, privatrechtliche Rechtsperson neben dem hoheitlich handelnden Monarchen gedacht wurde, Entschädigung verlangen. Daraus ergaben sich die bekannten Sätze: „Dulde, aber liquidiere", „Der Fiskus als Prügelknabe des Staates".

2. Die Verwaltung im liberalen Rechtsstaat des 19. Jahrhunderts

5   Das liberale Bürgertum des 19. Jahrhunderts wandte sich gegen die Bevormundung und Reglementierung des Staates, der sich im Monarchen und seinem Beamtenapparat verkörperte. Es forderte die Reduzierung der staatlichen Verwaltungtätigkeit auf den Bereich der Abwehr von Gefahren für die öffentliche Sicherheit und Ordnung und die Bindung auch dieses Restbereichs an die Gesetze. Der private, gesellschaftliche und wirtschaftliche Bereich sollte sich selbst und seinem eigenen, am Prinzip des freien Wettbewerbs orientierten Steuerungsmechanismus überlassen bleiben (Prinzip des laissez faire, laissez aller).

Diese Forderungen haben sich weitgehend, wenn auch nicht völlig durchgesetzt. Die im Laufe des 19. Jahrhunderts erlassenen Verfassungen führten zu einem Ausgleich zwischen dem Monarchen und dem Bürgertum. Die bislang unbeschränkte Macht des Monarchen wurde durch die Grundrechte und das Mitwirkungsrecht der Volksvertretung bei der Gesetzgebung beschränkt. Die Exekutive verblieb zwar beim Monarchen. Eingriffe der Verwaltung in Freiheit und Eigentum – und damit in den bürgerlich-gesellschaftlichen Bereich – waren aber nur zulässig, wenn ein von der Volksvertretung gebilligtes Gesetz hierzu ermächtigte (Grundrechte, Gesetzesvorbehalt). Dadurch wurde auch der für den liberalen Rechtsstaat typische Gesetzesbegriff bestimmt: Er bezog sich auf Eingriffe in Freiheit und Eigentum im allgemeinen Staat-Bürger-Verhältnis. Die Leistungsverwaltung, soweit sie überhaupt vorhanden war, die Verwaltungsorganisation und die dem staatsinternen Bereich zugerechneten besonderen Gewaltverhältnisse (vgl. dazu unten § 8 Rn. 26 ff.) konnten nach wie vor allein vom Monarchen geregelt werden, was freilich nicht ausschloß, daß er auch insoweit die Gesetzesform wählte, um die Volksvertretung in die Regelung und damit in die Verantwortung einzubeziehen.

Der Staat beschränkte sich auch tatsächlich weitgehend auf die Gewährleistung von Recht und Sicherheit und respektierte den von der bürgerlichen Gesellschaft in Anspruch genommenen Freiheitsbereich. Ausdruck und Höhepunkt dieser Entwicklung ist die 1869 erlassene Gewerbeordnung, die die Gewerbefreiheit postulierte und nur wenige, durch die Gefahrabwehr motivierte Beschränkungen und Eingriffe zuließ.

3. Die Verwaltung im sozialen Rechtsstaat des 20. Jahrhunderts

Schon im 19. Jahrhundert hat der Staat niemals völlig auf die **6** Einwirkung in den sozialen und wirtschaftlichen Bereich verzichtet, vom kulturellen Bereich (Schule, Hochschule) ganz abgesehen. Die zunehmende Industrialisierung und Technisierung, die Zusammenballung vieler Menschen auf engem Raum in Großstädten, die Verarmung weiter Bevölkerungsgruppen durch Kriegs- und Nachkriegszeiten, die Auflösung familiärer und nachbarschaftlicher Bindungen und Hilfen, andererseits aber auch die steigenden Bedürfnisse und die wachsenden Ansprüche des einzelnen – kurz die Entwicklung zur egalitären Industriegesellschaft unserer Zeit mit ihren Problemen – fordern den Staat immer mehr zur sozialen Aktivität heraus. Er muß für die soziale Sicherheit des einzelnen sorgen; er muß Leistungen und Einrichtungen unterschiedlichster Art zur Versorgung der Bevölkerung in wirtschaftlicher, sozialer und kultureller Hinsicht bereitstellen (so z.B. Wasser, Strom und Gas, Verkehrsbetriebe, Abwasser- und Abfallbeseitigung, Gesundheitsvorsorge, Krankenhäuser und Altersheime, Schulen, Hochschulen und sonstige Bildungseinrichtungen, Theater, Museen, Sportanlagen usw.); er muß schließlich auch gestaltend in das Sozial- und Wirtschaftsleben zur Schaffung sozialen Ausgleichs und zur Erhaltung und Förderung der wirtschaftlichen Prosperität eingreifen. Das Recht und die Pflicht des Staates zur Wahrnehmung aller dieser Aufgaben ergibt sich aus dem verfassungsrechtlich festgelegten Sozialstaatsprinzip (Art. 20 I, 28 I GG). Die „Gefahrab-

wehr" ist nach wie vor eine legitime und unverzichtbare Aufgabe
der Verwaltung, sie wird aber durch die Aufgaben der Vorsorge,
Leistung und Förderung im sozialen, wirtschaftlichen und kulturellen Bereich ergänzt. Die dadurch bedingte Ausweitung und Stei-
gerung der Verwaltungstätigkeit hat dazu geführt, daß der heutige
Staat geradezu als „Verwaltungsstaat" bezeichnet wird. Daran ist
richtig, daß diese Entwicklung zur erheblichen Ausdehnung der
Verwaltungstätigkeit und damit auch des Verwaltungsapparats
geführt hat. Entsprechendes gilt aber auch für den Gesetzgeber und
die Regierung, deren Aufgaben in sozial- und kulturstaatlicher
Hinsicht nicht weniger zugenommen haben, und die zudem verpflichtet sind, die Verwaltungstätigkeit durch Gesetze und Richtlinien zu leiten und zu binden.

7   Im *sozialen Rechtsstaat* verbinden sich Sozialauftrag und Rechtsstaatlichkeit. Auch die Leistungstätigkeit und Sozialgestaltung des
Staates muß die Formen und Bindungen des Rechts beachten. Das
unterscheidet den sozialen Rechtsstaat der Gegenwart grundlegend
vom Wohlfahrtsstaat des Absolutismus und stellt ihn in die Tradition des liberalen Rechtsstaats. Freilich ist er auch in rechtsstaatlicher Hinsicht über diesen hinaus gewachsen, weil er nicht nur die
formale Bindung an das Gesetz, sondern auch die Verwirklichung
materieller Gerechtigkeit fordert.

III. Die Entwicklung des Verwaltungsrechts

8   Die Voraussetzungen für ein Verwaltungsrecht im modernen
Sinn entstanden erst, als es im Laufe des 19. Jahrhunderts zur Ge-
setzesbindung der Verwaltung kam. Anlaß hierfür waren die Ge-
waltenteilung, die Zuständigkeitsregelungen erforderte, sowie die
Anerkennung von Grundrechten, die für Eingriffe in Freiheit und
Eigentum des Bürgers gesetzliche Regelungen verlangten.

9   Die *Wissenschaft* des 18. Jahrhunderts hatte sich noch ausschließlich mit der Verwaltungslehre und der Verwaltungspolitik, d.h. mit
den tatsächlichen Verhältnissen der Verwaltung und den Anforderungen, die an eine zweckmäßige und effektive Verwaltung zu
stellen sind, beschäftigt, wobei gelegentlich auch rechtliche Gesichtspunkte einflossen. Erst mit der Verrechtlichung der Verwal-

tung konnte sich auch eine Verwaltungs*rechts*wissenschaft heraus-
bilden. Sie wurde zunächst durch die sog. *staatswissenschaftliche
Methode* bestimmt, die von der Verwaltungsorganisation und vor
allem von den Aufgaben und den Tätigkeiten der verschiedenen
Verwaltungszweige ausging und die dafür maßgeblichen, z. T. zahlreichen und verstreuten Rechtsvorschriften zusammenstellte und
erläuterte. Es handelte sich also gegenständlich um besonderes
Verwaltungsrecht. Die ersten verwaltungsrechtlichen Darstellungen
erscheinen in größeren Werken, die unter dem Obertitel „Staatsrecht" sowohl das Verfassungsrecht (Staatsrecht im heute verstandenen Sinne) als auch das Verwaltungsrecht enthielten, sich aber
jeweils auf den Bereich eines Landes beschränkten.

Vgl. vor allem *Robert von Mohl,* Das Staatsrecht des Königreiches Württemberg, 2 Bde., 1. Aufl. 1829/1832, 2. Aufl. 1840 (1. Teil: Verfassungsrecht,
2. Teil: Verwaltungsrecht); ferner etwa *Julius Schmelzing,* Staatsrecht des König-
reichs Baiern, 2 Bde., 1820/1821 (1. Teil: Staats-Verfassungs-Recht, 2. Teil:
Staatsverwaltungs-Recht); *Ernst von Moy,* Lehrbuch des bayerischen Staatsrechts,
3 Bde., 1840/46 (1. Teil: Verfassungsrecht, 2. Teil: Verwaltungsrecht); *Ludwig
von Rönne,* Das Staats-Recht der Preußischen Monarchie, 2 Bde., 1. Aufl.
1856/63, 4. Aufl. (4 Bde.) 1881/1884 (1. Teil: Verfassungsrecht, 2. Teil: Verwaltungsrecht). Die Beispiele ließen sich vermehren. In der Regel wurde in die
damals zahlreichen Darstellungen des Staatsrechts der Länder das Verwaltungsrecht einbezogen. Später kam es auch zu eigenständigen, über den Landesbereich
hinausgehenden Lehrbüchern des Verwaltungsrechts, die sich zwar ebenfalls
noch an der staatswissenschaftlichen Methode orientierten, aber auch schon mit
„allgemeinen Lehren" befaßten, vgl. *Georg Meyer,* Lehrbuch des deutschen
Verwaltungsrechts, 2 Bde., 1883/85; 4., von *Duchow* hg. Aufl. 1913; *Edgar
Löning,* Lehrbuch des deutschen Verwaltungsrechts, 1884; *Karl Frhr. von Stengel,*
Lehrbuch des Deutschen Verwaltungsrechts, 1886.

Gegen Ende des letzten Jahrhunderts wurde die staatswissenschaftliche Methode durch die sog. *juristische Methode* verdrängt, der
es nicht nur um die Sammlung und die Bewertung des Rechtsstoffes, sondern auch und vor allem um die Herausbildung der
allgemeinen Begriffe, übergreifenden Gesichtspunkte und durch-
gehenden Strukturen des Verwaltungsrechts ging. Damit wurde das
Allgemeine Verwaltungsrecht begründet. Bahnbrechend wirkte das
1895/96 erschienene Lehrbuch von *Otto Mayer.* Es ist die klassische
Darstellung des Verwaltungsrechts des liberalen Rechtsstaats. Sein
Hauptanliegen ist die rechtsstaatliche Erfassung und Bindung der
staatlichen Eingriffsverwaltung, was mit Hilfe des Gesetzesvorbe-

halts und des Verwaltungsaktes (= Eingriffsrechtsakt) geschah. Das
Lehrbuch, das noch zwei weitere Auflagen erlebte (1917 und
1924), hat durch seine klare Begrifflichkeit und innere Geschlos-
senheit Wissenschaft und Praxis nachhaltig – in seinen Grundzügen
bis heute – geprägt.

Otto Mayer, 1846 in Fürth bei Nürnberg geboren, beschäftigte sich als
Rechtsanwalt im elsässischen Mühlheim und vor allem als Professor an der
Universität Straßburg zunächst mit dem französischen Verwaltungsrecht und
verfaßte darüber auch ein Buch (Theorie des Französischen Verwaltungsrechts,
1886). Dadurch wurden auch seine Arbeiten zum deutschen Verwaltungsrecht,
insbesondere sein Lehrbuch, beeinflußt. Ferner folgte er mit der „juristischen
Methode" entsprechenden Entwicklungen im deutschen Zivilrecht und vor
allem im deutschen Staatsrecht (wo insbesondere Carl Friedrich von Gerber und
Paul Laband die juristische oder – nach der üblichen Terminologie – positivi-
stische Richtung entwickelten und vertraten). Er hat aber auch im deutschen
Verwaltungsrecht Vorläufer, so vor allen Friedrich Franz Mayer (Grundzüge des
Verwaltungs-Rechts und -Rechtsverfahrens, 1857; Grundsätze des Verwaltungs-Rechts, 1862) und Otto von Sarwey (Allgemeines Verwaltungsrecht,
1884), beide waren höhere Verwaltungsbeamte in Württemberg (Mayer württembergischer Oberamtmann, der dem heutigen Landrat entspricht; Sarwey
württembergischer Staatsrat, später Minister), vgl. zu O. Mayer: Heyen, Otto
Mayer. Studien zu den geistigen Grundlagen seiner Verwaltungsrechtswissenschaft, 1981; Hueber, Otto Mayer. Die „juristische Methode" im Verwaltungsrecht, 1982; Schmidt-De Caluwe, Der Verwaltungsakt in der Lehre Otto
Mayers, 1999; zu F. F. Mayer: T. Ishikawa, Friedrich Franz von Mayer. Begründer der „juristischen Methode" im deutschen Verwaltungsrecht, 1992.
Die Verwaltungswissenschaft erlebte durch Lorenz von Stein in der 2. Hälfte des
19. Jahrhunderts noch einmal einen Höhepunkt (Verwaltungslehre, 8 Teile,
1866–1884; Handbuch der Verwaltungslehre, 3. Aufl. 1887/1888), wurde
dann aber durch die juristische Methode fast ganz verdrängt. Vgl. zur Entwicklung der Verwaltungsrechtswissenschaft im letzten Jahrhundert Dennewitz,
S. 41 ff.; Stolleis, Geschichte, Bd. 2, S. 258 ff., 381 ff.

10   Von erheblicher Bedeutung für die Entwicklung des Verwaltungsrechts ist ferner die Errichtung der Verwaltungsgerichtsbarkeit,
zuerst 1863 in Baden, dann in Preußen (1872/75), Hessen (1875),
Württemberg (1876), Bayern (1879) usw. Eine ganze Reihe heute
selbstverständlicher Verwaltungsrechtsgrundsätze wurden von der
Verwaltungsrechtsprechung, insbesondere der des Preuß. Oberver-
waltungsgerichts, konzipiert und durchgesetzt.

Vgl. zur Entstehung und Entwicklung der Verwaltungsgerichtsbarkeit Külz/
Naumann (Hg.), Staatsbürger und Staatsgewalt, Bd. I, 1963; Baring (Hg.),
Aus 100 Jahren Verwaltungsgerichtsbarkeit, 1963; Rüfner, DVG III (1984),

S. 909 ff.; IV (1985), S. 639 ff., 1100 ff.; *Schmidt-Aßmann,* in: Schoch/Schmidt-Aßmann/Pietzner, VwGO, Einleitung, Rn. 70 ff.; *Hufen,* Verwaltungsprozeß-recht, § 2 Rn. 6 ff.

Die verfassungsrechtlichen Veränderungen, die sich aus dem **11** Sturz der Monarchie und der Einführung der parlamentarischen Demokratie durch die Weimarer Reichsverfassung von 1919 erga-ben, vermochten sich in der kurzen Zeit der Weimarer Republik kaum auf das Verwaltungsrecht auszuwirken, obwohl es an beacht-lichen verwaltungsrechtlichen Werken nicht fehlte.

Zu nennen sind vor allem *Fritz Fleiner,* Institutionen des deutschen Verwal-tungsrechts, 1. Aufl. 1911, 8. Aufl. 1928; *Walter Jellinek,* Verwaltungsrecht, 1. Aufl. 1927, 3. Aufl. 1931; *Julius Hatschek,* Institutionen (später Lehrbuch) des deutschen und preußischen Verwaltungsrechts, 1. Aufl. 1919, 7./8. Auflage 1931 mit Nachtrag 1932 (bearbeitet von *Paul Kurtzig*); *Adolf Merkl,* Allgemei-nes Verwaltungsrecht, 1927 (auf der Grundlage der Reinen Rechtslehre). Weitere Nachweise bei *Jellinek,* aaO., 3. Aufl. 1931, S. 98 ff.; *Stolleis,* DVG IV (1985), S. 77 ff.; *ders.,* Geschichte, Bd. 3, S. 234 ff.

Die sich in dieser Richtung anbahnenden Tendenzen wurden durch die nationalsozialistische Gewaltherrschaft, die auch die Verwaltung dem „Führerprinzip" auslieferte, unterbrochen. Um so stärker konnten sie sich nach 1945 und vor allem nach Erlaß des Grundgesetzes im Jahre 1949 durchsetzen.

IV. Das Verwaltungsrecht unter dem Grundgesetz

Das Grundgesetz hat – wenn auch wiederum teilweise mit zeitli- **12** chen Verzögerungen – das Verwaltungsrecht in Bewegung ge-bracht. Es hat zu tiefgreifenden Umschichtungen, zur Ablehnung traditioneller Rechtsauffassungen und zur Anerkennung neuer Rechtsinstitute geführt. Rechtsprechung und Rechtslehre hatten gleichermaßen Anteil an diesem Prozeß; die Rechtsprechung hat verschiedentlich sogar die leitende Rolle übernommen (so etwa das *BVerwG* bezüglich der begrenzten Rücknahme begünstigender Verwaltungsakte) oder den entscheidenden Durchbruch erreicht (so etwa das *BVerfG* bezüglich der Verwerfung des besonderen Ge-waltverhältnisses).

Als maßgebliche Verwaltungsrechtslehrbücher der ersten Jahrzehnte nach dem 2. Weltkrieg sind vor allem zu nennen: *Ernst Forsthoff,* Lehrbuch des Ver-

waltungsrechts, 1. Bd.: Allgemeiner Teil, 1950, 10. Aufl. 1973; *Hans J. Wolff,*
Verwaltungsrecht I, 1956 (zu den weiteren Bänden und den Neubearbeitungen
vgl. das Literaturverzeichnis zu Beginn dieses Buches); *Hans Peters,* Lehrbuch der
Verwaltung, 1949; *Kurt Egon von Turegg,* Lehrbuch des Verwaltungsrechts, 1950,
4. von *Erwin Kraus* bearb. Aufl. 1962. – Erheblichen Einfluß hatte auch eine
Reihe von Monographien, insbesondere Habilitationsschriften, aus jener Zeit, so
vor allem *Otto Bachof,* Die verwaltungsgerichtliche Klage auf Vornahme einer
Amtshandlung, 1951; *Dietrich Jesch,* Gesetz und Verwaltung, 1961; *Peter Lerche,*
Übermaß und Verfassungsrecht, 1961; *Hans Heinrich Rupp,* Grundfragen der
heutigen Verwaltungsrechtslehre, 1965, 2., erg. Aufl. 1991.

Im einzelnen kann hier die Entwicklung nicht nachgezeichnet
werden, zumal sie in diesem Grundriß immer wieder zum Ausdruck kommen wird. Es muß hier genügen, die *verfassungsrechtlichen
Grundsätze und Anstöße,* die sich im Verwaltungsrecht auswirken
müssen und ausgewirkt haben, anzugeben:

13   1. Das Grundgesetz – die Grundrechte, die übrigen Verfassungsvorschriften und die übergreifenden Verfassungsprinzipien (Rechtsstaatsprinzip, Sozialstaatsprinzip usw.) – gelten für die *gesamte
Staatsgewalt* in allen ihren Erscheinungen und allen ihren Äußerungen. Es gibt daher keine rechtsfreien Räume mehr (etwa besondere
Gewaltverhältnisse, rechtsfreie Hoheitsakte, Gnadenakte).

14   2. Die Verwaltung hat im Verfassungssystem des Grundgesetzes
ihren *eigenständigen Platz* als demokratisch legitimierte Staatsgewalt
(Art. 20 II GG); sie ist aber zugleich an den parlamentarischen
Gesetzgeber gebunden (Art. 20 III GG) und kann durch die *Gerichte
kontrolliert* werden (Art. 19 IV, 92 ff. GG).

15   3. Die Aufgaben der *Leistungs- und Lenkungsverwaltung* sind verfassungsrechtlich anerkannt. Daher müssen – neben den traditionellen Formen der Eingriffsverwaltung, die auch heute noch
rechtswissenschaftliche Aufmerksamkeit erfordern – die *adäquaten
verwaltungsrechtlichen Instrumente* für die Erfüllung der typischen
Aufgaben der Leistungs- und Lenkungsverwaltung im sozial- und
kulturstaatlichen Sinne entwickelt und gepflegt werden.

16   4. Das Grundgesetz geht von der *Würde und der Freiheit des Menschen* aus (Art. 1, 2 I GG, Rechtsstaatsprinzip, Sozialstaatsprinzip).
Der einzelne darf daher nicht bloß als „Untertan" der Verwaltung,
sondern muß als „mündiger Bürger" betrachtet und behandelt
werden. Das hat konkrete Folgen, so etwa

– für die Anerkennung *subjektiver Rechte,* vgl. dazu grundlegend *BVerwGE* 1, 159 (Fürsorgeanspruch), ferner unten § 8 Rn. 4 ff.
– für die Anerkennung von *Verträgen* zwischen Verwaltung und Bürger, vgl. dazu grundlegend *BVerwGE* 23, 213 (Baudispensvertrag), ferner unten § 14 Rn. 21 ff.
– für die Verpflichtung der Verwaltung, bei *Ermessensentscheidungen* die grundrechtlich geschützten Interessen des einzelnen Bürgers zu berücksichtigen, vgl. unten § 7 Rn. 23
– für die Gewährleistung eines die Rechte des Bürgers sichernden Verwaltungsverfahrens mit spezifischen Verfahrensrechten, etwa dem Recht auf Anhörung, dem Recht auf Akteneinsicht usw., vgl. *BVerfGE* 53, 30, 62 ff. (Genehmigung eines Kernkraftwerks, „Grundrechtsschutz durch Verfahren"), ferner unten § 19 Rn. 8 ff.,
– für den Schutz des Persönlichkeitsrechts gegenüber neuen technischen Entwicklungen im Verwaltungsbereich, vgl. *BVerfGE* 65, 1, 41 ff. (Datenschutz), ferner unten § 18 Rn. 3 a.

5. Schließlich lassen sich aus den Verfassungsnormen und Ver-   **17**
fassungsprinzipien *allgemeine Grundsätze des Verwaltungsrechts ableiten,* so etwa das Vertrauensschutzprinzip, das aus den Prinzipien der Rechtsstaatlichkeit und der Rechtssicherheit gefolgert wird, vgl. dazu die Rechtsprechung des *BVerwG* zur Rücknahme begünstigender Verwaltungsakte, die nunmehr im wesentlichen gesetzlich rezipiert worden ist (dazu unten § 11 Rn. 21 ff.).

V. Das Verwaltungsrecht in der ehemaligen DDR
und im Einigungsvertrag

1. *Das Verwaltungsrecht in der DDR.* Die ideologische und politi-   **18**
sche Ausrichtung der DDR an der marxistisch-leninistischen Staats- und Gesellschaftslehre hatte auch Konsequenzen für das Verwaltungsrecht. Die „Verfassungsabhängigkeit" des Verwaltungsrechts zeigte sich auch hier, allerdings mit umgekehrtem Vorzeichen. Der „real existierende Sozialismus" in der DDR, der durch die Vorherrschaft der SED, den demokratischen Zentralismus, die Planwirtschaft und den sozialistischen Eigentumsbegriff geprägt war, stand einem Verwaltungsrecht, das darauf abzielte, die Kompetenzen und damit die Bindungen der Verwaltungstätigkeit und der Verwaltungsorgane festzulegen und sich daraus ergebende Rechte der Bürger zu begründen und zu sichern, ablehnend gegenüber. Die in den DDR-Verfassungen von 1949 und 1968/74

festgelegten Grundrechte blieben bedeutungslos. Die Begriffe „sozialistische Gesetzlichkeit" und später – seit 1988 – sogar „sozialistischer Rechtsstaat" implizierten keine rechtsstaatlichen Bindungen. Das Recht war lediglich ein Instrument zur Durchsetzung der Ziele der „Arbeiterklasse und ihrer marxistisch-leninistischen Partei" (Art. 1 I DDR-Verf. 1968/1974) oder – genauer – zur Machterhaltung der Spitzengruppe der SED-Funktionäre.

19   Die Verwaltungsrechtslehre war wechselnden Pressionen ausgesetzt. 1957 erschien unter der Federführung von *Bönninger* ein Lehrbuch zum allgemeinen Verwaltungsrecht, das sich durch Anlehnung an ein kurz zuvor in die deutsche Sprache übersetztes Lehrbuch zum sowjetischen Verwaltungsrecht zu etablieren versuchte, aber auch eigenständige Züge in Anknüpfung an die deutsche Verwaltungsrechtstradition aufwies. Bereits ein Jahr später prangerte indessen der damalige Generalsekretär der SED und Vorsitzende des Staatsrats Walter Ulbricht auf der Babelsberger Konferenz 1958 das Verwaltungsrecht wegen seiner „bürgerlichen Tendenzen" an und verlangte seine Abschaffung. Es wurde daraufhin offiziell als selbständiges Rechtsgebiet beseitigt. Das war ein auch im sozialistischen Ostblock einmaliger Vorgang (lediglich in der Sowjetunion wurde es in den zwanziger Jahren zeitweilig abgeschafft). Erst zu Beginn der siebziger Jahre, nach dem personellen Wechsel im Amt des Generalsekretärs, wurde „das Verwaltungsrecht" allmählich wieder akzeptiert. Es erschien auch ein von einem Autorenkollektiv verfaßtes Lehrbuch zum Verwaltungsrecht (1979; 2. Aufl. 1988). Dieses – einzige – Verwaltungsrechtslehrbuch beschränkte sich jedoch auf die deskriptive Darstellung des Stoffes unter Beachtung der Parteilinie; wissenschaftliche Auseinandersetzungen, kritische Stellungnahmen und rechtsdogmatische Systematisierungen wurden vermieden, was auch nicht weiter verwundert, da nicht nur weithin wissenschaftliche Vorarbeiten fehlten, sondern auch die offiziellen Vorgaben eingehalten werden mußten. Ein „sozialistisches Verwaltungsrecht" wird nicht erkennbar. Im übrigen Schrifttum finden sich jedoch in den 80er Jahren gelegentlich kritische und weiterführende Stellungnahmen, insbesonders im Blick auf den Rechtsschutz des Bürgers. Da es in der DDR keine Verwaltungsgerichtsbarkeit gab (das Gesetz über die Zuständigkeit und das Verfahren der Gerichte zur Nachprüfung von Verwaltungsentscheidungen vom 14. 12. 1988 trat erst am 1. 7. 1989 in Kraft und hatte damit keine Auswirkungen mehr), kamen auch von daher keine Anstöße. Wissenschaftliche Kontakte mit dem Westen fanden so gut wie nicht statt; die DDR schirmte sich – anders als etwa Polen und Ungarn – auch insoweit hermetisch gegenüber dem Westen ab. Es braucht nicht weiter dargelegt zu werden, daß unter diesen Voraussetzungen das Verwaltungsrecht und die Verwaltungsrechtslehre der sozialistischen DDR nach der Wiedervereinigung kaum etwas einbringen konnten.

Vgl. zu den genannten Lehrbüchern: *Studenikin/Wlassow/Jewtichijew*, Sowjetisches Verwaltungsrecht, Allgemeiner Teil, 1950, deutsche Übersetzung 1954; *Bönninger/Hochbaum/Lekschas/Schulze,* Das Verwaltungsrecht der Deutschen Demokratischen Republik, Allgemeiner Teil, 1957 (dazu *Ule,* VerwArch. Bd. 49, 1958, S. 285 ff.); *Akademie für Staats- und Rechtswissenschaft der DDR* (Hg.), Verwaltungsrecht, Lehrbuch, 1979, 2. vollständig überarbeitete Aufl. 1988 (vgl. zur 1. Aufl. die eingehenden Besprechungen von *Brunner,* DV 14 (1981) S. 92 ff. und von *W. Schmidt,* Der Staat 20 (1981) S. 593 ff.). – Ferner allgemein zum Verwaltungsrecht in der ehemaligen DDR: *Brunner,* Einführung in das Recht der DDR, 2. Aufl. 1979, S. 37 f.; *Püttner,* Zur Entwicklung des Verwaltungsrechts in der DDR, Festschrift für Mampel, 1983, S. 143 ff.; *Ule,* Gesetzlichkeit in der Verwaltung durch Verwaltungsverfahren und gerichtliche Kontrolle in der DDR, DVBl. 1985, 1029 ff.; *Bönninger,* Theorie des Verwaltungsrechts im administrativen System und im demokratischen Rechtsstaat, NJ 1990, 102 ff.; *K. König* (Hg.), Verwaltungsstrukturen der DDR, 1991 *Bernet,* Entwicklung und Zustand der Verwaltungsrechtswissenschaft der DDR, Der Staat 29 (1990), S. 389 ff.; *Stelkens,* Verwaltungsverfahren, 1991, S. 9 ff.; *Hauschild,* Die örtliche Verwaltung im Staats- und Verwaltungssystem der DDR, 1991; *R. Schröder,* Geschichte des DDR-Rechts, Jura 2004, 73 ff.; *Stelkens/ Sachs,* StBS Einleitung Rn. 100 ff.

2. *Das Verwaltungsrecht in der DDR nach der Wende.* Die gewalt-   **20** freie Revolution und der Zusammenbruch der SED-Herrschaft im Herbst 1989 führte zu einem grundlegenden Wandel der politischen und rechtlichen Verhältnisse in der DDR. Die am 18. 3. 1990 erstmals frei gewählte Volkskammer der DDR erließ eine ganze Reihe von Gesetzen, die in Anlehnung an bundesdeutsche Rechtsvorschriften die für einen freiheitlichen Rechtsstaat erforderlichen Rechtsgrundlagen schaffen sollten. Erhebliche Bedeutung kam vor allem dem Vertrag über die Schaffung einer Währungs-, Wirtschafts- und Sozialunion zwischen der Bundesrepublik

Deutschland und der Deutschen Demokratischen Republik (Währungsvertrag) vom 18. 5. 1990 zu, der von der Volkskammer mit verfassungsändernder Mehrheit angenommen wurde (Verfassungsgesetz vom 21. 6. 1990, GBl. I 331). Er bildete nicht nur die Vorstufe zur Wiedervereinigung, wie sich aus seiner Präambel und seiner gesamten Tendenz ergibt, sondern legte auch die Prinzipien der „freiheitlichen, demokratischen, föderativen, rechtsstaatlichen und sozialen Grundordnung" verbindlich fest (Art. 2 I, 4 I Währungsvertrag).

21   Von den zahlreichen, in der Zeit zwischen dem 18. 3. 1990 und dem 3. 10. 1990 (Tag der Wiedervereinigung) erlassenen Gesetzen der Volkskammer sind – neben dem Verfassungsgrundsätzegesetz vom 17. 6. 1990 (GBl. I S. 299), das eben diese Verfassungsprinzipien realisierte – in verwaltungsrechtlicher Hinsicht vor allem zu nennen:

– im Bereich des Kommunalrechts das Gesetz über die Selbstverwaltung der Gemeinden und Landkreise in der DDR (Kommunalverfassung) vom 17. 5. 1990 (GBl. I S. 255), das Kommunalvermögensgesetz vom 6. 7. 1990 (GBl. I S. 660) und das Sparkassengesetz vom 29. 6. 1990 (GBl. I S. 567);
– im Bereich des Polizei- und Baurechts das Gesetz über die Aufgaben und Befugnisse der Polizei vom 13. 9. 1990 (GBl. I S. 1489) und das Gesetz über die Bauordnung vom 20. 7. 1990 (GBl. I S. 929);
– im Bereich des Schulrechts – neben der Vorläufigen Schulordnung und der Vorläufigen Hochschulordnung vom 18. 9. 1990 (GBl. I S. 1579 und 1585), die jeweils als Rechtsverordnungen erlassen worden sind – das Gesetz über Berufsschulen vom 19. 7. 1990 (GBl. I S. 919) und das Verfassungsgesetz über Schulen in freier Trägerschaft vom 22. 7. 1990 (GBl. I S. 1036);
– im Bereich des Verwaltungsrechtsschutzes das Gesetz über die Zuständigkeit und das Verfahren der Gerichte zur Nachprüfung von Verwaltungsentscheidungen vom 29. 6. 1990 (GBl. I S. 595).

Diese Gesetze sind zwar inzwischen durch Neuregelungen in den östlichen Bundesländern abgelöst worden, zeigen aber den Willen und die Bereitschaft zum demokratischen und rechtsstaatlichen Neuanfang nach dem Zusammenbruch der SED-Herrschaft.

22   3. *Das Verwaltungsrecht im Einigungsvertrag.* Die Wiedervereinigung erfolgte am 3. 10. 1990 mit dem Wirksamwerden des Vertrages zwischen der Bundesrepublik Deutschland und der Deutschen Demokratischen Republik über die Herstellung der Einheit Deutschlands (Einigungsvertrag) vom 31. 8. 1990, dem die gesetzgebenden Körperschaften in der DDR (22. 8.) und in der Bundesrepublik (23./24. 8.) mit jeweils verfassungsändernder Mehrheit zugestimmt hatten. Der Herstellung der staatlichen Einheit mußte die Herstellung der Rechtseinheit folgen. Da die politischen, wirtschaftlichen, sozialen und rechtlichen Verhältnisse in den beiden Staaten sehr unterschiedlich waren, konnte die Rechtsangleichung nicht durch *einen* Akt vollzogen werden, sondern bedurfte zahlreicher Anpassungs- und Übergangsregelungen. Zunächst war umstritten, ob das ehemalige DDR-Recht (einschließlich der nach dem 18. 3. 1990 erlassenen Gesetze) vorläufig, wenn auch mit Vorbehalten und Einschränkungen, weitergelten sollte oder ob umgekehrt das Bundesrecht sofort, wenngleich mit Einschränkungen und Maßgaben, in den neuen Bundesländern eingeführt werden sollte. Die Entscheidung fiel für die zweite Alternative.

Nach Art. 8 und 9 des Einigungsvertrages gilt folgendes: **23**

– Das Bundesrecht wird auf die neuen Bundesländer erstreckt, soweit sich aus dem Einigungsvertrag nichts anderes ergibt (Art. 8 I EV). Die Ausnahmen (Einschränkungen, Maßgaben, Ergänzungen) sind nach Zahl und Inhalt erheblich. Sie werden vor allem in der Anlage I des Einigungsvertrages aufgeführt.
– Das DDR-Recht, das nach der Kompetenzordnung des Grundgesetzes Landesrecht ist, bleibt in Kraft, soweit es mit dem Grundgesetz, dem übrigen in den neuen Bundesländern in Kraft gesetzten Bundesrecht und dem unmittelbar geltenden EG-Recht vereinbar ist (Art. 9 I EV). Es besitzt den Rang von Landesrecht und kann daher jederzeit von den Landesgesetzgebern abgeändert oder aufgehoben werden. Das gilt auch für die oben Rn. 21 genannten Verwaltungsgesetze (mit Ausnahme des Gesetzes über die gerichtliche Nachprüfung von Verwaltungsentscheidungen, das durch die – ihrerseits wieder für die neuen Bundesländer modifizierte – Verwaltungsgerichtsordnung abgelöst worden ist).
– Ferner bleibt das in der Anlage II des Einigungsvertrages aufgeführte DDR-Recht in Kraft, soweit es mit dem Grundgesetz und mit dem unmittelbar geltenden EG-Recht vereinbar ist, wobei wiederum die zahlreichen Einschränkungen, Maßgaben und Ergänzungen des Einigungsvertrages und der Anlage II zu beachten sind (Art. 9 II EV).
– Schließlich enthält der Einigungsvertrag noch eine Klausel für das nach der Vertragsunterzeichnung erlassene Recht der DDR. Es soll in Kraft bleiben, soweit eine entsprechende Vereinbarung zwischen den Vertragsparteien getroffen wird (Art. 9 III EV). Betroffen sind also die zwischen dem 31. 8. und dem 3. 10. erlassenen Rechtsvorschriften. Die entsprechenden Vereinbarungen finden sich in Art. 3 und 4 der Vereinbarung zur Durchführung und Auslegung des Einigungsvertrags vom 18. 9. 1990 (BGBl. II S. 1239).

24   Insgesamt bestand damit für die neuen Bundesländer eine ziemlich komplexe und unübersichtliche Materie, da die Grundsätze (Erstrekkung des Bundesrechtes, vorläufiger Fortbestand des DDR-Rechts) jeweils durch zahlreiche Abänderungen im Einzelfall durchbrochen werden. Die Anlagen I und II des Einigungsvertrages füllen etwa 350 eng bedruckte Seiten im Bundesgesetzblatt, die allerdings nicht nur das Verwaltungsrecht, sondern alle Rechtsbereiche betreffen. Hinzu kommen noch weitere Gesetze, die im Zusammenhang mit dem Einigungsvertrag erlassen worden sind, nämlich das Investitionsgesetz, das Vermögensgesetz und das Kirchensteuergesetz (als Grundlage für die landesrechtlich einzuziehende Kirchensteuer).

Einen guten Überblick und Einstieg in die Materie bietet das Buch: *Stern/ Schmidt-Bleibtreu,* Einigungsvertrag und Wahlvertrag, Verträge und Rechtsakte zur Deutschen Einheit, Bd. 2, 1990; dieser Band wird durch zwei weitere Bände derselben Autoren ergänzt: Bd. 1: Staatsvertrag zur Währungs-, Wirtschafts- und Sozialunion, 1990, und Bd. 3: Zwei-plus-Vier-Vertrag, 1991. – Vgl. ferner *W. Schäuble,* Der Vertrag, 1991 (Bericht des damaligen Bundesinnenministers über die Vertragsverhandlungen); *Brunner,* Was bleibt übrig vom DDR-Recht nach der Wiedervereinigung? JuS 1991, 353 ff.; *Brachmann,* Öffentliches Recht in den neuen Bundesländern nach dem Einigungsvertrag, LKV 1991, 12 ff.; *Stelkens,* Fragen zum Verwaltungsverfahrensgesetz nach dem Einigungsvertrag, DtZ 1991, 264 ff.; *Kloepfer/Kröger,* Rechtsangleichung nach Art. 8 und 9 des Einigungsvertrages, DVBl. 1991, 1031 ff.; *Degenhart,* Deutsche Einheit und Rechtsangleichung – Öffentliches Recht, JuS 1993, 627 ff.; *Stelkens/Sachs,* StBS, Einleitung, Rn. 118 f. Vgl. ferner zur Fortgeltung des Staatshaftungsgesetzes der DDR unten § 29 Rn. 39 ff.

VI. Die Europäische Integration

1. Entwicklung

25   Erhebliche Auswirkungen auf die Entwicklung der deutschen Verwaltung und des deutschen Verwaltungsrechts hatte und hat der fortschreitende Prozeß der Europäischen Integration. Er setzte bereits 1951 – sechs Jahre nach dem Ende des Zweiten Weltkriegs – mit der Gründung der Europäischen Gemeinschaft für Kohle und Stahl (EGKS, auch Montanunion genannt) ein und fand 1957 mit der Gründung der Europäischen Atomgemeinschaft (EAG, auch Euratom genannt) und der Europäischen Wirtschaftsgemeinschaft (EWG) seine Fortsetzung.

Gründungsstaaten der drei Gemeinschaften waren Frankreich, Italien, die drei Benelux-Staaten (Belgien, Niederlande, Luxemburg) und die Bundesrepublik Deutschland. Später traten weitere europäische Staaten bei, nämlich 1973 Großbritannien, Irland und Dänemark, 1981 Griechenland, 1986 Spanien und Portugal, 1995 Österreich, Finnland und Schweden. Am 1. 5. 2004 kamen acht osteuropäische Staaten (Estland, Lettland, Litauen, Polen, Tschechien, Slowakei, Ungarn, Slowenien) sowie Malta und Zypern hinzu. Weitere Staaten haben Beitrittsanträge gestellt.

Die europäischen Gemeinschaften sind nicht nur völkerrechtliche **26** Gebilde, sondern supranationale Organisationen, die originäre Hoheitsrechte im Vertragsgebiet besitzen. Ihre Zuständigkeiten erstreckten sich zunächst – nach dem Prinzip der Einzelermächtigung – auf wirtschaftliche Teilbereiche, nämlich auf die Produktion und den Vertrieb von Kohle und Stahl, auf die Entwicklung und Förderung der Atomenergie zu friedlichen Zwecken und – so die EWG – auf die Schaffung eines einheitlichen und freien Binnenmarktes. Sie wurden im Laufe der Zeit zunehmend weiter ausgebaut.

Die Entwicklung wird durch folgende Vertragswerke markiert: (1) die Fusionsverträge von 1957 und 1965, durch die die Organe der drei Gemeinschaften (jeweils Ministerrat, Kommission, parlamentarische Versammlung und Gerichtshof) zusammengelegt („fusioniert") wurden, (2) die sog. Einheitliche Europäische Akte (EEA) von 1986, die die Kompetenzen der EWG erheblich erweiterte, (3) den Vertrag über die Europäische Union (EU) vom 7. 2. 1992 (EUV, sog. Maastrichter Vertrag), der die EU gründete, ferner die politische Funktion der Gemeinschaften ausbaute, die Grundlagen für die Währungsunion schuf und die Politikbereiche „Gemeinsame Außen- und Sicherheitspolitik" (GASP) und die „Zusammenarbeit in den Bereichen Justiz und Inneres" (ZBJI) einführte, (4) den Vertrag von Amsterdam vom 2. 10. 1997, der zwar die angestrebte und im Blick auf die Osterweiterung erforderliche institutionelle Reform nicht erreichte, aber doch einige Fortschritte in organisatorischer und funktioneller Hinsicht brachte, (5) den Vertrag von Nizza vom 26. 2. 2001, der wiederum einige, allerdings bescheidene institutionelle Reformen brachte. (6) Der 2001 von den Staats- und Regierungschefs eingesetzte und 2002/03 unter Vorsitz des ehemaligen französischen Staatspräsidenten Giscard d'Estaing tagende Verfassungskonvent legte im Juni 2003 einen Entwurf eines „Vertrages über eine Verfassung für Europa" vor, der schließlich von den Staats- und Regierungschefs am 29. 10. 2004 feierlich unterzeichnet wurde. Der Vertrag bedarf noch der Ratifizierung durch alle Mitgliedsstaaten. Nachdem er durch Volksabstimmung in Frankreich und durch Volksbefragung in den Niederlanden abgelehnt wurde, ist freilich sein weiteres Schicksal noch ungewiss. Vgl. dazu *Oppermann*, Europarecht, § 1 Rn. 43 ff.; *Streinz,* Europarecht, Rn. 57 ff.

Da die Aufgaben und Zuständigkeiten der (früheren) EWG **28** durch die dargelegte Entwicklung zunehmend erweitert wurden und dabei auch nicht unmittelbar wirtschaftliche Bereiche erfassten, erhielt sie die neue Bezeichnung „Europäische Gemeinschaft" (EG), so daß nunmehr zwischen *den* Europäischen Gemeinschaften (EGKS, EAG und EG) und *der* Europäischen Gemeinschaft (EG, früher EWG) zu unterscheiden war. Der Vertrag über die Europäische Gemeinschaft für Kohle und Stahl war zeitlich auf 50 Jahre beschränkt (Art. 97 EGKSV) und lief daher am 23. 7. 2002 aus. Der Montanbereich, der ohnehin nicht mehr die zentrale Bedeutung wir in den 50er Jahren besitzt, fällt nunmehr in die Zuständigkeit der EG. Da die Organe der drei Gemeinschaften schon vor einigen Jahren zusammengelegt wurden (vgl. oben Rn. 27), änderte sich dadurch nicht viel.

Der EG-Vertrag wurde im Laufe der Zeit durch zahlreiche Änderungen (Zusätze und Aufhebung von Vorschriften) unübersichtlich. Daher bestimmte Art. 12 Amsterdamer Vertrag, daß die Artikel fortlaufend durchnummeriert und dementsprechend neu beziffert werden. Ferner wurden die auf Buchstaben lautenden Artikel des EU-Vertrages auf Zahlen umgestellt. Das erleichtert die Lesbarkeit der Verträge, hat aber die Konsequenz, daß die in der bisherigen Literatur und Rechtsprechung zitierten sowie in amtlichen Verlautbarungen zitierten Artikel nicht mehr stimmen. Eine offizielle „Übereinstimmungstabelle", die dem Vertrag als Anlage beigefügt wurde, ermöglicht jedoch einen Vergleich.

29   Nach dem derzeitigen Entwicklungsstand besteht die Europäische Union aus den zwei, rechtlich selbständigen, aber durch ihre gemeinsamen Organe miteinander verbundenen Gemeinschaften (EG und EAG; zur früheren EGKS vgl. oben Rn. 28) und den beiden Politikbereichen Gemeinsame Außen- und Sicherheitspolitik (GASP, Art. 11 ff. EUV) und polizeiliche und justitielle Zusammenarbeit in Strafsachen (PJZS, Art. 29 ff. EUV). Sie faßt aber nicht nur diese zusammen, sondern hat auch eigene Aufgaben und übergreifende Funktionen. In der Literatur wird versucht, dies komplizierte Gebilde bildhaft zu veranschaulichen. So wurde, als die EGKS noch bestand, von einem Drei-Säulen-Modell bzw. einem Fünf-Säulen-Modell (je nachdem, ob die drei Gemeinschaften zusammengefaßt oder einzeln aufgeführt werden) gesprochen, die durch die Europäische Union einen gemeinsamen Sockel und ein gemeinsames Dach erhielten; inzwischen ist auch von zwei Säulen (den beiden Gemeinschaften und den beiden Politikbereichen) die Rede (vgl. *Streinz,* Europarecht, Rn. 86; *Herdegen,* Europarecht,

§ 5 Rn. 1 ff.; *Oppermann*, Europarecht, § 6 Rn. 1). Die wesentlichen Unterschiede dürfen jedoch nicht übersehen werden. Die drei Gemeinschaften sind supranationale Organisationen, die Rechtsakte mit unmittelbarer Wirkung im Bereich der Mitgliedstaaten erlassen können, während die Politikbereiche intergouvernementale Einrichtungen mehr völkerrechtlicher Art sind. Die Europäische Union ist (noch) kein (staatsrechtlicher) Bundesstaat, aber auch kein bloßer (völkerrechtlicher) Staatenbund, sondern eine dazwischenliegende Organisation eigener Art. Das *BVerfG* bringt diese Zwischenstellung – im Anschluß an *P. Kirchhof* (HStR VII § 183 Rn. 54, 66, 69) – durch den Begriff „Staatenverbund" zum Ausdruck (*BVerfGE* 89, 155, 181 ff.), der jedoch für sich genommen noch keine rechtlichen Folgerungen zuläßt. Der Schwerpunkt der europäischen Integration liegt – jedenfalls soweit es um den Bereich der Verwaltung geht – bei der EG, die inzwischen erheblich über den engeren wirtschaftlichen Bereich hinausgewachsen ist und weitere Bereiche erfaßt (etwa Umweltschutz, Raumordnung, Sozialrecht, Gesundheitswesen, Bildung, Kommunalpolitik usw.). Auf sie beschränken sich auch die folgenden Ausführungen. Vgl. näher zur europäischen Entwicklung die oben im Literaturverzeichnis aufgeführten Lehrbücher.

2. Verfassungsrechtliche Voraussetzungen

Die Befugnis zum Abschluß der Verträge über die Gründung **30** der europäischen Gemeinschaften von 1951 und 1957 ergab sich aus der Ermächtigung des Art. 24 I GG (sog. Integrationshebel), der ein einfaches Bundesgesetz genügen läßt. Im Zuge der fortschreitenden Integration und im Blick auf die angestrebte politische Union wurde jedoch zweifelhaft, ob diese Ermächtigungsnorm noch tragfähig ist, zumal die Mitwirkung der Bundesrepublik im europäischen Bereich über die Bundesregierung läuft und damit innerstaatlich zu Kompetenzverlusten des Bundestages und der Bundesländer führt. Der verfassungsändernde Gesetzgeber hat deshalb durch Gesetz vom 21. 12. 1992 (BGBl. I S. 2086) Art. 23 als neuen Europaartikel in das Grundgesetz eingefügt (anstelle des früheren, nunmehr obsolet gewordenen und daher aufgehobenen

Wiedervereinigungsartikels), der zur Weiterentwicklung der europäischen Integration ermächtigt, zugleich aber auch die Grenzen der Übertragung von Hoheitsrechten festlegt und zudem die Stellung des Bundestages, des Bundesrates und der Bundesländer bei der innerstaatlichen Willensbildung in europarelevanten Angelegenheiten stärkt. Nach der sog. Struktursicherungsklausel des Art. 23 I 1 GG wirkt die Bundesrepublik „bei der Entwicklung der Europäischen Union mit, die demokratischen, rechtsstaatlichen, sozialen und föderativen Grundsätzen und dem Grundsatz der Subsidiarität verpflichtet ist und einen diesem Grundgesetz im wesentlichen vergleichbaren Grundrechtsschutz gewährleistet." Damit werden zugleich die Grenzen der Integration in bundesdeutscher Sicht gekennzeichnet. Rechtsakte der Europäischen Gemeinschaften, die diese Grenzen überschreiten, sind danach für die Bundesrepublik nicht verbindlich. Zu einem ernsthaften Konflikt wird es freilich nicht kommen, weil sich auch die Europäische Union und die Europäischen Gemeinschaften diesem Standard als Errungenschaft der westlichen Verfassungstradition verbunden wissen.

Trotz der verfassungsrechtlichen Absicherung sind gegen den Maastrichter Vertrag wie auch gegen die Neufassung des Art. 23 GG selbst Verfassungsbeschwerden beim *BVerfG* eingelegt worden. Das Gericht hat sie teilweise als unzulässig und teilweise als unbegründet zurückgewiesen (*BVerfGE* 89, 155). Es ist aber doch bemerkenswert, daß das Gericht den Maastrichter Vertrag verschiedentlich einschränkend auslegte und damit eine eher zurückhaltende Stellung zum Ausdruck brachte.

3. Der Einfluß des EG-Rechts auf das deutsche Verwaltungsrecht

31   Die Europäischen Gemeinschaften sind im Rahmen ihrer Zuständigkeiten befugt, Rechtsvorschriften zu erlassen, die entweder unmittelbar im Bereich der Mitgliedstaaten gelten oder als Richtlinien durch die Mitgliedstaaten in innerstaatliches Recht umzusetzen sind (vgl. dazu näher unten § 4 Rn. 49 ff.). Das nationale und damit auch das deutsche Recht wird durch die unmittelbar geltenden Vorschriften des EG-Rechts überlagert, beschränkt, verdrängt und ergänzt, bleibt aber, soweit jene nicht eingreifen, bestehen und verbindlich. Dadurch entsteht eine Gemengelage von Gemeinschaftsrecht und deutschem Recht. Das gilt gerade auch für das Verwal-

tungsrecht, auf das sich das EG-Recht vornehmlich erstreckt. Die Verflechtung wird dadurch noch verstärkt, daß der Vollzug des Gemeinschaftsrechts durch die Verwaltungsorgane der Mitgliedsstaaten mangels entsprechender Vorschriften des Gemeinschaftsrechts in der Regel nach den Bestimmungen des nationalen Verwaltungsverfahrensrechts erfolgt. Da aber das anzuwendende materielle Recht – hier wie auch sonst – auf das Verfahrensrecht einwirkt, wird auch das nationale Verwaltungsverfahrensrecht, soweit es um den Vollzug von Gemeinschaftsrecht geht, entsprechend modifiziert. Es ist daher durchaus möglich, daß der deutsche Verwaltungsbeamte im konkreten Fall nicht nur deutsche *und* gemeinschaftsrechtliche Rechtsnormen anzuwenden hat, sondern bei deren Anwendung auch gemeinschaftsrechtlich modifiziertes deutsches Verwaltungsverfahrensrecht beachten muß. Es ist zu erwarten, daß die unmittelbaren oder mittelbaren gemeinschaftsrechtlichen Bindungen auch Auswirkungen auf die Bereiche haben werden, die (noch) ausschließlich dem nationalen Recht verbleiben.

Das EG-Recht enthält (noch) keinen Allgemeinen Teil des Verwaltungsrechts. Es wäre zwar rechtlich möglich, solche Regelungen zu erlassen, die sich allerdings auf den Bereich des EG-Rechts und dessen Anwendung beschränken müßten. Dafür dürfte die Zeit jedoch noch nicht reif sein. Es bleibt daher Aufgabe der Rechtsprechung und der Rechtslehre, insbesondere des gem. Art. 220 EGV für die Auslegung und Anwendung des Gemeinschaftsrechts zuständigen Europäischen Gerichtshofs (EuGH), die gemeinsamen und übergreifenden Regeln, Grundsätze und Begriffe dieses Rechtsbereichs zu entwickeln.

Anknüpfungspunkte für die Entwicklung eines europäischen Allgemeinen Verwaltungsrechts bieten erstens die Strukturelemente und die Erfordernisse des Gemeinschaftsrechts, insbesondere – nach der Rechtsprechung des EuGH – der Grundsatz der effektiven Durchsetzung des Gemeinschaftsrechts (effet utile), zweitens die gemeinsamen Verwaltungsgrundsätze der Mitgliedstaaten und drittens die sich aus den einzelnen Vorschriften des Gemeinschaftsrechts im Wege der Abstraktion ergebenden und verallgemeinerungsfähigen Rechtsgedanken (vgl. dazu entsprechend zum deutschen Recht unten § 4 Rn. 29). Das deutsche Verwaltungsrecht

wird nicht nur durch das europäische Gemeinschaftsrecht beeinflußt, sondern hat auch umgekehrt – im Wettbewerb mit dem Verwaltungsrecht der anderen Mitgliedstaaten – die Chance, auf die
Herausbildung des europäischen Gemeinschaftsrechts Einfluß zu
nehmen. Aus dem bislang zweistufigen Verwaltungsrecht (Bundesrecht, Landesrecht) ist ein dreistufiges Verwaltungsrecht (Europäisches Gemeinschaftsrecht, Bundesrecht, Landesrecht) geworden.

33   Die Einwirkungen des Gemeinschaftsrechts auf das deutsche
Verwaltungsrecht werden später an den jeweils maßgeblichen Stellen erwähnt und behandelt, so daß hier ein kursorischer Überblick
genügt. Sie betreffen fast alle Bereiche des Allgemeinen Verwaltungsrecht, nämlich:

– das Verhältnis zwischen dem Gemeinschaftsrecht und dem deutschen Recht
  und damit die Einordnung des Gemeinschaftsrechts in die Rechtsquellenlehre (vgl. unten § 4 Rn. 49 ff.),
– die Zuständigkeit deutscher Verwaltungsträger und Behörden für den Vollzug des Gemeinschaftsrechts und damit das Verwaltungsorganisationsrecht
  (vgl. unten § 22 Rn. 12),
– das maßgebliche Verwaltungsverfahrensrecht (vgl. unten § 5 Rn. 25),
– das Staatshaftungsrecht (vgl. unten § 31),
– den Rechtsschutz gegenüber gemeinschaftsrechtswidrigen Maßnahmen.

34   Die Abweichungen und Modifikationen, die das deutsche Recht
durch das Gemeinschaftsrecht erfährt, ergeben sich z. T. aus Einzelregelungen und durchgehend aus dem Grundsatz der effektiven
Durchsetzung des Gemeinschaftsrechts (effet utile). Zu erwähnen
sind z. B.:

– die Reduzierung des Vertrauensschutzes bei der Rücknahme gemeinschaftsrechtswidriger Subventionen (vgl. unten § 11 Rn. 38 a ff.),
– die Nichtigkeit gemeinschaftsrechtswidriger Verwaltungsverträge (vgl. unten
  § 14 Rn. 43 a),
– die inzidente Verwerfung gemeinschaftsrechtswidriger Vorschriften des
  deutschen Rechts durch Verwaltungsbehörden (vgl. unten § 4 Rn. 46),
– die Ablehnung der sog. normkonkretisierenden, d. h. außenwirksamen
  Verwaltungsvorschriften bei der Umsetzung von EG-Richtlinien (vgl. unten
  § 24 Rn. 20 ff.),
– die Erweiterung der Klagebefugnis (vgl. unten § 8 Rn. 15 a),
– die Erweiterung der Staatshaftung (vgl. unten § 31 Rn. 9 ff.).

35   Diese Aufzählung braucht nicht als Verlustliste betrachtet zu
werden. Sie betrifft z. T. auch Rechtsauffassungen, die fraglich und
umstritten sind (z. B. die Rechtsfigur der normkonkretisierenden

Verwaltungsvorschriften oder die Rechtswirksamkeit des rechtswidrigen Verwaltungsvertrags), und Regelungen, die antiquiert
erscheinen (z. B. im Bereich des Staatshaftungsrechts). Das Gemeinschaftsrecht kann und wird somit auch innovativ wirken. Im übrigen ist zu beachten, daß die Einwirkungen nur für die gemeinschaftsrechtlich erfaßten Bereiche des deutschen Rechts bestehen.

So gilt z. B. die Einschränkung der Rücknahmeregelung des § 48 VwVfG zu
Lasten des Vertrauensschutzes nur für die gemeinschaftsrechtswidrigen Verwaltungsakte, nicht für die (nur) gegen deutsches Recht verstoßenden Verwaltungsakte. Die §§ 97 ff. GWB, die in Vollzug von EG-Richtlinien die
Vergabe öffentlicher Aufträge regeln, beschränken sich entsprechend den
gemeinschaftsrechtlichen Vorgaben auf Großprojekte ab einer bestimmten
Schwelle, so daß die darunter liegenden Projekte nach wie vor ausschließlich
nach deutschem Recht zu beurteilen sind (vgl. § 3 Rn. 7 und § 17 Rn. 32 f.).
Der deutsche Gesetzgeber hätte sie zwar auf alle öffentlichen Aufträge erstrek-
ken können, war dazu aber nicht verpflichtet.

Die Folge ist, daß in einigen Rechtsbereichen unterschiedliche **36**
Regelungssysteme bestehen, je nachdem, ob sie gemeinschaftsrechtlich determiniert sind oder nicht. Eine solche Doppelspurigkeit dürfte auf die Dauer nicht haltbar sein. Der deutsche Gesetzgeber ist daher – nicht rechtlich, aber faktisch, im Interesse der
Einheitlichkeit der Rechtsordnung – mehr oder weniger gezwungen, auch die gemeinschaftsrechtlich nicht erfaßten Teilbereiche in
seine gemeinschaftsbedingten Neuregelungen einzubeziehen. Diese
Anpassung würde nicht nur der Rechtsangleichung in Deutschland, sondern auch – zwischenstaatlich – der Rechtsangleichung in
Europa und damit der europäischen Integration insgesamt dienen,
die ja nicht nur über die EG, sondern auch über Zusammenarbeit
der europäischen Staaten erfolgen sollte. Jedenfalls entfaltet das
europäische Gemeinschaftsrecht neben seinen rechtlichen Einwirkungen auch faktische Sogwirkungen.

Vgl. dazu *Schmidt-Preuß*, Festschrift für Maurer, 2001, S. 797 f.; *Huber,* ebenda S. 1165 ff.

Literatur zu § 2: Vgl. die Literaturnachweise bei § 1. Ferner: *Dennewitz,* **37**
Die Systeme des Verwaltungsrechts, 1948; *Bachof,* Über Entwicklungsten-
denzen im gegenwärtigen Verwaltungsrecht, in: Staatsbürger und Staatsge-
walt, 1963, S. 3 ff.; *Badura,* Verwaltungsrecht im liberalen und im sozialen
Rechtsstaat, 1966; *Rüfner,* Formen öffentlicher Verwaltung im Bereich der
Wirtschaft, 1967; *Ossenbühl,* Verwaltungsrecht im sozialen Rechtsstaat, StKV

1971, 57 ff.; *Häberle,* „Leistungsrecht" im sozialen Rechtsstaat, Festschrift für
G. Küchenhoff, 1972, S. 453 ff.; Demokratie und Verwaltung, Schriftenreihe
der Hochschule Speyer, Bd. 50, 1972 (mit zahlreichen Beiträgen zur Geschichte und zum gegenwärtigen Standort der Verwaltung); *Achterberg,* Einwirkungen des Verfassungsrechts auf das Verwaltungsrecht, JA 1980, 210 ff. und
273 ff.; *Meyer-Hesemann,* Methodenwandel in der Verwaltungsrechtswissenschaft, 1981; *Jeserich/Pohl/von Unruh* (Hg.), Deutsche Verwaltungsgeschichte,
5 Bde. und Registerband, 1983–1988 (zit. DVG); *Stolleis,* Geschichte des
öffentlichen Rechts in Deutschland, 3 Bde., 1988/1992/1999; *ders.,* Entwicklungslinien der verwaltungsrechtlichen Dogmatik im industriellen Zeitalter,
BWV 1990, 152 ff.; *ders.,* Verwaltungsrechtswissenschaft in der Bundesrepublik
Deutschland, in: Simon (Hg.), Rechtswissenschaft in der Bonner Republik,
1994, S. 227 ff.; *Robbers,* Europäische Verwaltungsgeschichte, in: R. Schulze
(Hg.), Europäische Rechts- und Verfassungsgeschichte, 1991, S. 153 ff.; *Ellwein,* Perioden und Probleme der deutschen Verwaltungsgeschichte, Verw-
Arch. 87 (1996) S. 1 ff.; *Hoffmann-Riem,* Tendenzen in der Verwaltungsrechts-
entwicklung, DÖV 1997, 433 ff.

**38   Literatur zu § 2 VI 3 (Einfluß des EG-Rechts auf das deutsche
Verwaltungsrecht):** *Streinz,* Der Einfluß des europäischen Verwaltungsrechts
auf das Verwaltungsrecht der Mitgliedstaaten – dargestellt am Beispiel der
Bundesrepublik Deutschland, in: *Schweitzer* (Hg.), Europäisches Verwaltungsrecht, 1991, S. 241 ff.; *Ehlers,* Die Einwirkungen des Rechts der Europäischen
Gemeinschaften auf das Verwaltungsrecht, DVBl. 1991, 605 ff.; *Engel,* Die
Einwirkungen des Europäischen Gemeinschaftsrechts auf das deutsche Verwal-
tungsrecht, DV 25 (1992) S. 437 ff.; *Schmidt-Aßmann,* Deutsches und Europäi-
sches Verwaltungsrecht – wechselseitige Einwirkungen, DVBl. 1993, 924 ff.;
Zuleeg/Rengeling, Deutsches und europäisches Verwaltungsrecht – wechselseiti-
ge Einwirkungen, Referate mit Diskussion, VVDStRL 53 (1994) S. 154 ff.;
E. Klein, Der Einfluß des Europäischen Gemeinschaftsrechts auf das Ver-
waltungsrecht der Mitgliedstaaten, Der Staat 33 (1994) S. 39 ff.; *Schoch,* Die
Europäisierung des Allgemeinen Verwaltungsrechts, JZ 1995, 109 ff.; *Classen,*
Strukturunterschiede zwischen deutschem und europäischem Verwaltungs-
recht, NJW 1995, 2457 ff.; *Kahl,* Hat die EG die Kompetenz zur Regelung des
Allgemeinen Verwaltungsrechts?, NVwZ 1996, 865 ff.; *ders.,* Europäisches und
nationales Verwaltungsorganisationsrecht, DV 29 (1996) S. 341 ff.; *Schwarze*
(Hg.), Das Verwaltungsrecht unter europäischem Einfluß, 1996; *ders.,* Konver-
genz im Verwaltungsrecht der EU-Mitgliedstaaten, DVBl. 1996, 881 ff.; *Burgi,*
Verwaltungsprozeß und Europarecht, 1996; *v. Danwitz,* Verwaltungsrechtliches System und Europäische Integration, 1996; *Sommermann,* Europäisches
Verwaltungsrecht oder Europäisierung des Verwaltungsrechts? DVBl. 1996,
889 ff.; *Classen,* Das nationale Verwaltungsverfahren im Kraftfeld des europäischen Gemeinschaftsrechts, DV 31 (1998) S. 307 ff.; *Kadelbach,* Allgemeines
Verwaltungsrecht unter europäischem Einfluß, 1999; *Schoch,* Die Europäisierung des Allgemeinen Verwaltungsrechts und der Verwaltungsrechtswissenschaft, in: Die Wissenschaft vom Verwaltungsrecht, DV Beiheft 2, 1999,
S. 135 ff.; *ders.,* Europäisierung des Allgemeinen Verwaltungsrechts und des
Verwaltungsprozessrechts, NordÖR 2002, 1 ff.; *Huber,* Das duale Regelungsre-

gime als Sackgasse der Europäisierung, Festschrift für Maurer, 2001, 1165 ff.; *Brenner/Huber,* Europarecht und Europäisierung, DVBl. 1999, 764 ff.; 1999, 1559 ff.; 2001, 1013 ff.; 2004, 863 ff.; *Battis,* Verwaltungsrecht als konkretisiertes Gemeinschaftsrecht, DÖV 2001, 988; *Bergmann/Kenntner* (Hg.), Deutsches Verwaltungsrecht unter europäischem Einfluß, 2002; *Wilms,* Überlegungen zur Europäisierung des Verwaltungsrechts, Festschrift für Brohm, 2002, S. 219 ff.; *Schmidt-Aßmann* Die Europäisierung des Verwaltungsverfahrensrechts, BVerwG-Festschrift 2003, S. 487 ff.; *Ruffert,* Die Europäisierung der Verwaltungsrechtslehre, DV 32 (2003), S. 293ff.

§ 3 Das Recht der Verwaltung

I. Das Verwaltungsrecht

Das Verwaltungsrecht ist der Inbegriff der (geschriebenen und   1 ungeschriebenen) Rechtssätze, die in spezifischer Weise für die Verwaltung – die Verwaltungstätigkeit, das Verwaltungsverfahren und die Verwaltungsorganisation – gelten. Es ist das der Verwaltung eigene Recht.

Das bedeutet freilich nicht, daß das Verwaltungsrecht nur für die Verwaltungsorgane und ihre Tätigkeit maßgeblich ist. Es regelt vielmehr auch und gerade die Beziehungen zwischen der Verwaltung und dem Bürger und begründet sonach Rechte und Pflichten für den Bürger, aber eben immer nur im Verhältnis zur Verwaltung.

Beispiel: Das verwaltungsrechtliche Baurecht begründet grundsätzlich nur Rechtsbeziehungen zwischen dem Bauherrn und der Baubehörde, nicht zwischen dem Bauherrn und dem Nachbarn. Wenn der Nachbar der Auffassung ist, daß ein genehmigtes Bauvorhaben die baurechtlichen Grenzabstände verletzt, so kann er dies nur gegenüber der Baubehörde, nicht auch gegenüber dem Nachbarn geltend machen. – Dagegen begründet das privatrechtliche Nachbarrecht (§§ 906 ff. BGB) unmittelbare Ansprüche zwischen den Grundeigentümern. – Aus diesem Grunde ist auch die Auffassung des *BGH,* daß die baurechtlichen Abstandsvorschriften Schutzgesetze i. S. des § 823 II BGB sind (*BGHZ* 66, 354), zumindest fraglich.

1. Allgemeines und besonderes Verwaltungsrecht

Die übliche Unterscheidung zwischen dem allgemeinen und   2 dem besonderen Verwaltungsrecht knüpft an den Regelungsgegenstand an.

a) *Das allgemeine Verwaltungsrecht* erfaßt diejenigen Regelungen, Grundsätze, Begriffe und Rechtsinstitute, die grundsätzlich für *alle*

Bereiche des Verwaltungsrechts maßgebend sind. Es will das Gemeinsame, Typische, Durchgängige erfassen. Wie das bürgerliche Recht und das Strafrecht so hat auch das Verwaltungsrecht seinen „Allgemeinen Teil". Er ist aber nicht – wie der allgemeine Teil des BGB oder des StGB – Bestandteil einer größeren Kodifikation. Bis zum Jahre 1976 war das allgemeine Verwaltungsrecht positivrechtlich überhaupt nicht geregelt, sondern wurde ausschließlich durch die ungeschriebenen, von der Literatur und Rechtsprechung entwickelten *allgemeinen Grundsätze des Verwaltungsrechts* bestimmt. Erst mit dem Erlaß der Verwaltungsverfahrensgesetze des Bundes und der Länder (vgl. dazu § 5) wurden einige, wenn auch keineswegs alle Bereiche des allgemeinen Verwaltungsrechts gesetzlich geregelt. Im übrigen bleibt es bei den allgemeinen Grundsätzen des Verwaltungsrechts.

3   b) *Das besondere Verwaltungsrecht* umfaßt das Recht der einzelnen Tätigkeitsbereiche der Verwaltung (vgl. oben § 1 Rn. 14). Dementsprechend gibt es Baurecht, Straßenrecht, Gewerbe- und Wirtschaftsrecht, Sozialrecht, Schulrecht, Hochschulrecht usw. Die einzelnen Bereiche des besonderen Verwaltungsrechts sind in einzelnen Gesetzen mehr oder weniger umfassend geregelt.

So etwa das Baurecht im Baugesetzbuch und den Landesbauordnungen, das Straßenrecht im Bundesfernstraßengesetz und den Landesstraßengesetzen, das Umweltschutzrecht u. a. im Bundes-Immissionsschutzgesetz, Wasserhaushaltsgesetz, Bundesnaturschutzgesetz und Bundes-Bodenschutzgesetz mit ergänzenden Landesgesetzen, das Sozialrecht im Sozialgesetzbuch, das Hochschulrecht im Hochschulrahmengesetz des Bundes und den Hochschul- bzw. Universitätsgesetzen der Länder.

3 a   c) Das allgemeine Verwaltungsrecht und das besondere Verwaltungsrecht stehen in einer *Wechselbeziehung*. Das allgemeine Verwaltungsrecht gewinnt aus dem besonderen Verwaltungsrecht das Material und die Fallbeispiele, aus denen sich nach Abstreifung des Besonderen das Allgemeine herausschält. Das besondere Verwaltungsrecht erhält durch die Regeln, Grundsätze und Begriffe des allgemeinen Verwaltungsrechts Stabilität und durchgehende Strukturen, die eine Absonderung der einzelnen Bereiche des besonderen Verwaltungsrechts verhindern. Die beiden Gebiete – das allgemeine und das besondere Verwaltungsrecht – lassen sich aller-

dings nicht strikt trennen. Durch die zunehmende Ausdifferen-
zierung des Verwaltungsrechts bilden sich sogar Zwischenebenen
heraus, nämlich allgemeine Regelungen, Grundsätze und Begriffe
für einzelne Bereiche des besonderen Verwaltungsrechts, gleichsam
bereichsspezifisches allgemeines Verwaltungsrecht. Das kann verschiedene Gründe haben. Es ist möglich, (1) daß der Gesetzgeber
kodifikatorischen Regelungen des besonderen Verwaltungsrechts
selbst einen allgemeinen Teil voranstellt, so etwa im Sozialgesetzbuch oder im – bereits in einem Vorentwurf vorliegenden – Um-
weltgesetzbuch, (2) daß der Gesetzgeber aus bestimmten Gesetzen
des besonderen Verwaltungsrechts einzelne Teilbereiche ausklam-
mert und spezialgesetzlich regelt, das Muttergesetz aber gleichwohl
subsidiär noch Bedeutung behält, so etwa das allgemeine Polizeigesetz und die polizeirechtlichen Spezialgesetze (Versammlungsrecht,
Vereinsrecht, Bauordnungsrecht) oder die Gewerbeordnung (die
wegen ihres überwiegend gefahrabwehrenden Charakters ebenfalls
als sonderpolizeiliche Regelung betrachtet werden kann) und die
gewerberechtlichen Nebengesetze (Gaststättengesetz, Handwerks-
ordnung, Einzelhandelsgesetz u. a.), (3) daß die Literatur und die
Rechtsprechung allgemeine Begriffe und Grundsätze für bestimmte
Rechtsbereiche entwickeln, die später ggf. in die Gesetze eingehen.

2. Außenrecht und Innenrecht

a) *Das Außenrecht* betrifft die Rechtsbeziehungen zwischen dem   4
verwaltenden Staat einerseits und den Bürgern und sonstigen, der
Verwaltung gegenüberstehenden Rechtspersonen andererseits. Der
Schwerpunkt des Verwaltungsrechts liegt eindeutig im Bereich
des Außenrechts. Er wird maßgeblich durch die Rechtssätze des
Außenrechts (Gesetz, Rechtsverordnung und Satzung) bestimmt,
durch die typischen Rechtsformen des Verwaltungshandelns (Verwaltungsakt und Verwaltungsvertrag) geprägt und durch das
Rechtsschutz- und Staatshaftungssystem rechtsstaatlich abgesichert.

b) *Das Innenrecht.* Der Staat tritt dem Bürger als Einheit gegen-   5
über, ist aber selbst ein sehr komplexes Gebilde mit einer Vielzahl
von Verwaltungsträgern, Verwaltungsorganen (Behörden) und Or-
ganwaltern (Beamten). Auch dieser Bereich bedarf der rechtlichen

Regelung. So muß z. B. bestimmt werden, welche Aufgaben und Zuständigkeiten die verschiedenen Verwaltungsträger und Verwaltungsorgane haben, wie die Behörden zu besetzen sind und welche Amtspflichten die Beamten bei der Erledigung ihrer Verwaltungsaufgaben haben. Dabei ist zu unterscheiden. Die Rechtsbeziehungen zwischen den Verwaltungsträgern werden, da sie sich als juristische Personen des öffentlichen Rechts und damit als selbständige Rechtsträger gegenüberstehen, durch die für das Außenrecht maßgeblichen Rechtssätze und Rechtsformen bestimmt. Dagegen bestehen für den internen Bereich der Verwaltungsträger, insbesondere für den hierarchischen Verwaltungsaufbau, besondere Regelungen und Rechtsformen in Gestalt von Verwaltungsvorschriften und Weisungen sowie – für den organinternen Bereich – in Gestalt von Geschäftsordnungen.

Vgl. zu den Verwaltungsträgern und zu den Rechtsquellen des Innenrechts näher unten § 21 bzw. 24.

Bildlich läßt sich das Verhältnis von Außenrecht und Innenrecht wie folgt skizzieren:

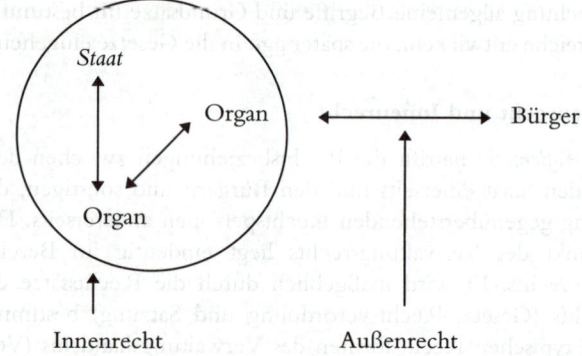

Innenrecht   Außenrecht

II. Das Handeln der Verwaltung nach Privatrecht;
Verwaltungsprivatrecht

6   Die Verwaltung wird grundsätzlich durch das ihr eigene Verwaltungsrecht bestimmt. Das gilt aber nicht ausnahmslos. In eini-

gen Bereichen kommt alternativ oder sogar ausschließlich Privatrecht zur Anwendung. Üblicherweise werden drei Fallgruppen
unterschieden, die sich jedoch im Laufe der Zeit angenähert haben
und nunmehr teilweise überschneiden.

1. Bedarfsdeckungsverwaltung

Der Staat beschafft die für die Erfüllung der eigentlichen Ver-   7
waltungsaufgaben erforderlichen Sachmittel (Büromaterial, Dienst-
fahrzeuge, Grundstücke, Gebäude) und Dienstleistungen (Bauarbeiten, Forschungsvorhaben) weitgehend am Markt gegen Entgelt. Er
vergibt Liefer-, Bau- und Dienstleistungsaufträge, indem er mit
Privatunternehmen Kaufverträge, Mietverträge, Werkverträge und
dgl. nach den Regeln des Zivilrechts abschließt. In diesen Fällen
tritt der Staat im Rechtsverkehr prima facie wie ein Privatunternehmer auf. Maßgeblich sind die Vorschriften des Privatrechts;
zuständig sind im Streitfall die Zivilgerichte.

Freilich ist der Staat auf diesen Weg der Beschaffung nicht ausschließlich
angewiesen. Alternativen bilden die Eigenproduktion, etwa die Reparatur von
Dienstfahrzeugen durch eigenes Personal, und in Ausnahmefällen der zwangsweise Zugriff, etwa die Enteignung eines Grundstücks, das für den Straßenbau
benötigt wird, aber nicht durch Kaufvertrag erworben werden kann.

Auch die Bedarfsdeckung ist eine Verwaltungsaufgabe (vgl. oben
§ 1 Rn. 19). Ihre Besonderheit liegt darin, daß sie der Deckung des
Eigenbedarfs zur Erfüllung der eigentlichen (externen) Verwaltungsaufgaben dient. Daher spricht man auch von „fiskalischen Hilfs-
geschäften". Diese traditionelle Bezeichnung mag noch hingehen,
wenn man den Kauf von Büromaterial für das Finanzamt oder kleinere Reparaturarbeiten am Rathaus im Auge hat; sie paßt jedoch
nicht mehr, wenn es sich um Großprojekte, etwa den Bau eines
Universitätsklinikums oder die Beschaffung von Flugzeugen für die
Bundeswehr, handelt. Die Bedarfsverwaltung und die in ihrem
Rahmen vergebenen öffentlichen Aufträge haben in Deutschland
(Bund, Länder, Gemeinden und sonstige Verwaltungsträger) mit
etwa 250 Milliarden Euro pro Jahr einen gewaltigen Umfang angenommen. Sie bilden nicht nur einen dominierenden Wirtschafts-
faktor, sondern können auch durch gezielte Auftragsvergaben zur
Verfolgung wirtschafts-, struktur- und sozialpolitischer Zwecke ein-

gesetzt werden. Andererseits ist es für manchen Privatunternehmer oft von großer, ja vielleicht sogar existentieller Bedeutung, ob er einen begehrten Auftrag des Staates erhält oder nicht. Ein solcher Auftrag kann mehr „wert" sein als eine üppige Subvention.

Parallel zu dieser tatsächlichen Entwicklung verläuft die zunehmende öffentlich-rechtliche Einbindung der Vergabe öffentlicher Aufträge. In der Literatur hat sich weitgehend die Auffassung durchgesetzt, daß die Grundrechte und die allgemeinen Verwaltungsgrundsätze nicht nur für die öffentlich-rechtliche Verwaltungstätigkeit und den Bereich des Verwaltungsprivatrechts (vgl. unten Rn. 9), sondern auch für den Bereich der Bedarfsdeckung, insbesondere des Vergaberechts, gelten. In Betracht kommt vor allem Art. 3 I GG. Es wäre sicher rechtlich nicht haltbar, wenn der Staat (was ein Privater darf) bei der Vergabe von Aufträgen einen Unternehmer wegen dessen parteipolitischer Einstellung ablehnen würde. Ferner wird die Vergabe öffentlicher Aufträge durch öffentlich-rechtliche Vorschriften (Haushaltsrecht, Verdingungsordnungen), durch gemeinschaftsrechtliche Regelungen (EG-Richtlinien) und neuerdings durch die §§ 97 ff. GWB i. d. F. des Vergaberechtsänderungsgesetzes vom 26. 8. 1998, die materiell-rechtliche und vor allem verfahrensrechtliche Regelungen für die Vergabe öffentlicher Aufträge ab bestimmter Schwellenwerte enthalten (vgl. dazu näher unten § 17 Rn. 32 ff.), bestimmt. Fraglich ist, ob und inwieweit die §§ 97 ff. GWB öffentlich-rechtlicher oder privatrechtlicher Natur sind oder eine Art „mixtum" bilden. Praktisch kommt dieser Frage allerdings kaum Bedeutung zu, da dann, wenn es darauf ankommt (etwa im Blick auf den Rechtsschutz), meistens Sonderregelungen bestehen. Nach dem derzeitigen Stand der Entwicklung ist anzunehmen, daß die Vergabe öffentlicher Aufträge durch privatrechtliche Verträge erfolgt, aber öffentlich-rechtlich überlagert und determiniert wird. In der Literatur ist dieser privatrechtliche Ansatz jedoch nicht mehr unbestritten. Verschiedentlich wird ein Verwaltungsvertrag oder ein Zwei-Stufen-Verhältnis (öffentlich-rechtlicher Zuschlag und privatrechtlicher Vertrag) favorisiert.

Vgl. *Pietzcker,* ZHR 162 (1998) S. 456 ff. (privatrechtlicher Vertrag); *Schlette,* Die Verwaltung als Vertragspartner, 2000, S. 152 f. (öffentlich-rechtlicher Vertrag); *Hermes,* Gleichheit durch Verfahren bei der staatlichen Auftragsvergabe, JZ 1997, 909, 914f. (Zweistufentheorie) jeweils mit weiteren Nachw., ferner unten § 17 Rn. 31f.

2. Die erwerbswirtschaftliche Betätigung der Verwaltung

Der Staat nimmt – wenngleich im Blick auf die derzeitigen Priva- **8** tisierungstendenzen abnehmend – als Unternehmer am Wirtschafts- leben teil, und zwar entweder durch eigene unternehmerische Tätigkeit oder über Handelsgesellschaften, insbesondere Aktien- gesellschaften, die ganz oder teilweise in staatlicher Hand sind („der Staat als Aktionär"). In Betracht kommen – neben den traditionel- len Unternehmen, wie z.B. Porzellanmanufakturen, Staatsdomä- nen und Bierbrauereien – vor allem Industriebetriebe, Bergbauun- ternehmen, Banken usw. Die erwerbswirtschaftliche Betätigung erfolgt – wie die eines privaten Unternehmers – nach wirtschaftli- chen Grundsätzen. Sie richtet sich ebenfalls nach Privatrecht, so etwa nach dem BGB, dem HGB, dem AktG, dem Gesetz gegen den unlauteren Wettbewerb (UWG), dem Gesetz gegen Wettbe- werbsbeschränkungen (GWB, vgl. dort § 130).

Einen Überblick über die wirtschaftliche Betätigung des Bundes vermittelt die vom Bundesministerium der Finanzen jährlich herausgegebene Schrift: Beteiligungen des Bundes. – Die erwerbswirtschaftliche Tätigkeit des Staates wirft zwei Fragen auf, nämlich erstens, ob sie verfassungsrechtlich überhaupt zulässig ist, und, wenn dies bejaht wird, zweitens, ob und welche Bindungen bestehen. Nach den Gemeindeordnungen der Bundesländer sind wirtschaftli- che Unternehmen der Gemeinde nur zulässig, wenn „der öffentliche Zweck das Unternehmen rechtfertigt" (so z.B. § 102 I Bad.-Württ.GemO). Damit wird das wirtschaftliche Unternehmen zum Instrument der Gemeindeverwal- tung und unterliegt insoweit den öffentlich-rechtlichen Bindungen (Grund- rechte und allgemeine Verwaltungsgrundsätze). Der erwerbswirtschaftliche Aspekt tritt in den Hintergrund, spielt aber doch noch insofern eine Rolle, als das wirtschaftliche Unternehmen für die Gemeinde einen Gewinn abwerfen soll (so z.B. § 102 II Bad.-Württ.GemO). Die Rechtsprechung ist bei der Bejahung des öffentlichen Zwecks sehr großzügig, vgl. etwa BVerwGE 39, 329 (kommunales Bestattungsunternehmen); BayVGH BayVBl. 1976, 628; BVerwG DÖV 1978, 851 (jeweils kommunale Wohnungsvermittlung); OVG Münster NVwZ 1986, 1045 (kommunale Saunaanlage). Die alleinige Absicht der Ge- winnerzielung für den Kommunalhaushalt genügt jedoch nicht (so die h.L.; allerdings ist auch dies strittig geworden, vgl. Cremer, DÖV 2003, 921ff.). Die für den Bund und die Länder geltenden Regelungen (vgl. z.B. § 65 BHO, § 65 Bad.-Württ.LHO) sind zwar zurückhaltender. Indessen spricht der Grund- gedanke des Kommunalrechts für eine entsprechende Begrenzung der er- werbswirtschaftlichen Betätigung des Staates. Der Versuch, mit wirtschaftlichen Unternehmen Wirtschaftspolitik zu betreiben, etwa durch bestimmte Preis- und Absatzgestaltungen, würde ohnehin bald durch die tatsächlichen Bedingungen und die Eigengesetzlichkeit der Marktwirtschaft auf Grenzen stoßen. Jedenfalls dürfen etwaige Verluste im erwerbswirtschaftlichen Bereich nicht durch Zuschüsse aus dem öffentlichen Haushalt ausgeglichen werden.

3. Wahrnehmung von Verwaltungsaufgaben in der Form des Privatrechts

9   Schließlich können auch unmittelbare Verwaltungsaufgaben in der Form des Privatrechts erledigt werden. Allerdings ist das nur in begrenztem Umfang möglich und zulässig. Die gesamte Ordnungs- und Abgabenverwaltung, die auf Zwangsmittel angewiesen ist, kann auf die hoheitlichen Befugnisse des öffentlichen Rechts nicht verzichten. Auch die Leistungsverwaltung, die i.d.R. nicht des Zwangs bedarf, ist bereits weitgehend durch öffentlich-rechtliche Vorschriften geregelt. Soweit solche Vorschriften fehlen, steht es aber der Verwaltung frei, ihre Leistungen in *öffentlich-rechtlichen* oder *privatrechtlichen Rechtsformen* zu erbringen. Die Wahlfreiheit bezieht sich sowohl auf die *Organisationsform* der Einrichtung als auch auf die Ausgestaltung des *Leistungs- oder Benutzungsverhältnisses*. Im Zuge der Privatisierungswelle der letzten Jahre hat die „Verwaltung in Privatrechtsform" erheblich zugenommen (vgl. zu den verschiedenen Konstellationen der Privatisierung unten § 23 Rn. 60ff.).

So kann die Gemeinde die Wasserversorgung (eine unmittelbare Verwaltungsaufgabe) in eigener Regie betreiben oder durch eine (von ihr beherrschte) AG durchführen lassen. Die AG ist eine privatrechtliche Einrichtung; die Beziehungen zwischen ihr und den Benutzern können daher nur privatrechtlich sein. Wenn dagegen die Verwaltung die Wasserversorgung selbst betreibt („Städtisches Wasserwerk"), dann kann sie das Verhältnis zwischen ihr und den Benutzern öffentlich-rechtlich oder privatrechtlich ausgestalten. Im letzteren Fall verbinden sich öffentlich-rechtliche Organisationsform und privatrechtliches Leistungsverhältnis.

Die sog. *Wahlfreiheit,* d.h. die Befugnis, Verwaltungsaufgaben in der Form des Privatrechts zu besorgen, ist nicht unproblematisch. Sie läßt sich allenfalls damit rechtfertigen, daß im öffentlichen Recht geeignete Rechtsformen für die Leistungsvergabe (noch) fehlen, während das durchnormierte Privatrecht passende Rechts-

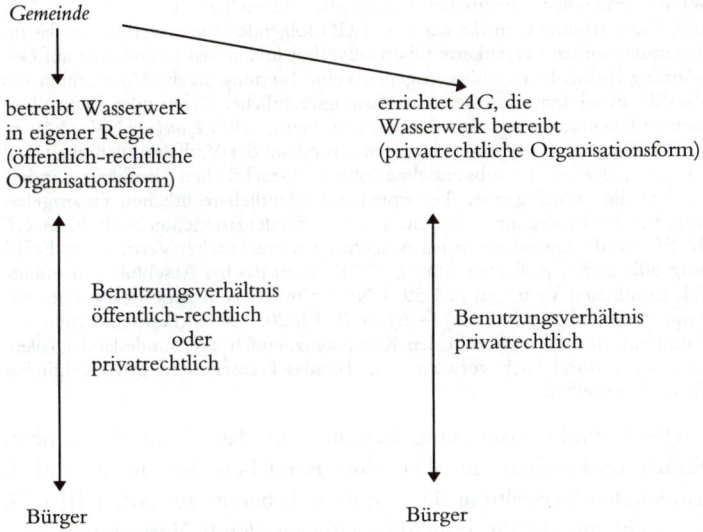

Gemeinde

betreibt Wasserwerk
in eigener Regie
(öffentlich-rechtliche
Organisationsform)

errichtet *AG*, die
Wasserwerk betreibt
(privatrechtliche Organisationsform)

Benutzungsverhältnis
öffentlich-rechtlich
oder
privatrechtlich

Benutzungsverhältnis
privatrechtlich

Bürger

Bürger

figuren bereithält. Jedenfalls darf sich aber die Verwaltung mit der Wahl privatrechtlicher Rechtsformen nicht den bestehenden öffentlich-rechtlichen Bindungen entziehen. Das gilt insbesondere für die Grundrechtsbindung, aber auch für die sonstigen Beschränkungen des öffentlichen Rechts (etwa die Zuständigkeitsordnung, die allgemeinen Grundsätze des Verwaltungshandelns). Der Verwaltung stehen nur die privatrechtlichen Rechtsformen, nicht die Freiheiten und Möglichkeiten der Privatautonomie zu. Man spricht daher in diesem Zusammenhang von *Verwaltungsprivatrecht* (Wolff): Man versteht darunter das öffentlich-rechtlich überlagerte und gebundene Privatrecht, das der Verwaltung bei der Wahrnehmung von Verwaltungsaufgaben zur Verfügung steht.

Eine Straßenbahn-AG, deren sämtliche Anteile der Stadt gehören, ist unmittelbar an Art. 3 I GG gebunden und muß daher bei der Tarifgestaltung (Vergünstigung für Schülerkarten) den Gleichheitssatz beachten (so *BGHZ* 52, 325). Vgl. ferner *BGHZ* 29, 76 und *BGHZ* 65, 284, 287 (Bindung an den Gleichheitssatz bei der Vergabe von Siedlungsland bzw. im Bereich der Wasserversorgung); *BGHZ* 91, 84, 96 f. (Pflicht, nicht nur die Grundrechte, sondern auch weitere öffentlich-rechtliche Grundsätze, „jedenfalls die grundlegenden Prinzipien öffentlicher Finanzgebarung zu beachten"); *BGHZ* 155, 166, 175 f. (Bindung an das aus Art. 3 GG folgende Willkürverbot, an das im Rechtsstaatsprinzip verankerte Übermaßverbot und an das Grundrecht auf Gewährung rechtlichen Gehörs; dagegen keine Bindung an die Vorschriften des VwVfG, es sei denn, daß sie ein verfassungsrechtliches Gebot oder einen allgemeinen Rechtsgrundsatz zum Ausdruck bringen); *OVG Lüneburg* NVwZ 1990, 91 (Bindung an die Grundrechte, den Grundsatz der Verhältnismäßigkeit und weitere, jedenfalls die substantiellen, öffentlich-rechtlichen Grundsätze, insbesondere die grundlegenden Prinzipien der öffentlich-rechtlichen Finanzgebarung bei der Festlegung – Staffelung – von Kindergartenentgelten); *BVerwGE* 92, 56, 65 (die Gemeinde ist bei Abschluß privatrechtlicher Verträge zur Erfüllung öffentlicher Aufgaben gem. § 138 BGB an das bei Abschluß von öffentlich-rechtlichen Verträgen in § 59 II Nr. 4 VwVfG zum Ausdruck kommende Koppelungsverbot gebunden). – *BVerfGE* 12, 205, 246 f. (Fernseh-Urteil): Da Rundfunk und Fernsehen in den Kompetenzbereich der Bundesländer fallen, ist es dem Bund auch verwehrt, ein Bundes-Fernsehen in privatrechtlicher Form zu betreiben.

10   Die Grundrechtsbindung besteht, um das abschließend noch einmal festzuhalten, in allen drei Bereichen der privatrechtlich handelnden Verwaltung. Das ergibt sich bereits aus Art. 1 III GG, der nicht nur für die hoheitlich tätig werdende Verwaltung, sondern für alle Äußerungen der staatlichen Verwaltung gilt, ohne Rücksicht darauf, ob sie in der Form des öffentlichen Rechts oder des Privatrechts tätig wird. Der Gleichheitssatz des Art. 3 I GG gilt – zumindest als Willkürverbot – uneingeschränkt. Dagegen werden die Freiheitsrechte weniger aktuell, weil die privatrechtlich handelnde Verwaltung in der Regel nicht zwangsweise und damit nicht „eingreifend" vorgehen kann. Sie erlangen aber Bedeutung, wenn die Verwaltung im konkreten Fall ihre tatsächliche oder rechtliche „Mächtigkeit" ausspielt. Ferner gelangen die in den Freiheitsrechten zum Ausdruck kommenden verfassungsrechtlichen Grund- und Wertentscheidungen nicht nur im gesellschaftlichen Bereich, sondern auch und vor allem im staatlichen Bereich zur Geltung. Insofern hat die von *Dürig* entwickelte Lehre der mittelbaren Drittwirkung der Grundrechte nach wie vor Bedeutung (vgl. *Dürig*, in: Maunz/Dürig, Grundgesetz, Art. 3 I (1973) Rn. 475 ff.).

Vgl. zur unmittelbaren Grundrechtsbindung *Hesse*, VerfR. Rn. 346 ff.; *Ehlers*, Verwaltung in Privatrechtsform, 1984, S. 212 ff.; *H. Dreier*, Grundgesetz, Bd. I, 2. Aufl. 2004, Art. 1 III Rn. 65 ff.; *Starck*, in: von Mangoldt/Klein/Starck, Grundgesetz, Bd. I, 4. Aufl. 1999, Art. 1 Rn. 196 ff.; *Stern*, Staatsrecht III 1, S. 1394 ff. – Problematisch ist die Grundrechtsbindung (und Grundrechtsberechtigung) sog. gemischtwirtschaftlicher Gesellschaften, d. h. Gesellschaften, deren Anteile teils in der Hand des Staates und teils in der Hand von Privatpersonen liegen. Die in der Literatur vorgeschlagene Differenzierung zwischen dem Staat und den privaten Anteilseignern liegt zwar nahe, ist aber nicht immer realisierbar. Im einzelnen kann darauf nicht weiter eingegangen werden, vgl. *Dreier,* aaO. Rn. 69 f.; *Starck,* aaO. Rn. 159; *Rüfner,* HStR IV (1992) § 16 Rn. 81 und § 17 Rn. 49; ferner *BVerfG-K* NJW 1990, 1783.

Im Anschluß an die in § 1 Rn. 13 ff. getroffene Einteilung ergibt **11** sich folgendes Bild der Verwaltungstätigkeit:

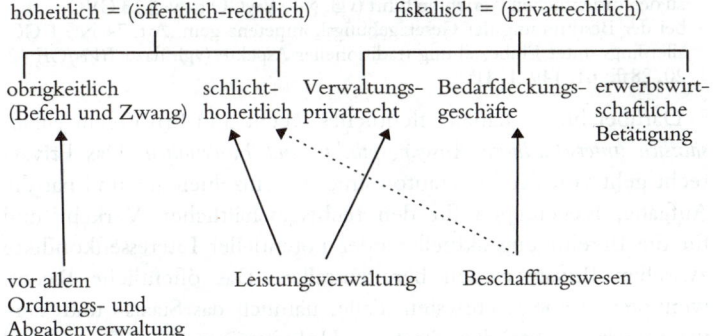

III. **Das Verwaltungsrecht als Teil des öffentlichen Rechts und seine Abgrenzung zum Privatrecht**

1. **Die Unterscheidung von öffentlichem Recht und Privatrecht**

Das Verwaltungsrecht ist ein Teilbereich des öffentlichen Rechts, **12** dieses wiederum steht dem Privatrecht gegenüber. Die Unterscheidung zwischen dem öffentlichen Recht, insbesondere dem Verwaltungsrecht, und dem Privatrecht ist nicht apriorisch vorgegeben, liegt aber unserer geltenden Rechtsordnung zugrunde. Sie wird vor allem bedeutsam:

– bei der Anwendung des VwVfG, das nur „für die öffentlich-rechtliche Verwaltungstätigkeit" von Behörden gilt (§ 1 I VwVfG);
– bei der Bestimmung des Verwaltungsakts und des Verwaltungsvertrags, die „dem Gebiet des öffentlichen Rechts" angehören (§§ 35, 54 VwVfG);

– bei der Amtshaftung gem. Art. 34 GG/§ 839 BGB, die nur bei Schädigungen in Ausübung eines öffentlichen Amtes, d. h. in Ausübung einer öffentlich-rechtlichen Tätigkeit, eingreift;
– bei der Entschädigung für Enteignung und Aufopferung, die einen öffentlich-rechtlichen Eingriff voraussetzen;
– bei der Festsetzung von Gebühren und Beiträgen, die nur bei öffentlich-rechtlichen Leistungen in Betracht kommen;
– bei der Verwaltungsvollstreckung, die grundsätzlich nur zur Durchsetzung öffentlich-rechtlicher Forderungen und Verpflichtungen zulässig ist (vgl. etwa §§ 1, 6 VwVG);
– bei der Bestimmung des Rechtswegs, der bei „öffentlich-rechtlichen Streitigkeiten" zu den Verwaltungsgerichten und bei privatrechtlichen Streitigkeiten zu den ordentlichen Gerichten führt (vgl. § 40 VwGO bzw. § 13 GVG);
– bei der Bestimmung der Gesetzgebungskompetenz gem. Art. 74 Nr. 1 GG, allerdings unter Einbeziehung traditioneller Aspekte (vgl. dazu *BVerfGE* 42, 20, 28 ff.; 61, 149, 174 ff.).

13   Darüber hinaus haben öffentliches Recht und Privatrecht *grundsätzlich unterschiedliche Ausgangspunkte und Funktionen.* Das Privatrecht geht von der Privatautonomie des einzelnen aus und hat die Aufgabe, Regelungen für den rechtsgeschäftlichen Verkehr und für die Bereinigung aktueller oder potentieller Interessenkonflikte zwischen Privatpersonen bereitzustellen. Das öffentliche Recht, wenigstens seine wichtigsten Teile, nämlich das Staats- und Verwaltungsrecht, hat den Staat als Hoheitsträger zum Gegenstand und dient der Begründung und Begrenzung staatlicher Befugnisse. Das schließt nicht aus, daß sich auch der Staat der Formen des Privatrechts bedient; aber das ist nur ausnahmsweise zulässig und beschränkt sich auf die Verwendung der privatrechtlichen Formen, ohne daß der Staat damit auch der Privatautonomie teilhaftig würde.

2. Abgrenzungstheorien

14   Die Abgrenzung zwischen öffentlichem Recht und Privatrecht ist zweifelhaft und strittig. Da auch die Verwaltung nach Privatrecht handeln kann, ist es nicht möglich, allein nach dem Subjekt zu unterscheiden, indem man das Privatrecht den Beziehungen zwischen Privatpersonen und das öffentliche Recht dem Staat zuordnet (so aber die früher z. T. vertretene Subjektstheorie). Es gibt eine ganze Reihe von Abgrenzungstheorien, von denen nur die drei heute wichtigsten herausgegriffen werden sollen.

a) *Die Interessentheorie* stellt auf die Interessenrichtung der ein- **15** zelnen Rechtssätze ab. Öffentliches Recht sind danach die dem öffentlichen Interesse, Privatrecht die dem Individualinteresse dienenden Rechtssätze. So bereits der viel zitierte Satz des römischen Juristen Ulpian (170–228 n. Chr.): publicum ius est quod ad statum rei Romanae spectat, privatum quod ad singulorum utilitatem. Diese Abgrenzungstheorie zeigt einen wesentlichen Aspekt (vgl. bereits oben § 1 Rn. 10). Sie ermöglicht aber schon deshalb keine durchweg scharfe Abgrenzung, weil viele Rechtssätze sowohl öffentliche Interessen als auch Privatinteressen – sei es gleichgerichtet, sei es gegenläufig – berücksichtigen.

b) *Die Subordinationstheorie* (Über-Unterordnungstheorie, Sub- **16** jektionstheorie) stellt auf das Verhältnis der Beteiligten ab. Das öffentliche Recht wird durch das Verhältnis der Über-Unterordnung, das Privatrecht durch das der Gleichordnung gekennzeichnet. Typisch für das öffentliche Recht ist deshalb die einseitig verbindliche Regelung (Gesetz, Verwaltungsakt), für das Privatrecht der Vertrag. Diese Theorie geht auf die Vorstellungen des 19. Jahrhunderts zurück, nach denen die Verwaltung auf den Bereich der Gefahrabwehr und damit auf die Eingriffsverwaltung beschränkt war. Sie bringt zutreffend die Überlegenheit des Staates und der ihm zur Verfügung stehenden Mittel zum Ausdruck. Abgesehen davon, daß es auch im Privatrecht Über- und Unterordnungsverhältnisse und im öffentlichen Recht vertragliche Beziehungen und damit Gleichordnungsverhältnisse gibt, vermag diese Theorie die Rechtsbeziehungen im Bereich der Leistungsverwaltung nicht ausreichend zu erklären.

c) *Die Zuordnungstheorie* (modifizierte Subjektstheorie, Sonder- **17** rechtstheorie) stellt auf die Zuordnungssubjekte der einzelnen Rechtssätze ab. Dem öffentlichen Recht gehören diejenigen Rechtssätze an, die nur den Staat oder einen sonstigen Träger hoheitlicher Gewalt zum Zuordnungssubjekt haben, die sich also ausschließlich an den Staat oder einen sonstigen Träger hoheitlicher Gewalt wenden; dem Privatrecht sind dagegen die für jedermann geltenden Rechtssätze zuzurechnen. Das öffentliche Recht ist sonach das Sonderrecht des Staates, das Privatrecht das Jedermannsrecht, wobei – im Unterschied zur alten Subjektstheorie – zu dem „jedermann" auch der Staat gehört (daher modifizierte Subjektstheorie). Diese Theorie ist formal, aber eben deshalb griffig und als Unterscheidungskriterium geeignet; sie enthält jedoch keinen materiellen Erklärungswert.

18   Die von *Hans J. Wolff* begründete Zuordnungstheorie (vgl. AöR 76, 1950, S. 205 ff.) hat durch eine neuere Lehre eine gewisse *Modifizierung* erfahren. Danach ist zwar ebenfalls nach dem Zuordnungssubjekt zu unterscheiden und für die Bestimmung des öffentlichen Rechts darauf abzustellen, ob ein Hoheitsträger Normadressat ist. Maßgebend ist aber nicht, ob ein Hoheitsträger *ausschließlich*, sondern ob er *als solcher*, d. h. gerade in seiner Eigenschaft als Hoheitsträger, berechtigt und verpflichtet wird.

So *Bettermann*, NJW 1977, 715 f.; *Bachof*, BVerwG-Festgabe 1978, S. 9 ff. Die unterschiedlichen Ausgangspunkte führen teilweise auch zu unterschiedlichen Ergebnissen: Das Aneignungsrecht des Staates nach § 928 II BGB ist nach *Wolff* öffentliches Recht, weil *nur* den Staat berechtigt, nach *Bachof* und *Bettermann* dagegen Privatrecht, weil es nicht dem Staat als Hoheitsträger, sondern als Vermögensträger und Teilnehmer am bürgerlichen Rechtsverkehr zusteht. Ferner soll es nach der modifizierenden Auffassung „gemeines" oder „gemeinsames" Recht geben, d. h. Rechtsvorschriften, die sowohl Privatpersonen als auch Hoheitsträger ansprechen und je nachdem dem Privatrecht oder dem öffentlichen Recht angehören, so bestimmte Vorschriften des BGB (§§ 1 ff., § 104 f., § 133 u. a.), allgemeine Rechtsgrundsätze, Art. 9 III 2 und 48 II GG (fraglich).

Die Bezugnahme auf die „hoheitliche Gewalt" ist in der Tat das maßgebliche Kriterium, da sie an die unterschiedlichen Funktionen des öffentlichen Rechts und des Privatrechts anknüpft (vgl. dazu bereits oben Rn. 13).

Bis zu einem gewissen Grad schlägt diese Abgrenzung auch eine Brücke zur Subordinationstheorie. Sie schreibt diese gleichsam für die Gegenwart weiter, indem sie berücksichtigt, daß sich heute die „hoheitliche Gewalt" nicht nur in staatlichen Eingriffen, sondern auch in staatlichen Planungen und Leistungen äußert.

19   Zu a)–c) Keine der genannten Theorien konnte sich bislang durchsetzen. Die Zuordnungstheorie gewinnt zwar zunehmend Anhänger; die früher vorherrschende Subjektionstheorie wird aber nach wie vor vertreten. Die Interessentheorie wird vornehmlich subsidiär herangezogen. Es besteht sogar weitgehend die Meinung, daß im Einzelfall alle drei Theorien zu beachten und je nach Eignung anzuwenden seien. Das mag zwar rechtsdogmatisch fraglich sein, erscheint aber insofern naheliegend, als jede von ihnen einen zutreffenden Kern enthält: So spricht das öffentliche Interesse, die Innehabung von Herrschaftsgewalt und der Bezug auf den Staat für die Annahme von öffentlichem Recht.

Das Unbehagen an den bisherigen Lösungen führte in der neueren Literatur zu weiteren Abgrenzungstheorien, die teils ergänzend, teils ersetzend gedacht sind, so die *Wichtigkeitstheorie,* wonach die wichtigen, das ganze Sozialleben oder Grundfragen betreffenden Regelungen als öffentlich-rechtlich, weniger wichtige Detailregelungen als privatrechtlich betrachtet werden (*Püttner,* VerwR S. 80; *ders.,* Festschrift für Maurer, 2001, S. 717), die *Traditionstheorie,* wonach die bisher übliche Qualifikation weiterhin zugrunde gelegt wird, wenn nicht erhebliche Gründe für einen Wandel sprechen (*Püttner,* aaO.; *Bull,* VerwR Rn. 107), die *Hoheitstheorie,* wonach die Tätigkeit der Hoheitsträger grundsätzlich nach dem auf die Hoheitsgewalt zugeschnittenen öffentlichen Recht zu beurteilen ist (*Zuleeg,* VerwArch. 73, 1982, S. 384, 393 ff.), die *Sachwaltertheorie,* wonach öffentliches Recht die Summe der Rechtsnormen ist, die Rechtsverhältnisse determinieren, in denen zumindest einer der an ihnen beteiligten Rechtssubjekte aufgrund eines weiteren, es hierzu legitimierenden Rechtsverhältnisses als Sachwalter des Gemeinwohles auftritt (*Achterberg,* VerwR § 1 Rn. 27), und die *Kompetenztheorie,* wonach auf die Kompetenz zum staatlichen Handeln abzustellen ist (*Gern,* ZRP 1985, 60 f.). Im einzelnen kann auf diese Theorien hier nicht weiter eingegangen werden. Nur soviel sei noch bemerkt: Die Wichtigkeitstheorie und die Traditionstheorie bieten ggf. praktisch brauchbare Anknüpfungspunkte, dürfen aber nicht als dogmatisch fundierte Abgrenzungstheorien mißverstanden werden. Die Sachwaltertheorie verschiebt die Problematik auf die Frage des Gemeinwohls, die kaum weniger kontrovers ist. Die Kompetenztheorie vermag schon deshalb nicht zu überzeugen, weil sie auf einem Zirkelschluß beruht (öffentlich-rechtlich, weil öffentlich-rechtliche Kompetenzgrundlage), im Ergebnis zur überholten Subjektstheorie (vgl. oben Rn. 14) führt und sich im Blick auf das sog. Wahlrecht der Verwaltung zu Zugeständnissen veranlaßt sieht.

3. Die Lösung von Einzelfällen

Der *praktische* Wert der Abgrenzungstheorien ist freilich gering. **20** Die Frage, ob eine bestimmte Rechtsnorm dem öffentlichen Recht oder dem Privatrecht angehört, ist in der Regel unproblematisch und unstrittig. Schwierigkeiten entstehen – etwa bei der Bestimmung des Rechtswegs – meistens nicht deshalb, weil der öffentlich-rechtliche oder privatrechtliche Charakter der einschlägigen Rechtsnorm fraglich ist, sondern deshalb, weil zweifelhaft ist, welcher Rechtsnorm oder welchem Rechtsbereich der konkrete Fall zuzuordnen ist. Der Unterschied zwischen öffentlichem Recht und Privatrecht ist für die Praxis *kein Qualifikationsproblem,* sondern ein *Zuordnungsproblem.* So erklärt sich auch die – in der Literatur oft als schwankend oder sogar als inkonsequent dargestellte – Rechtsprechung, die in der Regel nicht nach dieser oder jener Theorie entscheidet, sondern die fraglichen Fälle unter verschiedenen Gesichtspunkten zu erfassen und einzuordnen versucht. Sie entspricht der eigentlichen Problematik, wenn man auch über die Ergebnisse im einzelnen noch streiten kann. Vgl. die Rechtsprechungsnachweise bei *Bachof,* BVerwG-Festgabe 1978, S. 3 f., dessen Kritik jedoch eben diese Zusammenhänge nicht hinreichend beachtet.

21   Daraus folgt: Bei der Lösung von Einzelfällen ist es in der Regel überflüssig, die verschiedenen Abgrenzungstheorien heranzuziehen. Wenn sich zeigt, daß der konkrete Fall nach dem Polizeigesetz, der Gewerbeordnung, dem Bundesausbildungsförderungsgesetz usw. zu beurteilen ist, genügt der kurze Hinweis, daß das maßgebliche Gesetz dem öffentlichen Recht angehört und deshalb eine öffentlich-rechtliche Streitigkeit vorliegt. Lediglich in den wenigen Fällen, wo Zweifel daran bestehen, ob die einschlägige Norm dem öffentlichen Recht oder dem Privatrecht angehört, ist auf die Theorien zurückzugreifen (die dann allerdings meist auch nicht mehr weiterhelfen, wie der Streit zum früheren § 24 BBauG – Vorkaufsrecht der Gemeinde – zeigt, vgl. unten Rn. 27). *Problematisch* wird es, wenn für den konkreten Fall *keine Rechtsnorm* oder *zwei sich gegenseitig ausschließende Rechtsnormen des öffentlichen Rechts und des Privatrechts* zur Verfügung stehen. Dann ist die *Zuordnung* zu klären, wobei vor allem auf den *größeren Zusammenhang,* in dem sich der konkrete Fall befindet, sowie auf *Zweck und Ziel des Verwaltungshandelns* abzustellen ist.

4. Die Zuordnung gesetzlich nicht eindeutig erfaßter Fälle

22   a) *Realakte.* Schwierigkeiten bereiten immer wieder diejenigen Realakte (Tathandlungen), die keine gesetzliche Grundlage haben.

Das zeigt z.B. die Fahrt eines Beamten mit einem Kraftfahrzeug aus dienstlichen Gründen. Das „Autofahren" als solches ist weder öffentlich-rechtlich noch privatrechtlich. Nach Auffassung des *BGH* ist auf den Zusammenhang und die Zielsetzung abzustellen. Die Teilnahme am allgemeinen Verkehr soll öffentlich-rechtlich zu beurteilen sein, wenn sie zur Wahrnehmung hoheitlicher Aufgaben erfolgt (der Bürgermeister fährt zu einer dienstlichen Besprechung über polizeirechtliche Fragen zum Landrat), dagegen privatrechtlich, wenn sie der Erledigung fiskalischer Geschäfte dient (der Bürgermeister fährt zu einem Bürger, um mit diesem über den Kauf eines von der Gemeinde zu erwerbenden Grundstücks zu verhandeln), so *BGHZ* 29, 38; *BGH* DÖV 1979, 865 (Haftung bei Verkehrsunfall mit Dienstwagen). Näher liegt es allerdings, die Dienstfahrt als Teilnahme am allgemeinen Straßenverkehr grundsätzlich dem Privatrecht zuzuordnen und eine öffentlich-rechtliche Tätigkeit nur in den Fällen des § 35 StVO (Einsatz der Polizei, der Feuerwehr usw.) anzunehmen.

Entsprechende Probleme ergeben sich, wenn ein Bürger *Wider-* **23** *ruf* und *Unterlassung* bestimmter Äußerungen eines Beamten verlangt. Sowohl das Privatrecht als auch das öffentliche Recht kennen einen Widerrufsanspruch. Die Frage, ob der privatrechtliche oder der öffentlich-rechtliche Widerrufsanspruch eingreift, hängt davon ab, wie die Äußerung des Beamten rechtlich zu qualifizieren ist, was sich wiederum nur dann klären läßt, wenn man sie in ihrem größeren Zusammenhang sieht. Es kommt darauf an, in welcher Funktion der Beamte die gerügte Erklärung abgab.

Beispiel: Der beim Regierungspräsidium beschäftigte Beamte B erklärt, der Unternehmer U habe sich durch unlautere Machenschaften bei der Vergabe öffentlicher Aufträge Vorteile verschafft. U verlangt Widerruf. Es bestehen drei Möglichkeiten: (1) Wenn B diese Äußerung als Privatmann machte (etwa am Stammtisch), besteht nur ein privatrechtlicher Widerrufsanspruch des U gegen B. – (2) Wenn B diese Äußerung als Beamter bei Wahrnehmung privatrechtlicher Geschäfte machte (etwa bei Verhandlungen über die Vergabe von Aufträgen), besteht ein privatrechtlicher Anspruch des U gegen den Staat, dem diese Äußerung seines Beamten zuzurechnen ist. – (3) Wenn B diese Äußerung als Beamter bei Erfüllung hoheitlicher Aufgaben machte (etwa im Erörterungstermin eines straßenrechtlichen Planfeststellungsverfahrens), besteht ein öffentlich-rechtlicher Widerrufsanspruch des U gegen den Staat, dem wie oben die Äußerung seines Beamten zugerechnet wird. – Vgl. dazu die Nachweise bei

Berg, JuS 1984, 521 ff., der allerdings selbst eine andere Lösung vorschlägt und nicht auf den Zusammenhang abstellt, sondern alle amtliche Äußerungen (also auch die der Fallgruppe 2) dem öffentlichen Recht zuweist. Der öffentlich-rechtliche Widerrufsanspruch ist ein Sonderfall des Folgenbeseitigungsanspruchs, vgl. dazu näher unten § 30.

Strittig ist, wie der Anspruch auf Widerruf ehrverletzender Behauptungen in *Rundfunk- oder Fernsehsendungen* der öffentlich-rechtlichen Rundfunkanstalten zu beurteilen ist. Da nicht nur die Organisation, sondern auch die Tätigkeit dieser Rundfunkanstalten dem öffentlichen Recht angehören, ist auch der darauf bezogene Widerrufsanspruch öffentlich-rechtlich zu qualifizieren.

So zutr. *Bettermann,* NJW 1977, 513 ff.; *Kopp,* BayVBl. 1988, 193 ff.; *BayVGH* DVBl. 1994, 642 (aufgehoben durch *BVerwG* DVBl. 1994, 1245); dagegen für die privatrechtliche Einordnung und den Zivilrechtsweg *BGHZ* 66, 182; *BGH* JZ 1987, 414; *BGH* NJW 1994, 2500; *BVerwG* DVBl. 1994, 1245. Andererseits ist der gegen eine privatrechtliche Rundfunk- oder Fernsehanstalt gerichtete Widerrufsanspruch zweifellos privatrechtlicher Natur. Entsprechendes gilt für Streitigkeiten zwischen politischen Parteien und Rundfunkanstalten über die Vergabe von Sendezeiten vor den Wahlen, über die Teilnahme an Fernsehdiskussionen usw.; sie sind – je nach dem ob es um eine öffentlich-rechtliche oder privatrechtliche Rundfunkanstalt handelt – öffentlich-rechtlich oder privatrechtlich zu beurteilen, vgl. dazu *Maurer,* JuS 1992, 298 m. w. N.

23 a   *Ansprüche auf Rückzahlung zu Unrecht gewährter Geldleistungen* bestimmen sich nach der Rechtsnatur des Leistungsverhältnisses. Ist dieses privatrechtlich, greifen die §§ 812 ff. BGB ein. Ist es öffentlich-rechtlich, dann kommt der öffentlich-rechtliche Erstattungsanspruch zum Zuge (vgl. unten § 29 Rn. 20 ff.). Fehlt es an einem rechtlichen Leistungsverhältnis, dann ist auf den Zusammenhang abzustellen. Daher ist auch dann, wenn eine öffentlich-rechtliche Geldleistung nach dem Tode des Berechtigten für eine gewisse Zeit an den Erben weiterbezahlt wurde, der öffentlich-rechtliche Erstattungsanspruch gegeben.

Anderer Ansicht allerdings im zuletzt genannten Fall *BVerwGE* 84, 274 = JZ 1990, 862 mit abl. Anm. von *Maurer;* wie hier *Hänlein,* JuS 1992, 559 ff.; *J. Martens,* NVwZ 1993, 27; ferner für den Bereich einer beamtenrechtlichen Leistung *BVerwG* DVBl. 1990, 870.

24   b) *Rechtsakte* bieten weniger Probleme, da sie i. d. R. auf Rechtsnormen beruhen und deren Einordnung folgen. Ein Verwaltungsakt ist als „hoheitliche Maßnahme auf dem Gebiet des öffentlichen Rechts" (§ 35 VwVfG) schon begrifflich dem öffentlichen Recht zuzuordnen. Nur kann gelegentlich zweifelhaft sein, ob eine bestimmte Anordnung als Verwaltungsakt zu qualifizieren ist. Das zeigt das *Hausverbot* des Behördenleiters gegen einen störenden Besucher seines Verwaltungsgebäudes. Das Hausverbot kann sich aus den privatrechtlichen Besitz- und Eigentumsrechten (§§ 859 f., 903, 1004 BGB) oder aus der öffentlich-rechtlichen Sachherrschaft ergeben und ist dementsprechend entweder privatrechtlich oder öffentlich-rechtlich zu qualifizieren.

Die Rechtsprechung unterscheidet nach dem Zweck des Besuches, nämlich danach, ob der Besucher das Haus zur Wahrnehmung öffentlich-rechtlicher Angelegenheiten (etwa Einreichung eines Antrags auf Baugenehmigung) oder zur Erledigung privatrechtlicher Geschäfte (etwa Verkauf von Büromaterial) betritt (vgl. *BGHZ* 33, 230: Fotograf im Standesamt; *BVerwGE* 35, 103: Vergabe von Entwicklungs- und Forschungsaufträgen durch das Bundesverteidigungsministerium: jeweils privatrechtlich; *OVG Münster,* NJW 1998, 1425: Student und Doktorand im Universitätsgebäude: öffentlich-rechtlich). Die überwiegende Literatur stellt dagegen zu Recht auf den Zweck des Hausverbotes ab und hält es für öffentlich-rechtlich, wenn und weil es der Sicherung der Erfüllung der öffentlichen Aufgaben im Verwaltungsgebäude dient, ohne Rücksicht darauf, aus welchen Gründen der Besucher das Gebäude betritt (so etwa *Knemeyer,* DÖV 1970, 596 ff.; *ders.,* VBlBW 1982, 249 ff.; *Ronellenfitsch,* VerwArch. 73 (1982) S. 469 ff. m. w. N.; ferner *BayVGH* DVBl. 1981, 1010 unter Aufgabe seiner früheren Rechtsprechung); *OVG Schleswig* NJW 2000, 3440). – Strittig ist des weiteren, ob das öffentlich-rechtlich begründete Hausverbot ein Verwaltungsakt ist und als solcher einer besonderen gesetzlichen Ermächtigung bedarf, vgl. dazu ebenfalls die oben genannten Zitate. Der Verwaltungsaktscharakter ist zu bejahen, da das Hausverbot eine hoheitliche Einzelfallregelung mit Außenwirkung darstellt; dagegen ist eine besondere gesetzliche Grundlage schon deshalb nicht erforderlich, weil sich die Befugnis zum Erlaß des Hausverbots bereits aus der allgemeinen, kraft öffentlichen Rechts bestehenden Kompetenz einer jeden Behörde ergibt, für einen störungsfreien Dienstbetrieb innerhalb ihres räumlichen Verwaltungsbereiches zu sorgen.

c) *Verträge* zwischen Verwaltung und Bürger sind öffentlich-rechtlicher Natur, wenn sie sich auf öffentlich-rechtliche Normen beziehen. Häufig ist dies aber bei isolierter Betrachtung des Vertrages nicht genau zu bestimmen. Es ist dann auf den Zweck der vertraglich übernommenen Verpflichtung und auf den Gesamtcharakter des Vertrages abzustellen (vgl. dazu näher unten § 14 Rn. 8 ff.). **25**

26   d) *Die Benutzung öffentlicher Anstalten und Einrichtungen,* insbesondere solcher der Gemeinden (Verkehrs- und Versorgungsbetriebe, Kindergärten, Badeanstalten, Museen), kann, wie dargelegt
wurde (oben Rn. 9), öffentlich-rechtlich oder privatrechtlich ausgestaltet sein. In diesen Fällen ist nicht (nur) nach der Zuordnung
des konkreten Einzelakts, sondern zunächst einmal – gleichsam
eine Stufe tiefer ansetzend – nach der *Zuordnung des gesamten Benutzungsverhältnisses* zu fragen. Maßgebend dafür ist – entsprechend
dem Grundsatz der Wahlfreiheit – der *Wille des zuständigen Verwaltungsträgers* (etwa der Gemeinde), der aus den jeweiligen Umständen, insbesondere aus der Benutzungsordnung, zu ermitteln
ist. Indizien bilden die Art der Benutzungsordnung (Satzung
oder Allgemeine Geschäftsbedingungen?), die jeweils verwendeten
Rechtsformen (etwa Auflösung des Verhältnisses durch Widerruf
oder Kündigung?), das Entgelt (Gebühr oder Nutzungsentgelt?),
der Hinweis auf Rechtsmittel (Rechtsbehelfsbelehrung gem. § 58
VwGO?).

Die in den Gemeindeordnungen übliche Bezeichnung „öffentliche Einrichtung" (vgl. § 10 II Bad.-Württ.GemO, § 19 I Hess.GemO) darf nicht zu
der Annahme verleiten, es handle sich um eine öffentlich-rechtlich gestaltete
Einrichtung, – „öffentlich" bedeutet, daß die Einrichtung der Öffentlichkeit,
d. h. jedermann oder zumindest einem nicht individualisierten Personenkreis
offensteht.

Wenn ein *öffentlich-rechtlich* begründeter *Zulassungsanspruch* besteht, wie z.B. bei den öffentlichen Einrichtungen der Gemeinden
nach den Gemeindeordnungen, dann ist jedenfalls die Frage der *Zulassung* öffentlich-rechtlich zu beurteilen; die *Abwicklung* kann aber
gleichwohl privatrechtlich ausgestaltet sein (Zweistufentheorie).

Beispiel: Der Ortsverein der Partei P beantragt beim Bürgermeister die
Überlassung der Stadthalle für eine Wahlveranstaltung. Wenn man davon
ausgeht, daß die Stadthalle widmungsgemäß den Vereinigungen der Gemeinde
als öffentliche Einrichtung zur Verfügung steht, dann ist die Entscheidung, *ob*
die Stadthalle der Partei P überlassen werden soll, öffentlich-rechtlich. Die
Durchführung im einzelnen (das „Wie") kann privatrechtlich, etwa durch einen
Mietvertrag, geregelt werden, so *BVerwGE* 32, 333, 334; *BVerwG* NVwZ
1991, 59. – Auch der (notwendig öffentlich-rechtlich begründete) Anschluß-
und Benutzungszwang schließt eine privatrechtliche Abwicklung nicht zwingend aus (vgl. *BGH* BayVBl. 1985, 27; *HessVGH* ESVGH 25, 59, 72: Fern-
heizwerk; *OVG Lüneburg* NJW 1977, 450; *Frotscher,* Die Ausgestaltung kom-

munaler Nutzungsverhältnisse bei Anschluß- und Benutzungszwang, 1974 m. w. N., str.).

In der Regel dürfte aber dann, wenn die *Zulassung* im Blick auf den gesetzlich geregelten Zulassungsanspruch öffentlich-rechtlich beurteilt werden muß, auch die *Ausgestaltung* des Benutzungsverhältnisses im einzelnen öffentlich-rechtlich sein, zumal Zulassung und Abwicklung meist in ein und derselben Benutzungsordnung geregelt sind. Allgemein läßt sich sagen, daß im Zweifel das gesamte Benutzungsverhältnis öffentlich-rechtlich zu beurteilen ist.

Vgl. dazu *BadWürttVGH* ESVGH 25, 203 und DÖV 1978, 569 (Badeanstalt); *HessVGH* ESVGH 27, 116 (Kindergarten). – Eine einheitliche Beurteilung ist auch bei komplexen Verhältnissen möglich. So läßt sich im obigen Stadthallen-Fall anstelle der Zweistufentheorie ein Verwaltungsakt, der zugleich die Bedingungen der Überlassung festlegt, oder ein öffentlich-rechtlicher Vertrag, der das Ob und das Wie umfaßt und sich an den bürgerlich-rechtlichen Mietvertragsvorschriften orientiert, annehmen; vgl. dazu *Pappermann* JZ 1969, 485 ff.; *Ossenbühl*, DVBl. 1973, 289 ff.; ferner unten Rn. 31.

Wenn die öffentliche Einrichtung von einer juristischen Person des Privatrechts betrieben wird, deren Anteile sich ganz oder überwiegend in der Hand der Gemeinde befinden (Beispiele: Straßenbahn-AG, Messe-GmbH), kann das Benutzungsverhältnis zwischen der Gesellschaft und dem Benutzer, die beide Privatrechtssubjekte sind, nur privatrechtlich sein. Wird die Zulassung versagt, dann hat der betroffene Bürger einen öffentlich-rechtlichen Verschaffungsanspruch gegen die Gemeinde, d. h. einen Anspruch darauf, daß ihm die Gemeinde durch (gesellschaftsrechtlich ermöglichtes) Einwirken auf die privatrechtliche Gesellschaft Zugang verschafft.

So *Püttner*, DVBl. 1975, 353 ff.; *Frotscher*, HKWP Bd. III, S. 150 f.; *BVerwG* DVBl. 1990, 154; *BVerwG* NVwZ 2005, 1072 (Fernwärmeversorgung); *OVG Koblenz* DVBl. 1985, 176; *HessVGH* DÖV 1994, 438 (Weihnachtsmarkt); *BayVGH* NVwZ 1999, 1122 (Nürnberger Volksfeste); str., *Ossenbühl* nimmt (auch) einen unmittelbar gegen die Gesellschaft gerichteten öffentlich-rechtlichen Benutzungsanspruch an, vgl. DVBl. 1973, 289 (294); HKWP Bd. I, S. 387 f. Streitigkeiten zwischen der privatrechtlich organisierten Einrichtung und dem Bewerber oder Benutzer sind – trotz evtl. öffentlich-rechtlicher Bindungen der Einrichtungen im Sinne des Verwaltungsprivatrechts – privatrechtlich und daher vor den Zivilgerichten auszutragen, *BVerwG* NVwZ 1991, 59, dazu auch *Osterloh*, JuS 1991, 338 f.

e) Im übrigen gibt es einige Zweifelsfälle, die entweder traditionell oder dezisionistisch durch den Gesetzgeber oder die Recht-   27

sprechung dem einen oder anderen Bereich zugeordnet werden
oder eben kontrovers bleiben.

Das Postbenutzungsverhältnis, d. h. die Rechtsbeziehungen zwischen der
Deutschen Bundespost und ihren Kunden, wurde früher öffentlich-rechtlich
beurteilt (vgl. zuletzt *BGHZ* 98, 140, 143; *BVerwGE* 71, 85, 87), ist aber
nunmehr – seit der Poststrukturreform (vgl. § 7 PostG und § 9 I FAG jeweils
i. d. F. des Poststrukturgesetzes vom 8. 6. 1989, BGBl. I S. 1026) und vor allem
seit der Privatisierung der drei Teilbereiche Postdienst, Postbank und Telekom
(vgl. Postneuordnungsgesetz vom 14. 9. 1994, BGBl. I S. 2325) – durchweg
privatrechtlicher Natur (*BGH* NJW 1995, 875). Lediglich dann, wenn der
Postdienst im Rahmen der förmlichen Zustellung tätig wird, liegt noch hoheitliches Handeln vor (vgl. § 33 I PostG). – Das Bahnbenutzungsverhältnis
wird dagegen seit jeher als privatrechtlich beurteilt, was z. B. zur Folge hat, daß
mit dem Erwerb einer Fahrkarte ein privatrechtlicher Beförderungsvertrag
abgeschlossen wird (vgl. *BGHZ* 20, 102; *BVerwGE* 64, 202, 205); seit der
Privatisierung der Deutschen Bundesbahn und der Reichsbahn der ehemaligen
DDR versteht sich das ohnehin von selbst. Auch im übrigen ist der Betrieb der
Deutschen Bahn AG privatrechtlich gestaltet (vgl. *BGH* NJW 1997, 744:
Anspruch auf Unterlassung von Immissionen durch Baumaßnahmen). – Die
Streitfrage, ob die Ausübung des Vorkaufsrechts gem. dem früheren § 24
BBauG, jetzt § 24 BauGB, öffentlich-rechtlich (so *BadWürttVGH* ESVGH 24,
101; *OVG Münster* OVGE 23, 280; 27, 236) oder privatrechtlich (so *BGHZ*
60, 275, 279 ff.) ist, wurde durch die Änderung dieser Vorschrift 1976
(Einfügung der Worte „durch Verwaltungsakt" in § 24 IV BBauG, jetzt § 28 II
BauGB) im ersteren Sinne entschieden, vermittelt aber nicht nur interessan-
tes Argumentationsmaterial, sondern bleibt auch für entsprechende, gesetzlich nicht geregelte Fälle noch aktuell, vgl. *BadWürttVGH* VBlBW 1983, 77
und NVwZ 1992, 898, der die Ausübung des Vorkaufsrechts nach § 25
Bad.-Württ. Waldgesetz und § 46 Bad.-Württ. Naturschutzgesetz als Verwaltungsakt qualifiziert; ebenso *BayVGH* BayVBl. 1994, 657 für die Ausübung
des Vorkaufsrechts nach Art. 34 Bay.Naturschutzgesetz.

IV. Die subsidiäre Anwendung privatrechtlicher Vorschriften im Verwaltungsrecht

1. Problematik und Anwendungsbereich

28   Das Verhältnis Verwaltung – Privatrecht stellt sich in doppelter
Sicht: Die Verwaltung kann bestimmte Verwaltungsaufgaben in
der Form des Privatrechts erledigen, indem sie sich auf die Ebene
des Privatrechts begibt (vgl. dazu bereits oben Rn. 9). Sie kann
aber auch – und darum geht es hier – bei Anwendung des Verwaltungsrechts zur Ergänzung und Lückenausfüllung auf Vorschriften

des Privatrechts zurückgreifen. In diesem Falle begibt sie sich nicht auf die Ebene des Privatrechts, sondern bleibt auf der Ebene des öffentlichen Rechts, verwendet aber im Privatrecht formulierte Rechtsvorschriften oder im Privatrecht ausgestaltete Rechtsfiguren als öffentliches Recht. Eine „Ausleihe" beim Privatrecht bietet sich an, falls die Rechtsverhältnisse gleichartig sind, da das Privatrecht weitgehend durchnormiert ist, während das Verwaltungsrecht noch erhebliche Lücken aufweist.

In Betracht kommen vor allem, aber nicht nur, die schuldrechtlichen Vorschriften bei öffentlich-rechtlichen Leistungsverhältnissen. – So können z. B. herangezogen werden der Grundsatz von Treu und Glauben (§ 242 BGB), ferner die Vorschriften über die Berechnung von Fristen (§§ 187 ff. BGB, vgl. *BVerwGE* 44, 45, 47 zu § 193 BGB), über die Anfechtung von Willenserklärungen (§§ 119, 123 I BGB), über die Haftung wegen schuldrechtlicher Leistungsstörungen (§§ 275 ff. BGB), über die Verwahrung (§§ 688 ff. BGB), über die Geschäftsführung ohne Auftrag (§§ 677 ff. BGB), nach *BGHZ* 59, 303 sogar die Vorschriften über die Sachmängelhaftung beim Kauf und nach *OVG Hamburg* GewArch. 1975, 20 die über die Auslobung („Öffentlich-rechtliche Auslobung" als Rechtsgrundlage einer Subventionsverteilung).

2. Begründung

Verschiedentlich werden die privatrechtlichen Vorschriften vom Gesetzgeber ausdrücklich für anwendbar erklärt, so etwa – ergänzend und entsprechend – die Vorschriften des BGB für den verwaltungsrechtlichen Vertrag (§ 62 S. 2 VwVfG) oder die Vorschriften des BGB über die Herausgabe einer ungerechtfertigten Bereicherung (§§ 812 ff. BGB) für die Rückforderung zuviel bezahlter Beamtenbezüge (§ 87 II BBG). **29**

Die Schuldrechtsreform 2002 (Gesetz zur Modernisierung des Schuldrechts vom 26. 11. 2001, BGBl. I S. 3138), die erhebliche Änderungen des Schuldrechts und des Verjährungsrechts brachte, führte zu der (allgemein bestehenden, aber in diesem Zusammenhang besonders aktuellen) Frage, ob durch die gesetzliche Verweisung das damals geltende Recht (statische Verweisung) oder das jeweils geltende Recht (dynamische Verweisung) in Bezug genommen wird. Das läßt sich nicht pauschal beantworten, sondern muß im Einzelfall nach dem Wortlaut der Verweisungsregelung und dem Gesamtzusammenhang beantwortet werden. Grundsätzlich ist – zumindest im hier interessierenden Bereich des Verwaltungsverfahrensrechts – die zweite Alternative anzunehmen. Dafür spricht auch die Rechtssicherheit und das legitime Bestreben des Gesetzgebers, bundeseinheitliches Verwaltungsverfahrensrecht zu schaffen. Da die zivilrechtliche Vorschriften nur entsprechend anzuwenden sind, sind flexible Lösungen denkbar, bei denen etwaige verfassungsrechtliche oder rechtspolitische Bedenken berücksichtigt und ausgeglichen werden können. Vgl. dazu auch im Blick auf das Vertrags- und Verjährungsrecht unten § 14 Rn. 52, § 27 Rn. 72 a und öfters.

30   Im übrigen wird die Anwendung privatrechtlicher Vorschriften im öffentlichen Recht von der Literatur und Rechtsprechung auf zweierlei Weise begründet (vgl. *BGHZ* 58, 386, 392 ff.; *H. Weber,* JuS 1970, 169 f.; *de Wall,* S. 53 ff. m. w. N.).

a) Nach der einen Auffassung gibt es allgemeine *Rechtsgrundsätze,* die zwar im BGB normiert und konkretisiert sind, die aber unabhängig davon allen Rechtsbereichen – gleichsam als Rechtssätze des allgemeinen Teil des Rechts – vorgegeben sind und daher auch im öffentlichen Recht unmittelbar gelten. Die Bezugnahme auf das BGB dient nur der inhaltlichen Verdeutlichung der – an sich schon im öffentlichen Recht geltenden – allgemeinen Rechtsgrundsätze.

b) Nach der anderen Auffassung werden bestimmte privatrechtliche Vorschriften *analog* im öffentlichen Recht angewendet. Voraussetzung ist, daß eine einschlägige Vorschrift im Verwaltungsrecht fehlt, die Lücke auch nicht durch Heranziehung öffentlich-rechtlicher Vorschriften geschlossen werden kann und die Voraussetzungen der Analogie (Ähnlichkeit der Sachverhalte in rechtlich–wertender Hinsicht) vorliegen.

Dabei sind stets zwei Fragen zu prüfen: (1) Kann die privatrechtliche Rechtsfigur *überhaupt* auf die in Frage stehende verwaltungsrechtliche Rechtsbeziehung übernommen werden? (2) Wenn ja, inwieweit sind die *Einzelregelungen* dieser Rechtsfigur analog anwendbar?

31   c) Die beiden Auffassungen schließen sich nicht aus, sondern ergänzen sich. Es ist allerdings nicht immer zweifelsfrei, ob und wann der eine oder der andere Weg eröffnet ist. Zu a) gehört sicherlich der Grundsatz von Treu und Glauben, möglicherweise gehören dazu auch einige Normen des Vertragsrechts. Die meisten Vorschriften werden über b) zur Anwendung kommen.

Die unterschiedliche Begründung ist nicht bedeutungslos. Die allgemeinen Rechtsgrundsätze können auch Kompetenzen der Verwaltung begründen, wenngleich dies kaum aktuell werden wird.

Dagegen darf die Verwaltung nicht durch analoge Heranziehung privatrechtlicher Rechtsnormen oder Rechtsinstitute ihre gesetzlich festgelegten Zuständigkeiten erweitern.

Die Analogie führt i. d. R. nur zur Rechtsfolgenverweisung, nicht zur Rechtsgrundverweisung: Die in Anlehnung an §§ 688 ff. BGB entwickelte öffentlich-rechtliche Verwahrung regelt nicht, *wann* eine Sache durch die Verwaltung in Verwahrung genommen werden darf (die Beschlagnahme und die Sicherstellung sind im öffentlichen Recht begründet), sondern *wie* eine in Verwahrung genommene Sache aufzubewahren ist, wie die Rückgabe zu erfolgen hat usw. – Vor allem gibt die Geschäftsführung ohne Auftrag (§§ 677 ff. BGB), die auch im öffentlichen Recht entsprechend zur Anwendung kommen kann, keinen Rechtstitel für erweiterte Eingriffsbefugnisse, vgl. dazu unten § 28 Rn. 11.

3. Rückwirkungen auf das Verwaltungsprivatrecht

Die Erledigung von Verwaltungsaufgaben auf der Ebene des **32** Privatrechts wird vor allem damit begründet, daß geeignete öffentlich-rechtliche Rechtsvorschriften fehlen und daher auf das Privatrecht ausgewichen werden müsse. Dieses Argument zieht jedoch nicht, wenn man beachtet, daß eine (entsprechende) Heranziehung bürgerlich-rechtlicher Vorschriften im Verwaltungsrecht möglich und zulässig ist.

Im obigen Stadthallen-Fall (vgl. Rn. 26) ist es überflüssig, die „zweite Stufe" privatrechtlich auszugestalten, da das öffentlich-rechtliche Benutzungsverhältnis, das in der Tat bislang nicht allgemein öffentlich-rechtlich geregelt ist, nach den entsprechend heranzuziehenden bürgerlich-rechtlichen Mietvorschriften beurteilt werden kann. – Es bestehen m. E. auch keine Bedenken, die Vergabe eines Darlehens als Subvention einheitlich dem öffentlichen Recht – in entsprechender Anwendung der §§ 488 ff. BGB und der sonstigen BGB-Vorschriften – zu unterstellen.

Andererseits werden durch die einheitliche öffentlich-rechtliche Qualifizierung diejenigen Probleme, die sich aus der Verquickung von öffentlichem Recht und Privatrecht im „Verwaltungsprivatrecht" – generell und vor allem bei zweistufigen Rechtsverhältnissen – ergeben (Rechtsweg, Haftung usw.), vermieden. Eine rechtliche und tatsächliche Bestandsaufnahme müßte klären, ob und inwieweit „Verwaltungsprivatrecht" überhaupt noch erforderlich und gerechtfertigt ist.

Literatur zu § 3 I: *Stern,* Das allgemeine Verwaltungsrecht in der neueren **33** Bundesgesetzgebung, JZ 1962, 265 ff., 297 ff.; *Rupp,* Grundfragen der heutigen

Verwaltungsrechtslehre, 1965; 2. Aufl. 1991; *Bachof/Brohm,* Die Dogmatik des Verwaltungsrechts vor den Gegenwartsaufgaben der Verwaltung, Referate mit Diskussion, VVDStRL 30 (1972) S. 193 ff.; *Häberle,* Auf dem Weg zum Allgemeinen Verwaltungsrecht, BayVBl. 1977, 442 ff.; *Mußgnug,* Das allgemeine Verwaltungsrecht zwischen Richterrecht und Gesetzesrecht, Festschrift der Juristischen Fakultät zur 600-Jahr-Feier der Universität Heidelberg, 1986, S. 203 ff.; *H. Bauer,* Verwaltungsrechtslehre im Umbruch? DV 25 (1992) S. 301 ff.; *Hoffmann-Riem/Schmidt-Aßmann/Schuppert* (Hg.), Reform des Allgemeinen Verwaltungsrechts, 1993; *Schmidt-Aßmann,* Zur Funktion des Allgemeinen Verwaltungsrechts, DV 27 (1994) S. 137 ff.; *Voßkuhle,* Verwaltungsdogmatik und Rechtstatsachenforschung, VerwArch. 85 (1994) S. 567 ff.; *Groß,* Die Beziehungen zwischen dem Allgemeinen und dem Besonderen Verwaltungsrecht, in: Die Wissenschaft vom Verwaltungsrecht, DV Beiheft 2, 1999, S. 57 ff.; *Schmidt-Preuß,* Das Allgemeine des Verwaltungsrechts, Festschrift für Maurer, 2001, S. 777 ff.

34   **Zu § 3 II:** *Siebert,* Privatrecht im Bereich öffentlicher Verwaltung, Festschrift für Niedermeyer, 1953, S. 215 ff.; *Mallmann/Zeidler,* Schranken nichthoheitlicher Verwaltung, Referate mit Diskussion, VVDStRL 19 (1960) S. 165 ff.; *Rüfner,* Formen öffentlicher Verwaltung im Bereich der Wirtschaft, 1967; *Ossenbühl,* Daseinsvorsorge und Verwaltungsprivatrecht, DÖV 1971, 513 ff.; *ders.,* Öffentliches Recht und Privatrecht in der Leistungsverwaltung, DVBl. 1974, 541 ff.; *Ehlers,* Rechtsstaatliche und prozessuale Probleme des Verwaltungsprivatrechts, DVBl. 1983, 422 ff.; *ders.,* Verwaltung in Privatrechtsform, 1984; *von Zezschwitz,* Rechtsstaatliche und prozessuale Probleme des Verwaltungsprivatrechts, NJW 1983, 1873 ff.; *Gusy,* Die Bindung privatrechtlichen Verwaltungshandelns an das öffentliche Recht, DÖV 1984, 872 ff.; *von Danwitz,* Die Benutzung kommunaler öffentlicher Einrichtungen – Rechtsformenwahl und gerichtliche Kontrolle, JuS 1995, 1 ff.; *ders.,* Vom Verwaltungsprivat- zum Verwaltungsgesellschaftsrecht, AöR 120 (1995) S. 595 ff.; *Röhl,* Verwaltung und Privatrecht – Verwaltungsprivatrecht? VerwArch. 86 (1995) S. 531 ff.; *Unruh,* Kritik des privatrechtlichen Verwaltungshandelns, DÖV 1997, 653 ff.

35   **Zu § 3 III:** *Hans J. Wolff,* Der Unterschied zwischen öffentlichem und privatem Recht, AöR 76 (1950) S. 205 ff.; *Baur,* Neue Verbindungslinien zwischen Privatrecht und öffentlichem Recht, JZ 1963, 41 ff.; *Bullinger,* Öffentliches Recht und Privatrecht, 1968; *Menger,* Zum Stand der Meinungen über die Unterscheidung von öffentlichem und privatem Recht, Festschrift für Hans J. Wolff, 1973, S. 149 ff.; *Pestalozza,* „Formenmißbrauch" des Staates, 1973; *ders.,* Kollisionsrechtliche Aspekte der Unterscheidung von öffentlichem Recht und Privatrecht, DÖV 1974, 188 ff.; *Bachof,* Über öffentliches Recht, BVerwG-Festgabe 1978, S. 1 ff.; *Zuleeg,* Die Anwendungsbereiche des öffentlichen Rechts und des Privatrechts, VerwArch. Bd. 73 (1982) S. 384 ff.; *Ehlers,* Verwaltung in Privatrechtsform, 1984, S. 30 ff.; *Gern,* Neuansatz der Unterscheidung des öffentlichen Rechts vom Privatrecht, ZRP 1985, 56 ff.; *D. Schmidt,* Die Unterscheidung von privatem und öffentlichem Recht, 1985; *Peine,* Öffentliches und Privates Nachbarrecht, JuS 1987, 169 ff.; *Bullinger,* Öffentliches Recht und Privatrecht in Geschichte und Gegenwart, Festschrift für

Rittner, 1991, S. 69 ff.; *Ipsen/Koch,* Öffentliches und privates Recht – Abgren-
zungsprobleme bei der Benutzung öffentlicher Einrichtungen, JuS 1992,
809 ff.; *J. Schröder,* Privatrecht und öffentliches Recht. Zur Entwicklung der
modernen Rechtssystematik in der Naturrechtslehre des 18. Jahrhunderts,
Festschrift für Gernhuber, 1993, S. 991 ff.; *Lorenz,* Kirchenglocken zwischen
öffentlichem und privatem Recht, JuS 1994, 492 ff.; *Hoffmann-Riem/Schmidt-
Aßmann* (Hg.), Öffentliches Recht und Privatrecht als wechselseitige Auf-
fangordnungen, 1996; *Püttner,* Öffentliches und privates Recht, Festschrift
für Maurer, 2001, S. 713 ff.; *Larenz/Wolf,* Allgemeiner Teil des Bürgerlichen
Rechts, 9. Aufl. 2004, § 1 Rn. 1 ff.

Zu § 3 IV: *Hermann Weber,* Beitragsrückgewähr nach irrtümlich angenom- **36**
mener Mitgliedschaft in Zwangsverbänden, JuS 1970, 169 ff.; *Middel,* Öffentlich-rechtliche Willenserklärungen von Privatpersonen, 1971, S. 57 ff.; *Kluth,*
Rechtsfragen der Verwaltungsrechtlichen Willenserklärung, NVwZ 1990,
608 ff.; *de Wall,* Die Anwendbarkeit privatrechtlicher Vorschriften im Verwaltungsrecht, 1999 (grundlegend); *Dötsch,* Schuldrechtsreform und öffentliches Recht, NWVBl. 2001, 385 ff.; 2002, 140 ff.; *Geis,* Die Schuldrechtsreform
und das Verwaltungsrecht, NVwZ 2002, 385 ff.; *Stumpf,* Die Verjährung
öffentlich-rechtlicher Ansprüche nach der Schuldrechtsreform, NVwZ 2003,
1198 ff.

Rechtsprechung zu § 3: *BGHZ* 52, 325 (Straßenbahn-AG, Grundrechts- **37**
bindung); *BGHZ* 58, 386 (Anwendbarkeit privatrechtlicher Vorschriften im
öffentlich-rechtlichen Bereich); *BGHZ* 154, 146 (Sparkassen, Grundrechtsbindung); *BGHZ* 155, 166 (Grundsätze des Verwaltungsprivatrechts); *BGH* DVBl.
1984, 1118 (Bindung der privatrechtlich handelnden Verwaltung an die Vorschriften des Abgabenrechts); *OVG Koblenz* NVwZ 1984, 316 (Anfechtung
verwaltungsrechtlicher Willenserklärungen entspr. §§ 116 ff. BGB?). Vgl. ferner zum Problemkreis öffentliches Recht – Privatrecht die Rechtsprechungsnachweise Rn. 22 ff.

§ 4 Die Rechtsquellen des Verwaltungsrechts

I. Die Rechtsquellen- und Rangordnungslehre

Das deutsche Verwaltungsrecht besteht aus einer großen Zahl **1**
unterschiedlicher Rechtsnormen: formelle Gesetze, Rechtsverordnungen und Satzungen; Bundesrecht, Landesrecht und autonomes
Recht; Gewohnheitsrecht und Observanz; allgemeine Grundsätze
des Verwaltungsrechts und sog. Richterrecht. Hinzu kommt das
europäische Gemeinschaftsrecht, das aus den Gründungsverträgen,
Verordnungen und Richtlinien besteht, die ihrerseits wiederum
durch allgemeine Rechtsgrundsätze und die Rechtsprechung des
Europäischen Gerichtshofs ergänzt werden.

2   Die Lehre der Rechtsquellen versucht, diese Vielfalt in ein System zu bringen und Widersprüche, die zwischen den verschiedenen Rechtsnormen bestehen, durch eine Rangordnung der Rechtsquellen zu lösen.

3   Der Begriff der Rechtsquelle ist freilich – trotz oder sogar wegen
seiner Bildhaftigkeit – mehrdeutig und fraglich. Rechtstheoretisch
kann zwischen Rechtserzeugungsquellen, Rechtswertungsquellen
und Rechtserkenntnisquellen unterschieden werden (vgl. *P. Kirchhof,* BVerfG-Festgabe 1976, Bd. II, S. 53 ff.; *F. Ossenbühl,* HStR III,
§ 61 Rn. 1). Im Verwaltungsrecht geht es vor allem um die dritte
Alternative. Rechtsquelle ist danach der „Erkenntnisgrund für etwas als positives Recht" (so die vielzitierte Formel von *A. Ross,*
Theorie der Rechtsquellen, 1929, S. 291 f.). Indessen ist auch diese
Formel noch ziemlich sibyllinisch. Jedenfalls weist sie aber auf die
Entstehung und damit auf den Entstehungsvorgang, den Urheber
und die Form des Rechts hin. Rechtsquelle ist danach die Form, in
der das Recht zur Entstehung gelangt und erkennbar in Erscheinung tritt. Maßgebliches Kriterium für die Rangordnung der
Rechtsquellen ist der jeweilige Urheber der Rechtsnorm und dessen Autorität.

   Es fragt sich, ob die Rechtsquellenlehre im Verwaltungsrecht überhaupt Erkenntniswert besitzt oder nicht besser zugunsten der Begriffe Rechtssatz und
Rechtsnorm darauf verzichtet werden sollte, kritisch dazu auch *Ipsen,* VerwR
Rn. 84 ff., dessen Bezugnahme auf die Verfassung allerdings in diesem Zusammenhang auch nicht weiterführt, weil dann deren Rechtsquellencharak-
ter und Verbindlichkeit zu klären wären. Vgl. dazu in rechtstheoretischer
und grundsätzlicher Sicht *K. F. Röhl,* Allgemeine Rechtslehre, 2. Aufl. 2002,
§§ 64 ff.; *Rüthers,* Rechtstheorie, 1999, Rn. 217 ff.

4   Form und Inhalt sind zu unterscheiden. Durch die Rechtsquellen entstehen der Form nach Rechtssätze und dem Inhalt nach
Rechtsnormen. Die Terminologie ist freilich noch nicht einheitlich, soll aber im folgenden in diesem Sinne verwendet werden.
Die Rechtssätze entsprechen den Rechtsquellen. Die Rechtsnormen sind allgemeinverbindliche Regelungen, d. h. generell-abstrakte Regelungen, die Rechte und Pflichten für den Bürger oder
sonstige selbständige Rechtspersonen begründen, ändern oder aufheben. Sie kommen in den Rechtssätzen zum Ausdruck. Form und
Inhalt bedingen sich. Eine Form ohne Inhalt wäre sinnlos, ein

Inhalt ohne Form, in die er gefaßt wird, sogar unmöglich. Rechtssätze enthalten in der Regel Rechtsnormen. Sie können aber ggf.
auch andere Inhalte aufnehmen. Deshalb werden die Formen des
Gesetzes, der Rechtsverordnung und der Satzung nicht nur für
Rechtsnormen, sondern verschiedentlich auch für andere Rechtsakte verwendet. Darauf beruht auch die Unterscheidung von formellem Gesetz und materiellem Gesetz, auf die sogleich einzugehen sein wird. Die Rechtssätze des Innenrechts gelangen ebenfalls
häufig in der Form einer Rechtsquelle zur Entstehung; sie sind
aber darauf nicht beschränkt, sondern können auch als Verwaltungsvorschrift oder Geschäftsordnung ergehen (vgl. dazu § 24).

Angesichts dieser Vielzahl von Rechtssätzen, die von unterschied- 5
lichen Instanzen, zu unterschiedlichen Zeiten und in unterschiedlicher Weise erlassen worden sind, nimmt es nicht wunder, daß
immer wieder Normenkollisionen und Wertungswidersprüche auftreten. Die Rechtsordnung muß jedoch widerspruchsfrei sein. Sie
muß verhindern, daß Bürger, Behörden und Gerichte mit wider-
sprüchlichen und damit sich inhaltlich aufhebenden Rechtssätzen
konfrontiert werden.

Das geschieht durch die Lehre von der Rangordnung der Rechts- 6
quellen. Sie bringt die Rechtssätze und damit die in ihnen enthaltenen Rechtsnormen in ein Rangverhältnis. Maßgeblich für die Einordnung ist der jeweilige Normgeber. Kommt es zu einem Widerspruch zwischen Rechtssätzen unterschiedlichen Rangs, dann geht
der höherrangige Rechtssatz dem niederrangigen Rechtssatz vor mit
der Folge, daß der letztgenannte nichtig ist oder zumindest nicht
angewendet werden darf. Es gilt der Grundsatz: Lex superior derogat
legi inferiori (das höherrangige Gesetz beseitigt das niederrangige
Gesetz). Für Rechtssätze, die der gleichen Rangstufe angehören,
gilt, daß das spätere dem früheren Gesetz und das speziellere Gesetz
dem allgemeinen Gesetz vorgeht (lex posterior derogat legi priori;
lex specialis derogat legi generali).

Die Rechtsordnung differenziert zwischen Rechtskreisen und 7
innerhalb der Rechtskreise zwischen einzelnen Typen der Rechtssätze. Die Rechtskreise umfassen die Rechtsordnung der verschiedenen, mit originärer Rechtssetzungsmacht ausgestatteten Organisationen. Dazu gehören das deutsche Recht, das – entsprechend

dem Bundesstaatsprinzip – Bundesrecht und Landesrecht ist, das
europäisches Gemeinschaftsrecht und das Völkerrecht, also natio-
nales Recht, supranationales Recht und internationales Recht.
Innerhalb des deutschen Rechtskreises – und zwar sowohl des
Bundesrechts als auch des Landesrechts – ist zwischen der Verfassung, dem formellen Gesetz, der Rechtsverordnung und der
Satzung zu unterscheiden. Das europäische Gemeinschaftsrecht
wird durch die Gründungsverträge, die unmittelbar verbindlichen
Verordnungen und die umsetzungsbedürftigen Richtlinien gebildet
(Art. 249 EGV). Das Gemeinschaftsrecht geht dem deutschen
Recht aller Rangstufen vor. In den deutschen Rechtskreisen steht
die Verfassung an der Spitze, ihr folgen das Gesetz, die Rechtsverordnung und die Satzung. Gewohnheitsrecht und Richterrecht
kommen auf fast allen Ebenen vor, so daß sich auch insoweit die
Frage stellt, wie sie rangordnungsmäßig einzufügen sind. Es besteht
somit folgende Rangordnung der Rechtsquellen:

EG-Recht	primäres Gemeinschaftsrecht: Gründungsverträge
	sekundäres Gemeinschaftsrecht: Verordnungen
	und Richtlinien
Bundesrecht	Verfassung (Grundgesetz)
	Gesetze
	Rechtsverordnungen
	Satzungen
Landesrecht	Verfassung
	Gesetze
	Rechtsverordnungen
	Satzungen

8   Im Kollisionsfall sind die gemeinschaftsrechtswidrigen deutschen
Rechtsnormen nicht anwendbar, im übrigen die gegen das höherrangige Recht verstoßenden Rechtsnormen beider Rechtskreise
nichtig. Die Unanwendbarkeit bzw. Nichtigkeit tritt allerdings nur
ein, wenn die Kollision nicht im Wege der Auslegung (gemeinschaftsrechtskonforme oder verfassungskonforme Auslegung) bereinigt werden kann. Das Völkerrecht besteht aus sehr verschiedenen
Rechtsquellen und wirkt, wenn überhaupt, in sehr unterschiedlicher
Weise auf das deutsche Recht ein, so daß es nicht generell in den

Stufenbau der Rechtsquellen eingefügt werden kann, sondern jeweils einer besonderen Betrachtung bedarf (vgl. unten Rn. 69).

Im folgenden werden zunächst die Rechtsquellen des deutschen Rechtskreise näher behandelt (II – V). Da dogmatisch-strukturell keine Unterschiede zwischen den jeweiligen Rechtsquellen des Bundesrechts und des Landesrechts bestehen, bietet sich eine gemeinsame Behandlung an. Anschließend werden dann das Verhältnis von Bundesrecht und Landesrecht (VI), Einzelfragen der Rangordnungslehre(VII) und vor allem das (das deutsche Recht auf allen Stufen überlagernde) europäische Gemeinschaftsrecht (VIII) näher betrachtet. **9**

II. Die sog. geschriebenen Rechtsquellen des deutschen Rechts: Verfassung, formelles Gesetz, Rechtsverordnung und Satzung

Die Rechtsnormen entstehen in der Gegenwart normalerweise durch einen bewußten, verfahrensmäßig geregelten *Rechtssetzungsakt,* der in der *schriftlichen Fixierung* der beabsichtigten rechtlichen Regelung seinen Abschluß findet. Die in diesem Sinne geschriebenen Rechtsquellen unterscheiden sich von dem früher häufigen, heute nur noch seltenen *Gewohnheitsrecht,* das erst im Laufe der Zeit durch tatsächliche Übung und entsprechende Rechtsüberzeugung der Rechtsbetroffenen selbst entsteht (vgl. unten Rn. 25). Die *Schriftform* dient der Rechtssicherheit, da Entstehungszeit und Inhalt der Rechtsnorm festliegen; der Wortlaut der Rechtsnorm mag mehrdeutig und zweifelhaft sein, aber es besteht doch eine schriftliche Grundlage als Anknüpfungspunkt. **10**

Die geschriebenen Rechtsquellen lassen sich – entsprechend dem jeweiligen Normgeber – in folgende Gruppen einteilen:

1. Die Verfassung

Sie ist die von der verfassunggebenden Gewalt in einem besonderen Verfahren erlassene rechtliche Grundordnung des Staates. Hierher gehören sowohl das Grundgesetz als auch die Verfassungen der Länder. Die Verfassung ist keine Verwaltungsrechtsnorm im engeren Sinne; sie bildet indessen Grundlage und Maßstab für die Verwaltung und das Verwaltungsrecht und enthält zudem viele für die Verwaltung unmittelbar oder mittelbar bedeutsame Regelungen. **11**

2. Die formellen Gesetze

12   Den Charakter von formellen Gesetzen haben diejenigen Rechtsnormen, die von den verfassungsrechtlich vorgesehenen Gesetz-
gebungsorganen in dem verfassungsrechtlich vorgeschriebenen
Gesetzgebungsverfahren erlassen worden sind. Dazu gehören nach
unserer Verfassungsrechtslage die vom Bundestag (unter Mitwirkung des Bundesrates) sowie die von den Landtagen erlassenen
Rechtsnormen, – oder kurz: die Parlamentsgesetze.

13   *Der Gesetzesbegriff* ist doppeldeutig: *Gesetz im formellen Sinn* ist jeder Hoheitsakt, der auf die soeben beschriebene Weise zustandekommt, also durch die gesetzgebenden Organe im Gesetzgebungsverfahren „als Gesetz" erlassen wird. *Gesetz im materiellen Sinn* ist
dagegen jede Rechtsnorm in dem oben Rn. 4 beschriebenen Sinne, also jede allgemein-verbindliche Regelung. Die beiden Begriffe
decken sich in der Praxis zwar weitgehend, da die überwiegende
Zahl der – mindestens wesentlichen – Rechtsnormen in der Form
eines formellen Gesetzes ergeht. Aber sie decken sich nicht vollständig, sondern bilden zwei sich überschneidende Kreise. Es gibt
formelle Gesetze, die keine Rechtsnorm zum Inhalt haben, und es
gibt Rechtsnormen, die nicht in Gesetzesform ergehen.

Zu den nur formellen Gesetzen gehören die Zustimmung zu bestimmten
völkerrechtlichen Verträgen (Art. 59 II 1 GG), die Feststellung des Haushaltsplans (Art. 110 II 1 GG, vgl. dazu *BVerfGE* 38, 121, 127; *BVerwGE* 58, 45,
48) sowie die Feststellung weiterer Pläne (vgl. als anschauliches Beispiel das
Fernstraßenausbaugesetz i. d. F. vom 15. 11. 1993, BGBl. I S. 1878), ferner
Einzelfall- und Maßnahmegesetze (vgl. *BVerfGE* 25, 371, 396 ff.: lex Rhein-
stahl; *BVerfGE* 95, 1, 15 ff.: Südumfahrung Stendal, Planfeststellung durch
Gesetz). – Nur materielle Gesetze sind die Rechtsverordnungen und Satzungen (vgl. dazu unten Rn. 16 und 20).

14   Der *dualistische Gesetzesbegriff* geht auf die Staatsrechtslehre des
19. Jahrhunderts zurück und hängt eng mit der Kompetenz des auf
die Gesetzgebung beschränkten Parlaments des Konstitutionalismus
zusammen. Der Begriff des Gesetzes im eigentlichen (materiellen)
Sinne wurde auf Eingriffe in Freiheit und Eigentum im allgemeinen Staat-Bürger-Verhältnis beschränkt (vgl. oben § 2 Rn. 5). Der
Begriff des nur formellen Gesetzes diente zur Erklärung und ggf.
Begründung weiterer Parlamentszuständigkeiten (insbesondere der

Feststellung des Haushaltsplans). Mit der Entwicklung zur parlamentarischen Demokratie hat die Unterscheidung zwischen formellem und materiellem Gesetz ihre grundlegende, kompetenzverteilende Funktion verloren, da das Parlament als oberstes Staatsorgan zur Regelung aller wesentlichen politischen Fragen berufen ist, ganz abgesehen davon, daß die Begrenzung der materiellen Gesetze auf Eingriffsakte überholt ist. In der Literatur wird deshalb z. T. die Aufgabe der Unterscheidung gefordert (so vor allem *Hesse*, VerfR Rn. 502 ff.). Sie hat indessen noch ihre Berechtigung, da die Rechtsnormen sich von den übrigen Parlamentsakten abheben und auch nicht nur vom Parlament erlassen werden können. Im übrigen geht auch das GG noch von dieser Unterscheidung aus (vgl. Art. 104 I GG).

Das formelle Gesetz besitzt „Rang und Prädikat einer demokra- **15** tischen Mehrheitsentscheidung" (*Ipsen*, VVDStRL 10, 75). Seine verfassungsrechtlich und verfassungspolitisch hervorragende Bedeutung ergibt sich daraus, daß es von dem das Volk unmittelbar repräsentierenden Parlament erlassen wird, in einem mit besonderen Garantien ausgestatteten, öffentlichen und der parlamentarischen Opposition Einflußmöglichkeiten sichernden Verfahren zustande kommt und wegen seiner besonderen Form tendenziell Eindeutigkeit und Dauerhaftigkeit verbürgt.

3. Rechtsverordnungen

a) *Begriff.* Rechtsverordnungen sind Rechtsnormen, die von **16** Exekutivorganen (Regierung, Minister, Verwaltungsbehörden) erlassen werden. Sie unterscheiden sich also nicht durch ihren Inhalt oder ihre Bindungswirkung, sondern durch den *Normgeber* von den formellen Gesetzen. Als Rechtsnormen (Gesetze im materiellen Sinne) sind sie für den Bürger oder sonstigen Normadressaten in gleicher Weise verbindlich wie die vom Parlament erlassenen Gesetze.

Entsprechend den nur-formellen Gesetzen kann es ausnahmsweise auch nur-formelle Rechtsverordnungen geben; es ist möglich, daß für bestimmte Maßnahmen, die keine (zweifelsfreien) Rechtsnormen darstellen, die Form der Rechtsverordnung vorgeschrieben wird, so etwa für Eingemeindungsbeschlüsse der Landesregierung, Enteignungsbeschlüsse des Regierungspräsidenten. Das darf freilich nicht zum Formmißbrauch führen. Vgl. dazu auch *BVerwGE* 18, 154 und *BVerwG* DÖV 1974, 426 bezüglich Eingemeindungsbeschlüssen.

17   b) *Verfassungsrechtliche Einordnung und Bedeutung.* Die Befugnis der Exekutive zum Erlaß von Rechtsverordnungen berührt offensichtlich das Gewaltenteilungsprinzip, wonach die Gesetzgebung beim Parlament liegen soll. Sie stellt jedoch keine echte Durchbrechung dieses Prinzips dar, weil die Exekutive nicht kraft eigenen Rechts, sondern nur auf Grund einer Ermächtigung durch formelles Gesetz, d. h. aber auf Grund einer Ermächtigung durch das Parlament, gesetzgebend tätig werden darf. Art. 80 I GG verlangt, daß die gesetzliche Ermächtigung nach Inhalt, Zweck und Ausmaß bestimmt ist. Das Parlament hat also die wesentlichen Entscheidungen zu treffen; es hat den Rahmen und die Zielrichtung der zu erlassenden Rechtsverordnung anzugeben. Der Exekutive darf nur die Regelung von Detailfragen im Rahmen des gesetzgeberischen Programms übertragen werden. Das Parlament bleibt sonach Herr der Gesetzgebung; es bestimmt, ob und in welcher Weise Rechtsverordnungen erlassen werden. Zudem kann es jederzeit nicht nur die erteilte Ermächtigung wieder zurücknehmen, sondern auch die ergangenen Rechtsverordnungen durch Erlaß eines formellen Gesetzes aufheben oder abändern (Vorrang des Gesetzes).

Vgl. zur Rechtsetzungsermächtigung der Exekutive sowie zur Rechtsverordnung allgemein unten § 13.

18   Das Instrument der Rechtsverordnung ist im modernen Staat unentbehrlich. Es dient in erster Linie der Entlastung des Parlaments, das weder dazu berufen noch auch aus zeitlichen und sachlichen Gründen dazu in der Lage ist, alle Einzelheiten, insbesondere solche mehr technischer Art, selbst zu regeln. Ferner ermöglicht die Rechtsverordnung eine rasche Anpassung an sich ändernde Verhältnisse, was häufig gerade bei technischen Einzelfragen notwendig ist. Schließlich können durch Rechtsverordnungen unterer Instanzen regionale Unterschiede berücksichtigt werden. – Andererseits fehlen der Rechtsverordnung die unmittelbare demokratische Fundierung des formellen Gesetzes und die Garantien des Gesetzgebungsverfahrens. Dieses „Defizit" wird jedoch durch die Abhängigkeit vom Parlamentsgesetz ausgeglichen. Freilich bleibt die

Gefahr, daß sich das Schwergewicht der Rechtsetzung auf die Exekutive verlagert, zumal das „Grundsätzliche" oft erst im Detail virulent wird.

Zwischenlösungen, die freilich auch nicht unproblematisch sind, bilden Zustimmungs- und sonstige Mitwirkungsvorbehalte des Parlaments, dazu unten § 13 Rn. 10 und *Maurer,* StaatsR § 17 Rn. 153 ff. m. w. N.

Die Rechtsverordnung steht gleichsam im *Schnittpunkt zwischen* **19** *Gesetzgebung und Exekutive.* Sie ist Gesetzesvollziehung und Gesetzgebung zugleich. Da im Rahmen der rechtlichen Regelungen grundsätzlich jedes Exekutivorgan zum Erlaß einer Rechtsverordnung ermächtigt werden kann, sind – nach Inhalt, Geltungsbereich und Bedeutung – die unterschiedlichsten Rechtsverordnungen denkbar. Die Spannbreite reicht von der jeden Verkehrsteilnehmer tagtäglich betreffenden Straßenverkehrsordnung des Bundesverkehrsministers bis zur Polizeiverordnung eines Ortsbürgermeisters über die Modalität der im örtlichen Bereich gebotenen Straßenreinigung. Formal handelt es sich in beiden Fällen um dasselbe Rechtsinstitut, nämlich um Rechtsnormen durch die Exekutive, gleichwohl zeigt sich ein deutliches Gefälle von der Rechtsetzung zur Verwaltung.

4. Satzungen

a) *Begriff.* Satzungen sind Rechtsnormen, die von einer juristi- **20** schen Person des öffentlichen Rechts zur Regelung ihrer Angelegenheiten erlassen werden. Zu den juristischen Personen des öffentlichen Rechts, die unten in § 23 näher behandelt werden, gehören vor allem die Gemeinden und Landkreise, ferner etwa die Universitäten, Industrie- und Handelskammern, Ärztekammern, Sozialversicherungsträger, Rundfunkanstalten. Die Satzung unterscheidet sich dadurch von dem formellen Gesetz und der Rechtsverordnung, daß sie nicht vom Staat (staatlichen Gesetzgeber, staatlichen Exekutivorganen), sondern von rechtlich selbständigen, wenn auch dem Staat eingegliederten Organisationen stammen.

Am wichtigsten sind die Gemeindesatzungen: Satzungen über die Erhebung von Abgaben, über die Benutzung gemeindlicher Einrichtungen, über die Müllabfuhr; der Bebauungsplan (§ 10 I BauGB). Ferner sind etwa die Satzungen im Universitätsbereich zu nennen, z. B. Promotions- und Habilitationsordnungen. – Entsprechend den nur-formellen Gesetzen und den nur-formellen Rechtsverordnungen kann es auch nur-formelle Satzungen geben (Feststellung des Haushaltsplans der Gemeinde durch Satzung). – Keine Satzungen sind die Geschäftsordnungen der Parlamente und sonstigen Beschlußorgane, da sie nicht von einer juristischen Person stammen und zudem nur organintern wirken (vgl. unten § 24 Rn. 12).

21   b) *Das satzunggebende Organ.* Die Frage, *wer* innerhalb der juristischen Personen zum Erlaß von Satzungen befugt ist, bestimmt sich nach dem für die jeweilige juristische Person maßgeblichen Recht. Bei den mitgliedschaftlich strukturierten Körperschaften sind es (selten) die Mitglieder insgesamt oder (meistens) die von den Mitgliedern gewählten Vertretungsgremien.

So in den Gemeinden die unmittelbar gewählten Gemeindevertretungen (Gemeindevertretung, Rat usw.). Das darf aber nicht zu der Annahme verleiten, die Gemeindevertretung sei ein Legislativorgan i. S. der Gewaltenteilung. Sie wird zwar „wie ein Parlament" gewählt und ist auch zum Erlaß von Rechtsnormen befugt; sie hat jedoch vornehmlich – sowohl in quantitativer als auch in qualitativer Hinsicht – Verwaltungsaufgaben wahrzunehmen, abgesehen davon, daß auch Satzungen gelegentlich einen exekutiven Charakter haben.

22   c) *Grundlagen und Grenzen der Satzunggebung.* Die Befugnis zum Erlaß von Satzungen beruht auf staatlicher Delegation. Die Satzungen sind daher – wie die Rechtsverordnungen – abgeleitete Rechtsquellen. Sie bedürfen aber – anders als die Rechtsverordnungen – keiner speziellen gesetzlichen Ermächtigung. Art. 80 I 2 GG gilt weder direkt noch analog für Satzungen (str.). Die Rechtsverordnungen bedürfen der Anbindung an formelle Gesetze, weil sie von Exekutivorganen erlassen werden. Die Satzungen werden dagegen von demokratisch gewählten Organen beschlossen, die im Bereich ihrer Organisation die Rolle des „Gesetzgebers" einnehmen. Mit der Verleihung der Satzungskompetenz wird der Selbstverwaltungskörperschaft oder der sonstigen juristischen Person ein Bereich eigener Rechtsetzungskompetenz übertragen, der sich durch die demokratische Begründung des satzunggebenden Organs zugleich aus sich selbst heraus legitimiert. Daher ist der Erlaß der Rechtsverordnung heteronome, die Satzunggebung dagegen autonome Rechtsetzung. In diesem Sinne wird auch die Satzungsbefugnis als „Autonomie" oder „Satzungsautonomie" bezeichnet. Sie ist Teil der Selbstverwaltung.

Die Satzungsbefugnis unterliegt aber – abgesehen von gesetzlichen **23**
Beschränkungen im Einzelfall, die jederzeit (bei Gemeinden jedoch
nur unter Beachtung der Selbstverwaltungsgarantie, Art. 28 II GG)
zulässig sind und tatsächlich auch häufig vorkommen – einigen
allgemeinen Schranken:

(1) *Sachlich* ist die Satzungsbefugnis auf den jeweiligen gesetzlich
bestimmten Aufgaben- und Zuständigkeitsbereich der juristischen
Person beschränkt.

(2) *Personell* ist die Satzungsbefugnis auf die Mitglieder der Körperschaft oder die Benutzer der Anstalt beschränkt.

(3) *Der Gesetzesvorbehalt* (vgl. dazu § 6) fordert schließlich, daß der
formelle Gesetzgeber die wesentlichen, insbesondere die grund-
rechtsbeschränkenden Regelungen selbst trifft.

Vgl. dazu *BVerfGE* 33, 125, 157 ff. (Facharzt-Entscheidung): Die Beschwer-
deführer waren Fachärzte; sie wurden wegen der Verletzung von Berufspflich-
ten, die in der Satzung der Ärztekammer (Selbstverwaltungsorganisation der
Ärzte) festgelegt war, disziplinarrechtlich bestraft. Das *BVerfG* bejahte grundsätzlich die Befugnis der Berufsverbände zum Erlaß berufsregelnder Satzungs-
bestimmungen, verlangte aber – im Blick auf das Demokratie- und Rechtsstaatsprinzip sowie auf Art. 12 I GG – daß der staatliche Gesetzgeber selbst die
grundlegenden Entscheidungen treffe, wobei bei der Abgrenzung im Einzelfall die sog. Stufentheorie zu Art. 12 I GG heranzuziehen sei. Vgl. ferner
BVerfGE 76, 171, 184 f. (Standesrichtlinien für Rechtsanwälte); *BVerfGE* 101,
312, 324 (Berufsordnung für Rechtsanwälte). – Aus denselben Gründen bedürfen nach der h. L. und der Rspr. auch Gemeindesatzungen, die in Freiheit
und Eigentum eingreifen, einer gesetzlichen Grundlage, vgl. *BVerwGE* 6, 247,
250 f. (Anschluß- und Benutzungszwang für kommunale Einrichtungen);
BVerwGE 90, 359, 362 f. (Verbot von Einwegerzeugnissen aus Gründen des
Umweltschutzes); kritisch dazu *Maurer*, DÖV 1993, 188 f.

d) *Abgrenzung.* Die Abgrenzung zwischen formellem Gesetz und **24**
Satzung ist wegen der jeweils unterschiedlichen Normgeber un-
problematisch. Zweifelhaft kann aber im Einzelfall die Abgrenzung
zur Rechtsverordnung werden, so etwa wenn die satzungsgebende
Gemeindevertretung auch zum Erlaß von Rechtsverordnungen
ermächtigt wird. Hier versagt offensichtlich das auf den Normge-
ber abstellende Abgrenzungskriterium. Maßgeblich ist dann der
Funktionsbereich. Wird die Gemeindevertretung im Bereich der
Selbstverwaltungsangelegenheiten tätig, so handelt es sich um eine
Satzung; wird sie dagegen im Bereich der Auftragsangelegenheiten

und damit im Bereich staatlicher Angelegenheiten tätig, so handelt es sich um eine Rechtsverordnung. Es bleiben allerdings gelegentlich Zweifel, da auch die Grenze zwischen Selbstverwaltungsangelegenheiten und Auftragsangelegenheiten fraglich und fließend geworden ist (vgl. dazu unten § 23 Rn. 12 ff.).

III. Gewohnheitsrecht

1. Begriff und Voraussetzungen

25 *a) Gewohnheitsrecht entsteht durch*
- längere und allgemeine Übung (consuetudo) und
- die Überzeugung der Beteiligten, daß diese Übung rechtlich geboten sei (opinio iuris).

„Normgeber" sind also die Rechtsbetroffenen selbst.

Die Feststellung von Gewohnheitsrecht stößt zwangsläufig auf eine Vielzahl von Fragen, was verständlicherweise Zweifel an der Existenz von Gewohnheitsrecht heute – zunächst tatsächlich, dann grundsätzlich – hervorruft: Liegt überhaupt eine tatsächliche Übung vor? Welchen Inhalt und Umfang hat die Übung? Ist eine langdauernde, für die Entstehung von Gewohnheitsrecht zeitlich ausreichende Übung gegeben? Besteht die Rechtsüberzeugung? Bei welchem Personenkreis muß die Rechtsüberzeugung vorhanden sein? Was ist, wenn einzelne Personen oder einzelne Gruppen dieses Personenkreises ausnahmsweise, zeitweilig oder dauernd der Übung nicht folgen oder eine rechtliche Verbindlichkeit ablehnen? Gilt auch hier das Mehrheitsprinzip?

b) *Inhaltliche Bestimmtheit.* Die ständige Übung muß als Rechtssatz formulierbar und als solcher inhaltlich hinreichend bestimmt sein. Fehlt es daran, dann liegt kein (gültiges) Gewohnheitsrecht vor. Die inhaltliche Bestimmtheit ist sonach zwar keine Entstehungs-, aber Geltungsvoraussetzung.

c) *Richterliche Anerkennung* ist nicht Voraussetzung des Gewohnheitsrechts, wie gelegentlich behauptet wird. Im Streitfall kommt es aber darauf an, ob das Gericht die gewohnheitsrechtliche Rechtsnorm, auf die sich eine Partei stützt, anerkennt, so daß in der Praxis die Existenz von Gewohnheitsrecht eben doch – zumindest im Streitfall – von der richterlichen Anerkennung abhängt.

26 d) *Gewohnheitsrecht erlischt,* wenn eine der Entstehungsvoraussetzungen – sei es die Übung, sei es die Rechtsüberzeugung – weg-

fällt. Im übrigen kann Gewohnheitsrecht nicht nur durch eine spätere geschriebene Norm, sondern auch durch derogierendes Gewohnheitsrecht außer Kraft gesetzt werden (vgl. *OVG Münster DÖV* 1976, 677).

e) *Observanz* ist eine Sonderform des Gewohnheitsrechts, näm-   **27** lich das Gewohnheitsrecht, das sich innerhalb einer juristischen Person des öffentlichen Rechts entwickelt hat. Es ist gleichsam das gewohnheitsrechtliche Gegenstück zur Satzung.

2. Geltungsbereich

Im Gegensatz zu früher spielt das Gewohnheitsrecht heute nur   **28** noch eine untergeordnete Rolle. Das liegt einmal an der Vielzahl geschriebener Rechtsnormen, zum anderen aber auch an der raschen Änderung der Verhältnisse und den unterschiedlichen Auffassungen in einer pluralistischen Gesellschaft, die dem auf längere Zeit und Rechtsübereinstimmung angelegten Gewohnheitsrecht nicht gerade förderlich sind. Gewohnheitsrecht kommt vor allem dort lückenausfüllend vor, wo geschriebene Gesetze fehlen oder unvollständig sind; es kann sich nicht nur praeter legem, sondern auch contra legem durchsetzen, wenngleich das praktisch kaum aktuell wird.

Gewohnheitsrecht gibt es in allen Rechtsbereichen. Das Verwaltungsrecht bietet wegen seiner Lückenhaftigkeit sogar besondere Möglichkeiten. Andererseits ist es gerade hier wegen des Grundsatzes des Gesetzesvorbehaltes (vgl. dazu unten § 6) wieder zweifelhaft und strittig. Es fragt sich nämlich, ob auch das Gewohnheitsrecht „Gesetz" i. S. des Gesetzesvorbehaltes darstellt. Das ist für das vorkonstitutionelle Gewohnheitsrecht, das gem. Art. 123 I GG weitergilt, zu bejahen, für das nachkonstitutionelle Gewohnheitsrecht dagegen zu verneinen (*BVerfGE* 34, 293, 303; 76, 171, 188; *Stern,* Staatsrecht III 2, S. 442 ff. m. w. N.).

Beispiele: Gewohnheitsrecht wurde in folgenden Fällen bejaht: Aufopferungsanspruch (*BVerwGE* 4, 6, 14 f.; *BGHZ* 16, 366, 374); Befugnis der Verwaltung, zur hoheitlichen Erfüllung von Verwaltungsaufgaben einen Verwaltungsakt zu erlassen (*BVerwGE* 19, 243, 245); Rechtssatz, daß die spätere Norm die frühere verdrängt (*BVerwGE* 85, 289, 292; 111, 200, 210); Elemente des Folgenbeseitigungsanspruchs (*BVerwGE* 94, 100, 103); Verpflichtung der Rechtsanwälte, vor Gericht die Amtstracht zu tragen (*BVerfGE* 28, 21, 28 ff.);

Friedhofszwang und Genehmigungsvorbehalt für privaten Begräbnisplatz in Niedersachsen (*OVG Lüneburg* DVBl. 1994, 871); ferner als Observanz: Unterhaltung von Wegen (*OVG Lüneburg* OVGE 15, 455, 459ff.); Kirchbaulast (*OVG Münster* DÖV 1976, 677; *BVerwG* DVBl. 1979, 116; *VerfGH NRW* DÖV 1983, 28); Recht der Gemeindeeinwohner zur Wasserentnahme aus einem gemeindlichen Heilbrunnen (*HessVGH* ESVGH 31, 113). – Wie die Beispiele zeigen, können sowohl allgemeine Grundsätze und Rechtsinstitute als auch Einzelregelungen gewohnheitsrechtlich begründet sein. – Die früher vertretene Auffassung, daß dem Lehrer in der Grundschule gewohnheitsrechtlich ein beschränktes Züchtigungsrecht zustehe (BGHSt 6, 263; 11, 241), ist überholt (Wegfall der Rechtsüberzeugung, entgegenstehende Schulgesetze). Bebauungspläne können nicht durch Gewohnheitsrecht entstehen (*BVerwGE* 55, 369, 377 f.), aber ausnahmsweise durch Gewohnheitsrecht derogiert, jedenfalls „funktionslos" werden (*BVerwGE* 26, 282, 284f.; 54, 5, 7f.; 85, 273, 281ff.; *BVerwG* NVwZ 1994, 281; kritisch *Baumeister,* GewArch. 1996, 318ff., der die Auffassung vertritt, daß die Bebauungspläne in diesen Fällen nicht funktionslos, sondern rechtswidrig werden). Die Frage, ob ein Bebauungsplan wegen Funktionslosigkeit außer Kraft getreten ist, kann auch Gegenstand einer verwaltungsgerichtlichen Normenkontrolle gem. § 47 VwGO sein (*BVerwGE* 108, 71); die Zwei-Jahres-Frist des § 47 II 1 läuft in diesem Fall folgerichtig nicht (noch offengelassen in *BVerwGE* 108, 71, 73). – Vgl. ferner *Gröpper,* Gewohnheitsrecht, Observanz, Herkommen und unvordenkliche Verjährung, DVBl. 1969, 945 ff.; *Witthohn,* Gewohnheitsrecht als Eingriffsermächtigung, 1997.

IV. Allgemeine Grundsätze des Verwaltungsrechts und Richterrecht

1. Die allgemeinen Grundsätze des Verwaltungsrechts

29   Mangels gesetzlicher Regelungen wurde das allgemeine Verwaltungsrecht früher fast ausschließlich und wird es heute, nach Erlaß des VwVfG, noch zum Teil durch die ungeschriebenen *allgemeinen Grundsätze des Verwaltungsrechts,* die von der Rechtsprechung und Rechtslehre entwickelt worden sind, bestimmt. Der Ausdruck „allgemeine Grundsätze" ist freilich mißverständlich. Es handelt sich nicht nur um allgemeine Prinzipien, sondern oft um Regelungen, die von der Literatur und vor allem von der Rechtsprechung bis ins einzelne konkretisiert, durchgebildet und verfeinert wurden.

So entstand z.B. eine sehr differenzierte Rechtsprechung zur Rücknahme begünstigender Verwaltungsakte, die dann weitgehend von § 48 VwVfG rezipiert wurde, ohne deren Differenzierungsgrad zu erreichen, so daß nach wie vor auf die BVerwG-Rechtsprechung ergänzend zurückgegriffen werden kann (vgl. unten § 11 Rn. 21 ff.). – Weitere allgemeine Grundsätze des Verwaltungsrechts sind z.B. diejenigen zur Ermessensausübung, zu den Voraussetzungen des subjektiven öffentlichen Rechts, zur Erforderlichkeit und Verhältnismäßigkeit des Verwaltungshandelns, zum Folgenbeseitigungsanspruch, zum Verhalten nach Treu und Glauben (*BVerwGE* 111, 162, 172) und zum Verbot des Rechtsmißbrauchs (*BVerwGE* 55, 337, 339).

Es fragt sich, ob und auf welche Weise diese Grundsätze *Rechtsgeltung* erlangen. Sie stellen keine eigenständige Rechtsquelle dar, sie lassen sich auch nicht auf eine bestimmte Rechtsquelle zurückführen. Es kommen vielmehr verschiedene Grundlagen als Geltungsgrund in Betracht:

a) *Gewohnheitsrecht.* Früher wurden diese Grundsätze vornehm-   **30** lich als Gewohnheitsrecht qualifiziert. Das setzt jedoch voraus, daß sie schon längere Zeit in der Praxis beachtet werden, was nur zum Teil der Fall ist. Die Geltung der neu entstehenden Grundsätze kann jedenfalls auf diese Weise nicht erklärt und begründet werden.

b) *Konkretisierung von Verfassungsrecht.* Eine ganze Reihe von all-   **31** gemeinen Grundsätzen des Verwaltungsrechts lassen sich aus verfassungsrechtlichen Vorschriften und Prinzipien herleiten; sie sind „konkretisiertes Verfassungsrecht", Folgerungen und Ableitungen aus Verfassungsrechtsgrundsätzen.

So hat z.B. das *BVerwG* seine neue Rücknahmelehre aus den – sich widerstreitenden – verfassungsrechtlichen Grundsätzen der Gesetzmäßigkeit und des Vertrauensschutzes, die beide im Rechtsstaatsprinzip verankert sind, entwickelt, vgl. dazu unten § 11 Rn. 21 ff. – Zur (unterschiedlichen) verfassungsrechtlichen Begründung des Folgenbeseitigungsanspruchs vgl. *BVerwG* DÖV 1971, 857 mit Anm. *Bachof;* ferner unten § 30 Rn. 5.

c) *Anknüpfung an bestehende gesetzliche Regelungen.* In der großen   **32** Zahl von Rechtsnormen der verschiedenen Bereiche des besonderen Verwaltungsrechts und nunmehr auch des VwVfG finden sich immer wieder Regelungen, die sich auch auf andere, nicht geregelte Sachverhalte übertragen lassen und somit ggf. verallgemeinerungsfähig sind. Durch eine systematisierende, abstrahierende und typisierende Betrachtungsweise des gegebenen Rechtsstoffes können somit allgemeine Grundsätze gewonnen werden. Weitere Erkenntnisse lassen sich durch die bereits erwähnte Heranziehung privatrechtlicher Vorschriften erlangen. Die rechtsmethodischen Hilfsmittel hierfür sind vor allem die Analogie und die Topik.

33   d) *Ableitungen aus sog. Rechtsgrundsätzen.* Nach einer in der Literatur vertretenen Lehre gibt es Rechtsgrundsätze (fundamentale Rechtsnormen), die sich unmittelbar aus dem Prinzip der Gerechtigkeit ergeben und wegen ihrer Allgemeinheit für jedermann einsichtig sind. Diese Rechtsgrundsätze sind wegen ihrer Allgemeinheit im Einzelfall noch nicht anwendbar, sie bilden aber den Rechtsgrund für positiv geltende Rechtssätze. Solche Rechtssätze sind im Bereich des Verwaltungsrechts die allgemeinen Verwaltungsgrundsätze.

> So vor allem *Wolff/Bachof/Stober,* VerwR I § 25 Rn. 2 ff., zurückhaltender *BVerwGE* 42, 222, 227.

34   Die verschiedenen unter a)–d) genannten Begründungen schließen sich nicht gegenseitig aus, sondern ergänzen und überkreuzen sich häufig.

> Der Grundsatz der Verhältnismäßigkeit – ein „allgemeiner Grundsatz des Verwaltungsrechts" (*BVerwG* DÖV 1971, 858) – ist seit langem anerkannt und damit gewohnheitsrechtlich verfestigt, er ergibt sich aber auch aus dem Grundgesetz (aus Einzelgrundrechten, Art. 19 II GG und dem Rechtsstaatsprinzip), er ist ferner verallgemeinerungsfähig in einzelnen Rechtsgebieten, z. B. im Polizeirecht, positiv-rechtlich geregelt und er kann schließlich aus den „Rechtsgrundsätzen" abgeleitet werden.

2. Richterrecht?

35   Der Richter ist zur Rechtsanwendung, nicht zur Rechtsetzung berufen. Dieser selbstverständliche Satz darf jedoch nicht über die Problematik der richterlichen Tätigkeit hinwegtäuschen. Der Richter, der jeden ihm vorgelegten Fall im Rahmen seiner Zuständigkeit zu entscheiden hat, wird immer wieder feststellen, daß eine gesetzliche Regelung fehlt, oder daß die vorhandene gesetzliche Regelung lückenhaft, unbestimmt, mehrdeutig oder sogar widersprüchlich ist, oder daß eine scheinbar einschlägige gesetzliche Regelung dem vorliegenden Fall nicht gerecht wird, um nur einige Schwierigkeiten zu nennen. Rechtsanwendung kann in allen diesen Fällen nicht in der bloßen Subsumtion bestehen, sondern erfordert, daß der Richter selbst rechtliche Maßstäbe entwickelt und insoweit rechtsschöpferisch tätig wird. Auf diese Weise entstehen bestimmte Rechtsprechungsgrundsätze, die ständig Anwendung

und Beachtung finden und daher als „Richterrecht" bezeichnet
werden mögen. Im Bereich des Verwaltungsrechts sind dies u. a.
die allgemeinen Grundsätze des Verwaltungsrechts, die jedoch dem
Richterrecht nicht ohne weiteres gleichgesetzt werden können, da
jene gesetzesvertretende Funktion haben, dieses aber vor allem der
Auslegung, Konkretisierung und Weiterentwicklung des Gesetzes
dient. Der Ausdruck „Richter*recht*" darf im übrigen nicht irreführen: Während der Gesetzgeber nach seinen Vorstellungen gestaltend tätig werden kann, wenn er auch verfassungsrechtlich und
faktisch in verschiedener Hinsicht determiniert ist, hat der Richter vom geltenden Recht auszugehen und dieses bei Lücken und
Zweifeln zu ergänzen und zu konkretisieren. Richterrecht kann
daher nur im Rahmen des gesetzlichen Rechts entstehen; es kann
nur gesetzeskonkretisierendes und gesetzesergänzendes, nicht aber
gesetzeskorrigierendes Richterrecht geben. In diesen Grenzen ist es
aber nicht nur legitim, sondern auch unverzichtbar.

Die Grundlagen des „Richterrechts" und seine Konsequenzen, die rechtstheoretische, rechtsdogmatische und verfassungsrechtliche Probleme aufwerfen,
können hier nicht weiter behandelt werden. Erst wenn diese geklärt sind,
kann auch die Frage, ob das „Richterrecht" eine Rechtsquelle darstellt, entschieden werden. – Vgl. dazu weiterführend etwa *Esser*, Richterrecht, Ge-
richtsgebrauch und Gewohnheitsrecht, Festschrift für Fritz von Hippel, 1967,
S. 95 ff.; *H. P. Schneider*, Richterrecht, Gesetzesrecht und Verfassungsrecht,
1969; *J. Ipsen*, Richterrecht und Verfassung, 1975; *ders.*, Verfassungsrechtliche
Schranken des Richterrechts, DVBl. 1984, 1102 ff. m.w.N.; *Raiser*, Richterrecht heute, ZRP 1985, 111 ff.; *Leisner*, Richterrecht in Verfassungsschran-
ken, DVBl. 1986, 705 ff.; *F. Müller*, Richterrecht, 1986; Richterliche Rechtsfortbildung, Festschrift der Juristischen Fakultät zur 600-Jahr-Feier der Universität Heidelberg, 1986 (mit einschlägigen Beiträgen verschiedener Autoren);
Sendler, Überlegungen zu Richterrecht und richterlicher Rechtsfortbildung,
DVBl. 1988, 828 ff.; *Gusy*, Richterrecht und Grundgesetz, DÖV 1992, 461 ff.;
Söllner, Der Richter als Ersatzgesetzgeber, ZG 1995, 1 ff.; *Rüthers*, Rechtstheorie, 1999, Rn. 235 ff.
Das *BVerfG* hat die Aufgabe und Befugnis der Gerichte zur Rechtsfortbildung anerkannt, aber zugleich auch die durch die Rechts- und Gesetzesbindung des Art. 20 III GG gezogenen Grenzen betont, vgl. *BVerfGE* 34, 269,
286 ff. (Soraya-Fall, Geldersatz für immateriellen Schaden bei Verletzung des
allgemeinen Persönlichkeitsrechts); *BVerfGE* 65, 182, 190 ff. (Sozialplan-
abfindungen im Konkurs); *BVerfGE* 69, 315, 369 ff. (Brokdorf, § 80 VI 2
VwGO a. F.); *BVerfGE* 71, 354, 362 ff. (Steuerbegünstigung, auch unter
Hinweis auf den Gleichheitssatz); *BVerfGE* 74, 129, 152 (Betriebsrente, auch
unter Hinweis auf Art. 2 I GG in Vbg. mit dem Rechtsstaatsprinzip); *BVerfGE*

96, 375, 394 ff. (Arzthaftung). – Vgl. auch die interessante Entscheidung *BVerwGE* 85, 323, die die Festlegung einer generell-abstrakten Regelung durch die Rechtsprechung wegen Verstoßes gegen das Gewaltenteilungsprinzip ablehnt (Ausgleich für Lärmbeeinträchtigungen bei schriftlichen Prüfungen).

V. Verwaltungsvorschriften und Sonderverordnung

36   Ein Teil der Literatur rechnet auch die Verwaltungsvorschriften und die Sonderverordnungen zu den Rechtsquellen. *Verwaltungsvorschriften* sind *verwaltungsinterne* Regelungen, die aber gleichwohl Auswirkungen für Außenstehende haben können. Die *Sonderverordnung* wurde in der Literatur als spezifische Regelung *des sog. besonderen Gewaltverhältnisses* entwickelt. Es ist jedoch fraglich, ob die Verwaltungsvorschriften wirklich Rechtsquellen im Sinn der oben dargelegten Terminologie darstellen und ob es Sonderverordnungen überhaupt gibt. Beide Fragen lassen sich nur klären, wenn man die zwei Rechtsfiguren in ihren jeweiligen Zusammenhängen sieht. Daher sollen sie zunächst zurückgestellt und erst später behandelt werden.

Vgl. zu den Sonderverordnungen unten § 8 Rn. 31 und zu den Verwaltungsvorschriften unten § 24.

VI. Bundesrecht und Landesrecht

37   Die Frage, ob ein Rechtssatz dem Bundesrecht oder dem Landesrecht angehört, ist relativ einfach zu beantworten. Maßgeblich ist, ob er von einem Bundesorgan oder einem Landesorgan erlassen worden ist. Nur vereinzelt stellen sich noch zusätzliche Fragen, wie sogleich darzulegen ist. Die Einordnung ist nicht nur wegen des Vorrangs des Bundesrechts gegenüber dem Landesrecht (Art. 31 GG), sondern auch aus verwaltungsprozessualen Gründen bedeutsam: Nach Art. 137 I VwGO kann das BVerwG als Revisionsinstanz grundsätzlich nur die Verletzung von Bundesrecht, nicht die Verletzung von Landesrecht prüfen; nach § 47 I Nr. 2 VwGO beschränkt sich die verwaltungsgerichtliche Normenkontrolle auf Rechtsverordnungen und Satzungen des Landesrechts.

Fall: A wird während einer Demonstration von der Polizei festgenommen und für einige Stunden festgehalten. Er will eine gerichtliche Klärung (§ 113 I 4

VwGO analog). Das Verwaltungsgericht hat zu prüfen, ob die Festnahme mit den einschlägigen Vorschriften des (landesrechtlichen) Polizeigesetzes vereinbar ist, und, wenn dies bejaht wird, ob das Polizeigesetz mit dem Grundgesetz im Einklang steht und verfassungsgemäß ausgelegt und angewandt wurde. Das BVerwG, das ggf. als Revisionsinstanz angerufen wird, kann dagegen *nur* die Verfassungsmäßigkeit der Festnahme (Art. 2 II, 104 GG) prüfen, ferner nach der Sondervorschrift des § 137 I Nr. 2 VwGO, ob eine mit dem VwVfG wortgleiche Vorschrift eines LVwVfG verletzt worden ist (vgl. dazu unten § 5 Rn. 21).

1. Formelle Gesetze. Bundesrecht sind die vom Bundestag, Lan-   **38** desrecht sind die von den Landtagen erlassenen Gesetze; die Verteilung der Gesetzgebungskompetenz ergibt sich aus Art. 70 ff. GG.

Es kommt öfters vor, daß ein bestimmter Verwaltungsbereich sowohl bundesrechtlich als auch landesrechtlich geregelt ist, so etwa das Baurecht u. a. durch das Baugesetzbuch (Bauplanungsrecht) und die Landesbauordnungen (Bauordnungsrecht). Eine Gemengelage entsteht, wenn der Bund nur Rahmengesetze, d. h. Gesetze, die der Ausfüllung durch Landesrecht fähig und bedürftig sein müssen, erläßt (Art. 75 GG), etwa das Beamtenrechtsrahmengesetz einerseits und die Landesbeamtengesetze andererseits. Die Bundesgesetze, die – wie in der Regel – von den Ländern als eigene Angelegenheit zu vollziehen sind, werden meist durch landesrechtliche Gesetze mit Zuständigkeits- und Verfahrensvorschriften ergänzt. Bei der Einordnung von vorkonstitutionellem Recht, d. h. vor Erlaß des Grundgesetzes ergangenen und noch fortbestehenden Rechtsvorschriften, sind Art. 124 ff. GG zu beachten; vgl. ferner Art. 125 a GG für den Fall der Änderung der Gesetzgebungskompetenzen.

2. Rechtsverordnungen. Sicher ist, daß die von Bundesorganen auf   **39** Grund einer bundesgesetzlichen Ermächtigung erlassenen Rechtsverordnungen Bundesrecht und die von Landesorganen auf Grund von landesrechtlichen Ermächtigungen erlassenen Rechtsverordnungen Landesrecht sind. Zweifelhaft und strittig ist aber, wie die von *Landesorganen auf Grund bundesgesetzlicher Ermächtigung ergangenen Rechtsverordnungen* zu beurteilen sind. Es hängt davon ab, ob man auf die *Ermächtigung* (Bundesrecht) oder auf das *verordnunggebende Organ* (Landesrecht) abstellt.

Das *BVerfG* bejaht zu Recht die zweite Alternative (*BVerfGE* 18, 407); ebenso *Hess.StGH* DÖV 1970, 132; *Stern,* Staatsrecht I, S. 723; *H. Schneider,* Gesetzgebung, 3. Aufl. 2002, Rn. 651; a. A. *Wilke,* in: von Mangoldt-Klein, Das Bonner Grundgesetz, 2. Aufl., Bd. III, 1974, Art. 80 Anm. V 4 c (S. 1929 f.).

3. Satzungen. Sie werden oft als „autonomes Recht" dem staat-   **40** lichen Recht (formelle Gesetze, Rechtsverordnungen) gegenüber-

gestellt. Das bedeutet jedoch nicht, daß sie neben Bundesrecht und
Landesrecht einen dritten Rechtskreis bildeten. Die satzungsgeben-
den juristischen Personen des öffentlichen Rechts sind dem Staat,
d. h. aber entweder dem Bund oder einem Land, eingegliedert;
dementsprechend sind die Satzungen entweder als Bundesrecht
oder als Landesrecht zu qualifizieren.

41   *4. Gewohnheitsrecht.* Als eine neben den geschriebenen Rechtsquellen bestehende „Nebenordnung" läßt sich das Gewohnheitsrecht an sich *nicht* in die am gesetzten Recht orientierte Unterscheidung Bundesrecht – Landesrecht einfügen. Aus den oben
genannten Gründen ist eine Einordnung jedoch erforderlich. Es
werden unterschiedliche Anknüpfungspunkte vertreten; so wird
danach unterschieden, ob es sich um eine in die Gesetzgebungskompetenz des Bundes oder der Länder fallende Materie handelt,
ob das Gewohnheitsrecht im gesamten Bundesgebiet oder nur in
einem oder einigen Bundesländern gilt, ob das Gewohnheitsrecht
Bundesrecht oder Landesrecht ergänzt.

> Für die erste Alternative *BVerfGE* 61, 149, 203f. im Anschluß an die überzeu-
> genden Ausführungen von *Rupp,* Festschrift für Mühl, 1981, S. 566 ff.; für die
> zweite Alternative *Ule,* Verwaltungsgerichtsbarkeit, 2. Aufl. 1972, § 137 Anm. I
> 2 d; für beide Alternativen gekoppelt wohl *Stern,* Staatsrecht I, S. 723 („und").
> Wenn das Gewohnheitsrecht nur ergänzenden Charakter hat, teilt es – der drit-
> ten Alternative entsprechend – den Rang der Bezugsnorm. Vgl. auch Rn. 43.

42   *5. Allgemeine Grundsätze des Verwaltungsrechts.* Die Einordnung
dieser Grundsätze, die auf ähnliche Probleme wie die des Gewohn-
heitsrechtes stößt, hat wegen der Revisibilität (Prüfungsmaßstab im
Revisionsverfahren vor dem BVerwG) erhebliche Bedeutung;
denn nur die Einbeziehung in die Rechtsprechung des BVerwG
garantiert eine einheitliche Entwicklung dieser das gesamte Verwaltungsrecht prägenden Grundsätze. Das *BVerwG* qualifiziert sie
als Bundesrecht, wenn sie Bundesgesetze, und als Landesrecht,
wenn sie Landesgesetze *ergänzen,* lockert diese Einordnung aber
dadurch auf, daß es diejenigen Grundsätze, die auf Bundesverfas-
sungsrecht zurückgeführt werden können, stets dem revisiblen
Bundesrecht zurechnet.

> Vgl. dazu *BVerwGE* 2, 22; 26, 305, 309; 55, 337, 339; *BVerwG* DÖV 1971,
> 857 mit Anm. von *Bachof;* ferner *BVerwGE* 78, 347, 351f.; *Hardt,* Die Revi-

sibilität der allgemeinen Verwaltungsgrundsätze, DVBl. 1973, 325 ff.; *Kopp/ Schenke*, VwGO, § 137 Rn. 5 ff. m. w. N. – Ferner kann die Revisibilität der allgemeinen Grundsätze des Verwaltungsrechts auch über § 137 I Nr. 2 VwGO (mit dem VwVfG des Bundes übereinstimmende Landesverwaltungs-verfahrensgesetze) begründet werden, *BVerwGE* 111, 162, 172.

VII. Einzelfragen der Rangordnung der Rechtsquellen

Wie bereits oben dargelegt wurde, stehen die Rechtssätze in einer **43** Rangordnung, der zufolge im Kollisionsfall die höherrangige Rechtsnorm Geltung erlangt oder behält und die niederrangige Rechtsnorm nichtig wird oder ist. Eine Kollision liegt dann vor, wenn zwei Rechtsnormen den gleichen Sachverhalt unterschiedlich regeln und im Falle ihrer Anwendung unterschiedliche Rechts-folgen herbeiführen würden. De lege lata ist die Rang- und Kolli-sionsfrage für den bundesrechtlichen Bereich in Art. 1 III, 20 III und Art. 100 I GG, für den Landesbereich in den entsprechenden Vor-schriften der Landesverfassungen und für das Verhältnis zwischen dem Bundesrecht und dem Landesrecht in Art. 31 GG geregelt.

Im einzelnen ist noch folgendes zu beachten:

a) Die Kollisionsregeln der Rangordnungslehre greifen nur ein, **44** wenn die kollidierenden Normen *für sich betrachtet gültig* sind. Daher kann z. B. ein Bundesgesetz, das gegen die Vorschriften über die Gesetzgebungskompetenzen gem. Art. 70 ff. GG verstößt und deshalb nichtig ist, ein bestehendes Landesgesetz nicht verdrängen.

b) Die das *Verhältnis von Bundesrecht und Landesrecht* bestimmende **45** Kollisionsregel des Art. 31 GG wird durch Art. 28 I GG und Art. 142 GG überlagert und eingeschränkt. Nach Art. 28 I GG sind die Länder bei der Gestaltung ihrer Verfassung nur an die Grundsätze des republikanischen, demokratischen und sozialen Rechtsstaats gebunden, liegt also ein Verstoß gegen Bundesrecht nur vor, wenn diese Grundsätze verletzt sind (vgl. *BVerfGE* 36, 342, 360 ff.). Das Verhältnis der Bundesgrundrechte und der Lan-desgrundrechte wird durch die – allerdings zweifelhafte und um-strittene – Vorschrift des Art. 142 GG bestimmt (vgl. dazu *BVerfGE* 96, 345, 364 ff.; *Pietzcker*, Zuständigkeitsordnung und Kollisions-recht im Bundesstaat, HStR IV, § 99 Rn. 41 ff. m. w. N.).

46   c) *Gesetzesvertretende Rechtsverordnungen,* d. h. Rechtsverordnungen, die den Rang eines formellen Gesetzes erhalten, sind nach
geltendem Verfassungsrecht grundsätzlich unzulässig. Ausnahmen
bilden der – überholte – Art. 119 GG (Angelegenheiten der Flücht-
linge und Vertriebenen) und der für den Verteidigungsfall geltende
Art. 115k I GG. Von der gesetzesvertretenden Rechtsverordnung
ist die *gesetzesändernde Rechtsverordnung* zu unterscheiden, die nicht
den Rang eines formellen Gesetzes einnimmt, aber eine formell-
gesetzliche Vorschrift abändert. Ihre Zulässigkeit ist umstritten. Die
h. L. tritt für eine differenzierende Lösung ein (vgl. etwa *Lücke*, in:
Sachs, Grundgesetz, Art. 80 Rn. 9 m. w. N.). – Eine weitere Variante bildet das *verordnungsvertretende Gesetz,* das durch Art. 80 IV
GG i. d. F. von 1994 eingeführt wurde. Danach kann, wenn ein
Bundesgesetz die Landesregierungen zum Erlaß einer Rechtsverordnung ermächtigt, an Stelle der Rechtsverordnung ein Landesgesetz erlassen werden, d. h. im Klartext, dann kann anstelle der Landesregierung das Parlament im Wege der Gesetzgebung regelnd
tätig werden, muß aber die Vorgaben der bundesgesetzlichen Ermächtigung beachten. Vgl. dazu näher *Maurer,* Staatsrecht, § 17
Rn. 148 f. mit weiteren Nachw.

47   d) *Innerhalb* der einzelnen Rechtsquellengruppen kann es weitere
Rangunterschiede geben.

– Im Bereich der formellen Gesetze: Abstrakt-generelle Gesetze gehen den sie
vollziehenden Gesetzen vor, so die Gemeindeordnung den auf ihr beruhenden Eingemeindungsgesetzen, str., vgl. *Püttner*, Unterschiedlicher Rang der
Gesetze? DÖV 1970, 322 ff.; *Maurer,* Festschrift für Obermayer, 1986,
S. 95 ff., insbes. S. 101 f.
– Im Bereich der Rechtsverordnung: Die Rechtsverordnungen höherer Verwaltungsbehörden haben Vorrang vor denen untergeordneter Verwaltungsbehörden, so ausdrücklich die Polizeigesetze, vgl. § 11 Bad.-Württ.PolG,
§ 75 I HSOG.

48   e) Für *Satzungen* gilt der Grundsatz der Nichtigkeit rechtswidriger Rechtsnormen nur noch eingeschränkt. Nach §§ 214 f.
BauGB, die durch das EAGBau 2000 erweitert wurden, sind bestimmte – vor allem formelle, aber auch materielle – Fehler von
Bebauungsplänen und sonstigen baurechtlichen Satzungen entweder von vornherein unbeachtlich (absolute Unbeachtlichkeit) oder
dann unbeachtlich, wenn sie nicht innerhalb einer Frist von zwei

Jahren nach Erlaß der Satzung gegenüber der Gemeinde gerügt werden (relative Unbeachtlichkeit). „Unbeachtlich" bedeutet, daß die behauptete Rechtsverletzung nicht (mehr) zur Kenntnis genommen werden darf und daher aus der etwaigen Rechtswidrigkeit keine rechtlichen Konsequenzen gezogen werden können. Die mit einem unbeachtlichen Fehler behaftete Satzung ist somit als rechtswirksam hinzunehmen. Die Unbeachtlichkeit verleiht der Satzung eine Art Bestandskraft, die vor allem zur Einschränkung der gerichtlichen Kontrolle führt. Eben deshalb ist sie in rechtsstaatlicher und in rechtspolitischer Hinsicht bedenklich. Gleichwohl haben die meisten Bundesländer die Rügeregelung des BauGB, die nur für Bebauungspläne und sonstige baurechtliche Satzungen gilt, für alle Gemeindesatzungen und sonstigen kommunalrechtlichen Rechtsnormen übernommen, allerdings beschränkt auf die Verletzung (aller oder einzeln aufgezählter) Form- und Verfahrensfehlern. Die Unbeachtlichkeit und die damit verbundenen Einschränkungen der Nichtigkeit – genauer: der Feststellung der Rechtswidrigkeit und Nichtigkeit – bilden indessen die Ausnahmen. Soweit sie gesetzlich nicht vorgesehen sind, bleibt es auch für Satzungen beim Grundsatz der Nichtigkeit rechtswidriger Rechtsnormen.

Vgl. zu den kommunalrechtlichen Regelungen z.B. § 4 IV Bad.-Württ.-GemO; § 6 V Nds.GemO; § 7 VI NRWGemO; *Gern*, Deutsches Kommunalrecht, 3. Aufl. 2003, Rn. 297 ff. m.w.N. – Das *BVerfG* hat die eingeschränkte Nichtigkeit rechtswidriger Rechtsverordnungen und Satzungen – im Blick auf eine Naturschutzverordnung, die auf Grund eines Landesnaturschutzgesetzes ergangen ist – ausdrücklich gebilligt, vgl. *BVerfGE* 103, 332, 388 ff. – Vgl. aus der Literatur: *Maurer*, Bestandskraft für Satzungen? Festschrift für Bachof, 1984, S. 215 ff.; *ders.*, Abgestufte Rechtsfolgen bei Gesetzesverstößen der Verwaltung? in: Hill (Hg.), Zustand und Perspektiven der Gesetzgebung, 1989, S. 233 ff.; *Ossenbühl*, Eine Fehlerlehre für untergesetzliche Normen, NJW 1986, 2805 ff.; *Morlok*, Die Folgen von Verfahrensfehlern am Beispiel von kommunalen Satzungen, 1988; *Schmaltz*, Rechtsfolgen der Verletzung von Verfahrens- und Formvorschriften von Bauleitplänen nach § 214 BauGB, DVBl. 1990, 77 ff.; *J. Schmidt*, Möglichkeiten und Grenzen der Heilung von Satzungen nach § 215a BauGB, NVwZ 2000, 977 ff.; *Battis*, in: Battis/Krautzberger/Löhr, Baugesetzbuch, 9. Aufl. 2005, vor und zu §§ 214–216. Zur Novellierung der §§ 214 f. BauGB *Erbguth*, Rechtsschutzfragen und Fragen der §§ 214 und 215 BauGB im neuen Städtebaurecht, DVBl. 2004, 802 ff.; *Kupfer*, Das Fehlerfolgenregime im Bauplanungsrecht (§§ 214 ff. BauGB), DV 38 (2005), S. 493 ff.

49   In der Literatur ist im Blick auf die Bestandssicherung rechtswidriger Satzungen (etwas beschönigend) der Ausdruck „Planerhaltung"
eingeführt worden. Der Gesetzgeber hat ihn übernommen. Die
Überschrift vor §§ 214 ff. BauGB, die früher „Wirksamkeitsvoraus-
setzungen" lautete, wurde bei der Novellierung des BauGB 1997
durch die Überschrift „Planerhaltung" ersetzt. Er hat auch in anderen Gesetzen Eingang gefunden. So werden die Landesgesetzgeber durch § 10 ROG verpflichtet, für ihre Raumordnungspläne Vorschriften „zur Planerhaltung" zu erlassen, die ebenfalls bestimmte
Fehler bei der Planaufstellung für unerheblich erklären sollen.

Dazu *Hoppe,* Der Rechtsgrundsatz der Planerhaltung als Struktur- und Ab-
wägungsprinzip, DVBl. 1996, 12 ff.; *Hoppe/Henke,* Der Grundsatz der Planer-
haltung im neuen Städtebaurecht, DVBl. 1997, 1407 ff.; *Sendler,* Plan- und
Normerhaltung vor Gericht, Festschrift für Hoppe, 2000, S. 1011 ff.; *Dolde,*
Der Rechtsgrundsatz der Planerhaltung im neuen Baugesetzbuch, in: Bauer/
Breuer u. a. (Hg.), 100 Jahre Allgemeines Baugesetz Sachsen, 2000, S. 429 ff.

50   f) *Die Rangordnung* begründet einen *Geltungsvorrang,* aber *keinen
Anwendungsvorrang* der höherrangigen Rechtsnorm. Vielmehr ist im
konkreten Fall zunächst die rangniedrigere Rechtsnorm anzuwenden. Deshalb darf z. B. die Verwaltungsbehörde nicht unmittelbar
die Verfassung heranziehen, wenn eine einschlägige gesetzliche
Regelung vorliegt. Nur wenn eine solche Regelung fehlt oder
lückenhaft ist, ist sie berechtigt und verpflichtet, auf die Verfassung
selbst zurückzugreifen, sei es, daß sie eine Verfassungsnorm unmittelbar anwendet (etwa Art. 3 I GG), sei es, daß sie aus verfassungsrechtlichen Grundsätzen bestimmte Folgerungen herleitet (etwa die
Anhörung im Verwaltungsverfahren aus dem Rechtsstaatsprinzip).
Der Anwendungsvorrang ergibt sich aus der Verbindlichkeit des in
aller Regel konkreter und ausführlicher formulierten Gesetzes,
über das sich das entscheidende Organ hinwegsetzen würde, wenn
es sofort die allgemeiner gefaßten Grundrechte oder Verfassungsgrundsätze heranziehen würde. Damit wird die Verwaltung nicht
von der in Art. 1 III und 20 III GG festgelegten Verfassungsbindung
dispensiert: Diese Bindung wird nicht nur bei fehlenden gesetzlichen Regelungen aktuell, sondern verlangt auch, daß die anzuwendenden Gesetze im Zweifelsfall auf ihre Verfassungsmäßigkeit
geprüft und im Sinne der Verfassung ausgelegt werden.

Beispiel: Das *BVerwG* hat in seiner Entscheidung vom 15. 12. 1972, DVBl. 1973, 496, die Anliegernutzung (die Befugnis des Anliegers, die an seinem Grundstück vorbeiführende Straße in besonderer Weise zu nutzen) unmittelbar aus Art. 14 I GG abgeleitet, ohne die einschlägige Vorschrift des § 7 I FStrG ausreichend zu berücksichtigen. Wäre das Gericht von § 7 I FStrG ausgegangen, so hätten sich folgende Möglichkeiten ergeben: (1) § 7 I FStrG umfaßt auch die Anliegernutzung; ein Rückgriff auf Art. 14 I GG hätte sich dann erübrigt; (2) § 7 I FStrG schließt die Anliegernutzung aus; das *BVerwG* hätte dann diese Vorschrift wegen Verstoßes gegen Art. 14 I GG dem *BVerfG* gem. Art. 100 I GG vorlegen müssen; (3) § 7 I FStrG erfaßt die Anliegernutzung überhaupt nicht; ein unmittelbarer Rückgriff auf Art. 14 I GG wäre dann – aber auch nur dann – zulässig gewesen; (4) § 7 I FStrG ist im Blick auf die Anliegernutzung mehrdeutig; er hätte dann im Blick auf Art. 14 GG verfassungskonform im Sinne der Anliegernutzung ausgelegt werden müssen. Vgl. dazu auch *Maurer*, DÖV 1975, 223 ff.

2. Einordnung des Gewohnheitsrechts

Gewohnheitsrecht hat i. d. R. die Rangstufe des formellen Ge- 51
setzes, kann jedoch auch den Rang von Verfassungsrecht („Verfassungsgewohnheitsrecht") oder von Satzungsrecht (Observanz) haben; es kommt also auf allen Rangstufen (mit Ausnahme der Rechtsverordnung) vor. Entsprechend der jeweiligen Zuordnung bestimmt sich in Kollisionsfällen auch der Vorrang.

Etwa: Verfassungsgewohnheitsrecht (so z. B. der Aufopferungsanspruch, wenn er den Rang von Verfassungsgewohnheitsrecht haben sollte, vgl. oben Rn. 22) kann durch formelle Gesetze nicht beseitigt oder beschränkt werden. Die Polizeiverordnung eines Regierungspräsidenten geht der örtlichen Observanz vor (*OVG Münster* OVGE 6, 11 f.).

3. Prüfungs- und Verwerfungskompetenz

Die Rangordnung der Rechtsnormen regelt nur die materiell- 52
rechtliche Rang- und Geltungsfrage. Sie besagt aber noch nichts darüber, *wer befugt ist,* eine Rechtsnorm auf ihre Vereinbarkeit mit höherrangigem Recht zu prüfen (Prüfungskompetenz) und im Falle des Normwiderspruchs die Nichtigkeit verbindlich festzustellen (Verwerfungskompetenz), sei es prinzipaliter in einem besonderen Verfahren (Prinzipalverwerfung), sei es inzidenter im Rahmen eines anderen Verfahrens (Inzidentverwerfung). Das ist eine *verfahrensrechtliche* Frage. Sie hat aber materiell-rechtliche Konsequenzen, da die rangniedrigere Norm bei fehlender Prüfungskompetenz

ohne Rücksicht auf einen etwaigen Verstoß gegen höherrangiges Recht (der ja in diesem Fall gar nicht festgestellt werden darf) angewendet werden müßte und bei fehlender Verwerfungskompetenz zumindest nicht einfach als nichtig ignoriert werden dürfte.

53   a) *Die Gerichte* (einschließlich der hier vor allem interessierenden Verwaltungsgerichte) sind grundsätzlich verpflichtet, alle Rechtsnormen, die für ihre Entscheidung maßgeblich sind, auf ihre Vereinbarkeit mit höherrangigem Recht zu prüfen und eine gegen höherrangiges Recht verstoßende und deshalb nichtige Rechtsnorm bei der Entscheidung des konkreten Rechtsstreits unangewendet zu lassen.

54   Das gilt aber nicht uneingeschränkt. Nach Art. 100 I GG haben die Gerichte bei nachkonstitutionellen (d. h. nach Inkrafttreten der maßgeblichen Verfassungsnormen erlassenen) formellen Gesetzen zwar eine Prüfungskompetenz, aber keine Verwerfungskompetenz. Sie müssen vielmehr, wenn sie ein solches Gesetz für verfassungswidrig halten, die Entscheidung des zuständigen Verfassungsgerichts einholen, und zwar bei einem Verstoß von Bundes- oder Landesgesetzen gegen das Grundgesetz und bei einem Verstoß von Landesgesetzen gegen Bundesrecht die Entscheidung des BVerfG und bei einem Verstoß von Landesgesetzen gegen die Landesverfassung die Entscheidung des jeweiligen Landesverfassungsgerichts.

Fall: A erhebt Anfechtungsklage gegen einen an ihn ergangenen Abgabenbescheid. Das Verwaltungsgericht (VG) ist der Auffassung, a) daß der Abgabenbescheid auf einer mit Art. 3 I GG nicht vereinbaren Satzung beruht, b) daß der Abgabenbescheid auf einem gegen Art. 3 I GG verstoßenden formellen und nachkonstitutionellen Gesetz beruht. Wie hat das VG zu entscheiden? Fall a: Das Gericht kann die Verfassungswidrigkeit der Satzung für den konkreten Fall selbst abschließend feststellen. Es wird deshalb den Bescheid mit der Begründung aufheben, er sei rechtswidrig, weil die Satzung nichtig sei und daher die erforderliche Rechtsgrundlage fehle. – Fall b: Das Gericht darf die Verfassungswidrigkeit des Gesetzes nicht selbst – auch nicht für den konkreten Fall – verbindlich feststellen, sondern muß gem. Art. 100 I GG das BVerfG anrufen, das in einem (verselbständigten) Normenkontrollverfahren über die Verfassungsmäßigkeit des Gesetzes entscheidet. Erst wenn das BVerfG entschieden hat, darf das VG das konkrete Anfechtungsverfahren fortsetzen und hat dann – je nachdem ob das BVerfG das Gesetz für verfassungswidrig und nichtig erklärte oder nicht – den Abgabenbescheid aufzuheben oder die Klage abzuweisen.

Das *Verwerfungsmonopol* des Verfassungsgerichts dient dem *Schutz des Parlamentsgesetzgebers;* es soll verhindern, daß sich jedes Gericht über den Willen des Gesetzgebers mit dem Hinweis auf die Verfassungswidrigkeit eines Gesetzes hinwegsetzen kann. *Deshalb beschränkt es sich auf nachkonstitutionelle formelle Gesetze.*

Vgl. *BVerfGE* 1, 184, 197 ff.; 2, 124, 129 ff.; näher dazu *Maurer,* Staatsrecht, § 20 Rn. 96 ff.

b) Die Frage, ob die *Verwaltungsbeamten* eine Prüfungs- und **55** Verwerfungskompetenz besitzen, ist umstritten. Sie wirft unterschiedliche Probleme auf, je nachdem, ob es sich um die Verfassungsmäßigkeit formeller Gesetze oder um die Rechts- und Verfassungsmäßigkeit untergesetzlicher Rechtsnormen, insbesondere Rechtsverordnungen und Satzungen, handelt.

aa) *Formelle Gesetze.* Art. 100 GG beschränkt sich auf den Be- **56** reich der Gerichtsbarkeit und kommt daher – zumindest unmittelbar – für die Verwaltung nicht zur Anwendung. Es bestehen auch sonst keine ausdrücklichen verfassungsrechtlichen oder gesetzlichen Regelungen. In der Literatur wird überwiegend eine Prüfungskompetenz angenommen; fraglich und strittig ist aber, wie intensiv die Prüfung sein muss und welche Konsequenzen sich ergeben, wenn der Verwaltungsbeamte die Verfassungsmäßigkeit des Gesetzes bezweifelt oder verneint. In der Literatur werden unterschiedliche Auffassungen vertreten:

– Der Beamte darf ein Gesetz, das er für verfassungswidrig und daher nichtig hält, nicht anwenden, so *A. Arndt,* u. a. DÖV 1959, 81 ff.
– Der Beamte muß ein Gesetz auch dann anwenden, wenn er es für verfassungswidrig und nichtig hält, so etwa *Hall,* DÖV 1965, 253 ff.; *Ossenbühl,* DV 2 (1969), S. 393 ff.; *ders.,* HStR III, § 62 Rn. 4; *Schulze-Fielitz,* in: Dreier, Grundgesetz, Bd. 2, 1998, § 20 (Rechtsstaat) Rn. 89.
– Nach einer mittleren Meinung muß ein Beamter, der ein Gesetz für verfassungswidrig hält, das Verwaltungsverfahren aussetzen und die Frage seinem Vorgesetzten vorlegen, der sich ebenso zu verhalten hat, wenn er das Gesetz für verfassungswidrig hält, bis die Sache zur Regierung gelangt, die dann ihrerseits eine Normenkontrolle beim BVerfG gem. § 93 I Nr. 2 GG oder beim entsprechenden Landesverfassungsgericht beantragen kann, so etwa *Hoffman,* JZ 1961, 193 ff.; *Baumeister/Ruthig,* JZ 1999, 117 ff.; vgl. ferner *Stern,* Staatsrecht III 2, S. 1347 ff.

Im einzelnen kann die Diskussion, die sich vor allem um Art. 100 I GG dreht, aber auch auf weitere verfassungsrechtliche und verfassungsprozessuale sowie auf verwaltungsrechtliche Gesichtspunkte erstreckt, hier nicht weiter verfolgt werden.

Vgl. dazu neben den bereits genannten Autoren vor allem *Bachof,* AöR Bd. 87 (1962) S. 1 ff. In der Rechtsprechung hat die Frage bislang kaum eine Rolle gespielt, vgl. *BVerfGE* 12, 180, 186 (das Gericht hatte sich nur sporadisch dazu geäußert, immerhin aber angedeutet, daß der Beamte die Verfassungsmäßigkeit eines Gesetzes prüfen darf und daß er nicht zur Anwendung eines verfassungswidrigen Gesetzes verpflichtet ist, vgl. dazu *Bachof,* aaO. S. 7 ff.); *BFinHE* 68, 361, 364 f. (ablehnend); *BadWürttVGH* VBlBW 1987, 420 (grundsätzlich bejahend).

Praxis Zur Lösung sei nur noch bemerkt: Der Beamte wird sich bei Zweifel an der Geltung einer von ihm anzuwendenden Rechtsnorm – wie auch sonst bei wichtigen und weitreichenden Rechtsfragen – an seinen Vorgesetzten wenden, um auf diese Weise eine allgemeine Klärung zu veranlassen. Das ist im Regelfall der rechtlich gewiesene Weg. Er führt jedoch nicht weiter, wenn sofort oder kurzfristig entschieden werden muß, etwa über die Festnahme einer Person, die Zulässigkeit einer Versammlung oder die Genehmigung einer Verkaufsausstellung. In diesen besonders gelagerten Fällen, in denen der Konflikt zwischen der Verfassung und dem Gesetz für den Beamten unausweichlich wird, ist er befugt, ein Gesetz, das er nach möglichst sorgfältiger Prüfung für verfassungswidrig hält und halten darf, unangewendet zu lassen und dementsprechend zu entscheiden. Dagegen spricht auch nicht Art. 100 I GG, da er an die Letztentscheidungskompetenz der Gerichte (vgl. dazu unten § 7 Rn. 4) anknüpft und deshalb die unter Vorbehalt gerichtlicher Bestätigung handelnden Verwaltungsbehörden nicht erfaßt.

57   bb) *Rechtsverordnungen und Satzungen.* Da Art. 100 I GG dem Schutz der Parlamentsgesetze dient und sich somit auf formelle Gesetze beschränkt, greift er in diesem Zusammenhang nicht ein. Dafür wird auf die sich aus dem hierarchischen Aufbau der Verwaltung und den Kompetenzabgrenzungen ergebenden Bindungen und vor allem auf die Rechtssicherheit hingewiesen, die es verböten, daß sich ein Verwaltungsbeamter über eine Rechtnorm hinwegsetze und sie im Einzelfall unangewendet lasse. Diese Auffassung stößt sich allerdings an der These, daß rechtswidrige Rechtsnormen nichtig sind und daher folgerichtig – eben wegen ihrer Nichtigkeit – nicht angewendet werden dürfen, jedenfalls solange nichts anderes geregelt ist. Als Ausweg bietet sich wiederum an,

daß die Behörde, die eine ihrer Auffassung nach nichtige Norm
anzuwenden hätte, das Verfahren aussetzt und sich mit der normgebenden Instanz oder deren Aufsichtsbehörde in Verbindung
setzt, um die „Aufhebung" der Norm zu erreichen, oder daß sie
eine verwaltungsgerichtliche Normenkontrolle gem. § 47 VwGO
beantragt. Zulässig ist das allerdings nur, wenn dadurch keine unvertretbaren Verzögerungen eintreten. Andererseits bleibt es dem
benachteiligten Bürger oder der normgebenden Instanz unbe-
nommen, ihrerseits zu klagen, wenn eine Rechtsnorm wegen ihrer
(angeblichen) Nichtigkeit nicht angewendet worden ist. Die Einbußen an Rechtssicherheit sind daher – so oder so – nur vorläufig.

In der Literatur und Rechtsprechung werden alle denkbaren Auffassungen
vertreten. Vgl. *Kopp,* Das Gesetzes- und Verordnungsprüfungsrecht der Behörden, DVBl. 1983, 821 ff.; *Pietzcker,* Inzidentverwerfung rechtswidriger
untergesetzlicher Rechtsnormen durch die Verwaltung, DVBl. 1986, 806 ff.;
Schmidt-Aßmann, Gefährdungen der Rechts- und Gesetzesbindung der Exekutive, Festschrift für Stern, 1997, S. 745, 758 ff.; *Wehr,* Inzidente Normverwer-
fung durch die Exekutive, 1998; *Stern,* Staatsrecht III 2, S. 1347 ff.; *Sachs,* StBS
§ 44 Rn. 86; *Wolff/Bachof/*Stober, VerwR § 28 Rn. 20 ff.; *OVG Saarland*
NVwZ 1990, 172; 1993, 396 (ablehnend).

cc) *Bebauungspläne insbesondere.* Die Frage der behördlichen Norm-   58
verwerfungskompetenz wird bei Bebauungsplänen besonders aktuell, da sie nicht nur zahlenmäßig im Vordergrund stehen, sondern
auch besonders fehleranfällig sind. Das *BVerwG* hat bislang ausdrücklich offengelassen, ob und unter welchen Voraussetzungen
die Baugenehmigungsbehörde einen Bebauungsplan, den sie für
rechtswidrig und nichtig hält, im konkreten Verfahren unangewendet lassen darf.

In *BVerwGE* 75, 142 = DVBl. 1987, 481 mit Anm. von *Steiner* erklärt das
Gericht, daß weder die höhere Verwaltungsbehörde noch die Gemeinde selbst
die Nichtigkeit eines Bebauungsplanes (prinzipaliter) feststellen dürfte, daß aber
die Gemeinde berechtigt und verpflichtet sei, einen ihrer Auffassung nach
rechtswidrigen Bebauungsplan im förmlichen Verfahren gem. §§ 2 ff. BBauG
aufzuheben, und die Rechtsaufsichtsbehörde die Gemeinde dazu auffordern
könnte. In *BVerwGE* 112, 373, 381 f. wird zunächst eine Reihe von Möglichkeiten – allerdings sehr allgemein – erörtert und dann dargelegt, daß die
Naturschutzbehörde im Blick auf die besonderen Umstände des konkreten
Falles berechtigt gewesen sei, beim Erlaß einer Naturschutzverordnung den
entgegenstehenden rechtswidrigen Bebauungsplan unberücksichtigt zu lassen.

Auch der *BGH* ist noch zurückhaltend: Er stellt fest, daß die Bediensteten der
Baugenehmigungsbehörde amtspflichtwidrig handeln, wenn sie einen nichtigen Bebauungsplan anwenden, und daß sie verpflichtet sind, den Bauwilligen
auf die Bedenken, die gegen die Wirksamkeit eines Bebauungsplanes bestehen,
hinzuweisen; wie sie sich weiter zu verhalten haben, bleibt unentschieden
(*BGH* NVwZ 1987, 168, 169).

Die Baugenehmigungsbehörde muß den im konkreten Fall
maßgeblichen Bebauungsplan überprüfen und im Falle erkannter
Rechtswidrigkeit Konsequenzen ziehen. Sie kann einen Nor-
menkontrollantrag beim zuständigen Oberverwaltungsgericht gem.
§ 47 VwGO stellen, ist dazu aber nicht verpflichtet, zumal das
Oberverwaltungsgericht kein Verwerfungsmonopol besitzt. Es liegt
vielmehr nahe, daß die Baugenehmigungsbehörde die Gemeinde
auf die Rechtsmängel hinweist und eine Aufhebung oder Abänderung des Bebauungsplanes veranlaßt; ggf. kann sie auch eine
entsprechende Rechtsaufsichtsmaßnahme treffen oder herbeiführen. Für diese Zwischenlösung sprechen die Planungshoheit der
Gemeinde und der Grundsatz der Rechtssicherheit. Das kann aber
nicht ausnahmslos gelten. In besonders gelagerten Situationen,
insbesondere in Eil- und Evidenzfällen, ist die Behörde befugt
– unter Außerachtlassung des rechtswidrigen und nichtigen Bebauungsplanes – in der Sache zu entscheiden (etwa die Baugenehmigung abzulehnen, gem. § 33 BauGB zu entscheiden oder die
§§ 34, 35 BBauG heranzuziehen).

Vgl. dazu *Mutius / Hill,* Die Behandlung fehlerhafter Bebauungspläne durch
die Gemeinde, 1983; *Volhard,* NVwZ 1986, 105 ff.; *Jäde,* BayVBl. 1988,
5 ff.; *Engel,* NVwZ 2000, 1258 ff.; *Herr,* Behördliche Verwerfung von Bebauungsplänen, 2003 mit weiteren Nachw. Während früher die Verwaltungsgerichte die Verwerfungskompetenz der Baugenehmigungsbehörde verneinten,
wird sie nunmehr vom *OVG Lüneburg* NVwZ 2000, 1061 bejaht.

VIII. Europäisches Gemeinschaftsrecht

59   Neben dem nationalen (deutschen) Recht spielt das Europäische
Gemeinschaftsrecht eine ganz erhebliche Rolle. Es muß daher in
die Rechtsquellenlehre einbezogen werden. Zur Einordnung der
Europäischen Menschenrechtskonvention in die Rechtsquellen-
ordnung vgl. *Maurer,* Staatsrecht, § 4 Rn. 7 ff.

1. Europäisches Gemeinschaftsrecht

Das Recht der Europäischen Gemeinschaften (vgl. zu diesen bereits   **60**
oben § 2 Rn. 25) läßt sich in zwei Gruppen einteilen, nämlich in das
primäre Gemeinschaftsrecht und das sekundäre Gemeinschaftsrecht.

Das primäre Gemeinschaftsrecht besteht aus den Gründungsverträ-   **61**
gen, die nicht nur die Europäischen Gemeinschaften im Wege der
völkerrechtlichen Vereinbarung errichteten, sondern zugleich auch
ihre Ziele, Strukturen, Organe und Kompetenzen näher bestimmen
und damit gleichsam ihre Verfassung darstellen. Sie gelten mit ihren
späteren Änderungen und Erweiterungen, insbesondere durch den
Maastrichter Vertrag und den Amsterdamer Vertrag. Ergänzend
kommen die vom EuGH entwickelten allgemeinen Grundsätze des
Gemeinschaftsrechts hinzu.

Das sekundäre Gemeinschaftsrecht umfaßt die Rechtsvorschriften,   **62**
die von den Organen der Europäischen Gemeinschaften aufgrund
der Gründungsverträge erlassen worden sind. Sie müssen den Gründungsverträgen entsprechen; ist das nicht der Fall, sind sie grün-
dungsvertragswidrig und nichtig. Die Rechtsakte der EG, auf die
sich die folgenden Ausführungen der Einfachheit halber beschränken (für die übrigen Gemeinschaften gilt Entsprechendes), sind in
Art. 249 EGV näher aufgeführt. Danach ist zu unterscheiden:
– *Die Verordnung* hat allgemeine Geltung. Sie gilt nicht nur für die
  Mitgliedstaaten, sondern auch innerhalb der Mitgliedsstaaten und
  ist daher von den nationalen Behörden und Gerichten zu beachten und von den Bürgern zu befolgen. Sie begründet ggf.
  unmittelbare Rechte und Pflichten für den Bürger.
– *Die Richtlinie* wendet sich grundsätzlich nur an die Mitgliedstaaten und verpflichtet diese zur entsprechenden Rechtsetzung. Sie
  legt verbindliche Ziele fest, überläßt aber die Wahl der Form
  und der Mittel den innerstaatlich zuständigen Stellen. Der Bürger wird nicht durch die Richtlinie, sondern durch die aufgrund
  der Richtlinie ergangenen Rechtsnorm des deutschen Rechts
  berechtigt und verpflichtet.

In diesem Zusammenhang stellt sich die Frage, was geschieht, wenn eine
Richtlinie nicht innerhalb der festgesetzten Frist umgesetzt wird. Sie erlangt
dann unmittelbare Wirkung innerhalb der Mitgliedstaaten, allerdings grundsätzlich nur zugunsten der Bürger und nur unter der Voraussetzung, daß sie

inhaltlich unbedingt und hinreichend bestimmt ist. Im übrigen kann sie einen
Schadensersatzanspruch auslösen. Ferner können sich aus der (noch nicht umge-
setzten) Richtlinie Vorwirkungen ergeben, insbesondere für die (richtlinien-
konforme) Auslegung des deutschen Rechts. Vgl. dazu *Streinz*, Europarecht,
Rn. 384 ff.; *Jarass/Beljin*, Unmittelbare Anwendung des EG-Rechts und EG-
rechtskonforme Auslegung, JZ 2003, 768 ff.; *Schliesky*, Die Vorwirkung von
gemeinschaftsrechtlichen Richtlinien, DVBl. 2003, 631 ff. Zum Schadensersatzanspruch vgl. unten § 31 Rn. 6 ff.

– Die in Art. 249 IV EGV genannten *Entscheidungen* betreffen dagegen – den Verwaltungsakten des deutschen Rechts vergleichbar – nur Einzelfälle und sind nur für die jeweiligen Adressaten
(etwa einen Mitgliedsstaat, eine Einzelperson) verbindlich. Ferner können die Organe der EG gem. Art. 249 V EGV *„Empfehlungen und Stellungnahmen"* abgeben, die zwar rechtlich nicht
verbindlich sind, aber als offizielle Verlautbarungen doch politische Bedeutung erlangen können.

63   Der Schwerpunkt der Rechtsetzung liegt beim *Rat* (Ministerrat), der mit je
einem Mitglied der Regierungen der Mitgliedsstaaten, und zwar dem jeweils
zuständigen Fachminister oder dessen Vertreter, besetzt ist. Das *Europäische
Parlament* hat (noch) keine eigene Gesetzgebungskompetenz, aber doch erhebliche Konsultations-, Mitwirkungs- und Mitentscheidungsbefugnisse im Rahmen der Rechtsetzung des Rates. Die *Kommission*, die aus (derzeit) 25, von
den Regierungen der Mitgliedsstaaten unter Mitwirkung des Europäischen
Parlaments berufenen und sachlich unabhängigen Mitgliedern besteht, ist
vorwiegend Exekutivorgan, aber im Rahmen entprechender Delegationen
auch zur Rechtsetzung befugt. Der *Europäische Gerichtshof* (EuGH), der aus 25,
ebenfalls von den Regierungen der Migliedsstaaten berufenen Richtern besteht
und seinen Sitz in Luxemburg hat, hat über die Auslegung und Anwendung
des Europäischen Gemeinschaftsrechts zu entscheiden. Ein weiteres Organ
– allerdings nicht der EG, sondern der EU – bildet der „Europäische Rat", der
aus den Staats- und Regierungschefs der Mitgliedsstaaten und dem Präsidenten
der Kommission besteht. Er „gibt der Union die für ihre Entwicklung erforderlichen Impulse und legt die allgemeinen politischen Zielvorstellungen für
diese Entwicklung fest" (Art. 4 I EUV). Diese Bestimmung zeigt, daß er keine
rechtlich verbindlichen Beschlüsse fassen, aber wegen der Autorität und Position seiner Mitglieder maßgebliche politische Weichenstellungen treffen kann.
Vgl. näher zu den Rechtsquellen und den rechtsetzenden Organen der Europäischen Gemeinschaften die eingangs zitierten Lehrbücher zum Europarecht.

2. Das Verhältnis von deutschem Recht und europäischem Gemeinschaftsrecht

64   Das Europäische Gemeinschaftsrecht stellt zwar eine eigene
Rechtsordnung dar, steht aber nicht isoliert und beziehungslos

neben dem deutschen Recht. Vielmehr erweist sich immer wieder, daß bei der rechtlichen Beurteilung und Entscheidung von konkreten Fällen sowohl deutsches Recht als auch Gemeinschaftsrecht in Betracht kommen, sei es, daß sie sich ergänzen, sei es, daß sie sich überschneiden. Deshalb muß geklärt werden, welche Rechtsnorm – die deutsche oder die gemeinschaftsrechtliche Rechtsnorm – im Kollisionsfall maßgeblich ist und angewendet werden muß, wie also z. B. der Richter zu entscheiden hat, wenn sich im konkreten Fall die einschlägigen Vorschriften des deutschen Rechts und des Europäischen Gemeinschaftsrechts widersprechen.

Die inzwischen ganz h. L. geht zu Recht davon aus, daß das **65** *Gemeinschaftsrecht* grundsätzlich *Vorrang* gegenüber dem nationalen Recht besitzt. In *europarechtlicher Sicht* ergibt sich das aus den Gründungsverträgen, insbesondere Art. 249 II EGV, und aus dem allgemeinen Prinzip der Sicherung der Funktionsfähigkeit der Gemeinschaften, die beeinträchtigt würde, wenn der nationale Gesetzgeber gemeinschaftsrechtliche Regelungen beliebig durch eigene Rechtsvorschriften durchkreuzen könnte. In *staatsrechtlicher Sicht* ergibt sich der Vorrang des Gemeinschaftsrechts aus der Zustimmung des Gesetzgebers zu den Gemeinschaftsverträgen und ihren späteren Änderungen, die ihrerseits auf der Integrationsermächtigung des Art. 24 I GG bzw. des Art. 23 I GG i. d. F. von 1992 beruhen. Vorrang des Gemeinschaftsrechts bedeutet jedoch nicht *Geltungsvorrang*, sondern nur *Anwendungsvorrang*. Die deutsche Rechtsvorschrift, die mit einer gemeinschaftsrechtlichen Regelung nicht vereinbar ist, ist daher nicht nichtig, sondern nur im Einzelfall unanwendbar. Daher kommt sie wieder zur Anwendung, wenn die gemeinschaftsrechtliche Norm aufgehoben wird, es sei denn, daß sich inzwischen ihr Umfeld wesentlich geändert hat.

Vgl. *BVerfGE* 75, 223, 244; 85, 191, 204; *BVerwGE* 87, 154, 158 ff.; *EuGH* NJW 1964, 2371; *H. P. Ipsen,* Europäisches Gemeinschaftsrecht, 1972, S. 255 ff.; *Oppermann,* Europarecht, § 7 Rn. 1 ff.; *Herdegen,* Europarecht, § 11 Rn. 1 ff.; *Zuleeg,* VVDStRL 53 (1994) S. 159 ff. – Der „Anwendungsvorrang" in diesem Sinne darf nicht mit dem oben Rn. 50 erwähnten Anwendungsvorrang verwechselt werden. Dort geht es darum, daß bei der Lösung konkreter Fälle zunächst das einfache Gesetz „anzuwenden" ist und nicht sofort – unter Ausschaltung der einschlägigen gesetzlichen Regelungen – auf die Verfassung zugegriffen werden darf. Hier geht es um die Lösung einer Normenkollision.

66   Die isolierte Betrachtung der deutschen und der gemeinschaftsrechtlichen Rechtsvorschriften und die darauf bezogene isolierte
Anwendung der Kollisionsregel wird freilich nicht immer zu be-
friedigenden Lösungen führen, da die jeweiligen Vorschriften in
ihrem Gesamtzusammenhang zu sehen sind. Deshalb dürfte immer
wieder ein weiteres Ausgreifen erforderlich sein. Kommt es zu
konzeptionellen Divergenzen, dann bleibt dem deutschen Gesetzgeber letztlich nichts anderes übrig, als durch entsprechende Neuregelungen der gemeinschaftsrechtlichen Konzeption zu folgen.

> Vgl. dazu im Blick auf wettbewerbsrechtliche Regelungen den instruktiven
> Beitrag von *Köhler,* EG-Recht, nationales Wettbewerbsrecht und Verbrau-
> cherschutz, JuS 1993, 447 ff.; ferner bereits oben § 2 Rn. 36.

67   Fraglich ist, ob der Vorrang des Gemeinschaftsrechts auch dann
noch gilt, wenn dadurch Grundrechte des Grundgesetzes oder sogar *grundlegenden Verfassungsprinzipien* beeinträchtigt würden, wenn
z.B. die Anwendung einer gemeinschaftsrechtlichen Rechtsvorschrift im konkreten Fall zu einer Verletzung des Art. 12 I GG (Berufsfreiheit) führen würde. Nach der Rechtsprechung des BVerfG
greift der Vorrang des Gemeinschaftsrechts auch gegenüber dem
deutschen Verfassungsrecht ein, findet aber dort seine Grenze, wo
die Strukturprinzipien des Art. 23 I 1 GG, insbesondere der dort
genannte Grundrechtsstandard, beeinträchtigt werden. Zur Begründung wird vor allem darauf hingewiesen, daß – aus der Sicht
des deutschen Staatsrechts – die Integrationsermächtigung des
Art. 23 GG und das darauf beruhende Zustimmungsgesetz unter
diesem Vorbehalt stünden. Daraus folgt, daß die gemeinschaftsrechtlichen Rechtsvorschriften, die gegen diesen Vorbehalt verstoßen, in Deutschland nicht wirksam werden und daß das BVerfG
berufen ist, dies zu prüfen und die Unwirksamkeit festzustellen.
Praktisch wird das aber derzeit nicht aktuell, weil der gemeinschaftsrechtliche Grundrechtsstandard ein dem Grundgesetz im
wesentlichen vergleichbaren Grundrechtsschutz gewährleistet.
„Solange" das der Fall ist, nimmt das BVerfG seine Rechtsprechung in diesem Bereich zurück.

68   In *BVerfGE* 37, 271, 277 ff. (Solange I) ging das Gericht noch davon aus,
daß in den Europäischen Gemeinschaften kein dem deutschen Grundrechtsstandard entsprechender Grundrechtsschutz bestehe, und bejahte seine Zustän-

digkeit, *solange* dies anzunehmen sei. In *BVerfGE* 73, 339, 375 ff. (Solange II) legt das Gericht dar, daß nunmehr auch in den Gemeinschaften ein ausreichender Grundrechtsschutz gewährleistet sei, und verneint daher seine Zuständigkeit, *solange* dies der Fall sei. Das „Solange" wird also – nach dem „Vielleicht"-Beschluß *BVerfGE* 52, 187, 202 ff. – gleichsam umgekehrt. Im Maastricht-Urteil setzt das BVerfG diese Rechtsprechung fort (*BVerfGE* 89, 155, 175 ff.). Die Feststellung des *BVerfG,* daß es seine Gerichtsbarkeit über die Anwendbarkeit von sekundärem Gemeinschaftsrecht in Deutschland in einem „Kooperationsverhältnis" zum EuGH ausübe, in dem der EuGH den Grundrechtsschutz in jedem Einzelfall für das gesamte Gebiet der Europäischen Gemeinschaften garantiere und sich das BVerfG deshalb auf eine generelle Gewährleistung der unabdingbaren Grundrechtsstandards beschränken könne (*BVerfGE* 89, 155, 175), hat in der Literatur zu Irritationen und Zweifeln geführt (vgl. dazu etwa *Tomuschat,* EuGRZ 1993, 489 ff.; *Hommelhof/P. Kirchhof* (Hg.), Der Staatenverband der Europäischen Union, 1994; *Schwarze,* NJ 1994, 1 ff.; *Schröder,* DVBl. 1994, 316 ff.; *Tietje,* JuS 1994, 197 ff.; *Zuck,* Das Gerede vom gerichtlichen Kooperationsverhältnis, NJW 1994, 978 f.). In seinem Bananenmarkt-Beschluß vom 7. 6. 2000 (*BVerfGE* 102, 147) stellt das *BVerfG* seine Position klar. Es betont unter Hinweis auf *BVerfGE* 73, 339, den Erfordernissen des Art. 23 I GG sei genügt, „wenn die Rechtsprechung des EuGH einen wirksamen Schutz der Grundrechte gegenüber der Hoheitsgewalt der Gemeinschaften generell gewährleistet, der dem vom Grundgesetz als unabdingbar gebotenen Grundrechtsschutz im Wesentlichen gleich zu achten ist, zumal den Wesensgehalt der Grundrechte generell verbürgt" (S. 164). Es zieht sodann daraus die prozessualen Folgerungen für Verfassungsbeschwerden und Richtervorlagen, die die Verletzung von Grundrechten des Grundgesetzes durch Vorschriften des sekundären Gemeinschaftsrechts rügen. Sie sind von vornherein nur dann zulässig, wenn sie in der Begründung darlegen, daß die europäische Rechtsentwicklung einschließlich der Rechtsprechung des *EuGH* nach Ergehen der Solange II-Entscheidung (*BVerfGE* 73, 339, 378 ff.) unter den erforderlichen Grundrechtsstandard abgesunken sei (so *BVerfGE* 102, 147, 164). Da dies im konkreten Fall nicht geschah, wurde die Richtervorlage als unzulässig abgewiesen.

IX. Völkerrecht

Völkerrecht gilt im innerstaatlichen Bereich nur, wenn es durch **69** einen innerstaatlichen Rechtsakt übernommen worden ist. Für die „allgemeinen Regeln des Völkerrechts" geschieht dies bereits durch Art. 25 GG, für die sonstigen Regeln des Völkerrechts ist ein Zustimmungsgesetz gem. Art. 59 II GG erforderlich. Die allgemeinen Regeln des Völkerrechts stehen im Rang zwischen den formellen Gesetzen und der Verfassung (vgl. Art. 25 S. 2 GG), die besonderen Regelungen des Völkerrechts teilen den Rang des Zustimmungsgesetzes.

70   **Literatur zu § 4:** *Ross,* Theorie der Rechtsquellen, 1929; *Hensel,* Die Rangordnung der Rechtsquellen, HdbStR Bd. II (1932) S. 313 ff.; *Hans J. Wolff,* Rechtsgrundsätze und verfassunggestaltende Grundentscheidungen als Rechtsquelle, in: Gedächtnisschrift für *W. Jellinek,* 1955, S. 33 ff.; *Höhn,* Gewohnheitsrecht im Verwaltungsrecht, 1960; *Jesch,* Gesetz und Verwaltung, 1961, S. 9 ff.; *Bachof,* Die Prüfungs- und Verwerfungskompetenz der Verwaltung gegenüber dem verfassungswidrigen und dem bundesrechtswidrigen Gesetz, AöR Bd. 87 (1962) S. 1 ff.; *Menger,* Die allgemeinen Grundsätze des Verwaltungsrechts als Rechtsquellen, in: Festschrift für Bogs, 1967, S. 89 ff.; *Starck,* Der Gesetzesbegriff des Grundgesetzes, 1970; *Meyer-Cording,* Die Rechtsnormen, 1971; *R. Dreier,* Probleme der Rechtsquellenlehre, in: Festschrift für Hans J. Wolff, 1973, S. 3 ff.; *Öhlinger,* Der Stufenbau der Rechtsordnung, 1975; *P. Kirchhof,* Rechtsquellen und Grundgesetz, BVerfG-Festschrift 1976, Bd. II, S. 50 ff.; *Schmidt-Aßmann,* Die kommunale Rechtsetzung im Gefüge der administrativen Handlungsformen und Rechtsquellen, 1981; *E.-W. Böckenförde,* Gesetz und gesetzgebende Gewalt, 2. Aufl. 1981, insbes. S. 210 ff.; *D. Merten,* Das System der Rechtsquellen, Jura 1981, 169 ff., 236 ff.; *von Olshausen,* Die (Rechts-)Quellen des Verwaltungsrechts, JA 1983, 177 ff.; *Wahl,* Der Vorrang der Verfassung und die Selbständigkeit des Gesetzesrechts, NVwZ 1984, 401 ff.; *P. Kirchhof,* Revisibles Verwaltungsrecht, Festschrift für Menger, 1985, S. 813 ff.; *Ossenbühl,* Gesetz und Recht – Die Rechtsquellen im demokratischen Rechtsstaat, HStR III (1988), § 61 Rn. 1 ff.; *Tettinger,* Normtypen im deutschen Verwaltungsrecht, DV 22 (1989) S. 291 ff.; *Maurer,* Rechtsfragen kommunaler Satzungsgebung, DÖV 1993, 184 ff.; *Jamrath,* Normenkontrolle der Verwaltung und Europäisches Gemeinschaftsrecht, 1993; *Starck* (Hg.), Rangordnung der Gesetze, 1995; *Heintzen,* Das Rangverhältnis von Rechtsverordnung und Satzung, DV 29 (1996) S. 17 ff.; *J. H. Park,* Rechtsfindung im Verwaltungsrecht, 1999; *H. Schneider,* Gesetzgebung, 3. Aufl. 2002; *Ossenbühl,* Allgemeine Rechts- und Verwaltungsgrundsätze – eine verschüttete Rechtsfigur?. BVerwG-Festschrift 2003, S. 289 ff.

§ 5 Das Verwaltungsverfahrensgesetz (VwVfG)

1   Die zentrale Regelung des Allgemeinen Verwaltungsrechts ist das Verwaltungsverfahrensgesetz des Bundes (VwVfG), das am 25. 5. 1976 erlassen und nach mehrfachen Änderungen zuletzt am 23. 1. 2003 neu gefaßt wurde. Es stellt zwar keine Kodifikation des gesamten Allgemeinen Verwaltungsrechts dar, enthält aber nicht nur Vorschriften über das Verwaltungsverfahren, sondern darüber hinaus auch Vorschriften über das materielle Verwaltungsrecht, soweit es im Zusammenhang mit dem Verwaltungsverfahrensrecht steht (sog. konnexe Materien). Das VwVfG gilt nur für den Bundesbereich; die Länder haben aber für ihren Bereich gleichlautende Regelungen erlassen, so daß es in Deutschland zwar kein gemeinsames, aber doch inhaltlich übereinstimmendes Verwaltungsverfahrensrecht einschließlich gewisser materiell-verwaltungsrechtlicher Vorschriften gibt. Die folgenden Darlegungen betreffen zunächst das Verwaltungsverfahrensgesetz des Bundes (I–III) und sodann die Verwaltungsverfahrensgesetze der Länder (IV).

Wenn in diesem Grundriß vom „VwVfG" die Rede ist, so sind damit, soweit nichts anderes vermerkt wird, die jeweils nach Inhalt und §§-Zahl übereinstimmenden Vorschriften der Verwaltungsverfahrensgesetze des Bundes *und* der Länder gemeint.

I. Entstehung und Weiterentwicklung des VwVfG

1. Vorgeschichte

Das VwVfG bildete, als es 1976 erlassen wurde, eine beachtliche 2 Neuerung. Vorher gab es nur Ansätze und Teilregelungen. Die ersten verfahrensrechtlichen Bestimmungen entstanden in der zweiten Hälfte des 19. Jahrhunderts, vor allem im Zusammenhang mit der Neuerrichtung der Verwaltungsgerichtsbarkeit. Weitere Bestimmungen, wenn auch nur für Teilbereiche, brachten auf der Reichsebene die Kodifikation der Sozialversicherung durch die Reichsversicherungsordnung von 1911 und die Kodifikation des Abgabenrechts durch die Reichsabgabenordnung von 1919. Auf der Landesebene kam es in der Weimarer Zeit zu zwei umfassend angelegten Kodifikationen. In Thüringen wurde 1926 eine Landesverwaltungsordnung erlassen, die Vorschriften über die Verwaltungsorganisation, das Verwaltungsverfahren, die Verwaltungsgerichtsbarkeit, die Verwaltungsvollstreckung und das Polizeirecht enthielt. In Württemberg wurde nach langjährigen Beratungen der Entwurf einer Verwaltungsrechtsordnung veröffentlicht, der das gesamte materielle Verwaltungsrecht umfaßte und im Anhang den Entwurf eines Verwaltungsverfahrensgesetzes anfügte; er wurde zwar nicht mehr Gesetz, hat aber doch die Praxis beeinflußt und stellt mit seiner ausführlichen, die damalige Verwaltungsrechtslehre und Verwaltungsrechtspraxis auswertenden Begründung eine auch heute noch interessante Erkenntnisquelle dar.

Vgl. *Knauth/Wagner*, Landesverwaltungsordnung für Thüringen, 1927 (Text und Kommentar); Verwaltungsrechtsordnung für Württemberg. Entwurf eines Gesetzes mit Begründung, 1931, dazu *Maas*, Die Verwaltungsrechtsordnung für Württemberg, 1996 und *Maurer*, NVwZ 1998, 943. – Zu erwähnen ist ferner das 1925 in Österreich erlassene Allgemeine Verwaltungsverfahrensgesetz, das im wesentlichen noch heute gilt (vgl. dazu *Antoniolli/Koja*, Allgemeines Verwaltungsrecht, S. 602 ff.). Es wurde damals von einigen Nachbarländern (Tschechoslowakei, Polen, Jugoslawien) übernommen und wirkte auch auf das deutsche Recht ein. Im Ausland ist der Gesetzgeber zum Teil schon sehr viel früher tätig geworden, vgl. dazu *Ule* (Hg.), Verwaltungsverfahrensgesetze des Auslandes, 2 Bde., 1967.

3   Nach dem Zweiten Weltkrieg, in den fünfziger Jahren des letzten Jahrhunderts, wurde die Frage einer Kodifikation des allgemeinen Verwaltungsrechts oder wenigstens des Verwaltungsverfahrensrechts eingehend diskutiert, so etwa auf der Staatsrechtslehrertagung 1958 (VVDStRL 17, 1959, S. 118 ff.) und auf dem 43. Deutschen Juristentag 1960 (Verh. des 43. DJT, 2 Bde., 1960/62) sowie in zahlreichen literarischen Stellungnahmen und eigens dafür eingesetzten Kommissionen. Den entscheidenden Anstoß für die folgende gesetzgeberische Initiative brachte der Deutsche Juristentag 1960. Die Diskussion der öffentlich-rechtlichen Abteilung stand noch unter der allgemein gestellten Frage: „Empfiehlt es sich, den Allgemeinen Teil des Verwaltungsrechts zu kodifizieren?" Sie gelangte jedoch zu dem einschränkenden Beschluß, daß „eine einheitliche Regelung des Verwaltungsverfahrens … wünschenswert und notwendig" sei und daß in diese Regelung „konnexe Materien des Allgemeinen Verwaltungsrechts, insbesondere die Frage der Bestandskraft der Verwaltungsakte, einbezogen werden" sollten. Damit wurde nicht nur eine gesetzliche Regelung befürwortet, sondern auch der Regelungsgegenstand benannt (nicht das gesamte Allgemeine Verwaltungsrecht, sondern nur konnexe Regelungen des Allgemeinen Verwaltungsrechts, was immer darunter zu verstehen ist).

Vgl. dazu *Ule,* Die Kodifizierung des Verwaltungsverfahrensrechts, DVG V (1987), S. 1162 ff. m. w. N.

2. Gesetzentwürfe

4   Ein einheitliches, die gesamte Verwaltung des Bundes und der Länder umfassendes Bundesgesetz war schon aus kompetenzrechtli-

chen Gründen nicht möglich, da der Bund lediglich befugt ist,
kraft Natur der Sache das Verwaltungsverfahren der Bundesbehörden und gem. Art. 84 I und 85 I GG den Vollzug der Bundesgesetze durch Landesbehörden zu regeln. Deshalb einigte man sich
darauf, einen Musterentwurf als Grundlage für inhaltlich übereinstimmende, vom Bund und den Ländern zu erlassende Verwaltungsverfahrensgesetze auszuarbeiten. 1960 wurde zu diesem Zweck
ein aus Ministerialbeamten des Bundes und der Länder zusammengesetzter Ausschuß einberufen. Er legte drei Jahre später, 1963,
einen „Musterentwurf eines Verwaltungsverfahrensgesetzes (EVw-
VerfG 1963)" vor, der 1966 auf einer erneuten Sitzung in München
unter Berücksichtigung der zwischenzeitlich eingegangenen Stellungnahmen überarbeitet wurde (sog. Münchener Fassung des Musterentwurfs, 1966).

Als selbständige Schrift publiziert: Musterentwurf eines Verwaltungsverfahrensgesetzes (EVwVerfG 1963), 1964; 2. Aufl. 1968, mit Anhang „Münchener
Fassung". – Die Einsetzung einer Bund-Länder-Kommission zur Erarbeitung
eines Musterentwurfs entspricht der Konzeption des kooperativen Föderalismus, die einheitliche Regelungen durch Zusammenarbeit und Einigung an-
strebt. Ähnliche Musterentwürfe sind auch in anderen Bereichen ausgearbeitet
worden, so etwa die Musterbauordnung von 1959/2002 als Grundlage der
Landesbauordnungen oder der Musterentwurf eines einheitlichen Polizeigesetzes des Bundes und der Länder 1977/1986 als Vorlage für die Polizeigesetze im
Bund (Bundesgrenzschutzgesetz) und in den Ländern.

Der Musterentwurf bildete die Grundlage für die Entwürfe eines   5
Verwaltungsverfahrensgesetzes, die von der Bundesregierung 1970
und 1973 dem Bundestag vorgelegt wurden. Die erneute Vorlage
war erforderlich, da der erste Entwurf in der damaligen Legislaturperiode nicht mehr abschließend beraten werden konnte. Bis zuletzt war der Anwendungsbereich des Gesetzes zwischen dem Bundestag und dem Bundesrat umstritten. Der Streit konnte schließlich
im Vermittlungsausschuß durch die Kompromißvorschrift des § 1
III (vgl. dazu unten Rn. 12) überbrückt werden.

3. Parallelgesetze

Der Gesetzgeber konnte sich nicht dazu entschließen, die ver-   6
fahrensrechtlichen Bereiche des Sozialrechts und des Abgabenrechts
in das Verwaltungsverfahrensrecht einzubeziehen. Sie sind sogar,

wie sich aus § 2 I Nr. 1 VwVfG ergibt, ausdrücklich ausgenommen. Das sozialrechtliche Verfahren ist im Sozialgesetzbuch I und X und das abgabenrechtliche Verfahren in der Abgabenordnung geregelt. Es stehen somit drei verwaltungsverfahrensrechtliche Regelungsbereiche nebeneinander, die in drei entsprechenden gerichtsverfahrensrechtlichen Gesetzen ihre Fortsetzung finden, nämlich in der VwGO für die allgemeine Verwaltungsgerichtsbarkeit, dem SGG für die Sozialgerichtsbarkeit und der FGO für die Finanzgerichtsbarkeit. In der Literatur wird daher von der „Drei-Säulen-Theorie" gesprochen. Rechtspolitisch stößt diese Dreiteilung überwiegend auf Kritik. Sie wird jedoch dadurch abgemildert, daß sich der Gesetzgeber beim Erlaß des Sozialgesetzbuches I und X und der Abgabenordnung weitgehend an den Regelungen des Verwaltungsverfahrensgesetzes orientiert hat, ja sie sogar überwiegend wörtlich übernommen hat. Im Ergebnis bleibt aber, daß die allgemeinen Verwaltungsgerichte über Streitigkeiten aus dem Verwaltungsverfahrensgesetz, die Sozialgerichte über Streitigkeiten aus dem Sozialgesetzbuch und die Finanzgerichte über Streitigkeiten aus der Abgabenordnung zu entscheiden haben. Freilich gilt das nicht strikt, es kommen immer wieder Ausnahmen und Verschiebungen vor. Daher kann auch die folgende Skizze nur einen allgemeinen Überblick geben.

4. Änderungen des VwVfG

7   Das VwVfG, das am 1. 1. 1977 in Kraft getreten ist, blieb in den ersten zwei Jahrzehnten fast unverändert. Die wenigen Änderungen in jener Zeit betrafen fast nur redaktionelle Anpassungen an anderweitig erfolgte gesetzliche Regelungen, so etwa an das Adaptionsgesetz (bereits vor Inkrafttreten 1976) und an das Betreuungs-

gesetz (1990). Dagegen ist es seit 1996 – nach der Zählung des Gesetzgebers selbst – zu drei auch sachlich bedenksamen Änderungsgesetzen gekommen (1. VwVfÄndG vom 2. 5. 1996, 2. ÄndVwVf vom 6. 8. 1998 und 3. VwVfÄndG vom 21. 8. 2002, BGBl. I S. 656, 2022 und 3322). Das erste betraf vor allem den rückwirkenden Widerruf von Subventions- und sonstigen Leistungsbescheiden sowie einige Folgeregelungen der Rücknahme und des Widerrufs; das zweite betraf die öffentliche Beglaubigung von computergefertigten Urkunden (§ 33) und die Genehmigung der Unterwerfung unter die sofortige Vollstreckung (§ 61 I); das dritte und gewichtigste Änderungsgesetz regelte vor allem den Einsatz elektronischer Dokumente anstelle der Schriftform, insbesondere den elektronischen Verwaltungsakt (§§ 3 a, 37 IV). Ferner ist das VwVfG durch das Genehmigungsverfahrensbeschleunigungsgesetz (GenBeschlG) vom 12. 9. 1996 (BGBl. I S. 1354) geändert und ergänzt worden. Es schränkt zum einen die Relevanz von Verfahrensfehlern durch Änderung der §§ 45, 46 weiter ein und enthält zum anderen einen ganzen Abschnitt über die Beschleunigung von Genehmigungsverfahren (§§ 71 a ff.). Schließlich ist noch das sechste Gesetz zur Änderung der Verwaltungsgerichtsordnung von 1. 11. 1996 (BGBl. I S. 1626) zu erwähnen, das zwar das VwVfG nicht selbst ändert, aber ergänzt, indem es die prozessualen Konsequenzen aus der Neuregelung des § 45 VwVfG zieht, so durch § 87 I 2 Nr. 7 (der allerdings 2001 wieder aufgehoben wurde) und § 94 S. 2 VwGO. Im einzelnen ist hier auf diese Änderungen hier nicht weiter einzugehen. Sie werden später in ihrem Zusammenhang behandelt.

Vgl. näher zu diesen Änderungen *Henneke*, in: Knack, VwVfG, Vor § 1 Rn. 11 ff.; *Kopp/Ramsauer*, VwVfG, Einf. Rn. 29 ff.; *Stelkens/Sachs*, StBS Einl. Rn. 66 ff.; ferner die Nachweise in der 12. Aufl. dieses Buches. – Zum 3. VwVfÄndG und weiteren Vorhaben: *Schmitz*, NVwZ 2000, 1238 ff.; *Rosenbach*, DVBl. 2001, 332 ff.; *Schmitz/Schlatmann*, NVwZ 2002, 1281 ff.; *Schlatmann*, DVBl. 2002, 1005 ff.; *Bonk*, DVBl. 2004, 141 ff.; *Schmitz*, DVBl. 2005, 17 ff.; *U. Stelkens*, NWVBl. 2006, 1 ff.

II. Die Bedeutung des VwVfG

Der Gesetzgeber hat mit dem Erlaß des VwVfG *verschiedene* **8** *Ziele* verfolgt: Das VwVfG soll zunächst einmal der *Rechtsvereinheit-*

lichung dienen, indem es an Stelle der verstreuten und fragmentarischen Spezialvorschriften eine einheitliche Regelung für die
von ihm erfaßten Bereiche bringt. Damit soll zugleich der *Gesetzgeber entlastet* werden, der nunmehr darauf verzichten kann, in die
einzelnen Gesetze des besonderen Verwaltungsrechts entsprechende Regelungen aufzunehmen. Ferner soll es einen Beitrag zur *Vereinfachung und Rationalisierung der Verwaltung* bringen, da die Verwaltungsbehörden klare und verbindliche Normierungen für ihre
Tätigkeit an die Hand bekommen. Schließlich – und nicht zuletzt
– soll es auch dem *Bürger* dienen, dessen Rechte im Verwaltungsverfahren nunmehr ausdrücklich festgelegt und gewährleistet sind.

9   Für das *allgemeine Verwaltungsrecht* liegt die Bedeutung des VwVfG
darin, daß ein Teil der bislang maßgeblichen ungeschriebenen allgemeinen Grundsätze des Verwaltungsrechts (vgl. oben § 3 Rn. 2,
§ 4 Rn. 29) abgelöst und durch gesetzliche Vorschriften ersetzt
wird. Inhaltlich hat sich das VwVfG allerdings weitgehend diesen
Grundsätzen angeschlossen und sie damit positiviert. Es hat aber
auch Unklarheiten beseitigt, Streitfragen entschieden und z. T. neue
Wege beschritten, so daß sich das VwVfG nicht in der Kodifikation
bisheriger Rechtsgrundsätze erschöpft. Die Argumentationsbasis hat
sich jedenfalls geändert: Während Rechtsprechung und Rechtslehre
früher von den ungeschriebenen Rechtsgrundsätzen, die sie selbst
im wesentlichen gestalteten und weiterentwickelten, ausgingen,
haben sie nunmehr positiv-gesetzliche Vorschriften auszulegen und
anzuwenden. Das hängt freilich auch davon ab, inwieweit das
VwVfG „angenommen" wird. Zunächst bestand in der Rechtsprechung offensichtlich eine gewisse Neigung, sich an den bisherigen
Rechtsgrundsätzen zu orientieren und das VwVfG allenfalls bestäti-
gend zu zitieren. Das dürfte sich inzwischen geändert haben.

III. Der Anwendungsbereich des VwVfG

10   Der Anwendungsbereich des VwVfG (hier des Bundes, nicht der
Länder, dazu unten Rn. 17 ff.) wird durch die §§ 1, 2 und 9
VwVfG bestimmt. Danach sind drei positive und zwei negative
(ausgrenzende) Kriterien maßgeblich. Das VwVfG gilt (1) für die
öffentlich-rechtliche Verwaltungstätigkeit (2) der Bundesbehörden,

die (3) auf den Erlaß eines Verwaltungsaktes oder den Abschluß
eines Verwaltungsvertrages zielt, sofern nicht (4) die generelle Bereichsausschlußklausel des § 2 VwVfG oder (5) spezielle (gleichlautende oder entgegenstehende) Vorschriften des Besonderen Verwaltungsrechts eingreifen. Im einzelnen:

1. *Öffentlich-rechtliche Verwaltungstätigkeit.* Das VwVfG ist (nur) an-   **11**
wendbar, wenn die Verwaltungsbehörden nach öffentlichem Recht
handeln. Das Handeln in Privatrechtsform wird dagegen grundsätzlich nicht erfaßt, auch dann nicht, wenn es, wie das Verwaltungsprivatrecht, öffentlich-rechtlich überlagert wird. Gerade diese öffentlich-rechtliche Überlagerung kann aber dazu führen, daß Vorschriften des VwVfG, die höherrangige Verfassungsnormen oder
allgemeine Verwaltungsgrundsätze konkretisierend zum Ausdruck
bringen, zwar nicht direkt, aber mittelbar und klärend herangezogen werden können (vgl. dazu *BGHZ* 155, 166, 175). Der Ausschluß der privatrechtsförmigen Verwaltung wird durch die Legaldefinition des Verwaltungsverfahrens in § 9 VwVfG bestätigt (vgl.
sogleich unten Rn. 13).

2. *Bundesbehörden.* Nach Art. 83 ff. GG sind im bundesstaatlichen   **12**
Konzept drei Bereiche des Gesetzesvollzugs zu unterscheiden: Ausführung der Bundesgesetze durch Bundesbehörden, Ausführung
der Bundesgesetze durch Landesbehörden und Ausführung der
Landesgesetze durch Landesbehörden. Unumstritten war bei den
gesetzgeberischen Beratungen, daß das VwVfG im ersten Fall anwendbar und im dritten Fall nicht anwendbar sein soll. Strittig war
dagegen zwischen dem Bund und den Ländern, ob im zweiten
Fall, nämlich bei der Ausführung von Bundesgesetzen durch die
Landesbehörden – immerhin der Regelfall – das VwVfG zur Anwendung kommen soll. *Für* diese Regelung sprach der einheitliche
Vollzug der Bundesgesetze; *dagegen* sprach, daß dann die Landesbehörden – je nachdem ob sie Bundesrecht oder Landesrecht vollziehen – verschiedenes Verfahrensrecht hätten beachten müssen,
was vor allem dann nachteilig gewesen wäre, wenn in ein und
derselben Sache materielles Verwaltungsrecht teils des Bundes und
teils der Länder zur Anwendung gekommen wäre (etwa im Baurecht das BauGB *und* die Landesbauordnung). Der Gesetzgeber hat

sich in § 1 I, II VwVfG grundsätzlich für die Anwendbarkeit des
Gesetzes entschieden, durch die im Vermittlungsausschuß getroffene Kompromißvorschrift des § 1 III VwVfG diese Entscheidung
aber dann doch wieder für den Fall zurückgenommen, daß die
einzelnen Länder ein dem VwVfG entsprechendes Landesverwaltungsverfahrensgesetz erlassen. Da alle Länder von diesem „Angebot" Gebrauch gemacht haben, gilt das VwVfG generell nicht für
die Landesbehörden. Man kann daher – trotz der Regelung des
§ 1 I, II VwVfG – sagen, daß das VwVfG nur für die Bundesbehörden gilt, für die Landesbehörden aber gleichlautende Regelungen kraft Landesrechts bestehen.

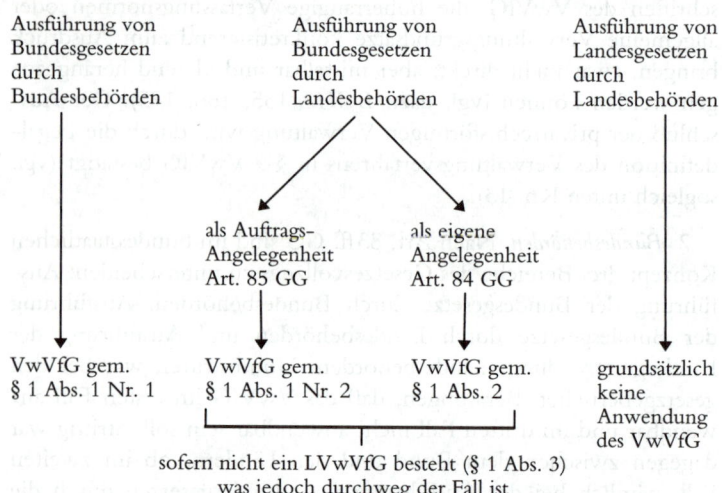

Ausführung von Bundesgesetzen durch Bundesbehörden	Ausführung von Bundesgesetzen durch Landesbehörden		Ausführung von Landesgesetzen durch Landesbehörden
	als Auftrags-Angelegenheit Art. 85 GG	als eigene Angelegenheit Art. 84 GG	
VwVfG gem. § 1 Abs. 1 Nr. 1	VwVfG gem. § 1 Abs. 1 Nr. 2	VwVfG gem. § 1 Abs. 2	grundsätzlich keine Anwendung des VwVfG

sofern nicht ein LVwVfG besteht (§ 1 Abs. 3)
was jedoch durchweg der Fall ist

13   *3. Beschränkung auf bestimmte Verwaltungsverfahren.* § 9 VwVfG
begrenzt den Begriff des Verwaltungsverfahrens auf „die nach außen wirkende Tätigkeit der Behörden, die auf die Prüfung der
Voraussetzungen, die Vorbereitung und den Erlaß eines Verwaltungsaktes oder auf den Abschluß eines öffentlich-rechtlichen Vertrages gerichtet ist." Dadurch wird auch der Anwendungsbereich
des VwVfG eingeschränkt. Verwaltungsakte und Verwaltungsverträge sind zwar die wichtigsten rechtlichen Handlungsformen der

Verwaltung, werden aber zunehmend durch andere Verwaltungsmaßnahmen ergänzt und verdrängt. So erfaßt das VwVfG nicht die
verwaltungsinternen Akte, etwa innerdienstliche Weisungen und
zwischenbehördliche Kontakte, ferner nicht das schlichte Verwaltungshandeln, etwa behördliche Empfehlungen und Warnungen
im Bereich der Informationsverwaltung, Rechtsverordnungen und
Satzungen, Planungsmaßnahmen, soweit sie nicht in Form eines
Verwaltungsaktes ergehen. Diese Beschränkung wird durch das
VwVfG selbst bestätigt, dessen Vorschriften durchgehend auf Verwaltungsakte und Verwaltungsverträge zugeschnitten sind.

4. *Bereichsausschlußklausel.* § 2 VwVfG schließt einige Verwal- **14**
tungsbereiche gänzlich aus, so die Tätigkeit der Kirchen, Religi-
onsgesellschaften und Weltanschauungsgemeinschaften, ferner die
Verfahren der Bundes- und Landesfinanzbehörden nach der Abgabenordnung, die Verfolgung von Straftaten und Ordnungswidrigkeiten, die Verfahren nach dem Sozialgesetzbuch, das Recht des
Lastenausgleichs und der Wiedergutmachung und schließlich die
Vertretungen des Bundes im Ausland. Einige weitere Bereiche
werden partiell ausgenommen, nämlich die Justizverwaltung, soweit sie nicht der Kontrolle der allgemeinen Verwaltungsgerichte
(sondern anderer Gerichte, etwa der Oberlandesgerichte gem.
§§ 23, 25 EGGVG oder der Strafvollstreckungskammern gem.
§ 110 St. VollzG) unterliegt und das Prüfungswesen, für das nur
einige Vorschriften des VwVfG gelten.

Die Ausnahme der Kirchen usw. ist durch das Selbstbestimmungsrecht der
Art. 140 GG/Art. 137 III WRV bedingt. Sie greift konsequenterweise dann
nicht ein, wenn die Kirchen staatlich übertragene Aufgaben wahrnehmen. –
Der Ausschluß der staatlichen Verwaltungsbereiche ergibt sich teilweise aus
deren besonderen Struktur (so etwa die Strafverfolgung), teilweise aus ihrer
bereits traditionellen Sonderregelung (so etwa das Abgabenrecht und Sozialleistungsrecht, vgl. oben Rn. 2) und teilweise aus der Erwartung, daß diese Verwaltungsbereiche allmählich auslaufen (so das Recht des Lastenausgleichs und
der Wiedergutmachung). Die beschränkte Anwendbarkeit des VwVfG auf
Prüfungen versteht sich von selbst (es wäre sinnwidrig, wenn man sich beim
Abitur vertreten lassen könnte), vgl. dazu allerdings auch unten § 19 Rn. 24.

5. *Subsidiaritätsklausel.* Das VwVfG kommt nur zur Anwen- **15**
dung, soweit nicht spezialgesetzliche Regelungen (formelle Gesetze, Rechtsverordnungen, nicht aber Satzungen) inhaltsgleiche oder

entgegenstehende Bestimmungen enthalten. Es gilt also nur subsidiär. Damit sollte – nach der ursprünglichen Vorstellung des damaligen Gesetzgebers – nicht das bisherige, über viele Gesetze ver-
streute Verwaltungs(verfahrens)recht sanktioniert, sondern der Abbau und die Beseitigung dieser Regelungen in sachgerechter Weise
entsprechend dem Ziel der Vereinheitlichung des Verwaltungsverfahrens ermöglicht werden. Tatsächlich ist das aber nur in beschränktem Umfang geschehen. Immerhin sind eine Reihe von
Rechtsbereinigungs- und Verwaltungsvereinfachungsgesetzen ergangen.

> Vgl. dazu die Hinweise bei *Bonk/Schmitz,* StBS § 1 Rn. 242 ff.; *Blümel*
> (Hg.), Die Vereinheitlichung des Verwaltungsverfahrensrechts, 1984; *Blümel/*
> *Pitschas* (Hg.), Reform des Verwaltungsverfahrensrechts, 1994; *dies.* (Hg.),
> Verwaltungsverfahren und Verwaltungsprozeß im Wandel der Staatsfunktio-
> nen, 1997; *Ziekow* (Hg.), Beschleunigung von Planungs- und Genehmigungs-
> verfahren, 1998.

16   Die Subsidiaritätsklausel betrifft nur *Bundes*recht (Gesetze und
Rechtsverordnungen des Bundes). Landesgesetze werden durch das
VwVfG des Bundes als höherrangiges Recht verdrängt. Allerdings
enthalten die LVwVfGe für ihren Bereich eine entsprechende
Subsidiaritätsklauseln, so daß über § 1 III VwVfG auch die speziel-
len Gesetze der Länder Vorrang erhalten.

> **Beispiel:** Für die Ausführung des BauGB gelten teilweise die Verfahrens-
> vorschriften der Landesbauordnungen (etwa für die bauplanungsrechtliche
> Überprüfung von Einzelvorhaben gem. § 29 BauGB). An sich werden sie als
> Landesrecht durch die Subsidiaritätsklausel nicht gedeckt. Da aber die Bundes-
> länder für ihren Bereich gem. § 1 III VwVfG eigene Verwaltungsverfahrens-
> gesetze erlassen konnten und erlassen haben, kommt die landesverwaltungs-
> verfahrensrechtlich festgelegte Subsidiaritätsklausel zum Zuge.

IV. Die Verwaltungsverfahrensgesetze der Länder

1. Überblick

17   Die Bundesländer haben durchweg ein entsprechendes Verwaltungsverfahrensgesetz (LVwVfG) erlassen, was im Blick auf die
Kompromißregelung des § 1 III VwVfG auch nahe lag. Die Landesgesetze ergingen in den westlichen Bundesländern bald nach Erlaß des VwVfG und in den östlichen Bundesländern bald nach der

Wiedervereinigung. Dabei lassen sich drei unterschiedliche Modelle unterscheiden: (1) Vollgesetze, (2) Verweisungsgesetze und (3) Integrationsgesetze. Sie unterscheiden sich durch die Art der Rezeption des Bundesgesetzes, führen jedoch zum gleichen Ergebnis, nämlich zu inhaltlich mit dem VwVfG übereinstimmenden Verwaltungsverfahrensgesetzen des Landesrechts. Es bestehen zwar einige Abweichungen; sie betreffen aber fast nur den Anwendungsbereich, die Schlußvorschriften und einige landesrechtliche Besonderheiten.

(1) *Vollgesetze.* Die meisten Bundesländer haben zwar ein voll-   **18** ständig ausformuliertes LVwVfG erlassen, dessen Regelungen aber inhaltlich – bis zur Nummerierung der Paragraphen – mit dem VwVfG übereinstimmen.

(2) *Verweisungsgesetze.* Vier Bundesländer (Berlin, Niedersachsen,   **19** Rheinland-Pfalz, Sachsen) verweisen pauschal auf das VwVfG und übernehmen es damit – als Landesgesetz – in ihren Bereich. Die Übernahmeregelung wird lediglich – entsprechend den Vollgesetzen – durch Einleitungsbestimmungen über den Anwendungsbereich, Schlußvorschriften und einige zusätzliche Regelungen ergänzt. Durch den pauschalen Verweis erspart sich der Gesetzgeber das „Abschreiben" der Regelungen des VwVfG und der Rechtsanwender die Prüfung, ob und inwieweit im Detail wirklich eine Übereinstimmung zwischen dem Bundesrecht und dem Landesrecht gegeben ist.

Unterschiede bestehen jedoch in der Art der Verweisung. Während in Berlin (seit 1997), in Rheinland-Pfalz und in Sachsen das VwVfG des Bundes „in der jeweils geltenden Fassung" Anwendung finden soll (dynamische Verweisung), gilt es in Niedersachsen in der jeweils durch Landesgesetz bestimmten Fassung, derzeit in der Fassung vom 23. 1. 2003 (BGBl. I S. 102), Landesgesetz vom 16. 12. 2004 (GVBl. S. 634) (sukzessiv statische Verweisung). Im ersten Fall wirken sich Änderungen des VwVfG des Bundes unmittelbar im Landesbereich aus; im zweiten Fall muß der Landesgesetzgeber, wenn er die Übereinstimmung mit dem Bundesrecht wahren will, bei jeder bundesrechtlichen Änderung nachziehen (was in Niedersachsen auch tatsächlich geschieht). Die dynamische Verweisung stößt aus rechtsstaatlichen, demokratischen und bundesstaatlichen Gründen auf verfassungsrechtliche Einwände, vgl. generell zur Verweisung *BVerfGE* 47, 285, 311 ff.; *Schenke,* Festschrift für Fröhler, 1980, S. 87 ff.; *Brugger,* VerwArch. 78 (1987) S. 1 ff.; *Klindt,* DVBl. 1998, 373 ff.; speziell zu den oben genannten Verweisungsgesetzen *Ehlers,* DVBl. 1977, 693 ff.; *Obermayer/Riedel,* VwVfG, Einl. Rn. 61 f.; ferner differenzierend

Schenke, aaO. S. 114. Wenn auch die dynamische Verweisung verfassungsrechtlich problematisch und grundsätzlich abzulehnen ist, so dürfte sie doch gerade im Bereich der Verwaltungsverfahrensgesetze, die von den weithin bundeseinheitlichen Grundsätzen des allgemeinen Verwaltungsrechts ausgehen und auf inhaltliche Übereinstimmung angelegt sind, noch haltbar sein, so auch im Ergebnis *Ule/Laubinger,* Verwaltungsverfahrensrecht, § 8 Rn. 16; *Kopp/ Ramsauer,* VwVfG, Einführung Rn. 9. Auch die Gegenmeinung hält die Verweisungsgesetze von Berlin, Rheinland-Pfalz und Sachsen nicht für schlechthin nichtig, sondern nimmt – im Wege der verfassungskonformen Auslegung bzw. der Teilnichtigkeit – eine Übernahme des VwVfG des Bundes in seiner ursprünglichen Fassung (statische Verweisung) an, was sich freilich angesichts des klaren Wortlauts dieser Regelungen schwerlich begründen läßt.

20   (3) *Integrationsgesetze.* In zwei Bundesländern, nämlich in Schleswig-Holstein und Mecklenburg-Vorpommern, werden die dem VwVfG entsprechenden Verwaltungsverfahrensvorschriften in ein umfassendes Verwaltungsverfahrensgesetz einbezogen.

Schleswig-Holstein hatte bereits 1967 ein Landesverwaltungsgesetz (LVwG) erlassen, das nicht nur verwaltungsverfahrensrechtliche Regelungen, im Anschluß an den Musterentwurf (vgl. oben Rn. 4) enthielt, sondern auch weitere Materien (Verwaltungsorganisationsrecht, Verordnungs- und Satzungsrecht, Polizeirecht, Verwaltungsvollstreckungsrecht) erfaßte. Dieses Gesetz wurde nach Erlaß des VwVfG 1976 beibehalten, die verfahrensrechtlichen Bestimmungen aber den neuen VwVfG angepaßt, was um so leichter fiel, als sich die früheren Bestimmungen bereits am Musterentwurf orientierten. Die Abweichungen sind jedoch größer als in den anderen Bundesländern. Sie zeigen sich schon formell in den unterschiedlichen Paragraphennummern und sachlich in einigen Sonderregelungen, so z. B. bezüglich der Akteneinsicht (§ 88 LVwG) und der Unwirksamkeit von rechtswidrigen Verwaltungsverträgen (§ 126 III LVwG). – Mecklenburg-Vorpommern hat die Vorschriften des VwVfG im Sinne eines Vollgesetzes übernommen, dieses aber durch weitere, das Zustellungsverfahren, das Vollstreckungsverfahren sowie die Dienst- und Fachaufsicht betreffende Bestimmungen ergänzt (vgl. dazu *Meyer,* in: Knack, § 1 Rn. 48).

21   Die inhaltliche Übereinstimmung des VwVfG und der LVwVfGe ist im Laufe der Zeit dadurch gelockert worden, daß die Länder Änderungen oder Ergänzungen des VwVfG nicht oder erst später oder nur modifiziert übernommen haben oder daß sie zusätzliche Regelungen in ihr Gesetz eingefügt haben (vgl. im einzelnen *Bonk/Schmitz,* StBS § 1 Rn. 254 ff.). Diese Differenzen betreffen indessen nur Randbereiche, sodaß die Konzeption inhaltlich übereinstimmenden Verwaltungsverfahrensrechts im Bund und in den Ländern (noch) nicht ernsthaft beeinträchtigt ist. Sie sollte auch erhalten bleiben, indem beabsichtigte Änderungen im Bund-Länder-Verhältnis abgesprochen und dann auch beiderseits gesetzgebend vollzogen werden. Im Bereich der Rechtsprechung ist die einheitliche Auslegung und Weiterentwicklung des Verwaltungsverfahrensrechts dadurch gesichert, daß die Revision vor dem BVerwG, die sich grundsätzlich auf die Verletzung von Bundesrecht beschränkt, ausnahmsweise auch auf die Verletzung einer Vorschrift des LVwVfG gestützt werden kann, vorausgesetzt, daß diese Vorschrift „ihrem Wortlaut nach mit dem Verwaltungsverfahrensgesetz des Bundes übereinstimmt" (§ 137 I Nr. 2 VwGO).

2. Anwendbarkeit

Die LVwVfGe gelten für die Verwaltungstätigkeit der *Landesbehörden* (vgl. oben Rn. 12). Insoweit ergänzen sich die Verwaltungsverfahrensgesetze des Bundes und der Länder nahtlos. Im übrigen finden sich die für die Anwendung des Bundesgesetzes maßgebenden Voraussetzungen und Einschränkungen auch in den Landesgesetzen wieder (öffentlichrechtliche Verwaltungstätigkeit, Orientierung am Verwaltungsakt und Verwaltungsvertrag, Ausschluß ganzer Verwaltungsbereiche und Vorrang spezieller Regelungen der Fachgesetze). Die Bereichsausschlüsse werden sogar landesspezifisch erweitert (Rundfunk und Fernsehen, teilweise Schulen und Hochschulen). Für die Verwaltung und Erhebung der Kommunalabgaben – d.h. der Gemeindesteuern (etwa der Zweitwohnungssteuer oder der Hundesteuer), der Beiträge (etwa der Fremdenverkehrsabgabe) und der Gebühren (etwa der Abwassergebühr) – gilt in den meisten Bundesländern kraft ausdrücklicher landesrechtlicher Verweisung in den Kommunalabgabengesetzen nicht das LVwVfG, sondern die Abgabenordnung (anders wohl in Bayern, wo nach Art. 13 KAG das LVwVfG gilt, soweit nicht ausdrücklich die Anwendung der AO vorgeschrieben ist, und teilweise in Schleswig-Holstein). 22

Die Kommunalabgabengesetze verweisen allerdings nicht pauschal auf die AO, sondern – teilweise sogar modifizierend – auf einzelne Teile oder Vorschriften der AO. Dadurch soll jedoch nicht die Anwendbarkeit der AO eingeschränkt, sondern sollen die für die kommunale Abgabenverwaltung passenden und damit entsprechend anwendbaren Vorschriften ausdrücklich benannt

werden. Ob diese Methode, die zu einem verwirrenden Verweisungskatalog
führt, zweckmäßiger als eine Pauschalverweisung ist, läßt sich bezweifeln. Der
gesamte Bereich der staatlichen und kommunalen Abgabenverwaltung wird
somit durch die AO und damit durch *einheitliches* Verwaltungsverfahrensrecht
bestimmt. Das gilt allerdings nur für das eigentliche (erstinstanzliche) Verwaltungsverfahren; denn für die verwaltungsinternen und gerichtlichen Rechtsbehelfsverfahren sind wieder unterschiedliche Gesetze maßgebend, nämlich die
AO und die Finanzgerichtsordnung für den Bereich der staatlichen Finanzverwaltung (vgl. § 347 AO und § 33 FGO) und die VwGO für den Bereich der
kommunalen Abgabenverwaltung. Daher ist z. B. gegen einen Steuerbescheid
des Finanzamts Einspruch gem. § 347 AO und Anfechtungsklage beim Finanz-
gericht gem. § 40 FGO und gegen einen kommunalen Abgabenbescheid Widerspruch und Anfechtungsklage beim Verwaltungsgericht gem. §§ 68, 42
VwGO einzulegen.

23   Bei der Lösung konkreter Fälle mag es – im Blick auf die inhaltliche Übereinstimmung des VwVfG und der LVwVfGe – überflüssig erscheinen, auf die Frage einzugehen, ob das Bundesgesetz oder
das Gesetz des jeweiligen Landes anzuwenden ist. Indessen sollte in
einer korrekten Bearbeitung auch die zutreffende Rechtsgrundlage
angegeben werden. Zudem ist zu beachten, daß es eben doch immer wieder den sachlichen Anwendungsbereich oder die inhaltliche Regelung betreffende Unterschiede gibt. Eine eingehende Untersuchung bei offensichtlichen Übereinstimmungen (etwa Begriff
des Verwaltungsakts) ist freilich nicht angemessen.

3. Weitergehende Anwendbarkeit der Verwaltungsverfah-
rensgesetze

24   Der eigentliche Anwendungsbereich der Verwaltungsverfahrensgesetze des Bundes und der Länder, ist, wie sich gezeigt hat, ziemlich beschränkt. Sie gelten nicht – zumindest nicht unmittelbar – für
die privatrechtliche Verwaltung, das schlicht hoheitliche Verwaltungshandeln, die Rechtsetzung der Verwaltung und den Innenbereich der Verwaltung. In Wirklichkeit sind sie jedoch auch dort
von erheblicher Bedeutung. Da die Verwaltungsverfahrensgesetze
grundsätzlich angelegt sind und weitgehend die allgemeinen, verfassungsrechtlich verankerten Verwaltungsgrundsätze zum Ausdruck bringen, können sie auch bei der Klärung von Rechtsfragen
jener Bereiche herangezogen werden, sei es analog, sei es als Konkretisierung allgemeinverbindlicher Rechts- und Verfassungsgrund-

sätze. Das gilt umso mehr, als diese Verfahrensregelungen auch im Sozialgesetzbuch und in der Abgabenordnung festgelegt sind. Freilich bedarf das in jedem Fall der sorgfältigen Prüfung und Begründung. In Betracht kommen vor allem die allgemeinen Vorschriften über das Verwaltungsverfahren (§§ 10 ff. VwVfG).

Vgl. dazu *BGHZ* 155, 166, 175 f. (Verwaltungsprivatrecht); *BVerwGE* 114, 84, 85 (Beurteilung der Aufhebung einer militärischen Verwendungsverfügung gem. § 49 II Nr. 3 VwVfG); *OLG Brandenburg* NVwZ 1999, 1142 (entsprechende Anwendung des § 20 VwVfG im Vergabeverfahren); *Ehlers,* in: Erichsen/Ehlers, VerwR, § 2 Rn. 82; *Stelkens/Schmitz,* StBS § 1 Rn. 97 ff., 130 ff.; *Kopp/Ramsauer,* VwVfG, Einführung Rn. 50 ff.

V. Europarechtliche Dimensionen

Das europäische Gemeinschaftsrecht wird ganz überwiegend **25** durch die Mitgliedstaaten, d. h. durch die Organe und Verwaltungsträger der Mitgliedstaaten, vollzogen (vgl. dazu unten § 22 Rn. 12). Sie gehen dabei in der Regel nach ihrem Verfahrensrecht vor. Maßgebend sind sonach in Deutschland – entsprechend ihren Anwendungsbereichen – die Verwaltungsverfahrensgesetze des Bundes und der Länder. Das EG-Recht wirkt jedoch in dreifacher Weise auf das nationale (deutsche) Verwaltungsverfahrensrecht ein: (1) Wenn und soweit gemeinschaftsrechtliche Verfahrensvorschriften in Gestalt von Verordnungen bestehen, kommen selbstverständlich diese zur Anwendung und verdrängen entsprechend dem Vorrang des Gemeinschaftsrechts evtl. entgegenstehende deutsche Verfahrensvorschriften. (2) Wenn eine Richtlinie der EG zum Erlaß von Verfahrensvorschriften verpflichtet und diese vom deutschen Gesetzgeber umgesetzt wird, dann wenden die deutschen Behörden zwar deutsches Verfahrensrecht an, aber Verfahrensrecht, das gemeinschaftsrechtlich determiniert ist. (3) Schließlich ist zu beachten, daß auch dann, wenn keine gemeinschaftsrechtlichen Verfahrensvorschriften in Gestalt einer Verordnung oder einer Richtlinie eingreifen, zwar „nur" das deutsche Verfahrensrecht zur Anwendung kommt, dieses aber im konkreten Fall gemeinschaftsrechtskonform ausgelegt und angewandt, ja möglicherweise sogar entsprechend den gemeinschaftsrechtlichen Vorgaben sogar modifiziert werden muß.

Das klassische Beispiel dafür bietet die Rücknahme gemeinschaftsrechtswidriger Subventionen, vgl. dazu unten § 11 Rn. 38 a ff.

26   Literatur zu § 5: Vgl. die oben angegebenen Kommentare zum VwVfG sowie *Ule/Laubinger*, Verwaltungsverfahrensrecht, 4. Aufl. 1995. – Ferner: *Rietdorf*, Zum Musterentwurf eines Verwaltungsverfahrensgesetzes, DVBl. 1964, 293 ff., 333 ff.; *Reto Suhr*, Möglichkeiten und Grenzen der Kodifizierung des allgemeinen Teils des schweizerischen Verwaltungsrechts, 1975 (mit zahlreichen Hinweisen zur Grundsatzproblematik und zur deutschen Entwicklung); *Ule*, Das Verwaltungsverfahrensgesetz, DVBl. 1976, 421 ff.; *Maurer*, Das Verwaltungsverfahrensgesetz des Bundes, JuS 1976, 485 ff.; *Schmitt Glaeser* (Hg.), Verwaltungsverfahren, Festschrift für den Boorberg Verlag, 1977 (mit verschiedenen Beiträgen zu Grundsatz- und Einzelfragen des VwVfG); *Dittmann*, Verwaltungsverfahrensgesetz und Schule, in: Birk/Dittmann/Erhardt, Kulturverwaltungsrecht im Wandel, 1981, S. 62 ff.; *Bullinger*, Die Verwaltungsverfahrensgesetze und ihre Interpreten, VBlBW 1982, 225 ff.; *Kopp*, Zehn Jahre Verwaltungsverfahrensgesetze. Anspruch und Wirklichkeit – eine Bilanz, DV 20 (1987) S. 1 ff.; *Hill*, Zehn Jahre Verwaltungsverfahrensgesetz, Speyerer Arbeitshefte 78, 1987; *Klappstein/v. Unruh*, Rechtsstaatliche Verwaltung durch Gesetzgebung. Entstehung und Bedeutung des Schleswig-Holsteinischen Landesverwaltungsgesetzes für das rechtsstaatliche Verwaltungsrecht, 1987; *von Unruh*, Kodifiziertes Verwaltungsrecht, NVwZ 1988, 690 ff.; *Stelkens*, Die Rolle der Verwaltungsgerichte bei der Umsetzung der Verwaltungsverfahrensgesetze, NWVBL 1989, 335 ff.; *Allesch*, Die Bedeutung des § 2 Abs. 2 Nr. 1 der Verwaltungsverfahrensgesetze im Kommunalabgabenrecht, DÖV 1990, 270 ff.; *Henneke*, 30 Jahre LVwG, 20 Jahre VwVfG – Stabilität und Flexibilität des Verwaltungshandelns, DÖV 1997, 768 ff.; *Ehlers*, Das Verwaltungsverfahrensgesetz im Spiegel der Rechtsprechung, DV 31 (1998), S. 53 ff.; DV 37 (2004), S. 255 ff.; *Schmitz*, Moderner Staat – Modernes Verwaltungsverfahrensrecht, NVwZ 2000, 1238 ff.; *Bonk*, 25 Jahre Verwaltungsverfahrensgesetz, NVwZ 2001, 636 ff.; *Hoffmann-Riem/Schmidt-Aßmann* (Hg.), Verwaltungsverfahren und Verwaltungsverfahrensgesetz, 2002; *Wahl*, Fehlende Kodifizierung der förmlichen Genehmigungsverfahren im Verwaltungsverfahrensgesetz, NVwZ 2002, 1192 ff.; *Pokorny*, Die Bedeutung der Verwaltungsverfahrensgesetze für die wissenschaftlichen Hochschulen, 2002; *Ehlers*, Der Anwendungsbereich der Verwaltungsverfahrensgesetze, Jura 2003, 30 ff.; vgl. ferner die Nachweise zu § 19.

2. Teil. Grundbegriffe des Verwaltungsrechts

§ 6 Der Grundsatz der Gesetzmäßigkeit der Verwaltung

Der Grundsatz der Gesetzmäßigkeit der Verwaltung bindet die **1**
Verwaltung an die Regelungen des Gesetzgebers und unterwirft sie
damit zugleich der Kontrolle der Verwaltungsgerichtsbarkeit, die
die Beachtung der Gesetze durch die Verwaltung im Rahmen ihrer
Zuständigkeit zu prüfen hat. Er enthält zwei Komponenten, nämlich einmal den Grundsatz des Vorrangs des Gesetzes und zum
anderen den des Vorbehalts des Gesetzes.

I. Der Grundsatz des Vorrangs des Gesetzes

Dieser Grundsatz bringt die *Bindung* der Verwaltung an die *be-* **2**
stehenden Gesetze zum Ausdruck und besagt, daß die Verwaltungsbehörden – positiv – den Gesetzen entsprechend handeln müssen
und – negativ – keine gegen die Gesetze verstoßenden Maßnahmen treffen dürfen.

Das Vorrangprinzip gilt uneingeschränkt und unbedingt für den
gesamten Bereich der Verwaltung. Das ergibt sich bereits aus der
Verbindlichkeit der geltenden Gesetze und wird durch Art. 20 III
GG bestätigt.

Art. 20 III GG hat vornehmlich die formellen Gesetze im Auge. Er gilt aber
auch für die delegierte Rechtssetzung, die Rechtsverordnungen und die Satzungen, im Rahmen der gesetzlichen Delegation. EG-Recht wird von Art. 20 III
GG nicht erfaßt; es bindet aber kraft eigenen Rechts in gleicher Weise. – Das
Vorrangprinzip verpflichtet die Verwaltung zu gesetzesgemäßem Verhalten,
sagt aber direkt noch nichts darüber, welche Konsequenzen sich aus der Verletzung dieser Pflicht ergeben. Irgendwelche Sanktionen müssen jedoch bestehen, wenn dieses Prinzip nicht leerlaufen soll. Das geltende Recht hält eine
ganze Palette differenzierender Fehlerfolgen bereit: Rechtswidrige Rechtsverordnungen und Satzungen sind nichtig mit der Einschränkung, daß bestimmte
Fehler, insbesondere Verfahrensfehler, sofort oder nach Ablauf einer Rügefrist
unbeachtlich sind (vgl. § 4 Rn. 41a); rechtswidrige Verwaltungsakte sind
grundsätzlich nur anfechtbar und aufhebbar, ausnahmsweise jedoch nichtig
(vgl. § 10 Rn. 20ff.); rechtswidrige Verwaltungsverträge sind unter den Vor-

aussetzungen des § 59 VwVfG nichtig, im übrigen rechtswirksam (vgl. § 14 Rn. 36 ff.).

II. Der Grundsatz des Vorbehalts des Gesetzes

1. Begriffsbestimmung

3   Nach dem Vorbehaltsprinzip darf die Verwaltung nur tätig werden, wenn sie dazu durch Gesetz ermächtigt worden ist. Dieses Prinzip verlangt also mehr als das Vorrangprinzip. Während jenes nur den Verstoß gegen bestehende Gesetze verbietet, verlangt dieses darüber hinaus eine gesetzliche Grundlage für die Verwaltungstätigkeit. Das Fehlen eines Gesetzes schließt nicht nach dem Vorrangprinzip, aber nach dem Vorbehaltsprinzip ein Tätigwerden der Verwaltung aus.

Beispiel: Der Regierungspräsident weist dem in wirtschaftlichen Schwierigkeiten befindlichen Unternehmer A aus den im Haushalt für solche Zwecke bereitgestellten Mitteln und nach Maßgabe der Vergaberichtlinien des Wirtschaftsministers eine Subvention in Höhe von 10 000,– Euro zu. Ein Gesetz, das diese Subventionierung regelt, besteht nicht. B, der Konkurrent des A, hält die Subvention wegen Verstoßes gegen den Gesetzmäßigkeitsgrundsatz für rechtswidrig. Zu Recht? Das Vorrangprinzip ist nicht betroffen, da ja *kein* Gesetz besteht, aber das Vorbehaltsprinzip, weil die Subventionierung *ohne* gesetzliche Ermächtigung gewährt worden ist; vgl. ferner unten Rn. 14.

2. Begründung

4   Der Grundsatz des Gesetzesvorbehalts wird verschiedentlich aus Art. 20 III GG hergeleitet (so z.B. auch *BVerfGE* 40, 237, 248; 77, 170, 230). Dagegen spricht jedoch schon der Wortlaut dieser Vorschrift, der enger gefaßt ist und sich auf das Vorrangprinzip beschränkt. Vielmehr ist zwischen den grundrechtlichen Gesetzesvorbehalten, die den einzelnen Grundrechten in unterschiedlicher Weise angefügt sind, und dem allgemeinen Gesetzesvorbehalt, der sich aus den verfassungsrechtlich verankerten Prinzipien der parlamentarischen Demokratie und der Rechtsstaatlichkeit ergibt, zu unterscheiden. Auf dieser breiteren Basis läßt sich auch die Bedeutung des Gesetzesvorbehalts erklären und seine Ausgestaltung näher bestimmen.

a) Das *Demokratieprinzip* fordert, daß das Parlament, das durch 5
seine unmittelbare Volkswahl und durch sein öffentliches, transpa-
rentes Verfahren besondere demokratische Legitimität besitzt, die
grundlegenden Entscheidungen des Gemeinwesens trifft, insbesondere die allgemeinen, für die Bürger bedeutsamen Regelungen
erläßt. Das wird über den Gesetzesvorbehalt erreicht, der die von
ihm erfaßten Angelegenheiten dem Gesetzgeber „vorbehält" mit
der Folge, daß die Verwaltung insoweit nur auf Grund einer gesetzlichen Ermächtigung – nicht kraft eigenen Rechts oder gar
kraft eigener Machtvollkommenheit – tätig werden darf. Der Gesetzesvorbehalt erhält somit als Parlamentsvorbehalt zugleich kompetenzverteilende Bedeutung.

b) *Das Rechtsstaatsprinzip* fordert, daß die Rechtsbeziehungen 6
zwischen Staat und Bürger durch allgemeine Gesetze geregelt werden, die eindeutig, berechenbar und stabil sind und nicht nur das
Verwaltungshandeln determinieren, sondern auch subjektive, im
Streitfall gerichtlich durchsetzbare Rechte vermitteln.

c) *Die grundrechtlichen Gesetzesvorbehalte* fordern nicht nur eine 7
gesetzliche Grundlage für Grundrechtseingriffe, sondern enthalten
auch formelle und materielle Vorgaben und Einschränkungen für
die Grundrechtseingriffe und prägen somit insgesamt die jeweiligen Grundrechtsgewährleistungen. Auch sie sind Ausdruck des
Demokratieprinzips und des Rechtsstaatsprinzips. Der allgemeine
Gesetzesvorbehalt wird zwar durch die speziellen grundrechtlichen
Gesetzesvorbehalte verdrängt, bleibt aber als Leitprinzip und als
ergänzende Regelung nach wie vor bestehen.

d) *Gesetzesvorbehalt, Parlamentsvorbehalt und Rechtssatzvorbehalt* sind 8
begrifflich zu unterscheiden. Der *Gesetzesvorbehalt* betrifft Entscheidungen des Parlaments, die in einem besonderen Gesetzgebungsverfahren in der Form eines Gesetzes ergehen. Er zielt nicht nur
auf die Zuständigkeit des Parlaments, sondern auch auf die besonderen Gewährleistungen des parlamentarischen Gesetzgebungsverfahrens, die Mitwirkung weiterer Verfassungsorgane und die besondere Form und Sicherung des Gesetzes. Der *Parlamentsvorbehalt*
verlangt dagegen nur eine Entscheidung des Parlaments, die in
Form eines Gesetzes ergehen kann, aber nicht ergehen muß, son-

dern auch durch einfachen Parlamentsbeschluß getroffen werden kann. Der *Rechtssatzvorbehalt* verlangt ebenfalls eine rechtsverbindliche Regelung als Grundlage für das Tätigwerden der Verwaltung, die aber nicht nur in der Form des Gesetzes, sondern auch in der Form anderer Rechtsakte, nämlich der Rechtsverordnung oder ggf. der Satzung, bestehen kann. Nach traditioneller Auffassung genügen für den „Gesetzesvorbehalt" auch Rechtsverordnungen, wenn und weil sie ihrerseits auf einer formell–gesetzlichen Grundlage beruhen und durch diese inhaltlich bestimmt werden (vgl. Art. 80 I GG). In neuerer Zeit wird jedoch wieder schärfer differenziert und – je nach Bedeutung der zu regelnden Angelegenheit – entweder ausschließlich ein formelles Gesetz gefordert (Gesetzesvorbehalt) oder auch eine Rechtsverordnung für ausreichend gehalten (Rechtssatzvorbehalt).

Zum Verhältnis von *Satzung* und Gesetzesvorbehalt vgl. bereits oben § 4 Rn. 17. *Gewohnheitsrecht* genügt dem Gesetzesvorbehalt nicht. Etwas anderes gilt nach der Rspr. des *BVerfG* (*BVerfGE* 34, 293, 303; 54, 224, 234 im Blick auf Art. 12 I GG) für *vorkonstitutionelles* Gewohnheitsrecht, da gem. Art. 123 I GG früheres Recht unabhängig von Rang und Rechtsquelle weitergelte, soweit es mit dem Grundgesetz inhaltlich vereinbar sei. Es ist jedoch ergänzend hinzuzufügen, daß der parlamentarische Gesetzgeber verpflichtet ist, das noch existierende Gewohnheitsrecht im Vorbehaltsbereich durch formell-gesetzliche Regelungen zu bestätigen oder abzulösen.

3. Reichweite des Gesetzesvorbehalts und Regelungsdichte

9   Während das Vorrangprinzip unbestritten für den gesamten Bereich der Verwaltung gilt (die Behörden müssen *stets* die Gesetze befolgen), ist der Geltungsbereich des Gesetzesvorbehalts fraglich und umstritten.

Der Gesetzesvorbehalt, der sich im 19. Jahrhundert als verfassungsrechtliches Instrument des Konstitutionalismus entwickelte, beschränkte sich ursprünglich auf die Eingriffsverwaltung (vgl. bereits oben § 2 Rn. 5). Er hatte die Funktion, den individuellen und gesellschaftlichen Bereich gegenüber der monarchischen Exekutive abzusichern und erforderliche Eingriffe an die Zustimmung der Volksvertretung in Form eines Gesetzes zu binden. Er hatte also schon damals eine demokratisch-parlamentarische und rechtsstaatliche Funktion (Zustimmung des Parlaments, Gesetzesform), beschränkte sich aber – den verfassungspolitischen Forderungen und Vorstellungen der Zeit entsprechend – auf Eingriffe in Freiheit und Eigentum. Das liberale Bürgertum forderte nur die Respektierung seines Eigenbereichs; die Leistungsverwaltung, die damals ohnehin nur in Ansätzen vorhanden war, interessierte nicht; der verwaltungsinterne Bereich, zu dem auch die sog. besonderen Gewaltverhältnisse (Schulen, Strafanstalten, sonstige Anstalten, Beamtenverhältnisse) gerechnet wurden, blieben der Regelung durch die Verwaltung selbst überlassen.

Die Beschränkung des Gesetzesvorbehalts auf die Eingriffsver- **10** waltung ist überholt. Die Entwicklung zur parlamentarischen Demokratie, die zunehmende Bedeutung der Leistungsverwaltung und die verfassungsrechtliche Durchdringung aller staatlichen Bereiche durch das Grundgesetz fordern seine Ausdehnung. Das ist gerade auch dann konsequent, wenn man auf die ursprünglichen und heutigen Funktionen des Gesetzesvorbehalts – nämlich die demokratischen und rechtsstaatlichen Funktionen – abstellt, die nunmehr den gesamten staatlichen Bereich erfassen und deshalb in ihren Dimensionen weiterreichen. Daraus folgt kein die gesamte Verwaltungstätigkeit erfassender „Totalvorbehalt". Aber die für die Bürger und das Gemeinwesen grundlegenden und wichtigen Entscheidungen müssen durch den Gesetzgeber getroffen und von ihm verantwortet werden (vgl. dazu im einzelnen sogleich unten Rn. 12 ff.).

Das *BVerfG* hat schon in einer Entscheidung vom 6. 5. 1958 Zweifel an der traditionellen Beschränkung des Gesetzesvorbehalts auf den Bereich der Eingriffsverwaltung geäußert und seine Ausdehnung auf weitere Bereiche erwogen (*BVerfGE* 8, 155, 167). Diese Ausdehnung erfolgte auch bald und wurde rasch ausgebaut. Nach der nunmehr ständigen Rechtsprechung des *BVerfG* muß der Gesetzgeber – losgelöst vom Merkmal des Eingriffs – in grundlegenden normativen Bereichen, zumal im Bereich der Grundrechtsausübung, alle wesentlichen Entscheidungen selbst treffen (so z.B. *BVerfGE* 40, 237, 249 f.; 49, 89, 126 f.; 95, 267, 307 f.).

Fraglich ist nun, welche Sachgebiete und Angelegenheiten vom **11** Gesetzesvorbehalt erfaßt werden, was der Gesetzgeber – innerhalb des Geltungsbereichs des Gesetzesvorbehalts – selbst regeln muß oder dem Verordnungsgeber delegieren kann und wie dicht und präzis die gesetzlichen Regelungen sein müssen. Das bestimmt sich nach der oben zitierten Formel des BVerfG und der daraus vom BVerfG entwickelten und (von ihm selbst so genannten) Wesentlichkeitstheorie. Der Gesetzgeber hat alle wesentlichen (!) Entscheidungen im normativen Bereich selbst zu regeln. Wesentlich ist, wie das Gericht immer wieder betont, „was für die Grundrechtsverwirklichung wesentlich ist." Der Grundrechtsbezug des traditionellen Gesetzesvorbehalts bleibt erhalten, wird aber entsprechend der Erweiterung der Grundrechtsfunktionen ebenfalls ausgedehnt.

11 a In der Literatur stößt die Wesentlichkeitstheorie überwiegend auf Kritik oder sogar Ablehnung. Sie sei zu allgemein und unbestimmt. Die Einwände verlieren jedoch an Gewicht, wenn man die Bedeutung und die Grenzen der Wesentlichkeitstheorie hinreichend beachtet: (1) Die Wesentlichkeitstheorie greift nur jenseits des traditionellen Eingriffsvorbehalts ein, der unverändert fortbesteht und nicht etwa auf wesentliche Entscheidungen reduziert wird. (2) Der erweiterte Teil des Gesetzesvorbehalts hat seine Grundlage im Grundrechtsbezug und wird dementsprechend durch die Wesentlichkeitstheorie nicht konstituiert, sondern konkretisiert. (3) Die Wesentlichkeitstheorie greift nicht ein, wenn sich das Erfordernis der gesetzlichen Regelung im Einzelfall bereits aus dem Grundgesetz selbst ergibt. (4) Der erweiterte Gesetzesvorbehalt gilt nur für das Staat-Bürger-Verhältnis, nicht für den staatsinternen Bereich, insbesondere nicht für die dort maßgeblichen Zuständigkeitsabgrenzungen, vgl. *BVerfGE* 84, 212, 226. In der Rechtsprechung des BVerfG finden sich zwar immer wieder Formulierungen, die eine über den Grundrechtsbezug hinausgehende Erweiterung offenhalten („insbesondere", „vor allem" für die Grundrechtsverwirklichung), aber doch wohl mehr prophylaktisch gemeint sind; jedenfalls gibt es, soweit ersichtlich, keine Entscheidung des *BVerfG,* in der eine solche Weiterung tatsächlich erfolgte.

11 b Das Kriterium der Wesentlichkeit stellt nicht, wie man vielleicht zunächst vermuten könnte, auf das Wesen der Sache (die Natur der Sache), sondern darauf ab, wie bedeutend, gewichtig, grundlegend und intensiv eine Regelung in grundrechtlicher Hinsicht ist. Dabei spielen nicht nur die Interessen der grundrechtsberechtigten Bürger, sondern auch die ergänzenden oder entgegenstehenden Interessen der Allgemeinheit eine Rolle. Die „Wesentlichkeit" erweist sich dabei nicht als fester Begriff, sondern eher als eine Art Gleitformel. Je wesentlicher eine Angelegenheit für die Bürger und/oder die Allgemeinheit ist, desto höhere Anforderungen werden an den Gesetzgeber gestellt. Daraus folgt für die Regelungsdichte: Je nachhaltiger die Grundrechte des einzelnen Bürgers betroffen oder bedroht sind, je gewichtiger die Auswirkungen für die Allgemeinheit sind und je umstrittener ein Fragenkomplex in der Öffentlichkeit ist, desto präziser und enger muß die gesetzliche Regelung sein. Es besteht sonach eine Stufenfolge von den ganz wesentlichen Angelegenheiten, die der ausschließlichen Regelung durch den Parlamentsgesetzgeber bedürfen, über die minder wesentlichen Angelegenheiten, die auch durch den gesetzlich determinierten Verordnungsgeber geregelt werden können, bis zu den unwesentlichen Angelegenheiten, die nicht unter den Gesetzesvorbehalt fallen und somit von der Exekutive geregelt werden können – eine Stufenfolge, die allerdings im Blick auf die unterschiedlichen Anforderungen an die Regelungsdichte nicht in bestimmten Absätzen, sondern gleichsam gleitend verläuft. Wenn auch die Tendenz der Wesentlichkeitstheorie einsichtig und billigenswert ist, so läßt sich doch nicht verkennen, daß sich mit ihr im Einzelfall kaum eindeutige Ergebnisse erzielen lassen. Dem *BVerfG* fällt somit die (selbstgestellte) Aufgabe zu, der Wesentlichkeit mit ihren verschiedenen Auswirkungen durch eine kasuistische Rechtsprechung schärfere Konturen zu verleihen.

Fraglich und strittig ist das Verhältnis zwischen dem Parlamentsvorbehalt **11 c** und der Rechtsverordnungsermächtigung des Art. 80 I GG und damit das Verhältnis zwischen der Wesentlichkeitstheorie und dem Bestimmtheitsgebot des Art. 80 I 2 GG. In der Literatur und der Rechtsprechung werden verschiedene Auffassungen vertreten, die sich aber – trotz Unterschiede im einzelnen – auf zwei Alternativen reduzieren lassen. Nach der einen ist zwischen beiden zu trennen und dementsprechend in einem Zwei-Stufen-Verfahren zu prüfen: Liegt eine wesentliche Angelegenheit vor? Wenn ja, dann darf nicht delegiert werden. Wenn nein, dann darf zwar delegiert werden, muß die Ermächtigung aber gem. Art. 80 I 2 GG hinreichend bestimmt sein. Nach der anderen Auffassung fallen die Wesentlichkeits- und Bestimmtheitsanforderungen zusammen und stützen sich gegenseitig. Fraglich ist dann nur noch, was zum Ausgangspunkt genommen wird, – die Wesentlichkeitstheorie, die auch im Blick auf das Bestimmtheitsgebot auszulegen ist, oder das Bestimmtheitsgebot, das auch im Lichte der Wesentlichkeitstheorie interpretiert werden muß. Die Rechtsprechung des *BVerfG* ist nicht einheitlich, vgl. zur zweiten Alternative *BVerfGE* 58, 257, 277 f. und zur ersten Alternative *BVerfGE* 91, 148, 162 ff.; ferner *Bryde*, in: v. Münch/Kunig, Grundgesetz-Kommentar, Art. 80 Rn. 21; *Busch*, Das Verhältnis des Art. 80 Abs. 1 S. 2 GG zum Gesetzes- und Parlamentsvorbehalt, 1992, S. 114 ff.; *Cremer*, Art. 80 Abs. 1 S. 2 und Parlamentsvorbehalt, AöR 122 (1997) S. 248 ff. jeweils mit weiteren Nachw. Faßt man Art. 80 I 2 GG rein formal auf, müssen der Parlamentsvorbehalt und die Wesentlichkeitstheorie zusätzlich herangezogen werden; wenn er materiell gedeutet wird, sind in seinem Rahmen auch die Anforderungen der Wesentlichkeitstheorie zu prüfen. Die zweite Alternative verdient den Vorzug.

4. Einzelbereiche

12   a) *Eingriffsverwaltung.* Eingriffe in Freiheit und Eigentum müssen durchweg auf eine gesetzliche Grundlage gestützt werden können. Das ergibt sich nicht nur aus der traditionellen Ausrichtung des allgemeinen Gesetzesvorbehalts auf die Eingriffsverwaltung, sondern auch aus den grundgesetzlich festgelegten Grundrechten, die Freiheit und Eigentum des Bürgers umfassend schützen und nur durch Gesetz oder auf Grund eines Gesetzes beschränkt werden können. Wenn ein spezielles Freiheitsrecht (etwa Art. 2 II, 4, 5 usw. GG) tatbestandsmäßig nicht eingreift, dann kommt Art. 2 I GG zur Anwendung, der die Handlungsfreiheit umfassend garantiert, sie aber auch unter den Vorbehalt des Gesetzes stellt (so im Ergebnis *BVerfGE* 6, 32, 37 ff., st. Rspr.). Der „grundrechtliche Gesetzesvorbehalt" deckt sich im Bereich der Eingriffsverwaltung sonach mit dem allgemeinen Prinzip des Gesetzesvorbehalts.

Fraglich und umstritten ist, ob Eingriffe der Verwaltung auch auf § 32 StGB (Notwehr bzw. Nothilfe) gestützt werden können. Das ist grundsätzlich zu verneinen, weil erstens diese Vorschrift nicht die Verwaltung ermächtigt, sondern die strafrechtliche Verantwortlichkeit im Staat-Bürger-Verhältnis regelt, und zweitens sonst die gerade durch den Gesetzesvorbehalt bezweckte Bindung und Begrenzung der Verwaltung durch einen subsidiären Generalvorbehalt unterlaufen würde. Ebenso im Ergebnis *Böckenförde,* NJW 1978, 1882 ff.; *Amelung,* NJW 1977, 833 ff.; *ders.,* JuS 1986, 329 ff.; *Riegel,* NVwZ 1985, 639 ff.; *Schenke,* PolR Rn. 562 (mit Hinweis auf die einschlägigen polizeirechtlichen Regelungen); a. A. BGHSt 27, 260 = NJW 1977, 2172; *Schwabe,* NJW 1977, 1902 ff; *Schaffstein,* Gedächtnisschrift für Schröder, 1978, S. 97, 114 ff; vgl. ferner die eingehende Darlegung aller Argumente pro und contra bei *Hillenkamp,* 32 Probleme aus dem Strafrecht, Allgemeiner Teil, 11. Aufl. 2003, S. 33 ff. Vgl. dazu auch *BVerfG* DVBl. 2006, 433 zum Abschuss eines als Terrorinstrument eingesetzten Passagierflugzeuges.

Die Eingriffsbefugnisse der Verwaltung müssen gesetzlich nach Inhalt, Gegenstand, Zweck und Ausmaß hinreichend bestimmt und begrenzt sein, so daß die Beschränkungen voraussehbar und berechenbar sind. Im Bereich der Eingriffsverwaltung sind also strenge Maßstäbe an die „Regelungsdichte" zu stellen, was freilich die Verwendung von unbestimmten Rechtsbegriffen und Ermessensermächtigungen nicht völlig ausschließt.

Vgl. *BVerfGE* 8, 274, 325 (Preisgesetz); *BVerfGE* 49, 89, 133 ff. (§ 7 Atomgesetz); *BVerfGE* 52, 1, 41 (Genehmigungsvorbehalt im Kleingartenrecht); *BVerfGE* 78, 214, 226 (Steuerrecht); *BVerfGE* 84, 34, 49 f. (Prüfungsrecht); *BVerwGE* 56, 254, 256 ff. (§ 2 I Ausländergesetz) jeweils m. w. N.

b) *Leistungsverwaltung.* Die Frage, ob und inwieweit der Gesetzesvorbehalt die Leistungsverwaltung erfaßt, ist umstritten. Sie hat jedoch ihre aktuelle Bedeutung weitgehend verloren, da die meisten Bereiche gesetzlich geregelt sind. **13**

So z. B. die Sozialhilfe durch das BSHG bzw. SGB, die Ausbildungsförderung durch das BAföG, die Lastenausgleichsleistungen durch das LAG usw. – § 31 SGB I legt den Gesetzesvorbehalt sogar de lege lata fest, indem er bestimmt: „Rechte und Pflichten in den Sozialleistungsbereichen dieses Gesetzbuchs dürfen nur begründet, festgestellt, geändert oder aufgehoben werden, soweit ein Gesetz es vorschreibt oder zuläßt." Würden trotz dieser Vorschrift Sozialleistungen ohne gesetzliche Grundlage gewährt, so läge darin bereits ein Verstoß gegen das Vorrangprinzip.

Es bleibt aber nicht nur die Grundsatzfrage, ob die gesetzliche Regelung dieser Bereiche verfassungsrechtlich geboten ist, sondern auch noch die aktuelle Frage, ob weitere staatliche Leistungen ohne gesetzliche Grundlage vergeben werden dürfen.

Das gilt vor allem für die Gewährung von Subventionen oder ähnlichen finanziellen Leistungen des Staates an Private, die bislang nur teilweise gesetzlich geregelt sind. Nach der Rechtsprechung und einem Teil der Literatur bedürfen Subventionen keiner (materiell)gesetzlichen Grundlage; vielmehr genügt „auch jede andere parlamentarische Willensäußerung, insbesondere die etatmäßige Bereitstellung der zu Subventionen erforderlichen Mittel" (so *BVerwGE* 6, 282, 287 f.; st. Rspr., vgl. *BVerwGE* 90, 112, 126, wo allerdings einschränkend hinzugefügt wird, daß eine gesetzliche Grundlage dann ausnahmsweise erforderlich ist, wenn in die Grundrechtssphäre Dritter eingegriffen wird). Die übrige Literatur fordert dagegen auch für Subventionsleistungen grundsätzlich eine gesetzliche Ermächtigung. **14**

Folgt man der Rechtsprechung, dann wäre im obigen Beispielsfall Rn. 3 die Subvention an A rechtlich zulässig. Folgt man der Gegenmeinung, dann wäre sie – mangels gesetzlicher Ermächtigung – rechtswidrig.

Die Klärung muß von den Grundlagen und Funktionen des Gesetzesvorbehaltes ausgehen. Das parlamentarisch-demokratische Prinzip scheint von der Rechtsprechung des *BVerwG* und der mit ihr übereinstimmenden Literatur hinreichend berücksichtigt, da das Parlament – über den Haushaltsplan – die grundsätzliche Entscheidung hinsichtlich der Subventionierung eines bestimmten Bereichs getroffen hat. Der Haushaltsplan kann aber die Zweckbestimmung nur generell angeben (etwa: zur Förderung des Kohlebergbaus werden 10 Mio. DM bereitgestellt). Die Frage, an wen, unter welchen Voraussetzungen, in welcher Höhe und mit welchen Bedingungen die generell bereitgestellten Mittel verteilt werden sollen, bedarf noch der Regelung. Fehlt ein Gesetz, so geschieht das durch den zuständigen Minister oder andere Exekutivorgane im Wege von Verwaltungsvorschriften (vgl. dazu unten § 24 Rn. 11). Es ist daher zweifelhaft, ob die – noch sehr allgemeine – Ausweisung der Mittel im Haushaltsplan dem parlamentarischen Prinzip wirklich gerecht wird. In rechtsstaatlicher Hinsicht kann dies jedenfalls nicht genügen. Die Verteilung staatlicher Mittel, die in Verfolgung sozial-, wirtschafts- und kulturpolitischer Zielsetzungen gewährt werden, muß durch Gesetze bestimmt werden, die die Vergabe im einzelnen bindend und voraussehbar festlegen und dem Bürger entsprechende subjektive Rechte vermitteln. Im sozialen Rechtsstaat geht es nicht nur um Freiheit *vom* Staat, sondern auch um Freiheit *im* Staat und *durch* den Staat. Die Vorenthaltung einer staatlichen Leistung kann den Bürger unter Umständen nicht weniger gravierend treffen als ein Eingriff in Freiheit und Eigentum (so auch *BVerfGE* 40, 237, 249). Ein Rückzug auf die Freiheits- und Eigentumsformel würde an der heutigen Problematik und der eigentlichen Bedeutung des Gesetzesvorbehalts vorbeigehen.

Beispiel: Die Verweigerung einer Subvention kann für ein wirtschaftliches Unternehmen existenzgefährdend sein; die Versagung eines Stipendiums kann zur Folge haben, daß ein Studium abgebrochen werden muß. Eingriffe in Freiheit und Eigentum (der Unternehmer wird zur Anbringung gewisser Schutzvorrichtungen in seiner Betriebsstätte verpflichtet, der Student hat gewisse Ordnungsvorschriften zu beachten) können demgegenüber vergleichsweise geringe Bedeutung haben.

Die bei Fehlen gesetzlicher Regelungen erforderlichen Verwaltungsvorschriften zeigen auch, daß die Voraussetzungen der Subventionierung normierbar sind. Eine bis ins Einzelne gehende Regelung ist nicht erforderlich, so daß der Verwaltung noch ein ausreichender Spielraum zur elastischen Handhabung belassen werden kann.

Der *Gesetzesvorbehalt* kann allerdings nur für die „Normalfälle" **15** gefordert werden, nämlich für diejenigen Leistungen, die sozial-, wirtschafts- oder kulturpolitisch motiviert sind sowie für einen größeren Personenkreis und/oder eine längere Zeit vergeben werden sollen. Bei *überraschend auftretenden Notfällen,* etwa Naturkatastrophen, aber auch konjunkturellen Krisen, ist eine (vorhergehende) gesetzliche Ermächtigung nicht geboten, zumal sonst die erforderliche Soforthilfe überhaupt nicht gewährt werden könnte. Man kann hier von einer Art Notkompetenz der Verwaltung – vergleichbar dem Recht zum sofortigen Zugriff (s. unten § 20 Rn. 25) – sprechen.

In der Literatur wird gelegentlich eingewandt, daß die Forderung nach einem Gesetzesvorbehalt im Bereich der Leistungsverwaltung den Bürger nicht besser, sondern schlechter stelle, da er bei fehlender gesetzlicher Regelung überhaupt nichts erhalte, daß sie also gerade ihre rechtsstaatlich intendierten Ziele nicht erreiche. Dieser Einwand geht jedoch am Problem vorbei; denn es handelt sich um die *Kompetenz,* d.h. das Recht *und* die *Pflicht* des Gesetzgebers zu entsprechenden gesetzlichen Regelungen. Sollte der Gesetzgeber dieser Pflicht nicht nachkommen, mag man in besonders gelagerten Notfällen eine subsidiäre Kompetenz der Verwaltung annehmen; – nur dürfen rechtliche Grundsatzfragen nicht durch den Hinweis auf die mangelhafte Praxis überspielt werden.

Zum gleichen Ergebnis kommt man, wenn man die Auffassung **16** teilt, daß (bestimmte) Grundrechte nicht nur Abwehrrechte darstellen, sondern auch eine *leistungsstaatliche Komponente* enthalten und *Leistungsansprüche vermitteln* (so vor allem *Häberle,* VVDStRL 30, 43ff.). Es ist dann nur folgerichtig, daß der jeweilige grundrechtliche Gesetzesvorbehalt auch die leistungsstaatliche Seite erfaßt und eine gesetzliche Regelung der Leistungsgewährung erfordert; das gilt umso mehr, als in Anbetracht der beschränkten Mittel auch die Grenzen und das Auswahlverfahren, also die Voraussetzungen für die Ablehnung einer begehrten Leistung, festgelegt werden müßten.

Vgl. dazu *BVerfGE* 33, 303, 337; 43, 291, 313ff. (gesetzliche Regelung der Zulassungsbeschränkungen im Hochschulbereich im Blick auf Art. 12 I GG);

OVG Berlin DVBl. 1975, 905 (gesetzliche Regelung für Pressesubventionen im Blick auf Art. 5 I 2 GG); *OVG Münster* NVwZ 1991, 174 und *BVerwGE* 90, 112 (gesetzliche Regelung für Subventionen an einen Verein, der vor sog. Jugendsekten warnt, im Blick auf Art. 4 I, II GG, vgl. auch oben Rn. 14). Vgl. ferner zu den Pressesubventionen – allerdings noch sehr zurückhaltend – *BVerfGE* 80, 124, 131 ff. Dieser in die Grundrechtsdogmatik weiterführende Aspekt kann hier jedoch nur angedeutet werden, kritisch zu grundrechtlich fundierten Leistungsrechten etwa *Hesse,* VerfR Rn. 289.

17   c) *Sonderrechtsverhältnisse (besondere Gewaltverhältnisse).* Das „besondere Gewaltverhältnis", das von der konstitutionellen Staats- und Verwaltungsrechtslehre des ausgehenden 19. Jahrhunderts entwickelt wurde, betrifft engere Beziehungen zwischen Staat und Bürger, insbesondere das Schulverhältnis, das Strafgefangenenverhältnis und sonstige Anstaltsverhältnisse, ferner das Beamten- und Wehrdienstverhältnis. Nach den Vorstellungen der Begründer dieser Lehre wurde der in einem besonderen Gewaltverhältnis stehende Bürger gleichsam in den Verwaltungsbereich einbezogen mit der Folge, daß die Grundrechte und der Gesetzesvorbehalt – die nur das allgemeine Staat-Bürger-Verhältnis bestimmten – nicht zur Geltung kamen; es blieb der Verwaltung überlassen, die Beziehungen innerhalb dieser Verhältnisse (Anstalten) durch Verwaltungsvorschriften (Anstaltsordnungen) zu regeln. Diese Lehre hielt sich nicht nur in der Weimarer Zeit, sondern auch noch lange Zeit nach Erlaß des GG, obwohl die Kritik daran ständig zunahm (vgl. näher § 8 Rn. 26 ff.). Der entscheidende Durchbruch erfolgte durch die Strafvollzugs-Entscheidung des *BVerfG* vom 14. 3. 1972 (*BVerfGE* 33, 1), der sich dann auch auf den Schulbereich auswirkte und dort zu wesentlichen Umorientierungen führte.

18   aa) *Das Strafgefangenenverhältnis.* In der erwähnten Entscheidung *BVerfGE* 33, 1 ging es um folgenden Fall:

Ein Strafgefangener schrieb an eine außerhalb der Anstalt befindliche Person einen Brief mit abfälligen und beleidigenden Äußerungen über den Leiter der Anstalt, einige Vollzugsbeamte und die Verhältnisse innerhalb der Anstalt. Der Brief wurde – wie üblich – kontrolliert und wegen seines beleidigenden Inhalts angehalten. Kontrolle und Anhalten des Briefes stützten sich auf die Dienst- und Vollzugsordnung, die den Charakter einer (verwaltungsinternen) Verwaltungsvorschrift hatte. Der Strafgefangene klagte dagegen beim damals zuständigen *OLG* (§ 23 EGGVG a. F.). Dieses bestätigte die Maßnahme: Die Grundrechte des Strafgefangenen seien von vornherein insoweit beschränkt, als dies der Anstaltszweck erfordere; eine gesetzliche Grundlage sei nicht notwendig.

Das entsprach der traditionellen Lehre vom besonderen Gewaltverhältnis, die auch das *BVerfG* bislang gedeckt hatte (vgl. *Starck,* JZ 1972, 360).

Das *BVerfG* stellte nunmehr lapidar fest, daß die Grundrechte auch im Strafvollzug gelten würden und nur durch oder auf Grund eines formellen Gesetzes beschränkt werden könnten, und lehnte damit das „besondere Gewaltverhältnis" als rechtfertigende Grundlage ab.

Für eine Übergangszeit, so erklärte das *BVerfG* (aaO. S. 12f.), müßten allerdings im Interesse der Funktionsfähigkeit der Vollzugsanstalten materiellrechtlich vertretbare Grundrechtseingriffe ohne formellgesetzliche Grundlage hingenommen werden. Die Übergangszeit wurde auf das Ende der laufenden Legislaturperiode begrenzt (Herbst 1973). Da die 6. Wahlperiode des Bundestages vorzeitig 1972 endete, konnte das geforderte Strafvollzugsgesetz nicht mehr in dieser Legislaturperiode ergehen. Das *BVerfG* stellte darauf in seinem Beschluß vom 29. 10. 1975, in dem es um einen entsprechenden Fall ging (Der Antrag eines Strafgefangenen, ihm den Bezug einer bestimmten Zeitschrift zu genehmigen, wurde auf Grund einer Verwaltungsvorschrift, also ohne gesetzliche Grundlage, abgelehnt), fest, daß die geforderte gesetzliche Grundlage nunmehr bis spätestens 1. 1. 1977 in Kraft treten müsse (*BVerfGE* 40, 276, 283f.). Das ist dann auch geschehen, vgl. Strafvollzugsgesetz vom 16. 3. 1976 (BGBl. I S. 581).

bb) *Das Schulwesen.* Die Strafvollzugs-Entscheidung, die grundsätzliche Bedeutung für alle „besondere Gewaltverhältnisse" hat, mußte sich auch auf den Schulbereich auswirken, der früher im wesentlichen durch Ministerialerlasse geregelt wurde. In kurzer Zeit setzte sich die Auffassung durch, daß das Rechtsstaatsprinzip und das Demokratieprinzip des Grundgesetzes den Gesetzgeber verpflichteten, die *wesentlichen* Entscheidungen im Schulbereich selbst zu treffen und nicht der Schulverwaltung zu überlassen. **19**

So grundlegend *BVerfGE* 34, 165, 192f. (obligatorische Förderstufe in Hessen), vgl. ferner die weiteren Nachweise unter Rn. 20.
Bemerkenswert ist die Entwicklung der Oberstufenreform: Die von der Kultusministerkonferenz 1972 beschlossene Reform der gymnasialen Oberstufe sollte in Hessen durch Erlaß des Kultusministers zum 1. 8. 1976 eingeführt werden. Auf Grund von Klagen einiger Schüler und Eltern erklärte der *HessVGH* (NJW 1976, 1856) die Reform für rechtswidrig, da die wesentlichen Merkmale der Neugestaltung (nämlich die Auflösung des Klassenverbandes und die Einführung des Kurssystems; die Wahl der Fächer durch den Schüler nach Grund- und Leistungskursen; die Einbeziehung der in den Grund- und Leistungskursen erreichten Punktzahlen in die Gesamtqualifikation des Abiturzeugnisses) durch den Gesetzgeber festgelegt werden müßten. Daraufhin beschloß der Hess. Landtag das (vorläufige) Gesetz zur Neuordnung

der gymnasialen Oberstufe vom 26. 10. 1976 (GVBl. I S. 433), das die im Erlaßwege vorgesehene Regelung im wesentlichen übernahm. Man kann sich fragen, welchen Sinn ein solches Gesetz hat, wenn es doch nur die Vorstellungen der Kultusbürokratie wiedergibt. Indessen war zu erwarten, daß die Landtagsmehrheit schon aus parteipolitischer Solidarität den Erlaß ihres Kultusministers „bestätigte". Die Notwendigkeit formell-gesetzlicher Regelung darf indessen auch unter parlamentarisch-demokratischen Aspekten nicht unterschätzt werden: Sie ermöglicht einmal eine Diskussion im Parlament und vor allem in der Öffentlichkeit, der der Entwurf spätestens mit der Vorlage im Parlament bekannt wird; und sie macht ferner Parlament und Parlamentarier für das Gesetz und die in dem Gesetz enthaltene Reform verantwortlich (was sich etwa auch darin zeigt, daß die einzelnen Abgeordneten in ihren Wahlkreisen Rede und Antwort stehen müssen). Die Anfang der 70er Jahre verbreitete Praxis, wonach „Reformkonzepte" durch demokratisch schwerlich legitimierte, aber umso mehr ideologisch geprägte Planungsstäbe der Kultusministerien ausgearbeitet und durch Erlaß des Kultusministers gegen den erbitterten Widerstand der ganz überwiegenden Mehrheit der betroffenen Bevölkerungskreise eingeführt wurden, ist damit überwunden. – Die *gesetzliche* Regelung der Oberstufenreform wurde vom *BVerfG* bundesverfassungsrechtlich bestätigt *(BVerfGE* 45, 400; 53, 185); vom *Hess.StGH* dagegen wegen Verletzung der Landesverfassung verworfen (ESVGH 32, 1 = DÖV 1982, 244 mit Anm. von *Menzel*).

20   Die Frage, was im Schulbereich der rechtsnormativen Regelung bedarf, was der Gesetzgeber selbst regeln muß bzw. dem Verordnungsgeber überlassen darf und wie präzis die gesetzlichen Regelungen sein müssen, bestimmt sich nach der *Wesentlichkeitstheorie* (vgl. bereits oben Rn. 11). „Wesentlich" bedeutet in diesem Zusammenhang vor allem „wesentlich für die Verwirklichung der Grundrechte" (vgl. oben Rn. 10f.). Der Gesetzgeber hat somit den Schulbereich zu regeln, soweit die Grundrechte der Schüler (Art. 2 I GG, ggf. auch Art. 12 I GG) und deren Eltern (Art. 6 II GG) betroffen sind. Die Unterscheidung zwischen Eingriff und Leistung führt hier nicht weiter, da im Schulbereich beide ineinander übergehen, ganz abgesehen davon, daß diese Unterscheidung für die Abgrenzung des Gesetzesvorbehalts keine entscheidende Rolle mehr spielt. Zu den demnach „wesentlichen Fragen" im Schulbereich, die der gesetzlichen Regelung bedürfen, gehören die Bildungsinhalte und Lernziele, die Fächerkataloge, die organisatorische Grundstruktur der Schule (Schularten, Bildungsgänge, Mitbestimmung von Eltern und Schülern usw.), die Rechtsstellung der Schüler (Schulaufnahme, Schulausschluß, Prüfungen, Versetzung usw.) sowie Disziplinarmaßnahmen.

Als „wesentlich" wurden von der Rechtsprechung eingeordnet: der Schulausschluß als Ordnungsmaßnahme (*BVerfGE* 41, 251, 259 ff.), die Reform der gymnasialen Oberstufe (*BVerfGE* 45, 400, 417 f.), die Festlegung des Sexualkundeunterrichts (*BVerfGE* 47, 46, 80 ff.; *BVerwGE* 47, 194, 198 ff.), die leistungsbedingte Schulentlassung (*BVerfGE* 58, 257, 268 ff.), die Nichtversetzung in die nächsthöhere Klasse (*BVerwGE* 56, 155, 157 ff.), die Festlegung der Pflichtfremdsprache (*BVerwGE* 64, 308, 312 ff.), die politische Werbung in der Schule (*BayVerfGH* DÖV 1982, 691). – Keine wesentlichen Maßnahmen sind dagegen die Einführung der Rechtschreibreform (*BVerfGE* 98, 218, 250 ff.; kritisch dazu *Roth*, BayVBl. 1999, 257 ff.), die Einführung der 5-Tage-Woche (*BVerwGE* 47, 201, 205 ff.), die Modalitäten des Prüfungsverfahrens, die auf die Prüfungsentscheidung selbst keinen unmittelbaren Einfluß haben (*BVerwG* DVBl. 1981, 1149), die Ermittlung der Versetzungsnote (*BVerwG* DVBl. 1998, 969).

Die „Wesentlichkeit" einer schulischen Angelegenheit ist ferner **21** maßgeblich für die Regelungsdichte (je bedeutsamer die Angelegenheit insgesamt und für den einzelnen Schüler ist, desto präziser müssen die gesetzlichen Regelungen sein) und wirkt schließlich auf die Interpretation des die Ermächtigung zum Erlaß von Rechtsverordnungen regelnden Art. 80 I GG ein.

Vgl. zur Regelungsdichte *BVerwGE* 57, 360 (Sexualkundeunterricht); *Niehues*, DVBl. 1980, 465 ff. m. w. N.; zur Abgrenzung dessen, was das Parlament selbst regeln muß und was es auf den Verordnungsgeber delegieren kann, vgl. *BVerfGE* 58, 257, 276 ff. Die Rechtschreibreform im Schulbereich wurde im konkreten, vom *BVerfG* entschiedenen Fall auf die Vorschriften des Schulgesetzes gestützt, die die allgemeinen Bildungs- und Erziehungsziele der Schule und die Aufgaben der Grundschule regelten (§§ 4, 11 Schulgesetz Schleswig-Holstein). Es ging also genau genommen um die Regelungsdichte. Die Frage war nämlich, ob diese allgemeinen gesetzlichen Regelungen genügen oder eine konkrete, gerade die Rechtschreibreform tragende gesetzliche Regelung erforderlich ist. Das *BVerfG* hat die erste Alternative bejaht (*BVerfGE* 98, 218, 250 ff.), die größeren Zusammenhänge, insbesondere die Auswirkungen der Rechtschreibreform auf den außerschulischen Bereich, jedoch ignoriert. Im Kopftuchfall (religiös motiviertes Kopftuchtragen einer muslimischen Lehrerin) hat dagegen das *BVerfG* eine spezifische gesetzliche Grundlage für erforderlich gehalten (*BVerfGE* 108, 282, 302 ff.).
Auch im Schulbereich muß die bisherige Regelung durch Verwaltungsvorschrift für eine gewisse Übergangzeit bis zur gesetzlichen Regelung hingenommen werden, soweit dies für die Funktionsfähigkeit der Schule unerläßlich ist, vgl. *BVerfGE* 58, 257, 280 ff. und *BVerwGE* 64, 308, 317 f. jeweils m. w. N. Die Rechtsprechung verfährt dabei ziemlich großzügig, was nicht zuletzt daran liegen dürfte, daß sich die Frage, ob im konkreten Fall der Wesentlichkeitsgrundsatz beachtet worden ist, nur schwer beantworten läßt. – Entsprechende Übergangszeiten räumt die Rechtsprechung übrigens auch in weiteren Fällen ein, vgl. *BVerfGE* 33, 303, 347 f. (Zulassung zum Studium);

BVerfGE 76, 171, 189 (Standesrichtlinien für Rechtsanwälte); *BVerwGE* 41, 261, 266 (Pflicht zum ärztlichen Notfalldienst); *BVerwGE* 48, 305, 312 f. (Ingenieurtitel); *BVerwGE* 51, 235, 242 f. (Güterkraftverkehrsgenehmigung). Kritisch dazu *Pieroth,* VerwArch. Bd. 68 (1977) S. 217 ff.

22   cc) *Das Beamtenverhältnis* ist in den Beamtengesetzen des Bundes und der Länder geregelt. Diese Regelungen entsprechen dem Grundsatz des Gesetzesvorbehalts. Eine Ausnahme bilden jedoch die Beihilfeleistungen, die der Dienstherr für seine Beamten und dessen Angehörige im Falle der Krankheit oder Pflegebedürftigkeit bezahlt. Sie sind zwar durch Art. 33 V GG (Berücksichtigung der hergebrachten Grundsätze des Berufsbeamtentums) und dem allgemeinen Fürsorgegrundsatz des § 79 BBG gedeckt, die nähere Ausgestaltung erfolgte aber bislang durch Verwaltungsvorschriften. Das genügt nach einer neuen Entscheidung des *BVerwG* nicht dem Grundsatz des Gesetzesvorbehalts. Der Gesetzgeber ist zum Erlaß entsprechender Bestimmungen verpflichtet; für eine Übergangszeit können noch die bisherigen Verwaltungsvorschriften (Beihilfevorschriften) herangezogen werden.

Vgl. *BVerwGE* 121, 103, 108 ff. (Urteil vom 23. 6. 2004) = JZ 2005, 246 mit Anm. von *Battis;* ferner *Saurer,* Verwaltungsvorschriften und Gesetzesvorbehalt, DÖV 2005, 587 ff. Damit ist insoweit die bisherige Rechtsprechung zur Beihilfe für Beamte, Soldaten und Richter überholt (vgl. zuletzt *BVerwGE* 119, 265, 267).

23   d) *Verwaltungsorganisation und Verwaltungsverfahren.* Der Gesetzesvorbehalt gilt nicht nur für die materiell-rechtlichen Beziehungen zwischen Staat und Bürger, sondern erstreckt sich auch auf die Verwaltungsorganisation und das Verwaltungsverfahren. Der Aufbau und die Strukturen der Verwaltung, die Errichtung der Verwaltungsträger, die Zuständigkeiten der Behörden und die Ausgestaltung des Verwaltungsverfahrens in seinen Grundzügen müssen durch Gesetz festgelegt werden. Das ergibt sich schon aus ihrer sachlichen Bedeutung, wird aber durch die Erkenntnis, daß die Grundrechte nicht nur materielle Verbürgungen enthalten, sondern auch eine entsprechende Gestaltung der Organisation und des Verfahrens erfordern ("Grundrechtsschutz durch Organisation und Verfahren"), bestätigt und verstärkt. Die Wesentlichkeitstheorie bildet auch insoweit eine Leitlinie für die Regelungsbedürftigkeit und die Regelungsdichte.

Vgl. dazu *BVerfGE* 40, 237, 247 ff. (Behördenzuständigkeit und Verwaltungsverfahren); *BVerfGE* 83, 130, 152 ff. (Verwaltungsverfahren, Auswahl der Mitglieder eines pluralistisch zusammengesetzten Prüfungsausschusses); *BVerwGE* 120, 87 97 ff. (einschränkend); *OVG Münster* DÖV 1980, 528 (Übertragung staatlicher Aufgaben auf Privatrechtssubjekte durch Beleihung); *NRWVerfGH* DVBl. 1999, 714 (Zusammenlegung des Innen- und des Justizministeriums); ferner näher zur Organisationsgewalt unten § 21 Rn. 57 ff. und *Maurer*, Staatsrecht, § 8 Rn. 22.

Literatur zu § 6: *Jesch*, Gesetz und Verwaltung, 1961; *Rupp*, Grundfragen **24** der heutigen Verwaltungsrechtslehre, 1965, 2. Aufl. 1991, S. 113 ff.; *Ossenbühl*, Verwaltungsvorschriften und Grundgesetz, 1968, S. 208 ff.; *Selmer*, Der Vorbehalt des Gesetzes, JuS 1968, 489 ff.; *Starck*, Der Gesetzesbegriff des Grundgesetzes, 1970, S. 273 ff.; *Krebs*, Vorbehalt des Gesetzes und Grundrechte, 1975; *Kisker*, Neue Aspekte im Streit um den Vorbehalt des Gesetzes, NJW 1977, 1313 ff.; *Pietzcker*, Vorrang und Vorbehalt des Gesetzes, JuS 1979, 710 ff.; *Niehues*, Der Vorbehalt des Gesetzes im Schulwesen, DVBl. 1980, 465 ff.; *Bauer*, Der Gesetzesvorbehalt im Subventionsrecht, DÖV 1983, 53 ff.; *Bethge*, Parlamentsvorbehalt und Rechtsatzvorbehalt für die Kommunalverwaltung, NVwZ 1983, 577 ff.; *Jarass*, Der Vorbehalt des Gesetzes bei Subventionen, NVwZ 1984, 473 ff.; *Eberle*, Gesetzesvorbehalt und Parlamentsvorbehalt, DÖV 1984, 485 ff.; *Kloepfer*, Der Vorbehalt des Gesetzes im Wandel, JZ 1984, 685 ff.; *Erichsen*, Schule und Parlamentsvorbehalt, Festschrift für die Juristische Gesellschaft zu Berlin, 1984, S. 113 ff.; *Götz / Klein / Starck* (Hg.), Die öffentliche Verwaltung zwischen Gesetzgebung und richterlicher Kontrolle, 1985; *von Arnim*, Zur „Wesentlichkeitstheorie" des Bundesverfassungsgerichts, DVBl. 1987, 1241 ff.; *P. Becker*, Parlamentsvorbehalt im Prüfungsrecht, NJW 1990, 273 ff.; *Sendler*, Gesetzes- und Richtervorbehalt im Gentechnikrecht, NVwZ 1990, 231 ff.; *Wahl / Masing*, Schutz durch Eingriff, JZ 1990, 553 ff.; *A. Roth*, Verwaltungshandeln mit Drittbetroffenheit und Gesetzesvorbehalt, 1991; *Erichsen*, Vorrang und Vorbehalt des Gesetzes, Jura 1995, 550 ff.; *Kopke*, Rechtschreibreform auf dem Erlaßwege? JZ 1995, 874 ff.; *Gassner*, Parlamentsvorbehalt und Bestimmtheitsgrundsatz, DÖV 1996, 18 ff.; *F. Becker*, Staatliche Zuwendungen an Parlamentsfraktionen und der Vorbehalt des Gesetzes, NWVBl. 1996, 361 ff.; *Haltern / Mayer / Möllers*, Wesentlichkeitstheorie und Gerichtsbarkeit. Zur institutionellen Kritik des Gesetzesvorbehalts, DV 30 (1997), S. 51 ff.; *Wehr*, Grundfälle zu Vorrang und Vorbehalt des Gesetzes, JuS 1997, 231 ff., 419 ff.; *Seiler*, Der einheitliche Parlamentsvorbehalt, 2000; *Maurer*, Zur Organisationsgewalt im Bereich der Regierung, Festschrift für K. Vogel, 2000, S. 331, 337 ff.; *Ibler*, Grundrechtseingriff und Gesetzesvorbehalt bei Warnungen durch Bundesorgane, Festschrift für Maurer, 2001, S. 145 ff.; *Hömig*, Grundlagen und Ausgestaltung der Wesentlichkeitslehre, BVerwG-Festschrift 2003, S. 273 ff.; *Hilf / Classen*, Der Vorbehalt des Gesetzes im Recht der Europäischen Union, Festschrift für Selmer, 2004, S. 71 ff.; *Hoffmann-Riem*, Gesetz und Gesetzesvorbehalt im Umbruch, AöR 130 (2005), S. 5 ff.; *Klement*, Der Vorbehalt des Gesetzes für das Unvorhersehbare – Argumente gegen zu viel Rücksicht auf den Gesetzgeber, DÖV 2005, 507 ff.

25   **Rechtsprechung zu § 6:** *BVerfGE* 33, 1 (Grundsatzurteil, Strafvollzug);
BVerfGE 33, 125 (Facharzturteil: Satzungsautonomie); *BVerfGE* 49, 89 (Kal-
kar-Urteil: Kernkraftwerk, Regelungsdichte); *BVerfGE* 57, 295 (Privatrund-
funk); *BVerfGE* 58, 257 (Schule); *BVerfGE* 76, 1, 74 ff. (Aufenthaltserlaubnis
für Ausländer); *BVerfGE* 76, 171, 184 ff. (Standesrichtlinien für Rechtsanwälte); *BVerfGE* 77, 170, 230 ff. (völkerrechtliche Verträge); *BVerfGE* 80, 124,
131 ff. (Pressesubventionen); *BVerfGE* 83, 130, 142, 151 ff. (Abwägung von
Kunstfreiheit und Jugendschutz, Verwaltungsverfahren); *BVerfGE* 84, 212,
226 f.; 88, 103 115 f. (gesetzliche Regelung der Koalitionsfreiheit: Aussperrung;
Streikeinsatz von Beamten); *BVerfGE* 98, 218, 250 ff. (Rechtschreibreform);
BVerfGE 105, 279, 303 ff. (Warnungen der Bundesregierung); *BVerfGE* 108,
282, 306 ff. (Kopftuch einer muslimischen Lehrerin in der Schule). Vgl. ferner
die Nachweise im Text.

BVerwGE 6, 282; 58, 45; *BVerwG* DVBl. 1978, 212 (jeweils Subventionen);
BVerwGE 47, 194; 64, 308 (Schule); *BVerwG* 57, 130 (Referendarausbil-
dungsnote); *BVerwGE* 65, 323, 325 f. (Regelung der ärztlichen Prüfungen);
BVerwGE 90, 112 (finanzielle Förderung eines religiösen Vereins); *BVerwGE*
90, 359 (gesetzliche Grundlage einer Gemeindesatzung); *BVerwGE* 115, 189
(Laserdrome: Verbot aufgrund der polizeilichen Generalklausel?); *BVerfGE*
121, 103 (gesetzliche Grundlage für die beamtenrechtliche Beihilfe; *BVerwG*
DVBl. 2003, 139 (Bevorzugung von Frauen bei der Gewährung vin Subventionen).

OVG Münster NVwZ 1982, 381 (Subventionen); *BayVerfGH* DÖV 1982,
691 (Schule); *BayVerfGH* BayVBl. 1984, 528 (Gesetzesvorbehalt und Planung); *OVG Münster* DVBl. 1989, 1162 (Frauenförderungsprogramm, Quo-
tenregelung bedarf gesetzlicher Grundlage); *VerfGH Berlin* DVBl. 1995, 428
(Schließung staatlicher Theater); *NRWVerfGH* DVBl. 1999, 1243 (Zusammenlegung des Innenministeriums und des Justizministeriums durch den Ministerpräsidenten).

§ 7 Ermessen und unbestimmter Rechtsbegriff

I. Vorbemerkungen

1. Gesetzesanwendung der Verwaltung

1   Die Gesetzesbindung macht die Verwaltungsbehörden zu geset-
zesvollziehenden und damit rechtsanwendenden Organen. Im Rahmen der Rechtsanwendung werden auch die Rechtsinstitute des
Ermessens und des unbestimmten Rechtsbegriffs bedeutsam. Daher
ist zunächst auf die Rechtsanwendung kurz einzugehen.

2   a) *Rechtsnormen* sind konditional gefaßte Anordnungen. Wenn
ein konkreter Sachverhalt den Tatbestand eines Gesetzes verwirklicht, soll die gesetzlich vorgesehene Rechtsfolge gelten.

Wenn z. B. ein Gastwirt kriminelle Handlungen in seinem Lokal duldet (Sachverhalt) und deshalb nicht „die für den Gewerbebetrieb erforderliche Zuverlässigkeit" i. S. der §§ 4, 15 GastG (Tatbestand) besitzt, dann hat die Behörde die Gewerbeerlaubnis zu widerrufen (Rechtsfolge).

Die Rechtsnormen sind sonach *zweigliedrig* aufgebaut: Sie bestehen aus Tatbestand und Rechtsfolge; ist der Tatbestand erfüllt, so tritt die Rechtsfolge ein.

Von den hier erörterten Rechtsnormen traditioneller und typischer Art, die nach dem Wenn-Dann-Schema konditional aufgebaut sind, müssen die final orientierten Rechtssätze unterschieden werden, die vor allem im Planungsrecht vorkommen, vgl. dazu unten Rn. 63, ferner mit weiteren Differenzierungen *Brohm,* NVwZ 1988, 798.

b) Die *Anwendung des Gesetzes* vollzieht sich in vier Vorgängen: **3**
– Ermittlung und Feststellung des Sachverhalts: was ist tatsächlich geschehen, bzw. was liegt tatsächlich vor?
– Heranziehung, Auslegung und Feststellung des Inhalts des gesetzlichen Tatbestandes: was besagt der gesetzliche Tatbestand?
– Subsumtion: entspricht der Sachverhalt den gesetzlichen Tatbestandsmerkmalen?
– Feststellung der Rechtsfolge: was gilt nun?

Diese vier Vorgänge stehen nicht isoliert nebeneinander, sondern sind aufeinander bezogen: Der Sachverhalt ist im Blick auf einen bestimmten Gesetzestatbestand zu ermitteln; bei der Auslegung des Gesetzes ist der konkrete Fall und seine ihn umgebende Wirklichkeit mit zu berücksichtigen. Rechtsanwendung ist nicht nur logische Schlußfolgerung, sondern auch ein wertendes Erkenntnisverfahren.

Schematisch stellt sich dies wie folgt dar:

allgemein	*Beispielsfall (§§ 4, 15 GastG)*
Tatbestand des Gesetzes	Gastwirt besitzt nicht die für seinen Gewerbebetrieb erforderliche Zuverlässigkeit
konkreter Sachverhalt	G duldet kriminelle Handlungen in seinem Lokal
Rechtsfolge	Widerruf der Gaststättenerlaubnis

2. Verwaltungsgerichtliche Kontrolle

Die Gesetzesbindung bringt die Verwaltung nicht nur in   **4**
Beziehung zum Gesetzgeber, sondern auch zur Verwaltungsge-

richtsbarkeit. Die Verwaltungsgerichte haben die Verwaltungstätigkeit auf ihre Rechtmäßigkeit zu überprüfen; sie haben festzustellen, ob die Behörden die Gesetzesbindungen beachtet haben. Die Verwaltung steht sonach gleichsam zwischen dem determinierenden Gesetzgeber und der kontrollierenden Verwaltungsgerichtsbarkeit.

Die verwaltungsgerichtliche Kontrolle setzt freilich nur ein, wenn der betroffene Bürger beim Verwaltungsgericht Klage erhebt („kein Richter ohne Kläger"). Die Kontrollbefugnis der Verwaltungsgerichte hat aber schon eine gewisse *Vorwirkung,* da die Verwaltungsbehörden mit der Möglichkeit einer späteren Klage rechnen müssen und (auch) deshalb um eine ausreichende rechtliche Absicherung ihrer Verwaltungsmaßnahmen bemüht sein werden.

5   Sowohl die Verwaltungsbehörden als auch die Verwaltungsgerichte werden sonach rechtsanwendend tätig, – die Verwaltungsbehörden, indem sie ein Gesetz vollziehen, die Verwaltungsgerichte, indem sie die Rechtsanwendung der Verwaltung gleichsam „nachvollziehen" und auf ihre Richtigkeit überprüfen. Die Rechtsanwendung der Verwaltungsbehörden ist primär und originär; die Rechtsanwendung der Verwaltungsgerichte erfolgt dagegen „reagierend". Wenn das Verwaltungsgericht zur Erkenntnis gelangt, daß die Rechtsanwendung der Verwaltungsbehörde fehlerhaft war (etwa weil der Sachverhalt nicht zutreffend ermittelt oder das Gesetz falsch ausgelegt wurde), muß es – je nach Spruchreife – selbst abschließend entscheiden oder die Sache zur erneuten Entscheidung unter Beachtung der Rechtsauffassung des Verwaltungsgerichts an die Verwaltungsbehörde zurückgeben. Die Rechtsanwendung der Verwaltung und der Gerichte ist – trotz unterschiedlicher Ausgangspunkte – strukturell gleich. Das „letzte Wort" in rechtlicher Hinsicht hat das überprüfende Verwaltungsgericht, dessen Entscheidung rechtskräftig wird und somit verbindlich und abschließend ist. Man spricht daher auch von der Kompetenz der Gerichte zur „Letztentscheidung".

3. Lockerungen der Gesetzesbindung

6   Die Gesetzesbindung der Verwaltung kann, wie dargelegt wurde (§ 1 Rn. 24), strikt sein; sie kann aber auch gelockert sein, indem

der Verwaltung durch Einräumung von Ermessen ein Handlungsspielraum verbleibt oder durch Festlegung unbestimmter Rechtsbegriffe ein Beurteilungsspielraum zugestanden wird (letzteres ist strittig, vgl. Rn. 17 ff.). Die Lockerung der Gesetzesbindung lockert auch die verwaltungsgerichtliche Kontrolle, da ja die Verwaltungsgerichte *nur* die *Recht*mäßigkeit des Verwaltungshandelns überprüfen dürfen. Soweit der Verwaltung ein Ermessens- oder Beurteilungsspielraum zusteht, hat *sie* das Recht zur „Letztentscheidung".

II. Das Ermessen der Verwaltung

1. Begriff

Das Ermessen betrifft die Rechtsfolgenseite einer gesetzlichen Regelung. Es ist dann gegeben, wenn die Verwaltung bei Verwirklichung eines gesetzlichen Tatbestandes zwischen verschiedenen Verhaltensweisen wählen kann. Das Gesetz knüpft an den Tatbestand nicht *eine* Rechtsfolge (wie bei der gesetzlich gebundenen Verwaltung), sondern ermächtigt die Verwaltung, die Rechtsfolge selbst zu bestimmen, wobei ihr entweder zwei oder mehrere Möglichkeiten angeboten werden oder ein gewisser Handlungsbereich zugewiesen wird. Das Ermessen kann sich darauf beziehen, *ob* die Verwaltung überhaupt eingreifen und tätig werden soll (Entschließungsermessen), oder darauf, *welche* der möglichen und zulässigen Maßnahmen im konkreten Fall getroffen werden soll (Auswahlermessen). **7**

Beispiele: Nach § 15 II VersG *kann* eine nicht angemeldete Versammlung aufgelöst werden. Die Behörde ist dazu berechtigt, aber nicht verpflichtet; sie hat die Wahl zwischen den beiden Möglichkeiten Auflösung und Nichtauflösung. – Nach der polizeilichen Generalklausel (vgl. *Drews/Wacke/Vogel/ Martens,* Gefahrenabwehr, S. 219 ff.) hat die Polizei bei Vorliegen einer Gefahr für die öffentliche Sicherheit und Ordnung „die nach pflichtmäßigem Ermessen notwendigen Maßnahmen zu treffen". Es liegt bei der Behörde, ob sie einschreiten will, und, falls sie sich dazu entschließt, welche Maßnahmen sie ergreifen will. – Wenn eine Gebührenordnung für eine bestimmte Verwaltungsangelegenheit eine Gebühr von 30,– bis 50,– Euro festlegt, so kann die Behörde innerhalb dieses Rahmens die Gebühr selbst bestimmen.

8   Bildlich stellt sich das Ermessen (Auswahlermessen) etwa so dar:

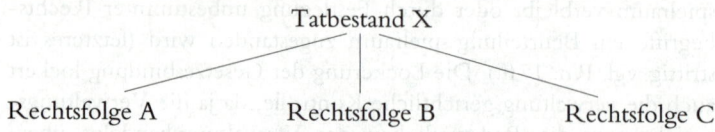

Tatbestand X

Rechtsfolge A   Rechtsfolge B   Rechtsfolge C

Liegt der Tatbestand X vor, so kann die Rechtsfolge A oder die Rechtsfolge B oder die Rechtsfolge C gewählt werden. *Jede* Rechtsfolge ist gesetzlich gedeckt und sonach *rechtmäßig,* sofern die noch darzulegenden Ermessensbindungen beachtet sind.

§ 40 VwVfG bestimmt nicht den Begriff und die Zulässigkeit des Ermessens, sondern geht davon aus und regelt lediglich die rechtlichen Grenzen der Ermessensausübung. Entsprechendes gilt für § 114 VwGO, der die rechtlichen Grenzen der Ermessensausübung von der Sicht der verwaltungsgerichtlichen Kontrolle her erfaßt. § 40 VwVfG entspricht § 5 AO 1977 und § 39 I 1 SGB I.

2. Die Voraussetzungen des Ermessens

9   Das Ermessen wird durch den Gesetzgeber eingeräumt. Es muß sich daher im Einzelfall aus den jeweils einschlägigen Rechtsnormen ergeben. Gesetzestechnisch erfolgt die Ermessensermächtigung gelegentlich durch ausdrücklichen Hinweis auf das „Ermessen", meist jedoch durch Ausdrücke wie „kann", „darf", „ist befugt" usw. Vereinzelt ist es auch aus dem Gesamtzusammenhang der Regelung zu entnehmen.

Nach § 48 StVO ist derjenige, der Verkehrsvorschriften nicht beachtet, auf Vorladung der zuständigen Behörde verpflichtet, an einem Verkehrsunterricht teilzunehmen. Es kann nicht zweifelhaft sein, daß die Behörde nicht jeden „Verkehrssünder" vorzuladen hat, sondern die Vorladung in ihrem Ermessen liegt. – Andererseits hat das Wort „kann" gelegentlich auch die Bedeutung, daß die Verwaltung eine bestimmte *Kompetenz* erhält, die bei Vorliegen der gesetzlichen Voraussetzungen wahrgenommen werden *muß;* es liegt dann kein „Ermessens-Kann", sondern ein „Kompetenz-Kann" vor, vgl. dazu *BVerwGE* 23, 25, 29; 44, 339, 342.

10   Im Gegensatz dazu ist die Behörde zum Handeln *verpflichtet* (gesetzlich gebundene Verwaltung), wenn die Ausdrücke „muß", „ist zu (erteilen)", „darf nicht (versagt werden)" usw. verwendet werden.

Die Unterscheidung zwischen der gesetzlich gebundenen und der Ermessensverwaltung kommt z.B. in § 15 II und III GastG zum Ausdruck: Die Erlaubnis (zum Betrieb eines Gaststättengewerbes) „ist zu widerrufen, wenn . . ." (so Abs. 2) und sie „kann widerrufen werden, wenn . . ." (so Abs. 3).

Dazwischen steht die „Soll-Vorschrift". Wenn die Behörde unter   11 bestimmten Voraussetzungen tätig werden „soll", so ist sie dazu in der Regel verpflichtet, kann aber in Ausnahmefällen, in atypischen Situationen, davon absehen.

Nach § 12 IV WPflG „soll" der Wehrpflichtige bei Vorliegen eines Härtefalles zurückgestellt werden, d. h. er muß zurückgestellt werden, wenn nicht ausnahmsweise – etwa im Blick auf die angespannte Wehrersatzlage – seine Heranziehung erforderlich ist. Vgl. zur Bedeutung der Soll-Vorschrift auch BVerwGE 49, 16, 23; 64, 318, 323; 90, 88, 93.

Das BVerwG spricht neuerdings auch vom „intendierten Ermessen",   12 das dann anzunehmen sei, wenn die Richtung der Ermessensbetätigung bereits durch das Gesetz vorgezeichnet sei, wenn ein bestimmtes Ergebnis im Grundsatz gesetzlich gewollt sei und nur ausnahmsweise davon abgesehen werden dürfe. In diesem Fall bedürfe es – und das ist der eigentliche Grund für die neue Rechtsfigur – dann, wenn die Behörde der gesetzlichen Intention folge, keiner spezifischen Ermessensabwägung und daher auch keiner Begründung. Diese Auffassung ist abzulehnen. Zum Wesen des Ermessens gehört gerade die Prüfung der Umstände des Einzelfalls unter dem Gesichtspunkt der gesetzgeberischen Intention, die allerdings entsprechend den jeweiligen Umständen mehr oder weniger eingehend erfolgen wird und muß. Will der Gesetzgeber im Regelfall eine bestimmte Entscheidung, von der nur ausnahmsweise abgesehen werden darf, dann bietet sich der Erlaß einer entsprechenden „Soll-Vorschrift" an. Die Neuschöpfung des BVerwG ist nicht nur überflüssig, sondern auch verwirrend, zumal sie die Grenze zwischen Kann- und Soll-Vorschriften verwischt. Allerdings ist es möglich, daß eine gesetzliche Regelung nicht ausdrücklich von „soll" spricht, aber nach ihrer Zweckrichtung und ihrem Gesamtzusammenhang in diesem Sinn auszulegen ist (vgl. entsprechend zum „einfachen" Ermessen oben Rn. 9).

Vgl. zum intendierten Ermessen BVerwGE 72, 1, 6; BVerwGE 105, 55, 57 f. = DVBl. 1998, 145 mit zust. Anm. von Schwabe; BayVGH NVwZ 2001, 931.

In der Literatur stößt das intendierte Ermessen auf Zurückhaltung oder sogar Ablehnung, so etwa bei *Sachs*, StBS § 40 Rn. 28 ff. („größte Zurückhaltung geboten"); *Gerhardt*, in: Schoch/Schmidt-Aßmann/Pietzner (Hg.), VwGO, § 114 Rn. 20 („Zurückhaltung ist angebracht"); *Volkmann*, Das „intendierte" Verwaltungsermessen, DÖV 1996, 281 ff. (insgesamt ablehnend); *Borowski*, Intendiertes Ermessen, DVBl. 2000, 149 ff. (angesichts der mit dieser Rechtsfigur verbundenen Gefahren komme „das Verwaltungsrecht besser ohne sie aus"); *Erbguth*, Rücknahmefrist und „intendiertes" Ermessen, JuS 2002, 333 f. („vernebelt"); *Pabst*, Intendiertes Ermessen und Normauslegung, VerwArch. 93 (2002), S. 540 ff. („zweifelhaft und überflüssig"); positiver, aber auch nicht bedenkenfrei: *Henneke*, in: Knack, VwVfG, § 40 Rn. 35; eingehend und insgesamt zustimmend: *Beuermann*, Intendiertes Ermessen, 2002; in planungsrechtlicher Sicht: *Hoppe*, Durch Soll-Vorschriften „intendierte" Ziele der Raumordnung und ihre Bezüge zu „intendiertem Ermessen", Festschrift für Maurer, 2001, S. 625 ff.

3. Die Bedeutung des Ermessens

Das Ermessen gibt der Verwaltung die Möglichkeit zur eigenverantwortlichen, wenn auch gesetzlich gelenkten Entscheidung.

13   a) *Individuelle Ermessensausübung.* Das Ermessen dient vor allem der Einzelfallgerechtigkeit. Die Behörde wird in die Lage versetzt, unter Berücksichtigung der gesetzlichen Zielvorstellungen (des Gesetzeszwecks, der ratio legis) einerseits und der konkreten Umstände andererseits eine dem Einzelfall angemessene und sachgerechte Lösung zu finden. Sie hat also zunächst einmal zu fragen, welchen Zweck die Ermächtigung zur Ermessensausübung verfolgt und welche Gesichtspunkte dabei maßgeblich sind, und hat sodann unter diesen Aspekten den konkreten Fall zu beurteilen und entsprechend zu entscheiden. Dabei können auch Zweckmäßigkeits- und Billigkeitserwägungen einfließen.

Beispiele: Die Auflösung einer nicht angemeldeten Versammlung dient der Gewährleistung der öffentlichen Sicherheit und Ordnung, aber auch der Einhaltung der Anmeldefrist. Findet eine nicht angemeldete Demonstration statt, so wird der zuständige Beamte prüfen, ob und welche Beeinträchtigungen von der Versammlung – etwa für den Verkehr, die Passanten, die Versammlungsteilnehmer selbst – ausgehen, welches Ausmaß sie annehmen, ob sie sich durch Zulauf weiterer Demonstranten verstärken, ob eine Auflösung wirksam durchgesetzt werden könnte; das hängt wiederum von der Art und Größe der Demonstration, den Verkehrsverhältnissen, den möglichen Ausschreitungen, der Zahl der zur Verfügung stehenden Polizeikräfte usw. ab, vgl. dazu auch *BVerwGE* 26, 135, 140. – Die Durchführung des Verkehrsunterrichts gem.

§ 48 StVO hat den Zweck, die Kenntnisse und das Verantwortungsbewußtsein der Kraftfahrer zu stärken; eine Vorladung darf daher nur erfolgen,
wenn der Verkehrsverstoß indiziert, daß es daran fehlt, vgl. *BVerwGE* 36,
119, 120 f.

b) *Generelle Ermessensausübung.* Das Ermessen ist primär am Ein- **14**
zelfall ausgerichtet. Es ist jedoch möglich und zulässig, daß die
vorgesetzte Behörde durch Verwaltungsrichtlinien eine einheitliche
Handhabung des Ermessens der ihr nachgeordneten Behörden
bestimmt. Eine solche Ermessensbindung kommt dem Grundsatz
der Gleichbehandlung entgegen; sie läßt sich auch damit rechtfertigen, daß das Ermessen nicht nur der einzelnen Behörde, sondern
auch „der Verwaltung" eingeräumt werden kann, um ihr einen
Handlungsspielraum zur Entwicklung eigener Entscheidungsprogramme und -maßstäbe zu gewähren. Auch die generelle Ermessensausübung ist an die gesetzlichen Zielvorstellungen gebunden;
sie orientiert sich aber nicht am konkreten Einzelfall, sondern am
typischen Einzelfall.

Beispiel: Der Behördenchef weist seine Bediensteten an, Gebührenforde-
rungen bis zur Höhe von 3.– DM nicht zwangsweise beizutreiben.

Es ist nicht zu verkennen, daß individuelle und generelle Ermes- **15**
sensausübung in Widerstreit zueinander geraten können. Daher ist
jeweils zu prüfen, ob und inwieweit eine generelle Ermessensausübung überhaupt zulässig ist. Ein gewisser Ausgleich läßt sich
dadurch erreichen, daß die Verwaltungsbehörden zwar an ermes-
sensausfüllende Verwaltungsvorschriften gebunden werden, in atypischen Fällen aber davon abweichen dürfen.

Die Unzulässigkeit der „generellen Ermessensausübung" kann sich bereits **16**
aus dem Gesetzestext ergeben. So folgt z. B. aus der Bestimmung des § 15 I
VersG, daß eine Versammlung verboten werden kann, „wenn nach den zur
Zeit des Erlasses der Verfügung erkennbaren Umständen die öffentliche Sicherheit oder Ordnung unmittelbar gefährdet ist," daß ein Verbot nur für den
Einzelfall ausgesprochen werden darf, eine Präjudizierung durch Ermessens-
richtlinien also unzulässig ist (vgl. *Ott/Wächtler,* Kommentar zum Gesetz über
Versammlungen und Aufzüge, 6. Aufl. 1996, § 15 VersG Rn. 25). – Grund-
sätzlich zur „generellen Ermessensausübung" *Bullinger,* NJW 1974, 770 f.;
ferner etwa *BVerwGE* 31, 212, 213 f.; 95, 98, 100; *BVerwG* ZBR 1972, 279;
BGH NJW 1987, 1329 (jeweils zum Beamtenrecht bzw. Notarrecht); zu den
Verwaltungsvorschriften näher unten § 24.

4. Ermessensbindungen

17   Das Ermessen vermittelt keine Freiheit oder gar Beliebigkeit der Verwaltung. Es gibt kein „freies Ermessen" (auch wenn diese irreführende Formulierung heute noch gelegentlich erscheint), sondern nur ein „pflichtgemäßes Ermessen" oder besser: ein *rechtlich gebundenes Ermessen*. Das ist in § 40 VwVfG und den ihm entsprechenden Vorschriften klar ausgesprochen: Die Behörde hat (= ist verpflichtet) „ihr Ermessen entsprechend dem Zweck der Ermächtigung auszuüben und die gesetzlichen Grenzen des Ermessens einzuhalten". Wenn sich die Behörde nicht an diese rechtlichen Bindungen hält, handelt sie „ermessensfehlerhaft" und damit rechtswidrig. Die Verwaltungsgerichte können die Beachtung dieser Ermessens(rechts)bindungen überprüfen.

18   Der übliche Ausdruck „Ermessensfehler" darf nicht mißverstanden werden. Ein Ermessensfehler in diesem Sinne liegt *nur* vor, wenn die Behörde die *rechtlichen* Bindungen nicht beachtet. Der Hinweis, daß die Entscheidung der Behörde unzweckmäßig ist, daß eine andere Entscheidung sinnvoller oder besser gewesen wäre, berührt die Rechtmäßigkeit nicht. Solche Einwände sind *rechtlich* nicht bedeutsam und werden daher auch nicht von der verwaltungsgerichtlichen Kontrolle erfaßt. Dagegen kann und muß die Verwaltung im Rahmen des – der verwaltungsgerichtlichen Klage vorgeschalteten – Widerspruchsverfahrens *auch* die *Zweckmäßigkeit* des Verwaltungsakts überprüfen (vgl. § 68 I VwGO).

5. Die verschiedenen Ermessensfehler

19   Vorweg ist zu bemerken, daß sich die Frage, ob die Behörde ihr Ermessen fehlerfrei ausgeübt hat, nur und erst stellt, wenn die Tatbestandsvoraussetzungen der Ermessensnorm vorliegen und die Behörde daher überhaupt nach ihrem Ermessen handeln durfte.

Beispiel: Die Baubehörde „kann" nach den Landesbauordnungen den Abbruch eines Bauwerks, das ohne Genehmigung und im Widerspruch zum materiellen Baurecht errichtet wurde, verlangen. Die Frage, ob die Abbruchverfügung ermessensfehlerfrei ergangen ist, darf erst geprüft werden, wenn festgestellt ist, daß das Bauwerk genehmigungspflichtig war, die erforderliche Baugenehmigung nicht erteilt wurde und das Bauwerk dem materiellen Baurecht widerspricht.

Im einzelnen kommen folgende Ermessensfehler in Betracht (in der Literatur und Rechtsprechung werden verschiedene Einteilungen und Bezeichnungen vorgeschlagen, sachlich besteht jedoch weitgehend Einigkeit):

a) *Ermessensüberschreitung* liegt vor, wenn die Behörde eine nicht   **20** mehr im Rahmen der Ermessensvorschrift liegende Rechtsfolge wählt.

Beispiel: Die Behörde verlangt eine Gebühr von 60,– Euro, obwohl für die konkrete Verwaltungsangelegenheit nach der Gebührenordnung nur eine Gebühr zwischen 20,– und 50,– Euro verlangt werden darf.

b) *Ermessensnichtgebrauch* (Ermessensunterschreitung) liegt vor,   **21** wenn die Behörde von dem ihr zustehenden Ermessen *keinen* Gebrauch macht, etwa aus Nachlässigkeit oder weil sie irrtümlich annimmt, sie sei kraft zwingenden Rechts zum (Nicht-)Handeln verpflichtet. Auch wenn es im Ermessen der Behörde liegt, ob sie tätig werden will oder nicht, muß sie doch prüfen, ob ein Einschreiten im konkreten Fall angebracht ist oder nicht.

Vgl. *BVerwGE* 15, 196, 199; 31, 212, 213. – Beispiel: Der in der Nähe einer Kirche wohnende A beantragt bei der Polizei, gegen das „frühzeitige und ruhestörende Glockenläuten" einzuschreiten; die zuständige Polizeibehörde unternimmt nichts, weil sie irrtümlich glaubt, sie sei überhaupt nicht befugt, gegenüber Kirchen Anordnungen zu erlassen, vgl. *VG Würzburg*, BayVBl. 1972, 23; *Maurer*, JuS 1972, 330 ff.; eine weitere Frage ist, unter welchen Voraussetzungen die Polizei in diesem Fall einschreiten darf und muß, vgl. dazu *BVerwGE* 68, 62; 90, 163 sowie eingehend *Laubinger*, VerwArch. Bd. 83 (1992) S. 623 ff.

c) *Ermessensfehlgebrauch* (Ermessensmißbrauch) liegt vor, wenn   **22** sich die Behörde nicht ausschließlich vom Zweck der Ermessensvorschrift leiten läßt. Dieser Fehlergrund knüpft an den oben erwähnten Sinn des Ermessens an (vgl. Rn. 13). Die Behörde handelt danach ermessensfehlerhaft, wenn sie die gesetzlichen Zielvorstellungen nicht beachtet oder wenn sie die für die Ermessensausübung maßgeblichen Gesichtspunkte nicht hinreichend in ihre Erwägungen einbezieht.

Ermessensfehlerhaft sind z. B. persönliche oder parteipolitische Rücksichtnahmen, sofern sie nicht ausnahmsweise gerade gesetzlich gefordert sind; ferner etwa polizeiliche Maßnahmen, die nicht der Gefahrabwehr dienen, sondern aus fürsorgerischen Gründen erfolgen. Die Berücksichtigung *fiskalischer Ge-*

sichtspunkte kann, muß aber nicht ermessensfehlerhaft sein: sie ist unzulässig, wenn es um die Frage des polizeilichen Einschreitens geht, aber zulässig, wenn die Rücknahme eines rechtswidrigen Leistungsbescheids (vgl. unten § 11 Rn. 21 ff.) geprüft wird. – Im obigen Versammlungsfall wäre es sach- und damit ermessenswidrig, wenn die Versammlung aufgelöst werden würde, um bestimmte politische oder weltanschauliche Meinungen zu behindern (vgl. *BVerwGE* 26, 135, 140). Im Verkehrsunterricht-Fall wäre es ermessensfehlerhaft, wenn ein einmaliger und geringfügiger Verkehrsverstoß eines schon lange unfallfrei Fahrenden zum Anlaß einer Vorladung genommen werden würde (vgl. *BVerwGE* 36, 119, 120 f.). – Einen Eindruck von den oft recht umfangreichen Ermessenserwägungen, die von der Behörde angestellt werden müssen, geben noch folgende Entscheidungen: *BVerwGE* 6, 186; 64, 7 (Einbürgerung nach § 8 RuStAG); *BVerwGE* 16, 194 (vorzeitige Pensionierung eines Beamten); *BVerwGE* 35, 291; 42, 133; 60, 75; 68, 101 (Ausweisung eines Ausländers wegen strafrechtlicher Verurteilung gem. § 10 I Nr. 2 AuslG a.F.); *BVerwGE* 95, 15 (Anerkennung als „sonstige Stelle" i.S. des § 8a IV Nr. 7 StVZO; *OVG Münster* DVBl. 1973, 863 (vorläufige Gaststättenerlaubnis nach § 11 GastG).

23   d) *Verstoß gegen Grundrechte und allgemeine Verwaltungsgrundsätze.* Die Grundrechte und die allgemeinen Grundsätze für das Verwaltungshandeln, insbesondere die der Erforderlichkeit und Verhältnismäßigkeit (vgl. unten § 10 Rn. 17), sind objektive Schranken des Ermessens, aber auch bei den Ermessenserwägungen zu beachten (sie ergänzen also insofern sowohl a) als auch c). Ihre Verletzung macht die Ermessensentscheidung fehlerhaft.

In Betracht kommt vor allem der Gleichheitssatz des Art. 3 I GG, der es der Verwaltung verbietet, gleiche Fälle unterschiedlich zu behandeln; dies kann zur sog. Selbstbindung der Verwaltung führen (vgl. unten § 24 Rn. 21). Aber auch andere Grundrechte und die in ihnen zum Ausdruck kommenden verfassungsrechtlichen Wertentscheidungen können bei der Ermessensprüfung bedeutsam werden: bei der Ermessensentscheidung über die Ausweisung eines Ausländers, der mit einer Deutschen verheiratet ist, ist auch Art. 6 I GG zu beachten (vgl. *BVerwGE* 42, 133; ferner *BVerfGE* 51, 386, 396 ff.). Bei der Ermessensentscheidung über die Erteilung einer straßenrechtlichen Sondernutzungserlaubnis für eine politische Partei zur Aufstellung von Plakatständern auf der Straße zur parteipolitischen Werbung sind auch die Rechte aus Art. 5 I und 21 I GG zu berücksichtigen (*BVerwGE* 56, 56).

6. Ermessensreduzierung

24   Ermessen bedeutet, daß die Verwaltung die Wahl zwischen verschiedenen Verhaltensweisen hat. Im Einzelfall kann sich jedoch die Wahlmöglichkeit auf *eine* Alternative reduzieren. Das ist dann

der Fall, wenn nur noch eine Entscheidung ermessensfehlerfrei ist, alle anderen Entscheidungen ermessensfehlerhaft wären. Die Behörde ist dann *verpflichtet*, diese eine ihr noch verbleibende Entscheidung zu „wählen". Man spricht in diesen Fällen von „Ermessensreduzierung auf Null" oder „Ermessensschrumpfung".

So ist die Polizeibehörde trotz grundsätzlicher Ermessensfreiheit in gewissen Fällen zum Einschreiten verpflichtet, nämlich bei erheblichen Gefahren für wesentliche Rechtsgüter (vgl. *BVerwGE* 11, 95, 97; *Drews/Wacke/Vogel/ Martens*, Gefahrenabwehr, S. 369 ff. m. w. N.).

Eine „Ermessensreduzierung auf Null" kann sich insbesondere 25 auch durch die Einwirkung von Grundrechten und sonstigen Verfassungssätzen ergeben.

Die straßenrechtliche Sondernutzungserlaubnis wird zwar nach Ermessen erteilt (vgl. oben), sie *muß* aber im Blick auf Art. 21 I und 38 I GG für Wahlplakate politischer Parteien während des Wahlkampfes grundsätzlich ergehen (*BVerwGE* 47, 280, 283).

III. Unbestimmter Rechtsbegriff und Beurteilungsspielraum

Während das *Ermessen* auf der *Rechtsfolgenseite* erscheint („Rechts- 26 folgeermessen", „Handlungsermessen"), sind die *unbestimmten Rechtsbegriffe* und der *Beurteilungsspielraum* Probleme des *gesetzlichen Tatbestandes*.

1. Der unbestimmte Rechtsbegriff

Die gesetzlichen Tatbestandsmerkmale sind inhaltlich von un- 27 terschiedlicher Präzision. Es gibt in der Reihe gesetzlich verwendeter Begriffe eine ganze Skala von zunehmender bzw. abnehmender inhaltlicher Bestimmtheit. Verschiedene Tatbestandsmerkmale sind ziemlich eindeutig, – entweder schon der Sache nach, wie z. B. Orts- und Zeitangaben, oder doch rechtlich, da sie durch die Gesetze oder die Rechtsprechung abgegrenzt sind, wie z. B. Sache, Eigentum, Gewerbe, Wehrdienst. Weitere Tatbestandsmerkmale sind nicht bestimmt, aber im konkreten Fall bestimmbar, etwa „Einbruch der Dämmerung", „geschlossene Ortslage".

Andererseits gibt es unbestimmte Rechtsbegriffe – oder besser: 28 unbestimmte Gesetzesbegriffe, aber der Ausdruck „unbestimmter

Rechtsbegriff" hat sich eingebürgert und soll deshalb auch hier beibehalten werden –, so etwa: öffentliches Interesse, Gemeinwohl,
wichtiger Grund, Verkehrsinteressen, Zuverlässigkeit, Eignung, Bedürfnis, besonderer Härtefall, Verunstaltung, Beeinträchtigung des
Landschaftsbildes usw.

> Nach § 4 I Nr. 1 GastG ist die Erlaubnis zu versagen, wenn „Tatsachen die
> Annahme rechtfertigen, daß der Antragsteller die für den Gewerbebetrieb
> erforderliche *Zuverlässigkeit* nicht besitzt." – Nach (dem früheren) § 1 I GjS
> sind „Schriften, die *geeignet* sind, Kinder oder Jugendliche *sittlich zu gefährden*",
> in eine Liste aufzunehmen mit der Folge, daß ihre Verbreitung beschränkt ist.
> – Nach § 2 I 2 AuslG a. F. durfte eine Aufenthaltserlaubnis erteilt werden
> „wenn die Anwesenheit des Ausländers *Belange der Bundesrepublik Deutschland*
> nicht beeinträchtigt". – In einer ganzen Reihe von Gesetzen wird die Geneh-
> migung davon abhängig gemacht, daß die „nach dem Stand von Wissenschaft
> und Technik" notwenigen Schutzmaßnahmen getroffen sind (so etwa § 11 I
> Nr. 4 GenTG, § 6 II Nr. 2 AtG).

29   Es liegt auf der Hand, daß die (abstrakte) Auslegung der unbestimmten Rechtsbegriffe und vor allem ihre Anwendung im konkreten Fall erhebliche Schwierigkeiten bereiten können. So ist z. B.
fraglich, was unter Zuverlässigkeit i. S. des § 4 I Nr. 1 GastG zu
verstehen ist. Noch fraglicher kann sein, ob eine Person, die eine
Gaststättenerlaubnis beantragt, zuverlässig i. S. dieser Vorschrift ist.
Es gibt zwar viele Fälle, in denen die Zuverlässigkeit ohne weiteres
zu bejahen oder zu verneinen ist. Dazwischen liegt aber ein Bereich, wo die Zuverlässigkeit zweifelhaft und unter den Beteiligten
strittig ist. An sich kann es nur *eine* zutreffende Antwort geben: Der
Antragsteller *ist* entweder zuverlässig oder er *ist* es *nicht*. Es kann in
rechtlicher Sicht nicht beides zugleich richtig sein, sondern nur *eine*
richtige Entscheidung geben. Zweifelhaft ist aber in diesen Grenz-
fällen, *was* richtig ist. Das *Problem* des unbestimmten Rechtsbegriffes liegt *im Bereich der Erkenntnis*. Die Anwendung dieser Begriffe
im Einzelfall erfordert eine Wertung und oft auch eine Prognose in
die Zukunft; dies wiederum ist nur möglich, wenn z. T. sehr unterschiedliche Gesichtspunkte berücksichtigt, bewertet und gegeneinander abgewogen werden. Die an sich einzig rechtmäßige Entscheidung läßt sich eben nicht immer eindeutig feststellen.

30   Die *Verwaltungsbehörde* muß sich trotz dieser Schwierigkeiten im
konkreten Fall zu einer bestimmten Entscheidung durchringen.

Fraglich und umstritten ist aber, ob und inwieweit die *Verwaltungs-gerichte* befugt sind, eine solche, auf Grund eines unbestimmten Rechtsbegriffes ergangene Verwaltungsentscheidung zu überprüfen und ggf. durch eine eigene Entscheidung zu ersetzen.

2. Die Lehre vom Beurteilungsspielraum

a) In der Literatur wird mit verschiedenen, aber sachlich weitge-   31
hend übereinstimmenden Theorien eine nur beschränkte gerichtli-che Überprüfung der Anwendung unbestimmter Rechtsbegriffe vertreten. Nach der von *Bachof* 1955 entwickelten Lehre vom Be-urteilungsspielraum wird der Verwaltungsbehörde durch die Ver-wendung unbestimmter Rechtsbegriffe ein *Beurteilungsspielraum* zu-gestanden, d. h. ein Bereich eigener, gerichtlich nicht weiter über-prüfbarer Wertung und Entscheidung; die Verwaltungsgerichte haben die innerhalb dieses Bereichs liegenden Entscheidungen hinzunehmen, können aber prüfen, ob die Grenzen dieses Bereichs beachtet sind. Zu einem ähnlichen Ergebnis kommt die gleichzeitig von *Ule* entwickelte *Vertretbarkeitslehre:* Danach ist, wenn in Grenz-fällen mehrere Lösungen vertretbar sind, die von der Verwaltungs-behörde getroffene und sich im Rahmen des Vertretbaren haltende Entscheidung als rechtmäßig anzusehen. In die gleiche Richtung, wenn auch zurückhaltender, geht die Auffassung von *Wolff,* daß die Verwaltungsbehörde eine *Einschätzungsprärogative* habe: Wenn ein unbestimmter Rechtsbegriff eine „Einschätzung", insbesondere hinsichtlich künftiger Entwicklungen, erfordere, die durch die Gerichte nicht nachvollzogen und damit nicht nachgeprüft werden könne, sei die „Einschätzung" der Behörde zugrunde zu legen.

Vgl. *Bachof,* Beurteilungsspielraum, Ermessen und unbestimmter Rechtsbe-griff im Verwaltungsrecht, JZ 1955, 97 ff.; auch abgedruckt mit „Vorbemer-kung 1979" in *Bachof,* Wege zum Rechtsstaat, 1979, S. 154 ff.; *ders.,* Neue Tendenzen in der Rechtsprechung zum Ermessen und zum Beurteilungsspiel-raum, JZ 1972, 641 ff.; *ders.,* Diskussionsbeitrag, in: Götz/Klein/Starck, Die öffentliche Verwaltung zwischen Gesetzgebung und richterlicher Kontrolle, 1985, S. 179 f.; *Ule,* Zur Anwendung unbestimmter Rechtsbegriffe im Ver-waltungsrecht, Gedächtnisschrift für W. Jellinek, 1955, S. 309 ff.; *ders.,* Rechts-staat und Verwaltung, VerwArch. 76 (1985) S. 1 (9 ff.); *ders.,* Verwaltungspro-zeßrecht, 9. Aufl. 1987, S. 6 ff.; *Wolff,* Verwaltungsrecht I, 7. Aufl. 1968, § 31 I c 4 (S. 167 ff.).

32   Alle drei Auffassungen, die hier vereinfachend unter der gängigen Bezeichnung „Beurteilungsspielraum" zusammengefaßt werden sollen, gehen von den gleichen Überlegungen aus: Der Gesetzgeber ermächtige durch die Verwendung von unbestimmten
Rechtsbegriffen die Verwaltung zu eigenverantwortlichen, gerichtlich nur beschränkt überprüfbaren Entscheidungen; dafür spreche
auch, daß die unbestimmten Rechtsbegriffe unterschiedliche Wertungen zuließen, daß es schon aus normlogischen Gründen nicht
nur *eine* „richtige" Lösung geben könne, daß die Verwaltung die
größere Sachkunde und Erfahrung besitze und den konkreten
Verwaltungsproblemen näher stehe, daß gewisse Entscheidungen unvertretbar oder unwiederholbar seien, daß der Verwaltung als eigenständiger Staatsgewalt ein eigener Verantwortungsbereich auch gegenüber der Gerichtsbarkeit zugestanden werden
müsse.

33   Die überwiegende Literatur hat sich der Lehre vom Beurteilungsspielraum angeschlossen. Zunehmend wird allerdings betont,
daß das Vorliegen eines unbestimmten Rechtsbegriffs allein nicht
genüge, vielmehr ein gerichtlich nicht voll überprüfbarer Beurteilungsspielraum nur dann angenommen werden könne, wenn und
soweit die Behörde durch das jeweilige Gesetz zur abschließenden Beurteilung ermächtigt werde (sog. normative Ermächtigungslehre).

Vgl. dazu *Schmidt-Aßmann,* in: Maunz/Dürig, Grundgesetz, Art. 19 IV
(2003) Rn. 191 ff.; *ders.,* VerwR S. 217 ff.; *Sachs,* StBS § 40 Rn. 161 ff.; *Wahl,*
NVwZ 1991, 410 ff. mit jeweils weiteren Nachw.; *BVerwGE* 94, 307, 309 f.;
100, 221, 225 f.

34   Die normative Ermächtigungslehre, die inzwischen als herr-
schend gilt, hat den Vorteil, daß der Beurteilungsspielraum nicht
mit allgemeinen rechtstheoretischen, normlogischen und praktischen Erwägungen begründet wird, sondern vom Gesetzgeber
festzulegen ist und sich daher aus dem Gesetz selbst ergibt. Sie stößt
jedoch auf zwei Schwierigkeiten: Zum einen finden sich nur selten
Gesetze, die eine ausdrückliche Ermächtigung enthalten. Das wird
indessen auch nicht verlangt; es soll vielmehr genügen, wenn sich
der Beurteilungsspielraum im Wege der Auslegung ermitteln läßt.
Damit landet jedoch die normative Ermächtigungslehre weitge-

hend wieder bei den Gesichtspunkten, die früher zur Begründung des Beurteilungsspielraums vorgetragen wurden. Zum anderen bleibt die Frage, ob und inwieweit der gesetzlich eingeräumte Beurteilungsspielraum mit Art. 19 IV GG vereinbar ist. Die Gerichte müssen diese Frage – zumindest im Zweifelsfall – prüfen und, wenn sie sie verneinen, dem BVerfG gem. Art. 100 I GG vorlegen, sofern sie nicht, was auch wieder problematisch ist, auf die verfassungskonforme Auslegung ausweichen. Die normative Ermächtigungslehre hat sicher das Verdienst, daß sie auf die Zuständigkeit und Verantwortung des Gesetzgebers bei der Ausgestaltung des Art. 19 IV GG hinweist. Sie hat jedoch nur Sinn, wenn der Gesetzgeber auch in erkennbarer Weise tätig wird (vergleichbar dem „kann" beim Ermessen). Abgesehen davon wird die entscheidende Frage, ob die durch den Beurteilungsspielraum bedingte Beschränkung der gerichtlichen Überprüfung mit Art. 19 IV GG vereinbar ist, dadurch nicht gelöst.

Einigung besteht jedoch darüber, daß ein Beurteilungsspielraum nur ausnahmsweise in Betracht kommt, überwiegend auch darüber, daß er sich auf die Subsumtion, die Anwendung des Gesetzes im Einzelfall, beschränkt und sich nicht auf die Ermittlung des Sachverhalts und die (abstrakte) Auslegung der unbestimmten Rechtsbegriffe erstreckt.

Die Lehre vom Beurteilungsspielraum ist in der Literatur nicht unbestritten. Sie wird gleichsam von zwei Seiten aus angegriffen:

Einerseits wird in Anknüpfung an die frühere Theorie vom Tatbestandsermessen die Auffassung vertreten, daß den Verwaltungsbehörden durch die Verwendung unbestimmter Rechtsbegriffe ein Ermessensspielraum eingeräumt werde, der sich nach den allgemeinen Grundsätzen über das Ermessen richte. Andererseits wird aus grundsätzlichen Erwägungen und vor allem im Blick auf Art. 19 IV GG, der eine vollständige gerichtliche Überprüfung der angegriffenen Verwaltungsmaßnahmen in rechtlicher und tatsächlicher Hinsicht erfordere, ein gerichtlich nur beschränkt überprüfbarer Beurteilungsspielraum der Verwaltung gänzlich abgelehnt.

Vgl. zur Einbeziehung der unbestimmten Rechtsbegriffe in die Ermessenslehre etwa *Meyer/Borgs*, VwVfG, § 40 Rn. 17 ff.; *Obermayer*, VwVfG, 1. Aufl. 1983, § 40 Rn. 11 ff.; *Starck*, Festschrift für Sendler, S. 167 ff.; zur Ablehnung des Beurteilungsspielraums in grundsätzlicher Sicht *Rupp*, Grundfragen,

S. 212 ff.; *ders.*, Festschrift für Zeidler, S. 455 ff.; im Blick auf Art. 19 IV GG z. B. *Ibler*, Berliner Kommentar zum Grundgesetz, Art. 19 IV (2001) Rn. 257 ff.; *ders.*; Rechtspflegender Rechtsschutz, S. 183 ff. und öfter; *Kopp / Ramsauer*, VwVfG, § 40 Rn. 73 jeweils mit weiteren Nachw.

35   b) *Die Rechtsprechung.* Das *BVerwG* hat anfangs verschiedentlich unbestimmte Rechtsbegriffe nur beschränkt überprüft, ist dann aber bald zu der Auffassung gelangt, daß – von Ausnahmen abgesehen – unbestimmte Rechtsbegriffe gerichtlich voll überprüfbar sind, die Verwaltung also keinen Beurteilungsspielraum hat. Ein Ausnahmefall muß durch besondere Gründe gerechtfertigt sein und sich aus der jeweiligen gesetzlichen Regelung entnehmen lassen (so *BVerwGE* 94, 307, 309; 100, 221, 225 – im konkreten Fall jeweils abgelehnt).

Ein Beurteilungsspielraum wurde z. B. verneint von *BVerwGE* 15, 207, 208 („wichtiger Grund" i. S. des Namensänderungsgesetzes); *BVerwGE* 24, 60, 63 f. („Denkmalswürdigkeit eines Gebäudes"); *BVerwGE* 45, 162, 164 ff. („besonderer Einzelfall" und „Gründe des öffentlichen Gesundheitsinteresses" i. S. des § 3 III Bundesärzteordnung); *BVerwGE* 56, 71, 75 (Wohl der Allgemeinheit); *BVerwGE* 59, 1, 2 (besondere Umstände des Einzelfall i. S. des § 6 BAföG); *BVerwGE* 62, 86, 101 f. (Bedarfsgerechtigkeit, Leistungsfähigkeit und Kostengünstigkeit der Krankenhäuser); *BVerwGE* 65, 19, 21 f. (im Interesse der ärztlichen Versorgung der Bevölkerung); *BVerwGE* 68, 267, 271 (Gefahr im Verzuge gem. § 28 VwVfG); *BVerwGE* 81, 12, 17 (nach dem Stand der Wissenschaft nicht vertretbare sonstige Auswirkungen auf den Naturhaushalt); *BVerwGE* 88, 35, 37 ff. („erforderlich" im Blick auf die besondere öffentliche Zweckbestimmung i. S. des § 37 I BauGB); *BVerwGE* 94, 307, 309 (Weinprädikat); *BVerwGE* 100, 221, 225 (Heilpraktikerprüfung); *BVerwGE* 107, 245, 253 f. („Fehlzeiten" eines Helfers im Katastrophenschutzdienst).
Die Entscheidung des *BVerwG* vom 16. 12. 1971 (BVerwGE 39, 197) zur Indizierung jugendgefährdender Schriften hat zu keinem „Tendenzwechsel" geführt, wie in der Literatur zunächst angenommen wurde, so *Bachof*, JZ 1972, 208 ff.; *Ossenbühl*, DÖV, 1972, 401 ff.; *Erichsen*, VerwArch. Bd. 63 (1972) S. 337 ff. Das gleiche gilt für die Entscheidung des *GemS-OGB* vom 13. 2. 1970 zu § 131 AO 1919 (*BVerwGE* 39, 355).

36   Das *BVerfG* verfolgt die gleiche Linie, zieht aber bei Grundrechtseinschränkungen die Grenzen der Ausnahmen noch enger. Es betont, daß die Verwaltungsgerichte grundsätzlich verpflichtet sind, die Entscheidungen der Verwaltung in sachlicher und rechtlicher Hinsicht uneingeschränkt zu überprüfen, auch soweit es um die Anwendung und Konkretisierung unbestimmter Rechtsbegriffe geht. Ein „begrenzter Entscheidungsfreiraum" komme nur in Betracht, wenn unbestimmte Rechtsbegriffe wegen der hohen Komplexität und der besonderen Dynamik der geregelten Materie so vage und ihre Konkretisierung im Nachvollzug der Verwaltungsentscheidung so schwierig seien, daß die gerichtliche Kontrolle an die Funktionsgrenzen der Rechtsprechung stoße (*BVerfGE* 84, 34, 50). Diese Möglichkeit wurde allerdings bislang nur angedeutet, da offenbar noch kein Anlaß bestand, darauf näher einzugehen. Lediglich bei berufsbezogenen Prüfungen hat das Gericht einen Beurteilungsspielraum – es spricht von „Bewertungsspielraum" – anerkannt, aber im Gegensatz zur früheren Rechtsprechung des *BVerwG* noch stärker eingeschränkt.

Vgl. dazu vor allem *BVerfGE* 84, 34 und 59 (juristische und medizinische Staatsprüfung); ferner die Kammerentscheidungen des *BVerfG* zum Prüfungsrecht NVwZ 1992, 55 und NJW 1993, 917. – Abgelehnt wurde ein Beurteilungsspielraum in *BVerfGE* 11, 168, 191 f. (Zulassung von Taxiunternehmen); *BVerfGE* 15, 275, 282 (Bußgeldbescheid); *BVerfGE* 61, 82, 111 (Genehmigung von Atomanlagen); *BVerfGE* 64, 261, 279 (Gewährung von Hafturlaub); *BVerfGE* 83, 130, 148 (Indizierung jugendgefährdender Schriften); bejaht dagegen in *BVerfGE* 39, 334, 354 (Ablehnung eines Beamtenbewerbers wegen mangelnder Verfassungstreue); grundsätzlich zur Möglichkeit und zur Zulässigkeit eines Beurteilungsspielraumes, allerdings ohne weitere Konkretisierung: *BVerfGE* 49, 89, 136; 61, 82, 111; 83, 130, 148; 84, 34, 50; vgl. nunmehr auch grundsätzlich bejahend, aber zugleich mit einschränkender Tendenz *BVerfGE* 88, 40, 56 ff. = JZ 1993, 784 mit Anmerkung von *Pietzcker* (Anerkennung eines besonderen pädagogischen Interesses für die Zulassung einer privaten Grundschule).

c) Ein *Beurteilungsspielraum* besteht nach der *Rechtsprechung* nur in **37** folgenden Fällen:

(1) Prüfungsentscheidungen (Abitur, Staatsexamen usw.),

so *BVerfGE* 84, 34 und 59 (juristische bzw. medizinische Staatsprüfung); *BVerwGE* 99, 74; 104, 203 (juristische bzw. medizinische Staatsprüfung); vgl. näher dazu unten Rn. 43.

(2) Prüfungsähnliche Entscheidungen, insbesondere im Schul- **38** bereich,

so z. B. *BVerwGE* 8, 272 (Versetzung in die nächsthöhere Klasse); *BVerwGE* 75, 275 und (einschränkend) *BVerfGE* 88, 40, 56 ff. (besonderes pädagogisches Interesse an der Zulassung einer privaten Grundschule gem. Art. 7 V GG); *Bad-WürttVGH* ESVGH 24, 225 und *OVG Lüneburg* OVGE 24, 327 (jeweils zur Sonderschulbedürftigkeit).

39   (3) Beamtenrechtliche Beurteilungen,

so z. B. *BVerwGE* 21, 127; 60, 245; 97, 128, 129 (dienstliche Beurteilung des Beamten durch seinen Vorgesetzten); *BVerwGE* 61, 176, 185 f. (Prüfung der Verfassungstreue eines Beamtenbewerbers), bestätigt durch *BVerfG* DVBl. 1981, 1053, ebenso *BAG* NJW 1981, 71 (Prüfung der Verfassungstreue bei der Einstellung einer Lehrerin im Angestelltenverhältnis); *BVerwGE* 80, 224, 225 f. (Entscheidung über Aufstieg in höhere Laufbahngruppe); *BVerwGE* 92, 147, 149 (Übernahme in das Beamtenverhältnis auf Lebenszeit); *BVerwGE* 106, 263, 266 ff. (Entlassung eines Beamten auf Probe wegen mangelnder Bewährung); *BVerwGE* 111, 22, 23 (Eignung eines Soldaten für eine bestimmte Verwendung); *BVerwGE* 115, 58, 60 (Auswahl für Beförderungsdienstposten).

40   (4) Entscheidungen wertender Art durch weisungsfreie, mit Sachverständigen und/oder Interessenvertretern besetzte Ausschüsse,

so *BVerwGE* 12, 20 (Personalgutachterausschuß); *BVerwGE* 59, 213 (Prüfung der Befähigung zum Architekten durch unabhängigen Sachverständigenausschuß gem. §§ 4, 16 Bad-Württ Architektengesetz); *BVerwGE* 62, 330, 337 ff. (Bewertung von Weizensorten durch unabhängigen Sachverständigenausschuß nach dem Saatgutverkehrsgesetz); *BVerwGE* 72, 195 (Zulassung zur Börse durch Börsenvorstand); *BVerwGE* 91, 211, 215 f. (Indizierung jugendgefährdender Schriften durch die Bundesprüfstelle gem. §§ 1, 8 f. GjSM, noch offengelassen in *BVerfGE* 83, 130, 148) vgl. ferner *BVerwGE* 99, 371, 377 f. (Richterwahlausschüsse in den neuen Bundesländern).

41   (5) Prognoseentscheidungen und Risikobewertungen vor allem im Bereich des Umweltrechts und Wirtschaftsrechts,

vgl. zu den Prognoseentscheidungen z. B. *BVerwGE* 79, 208, 213 ff. und 82, 295, 299 ff. (Bedrohung der Funktionsfähigkeit des Taxengewerbes und Beeinträchtigung der öffentlichen Verkehrsinteressen durch Neuzulassung von Taxen) und zu den Risikoermittlungen und Risikobewertungen *BVerwGE* 72, 300, 316 f. und 81, 185, 190 ff. (die nach dem Stand der Wissenschaft und Technik erforderliche Vorsorge gegen Gefahren durch den Betrieb von Kernkraftwerken gem. § 7 II Nr. 3 AtomG, auch soweit sie durch Einwirkungen Dritter entstehen können); *BVerwG* DVBl. 1999, 1138 (entsprechend zu § 13 I Nr. 4 GenTG).

42   (6) Entscheidungen bezüglich einzelner, dem unbestimmten Rechtsbegriff vorgegebener Faktoren insbesondere verwaltungspolitischer Art,

vgl. *BVerwGE* 26, 65, 77; 39, 291, 299 (behördliche Stellenplanung als Vorgabe für die Beurteilung des „dienstlichen Bedürfnisses" für die Versetzung eines Beamten"); vgl. dazu *Schmidt-Aßmann,* in: Maunz/Dürig, Art. 19 IV Rn. 202.

43   d) *Der Beurteilungsspielraum im Prüfungsrecht* wurde von der früheren Verwaltungsrechtsprechung seit dem Grundsatzurteil des

BVerwG vom 25. 4. 1959 (*BVerwGE* 8, 272) anerkannt, weil es
sich um fachlich-wissenschaftliche, im Schulbereich auch um päd-
agogische Bewertungen handelt, die Prüfungssituation meist nicht
wiederholbar ist und für die nachträgliche gerichtliche Kontrolle
im Einzelfall der notwendige Vergleich mit den Prüfungsleistun-
gen anderer Kandidaten fehlt. Die Prüfungsentscheidungen konnten danach nicht inhaltlich, sondern nur daraufhin überprüft werden, ob der Prüfer (1) die Verfahrensvorschriften eingehalten hat,
(2) von einem zutreffenden Sachverhalt ausgegangen ist, (3) allgemein anerkannte Bewertungsmaßstäbe beachtet hat, (4) sich nicht
von sachfremden Erwägungen hat leiten lassen. Die Behauptung
des Kandidaten, der Prüfer habe eine richtige Antwort zu Unrecht als falsch bewertet, wurde somit nicht − auch nicht unter dem
Aspekt der allgemeinen Bewertungsgrundsätze − berücksichtigt.
Etwas anderes sollte nur gelten, wenn die inhaltliche Bewertung
geradezu willkürlich erscheinen mußte. Das *BVerfG* hat dagegen in
zwei Grundsatzentscheidungen vom 17. 4. 1991 (*BVerfGE* 84, 34
und 59) erklärt, daß die bisherige Rechtsprechung für die berufsbezogenen Prüfungen, d.h. die Prüfungen, die für den Zugang zu
Berufen bedeutsam sind, nicht im vollen Umfang mit Art. 12 I, 3 I
und 19 IV GG zu vereinbaren sei. Es unterscheidet zwischen prü-
fungsspezifischen Wertungen, für die nach wie vor im Sinne der
bisherigen Rechtsprechung ein Beurteilungsspielraum (Bewertungsspielraum) zu bejahen, und fachwissenschaftlichen Richtigkeitskontrollen, für die ein Beurteilungsspielraum abzulehnen sei.
Die beschränkte gerichtliche Kontrolle prüfungsspezifischer Wertungen begründet das *BVerfG* vor allem mit der Chancengleichheit
(Art. 3 I GG). Im Gegensatz zu den Prüfern, die sich bei der Bewertung von Einschätzungen und Erfahrungen leiten lassen müßten,
die sie im Laufe ihrer Prüfungspraxis bei vergleichbaren Prüfungen
entwickelt haben und allgemein anwenden, sei die gerichtliche
Kontrolle auf Einzelfälle beschränkt, so daß der anfechtende Kandidat die Chance einer vom Vergleichsrahmen unabhängigen Bewertung erhalte. So ganz überzeugend ist die ausschließliche Bezugnahme auf Art. 3 I GG nicht, zumal die Verwaltungsgericht-
barkeit in der Regel singuläre Fälle betrifft, aber zusammen mit den
übrigen Besonderheiten des Prüfungswesens ist sie relevant und

tragfähig. Dagegen können und müssen die Verwaltungsgerichte nach der Auffassung des BVerfG die fachlichen Beurteilungen – erforderlichenfalls unter Einschaltung von Sachverständigen – vollständig überprüfen. Der Kandidat ist daher auch mit der Behauptung zu hören, seine Antwort auf die Prüfungsfrage sei zutreffend oder zumindest vertretbar gewesen. Eine vertretbare und mit gewichtigen Argumenten folgerichtig begründete Lösung darf nicht als falsch bewertet werden, auch wenn sie der Prüfer selbst für unzutreffend hält. In der Praxis dürfte sich freilich dadurch nicht viel ändern, da schon bislang die Prüfer zumindest in juristischen Prüfungen in der Regel nicht auf das Ergebnis, sondern darauf abstellten, ob der Kandidat die Probleme der Aufgabe angemessen behandelt und eine in sich überzeugende Lösung entwickelt hat. Genau das ist es aber, was das *BVerfG* intendiert.

Die Entscheidungen des *BVerfG* zum Prüfungsrecht haben zahlreiche Stellungnahmen in der Literatur ausgelöst. Kritisch vor allem *Ibler,* Rechtspflegender Rechtsschutz im Verwaltungsrecht, 1999, S. 371 ff., der weitergehend auch eine gerichtliche Kontrolle des Bewertungsspielraums fordert und näher begründet. Vgl. ferner *Niehues,* NJW 1991, 3001 ff.; *ders.,* Schul- und Prüfungsrecht, Bd. 2, 3. Aufl. 1994, Rn. 399 ff.; *Theuersbacher,* BayVBl. 1991, 649 ff.; *Redeker,* NVwZ 1992, 305 ff.; *Seebass,* NVwZ 1992, 609 ff.; *von Mutius/Sperlich,* DÖV 1993, 45 ff. jeweils m.w.N. – Die Verwaltungsrechtsprechung hat sich inzwischen auf die Entscheidungen des *BVerfG* eingestellt und weitere Präzisierungen, insbesondere im Blick auf die Begründung der Prüfungsentscheidungen, das Prüfungsverfahren und die Kontrolle der Prüfungen getroffen, vgl. zur Begründung: *BVerwGE* 91, 262; 92, 132; 99, 185; *BVerwG* DVBl. 1998, 971; zum Verfahren: *BVerwGE* 92, 132; 94, 64; 98, 210; 99, 208; 106, 369; 107, 363; zur Kontrolle: *BVerwGE* 96, 126; 98, 324; 104, 203; zur Nachkorrektur und Wiederholung der Prüfung (*BVerwG* NJW 2003, 1063; *BVerwG* NVwZ 2002, 1375); zum sog. Verschlechterungsverbot bei der Neubewertung: *BVerwG* 109, 211 (vgl. dazu auch *Kingreen,* DÖV 2003, 1 ff.) – teilweise überschneiden sich die genannten Entscheidungen inhaltlich. Vgl. ferner *BVerwGE* 95, 237 (Habilitation); *BVerwGE* 99, 74 (prüfungsspezifischer Bewertungsspielraum: „Gesamteindruck des Leistungsstands" gem. § 5 d IV DRiG); *OVG Münster* NVwZ 1995, 800 (Bewertung einer Prüfungsarbeit). – Zur früheren Rechtsprechung des *BVerwG: BVerwGE* 8, 272; 12, 359; 38, 105, 110 f.; 70, 143; DÖV 1980, 380.

Wenn auch die Entscheidungen des *BVerfG* berufsbezogene und damit an Art. 12 I GG zu messende Prüfungen betreffen, so dürften sie im wesentlichen doch für alle Prüfungen gelten.

44   Für die *prüfungsähnlichen Entscheidungen* und die *dienstrechtlichen Beurteilungen* gilt mutatis mutandis dasselbe, wobei freilich zu beachten ist, daß fachwissenschaftliche Richtigkeitskontrollen hier kaum relevant werden dürften.

Der Beurteilungsspielraum für die *Entscheidungen der unabhängi-* **45** *gen, pluralistisch zusammengesetzten Ausschüsse* wird damit begründet, daß die Eigenart dieser Entscheidungen, die gerade auf dem Zusammenwirken von Repräsentanten unterschiedlicher gesellschaftlicher Gruppen und ihren jeweils spezifischen Auffassungen beruhe, eine volle richterliche Kontrolle ausschließe. Das ist nicht unproblematisch. Denn durch die Schaffung solcher – ohnehin z. T. fragwürdig legitimierter – Gremien könnte die Rechtsschutzgarantie unterlaufen werden, was umso bedenklicher wäre, als diese Ausschüsse weisungsfrei sind und daher auch nicht der verwaltungsinternen und parlamentarischen Kontrolle unterliegen. Ferner ist fraglich, ob die vermutete Fachkompetenz, auf der die Lehre vom Beurteilungsspielraum beruht, tatsächlich auch immer besteht.

Das *BVerfG* folgt denn auch zu Recht dieser Begründung des Beurteilungsspielraums zumindest nicht uneingeschränkt, vgl. *BVerfGE* 83, 130, 148. Die weitere Entwicklung bleibt noch abzuwarten. Zur fraglichen Fachkompetenz vgl. *Lutz*, NJW 1988, 3195.

Die Faktorenlehre schließlich soll verhindern, daß mittelbar über die gerichtliche Kontrolle unbestimmter Rechtsbegriffe gleichsam davor liegende verwaltungspolitische Entscheidungen determiniert werden.

e) Die Gerichte der anderen Gerichtszweige vertreten die gleiche Konzep- **46** tion, wenngleich die Frage des Beurteilungsspielraums dort weniger aktuell wird, vgl. etwa *BGHZ* 72, 211, 215 (Denkmalschutz); *BGHZ* 145, 59, 109 (Vertrauen in die Unabhängigkeit und Unparteilichkeit des Notars); ferner aus der Rechtsprechung des *BSozG für* Beurteilungsspielraum *BSozGE* 23, 206, 208 f.; 38, 278, 289; 55, 245, 247; 65, 157, 158 f.; 79, 269, 272 ff. und *gegen* Beurteilungsspielraum *BSozGE* 43, 153, 158 ff.; 47, 3, 6; vgl. dazu auch *Meyer-Ladwig,* Sozialgerichtsgesetz, Kommentar, 7. Aufl. 2002, § 54 Rn. 27 c. – Zum *BFinH* vgl. *BFinHE* 81, 572; 122, 28, 29 f.

IV. Verschränkungen und Lösungen

„Ermessen" und „unbestimmter Rechtsbegriff" bilden nach wie **47** vor einen der umstrittensten Bereiche des Verwaltungsrechts. Umstritten ist nicht nur die Qualifizierung der beiden Rechtsfiguren, sondern auch die Unterscheidung überhaupt. Eine grundsätzliche Erörterung führt über das Verwaltungsrecht hinaus zu verfassungsrechtlichen, rechtsdogmatischen und rechtstheoretischen Fragestellungen. Hier sollen wenigstens noch einige verwaltungsrechtsbezogene Gesichtspunkte erwähnt werden.

1. Koppelungsvorschriften

48   Unter Koppelungsvorschriften oder Mischtatbeständen versteht man in diesem Zusammenhang Rechtsnormen, die auf der Tatbestandsseite einen unbestimmten Rechtsbegriff und auf der Rechtsfolgenseite eine Ermessensermächtigung enthalten. Tatsächlich gibt es sehr viele solcher Rechtsnormen. Sie weisen an sich auch keine Besonderheiten auf, da beide Seiten je nach ihren Regeln zu beurteilen sind.

So wird etwa in *BVerwGE* 46, 175, 176 f. kurz festgestellt: „Das Vorliegen eines dienstlichen Bedürfnisses für die Versetzung ist als unbestimmter Rechtsbegriff gerichtlich voll nachprüfbar, die daran anschließende Ermessensentscheidung jedoch nur auf Ermessensfehler."
Eine Art Koppelung liegt auch dann vor, wenn die Behörde bei Wahrnehmung ihres Ermessens unbestimmte Rechtsbegriffe zu beachten hat. Beispiel: Die Auswahl und die Einstellung von Beamtenbewerbern liegt im Ermessen der Einstellungsbehörde, sie hat sich dabei aber an der Eignung, Befähigung und fachlichen Leistung der Bewerber (Art. 33 II GG) − unbestimmte Rechtsbegriffe, die der Behörde einen beschränkt überprüfbaren Beurteilungsspielraum einräumen − zu orientieren; vgl. *BVerwG* DVBl. 1982, 198.

Gleichwohl sind Auswirkungen von einer Seite auf die andere möglich.

49   a) Ein *Ermessensschwund* tritt ein, wenn bereits bei der Anwendung des unbestimmten Rechtsbegriffs alle auch für die Ermessensausübung maßgeblichen Gesichtspunkte zu berücksichtigen sind. Für das Ermessen bleibt dann „nichts mehr übrig". Die Folge ist, daß bei Bejahung des Tatbestandes die zulässige Entscheidung zu treffen ist, die Kann-Vorschrift in Wirklichkeit also eine Muß-Vorschrift darstellt.

Das gilt nach *BVerwGE* 18, 247, 250 für § 35 II BBauG (jetzt § 35 II BauGB), der lautet: „Sonstige Vorhaben (sc. Bauvorhaben im Außenbereich) können im Einzelfall zugelassen werden, wenn ihre Ausführung oder Benutzung öffentliche Belange nicht beeinträchtigt." Wenn feststeht, so erklärt das

BVerwG, daß dem Bauvorhaben keine öffentlichen Interessen entgegenstehen (so der Tatbestand), dann seien im Rahmen der Ermessensprüfung keine Gesichtspunkte mehr denkbar, die trotzdem noch eine Versagung der Genehmigung rechtfertigten (bei dieser Auslegung spielte allerdings auch Art. 14 I GG eine maßgebliche Rolle). – Vgl. ferner *BVerwGE* 15, 207, 211 f. (zum „wichtigen Grund" gem. § 3 Namensänderungsgesetz).

b) Andererseits wird angenommen, daß bei gewissen Rechts- 50
normen der auf der Tatbestandsseite erscheinende unbestimmte
Rechtsbegriff in Wirklichkeit dem Ermessen zuzurechnen sei, weil
er das Ermessen in seinem Umfang und Inhalt bestimme. Der unbestimmte Rechtsbegriff wird danach also gleichsam vom Ermessen
„aufgesogen".

So der *Gemeinsame Senat der obersten Gerichtshöfe des Bundes* (*BVerwGE* 39, 355, 363 ff.) im Blick auf § 131 I AO 1919, der bestimmte: „Im Einzelfall können Steuern . . . erlassen werden, wenn ihre Einziehung nach Lage des einzelnen Falles unbillig wäre". Der Begriff „unbillig" ist nach Auffassung des *Gemeinsamen Senats* kein Tatbestandsmerkmal, sondern prägt das Ermessen. Diese (dogmatisch schwerlich haltbare) Entscheidung stellt ausdrücklich auf die – vor allem entstehungsgeschichtlichen – Besonderheiten des § 131 AO 1919 ab und darf deshalb nicht verallgemeinert werden, vgl. distanzierend *BVerwGE* 40, 353, 356; 45, 162, 164 ff.; 56, 71, 75; *BSozGE* 43, 153, 159; dagegen schließt sich *BSozGE* 34, 269, 270 f. dem Gemeinsamen Senat an. Immerhin hat die Vorstellung, daß die Ermessensausübung durch bestimmte Leitgesichtspunkte gelenkt und determiniert wird, durchaus eine gewisse Berechtigung, vgl. dazu wiederum *BVerwGE* 72, 1, 5 („einheitliche Ermessensentscheidung").

2. Austauschbarkeit von unbestimmtem Rechtsbegriff und Ermessenseinräumung

In manchen Fällen kann ein bestimmtes gesetzgeberisches Ziel 51
durch eine entsprechende Regelung entweder auf der Tatbestandsseite (unbestimmter Rechtsbegriff) oder auf der Rechtsfolgenseite (Ermessenseinräumung) erreicht werden.

Beispiel: Der Gesetzgeber beabsichtigt, die Nebentätigkeit von Beamten genehmigungspflichtig zu machen, um zu verhindern, daß dadurch „dienstliche Interessen" beeinträchtigt werden. Es sind folgende zwei Regelungen denkbar: (1) Die Genehmigung der Nebentätigkeit darf nur versagt werden, wenn dienstliche Interessen entgegenstehen (unbestimmter Rechtsbegriff „dienstliche Interessen", zwingende Rechtsfolge). – (2) Die Genehmigung zur Nebentätigkeit kann versagt werden (Ermessensermächtigung, bei deren fehlerfreier Handhabung aber nur dienstliche Interessen zur Versagung führen dürfen), vgl. dazu *BVerwGE* 29, 304, 306 f.; *Bachof*, JZ 1972, 643.

3. Gegenläufige Tendenzen bei Ermessensermächtigung und unbestimmtem Rechtsbegriff

52   Die Unterscheidung zwischen dem unbestimmten Rechtsbegriff und dem Rechtsfolgeermessen wird nicht nur von der Lehre eines umfassenden, beide einbeziehenden Ermessensbegriffs negiert, sondern auch dadurch relativiert, daß zwar die Unterscheidung beibehalten wird, die jeweiligen Konsequenzen sich aber annähern.

53   a) Die *Lehre vom Beurteilungsspielraum* qualifiziert die „mehrdeutigen" Tatbestandsmerkmale zutreffend als Rechtsbegriffe. Sie bewegt sich aber doch wieder auf die alte Ermessenslehre zu, indem sie der Behörde bei Vorliegen eines unbestimmten Rechtsbegriffes einen Entscheidungsspielraum zugesteht, der strukturell dem Ermessensspielraum weitgehend entspricht.

54   b) Die *Ermessenslehre* wird andererseits durch einen Teil der Literatur zunehmend verrechtlicht. Ausgehend von der Erkenntnis, daß sich die Ermessensausübung am Gesetzeszweck zu orientieren habe, wird angenommen, daß im Einzelfall – das Gesetz konsequent weitergedacht und fallbezogen konkretisiert – immer nur *eine* Entscheidung zweckentsprechend sein könne. Die Behörde handelt danach nur dann ermessensfehlerfrei und somit rechtmäßig, wenn sie die der gesetzlichen Zweckbestimmung gemäße Entscheidung getroffen hat. Die Folge ist, daß jede Ermessensentscheidung gerichtlich voll überprüft werden kann.

So vor allem *Rupp,* Grundfragen der heutigen Verwaltungsrechtslehre, S. 177 ff.; NJW 1969, 1273 ff.; ferner u.a. *Lohmann,* Die Zweckmäßigkeit der Ermessensausübung als verwaltungsrechtliches Rechtsprinzip, 1972, insbesondere S. 41 ff.; *Soell,* Das Ermessen der Eingriffsverwaltung, 1973, S. 116 ff.; 368 ff. – Ablehnend vor allem *Ossenbühl,* DÖV 1968, 618 ff.; DÖV 1970, 84 ff.

Diese Auffassung erscheint bestechend; sie berücksichtigt jedoch nicht, daß es auch rechtlich „gleichwertige" Lösungen geben kann, und wird zudem den Besonderheiten der „generellen Ermessensausübung" nicht gerecht.

4. Stellungnahme

a) Trotz alter und immer wieder neu vorgetragener Gegenpo-   **55**
sitionen ist an der Unterscheidung zwischen dem unbestimmtem
Rechtsbegriff und der Einräumung von Ermessen festzuhalten.
Wenn auch gewisse Gemeinsamkeiten bestehen, so handelt es sich
doch um verschiedene Erscheinungen der tatsächlichen und rechtlichen Wirklichkeit, die rechtsdogmatisch entsprechend ihren Eigenarten eingeordnet und beurteilt werden können und müssen.
Das anerkennt zumindest im Ansatz auch die Lehre vom einheitlichen Ermessen, da auch sie zwischen dem Tatbestandsermessen
und dem Rechtsfolgeermessen bzw. dem kognitiven und voluntati-
ven Ermessen unterscheidet. Sie bleibt aber inkonsequent, weil sie
keine rechtlichen Folgerungen daraus zieht. Daß auf beiden Seiten
(auch) rechtserhebliche Wertungen erforderlich sind, rechtfertigt
noch nicht, sie nach denselben Maßstäben zu beurteilen, zumal im
Recht – bei der Rechtsetzung und bei der Rechtsanwendung –
durchweg Wertungen erforderlich sind.

b) Zutreffend wird betont, daß es bei der Frage des Beurtei-   **56**
lungsspielraums und des Ermessens um die *Kompetenzabgrenzung
von Verwaltung und Verwaltungsgerichtsbarkeit* und daher um deren
jeweiligen Kompetenz- oder Funktionsbereich geht, wenngleich
dies nicht der einzige Orientierungspunkt ist. Sie wird indessen
durch das Grundgesetz im Prinzip klar bestimmt. Die Verwaltung
bildet – neben der Legislative und der Gerichtsbarkeit – eine
eigenständige Staatsgewalt (Art. 20 II GG), ist aber nicht nur an
Gesetz und Recht gebunden (Art. 20 III GG), sondern auch, soweit es um Rechte des Bürgers geht, der Rechtskontrolle der Gerichte unterworfen (Art. 19 IV GG). Die zunehmenden Versuche,
die Rechtsschutzgarantie des Art. 19 IV GG zu relativieren oder zu
lockern, sind mit dem klaren Wortlaut und der eindeutigen Intention dieser Vorschrift, einen umfassenden, lückenlosen und effektiven Rechtsschutz zu begründen, nicht zu vereinbaren. Es ist natürlich richtig, wenn bemerkt wird, Art. 19 IV GG dürfe nicht „verabsolutiert" werden, die Verantwortung der Verwaltung dürfe
„durch eine einseitige Auslegung des Art. 19 IV GG nicht ausge-
hebelt werden" (so *Starck,* aaO. S. 172, 174). Wenn dies aber auf

eine Einschränkung des Art. 19 IV GG zielt, muß widersprochen werden. Der Hinweis auf Kontext und Abwägungserfordernisse führt jedenfalls dort nicht mehr weiter, wo – wie bei Art. 19 IV GG – eine eindeutige verfassungsrechtliche Regelung vorliegt (vgl. dazu auch *Maurer,* Staatsrecht, § 8 Rn. 33).

57   Sollte die umfassende Rechtsschutzgarantie nicht (mehr) zeitgemäß oder sachgemäß sein, dann ist es Sache des demokratisch legitimierten verfassungsändernden Gesetzgebers, sie einzuschränken. Es geht nicht an, ihm durch einschränkende Interpretationen vorzugreifen. Im übrigen muß vor vorschnellen Beschränkungen des Art. 19 IV GG gewarnt werden. Der gerichtliche Rechtsschutz ist eine rechtsstaatliche Errungenschaft, die bereits im 18. Jahrhundert gefordert, im 19. Jahrhundert mühsam und stufenweise erkämpft und schließlich – nach dem schrecklichen Rückfall der nationalsozialistischen Gewaltherrschaft – mit Art. 19 IV GG vollständig durchgesetzt wurde. Diese Entwicklung sollte nicht – auch nicht partiell – leichthin zurückgedreht werden. Vgl. dazu zutreffend *Bachof,* Festschrift für Dürig, 1990, S. 319 (339 ff.).

58   c) Aus der Zuweisung der Rechtskontrolle an die Gerichte ergibt sich, daß sie nach den Maßstäben der *Rechtsprechung* erfolgen soll. Rechtsprechung ist Rechtsanwendung; sie erfaßt die Ermittlung des Sachverhalts, die Auslegung und erforderlichenfalls die Ergänzung der gesetzlichen Regelungen und die Subsumtion im konkreten Fall (vgl. bereits oben Rn. 3). Das gilt auch dort, wo der Gesetzgeber Generalklauseln oder allgemein gehaltene Tatbestandsmerkmale verwendet. Im Bereich der Zivil- und Strafgerichtsbarkeit ist das auch unbestritten. So kommt z.B. niemand auf den Gedanken, die Zivilgerichte bei der Auslegung oder Anwendung des § 242 BGB – sicher eine sehr weit gefaßte Generalklausel – einzuschränken. Die Tatsache, daß die Verwaltungsgerichte Rechtsanwendungsakte der Verwaltung „nachvollziehen" (vgl. oben Rn. 5), begründet noch keinen spezifischen, von den übrigen Gerichtsbarkeiten zu unterscheidenden Rechtsprechungsbegriff für die Verwaltungsgerichtsbarkeit. Eine solche Aufspaltung der Rechtsprechung wäre nicht nur in historischer und dogmatischer, sondern auch in verfassungsrechtlicher Sicht verfehlt.

59   d) Die Ausklammerung oder Einschränkung der gerichtlichen Kontrolle gerade im Blick auf unbestimmte Rechtsbegriffe ist zudem deshalb problematisch, weil gerade bei ihnen – eben wegen ihrer Unbestimmtheit – eine gerichtliche Überprüfung besonders dringlich ist, insbesondere wenn es um die Einschränkung von Grundrechten geht (vgl. zutr. *BVerwGE* 45, 309, 324; *BVerfGE* 49, 168, 181 f.; 83, 130, 148).

e) Hinzu kommt, daß die Gerichtsbarkeit die Funktion hat, **60** nicht nur Einzelfälle zu entscheiden, sondern auch – anhand der Einzelfallentscheidung – das *Recht zu konkretisieren und weiter zu entwickeln.* Dieser Funktion kommt gerade im Blick auf die unbestimmten Rechtsbegriffe besondere Bedeutung zu. Es sei nur an die polizeiliche Generalklausel erinnert, die durch die Literatur und Rechtsprechung im Laufe der Zeit konkretisiert und präzisiert worden ist und dadurch erst ihr rechtsstaatliches Korsett erhalten hat.

f) Die verbreitete These, daß durch die derzeitige verwaltungs- **61** gerichtliche Kontrolldichte die Verwaltung zu sehr beengt und die Verwaltungsgerichtsbarkeit überfordert würde, ist bislang empirisch noch nicht ausreichend belegt worden. Die Problematik der heutigen Verwaltungsgerichtspraxis liegt vornehmlich in anderen Bereichen (vgl. auch dazu *Bachof,* Festschrift für Dürig, S. 319 ff. m. w. N.). Zudem ist zu beachten, daß sich die verwaltungsgerichtliche Kontrolle auf *Rechtsfragen* beschränkt und auch insoweit nur in Betracht kommt, als es um die Verletzung *subjektiver Rechte* des Bürgers geht. Es wird also keineswegs die gesamte Verwaltung mit einem Netz verwaltungsgerichtlicher Kontrollen überzogen. Freilich erfordert die Entscheidung von Rechtsfragen immer wieder die Klärung von Sachfragen. Die Verwaltung dürfte dabei in der Vorderhand sein, da sie die spezifischen Sachkenntnisse ihres jeweiligen Verwaltungsbereichs besitzt oder sich zumindest leicht verschaffen kann. Daraus dürfen jedoch keine voreiligen Schlüsse gegen die gerichtliche Kontrolle gezogen werden. Die Gerichte haben die sachlichen Beurteilungen der Verwaltungsbehörde lediglich nachzuvollziehen. Bleiben Zweifel, dann können sie mit Hilfe von Sachverständigen geklärt werden. Das geschieht übrigens auch im Bereich der Verwaltung in nicht unerheblichem Maße. So wird sich z. B. ein Landrat, wenn er eine umstrittene Gewerbegenehmigung abzeichnet und damit die Verantwortung übernimmt, bezüglich der technischen Einzelfragen in der Regel auf das Urteil der Fachleute seines Amtes oder sogar externer Sachverständiger stützen.

62   g) *Zusammenfassend* läßt sich somit feststellen, daß die unbestimmten Rechtsbegriffe durch die Gerichte grundsätzlich voll überprüft werden können und müssen. Ausnahmen sind nur dort zulässig, wo im Blick auf die besondere Entscheidungssitutation oder die besondere Sachmaterie eine gerichtliche Überprüfung nicht oder nicht im vollem Umfang möglich ist, also auf sachlich und damit auf rechtlich unüberwindliche Grenzen stößt. Die von der Rechtsprechung entwickelten Ausnahmen sind unter diesen Voraussetzungen vertretbar. Eine gesetzliche Ermächtigung zur abschließenden Beurteilung durch die Verwaltungsbehörden allein genügt nicht, da Art. 19 IV GG nicht unter Gesetzesvorbehalt steht. Sie ist nur dann verfassungsgemäß und damit beachtlich, wenn sie einen sachbedingten Ausnahmefall aufnimmt und regelt. Der Beurteilungsspielraum oder − von der normativen Ermächtigungslehre aus betrachtet − die Beurteilungsermächtigung der Verwaltung kommt zudem nur bei der Anwendung unbestimmter Rechtsbegriffe auf den Einzelfall (Subsumtion) in Betracht. Die Ausdehnung auf die abstrakte Auslegung unbestimmter Rechtsbegriffe ist dagegen abzulehnen; sie würde zur Rechtszersplitterung und Rechtsunsicherheit führen, die zu überwinden bzw. zu verhindern gerade eine grundlegende Aufgabe der Gerichte ist.

Beispiel: Die Frage, wie der unbestimmte Rechtsbegriff „Zuverlässigkeit" i. S. des § 4 I Nr. 1 GastG generell auszulegen ist, ist von der Rechtsprechung zu klären. Wenn überhaupt, dann kann der Verwaltung nur bei der Entscheidung darüber, ob im konkreten Fall der Antragsteller die erforderliche Zuverlässigkeit i. S. dieser Vorschrift besitzt oder nicht, ein Beurteilungsspielraum eingeräumt werden.

5. Das sog. Planungsermessen

63   Die bisherigen Überlegungen gelten nur bedingt für das sog. Planungsermessen, etwa beim Erlaß von Bauleitplänen nach § 1 BauGB oder beim Erlaß von raumbezogenen Fachplänen nach den Fachplanungsgesetzen (z. B. nach § 17 FStrG für Bundesstraßen oder nach § 8 LuftVG für Flugplätze, vgl. dazu unten § 16 Rn. 4 f.). Schon die immer mehr bevorzugte Bezeichnung „planerische Ge-

staltungsfreiheit" zeigt die Besonderheit dieser Entscheidungen. Sie beruhen überwiegend nicht auf konditional formulierten Rechtsnormen, sondern auf final programmierten Plangesetzen mit Zielvorgaben und Abwägungsgrundsätzen. Die Unterscheidung zwischen unbestimmtem Rechtsbegriff und Ermessensermächtigung verliert wegen der Eigenart dieser Vorschriften ihren eigentlichen Sinn. Die Verwaltung hat im Rahmen des ihr gesetzlich vermittelten Auftrags selbständig tätig zu werden. Sie muß allerdings dabei ihre gesetzlichen Bindungen und Grenzen, insbesondere das Abwägungsgebot, beachten, deren Einhaltung von den Gerichten überprüft werden kann. Die Auffassung, daß zwischen dem Verwaltungsermessen und dem Planungsermessen ein qualitativer oder auch nur gradueller Unterschied bestehe, wird allerdings in der Literatur zunehmend in Frage gestellt oder sogar bestritten. Besondere Gesichtspunkte gelten auch für das „Ermessen" bei Erlaß administrativer Rechtsnormen (Satzungen und Rechtsverordnungen).

Vgl. zur planerischen Gestaltungsfreiheit und ihren gerichtlich überprüfbaren Grenzen bei der Bauleitplanung: *BVerwGE* 34, 301; 45, 309; 90, 329; bei der Fachplanung: *BVerwGE* 48, 56; 52, 237; 71, 166; 72, 282; 84, 123; 98, 339; 100, 238; 100, 370; 104, 144 (Bundesstraße); *BVerwGE* 55, 220; 72, 15; 85, 155 (wasserrechtliche Planfeststellung: Baggersee); *BVerwGE* 56, 110; 75, 214; 87, 332 (luftverkehrsrechtliche Planfeststellung: Verkehrsflughafen Frankfurt und München II); *BVerwGE* 59, 253; 104, 123 (schienenrechtliche Planfeststellung; Bundesbahn); *BVerwGE* 90, 42; 90, 96; 97, 143 (abfallrechtliche Planfeststellung); *Bad-Württ VGH* ESVGH 31, 196 (Landesstraße); ferner grundsätzlich zur Abgrenzung und Bedeutung von Handlungsermessen, Planungsermessen und Beurteilungsspielraum *BVerwGE* 62, 86; 72, 38 (Krankenhausbedarfsplan); *Hoppe/Schlarmann/Buchner*, Rechtsschutz bei der Planung von Straßen und anderen Verkehrsanlagen, 3. Aufl. 2001, S. 74 ff.; *Ule/Laubinger*, Verwaltungsverfahrensrecht, § 41 Rn. 4 ff.; *Sachs*, StBS § 40 Rn. 42 ff.; *Bonk/Neumann*, StBS § 74 Rn. 19 ff.; *Kopp/Ramsauer*, VwVfG, § 40 Rn. 102 ff.; *Koch*, DVBl. 1989, 399 ff.; *Erbguth*, DVBl. 1992, 398 ff.; *Dürr*, VBlBW 1992, 322 ff.; *Hoppe*, DVBl. 1994, 1033 ff.; jeweils m. w. N. – Zum „normativen Ermessen" *Badura*, Gedächtnisschrift für W. Martens, 1987, S. 25 ff.; *Herdegen*, AöR Bd. 114 (1989) S. 607 ff.; *Schmidt-Aßmann*, Verh. des 58. DJT, 1990, N S. 8 (16 ff.); *BVerwGE* 70, 318, 328 ff. und *BVerfGE* 85, 36, 53 ff. (KapazitätsVO im Hochschulbereich).

Literatur zu § 7: Vgl. die Nachweise zur Begründung des Beurteilungs- **64** spielraums, oben Rn. 31; ferner *Jesch*, Unbestimmter Rechtsbegriff und Ermessen in rechtstheoretischer und verfassungsrechtlicher Sicht, AöR Bd. 82 (1957) S. 163 ff.; *Ehmke*, „Ermessen" und „unbestimmter Rechtsbegriff" im

Verwaltungsrecht, 1960; *Rupp*, Grundfragen der heutigen Verwaltungsrechts-
lehre, 1960, 2. Aufl. 1991, S. 177 ff.; *Czermak*, Zur Lehre vom gerichtsfreien
Beurteilungsspielraum der Verwaltungsbehörden, JuS 1968, 399 ff.; *Ossenbühl*,
Tendenzen und Gefahren der neueren Ermessenslehre, DÖV 1968, 618 ff.;
Häberle, Öffentliches Interesse als juristisches Problem, 1970, 595 ff.; *Loh-
mann*, Die Zweckmäßigkeit der Ermessensausübung als verwaltungsrechtliches
Rechtsprinzip, 1972; *Soell*, Ermessen der Eingriffsverwaltung, 1973; *Scholz/
Schmidt-Aßmann*, Verwaltungsverantwortung und Verwaltungsgerichtsbarkeit,
Referate mit Diskussion, VVDStRL 34 (1976) S. 145 ff.; *Koch*, Unbestimmte
Rechtsbegriffe und Ermessensermächtigungen im Verwaltungsrecht, 1979;
Tettinger, Rechtsanwendung und gerichtliche Kontrolle im Wirtschaftsverwal-
tungsrecht, 1980, insbes. S. 67 ff., 349 ff.; *Vallender*, Unbestimmter Rechtsbe-
griff und Ermessen, Mélanges André Grisel, 1983, S. 819 ff.; *Rhinow*, Vom
Ermessen im Verwaltungsrecht: eine Einladung zum Nach- und Umdenken,
recht (Schweiz. Zeitschrift) 1983, 41 ff., 83 ff.; *Badura*, Gestaltungsfreiheit und
Beurteilungsspielraum der Verwaltung, bestehend aufgrund und nach Maßgabe
des Gesetzes, Festschrift für Bachof, 1984, S. 169 ff.; *Erichsen*, Die sogenannten
unbestimmten Rechtsbegriffe als Steuerungs- und Kontrollmaßgaben im Verhältnis von Gesetzgebung, Verwaltung und Rechtsprechung, DVBl. 1985,
22 ff.; *Schmidt-Eichstaedt*, Der Konkretisierungsauftrag der Verwaltung, DVBl.
1985, 645 ff.; *Hill*, Verfahrensermessen der Verwaltung, NVwZ 1985, 449 ff.;
Bullinger (Hg.), Verwaltungsermessen im modernen Staat, 1986 (rechtsver-
gleichende Länderberichte und zusammenfassender Generalbericht von *Starck*);
Brohm, Die staatliche Verwaltung als eigenständige Gewalt und die Grenzen
der Verwaltungsgerichtsbarkeit, DVBl. 1986, 321 ff.; *Alexy*, Ermessensfehler,
JZ 1986, S. 701 ff.; *Hill*, Rechtsstaatliche Bestimmtheit oder situationsgerechte
Flexibilität des Verwaltungshandelns, DÖV 1987, 885 ff.; *Franßen*, (Un-)Be-
stimmtes zum unbestimmten Rechtsbegriff, Festschrift für W. Zeidler, 1987,
S. 429 ff.; *H. H. Rupp*, „Ermessen", „unbestimmter Rechtsbegriff" und kein
Ende, Festschrift für W. Zeidler, 1987, S. 455 ff.; *Starck*, Das Verwaltungser-
messen und dessen gerichtliche Kontrolle, Festschrift für Sendler, 1991,
S. 167 ff.; *Wahl*, Risikobewertung der Exekutive und richterliche Kontroll-
dichte – Auswirkungen auf das Verwaltungs- und das gerichtliche Verfahren,
NVwZ 1991, 409 ff.; *Frowein* (Hg.), Die Kontrolldichte bei der gerichtlichen
Überprüfung von Handlungen der Verwaltung, 1993 (rechtsvergleichend);
Ossenbühl, Gedanken zur Kontrolldichte in der verwaltungsgerichtlichen
Rechtsprechung, Festschrift für Redeker, 1993, S. 55 ff.; *Di Fabio*, Risikoent-
scheidungen im Rechtsstaat, 1994; *Sendler*, Die neue Rechtsprechung des
Bundesverfassungsgerichts zu den Anforderungen an die verwaltungsgericht-
liche Kontrolle, DVBl. 1994, 1089 ff.; *Brohm*, Ermessen und Beurteilungsspielraum im Grundrechtsbereich, JZ 1995, 369 ff.; *Di Fabio*, Die Ermessensreduzierung, VerwArch. 86 (1995) S. 214 ff.; *Hain/Schlette/Schmitz*, Ermessen
und Ermessensreduktion – ein Problem im Schnittpunkt von Verfassungs- und
Verwaltungsrecht, AöR 122 (1997) S. 32 ff.; *Sieckmann*, Beurteilungsspielräume
und richterliche Kontrollkompetenz, DVBl. 1997, 101 ff.; *Schmidt-Aßmann*,
Die Kontrolldichte der Verwaltungsgerichte: Verfassungsrechtliche Vorgaben
und Perspektiven, DVBl. 1997, 281 ff.; *Brinktrine*, Verwaltungsermessen in

Deutschland und England, 1998; *Smeddinek,* Der unbestimmte Rechtsbegriff –
strikte Bindung oder Tatbestandsermessen, DÖV 1998, 370 ff.; *Ibler,* Rechtspflegender Rechtsschutz im Verwaltungsrecht. Zur Kontrolldichte bei wertenden Behördenentscheidungen 1999; *Pache,* Tatbestandliche Abwägung und
Beurteilungsspielraum, 2001; *Berg,* Die Verwaltung und ihre Richter – Bin-
dungswirkungen von Verwaltungsentscheidungen im Prozeß, Festschrift für
Maurer, 2001, S. 529 ff.; *Bullinger,* Flexibilität moderner Verwaltung und
Gerichtsschutz des Bürgers, ebenda, S. 565 ff.; *Ramsauer,* Rechtsschutz durch
nachvollziehende Kontrolle, BVerwG-Festschrift 2003, S. 699 ff.; *Rode,* § 40
VwVfG und die deutsche Ermessenslehre, 2003; *J. Hoffmann,* Neues zum
Beurteilungsspielraum im KJHG-SGB VIII, ZfJ 2003, 41 ff.; *Schmieder,* Risiko-
entscheidungen im Gentechnikrecht, 2004.

Rechtsprechung zu § 7. Zum Ermessen: *BVerwGE* 31, 212 (Ermessens- **65**
bindung); *BVerwGE* 42, 133 (Ermessenserwägungen bei Ausweisung eines
Ausländers); *BVerwGE* 39, 235 (Anspruch auf ermessensfehlerfreie Entschei-
dung bei Zulassung zu einer Anstalt); *BVerwGE* 56, 254 (verfassungsrechtliche
Zulässigkeit von unbestimmten Rechtsbegriffen und Ermessen; Auslegung,
Ermessenserwägungen); *BVerwGE* 62, 86 (Aufnahme in den Krankenhausbe-
darfsplan: Handlungsermessen, Beurteilungsspielraum und Planungsermessen);
BVerwGE 64, 186 (Reduzierung der allgemeinen Erschließungspflicht der
Gemeinde auf Pflicht zur Vornahme bestimmter Erschließungsmaßnahmen);
BVerwGE 71, 228 (Ermessen im Ausländerrecht, Nachzug der Zweitehefrau);
BVerwGE 72, 1 („einheitliches" und „intendiertes" Ermessen); *BVerwGE* 75,
86 (Einbürgerung: Ermessensabwägung, Wohlwollensgebot, Verfassungstreue);
BVerwGE 81, 185 (Beurteilungsspielraum im Atomrecht); *BVerwGE* 95, 15
(Ermessenserwägungen bei der Anerkennung gem. § 8 a IV Nr. 7 StVZO);
BVerwGE 102, 282 (Auswahlermessen gem. § 4 I 2 UIG); *BVerwGE* 104, 154
(Ermessenserwägungen bei Erteilung einer Ausnahmegenehmigung); *BVerw-
GE* 108, 1, 17 ff. (Ermessen bei Erstattungsansprüchen?); *BVerwGE* 116, 332
(Ermessen bei Zinsforderung nach § 49 a IV VwVfG).
Zum unbestimmten Rechtsbegriff und Beurteilungsspielraum vgl. die Nachweise
Rn. 35 und 36, zum sog. Planungsermessen die Nachweise Rn. 63.

§ 8 Das subjektive öffentliche Recht und das Verwaltungsrechtsverhältnis

I. Das subjektive öffentliche Recht

Bislang war von der Rechtsbindung der Verwaltung die Rede. **1**
Es stellt sich nunmehr die Frage, ob und inwieweit *der Bürger verlangen kann,* daß die Verwaltung ihre Rechtsbindungen beachtet,
ob und inwieweit also m. a. W. der Bürger subjektive Rechte
(Ansprüche) gegenüber der Verwaltung hat.

1. Der Begriff des subjektiven öffentlichen Rechts

2   Das subjektive Recht ist eine Rechtsfigur der allgemeinen Rechtslehre. Man versteht darunter die einem Subjekt durch eine Rechtsnorm zuerkannte Rechtsmacht, zur Verfolgung eigener Interessen von einem anderen ein bestimmtes Tun, Dulden oder Unterlassen zu fordern. Subjektive Rechte können sowohl privatrechtlich als auch öffentlich-rechtlich begründet sein. Um die letzteren geht es hier. Das *subjektive öffentliche Recht* ist demnach – aus der Sicht des Bürgers – *die dem einzelnen kraft öffentlichen Rechts verliehene Rechtsmacht, vom Staat zur Verfolgung eigener Interessen ein bestimmtes Verhalten verlangen zu können.*

Subjektive öffentliche Rechte gibt es freilich nicht nur im Verhältnis Bürger-Staat, sondern auch im Verhältnis Staat-Bürger und im Verhältnis der juristischen Personen des öffentlichen Rechts untereinander. Der Staat hat z. B. das „Recht", unter bestimmten gesetzlichen Voraussetzungen dem Bürger Baubeschränkungen aufzuerlegen, Steuerleistungen abzufordern usw.; vgl. dazu *Bauer*, DVBl. 1986, 208 ff. Im folgenden geht es nur um die Richtung Bürger-Staat.

3   *Objektives Recht* und *subjektives Recht* sind streng zu unterscheiden. Das objektive Recht bildet die Summe der Rechtssätze; es begründet Rechtspflichten und evtl. ihnen korrespondierende subjektive Rechte.

Beispiel aus dem Privatrecht: § 433 BGB (Regelung des Kaufvertrags) ist ein objektiver Rechtssatz; er verpflichtet den Verkäufer zur Übergabe der Sache und zur Eigentumsverschaffung (Rechtspflicht) und berechtigt den Käufer, die Übergabe und Eigentumsverschaffung zu verlangen (entsprechendes subjektives Recht).

2. Die Bedeutung des subjektiven Rechts

4   Man mag zunächst bezweifeln, ob dem subjektiven öffentlichen Recht überhaupt ein eigener Wert zukommt, da ja die Verwaltung schon kraft ihrer Rechtsbindung verpflichtet ist, die Gesetze zu beachten und anzuwenden, so daß das subjektive Recht dem Bürger sachlich nicht mehr gibt, als ihm objektiv-rechtlich ohnehin zu gewähren ist. Bei genauerer Betrachtung zeigt sich jedoch, daß das subjektive Recht das Staat-Bürger-Verhältnis entscheidend prägt. Das subjektive Recht bringt die verfassungsrechtlich garantierte Würde und Persönlichkeit des Menschen (Art. 1 I, 2 I GG) zur

Geltung. Es anerkennt ihn als Rechts-Subjekt und vermittelt ihm damit die Möglichkeit, selbständig gegenüber dem Staat aufzutreten und die Beachtung der ihn betreffenden Gesetze zu verlangen. Ohne eigene Rechte wäre der einzelne dagegen bloß Untertan und Objekt staatlichen Handelns. Die Gewährleistung subjektiver Rechte ist eine der Grundbedingungen eines freiheitlichen, demokratischen, sozialen und rechtsstaatlich orientierten Staatswesens. Deshalb hat das subjektive Recht auch nach Erlaß des Grundgesetzes eine weitgehende Aufwertung erfahren. In den Grundrechten findet es seinen besonderen Ausdruck.

Vgl. dazu die grundlegende Entscheidung *BVerwGE* 1, 159, in der – unter Hinweis auf die rechtsstaatlichen, sozialstaatlichen und demokratischen Grundsätze des GG – die Subjektstellung des einzelnen als „Leitidee" des GG bezeichnet wird. In jener Entscheidung ging es um eine Fürsorgeleistung. Das *BVerwG* lehnte die damalige h. L., daß die einschlägigen Fürsorgeregelungen *nur* die Verwaltung zur Leistung verpflichteten, ab und bejahte unter Bezugnahme auf das GG *einen entsprechenden Anspruch* des Hilfsbedürftigen auf Fürsorgeleistung.

Die *praktische* Bedeutung der subjektiven öffentlichen Rechte **5** liegt in der Möglichkeit ihrer *gerichtlichen Durchsetzbarkeit.* Nach Art. 19 IV GG steht jedem, der durch die öffentliche Gewalt in seinen subjektiven Rechten verletzt ist, der Rechtsweg (= Gerichtsweg) offen. Der Bürger kann dann, aber grundsätzlich auch nur dann, die Gerichte anrufen, wenn er die Verletzung „subjektiver Rechte" geltend machen kann.

Art. 19 IV GG wird durch die VwGO konkretisiert und realisiert. Eine Klage gegen ein (angeblich) rechtswidriges Verhalten der Verwaltung ist nach § 42 II VwGO nur zulässig, wenn der Kläger *geltend machen kann,* in seinen Rechten verletzt zu sein, d. h. wenn eine Verletzung seiner Rechte zumindest möglich erscheint (*BVerwGE* 95, 333, 335); sie ist nach § 113 VwGO nur begründet, wenn er in seinen Rechten verletzt *ist.* Die §§ 42, 113 VwGO gelten zwar unmittelbar nur für die (verwaltungsaktbezogenen) Anfechtungs- und Verpflichtungsklagen, sind aber für die allgemeinen Leistungsklagen entsprechend anzuwenden. § 42 II VwGO soll nach der h. L. die Popularklage ausschließen; er stellt jedoch zugleich und vor allem klar, daß eine Klage nicht schon auf die Beeinträchtigung von wirtschaftlichen, politischen, ästhetischen oder sonstigen Interessen, sondern nur auf die Beeinträchtigung von Interessen, die *rechtlich* geschützt und damit zu *subjektiven Rechten* erstarkt sind, gestützt werden kann. Entsprechendes gilt für die anderen Prozeßordnungen (FGO, SGG usw.). Der Gesetzgeber kann selbstverständlich die Klagebefugnis über die rechtliche Betroffenheit hinaus erweitern (§ 42 II VwGO), er tut dies auch verschiedentlich (so etwa für anerkannte Naturschutzvereine gem. § 61 BNatSchG und für die Handwerkskammern gem. § 8 IV HandwO).

Während die Behörde im Verwaltungsverfahren noch eine dominierende Rolle einnehmen und einseitige Entscheidungen treffen kann, stehen sich im gerichtlichen Verfahren Behörde und Bürger als grundsätzlich gleichgestellte Verfahrensbeteiligte gegenüber. Das Bild von der Verwaltungsbehörde und dem Bürger, die gleichermaßen vor den Schranken des Gerichts stehen und dort ihre Rechtsauffassungen vertreten müssen, kennzeichnet die Bedeutung des subjektiven öffentlichen Rechts.

3. Voraussetzungen des subjektiven öffentlichen Rechts

6   Rechtslogische Voraussetzung eines jeden subjektiven Rechts ist die eine andere Person treffende Rechtspflicht, die ihrerseits auf einem objektiven Rechtssatz beruht. Auch wenn gesetzestechnisch nur ein subjektives Recht formuliert wird, liegt eine solche Rechtspflicht vor; sie wird dann eben zugleich mit dem subjektiven Recht begründet, – anderenfalls würde das subjektive Recht ins Leere greifen. Gibt es sonach keine subjektiven Rechte ohne vorgegebene Rechtspflichten, so ist andererseits eine Rechtspflicht ohne korrespondierendes subjektives Recht sehr wohl möglich. Es stellt sich daher die Frage, unter welchen Voraussetzungen bei Vorliegen einer objektiven Rechtspflicht ein entsprechendes subjektives Recht angenommen werden kann.

7   Im *Privatrecht* steht i.d.R. der Rechtspflicht des einen ein Rechtsanspruch des anderen gegenüber. Das ergibt sich aus der Funktion des Privatrechts, das die Interessen der Bürger auszugleichen und gegeneinander abzugrenzen hat. Die Pflichten und Beschränkungen des einen bestehen im Interesse des anderen; es ist daher nur konsequent, wenn dem Bürger die Möglichkeit gegeben wird, seine rechtlich anerkannten und geschützten Interessen als subjektive Rechte geltend zu machen.

8   *Im öffentlichen Recht* liegen die Verhältnisse komplizierter. Die Verwaltung wird im öffentlichen Interesse tätig (vgl. § 1 Rn. 10); das Verwaltungsrecht regelt die an den öffentlichen Interessen orientierte Verwaltung. Dabei geht es zwar oft – aber keineswegs

immer – um die Abgrenzung öffentlicher und privater Interessen. Die Lehre vom subjektiven öffentlichen Recht knüpft daran an. Nach der herrschenden Schutznormtheorie liegt dann ein subjektives Recht vor, wenn eine zwingende Rechtsvorschrift (und damit die sich aus dieser Rechtsvorschrift ergebende Rechtspflicht der Verwaltung) nicht nur dem öffentlichen Interesse, sondern – zumindest auch – dem Interesse einzelner Bürger zu dienen bestimmt ist. Maßgeblich ist der gesetzlich bezweckte Interessenschutz. Die Tatsache allein, daß eine Rechtsvorschrift dem Bürger Vorteile bringt, begründet noch kein subjektives Recht, sondern vermittelt nur einen günstigen Rechtsreflex. Ein subjektives Recht entsteht erst dann, wenn diese Vorteile zugunsten des Bürgers gesetzlich gewollt sind.

Es sind also für die *Annahme eines subjektiven Rechts* stets *zwei Fragen* zu prüfen:

a) Liegt eine Rechtsnorm vor, die die Verwaltung zu einem bestimmten Verhalten verpflichtet (Rechtspflicht der Verwaltung)?
b) Soll die Rechtsnorm – zumindest auch – dem Schutz der Interessen einzelner Bürger dienen (Individualinteresse)?

Die *Interessenrichtung* ist nach der h. L. aus der jeweils einschlägi- **9** gen Rechtsvorschrift zu entnehmen. Einfach liegt es, wenn die individualschützende Zweckrichtung im Wortlaut des Gesetzes selbst zum Ausdruck kommt, wie z.B. in § 17 I SGB XII, wonach ein „Anspruch auf Sozialhilfe" besteht, wenn die Verwaltung zur Gewährung einer entsprechenden Leistung verpflichtet ist, oder in § 5 VII und VIII Bad.-Württ. LBO, wonach der dort geregelten Abstandsfläche zur Grundstücksgrenze nur bis zu einer gewissen Tiefe „nachbarschützende Wirkung" zukommt. Wenn eine derartige ausdrückliche Regelung fehlt, muß mit Hilfe der auch sonst üblichen Auslegungsmittel festgestellt werden, ob überhaupt und ggf. welche Individualinteressen die jeweilige Rechtsvorschrift schützen soll. In der Rechtsprechung hat sich hierzu eine umfassende und z.T. auch verwirrende Kasuistik entwickelt. Das gilt vor allem für den Nachbarschutz im öffentlich-rechtlichen Baurecht, den Konkurrentenschutz im Bereich der Gewerbe- und Berufszulassung und des Subventionswesens sowie für Ansprüche auf Tätigwerden der Verwaltung.

Beispiel (Baurechtliche Nachbarklage): B beantragt und erhält die Genehmigung zum Bau eines Eigenheims auf seinem Grundstück. Sein Nachbar N ist der Auffassung, daß die Genehmigung des ihn störenden Gebäudes gegen bestimmte baurechtliche Vorschriften verstößt und deshalb rechtswidrig ist. Er erhebt nach erfolglosem Widerspruch Anfechtungsklage. – Die Klage scheitert nicht daran, daß die Baugenehmigung nicht an den N adressiert ist, ja möglicherweise ihm nicht einmal amtlich bekanntgegeben worden ist (vgl. *BVerwGE* 22, 129; 78, 85, 88 ff.). Die Klage ist jedoch nur zulässig, wenn N geltend machen kann, die Baugenehmigung verstoße gegen eine ihn als Nachbarn schützende Rechtsnorm, und sie ist nur begründet, wenn die Baugenehmigung tatsächlich gegen eine solche Rechtsnorm verstößt. Es genügt also nicht, daß die Baugenehmigung rechtswidrig ist; es ist vielmehr erforderlich, daß (1) die Baugenehmigung gegen eine Rechtsnorm verstößt und zwar (2) gegen eine Rechtsnorm, die gerade für ihn nachbarschützenden Charakter hat. Liegt kein Verstoß gegen eine solche Rechtsnorm vor, dann muß der N das rechtswidrig genehmigte und errichtete Gebäude „klaglos" hinnehmen, auch wenn es ihn tatsächlich stört. – Entsprechendes gilt für die verwaltungsgerichtliche Berufung, vgl. dazu *BVerwGE* 47, 19; *BVerwG* DÖV 1980, 690; 1984, 173.

Die entscheidende Frage ist daher im Ausgangsfall, ob das Bauvorhaben gegen eine nachbarschützende Rechtsvorschrift verstößt. Da die einschlägigen Rechtsvorschriften nur selten eine ausdrückliche Regelung über den Nachbarschutz enthalten, kommt es maßgeblich auf die Auslegung an. Das hat zu einer umfangreichen und kaum noch übersehbaren Judikatur geführt, die im Laufe der Zeit auch Wandlungen durchgemacht hat, was bei der Auswertung früherer Entscheidungen zu beachten ist. Voraussetzung und Indiz der nachbarschützenden Wirkung ist, daß „sich aus individualisierenden Tatbestandsmerkmalen der Norm ein Personenkreis entnehmen läßt, der sich von der Allgemeinheit unterscheidet" (so *BVerwG* NVwZ 1987, 409; *BVerwGE* 94, 151, 158; früher stellte das *BVerwG* darauf ab, ob der Kreis der potentiellen Berechtigten hinreichend bestimmt und abgrenzbar ist, vgl. *BVerwGE* 27, 29, 33; 52, 122, 129). Im Einzelfall kommt es vornehmlich darauf an, ob die Norm dem Ausgleich der unterschiedlichen Interessen der Grundstückseigentümer und Bauherrn eines bestimmten Gebietes dient und diese gleichsam zu einer Schicksalsgemeinschaft zusammen schließt mit der Folge, daß der Bauherr zwar Beschränkungen im Interesse der Nachbarn hinnehmen muß, dafür aber erwarten kann, daß auch die Nachbarn diese Beschränkungen einhalten.

Das *BVerwG* hat in einer Vielzahl von Entscheidungen zum Nachbarschutz im Bauplanungsrecht – einschließlich des nachbarschützenden Charakters von Bebauungsplänen (vgl. *BVerwGE* 94, 151, 154 f.) – Stellung genommen, während über den Nachbarschutz im Bauordnungsrecht der Länder mangels Revisibilität (vgl. § 137 I VwGO) die Oberverwaltungsgerichte abschließend entscheiden. Es gelangte zunächst zur Auffassung, daß § 34 I BBauG/BauGB, der die Zulässigkeit von Bauvorhaben im nichtbeplanten Innenbereich regelt, und § 35 II BBauG/BauGB, der die Zulässigkeit nichtprivilegierter Bauvorhaben im Außenbereich regelt, keine nachbarschützenden Funktionen besitzen (so *BVerwGE* 32, 173 zu § 34 und *BVerwGE* 28, 268 zu § 35 II). Es zeigte sich jedoch bald, daß ein genereller Ausschluß des Nachbarschutzes in diesen Bereichen schwerlich haltbar ist. Das Gericht nahm deshalb an, daß eine Nachbarklage ausnahmsweise auch unmittelbar auf Art. 14 I GG gestützt werden kann, nämlich dann, wenn die Baugenehmigung bzw. deren Ausnutzung die vorgegebene Grundstückssituation nachhaltig verändert und dadurch den Nachbarn schwer und unerträglich trifft (*BVerwGE* 32, 173, 178 f.; entsprechend für eine auf Art. 2 II GG gestützte Klage bei Beeinträchtigung von Leben und Gesundheit durch die Grundstücksnutzung: *BVerwGE* 52, 211, 222 f.). Das schien auch folgerichtig. Da unter diesen Voraussetzungen (nach den früheren Abgrenzungskriterien) die Grenze der Sozialbindung zur Enteignung überschritten ist, muß sich der Nachbar gegen eine solche Baugenehmigung – subsidiär unter Rückgriff auf Art. 14 I GG – zur Wehr setzen können. In der Folgezeit entwickelte das *BVerwG* jedoch den Grundsatz der Rücksichtnahme, der objektiv-rechtlich den Bauherrn zur Rücksicht auf die Umgebung, insbesondere auf die Nachbargrundstücke, verpflichtet, und ausnahmsweise subjektiv-rechtlich nachbarschützenden Charakter erlangt, „wenn in qualifizierter und zugleich individualisierter Weise auf schutzwürdige Interessen eines erkennbar abgegrenzten Kreises Dritter Rücksicht zu nehmen ist" (*BVerwG* DVBl. 1981, 928: Hochhaus neben einem kleinen Wohngebäude im nichtbeplanten Innenbereich; *BVerwG* NVwZ 1989, 666: Lärmbelästigung durch Getränkemarkt im nichtbeplanten Innenbereich; *BVerwGE* 52, 122: Schweinemaststall im Außenbereich; *BVerwG* DVBl. 2005, 702: Windenergieanlage neben Segelflugplatz). Während die Verankerung dieses Grundsatzes zunächst fraglich war, legte das *BVerwG* später dar, daß er sich aus den einfach-gesetzlichen Regelungen des Baurechts ergeben müsse, und folgerte ihn aus dem Tatbestandsmerkmal des „Sich-Einfügens" i. S. des § 34 I BauGB bzw. aus dem Tatbestandsmerkmal der „öffentlichen Belange" i. S. des § 35 II BauGB. Das „Rücksichtnahmegebot", das später auf weitere Bereiche, etwa den beplanten Innenbereich i. S. des § 30 BBauG/BauGB (vgl. *BVerwGE* 67, 334 zu § 15 I BauNVO) erstreckt und von den Oberverwaltungsgerichten auch für das Bauordnungsrecht übernommen wurde, hat sich – in die Gesetzestatbestände mehr hineingelesen als herausgeholt – zu einer richterrechtlichen Generalklausel entwickelt, die zwar im Einzelfall angemessene Lösungen ermöglicht, aber der Kasuistik Tür und Tor öffnet und zu kaum noch voraussehbaren Ergebnissen führt. Da das Rücksichtnahmegebot inzwischen alle nachbarrechtlich relevanten Bereiche abdeckt, erübrigt sich der unmittelbare Rückgriff auf Art. 14 I GG, zumal es weniger hohe Anforderungen als jener stellt. Das *BVerwG* vertritt nunmehr – unter Berufung auf die Regelungskompetenz des Gesetzgebers gem. Art. 14 I 2 GG – die Auffassung, Nachbarschutz bestehe „grundsätzlich nur, soweit ihn der Gesetzgeber auch normiert hat" (*BVerwGE* 101, 364, 373; ebenso *BVerwGE* 107, 215, 219; vgl. ferner bereits *BVerwGE* 89, 69, 78; *BVerwG* NVwZ 1996, 888). Sollten noch Defizite bestehen, bietet sich im Blick auf Art. 14 I GG eine verfassungskonforme Auslegung der maßgeblichen Bauvorschriften zugunsten des Nachbarschutzes an (*BVerwGE* 101, 364, 372). Art. 14 I GG bleibt aber gleichsam „in Reserve", falls das Rücksichtnahmegebot und die verfassungskonforme Auslegung im konkreten Fall versagen sollten (vgl. dazu auch unten Rn. 12).

Im einzelnen kann darauf hier nicht weiter eingegangen werden, vgl. näher dazu die Lehrbücher zum Baurecht, ferner *Wahl,* Abschied von den „Ansprüchen aus Art. 14 GG", Festschrift für Redeker, 1993, 245 ff., insbes. S. 264 ff.; *Battis,* Baurechtlicher Nachbarschutz in Gebieten nach § 34 BauGB gemäß Art. 14 GG und dem Gebot der Rücksichtnahme, Festschrift für Weyreuther, 1993, S. 305 ff.; *Schmidt-Preuß,* DVBl. 1994, 288 ff. (Anmerkung zu *BVerwGE* 94, 151); *Kraft,* Entwicklungslinien im baurechtlichen Nachbarschutz, Verw-Arch. Bd. 89 (1998) S. 264 ff.; *Jäde,* Das bauplanungsrechtliche Rücksichtsnahmegebot, JuS 1999, 961 ff.; *Muckel,* Der Nachbarschutz im öffentlichen Baurecht – Grundlagen und aktuelle Entwicklungen, JuS 2000, 132 ff.; *Dürr,* Die Entwicklung des öffentlichen Baunachbarrechts, DÖV 2001, 625 ff.

4. Subjektive Rechte und Grundrechte

10   Die h. L. stößt – abgesehen von der Tatsache, daß etwa im Baunachbarrecht kaum noch voraussehbar ist, ob die Gerichte im konkreten Fall ein subjektives Recht des Nachbarn anerkennen oder nicht – auf grundsätzliche Bedenken. Es ist zwar richtig, daß sich die subjektiven Rechte – als rechtlich geschützte Interessen – aus dem Gesetz ergeben müssen, eine nur tatsächliche Betroffenheit des Bürgers also noch kein subjektives Recht begründen kann (so aber eine Mindermeinung in der Literatur, vgl. *Henke,* Das subjektive öffentliche Recht, S. 57 ff.; vgl. ferner unten Rn. 15 a zum europäischen Gemeinschaftsrecht). Der Ansatz der h. L. ist aber insofern zu eng, als sie nur auf die jeweils maßgeblichen gesetzlichen Regelungen abstellt und die verfassungsrechtlichen Aspekte nicht hinreichend berücksichtigt. Art. 19 IV GG kommt hier allerdings nicht unmittelbar zur Anwendung, da er keine subjektiven Rechte begründet, sondern voraussetzt. Er darf aber nicht durch eine zu weitgehende oder gar beliebige Reduzierung subjektiver Rechte ausgehöhlt werden. Diese Gefahr entsteht dann nicht, wenn man die Grundrechte einbezieht, in deren Kontext Art. 19 IV GG steht und die die Basis subjektiver Rechte bilden.

11   a) Die Grundrechte bilden unbestritten *Abwehrrechte* gegen staatliche Maßnahmen, und zwar nicht nur gegen gezielte Eingriffe, sondern ggf. auch gegen sonstige, mehr beiläufige Beeinträchtigungen von Freiheit und Eigentum durch staatliches Verhalten. Soweit nicht die Spezialgrundrechte zum Zuge kommen, greift Art. 2 I GG ein, der nach der weiten Auslegung des *BVerfG* als allgemeines Freiheitsrecht den Anspruch vermittelt, nicht mit Nachteilen bela-

stet zu werden, die nicht durch die verfassungsmäßige Ordnung gedeckt sind (*BVerfGE* 9, 83, 88; 19, 206, 215 f.; 29, 402, 408; 97, 332, 340 f.; *BVerwGE* 30, 191, 198). Der Gesetzgeber kann zwar darüber entscheiden, ob und inwieweit er subjektive Rechte gewähren will; er muß dabei aber die Grundrechte beachten. Im Blick auf den Anwendungsvorrang der Gesetze (vgl. oben § 4 Rn. 50) ist es richtig, wenn zunächst einmal die einschlägigen Rechtsvorschriften daraufhin überprüft werden, ob sie dem Individualinteresse dienen sollen und damit subjektive Rechte begründen. Fällt der Befund negativ aus, müssen die Grundrechte herangezogen werden. Gewähren sie im konkreten Fall Abwehrrechte, dann ist – je nach der Gesetzeslage – die (noch zweifelhafte) Rechtsvorschrift verfassungskonform auszulegen, die (eindeutig individualschutzverneinende) Rechtsvorschrift als verfassungswidrig zu behandeln oder (bei Lückenhaftigkeit der gesetzlichen Regelung) direkt auf das in Betracht kommende Grundrecht zurückzugreifen.

In der Literatur und Rechtsprechung wird der Verfassungsbezug **12** auch zunehmend anerkannt.

Das gilt vor allem für die problematischen Fälle des Drittschutzes (baurechtlicher Nachbarschutz, Konkurrentenschutz im Wirtschafts- und Beamtenrecht). Dementsprechend hat das *BVerwG* früher subsidiär eine unmittelbar auf Art. 14 I GG oder sogar unmittelbar auf Art. 2 II GG gestützte baurechtliche Nachbarklage bejaht (vgl. oben Rn. 9). Sie ist derzeit nicht aktuell, weil die baurechtlichen Vorschriften und das (angeblich) in ihnen zum Ausdruck kommende Rücksichtnahmegebot den gesamten Bereich abdecken. Sollten sich jedoch Lücken ergeben und auch die verfassungskonforme Auslegung nicht weiterführen, dann kommt sie wieder zum Zuge. Die Auffassung von *Wahl* (Festschrift für Redeker, S. 264 ff.), daß das einfach-gesetzliche (Bau)Recht Art. 14 I GG mediatisiere und daher keine unmittelbar aus Art. 14 I GG abgeleiteten Ansprüche bestehen könnten, ist so allgemein nicht haltbar. Es ist sicher richtig, daß der Gesetzgeber das Eigentum näher auszugestalten hat (Art. 14 I 2 GG). Kommt er aber dieser Aufgabe nicht oder nicht ausreichend nach, dann greift Art. 14 I GG, der ein unmittelbar wirkendes subjektives Recht des Bürgers begründet, eben direkt ein (vgl. bereits oben Rn. 10). Art. 14 I 2 GG bildet keinen Gesetzesvorbehalt; jedenfalls darf er nicht – ebensowenig wie das Erfordernis der Entschädigungsregelung für Eingriffe in das Eigentum (vgl. unten § 27 Rn. 96) – zu Lasten des Bürgers eingesetzt werden. Vgl. zur Begründung des Nachbarschutzes im Wege der verfassungskonformen Auslegung auch beispielhaft *BVerwGE* 81, 329, 339 ff. (Nachbarschutz im Bergrecht aufgrund verfassungskonformer Auslegung des § 48 II BBergG). – Erhebliche Bedeutung spielen die Grundrechte bei Konkurrentenklagen im Bereich des Subventionswesens, sei es, daß der Kläger gegen die

Begünstigung seines Konkurrenten klagt (negative Konkurrentenklage), sei es, daß er auf Einbeziehung in die Gruppe der Begünstigten klagt (positive Konkurrentenklage). Mangels gesetzlicher Vorschriften kommen die Grundrechte (Art. 12 I, 2 I, 3 I GG) in Betracht (vgl. dazu *BVerwGE* 30, 191, 198; 60, 154, 159). Die Beamtenkonkurrentenklage kann auf Art. 33 II GG gestützt werden (vgl. *BVerwGE* 118, 370 mit zahlreichen Hinweisen auf die bisherige Rechtsprechung; ferner zur entsprechenden Richterkonkurrentenklage *OVG Schleswig*, JZ 2002, 140 mit Anm. von *Schulze-Fielitz*). – Aber auch in anderen Rechtsbereichen kommt eine unmittelbare Bezugnahme auf Grundrechte in Betracht, so kann die Ausweisung eines Ausländers dessen Ehefrau in ihrem Recht aus Art. 6 I GG verletzen (*BVerwGE* 42, 141).

13   Das bedeutet freilich nicht, daß jede, auch nur entfernt auf eine staatliche Maßnahme zurückführende Beeinträchtigung des einzelnen einen Abwehranspruch begründet. Einmal muß die Unmittelbarkeit – ebenso wie beim Enteignungseingriff (vgl. unten § 26 Rn. 93) – zwischen Maßnahme und Beeinträchtigung gegeben sein. Zum anderen ist zu beachten, daß der Gesetzgeber zur Ausgestaltung und Begrenzung der Grundrechte befugt ist und daß dazu *auch* die Frage gehört, ob und inwieweit die Interessen bestimmter Bürger zu berücksichtigen und rechtlich zu schützen sind, indem sie in den Rang von subjektiven Rechten erhoben werden.

Das zeigt besonders deutlich wiederum das Baurecht, wo es nicht nur um die Interessen der Nachbarn, sondern auch um die Interessen des Bauherrn und die öffentlichen Interessen geht. Der erforderliche Interessenausgleich kann nicht nur materiell-rechtlich, sondern auch durch Zuerkennung oder Versagung subjektiver Rechte erfolgen. Die Nachbarinteressen müssen aber im Blick auf Art. 14 GG jedenfalls dann geschützt werden, wenn es sich um eine schwere und unerträgliche Beeinträchtigung i. S. der Rechtsprechung des *BVerwG* handelt.

14   b) Wesentlich problematischer ist die Frage, ob und inwieweit sich aus den Grundrechten auch *Leistungsansprüche* ergeben, eine Frage, die in das Verfassungsrecht weiterführt und hier nicht mehr erörtert werden kann. Überwiegend wird dies abgelehnt, wenngleich sich gewisse Tendenzen in diese Richtung zeigen (vgl. auch *Maurer*, Staatsrecht, § 8 Rn. 78, § 9 Rn. 28). Von den *Leistungsansprüchen i. e. S.,* die auf präzise, ziffernmäßig bestimmte Gewährungen abzielen und aus dem Grundgesetz nicht begründet werden können, sind die Teilhabeansprüche und die Gesetzesvollzugsansprüche zu unterscheiden. Ein *Teilhabeanspruch,* der auf die Einbeziehung in ein staatliches Leistungssystem gerichtet ist, kann sich

aus Art. 3 I GG, möglicherweise in Verbindung mit einem Spezial-
grundrecht (etwa Art. 12 I GG) ergeben. Ein *allgemeiner Gesetzesvollzugsanspruch* läßt sich verfassungsrechtlich nicht begründen. Wenn
aber der Staat bestimmte Leistungen gesetzlich festlegt, können sich
im Blick auf gewisse Grundrechte und allgemeine verfassungsrechtliche Grundsätze, insbesondere das Sozialstaatsprinzip, entsprechende Ansprüche ergeben, vgl. dazu bereits *BVerwGE* 1, 159 (oben
Rn. 4).

5. Anspruch auf fehlerfreie Ermessensentscheidung

Aus den bisherigen Darlegungen ergibt sich auch, ob und wel-   15
che Ansprüche der Bürger hat, wenn die Verwaltung einen *Ermessensspielraum* besitzt. Es ist wiederum auszugehen von der *Rechtspflicht*
der Behörde und dann zu fragen, ob diese Pflicht zumindest auch
im *Interesse bestimmter Bürger besteht.*
Die Behörde ist *verpflichtet,*
– ermessensfehlerfrei zu entscheiden,
– im Fall der Ermessensreduzierung die einzig noch verbleibende
  ermessensfehlerfreie Entscheidung zu treffen.
Dementsprechend hat der *Bürger* einen *Anspruch*
– auf eine fehlerfreie Ermessensentscheidung,
– auf eine bestimmte Entscheidung,
das allerdings nur, wenn die das Ermessen begründende Rechtsnorm
nicht nur dem öffentlichen Interesse, sondern auch dem Interesse
des betroffenen Bürgers zu dienen bestimmt ist. Ein allgemeiner
Anspruch auf ermessensfehlerfreie Entscheidung besteht nicht.

Beispiel (Anspruch auf polizeiliches Einschreiten): A, der in einem Vorort
der Stadt S ein Einfamilienhaus bewohnt, beklagt sich über erhebliche Lärmbelästigungen bis tief in die Nacht, die von einem in nächster Nähe gelegenen
Sportvereinshaus ausgehen. Er verlangt deshalb vom Bürgermeister als zustän-
diger Ortspolizeibehörde, daß er gegen den Sportverein einschreitet und
Veranstaltungen nach 23 Uhr verbietet. Der Bürgermeister unternimmt nichts.
Wie ist eine Klage zu beurteilen? Es soll davon ausgegangen werden, daß keine
Spezialvorschrift besteht und deshalb die allgemeine Polizeirecht zur Anwendung kommt. Nach der polizeilichen Generalklausel liegt es im Ermessen der
Behörde, ob und wie sie bei Vorliegen einer Gefahr für die öffentliche Sicherheit und Ordnung einschreitet. Es ist zunächst zu prüfen, ob eine Gefahr für
die öffentliche Sicherheit und Ordnung gegeben ist (Tatbestand). Ist das zu bejahen, so stellt sich die weitere Frage, ob der Bürger überhaupt durch die po-

lizeiliche Generalklausel berechtigt wird. Früher wurde die Auffassung vertreten, daß die Polizei *nur* im öffentlichen Interesse handele; heute ist anerkannt, daß die Polizei, soweit es um den Schutz von Rechtsgütern des einzelnen geht, *auch* im Interesse des betroffenen Bürgers tätig wird, die polizeiliche Generalklausel also insoweit *auch* individualschützenden Charakter hat. A kann aber nur verlangen, daß der Bürgermeister ermessensfehlerfrei prüft und entscheidet, nicht daß er das begehrte Verbot erläßt. Das Verwaltungsgericht wird den Bürgermeister nur *dazu* verurteilen (Bescheidungsurteil gem. § 113 V 2 VwGO). Anders läge es allerdings, wenn im Blick auf die konkreten Umstände des Einzelfalls nur noch das begehrte Verbot ermessensfehlerfrei wäre (Ermessensreduzierung); dann wäre der Bürgermeister zum Erlaß des Verbotes verpflichtet, das Verwaltungsgericht hätte ein entsprechendes Verpflichtungsurteil zu erlassen (§ 113 V 1 VwGO). Vgl. dazu *BVerwGE* 11, 95 (Lärm- und Staubbelästigungen durch ein benachbartes Kohlengeschäft); *BVerwGE* 37, 112 (Versperrung einer Garageneinfahrt); *BVerwGE* 92, 153, 156 f.; (kein Anspruch auf ermessensfehlerfreie Entscheidung über die Entscheidung der Einberufung zum Wehrdienst); *OVG Lüneburg* NJW 1985, 2966 (Anspruch auf Errichtung einer Ampelanlage); *VG Freiburg* VBlBW 1987, 349 (Anspruch auf Räumung eines besetzten Hauses); *VG Stade* NVwZ 1989, 497; *OVG Lüneburg* NVwZ 1991, 801; *BVerwGE* 68, 62 (Anspruch auf Einschreiten gegen kirchliches Glockengeläut).

6. Das subjektive Recht im europäischen Gemeinschaftsrecht

15 a   Das subjektive Recht spielt auch im Gemeinschaftsrecht als Klagevoraussetzung eine erhebliche Rolle, hat aber dort eine – wenigstens teilweise – andere Funktion und damit auch andere Bedeutung. Während es im deutschen Recht die maßgebliche materielle Voraussetzung für die Gewährung individuellen Rechtsschutzes bildet, dient es im europäischen Gemeinschaftsrecht – wie übrigens auch in den meisten anderen nationalen Rechtsordnungen – vor allem der Eröffnung des Rechtswegs zur Durchsetzung des objektiven Rechts. Mit Hilfe des subjektiven Rechts und der darauf gestützten Klage soll die volle Wirksamkeit des EG-Rechts in allen Mitgliedstaaten erreicht und gewährleistet werden. Die Klagebefugnis ist daher bereits dann gegeben, wenn der Bürger durch eine zwingende Rechtsnorm unmittelbar und individuell betroffen wird. Diese Erweiterung ist auch bei Klagen vor deutschen Verwaltungsgerichten zu beachten, die – unmittelbar oder mittelbar – die Verletzung von Gemeinschaftsrecht geltend machen. Sie zwingt jedoch nicht zur Erweiterung des subjektiven Rechts in der deutschen Rechtsordnung. Die gemeinschaftsrechtlich geforderte Klagebefugnis kann vielmehr auf

den Soweit-Satz des § 42 II VwGO (soweit gesetzlich nichts anderes
bestimmt ist) gestützt werden. Auf die Dauer werden aber wohl
Auswirkungen auf den Begriff des subjektiven Rechts in der deutschen Rechtsordnung nicht ausbleiben, zumal die (noch) herrschende Schutznormtheorie in der Literatur auf Kritik stößt.

Vgl. dazu *Wahl*, in: Schoch u. a., VwGO, Vorb. § 42 Abs. 2 Rn. 121 ff.,
insbes. Rn. 128; *Würtenberger,* VerwProzR Rn. 71 f.; ferner allgemein zur
(noch keineswegs geklärten) Problematik des subjektiven Rechts im Gemeinschaftsrecht etwa *Burgi*, Verwaltungsprozeß und Europarecht, S. 51 ff.; *v. Danwitz*, Zur Grundlegung einer Theorie des subjektiv-öffentlichen Gemeinschaftsrechts, DÖV 1996, 481 ff.; *Classen*, Der einzelne als Instrument zur
Durchsetzung des Gemeinschaftsrechts? Zum Problem der subjektiv-öffentlichen Rechte kraft Gemeinschaftsrechts, VerwArch. 88 (1997) S. 645 ff.;
Ruffert, Dogmatik und Praxis des subjektiv-öffentlichen Rechts unter dem
Einfluß des Gemeinschaftsrechts, DVBl. 1998, 69 ff.; *Kokott*, Europäisierung
des Verwaltungsprozeßrechts, DV 31 (1998) S. 335, 348 ff.; *Ehlers*, Die Europäisierung des Verwaltungsprozeßrechts, 1999, S. 45 ff.; *Schoch*, Individual-
rechtsschutz im deutschen Umweltrecht unter dem Einfluß des Gemeinschaftsrechts, NVwZ 1999, 457 ff.; *ders.*, Die Europäisierung des Verwaltungsprozessrechts, BVerwG-Festschrift 2003, S. 507, 516 ff.

II. Das Verwaltungsrechtsverhältnis

1. Begriff

Das Verwaltungsrechtsverhältnis hängt eng mit dem subjektiven   **16**
öffentlichen Recht zusammen; es ist teils Folge, teils Voraussetzung
subjektiver Rechte. Auch das Rechtsverhältnis ist eine Kategorie
der allgemeinen Rechtslehre. Man versteht darunter die sich aus
einem konkreten Sachverhalt auf Grund einer Rechtsnorm ergebenden rechtlichen Beziehungen zwischen zwei oder mehreren
Rechtssubjekten. Ist die zugrundeliegende Rechtsnorm dem Verwaltungsrecht zuzuordnen, liegt ein Verwaltungsrechtsverhältnis
vor.

Das allgemeine Staat-Bürger-Verhältnis ist zwar rechtlich geregelt, aber kein
Rechtsverhältnis, da ihm die erforderliche Konkretisierung fehlt. Beispiel: Der
Anspruch des Bürgers gegen den Staat, sein Grundstück unter Beachtung der
baurechtlichen Vorschriften bebauen zu dürfen, bildet noch kein Rechtsverhältnis. Ein Rechtsverhältnis entsteht erst dann, wenn der Bürger A die Baugenehmigung für ein bestimmtes Grundstück beantragt.

In der Regel besteht ein Rechtsverhältnis aus gegenseitigen, aufeinander bezogenen Pflichten und Rechten.

2. Praktische Bedeutung

17   Das Verwaltungsrechtsverhältnis wird im Verwaltungsprozeß bedeutsam, wo es zwar keine rechtswegbegründende, aber eine klagebegründende Funktion hat. Nach § 43 I VwGO kann Feststellungsklage erhoben werden, wenn das Bestehen oder das Nichtbestehen eines Rechtsverhältnisses oder einzelner Folgen daraus, etwa bestimmter Berechtigungen oder Verpflichtungen, zwischen den Beteiligten strittig sind und der Kläger ein berechtigtes Interesse an der baldigen Feststellung hat. Die Rechtsprechung ist bei der Anerkennung eines Rechtsverhältnisses i. S. des § 43 I VwGO großzügig. Das liegt daran, daß einerseits der Verwaltungsrechtsweg gem. § 40 I VwGO bei allen öffentlich-rechtlichen Streitigkeiten nichtverfassungsrechtlicher Art eröffnet ist, andererseits aber die übrigen Klagearten, die präziser sind, nicht immer richtig passen und sich daher die Feststellungsklage gem. § 43 I VwGO als eine Art Auffangklage anbietet.

Vgl. dazu näher die Lehrbücher zum Verwaltungsprozeßrecht, etwa *Schmitt Glaeser/Horn,* Rn. 327 ff.; *Hufen,* § 18 Rn. 6 ff.; ferner – zum Begriff des Rechtsverhältnisses und zu den Grenzen der Feststellungsklage – *BVerwGE* 89, 327. – Die verwaltungsgerichtliche Feststellungsklage gem. § 43 I VwGO greift nur im Rahmen der Verwaltungsgerichtsbarkeit (§ 40 I VwGO) ein. Die übrigen Prozeßordnungen kennen aber entsprechende Feststellungsklagen, vgl. § 55 I SGG, § 41 I FGO, ferner § 256 I ZPO.

3. Arten von Verwaltungsrechtsverhältnissen

18   Unter den Begriff des Verwaltungsrechtsverhältnisses fallen – nach Entstehung, nach Subjekten und vor allem nach Inhalt – die unterschiedlichsten Erscheinungen.

a) *Die Entstehung* des Verwaltungsrechtsverhältnisses kann auf Gesetz (formelle Gesetze, Rechtsverordnungen, Satzungen), auf Verwaltungsakt, auf Verwaltungsvertrag und auf Realakt beruhen. In gleicher Weise können Verwaltungsrechtsverhältnisse geändert und aufgehoben werden. Eine Begründung durch Realakt liegt z. B. vor, wenn allein durch den Zugang zu einer gemeindlichen Einrichtung ein Benutzungsverhältnis (mit Pflichten und Rechten für die Gemeinde und den Benutzer) entsteht.

b) *Gegenstand* des Verwaltungsrechtsverhältnisses kann alles sein, **19** was rechtlich zulässig ist. Das Spektrum ist weit und schillernd. Eine Typologie der Verwaltungsrechtsverhältnisse steht noch aus. Man kann zunächst zwischen Moment-Verwaltungsrechtsverhältnissen (ad hoc-Verwaltungsrechtsverhältnissen) und Dauer-Verwaltungsrechtsverhältnissen unterscheiden.

aa) *Moment-Verwaltungsrechtsverhältnisse* entstehen aus einem kon- **20** kreten und einmaligen Anlaß und beschränken sich darauf, auch wenn sie in dieser oder jener Hinsicht noch gewisse Folgerungen haben sollten. Ein solches Rechtsverhältnis liegt z.B. vor, wenn jemand durch eine Polizeiverfügung zur Abstützung seines Hauses verpflichtet wird, bestimmte Auskünfte zu erteilen hat oder beansprüchen kann, Akteneinsicht erhält, eine gewerberechtliche Kontrolle dulden muß, einen Schadenersatzanspruch geltend machen kann usw.

bb) Die *Dauer-Verwaltungsrechtsverhältnisse* haben rechtlich erheb- **21** lich größere Bedeutung. Zu nennen sind:

– Personenbezogene *Verwaltungsrechtsverhältnisse*, etwa die Mitgliedschaft in einer Körperschaft des öffentlichen Rechts, das Beamtenverhältnis, das Schulverhältnis, das Wehrdienst- oder Ersatzdienstverhältnis, die Wahlberechtigung.
– Vermögensbezogene *Verwaltungsrechtsverhältnisse*, etwa Sozialleistungsverhältnisse mit wiederkehrenden Rentenansprüchen, Subventionsverhältnisse, Steuerschuldverhältnisse.
– Anstalts- *und Benutzungsverhältnisse*, etwa der Anschluß an die Wasser- und Energieversorgung, die Benutzung öffentlicher Verkehrsmittel, die Inanspruchnahme sonstiger kommunaler Einrichtungen.

Eine scharfe Trennung dieser drei Gruppen ist freilich nicht möglich. Die Anstalts- und Benutzungsverhältnisse z.B. haben oft einen personenbezogenen Charakter, zugleich aber auch einen vermögensrechtlichen Einschlag; sie decken sich daher meist mehr oder weniger mit den beiden zuerst genannten Gruppen. Hinzu kommt, daß die Anstalts- und Benutzungsverhältnisse auch privatrechtlich ausgestaltet sein können, was zeigt, daß von der Sache her (die Bereitstellung einer öffentlichen Einrichtung) noch nicht ohne weiteres auf ein verwaltungsrechtliches Rechtsverhältnis geschlossen werden kann, auch wenn die anzuwendenden Regeln inhaltlich weitgehend übereinstimmen.

cc) Keine weitere Gruppe, sondern wiederum eine Überlagerung bildet das „*verwaltungsrechtliche Schuldverhältnis*"; darunter fallen spezifische Beziehungen zwischen Staat und Bürger mit schuldrechtsähnlichem Charakter, auf die wegen dieser Ausrichtung die schuldrechtlichen Vorschriften des BGB, insbesondere die Ansprüche bei Leistungsstörungen, Anwendung finden (vgl. dazu unten § 28 Rn. 2 ff.). Dies dürfte die praktisch wichtigste Gruppe der Verwaltungsrechtsverhältnisse darstellen.

22   dd) Neuerdings treten zunehmend sog. *polygonale oder mehrpolige Verwaltungsrechtsverhältnisse* in Erscheinung. Sie unterscheiden sich dadurch von den bipolaren Rechtsverhältnissen, daß sich nicht nur der Staat auf der einen Seite und der Bürger – oder mehrere Bürger, aber mit gleichgerichteten Interessen – auf der anderen Seite gegenüberstehen, sondern daß auch auf der Bürgerseite unterschiedliche und gegenläufige Interessen geltend gemacht werden, so daß ein komplexes Geflecht verschiedener und gegensätzlicher Interessen besteht, das in einen optimalen Ausgleich gebracht werden muß. Das gilt insbesondere für Verwaltungsverfahrensrechtsverhältnisse.

Beispiel: Bei der Festlegung der Trasse einer Bundesautobahn sind die einen für die Nordtrasse, die anderen für die Südtrasse, die dritten dafür, daß überhaupt nicht gebaut wird, die vierten dafür, daß auf jeden Fall, aber nicht durch ihre Siedlung gebaut wird. Von einem tripolaren Rechtsverhältnis kann man sprechen, wenn bei einer Bau- oder Immissionsschutzgenehmigung ein Nachbar als Dritter ins Spiel kommt.

23   c) *Subjekte der Verwaltungsrechtsverhältnisse* können grundsätzlich alle Rechtssubjekte sein, soweit sie Inhaber verwaltungsrechtlicher Pflichten und Rechte sind. Verwaltungsrechtsverhältnisse können sonach zwischen dem Staat oder einem sonstigen rechtsfähigen Verwaltungsträger und dem Bürger, aber auch zwischen rechtsfähigen Verwaltungsträgern bestehen. Sie sind auch im verwaltungsinternen Bereich möglich, da, wie noch zu zeigen ist, auch Verwaltungsorgane unter bestimmten Voraussetzungen (Organ)Rechte geltend machen können (etwa Verwaltungsrechtsverhältnis zwischen Bürgermeister und Gemeindevertretung).

4. Das Verwaltungsrechtsverhältnis als Grundlage oder Richtpunkt einer Verwaltungsrechtsdogmatik?

Die Verwaltungsrechtslehre hat das Verwaltungsrechtsverhältnis 24 bislang nur wenig beachtet. In der Literatur wird das immer wieder bemängelt; z.T. wird sogar gefordert, an Stelle des bislang (angeblich) beherrschenden Verwaltungsakts das Verwaltungsrechtsverhältnis zur Grundlage des Verwaltungsrechtssystems zu machen.

Vgl. *Bachof*, VVDStRL 30 (1972) S. 231 f.; *Schmitt Glaeser*, in: Lerche/ Schmitt Glaeser/Schmidt-Aßmann, Verfahren als staats- und verwaltungsrechtliche Kategorie, 1984, S. 84 f. (wo das Verwaltungsrechtsverhältnis sogar als eine Handlungsform der Verwaltung bezeichnet wird); *Häberle*, BayVBl. 1977, 748; *ders.*, Die Verfassung des Pluralismus, 1980, S. 248 ff.; *Achterberg*, VerwR § 20 Rn. 32 f.; *J. Martens*, Die Praxis des Verwaltungsverfahrens, insb. Rn. 29 ff.; *Ipsen*, VerwR Rn. 163. Dagegen skeptisch bis ablehnend *Mayer/Kopp*, VerwR S. 330; *Löwer*, NVwZ 1986, 794; *Schmidt-Aßmann*, DVBl. 1989, 539 f.; *ders.*, VerwR S. 255 ff.; *Meyer*, VVDStRL 45 (1987) S. 272; *Pietzcker*, DV 30 (1997), S. 281 ff.; *Detterbeck*, VerwR Rn. 415; einschränkend nunmehr auch *Bachof*, VVDStRL 45 (1987) S. 279 und *Häberle*, ebenda, S. 253. Vgl. ferner *Bauer*, DV Bd. 25 (1993) S. 315 ff., der sich zu Recht gegen eine falsche Frontstellung wendet und dafür plädiert, die Handlungsformenlehre durch das Verwaltungsrechtsverhältnis nicht abzulösen, sondern zu komplettieren. – Neuerdings wird auch versucht, die besonderen Probleme des informellen Verwaltungshandelns mit Hilfe des Rechtsverhältnisses in den juristischen Griff zu bekommen, vgl. dazu etwa *Bauer*, VerwArch. Bd. 78 (1987) S. 241 (259 ff.); *Schulte*, DVBl. 1988, 512 (513 f.).

Die Bemühungen in diese Richtung sind sicherlich positiv zu bewerten. Es fragt sich jedoch, ob die Erwartungen nicht zu hoch gesteckt sind. Bei näherem Zusehen zeigt sich, daß es eigentlich nicht *das* Verwaltungsrechtsverhältnis, sondern nur eine *Vielzahl* sehr unterschiedlich geregelter und ausgestalteter Verwaltungsrechtsverhältnisse gibt (auch wenn sie unter dem Sammelbegriff des Verwaltungsrechtsverhältnisses erfaßt werden). Gerade das, was das Verwaltungsrechtsverhältnis so anziehend macht, nämlich seine Ausdifferenzierungen im Blick auf die jeweiligen konkreten Situationen, läßt seine Eignung als Grundbegriff des allgemeinen Verwaltungsrechts fraglich erscheinen. So geht es denn auch, wenn das Verwaltungsrechtsverhältnis in der Gesetzgebung näher geregelt oder in der Literatur substantiell erörtert wird, meistens um *spezifische* Verwaltungsrechtsbereiche.

So etwa das Sozialrechtsverhältnis (§§ 30 ff. SGB I), das Steuerschuldverhältnis (§§ 37 ff. AO), das Beamtenverhältnis (§§ 4 ff. BBG, §§ 2 ff. BRRG), das Subventionsverhältnis (vgl. dazu bereits *Zacher,* VVStRL 25, 1967, S. 325 ff.), das Anstalts- und sonstige Benutzungsverhältnis (vgl. dazu *Erichsen,* in: Erichsen/Ehlers VerwR § 29 Rn. 32 ff.) und das Überwachungsverhältnis (vgl. dazu *Gröschner,* Das Überwachungsverhältnis, 1992).

Das deutet darauf hin, daß das Verwaltungsrechtsverhältnis im *besonderen Verwaltungsrecht* stärkere Berücksichtigung verdient, im allgemeinen Verwaltungsrecht aber allenfalls einige übergreifende Grundstrukturen entwickelt werden können. Es liegt hier nicht anders als im bürgerlichen Recht, wo das Rechtsverhältnis auch erst im besonderen Teil seine Entfaltung erlangt. Jedenfalls ist das Verwaltungsrechtsverhältnis noch kein verwaltungsrechtsdogmatisches Institut, aus dem sich Erkenntnisse und Folgerungen gewinnen ließen oder das gar als leitender Zentralbegriff eines Verwaltungsrechtssystems geeignet wäre.

25 Der *Verwaltungsakt,* gegen den sich die Aufwertung des Verwaltungsrechtsverhältnisses richtet, ist selbst in den oben genannten Bereichen, insbesondere im Steuer- und Sozialrecht, zur Bewältigung der dort anfallenden Massenvorgänge unverzichtbar. Für die meisten Bürger tritt das Finanzamt nur in Gestalt des Verwaltungsakts/Steuerbescheids, der in der AO 1977 eingehend geregelt ist, in Erscheinung. Es ist sicher zutreffend, daß „der Verwaltungsakt nur eine Momentaufnahme innerhalb sich entwickelnder Beziehungen darstellt" (so *Bachof,* VVDStRL 30, 231); hinzuzufügen ist aber, daß es sich nicht um einen beliebigen Moment, sondern um den maßgeblichen Augenblick, nämlich den Zeitpunkt handelt, in dem das Verwaltungsverfahren abgeschlossen wird und die Rechtsbeziehungen für die Zukunft geregelt und gestaltet werden. Der Verwaltungsakt ist also gleichsam die *rechtlich greifbare Erscheinung* oder der *rechtliche Orientierungspunkt* im Laufe der Entwicklung (wie der Vertrag im Zivilrecht). Insoweit bilden Verwaltungsrechtsverhältnisse und Verwaltungsakt auch in rechtsdogmatischer Sicht keine sich gegenseitig verdrängende, sondern sich gegenseitig ergänzende Institute. Im übrigen dürfte heute Einigkeit darüber herrschen, daß der Verwaltungsakt nicht *die,* sondern nur *eine* Handlungsform der Verwaltung unter anderen ist. Er ist allerdings für das Verwaltungsrecht, das überwiegend die Rechtsbeziehungen Staat-Bürger betrifft, von erheblicher Bedeutung. Inwieweit er durch den Verwaltungsvertrag abgelöst werden kann, ist noch offen. Vgl. dazu auch unten § 9 Rn. 37 ff. und § 14 Rn. 21 ff.

III. Das sog. besondere Gewaltverhältnis

26 Das besondere Gewaltverhältnis wurde bereits oben im Rahmen des Gesetzesvorbehalts erwähnt (vgl. § 6 Rn. 17 ff.). Nach der hier vertretenen Auffassung gehört dieses Rechtsinstitut der Vergan-

genheit an. Da es aber nicht nur früher in der Literatur und Rechtspraxis geläufig war, sondern auch heute noch nicht völlig überwunden ist, ist darauf einzugehen.

1. Begriff und Herkunft

Die Entstehung des besonderen Gewaltverhältnisses geht auf **27**
die konstitutionelle Staats- und Verwaltungslehre des ausgehenden
19. Jahrhunderts *(Laband, Otto Mayer)* zurück und ist in diese ein-
gebettet. Im Gegensatz zum allgemeinen Gewaltverhältnis, das jeden Bürger bezüglich seiner allgemeinen Rechte und Pflichten
erfaßte, betraf das besondere Gewaltverhältnis spezifische Beziehungen zwischen dem Staat und dem Bürger, die durch die
(zwangsweise oder freiwillige) Einordnung in bestimmte Verwaltungsbereiche begründet wurden (Schule, Strafvollzug, sonstige
Anstalten, Beamtenverhältnis, Wehrdienstverhältnis). Das besondere Gewaltverhältnis wurde – das war der Sinn des Instituts – dem
verwaltungsinternen und damit dem als rechtsfrei erachteten Bereich zugerechnet. Damit wurde erreicht, daß zwar die zwangsweise Begründung eines besonderen Gewaltverhältnisses der gesetzlichen Grundlage bedurfte, aber die spezifischen Beziehungen
des besonderen Gewaltverhältnisses selbst den Grundrechten, dem
Gesetzesvorbehalt und dem Rechtsschutz entzogen waren. Die Exekutive konnte kraft eigenen Rechts die zur Ausgestaltung der besonderen Gewaltverhältnisse erforderlich erscheinenden Regelungen
erlassen und dabei auch Eingriffe ohne gesetzliche Ermächtigung
anordnen. Diese Regelungen waren Verwaltungsvorschriften, die
nach damaliger Auffassung keinen (Außen)Rechtscharakter hatten.

Vgl. dazu *Otto Mayer,* VerwR I S. 101 ff.; *W. Jellinek,* VerwR S. 122
m. w. N., S. 341, wo nach dem Hinweis, daß „die besonderen Gewaltverhältnisse" die sonst erforderliche gesetzliche Grundlage ersetzten, plastisch festgestellt wird: „Der Lehrer kann den trägen Schüler kurzer Hand zurückhalten
und einsperren."

2. Der Abbau des besonderen Gewaltverhältnisses

Die Lehre vom besonderen Gewaltverhältnis, das rechtsstaatliche **28**
Freiräume schafft, mußte spätestens nach Erlaß des Grundgesetzes
mit seinem Anspruch auf rechtsstaatliche Durchdringung aller

staatlichen Bereiche fragwürdig werden. Sie hielt sich trotzdem
– mit unterschiedlichen Begründungen – noch lange: Teilweise
wurde angenommen, die überkommenen besonderen Gewaltverhältnisse mit ihren typischen Einschränkungen bestünden gewohnheitsrechtlich fort; teilweise wurde die Auffassung vertreten, sie
würden verfassungsrechtlich geregelt oder vorausgesetzt (so etwa
das Schulverhältnis in Art. 7 I GG, das Beamtenverhältnis in
Art. 33 IV und V GG, das Strafgefangenenverhältnis in Art. 74
Nr. 1 GG oder Art. 104 I GG); teilweise wurde auch mit dem
Hinweis auf die freiwillige Unterwerfung argumentiert. Im Laufe
der Zeit kam es jedoch zu Aufweichungen und zu partiellem Abbau, so etwa, indem anerkannt wurde, daß auch die verwaltungsinternen Regelungen Rechtscharakter haben (womit die entscheidende theoretische Barriere überwunden war), daß auch die
Grundrechte im besonderen Gewaltverhältnis zur Anwendung
kommen, sofern nicht deren besondere Zwecke eine Einschränkung erfordern, daß der Rechtsschutz wenigstens für die grundlegenden Maßnahmen des besonderen Gewaltverhältnisses bestehe
(vgl. dazu vor allem *Ule,* VVDStRL 15, 1957, S. 133 ff.).

29   Im einzelnen braucht die Entwicklung und die sich verstärkende
Kritik nicht dargelegt zu werden.

> Vgl. dazu z. B. im Blick auf die Schule die Referate von *Evers* und *Fuß* mit
> anschließender Diskussion auf der Staatsrechtslehrertagung 1964, VVDStRL
> 23, 147 ff.

Der entscheidende Durchbruch erfolgte schließlich durch die
bereits erwähnte Entscheidung des *BVerfG* vom 14. 3. 1972 (*BVerf-
GE* 33, 1 – Strafvollzug – vgl. oben § 6 Rn. 18), in der – ohne
weitere Auseinandersetzung mit den überkommenen Auffassungen
– festgestellt wird, daß die Grundrechte auch im Strafvollzug gelten
und nur unter den auch sonst maßgeblichen Voraussetzungen beschränkt werden können. In der Rechtsprechung und in der überwiegenden Literatur setzte sich nun rasch die allein richtige Auffassung durch, daß die Grundrechte, der Gesetzesvorbehalt und der
Rechtsschutz (Art. 19 IV GG) auch in den traditionell als besondere Gewaltverhältnisse bezeichneten Staat-Bürger-Beziehungen
gelten. Das besondere Gewaltverhältnis ist funktionslos geworden
und hat sich damit erledigt. Vgl. dazu auch oben § 6 Rn. 17 ff.

Überraschenderweise scheint es aber doch zählebiger zu sein, als nach der *BVerfG*-Entscheidung angenommen wurde. Gerade in den letzten Jahren haben sich eine ganze Reihe von Autoren für das besondere Gewaltverhältnis – allerdings mit beschränkter Bedeutung, etwa als nur verwaltungsrechtliche Kategorie oder als Basis für besondere Einschränkungsbefugnisse – eingesetzt, vgl. die Nachweise bei *N. Klein*, DVBl. 1987, 1102 (1103 f.).

Damit soll nicht bestritten werden, daß diese Beziehungen tat- **30** sächlich gewisse Eigenarten aufweisen und entsprechend dieser Eigenarten auch besonderer Regelungen bedürfen. Aber diese Regelungen müssen – wie auch sonst – den rechtsstaatlichen Anforderungen voll entsprechen, insbesondere durch Gesetz oder auf Grund eines Gesetzes ergehen und mit den Grundrechten voll im Einklang stehen. Auch das „allgemeine Gewaltverhältnis" ist ja kein umfassendes Rechtsverhältnis, sondern nur eine Sammelbezeichnung, die die verschiedensten Rechtsverhältnisse zum Gegenstand hat (vgl. oben Rn. 18 ff.). Bei genauerer Betrachtung gibt es überhaupt nur – mehr oder weniger ausgeprägte – Sonderrechtsverhältnisse. Es erscheint daher – zur Vermeidung von Mißverständnissen – angebracht, auf die Bezeichnung „besonderes Gewaltverhältnis" ganz zu verzichten. Auch die Ersatzbezeichnungen „verwaltungsrechtliche Sonderverhältnisse" (Wolff), „Sonderstatusverhältnisse" (Hesse), „personale Kontaktverhältnisse" (Fuß) tragen zur Klärung nichts bei, sondern führen nur zu der Gefahr, daß doch wieder traditionelle Vorstellungen des besonderen Gewaltverhältnisses Eingang finden.

Fall: Der Schüler S eines staatlichen Gymnasiums gibt eine Schülerzeitung heraus, in der die Verhältnisse in der Schule kritisch dargestellt werden. Der Schulleiter verbietet die Schülerzeitung. S will wissen, ob das Verbot rechtmäßig ist. Das ist nur dann der Fall, wenn das Verbot sich auf ein formelles Gesetz oder auf eine Rechtsverordnung auf Grund eines formellen Gesetzes stützen kann (wobei freilich nicht speziell die Herausgabe einer Schülerzeitung gesetzlich geregelt sein muß) und wenn es ferner mit Art. 5 I GG im Einklang steht. Das Verbot ist durch das Verwaltungsgericht überprüfbar (Art. 19 IV GG). Vgl. dazu auch *Kästner*, Das Grundrecht des Schülers auf freie Meinungsäußerung, DÖV 1977, 500 ff.; *Pieroth/Schürmann*, Rechte und Pflichten des Schülers, VR 1981, 373 (378 ff.).

3. Die sog. Sonderverordnung

Die Sonderverordnung geht auf eine in der Literatur entwickelte **31** Lehre zurück, die darunter *Rechtsnormen* versteht, die von der *Exe-*

kutive zur Regelung von Sonderrechtsverhältnissen (besonderen Gewalt-
verhältnissen) erlassen werden. Da die klassischen besonderen Gewaltverhältnisse (Beamtenverhältnis, Schulverhältnis, Strafgefangenenverhältnis) heute gesetzlich geregelt sind und gesetzlich geregelt
sein müssen (vgl. oben § 6 Rn. 17 ff.), bleiben für die Sonderverordnung eigentlich nur die Anstalt- und Benutzungsverhältnisse
öffentlicher Einrichtungen, etwa die Benutzung einer öffentlichen
Bibliothek oder die interne Ordnung der Universität im Rahmen
des Hausrechts. Abgesehen davon läßt sich nicht verkennen, daß
die Lehre der Sonderverordnung noch stark von den Vorstellungen
der früheren, inzwischen überholten besonderen Gewaltverhältnisse geprägt ist. Im einzelnen bestehen zudem noch unterschiedliche Auffassungen. Während *Wolf/Bachof/Stober* eine gesetzliche Ermächtigung fordern, allerdings auch Ausnahmen zulassen (Übergangszeit, unwesentliche Entscheidungen), sind *Böckenförde/Grawert*
der Meinung, daß die Exekutive kraft originärer Rechtsetzungs-
befugnis ohne besondere Ermächtigung zum Erlaß von Sonderverordnungen berechtigt ist. Das bestätigt die oben Rn. 30 geäußerte
Befürchtung, daß traditionelle Vorstellungen des besonderen Gewaltverhältnisses, wenn auch unter anderem Namen und rechtsstaatlich aufpoliert, wieder in Erscheinung treten. Nach geltendem
Verfassungsrecht darf jedoch die Exekutive nur im Rahmen des
Art. 80 I GG Rechtsnormen erlassen. Wenn eine „Sonderverordnung" den Voraussetzungen des Art. 80 I GG entspricht, handelt es
sich um eine Rechtsverordnung (die Benennung als Sonderverordnung ist dann überflüssig, aber unschädlich). Im übrigen dürften
die Anstalt- und Benutzungsordnungen als Satzungen oder als Verwaltungsakte (Allgemeinverfügungen) zu qualifizieren sein. Sollte
das im Einzelfall nicht möglich sein, ist die „Sonderverordnung"
unzulässig.

Die Sonderverordnung wird u. a. bejaht von: *Wolff/Bachof/Stober,* VerwR I
§ 25 Rn. 43 ff.; *Böckenförde/Grawert,* AöR Bd. 95 (1970), S. 1 ff.; *Ossenbühl,*
HStR III § 65 Rn. 6 und 61. Dagegen wird sie von der h. L. abgelehnt, vgl.
etwa *Erichsen,* Festschrift für Hans J. Wolff, 1973, S. 219 ff.; *Schnapp,* Amtsrecht
und Beamtenrecht, 1977, S. 229 ff.; *von Olshausen,* JA 1983, 184 f.; *Stel-
kens/Stelkens,* StBS, § 35 Rn. 131 m. w. N.; *HessStGH* ESVGH 21, 1 (14:
„entbehrlich"); *HessVGH* ESVGH 24, 45 (50); *BVerfGE* 41, 251, 263 (Schulausschluß). – In *BVerwGE* 45, 8, 10 f. (Filmförderung) ist zwar von „Sonder-

verordnung" die Rede; es dürfte sich aber wohl eher um eine Satzung handeln, da die erlassende Filmförderungsanstalt eine rechtsfähige Anstalt des öffentlichen Rechts ist, zudem war eine gesetzliche Ermächtigungsgrundlage gegeben.

Literatur zu § 8 I.: *Bühler,* Die subjektiven öffentlichen Rechte und ihr   **32**
Schutz in der deutschen Verwaltungsrechtsprechung, 1914; *ders.,* Altes und Neues über Begriff und Bedeutung der subjektiven öffentlichen Rechte, Gedächtnisschrift für W. Jellinek, 1955, S. 269 ff.; *Bachof,* Reflexwirkungen und subjektive Rechte im öffentlichen Recht, Gedächtnisschrift für W. Jellinek, 1955, S. 287 ff.; *Rupp,* Grundfragen der heutigen Verwaltungsrechtslehre, 1965, 2. Aufl. 1991, S. 146 ff.; *Henke,* Das subjektive Recht im System des öffentlichen Rechts, DÖV 1980, 621 ff. (auch zum Rechtsverhältnis); *Lorenz,* Der Rechtsschutz des Bürgers und die Rechtsweggarantie, 1973, S. 51 ff.; *Zuleeg,* Hat das subjektive öffentliche Recht noch eine Daseinsberechtigung? DVBl. 1976, S. 509 ff.; *Pietzcker,* Der Anspruch auf ermessensfehlerfreie Entscheidung, JuS 1982, 106 ff.; *ders.,* „Grundrechtsbetroffenheit" in der verwaltungsrechtlichen Dogmatik, Festschrift für Bachof, 1984, S. 131 ff.; *H. Bauer,* Subjektive öffentliche Rechte des Staates, DVBl. 1986, 208 ff. (dazu *Bleckmann/Bauer,* DVBl. 1986, 666 ff.); *ders.,* Altes und Neues zur Schutznormtheorie, AöR Bd. 113 (1988) S. 582 ff.; *Ramsauer,* Die Rolle der Grundrechte im System der subjektiven öffentlichen Rechte, AöR Bd. 111 (1986) 501 ff.; *Dietlein,* Der Anspruch auf polizei- oder ordnungsbehördliches Einschreiten, DVBl. 1991, 685 ff.; *Steinberg,* Öffentlich-rechtlicher Nachbarschutz im Gaststättenrecht, DÖV 1991, 354 ff.; *P. Huber,* Konkurrenzschutz im Verwaltungsrecht, 1991; *Preu,* Subjektivrechtliche Grundlagen des öffentlich rechtlichen Drittschutzes, 1992; *Wahl,* Die doppelte Abhängigkeit des subjektiven öffentlichen Rechts, DVBl. 1996, 641 ff.; *Masing,* Die Mobilisierung des Bürgers für die Durchsetzung des Rechts, 1997; *R. Schmidt,* Die Stellung des Konkurrenten im Verwaltungsprozeß, JuS 1999, 1107 ff.; *Dürr,* Die Entwicklung des öffentlichen Baunachbarrechts, DöV 2001, 625 ff.; *Wernsmann,* Klagearten und Klagebefugnis im Konkurrentenrechtsstreit, DV 36 (2003), S. 67 ff.; *Rupp,* Unsicherheiten zum Thema des subjektiven öffentlichen Rechts, Festschrift für Badura, 2004, S. 995 ff.; *Schmidt-Preuß,* Kollidierende Privatinteressen im Verwaltungsrecht. Das subjektive öffentliche Recht im multipolaren Verwaltungsrechtsverhältnis, 2. Aufl. 2005; *Wernsmann,* Die beamtenrechtliche Konkurrentenklage, DVBl. 2005, 276 ff.

Zu 8 II: *Achterberg,* Rechtsverhältnisse als Strukturelemente der Rechtsordnung, Rechtstheorie Bd. 9 (1978) S. 385 ff.; *ders.,* Die Rechtsordnung als Rechtsverhältnisordnung, 1982; *Häberle,* Das Verwaltungsrechtsverhältnis – eine Problemskizze, in: ders., Die Verfassung des Pluralismus, 1980, S. 248 ff.; *Fleiner-Gerster/Öhlinger/Krause,* Rechtsverhältnisse in der Leistungsverwaltung, VVDStRL 45 (1987) S. 152 ff. (Referate und Diskussion) mit Begleitaufsätzen von *Ehlers,* DVBl. 1986, 912 ff.; *Hill,* NJW 1986, 2602 ff.; *Löwer,* NVwZ 1986, 793 ff.; *Schnapp,* DÖV 1986, 811 ff.; *Gröschner,* Das Überwachungsverhältnis, 1992; *Pietzcker,* Das Verwaltungsrechtsverhältnis – archimedischer Punkt oder Münchhausens Zopf? DV 30 (1997) S. 281 ff.; *Gröschner,* Vom Nutzen des Verwaltungsrechtsverhältnisses, DV 30 (1997) S. 301 ff.; *von Danwitz,* Zu Funktion und Bedeutung der Rechtsverhältnislehre, DV 30 (1997) S. 339 ff.; *Peters,* Nebenpflichten im Verwaltungsrechtsverhältnis?, DV 35 (2002) S. 177 ff.; *Waldhoff,* Vertrauensschutz im Steuerrechtsverhältnis, DStJG Bd. 27 (2004), S. 129 ff.

Zu § 8 III: *Krüger und Ule,* Das besondere Gewaltverhältnis, Referate mit Diskussion, VVDStRL 15 (1957), S. 109 ff.; *Evers,* Das besondere Gewaltverhältnis, 1972; *Fuß,* Personale Kontaktverhältnisse zwischen Verwaltung und Bürger, DÖV 1972, 765 ff.; *Erichsen,* Besonderes Gewaltverhältnis und Sonderverordnung, Festschrift für Hans J. Wolff, 1973, 219 ff.; *Ronellenfitsch,* Das besondere Gewaltverhältnis – ein zu früh totgesagtes Rechtsinstitut, DÖV 1981, 933 ff.; *ders.,* Das besondere Gewaltverhältnis im Verwaltungsrecht, DÖV 1984, 781 ff.; *Loschelder,* Vom besonderen Gewaltverhältnis zur öffentlich-rechtlichen Sonderbindung, 1982; *Thiele,* Abschied vom „besonderen Gewaltverhältnis"? ZBR 1983, 345 ff.; *Ule,* Rechtsstaat und Verwaltung, VerwArch. 76 (1985) S. 129 ff.; *Merten* (Hg.), Das besondere Gewaltverhältnis, 1985; *Luthe,* Besonderes Gewaltverhältnis und „Sachstrukturen", DVBl. 1986, 440 ff.; vgl. ferner die Nachweise oben zu § 6.

33   **Rechtsprechung zu § 8 I:** BVerfG DVBl. 1989, 1247 und DVBl. 2002, 1633 (Beamtenkonkurrentenklage, vorläufiger Rechtsschutz); BVerwGE 1, 159 (Grundlagen des subjektiven öffentlichen Rechts); *BVerwGE* 11, 95; 37, 112 (Anspruch auf polizeiliches Einschreiten); *BVerwGE* 16, 187; 30, 347; 80, 270; *OVG Münster* NJW 1980, 2323 (Konkurrentenklage im Gewerbezulassungsrecht); *BVerwGE* 30, 191; 60, 154 (Konkurrentenklage im Subventionsrecht); *BVerwGE* 39, 235 (Anspruch auf fehlerfreie Ermessensentscheidung); *BVerwGE* 64, 186 (Anspruch auf Vornahme bestimmter Erschließungsmaßnahmen); *BVerwGE* 64, 325, 331 f. (Anspruch auf Beachtung einer verfahrensrechtlichen Vorschrift?); *BVerwGE* 75, 285 (Klagebefugnis eines im benachbarten Ausland lebenden Ausländers gegen atomrechtliche Genehmigung); *BVerwG* 80, 127; 115, 89; *BVerwG* DVBl. 2004, 317 (Beamtenkonkurrentenklage); *BVerwGE* 89, 327 (Rechtsverhältnis und Feststellungsklage gem. § 43 I VwGO); *BVerwGE* 98, 118, 120 ff. (Anwendung der Schutznormtheorie); *BVerwGE* 101, 157 (Lärmschutz); *BVerwGE* 101, 364, 371 ff. (gesetzliche Regelung des Nachbarschutzes gem. Art. 14 I 2 GG); *BVerwGE* 107, 215 (Rechtsverletzung i. S. von § 47 II VwGO, Schutznormcharakter des Abwägungsgebots); *BVerwGE* 112, 135 (sog. Sperrgrundstück: rechtsmißbräuchliche Berufung auf formales Eigentum am Grundstück zur Begründung der Klagebefugnis); *BVerwGE* 118, 370 (Beamtenkonkurrentenklage). Vgl. ferner die Nachweise im Text, insbesondere zu den baurechtlichen Nachbarrechten Rn. 9.

Zu § 8 III: *BVerfGE* 33, 1 (Strafvollzug: Briefkontrolle), vgl. ferner die Nachweise oben zu § 6.

3. Teil. Das Verwaltungshandeln: Der Verwaltungsakt

Die Arten und Formen des Verwaltungshandelns sind so vielgestaltig wie die Verwaltung selbst. Neben den *verwaltungsinternen* Überlegungen, Planungen, Maßnahmen und rechtsverbindlichen Weisungen (Einzelweisungen, Verwaltungsvorschriften) tritt die Verwaltung *nach außen* durch rein tatsächliche Erklärungen oder Verrichtungen (Tathandlungen, Realakte), durch rechtlich verbindliche Anordnungen sowie durch sonstige rechtserhebliche Erklärungen auf.

Die *Tathandlungen* (etwa Mitteilungen, Auszahlung eines Geldbetrags, Beseitigung eines Verkehrshindernisses, Inbetriebnahme einer kommunalen Einrichtung), so wichtig sie auch in der Verwaltungspraxis sind, spielen im Verwaltungs*recht* verständlicherweise eine eher untergeordnete Rolle, wenngleich sie gerade in letzter Zeit durch Informationen der Verwaltung (Empfehlungen, Warnungen) und durch informelles Verwaltungshandeln an Bedeutung gewonnen haben. Im Vordergrund stehen die *Rechtsakte.* Es sind einmal die einseitigen verwaltungsrechtlichen *Anordnungen,* die entweder als Verwaltungsakte Einzelfälle regeln oder als Rechtsverordnungen und Satzungen generell-abstrakte Regelungen darstellen, zum anderen die *sonstigen rechtserheblichen Erklärungen,* zu denen vor allem die auf den Abschluß eines Verwaltungsvertrages gerichteten Erklärungen, aber auch weitere öffentlich-rechtliche Willenserklärungen (etwa die auch im öffentlichen Recht zulässige Aufrechnung) gehören.

Der *Plan,* der im Verwaltungsrecht erhebliche Bedeutung erlangt hat, stellt weder eine selbständige Rechtskategorie dar noch läßt er sich generell einer der genannten Formen zuordnen, sondern erscheint je nachdem in der einen oder anderen Form, ohne daß er damit befriedigend erfaßt werden würde.

Zu erwähnen bleibt schließlich noch in diesem vorläufigen Überblick, daß die Verwaltung auch nach *Privatrecht* tätig werden kann, so daß die genannten öffentlich-rechtlichen Rechtsakte durch privatrechtliche Rechtsakte der Verwaltung ergänzt werden.

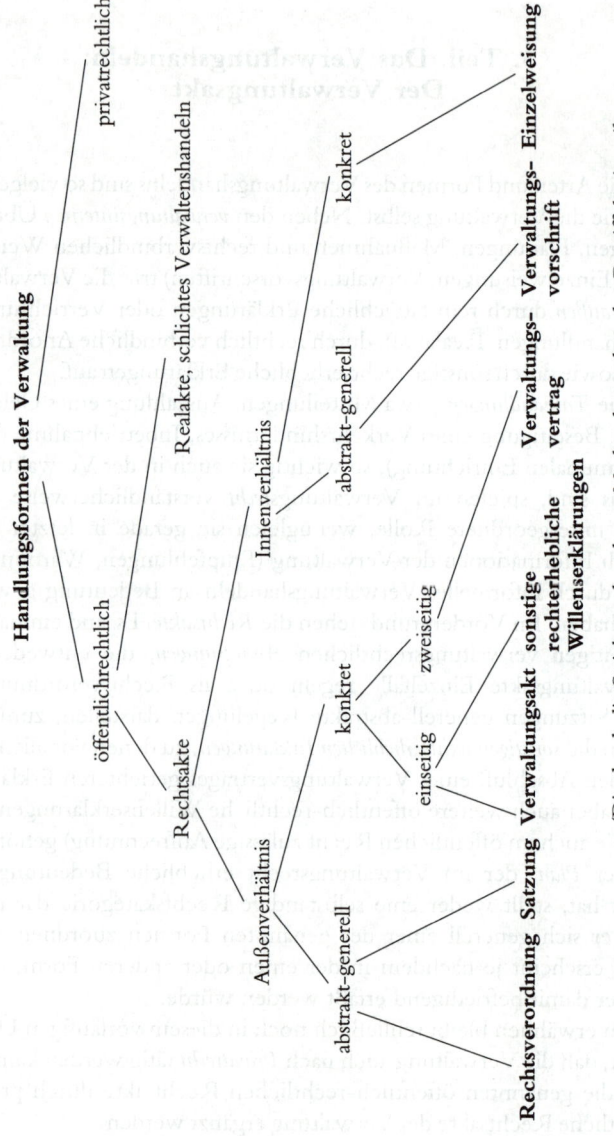

Handlungsformen der Verwaltung

privatrechtlich

öffentlichrechtlich

Realakte, schlichtes Verwaltenshandeln

Rechtsakte

Innenverhältnis

Außenverhältnis

abstrakt-generell

konkret

abstrakt-generell

konkret

einseitig

zweiseitig

Rechtsverordnung   Satzung   **Verwaltungsakt**   **sonstige rechterhebliche Willenserklärungen**   **Verwaltungsvertrag**   **Verwaltungsvorschrift**   **Einzelweisung**

(Die durch die Striche verbundenen Merkmale ergeben den Begriff der jeweils unten genannten Handlungsform.)

§ 9 Begriff, Bedeutung und Arten des Verwaltungsakts

I. Entwicklung und allgemeine Bestimmung

Der Verwaltungsakt erfaßt *eine,* allerdings sehr umfangreiche **1**
Gruppe von Verwaltungsmaßnahmen, die gemeinsame Merkmale haben und gemeinsamen Rechtsregeln unterworfen sind.

Zu den Verwaltungsakten gehören etwa das Verkehrszeichen des Polizisten, die Bauerlaubnis, das Gewerbeverbot, die Genehmigung zur Errichtung eines Kernkraftwerks, der Gebührenbescheid, die Bewilligung eines Stipendiums, die Erteilung eines Abiturzeugnisses, die Einberufung zum Wehrdienst, die Enteignung eines Grundstücks zum Straßenbau, die Auflösung einer rechtswidrigen Vereinigung, die Genehmigung einer Gemeindesatzung durch die Rechtsaufsichtsbehörde usw., – aber auch neuere Erscheinungen, so etwa die Vergabe eines Slot, d. h. die Erlaubnis, auf einem (deutschen) Flughafen innerhalb einer gewissen Zeitspanne zu landen oder von dort zu starten, vgl. dazu *Tschentscher/Koenig,* NVwZ 1991, 219 ff.

So unterschiedlich diese Maßnahmen im einzelnen auch sind, so ist ihnen doch gemeinsam, daß sie administrative Entscheidungen bestimmter Einzelfälle gegenüber dem Bürger oder sonstigen der Verwaltung unterworfenen Rechtspersonen darstellen.

Der Verwaltungsakt ist eine *Schöpfung der Verwaltungsrechtslehre* **2**
des 19. Jahrhunderts. Otto Mayer gab ihm seine auch heute noch im wesentlichen maßgebende Gestalt, indem er ihn als „ein der Verwaltung zugehöriger obrigkeitlicher Ausspruch, der dem Unterthanen gegenüber im Einzelfall bestimmt, was für ihn Rechtens sein soll" definierte (Deutsches Verwaltungsrecht, Bd. I, 1. Aufl. 1895, S. 95). Wissenschaft und Praxis schlossen sich überwiegend dieser Begriffsbestimmung an.

In den *Gesetzen* erschien der Verwaltungsakt schon lange als **3**
Verfügung, Entscheidung, Erlaubnis, Dispens usw., tauchte aber als einheitlicher und umfassender Begriff erst nach 1945 auf, und zwar in den nach dem Zweiten Weltkrieg erlassenen Verwaltungsgerichtsgesetzen, die Rechtsschutz gegen alle „Verwaltungsakte" gewährten und regelten. In einem Verwaltungsgerichtsgesetz, nämlich in § 25 I MRVO Nr. 165 (Militärregierungsverordnung von 1948, die die Verwaltungsgerichtsbarkeit in der ehemals britischen Besatzungszone regelte und bis zum Inkrafttreten der VwGO im

Jahre 1960 galt), erfolgte die erste gesetzliche Definition des Verwaltungsakts. Diese Legaldefinition wurde auch außerhalb ihres eigentlichen Geltungsbereichs herangezogen und wirkte als Vorbild für spätere gesetzliche Regelungen.

4   Nach der nunmehr geltenden *Legaldefinition des § 35 S. 1 VwVfG,* die mit den Bestimmungen des § 118 AO und des § 31 SGB X wörtlich übereinstimmt, ist Verwaltungsakt „jede Verfügung, Entscheidung oder andere hoheitliche Maßnahme, die eine Behörde zur Regelung eines Einzelfalles auf dem Gebiet des öffentlichen Rechts trifft und die auf unmittelbare Rechtswirkung nach außen gerichtet ist."

Die *Einwände* gegen die bislang herrschende (und damit auch gegenüber der in § 35 VwVfG erscheinenden) Definition betreffen meistens nur Einzel- oder sogar nur Formulierungsfragen (vgl. *Wolff/Bachof/Stober,* VerwR II § 45 Rn. 15). Sachliche Differenzen ergeben sich vor allem durch die Einbeziehung oder Betonung bestimmter Rechtswirkungen des Verwaltungsakts, so etwa indem entscheidend auf die *Bestandskraft* abgestellt wird (*Martens,* DVBl. 1968, 322 ff.) oder die Bedeutung des Verwaltungsakts als *„verfahrensrechtlicher Erkenntnisakt"* hervorgehoben wird (*Renck,* BayVBl. 1973, 365 ff.; vgl. ferner *Renck,* Festschrift für Knöpfle, 1996, S. 291 ff.). Zu einer völligen Aufgabe des traditionellen Verwaltungsaktsbegriffs kommt *Brohm,* der beim Entscheidungsprozeß ansetzt und den Verwaltungsakt bestimmt als den „für die Verwaltung verbindlichen Abschluß eines Willensbildungs- und Informationsverarbeitungsprozesses im Rahmen der Wahrnehmung ihrer Hoheitskompetenzen, unabhängig davon, ob er eine Regelung gegenüber dem Bürger enthält oder nicht" (VVDStRL 30, 1972, S. 286, ferner S. 320, 354; kritisch dazu in der Diskussion u. a. *Quaritsch* S. 318, *Vogel* S. 325, *Kopp* S. 348). So bemerkenswert die Neuorientierungen auch sind, so sind sie doch de lege lata nicht verwertbar.

5   Faßt man die Legaldefinition des § 35 S. 1 VwVfG – ohne sachliche Verkürzung – sprachlich etwas knapper, so ist der Verwaltungsakt *die hoheitliche Regelung eines Einzelfalls durch eine Verwaltungsbehörde mit unmittelbarer Außenwirkung.* Jedes Begriffsmerkmal (Regelung, hoheitlich, Einzelfall, Verwaltungsbehörde, Außenwirkung) enthält eine *positive* Aussage, dient aber auch der *Abgrenzung* gegenüber anderen Formen des staatlichen Handelns, so daß sich im Verwaltungsaktsbegriff zugleich die Vielfalt der Verwaltungstätigkeit widerspiegelt.

Eine präzisere und anschaulichere Begriffsbestimmung müßte das Merkmal „hoheitlich" (= öffentlich-rechtlich) auf „verwaltungsrechtlich" reduzieren und den einseitigen Erlaß des Verwaltungsaktes in Abgrenzung zum Verwaltungsvertrag deutlicher hervorheben (für die traditionelle Begriffsbestimmung war diese Abgrenzung noch nicht aktuell). Dementsprechend wäre der Verwaltungsakt zu definieren als „die einseitige verwaltungsrechtliche Regelung eines Einzelfalles durch eine Behörde mit Außenwirkung." Da sich die Begriffsmerkmale der Legaldefinition in diesem Sinne deuten lassen, also keine sachlichen Unterschiede bestehen, soll im folgenden die Legaldefinition zugrundegelegt werden.

II. Die einzelnen Begriffsmerkmale des Verwaltungsakts

1. Regelung

Der Verwaltungsakt hat Regelungscharakter. Regelung ist eine **6** rechtsverbindliche Anordnung, eine Willenserklärung (oder mehrere aufeinander abgestimmte Willenserklärungen), die auf die Setzung einer Rechtsfolge gerichtet ist. Die Rechtsfolge besteht darin, daß Rechte und/oder Pflichten begründet, geändert, aufgehoben oder verbindlich festgestellt werden oder daß, sofern man dingliche Verwaltungsakte anerkennt (vgl. unten Rn. 56 f.), der Rechtszustand einer Sache bestimmt wird. § 35 S. 1 VwVfG nennt die Verfügung und die Entscheidung nur als Beispiele, beschränkt sich aber nicht auf diese Regelungsarten, sondern erfaßt alle rechtsverbindlichen Anordnungen.

Zum Begriff der Regelung gehört nicht, daß sie einseitig erlassen wird, wie ein Teil der Literatur annimmt. Der Vertrag, der durch zwei aufeinander abgestimmte Willenserklärungen zustande kommt, ist ebenfalls eine Regelung (vgl. dazu unten § 14). Richtig ist allerdings, daß der *Verwaltungsakt* eine *einseitige* Regelung darstellt; das kommt in dem Begriffsmerkmal „durch eine Behörde" zum Ausdruck.

Zu beachten ist, daß der Ausdruck Regelung *doppeldeutig ist*. Er **7** bezieht sich einmal auf die Tätigkeit, den Erlaß des Verwaltungsaktes, zum anderen auf das Produkt dieser Tätigkeit, den erlassenen Verwaltungsakt und damit den durch diesen herbeigeführten Rechtserfolg. § 35 VwVfG stellt zunächst auf die erste Deutung ab („Maßnahme zur Regelung"); im übrigen ist aber meist das Produkt gemeint (so betrifft die „Aufhebung des Verwaltungsakts" nicht den Erlaß, sondern den erlassenen Verwaltungsakt).

Mangels Regelungscharakter scheiden aus dem Verwaltungsakts- **8** begriff aus:

a) *Die rein tatsächlichen Verwaltungshandlungen* (Realakte). Dazu gehören – neben den tatsächlichen Verrichtungen, etwa die Beseitigung eines Verkehrshindernisses durch einen Polizisten, die Unterhaltung des städtischen Freibads usw. – vor allem die Erklärungen der Behörde, die nur eine Mitteilung oder eine Bewertung enthalten, also gerade keine unmittelbaren Rechtswirkungen hervorbringen sollen.

Beispiele: Hinweise, Belehrungen, Auskünfte (vgl. dazu unten Rn. 62), Untersuchungsberichte (*BVerwGE* 14, 323; 59, 319); schlichte Zahlungsaufforderung (*BVerwGE* 29, 310, 312); dienstliche Beurteilung eines Beamten durch den Dienstvorgesetzten (*BVerwGE* 49, 351). Nach *BVerwGE* 88, 122, 123 ist die *Mitteilung* der Handwerkskammer über die beabsichtigte Löschung der Eintragung in die Handwerksrolle gem. § 13 III HandwO ein *Verwaltungsakt*. Das ist indessen sehr fraglich, da erst die Löschung, nicht schon die Mitteilung als Ankündigung der Löschung, unmittelbare Rechtswirkungen hat. Die gegenteilige Rechtsprechung läßt sich wohl nur mit dem praktisch orientierten Gesichtspunkt erklären, rechtliche Streitigkeiten über die Zulässigkeit der Löschung vor deren Vornahme zu klären. Vgl. näher zu den Realakten unten § 15.

9   b) *Vorbereitungs- und Teilakte,* wenn und weil sie noch keine abschließende Regelung enthalten.

Das gilt insbesondere für *Verfahrenshandlungen:* Ladung zur mündlichen Prüfung (*BadWürttVGH* BWVPr 1981, 147), Aufforderung an einen Kraftfahrer, ein medizinisch-psychologisches Gutachten gem. § 15b II StVZO a. F. vorzulegen, da Zweifel an seiner Eignung zum Führen von Kraftfahrzeugen bestehen und deshalb die Voraussetzungen für die Entziehung der Fahrerlaubnis geprüft werden (*BVerwGE* 34, 248, nicht bedenkenfrei, vgl. die Gegenargumente bei *OVG Koblenz* DAR 1968, 138); maßgebend ist jetzt die Fahrerlaubnis-Verordnung, dazu *H. Schreiber,* Die medizinisch-psychologische Untersuchung nach der neuen Fahrerlaubnis-Verordnung – Ist ihre Anordnung doch ein Verwaltungsakt? ZRP 1999, 519 ff.). Vgl. ferner *BVerwGE* 111, 246 (Aufforderung an einen Ruhestandsbeamten, sich einer amtsärztlichen Untersuchung zu unterziehen). Diese Maßnahmen haben keine selbständige Bedeutung, sondern dienen der Vorbereitung einer abschließenden Entscheidung (Ladung – Prüfung, Aufforderung zur Vorlage eines Gutachtens – Entscheidung über die Entziehung der Fahrerlaubnis). Die Frage nach den Rechtsbehelfen gegen solche Verfahrenshandlungen regelt nunmehr § 44a VwGO (vgl. dazu unten § 19 Rn. 26).

Unselbständige Vorbereitungs- oder Teilregelungen im obigen Sinne sind auch die Bewertungen einer *Klassenarbeit* und die *Einzelnoten* eines Abschlußzeugnisses. Entsprechendes gilt für die Bewertung einer Klausur in der juristischen Staatsprüfung; anfechtbarer Verwaltungsakt ist nicht diese Bewertung, sondern die Feststellung des Gesamtergebnisses, etwa der Bescheid daß die Prüfung nicht bestanden ist (*BVerwG* DVBl. 1994, 1356). Dasselbe gilt für

Teilprüfungen im Rahmen eines gestuften Prüfungsverfahrens (*BVerwG* DVBl. 2003, 871). Wenn allerdings die Einzelnote im Abitur oder in einem anderen Abschlußzeugnis für sich betrachtet rechtserheblich ist, etwa für die Zulassung zum Studium, dann stellt sie auch eine selbständige Regelung dar, die entweder als Verwaltungsakt (so *HessVGH* DVBl. 1974, 469; *OVG Berlin* DVBl. 1975, 731) oder richtiger als anfechtbarer Teil eines Verwaltungsakts, nämlich der Abschlußprüfung, zu beurteilen ist. Verfehlt ist jedenfalls die Auffassung, daß die Einzelnote eines Abschlußzeugnisses kein (Teil)Verwaltungsakt sei, aber ggf. mit der Leistungsklage angegriffen werden könne (so z. B. *OVG Koblenz* DÖV 1980, 614; *BadWürttVGH* DÖV 1982, 164). Vgl. dazu ferner *Löwer*, DVBl. 1980, 952 ff. und *Bryde*, DÖV 1981, 195 f. m. w. N. *BVerwG* DÖV 1983, 819 verneint den Verwaltungsaktcharakter der Zeugnisnote wegen Fehlens der unmittelbaren Außenwirkung.

Keine Teilakte in diesem Sinne sind die Teilgenehmigung und der Vorbescheid, die zwar nur einen Teil des zur Genehmigung gestellten Antrags oder nur einzelne Genehmigungsvoraussetzungen betreffen, aber insoweit abschließend sind.

Vgl. dazu z. B. §§ 8, 9 BImSchG, §§ 7 a, 7 b AtomG und §§ 18, 19 AtVfV, ferner unten Rn. 63 f. und § 19 Rn. 7 a.

c) *Rechtserhebliche Willenserklärungen* der Behörde, die keinen anordnenden Charakter haben, wie z. B. die Aufrechnungserklärung, die Fristsetzung, die Stundung einer Forderung im Rahmen verwaltungsrechtlicher Schuldverhältnisse, die Ausübung eines Zurückbehaltungsrechts.   **10**

Beispiel: Das Landesbesoldungsamt teilt dem Landesbeamten B mit, daß ihm eine Gehaltsnachzahlung in Höhe von 1000.– DM zustehe, dieser Betrag jedoch mit einer Schadensersatzforderung des Landes gegen ihn in Höhe von 800.– DM „verrechnet" werde und er daher nur 200.– DM ausbezahlt erhalte. B hält die Aufrechnung für rechtswidrig. Wie hat er prozessual vorzugehen? Eine Anfechtung der Aufrechnungserklärung wäre unzulässig, weil sie kein Verwaltungsakt ist. B kann vielmehr im Wege der allgemeinen Leistungsklage die Ausbezahlung des vollen Betrages in Höhe von 1000.– DM mit der Begründung geltend machen, die Aufrechnung sei rechtswidrig und unwirksam. Zur Aufrechnung: Sie ist auch im öffentlichen Recht möglich und zulässig. §§ 387 ff. BGB finden entsprechend Anwendung (*BVerwGE* 77, 19, 21 f.). Die Aufrechnungserklärung der Behörde ist kein Verwaltungsakt, sondern – wie die des Bürgers – eine einseitige empfangsbedürftige Willenserklärung (*BVerwGE* 66, 218, 220; *BFinH* NVwZ 1987, 1118; *BayVGH* NJW 1997, 3392; a. A. *OVG Münster* NJW 1997, 3391). Im Verwaltungsprozeß darf die Aufrechnung mit einer rechtswegfremden Forderung, d. h. einer Forderung, die in einem anderen Rechtsweg zu verfolgen ist (etwa einem Amtshaftungsanspruch im ordentlichen Rechtsweg), nur berücksichtigt werden, wenn sie vom zuständigen Gericht rechtskräftig festgestellt worden ist oder wenn sie unbestritten ist;

anderenfalls hat das Verwaltungsgericht das Verfahren gem. § 94 VwGO bis zur Entscheidung über die Gegenforderung auszusetzen (*BVerwGE* 77, 19, 24 ff.; *BVerwG* NJW 1999, 160 = JuS 1999, 830 mit Anm. von *Hufen*). Das ist freilich nicht unbestritten. Die Gegenmeinung verweist auf § 17 II 1 GVG, wonach das Gericht des zulässigen Rechtswegs den Rechtsstreit unter allen in Betracht kommenden rechtlichen Gesichtspunkten zu entscheiden hat. § 17 II 1 GVG setzt jedoch einen einheitlichen Streitgegenstand voraus, der hier nicht gegeben ist, da es sich hier um zwei Forderungen handelt, die als solche in keinem Sachzusammenhang stehen; wie hier *BVerwG* NJW 1999, 160; *Würtenberger,* VerwProzR Rn. 158 ff.; a. A. *Schenke,* VerwProzR Rn. 165. Vgl. allgemein zur Aufrechnung *Ehlers,* Die Aufrechnung im öffentlichen Recht, JuS 1990, 777 ff.; *Detterbeck,* Grundfragen der Aufrechnung im Verwaltungsprozeß, DÖV 1996, 889 ff.

2. Hoheitlich

11   Die Regelung muß hoheitlich sein. Das ist dann der Fall, wenn sie dem *öffentlichen Recht zuzurechnen* ist, insbesondere wenn sie in Vollzug öffentlich-rechtlicher Vorschriften ergeht. Damit wird die Abgrenzung von öffentlichem Recht und Privatrecht aktuell.

12   a) Keine Verwaltungsakte sind sonach alle *privatrechtliche Rechtsakte,* etwa die Kündigung eines privatrechtlichen Mietvertrages, die Vergabe von Aufträgen im öffentlichen Beschaffungswesen (*BVerwGE* 35, 103). Auch „verwaltungsprivatrechtliche" Maßnahmen sind dem Privatrecht zuzurechnen und können deshalb nicht in Form eines Verwaltungsakts ergehen.

Wenn bei der Gewährung von Subventionen oder bei der Zulassung zu einer öffentlichen Einrichtung die *Zweistufentheorie* angewendet wird, so ist die auf der ersten Stufe erfolgende Entscheidung über die Gewährung oder Zulassung (das Ob) öffentlich-rechtlich und damit Verwaltungsakt, die anschließende, auf der zweiten Stufe erfolgende Abwicklung (das Wie) privatrechtlich (vgl. dazu näher § 3 Rn. 26 und § 17 Rn. 11 ff.).

13   b) Beschränkt man den Verwaltungsakt von vornherein nicht nur auf öffentlich-rechtliche, sondern auf *verwaltungsrechtliche* Regelungen, so scheiden bereits hier Maßnahmen verfassungsrechtlicher, prozeßrechtlicher, kirchenrechtlicher und völkerrechtlicher Art aus. Maßgebend ist dabei die Zuordnung zu dem jeweiligen Rechtskreis, nicht das handelnde Organ.

Der Bundespräsident handelt verfassungsrechtlich, wenn er ein Gesetz ausfertigt und verkündet (Art. 82 GG), verwaltungsrechtlich, wenn er einen Beamten entläßt (Beamtengesetz!); der Bundestagspräsident handelt verfas-

sungsrechtlich, wenn er eine Sitzung des Bundestages einberuft, verwaltungsrechtlich, wenn er über die Erstattung der Wahlkampfkosten entscheidet
(*BVerfGE* 27, 152, 157; 28, 97, 102 f.).

3. Einzelfallregelung

Ein weiteres Kennzeichen des Verwaltungsakts ist, daß er einen   **14**
Einzelfall regelt. Dieses Begriffsmerkmal dient der *Abgrenzung zur
Rechtsnorm,* die eine unbestimmte Zahl von Fällen und eine unbestimmte Zahl von Personen betrifft und daher eine abstrakt-
generelle Regelung darstellt (vgl. oben § 4 Rn. 4). Abgrenzungsschwierigkeiten − vor allem zur Rechtsverordnung, die ebenfalls
von einer Behörde erlassen wird − ergeben sich einmal, weil der
maßgebliche Bezugspunkt „Einzelfall" fraglich ist (vgl. dazu unten
a), und zum anderen, weil es eine Reihe von Rechtsakten gibt, die
sich nicht ohne weiteres in das Schema Verwaltungsakt − Rechtsnorm einordnen lassen (dazu unten b).

a) *Der maßgebliche Bezugspunkt*   **15**
aa) Aus dem Gegensatz zur Rechtsnorm folgt, daß ein Verwaltungsakt zumindest dann vorliegt, wenn eine Regelung einen
konkreten Sachverhalt betrifft und sich an eine bestimmte Person
richtet, also *konkret-individuellen Charakter* hat.

Beispiele: Die Gewerbeerlaubnis für A, die Einberufung des B zum Wehrdienst, die Bewilligung von Ausbildungsförderung an C.

bb) Der *individuelle Charakter* ist auch dann noch anzunehmen,   **16**
wenn sich die (konkrete) Regelung zwar nicht an *eine* Person, aber
doch an einen *individuell bestimmten oder bestimmbaren Personenkreis*
richtet. Die Grenze zwischen individuell und generell ist nicht
numerisch festzulegen, sondern danach zu ziehen, ob der Adressatenkreis zur Zeit des Erlasses der Regelung objektiv feststeht
oder nicht, ob er geschlossen oder noch offen und erweiterungs-
fähig ist.

Typisches Beispiel einer noch individuellen Regelung ist die Auflösung
einer Versammlung, da selbst bei größeren Versammlungen der Teilnehmer-
kreis individuell bestimmt oder bestimmbar ist, − betroffen sind eben diejenigen, die zum Zeitpunkt der Verfügung an der Versammlung teilnehmen. Vgl. dazu näher die Ausführungen zur Allgemeinverfügung unten
Rn. 31 ff.

17   cc) Problematisch wird es, wenn eine Regelung einen bestimmten Sachverhalt betrifft, sich aber an eine unbestimmte Zahl von Personen richtet, also *konkret-generellen Charakter* hat.

Beispiele: Die Polizei verbietet die Teilnahme an der für den kommenden Tag geplanten Demonstration oder untersagt das Betreten eines baufälligen Hauses. Die Regelung ist generell, weil der betroffene Personenkreis noch nicht bestimmt oder bestimmbar ist (wer an der Demonstration teilnehmen oder das Haus betreten will, läßt sich derzeit noch nicht sagen), aber konkret, weil es um *einen* Sachverhalt geht (Demonstration, Zugang zum Haus). Die Konkretheit der Regelung bei noch nicht feststehendem Adressatenkreis ist freilich meist zweifelhaft. Das zeigt der viel diskutierte Endiviensalat-Fall (*BVerwGE* 12, 87): In einigen Landkreisen von Baden-Württemberg kam es zu zahlreichen Typhuserkrankungen, die auf den Genuß von Endiviensalat zurückgeführt wurden; das Innenministerium verbot daraufhin ab sofort bis auf weiteres den Verkauf von Endiviensalat durch Groß- und Kleinhändler in allen von Typhus betroffenen Landkreisen. Das *BVerwG* nahm einen Verwaltungsakt (Allgemeinverfügung) an; in der Literatur sind die Auffassungen geteilt. Je nachdem, ob man auf den konkreten Fall Typhusseuche oder auf die Vielzahl gedachter Verkaufsfälle abstellt, ist die Regelung konkret oder abstrakt. Bei genauer Betrachtung ist die Seuche Anlaß und der Verkauf Gegenstand der Regelung, so daß eine abstrakte Regelung vorliegt. Es fragt sich, ob es erkenntnistheoretisch überhaupt eine konkret-generelle Regelung geben kann, denn die Offenheit des Adressatenkreises führt zwangsläufig zu einer zukunftsorientierten Regelung und damit zu einer (noch) unbestimmten Zahl gedachter Fälle. Auch bei den eingangs genannten Beispielen könnte man auf das Teilnehmen an der Versammlung bzw. das Betreten des Hauses abheben und zu einer unbestimmten Zahl gedachter Fälle = abstrakte Regelung kommen. Mit der h.L. soll jedoch (unter Einbeziehung des Anlasses in den Regelungsgegenstand) von der Konstellation einer konkret-generellen Regelung ausgegangen werden.

18   Es stellt sich die Frage, *welches der Kriterien* für die rechtliche Qualifizierung der Regelung maßgeblich sein soll, – die *Individualität der Adressaten* (so *Obermayer*, NJW 1980, 2386 ff.; *Vogel*, BayVBl. 1977, 619 f.) oder die *Konkretheit der Regelung* (so *Kopp/Ramsauer*, VwVfG § 35 Rn. 68 ff.). Die erste Auffassung hat sicherlich den Vorteil, daß die Individualität (*eine* bestimmte Person oder ein zur Zeit des Erlasses des Verwaltungsakts *geschlossener* Personenkreis) relativ einfach feststellbar ist; sie entspricht auch der personalen Struktur des Rechts. § 35 VwVfG geht aber offenbar von der zweiten Alternative aus. Das ergibt sich einmal aus der Legaldefinition des Verwaltungsakts, in der nur vom Einzelfall, nicht (auch) von Einzelpersonen die Rede ist, zum anderen aus der Regelung der Allgemeinverfügung in § 35 S. 2

VwVfG, die zwar Verwaltungsakt ist, aber keinen feststehenden Personenkreis bzw. überhaupt keine Personen als Adressaten voraussetzt (vgl. unten Rn. 31 ff.).

dd) Ein weiteres Kriterium bildet die *Geltungsdauer* der Rege- **19** lung. Erschöpft sie sich in einem einmaligen Gebot oder Verbot, so kann es sich nur um einen Verwaltungsakt handeln, weil die Rechtsnorm schon wegen ihrer konditionalen Fassung (wenn . . ., dann . . .) auf eine gewisse Zeitdauer zielt. Dieser Satz ist jedoch nicht umkehrbar, da selbstverständlich nicht jede Regelung mit Dauerwirkung eine Rechtsnorm sein muß.

Beispiel: Der Bürgermeister der kleinen Gemeinde G ordnet an, daß alle Rebstöcke im Weinberggelände der Gemeinde zur Schädlingsbekämpfung gespritzt werden müssen. Rechtsnorm oder Verwaltungsakt? Das hängt davon ab, ob es sich um eine einmalige Aktion handelt (dann Verwaltungsakt, da anzunehmen ist, daß der Kreis der Weinbergbesitzer zumindest feststellbar ist) oder um eine längerfristig gedachte Regelung (dann Rechtsnorm).

In problematischen Fällen darf man sich ohnehin nicht nur an die Kriterien konkret-individuell und abstrakt-generell festklammern, sondern muß noch weitere Gesichtspunkte einbeziehen, so etwa − neben der bereits genannten Zeitdauer − den räumlichen Geltungsbereich, den Grad der inhaltlichen Differenziertheit und Komplexität, die Auswirkungen, die Vollzugsfähigkeit und -bedürftigkeit der Regelung usw.

Vgl. dazu am Beispiel der Regelung des Windsurfens auf dem Bodensee *BadWürttVGH* VBlBW 1987, 377 mit Anm. von *Maurer,* S. 361 ff.

ee) In der Literatur wird ferner die Frage erörtert, wie die *ab-* **20** *strakt-individuellen Regelungen* zu beurteilen sind.

Als Beispiele werden genannt: Anordnung gegenüber A, jeweils bei Glatteisbildung zu streuen (vgl. *OVG Münster* OVGE 16, 289); Anordnung gegenüber B, jedesmal, wenn das Wasser einen Pegel überschreitet, sein Wehr zu öffnen (*Wolff/Bachof/Stober,* VerwR I § 45 Rn. 79).

Betrachtet man diese Beispiele näher, dann stellt sich heraus, daß sie überhaupt keine abstrakten Regelungen darstellen. Dem Betroffenen wird vielmehr eine ganz konkrete Handlungspflicht auferlegt. Die Regelung hat zwar eine gewisse Dauerwirkung und aktualisiert sich auch nur bei Hinzutreten weiterer Umstände; aber das macht sie genauso wenig zu einer abstrakten Regelung wie

z. B. das zum Schutze der Nachtruhe an eine Einzelperson gerichtete Verbot, nach 22 Uhr zu musizieren. Die „abstrakt-individuelle Regelung" kann also als bloße Arabeske theoretischen Durchdeklinierens vernachlässigt werden.

In der Literatur herrscht im Ergebnis auch Übereinstimmung, daß diese Regelungen als Verwaltungsakte zu qualifizieren oder jedenfalls den Verwaltungsakten zuzurechnen sind (vgl. *Erichsen,* in: Erichsen/Ehlers, VerwR § 12 Rn. 48 m. w. N.).

21   b) *Einordnungsprobleme.* Während es sich bislang um *strukturell bedingte Abgrenzungsschwierigkeiten* handelte, geht es nunmehr um *Einordnungsschwierigkeiten.* Verschiedene Rechtsakte, die sich in neuerer Zeit herausgebildet haben, passen nicht oder nicht so recht in die traditionelle Unterscheidung von Verwaltungsakt (Einzelfallregelung) und Rechtsnorm (allgemeine Regelung). Dazu gehören vor allem die rechtsverbindlichen Pläne, die Verkehrszeichen, die Allgemeinverbindlichkeitserklärung von Tarifverträgen gem. § 5 TVG, die Typenzulassungen (Beispiel: § 20 StVZO) und die Genehmigung von Satzungen durch die Aufsichtsbehörde. Es liegt nahe, sie als Hoheitsakte sui generis zu qualifizieren. Dem steht jedoch entgegen, daß das geltende Recht für einseitig erlassene hoheitliche Regelungen mit verbindlicher Außenwirkung bislang nur die beiden Formen Verwaltungsakt und Rechtsnorm (letztere in verschiedenen Erscheinungen) kennt. Andererseits kann die Einordnung i. d. R. auch nicht dahingestellt bleiben, weil Verwaltungsakt und Rechtsnorm sehr unterschiedlichen Rechtsregeln unterworfen sind, so etwa im Blick auf die formellen Anforderungen, die Rechtsfolgen der Rechtswidrigkeit und den gerichtlichen Rechtsschutz. Es muß also eine Einordnung erfolgen. Sofern nicht, was zweckmäßig ist, der Gesetzgeber die maßgebliche Rechtsform (vielleicht mit Differenzierungen im einzelnen) bestimmt hat, muß vom Gesamtbild des jeweiligen Rechtsaktes ausgegangen und die näher liegende Rechtsform angenommen werden.

Die rechtsverbindlichen Pläne werden teilweise als Verwaltungsakt, teilweise als Rechtsnorm erlassen (vgl. unten § 16 Rn. 21); die Verkehrszeichen sind als Allgemeinverfügungen zu behandeln (vgl. § 35 S. 2 VwVfG und unten Rn. 36); die Allgemeinverbindlichkeitserklärung von Tarifverträgen ist nach der Rechtsprechung eine Rechtsnorm sui generis, vgl. *BVerfGE* 44, 322,

338 ff. („ein Rechtsetzungsakt eigener Art zwischen autonomer Regelung und staatlicher Rechtsetzung, der seine eigenständige Grundlage in Art. 9 III GG findet") und *BVerwGE* 80, 355, 357 f., 364 („Rechtsnorm mit Rang unterhalb des Gesetzes"), str., vgl. die Nachweise bei *BVerfG* aaO.; die Typenzulassung ist Verwaltungsakt, da sie *eine* Person, nämlich den Hersteller, und *ein*, wenn auch in großer Zahl hergestelltes Produkt betrifft (vgl. dazu *Dörschuck,* Typen- und Tarifgenehmigungen im Verwaltungsrecht, 1988, S. 18 ff., der mit beachtlichen, aber letztlich doch nicht voll überzeugenden Argumenten einen Verwaltungsakt „in Form einer Allgemeinverfügung analog § 35 S. 2 Alt. 2 VwVfG" annimmt; ferner *Waechter*, UTR 1996, 395 ff.); die Satzungsgenehmigung ist ebenfalls Verwaltungsakt, da die Satzung zwar eine Rechtsnorm ist, die Genehmigung sich aber auf *eine bestimmte* Satzung bezieht (vgl. *BVerwGE* 75, 142, 146; *Bachof,* Festschrift für W. Weber, 1974, S. 515 ff.). Strittig ist schließlich, ob die Bekanntgabe des Smogalarms gem. §§ 40, 49 II BImSchG ein Verwaltungsakt (*Jarass*, NVwZ 1987, 95 ff.; *Hufen*, VwProzR § 14 Rn. 27; *BVerwGE* 117, 322, 327), eine Rechtsverordnung (*Ehlers*, DVBl. 1987, 972 ff.), eine Rechtstatsache (*Hansmann,* in: Landmann/Rohmer, Umweltrecht, Bd. 1, § 40 BImSchG Rn. 28) oder eine objektivierte Sachverhaltsfeststellung (*Kluth,* NVwZ 1987, 960 f.) darstellt; zutreffend dürfte die Qualifizierung als rechtsverbindliche Feststellung eines Sachverhalts sein (vgl. dazu näher die 13. Auflage, § 9 Rn. 36 a). Entsprechende Probleme ergeben sich – im Zusammenhang mit dem Dosenpfand – bei der „Bekanntgabe der wiederholten Unterschreitung der Mehrwegquote" i. S. des § 9 II 2 Verpackungsverordnung vom 21. 8. 1998 (BGBl. I S. 2379) durch die Bundesregierung, die zur Folge hat, daß bestimmte Vergünstigungen für den Getränkemarkt wegfallen und damit besondere Pflichten ausgelöst werden; nach *BVerwGE* 117, 322, 326 ff. liegt ebenfalls ein feststellender Verwaltungsakt (Allgemeinverfügung) vor.

4. Behörde

Das Begriffsmerkmal „durch eine Behörde" bestimmt einmal das **22** begriffswesentliche Kreationsorgan und dient im übrigen dazu, gleichsam als Auffangmerkmal die noch verbleibenden wesentlichen Kriterien des Verwaltungsakts, die sonst nicht oder nicht überzeugend untergebracht werden können, aufzunehmen.

Behörde ist gem. § 1 IV VwVfG „jede Stelle, die Aufgaben der öffentlichen Verwaltung wahrnimmt". Der Behördenbegriff ist bewußt weit gefaßt. Dazu gehören nicht nur die in den staatlichen Verwaltungsapparat eingegliederten Stellen, sondern jede organisatorisch selbständige Instanz, *wenn* und *soweit* sie mit der Wahrnehmung von Verwaltungsaufgaben betraut ist, also z. B. auch Verfassungsorgane (Bundespräsident, Bundestagspräsident, Bundesminister), Gemeindeorgane, Ausschüsse (etwa Prüfungsausschüsse) usw. Daraus folgt:

23 a) *Maßnahmen von Privatpersonen* sind keine Verwaltungsakte (eine scheinbare Ausnahme bildet der beliehene Unternehmer, vgl. dazu unten § 23 Rn. 56 ff.).

24 b) *Maßnahmen der Gesetzgebung, der Regierung und der Rechtsprechung* sind ebenfalls keine Verwaltungsakte. Dabei kommt es auf die funktionelle, nicht auf die organisatorische Betrachtungsweise an. Wie bereits festgestellt wurde, können z. B. auch Regierungsorgane Verwaltungsakte erlassen, wenn und soweit ihre Tätigkeit funktionell der Verwaltung – genauer dem Verwaltungsrecht – zuzurechnen sind. Beschränkt man den Verwaltungsakt auf *verwaltungsrechtliche* Regelungen (vgl. dazu Rn. 13), dann erübrigt sich diese Ausklammerung; allenfalls die verwaltungsgerichtlichen Entscheidungen wären noch abgrenzend zu erwähnen.

25 c) Schließlich ergibt sich aus dem Begriffsmerkmal „Behörde", daß der Verwaltungsakt *nur* von einer Behörde erlassen wird und damit eine *einseitige* Regelung darstellt. Das unterscheidet den Verwaltungsakt vom *Verwaltungsvertrag,* der durch übereinstimmende Willenserklärung zustandekommt und sonach eine *einvernehmliche* Regelung ist.

Die Tatsache, daß der Verwaltungsakt einseitig von einer Behörde erlassen wird, schließt nicht aus, daß der Betroffene Mitwirkungsrechte im Verwaltungsverfahren hat (etwa Anhörungsrechte), ja daß der Erlaß bestimmter Verwaltungsakte die Zustimmung des Betroffenen voraussetzt (sog. zustimmungsbedürftige Verwaltungsakte, etwa Beamtenernennung, Immatrikulation). Wenn ein Verwaltungsakt zustimmungsbedürftig ist, kann der Betroffene durch Verweigerung der Zustimmung den Erlaß des Verwaltungsaktes verhindern, aber nicht auf die inhaltliche Gestaltung der Regelung selbst Einfluß nehmen. Ob der zustimmungsbedürftige, aber ohne Zustimmung erlassene Verwaltungsakt (schwebend) unwirksam oder rechtswidrig und anfechtbar ist, bestimmt sich nach der jeweils maßgeblichen Rechtslage; im Zweifel ist die erste Alternative anzunehmen. Vgl. dazu auch unten § 14 Rn. 19.

5. Unmittelbare Rechtswirkung nach außen

26 Verwaltungsakte sind nur solche Regelungen, die – über den verwaltungsinternen Bereich hinausgreifend – Pflichten oder Rechte für den Bürger oder sonstige außenstehende Rechtspersonen begründen. Damit wird an die bereits oben erwähnte Unterscheidung von Außenrecht und Innenrecht angeknüpft (vgl. § 3

Rn. 4 f.). Der Verwaltungsakt gehört – wie die Rechtsnorm – dem Bereich des Außenrechts an.

Schon aus dem Wortlaut der Legaldefinition ergibt sich, daß der Verwaltungsakt auf Außenwirkung *gerichtet* sein muß. Das ist nur dann der Fall, wenn eine Regelung ihrem objektiven Sinngehalt nach dazu *bestimmt* ist, Außenwirkungen hervorzubringen, wenn sie also nicht nur (tatsächlich) Wirkungen im Außenbereich entfaltet oder entfalten kann, sondern auch (rechtlich) entfalten *soll,* vgl. dazu näher unten Rn. 28 am Beispiel der Umsetzung eines Beamten. Ein wesentliches Indiz für diese „Richtung" ist die Rechtsvorschrift, die durch die Anordnung konkretisiert und vollzogen werden soll.

Damit scheiden aus:

a) *Innerdienstliche Weisungen.* Der Vorgesetzte ist befugt, den ihm **27** nachgeordneten Behörden oder Beamten Weisungen hinsichtlich ihrer dienstlichen Stellung und Tätigkeit zu geben. Diese Weisungen, die nach heutiger Auffassung unbestritten Rechts- und damit Regelungscharakter haben, verbleiben im verwaltungsinternen Bereich; sie haben keine „Außenwirkung" und sind daher keine Verwaltungsakte.

Beispiel: Der Regierungspräsident weist den ihm unterstellten Landrat an, den Abbruch des von X baurechtswidrig erstellten Wochenendhauses anzuordnen. Die Weisung ist für den Landrat verbindlich, sie wirkt aber nur verwaltungsintern. Erst die daraufhin vom Landrat ausgesprochene Abbruchverfügung ist ein Verwaltungsakt. Der X kann nur gegen *diese* Verfügung Anfechtungsklage erheben. Entsprechendes gilt, wenn die Weisung einen Realakt betrifft; in Betracht kommt dann eine Leistungsklage gegen die vom Landrat getroffene Verwaltungsmaßnahme.

Fall: Der Regierungspräsident weist die ihm nachgeordnete Polizeidienststelle an, dem Abschleppunternehmer U, der bislang – neben anderen – mit dem Abschleppen von auf der Autobahn stehengebliebenen Kraftfahrzeugen beauftragt wurde, keinen Auftrag mehr zu erteilen, bis ein gegen ihn eingeleitetes Strafverfahren wegen tätlicher Verletzung eines Bediensteten der Autobahnmeisterei abgeschlossen ist. U, der daraufhin nicht mehr berücksichtigt wird, will gegen die Weisung des Regierungspräsidenten vorgehen. Ist das möglich? – U wird nur durch die Auftragssperre, d.h. dadurch, daß er keine Aufträge mehr erhält, nicht durch die innerdienstliche Weisung des Regierungspräsidenten unmittelbar betroffen. Deshalb kann er auch nur gegen diese klagen. Die Auftragssperre ist, wie die Auftragsvergabe (vgl. oben § 3 Rn. 7), privatrechtlich zu beurteilen. U hat deshalb das Zivilgericht anzurufen, das dann

inzidenter auch darüber zu entscheiden hat, ob die öffentlich-rechtliche innerdienstliche Weisung rechtlich bindend ist und die Auftragssperre rechtfertigt. Im
vorliegenden Fall ist die Rechtmäßigkeit und damit die (verwaltungsinterne)
Verbindlichkeit der Weisung zu bejahen. Vgl. *BVerwG* DÖV 1973, 244.

28   Die „Anordnungen" des Vorgesetzten gegenüber den ihm unterstellten Beamten müssen jedoch differenzierend betrachtet werden. Sie sind nur dann *innerdienstliche Weisungen,* wenn sie den
Beamten als *Amtswalter* (als Glied der Verwaltungsorganisation, in
amtlicher Hinsicht) treffen; sie sind dagegen *Verwaltungsakte,* wenn
sie sich an ihn als *selbständige Rechtsperson* (in persönlicher Hinsicht)
richten. Im ersten Fall steht der Beamte gleichsam innerhalb, im
zweiten Fall gleichsam außerhalb des Verwaltungsbereichs.

> **Beispiele:** Die Weisung des Behördenchefs an den Beamten B, die Akten
> in einer bestimmten Reihenfolge zu bearbeiten, im konkreten Fall eine Ge-
> werbegenehmigung zu versagen usw. trifft ihn ausschließlich als Amtsverwalter
> (der insoweit auch „austauschbar" ist). Die vorzeitige Pensioñierung, die Fest-
> setzung der Besoldungsbezüge usw. treffen ihn dagegen in seinen persönlichen
> Verhältnissen. – Die Unterscheidung von *Ule* (VVDStRL 15, 133) zwischen
> Grundverhältnis und Betriebsverhältnis deckt sich im Ergebnis weitgehend mit
> der hier vertretenen Differenzierung zwischen amtlichem und persönlichem
> Verhältnis, geht aber von dem überholten „besonderen Gewaltverhältnis" aus.

Näherer Betrachtung bedarf noch die *Umsetzung eines Beamten*
und die Änderung des Aufgabenbereichs eines Beamten innerhalb
der Behörde.

> **Fall** (*BVerwGE* 60, 144): A ist als Amtsrat beim Landratsamt beschäftigt. Bis-
> lang war er als Arbeitsgruppenleiter in der Ordnungsabteilung Sachgebiet Zivil-
> und Katastrophenschutz tätig; nunmehr wird er durch Verfügung des Landrats
> der Abteilung Lastenausgleich zugewiesen. Seine Stellung als Amtsrat
> (einschließlich der Bezüge) wird dadurch nicht berührt. A ist mit dieser Verän-
> derung nicht einverstanden. Er findet den bisherigen Arbeitsbereich interessan-
> ter; zudem meint er, daß die „Versetzung" den indirekten Vorwurf enthalte, er
> habe seine bisherigen Aufgaben nicht ordnungsgemäß erledigt, zumindest könne
> dies in seinem Bekanntenkreis so aufgefaßt werden. Wie ist die Verfügung des
> Landrats zu beurteilen? Welche Rechtsmittel stehen dem A zur Verfügung?

Nach der früheren Rechtsprechung war die Umsetzung regelmäßig nur ein behördeninterner Akt, aber ausnahmsweise dann
ein Verwaltungsakt, wenn sie den Beamten auch (!) als eine dem
Dienstherrn mit selbständigen Rechten gegenüberstehende Rechtsperson betraf (*BVerwGE* 14, 84; so noch *OVG Lüneburg,* DÖV
1981, 107). Diese differenzierende Rechtsprechung war durch

Rechtsschutzgesichtspunkte bestimmt; denn nur mit Hilfe eines anfechtbaren Verwaltungsakts konnte nach damaliger Auffassung eine verwaltungsgerichtliche Klage des in seinen persönlichen Rechten betroffenen Beamten erreicht werden. Nach Erlaß der VwGO setzte sich zunehmend die richtige Erkenntnis durch, daß der Verwaltungsrechtsweg bei *jeder* Rechtsverletzung – unabhängig davon, ob sie durch einen Verwaltungsakt oder durch eine sonstige hoheitliche Maßnahme erfolgt – eröffnet ist. Damit ist auch der Blick für eine unbefangene Einordnung der Umsetzung frei: Sie beschränkt sich bestimmungsgemäß auf den verwaltungsinternen Bereich und ist daher ausschließlich eine innerdienstliche Weisung; sollte sie den Beamten in seinen persönlichen Rechten beeinträchtigen, dann kann er Leistungsklage mit dem Ziel der Rückgängigmachung der Umsetzung erheben.

Im obigen Fall liegt eine Umsetzung vor, weil A innerhalb seiner bisherigen Behörde bleibt und seine Einstufung als Amtsrat (sog. Amt im statusrechtlichen Sinne) nicht verändert wird. Sie ist nach den obigen Darlegungen kein Verwaltungsakt, sondern eine innerdienstliche Weisung. In Betracht kommt daher keine Anfechtungsklage, sondern eine Leistungsklage, die allerdings nach der Sonderregelung des § 126 III BRRG ebenfalls ein Widerspruchsverfahren voraussetzt. Die auch für Leistungsklagen erforderliche Klagebefugnis entspr. § 42 II VwGO ist im konkreten Fall zu bejahen, da A geltend machen kann, in seinen persönlichen Rechten (Persönlichkeitsrecht, Art. 2 I GG) verletzt zu sein.
Vgl. dazu – auch zu den Voraussetzungen und den Grenzen der Umsetzung – grundlegend *BVerwGE* 60, 144. Zur Rückgängigmachung der fehlerhaften Umsetzung ferner *BVerwGE* 75, 138 (dem Beamten muß zunächst der frühere Dienstposten wieder übertragen werden, was jedoch nicht ausschließt, daß er sodann – nunmehr unter Beachtung der rechtlichen Voraussetzungen – erneut umgesetzt wird). Dasselbe gilt, wenn der Aufgabenbereich eines Beamten geändert wird, vgl. *BVerwG* DVBl. 1981, 495; *BVerwGE* 98, 334, 335 f. Im Gegensatz zur Umsetzung ist die Versetzung, d. h. die Zuweisung des Beamten an eine andere Behörde desselben oder eines anderen Dienstherrn, ein (anfechtbarer) Verwaltungsakt, vgl. *BVerwGE* 60, 144 (147). – Ferner sind z. B. keine Verwaltungsakte, sondern innerdienstliche Anordnungen die Entziehung des Sicherheitsbescheides für einen Beamten oder Soldaten beim Bundesnachrichtendienst (*BVerwGE* 81, 258) und der Ausschluß eines Beamten von der Wahrnehmung einer konkreten Verwaltungsaufgabe wegen Befangenheit gem. § 21 VwVfG (*BVerwG* NVwZ 1994, 785); dagegen ist nach *OVG Lüneburg* die Zuweisung eines anderen Fachgebiets an einen Theologieprofessor wegen kirchlicher Beanstandung ein Verwaltungsakt (DVBl. 2000, 713).

Die früher als besonderes Gewaltverhältnis qualifizierten *Sonder-* **29**
rechtsverhältnisse (Schulverhältnis, Anstalts- und Benutzungsverhält-

nis usw.) gehören nicht (mehr) dem verwaltungsinternen Bereich an (vgl. oben § 8 Rn. 26 ff.). Die im Rahmen solcher Verhältnisse ergehenden Anordnungen sind daher Verwaltungsakte, sofern die übrigen Voraussetzungen vorliegen.

Das gilt z. B. für die (Nicht)Versetzung in die nächsthöhere Klasse, für die Ablehnung der Zulassung zur Reifeprüfung; für Schulstrafen (*BadWürttVGH* DÖV 1984, 767: Anordnung des „Nachsitzens"). Die Bewertung einer Klassenarbeit ist dagegen Teil- und Vorbereitungsakt im Blick auf das Abschlußzeugnis und daher kein Verwaltungsakt (vgl. oben Rn. 9).

30   b) *Zustimmung anderer Verwaltungsbehörden oder anderer Verwaltungsträger (sog. mehrstufiger Verwaltungsakt).* Es gibt eine Reihe von Verwaltungsakten, die erst nach Erteilung der Zustimmung (Genehmigung, Einvernehmen und dgl.) einer anderen Behörde oder sogar eines anderen Verwaltungsträgers erlassen werden dürfen. Die Zustimmung ist nur dann als Verwaltungsakt zu qualifizieren, wenn sie dem Bürger gegenüber eine eigene und unmittelbare Rechtswirkung entfaltet. Indiz dafür ist, daß der zustimmungsberechtigten Behörde die ausschließliche Wahrnehmung bestimmter Aufgaben und die alleinige Geltendmachung besonderer Gesichtspunkte übertragen sind (vgl. *BVerwGE* 26, 31, 39). In der Regel ist die Zustimmung jedoch nur eine *verwaltungsinterne* Erklärung gegenüber der den zustimmungsbedürftigen Verwaltungsakt erlassenden Behörde und daher – mangels Außenwirkung – *kein Verwaltungsakt.* Der zustimmungsbedürftige Verwaltungsakt wird üblicherweise – wegen der internen Mitwirkung einer anderen Behörde – als „mehrstufiger Verwaltungsakt" bezeichnet.

Fall: B beantragt die Genehmigung für die Errichtung eines Bauwerks im Außenbereich (§ 35 BauGB). Das Landratsamt, die zuständige Baugenehmigungsbehörde, legt den Antrag der Gemeinde, in deren Gebiet das Baugrundstück liegt, zur Erteilung des Einvernehmens gem. § 36 BauGB vor. Die Gemeinde verweigert das Einvernehmen. Das Landratsamt lehnt daraufhin die Baugenehmigung unter Berufung auf die Weigerung der Gemeinde ab. B hält die Weigerung der Gemeinde für rechtswidrig und will wissen, gegen wen er zu klagen hat. – Das Einvernehmen (gleichbedeutend mit Zustimmung) der Gemeinde ist kein Verwaltungsakt, sondern ein Verwaltungsinternum (so *BVerwGE* 28, 145; *BVerwG* NVwZ 1986, 556; *BGHZ* 65, 182, 185; h. L.). Das ergibt sich aus folgendem: Das Baugenehmigungsverfahren ist von der Baugenehmigungsbehörde, hier vom Landratsamt, durchzuführen; sie allein tritt auch nach außen – insbesondere dem Bauherrn gegenüber – in Erscheinung. Die Gemeinde hat aber wegen der ihr zukommenden Planungshoheit ein Mitwirkungsrecht, um Bauvorhaben in (noch) nicht verplanten Gemeindebereichen, die ihren Planungsvorstellungen nicht entsprechen, verhindern zu können. Das Einvernehmen bzw. seine Verweigerung ist der Baubehörde gegenüber zu erklären und bleibt somit im verwaltungsinternen Bereich. Der B hat daher nicht gegen die Gemeinde auf Erteilung des Einvernehmens, sondern gegen das Landratsamt auf Erteilung der Baugenehmigung zu klagen (auch wenn dieses an sich bereit gewesen wäre, die Baugenehmigung zu erteilen, sich dazu aber wegen des fehlenden Einvernehmens der Gemeinde nicht imstande sah). Das Verwaltungsgericht hat inzidenter auch darüber zu entscheiden, ob die Verweigerung des Einvernehmens rechtmäßig war, und, wenn dies zu verneinen ist und auch sonst keine rechtlichen Hindernisse mehr bestehen, das Landratsamt zur Erteilung der Baugenehmigung zu verurteilen. Das fehlende Einvernehmen wird durch das verwaltungsgerichtliche Urteil ersetzt (*BVerwG* NVwZ-RR 2003, 719) – Die rechtswidrige Versagung des Einvernehmens kann nach der Rechtsprechung des *BGH* einen Amtshaftungsanspruch und einen Anspruch auf Entschädigung wegen enteignungsgleichen Eingriffs gegenüber der Gemeinde auslösen (*BGHZ* 65, 182; 99, 262, 273; *BGH* NVwZ-RR 2003, 403). Wird die Baugenehmigung ohne das nach § 36 BauGB erforderliche Einvernehmen erteilt, dann kann die Gemeinde im Wege der Anfechtungsklage die Aufhebung der Baugenehmigung erreichen (*BVerwG* NVwZ 1986, 556; *BVerwG* BauR 1988, 694). Das soll selbst dann gelten, wenn die Verweigerung des Einvernehmens rechtswidrig ist und die Klage des Bauherrn auf Erteilung der Baugenehmigung dementsprechend erfolgreich wäre, was reichlich formalistisch erscheint und daher in der Literatur zu Recht auf Widerspruch stößt. Wenn die Baugenehmigungsbehörde und die Gemeinde identisch sind (etwa im Fall einer Großen Kreisstadt), dann greift die verfahrensrechtliche Regelung des § 36 I 1 BauGB nicht ein, die Gemeinde kann sich aber als Baugenehmigungsbehörde auf die an sich durch § 36 I BauGB geschützte materielle Planungshoheit berufen und bei deren drohender Verletzung die Baugenehmigung ablehnen, so *BVerwGE* 121, 339 unter teilweiser Aufgabe der bisherigen Rechtsprechung.

Vgl. dazu ferner – jeweils kein Verwaltungsakt – *BVerwGE* 45, 13, 16f. (Zustimmung nach § 37 BVFG a.F.); *BVerwG* DÖV 1975, 572 (Zustimmung nach § 9 FStrG); *BVerwGE* 67, 173, 174f. (Zustimmung des Bundesministers des Innern zur Einbürgerung); *BVerwGE* 95, 333, 336f. (Einvernehmen der Gemeinde zu Anordnung der Straßenverkehrsbehörde gem. § 45 I b 2 StVO); *BVerwGE* 99, 371, 373f. (Entscheidung der Richterwahlausschüsse über die Eignung ehemaliger DDR-Richter für die Übernahme); weitere Nachweise bei *Stelkens,* in: Stelkens/Bonk/Sachs, VwVfG, § 35 Rn. 95.

III. Die Allgemeinverfügung

1. Begriff

Die Allgemeinverfügung, die in § 35 S. 2 VwVfG definiert **31** wird, ist ein Verwaltungsakt, – kein selbständiger Rechtsakt, sondern ein Unterfall des Verwaltungsakts i.S. des Satz 1. Sie wird durch die Begriffsmerkmale des Verwaltungsakts und einige weitere, sie besonders prägende Merkmale bestimmt. Wie der Verwaltungsakt überhaupt, so ist auch die Allgemeinverfügung eine hoheitliche Regelung eines Einzelfalls durch eine Behörde mit Außenwirkung. Die Besonderheit der Allgemeinverfügung bezieht sich auf die Adressaten der Regelung.

Vor Erlaß des VwVfG verstand die h. L. unter einer Allgemeinverfügung einen Verwaltungsakt, der sich nicht an eine Person, aber doch an einen bestimmten oder bestimmbaren Personenkreis richtete. Entscheidend war, daß der Adressatenkreis zur Zeit des Erlasses der Regelung objektiv feststand und individualisierbar war, – im Gegensatz zur Rechtsnorm, die sich an einen noch nicht feststehenden Personenkreis wandte.

Beispiel: Auflösung einer Demonstration, vgl. oben Rn. 16.

Der traditionelle Begriff der Allgemeinverfügung wird durch § 35 S. 2 VwVfG erheblich erweitert. Es sind drei Fallgruppen zu unterscheiden:

32   a) *Die adressatenbezogene Allgemeinverfügung.* Allgemeinverfügung ist einmal ein Verwaltungsakt, der sich an einen nach allgemeinen Merkmalen bestimmten oder bestimmbaren Personenkreis richtet (erster Fall des § 35 S. 2 VwVfG). In der Literatur wird z. T. die Auffassung vertreten, der „Personenkreis" müsse zum Zeitpunkt des Erlasses objektiv feststehen, so daß insoweit kein Unterschied zur überkommenen Allgemeinverfügung bestehe. Gegen diese Deutung spricht schon der Wortlaut. Die Adressaten werden nicht individuell, sondern nach allgemeinen Merkmalen und damit gattungsmäßig bestimmt (etwa alle Hausbesitzer, alle Verkehrsteilnehmer usw.). Die zur Abgrenzung gegenüber der Rechtsnorm erforderliche Eingrenzung des Adressatenkreises erfolgt durch den Bezug auf einen konkreten Sachverhalt (Einzelfall).

Vgl. als Beispiel den oben Rn. 17 erwähnten Demonstrationsfall. Dieser einfach gelagerte Fall darf jedoch nicht darüber hinwegtäuschen, daß die erweiterte Fassung des § 35 S. 2 VwVfG oft zu erheblichen Schwierigkeiten bei der Abgrenzung zwischen Allgemeinverfügung und Rechtsnorm führen wird.

33   b) *Die sachbezogene Allgemeinverfügung.* Allgemeinverfügung ist ferner ein Verwaltungsakt, der die öffentlich-rechtliche Eigenschaft

einer Sache betrifft (zweiter Fall des § 35 S. 2 VwVfG). Sie richtet sich also nicht an eine Person, sondern bezieht sich auf eine Sache; sie regelt nicht personale Rechte und Pflichten, sondern den rechtlichen Zustand einer Sache. Insofern mag man sagen, Adressat der Regelung sei eine Sache. Die sachenrechtliche Regelung hat jedoch personale Auswirkungen, da sie Anknüpfungspunkt für Rechte und Pflichten von Personen ist und sich somit zumindest mittelbar an Personen wendet.

Beispiel: Die straßenrechtliche Widmung ist ein Hoheitsakt, durch den eine Verkehrsfläche die rechtliche Eigenschaft einer öffentlich-rechtlichen Straße erhält (vgl. etwa § 2 I FStrG), an die wiederum bestimmte Rechtsfolgen geknüpft werden, so vor allem das Recht für jedermann zur ungehinderten Benutzung der Straße (sog. Gemeingebrauch, vgl. § 7 I FStrG); vgl. zur Widmung *Axer, Die Widmung als Schlüsselbegriff des Rechts der öffentlichen Sachen,* 1994 m. w. N. – Ferner werden etwa als sachbezogene Allgemeinverfügung i. S. des § 35 S. 2 Alt. 2 VwVfG qualifiziert die Schutzbereichsanordnung gem. § 2 Schutzbereichsgesetz (vgl. *BVerwGE* 70, 77, 81) und die Umbenennung einer Straße (*OVG Münster* NJW 1987, 2695; *BayVGH* BayVBl. 1988, 496; *BadWürttVGH* NVwZ 1992, 196).

Der Gesetzgeber knüpft damit an die Lehre vom dinglichen Verwaltungsakt an, ohne diesen Ausdruck zu verwenden oder gar diese Lehre zu übernehmen (vgl. dazu unten Rn. 56 f.).

c) *Benutzungsregelung.* Allgemeinverfügung ist schließlich ein **34** Verwaltungsakt, der die Benutzung einer Sache durch die Allgemeinheit betrifft (dritter Fall des § 35 S. 2 VwVfG). „Allgemeinheit" kann hier nur personal i. S. einer unbestimmten Zahl von Personen verstanden werden. Es handelt sich somit um eine Regelung, die die Rechte und Pflichten der Benutzer einer Sache festlegt. Genau betrachtet stellt die Benutzungsregelung einen Unterfall der adressatenbezogenen Allgemeinverfügung dar: Der Adressatenkreis ist nach allgemeinen Merkmalen bestimmt („Benutzer"; wer Benutzer ist, läßt sich zur Zeit des Erlasses noch nicht sagen). Die erforderliche Konkretheit wird durch den Bezug zu *einer* Sache hergestellt.

Darunter fallen vor allem Regelungen über die Benutzung von Anstalten oder sonstigen Einrichtungen (etwa die Benutzung städtischer Badeanstalten, Bibliotheken, Museen usw.) durch die Anstaltsleitung (den Bademeister, den Bibliotheksdirektor usw.). Die früher herrschende Auffassung, daß die Benutzung solcher Anstalten besondere Gewaltverhältnisse begründe und deshalb durch Verwaltungsvorschriften geregelt werden könne, hat mit dem Ende des besonderen Gewaltverhältnisses ihre Grundlage verloren (vgl. oben § 8 Rn. 26 ff.). Das Ersatzinstitut der Sonderverordnung läßt sich nicht halten (vgl. oben § 8 Rn. 31). § 35 S. 2 VwVfG springt gleichsam in die Bresche und qualifiziert solche Regelungen als Allgemeinverfügungen. Die Frage, was nunmehr durch Allgemeinverfügung bestimmt werden kann und was der Regelung durch Satzung oder Gesetz bedarf, ist noch zu klären. Die Allgemeinverfügung wird sich auf interne Ordnungsvorschriften des Anstaltsalltags beschränken müssen, während grundsätzliche Fragen durch Satzung oder Gesetz zu regeln sind.

2. Maßgebliches Recht

35   Die Allgemeinverfügung unterliegt grundsätzlich denselben Vorschriften wie der Verwaltungsakt. Es gelten jedoch einige – sich aus der Eigenart der Allgemeinverfügung ergebende – *Sondervorschriften:*
– die Behörde kann von der Anhörung der Beteiligten absehen (§ 28 II Nr. 4 VwVfG),
– die Allgemeinverfügung kann ggf. öffentlich bekannt gemacht werden (§ 41 III 2 VwVfG),
– eine öffentlich bekanntgemachte Allgemeinverfügung braucht nicht begründet zu werden (§ 39 II Nr. 5 VwVfG).

3. Die Verkehrszeichen insbesondere

36   In diesem Zusammenhang wird auch die Frage nach der Rechtsnatur der Verkehrszeichen aktuell, die die Rechtslehre und Rechtsprechung jahrelang beschäftigt hat und wohl auch noch weiterhin beschäftigen wird.

Die Zeichen des einzelnen (etwa an der Straßenkreuzung stehenden) Verkehrspolizisten sowie die Zeichen einer automatisch oder durch Hand betriebenen Verkehrsampel (rot-gelb-grün-Phase) sind Verwaltungsakte in Form von Allgemeinverfügungen, – das ist unproblematisch, da sie das Verkehrsverhalten der jeweils anwesenden Verkehrsteilnehmer regeln. Strittig ist aber bis heute die Rechtsnatur der *Verkehrszeichen in Form der Verkehrsschilder* gem. §§ 41, 43 StVO (Geschwindigkeitsbegrenzung, Überholverbot, Einbahnstraßenregelung usw.). Sie werden heute überwiegend als *Allgemeinverfügungen,* sei es als (an die jeweils anwesenden Verkehrsteilnehmer gerichtete) Folge von Allgemeinverfügungen, sei es als (die konkrete örtliche Verkehrssituation regelnde) Dauerverwaltungsakte in Form von Allgemeinverfügungen, teilweise aber auch als (den einzelnen Straßenabschnitt betreffende) *dingliche Verwaltungsakte* oder als (generell-abstrakt regelnde) *Rechtsverordnungen* qualifiziert. Die Rechtsprechung hatte früher die Verkehrszeichen als Rechtsverordnungen angesehen, schwenkte dann aber zur Deutung als Verwaltungsakte über, was jedoch offensichtlich mehr auf praktische Überlegungen als theoretische Einsichten zurückzuführen war. Die Literatur hat sich der Rechtsprechung weitgehend, aber nicht vollständig angeschlossen.

Vgl. *BVerwGE* 27, 181; 59, 221, 224 ff. (jeweils grundsätzlich); *BVerwGE* 92, 32, 34 (Busspur); *BVerwGE* 97, 214, 220 f. (geschwindigkeitsbeschränkte Zone); *BVerwGE* 97, 323, 326 ff. (Zusicherung eines Verkehrszeichens); *BVerwGE* 102, 316, 318 (nachträglich aufgestelltes Halteverbotsschild); *BVerwG* DVBl. 2004, 518 (Klagebefugnis gegen Verkehrszeichen); dasselbe gilt für Verkehrseinrichtungen, etwa eine Parkuhr (modifiziertes Halteverbot), vgl. *BVerwG* DÖV 1988, 694. Der *BayVGH,* der sich zunächst nachdrücklich gegen die (neue) Rechtsprechung des *BVerwG* wandte und für die Deutung als Rechtsverordnung eintrat (vgl. etwa NJW 1978, 1988), hat sich inzwischen dem *BVerwG* angeschlossen (vgl. *BayVGH* NVwZ 1984, 383). Ebenso die überwiegende Literatur, vgl. statt vieler *Stelkens/Stelkens,* StBS § 35 Rn. 241 f.; *Erichsen,* VerwR § 12 Rn. 53; *Götz,* PolR Rn. 634; *Prutsch,* JuS 1980, 566 ff.; vgl. auch *Manssen,* Anordnungen nach § 45 StVO im System des Verwaltungsrechts und des Verwaltungsprozeßrechts, DVBl. 1997, 633 ff. – Anderer Ansicht (Rechtsverordnung) *Renck,* JuS 1967, 545 ff.; *ders.,* NVwZ 1984, 355 f.; *Vogel,* in: Drews/Wacke/Vogel/Martens, Gefahrenabwehr, S. 364 ff. (mit beachtlichen, auch praxisorientierten Einwänden); *Obermayer,* NJW 1980, 2387 f.

Bei unbefangener Betrachtung stellen sich die Verkehrszeichen **36a** ihrem Wesen nach als *Rechtsverordnungen* dar. Sie regeln nicht – wie die Widmung – die rechtliche Eigenschaft eines Straßenabschnitts, sie regeln auch nicht die Benutzung oder Benutzbarkeit eines bestimmten Straßenabschnitts, sie regeln auch nicht „die konkrete örtliche Verkehrssituation" (so *BVerwGE* 27, 181, 183), sondern sie regeln in Gestalt von „Geboten und Verboten" (so ausdrücklich § 41 I StVO) das Verkehrsverhalten einer unbestimmten Zahl von Personen in einer unbestimmten Zahl von Fällen (jedesmal, wenn sich jemand in den Geltungsbereich des Verkehrszeichens begibt, hat er sich in einer bestimmten Art und Weise zu verhalten). Es ist aber zuzugeben, daß die Verkehrszeichen im Grenzbereich von Rechtsverordnung und Verwaltungsakt liegen und eine andere Sichtweise noch vertretbar ist. Der

Gesetzgeber ist daher befugt, für die Verkehrszeichen auch die Form des Verwaltungsakts (der Allgemeinverfügung) vorzuschreiben. Das ist – nicht ausdrücklich, aber der amtlichen Begründung zufolge – durch § 35 S. 2 VwVfG geschehen, so daß die *Verkehrszeichen nunmehr de lege lata als Allgemeinverfügungen* zu behandeln sind.

So bereits *Maurer,* JuS 1976, 490; vgl. ferner *Prutsch,* JuS 1980, 571; ebenso im Ergebnis, allerdings mit anderer Begründung *Stelkens/Stelkens,* StBS § 35 Rn. 242 (sie *sind* Allgemeinverfügungen).

Die Frage, ob die Verkehrszeichen als Verwaltungsakte oder als Rechtsverordnungen zu beurteilen sind, ist nicht nur von rechtsdogmatischem Interesse, sondern hat auch erhebliche praktische Auswirkungen, wie sich im Laufe der folgenden Darlegungen noch zeigen wird, aber schon hier zusammenfassend vermerkt werden soll. Die Unterschiede betreffen die *formell-rechtlichen Voraussetzungen* (für Verwaltungsakte gilt das VwVfG, für Rechtsverordnungen gilt u. a. Art. 80 I GG), die *Rechtsfolgen der Rechtswidrigkeit* (rechtswidrige Verwaltungsakte sind anfechtbar und aufhebbar, rechtswidrige Rechtsverordnungen sind von vornherein nichtig), den *Rechtsschutz* (gegen Verwaltungsakte besteht durchweg die verwaltungsgerichtliche Anfechtungsklage, gegen Rechtsverordnungen ist nur in einigen Bundesländern die Normenkontrolle gem. § 47 VwGO gegeben, im übrigen kommt allenfalls eine Klage mit dem Ziel der inzidenten Feststellung der Rechtswidrigkeit des Verkehrszeichens in Betracht) und schließlich die *verfassungsrechtliche Zulässigkeit* (Art. 80 I 4 GG läßt eine Weiterübertragung der Kompetenz zum Erlaß von Rechtsverordnungen – hier vom Bundesverkehrsminister auf die Straßenverkehrsbehörden – nur aufgrund einer formell-gesetzlichen Ermächtigung zu, die jedoch hier nicht vorliegt, da das Straßenverkehrsgesetz keine entsprechende Klausel enthält).

36 b   Mit der Entscheidung für die Rechtsform des Verwaltungsaktes in Gestalt der Allgemeinverfügung sind nicht alle Probleme gelöst, sondern ergeben sich sogar neue Probleme. Sie betreffen die *Bekanntgabe* und daraus folgend das *Wirksamwerden* und die *Anfechtungsfrist.* Darauf soll hier im Vorgriff auf die späteren Ausführungen zur Bekanntgabe von Verwaltungsakten (vgl. unten Rn. 64 ff.) des Zusammenhangs wegen kurz eingegangen werden. Das *BVerwG* hatte ursprünglich angenommen, daß das Verkehrszeichen (genauer die im Verkehrszeichen zum Ausdruck kommende Verkehrsregelung) dem einzelnen Verkehrsteilnehmer dann gem. § 41 I VwVfG bekanntgegeben werde, wenn er sich erstmals in den Bereich des Verkehrszeichens begebe, und dann für ihn so lange fortwirke, bis das Verkehrszeichen wieder beseitigt werde (*BVerwGE* 28, 181, 184). Daran hat es auch in späteren Entscheidungen festgehalten (vgl. z.B. *BVerwGE* 59, 221, 226). In *BVerwGE* 102, 316 vertritt es nunmehr die Auffassung, daß das Verkehrszeichen nach den Vorschriften der StVO (insbesondere der § 39 I, I a und § 45 IV StVO) durch seine Aufstellung öffentlich bekanntgegeben werde, wobei es dahingestellt läßt, ob sich die öffentliche Bekanntgabe aus der Sonderregelung des § 41 III VwVfG oder aus den den § 41 VwVfG insgesamt verdrängenden Sondervorschriften der StVO ergibt. Aus dieser Neuorientierung folgt, daß das Verkehrszeichen generell mit seiner Aufstellung wirksam wird. Unerheblich ist, ob der einzelne Verkehrsteilnehmer das Verkehrszeichen tatsächlich wahrnimmt; es genügt, daß es so aufgestellt ist, daß es ein durchschnittlicher Verkehrsteilnehmer bei Einhaltung der nach § 1 StVO erforderlichen Sorgfalt schon mit einem raschen und beiläufigen Blick erfassen kann (so *BVerwGE* 102, 316, 318). Zur Anfechtungsfrist hat sich das BVerwG in dieser Entscheidung nicht geäußert. Der *HessVGH* hat jedoch bereits den weiteren Schluß gezogen, daß die Anfechtungsfrist bei Verkehrszeichen generell mit deren Aufstellung beginnt und gem. § 58 II VwGO nach Ablauf eines Jahres endet (NJW 1999, 2057), ist dabei aber auch auf energischen Widerspruch gestoßen (vgl. *Bitter/Konow*, NJW 2001, 1386 ff.).

36 c   Praktisch bedeutsam wird die neue Rechtsprechung des BVerwG vor allem im Fall des nachträglich aufgestellten Verkehrszeichens: A stellt sein Kraftfahrzeug auf einer öffentlichen Straße ab und begibt sich für eine mehrwöchige stationäre Behandlung in ein Krankenhaus. Drei Wochen später stellt die zuständige Behörde in diesem Straßenabschnitt zur Vorbereitung und Durchführung eines Straßenfests mobile Halteverbotsschilder auf und läßt nach weiteren vier Tagen das Kraftfahrzeug durch einen privaten Abschleppunternehmer abschleppen und auf dessen Betriebshof bringen. Dort kann A sein Kraftfahrzeug gegen Zahlung der Abschlepp- und Unterhaltskosten abholen. – Folgt man der Rechtsprechung des *BVerwG*, dann ergibt sich: Das Halteverbot ist mit der Aufstellung bekanntgegeben und wirksam geworden. Es gilt auch für den A, obwohl dieser selbst keine Kenntnis davon erhielt. Das Halteverbot enthält zugleich ein Wegfahrgebot, nämlich die Verpflichtung, das verbotswidrig abgestellte Fahrzeug sofort wieder zu entfernen (*BVerwG* DÖV 1978, 374; DÖV 1988, 694). Dieses Gebot kann nach dem entsprechend anzuwendenden § 80 I Nr. 2 VwGO vorläufig vollstreckt werden (*BVerwG* aaO.). Die Vollstreckung erfolgt im konkreten Fall im Wege der Ersatzvornahme oder der unmittelbaren Ausführung bzw. des sofortigen Vollzugs (vgl. dazu unten § 20 Rn. 13 und 27). A muß die Kosten für das Abschleppen und die Verwahrung seines Kraftfahrzeugs tragen (*BVerwGE* 102, 316, 320). Die Rechtsprechung des *BVerwG* zur Bekanntgabe von Verkehrszeichen hat inzwischen in der

Literatur teils Zustimmung und teils Ablehnung gefunden, vgl. die Nachweise bei *Stelkens/Stelkens*, StBS § 35 Rn. 244 f.; *Kopp/Ramsauer*, § 35 Rn. 113; *Bitter/Konow*, NJW 2001, 1387; ferner allgemein zu den Problemen des polizeilichen Abschleppens von Kraftfahrzeugen *Fischer*, JuS 2002, 446 ff.; *Michaelis*, Jura 2003, 298 ff.

IV. Die Bedeutung des Verwaltungsakts

1. Die rechtliche Einordnung

37   Der Verwaltungsakt ist ein Begriff des materiellen Verwaltungsrechts, des Verwaltungsverfahrensrechts und des Verwaltungsprozeßrechts. Diese dreifache Zuordnung bedeutet keine Dreiteilung des Verwaltungsakts, sondern bringt nur die enge Verbindung dieser drei Rechtsbereiche zum Ausdruck, die nicht zuletzt gerade durch den Verwaltungsakt hergestellt wird.

a) Dem *materiellen Verwaltungsrecht* gehört der Verwaltungsakt an, weil er in Konkretisierung und Vollzug generell-abstrakter verwaltungsrechtlicher Rechtsnormen die Rechtslage im Einzelfall verbindlich feststellt.

b) Dem *Verwaltungsverfahrensrecht* ist der Verwaltungsakt zuzuordnen, weil er eine ein Verwaltungsverfahren abschließende Entscheidung darstellt. Auf die Doppeldeutigkeit des Ausdrucks Regelung wurde bereits hingewiesen (vgl. oben Rn. 7). Sie spiegelt die materiell-rechtliche *und* verfahrensrechtliche Bedeutung des Verwaltungsaktes wider, der einerseits als (verfahrensrechtlicher) Erkenntnisakt ein Verwaltungsverfahren zum Abschluß bringt, andererseits als (materiell-rechtliche) Regelung die Rechtsbeziehungen zwischen Verwaltung und Bürger bestimmt. Er bildet also gleichsam den Angelpunkt, in dem die Entscheidungsfindung zur Rechtsgestaltung übergeht.

38   c) Dem *Verwaltungsprozeßrecht* ist der Verwaltungsakt zuzurechnen, weil er zwar nicht mehr rechtsschutzbegründende, aber klageartbestimmende Bedeutung hat. Die Klage auf Aufhebung oder Erlaß eines Verwaltungsakts ist in Form einer Anfechtungsklage bzw. Verpflichtungsklage zu erheben, für die besondere Zulässigkeitsvoraussetzungen gelten (vgl. §§ 42, 68 ff. VwGO). Die verwaltungsgerichtliche Aufhebung eines Verwaltungsakts hat übri-

gens einen bemerkenswerten Doppelcharakter, da sie einerseits eine prozessuale Entscheidung darstellt, andererseits aber die Rechtswirksamkeit des angefochtenen Verwaltungsakts beseitigt und insoweit unmittelbare materiell-rechtliche Bedeutung hat.

Früher war das Vorliegen des Verwaltungsakts nicht nur Voraussetzung für die Zulässigkeit der Anfechtungsklage, sondern Voraussetzung für die *Zulässigkeit des Verwaltungsrechtswegs überhaupt.* Das führte im Interesse eines weitreichenden Rechtsschutzes zur immer größeren Ausdehnung des Verwaltungsakts, – nicht begrifflich, aber tatsächlich, indem darunter auch Erscheinungen subsumiert wurden, die bei unvoreingenommener Betrachtung kaum darunter paßten (etwa Mitteilungen, Gutachten, Zahlungen). Die 1960 erlassene VwGO verknüpft den Verwaltungsrechtsweg nicht mehr mit dem Verwaltungsakt, sondern eröffnet den Rechtsweg in allen öffentlich-rechtlichen Streitigkeiten (§ 40 VwGO). Damit hat der Verwaltungsakt seine spezifische Rechtsschutzfunktion verloren, was in der Rechtsprechung nach einigen Anfangsschwierigkeiten heute auch anerkannt ist (vgl. etwa *BVerwGE* 60, 144, 148; 77, 268, 274 f.). Es besteht kein Anlaß mehr, ihn aus Rechtsschutzgründen weit auszulegen. Das Vorliegen eines Verwaltungsaktes führt sogar eher zur Einschränkung des Rechtsschutzes, da die verwaltungsaktsbezogenen Anfechtungs- und Verpflichtungsklagen nur innerhalb einer bestimmten Frist erhoben werden können.

2. Die rechtlichen Eigenarten des Verwaltungsakts

Der Verwaltungsakt zeichnet sich durch einige rechtliche Beson-   **39** derheiten aus, die ihm sein spezifisches Gepräge geben und ihn wesentlich von den anderen Rechtsakten sowohl des öffentlich-rechtlichen als auch des privatrechtlichen Bereichs unterscheiden. Sie werden später im einzelnen noch behandelt, sind aber hier bereits zum Verständnis des Verwaltungsakts im Zusammenhang zu erwähnen.

a) *Fehlerunabhängige Rechtswirksamkeit.* Der Verwaltungsakt wird mit seiner Bekanntgabe an den Betroffenen rechtswirksam, und zwar ohne Rücksicht darauf, ob er rechtmäßig ist oder nicht. Er wird sonach auch verbindlich, wenn er rechtswidrig sein sollte. Lediglich der offensichtlich und schwerwiegend rechtswidrige Verwaltungsakt ist von vornherein nichtig (= rechtsunwirksam). Der Betroffene braucht allerdings einen seiner Auffassung nach rechtswidrigen Verwaltungsakt nicht hinzunehmen, sondern kann ihn anfechten. Die Anfechtung hat zur Folge, daß der Verwaltungsakt zunächst – wenigstens im Regelfall – nicht vollzogen werden darf und sodann, wenn er sich im Anfechtungsverfahren als rechtswidrig erweist, aufzuheben ist. Die Rechtswirksamkeit des Verwaltungsakts steht also vorerst unter dem Vorbehalt der Anfechtung.

b) *Bestandskraft.* Die Rechtswirksamkeit erstarkt zur Bestandskraft, wenn der Verwaltungsakt nicht fristgemäß oder erfolglos angefochten worden ist. Die vorläufige Rechtswirksamkeit wird zur endgültigen. Der ausschließlich begünstigende Verwaltungsakt, der mangels Beschwer überhaupt nicht anfechtbar ist, wird schon mit seinem Erlaß bestandskräftig. Die Bestandskraft vermittelt dem Verwaltungsakt rechtlich gesicherte Existenz und Wirksamkeit. Auch die Bestandskraft ist nicht unumstößlich; aber die Aufhebung eines bestandskräftigen Verwaltungsaktes ist nur noch unter bestimmten Voraussetzungen zulässig.

c) *Verwaltungseigene Vollstreckung.* Der Verwaltungsakt kann von der Behörde, die ihn erlassen hat, selbst vollstreckt werden. Während der Bürger seine Forderungen gegenüber anderen Bürgern und gegenüber der Verwaltung nur mit Hilfe eines im Klagewege erstrittenen gerichtlichen Urteils durchzusetzen vermag, kann die Behörde ihre durch Verwaltungsakt festgestellten „Ansprüche" selbst durchsetzen.

3. Die Funktion des Verwaltungsakts

40   Die rechtlichen Eigenarten des Verwaltungsakts lassen sich mit seiner spezifischen Funktion erklären. Der Verwaltungsakt dient einmal der *Effektivität der Verwaltung,* die mit ihm ein griffiges und rationelles Regelungsinstrument erhält, das vor allem für die Bewältigung der Massenvorgänge der modernen Verwaltung geeignet, ja teilweise sogar unentbehrlich ist. Die Verwaltung kann davon ausgehen, daß der von ihr erlassene Verwaltungsakt – falls er nicht an einem offensichtlichen und schwerwiegenden Fehler leidet und deshalb nichtig ist – rechtswirksam wird, befolgt werden muß und ggf. vollstreckt werden kann, sofern sich der Bürger nicht rechtzeitig gegen ihn durch Einlegung von Rechtsmitteln zur Wehr setzt. Der Verwaltungsakt dient zum anderen den *Interessen des Bürgers,* da er dessen Rechte und Pflichten eindeutig bestimmt

und abgrenzt und eine stabile, auch im Falle der Rechtswidrigkeit
des Verwaltungsakts nicht ohne weiteres entziehbare Grundlage für
seine weiteren Dispositionen darstellt. Insgesamt schafft der Verwaltungsakt klare und stabile Verhältnisse zwischen Staat und Bürger und hat damit seine rechtfertigende Grundlage im Prinzip der
Rechtssicherheit.

In der Literatur wird dieser Befund mit dem Ausdruck „Klarstellungs- und
Stabilisierungsfunktion des Verwaltungsakts" gekennzeichnet, so zuerst *Rüfner,*
VVDStRL 28 (1970), 205; *Vogel,* VVDStRL 28 (1970), 269; *ders.,* in: Drews/
Wacke/Vogel/Martens, Gefahrenabwehr, S. 343 f.; ferner etwa *Schuppert,*
Verwaltungswissenschaft, S. 154 f.

Die in der Literatur vor allem in der Nachkriegszeit, aber auch **41**
heute noch gelegentlich mehr oder weniger deutlich ausgesprochene Meinung, der Verwaltungsakt sei ein zur Zeit der konstitutionellen Monarchie entwickeltes obrigkeitsstaatliches Machtmittel,
das nicht zur Verwaltung eines rechtsstaatlich-demokratischen
Gemeinwesens passe, geht an der wirklichen Bedeutung des Verwaltungsakts vorbei. Sie verkennt schon, daß bereits *Otto Mayer*
den Verwaltungsakt zur rechtsstaatlichen Bindung und Begrenzung
der Verwaltungstätigkeit geschaffen hatte. Diese rechtsstaatliche
Funktion besitzt der Verwaltungsakt auch heute noch. Sie muß
allerdings – im Blick auf die Erkenntnis, daß der einzelne der Verwaltung nicht als Untertan, sondern als Bürger gegenübersteht (vgl.
oben § 2 Rn. 16) – durch Beteiligungsrechte des Bürgers im Verwaltungsverfahren und durch effektiven Rechtsschutz komplettiert
werden. Im übrigen ist zu beachten, daß die fehlerunabhängige
Rechtswirksamkeit und Bestandskraft bei begünstigenden Verwaltungsakten – also im weiten Bereich der Leistungsverwaltung –
vornehmlich dem Bürger zugute kommen.

Das Erfordernis einer Genehmigung für bestimmte Vorhaben oder Tätigkeiten im Baurecht und Wirtschaftsrecht (etwa Baugenehmigung, gewerberechtliche Genehmigung) ist für den Betroffenen nicht nur eine Belastung,
sondern auch vorteilhaft. Denn durch die Genehmigung wird die Zulässigkeit des geplanten Vorhabens bzw. der geplanten Betätigung verbindlich festgestellt. Die moderne Tendenz, im Zuge der Verschlankung der Verwaltung die Genehmigung abzuschaffen, hat (auch) die Konsequenz, daß das
Risiko der Rechtmäßigkeit auf den Bürger abgewälzt wird. Vgl. dazu auch
unten Rn. 51.

4. Verwaltungsakt und gerichtliches Urteil

42 Der Verwaltungsakt ist – wie das gerichtliche Urteil – ein Rechtserkenntnisakt, da er bestimmt, was im Einzelfall Rechtens ist. Im übrigen bestehen aber erhebliche *Unterschiede zwischen Verwaltungsakt und Urteil,* die vor allem dann deutlich werden, wenn man nicht nur die Entscheidungen selbst, sondern auch die entscheidenden Organe und die Entscheidungsverfahren in die Betrachtung einbezieht.

a) Das Urteil bezweckt die verbindliche und endgültige Beilegung eines Rechtsstreits im Interesse des Rechtsfriedens. Der Verwaltungsakt ist dagegen ein vorwiegend zukunftsorientiertes Gestaltungsmittel der tätigen Verwaltung.

b) Das Urteil ist demgemäß nur Rechtsentscheidung, während der Verwaltungsakt – im Rahmen des gesetzlich eingeräumten Ermessens – auch durch Zweckmäßigkeitserwägungen bestimmt sein kann.

43 c) Das Gericht entscheidet als unbeteiligte und neutrale Instanz über einen Rechtsstreit zwischen zwei Parteien. Die Behörde entscheidet dagegen in den ihr anvertrauten Verwaltungsangelegenheiten und ist insoweit entscheidendes Organ und „Partei" zugleich.

d) Das Gericht kann *nur* auf Antrag, die Behörde kann in vielen Fällen (auch) von Amts wegen tätig werden.

e) Das Gerichtsverfahren ist förmlich gestaltet und mit zahlreichen Verfahrensgarantien versehen, um eine sachlich richtige Entscheidung zu gewährleisten. Das Verwaltungsverfahren erfolgt dagegen – im Interesse einer schnellen und zweckmäßigen Verwaltung – meist formlos und ist nur durch wenige Verfahrensgarantien bestimmt.

V. Arten der Verwaltungsakte

Der Verwaltungsakt erfaßt sehr unterschiedliche behördliche Maßnahmen (vgl. bereits oben Rn. 1) und läßt sich daher auch unter sehr verschiedenen Gesichtspunkten aufgliedern. Im folgenden sollen nur einige auch praktisch wichtige Gruppierungen und Typen hervorgehoben werden.

1. Befehlende, gestaltende und feststellende Verwaltungsakte

Diese Unterscheidung knüpft an den *Regelungsinhalt* an: **44**

a) *Die befehlenden Verwaltungsakte* enthalten Gebote oder Verbote, sie verpflichten zu einem bestimmten Verhalten (Tun, Dulden oder Unterlassen).

Beispiele: Alle Polizeiverfügungen, Verkehrszeichen des Polizisten gem. § 36 StVO, Versammlungsverbot gem. § 15 I VersG, Gebührenbescheid, Gewerbeuntersagung gem. § 35 GewO.

b) *Die rechtsgestaltenden Verwaltungsakte* begründen, verändern **45** oder beseitigen ein konkretes Rechtsverhältnis.

Beispiele: Einbürgerung, Beamtenernennung, Immatrikulation. – Der Verwaltungsakt kann sich auch auf ein privatrechtliches Rechtsverhältnis beziehen (sog. privatrechtsgestaltender Verwaltungsakt), so etwa die Genehmigung eines privatrechtlichen Grundstücksveräußerungsvertrags, durch die der Vertrag erst rechtswirksam wird. – Rechtsgestaltende Verwaltungsakte sind auch die unten Rn. 51 ff. erörterten Erlaubnisse und Ausnahmebewilligungen.

c) *Die feststellenden Verwaltungsakte* stellen ein Recht oder eine **46** rechtlich erhebliche Eigenschaft einer Person fest.

Beispiele: Feststellung der Staatsangehörigkeit, des Wahlrechts, des Besoldungsdienstalters, Anerkennung als Kriegsdienstverweigerer (*BVerwGE* 65, 287, 288; 69, 90, 91), ferner Feststellung bestimmter Geldleistungsansprüche (Beihilfen, Stipendien, Subventionen) des Bürgers gegenüber dem Staat (sog. Leistungsbescheide).

Der feststellende Verwaltungsakt besagt an sich nur, was de lege lata bereits gilt. Er ist aber gleichwohl Verwaltungsakt, da er die Rechtslage *verbindlich* feststellt und damit Regelungscharakter erhält. Wird eine gesetzlich vorgesehene Leistung durch Verwaltungsakt festgestellt, dann ist dieser Leistungsbescheid Rechtsgrundlage der Leistung mit der Folge, daß die festgestellte Leistung nicht verweigert oder zurückverlangt werden darf, solange der Bescheid besteht (vgl. *BVerwGE* 8, 261, 264 ff. – Pensionsfestsetzungsbescheid). Der feststellende Verwaltungsakt erhält dadurch eine gewisse konstitutive Wirkung, die sich noch wesentlich verstärkt, wenn die Behörde einen Ermessensspielraum hat. Er unterscheidet sich aber trotzdem noch vom rechtsgestaltenden Verwaltungsakt, weil er – im Gegensatz zu jenem – nicht auf Änderung der materiellen Rechtslage hinzielt.

2. Begünstigende und belastende Verwaltungsakte

47   Diese Unterscheidung geht von der *Rechtswirkung* des Verwaltungsakts *für den betroffenen Bürger* aus (vgl. dazu bereits oben § 1 Rn. 20 ff. zur Eingriffs- und Leistungsverwaltung).

a) *Der begünstigende Verwaltungsakt* begründet oder bestätigt ein Recht oder einen rechtlich erheblichen Vorteil (so die Legaldefinition des § 48 I 2 VwVfG).

Beispiele: Bewilligung einer Ausbildungsförderung, Erteilung einer Bauerlaubnis, Immatrikulation, Ernennung zum Beamten.

48   b) *Der belastende Verwaltungsakt* wirkt sich für den Betroffenen nachteilig aus, sei es, daß er in dessen Rechte eingreift, sei es, daß er eine begehrte Vergünstigung ablehnt.

Beispiele: Alle Gebote und Verbote (vgl. bereits oben Rn. 44), Exmatrikulation, Entlassung als Beamter; Ablehnung einer beantragten Baugenehmigung, Ablehnung eines Stipendiums. – Der feststellende Verwaltungsakt ist an sich „neutral"; ob er begünstigend oder belastend ist, richtet sich nach der bisherigen Feststellung bzw. dem Antrag des Betroffenen, so kann die Neufestsetzung des Besoldungsdienstalters begünstigend oder belastend sein, je nachdem, was vorher festgesetzt war bzw. der Betroffene begehrt. Vgl. zum belastenden Charakter feststellender Verwaltungsakte auch *BVerwGE* 72, 265, 267.

49   c) Ein Verwaltungsakt kann für den einzelnen *Betroffenen* begünstigend *und* belastend sein. Das ist nicht nur dann der Fall, wenn eine staatliche Leistung mit einer Verpflichtung für den Begünstigten verbunden ist, sondern auch, wenn eine begehrte Leistung nur teilweise zugesprochen wird.

Beispiel: A beantragt ein monatliches Wohngeld in Höhe von 100,– DM; es werden nur 50,– DM bewilligt. Die (begünstigende) Bewilligung enthält zugleich die (belastende) Ablehnung der mehr geforderten 50,– DM.

Aus der rechtsbestimmenden und damit zugleich rechtsbegrenzenden Funktion des Verwaltungsakts ergibt sich, daß ein belastender Verwaltungsakt insoweit begünstigend wirkt, als er die Verpflichtung des Bürgers umfangmäßig beschränkt.

Beispiel: Wenn ein Grundstückseigentümer einen Bescheid über die Zahlung von Erschließungsbeiträgen in Höhe von 5000 Euro erhält, so ergibt sich daraus auch, daß er *nur* 5000 Euro und *nicht mehr* zu bezahlen hat (was für evtl. spätere Nachforderungen bedeutsam ist, vgl. unten § 11 Rn. 15). Daher kann u.U. auch eine Klage gegen die behördliche Aufhebung eines Beitragsbescheids (obwohl der Beitragsbescheid ein belastender Verwaltungsakt und die Aufhebung ein begünstigender Verwaltungsakt ist) sinnvoll und zulässig sein, wenn und weil der Betroffene damit rechnen muß, daß er im Wege einer Neufestsetzung zu einem höheren Beitrag herangezogen wird (vgl. *BadWürttVGH* VBlBW 1991, 222).

d) *Verwaltungsakte mit Drittwirkung* sind solche, die nicht nur für **50** den Adressaten, sondern auch für Dritte rechtliche Auswirkungen haben. Im Vordergrund stehen die begünstigenden Verwaltungsakte mit belastender Drittwirkung. Das Standardbeispiel hierfür ist die (für den Bauherrn begünstigende) Bauerlaubnis, die den Nachbarn in seinen Rechten beeinträchtigt.

Der „Dritte", der durch einen Verwaltungsakt in seinen Rechten betroffen ist, kann dagegen Rechtsmittel (Widerspruch, Anfechtungsklage) erheben (vgl. dazu bereits oben § 8 Rn. 8f.).

3. Kontrollerlaubnis und Ausnahmebewilligung

Sie heben im Einzelfall ein gesetzliches Verbot auf und gestatten eine bestimmte Betätigung oder ein bestimmtes Vorhaben. Dabei sind zwei grundsätzlich verschiedene, freilich praktisch nicht immer scharf voneinander zu trennende Fallgruppen zu unterscheiden.

a) *Die Erlaubnis (Kontrollerlaubnis).* Der Gesetzgeber verbietet be- **51** stimmte Betätigungen (oder bestimmte Vorhaben), – aber nicht, weil sie generell unterbleiben sollen, sondern weil *vorweg* behördlich geprüft werden soll, ob sie im Einzelfall gegen bestimmte materiell-rechtliche Rechtsvorschriften verstoßen. Verläuft die Prüfung positiv, ergibt sich, daß die Betätigung mit dem materiellen Recht im Einklang steht, dann ist die Genehmigung zu erteilen. Das Verbot steht also von vornherein unter dem Vorbehalt, die Erlaubnis zu erteilen, wenn sich im Erlaubnisverfahren keine gesetzlichen Versagungsgründe ergeben. Daher spricht man auch vom „Verbot mit Erlaubnisvorbehalt". Zur Veranschaulichung kann auf das Bild einer Schranke verwiesen werden, die hochgezogen wird, wenn die Kontrolle vor der Schranke zu keinen Einwänden führt.

Typisches Beispiel ist die Baugenehmigung: Grundsätzlich besteht Baufreiheit (Art. 2 I, 14 I GG; strittig, wie hier *Brohm,* BauR § 1 Rn. 21; a. A. *Dähne,* Jura 2003, 455 ff. jeweils m. w. N.). Im Interesse der Nachbarn und der Allgemeinheit kann und muß jedoch die Baufreiheit vielseitigen Beschränkungen unterworfen werden. Der Gesetzgeber hat die Beschränkungen gesetzlich zu bestimmen, die Baubehörden haben darauf zu achten, daß die gesetzlichen Schranken im konkreten Fall eingehalten werden. Wenn die Baubehörde erst *nach* Errichtung eines Gebäudes dessen Vereinbarkeit mit dem materiellen Baurecht überprüft, muß sie bei Verstoß gegen das Baurecht in vielen Fällen entweder das Gebäude ganz oder teilweise abreißen oder aber trotz seiner Baurechtswidrigkeit bestehen lassen. Beides wäre unbefriedigend. Es liegt deshalb nahe, die Baurechtmäßigkeit des geplanten Bauwerks *vor* dessen Errichtung zu überprüfen. Das geschieht durch das Baugenehmigungsverfahren, in dem an Hand der vorgelegten Pläne die Vereinbarkeit des Bauvorhabens mit dem materiellen Recht geprüft und bejahendenfalls die Baugenehmigung erteilt wird. Durch die Baugenehmigung wird die Vereinbarkeit des Bauvorhabens mit dem geltenden Recht festgestellt (feststellender Teil der Baugenehmigung; insoweit ist die Baugenehmigung eine Art „Unbedenklichkeitsbescheinigung") und die Durchführung des Bauvorhabens erlaubt (verfügender Teil der Baugenehmigung, „Baufreigabe"). Das zunächst generell bestehende formelle Bauverbot hat den Zweck, die Durchführung des Baugenehmigungsverfahrens zu gewährleisten. Während früher die Baugenehmigung – von einigen unbedeutenden Kleinbauten abgesehen – durchweg erforderlich war, wird nunmehr – im Zuge der Deregulierung – für Wohngebäude im beplanten Innenbereich darauf verzichtet und allenfalls eine Anzeige bei der zuständigen Baubehörde gefordert (sog. Anzeigeverfahren, Kenntnisgabeverfahren oder Genehmigungsfreistellungsverfahren). Das Bauvorhaben muß nach wie vor uneingeschränkt dem materiellen Baurecht entsprechen. Die durch die Baugenehmigung gewährleistete Präventivkontrolle entfällt aber. Daß diese Verfahrensvereinfachung neue Probleme, insbesondere für den Nachbarschutz, aufwirft, liegt auf der Hand. Darauf kann hier nicht weiter eingegangen werden. Vgl. dazu *Brohm,* Baurecht, § 4 Rn. 14; *Borges,* Der Nachbarrechtsschutz im Freistellungsverfahren, DÖV 1997, 900 ff.; *Martini,* Baurechtsvereinfachung und Nachbarschutz, DVBl. 2001, 1488 ff. m. w. N.

Die gleiche Funktion wie die Baugenehmigung haben die gewerberechtlichen Erlaubnisse (Gaststättenerlaubnis, Einzelhandelserlaubnis usw.) und die Anlagengenehmigung gem. § 4 BImSchG. Die Ausdrücke „Erlaubnis" und „Genehmigung" werden insofern gleichbedeutend verwendet, sie betreffen aber gelegentlich auch die Ausnahmebewilligung (Rn. 55).

52 Das Verständnis der Kontrollerlaubnis wird erleichtert, wenn man zwischen *formeller und materieller Betrachtung* unterscheidet. *Formell* ist die Kontrollerlaubnis ein begünstigender rechtsgestaltender Verwaltungsakt; *materiell* stellt sie nur die allgemeine Handlungsfreiheit (Baufreiheit, Gewerbefreiheit usw.) wieder her, indem sie dem Bürger – im Gegensatz zu Verwaltungsakten, die staatliche

Leistungen bewilligen und damit den Rechtskreis des Bürgers erweitern – nur das gibt, was ihm verfassungsrechtlich ohnehin zusteht. Entsprechendes gilt für die *Ablehnung* der Kontrollerlaubnis: *Formell* ist sie die Ablehnung eines begünstigenden Verwaltungsakts; *materiell* ist sie ein Eingriff in Freiheit und Eigentum, indem sie aus dem zunächst nur vorläufigen ein endgültiges Verbot macht. Ferner ist für den Fall, daß der Bürger ein erlaubnispflichtiges Vorhaben ohne Erlaubnis durchführt, zwischen *formeller und materieller Rechtswidrigkeit* zu unterscheiden: Das Vorhaben ist (nur) formell rechtswidrig, wenn (nur) die Erlaubnis fehlt; es ist (zugleich) materiell rechtswidrig, wenn es (auch) gegen eine die Ablehnung der Genehmigung rechtfertigende Vorschrift verstößt.

Die Einbeziehung der materiellen Betrachtungsweise führt zu einigen **53** erheblichen Konsequenzen:

(1) Die Ablehnung der Erlaubnis unterliegt als „Eingriffsakt" denselben strikten gesetzlichen Bindungen wie sonstige Akte der Eingriffsverwaltung (vgl. oben § 6 Rn. 12);

(2) die objektive Beweislast liegt bei der Verwaltung (können die tatsächlichen Voraussetzungen für die Ablehnung nicht nachgewiesen werden, so ist die Genehmigung zu erteilen);

(3) die Ablehnung (etwa einer Baugenehmigung) löst als „Eingriff" ggf. einen Entschädigungsanspruch wegen enteignungsgleichen Eingriffs aus (vgl. dazu unten § 27 Rn. 92);

(4) wird ein erlaubnispflichtiges Vorhaben ohne die erforderliche Erlaubnis durchgeführt, so kann die Behörde zwar die Einstellung bis zur etwaigen Erlaubniserteilung fordern, sie darf aber die Beseitigung des bereits Geschaffenen nur verlangen, wenn das Vorhaben auch materiell-rechtlich rechtswidrig ist.

Beispiel: B baut ohne Bauerlaubnis. Die Baubehörde kann die Einstellung des Bauens verlangen. Eine Abbruchverfügung ist dagegen nur zulässig, wenn der Bau auch gegen materiell-rechtliche Bauvorschriften verstößt, eine beantragte Bauerlaubnis also hätte versagt werden müssen, vgl. dazu *BVerwGE* 3, 351; 19, 162; *BVerwG* DÖV 1978, 413.

Vom Verbot mit Erlaubnisvorbehalt wird gelegentlich die *Er-* **54** *laubnis mit Verbotsvorbehalt* unterschieden, die allerdings nur besagt, daß erlaubnisfreie Betätigungen unter gewissen Voraussetzungen

verboten werden können (Beispiel: Versammlungen in geschlossenen Räumen sind grundsätzlich zulässig, können aber gem. § 5
VersG verboten werden). Dazwischen steht gleichsam das *Verbot
mit Anzeigevorbehalt*. Danach ist eine geplante Betätigung nur zulässig, wenn sie der Behörde vorher angezeigt wird, die dadurch die
Möglichkeit erhält, das Vorhaben auf seine Rechtmäßigkeit zu
prüfen und ggf. ein Verbot zu erlassen. Das anzeigepflichtige Vorhaben ist zulässig, wenn es nicht verboten wird; das erlaubnispflichtige Vorhaben ist unzulässig, wenn es nicht erlaubt wird.

Beispiele: Anmeldung von Versammlungen unter freiem Himmel gem.
§ 14 I VersG; Anzeige von Bauvorhaben nach den sog. Anzeige-, Kenntnisga-
be- oder Freistellungsverfahren der Landesbauordnungen (vgl. oben Rn. 51),
Anzeige der Änderung von Anlagen nach § 15 BImSchG.

55   b) *Die Ausnahmebewilligung.* Der Gesetzgeber verbietet generell
ein bestimmtes Verhalten als sozial schädlich oder sozial uner-
wünscht, gestattet aber, daß in besonders gelagerten Ausnahmefällen eine Befreiung von diesem Verbot erteilt wird. Es liegt dann
kein (präventives) Verbot mit Erlaubnisvorbehalt, sondern ein (re-
pressives) Verbot mit Befreiungsvorbehalt vor. Mit Hilfe der Ausnahmebewilligung (auch Dispens oder Befreiung genannt) sollen
Härten und Schwierigkeiten, die sich aus der abstrakt-generellen
gesetzlichen Regelung ergeben und eigentlich für den konkreten
Fall nicht intendiert sind, beseitigt werden.

Beispiele: Nach § 29 I StVO sind Autorennen auf öffentlichen Straßen
verboten, von diesem Verbot können gem. § 46 II StVO Ausnahmen zugelassen werden (vgl. dazu *BVerwGE* 104, 154). – Von zwingenden Vorschriften
des Baurechts kann unter bestimmten Voraussetzungen eine „Befreiung" erteilt
werden, vgl. § 31 II BauGB und die entsprechenden Vorschriften der Landesbauordnungen, etwa § 56 V Bad.-Württ. LBO.

Während die *Kontrollerlaubnis* die allgemeine Handlungsfreiheit,
die im Interesse einer Präventivkontrolle vorläufig eingeschränkt
war, wieder herstellt, erweitert die *Ausnahmebewilligung* den Rechtskreis des Bürgers, indem sie eine Betätigung, die an sich gesetzlich
verboten ist, in besonderen Ausnahmefällen für zulässig erklärt. Die
Ausnahmebewilligung stellt daher nicht nur formell, sondern auch
materiell einen begünstigenden Verwaltungsakt dar.

Die Ausnahmebewilligung kann allerdings u. U. *auch* verfassungsrechtlich geboten sein, nämlich dann, wenn eine gesetzliche Verbotsregelung zwar insgesamt zulässig ist, aber bei Beachtung des Grundsatzes der Verhältnismäßigkeit im Einzelfall gesetzliche Ausnahmen vorsehen muß, vgl. dazu *Schwabe,* JuS 1973, 133 ff., der daraus die (zu weit gehende) Folgerung zieht, zwischen Verboten mit Erlaubnisvorbehalt und Verboten mit Befreiungsvorbehalt bestünde nur noch ein gradueller Unterschied. Die Gewährung des Dispenses kann im Interesse des Einzelnen, aber auch ausschließlich im öffentlichen Interesse erfolgen, vgl. dazu § 23 I LadenschlußG und *BVerwG* GewArch. 1974, 277; im letzteren Fall ist sie sicherlich nicht grundrechtsbedingt.

Lit. und Rspr. zu 3: *Friauf,* Das Verbot mit Erlaubnisvorbehalt, JuS 1962, 422 ff.; *Mußgnug,* Der Dispens von gesetzlichen Vorschriften, 1964; *Schick,* Das Verbot mit Anzeigevorbehalt, BayVBl. 1967, 341 ff.; *Schwabe,* Das Verbot mit Erlaubnisvorbehalt, JuS 1973, 133 ff.; *ders.,* Das sogenannte repressive Verbot, Festschrift für Folz, 2003, S. 305 ff.; *Gusy,* Verbot mit Erlaubnisvorbehalt – Verbot mit Dispensvorbehalt, JA 1981, 80 ff.; *Gromitsaris,* Die Unterscheidung zwischen präventivem Verbot mit Erlaubnisvorbehalt und repressivem Verbot mit Befreiungsvorbehalt, DÖV 1997, 401 ff. – *BVerfGE* 20, 150 (Sammlungsgesetz); *BVerfGE* 49, 89, 145 ff. (Genehmigung eines Kernkraftwerks gem. § 7 AtomG); *BVerwGE* 41, 1, 5 ff. (Verbot von Wertsicherungsklauseln); *BVerwGE* 40, 268; 56, 71 (Baudispens); *BVerwG* DÖV 1988, 423 (Verbot der Annahme von Geschenken seitens der Heimbewohner an Heimträger); *OVG Lüneburg* OVGE 26, 343 (Flugverkehr); *OVG Münster* DVBl. 1994, 541 (Befreiung vom Versammlungsverbot innerhalb der Bannmeile); vgl. auch *BVerwGE* 71, 324 (Reiten im Walde).

4. Der dingliche Verwaltungsakt

Der dingliche Verwaltungsakt wurde als eine spezifische Rechts-   56
figur in der Literatur entwickelt (zuerst *Niehues,* DÖV 1965, 319 ff., weitere Lit. unten) und in neuerer Zeit auch vereinzelt in der Rechtsprechung aufgenommen. Begriff, Begründung, Anwendungsbereich und rechtliche Folgen sind jedoch auch bei den Vertretern der Lehre vom dinglichen Verwaltungsakt noch umstritten. In der übrigen, noch überwiegenden Literatur stößt der dingliche Verwaltungsakt auf Skepsis oder sogar auf Ablehnung. Die Ausweitung der Allgemeinverfügung durch § 35 S. 2 VwVfG nimmt dem Streit um den dinglichen Verwaltungsakt seine praktische Bedeutung, gibt aber zugleich weiteren Stoff für die rechtstheoretische und rechtsdogmatische Erörterung.

Die Verwaltungsakte beziehen sich inhaltlich *teils* auf das *Verhalten oder die Rechtsstellung einer Person* (etwa Fahrverbot, Anerkennung als Flüchtling), *teils* auf die einer Person zugeordnete *Sache* (etwa Baugenehmigung). Man mag deshalb den Verwaltungsakt mit einer personenbezogenen Regelung als personalen Verwaltungsakt und den mit einer sachbezogenen Regelung als dinglichen Verwaltungsakt bezeichnen. In beiden Fällen handelt es sich aber um Verwaltungsakte, die sich an bestimmte Personen richten (auch die Baugenehmigung wird nicht dem Grundstück, sondern dem Bauherrn für sein Grundstück erteilt). Es bestehen sonach zwar gewisse sachliche Unterschiede, sie allein bilden aber noch keine Basis, die es rechtfertigen würde, diese beiden Gruppen rechtlich verschieden zu beurteilen und zu behandeln, ganz abgesehen davon, daß es eine Reihe von Verwaltungsakten gibt, die sich nicht oder nicht zwangslos in diese Unterscheidung bringen lassen (etwa Subventionsleistungen an einen Unternehmer für seinen Betrieb: persönlich oder dinglich?).

Die Besonderheit des dinglichen Verwaltungsakts soll vor allem darin liegen, daß er nicht nur für den Erstadressaten, sondern auch für die *Rechtsnachfolger* gilt, also z.B. die baurechtliche Abbruchverfügung auch für denjenigen, der das Grundstück im Wege der Einzel- oder Gesamtrechtsnachfolge erwirbt. Dazu bedarf es aber nicht der fraglichen Rechtsfigur des dinglichen Verwaltungsakts, zumal die Orientierung am Rechtsnachfolger gerade den persönlichen Bezug zeigt. Wie man auch immer zum dinglichen Verwaltungsakt steht, richtig ist, daß der sachbezogene Verwaltungsakt grundsätzlich auch für den Einzel- oder Gesamtrechtsnachfolger gilt, so *BVerwG* DÖV 1971, 640; *OVG Koblenz* NVwZ 1985, 431; *OVG Münster* NVwZ 1987, 427; *BadWürttVGH* NVwZ 1992, 392; a.A. *HessVGH* NuR 1986, 125 (für die Einzelrechtsnachfolge); vgl. auch *OVG Lüneburg* BRS 35 Nr. 132; ferner dazu *von Mutius,* VerwArch. Bd. 71 (1980) S. 93 ff. Inzwischen finden sich auch in den meisten Landesbauordnungen Regelungen über die Rechtsnachfolge. – Richtig ist ferner, daß die sachbezogene Regelung Auswirkungen auf Dritte haben kann (die Baugenehmigung betrifft auch den Nachbarn); aber das ist auch bei personenbezogenen Regelungen möglich, wie z.B. die Einsetzung eines Staatskommissars im Universitätsbereich zeigt.

57   Wenn der dingliche Verwaltungsakt als *selbständige Rechtsfigur* mit eigenen rechtlichen Konsequenzen überhaupt einen Sinn hat, dann nur, wenn man ihn auf Regelungen beschränkt, die ausschließlich Sachen betreffen und deren rechtliche Eigenschaften bzw. deren rechtlichen Zustand bestimmen. Er hat sonach keine Personen, sondern nur Sachen als Adressaten; personale Auswirkungen kommt ihm nur „intransitiv" (mittelbar) insofern zu, als die Personen, die mit der Sache in Berührung kommen, die sich aus der

sachenrechtlichen Regelung ergebenden Konsequenzen hinnehmen müssen.

So *Wolff/Bachof/Stober,* die die dinglichen Verwaltungsakte definieren als „sachenrechtliche Zustandsregelungen, durch die Eigenschaften von Sachen rechtlich qualifiziert oder gestaltet werden. Sie haben nur mittelbar personale Auswirkungen" (VerwR II § 46 Rn. 30). Freilich halten die Autoren diese richtige Charakterisierung nicht konsequent durch, wie die Beispiele aaO. zeigen.

§ 35 S. 2 Alt. 2 VwVfG erfaßt die „dinglichen Verwaltungsakte" dieser Art und schreibt vor, daß sie wie „Allgemeinverfügungen" zu behandeln sind.

Die rechtsdogmatischen Bedenken gegen die Rechtsfigur „dinglicher Verwaltungsakt" bleiben bestehen, da das Recht nur Personen verpflichten und berechtigen kann und daher personal orientiert ist. Der dingliche Verwaltungsakt läßt sich allenfalls als eine Art unvollkommene Regelung – vergleichbar den unvollkommenen Rechtsnormen – halten, die personal orientierte Rechtsvorschriften auffüllt und konkretisiert. Nur fragt sich dann, ob eine solche Regelung noch den Eigenarten und den Funktionen eines Verwaltungsakts entspricht.

Lit. und Rspr. zu 4: *Niehues,* Dingliche Verwaltungsakte, DÖV 1965, 319 ff.; *ders.,* Verwaltungssachenrecht, Festschrift für Hans J. Wolff, 1973, S. 247 ff.; *ders.,* Die Bekanntgabe dinglicher Verwaltungsakte, DVBl. 1982, 371 ff.; *Wolff/Bachof/Stober* VerwR II § 45 Rn. 89, § 46 Rn. 30; *Kopp,* Der dingliche Verwaltungsakt, BayVBl. 1970, 233 f.; *von Mutius,* Rechtsnorm und Verwaltungsakt, Festschrift für Hans J. Wolff, 1973, S. 167 (207 ff. m. w. N.); ablehnend *Obermayer,* VwVfG, § 35 Rn. 155 („rechtslogisch unhaltbar"); *J. Martens,* Die Praxis des Verwaltungsverfahrens, Rn. 311 ff.; *Grund,* Abschied vom dinglichen Verwaltungsakt? DVBl. 1974, 449 ff. (mit Erwiderung *von Mutius,* DVBl. 1974, 904 f.); *Ipsen,* VerwR Rn. 431. – *BadWürttVGH* ESVGH 24, 81 (Verkehrszeichen); *OVG Münster* DVBl. 1973, 503 (Festlegung eines Planungsgebietes gem. § 9 a FStrG a. F.); *OVG Münster* DVBl. 1976, 948 (schulischer Organisationsakt als Zustandsregelung); *BadWürttVGH* NVwZ 1992, 196 (Änderung eines Straßennamens); *HessVGH* NVwZ 1998, 1315 (immissionsschutzrechtliche Stillegungsverfügung).

5. Zusage, Zusicherung, Auskunft, Vorbescheid, Teilgenehmigung, vorläufiger Verwaltungsakt und vorsorglicher Verwaltungsakt

Im folgenden sind noch einige behördliche Erklärungen aufzuführen, die sich *rechtlich* wesentlich unterscheiden, praktisch aber doch sehr nahe kommen können. Sie sollen daher hier zusammen- 58 fassend behandelt werden, auch wenn sie nicht durchweg als Verwaltungsakte zu qualifizieren sind.

a) *Zusage und Zusicherung*

59   *Die Zusage* ist das verbindliche Versprechen der zuständigen Behörde, eine bestimmte Verwaltungsmaßnahme vorzunehmen oder zu unterlassen. Entscheidend ist der *Bindungswille* der Behörde. So kennzeichnet denn auch das *BVerwG* die Zusage als „hoheitliche Selbstverpflichtung mit Bindungswillen zu einem späteren Tun oder Unterlassen" (*BVerwGE* 26, 31, 36).

Die Zusicherung ist nach der Legaldefinition des § 38 I VwVfG ein Unterfall der Zusage, nämlich diejenige Zusage, die sich auf den Erlaß oder Nichterlaß eines *Verwaltungsakts* bezieht.

In der Praxis spielen die Zusage bzw. die Zusicherung eine erhebliche Rolle: Zusicherung, eine Baugenehmigung zu erteilen, einen Beamten bei der nächsten Gelegenheit zu befördern, von der Einberufung zum Wehrdienst abzusehen; ferner etwa die Zusage, bestimmte Erschließungsmaßnahmen vorzunehmen, bestimmte Akten herauszugeben, einen Werbeträger für Wahlkampfplakate anzubringen.

60   Die Frage, ob die Zusage einen *Verwaltungsakt* darstellt, ist *umstritten*. Während die einen auf den verpflichtenden Charakter der Zusage abstellen und darin die Regelung sehen, betonen die anderen zu Recht, daß die Zusage noch keine Regelung enthalte, sondern erst eine solche in Aussicht stelle. Die rechtliche Qualifizierung der Zusage ist nicht nur aus rechtsdogmatischen, sondern auch aus praktischen Gründen bedeutsam, weil die Zusage als Verwaltungsakt nach dessen Regelungen zu beurteilen wäre und dessen fehlerunabhängige Bindungswirkung besitzen würde. Sie hat jedoch für den wichtigsten Fall der Zusage, nämlich die verwaltungsaktbezogene Zusicherung, wegen der positiv-rechtlichen Regelung des § 38 VwVfG an Bedeutung verloren. Danach gelten die die Bestandskraft von Verwaltungsakten betreffenden Vorschriften entsprechend für die Zusicherung (Abs. 2), allerdings nur unter dem Vorbehalt der gleichbleibenden Sach- und Rechtslage (Abs. 3).

Aus der analogen Anwendung der Vorschriften über den Verwaltungsakt ergibt sich, daß auch die rechtswidrige Zusicherung rechtswirksam und verbindlich wird, etwa die Zusicherung, die eine nicht mit dem geltenden Recht im Einklang stehende Baugenehmigung verspricht. Voraussetzung für die Verbindlichkeit ist (zunächst) nur, daß die Zusicherung (1) von der zuständigen Behörde (2) in schriftlicher Form abgegeben wurde und (3) kein Nichtigkeitsgrund vorliegt. Die rechtswidrige Zusicherung kann aber nach der entsprechend anwendbaren Rücknahmeregelung des § 48 VwVfG „aufgehoben" werden, freilich nur unter Beachtung des Vertrauensschutzes (vgl. dazu näher unten § 11 Rn. 28 ff.). Dasselbe gilt für die entsprechende Anwendung der Widerrufsregelung des § 49 VwVfG (vgl. dazu unten § 11 Rn. 41 ff.). Zu beachten ist jedoch, daß gem. § 38 III VwVfG die Verbindlichkeit der Zusicherung entfällt, wenn sich die ihr zugrunde liegende Sach- oder Rechtslage ändert (darin liegt ein wesentlicher Unterschied zum Verwaltungsakt, der in diesem Fall nur unter Beachtung der Voraussetzungen des § 49 II Nr. 3–5 VwVfG – evtl. gegen Entschädigung – widerrufen werden kann). Der Adressat der Zusicherung kann auf Erfüllung klagen, und zwar im Wege der Verpflichtungsklage, wenn der Erlaß eines Verwaltungsaktes versprochen wurde, und im Wege der Anfechtungsklage, wenn entgegen der Zusicherung ein Verwaltungsakt erlassen wurde. Wird ein Dritter durch die Zusicherung in seinen Rechten beeinträchtigt, etwa ein Nachbar durch die Zusicherung einer Baugenehmigung, dann kommt ebenfalls die Anfechtungsklage in Betracht (das folgt aus der entsprechenden Anwendung der in § 38 II VwVfG genannten Vorschriften).

61 Für die übrigen Zusagen, d. h. die Zusagen, die nicht als Zusicherung unter § 38 I VwVfG fallen, gelten nach der h. L. die (bereits früher entwickelten) Grundsätze des allgemeinen Verwaltungsrechts. Dazu gehören nach der Rechtsprechung des *BVerwG* auch die Zusagen im Beamtenverhältnis und Soldatenverhältnis (vgl. die Nachweise unten Rn. 61 a). Die entsprechende Anwendung des § 38 VwVfG wird mit dem Hinweis abgelehnt, daß der Gesetzgeber bewußt auf die Einbeziehung der Zusagen von Realakten verzichtet habe und deshalb keine Regelungslücke bestehe. Dem könnte freilich entgegengehalten werden, daß sich das VwVfG generell auf Verwaltungsakte und Verwaltungsverträge beschränkt, analoge Erweiterungen im Einzelfall aber nicht ausgeschlossen sind (vgl. dazu bereits oben § 5 Rn. 24). Nach den überkommenen Grundsätzen des allgemeinen Verwaltungsrechts, die somit mangels direkter oder analoger Anwendbarkeit des § 38 VwVfG eingreifen, sind zum einen auch *mündliche* Zusagen zulässig und verbindlich und zum anderen *rechtswidrige* Zusagen nur verbindlich, wenn der Empfänger der Zusage auf deren Einhaltung vertraut hat und „die Nichteinhaltung zu nahezu untragbaren Verhältnissen für den Betroffenen führen würde" (so *BVerwG* DVBl. 1966, 857, 859; *BVerwGE* 49, 359, 362 f.). Der zweite Unterschied dürfte freilich bei näherer Betrachtung nicht erheblich sein, da bei *zukünftigen*

Leistungen und Begünstigungen der Vertrauensschutz gegenüber dem Grundsatz der Gesetzmäßigkeit ohnehin an Gewicht verliert und in der Regel zurückstehen muß (vgl. *Maurer, JuS* 1976, 491; ferner unten § 11 Rn. 33). Der Verzicht auf die Schriftlichkeit ist rechtspolitisch nicht unproblematisch, da er leicht in Beweisschwierigkeiten führen kann (Ist überhaupt eine verbindliche Zusage gegeben worden? Was ist ihr Inhalt?).

61 a   Die *Zusage* ist einerseits von der unverbindlichen *Auskunft* (dazu unten b) und andererseits von dem vorweg regelnden *Vorbescheid* (dazu unten c) abzugrenzen. Vom *Vertrag* unterscheidet sie sich schließlich durch ihre Einseitigkeit; im übrigen können sich aber Leistungsversprechen durch Zusage und Leistungsversprechen durch Vertrag weitgehend gleichen (vgl. dazu *BVerwGE* 49, 359, 362).

> **Lit. und Rspr.:** *Fiedler*, Funktion und Bedeutung öffentlich-rechtlicher Zusagen im Verwaltungsrecht, 1977; *Hailbronner*, Die Zusage auf Einhaltung des objektiven Rechts, DVBl. 1979, 767 ff.; *Obermayer*, Rechtsprobleme der Zusicherung nach § 38 VwVfG, Festschrift für Maunz, 1981, S. 247 ff.; *Schick*, Zusage-Zusicherung-„Verbindliche Zusage". Regelungsformen eines verwaltungsrechtlichen Rechtsinstituts, Festschrift für Obermayer, 1986, 135 ff.; *Erichsen*, Die Zusage, Jura 1991, 109 ff.; *Baumeister*, Die Zusicherung – ein Muster ohne Bindungswert?, DÖV 1997, 229 ff.; *Erfmeyer*, Bindungswirkung rechtswidriger allgemeiner Zusagen in entsprechender Anwendung der §§ 38 Abs. 2, 48 VwVfG? DVBl. 1999, 1625 ff.; *Guckelberger*, Behördliche Zusicherungen und Zusagen, DÖV 2004, 357 ff. – *BVerwGE* 74, 15 (Anforderungen an Zusicherung); *BVerwGE* 97, 323 (Zusicherung eines Verkehrszeichens); *BVerwG* NVwZ 1996, 1219 (Zusage im Soldatenverhältnis); *BVerwGE* 83, 255; 103, 219 (jeweils Zusage im Soldatenverhältnis über die Verwendung bzw. die Nichtversetzung); *BVerwGE* 102, 81, 84 f. (Zusage über die Verwendung als Richter auf Probe); *BVerwG* DVBl. 1998, 640 (Zusage im Beamtenkonkurrentenstreit, eine bestimmte Stelle freizuhalten); *BadWürttVGH* VBl-BW 1997, 18 (angebliche Zusicherung einer Beamtenernennung, Rücknahme).

62   b) *Auskunft.* Im Gegensatz zur Zusage fehlt der Auskunft der behördliche Wille zur Selbstverpflichtung. Sie stellt eine bloße, rein informative Mitteilung über tatsächliche Umstände oder rechtliche Verhältnisse dar.

> Die Erklärung des Vorgesetzten gegenüber dem Beamten B, er könne „fest damit rechnen, daß er spätestens zum 1. 7. des nächsten Jahres befördert" werde, ist – je nachdem, ob der Vorgesetzte damit für seine Behörde eine bindende Verpflichtung eingehen wollte (etwa um ein Abwandern des B in die freie Wirtschaft zu verhindern) oder ob er nur auf die Rechtslage hinweisen

wollte (etwa im Blick auf eine Regelbeförderung) – Zusicherung oder Auskunft. Als Zusicherung wäre übrigens die Erklärung nur verbindlich, wenn sie schriftlich ergangen wäre (vgl. § 38 I VwVfG).

Die Auskunft ist als bloße Mitteilung kein Rechtsakt und schon gar kein Verwaltungsakt. Sie begründet keinen Erfüllungsanspruch, sondern löst allenfalls, wenn die Auskunft rechtswidrig sein sollte, einen Schadensersatzanspruch aus. Wenn gleichwohl die Auskunft gelegentlich als Verwaltungsakt bezeichnet wird, so werden dabei zwei verschiedene Aspekte vermengt: Die Auskunft als solche ist Realakt; die Entscheidung (!) darüber, ob eine Auskunft zu erteilen ist, kann aber u. U. verselbständigt in der Form eines Verwaltungsaktes erfolgen, so *BVerwGE* 31, 301, 306 f. (Preisgabe des Namens eines Behördeninformanden durch das Verfassungsschutzamt). Verschiedentlich ist eine solche Verselbständigung gesetzlich vorgesehen (so z. B. § 19 BDSG). Vgl. dazu auch unten § 15 Rn. 7.

c) *Der Vorbescheid* ist im Zusammenhang mit der Genehmigung **63** von Bauwerken, Betriebsanlagen und ähnlichen Vorhaben zu sehen. Während die Genehmigung das gesamte Projekt betrifft und daher nur erteilt werden darf, wenn alle rechtlichen Voraussetzungen geprüft und bejaht sind, beschränkt sich der Vorbescheid auf einzelne Genehmigungsvoraussetzungen, entscheidet über diese aber abschließend und verbindlich. Er stellt nicht, wie die Zusicherung, einen Verwaltungsakt in Aussicht, sondern ist als Vorab-Entscheidung selbst ein Verwaltungsakt.

Beispiel (Bebauungsgenehmigung): A will im Außenbereich ein Gebäude errichten. Die Baugenehmigung darf nur erteilt werden, wenn die Errichtung eines Gebäudes dieser Art im Außenbereich bauplanungsrechtlich zulässig ist (was sich nach § 35 BauGB bestimmt) und wenn das Gebäude selbst mit den bauordnungsrechtlichen Vorschriften vereinbar ist (was sich nach der Landesbauordnung richtet). Es kann zweckmäßig sein, zunächst über die bauplanungsrechtliche Zulässigkeit zu entscheiden, da der A dann, wenn sie verneint wird, eine darauf beschränkte verwaltungsgerichtliche Klage (Verpflichtungsklage) erheben kann, und, wenn auch diese erfolglos bleibt, sich wenigstens die Kosten und Mühen der Ausarbeitung der Baupläne für das Bauwerk selbst erspart. Der auf die bauplanungsrechtliche Zulässigkeit beschränkte Vorbescheid – „Bebauungsgenehmigung" genannt – ist „ein vorweggenommener Teil der Baugenehmigung" (vgl. *BVerwGE* 68, 241; 69, 1; *BVerwG* NVwZ 1989, 863 = JZ 1990, 291 mit Anm. von *Goerlich*; *OVG Münster*, DVBl. 1997, 1006; *Ortloff*, NVwZ 1983, 705 ff.; a. A. *Dürr*, JuS 1984, 770 ff.: Zusage in Gestalt eines Verwaltungsakts). Der Bauherr darf zwar erst bauen, wenn die Baugenehmigung vorliegt, kann aber aufgrund der Bebauungsgenehmigung davon ausgehen, daß sein Bauvorhaben nicht aus bauplanungsrechtlichen Gründen scheitert. Vgl. zu den mit der Bebauungsgenehmigung verbundenen Problemen die oben angegebenen Nachweise.

Vorbescheide, die sich auf einzelne Genehmigungsvoraussetzungen beschränken, kommen auch in anderen Genehmigungsverfahren in Betracht, insbesondere bei der Genehmigung von Kernkraftwerken (§ 7 a AtomG, § 19 AtVfV) und bei der Genehmigung sonstiger Anlagen (§ 9 BImSchG), vgl. dazu *BVerwGE* 70, 365 („Konzeptvorbescheid" für ein Kernkraftwerk); *BVerwG* NVwZ 1986, 208 („Standortvorbescheid" für Kernkraftwerk). Sie sind auch dann zulässig, wenn eine gesetzliche Regelung fehlt, da die Gestaltung des Verfahrens einschließlich der abschnittsweisen Aufgliederung grundsätzlich im Ermessen der Behörde liegt. Vgl. dazu auch unten § 19 Rn. 7 a; ferner eingehend *Reichelt,* Der Vorbescheid im Verwaltungsverfahren, 1989 m. w. N.

Ändert sich nach Erlaß des Vorbescheids die ihm zugrunde liegende Sach- oder Rechtslage, etwa der maßgebliche Bebauungsplan, dann bleibt der Vorbescheid – anders als die Zusicherung (vgl. § 38 III VwVfG und oben Rn. 60) – gleichwohl rechtswirksam, kann aber ggf. nach den Widerrufsgrundsätzen aufgehoben werden.

Daher setzt sich z. B. im Baurecht der Vorbescheid, nicht aber die Zusicherung gegenüber der Veränderungssperre durch (*BVerwGE* 69, 1; *BGHZ* 96, 385, 389 f.).

d) *Teilgenehmigung*

63 a   Im Gegensatz zum Vorbescheid, der einzelne rechtliche Genehmigungsvoraussetzungen betrifft, ist die *Teilgenehmigung* ein Endbescheid, allerdings beschränkt auf einen sachlich abgrenzbaren Teil des gesamten Vorhabens.

Beispiel: B beantragt eine Baugenehmigung für ein Mehrfamilienhaus. Da die Bauausführung der oberen Stockwerke noch einiger Klärungen bedarf, beantragt und erhält B zunächst eine Genehmigung für die Errichtung des Kellergeschosses. Sie gibt *insoweit* das Bauen frei. B kann mit dem Bau beginnen, während die fraglichen Einzelheiten des weiteren Bauvorhabens noch geprüft und geklärt werden können.

e) *Vorläufiger Verwaltungsakt*

63 b   Das Steuerrecht kennt schon seit langem die Steuerfestsetzung unter Vorbehalt der Nachprüfung (§ 164 AO) und die vorläufige Steuerfestsetzung (§ 165 AO) für Fälle, die noch nicht abschließend geklärt sind, aber doch – etwa aufgrund der Angaben des Steuerpflichtigen – eine vorläufige Veranlagung zulassen. Die Finanzverwaltung erhält dadurch einen Titel, das Besteuerungsverfahren bleibt jedoch bis zur endgültigen Entscheidung offen. Im Sozialleistungsrecht kann gem. § 42 SGB I ein Vorschuß gewährt werden, wenn ein Anspruch auf Geldleistung zwar dem Grunde nach, aber noch nicht der Höhe nach feststeht; die Gewährung erfolgt durch Verwaltungsakt mit Anrechnungs- und Erstattungsvorbehalt (vgl. etwa *BSozG* DVBl. 1990, 215). Darüber hinaus gibt es eine ganze Reihe weiterer gesetzlicher Vorschriften, die eine vorläufige Regelung in unterschiedlichen Bereichen und mit unterschiedlichen Tendenzen vorsehen (vgl. dazu die Übersicht bei *Schimmelpfennig*, Vorläufige Verwaltungsakte, 1989, S. 3 ff.).

Allgemeine Aufmerksamkeit hat der vorläufige Verwaltungsakt durch eine Entscheidung des *BVerwG* vom 14. 4. 1983 *(BVerwGE* 67, 99) erlangt, durch die – ohne gesetzliche Grundlage – eine Subventionsbewilligung „vorbehaltlich des Ergebnisses der noch durchzuführenden Betriebsprüfung" als vorläufiger Verwaltungsakt bewertet worden ist. Der vorläufige Verwaltungsakt bzw. der Verwaltungsakt unter Vorbehalt bildet den Rechtsgrund der Leistung, aber nur vorläufig bis zum Erlaß des endgültigen Bescheids. Durch den abweichenden Endbescheid wird der vorläufige Bescheid nicht zurückgenommen, sondern ersetzt und „erledigt" (§ 43 II VwVfG). Daher greift auch § 48 VwVfG, der die Rücknahme unter dem Gesichtspunkt des Vertrauensschutzes begrenzt, nicht ein. Der Ausschluß der Rücknahmevorschriften ist sogar ein leitendes Motiv für die Entwicklung des „vorläufigen Leistungsbescheids". Immerhin erhält aber der Begünstigte nicht nur bis zur endgültigen Klärung der Sach- oder Rechtslage eine Bewilligung, sondern auch eine gewisse Rechtsposition, weil der endgültige Bescheid nur noch insoweit von dem vorläufigen Bescheid abweichen darf, als es gerade um die im Vorbehalt genannten Gründe (etwa das Ergebnis der Betriebsprüfung) geht. Die erwähnte Entscheidung des *BVerwG* hat eine lebhafte Diskussion über den vorläufigen Verwaltungsakt ausgelöst (vgl. die Nachweise unten). Fraglich sind die rechtsdogmatischen Strukturen, die rechtliche Zulässigkeit und ihre Grenzen sowie die Frage nach dem praktischen Bedürfnis (etwa im Blick auf mögliche Abschlagszahlungen als Alternativen). Der Ausdruck „vorläufiger Verwaltungsakt" ist schon in sich fraglich, weil der „Verwaltungsakt" seiner Funktion entsprechend auf die abschließende Klärung der Rechtslage im Einzelfall zielt. Indessen schließt die Vorläufigkeit den Regelungscharakter nicht schlechthin aus, wenn und weil sie definitiv ist. Vergleichsweise kann auf die einstweilige Anordnung im verwaltungsgerichtlichen Verfahren gem. § 123 VwGO verwiesen werden, die bis zu einem gewissen Grad als Leitlinie für entsprechende Regelungen im verwaltungsverfahrensrechtlichen Bereich dienen kann.

> Vgl. dazu *BVerwGE* 67, 99 = DÖV 1983, 814 mit zust. Anm. von *Tiedemann* = DVBl. 1983, 851 mit abl. Anm. von *Henke* S. 1247 f.; *BVerwGE* 74, 357, 360, 365; *OVG Münster* NVwZ 1991, 588; *BSozG* DVBl. 1988, 449 mit Anm. von *Bieback; Tiedemann,* Der vorläufige Verwaltungsakt in der Leistungsverwaltung, DÖV 1981, 786 ff.; *Götz,* Die vorläufige Subventionsbewilligung, JuS 1983, 924 ff.; *Peine,* Der vorläufige Verwaltungsakt, DÖV 1986, 849 ff.; *J. Martens,* Vorläufige Regelungen durch Verwaltungsakt, DÖV 1987, 992 ff.; *Schimmelpfennig,* Vorläufige Verwaltungsakte, 1989; *F. J. Kopp,* Verwaltungsakte unter Vorbehalt und sonstige vorläufige Verwaltungsakte, DVBl. 1989, 238 ff.; *Kemper,* Der vorläufige Verwaltungsakt, DVBl. 1989, 981 ff.; *Seibert,* Die Bindungswirkung von Verwaltungsakten, 1989, S. 553 ff.; *Lücke,* Vorläufige Staatsakte, 1991, S. 17 ff., 139 ff.; *Di Fabio,* Vorläufiger Verwaltungsakt bei ungewissem Sachverhalt, DÖV 1991, 629 ff.; *Erfmeyer,* Der Entreicherungseinwand bei vorläufigen Verwaltungsakten, DÖV 1998, 459 ff.; *Eschenbach,* Der vorläufige Verwaltungsakt – praxistaugliche Neuschöpfung oder Fortbildung praeter legem?, DVBl. 2002, 1247 ff.; *Axer,* Der Verwaltungsakt unter Berichtigungsvorbehalt, DÖV 2003, 271 ff.
>
> Zur Diskussion um die sog. Vorabzustimmung im atomrechtlichen Genehmigungsverfahren (Fall Alkem) vgl. *Roßnagel,* DVBl. 1987, 65 ff.; *Ronellenfitsch,* ET 1986, 797 ff.; *Burianek,* NJW 1987, 2227 ff.; *Winkelbauer,* JuS 1988, 691 ff.

f) *Vorsorglicher Verwaltungsakt*

63 c   Schließlich ist noch als vorläufig letzte Variante auf den vorsorglichen Verwaltungsakt hinzuweisen, der kürzlich vom *BVerwG* kreiert worden ist, vgl. *BVerwGE* 81, 84, 94 = JZ 1989, 843 mit abl. Anm. von *Püttner.* Er unterscheidet sich vom vorläufigen Verwaltungsakt dadurch, daß er abschließend ist, aber doch noch unter dem Vorbehalt steht, daß eine seiner rechtlichen Voraussetzungen – hier die Schwerbehinderteneigenschaft – von einer anderen, dafür zuständigen Behörde festgestellt wird. Der vorsorgliche Verwaltungsakt ist im Blick auf eine besondere Fallkonstellation entwickelt worden, so daß fraglich bleibt, ob und inwieweit er auch in anderen Zusammenhängen auftreten kann.

Püttner hält den vorsorglichen Verwaltungsakt im konkreten Fall für überflüssig, weil dasselbe Ziel durch eine rückwirkend auflösende Bedingung erreicht werden könne (zustimmend *Sachs,* StBS § 43 Rn. 195). Das ist indessen
zweifelhaft, weil die Behörde nicht nach Prüfung aller rechtlichen Voraussetzungen einen Verwaltungsakt erläßt, der für den Fall, daß eine andere Behörde
später eine negative Entscheidung trifft, rückwirkend unwirksam werden soll,
sondern ihren Verwaltungsakt von vornherein unter den Vorbehalt stellt, daß
eine noch offene rechtliche Voraussetzung nachträglich von der zuständigen
Behörde verbindlich festgestellt wird. Zudem wäre noch zu prüfen, ob nach
§ 36 II Nr. 2 VwVfG bzw. nach dem hier einschlägigen § 32 II Nr. 2 SGB X
eine auflösende Bedingung mit rückwirkender Kraft rechtlich überhaupt
möglich und zulässig ist. Näher liegt die Annahme eines aufschiebend bedingten Verwaltungsakts. Zu Recht bemerkt jedoch *Püttner,* daß sich der vorsorgliche Verwaltungsakt nur schlecht mit der Natur des Verwaltungsakts als einer
definitiven, vollziehbaren und vollstreckbaren Behördenentscheidung vertrage.
Für Regelungen vorläufiger, vorsorglicher und dgl. Art mag durchaus ein
praktisches Bedürfnis bestehen. Es fragt sich aber doch, ob es vertretbar ist, sie
alle unter den Begriff des Verwaltungsaktes zu subsumieren, der bestimmungsgemäß eine endgültige Regelung mit Bestandskraftwirkung zur Klärung und
Stabilisierung des Rechts im konkreten Fall darstellt. Vgl. nunmehr auch *Losch,*
NVwZ 1995, 235 ff., der den vorsorglichen Verwaltungsakt als Sonderform des
vorläufigen Verwaltungsakts qualifiziert.

VI. Bekanntgabe des Verwaltungsakts

1. Allgemeine Bedeutung

Der Verwaltungsakt muß dem Adressaten *amtlich bekanntgegeben* **64**
werden. Erst mit der Bekanntgabe wird das Verwaltungsverfahren
abgeschlossen und erlangt der Verwaltungsakt *rechtliche Existenz.*
Der (noch) nicht bekanntgegebene Verwaltungsakt ist (noch) kein
Verwaltungsakt. Die Bekanntgabe ist nicht nur Rechtmäßigkeitsvoraussetzung, sondern Existenzvoraussetzung. So wie das Gesetz
erst mit der Verkündung im Gesetzblatt zustande kommt (vgl. für
Bundesgesetze Art. 82 GG), wird auch der Verwaltungsakt erst mit
der Bekanntgabe rechtlich existent.

Wenn ein Verwaltungsakt mehrere Personen rechtlich betrifft – **65**
sei es, daß er an verschiedene Personen adressiert ist (etwa an alle
Miteigentümer eines Grundstücks), sei es, daß er als Verwaltungsakt mit Drittwirkung die Rechte weiterer Personen berührt (etwa
eine Baugenehmigung den Nachbarn) –, dann ist er *allen* Betroffenen bekanntzugeben (§ 41 I VwVfG). Er wird in diesen Fällen für

den einzelnen erst zu dem Zeitpunkt wirksam, zu dem er ihm
selbst bekanntgegeben worden ist (§ 43 I VwVfG). Deshalb ist es
durchaus möglich, daß ein Verwaltungsakt für die Betroffenen zu
unterschiedlichen Zeitpunkten oder sogar nur für einen Teil der
Betroffenen wirksam wird. Das kann in der Praxis zu Schwierigkeiten führen, ist aber unerläßlich, weil es rechtsstaatlich nicht
angeht, daß jemand durch einen ihm überhaupt nicht bekanntge-
gebenen Verwaltungsakt verpflichtet wird.

66   Begrifflich ist zwischen rechtlicher Existenz, äußerer Wirksamkeit und innerer Wirksamkeit zu unterscheiden, wenngleich sie in der Praxis meistens
zusammenfallen werden. Der Verwaltungsakt wird *rechtlich existent,* wenn er
den verwaltungsinternen Bereich verlassen hat („nach außen" getreten ist) und
wenigstens einem der Adressaten oder sonstigen Betroffenen bekanntgegeben
wurde. *Äußere Wirksamkeit* bedeutet, daß der Verwaltungsakt als solcher für
den Adressaten bzw. einen sonstigen Betroffenen maßgebend ist; sie setzt die
individuelle Bekanntgabe voraus. *Innere Wirksamkeit* bedeutet, daß die durch
den Verwaltungsakt ausgesprochene Regelung verbindlich wird. Äußere und
innere Wirksamkeit können zu verschiedenen Zeitpunkten eintreten, so etwa
bei aufschiebend befristeten oder aufschiebend bedingten Verwaltungsakten.
Vgl. zur Unterscheidung von äußerer und innerer Wirksamkeit *BVerwGE* 13,
1, 7; 55, 212 (B wird am 24. 6. die Beamtenurkunde ausgehändigt, nach der er
mit Wirkung zum 1. 7. befördert wird, – die äußere Wirksamkeit tritt am
24. 6., die innere Wirksamkeit am 1. 7. ein). Für die Anfechtung kommt es
ebenso wie für die Zulässigkeit von Widerruf und Rücknahme auf den Zeitpunkt der äußeren Wirksamkeit an.

Fall: Die von B beantragte Baugenehmigung wird dem B am 1. 3. 1995,
dem Nachbarn X am 12. 3. 1995 und dem Nachbarn Y überhaupt nicht
bekanntgegeben. X legt am 12. 4. 1995, Y am 1. 5. 1996 Widerspruch gegen
die Baugenehmigung ein. Sind die Widersprüche fristgemäß erfolgt? – Für X
beginnt die einmonatige Widerspruchsfrist des § 70 VwGO am 13. 3. 1995 zu
laufen, sie endet am 12. 4. 1995 (§§ 79, 31 I VwVfG in Vbg. mit §§ 187 I,
188 BGB). Somit ist der Widerspruch noch fristgemäß eingelegt worden. Für
Y läuft überhaupt keine Rechtsmittelfrist, auch nicht die Jahresfrist nach
§ 58 II VwGO. Er kann daher auch noch später Widerspruch einlegen, allerdings – nach den Grundsätzen von Treu und Glauben gem. § 242 BGB und
im Blick auf § 58 II VwGO – spätestens ein Jahr, nachdem er von der Baugenehmigung Kenntnis erlangt hat oder (etwa durch Nachfrage nach sicht-
barem Baubeginn) hätte erlangen können (*BVerwGE* 44, 294; 78, 85, 88 ff.;
BadWürttVGH VBlBW 1988, 143).

2. Die Voraussetzungen der Bekanntgabe

67   Die Bekanntgabe bestimmt sich nach § 41 VwVfG. Ferner sind
die Formvorschriften des § 37 II–IV VwVfG sowie etwaige Spe-

zialvorschriften zu beachten. Die Verletzung der bei der Bekanntgabe maßgeblichen Formvorschriften macht den Verwaltungsakt
zwar rechtswidrig, stellt aber die für die rechtliche Existenz des
Verwaltungsakts wesentliche Bekanntgabe nicht in Frage, sofern
nicht deren Voraussetzungen betroffen sind.

Beispiel: Wenn ein schriftlich zu erlassender Verwaltungsakt nur mündlich
bekanntgegeben wird, so ist der Verwaltungsakt wegen Formmangels rechtswidrig, aber die Bekanntgabe ist erfolgt und der Verwaltungsakt ist somit
rechtlich existent. Dagegen ist die Bekanntgabe z. B. selbst betroffen mit der
Folge, daß der Verwaltungsakt rechtlich nicht existent wird, wenn er öffentlich
bekanntgegeben wurde (vgl. unten Rn. 71), obwohl er individuell hätte bekannt gegeben werden müssen (vgl. *BVerwG* DVBl. 1987, 629, das gegen
einen solchen „Nichtakt" u. U. eine Feststellungsklage gem. § 43 I Alt. 1
VwGO zuläßt).

Im einzelnen ist noch zu bemerken:

a) Die Bekanntgabe muß durch die *zuständige Behörde amtlich ver-* **68**
anlaßt worden sein. Anderweitige Kenntnisnahme – etwa durch
private Mitteilung eines Beamten dieser Behörde, durch die unzuständige Behörde, durch Zufall – genügt nicht.

Vgl. *BVerwGE* 29, 321 (Bekanntgabe durch eine unzuständige Behörde);
BVerwGE 44, 294 (Fehlen der amtlichen Bekanntgabe der Baugenehmigung
an Nachbarn).

b) Die Bekanntgabe hat *individuell,* d. h. an den jeweiligen *Be-* **69**
troffenen selbst, zu erfolgen. Der Verwaltungsakt ist eine empfangsbedürftige Willenserklärung. Bei schriftlich erlassenen Verwaltungsakten genügt „Zugang" i. S. des § 130 BGB.

Der Zugang ist erfolgt, wenn der Verwaltungsakt durch die Post übermittelt
und in den Briefkasten des Betroffenen gelangt ist; unerheblich ist, ob der
Betroffene den Brief geöffnet und gelesen hat. Im Einzelfall können sich frei-
lich immer wieder Schwierigkeiten und Probleme ergeben, vgl. z. B. zur
Bekanntgabe von Verwaltungsakten an die GmbH in Konkurs *Karst/Otten*,
NVwZ 1994, 979 ff.

c) Eine besondere Form der Bekanntgabe bildet die *förmliche* **70**
Zustellung. Sie wird im Verwaltungszustellungsgesetz (VwZG) vom
12. 8. 2005 (Sart. Nr. 110) geregelt, das das Verwaltungszustellungsgesetz von 1953 ablöst und das Zustellungsrecht den modernen Verhältnissen, insbesondere der elektronischen Nachrichten-
übermittlung, anpaßt. Das VwZG ergänzt § 41 VwVfG, ist aber

nicht auf Verwaltungsakte beschränkt, sondern erfasst alle Bereiche. Es gilt unmittelbar für die Bundesbehörden und die Landesfinanzbehörden; die Länder werden aber, so wird erwartet, übereinstimmende Gesetze für ihren Bereich erlassen. Zustellung ist nach § 2 I VwZG die Bekanntgabe eines schriftlichen oder elektronischen Dokuments durch eine im VwZG bestimmten Form. Die Förmlichkeit soll den Zugang beim Empfänger sichern und dessen Zeitpunkt zweifelsfrei festhalten. In Betracht kommen nach dem VwZG die Zustellung durch die Post mit Zustellungsurkunde, die Zustellung durch die Post mittels Einschreiben und die Zustellung durch die Behörde selbst gegen Empfangsbekenntnis. Im zuletzt genannten Fall kann sie auch elektronisch erfolgen (vgl. § 5 IV VwZG im Anschluss an § 3a VwVfG). Erfordernis und Art der Zustellung werden durch Gesetz bestimmt (etwa durch § 73 III 1 VwGO für Widerspruchsbescheide) oder im Einzelfall durch die Behörde angeordnet. Vgl. dazu näher *Rosenbach,* Das neue Verwaltungszustellungsgesetz (VwZG) des Bundes, DVBl. 2005, 816 ff.

Fall (*BVerwG* NVwZ 1988, 63): A wird durch Bescheid vom 29. 4. 1988, den das Kreiswehrersatzamt am 2. 5. 1988 als Einschreibebrief zur Post gegeben hat, zum Grundwehrdienst einberufen. Er erhält den eingeschriebenen Brief am 3. 5. 1988. Am 4. 5. 1988 stellt er einen Antrag auf Anerkennung als Kriegsdienstverweigerer. Sodann legt er Widerspruch gegen den Einberufungsbescheid ein. Wird der Widerspruch Erfolg haben? – Nach § 3 II KDVG besteht eine Einberufungssperre, bis der Antrag auf Anerkennung als Kriegsdienstverweigerer endgültig abgelehnt oder zurückgenommen wurde, es sei denn, daß der Betroffene bereits *vor* dem Zeitpunkt der Antragstellung einberufen wurde. Entscheidend ist daher, *wann* dem A der Einberufungsbescheid bekanntgegeben und damit wirksam wurde. Nach § 4 I VwZG gilt ein eingeschriebener Brief mit dem dritten Tag nach der Aufgabe zur Post als zugestellt, es sei denn, daß das Schriftstück nicht oder zu einem späteren Zeitpunkt zugegangen ist. Daher ist der hier maßgebende fiktive (!) Zustellungstag der 5. 5. 1988. Da A aber bereits einen Tag zuvor die Anerkennung beantragt hatte, ist der Einberufungsbescheid aufzuheben. – Hätte die Behörde diesen Bescheid nach § 3 VwZG mit Postzustellungsurkunde übermittelt, wäre der Einberufungsbescheid bereits am 3. 5. 1988 zugestellt und wirksam geworden.

71   d) Schließlich kommt noch eine *öffentliche Bekanntgabe* in Betracht, die – wie schon der Name sagt – nicht individuell, sondern durch öffentliche Verlautbarung, etwa durch Publikation in einem Amtsblatt oder in einer Tageszeitung oder durch Aushang im Rathaus, bewirkt wird (§ 41 IV VwVfG). Sie ist zulässig bei Allge meinverfügungen (§ 41 III 2 VwVfG), bei Entscheidungen im förmlichen Verwaltungsverfahren und im Planfeststellungsverfahren, die an mehr als 50 Personen zuzustellen wären (vgl. etwa §§ 69 II, 74 V VwVfG sowie unten § 19 Rn. 7), und bei Verwaltungsakten, deren Adressat nicht erreichbar ist (vgl. z. B. § 15 VwZG), also in Fällen, in denen eine individuelle Bekanntgabe nicht möglich oder unverhältnismäßig aufwendig wäre.

Nach der neueren Rechtsprechung des BVerwG werden auch die Verkehrszeichen (Halteverbot, Geschwindigkeitsbegrenzung usw.) öffentlich bekanntgegeben; die Bekanntgabe erfolgt durch die Aufstellung des jeweiligen Verkehrszeichens, vgl. *BVerwGE* 102, 316, 318, ferner näher dazu oben Rn. 36 a.

Literatur: Allgemein zu den Handlungsformen der Verwaltung: 72
Bachof/Brohm, Die Dogmatik des Verwaltungsrechts vor den Gegenwartsaufgaben der Verwaltung, Referate mit Diskussion, VVDStRL 30 (1972) S. 193 ff.; *Krause,* Rechtsformen des Verwaltungshandelns, 1974; *P. Kirchhof,* Verwalten durch „mittelbares" Einwirken, 1977; *ders.* Mittel staatlichen Handelns, HStR III (1988) § 59 Rn. 102 ff.; *Ossenbühl,* Die Handlungsformen der Verwaltung, JuS 1979, 681 ff.; *Schmidt-Aßmann,* Die Lehre von den Rechtsformen des Verwaltungshandelns, DVBl. 1989, 533 ff.; *K. König,* Rechtliche und tatsächliche Formen des Verwaltungshandelns, VR 1990, 401 ff.; *Kloepfer,* Zu den neuen umweltrechtlichen Handlungsformen des Staates, JZ 1991, 737 ff.; *Becker-Schwarze/Köck u. a. (Hg.),* Wandel der Handlungsformen im Öffentlichen Recht, 1991; *J. Lücke,* Vorläufige Staatsakte, 1991; *K. König/Dose (Hg.),* Instrumente und Formen des staatlichen Handelns, 1993; *Manssen,* Privatrechtsgestaltung durch Hoheitsakt. Verfassungsrechtliche und verwaltungsrechtliche Grundlagen, 1994; *Hoffmann-Riem/Schmidt-Aßmann* (Hg.), Innovation und Flexibilität des Verwaltungshandelns, 1994; *Ketteler,* Instrumente des Umweltrechts, JuS 1994, 826 ff.; *Ladeur,* Die Zukunft des Verwaltungsakts. Kann die Handlungsformenlehre aus dem Aufstieg des „informalen Verwaltungshandelns" lernen? VerwArch. 86 (1995) S. 511 ff.; *A. Leisner,* Die untätige Behörde, VerwArch. 91 (2000) S. 227 ff.

Zum Verwaltungsakt: *Otto Mayer,* Deutsches Verwaltungsrecht, Bd. I, 3. 73
Aufl. 1924, S. 59 ff., 92 ff.; *Volkmar,* Allgemeiner Rechtssatz und Einzelakt, 1962; *J. Martens,* Zur Begriffsbestimmung des Verwaltungsaktes, DVBl. 1968, 322 ff.; *von Mutius,* Rechtsnorm und Verwaltungsakt, Festschrift für Hans J. Wolff, 1973, S. 167 ff.; *Vogel,* Die Lehre vom Verwaltungsakt nach Erlaß der Verwaltungsverfahrensgesetze, BayVBl. 1977, 617 ff.; *Obermayer,* Das Dilemma der Regelung eines Einzelfalles nach dem Verwaltungsverfahrensgesetz, NJW 1980, 2386 ff.; *Löwer,* Funktion und Begriff des Verwaltungsakts, JuS 1980, 805 ff.; *F. Kirchhof,* Der Verwaltungsakt auf Zustimmung, DVBl. 1985, 651 ff.; *Schenke,* Formeller oder materieller Verwaltungsaktsbegriff? NVwZ 1990, 1009 ff.; *Engel,* Planungssicherheit für Unternehmen durch Verwaltungsakt, 1992; *Appel/Melchinger,* Rechtsanwendung und feststellender Verwaltungsakt,

VerwArch. 84 (1993) S. 349 ff.; *Erfmeyer,* Der nichtmaterielle Verwaltungsakt – Rechtswidrige und überflüssige Fiktion, DÖV 1996, 629 ff.; *Renck,* Für einen formalisierten Verwaltungsakt, Festschrift für Knöpfle, 1996, S. 291 ff.; *Gromitsaris,* Die Lehre von der Genehmigung, VerwArch. 88 (1997) S. 52 ff.; *Fehling,* Der Verwaltungsakt – Begriff und Bedeutung, JA 1997, 482 ff.; *Erichsen/Hörster,* Die Bekanntgabe von Verwaltungsakten, Jura 1997, 659 ff.; *Hansen/Meyer,* Bekanntgabe von Verkehrsschildern. Endlich Klarheit durch das BVerwG?, NJW 1998, 284 ff.; *Druschel,* Die Verwaltungsaktbefugnis, 1999; *Schmidt-De Caluwe,* Der Verwaltungsakt in der Lehre Otto Mayers, 1999; *ders.,* Die Wirksamkeit des Verwaltungsakts, VerwArch. 90 (1999) S. 49 ff.; *Laubinger,* Das „Endiviensalat-Urteil" – eine Fehlentscheidung? Zum Begriff der Allgemeinverfügung im Sinne von § 35 Satz 2 VwVfG, Festschrift für Rudolf, 2001, S. 305 ff.; *Kahl,* Der Verwaltungsakt: Bedeutung und Begriff, Jura 2001, 505 ff.; *Bitter/Konow,* Bekanntgabe und Widerspruchsfrist bei Verkehrszeichen, NJW 2001, 1386 ff.; *Ruffert,* Der transnationale Verwaltungsakt, DV 34 (2001), S. 453 ff.; *H. Meyer,* Der Verwaltungsakt in der Rechtsprechung des Bundesverwaltungsgerichts, BVerwG-Festschrift 2003, S. 551 ff.; *Felix,* Der Verwaltungsakt mit Dauerwirkung – eine sinnvolle Kategorie des Allgemeinen Verwaltungsrechts?, NVwZ 2003, 385 ff.; *Tschentscher,* Der privatrechtsgestaltende Verwaltungsakt als Koordinierungsinstrument zwischen öffentlichem Recht und Privatrecht, DVBl. 2003, 1424 ff.; *Winkler,* Normenumschaltende Verwaltungsakte, DVBl. 2003, 1490 ff. (zu *BVerwGE* 117, 322); *Ehlers,* Rechtsfragen der Existenz, der Wirksamkeit und der Bestandskraft von Verwaltungsakten, Festschrift für Erichsen, 2004, S. 1 ff.; *von Mutius,* Zur „Verwaltungsaktsbefugnis", ebenda S. 135 ff.; *Blunk/Schroeder,* Rechtsschutz gegen Scheinverwaltungsakte, JuS 2005, 602 ff.

74   **Rechtsprechung:** Verwaltungsakt bejaht: *BVerwGE* 12, 87 (Endiviensalat-Fall: Allgemeinverfügung); *BVerwGE* 27, 181; 59, 221, 102, 316 (Verkehrszeichen, Allgemeinverfügung); *BVerwGE* 31, 301 (Entscheidung über Erteilung einer Auskunft); *BVerwGE* 57, 26, 29 ff. (Leistungsbescheid, Abgrenzung zur Zahlungsaufforderung); *BVerwGE* 58, 37 (Ausmusterungsbescheid, feststellender Verwaltungsakt); *BVerwGE* 60, 269 (Feststellung der Aufnahme in Krankenhausbedarfsplan); *BVerwGE* 64, 325 (Entscheidung nach § 17 II 3 FStrG, daß ein Straßenbauvorhaben ohne Planfeststellung durchgeführt werden kann); *BVerwGE* 70, 77 (Schutzbereichsanordnung); *BVerwGE* 88, 122 (Mitteilung der Handwerkskammer über die beabsichtigte Löschung in der Handwerksrolle); *BVerwG* DVBl. 1983, 1248 (Rüge eines Amtsgerichtspräsidenten gegenüber Rechtsbeistand); *HessVGH* DVBl. 1974, 469 und *OVG Berlin* DVBl. 1975, 731 (Einzelnote im Abiturzeugnis); *BadWürttVGH* ESVGH 28, 95 (Erteilung eines Seminarscheins); *OVG Lüneburg* DVBl. 2000, 713 (Änderung des Fachgebiets eines Theologieprofessors durch die Universitätsleitung); *BayVGH* BayVBl. 2000, 594 (Ausübung des Vorkaufsrechts und Geltendmachung eines damit zusammenhängenden Informationsanspruchs); *OVG Saarlouis* NJW 2003, 768 (Eintragung und Löschung einer Baulast).

Verwaltungsakt verneint: *BVerwGE* 14, 323 und 59, 319 (Untersuchungsbericht); *BVerwGE* 28, 145 (Zustimmungserklärung zwischen Behörden); *BVerwGE* 29, 310 (schlichte Zahlungsaufforderung); *BVerwGE* 36, 192 und

218 (Dienstpostenbewertung); *BVerwGE* 49, 351 (dienstliche Beurteilung eines Beamten durch seinen Dienstvorgesetzten); *BVerwGE* 60, 144 (Umsetzung eines Beamten); *BVerwGE* 62, 342 (Bestimmung der Linienführung einer Bundesstraße gem. § 16 I FStrG); *BVerwGE* 77, 268 (Eintragung in das Verkehrszentralregister); *BVerwGE* 90, 220 (Abwicklung einer Einrichtung gem. Art. 13 EV); *BVerwGE* 98, 334 (Änderung des Aufgabenbereichs eines Beamten); *BVerwGE* 106, 187, 188 (Ruf auf eine Professorenstelle); *BVerwG* DVBl. 1994, 1356 (Bewertung einer Klausur in der juristischen Staatsprüfung); *BVerwG* DVBl. 2003, 371 (Teilprüfung).

BVerwGE 13, 1, 6 f. (Wirksamkeitsvoraussetzung); *BVerwGE* 29, 321 (Mitteilung eines Verwaltungsakts durch unzuständige Behörde); *BVerwGE* 44, 294 (fehlende Bekanntgabe einer Baugenehmigung an Nachbarn); *BVerwGE* 55, 212 (Aushändigung einer Beamtenurkunde und Wirksamwerden der Beamtenernennung); *BVerwGE* 58, 100 (Ersatzzustellung); *BVerwGE* 102, 316 (Bekanntgabe eines nachträglich aufgestellten Verkehrsschildes); *BVerwGE* 105, 288, 292 ff. (Bekanntgabe im Falle der Bevollmächtigung).

Literatur und Rechtsprechung zu V: vgl. Nachweise im Text.

§ 10 Der rechtswidrige Verwaltungsakt

Tagtäglich werden tausende von Verwaltungsakten erlassen, **1** deren Rechtmäßigkeit nicht zweifelhaft ist und auch von niemandem in Zweifel gezogen wird. Es kommt indessen immer wieder vor, daß ein Verwaltungsakt tatsächlich oder nach Auffassung des Betroffenen rechtswidrig ist. Der Jurist hat sich – wie der Mediziner – vor allem um die pathologischen Fälle zu kümmern. Seine Bemühungen dienen jedoch nicht nur der Bereinigung erfolgter, sondern auch der Verhinderung potentieller Rechtsverletzungen.

Die Lehre vom rechtswidrigen Verwaltungsakt betrifft zwei Aspekte, nämlich einmal die Frage, wann ein Verwaltungsakt rechtmäßig bzw. rechtswidrig ist (dazu unter I), und zum anderen die Frage, welche Rechtsfolgen sich aus der Rechtswidrigkeit eines Verwaltungsaktes ergeben (dazu unter II–VI).

I. Die rechtlichen Voraussetzungen des Verwaltungsakts

1. Die maßgeblichen Kriterien

a) Der Verwaltungsakt ist *rechtmäßig,* wenn er allen Anforderun- **2** gen entspricht, die die Rechtsordnung an ihn stellt. Er ist *rechtswid-*

rig oder *fehlerhaft* (die beiden Ausdrücke werden synonym gebraucht), wenn er auch nur in einer Beziehung mit dem geltenden Recht nicht im Einklang steht. Die Rechtswidrigkeit ist gleichsam das negative Spiegelbild der Rechtmäßigkeit.

Zu beachten ist, daß die Rechtswidrigkeit nicht nur auf der falschen Auslegung oder Anwendung der maßgeblichen Rechtsnormen, sondern auch auf der unzulänglichen Ermittlung oder fehlerhaften Bewertung der entscheidungserheblichen Tatsachen beruhen kann. Denn auch dann, wenn die Behörde von einem unzutreffenden Sachverhalt ausgeht, gelangt sie zu einem rechtswidrigen Ergebnis. Diese „tatsächliche Seite" spielt in der Praxis eine erhebliche Rolle, sie ist oft das Hauptproblem. Auch die Lösung von Klausuren und Hausarbeiten scheitert immer wieder daran, daß der Student den „Sachverhalt" nicht klar erfaßt.

Der Verwaltungsakt entspricht den rechtlichen Anforderungen und ist daher rechtmäßig,

- – wenn im konkreten Fall die Behörde zum Handeln durch Verwaltungsakt befugt war (Zulässigkeit des Verwaltungsakts, vgl. dazu unten 2),
- – wenn die maßgeblichen Zuständigkeits-, Verfahrens- und Formvorschriften beachtet wurden (formelle Rechtmäßigkeit, vgl. dazu unten 3),
- – wenn der Verwaltungsakt inhaltlich mit dem geltenden Recht vereinbar ist (materielle Rechtmäßigkeit, vgl. dazu unten 4).

Diese Anforderungen, die sogleich näher darzulegen sind, gelten grundsätzlich auch für alle anderen Verwaltungsmaßnahmen, so daß die folgenden Darlegungen zur Fehlerlehre zugleich repräsentativen Charakter für den gesamten Bereich des Verwaltungshandelns haben.

3   b) *Maßgeblicher Zeitpunkt* für die Beurteilung der Rechtmäßigkeit ist die Zeit des Erlasses des Verwaltungsakts. Nachträgliche Änderungen der dem Verwaltungsakt zugrunde liegenden Sach- oder Rechtslage beeinflussen die Rechtmäßigkeit oder Rechtswidrigkeit des Verwaltungsaktes nicht mehr. Das liegt bei Verwaltungsakten, die sich im einmaligen Vollzug erschöpfen (etwa Auflösung einer Versammlung, Bescheid über die Zahlung einer einmaligen Gebühr), auf der Hand.

Die Zahlung einer in einem rechtmäßigen Gebührenbescheid festgelegten Gebühr macht den Bescheid nicht rechtswidrig, sondern beseitigt lediglich den Leistungsbefehl. Der rechtmäßige Gebührenbescheid bleibt als Rechtsgrund für die Zahlung bestehen. Rückforderungsansprüche kommen daher erst und nur in Betracht, wenn der Gebührenbescheid mit Wirkung ex tunc aufgehoben wird. Eine spätere Gesetzesänderung erfaßt den Gebührenbescheid ebenfalls nicht

mehr, sofern sie nicht (ausnahmsweise) rückwirkende Kraft hat. Die Rückwirkung kann den rechtswidrigen Verwaltungsakt „heilen". Beispiel: Am 1. 3.
1978 ergeht ein Gebührenbescheid, der auf einer rechtswidrigen Gebührensatzung
beruht und daher selbst rechtswidrig ist. Am 1. 6. 1978 wird die rechtswidrige
Gebührensatzung durch eine neue, nunmehr rechtmäßige Satzung ersetzt, die
rückwirkend ab 1. 1. 1978 in Kraft tritt. Der Bescheid hat damit – ex post betrachtet – eine rechtmäßige Rechtsgrundlage und ist daher als rechtmäßig anzusehen, vgl. dazu *BVerwG* DVBl. 1970, 835; *BVerwGE* 50, 2, 7 ff. Voraussetzung
ist allerdings, daß die Rückwirkung der Satzung rechtmäßig ist.

Problematischer sind die Verwaltungsakte mit Dauerwirkung
(etwa Gewerbegenehmigung, Bewilligung eines monatlich zu zahlenden Stipendiums). Es kommt auf die Betrachtungsweise an. In
verfahrensrechtlicher Sicht ist der Zeitpunkt des Erlasses maßgebend (der Verwaltungsakt *wurde* rechtmäßig erlassen). In materiell-
rechtlicher Hinsicht könnte man sagen, daß ein Verwaltungsakt,
dessen inhaltliche Regelung infolge Änderung der Rechts- oder
Sachlage nicht mehr mit dem geltenden Recht übereinstimmt,
rechtswidrig geworden ist. Das führt in verfahrensrechtlicher Sicht
zu der Frage, ob der „rechtswidrig gewordene" Verwaltungsakt
aufgehoben werden muß, seine Aufrechterhaltung also rechtswidrig wäre. Jedenfalls ist zwischen dem ursprünglich rechtswidrigen
und dem „rechtswidrig gewordenen" Verwaltungsakt zu unterscheiden. Die Lehre vom rechtswidrigen Verwaltungsakt betrifft
nur den *ursprünglich rechtswidrigen Verwaltungsakt*. Der rechtswidrig
gewordene Verwaltungsakt ist nach den Widerrufsregeln zu beurteilen (vgl. dazu unten § 11 Rn. 11, 39 ff.).

c) Von der Rechtswidrigkeit wird üblicherweise die *offenbare* **4**
Unrichtigkeit unterschieden. Ein Verwaltungsakt ist offenbar unrichtig, „wenn der Widerspruch zwischen dem, was die Behörde gewollt hat und dem, was sie in dem Verwaltungsakt zum Ausdruck
gebracht hat, ohne weiteres erkennbar ist" (*BVerwGE* 40, 212,
216). In Betracht kommen Schreibfehler, Rechenfehler, versehent-
liche Auslassungen, ferner Fehler bei der automatischen Datenverarbeitung. Es genügt nicht, wenn lediglich – negativ – eindeutig ist,
daß die Behörde das Erklärte nicht wollte, es muß vielmehr auch –
positiv – erkennbar sein, was sie tatsächlich meinte und wollte.

Vgl. aus der Rspr. etwa *BVerwG* DÖV 1970, 747 (Additionsfehler bei Ru-
hegehaltsfestsetzung); *BVerwGE* 40, 212, 216 (Schlüsselzahl bei automatisch

hergestelltem Versorgungsbescheid); *BVerwGE* 48, 336, 338 f. (automatisch hergestellter Wohngeldbescheid); *BVerwG* NVwZ 1986, 198 (computergefertigter Studentenausweis); *BVerwG* NVwZ 2000, 553 (versehentlich falsche Angaben über das Plangebiet im Planfeststellungsbeschluß).

Nach § 42 VwVfG, der der bisherigen h. L. entspricht, können offenbar unrichtige Verwaltungsakte jederzeit von der erlassenden Behörde *berichtigt* werden. Der bei der Rücknahme begünstigender Verwaltungsakte zu beachtende Grundsatz des Vertrauensschutzes greift hier nicht ein.

Die Auffassung, daß der offenbar unrichtige Verwaltungsakt mit dem tatsächlich gewollten Inhalt gelte und die Berichtigung nur der Klarstellung diene, ist zumindest so allgemein mißverständlich. Wenn es um einen wesentlichen Punkt des Tenors geht, ist er nicht nur berichtigungsfähig, sondern auch berichtigungsbedürftig. Das ist z. B. der Fall, wenn ein Abgabenbescheid auf 1000,– Euro lautet, obwohl nach der zugrunde gelegten Berechnung und Begründung eindeutig nur 100,– Euro gemeint sein können. Schon aus verwaltungstechnischen Gründen kann es der Bürger nicht bei der Zahlung der zu Recht geforderten 100,– Euro belassen, sondern muß zunächst die Berichtigung des Bescheids veranlassen. Eine Berichtigung kann dagegen unterbleiben, wenn der geforderte Betrag irrtümlich nicht als „Beitrag", sondern als „Gebühr" bezeichnet wird, über den Rechtsgrund aber keine Zweifel bestehen. Diese Belanglosigkeiten interessieren aber auch nicht weiter. Stellt man auf die wesentlichen Fälle ab, die auch in der Rechtsprechung aktuell werden, so zeigt es sich, daß auch der offenbar unrichtige Verwaltungsakt rechtswidrig ist (weil er eben mit dem geltenden Recht nicht übereinstimmt), aber besonderen Fehlerfolgen unterliegt. – Vgl. zur Regelung des § 42 VwVfG – insbesondere auch zum Unterschied zur weitergehenden Parallelregelung § 129 AO – *Musil,* DÖV 2001, 947 ff. m. w. N.

2. Die Zulässigkeit des Verwaltungsakts

5   Die Verwaltung ist grundsätzlich befugt, die öffentlich-rechtlich begründeten Pflichten und Rechte des Bürgers durch Verwaltungsakt zu konkretisieren und festzustellen. Die Ermächtigung der Verwaltung zur Tätigkeit auf Grund öffentlichen Rechts und damit kraft hoheitlicher Gewalt impliziert die Befugnis zum Handeln durch Verwaltungsakt. Eine spezifische Ermächtigung zum Handeln gerade durch Verwaltungsakt ist nicht erforderlich. Wenn man gleichwohl mit der h. L. annehmen sollte, daß sich der Vorbehalt des Gesetzes nicht nur auf den Inhalt, sondern auch auf die Form des Tätigwerdens der Verwaltung bezieht, dann dürfte sich die Befugnis zum Handeln durch Verwaltungsakt im hoheitlich

geprägten Verhältnis der Verwaltung zum Bürger regelmäßig
– unmittelbar oder mittelbar – aus den jeweils geltenden gesetzlichen Bestimmungen ergeben. Es wäre widersprüchlich, wenn die
Verwaltung einerseits zum Handeln im konkreten Fall verpflichtet
würde, andererseits mangels Ermächtigung zum Erlaß eines dafür
erforderlichen Verwaltungsakts nicht handeln dürfte. Dementsprechend wird auch zu Recht bei der Lösung von Fällen in der Regel
nicht besonders geprüft, ob im konkreten Fall die Verwaltung
durch Verwaltungsakt tätig werden durfte.

Vgl. dazu mit weiteren Nachweisen *Sachs*, StBS § 44 Rn. 54 ff.; *Druschel*,
Die Verwaltungsaktsbefugnis, 1999, der zwar eine gesetzliche Ermächtigung
fordert, diese aber in § 43 VwVfG gegeben sieht; differenzierend *Osterloh*, JuS
1983, 280 ff. – Die vielzitierte Entscheidung *BVerwGE* 72, 265 spricht nicht
gegen die hier vertretene Auffassung, da dort nicht nur auf die Form, sondern
auch auf den Inhalt abgestellt wird. In *BVerwGE* 97, 117, 119 wird die Frage,
ob die Verwaltung auch für die Form des Handelns durch Verwaltungsakt
einer spezifischen Ermächtigung bedarf, ausdrücklich offen gelassen und darauf
hingewiesen, daß sie jedenfalls nicht ausdrücklich vorliegen muß, sondern
durch Auslegung ermittelt werden kann.

Eine andere, aber nicht immer klar davon getrennte Frage ist, ob die Verwaltung ohne ausdrückliche Ermächtigung befugt ist, gesetzlich festgelegte
Gebote oder Verbote durch Verwaltungsakt zu konkretisieren und durchzusetzen. **Beispiel:** Die Tätigkeit als Heilpraktiker bedarf nach dem Heilpraktiker-
gesetz der Erlaubnis, ist also ohne Erlaubnis gesetzlich verboten; darf die Verwaltungsbehörde die Fortführung einer nicht erlaubten und damit verbotenen
Heilpraktikertätigkeit im Einzelfall durch Verwaltungsakt untersagen und ggf.
Zwangsmittel einsetzen, obwohl dafür eine ausdrückliche Ermächtigung (etwa
im Sinne des § 15 II GewO für Gewerbebetriebe) fehlt? Da es hier nicht um
die Form des Verwaltungshandelns, sondern um die Befugnis zum Einschreiten
geht, ist eine gesetzliche Ermächtigung erforderlich; sie kann ggf. in der polizeilichen Generalklausel gefunden werden, vgl. dazu *BVerwGE* 94, 269, 277 f.;
Schenke, PolR, Rn. 58 f.

Näherer Betrachtung bedürfen noch zwei Bereiche: **6**

a) *Ansprüche der Verwaltung aus Verwaltungsvertrag* können nicht
durch Verwaltungsakt festgestellt und mit seiner Hilfe zwangsweise
durchgesetzt werden. Wenn die Verwaltung mit dem Bürger eine
einvernehmliche Regelung trifft und sich damit auf die Ebene der
Gleichordnung begibt, dann muß sie konsequenterweise auch bei
der Durchsetzung vertraglicher Leistungsansprüche auf dieser Ebene
bleiben und – ebenso wie der Bürger – umstrittene Ansprüche gerichtlich geltend machen. Das gilt um so mehr, als der Verwaltungs-

akt primär der Konkretisierung genereller Rechtsnormen dient und die verwaltungseigene Vollstreckung lediglich Folge dieser Konkretisierungsbefugnis ist, bei bereits vertraglich konkretisierten Ansprüchen der Verwaltungsakt aber nur noch als Vollstreckungstitel erlassen werden würde. Es kann deshalb auch nicht, wie in der Literatur teilweise vorgeschlagen wird, danach unterschieden werden, ob durch Vertrag nur eine gesetzlich bereits festgelegte Verpflichtung anerkannt wird (dann Verwaltungsakt zulässig) oder eine neue Verpflichtung übernommen wird (dann Verwaltungsakt nicht zulässig).

Ebenso im Ergebnis *BVerwGE* 50, 171; 59, 60; *BayVGH* BayVBl. 1997, 596; dagegen kann die vertraglich vereinbarte Leistung durch Verwaltungsakt geltend gemacht werden, wenn ein Gesetz ausdrücklich dazu ermächtigt, so *BVerwGE* 89, 345, 348 ff. (allerdings bedarf die gesetzliche Ermächtigung als strukturelle Ausnahme einer besonderen Rechtfertigung); unzulässig ist auch die Ablehnung eines vom Bürger geltend gemachten vertraglichen Leistungsanspruchs durch Verwaltungsakt, so zutr. *OVG Münster* NJW 1995, 003. – Dem Vertragsverhältnis stehen entsprechende Verhältnisse, insbesondere sog. verwaltungsrechtliche Schuldverhältnisse (vgl. dazu unten § 28 Rn. 2 ff.) insoweit gleich; daher lehnt der *BadWürttVGH* (NVwZ 1990, 388) zu Recht die Geltendmachung eines Schadenersatzanspruches der Gemeinde aus einem Kanalbenutzungsverhältnis durch Leistungsbescheid (Verwaltungsakt) ab.

Beispiel: Durch Verwaltungsvertrag verpflichtet sich die Gemeinde zum Erlaß eines Baudispenses, der Bauherr B zur Zahlung von 10000,– Euro (sog. Baudispensvertrag, vgl. dazu unten § 14 Rn. 11). Weigert sich B, die 10000,– Euro zu zahlen, dann muß die Gemeinde Leistungsklage beim Verwaltungsgericht erheben. Würde sie ihren Anspruch durch Leistungsbescheid (Verwaltungsakt) geltend machen, dann läge zwar formal ein Verwaltungsakt vor, er wäre aber – mangels Zulässigkeit – rechtswidrig und aufhebbar, sofern dieser Mangel nicht schon wegen der nunmehr eindeutigen Rechtsprechung als Nichtigkeitsgrund anzusehen ist. Umgekehrt müßte B, wenn die Gemeinde sich weigert, den Dispens zu erteilen, Verpflichtungsklage erheben (vgl. unten § 14 Rn. 54).

7   b) Strittig ist, ob die Verwaltung *gesetzlich begründete Leistungsansprüche,* insbesondere aus verwaltungsrechtlichen Schuldverhältnissen, durch Verwaltungsakt feststellen und erforderlichenfalls selbst vollstrecken darf.

Dabei geht es vor allem um Ansprüche des Dienstherrn gegen seine Beamten aus dem Beamtenverhältnis, etwa um Ansprüche auf Rückerstattung zuviel gezahlter Dienstbezüge, auf Rückzahlung rechtsgrundlos gezahlter Ausbildungskosten oder auf Leistung von Schadensersatz wegen einer Dienstpflichtverletzung. Das *BVerwG*

bejaht die Geltendmachung dieser Ansprüche durch Verwaltungsakt. Die h. L. lehnt dies unter Hinweis auf den Gesetzesvorbehalt
ab, so daß dem Dienstherrn nur die Möglichkeit bleibt, den Beamten zur Zahlung aufzufordern und, wenn dieser der Zahlungsaufforderung (Realakt!) nicht folgt, Leistungsklage beim Verwaltungsgericht zu erheben. Im Unterschied zu den vertraglichen Ansprüchen geht es hier nicht um ein Verhältnis der Gleichordnung,
sondern der Über-Unterordnung, ferner nicht um die Durchsetzung bereits konkretisierter Ansprüche, sondern zunächst um die
Konkretisierung gesetzlicher Ansprüche. Da das Beamtenverhältnis
nicht nur öffentlich-rechtlicher Natur ist, sondern durchweg durch
Verwaltungsakt geregelt wird (Ernennung, Versetzung, Besoldung,
Beihilfe usw.), ist es nur konsequent, daß auch diese Ansprüche
durch Verwaltungsakt geltend gemacht werden dürfen. Dasselbe
gilt für entsprechende Ansprüche aus dem Soldatenverhältnis.

Vgl. *BVerwGE* 28, 1; 71, 354, 357 f. (Rückerstattung zuviel gezahlter
Dienstbezüge); *BVerwGE* 52, 183, 185 f. (Rückzahlung rechtsgrundlos gezahlter Ausbildungskosten) und *BVerwGE* 19, 243, 27, 245 (Schadensersatz);
ebenso *Bethge/Detterbeck,* JuS 1991, 226 ff.; anderer Ansicht: *Rupp,* DVBl
1963, 577 ff.; *Renck,* JuS 1965, 129 ff.; *Achterberg,* VerwR § 20 Rn. 81 ff.; vgl.
ferner *Henneke,* in: Knack, Vor § 35 Rn. 39 mit weiteren Nachw.

Nach der Rechtsprechung ist die Verwaltung allerdings nur be-   **7 a**
rechtigt, nicht auch verpflichtet, den Anspruch durch Leistungsbescheid festzustellen; sie kann statt dessen auch − insoweit in Übereinstimmung mit der h. L., aber mit dem Unterschied, daß es nicht
der allein gangbare, sondern nur *ein* gangbarer Weg ist − eine einfache Zahlungsaufforderung an den Betroffenen richten und, wenn
dieser nicht zahlt, Leistungsklage erheben (vgl. *BVerwGE* 29, 310).
Die Leistungsklage müßte jedoch am Rechtsschutzinteresse scheitern, da der Behörde über den Leistungsbescheid ein einfacherer
Weg zur Verfügung steht, − diese Konsequenz zieht die Rechtsprechung jedoch nicht.

Beispiel: Die Behörde fordert den Beamten B zur Zahlung von Schadensersatz in Höhe von 1000,− Euro auf, da er schuldhaft ein Dienstfahrzeug beschädigt habe. Es ist zunächst zu prüfen, ob die „Aufforderung" Verwaltungsakt
ist oder nicht. Liegt ein Verwaltungsakt vor, dann wäre er nach der h. L.
rechtswidrig, weil die Behörde überhaupt nicht durch Verwaltungsakt handeln
durfte, auch wenn der Schadensersatzanspruch selbst materiell-rechtlich be-

gründet sein sollte. Nach der Rechtsprechung wäre dagegen der Verwaltungsakt zulässig und lediglich noch dessen formelle und materielle Rechtmäßigkeit, insbesondere die Begründetheit des Schadensersatzanspruchs zu prüfen.

7 b   Die früher umstrittene Frage, ob die Verwaltung rechtsgrundlos gewährte Subventionen oder ähnliche Leistungen durch Verwaltungsakt zurückfordern darf, ist inzwischen durch den Gesetzgeber geregelt und bejaht worden (§ 49 a I 2 VwVfG). Er hat sich damit der sog. Kehrseitentheorie angeschlossen, wonach die Rückforderung in gleicher Weise erfolgt wie die Begründung des Leistungsverhältnissen (*BVerwGE* 20, 295, 297 f.; 40, 85, 89).

8   c) Schließlich ist noch zu beachten, daß die *Form* des Verwaltungsakts nur zulässig ist, wenn es sich um eine verwaltungsrechtliche Einzelfallregelung mit Außenwirkung handelt. Wie bei den Rechtsquellen ist auch beim Verwaltungsakt zwischen Form und Inhalt zu unterscheiden. Die Form des Verwaltungsaktes darf nur gewählt werden, wenn auch materiell ein Verwaltungsakt vorliegt, sofern der Gesetzgeber nichts anderes bestimmt.

Unzulässig ist sonach die Kündigung eines Mietvertrages (bürgerlich-rechtliche Willenserklärung) oder der Erlaß einer generell-abstrakten Regelung (Rechtsnorm) in Form eines Verwaltungsakts, vgl. *BVerwGE* 18, 1 (Festsetzung eines Wasserschutzgebietes durch Verwaltungsakt anstatt durch Rechtsverordnung). – Der *Rechtsschutz* bestimmt sich grundsätzlich nach der *Form* (*BVerwGE* 18, 1; *BVerwG* DÖV 1974, 426; *BadWürttVGH* VBlBW 1987, 377; *OVG Greifswald* DÖV 2000, 737), so daß auch gegen eine generell-abstrakte Regelung in Form eines Verwaltungsaktes Anfechtungsklage zu erheben wäre. Ferner kann – und muß – der Betroffene Anfechtungsklage erheben, wenn die Widerspruchsbehörde eine Rechnung und damit eine einfache Zahlungsaufforderung der Gemeinde irrtümlich als Verwaltungsakt qualifiziert (so *BVerwGE* 78, 3 mit abl. Anm. von *Renck,* BayVBl. 1988, 409).

3. Die formelle Rechtmäßigkeit

9   Sie bezieht sich auf das Zustandekommen des Verwaltungsakts und verlangt, daß der Verwaltungsakt (a) von der zuständigen Behörde (b) unter Beachtung der vorgeschriebenen Verfahrensbestimmungen und (c) in der gebotenen Form erlassen wird.

10   a) *Zuständigkeit.* Der Verwaltungsakt muß von der sachlich und örtlich zuständigen Behörde erlassen worden sein. Die örtliche Zuständigkeit bezieht sich auf den der Behörde zugewiesenen räumlichen Bereich, die sachliche auf die ihr übertragenen Verwaltungsaufgaben. Die Zuständigkeit ist eine Frage der Verwaltungsorganisation und daher in diesem Zusammenhang näher zu erörtern (vgl. unten § 21 Rn. 44 ff.).

b) *Verfahren.* Die Gestaltung des Verwaltungsverfahrens ist grund- **11** sätzlich der Behörde überlassen (Grundsatz der Nichtförmlichkeit des Verfahrens, vgl. § 10 VwVfG). Es bestehen jedoch eine ganze Reihe von Verfahrensvorschriften, deren Beachtung Voraussetzung für die Rechtmäßigkeit des Verwaltungsakts ist, so – je nachdem – das Vorliegen eines Antrags, die Anhörung des Betroffenen, die Mitwirkung anderer Behörden usw., vgl. dazu und zu den besonderen Verfahrensarten unten § 19.

c) *Form.* Der Verwaltungsakt kann schriftlich, mündlich oder in **12** anderer Weise, seit 2003 auch auf elektronischem Weg (§ 3 a VwVfG) erlassen werden (Grundsatz der Formwahlfreiheit, vgl. § 37 II 1 VwVfG). Der mündliche Verwaltungsakt muß auf Verlangen des Betroffenen schriftlich bestätigt werden, wenn hieran ein berechtigtes Interesse besteht. Die *Schriftform* ist ohnehin die Regel; sie ist schon aus Gründen der Rechtsklarheit, der Beweiserleichterung und der ordnungsgemäßen Aktenführung der Behörde sachlich geboten. Ein mündlicher, durch Zeichen oder durch sonstige konkludente Handlung erlassener Verwaltungsakt kommt in Betracht, wenn nur auf diese Weise der mit dem Verwaltungsakt verfolgte Zweck sachgerecht erreicht werden kann, so etwa die Aufforderung zum Verlassen eines Platzes nach Auflösung einer Versammlung, die Verkehrszeichen des Polizisten an der Straßenkreuzung, die sofortige Festnahme eines Amokläufers. Andererseits kommt es immer wieder vor, daß der Gesetzgeber eine *besondere Form* vorschreibt; so hat z. B. die Beamtenernennung durch Aushändigung einer besonderen Urkunde mit bestimmtem Inhalt zu erfolgen (vgl. § 5 II BRRG).

Reines Schweigen kann nie als Verwaltungsakt aufgefaßt werden. **12 a** Es ist aber denkbar, daß der Gesetzgeber bei Untätigkeit der Behörde einen Verwaltungsakt *fingiert;* so „gilt" die Teilungsgenehmigung nach § 19 III 5 BauGB a. F. „als erteilt", wenn sie nicht innerhalb einer bestimmten Frist versagt wird.

Der fiktive Verwaltungsakt ist in der letzten Zeit vom Gesetzgeber aus Gründen der Verfahrensbeschleunigung verstärkt eingesetzt worden und hat dementsprechend in der Literatur verstärkt Beachtung gefunden. Es handelt sich in Wirklichkeit nicht um einen Verwaltungsakt; aber kraft Gesetzes ist die Rechtslage so zu betrachten, als ob ein Verwaltungsakt ergangen wäre. Die gesetzliche Fiktion beschränkt sich nicht auf Verwaltungsakte, sondern erstreckt sich auch auf andere Rechtsakte, z. B. auf das Einvernehmen der Gemeinde und die Zustimmung der höheren Verwaltungsbehörde gem. § 36 II BauGB (dazu oben § 9 Rn. 30). Vgl. zu den sich aus der Fiktion ergebenden Fragen und Problemen etwa *Ortloff,* Die fiktive Baugenehmigung, Festschrift für Gelzer, 1991, S. 232 ff.; *Oldiges,* Der fiktive Verwaltungsakt, UTR 2000, 41 ff.; *Caspar,* Der fiktive Verwaltungsakt – Zur Systematisierung eines aktuellen verwaltungsrechtlichen Instituts, AöR 125 (2000) S. 131 ff.; ferner allgemein *Jachmann,* Die Fiktion im öffentlichen Recht, 1998.

13   d) *Begründung.* Zur rechten Form des Verwaltungsaktes gehört grundsätzlich auch die Begründung. Der schriftlich erlassene oder bestätigte Verwaltungsakt muß begründet werden (§ 39 I VwVfG). In der Begründung sind die entscheidungserheblichen tatsächlichen und rechtlichen Gesichtspunkte mitzuteilen. Hatte die Behörde einen Ermessensspielraum, so „sollen" auch die maßgeblichen Ermessenserwägungen angegeben werden. Die Einschränkung auf eine „Soll"-Vorschrift ist zu Recht auf Kritik gestoßen, da für die Rechtmäßigkeit einer Ermessensentscheidung gerade die Ermessenserwägungen der Behörde wichtig sind und diese letztlich nur von der Behörde selbst genannt werden können. In besonderen Fällen kann von der Begründung abgesehen werden (vgl. dazu im einzelnen § 39 II VwVfG).

Die Begründung dient zunächst der *Selbstkontrolle* der Behörde, die dadurch gezwungen wird, ihre Entscheidung in tatsächlicher und rechtlicher Hinsicht genau zu überlegen und ausreichend abzusichern. Sie dient ferner dem *Bürger,* der in der Regel erst durch die Begründung in die Lage versetzt wird, die Frage der Rechtmäßigkeit des Verwaltungsakts und die Chancen eines Rechtsmittels zu beurteilen. Sie erleichtert schließlich die *Überprüfung im Rechtsmittelverfahren,* da die Widerspruchsbehörde bzw. das Verwaltungsgericht feststellen können, von welcher Grundlage und von welchen Erwägungen die Behörde ausging.

4. Die materielle Rechtmäßigkeit

14   Sie bezieht sich auf den Inhalt des Verwaltungsaktes und verlangt, daß die in dem Verwaltungsakt zum Ausdruck kommende Regelung den rechtlichen Anforderungen entspricht.

a) *Übereinstimmung mit den bestehenden Gesetzen und Rechtsgrundsätzen.* Es versteht sich von selbst, daß ein Verwaltungsakt – zumal als „Rechtskonkretisierungsakt" – mit den Rechtsnormen, deren Vollzug er dient, vereinbar sein muß. Darüber hinaus muß er mit allen einschlägigen Rechtsvorschriften und Rechtsgrundsätzen, einschließlich denen der Verfassung, im Einklang stehen (Grundsatz des Vorrangs des Gesetzes).

b) *Ermächtigungsgrundlage.* Der Verwaltungsakt muß sich ferner **15** auf eine gesetzliche Grundlage stützen lassen, soweit der Grundsatz des Vorbehaltes des Gesetzes reicht (vgl. dazu oben § 6 Rn. 3 ff.). Eine gesetzliche Ermächtigungsgrundlage fehlt auch dann, wenn die Rechtsnorm, auf der der Verwaltungsakt beruht, wegen Verstoßes gegen höherrangiges Recht rechtswidrig oder verfassungswidrig und deshalb nichtig ist.

Es genügt daher nicht, lediglich die Vereinbarkeit eines Verwaltungsaktes mit der unmittelbaren Rechtsgrundlage zu prüfen; vielmehr muß (im Zweifel) auch *deren* Rechtmäßigkeit und Verfassungsmäßigkeit überprüft werden.

Beispiel: Die Vorladung zur Teilnahme an einem Verkehrsunterricht gem. § 48 StVO ist nur rechtmäßig, wenn
- die Vorladung durch § 48 StVO selbst gedeckt ist,
- § 48 StVO eine dem Art. 80 I GG entsprechende Ermächtigungsgrundlage besitzt und mit ihr übereinstimmt (was im Blick auf § 6 StVG der Fall ist),
- die Vorladungsregelung mit den Grundrechten und anderen Verfassungsvorschriften (Art. 2 II in Vbg. mit Art. 104, Art. 2 I, Art. 103 II GG) vereinbar ist,
- die Vorladung im konkreten Fall nicht gegen Grundrechte verstößt (die Vorladung eines Gottesdienstbesuchers zur üblichen Gottesdienstzeit würde Art. 4 II GG verletzen).
Vgl. dazu *BVerfGE* 22, 21; *BVerwGE* 6, 354; 36, 119; *OLG Hamm* JZ 1956, 701.

c) *Ermessensfehlerfreiheit.* Die Behörde hat, wenn ihr ein Ermessen **16** eingeräumt ist, zwar einen gewissen Handlungs- und Entscheidungsspielraum, muß aber die Grenzen des Ermessens einhalten und ihr Ermessen entsprechend dem Zweck der gesetzlichen Ermächtigung ausüben (vgl. oben § 7 Rn. 17 ff.). Wenn diese Ermessensbindungen nicht beachtet sind, ist der Verwaltungsakt ermessensfehlerhaft und damit rechtswidrig.

17   d) *Der Grundsatz der Verhältnismäßigkeit.* Dieser Grundsatz, der vor allem bei Erlaß belastender Verwaltungsakte, aber darüber hinaus allgemein gilt, stellt auf die Zweck-Mittel-Relation ab. Eine Maßnahme, die als Mittel zur Erreichung eines bestimmten Zwecks (oder Erfolgs) eingesetzt wird, muß der Verhältnismäßigkeit i. w. S. entsprechen, d. h. sie muß geeignet, notwendig und verhältnismäßig i. e. S. sein. Die Terminologie ist nicht ganz einheitlich, gelegentlich wird auch vom Übermaßverbot, vom Gebot des geringstmöglichen Eingriffs usw. gesprochen. In der Sache besteht jedoch Übereinstimmung.

(1) Die Maßnahme ist nur *geeignet,* wenn sie den erstrebten Erfolg überhaupt zu erreichen vermag;

(2) die geeignete Maßnahme ist nur *notwendig,* wenn nicht andere geeignete Mittel zur Verfügung stehen, die den Betroffenen und die Allgemeinheit weniger beeinträchtigen;

(3) die notwendige Maßnahme ist nur *verhältnismäßig i. e. S.,* wenn sie nicht außer Verhältnis zum erstrebten Erfolg steht.

Beispiel: Die Behörde ordnet die Erhöhung eines Fabrikschornsteins um 30 m an, um Rauchbelästigungen für die Umgebung zu verhindern. Die Anordnung ist nur geeignet, wenn durch die Erhöhung die Rauchbelästigungen tatsächlich verhindert werden; sie ist nur notwendig, wenn eine andere Maßnahme nicht weniger belastend wäre (etwa eine Erhöhung des Schornsteins um 15 m oder der Einbau einer billigeren Filteranlage genügen würde); sie ist nur verhältnismäßig i. e. S., wenn der Kostenaufwand nicht außer Verhältnis zum Erfolg steht.

Der Grundsatz der Verhältnismäßigkeit i. w. S. ergibt sich aus dem Rechtsstaatsprinzip und ist *stets* zu beachten. Er gilt übrigens nicht nur für die Verwaltung, sondern auch für die Gesetzgebung (vgl. *BVerfGE* 30, 292, 315 ff.; 90, 145, 172 ff. m. w. N.). Er wird schließlich ganz allgemein zur Bestimmung der Grundrechtsgrenzen – nämlich als Gebot der Abwägung zwischen dem Freiheitsanspruch des einzelnen und den freiheitsbeschränkenden öffentlichen Interessen – herangezogen.

Vgl. beispielhaft zu den verschiedenen Deutungen *BVerwGE* 45, 51, 59 ff. (polizeiliche Inverwahrnahme); ferner *Sachs,* Grundgesetz, 3. Aufl. 2003, Art. 20 Rn. 145 ff.; *Schmidt-Aßmann,* Der Rechtsstaat, HStR II, 3. Aufl. 2004, § 26 Rn. 87; *Dechsling,* Das Verhältnismäßigkeitsgebot, 1989; *Schlink,* Der Grundsatz der Verhältnismäßigkeit, BVerfG-Festschrift 2001, Bd. II, S. 445 ff.;

ferner in historischer Sicht *Remmert,* Verfassungs- und verwaltungsrechtsgeschichtliche Grundlagen des Übermaßverbotes, 1995.

e) *Grundsatz der Bestimmtheit.* Der Verwaltungsakt muß inhaltlich   **18**
hinreichend bestimmt sein (§ 37 I VwVfG). Er muß so klar formuliert sein, daß der Adressat eindeutig erkennen kann, was die Behörde will, was wiederum voraussetzt, daß die Behörde selbst eine
zweifelsfreie Entscheidung getroffen hat. Das Bestimmtheitsgebot
ergibt sich bereits aus der Funktion des Verwaltungsaktes, das festzustellen, was in Konkretisierung genereller Rechtsnormen im
Einzelfall gelten soll.

f) *Weitere Rechtmäßigkeitsvoraussetzungen* ergeben sich aus der   **19**
Rechtslogik und den Grenzen des Faktischen. So kann ein Verwaltungsakt nur rechtmäßig sein, wenn er auf einen tatsächlich und
rechtlich möglichen Erfolg gerichtet ist.

– *Tatsächlich unmöglich* ist die Verpflichtung zur Herstellung eines technisch
  nicht realisierbaren Kanalanschlusses.
– *Rechtlich unmöglich* ist die an den Hauseigentümer gerichtete Verpflichtung
  zur sofortigen Räumung einer vermieteten Wohnung (der Mietvertrag gibt
  dem Mieter das Recht zum Wohnen, die Behörde müßte sich also auch an
  den Mieter wenden) oder ein Baugebot gem. § 176 BauGB, obwohl die
  baurechtlichen Voraussetzungen für das geforderte Gebäude nicht vorliegen
  (vgl. *BVerwGE* 88, 97, 100 f.). – Die Verfügung zum Abbruch eines mehreren Personen gehörenden Gebäudes an nur einen Miteigentümer ist nach
  Auffassung des *BVerwG (BVerwGE* 40, 101, 103) rechtmäßig, sie kann aber
  erst vollzogen werden, wenn auch die übrigen Miteigentümer eine entsprechende Verfügung erhalten haben. Diese Auffassung ist zweifelhaft; es
  spricht mehr für die Annahme, daß die Verfügung bis zur Inanspruchnahme
  aller Miteigentümer schwebend unwirksam ist.

II. Rechtswirksamkeit; Überblick über die Rechtsfolgen
der Rechtswidrigkeit des Verwaltungsakts

1. Begriffliche Vorklärungen

Es ist streng zu unterscheiden zwischen den Begriffspaaren   **20**
rechtmäßig – rechtswidrig
rechtswirksam – rechtsunwirksam (= nichtig).
Das erste bezieht sich auf die bereits unter I erörterte Vereinbarkeit mit dem geltenden Recht. Das zweite betrifft dagegen die beabsichtigten Rechtswirkungen. Ein Verwaltungsakt ist rechtswirksam,
wenn er die seinem Inhalt nach gewollten Rechtswirkungen her-

vorbringt, wenn die in ihm zum Ausdruck kommende Regelung (das Gebot, das Verbot, die Rechtsgestaltung oder die Rechtsfeststellung) Geltung erlangt. Im Rahmen der Fehlerlehre bildet das Begriffspaar rechtmäßig – rechtswidrig den Tatbestand, das Begriffspaar rechtswirksam – rechtsunwirksam die Rechtsfolgen.

Vgl. zur Wirksamkeit von Verwaltungsakten bereits oben § 9 Rn. 66. Hier ist die dort erwähnte „innere Wirksamkeit" gemeint.

Wenn die Rechtsordnung an einen Rechtsakt bestimmte rechtliche Anforderungen stellt, dann ist im Zweifel anzunehmen, daß der Rechtsakt nicht rechtswirksam werden soll, wenn er diesen Anforderungen nicht genügt. Die Rechtsunwirksamkeit oder Nichtigkeit rechtswidriger Rechtsakte ist daher der Normalfall. Daher sind rechtswidrige Rechtsnormen und rechtswidrige Verträge (vgl. zum Verwaltungsvertrag allerdings unten § 14 Rn. 36 ff.) regelmäßig nichtig. Der Gesetzgeber kann aber auch andere Rechtsfolgen bestimmen. Er kann insbesondere anordnen, daß der rechtswidrige Verwaltungsakt zunächst rechtswirksam wird und erst nach einer autoritativen Feststellung der (ohnehin meist zweifelhaften) Rechtswidrigkeit rechtsunwirksam wird, wobei es wiederum eine weitere Frage ist, unter welchen Voraussetzungen, innerhalb welcher Zeit und von welchem Organ eine solche Feststellung getroffen werden kann und muß. Die Begriffspaare rechtmäßig-rechtswidrig und rechtswirksam- rechtsunwirksam stehen also nicht in einer bestimmten Relation, sondern können verschiedene Kombinationen miteinander eingehen. Das zeigt gerade auch der Verwaltungsakt.

2. Rechtswirksamkeit des Verwaltungsakts

21   a) *Beginn der Rechtswirksamkeit.* Der Verwaltungsakt wird grundsätzlich mit seiner Bekanntgabe rechtswirksam, sofern er nicht ausnahmsweise wegen eines offenkundigen und schwerwiegenden Rechtsverstoßes nichtig ist (§ 43 I, III, 44 VwVfG). Wirksamkeitsvoraussetzung des Verwaltungsaktes ist also nicht seine Rechtmäßigkeit, sondern nur seine Bekanntgabe und das Fehlen offenkundiger und gravierender Rechtsmängel. Der Eintritt der Rechtswirksamkeit wird damit – im Interesse der Rechtssicherheit – an eindeutige Voraussetzungen geknüpft. Bürger und Behörden haben (zunächst) den Verwaltungsakt zu beachten, auch wenn sie seine Rechtmäßigkeit bezweifeln oder sogar verneinen sollten.

b) *Ende der Rechtswirksamkeit.* Der Verwaltungsakt bleibt rechts-   **22** wirksam, bis er durch einen actus contrarius aufgehoben wird, sofern er sich nicht von selbst erledigt (§ 43 II VwVfG). Auch damit werden wieder klare Verhältnisse geschaffen. Das Ende des Verwaltungsakts wird durch eine autoritative staatliche Entscheidung herbeigeführt, die auch dann rechtswirksam ist, wenn sie rechtswidrig sein sollte, sofern nicht ausnahmsweise ein Nichtigkeitsgrund vorliegt.

c) *Hemmung der Rechtswirksamkeit.* Die Einlegung eines Rechts-   **23** mittels hat gem. § 80 I VwGO aufschiebende Wirkung, falls nicht gesetzlich oder behördlich die sofortige Wirksamkeit angeordnet wird. Aufschiebende Wirkung bedeutet, daß die Rechtswirksamkeit des Verwaltungsakts aufgeschoben wird, der Verwaltungsakt also zunächst nicht rechtswirksam ist und daher auch nicht vollzogen oder sonstige Folgerungen aus ihm gezogen werden können. Vgl. dazu unten Rn. 27.

d) *Zeitliche Verschiebungen.* Der Verwaltungsakt wird in der Re-   **24** gel sofort rechtswirksam. Die Behörde kann jedoch anordnen, daß er erst zu einem späteren Zeitpunkt oder erst nach Eintritt eines gewissen Ereignisses rechtswirksam wird oder daß er unter diesen Voraussetzungen seine Rechtswirksamkeit später verliert (Befristung und Bedingung, vgl. unten § 12). Dabei ist es möglich, daß der Eintritt des bedingenden Ereignisses durch den Betroffenen selbst bestimmt wird, so daß er durch sein Verhalten den Beginn oder das Ende der Wirksamkeit des Verwaltungsaktes auslösen kann.

In diesen Zusammenhang gehört auch die Rückwirkung von Verwaltungsakten, die grundsätzlich zulässig ist, aber auf rechtliche oder tatsächliche Grenzen stößt (vgl. dazu im einzelnen *Wolff/Bachof/Stober,* VerwR II § 48 Rn. 46 f.).

3. Die einzelnen Fehlerfolgen

Während bislang die Rechtswirksamkeit des Verwaltungsak-   **25** tes im Blickfeld stand, soll nun ein Überblick über die Folgen der Rechtswidrigkeit von Verwaltungsakten gegeben werden. Das geltende Recht reagiert nicht einheitlich auf die Rechtswidrigkeit eines Verwaltungsaktes, sondern hält – je nach Art und Schwere des Rechtsverstoßes – unterschiedliche Fehlerfolgen bereit.

a) Der offenkundig und schwerwiegend rechtswidrige Verwaltungsakt ist von Anfang an rechtsunwirksam = nichtig (§ 44 VwVfG), vgl. dazu näher unten IV. Im übrigen gilt:

b) Der rechtswidrige Verwaltungsakt ist anfechtbar und aufhebbar (das ist nicht im VwVfG, sondern in der VwGO und ggf. in anderen Prozeßgesetzen geregelt), vgl. dazu näher unten III.

c) Ein Verfahrensfehler ist unbeachtlich, wenn er nachträglich geheilt wird (§ 45 VwVfG) oder wenn er offensichtlich die Entscheidung in der Sache nicht beeinflußt hat (§ 46 VwVfG), vgl. dazu näher unten V.

d) Der rechtswidrige Verwaltungsakt kann, wenn auch nur unter bestimmten Voraussetzungen, von der Behörde zurückgenommen werden (§ 48 VwVfG), vgl. dazu näher unten § 11.

e) Ein rechtswidriger Verwaltungsakt kann evtl. in einen rechtmäßigen Verwaltungsakt umgedeutet werden (§ 47 VwVfG), vgl. dazu näher unten VI.

f) Ein offenbar unrichtiger Verwaltungsakt kann jederzeit und ohne weiteres berichtigt werden (§ 42 VwVfG), vgl. dazu bereits oben Rn. 4.

g) Die fehlende oder unrichtige Rechtsmittelbelehrung berührt die Rechtswirksamkeit des Verwaltungsakts nicht, führt aber zur Verlängerung der Rechtsmittelfrist von einem Monat auf ein Jahr (§§ 58, 70 II VwGO).

III. Die Anfechtbarkeit von Verwaltungsakten

1. Anfechtbarkeit und Aufhebbarkeit

26   Sie werden meistens in einem Atemzug genannt. Sie gehören auch zusammen, haben aber doch unterschiedliche Bezugspunkte und entsprechen sich auch nur teilweise.

Die *Anfechtbarkeit* geht vom Standpunkt des Bürgers aus und besagt, daß er gegen einen seiner Auffassung nach rechtswidrigen Verwaltungsakt Rechtsmittel (Widerspruch, Anfechtungsklage) einlegen kann. Die *Aufhebbarkeit* geht dagegen von der Behörde

oder vom Verwaltungsgericht aus und besagt, daß sie einen rechtswidrigen Verwaltungsakt aufheben, d. h. seine Rechtswirksamkeit
beseitigen können. Beide Begriffe sind aufeinander bezogen. Die
Anfechtung zielt auf Aufhebung; sie erreicht dieses Ziel aber nur,
wenn sich im Rechtsmittelverfahren herausstellt, daß der Verwaltungsakt wirklich rechtswidrig ist. Die Anfechtung kann sonach,
muß aber nicht zur Aufhebung führen. Andererseits ist die Behörde unter bestimmten Voraussetzungen berechtigt, evtl. sogar verpflichtet, einen rechtswidrigen Verwaltungsakt von sich aus – d. h.
ohne Anfechtung und außerhalb eines Rechtsmittelverfahrens, vor
allem auch nach Ablauf der Rechtsmittelfristen – aufzuheben (= zurückzunehmen, vgl. unten § 11 Rn. 47 ff.).

2. Die einzelnen Rechtsmittel

Die Anfechtung ist in verschiedenen Gesetzen geregelt. Nach **27**
der Verwaltungsgerichtsordnung, die stets dann gilt, wenn keine
Sondervorschriften eingreifen (vgl. § 40 I VwGO), kommen Widerspruch und Anfechtungsklage in Betracht.

Sondervorschriften gelten für den Bereich der Finanzverwaltung (vgl.
§§ 347 ff. AO 1977, §§ 33 ff. FGO), den Bereich der Sozialversicherung
(§§ 78 ff., §§ 51 ff. SGG) und die sog. Justizverwaltungsakte (§§ 23 ff. EGGVG).

a) *Widerspruch.* Der Betroffene kann innerhalb eines Monats **28**
– bei fehlender oder fehlerhafter Rechtsmittelbelehrung innerhalb
eines Jahres – nach Bekanntgabe des Verwaltungsakts Widerspruch
einlegen. Das Widerspruchsverfahren, das sich auf die Prüfung der
Rechtmäßigkeit *und* der Zweckmäßigkeit des Verwaltungsakts
erstreckt, verläuft im Regelfall in zwei Phasen:

(1) Zunächst muß die erlassende Behörde selbst den Verwaltungsakt überprüfen. Wenn sie den Widerspruch für begründet
hält, „hilft sie ihm ab", indem sie den Verwaltungsakt aufhebt oder
abändert (Abhilfeentscheidung, § 72 VwGO); andernfalls leitet sie
die Sache an die nächsthöhere Behörde (Widerspruchsbehörde,
§ 73 VwGO) weiter.

(2) Die Widerspruchsbehörde prüft den Verwaltungsakt noch
einmal unter allen Gesichtspunkten. Ist der Widerspruch zulässig (die
Sachurteilsvoraussetzungen der Anfechtungsklage gelten entspre-

chend) und begründet (was dann der Fall ist, wenn der Verwaltungsakt rechtswidrig ist und den Widerspruchsführer in seinen Rechten
verletzt oder wenn er als Ermessensverwaltungsakt unzweckmäßig
ist und den Widerspruchsführer beeinträchtigt), dann muß der Verwaltungsakt aufgehoben bzw. abgeändert werden. Ist der Widerspruch dagegen unzulässig oder unbegründet, dann wird er zurückgewiesen und damit der angefochtene Verwaltungsakt bestätigt.

Die Widerspruchsbehörde ist gelegentlich daran interessiert, einen *verspätet*
eingelegten Widerspruch nicht einfach „formal" unter Hinweis auf den Fristablauf als unzulässig zurückzuweisen, sondern trotz Fristablaufs sachlich zu entscheiden, sei es, daß sie den Verwaltungsakt aufhebt, sei es, daß sie ihn bestätigt, dabei aber in den Gründen darlegt, weshalb die Einwände gegen die
Rechtmäßigkeit des Verwaltungsaktes nicht haltbar sind. Fraglich ist, ob sie
dazu befugt ist. Die Rechtsprechung und ein Teil der Literatur bejahen dies.
Es liege im Ermessen der Widerspruchsbehörde, ob sie einen verspätet eingelegten Widerspruch als unzulässig zurückweisen oder ob sie trotz Verfristung in
der Sache entscheiden will; trifft sie eine Sachentscheidung, dann sei das in
§ 68 I VwGO vorgeschriebene Widerspruchsverfahren durchgeführt und der
Weg für eine volle gerichtliche Überprüfung eröffnet (so *BVerwGE* 57, 342,
344; *BVerwG* NVwZ 1983, 608; *BadWürttVGH* DÖV 1980, 383; ebenso *Schmitt Glaeser/Horn*, VerwprozR Rn. 201). Die überwiegende Literatur
lehnt diese Auffassung ab und fordert ausnahmslos die Zurückweisung des
verspäteten Widerspruchs als unzulässig (so etwa *Schenke,* VerwprozR,
Rn. 679 ff.; *Stern,* VerwProzR Rn. 487 f.; *Geis,* in: Sodan/Ziekow, VwGO,
§ 68 Rn. 41 f.). Die erste Auffassung wird damit begründet, daß die Verwaltung „Herrin" des Verwaltungsverfahrens sei, daß die Fristen ihrem Schutz
dienten und sie deshalb darauf verzichten könne und daß sie den Verwaltungsakt auch außerhalb des Rechtsmittelverfahrens (allerdings nur innerhalb der
durch § 48 VwVfG gezogenen Grenzen) aufheben könne. Für die Gegenmeinung wird vorgebracht, daß die Fristen zwingendes Recht seien und deshalb
nicht zur Disposition der Verwaltung stünden, daß sie nicht nur dem Schutz
der Verwaltung, sondern auch der Entlastung der Gerichte dienten und daß
andernfalls die Bestandskraft des Verwaltungsaktes unterlaufen würde. Nach
einer vermittelnden Meinung kommt es darauf an, ob die Ausgangsbehörde
und die Widerspruchsbehörde identisch (dann zulässig) oder nicht identisch
(dann nicht zulässig) sind. Ferner ist unbestritten, daß die Fristbestimmungen
nicht ignoriert werden dürfen, wenn Rechte Dritter beeinträchtigt werden
könnten, was insbesondere bei Verwaltungsakten mit Drittwirkung (vgl. oben
§ 9 Rn. 50) aktuell wird. So *muß* z. B. der verspätet eingelegte Widerspruch
eines Nachbarn gegen die Baugenehmigung als unzulässig zurückgewiesen
werden, weil der Bauherr mit der nach Ablauf der Anfechtungsfristen eintretenden Bestandskraft eine gesicherte Rechtsposition erlangt hat, in die nur
noch nach den Rücknahme- oder Widerrufsregeln eingegriffen werden darf
(vgl. dazu *BVerwG* NVwZ 1983, 285; *BadWürttVGH* VBlBW 1993, 220).
Wenn die Widerspruchsbehörde trotz Verfristung nach ihrem Ermessen eine

Sachentscheidung treffen kann, ist es nur konsequent, daß sie in besonders gelagerten Fällen wegen „Ermessensschrumpfung auf Null" (vgl. oben § 7 Rn. 24 f.) dazu sogar verpflichtet ist, so *BadWürttVGH* VBlBW 1993, 220 für den Fall, daß das Verhalten der Behörde während der Widerspruchsfrist beim (rechtsunkundigen) Bürger die Erwartung hervorruft, es werde doch noch zur Sache entschieden. Wägt man die verschiedenen Gesichtspunkte gegeneinander ab, dann dürfte wohl die von der Rechtsprechung vertretene Auffassung – trotz bestehender dogmatischer Bedenken – den Vorzug verdienen.

Zu beachten ist noch, daß die dargelegte *Regelung* des Widerspruchsverfahrens *nicht uneingeschränkt* gilt: In einigen Fällen, insbesondere bei Verwaltungsakten, die in einem förmlich ausgestalteten Verfahren ergehen, ist *kein* Widerspruchsverfahren vorgesehen, so daß sofort Anfechtungsklage erhoben werden kann (vgl. § 68 I VwGO, §§ 70, 74 I VwVfG). In anderen Fällen entscheidet die *erlassende* Behörde auch über den Widerspruch, findet also nur ein „einstufiges" Widerspruchsverfahren statt (vgl. § 73 I Nr. 2, 3 VwGO). Ferner ist gelegentlich die *Widerspruchsfrist verkürzt,* so etwa auf zwei Wochen in Wehrpflichtsachen (vgl. § 33 I WPflG).

Im einzelnen ist das Widerspruchsverfahren, allerdings nur fragmentarisch, in §§ 68 ff. VwGO geregelt. Ergänzend greifen die Vorschriften des VwVfG ein (vgl. § 79 VwVfG und unten § 19 Rn. 6). § 80 VwVfG enthält noch eine Kostenregelung.

Das Widerspruchsverfahren ist ein *Verwaltungsverfahren;* es führt nur zu einer verwaltungs*internen* Kontrolle, wenn auch i.d.R. auf höherer Ebene. Es ist aber zugleich ein *verwaltungsgerichtliches Vorverfahren,* weil es Zulässigkeitsvoraussetzung der Anfechtungsklage ist.

b) *Anfechtungsklage.* Wird der Widerspruch zurückgewiesen, dann **29** kann der Betroffene – wieder innerhalb eines Monats bzw. innerhalb eines Jahres – Anfechtungsklage beim Verwaltungsgericht erheben. Das Verwaltungsgericht hat nur die Rechtmäßigkeit des Verwaltungsakts zu prüfen. Es hebt ihn auf, wenn die Anfechtungsklage zulässig und begründet ist (§ 113 I VwGO).

Das Verwaltungsgerichtsverfahren führt zu einer verwaltungs*externen* Kontrolle. Das Verwaltungsgericht entscheidet als unabhängige und mit rechtskundigen Personen besetzte Instanz; seine besondere Stellung und das mit besonderen Garantien ausgestattete Verwaltungsgerichtsverfahren gewährleisten eine umfassende und unvoreingenommene rechtliche Prüfung. Die Verwaltung, die bislang „Herrin des Verfahrens" war, rückt – wie der klagende Bürger – in die Rolle einer Prozeßpartei.

Die Zulässigkeitsvoraussetzungen der Anfechtungsklage und die Durchführung des verwaltungsgerichtlichen Verfahrens sind in der Verwaltungsgerichtsordnung eingehend geregelt (§§ 40 ff. VwGO). Im einzelnen kann darauf hier nicht weiter eingegangen werden (vgl. dazu die Darstellungen zum Verwaltungsprozeßrecht). Es soll aber doch wenigstens noch ein Überblick und damit zugleich ein Aufbauschema für die Zulässigkeit und Begründetheit einer Anfechtungsklage gegeben werden, die entsprechend auch für den Widerspruch gelten (zumal in Klausuren und Hausarbeiten i. d. R. nur nach der Rechtmäßigkeit, nicht auch nach der Zweckmäßigkeit des Verwaltungsakts gefragt wird).

29 a **Aufbauschema der Anfechtungsklage:**

I. Zulässigkeit der Anfechtungsklage

   1. Deutsche Gerichtsbarkeit (§§ 18, 19 GVG analog)

   2. Zulässigkeit des Verwaltungsrechtswegs (§ 40 I VwGO)

     vgl. zur Abgrenzung der öffentlich-rechtlichen Streitigkeiten bereits oben § 3 Rn. 12 ff., insbes. Rn. 20 ff.; im Fall der Unzulässigkeit des Verwaltungsrechtswegs Verweisung an den zulässigen Rechtsweg gem. § 17 a II GVG

   3. Statthaftigkeit der Klageart (§ 42 I VwGO)

     vgl. zu dem für die Anfechtungsklage maßgeblichen Begriff des Verwaltungsakts oben § 9 Rn. 4 ff.

   4. Zuständigkeit des Verwaltungsgerichts

     a) örtliche Zuständigkeit (§ 52 VwGO)

     b) sachliche Zuständigkeit (§ 45 VwGO; Ausnahmen §§ 48, 50 VwGO)

     im Fall der Unzuständigkeit Verweisung an das zuständige Gericht gem. § 83 VwGO

   5. Beteiligtenfähigkeit (§ 61 VwGO)

     vgl. zum entsprechenden Beteiligtenbegriff im Verwaltungsverfahren unten § 19 Rn. 13 ff.

   6. Prozeßfähigkeit (§ 62 VwGO) bzw. ordnungsgemäße Prozeßvertretung (§§ 67, 67 a VwGO)

   7. Klagebefugnis (§ 42 II VwGO)

     vgl. zu dem für die Klagebefugnis maßgeblichen Begriff des subjektiven Rechts oben § 8 Rn. 6 ff.

8. Vorverfahren (§ 68 VwGO)
   vgl. oben Rn. 28
9. Klagefrist (§ 74 I VwGO)
10. Ordnungsmäßigkeit der Klageerhebung (§§ 81, 82 VwGO)
11. Fehlen einer anderweitigen Rechtshängigkeit (§ 17 I 2 GVG) und einer rechtskräftigen Entscheidung in derselben Sache (vgl. § 121 VwGO)
12. Allgemeines Rechtschutzbedürfnis

II. Begründetheit der Anfechtungsklage
1. Ermächtigungsgrundlage
   Welche Rechtsnorm kommt als Rechtsgrundlage des Verwaltungsakts in Betracht?
2. Formelle Rechtmäßigkeit des Verwaltungsakts
   a) Zuständigkeit (örtliche und sachliche) der Behörde
   b) Beachtung der Verfahrensvorschriften
   c) Richtige Form
3. Materielle Rechtmäßigkeit des Verwaltungsakts
   a) Vereinbarkeit der Ermächtigungsgrundlage mit höherrangigem Recht
   b) Vereinbarkeit des Verwaltungsakts mit seiner Ermächtigungsgrundlage und evtl. weiteren einschlägigen Rechtsvorschriften
   c) Bei Ermessensverwaltungsakten: Fehlerfreie Ermessensausübung, insbesondere im Blick auf den Grundsatz der Verhältnismäßigkeit und die Bedeutung der Grundrechte
4. Verletzung subjektiver Rechte des Klägers
   Diese Voraussetzung korrespondiert der Klagebefugnis; während dort jedoch nur die substantiierte *Behauptung* der Verletzung eines subjektiven Rechts verlangt wird, ist nunmehr zu prüfen, ob der objektiv rechtswidrige Verwaltungsakt den Kläger *tatsächlich* in seinen Rechten verletzt. Ist der Kläger Adressat des belastenden Verwaltungsakts, dann ist im Falle der Rechtswidrigkeit des Verwaltungsakts in aller Regel auch die Rechtsverletzung gegeben.

Der hier vorgeschlagene zweistufige Aufbau (Zulässigkeit der Klage, Begründetheit der Klage) ist seit der im Jahre 1990 erfolgten Neuregelung der §§ 17 ff. GVG 1990 nicht (mehr) unbestritten. Da im Falle der Unzulässigkeit des Verwaltungsrechtswegs und der Unzuständigkeit des angerufenen Gerichts die Klage nicht als unzulässig abzuweisen, sondern an den zulässigen Rechtsweg bzw. das zuständige Gericht zu verweisen ist, wird gelegentlich ein dreistufiger Aufbau empfohlen (Eröffnung des Verwaltungsrechtswegs und Zuständigkeit des Gerichts, Zulässigkeit der Klage, Begründetheit der Klage). Zwingend ist der dreistufige Aufbau jedoch nicht. Denn das angerufene Verwaltungsgericht darf eben im konkreten Fall nicht in der Sache entscheiden, wenn der Verwaltungsrechtsweg nicht gegeben ist und die Zuständigkeit des Verwaltungsgerichts nicht besteht. Vgl. zum dreistufigen Aufbau *Hufen,* VwprozR § 10 Rn. 1; ablehnend *Schenke,* VwprozR § 1 Rn. 62. Klausurtechnisch sind beide Auffassungen vertretbar, sofern nur deutlich wird, daß über die Begründetheit nur und erst entschieden werden darf, wenn der Rechtsweg, die Zuständigkeit und die (übrigen) Zulässigkeitsvoraussetzungen bejaht sind. Im übrigen ist zu beachten, daß – dieses oder jenes – Schema nur eine Richtlinie ist. Von der Reihenfolge kann und sollte sogar in besonders gelagerten Fällen abgewichen werden. Im Rahmen der Zulässigkeit sind nur die Punkte zu erwähnen und zu prüfen, die zweifelhaft erscheinen; das Vorliegen der Punkte 2, 3, 7, 8 und 9 sollte allerdings auch dann kurz (!) festgestellt werden, wenn sie unproblematisch sind. Im Rahmen der Begründetheit sind ebenfalls nur die für den Fall wesentlichen Probleme zu erörtern.

29 b   c) *Verpflichtungsklage.* Während sich die Anfechtungsklage gegen einen erlassenen und damit vorliegenden Verwaltungsakt wendet, zielt die Verpflichtungsklage auf Erlaß eines Verwaltungsaktes, etwa auf die Vornahme einer Baugenehmigung, einer Subventionsbewilligung oder einer Beamtenernennung. Die Grundstrukturen der Anfechtungsklage und der Verpflichtungsklage entsprechen sich, daher werden sie in der Verwaltungsgerichtsordnung auch gemeinsam geregelt (§§ 42 ff. VwGO). Allerdings ergeben sich aus der unterschiedlichen Zielrichtung auch einige, gleichsam gegenläufige Abweichungen. Bei der Ausgestaltung der Verpflichtungsklage ist ferner noch von Bedeutung, ob die Behörde den Antrag auf Erlaß des Verwaltungsaktes ablehnte (Ablehnungsklage) oder ob sie auf den Antrag überhaupt nicht tätig wurde (Untätigkeitsklage). Die Ablehnung bringt die Verpflichtungsklage in eine gewisse Nähe zur Anfechtungsklage, weil sie sich zunächst gegen die Ablehnung und damit gegen einen Verwaltungsakt richtet, bleibt aber dabei nicht stehen, sondern greift unmittelbar auf die begehrte Verpflichtung der Behörde zum Tätigwerden durch. Das oben Rn. 29 aufgeführte Aufbauschema für die Anfechtungsklage ist im Blick auf die Verpflichtungsklage in folgenden Punkten zu modifizieren:

29 c   **Aufbauschema der Verpflichtungsklage** (es werden nur die Änderungen gegenüber der Anfechtungsklage erwähnt):

I. Zulässigkeit der Verpflichtungsklage

Zu 3. Die Klage zielt nicht auf Aufhebung eines Verwaltungsaktes, sondern auf Verurteilung zum Erlaß eines abgelehnten oder unterlassenen Verwaltungsaktes (§ 42 I VwGO)

Zu 7. Der Kläger muß geltend machen, in seinen subjektiven Rechten verletzt zu sein (§ 42 II VwGO)

Zu 8. Das Widerspruchsverfahren ist nur im Fall der Ablehnung des begehrten Verwaltungsaktes, die ihrerseits ein Verwaltungsakt ist, nicht aber im Fall der Unterlassung der Behörde erforderlich (§ 68 II VwGO)

Zu 9. Die Frist beträgt im Falle der Ablehnung – wie bei der Anfechtungsklage – einen Monat (§ 74 II VwGO). Im Falle der Untätigkeit der Behörde kann der Kläger in der Regel nur innerhalb eines Zeitraums von drei bis zwölf Monaten klagen. Die Sperrfrist von drei Monaten ergibt sich aus § 75 VwGO, die Ausschußfrist von zwölf Monaten ist nicht (mehr) gesetzlich geregelt, wird aber von der Rspr. und der h.L. unter Hinweis auf den Gesichtspunkt der Verwirkung und unter Bezugnahme auf § 58 II VwGO angenommen.

II. Begründetheit der Verpflichtungsklage

Die Klage ist begründet, soweit die Ablehnung oder Unterlassung des Verwaltungsakts rechtswidrig ist und der Kläger dadurch in seinen Rechten verletzt wird (§ 113 V VwGO), d.h. soweit der Kläger einen Anspruch auf Erlaß des beantragten Verwaltungsaktes hat oder – falls die Sache noch nicht spruchreif ist – haben kann, was durch ein Verpflichtungsurteil bzw. ein Bescheidungsurteil auszusprechen ist.

3. Die Konsequenzen der Anfechtbarkeit

Die Konstruktion der sofort eintretenden Rechtswirksamkeit von 30 Verwaltungsakten mit der Möglichkeit der Anfechtung führt zu einer bemerkenswerten *Rollenvertauschung*. Während sonst derjenige, der Rechte geltend macht, Klage erheben, einen Vollstreckungstitel erstreiten und diesen ggf. mit Hilfe staatlicher Vollstreckungsorgane durchsetzen muß, kann die Verwaltung ihre Rechte gegenüber dem

Bürger selbst durch Verwaltungsakt festsetzen und diesen zwangsweise durchsetzen. Der Bürger wird dadurch in die „Klägerrolle"
gedrängt; *er muß tätig werden und Klage erheben,* er trägt also die
Last und das Risiko der Klage.

Diese „Last" wird freilich in mehrfacher Weise erleichtert: Der
Verwaltungsakt und der Widerspruchsbescheid sind mit einer
Rechtsmittelbelehrung zu versehen; sie sind ferner zu begründen;
die Einlegung von Widerspruch und Klage hat in der Regel,
wenn auch keineswegs ausnahmslos, aufschiebende Wirkung (§ 80
VwGO); im Verfahren selbst haben Widerspruchsbehörde und Gericht den Sachverhalt von Amts wegen zu ermitteln (Untersuchungsgrundsatz) und auf die Stellung sachdienlicher Anträge hinzuwirken; die objektive Beweislast wird nicht durch die prozessuale Stellung, sondern durch die materiell-rechtliche Rechtslage
bestimmt (mit der Folge, daß ein belastender Verwaltungsakt aufgehoben werden muß, wenn die Behörde die Rechtmäßigkeitsvoraussetzungen nicht nachweisen kann).

Der Grund und die Rechtfertigung für diese Konstruktion liegt
in der bereits dargelegten Funktion des Verwaltungsakts.

4. Vorläufiger Rechtsschutz

30 a   Die Anfechtung bringt den Verwaltungsakt in Streit, die Aufhebung bzw. ihre endgültige Ablehnung beenden diesen Streit. Die
Frage ist, wie der Verwaltungsakt in der *Zwischenzeit* zu beurteilen
ist. Die Interessen sind gegenläufig. Der Bürger will verhindern, daß
der angefochtene Verwaltungsakt vor der endgültigen Entscheidung
vollzogen und damit (vielleicht sogar nicht mehr rückgängig zu
machende) Fakten geschaffen werden. Die Behörde macht möglicherweise geltend, daß die sofortige Beachtung und Durchsetzung
des Verwaltungsakts im öffentlichen Interesse erforderlich ist.

30 b   Dieser Interessenkonflikt wird durch die Bestimmungen über
den *vorläufigen Rechtsschutz* geregelt. Für Verwaltungsakte gelten
die §§ 80, 80 a und 80 b VwGO (im übrigen greift § 123 VwGO
ein). Nach § 80 I VwGO hat die Anfechtung grundsätzlich aufschiebende Wirkung, d. h. der Verwaltungsakt wird vorläufig nicht
rechtswirksam und kann daher auch nicht vollzogen werden. Die

aufschiebende Wirkung tritt jedoch nicht ein, wenn das öffentliche Interesse am sofortigen Vollzug überwiegt. Das überwiegende öffentliche Interesse wird in einigen Fällen gesetzlich vermutet (so z.B. bei Abgabenbescheiden, Polizeivollzugsmaßnahmen, vgl. § 80 II Nr. 1–3 VwGO), im übrigen ist es von der Behörde durch Abwägung im Einzelfall festzustellen (§ 80 II Nr. 4 VwGO). Der nach § 80 II VwGO zulässige Sofortvollzug kann durch die Ausgangsbehörde, die Widerspruchsbehörde oder das Verwaltungsgericht ausgesetzt werden, indem die aufschiebende Wirkung (wieder) hergestellt wird (§ 80 IV und V VwGO).

Die *Rechtsnatur des sog.* *Suspensiveffekts* des § 80 VwGO ist umstritten. Nach der Wirksamkeitstheorie hemmt er die Rechtswirksamkeit des Verwaltungsaktes (so etwa *Erichsen/Klenke,* DÖV 1976, 833 ff.; *Schoch,* NVwZ 1991, 1122); nach der Vollziehbarkeitstheorie oder Vollstreckbarkeitstheorie hemmt er dagegen nicht die Rechtswirksamkeit, sondern nur die Vollziehbarkeit des Verwaltungsaktes (so *BVerwGE* 13, 1, 8; 24, 92, 98 f.; 66, 218, 222; ferner etwa *Stern,* VerwprozR, Rn. 196). Die Wirksamkeitstheorie verdient jedenfalls dann den Vorzug, wenn man sie dahin deutet, daß die Rechtswirksamkeit nur vorläufig entfällt, im Falle der gerichtlichen Bestätigung des Verwaltungsaktes aber rückwirkend wiederhergestellt wird (so etwa *Schenke,* VerwprozR, Rn. 950 ff.). Die Vollziehbarkeitstheorie kommt übrigens praktisch zu demselben Ergebnis, da sie von einem weiten Vollzugsbegriff ausgeht, der nicht nur behördliche Vollzugsakte, sondern alle sich aus dem Verwaltungsakt ergebenden Rechte und Folgerungen erfaßt, z.B. auch das Gebrauchmachen einer Baugenehmigung, die Erhebung eines Ordnungsgeldes wegen Verstoßes gegen den Verwaltungsakt (vgl. *Hufen,* VerwprozR, § 32 Rn. 4). Wenn aber ein Verwaltungsakt keinerlei Rechte hervorbringt und keinerlei Folgerungen zuläßt, dann ist er eben – solange dieser Schwebezustand andauert – nicht rechtswirksam, jedenfalls läßt sich dieser Befund nur mit der fehlenden Rechtswirksamkeit erklären. Vgl. zur Gesamtproblematik auch – mit eigenem Ansatz – *Renck,* Verwaltungsaktswirkungen, Rechtsmittelwirkungen und vorläufiger Rechtsschutz, BayVBl. 1994, 161 ff.

Beispiel: A wird die Fahrerlaubnis gem. § 4 StVG entzogen. Er legt Widerspruch ein. Darf er nun wieder mit seinem Auto fahren? Der Widerspruch hat gem. § 80 I VwGO aufschiebende Wirkung. Das bedeutet, daß die Entziehung der Fahrerlaubnis ihre Rechtswirkung zunächst nicht entfaltet und daher die ursprüngliche Fahrerlaubnis rechtswirksam bleibt. A hat also noch eine gültige Fahrerlaubnis. Wenn die Straßenverkehrsbehörde ein weiteres Fahren des A sofort unterbinden will, dann muß sie die sofortige Vollziehung gem. § 80 II Nr. 4 VwGO anordnen. Das setzt jedoch ein überwiegendes öffentliches Interesse voraus, das nur dann angenommen werden kann, wenn der Widerspruch des A offenbar aussichtslos ist (weil er dann kein berechtigtes Interesse an einem Aufschub haben kann) oder wenn gewichtige Gründe dafür sprechen, daß A nicht nur generell ungeeignet zum Fahren eines Kraftfahrzeugs gem. § 4 I StVG ist, sondern gerade auch während des Anfechtungsverfahrens als Fahrer den Straßenverkehr gefährden wird. Vgl. dazu *OVG Bremen* DÖV 1979, 141, ferner *BadWürttVGH* DÖV 1978, 450 und *J. Schmidt,* DÖV 1979, 573.

30 c   Problematischer ist der vorläufige Rechtsschutz bei *Verwaltungsakten mit Drittwirkung* (etwa einer Gaststättenerlaubnis, die den Nachbarn in seinen Rechten beeinträchtigt), da es in diesen Fällen nicht nur um das Verhältnis Staat-Bürger und damit um den Konflikt zwischen dem öffentlichen Interesse und dem Privatinteresse, sondern auch um die Beziehungen zu dem Dritten und dessen Interessen geht. Der Gesetzgeber hat diese Fallkonstellation in § 80 a VwGO, der durch das 4. VwGO-ÄndG vom 17. 12. 1990 (BGBl. I S. 2809) eingefügt wurde, geregelt (vgl. dazu näher die Lehrbücher zum Verwaltungsprozeßrecht).

Hinzuweisen ist noch auf § 212a I BauGB i. d. F. von 1997, der für den (in der Praxis relativ häufigen) Fall der Anfechtung einer Baugenehmigung oder einer sonstigen bauaufsichtlichen Zulassung die aufschiebende Wirkung ausschließt. Will der Nachbar gleichwohl das sofortige Bauen verhindern, muß er gem. § 80a I Nr. 2 VwGO bei der Baurechtsbehörde die Aussetzung der Vollziehung der Baugenehmigung beantragen.

IV. Die Nichtigkeit von Verwaltungsakten

1. Voraussetzungen

31   a) *Allgemeine Bestimmung.* Ein Verwaltungsakt ist nach § 44 I VwVfG nichtig, soweit er an einem besonders schwerwiegenden Fehler leidet und dies bei verständiger Würdigung aller in Betracht kommenden Umstände offensichtlich ist. Mit dieser Legaldefinition übernimmt das Gesetz die bislang herrschende *Evidenztheorie* (eine Bezeichnung, die freilich verkürzt und daher nicht ganz korrekt ist; denn auch früher kam es nicht nur auf die Offensichtlichkeit, sondern auch auf die Schwere des Fehlers an).

Vgl. zur früheren Rechtsauffassung, die auch heute noch verwertbar ist, *BVerwGE* 19, 284, 287 f.; 27, 295, 299; DÖV 1972, 173; *BadWürttVGH* ESVGH 23, 111, 112; *BayVGH* BayVBl. 1975, 141; *BSozGE* 24, 162, 165 ff.; 47, 3, 6; *Wolff/Bachof/Stober,* VerwR I § 49 Rn. 5 ff. (unter Aufgabe der in früheren Auflagen vertretenen Unmöglichkeitstheorie); ferner *Vogel,* BayVBl. 1977, 62 ff. – § 44 VwVfG ist als „Ausdruck allgemeiner Rechtsgrundsätze" auf weitere, vom VwVfG nicht erfaßte Entscheidungen entsprechend anwendbar (so *BVerwGE* 75, 62, 65).

Die Evidenztheorie läßt sich damit erklären, daß das Prinzip der Rechtssicherheit, das den (vorläufigen und nach Ablauf der Anfechtungsfrist endgültigen) Bestand des Verwaltungsakts trotz möglicher Rechtsfehler rechtfertigt, dann nicht mehr einzugreifen vermag, sondern dem Prinzip der materiellen Gerechtigkeit weichen muß, wenn ein Verwaltungsakt an einem offensichtlichen und zudem noch schwerwiegenden Fehler leidet.

b) *Bestimmung im einzelnen.* Die Evidenz bestimmt sich nicht 32 nach den subjektiven Vorstellungen des Betroffenen, auch nicht nach dem Erkenntnisvermögen eines geschulten Juristen, sondern nach der Betrachtung eines aufmerksamen und verständigen Bürgers. Gleichwohl wird die Evidenz nicht immer „evident" sein. Es können durchaus Zweifel darüber bestehen, ob ein Verwaltungsakt im konkreten Fall offenkundig und schwerwiegend rechtswidrig ist. § 44 VwVfG nennt deshalb in Abs. 2 einige Rechtsverstöße, die stets zur Nichtigkeit führen (absolute Nichtigkeitsgründe), und in Abs. 3 einige Rechtsverstöße, die nie die Nichtigkeit auslösen. Im übrigen kommt die allgemeine Regelung des Abs. 1 zur Anwendung. Es ist daher bei der Lösung von Fällen zweckmäßigerweise zunächst zu prüfen, ob ein − die Nichtigkeit begründender bzw. ausschließender − Tatbestand der Abs. 2 und 3 vorliegt. Erst wenn das zu verneinen ist, ist die Generalklausel des Abs. 1 heranzuziehen und zu klären, ob der fragliche Verwaltungsakt offensichtlich und schwerwiegend rechtswidrig ist.

So kann die sachliche Unzuständigkeit, die in § 44 II und III nicht genannt ist, unter den Voraussetzungen des § 44 I zur Nichtigkeit führen, vgl. *BVerwG* DÖV 1972, 173. Die Nichtigkeit wurde z. B. bejaht in *BayObLG* NVwZ 1984, 399 (Anordnung eines Verkehrszeichen durch die Forstbehörde statt durch die zuständige Straßenverkehrsbehörde); *BadWürttVGH* VBlBW 1983, 25 (Baugenehmigung durch Gemeinde für eigenes Vorhaben anstelle der gesetzlich zuständigen höheren Baurechtsbehörde); *HessVGH* NVwZ 1986, 315 (Baugenehmigung mit schwerwiegenden inhaltlichen Mängeln). Zu eng ist die Auffassung des *BVerwG* (DVBl. 1985, 624), daß nur solche Rechtsfehler besonders schwerwiegend i. S. des § 44 I VwVfG sind, „die deshalb mit der Rechtsordnung unter keinen Umständen vereinbar sein können, weil sie tragende Verfassungsprinzipien oder den der Rechtsordnung immanenten Wertvorstellungen widersprechen", ebenso, wenn auch etwas zurückhaltender trotz Bezugnahme auf jene Entscheidung, *BVerwGE* 104, 289, 296.

Auch ein Verstoß gegen das *europäische Gemeinschaftsrecht* macht einen Verwaltungsakt nicht schlechthin, sondern nur unter den Voraussetzungen des § 44 I VwVfG nichtig (*BVerwG, NVwZ* 2000, 1039).

33   aa) Ein absoluter Nichtigkeitsgrund i. S. des § 44 II VwVfG liegt vor, wenn ein Verwaltungsakt

(1) schriftlich erlassen worden ist, die erlassende Behörde aber nicht erkennen läßt (Grund: Der Betroffene weiß nicht, woher der Verwaltungsakt kommt, und kann ihn daher auch nicht anfechten),

(2) durch Aushändigung einer Urkunde zu erlassen ist, diese Formvorschrift aber nicht beachtet wurde (Beispiel: Einbürgerung eines Ausländers ohne die nach § 16 I RuStAG erforderliche Aushändigung der Einbürgerungsurkunde),

(3) unter Verstoß gegen die örtliche Zuständigkeit der belegenen Sache erlassen worden ist (Beispiel: Abbruchverfügung durch den Landrat des Landkreises A für ein schon im Landkreis B gelegenes Grundstück),

(4) aus tatsächlichen Gründen unausführbar ist (Beispiel: Abbruchverfügung für ein bereits beseitigtes Haus),

(5) die Begehung einer rechtswidrigen Tat verlangt, die einen Straf- oder Bußgeldtatbestand verwirklicht (Beispiel: Anordnung zum Eindringen in eine Wohnung unter Verletzung des § 123 StGB),

(6) gegen die guten Sitten verstößt (vgl. *BVerwGE* 84, 314. Erlaubnis zum Betrieb einer sog. Peep-Show ist wegen Verstoßes gegen die „guten Sitten" nichtig; str., vgl. dazu *Discher,* JuS 1991, 642 ff. m. w. N.).

34   bb) Dagegen ist ein Verwaltungsakt nach § 44 III VwVfG *nicht allein deshalb nichtig,*

(1) weil er unter Verletzung der übrigen Vorschriften über die örtliche Zuständigkeit erlassen worden ist,

(2) weil gesetzlich ausgeschlossene Personen bei seinem Erlaß mitwirkten, sofern hierzu nicht der Betroffene selbst gehört,

(3) weil die erforderliche Mitwirkung eines Ausschusses oder einer anderen Behörde fehlt.

2. Die Konsequenzen der Nichtigkeit

35   a) Der nichtige Verwaltungsakt vermag *seine gewollten Rechtswirkungen von vornherein nicht hervorzubringen.* Er ist unwirksam, unverbindlich; der Bürger muß ihn nicht befolgen, die Behörde darf ihn nicht durchsetzen. Die Nichtigkeit kann von jedem jederzeit geltend gemacht werden.

b) Wenngleich die Nichtigkeit eine materiell-rechtliche Katego- **36**
rie ist, so liegt ihre eigentliche Bedeutung doch vornehmlich im *Ver-*
fahrensrecht: Der Bürger braucht den nichtigen Verwaltungsakt
nicht innerhalb bestimmter Fristen anzufechten; er kann ihn igno-
rieren und, falls er später doch irgendwann einmal durchgesetzt werden sollte, gegen die Vollzugsmaßnahmen Rechtsmittel einlegen.

Beispiel: A erhält am 1. 3. einen Gebührenbescheid mit Rechtsmittelbelehrung. Am 15. 4. teilt ihm die Behörde mit, wenn er nicht umgehend zahle,
werde die Vollstreckung eingeleitet. Handelt es sich um einen einfach-rechtswidrigen Bescheid, so ist er rechtswirksam und wegen Ablaufs der Rechtsmittelfristen auch nicht mehr anfechtbar; A muß zahlen (sofern der Bescheid nicht
zurückgenommen wird, vgl. dazu § 11 Rn. 47 ff.). Ist der Bescheid dagegen
offensichtlich und schwerwiegend fehlerhaft und daher nichtig, dann kann er
die Zahlung verweigern und erforderlichenfalls gegen die Vollstreckung klagen.

Die Frage der Nichtigkeit ist ferner bedeutsam, wenn ein Verwaltungsakt Voraussetzung weiterer Rechtsgeschäfte ist, was sich
vor allem wiederum im Prozeß zeigt.

Beispiel: K will das in der Gemeinde G gelegene Grundstück des V erwerben
und schließt mit V einen Kaufvertrag ab. Die Gemeinde übt – durch Verwaltungsakt gegenüber V (vgl. § 28 II BauGB) – nach § 24 I Nr. 2 BauGB das
Vorkaufsrecht aus. Dadurch kommt der zwischen V und K geschlossene Vertrag
zwischen V und der Gemeinde zustande (vgl. § 28 II 2 BauGB, § 464 II BGB).
V legt hiergegen keinen Widerspruch ein, verweigert aber später seine Zustimmung zur Auflassung mit der Begründung, das Vorkaufsrecht sei rechtswidrig
ausgeübt worden. Die Gemeinde klagt auf Zustimmung. Wie ist zu entscheiden?
Das zuständige Zivilgericht hat inzidenter nur zu prüfen, ob die in Form eines
Verwaltungsakts erfolgte Ausübung des Vorkaufsrechts rechtswirksam oder
nichtig ist. Liegt kein Nichtigkeitsgrund vor, dann ist sie – trotz etwaiger, hier
nicht zu prüfender Rechtswidrigkeit – rechtswirksam und der V dementsprechend zur Abgabe der Zustimmung zur Auflassung zu verurteilen.

c) Der durch den nichtigen Verwaltungsakt betroffene Bürger **37**
braucht es aber nicht auf die inzidente Feststellung der Nichtigkeit
ankommen zu lassen, sondern kann auch die unmittelbare Feststellung der Nichtigkeit durch die Verwaltungsbehörde oder das
Verwaltungsgericht beantragen (vgl. § 44 V VwVfG bzw. § 43 I
VwGO). Die behördliche Feststellung ist der gerichtlichen Feststellung nicht vorgeschaltet, vielmehr sind beide nebeneinander
und unabhängig voneinander zulässig. Die behördliche Feststellung
der Nichtigkeit ist ein Verwaltungsakt, der ggf. (durch einen Dritten) angefochten werden kann. Dagegen dürfte eine Klage auf

Erlaß einer behördlichen Feststellung der Nichtigkeit im Blick auf die unmittelbare Klage auf Feststellung der Nichtigkeit gem. § 43 I VwGO mangels Rechtsschutzbedürfnisses unzulässig sein.

Möglich ist natürlich auch, daß die behördliche Nichtigkeitsfeststellung zu Lasten des Bürgers geht, etwa die Feststellung der Nichtigkeit einer Erlaubnis (begünstigender Verwaltungsakt). Der Grundsatz des Vertrauensschutzes steht nach Ansicht des *BVerwG* dem nicht entgegen, muß aber ggf. beim Vollzug im Rahmen der Ermessensausübung beachtet werden (*BVerwGE* 84, 314: Peep-Show).

Geht der Betroffene von der Nichtigkeit eines Verwaltungsaktes aus, so tut er das auf sein Risiko. Es ist möglich, daß die Behörde seine Auffassung nicht teilt und den (rechtswidrigen, aber nur anfechtbaren und deshalb rechtswirksamen) Verwaltungsakt durchsetzt und auch eine auf die Nichtigkeit gestützte Klage erfolglos bleibt. Daher ist es zweckmäßig, wenn der Bürger vorsorglich den Verwaltungsakt fristgemäß anficht.

Die Anfechtungsklage ist auch dann zulässig, wenn der angefochtene Verwaltungsakt nichtig ist, genauer: sie ist ohne Rücksicht darauf zulässig, ob der Verwaltungsakt nur rechtswidrig oder nichtig ist. Das ergibt sich mittelbar aus § 43 II VwGO. Da die Grenze zwischen dem rechtswidrig-anfechtbaren und dem rechtswidrig-nichtigen Verwaltungsakt im Einzelfall zweifelhaft sein kann, soll das Risiko der Wahl der an sich statthaften Klage nicht zu Lasten des Bürgers gehen. Nach der h. L. hebt das Verwaltungsgericht in diesem Fall auch den nichtigen Verwaltungsakt auf. Diese Verknüpfung von Zulässigkeit und Begründetheit ist indessen vorschnell. Erweist sich der Verwaltungsakt aufgrund der zulässig erhobenen Anfechtungsklage als nichtig, ergeht ein entsprechendes Feststellungsurteil; das Anfechtungsverfahren geht in ein Feststellungsverfahren über.

V. Die Folgen von Verfahrensfehlern

1. Problematik

38   Ein Verwaltungsakt ist auch dann rechtswidrig, wenn er unter Verletzung von Zuständigkeits-, Verfahrens- oder Formvorschriften erlassen worden ist, wenn er also formell rechtswidrig ist (vgl. bereits oben Rn. 9 ff.; im folgenden werden dafür der Einfachheit halber zusammenfassend die Ausdrücke Verfahrensvorschriften und Verfahrensfehler verwendet). Der *formell rechtswidrige* Verwaltungsakt braucht aber *nicht materiell rechtswidrig* zu sein. Es ist möglich, daß ein Verwaltungsakt trotz fehlerhaften Zustandekommens im Ergebnis mit dem materiellen Recht im Einklang steht.

So kann ein Gewerbeverbot trotz fehlender Anhörung des Betroffenen oder trotz örtlicher Unzuständigkeit der erlassenden Behörde mit den materiell-rechtlichen Voraussetzungen des § 35 GewO übereinstimmen und daher inhaltlich „richtig" sein.

Es fragt sich, ob der verfahrensfehlerhafte Verwaltungsakt wie der inhaltlich rechtswidrige Verwaltungsakt behandelt werden soll, – auch wenn bei Beachtung der verletzten Verfahrensvorschrift eine Entscheidung gleichen Inhalts getroffen worden wäre, ja sogar hätte getroffen werden müssen. Das VwVfG regelt die Verfahrensfehler in §§ 45, 46 VwVfG, wobei § 45 VwVfG gleichsam im Vorfeld liegt, indem er die Nachholung und Heilung von Verfahrensverstößen bestimmt, während § 46 VwVfG zur Relevanz der Verfahrensfehler selbst Stellung nimmt. Beide Vorschriften kommen nur zur Anwendung, wenn der Verwaltungsakt nicht bereits nach § 44 VwVfG nichtig ist.

2. Die Heilung von Verfahrensfehlern

Bestimmte Verfahrensfehler können durch *Nachholung* der gebotenen Verfahrenshandlung *geheilt* werden. Durch die „Heilung" wird der Verfahrensverstoß mit der Folge beseitigt, daß der Verwaltungsakt nunmehr als formell rechtmäßig anzusehen ist.   **39**

Strittig ist, ob die Heilung ex tunc oder ex nunc wirkt. § 45 VwVfG weicht dieser Frage aus, bringt aber doch klar zum Ausdruck, daß der Verfahrensfehler „unbeachtlich" ist, also bei der rechtlichen Beurteilung des Verwaltungsaktes nicht mehr beachtet werden darf. Das Gebot des Nichtbeachtens wird zwar nur für die Zukunft relevant, betrifft aber auch in der Vergangenheit liegende Vorgänge. Daraus folgt, daß die Unbeachtlichkeit im Ergebnis einer ex tunc-Wirkung gleichkommt. Vgl. zur Unbeachtlichkeit bei Verfahrensfehlern von Satzungen oben § 4 Rn. 41 a.

Sachlich beschränkt sich die Nachholung und damit die Heilung auf bestimmte Verfahrenshandlungen, nämlich auf das Antragserfordernis, die Begründung des Verwaltungsaktes, die Anhörung der Beteiligten und die Mitwirkung von Ausschüssen und anderen Verwaltungsbehörden. *Zeitlich* war die Nachholung nach der ursprünglichen Fassung des § 45 II VwVfG nur bis zum Abschluß des Verwaltungsverfahrens einschließlich eines etwaigen Widerspruchverfahrens, also nur so lange zulässig, als sich die Angelegenheit

noch im Bereich der Verwaltung befand. Nach der nunmehr maßgebenden Fassung des § 45 II ist sie auch noch während des verwaltungsgerichtlichen Verfahrens bis zum Abschluß der letzten
Tatsacheninstanz (also auch noch während des Berufungsverfah-
rens, aber nicht mehr während des Revisionsverfahrens vor dem
BVerwG) zulässig.

> **Beispiel:** G wird ohne vorhergehende Anhörung die weitere Ausübung
> seines Gewerbes gem. § 35 GewO untersagt. Das Gewerbeverbot ist wegen
> dieses Verfahrensfehlers rechtswidrig. Wenn G dagegen Widerspruch einlegt
> und im Widerspruchsverfahren Gelegenheit zur Äußerung erhält, ist dieser
> Fehler „geheilt". Der Widerspruch muß daher zurückgewiesen werden, sofern
> sich das Gewerbeverbot nicht aus anderen Gründen, die sich möglicherweise
> gerade durch die Anhörung herausstellen (!), als rechtswidrig erweist.

Fraglich ist, ob die nachträgliche Anhörung durch die Erstbehörde erfolgen
muß oder auch durch die Widerspruchsbehörde erfolgen kann, was dann
aktuell wird, wenn beide nicht identisch sind und eine Ermessensentscheidung
vorliegt (für die 1. Alternative *BVerwGE* 66, 184, 187 ff.; für die 2. Alternative *BVerwG* NVwZ 1984, 578; vgl. ferner *Meyer*, in: Knack, VwVfG, § 45
Rn. 32 f.; *Sachs*, StBS § 45 Rn. 77). Sinnvoll und ausreichend ist eine Anhörung nur dann, wenn die anhörende Behörde den Vortrag noch voll auswerten
kann. Daher ist grundsätzlich der 1. Alternative zuzustimmen. Das rechtliche
Gehör vor Gericht genügt jedenfalls in diesem Zusammenhang nicht. Die
Heilung während des Verwaltungsgerichtsverfahrens kann nur dann eintreten,
wenn die für den Erlaß des Verwaltungsakts verantwortliche Behörde die
fehlende Anhörung nachholt, was ggf. *vor* dem Verwaltungsgericht, aber nicht
durch das Verwaltungsgericht möglich ist.

40   Von der *Nachholung der Begründung* i. S. des § 45 VwVfG ist das
Nachschieben von Gründen im Verwaltungsprozeß zu unterscheiden.
Während das *Nachholen der Begründung* dann in Betracht kommt,
wenn keine oder keine dem § 39 VwVfG entsprechende Begründung vorliegt und daher der Verwaltungsakt formell rechtswidrig
ist (vgl. oben Rn. 13), geht es beim *Nachschieben von Gründen im
Verwaltungsprozeß* um die Änderung oder Ergänzung der Begründung eines angefochtenen Verwaltungsakts, die zwar den formellen Anforderungen des § 39 VwVfG entspricht, aber sachlich unzureichend oder unzutreffend ist und den Verwaltungsakt nicht zu
tragen vermag. Nach der früher h. M. war das Nachschieben von
Gründen im Verwaltungsprozeß nur bei rechtlich gebundenen
Verwaltungsakten und auch bei diesen nur dann zulässig, wenn
„die nachträglich angegebenen Gründe schon beim Erlaß des Ver-

waltungsakts vorlagen, dieser durch sie nicht in seinem Wesen geändert und der Betroffene nicht in seiner Rechtsverteidigung beeinträchtigt wird" (*BVerwGE* 38, 191, 195). Selbst diese Auffassung war aber nicht unbestritten. Für sie ließ sich jedoch vorbringen, daß das Verwaltungsgericht den angefochtenen Verwaltungsakt unter allen sachlichen und rechtlichen Gesichtspunkten zu prüfen hat und dabei auch eigene Ermittlungen anstellen kann. Wenn dem aber so ist, dann ist es nur konsequent, daß das Verwaltungsgericht – im Rahmen seiner Prüfungs- und Entscheidungskompetenz, also im Blick auf Rechtsfragen, nicht aber im Blick auf Ermessensfragen – die nachgelieferten Gründe der Verwaltung in seine Erwägungen einbeziehen muß. Das *BVerwG* ging in seiner Entscheidung vom 18. 5. 1990 (*BVerwGE* 85, 161) noch einen Schritt weiter. Es akzeptierte auch das Nachschieben ursprünglich nicht angestellter *Ermessenserwägungen* im Verwaltungsprozeß, ging aber in diesem Fall davon aus, daß die Ermessensgründe Teil des Verwaltungsaktes seien und mit der neuen Begründung in Wirklichkeit ein neuer Verwaltungsakt erlassen werde, der im Wege der Klageänderung Gegenstand des laufenden Verwaltungsgerichtsverfahrens sein könne. Der Gesetzgeber folgte mit der Neuregelung des § 114 S. 2 VwGO von 1996 dieser Spur. Danach kann die Verwaltungsbehörde „ihre Ermessenserwägungen hinsichtlich des Verwaltungsaktes auch noch im verwaltungsgerichtlichen Verfahren ergänzen." Das Nachschieben von Ermessensgründen ist damit gesetzlich anerkannt, so daß es nicht mehr auf die fragliche Begründung der erwähnten BVerwG-Entscheidung ankommt. Die rechtsdogmatische Aufarbeitung dieser Regelung steht allerdings noch aus.

Vgl. zur Neuregelung des § 114 S. 2 VwGO: *BVerwGE* 105, 55, 59; 106, 351, 363 ff.; *BVerwG* NJW 1999, 2912; *OVG Münster,* NVwZ 2001, 1424; ferner zum Nachschieben in der neueren Literatur: *W.-R. Schenke,* „Reform" ohne Ende – Das Sechste Gesetz zur Änderung der Verwaltungsgerichtsordnung und anderer Gesetze, NJW 1997, 81, 88 ff.; *Bader,* Die Ergänzung von Ermessenserwägungen im verwaltungsgerichtlichen Verfahren, NVwZ 1999, 120 ff.; *Dolderer,* Die neu eingefügte „Ergänzung von Ermessenserwägungen" im Verwaltungsprozeß, DÖV 1999, 104 ff.; *R. P. Schenke,* Das Nachschieben von Gründen nach dem 6. VwGO-Änderungsgesetz, VerwArch. Bd. 90 (1999) S. 163 ff.; *ders.,* Das Nachschieben von Ermessenserwägungen, JuS 2000, 230 ff. (zu BVerwGE 106, 351).

3. Die Erheblichkeit von Verfahrensfehlern

41 Ist die Heilung eines Verfahrensfehlers nicht möglich oder nicht
erfolgt, dann ist § 46 VwVfG zu beachten. Danach kann die Aufhebung eines verfahrensfehlerhaften Verwaltungsaktes nicht beansprucht werden, „wenn offensichtlich ist, daß die Verletzung (der
Verfahrensvorschrift) die Entscheidung in der Sache nicht beeinflußt hat." Diese Regelung ist durch das GenBeschG von 1996
eingefügt worden. Die bisherige Fassung des § 46 VwVfG hatte
bestimmt, daß die Aufhebung des verfahrensfehlerhaften Verwaltungsaktes dann nicht beansprucht werden kann, „wenn keine
andere Entscheidung in der Sache hätte getroffen werden können."
Danach entfiel der Aufhebungsanspruch nur bei rechtlich gebundenen Verwaltungsakten, weil eben immer dann, wenn die Verwaltung einen Ermessens- oder Beurteilungsspielraum hatte, im
Rahmen dieser Spielräume auch eine andere Entscheidung denkbar
gewesen wäre. Die Neufassung stellt nicht mehr (nur) auf die
Alternativlosigkeit des Entscheidungsinhalts, sondern auf die Kausalität des Verfahrensfehlers ab (vgl. die Begründung des Regie-
rungsentwurfs, BT-Drs. 13/3995 S. 8). Wenn der Verfahrensfehler
– etwa die Nichteinhaltung einer Frist oder die Mitwirkung einer
ausgeschlossenen Person im Beschlußorgan – keine Auswirkungen
auf die Sachentscheidung hatte, wenn mit anderen Worten die
Sachentscheidung auch bei Beachtung der verletzten Verfahrensvorschrift nicht anders ausgefallen wäre, dann entfällt der Aufhebungsanspruch. Die fehlende Kausalität muß allerdings „offensichtlich", d. h. ohne weiteres erkennbar und zweifelsfrei sein. Insoweit
besteht eine Parallele zu § 42 VwVfG („offenbare" Unrichtigkeit)
und § 44 VwVfG (Nichtigkeit bei „offensichtlicher" Rechtswidrigkeit, wobei allerdings noch die Schwere des Fehlers hinzukommen muß). Mutmaßungen über die Auswirkungen des Verfahrensfehlers genügen nicht. Ferner ist noch zu beachten, daß § 46
VwVfG unter den genannten Voraussetzungen einen *Anspruch des
Bürgers* auf Aufhebung des verfahrensfehlerhaften Verwaltungsaktes
ausschließt und damit einen Widerspruch oder eine Anfechtungsklage, die auf den Verfahrensfehler gestützt werden, scheitern läßt.
Die Befugnis der Behörde, von sich aus einen solchen Verwal-

tungsakt zurückzunehmen, wird dadurch aber nicht berührt (vgl. dazu unten § 11 Rn. 18).

Beispiel: G ist im obigen Gewerbeverbotsfall von der Verwaltung weder im Widerspruchsverfahren noch während der anschließenden verwaltungsgerichtlichen Verfahren ordnungsgemäß gehört worden. Wenn er deshalb (!) klagt, dann hat das Verwaltungsgericht lediglich zu prüfen, ob sich die fehlende Anhörung auf die Entscheidung ausgewirkt hat. Ist das offensichtlich nicht der Fall, dann ist die Klage als unbegründet abzuweisen. In der Regel wird der Kläger allerdings die formelle und die materielle Rechtswidrigkeit des Gewerbeverbotes geltend machen. Kommt das Gericht, das selbst rechtliches Gehör zu gewähren hat (§ 108 II VwGO), zur Auffassung, daß das Gewerbeverbot mit § 35 GewO vereinbar ist, dann spielt die fehlende Anhörung keine Rolle mehr, da es – so oder so – rechtmäßig ist. – Anders liegt es, wenn es sich nicht um ein (rechtlich gebundenes) Gewerbeverbot, sondern um eine (im Ermessen der Verwaltung liegende) Abbruchverfügung handelt: Das Verwaltungsgericht kann wegen des behördlichen Ermessensspielraumes noch keine abschließende Sachentscheidung treffen. Es muß daher der Klage wegen der fehlenden Anhörung stattgeben, es sei denn, daß dieser Mangel die Abbruchverfügung offensichtlich nicht beeinflußt hat, die Behörde also auch im Falle der Anhörung die Abbruchverfügung erlassen hätte.

Die *Einschränkung der Aufhebbarkeit* verfahrensfehlerhafter Verwaltungsakte gem. § 46 VwVfG wird vornehmlich mit *prozeßökonomischen Erwägungen begründet* (vgl. bereits die Regierungsbegründung zum VwVfG, BT-Drs. 7/910 S. 66). In der Tat erscheint es wenig sinnvoll, einen sachlich richtigen Verwaltungsakt nur wegen eines Verfahrensfehlers aufzuheben, zumal wenn ein Verwaltungsakt gleichen Inhalts sofort wieder erlassen werden könnte. Indessen haben die Verfahrensvorschriften gerade die Funktion, die sachliche Richtigkeit der Entscheidung zu gewährleisten. Wird der Verstoß gegen Verfahrensvorschriften für unerheblich erklärt, dann bleiben auch Zweifel an der Richtigkeit der Sachentscheidung. Die Neuregelung des § 46 VwVfG trägt diesen Zweifeln allerdings Rechnung, da der Aufhebungsanspruch nur entfällt, wenn der Verfahrensfehler die Entscheidung in der Sache *offensichtlich* nicht beeinflußt hat. Das erfordert jedoch wiederum Ermittlungen des Verwaltungsgerichts, die den Entlastungseffekt fraglich machen. Hinzu kommt, daß durch die Regelungen der §§ 45, 46 VwVfG die verfassungsrechtlich begründeten Verfahrensrechte des Bürgers relativiert und entwertet werden. Was mit der einen Hand gegeben wird, wird mit der anderen Hand wieder genommen. Wenn der **42**

Bundesrat in der Begründung seines Entwurfs eines Beschleunigungsgesetzes feststellt, § 46 sei „Ausdruck des allgemeinen Grundsatzes der Unzulässigkeit rechtsmißbräuchlicher Geltendmachung von Rechten (§ 242 BGB)" (Gesetzentwurf vom 31. 3. 1995, BT-Drs. 13/1445 S. 7), so kann dem nur entgegengehalten werden, daß die Geltendmachung gesetzlich festgelegter und verfassungsrechtlich abgesicherter Verfahrensrechte schwerlich rechtsmißbräuchlich sein kann. Vom Anspruch des Bürgers auf Anhörung bleibt jedenfalls wenig übrig, wenn seine Verletzung letztlich doch zu keiner Sanktion führt.

Nach § 28 I VwVfG *muß* der Betroffene *vor* Erlaß des Verwaltungsakts gehört werden. Die Anhörung *kann* aber gem. § 45 VwVfG auch *nachher* noch erfolgen, ja es genügt sogar ggf., wenn der Betroffene im Verwaltungsgerichtsverfahren Gelegenheit zur Äußerung erhält. Dabei darf nicht übersehen werden, daß die nachträgliche Anhörung nicht nur zu einer zeitlichen Verschiebung führt, sondern auch – nach erfolgter Entscheidung – auf eine veränderte Situation trifft und geringere Erfolgschancen hat. – Bemerkenswert ist, daß § 42 SGB X, der sonst dem § 46 VwVfG voll entspricht, gerade die Anhörung nicht erfaßt. Diese im Anschluß an die Rechtsprechung des *BSozG* erlassene Sonderregelung hat zur Folge, daß im Bereich der Sozialleistungsverwaltung eine Verletzung der Anhörungsvorschrift *stets* beachtlich ist und zur Aufhebung des Verwaltungsaktes führt. Vgl. dazu *BSozGE* 44, 207; *Nehls,* NVwZ 1982, 494 ff.

43   Insgesamt betrachtet dürfte aber die differenzierende Regelung der Folgen der Verfahrensfehler durch das VwVfG eine noch vertretbare Lösung darstellen.

Auch in anderen Neuregelungen zeigt sich die Tendenz, die Folgen von Verfahrensfehlern einzuschränken, so vor allem für Bebauungspläne und sonstige kommunale Satzungen in §§ 214 ff. BauGB sowie in einigen Gemeindeordnungen, etwa § 7 VI NRW GemO und § 4 IV Bad.-Württ. GemO, dazu oben § 4 Rn 48. Diese Tendenz steht im Widerspruch zu der sonst immer wieder betonten Bedeutung und Grundrechtsrelevanz des Verwaltungsverfahrens (vgl. dazu unten § 19 Rn. 8 f.).

VI. Die Umdeutung von Verwaltungsakten

44   Ein *rechtswidriger* Verwaltungsakt kann in einen *anderen, rechtmäßigen* Verwaltungsakt *umgedeutet* werden. Die Umdeutung oder Konversion, die von der Literatur und Rechtsprechung in Anlehnung an § 140 BGB entwickelt wurde, ist nunmehr in § 47

VwVfG geregelt. Sie ist an zahlreiche Voraussetzungen gebunden, die ihren Anwendungsbereich erheblich einschränken. Die Umdeutung ist nach § 47 VwVfG (nur) zulässig,

(1) wenn der neue Verwaltungsakt auf das gleiche Ziel gerichtet ist,

(2) wenn er von der (den ursprünglichen Verwaltungsakt) erlassenden Behörde in der geschehenen Verfahrensweise und Form rechtmäßig hätte erlassen werden können,

(3) wenn die Voraussetzungen für seinen Erlaß erfüllt sind,

(4) wenn er nicht der erkennbaren Absicht der erlassenden Behörde widerspricht,

(5) wenn seine Rechtsfolgen für den Betroffenen nicht ungünstiger sind,

(6) wenn der ursprüngliche Verwaltungsakt zurückgenommen werden durfte,

(7) wenn der Betroffene angehört wurde.

Der umzudeutende Verwaltungsakt muß „fehlerhaft", d. h. rechtswidrig sein. Daraus folgt, daß unter den genannten Voraussetzungen auch ein nichtiger Verwaltungsakt umgedeutet werden kann, da die „Nichtigkeit" nicht die Rechtswidrigkeit, sondern die Rechtsfolgen der Rechtswidrigkeit betrifft. Die Umdeutung eines rechtlich gebundenen Verwaltungsakts in einen Ermessensverwaltungsakts ist unzulässig (§ 47 III VwVfG). Das ist folgerichtig, da in diesem Fall die gebotene Ermessensprüfung nicht erfolgen könnte und würde.

Die Umdeutung ist sowohl grundsätzlich als auch im einzelnen sehr umstritten. Kontrovers ist vor allem, ob die Umdeutung ein Verwaltungsakt oder ein sonstiger konstitutiver Akt ist oder ob sie kraft Gesetzes eintritt und daher nur noch festgestellt zu werden braucht. Die zweite Alternative verdient den Vorzug. § 47 VwVfG entspricht dem allgemeinen Rechtsgrundsatz, Rechtsakte soweit wie möglich aufrecht zu erhalten. Liegen die Voraussetzungen der Umdeutung vor, dann besteht der Verwaltungsakt kraft Gesetzes mit seinem „neuen" Inhalt. Das Wort „kann" i. S. des § 47 darf nicht irreführen; es soll nicht Ermessen einräumen, sondern die rechtliche Möglichkeit der Umdeutung zum Ausdruck bringen. Die Umdeutung kann daher nicht nur von der Erlaß- und Widerspruchsbehörde, sondern auch vom Verwaltungsgericht einschließlich der Revisionsinstanz vorgenommen werden (*BVerwGE* 110, 111, 114; 115, 111, 114). Die Verwaltung ist durch die Voraussetzung, daß der „neue" Verwaltungsakt nicht ihren Vorstellungen widersprechen darf, hinreichend gesichert. Auch der Bürger kann sich auf die Umdeutung berufen; er ist freilich – wie auch sonst – darauf angewiesen, daß er mit seiner Auffassung bei der Behörde bzw. beim Verwaltungsgericht Anerkennung findet. Aus Gründen der Rechtssicherheit und der Verwaltungseffektivität wird die Behörde eine angenommene Umdeutung kundtun. Die gerichtliche Umdeutung erscheint ohnehin im Urteil oder in der sonstigen gerichtlichen Entscheidung.

Die Frage, ob die Umdeutung ein Verwaltungsakt oder ein bloßer Erkenntnisakt ist, wird nicht nur in der Literatur (vgl. die Kommentare zu § 47 VwVfG), sondern auch in der Rechtsprechung unterschiedlich beantwortet (vgl. *BayVGH* BayVBl. 1984, 20 einerseits und *BVerwG* NVwZ 1984, 645 im Anschluß an die bisherige Rechtsprechung andererseits). In der Praxis kommt die Umdeutung nur selten vor. Es tauchen zwar immer wieder Entscheidungen auf, sie sind aber meistens negativ, vgl. z.B. *BVerwGE* 18, 1, 4 f. (keine Umdeutung eines Verwaltungsaktes in eine Satzung oder eine Rechtsverordnung); *BVerwGE* 48, 81 (keine Umdeutung einer Genehmigungsversagung in einer Rücknahme der Genehmigung); *BVerwGE* 62, 300, 306 f. (Umdeutung der Genehmigung eines Bebauungsplanes in eine Zustimmung zur Herstellung von Erschließungsanlagen gem. § 125 II BBauG); *BVerwGE* 109, 68, 73 f. (keine Umdeutung der Entlassung eines Beamten in die Rücknahme der Ernennung, da sie für den Betroffenen ungünstiger ist); *BVerwGE* 110, 111, 114 ff. (Umdeutung eines Widerrufs in einen negativen Feststellungsbescheid); *BVerwGE* 115, 111, 113 f. (grundsätzlich ebenso); *BVerwG* NVwZ 2000, 195 (keine Umdeutung der Abhilfeentscheidung gem. § 72 VwGO in eine Rücknahme); *BGHZ* 143, 362, 370 (keine Umdeutung einer rechtswidrigen Untersagungsverfügung in einen Widerruf der wasserrechtlichen Erlaubnis, da sie (im konkreten Fall) der erkennbaren Absicht der erlassenden Behörde widerspricht); *BayVGH* BayVBl. 1984, 304 (Umdeutung eines Waffenbesitzverbots in einen Widerruf oder eine Rücknahme von Waffenerwerbs- und Waffenbesitzberechtigungen; – deshalb zulässig, weil der Widerruf bzw. die Rücknahme in diesem Fall gebundene Verwaltungsakte darstellen; anders wäre es, wenn sie im Ermessen der Behörde lägen, vgl. oben); *BadWürttVGH* NVwZ 1985, 349 (Umdeutung eines Widerrufs in einen feststellenden Verwaltungsakt). Vgl. ferner zu einem Einzelbereich mit grundsätzlichen Ausführungen *Prutsch,* Konversion von Straßenbaubeiträgen nach dem Bundesbaugesetz oder Kommunalabgabengesetz, DÖV 1981, 941 ff.

VII. Die Teilrechtswidrigkeit von Verwaltungsakten und ihre Folgen

Es ist möglich, daß die Rechtswidrigkeit eines Verwaltungsaktes **45** nur einen Teil desselben erfaßt, daß etwa der im Verwaltungsakt ausgewiesene Geldbetrag nur in bestimmter Höhe gesetzlich nicht gedeckt ist, daß eine Anlagengenehmigung gem. §§ 4 ff. BImSchG nur in einigen Punkten nicht rechtmäßig ist usw. In diesen Fällen fragt es sich, ob die Rechtsfolgen der Rechtswidrigkeit – die Aufhebbarkeit bzw. Nichtigkeit – auf den rechtswidrigen Teil beschränkt werden können mit der Konsequenz, daß der rechtmäßige Teil aufrechterhalten bleibt. Das ist unter folgenden Voraussetzungen zu bejahen:

1. Die Gesamtregelung des Verwaltungsakts muß *teilbar* sein und **46** zwar im konkreten Fall so teilbar sein, daß nach Abtrennung des rechtswidrigen Teiles der noch verbleibende rechtmäßige Teil der Gesamtregelung einen selbständigen Sinn behält.

2. Die Behörde muß *befugt* gewesen sein, den *verbleibenden Rest-* **47** *akt* auch ohne seinen rechtswidrigen Teil zu *erlassen.*

3. Umstritten ist, ob und inwieweit es auf den *Behördenwillen* an- **48** kommt, ob der rechtmäßige Restakt nur dann bestehen bleiben kann, wenn anzunehmen ist, daß die Behörde ihn auch ohne den rechtswidrigen Teil erlassen hätte. Das wird verschiedentlich unter Hinweis auf den entsprechend anzuwendenden § 139 BGB bejaht. Diese Vorschrift, die den mutmaßlichen Willen der Parteien für erheblich erklärt, geht indessen von dem das Zivilrecht beherrschenden Grundsatz der Privatautonomie aus und kann deshalb nicht ohne weiteres auf das öffentliche Recht übertragen werden. § 44 IV VwVfG stellt – im Blick auf den nichtigen Verwaltungsakt – ebenfalls auf den Behördenwillen ab. Nach einer verbreiteten Meinung in der Literatur kann es jedoch nur auf objektive Kriterien ankommen, nämlich darauf, ob die Behörde den rechtmäßigen Teil ohne den rechtswidrigen Teil hätte erlassen dürfen oder sogar erlassen müssen.

Es ist zu differenzieren. Bei *rechtlich gebundenen Verwaltungsakten* **49** ist nicht maßgeblich, was die Behörde *wollte,* sondern was sie rechtlich *mußte.* Wenn die Behörde zum Erlaß des verbleibenden

rechtmäßigen Teils verpflichtet war, muß dieser aufrechterhalten
bleiben, ohne daß es noch auf den evtl. entgegenstehenden Willen
der Behörde ankommt. § 44 IV VwVfG läßt sich in diesem Sinne
interpretieren, wenn man nicht auf den subjektiven, sondern auf
den objektivierten Willen der Behörde abstellt, der im Zweifel
gesetzeskonform zu deuten ist. Anders liegt es bei *Ermessensverwaltungsakten:* Wenn und weil es im Ermessen der Behörde liegt, ob
sie den Verwaltungsakt überhaupt erlassen möchte, muß es auch in
ihrem Ermessen liegen, ob sie im Fall der Teilrechtswidrigkeit den
Bestand des Restaktes will. Der mutmaßliche Wille der Behörde
muß daher berücksichtigt werden, wobei aber auch hier nicht auf
die subjektiven Vorstellungen des Beamten, sondern auf den mehr
objektiven Willen der Behörde abzustellen ist.

50   **Literatur:** *Erichsen,* Verfassungs- und verwaltungsrechtsgeschichtliche
Grundlagen der Lehre vom fehlerhaften belastenden Verwaltungsakt und seiner
Aufhebung im Prozeß, 1971; *Erbel,* Die Unmöglichkeit von Verwaltungsak-
ten, 1972; *Osterloh,* Erfordernis gesetzlicher Ermächtigung für Verwaltungs-
handeln in der Form des Verwaltungsakts? JuS 1983, 280 ff.; *Weyreuther,* Zur
richterlichen Umdeutung von Verwaltungsakten, DÖV 1985, 126 ff.; *Jakobs,*
Der Grundsatz der Verhältnismäßigkeit, DVBl. 1985, 97 ff.; *Schenke,* Die
Umdeutung von Verwaltungsakten, DVBl. 1987, 641 ff.; *Laubinger,* Die Um-
deutung von Verwaltungsakten, VerwArch. Bd. 78 (1987) S. 207 ff., 345 ff.;
Renck, Verwaltungsaktswirkungen, Rechtsmittelwirkungen und vorläufiger
Rechtsschutz, BayVBl. 1994, 161 ff.; *Schnapp/Henkenötter,* Wann ist ein Ver-
waltungsakt fehlerhaft?, JuS 1998, 524 ff., 624 ff.; *Schnapp/Cordewener,* Welche
Rechtsfolgen hat die Fehlerhaftigkeit eines Verwaltungsakts? JuS 1999,
S. 39 ff., 147 ff.; *Schnapp,* Die Nichtigkeit des Verwaltungsakts – Qualität oder
Qualifikation? DVBl. 2000, 247 ff.

51   **Literatur zu V (Folgen von Verfahrensfehlern) insbesondere:** *Papier,*
Der verfahrensfehlerhafte Staatsakt, 1973; *Haueisen,* Verwaltungsverfahren und
Verwaltungsakt, DÖV 1973, 653 ff.; *Bettermann,* Die Anfechtung von Ver-
waltungsakten wegen Verfahrensfehlern, Festschrift für H. P. Ipsen, 1977,
S. 271 ff.; *Laubinger,* Heilung und Folgen von Verfahrens- und Formfehlern,
VerwArch. 72 (1981) S. 333 ff.; *Schoch,* Nachholen der Begründung und
Nachschieben von Gründen, DÖV 1984, 401 ff.; *Rupp,* Bemerkungen zum
verfahrensfehlerhaften Verwaltungsakt, Festschrift für Bachof, 1984, 151 ff.;
Krebs, Kompensation von Verwaltungsverfahrensfehlern durch gerichtlichen
Rechtsschutz? DVBl. 1984, 109 ff.; *Dolzer,* Zum Begründungsgebot im gelten-
den Verwaltungsrecht, DÖV 1985, 9 ff.; *Dechsling,* Rechtsschutz und Begründungspflicht, DÖV 1985, 714 ff. (mit der These, § 39 II Nr. 1 VwVfG sei
weitgehend verfassungswidrig); *Schenke,* Der verfahrensfehlerhafte Verwaltungsakt gemäß § 46 VwVfG, DÖV 1986, 305 ff.; *ders.,* Das Nachschieben von
Gründen im Rahmen der Anfechtungsklage, NVwZ 1988, 1 ff.; *J. J. Rupp,*

Nachschieben von Gründen im verwaltungsgerichtlichen Verfahren, 1987; *H. Meyer,* Die Kodifikation des Verwaltungsverfahrens und die Sanktion für Verfahrensfehler, NVwZ 1986, 513 ff.; *Hill,* Das fehlerhafte Verfahren und seine Folgen im Verwaltungsrecht, 1986; *Hufen,* Zur Systematik der Folgen von Verfahrensfehlern – eine Bestandsaufnahme nach zehn Jahren VwVfG, DVBl. 1988, 69 ff.; *Schnapp,* Die Folgen von Verfahrensfehlern im Sozialrecht, SGb 1988, 309 ff.; *Roßnagel,* Verfahrensfehler ohne Sanktion? JuS 1994, 927 ff.; *Bacher,* Nachholung der Anhörung bis zum Abschluß des verwaltungsgerichtlichen Verfahrens?, DVBl. 1997, 534 ff.; *Hatje,* Die Heilung formell rechtswidriger Verwaltungsakte im Prozeß als Mittel der Verfahrensbeschleunigung, DÖV 1997, 477 ff.; *Gromitsaris,* Fehlerfolgenregelungen im Genehmigungsverfahrensbeschleunigungsgesetz, SächsVBl. 1997, 101 ff.; *Hufen,* Heilung und Unbeachtlichkeit von Verfahrensfehlern, JuS 1999, 313 ff.; *Bader,* Die Heilung von Verfahrens- und Formfehlern im verwaltungsgerichtlichen Verfahren, NVwZ 1998, 674 ff.; *ders.,* Die Ergänzung von Ermessenserwägungen im verwaltungsgerichtlichen Verfahren, NVwZ 1999, 120 ff.; *Sodan,* Unbeachtlichkeit und Heilung von Verfahrens- und Formfehlern, DVBl. 1999, 729 ff.; *Häußler,* Heilung von Anhörungsfehlern im gerichtlichen Verfahren, BayVBl. 1999, 616 ff.; *R. P. Schenke,* Das Nachschieben von Ermessenserwägungen, JuS 2000, 230 ff.; *Schöbener,* Der Ausschluß des Aufhebungsanspruchs wegen Verfahrensfehlern bei materiell-rechtlich und tatsächlich alternativlosen Verwaltungsakten, DV 33 (2000) S. 447 ff.; *Niedobitek,* Rechtsbindung der Verwaltung und Effizienz des Verwaltungsverfahrens, DÖV 2000, 761 ff.; *Pietzcker,* Verfahrensrechte und Folgen von Verfahrensfehlern, Festschrift für Maurer, 2001, S. 695 ff.; *Brischke,* Heilung fehlerhafter Verwaltungakte im verwaltungsgerichtlichen Verfahren, DVBl. 2002, 429 ff.; *Hufen,* Fehler im Verwaltungsverfahren, 4. Aufl. 2002; vgl. ferner den Nachweis im Text, insbes. Rn. 40.

Rechtsprechung: *BVerwGE* 28, 1; 50, 171; NJW 1977, 1838 (Zulässigkeit **52** des Verwaltungsakts: beamtenrechtliche Ansprüche, vertragliche Ansprüche, Rückforderung von Subventionsleistungen); *BVerwGE* 45, 51 (Grundsatz der Verhältnismäßigkeit: polizeiliche Inverwahrnahme); *BVerwGE* 19, 284; 84, 314 (Nichtigkeit von Verwaltungsakten); *BVerwGE* 40, 212, 216; 48, 336 (offenbare Unrichtigkeit – Berichtigung); *BVerwGE* 12, 9; 62, 300, 306 f.; 110, 111, 114 ff. (Umdeutung von Verwaltungsakten). – *BGHZ* 21, 294; *BSozGE* 24, 162, 165 ff. (Nichtigkeit von Verwaltungsakten); *OVG Lüneburg* OVGE 23, 391 (Teilrechtswidrigkeit).

Rechtsprechung zu V (Folgen von Verfahrensfehlern) insbesondere: 53 *BVerwGE* 66, 111; 68, 267; NVwZ 1984, 578 (Nachholung der unterbliebenen Anhörung im Widerspruchsverfahren); *BVerwGE* 38, 191; 85, 163; 106, 351, 363 ff.; 109, 211, 216 (zum Nachschieben von Gründen); *BVerwGE* 61, 45, 49 f.; 65, 287; 69, 90, 92 (Unbeachtlichkeit von Verfahrensverstößen bei gebundenen Verwaltungsakten: Ablehnung der Anerkennung als Kriegsdienstverweigerer); *BVerwGE* 75, 214, 228; 78, 280, 284 (Ergebniskausalität des Verfahrensfehlers); *BVerwGE* 121, 297 (Nachholung einer Ermessensentscheidung nach Änderung der Rechtsprechung; dazu *Bader* JuS 2006, 199).

§ 11 Bestandskraft, Rücknahme und Widerruf von Verwaltungsakten

I. Die Bestandskraft von Verwaltungsakten

1. Allgemeines

1   Der Begriff Bestandskraft, der in der Literatur und Rechtsprechung häufig auftaucht und zuweilen geradezu als festes Rechtsinstitut erscheint, ist mehrdeutig und umstritten. Das VwVfG hat zur Klärung nichts beigetragen. Die „Bestandskraft des Verwaltungsaktes" erscheint zwar in der Überschrift vor §§ 43 ff. In den folgenden Regelungen wird sie aber nicht näher bestimmt, nicht einmal mehr erwähnt. Aus dem Inhalt dieser Regelungen läßt sich lediglich entnehmen, daß die Bestandskraft im Bezugsfeld von Wirksamkeit und Aufhebbarkeit von Verwaltungsakten liegt.

2   Der die Bestandskraft tragende Grundgedanke ist allerdings allgemein anerkannt: der Verwaltungsakt soll als hoheitliche Regelung verbindlich und dauerhaft sein, er soll Rechtsbeständigkeit erhalten. Das ergibt sich bereits aus dem Regelungscharakter des Verwaltungsakts; denn eine Regelung, die zur beliebigen Disposition stünde, wäre sinnwidrig und wertlos. Das ergibt sich ferner aus der spezifischen Klarstellungs- und Stabilisierungsfunktion des Verwaltungsakts, die ihrerseits in der Rechtssicherheit gründet.

2. Prozessuale Parallelen

3   Der Ausdruck „Bestandskraft" ist offensichtlich in Anlehnung an den prozessualen Begriff Rechtskraft entwickelt worden, soll aber – wie die Wortbildung „Bestands"-kraft zeigt – doch auch die Distanz zum Prozeßrecht dokumentieren.

Das *Prozeßrecht* unterscheidet zwischen formeller Rechtskraft und materieller Rechtskraft. *Formelle Rechtskraft* bedeutet, daß das Urteil nicht mehr mit den ordentlichen Rechtsmitteln angefochten werden kann; *materielle Rechtskraft* bedeutet, daß die gerichtliche Entscheidung (die Feststellung des Bestehens oder Nichtbestehens einer Rechtsfolge) für die Parteien verbindlich, insbesondere für spätere Rechtsstreitigkeiten maßgeblich ist. Ferner kennt das Prozeßrecht noch die *Bindung des Gerichts* an seine Entscheidungen (vgl. etwa § 318 ZPO), der zufolge das Gericht seine einmal getroffene Entscheidung nicht ändern oder von ihr abweichen darf. Die prozessualen Institute der Rechtskraft und der Bindung des Gerichts ergeben sich aus dem Wesen der Gerichtsbarkeit, die zur verbindlichen und endgültigen Beilegung von Rechtsstreitigkeiten berufen ist. Sie gelten zwar nicht absolut, können aber nur unter den engen Voraussetzungen der Wiederaufnahme des Verfahrens durchbrochen werden (vgl. etwa §§ 579 ff. ZPO).

Die Unterschiede zwischen Verwaltungsakt und Urteil (vgl. oben § 9 Rn. 42 f.) verbieten vorschnelle Folgerungen aus dem Prozeßrecht. Da die Behörde nicht – wie das Gericht – als neutrale Instanz über eine fremde Sache, sondern mehr oder weniger als Beteiligte in eigener Sache entscheidet, also entscheidendes Organ und Partei zugleich ist, ist die Ausgangslage wenigstens teilweise anders. Hinzu kommt, daß der Verwaltungsakt nicht dieselbe Bestandsfestigkeit beanspruchen kann wie ein gerichtliches Urteil, weil er einmal nicht dieselbe Gewähr der Rechtmäßigkeit bietet und zum anderen als zukunftsorientiertes Gestaltungsmittel eher veränderten Verhältnissen angepaßt werden muß.

3. Formelle Bestandskraft

Formelle Bestandskraft bedeutet Unanfechtbarkeit. Sie besagt, **4** daß der Verwaltungsakt nicht oder nicht mehr mit den ordentlichen Rechtsmitteln (Widerspruch, Anfechtungsklage) angefochten werden kann. Sie entspricht somit der formellen Rechtskraft des Prozeßrechts.

Die formelle Bestandskraft (Unanfechtbarkeit) tritt ein, wenn die Rechtsmittelfristen abgelaufen sind, wenn der Betroffene auf die Einlegung von Rechtsmitteln verzichtet, wenn Rechtsmittel überhaupt nicht oder wegen Erschöpfung des Rechtswegs nicht mehr eingelegt werden können.

4. Materielle Bestandskraft

Den eigentlichen Streitpunkt bildet die materielle Bestandskraft. **5** Hier lassen sich auch keine eindeutigen Parallelen zum Prozeßrecht finden. Die materielle Bestandskraft kann sowohl mit der Bindungswirkung (dazu a) als auch mit der beschränkten Aufheb-

barkeit des Verwaltungsakts (dazu b) in Zusammenhang gebracht
werden.

6   a) *Bindungswirkung*. Der Verwaltungsakt ist verbindlich, und
zwar sowohl für den betroffenen Bürger als auch für die erlassende
Behörde. Er wird zwar einseitig erlassen, bindet aber zweiseitig.
Die Verbindlichkeit, die sich aus der Rechtswirksamkeit ergibt,
entsteht bereits mit der Bekanntgabe des Verwaltungsakts. Sie verfestigt sich mit der formellen Bestandskraft, da sie nun nicht mehr
unter dem Vorbehalt erfolgreicher Anfechtung steht.

7   b) *Beschränkte Aufhebbarkeit*. Die Bindungswirkung des Verwaltungsakts gilt allerdings nur solange, als der Verwaltungsakt selbst
besteht. Die Behörde ist zwar an ihren Verwaltungsakt gebunden,
aber sie kann ihn unter bestimmten Voraussetzungen auch außerhalb eines Rechtsmittelverfahrens aufheben (zurücknehmen oder
widerrufen) und damit die Bindungswirkung beseitigen. Der Bürger kann selbstverständlich den Verwaltungsakt nicht aufheben; er
kann aber u. U. verlangen, daß die Behörde von ihrer Möglichkeit
der Rücknahme oder des Widerrufs Gebrauch macht. Die Lösung
vom Verwaltungsakt durch Rücknahme oder Widerruf ist allerdings nur beschränkt zulässig.
    Diese Beschränkung ist meistens gemeint, wenn von der materi-
ellen Bestandskraft die Rede ist. Materielle Bestandskraft und Aufhebbarkeit durch die Behörde sind sonach Komplementärbegriffe:
der Verwaltungsakt ist materiell bestandskräftig, soweit er nicht
zurückgenommen oder widerrufen werden kann; Widerruf und
Rücknahme sind zulässig, soweit die Bestandskraft ihnen nicht
entgegensteht. Das VwVfG knüpft – wie schon vorher die Rechtslehre und die Rechtsprechung – nicht bei der Bestandskraft, sondern bei der Rücknahme und beim Widerruf an. Es bestimmt und
begrenzt nicht die Bestandskraft, sondern regelt die Zulässigkeit
von Rücknahme und Widerruf. Bei der Prüfung der Rücknahme-
bzw. Widerrufsvoraussetzungen sind allerdings auch diejenigen Besonderheiten des Verwaltungsakts zu beachten, die eine verstärkte
Bestandsfestigkeit begründen oder sogar fordern, so etwa das dem
Verwaltungsakt vorausgehende Verfahren, die Stellung der entscheidenden Behörden oder der spezifische Regelungsinhalt.

Wenn man die materielle Bestandskraft als Bindungswirkung versteht, entspricht sie der materiellen Rechtskraft. Wenn man sie dagegen im Zusammenhang mit der Rücknahme und dem Widerruf sieht, dann ist das prozessuale Gegenstück die Bindung des Gerichts an seine Entscheidung. Indessen bringen diese Vergleiche nicht viel ein, weil die Frage der Bindungswirkung und Aufhebbarkeit von Verwaltungsakten ihren eigenen Regeln folgen.

5. Tatbestandswirkung und Feststellungswirkung

Die Bestandskraft bezieht sich auf das durch den Verwaltungsakt **8** geschaffene Verwaltungsrechtsverhältnis und bindet die daran beteiligten bzw. darüber verfügenden Rechtssubjekte. Die *Tatbestandswirkung* greift darüber hinaus und bringt zum Ausdruck, daß der (rechtswirksame) Verwaltungsakt von allen Staatsorganen zu beachten und als gegebener „Tatbestand" ihren Entscheidungen zugrunde zu legen ist.

Beispiel: Wird A durch einen (rechtswirksamen) Verwaltungsakt eingebürgert, so muß jedes Gericht und jede Behörde von der deutschen Staatsangehörigkeit des A ausgehen, auch wenn sie Zweifel an der Rechtmäßigkeit der Einbürgerung haben sollten. Anders wäre es nur, wenn die Einbürgerung nichtig wäre, da ein nichtiger Verwaltungsakt auch keine Tatbestandswirkung zu entfalten vermag.

Von der Tatbestandswirkung ist die *Feststellungswirkung* zu unter- **9** scheiden, die nicht nur an die durch den Verwaltungsakt getroffene Regelung, sondern auch an die die Regelung tragenden tatsächlichen oder rechtlichen Feststellungen in den Gründen des Verwaltungsakts bindet. Sie besteht nur dann, wenn sie ausnahmsweise gesetzlich vorgesehen ist, so etwa in § 16 BVFG.

II. Rücknahme und Widerruf im allgemeinen

1. Rechtsgrundlagen

Rücknahme und Widerruf werden in §§ 48–51 VwVfG gere- **10** gelt. § 48 betrifft die Rücknahme, § 49 den Widerruf, § 50 Rücknahme und Widerruf eines begünstigenden Verwaltungsakts mit Drittwirkung im Falle der Anfechtung, § 51 das Wiederaufgreifen des Verfahrens auf Antrag des betroffenen Bürgers. Diese Vorschriften gelten nur, soweit der Anwendungsbereich des VwVfG überhaupt reicht und innerhalb dieses Anwendungsbereichs keine

Sonderregelungen bestehen (vgl. oben § 5 Rn. 10 ff.). Andererseits spiegeln diese Vorschriften weitgehend die vor Erlaß des VwVfG geltenden Grundsätze des allgemeinen Verwaltungsrechts über Rücknahme und Widerruf von Verwaltungsakten wider, die auch künftighin noch ergänzend eingreifen. Sie werden wegen ihrer grundsätzlichen und exemplarischen Bedeutung der folgenden Darstellung zugrunde gelegt.

Im Bereich der *Abgabenverwaltung* gelten allgemein für Verwaltungsakte die §§ 130 ff. AO und speziell für Steuerbescheide noch die §§ 172 ff. AO. Soweit die Kommunalabgabengesetze der Länder auf die AO verweisen (vgl. oben § 5 Rn. 22 f.), kommen diese Vorschriften auch für die Rücknahme und den Widerruf von Kommunalabgabenbescheiden in Betracht, u. a. bei der Änderung von Erschließungsbeitragsbescheiden gem. § 127 I BauGB (vgl. *Bad-WürttVGH* VBlBW 1988, 138). Im Bereich der *Sozialleistungsverwaltung* sind die §§ 44 ff. SGB X maßgebend. Sie gelten gem. § 20 BAföG – mit einigen Abweichungen – auch für die Aufhebung von Bewilligungsbescheiden nach dem Bundesausbildungsförderungsgesetz (vgl. dazu *BVerwGE* 78, 101). Die Rücknahme- und Widerrufsvorschriften der AO und des SGB X entsprechen weitgehend den §§ 48 ff. VwVfG, weisen aber auch einige bemerkenswerte Unterschiede auf.

Als *verdrängende Sondervorschriften* kommen z. B. in Betracht: § 15 GastG für die Gaststättenerlaubnis (*BVerwGE* 81, 74, 78), § 17 AtomG für atomrechtliche Genehmigungen, § 47 WaffG für waffenrechtliche Erlaubnisse, § 12 BBG für beamtenrechtliche Ernennungen (*BVerwGE* 81, 282, 284). Die früheren Rücknahme- und Widerrufsregelungen der Landesbauordnungen sind durchweg gestrichen worden, so daß sich die Rücknahme und der Widerruf der Baugenehmigung nunmehr nach den §§ 48 ff. VwVfG richtet.

Wenn das VwVfG nicht eingreift und auch keine Sonderregelungen bestehen, bleibt es bei den (bisherigen) *Grundsätzen des allgemeinen Verwaltungsrechts* über die Rücknahme und den Widerruf von Verwaltungsakten, vgl. dazu bezüglich der Rücknahme begünstigender Verwaltungsakte im Bereich des Lastenausgleichsrechts *BVerwGE* 71, 261; *BVerwG* NVwZ 1989, 143 (näher dazu unten Rn. 23).

Schließlich ist noch zu bemerken, daß die Rücknahmevorschriften grundsätzlich auch bei Verwaltungsakten, die Beihilfen nach dem europäischen Gemeinschaftsrecht bewilligen, zur Anwendung kommen, sofern keine Sonderregelungen bestehen, vgl. dazu und zur Beschränkung des Vertrauensschutzes in gemeinschaftsrechtlicher Sicht näher unten Rn. 38 a ff.

10 a   Der in früheren Auflagen an dieser Stelle erwähnte § 44 a BHO, der eine Sonderregelung für Zuwendungsbescheide der Subventionsverwaltung enthielt, ist inzwischen aufgehoben und durch § 49 III VwVfG i. d. F. vom 2. 5. 1996 ersetzt worden, vgl. dazu unten Rn. 44.

2. Begriffliche Klärungen

Die *Aufhebung* bildet den Oberbegriff. Sie ist jede Beseitigung   **11**
der Rechtswirksamkeit eines Verwaltungsaktes durch besonderen
Spruch einer Behörde oder eines Gerichts. *Rücknahme und Widerruf*
sind Unterfälle der Aufhebung: Sie erfolgen außerhalb eines
Rechtsmittelverfahrens durch die Behörde, die den Verwaltungsakt
erlassen hat. Die *Rücknahme* bezieht sich auf (ursprünglich) *rechtswidrige* Verwaltungsakte, der *Widerruf* auf (ursprünglich) *rechtmäßige*
Verwaltungsakte (vgl. dazu oben § 10 Rn. 2 f.).

Das VwVfG (vgl. §§ 43 II, 48, 49) folgt damit der Terminologie, die sich in
der Literatur, Rechtsprechung und Gesetzgebung immer stärker durchgesetzt
hatte. Früher war der Sprachgebrauch noch sehr unterschiedlich, was vor allem
bei der Lektüre älterer Fundstellen zu beachten ist. Es wäre sinnvoll gewesen,
wenn das VwVfG die Aufhebung innerhalb und außerhalb des Rechtsmittelverfahrens auch begrifflich unterschieden hätte. Vgl. dazu *Wolff/Bachof/Stober,*
VerwR I § 51 Rn. 17, die als Oberbegriff die Bezeichnung „Beseitigung"
verwenden und die Aufhebung auf die Beseitigung des Verwaltungsaktes im
Rahmen eines Rechtsmittelverfahrens durch eine Behörde oder ein Gericht
beschränken. Im folgenden soll zur Vermeidung von Mißverständnissen die
herrschende, nun auch gesetzlich sanktionierte Terminologie verwendet werden.

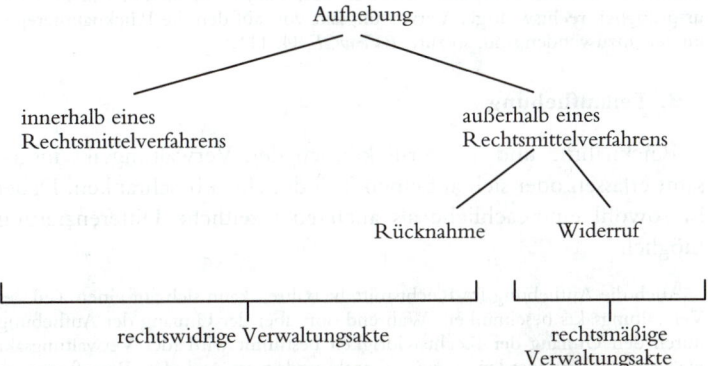

Zu beachten ist noch, daß diese Skizze nur den Regelfall wiedergibt: Im Widerspruchsverfahren kann auch ein rechtmäßiger, aber zweckwidriger Verwaltungsakt aufgehoben werden, bei Vorliegen der Widerrufsgründe kann auch
ein rechtswidriger Verwaltungsakt widerrufen werden (vgl. unten Rn. 19).

Die auf rechtswidrige Verwaltungsakte bezogene Rücknahme
dient der Fehlerkorrektur und steht daher systematisch im Zusam-

menhang mit den Rechtsfolgen der Rechtswidrigkeit von Verwaltungsakten (vgl. oben § 10 Rn. 25). Der Widerruf kommt dagegen in Betracht, wenn ein ursprünglich rechtmäßiger Verwaltungsakt wegen Änderung der ihm zugrunde liegenden tatsächlichen oder rechtlichen Verhältnisse oder einfach mangels Interesse an seinem Fortbestand beseitigt werden soll.

In der Literatur ist die Auffassung vertreten worden, daß auch der ursprünglich rechtmäßige, aber wegen Änderung der zugrunde liegenden Verhältnisse rechtswidrig gewordene Verwaltungsakt nach der Rücknahmeregelung des § 48 VwVfG zu beurteilen sei (so *Schenke*, DVBl. 1989, 433 ff.; *ders.*, BayVBl. 1990, 107 ff.; dagegen *Kopp*, BayVBl. 1989, 652 ff.; *Lehner*, DV Bd. 26, 1993, S. 183 ff.). Anlaß für diese Lehre war die früher uneingeschränkt bestehende ex nunc-Wirkung des Widerrufs (§ 49 II VwVfG). Sie hatte zur Folge, daß Subventionsleistungen, die aufgrund eines rechtmäßigen Verwaltungsaktes bewilligt und ausbezahlt, aber vom Empfänger nicht zweckentsprechend verwendet wurden, an sich nicht mehr zurückgefordert werden konnten. Der Gesetzgeber hat inzwischen durch § 49 III VwVfG i. d. F. vom 2. 5. 1996 dieses Problem geregelt und gelöst (vgl. unten Rn. 44), so daß auch aus der Sicht der Praxis kein Grund mehr besteht, von den oben dargelegten rechtsdogmatischen Grundsätzen abzugehen. – Davon zu unterscheiden ist der Fall, daß die Rechtswidrigkeit eines Verwaltungsaktes erst *nach* seinem Erlaß, aber *rückwirkend* auf den Zeitpunkt seines Erlasses eintritt; in diesem Fall liegt ein ursprünglich rechtswidriger Verwaltungsakt vor, auf den die Rücknahmeregelungen anzuwenden sind, so zutr. *BVerwGE* 84, 111.

3. Teilaufhebung

12   Rücknahme und Widerruf können den Verwaltungsakt insgesamt erfassen oder sich auf einen Teil desselben beschränken. Dabei ist sowohl eine sachliche als auch eine zeitliche Differenzierung möglich.

Auch die Aufhebung im Rechtsmittelverfahren kann sich auf einen Teil des Verwaltungsakts beschränken. Während dort aber der Umfang der Aufhebung durch den Umfang der Rechtswidrigkeit bestimmt wird (der Verwaltungsakt *muß* aufgehoben werden, *soweit* er rechtswidrig ist und den Betroffenen in seinen Rechten verletzt, vgl. § 113 I 1 VwGO), liegt es bei der Rücknahme und beim Widerruf weitgehend im Ermessen der Behörde, inwieweit der Verwaltungsakt zurückgenommen werden soll.

13   a) *Die sachliche Beschränkung* bezieht sich auf den Regelungsgegenstand und setzt dessen Teilbarkeit voraus. Praktisch stellt sie eine *Änderung* des Verwaltungsakts dar.

Beispiele: Ein auf 1000.– DM lautender Leistungsbescheid wird bezüglich eines Teilbetrags von 300.– DM zurückgenommen oder widerrufen. Eine ursprünglich das gesamte Gebäude erfassende Abbruchverfügung wird auf einen Teil des Gebäudes beschränkt.

b) *Die zeitliche Beschränkung* bezieht sich auf die Geltungsdauer **14** des Verwaltungsakts. Sie kommt nur bei Verwaltungsakten mit Dauerwirkung in Betracht (etwa Rentenbescheid über monatlich wiederkehrende Geldleistungen, Genehmigungen). Der Verwaltungsakt kann von Anfang an (ex tunc, im Blick auf die Vergangenheit) oder „ab jetzt" (ex nunc, im Blick auf die Zukunft) oder aber zu einem anderen, früher oder später liegenden Zeitpunkt zurückgenommen oder widerrufen werden.

Wird ein Leistungsbescheid ex tunc zurückgenommen, dann entfällt der Rechtsgrund für die bereits erbrachten Leistungen mit der Folge, daß sie zurückerstattet werden müssen. Wird der Bescheid dagegen nur ex nunc zurückgenommen, dann bleibt der Rechtsgrund für die erbrachten Leistungen bestehen, entfällt aber für die Zukunft mit der Folge, daß die Leistungen nunmehr eingestellt werden müssen.

4. Differenzierung der Rücknahme und des Widerrufs nach der Rechtswirkung für den Betroffenen

Rücknahme und Widerruf können sowohl *begünstigende* als auch **15** *belastende* Verwaltungsakte erfassen. Die Interessenlage ist vom Standpunkt des betroffenen Bürgers aus verständlicherweise sehr unterschiedlich: Während er die Aufhebung des belastenden Verwaltungsakts begrüßen, möglicherweise sogar fordern wird, wird er der Aufhebung des begünstigenden Verwaltungsakts entgegenhalten, daß er auf den Bestand des Verwaltungsakts vertraut und sich entsprechend eingerichtet habe. Diese Interessenlage erhält unterschiedliches Gewicht, je nachdem, ob der Verwaltungsakt im Einzelfall rechtmäßig oder rechtswidrig ist.

Demgemäß wird – unter Beachtung des Grundsatzes der Gesetzmäßigkeit der Verwaltung einerseits und der Grundsätze der

Rechtssicherheit und des Vertrauensschutzes andererseits – unterschieden zwischen
- Rücknahme begünstigender Verwaltungsakte
- Rücknahme belastender Verwaltungsakte
- Widerruf begünstigender Verwaltungsakte
- Widerruf belastender Verwaltungsakte.

Diese übliche Differenzierung geht von dem *Normalfall* aus, daß ein begünstigender Verwaltungsakt insgesamt (und damit zum Nachteil des Bürgers) oder ein belastender Verwaltungsakt insgesamt (und damit zugunsten des betroffenen Bürgers) zurückgenommen oder widerrufen wird. Die Änderung (Teilrücknahme oder Teilwiderruf) des Verwaltungsakts kann aber auch gegenteilige Auswirkungen haben.

Beispiel: Ein Gebührenbescheid wird geändert und der dort festgesetzte Betrag erhöht, weil der ursprünglich festgesetzte Betrag mit der Gebührenordnung nicht vereinbar war (Änderung eines belastenden Verwaltungsakts zum Nachteil des Betroffenen, vgl. *BVerwGE* 30, 132).

Vom Interessenstandpunkt des Betroffenen aus kommt es nicht darauf an, ob der zu ändernde *Verwaltungsakt* begünstigend oder belastend ist, sondern darauf, ob die *Änderung* begünstigend oder belastend wirkt. Da sich die Differenzierung nach begünstigenden und belastenden Verwaltungsakten jedoch eingebürgert hat und bei der vollen Aufhebung auch zutreffend ist, soll sie im folgenden beibehalten werden. Es ist aber zu beachten, daß die nachteilige Änderung eines belastenden Verwaltungsaktes wie die Aufhebung eines begünstigenden Verwaltungsaktes wirkt und daher nach den Regeln über die Rücknahme und den Widerruf begünstigender Verwaltungsakte zu beurteilen ist. Entsprechendes gilt für die vorteilhafte Änderung eines begünstigenden Verwaltungsaktes; da sie zugunsten des Bürgers wirkt, ist sie nach den Regeln über die Rücknahme und den Widerruf belastender Verwaltungsakte zu beurteilen.

Im obigen Gebührenbescheids-Fall bestimmt sich daher die Zulässigkeit der Gebührenerhöhung nach den Grundsätzen und Vorschriften über die Rücknahme begünstigender Verwaltungsakte (vgl. dazu unten Rn. 21 ff.); ebenso im Ergebnis *BVerwGE* 30, 132; 67, 129, 133; a. A. *HessVGH* NJW 1981, 596 für Straßenbeitragsbescheide; ferner *Stelkens*, JuS 1984, 930 ff.

5. Der Gegenstand der Rücknahme und des Widerrufs

a) Rücknahme und Widerruf kommen nur bei *rechtswirksamen* **16**
Verwaltungsakten in Betracht. Das ergibt sich bereits aus dem
Charakter der Aufhebung, die auf Beseitigung der Rechtswirksamkeit zielt, diese also voraussetzt. Ist der Verwaltungsakt nichtig
(= unwirksam), dann genügt die Feststellung der Nichtigkeit durch
die Behörde oder das Gericht, die in § 44 V VwVfG bzw. in § 43 I
VwGO näher geregelt ist. Entsprechendes gilt für Verwaltungsakte,
die sich erledigt haben.

Die Behörde darf daher die Frage, ob ein Verwaltungsakt nichtig ist, auch in
Zweifelsfällen nicht offenlassen und ihn mit der Feststellung, daß er „jedenfalls
rechtswidrig" sei, zurücknehmen, ebenso *Knoke*, S. 83 ff. m. w. N.; a. A. etwa
Kopp, VwVfG § 48 Rn. 17; *Ule/Laubinger*, § 61 II; *BSozG* DVBl. 1990, 210.
Der vielleicht naheliegend erscheinende Gesichtspunkt der Verfahrensökonomie greift nicht, da sich die Nichtigkeitsfeststellung und die Rücknahme
sowohl nach den Voraussetzungen (rechtlich gebundener Verwaltungsakt –
Berücksichtigung des Vertrauensschutzes und Ermessensentscheidung) als auch
nach den Rechtsfolgen (Geldersatz in den Fällen des § 48 III VwVfG) unterscheiden. Aus diesen Gründen kann auch keine Parallele zur Anfechtung
nichtiger Verwaltungsakte mit dem Ziel der verwaltungsgerichtlichen Aufhebung gezogen werden (vgl. dazu im übrigen auch oben § 10 Rn. 37).

b) Unerheblich ist, ob der Verwaltungsakt (noch) *anfechtbar ist* **17**
oder nicht. Das rechtliche Instrumentarium der Rücknahme und des
Widerrufs wird vor allem bei nicht oder nicht mehr anfechtbaren
Verwaltungsakten bedeutsam, kann aber auch noch anfechtbare
Verwaltungsakte erfassen.

Die Unanfechtbarkeit kann aber ggf. bei der Interessenabwägung im Fall der
Rücknahme und des Widerrufs ein Rolle spielen, da sie dem Verwaltungsakt
Bestandskraft verleiht und daher die Gesichtspunkte der Rechtssicherheit und
des Vertrauensschutzes stärkt.

c) Die *Rücknahme* setzt ferner einen *rechtswidrigen* Verwaltungsakt **18**
voraus.

Die Rechtswidrigkeit fehlt, wenn der Verwaltungsakt zwischenzeitlich *geheilt*
ist (§ 45 VwVfG) oder *umgedeutet* wurde (§ 47 VwVfG). Leidet ein Verwaltungsakt an einem *Verfahrensfehler* i. S. des § 46 VwVfG, so darf er zwar von der Behörde zurückgenommen werden, der betroffene Bürger hat aber keinen Anspruch
auf Rücknahme, wie sich aus § 46 VwVfG ergibt („kann nicht beansprucht
werden"); str., nach der Gegenmeinung entfällt auch die Rücknahmebefugnis
der Behörde. – Rechtswidrig und daher unter den Voraussetzungen des § 48

VwVfG rücknehmbar ist auch der *gegen eine Verwaltungsvorschrift verstoßende* Verwaltungsakt, wenn und weil die Verwaltungsvorschrift über die Verwaltungspraxis und den Gleichheitssatz (oder auf sonstige Weise) Außenrechtswirkung erlangt hat, was z. B. bei Subventionsrichtlinien i. d. R. der Fall ist, vgl. *BVerwG* DVBl. 2004, 126; *OVG Münster*, DÖV 1981, 109; *OVG Bremen* DÖV 1988, 180; *Erichsen*, Jura 1981, 536 f.; vgl. allgemein zur Außenrechtswirkung von Verwaltungsvorschriften unten § 24 Rn. 20 ff. Rechtswidrig ist auch ein Verwaltungsakt, der gegen eine unmittelbar geltende *Vorschrift des Europäischen Gemeinschaftsrechts* verstößt, etwa gegen Art. 92 EGV. Wenn sich ein Verwaltungsakt, etwa ein Subventionsbescheid, zwar auf eine deutsche Rechtsnorm stützen läßt, diese Rechtsnorm aber im Widerspruch zu einer Vorschrift des EG-Rechts steht, dann ist diese Rechtsnorm unanwendbar und der darauf beruhende Verwaltungsakt rechtswidrig, vgl. dazu auch unten Rn. 38 a.

19   d) Dagegen ist der *Widerruf* zwar an *rechtmäßigen* Verwaltungsakten orientiert, setzt aber nicht zwingend einen rechtmäßigen Verwaltungsakt voraus. Liegt ein Widerrufsgrund vor, dann kann der Verwaltungsakt widerrufen werden, auch wenn er rechtswidrig sein sollte. Die Rechtswidrigkeit führt selbstverständlich nicht zur Einengung, sondern zur Erweiterung der Aufhebbarkeit; sie bildet einen weiteren, unter den Voraussetzungen des § 48 VwVfG zulässigen Aufhebungsgrund, der die Widerrufsgründe des § 49 VwVfG nicht ausschließt, sondern ergänzt.

Beispiel: Eine straßenrechtliche Sondernutzungserlaubnis gem. § 8 FStrG wurde unter dem Vorbehalt des jederzeitigen Widerrufs erteilt. Sind die Voraussetzungen des Widerrufsvorbehalts gegeben, dann kann die Behörde widerrufen, auch wenn die Erlaubnis rechtswidrig sein sollte (so – allerdings im Blick auf andere Sachverhalte – auch *BVerwG* NVwZ 1987, 498; *BVerwGE* 112, 80, 86; *HessVGH* ESVGH 53, 115, 117). Die im konkreten Fall vielleicht schwierigen Fragen, ob die Erlaubnis rechtswidrig ist, ob die übrigen Rücknahmevoraussetzungen vorliegen, ob ggf. Entschädigung zu leisten ist, können daher dahingestellt bleiben.

6. Rechtsnatur der Rücknahme und des Widerrufs

20   Rücknahme und Widerruf betreffen nicht nur Verwaltungsakte, sondern sind auch *selbst Verwaltungsakte*. Sie unterliegen daher den Regeln über die Verwaltungsakte; sie müssen nach Entstehung, Form und Inhalt den an einen Verwaltungsakt zu stellenden Anforderungen entsprechen.

Auch die rechtswidrige Rücknahme ist rechtswirksam und führt die Aufhebung des betroffenen Verwaltungsakts herbei. Lediglich im Falle der Nichtigkeit vermag sie diese Wirkung nicht hervorzubrin-

gen, so daß der zurückzunehmende Verwaltungsakt rechtswirksam
bleibt. Die rechtswidrige Rücknahme kann aber angefochten und
aufgehoben werden mit der Folge, daß der ursprüngliche Verwaltungsakt „wieder auflebt", genauer: von vornherein als nicht zurückgenommen anzusehen ist. Entsprechendes gilt für den Widerruf.

Zulässig dürfte auch die Rücknahme einer Rücknahme oder eines Widerrufs sein. Der Widerruf eines Widerrufs wird dagegen überwiegend abgelehnt.
Zu Recht: Wenn die Behörde den widerrufenen Verwaltungsakt doch haben
möchte, dann kann sie ihn erneut erlassen; ist das rechtlich nicht (mehr) zulässig, dann zeigt sich, daß auch der Widerruf des Widerrufs fraglich ist. Rechtstheoretisch lassen sich Rücknahme bzw. Widerruf unter sich oder miteinander
beliebig und endlos koppeln; schon aus Gründen der Rechtsklarheit ist dies
jedoch über die genannten Fälle hinaus nicht zulässig (vgl. dazu auch *Jellinek,*
VerwR S. 281 f.); anders (nämlich für die Zulässigkeit des Widerrufs eines
Widerrufs) dagegen *Ibler,* NVwZ 1993, 451 ff. mit Beispielsfällen. Vgl. zur
Rücknahme einer Rücknahmeentscheidung *BadWürttVGH* NVwZ 1992, 184.

III. Die Rücknahme begünstigender Verwaltungsakte

1. Entwicklung und Problematik

a) *Früher* galt der Rechtsgrundsatz, daß rechtswidrige begünsti- **21**
gende Verwaltungsakte – entsprechend dem Gebot der Gesetzmäßigkeit der Verwaltung – in der Regel jederzeit zurückgenommen
werden können. Die Rechtswidrigkeit war Rücknahmegrund oder
– in der damaligen Terminologie – Widerrufsgrund. Etwa Mitte
der 50er Jahre vollzog die Rechtsprechung einen *grundlegenden
Wandel.* Sie rückte von der bisherigen Rechtsauffassung ab und
schränkte die Rücknehmbarkeit begünstigender Verwaltungsakte
unter Berufung auf das Vertrauensschutzprinzip erheblich ein.

Bahnbrechend wirkte das Urteil des *OVG Berlin* vom 14. 11. 1956, DVBl.
1957, 503 mit Anm. *Haueisen.* Das *BVerwG* folgte, zuerst durch Urteil vom
25. 10. 1957, *BVerwGE* 5, 312; vgl. ferner *BVerwGE* 8, 261; 9, 251 (Bestätigung des oben genannten Urteils des *OVG Berlin*); st. Rspr. zusammenfassend
etwa *BVerwGE* 19, 188; 24, 294; 38, 290, 294; 41, 277; 48, 87, 91 ff. – Vgl.
auch die Rechtsprechungsübersichten bei *Becker,* DÖV 1963, 459 ff.; 1967,
729 ff.; 1973, 379 ff.

b) *Die Frage der Rücknahme* begünstigender Verwaltungsakte wird **22**
von zwei sich *widerstreitenden Grundsätzen* beherrscht. Der Grundsatz der *Gesetzmäßigkeit der Verwaltung,* der die Wiederherstellung

des gesetzmäßigen Zustandes und daher die Rücknahme des rechtswidrigen Verwaltungsaktes fordert, ist nach wie vor zu beachten. Ihm steht aber – und diese Erkenntnis war der Grund für die Änderung der Rechtsprechung – der Grundsatz des *Vertrauensschutzes* entgegen, der die Berücksichtigung des Vertrauens des Begünstigten auf den Bestand des von der Behörde erlassenen Verwaltungsaktes und damit die Aufrechterhaltung des rechtswidrigen Verwaltungsaktes verlangt. Die Begründung des Vertrauensschutzes ist noch umstritten: Das *BVerwG* leitet ihn teils aus dem Prinzip der Rechtssicherheit, das seinerseits im Rechtsstaatsprinzip verankert ist, teils aus dem Prinzip von Treu und Glauben her; in der Literatur wird darüber hinaus auf das Sozialstaatsprinzip und zunehmend auf die Grundrechte (Art. 2 I, 14 I GG; vereinzelt auch Art. 3 I GG, vgl. *Achterberg,* VerwR § 23 Rn. 59) verwiesen. Tragend dürfte die Rechtssicherheit sein, die die fehlerunabhängige Rechtswirksamkeit und Bestandskraft des Verwaltungsakts begründet und ihm seine Eigenart vermittelt. Jedenfalls darf die Rücknahme nicht allein unter dem Gesichtspunkt der Gesetzmäßigkeit, sondern muß auch unter dem des Vertrauensschutzes beurteilt werden. Da diese beiden Grundsätze beim rechtswidrigen begünstigenden Verwaltungsakt in Widerstreit zueinander geraten, ist im Wege der Abwägung zu prüfen, welchem Grundsatz im konkreten Einzelfall größeres Gewicht zukommt, und – je nachdem, ob die Gesetzmäßigkeit oder der Vertrauensschutz überwiegt – die Rücknahme (ganz oder teilweise) zu bejahen oder zu verneinen.

Vgl. zum Grundsatz des Vertrauensschutzes *Haueisen,* Zum Problem des Vertrauensschutzes im Verwaltungsrecht, DVBl. 1964, 710 ff.; *Ossenbühl,* Vertrauensschutz im sozialen Rechtsstaat, DÖV 1972, 25 ff.; *Grabitz,* Vertrauensschutz als Freiheitsschutz, DVBl. 1973, 675 ff.; *W. Schmidt,* „Vertrauensschutz" im öffentlichen Recht, JuS 1973, 529 ff.; *Kisker/Püttner,* Vertrauensschutz im Verwaltungsrecht, Referate mit Diskussion, VVDStRL 32 (1974) S. 149 ff.; *K. Lange,* Probleme des Vertrauensschutzes im Verwaltungsrecht, WiVerw 1979, 15 ff.; *Weber-Dürler,* Vertrauensschutz im öffentlichen Recht, 1983; *Maurer,* Kontinuitätsgewähr und Vertrauensschutz, HStR III S. 211 ff.; *Roellecke,* Vertrauensschutz als Rechtskritik, Festschrift für P. Schneider, 1990, S. 409 ff.; *Bullinger,* Vertrauensschutz im deutschen Verwaltungsrecht in historischkritischer Sicht, JZ 1999, 905 ff.; *Blanke,* Vertrauensschutz im deutschen und europäischen Verwaltungsrecht, 2000; *A. Leisner,* Kontinuitätsgewähr als Verfassungsprinzip, 2002; *K.-A. Schwarz,* Vertrauensschutz als Verfassungsprinzip, 2002; *Pezzer* (Hg.), Vertrauensschutz im Steuerrecht, DStJG Bd. 27, 2004.

c) Von dieser Basis aus entwickelte das *BVerwG* eine differen-   **23**
zierte *Rücknahmerechtsprechung*. Wenn auch nach Ansicht des
BVerwG auf die jeweiligen Umstände des Einzelfalls abzustellen ist,
so haben sich doch gewisse durchgehende Konturen herausgebildet, so daß man von einer in sich geschlossenen Rücknahmelehre
des BVerwG sprechen kann (vgl. die Nachweise oben Rn. 21).
Sie hat zwar durch die gesetzliche Regelung der Rücknahme in
§ 48 VwVfG ihre unmittelbare Aktualität weitgehend verloren,
soll aber im folgenden doch noch kurz dargestellt werden, weil
sie zum einen die Basis dieser Regelung bildet (vgl. unten
Rn. 27) und zum anderen immer dann maßgeblich ist, wenn das
VwVfG nicht zur Anwendung kommt und auch keine Spezialvorschrift besteht (vgl. *BVerwGE* 71, 261, 262 zum Lastenaus-
gleichsrecht).

Der rechtswidrige begünstigende Verwaltungsakt darf nur zurückgenommen
werden, wenn der Grundsatz des Vertrauensschutzes nicht entgegensteht.
Vertrauensschutz ist dann anzunehmen, wenn (1) der Begünstigte auf den
Bestand des Verwaltungsaktes vertraut hat, (2) sein Vertrauen schutzwürdig ist
und (3) sein Vertrauensinteresse gegenüber dem öffentlichen Interesse an der
Wiederherstellung der Gesetzmäßigkeit überwiegt. Die Schutzwürdigkeit des
Vertrauens ist zu verneinen, (a) wenn der Begünstigte den Verwaltungsakt
erschlichen oder durch sonstige unlautere Mittel erwirkt hat oder (b) wenn er
die Rechtswidrigkeit kannte oder kennen mußte oder (c) wenn die Rechtswidrigkeit in seinem Verantwortungsbereich liegt (etwa weil er falsche Angaben machte, wobei es unerheblich ist, ob ihn dabei ein Verschulden trifft oder
nicht). Ferner wird in der Regel Vertrauensschutz nur gewährt, wenn der
Begünstigte sein Vertrauen „betätigt" hat, indem er entsprechende Maßnahmen oder Dispositionen getroffen hat (*BVerwGE* 24, 294, 296; vgl. aber auch
– noch zweifelnd – *BVerwGE* 48, 87, 93). Die Abwägung führt bei Verwaltungsakten mit Dauerwirkung regelmäßig dazu, daß der Verwaltungsakt
zwar ex nunc, nicht aber ex tunc zurückgenommen werden darf. Ausnahmsweise kann aber auch eine Rücknahme ex nunc unzulässig sein, nämlich
dann, wenn der Begünstigte seine Lebensverhältnisse im Vertrauen auf den
Bestand des Verwaltungsakts einschneidend, dauernd und nicht mehr korri-
gierbar umgestellt hat (so *OVG Berlin* aaO. und *BVerwGE* 9, 251, 254f.:
Übersiedlung aus der DDR nach West-Berlin; vgl. ferner *BVerwGE* 36, 252,
255: Fortzahlung einer Ausbildungsbeihilfe). Eine entsprechende Differenzierung kommt bei Verwaltungsakten in Betracht, die zwar eine einmalige Leistung zum Gegenstand haben, aber bislang nur teilweise vollzogen worden sind
(Teilrücknahme, vgl. *BVerwGE* 10, 308). In neueren Entscheidungen wird
schließlich noch darauf abgestellt, ob die Rücknahme für den Begünstigten
„zumutbar" ist (vgl. *BVerwGE* 40, 147, 149). Zusammenfassend zuletzt
BVerwG NVwZ 1989, 143.

24   Die Rücknahmegrundsätze des *BVerwG* beziehen sich vor allem
auf Verwaltungsakte, die Geldleistungen zum Gegenstand haben
(Besoldungsbezüge, Lastenausgleichsleistungen, Stipendien, Subventionen). Sie gelten aber nach Ansicht des *BVerwG* gleichermaßen auch für sonstige Verwaltungsakte, wenngleich diese wegen
ihrer meist spezialgesetzlichen Regelung in der Rechtsprechung
weniger in Erscheinung getreten sind.

> So etwa die Befreiung vom Wehrdienst (*BVerwGE* 29, 153), die Genehmi-
> gung einer privatrechtlichen Stiftung (*BVerwGE* 29, 314), die Feststellung der
> Staatsangehörigkeit (*BVerwGE* 41, 277), die Bodenverkehrsgenehmigung gem.
> § 19 BBauG (*BVerwGE* 48, 87; 54, 257), die Baugenehmigung (*BVerwGE* 49,
> 244, 249 f.).

25   d) Die Rechtsprechung des *BVerwG* hat in der *Literatur* überwiegend Zustimmung gefunden, ist aber auch zum Teil auf entschiedene Ablehnung gestoßen. Vor allem *Forsthoff* (VerwR S. 262 f.)
forderte eine unbedingte Beachtung des Grundsatzes der Gesetzmäßigkeit der Verwaltung und lehnte „einen Vertrauensschutz
contra legem" ab. Dem ist jedoch entgegenzuhalten, daß der Vertrauensschutz nicht „contra legem" gewährt wird, sondern verfassungsrechtlich verankert und geboten ist. Die Rechtsprechung des
BVerwG ist geradezu ein Musterbeispiel für eine verfassungsbezo-
gene Entwicklung und Entfaltung allgemeiner Grundsätze des
Verwaltungsrechts.

26   Verschiedentlich ist in der Literatur auch bemängelt worden,
daß die Rechtsprechung des *BVerwG* zu der starren Alternative des
Alles oder Nichts führe, da dem Begünstigten entweder durch die
Nichtrücknahme alles belassen oder durch die Rücknahme alles
genommen werde. Deshalb, so wurde gefordert, solle der Gesetzgeber eine elastischere Regelung treffen. Die Kritik beachtete freilich
nicht immer hinreichend, daß die Möglichkeit einer zeitlich und
sachlich beschränkten Rücknahme – gerade bei den in der Rechtsprechung im Vordergrund stehenden Verwaltungsakten finanziellen Inhalts – differenzierende Lösungen erlaubte. In einigen Fällen
gab es aber in der Tat nur die „Alles-oder-Nichts-Lösung".

27   e) *Der Gesetzgeber* hat sich weitgehend der Rechtsprechung des
BVerwG angeschlossen, zugleich aber auch die rechtspolitischen
Forderungen der Literatur aufgenommen. Die Rücknahmerege-

lung des § 48 VwVfG entspricht bezüglich der Voraussetzungen des Vertrauensschutzes der bisherigen Rechtsprechung, die deshalb auch bei Auslegungszweifeln herangezogen werden kann. Sie hält aber bei der Bejahung des Vertrauensschutzes differenzierende Lösungen bereit, da nicht nur – wie bislang – der Fortbestand des vertrauensgeschützten Verwaltungsakts, sondern auch – und das ist neu – seine Rücknahme gegen Entschädigung in Betracht kommt.

2. Die Rücknahmeregelung des § 48 VwVfG

a) *Überblick.* Nach der Grundregel des § 48 I 1 VwVfG, die für begünstigende und belastende Verwaltungsakte gilt, kann ein rechtswidriger Verwaltungsakt jederzeit ganz oder teilweise mit Wirkung nur für die Zukunft oder auch für die Vergangenheit zurückgenommen werden. Es liegt also im *Ermessen* der Behörde, ob, in welchem Umfang und mit welcher zeitlichen Wirkung sie einen Verwaltungsakt zurücknehmen will.   **28**

Diese sog. freie Rücknehmbarkeit („frei" allerdings nur im Rahmen der Ermessensbindungen) wird jedoch gerade für begünstigende Verwaltungsakte durch die Abs. 2 und 3 des § 48 VwVfG im Interesse des Vertrauensschutzes erheblich *eingeschränkt*. Dabei sind zwei Gruppen von Verwaltungsakten zu unterscheiden, nämlich
– Verwaltungsakte, die eine einmalige oder laufende Geldleistung oder teilbare Sachleistung gewähren oder hierfür Voraussetzung sind (im folgenden: Leistungsbescheide),
– alle übrigen Verwaltungsakte (im folgenden: sonstige Verwaltungsakte).

Vgl. zu dieser Unterscheidung bereits die Hinweise zur Rechtsprechung des *BVerwG* (oben Rn. 24). Leistungsbescheide sind z.B. die Bewilligung von Stipendien und Subventionen, die Festsetzung des Besoldungsdienstalters als Voraussetzung einer Geldleistung und die Bescheinigung, die Voraussetzung einer Steuer- oder Abgabenbefreiung ist (*BVerwGE* 104, 289, 301). – Sonstige Verwaltungsakte sind Genehmigungen, Beurkundungen, die Verleihung der Staatsangehörigkeit. Vgl. in diesem Zusammenhang auch *BVerwGE* 85, 79, der die Einziehung des Vertriebenenausweises und damit die Rücknahme der Feststellung des Vertriebenenstatus teils an Abs. 3 und teils an Abs. 2 des § 48 VwVfG mißt, was allerdings auf die zu enge Auslegung des Abs. 3 zurückzuführen ist (S. 84).

Die in Abs. 2 geregelten Leistungsbescheide dürfen bei schutz-
würdigem Vertrauen *nicht* zurückgenommen werden. Die in Abs. 3
geregelten sonstigen Verwaltungsakte dürfen zwar bei schutzwürdi-
gem Vertrauen zurückgenommen werden, der Betroffene erhält aber
Entschädigung für den dadurch entstandenen Vermögensnachteil.

Üblicherweise wird gesagt, daß bei Leistungsbescheiden *Bestandsschutz,* bei
den sonstigen Verwaltungsakten dagegen nur *Vermögensschutz* gewährt werde.
Das ist indessen nur formell, nicht auch sachlich richtig. Der Gesetzgeber
verfolgt die Tendenz, grundsätzlich nur den Vertrauensschaden zu ersetzen.
Bei Leistungsbescheiden läßt sich dies durch Verrechnung im Wege der Teilrücknahme erreichen; es wird kein voller Bestandsschutz, sondern nur Bestandsschutz nach Maßgabe des schutzwürdigen Vertrauens zur Verhinderung
eines Vertrauensschadens gewährt, vgl. dazu näher *Maurer,* Festschrift für den
Boorberg-Verlag, S. 236 ff.; ähnlich *BVerwGE* 104, 289, 300 f.

29　　b) *Voraussetzung des Vertrauensschutzes* ist, daß der Begünstigte auf
den Bestand des Verwaltungsaktes vertraut hat und sein Vertrauen
unter Abwägung mit den öffentlichen Interessen an einer Rücknahme schutzwürdig ist. Diese noch sehr allgemeine Formel des
Satz 1 des § 48 II VwVfG wird in den folgenden Sätzen dieser
Vorschrift durch positive und negative Beispiele konkretisiert und
präzisiert.

§ 48 II VwVfG regelt nur die Leistungsbescheide. Für die sonstigen Verwaltungsakte des § 48 III VwVfG gilt aber insoweit Entsprechendes: Lediglich
der Bezugspunkt verschiebt sich, da es nicht mehr um die Rücknahme, sondern um die Geldentschädigung geht.

Zweckmäßigerweise werden die folgenden Fragen in der angegebenen Reihe geprüft. Wird eine der Fragen verneint bzw. ein
Ausschlußgrund nach bb) bejaht, dann entfällt Vertrauensschutz,
ohne daß auf die folgenden Punkte noch eingegangen werden
müßte (in einem Gutachten mag es angebracht sein, hilfsweise
auch die übrigen Fragen zu prüfen).

30　　aa) Hat der Begünstigte tatsächlich auf den Verwaltungsakt vertraut? Das ist z. B. zu verneinen, wenn er den Verwaltungsakt
überhaupt nicht gekannt hat.

31　　bb) Liegt ein Ausschlußgrund des Satz 3 vor? Das ist dann der
Fall, wenn der Begünstigte
1. den Verwaltungsakt durch arglistige Täuschung, Drohung oder
　Bestechung erwirkt hat;

2. den Verwaltungsakt durch Angaben erwirkt hat, die in wesentlicher Beziehung unrichtig oder unvollständig waren;

3. die Rechtswidrigkeit des Verwaltungsaktes kannte oder infolge grober Fahrlässigkeit nicht kannte.

Zu 2.: Nach der Rechtsprechung des *BVerwG* wurde Vertrauensschutz abgelehnt, wenn die Rechtswidrigkeit des Verwaltungsakts in den *Verantwortungsbereich* des Begünstigten fiel, also dem Begünstigten objektiv zuzurechnen war. Das galt vor allem dann, wenn die Rechtswidrigkeit auf falschen Angaben des Begünstigten beruhte. Dem entspricht § 48 II 3 Nr. 2 VwVfG. Es kommt allein darauf an, ob der Betroffene objektiv falsche Angaben machte und diese Angaben für die Rechtswidrigkeit des Verwaltungsaktes kausal geworden sind; dagegen ist es unerheblich, ob ihn insoweit ein Verschulden trifft, ob er also die Unrichtigkeit seiner Angaben kannte oder kennen mußte (*BVerwGE* 74, 357, 364; 78, 139, 142f.). Wenn die falschen Angaben jedoch von der Behörde veranlaßt wurden, etwa durch irreführende Antragsformulare, dann fällt die Rechtswidrigkeit in deren Verantwortungsbereich mit der Folge, daß der Ausschlußgrund Nr. 2 nicht eingreift (vgl. dazu *BVerwGE* 10, 12, 15). In zweifelhaften Fällen muß allerdings bei der Behörde nachfragen (*BVerwGE* 105, 354, 361). Nach *BVerwGE* 74, 357, 364 soll bei unrichtigen Angaben des Begünstigten der Vertrauensschutz auch dann nicht eingreifen, wenn die Behörde für die Rechtswidrigkeit des Verwaltungsaktes eine Mitverantwortung trifft; der Rücknahme soll jedoch in diesem Fall u. U. der Einwand der unzulässigen Rechtsausübung gem. § 242 BGB entgegenstehen. Das ist ein unnötiger Umweg, da dieser Gesichtspunkt bereits bei der Abwägung zwischen dem Vertrauensinteresse und dem Rücknahmeinteresse zu berücksichtigen ist.

cc) Hat der Begünstigte die gewährten Leistungen verbraucht **32** oder Vermögensdispositionen getroffen, die er nicht mehr oder nur unter unzumutbaren Nachteilen rückgängig machen kann? Liegt eine solche Betätigung oder Manifestation des Vertrauens vor, dann ist in der Regel Vertrauensschutz zu gewähren. Andererseits schließt eine fehlende Vertrauensbetätigung Vertrauensschutz nicht generell, aber doch im Regelfall aus, weil dann auch kein Vertrauensschaden vorliegt.

Beispiele: Der Begünstigte hat mit den bewilligten Geldmitteln Anschaffungen gemacht, mit dem Bau einer genehmigten Anlage begonnen usw. Bei wiederkehrenden Leistungen, die dem Lebensunterhalt dienen, etwa Besoldungsbezügen, Renten, Stipendien usw., ist der Verbrauch im Regelfall ohne weiteres anzunehmen (*BVerwGE* 8, 261, 269; 19, 188, 191). – Ausnahmsweise kann auch der Verbrauch im Vorgriff auf einen angekündigten Verwaltungsakt Vertrauensschutz begründen (vgl. *OVG Hamburg* NVwZ 1988, 73).

dd) Überwiegt das Vertrauensinteresse des Begünstigten? Bei der **33** Abwägung kommt es auf die konkreten Umstände und ihr Gewicht im Einzelfall an, etwa die Auswirkungen der Rücknahme für den Begünstigten, die Folgen der Nichtrücknahme für die Allgemeinheit und Dritte, die Art und das Zustandekommen des Verwaltungsakts (je förmlicher das Verwaltungsverfahren ausgestaltet ist, desto mehr darf der Begünstigte auf den Bestand des Verwaltungsakts vertrauen), die Schwere der Rechtswidrigkeit, die seit dem Erlaß des Verwaltungsakts verstrichene Zeit. Die Abwägung kann zu einer sachlich oder zeitlich beschränkten Rücknahme führen. Bei Verwaltungsakten mit Dauerwirkung, insbesondere solchen, die wiederkehrende Geldleistungen zum Gegenstand haben, führt die Abwägung in der Regel dazu, daß der Verwaltungsakt zwar nicht ex tunc, aber ex nunc zurückgenommen werden darf. Ausnahmsweise kann aber auch bei solchen Verwaltungsakten eine Rücknahme insgesamt ausgeschlossen sein (vgl. die Beispiele aus der früheren Rechtsprechung, oben Rn. 23). Ferner ist es möglich, daß die Abwägung zu einem zeitlich begrenzten Fortbestand des Verwaltungsaktes pro futuro führt.

Beispiel: W erhält durch Bescheid vom 1. 2. Wohngeld bewilligt. Er mietet daraufhin zum 1. 3. eine teurere, aber seinen Verhältnissen noch angemessene Wohnung, die er nur mit dem Wohngeld finanzieren kann. Am 1. 6. nimmt die Behörde den Bescheid wegen Rechtswidrigkeit (gem. § 45 I, II SGB X, der § 48 I, II VwVfG entspricht) zurück. Im Blick auf die Umstände des Einzelfalls kann es gerechtfertigt sein, wenn der Bescheid nicht ex tunc, auch nicht ex nunc, sondern mit Wirkung zum 31. 12. zurückgenommen wird mit der Folge, daß W bis zu diesem Zeitpunkt Wohngeld erhält, um sich in der Zwischenzeit wieder auf die neuen (oder genauer: früheren) Verhältnisse einzustellen. Dieses Beispiel zeigt zugleich, daß bei Leistungsbescheiden durch eine zeitlich oder sachlich beschränkte Rücknahme variable, dem jeweiligen schutzwürdigen Vertrauen angepaßte Lösungen erreicht werden können.

Auch bei *privatrechtsgestaltenden Verwaltungsakten,* deren Wirkung eingetreten ist, ist − entgegen früher vertretener Auffassung − die Rücknahme nicht schlechthin ausgeschlossen. Ihre besondere Wirkung, insbesondere für Dritte und den allgemeinen Rechtsverkehr, läßt die Waagschale aber stark zugunsten der Aufrechterhaltung ausschlagen, vgl. *BVerwGE* 54, 257 (Bodenverkehrsgenehmigung); *BayVGH* NVwZ 1992, 992 (Teilungsgenehmigung).

34   c) *Folge der Anerkennung des Vertrauensschutzes* ist, daß Leistungsbescheide gem. Abs. 2 *nicht* und die sonstigen Verwaltungsakte gem. Abs. 3 *nur gegen Entschädigung* zurückgenommen werden dürfen, soweit (!) das überwiegende schutzwürdige Vertrauen reicht. Die Abs. 2 und 3 enthalten nur ein Rücknahmeverbot bzw. ein

Entschädigungsgebot; sie regeln die Rücknehmbarkeit nicht abschließend. Im übrigen bleibt es bei der Ermessensregelung des Abs. 1.

Die Behörde kann daher von der Rücknahme trotz fehlenden schutzwürdigen Vertrauens absehen (etwa in unbedeutenden Fällen), wenngleich der nun vordringende Grundsatz der Gesetzmäßigkeit dafür wenig Raum läßt. Sie kann ferner bei bestehendem schutzwürdigen Vertrauen von der Rücknahme eines nach § 48 I, III VwVfG rücknehmbaren Verwaltungsaktes absehen, wenn das Interesse des Begünstigten am Fortbestand des Verwaltungsaktes auch im Blick auf die Entschädigung überwiegt, insbesondere wenn die Geldentschädigung keinen oder keinen hinreichenden Ausgleich zu vermitteln vermag (so auch *Göldner,* DÖV 1979, 809 ff.; *Schenke,* DÖV 1983, 322 f.; inzidenter wohl auch *BVerfGE* 59, 128, 166 ff., vgl. dazu *Pieroth,* JZ 1984, 978; a. A. *Frotscher,* DVBl. 1976, 285 f.; *Erichsen,* VerwArch. 69, 1978, S. 307 f.; *ders.,* VerwR § 17 Rn. 22 f. m. w. N.; *OVG Münster* DVBl. 1980, 885, dessen Entscheidung jedoch schon deshalb auf Bedenken stößt, weil der „Widerrufsvorbehalt" der Behörde nicht hinreichend gewürdigt wird).

Die Entschädigungsregelung des § 48 III VwVfG engt den Spielraum der Behörde nicht ein, sondern weitet ihn aus: Anstatt der bisherigen Alternative: Nichtrücknahme oder Rücknahme gibt es nun drei Möglichkeiten: Nichtrücknahme, Rücknahme gegen Entschädigung, Rücknahme.

3. Abwicklung

a) *Zuständigkeit.* In der Regel ist die Behörde für die Rücknahme zuständig, die den Verwaltungsakt erlassen hat. Problematisch wird dies freilich dann, wenn der Verwaltungsakt gerade deshalb rechtswidrig ist, weil eine unzuständige Behörde gehandelt hat. In diesem Fall ist die Behörde zuständig, die zum Zeitpunkt der Rücknahmeentscheidung für den Erlaß des aufzuhebenden Verwaltungsaktes zuständig wäre, so für die örtliche Zuständigkeit *BVerwG* NVwZ-RR 1996, 538 und für die sachliche Zuständigkeit *BVerwGE* 110, 226, 231 f. Zur Frage, wer für die Rücknahme eines Widerspruchsbescheids zuständig ist (die Ausgangsbehörde oder die Widerspruchsbehörde?), vgl. *BVerwG* DVBl. 2002, 1045; ferner *Uhle,* Zur Bindungswirkung des Widerspruchsbescheides, NVwZ 2003, 811 ff.

b) *Rücknahmefrist.* § 48 IV VwVfG legt eine Rücknahmefrist von einem Jahr fest, sofern der Verwaltungsakt nicht durch arglistige

35

35 a

Täuschung, Drohung oder Bestechung erwirkt worden ist. Diese Fristbestimmung ist zu einer der umstrittensten Vorschriften des VwVfG geworden. Sie hat eine Vielzahl von Stellungnahmen in der Literatur und in der Rechtsprechung ausgelöst und schließlich zu einer Entscheidung des *Großen Senats des BVerwG* geführt (*BVerwGE* 70, 356), die ihrerseits wiederum auf Kritik in der Literatur gestoßen ist, aber nunmehr die Rechtsprechung bestimmt. Der Streit über die Auslegung des § 48 IV VwVfG betrifft drei Fragen, nämlich (1) den Anwendungsbereich dieser Vorschrift, (2) den Fristbeginn und (3) den Behördenbegriff.

(1) *Anwendungsbereich:* § 48 IV VwVfG kommt jedenfalls zur Anwendung, wenn der Behörde nach Erlaß des Verwaltungsaktes Tatsachen (Fakten) bekannt werden, die die Rechtswidrigkeit des Verwaltungsaktes indizieren. Strittig ist jedoch, ob er auch eingreift, wenn die Behörde zwar vom zutreffenden Sachverhalt ausgegangen ist, aber später erkennt, daß sie das Recht falsch ausgelegt oder angewendet hat und der Verwaltungsakt deshalb rechtswidrig ist (Rechtsanwendungsfehler). Dies wurde vom *BVerwGE* 66, 61 bejaht, von einigen Oberverwaltungsgerichten dagegen verneint mit der Folge, daß bei Rechtsanwendungsfehlern keine Fristbestimmung gilt und daher der Verwaltungsakt unbefristet zurückgenommen werden kann. Die Literatur ist ebenfalls gespalten. Der *Große Senat* hat sich der weiten, auch die fehlerhafte Rechtsanwendung einbeziehenden Auslegung angeschlossen (*BVerwGE* 70, 356, 357 ff.).

(2) *Fristbeginn:* Nach einer, früher auch vom *BVerwG* (*BVerwGE* 66, 61) vertretenen Ansicht beginnt die Frist, wenn die Behörde die zutreffenden Tatsachen (!) kennt, also bei Rechtsanwendungsfehlern bereits mit Erlaß des Verwaltungsaktes. Nach anderer Auffassung beginnt die Frist, wenn die Behörde Kenntnis von der Rechtswidrigkeit des Verwaltungsaktes erhält, d.h. von den Tatsachen oder Umständen, die die Rechtswidrigkeit des Verwaltungsaktes begründen. Nach einer dritten, auch vom *Großen Senat* vertretenen Auffassung beginnt die Frist darüber hinaus erst dann zu laufen, wenn die Behörde alle für die Rücknahmeentscheidung maßgeblichen Tatsachen kennt, wenn sie also auch die für die Gewährung von Vertrauensschutz und die Ermessensabwägung relevanten Tatsachen ermittelt hat (*BVerwGE* 70, 356, 362 ff.). Folgt man der zuletzt genannten Ansicht, dann handelt es sich nicht um eine (nach Kenntnis der Rechtswidrigkeit beginnende) Bearbeitungsfrist, sondern um eine (nach Aufklärung aller Tatsachen beginnenden) Entscheidungsfrist.

(3) *Behördenbegriff:* Strittig ist schließlich, ob es für die Kenntniserlangung auf die Behörde oder – enger – auf den behördenintern zuständigen Amtswalter ankommt. Der *Große Senat* schließt sich der engeren Auffassung an (*BVerwGE* 70, 356, 364).

Eine eingehende Auseinandersetzung mit den verschiedenen Auffassungen, die nur grob skizziert unter Vernachlässigung weiterer Nuancierungen dargestellt werden konnten, ist hier nicht möglich. Nur so viel ist zu bemerken: (1) § 48 IV VwVfG beschränkt sich schon seinem Wortlaut nach auf die nachträgliche Kenntnis von Tatsachen. Bei Rechtsanwendungsfehlern ist der Bürger jedoch nicht weniger schutzwürdig, so daß sich insoweit eine entsprechende Anwendung dieser Vorschrift anbietet. (2) Die Auffassung, daß die Frist erst nach Kenntnis aller rücknahmerelevanten Tatsachen beginne, also keine Bearbeitungsfrist, sondern eine Entscheidungsfrist sei, widerspricht, wenn nicht schon dem Wortlaut, so doch zumindest dem Sinn des § 48 IV VwVfG. Die Fristbestimmung soll dem Schutz des Bürgers dienen und die Rücknahme zeitlich begrenzen. Dieser Zweck wird nicht erreicht, wenn der Behörde keine Bearbeitungsfrist, sondern nur eine Entscheidungsfrist gesetzt wird, ganz abgesehen davon, daß sie dann jederzeit durch neue Ermittlungen die Frist erneut in Gang setzen und damit die Fristbestimmung unterlaufen könnte. Die strikte Trennung zwischen Bearbeitung und Entscheidung ist ohnehin verfehlt; die Bearbeitung erfolgt im Blick auf die anvisierte Entscheidung, und bei der Entscheidungsfindung tauchen möglicherweise Gesichtspunkte auf, die neue Ermittlungen erforderlich machen. In Wirklichkeit handelt es sich um einen einheitlichen Prozeß mit fortschreitender Schwerpunktverlagerung. Es ist daher anzunehmen, daß die Frist dann zu laufen beginnt, wenn die Behörde erkennt, daß der Verwaltungsakt aus tatsächlichen oder rechtlichen Gründen rechtswidrig ist, und damit vor der Frage der Rücknahme steht. (3) Bezüglich der Kenntniserlangung ist auf die Behörde und nicht auf den zuständigen Sachbearbeiter abzustellen. Nach den allgemeinen Regeln, von denen auch das VwVfG durchgehend ausgeht, tritt die Behörde im Verhältnis zum Bürger als Einheit auf. Das muß − mangels anderweitiger Vorschrift − folgerichtig auch für die Fristbestimmung des § 48 IV VwVfG gelten. Es ist Sache der behördeninternen Organisation, dafür zu sorgen, daß die Informationen innerhalb der Behörden funktionieren. Dem Bürger können etwaige Reibungsverluste nicht angelastet werden.

Vgl. BVerwGE 70, 356 (Entsch. des Großen Senats), unmittelbar dazu *Kopp*, DVBl. 1985, 525 ff.; *Weides*, DÖV 1985, 431 ff.; *Schoch*, NVwZ 1985, 880 ff.;

Hendler, JuS 1985, 947 ff.; *Burianek,* Jura 1985, 518 ff.; *Kellermann,* VBlBW 1988, 46 ff.; ferner aus der neueren Rechtsprechung und Literatur: *BVerwGE* 100, 199, 201 f. (zweiter Rücknahmebescheid); *BVerwGE* 106, 328, 332 ff. (gemeinschaftsrechtswidriger Subventionsbescheid); *BVerwGE* 110, 226, 233 f. (für die Kenntnisnahme maßgebende Behörde); *BVerwG* NVwZ 1986, 119 (fehlerhafte Rechtsanwendung); *BSG* DVBl. 1994, 1247 (Information durch Dritten); *BSG* NVwZ 1996, 1248 (maßgebend sind nur konkrete, nicht künftige Ereignisse); *Kopp,* DVBl. 1990, 663 ff.; *Erichsen,* Jura 1991, 386 ff.; *Stadie,* DÖV 1992, 247 ff.; *Frohn,* SGb 1997, 180 ff. – Zur Diskussion *vor* der Entscheidung des *BVerwG* (Großer Senat) vgl. die 4. Aufl. dieses Buches (§ 11 Rn. 35) m. w. N.

Zusammenfassend ist festzustellen, daß nach der nunmehr st. Rspr. des *BVerwG* die einjährige Rücknahmefrist erst dann beginnt, wenn die zuständige Behörde die Rechtswidrigkeit des Verwaltungsaktes erkannt hat und ihr (nach entsprechender Aufklärung) alle für die Rücknahmeentscheidung erheblichen Tatsachen vollständig bekannt sind.

Es ist allerdings möglich, daß sich die Behörde bei Vorliegen besonderer Umstände – nach dem *Grundsatz von Treu und Glauben* und dem sich daraus ergebenden Gesichtspunkt der *Verwirkung* – nicht mehr auf die (ziemlich lange und von ihrem Verhalten abhängige) Rücknahmefrist berufen kann. Das ist dann der Fall, wenn der Bürger (1) zu dem Schluß kommen durfte, die Behörde werde den rechtswidrigen Verwaltungsakt nicht mehr zurücknehmen, (2) darauf auch tatsächlich vertraute und entsprechend disponierte und (3) durch die gleichwohl erfolgende Rücknahme einen unzumutbaren Nachteil erleiden würde (so *BVerwGE* 110, 226, 236).

36   c) *Rückerstattung.* Die Folgen der Rücknahme von Verwaltungsakten mit Wirkung für die Vergangenheit regelt der 1996 eingefügte § 49 a VwVfG, der in gleicher Weise auch für den Widerruf und die Unwirksamkeit eines Verwaltungsakts infolge Eintritts einer auflösenden Bedingung gilt. Danach sind die aufgrund des zurückgenommenen Verwaltungsaktes erbrachten Leistungen zu erstatten. § 49 a I VwVfG bildet einen gesetzlich geregelten Unterfall des allgemeinen Erstattungsanspruchs (vgl. dazu unten § 29 Rn. 20 ff.). Die Verwaltung ist grundsätzlich verpflichtet, den Erstattungsanspruch geltend zu machen; sie kann aber in besonders gelagerten Fällen – etwa wenn eine sofortige und uneingeschränkte Rückforderung das subventionierte Unternehmen in Konkurs treiben würde – Erleichterungen gewähren (Ratenzahlung, Stundung) oder sogar ganz von der Rückforderung absehen. Wird der

Verwaltungsakt nur teilweise zurückgenommen, dann beschränkt sich der Erstattungsanspruch selbstverständlich auf den zurückgenommenen Teil. Im übrigen richtet sich der Umfang der Erstattung nach den Vorschriften des BGB über die Herausgabe einer ungerechtfertigten Bereicherung.

Die Bezugnahme auf die BGB-Vorschriften ist eine Rechtsfolgen-, keine Rechtsgrundverweisung. In Betracht kommen die §§ 818, 819, 820, 822 BGB. Der Betroffene kann gem. § 818 III BGB den Wegfall der Bereicherung geltend machen, womit noch einmal „Vertrauensschutz" gewährt wird (vgl. dazu *BVerwGE* 25, 72, 81 f.; aber auch *BVerwGE* 50, 265, 273). § 49 a II 2 VwVfG schränkt allerdings – als lex specialis zu § 819 I BGB – die Einrede des Wegfalls der Bereicherung stärker ein; sie scheidet nicht nur bei Kenntnis, sondern auch bei grobfahrlässiger Unkenntnis der die Rücknahme begründenden Umstände aus. Für die Verzinsung gelten die Sonderregelungen des § 49 a III VwVfG.

Die zu erstattende Leistung oder – anders gewendet – der Erstattungsanspruch der Verwaltung ist gem. § 49 a I 2 VwVfG *durch Verwaltungsakt* geltend zu machen. Damit ist auch die umstrittene Frage, ob und inwieweit Leistungsansprüche der Verwaltung durch Verwaltungsakt festgesetzt werden können (vgl. oben § 10 Rn. 7 b), für diesen Bereich positiv-rechtlich entschieden. Die Rücknahme des Verwaltungsaktes und die Rückforderung der erbrachten Leistungen sind zwar aufeinander bezogen, aber gleichwohl rechtlich verschiedene Verwaltungsakte, die dementsprechend auch rechtlich jeweils selbständig zu beurteilen sind. Das gilt auch dann, wenn sie – was rechtlich zulässig ist – äußerlich in *einem* Bescheid zusammengefaßt werden.

Vgl. zur Unterscheidung von Rücknahme und Rückforderung *BVerwG* NJW 1992, 328. Fordert die Behörde durch Bescheid die Rückzahlung einer aufgrund eines rechtswidrigen Verwaltungsaktes gewährten Geldleistung, so ist im Zweifel anzunehmen, daß sie damit zugleich auch den der Leistung zugrunde liegenden Verwaltungsakt zurücknehmen wollte, so zutr. *BVerwGE* 67, 305, 313.

d) Die *Entschädigung* bei vertrauensgeschützten sonstigen Verwaltungsakten gem. § 48 III VwVfG bezieht sich auf den Vermögensnachteil, den der Betroffene dadurch erleidet, daß er auf den Bestand des Verwaltungsaktes vertraut hat, darf aber über den Betrag des Interesses nicht hinausgehen, das der Betroffene an dem Bestand des Verwaltungsaktes hat. Es wird also nur das sog. ne-   37 gative oder Vertrauensinteresse ersetzt (entspr. § 122 BGB), das positive oder Erfüllungsinteresse bildet jedoch die Obergrenze der Entschädigung. Die Entschädigung muß von dem Betroffenen beantragt werden; die Behörde hat auf die Entschädigungsmöglichkeit hinzuweisen.

Beispiel: Die Behörde nimmt die dem A gem. §§ 4 ff. BImSchG erteilte Anlagengenehmigung wegen Rechtswidrigkeit zurück, auf deren Bestand der A vertraut hat und vertrauen durfte. A kann – je nachdem, ob der Bau der Anlage bereits begonnen hat oder schon beendet ist – Erstattung der Planungskosten, der Kosten, die durch die Auflösung der mit Baufirmen geschlossenen Verträge entstehen, der Baukosten selbst usw. verlangen. Er erhält aber nicht mehr, als die Anlage objektiv wert ist.

38   e) *Rechtsweg.* Der Erstattungsanspruch der Verwaltung gem. §§ 48 II, 49 a VwVfG einschließlich der Zinsansprüche sowie der Ausgleichsanspruch des Bürgers gem. § 48 III VwVfG sind öffentlich-rechtlicher Natur, für die mangels anderer gesetzlicher Regelungen der Verwaltungsrechtsweg gem. § 40 I VwGO gegeben ist.

Die Frage, wie der Ausgleichsanspruch des § 48 III VwVfG eigentumsrechtlich zu beurteilen ist, ist strittig, sofern sie überhaupt diskutiert wird. Frühere Stellungnahmen (vgl. etwa *Maurer,* Festschrift für den Boorberg-Verlag, 1977, S. 247 ff.) sind durch die neuere eigentums- und enteignungsrechtliche Dogmatik überholt. Der Ausgleichsanspruch dürfte danach einen Fall der ausgleichspflichtigen Inhaltsbestimmung gem. Art. 14 I 2 GG darstellen (vgl. dazu unten § 27 Rn. 79 ff.). Etwaige Ansprüche aus Amtshaftung und enteignungsgleichem Eingriff werden durch den Ausgleichsanspruch des § 48 III VwVfG nicht ausgeschlossen. Vgl. dazu auch *Kopp/Ramsauer,* VwVfG, § 48 Rn. 140 m. w. N.

4. Rücknahme gemeinschaftsrechtswidriger Verwaltungsakte

38 a   Da sich der Vollzug des europäischen Gemeinschaftsrechts nach nationalem Recht bestimmt, soweit nichts anderes geregelt ist, richtet sich die Rücknahme gemeinschaftsrechtswidriger Verwaltungsakte deutscher Behörden grundsätzlich nach § 48 VwVfG. Allerdings darf auch diese Vorschrift nicht isoliert betrachtet werden, sondern muß im Kontext des Gemeinschaftsrechts und seiner Anforderungen gesehen werden. Das illustriert die Rücknahme von Beihilfebescheiden, die gegen Art. 87, 88 EGV (früher Art. 92, 93 EGV) verstoßen. Beihilfen i. S. dieser Bestimmungen sind Subventionen, aber – darüber hinausgehend – auch sonstige Vergünstigungen (vgl. dazu § 17

Rn. 35). Nach Art. 87 EGV sind staatliche oder aus staatlichen
Mitteln gewährte Beihilfen an Privatunternehmen, die den Wettbewerb verfälschen oder verfälschen können und den Handel zwischen Mitgliedstaaten beeinträchtigen, mit dem Gemeinsamen
Markt unvereinbar und daher verboten, sofern kein in Art. 87 II,
III EGV näher bezeichneter Ausnahmefall vorliegt. Art. 88 III EGV
knüpft daran an und bestimmt, daß beabsichtigte Beihilfen durch
die nationalen Behörden bei der Europäischen Kommission ange-
meldet werden müssen und erst dann vergeben werden dürfen, wenn
deren Zulässigkeit von der Kommission festgestellt worden ist (sog.
Notifizierungsverfahren). Dementsprechend sind Beihilfebescheide,
die gegen Art. 87 III EGV verstoßen, materiell rechtswidrig, und
Beihilfebescheide, die gegen Art. 88 EGV verstoßen, formell rechtswidrig. Wenn die Kommission feststellt, daß die Beihilfe mit Art. 87
EGV nicht vereinbar und daher gemeinschaftswidrig ist, dann hat
die zuständige nationale Behörde den gleichwohl erlassenen Beihil-
febescheid aufzuheben oder abzuändern. Die Rechtsgrundlage
dafür bietet § 48 VwVfG.

Die Frage ist jedoch, ob die Rücknahmebeschränkungen des **38 b**
§ 48 VwVfG (Vertrauensschutz, Fristbestimmung, Ermessen) eingreifen. Zunächst ist zu prüfen, ob die Voraussetzungen des Vertrauensschutzes gem. § 48 II S. 1–3 VwVfG überhaupt vorliegen.
Wenn das zu verneinen ist, dann steht der Rücknahme insoweit
nichts im Wege. Wenn das dagegen zu bejahen ist, dann ist weiter
zwischen dem privaten Vertrauensinteresse und dem öffentlichen
Rücknahmeinteresse abzuwägen. Dabei verschieben sich nach der
Rechtsprechung des *EuGH* und des *BVerwG* sowie der ihr folgenden Literatur die Gewichte. *Für* die Rücknahme sprechen nicht
nur – wie auch sonst – das öffentliche Interesse an einer ordnungsgemäßen Haushaltswirtschaft und an der Gesetzmäßigkeit der Verwaltung, sondern auch – darüber hinaus – das öffentliche Interesse
an der Durchsetzung der gemeinschaftsrechtlichen Wettbewerbs-
ordnung und der Pflicht der Bundesrepublik zur Erfüllung des EG-
Vertrages. Sie überwiegen i. d. R. gegenüber dem Vertrauensinteresse des Begünstigten und rechtfertigen deshalb die Rücknahme.
Damit wird der Gedanke des Vertrauensschutzes nicht schlechthin ausgeschlossen, aber doch stark zurückgedrängt. Während die

Abwägung bei Verstoß gegen eine Vorschrift des deutschen Rechts
i.d.R. zugunsten des Begünstigten geht, verläuft sie bei Verstoß
gegen eine gemeinschaftsrechtliche Norm i.d.R. zu seinen Lasten.

38 c   Folgt man insoweit der Rechtsprechung und h.l., dann ist es
nur konsequent, daß für ein Rücknahme*ermessen* der Behörde kein
Raum mehr ist. Die weitere Frage, ob in diesen Fällen die Rücknahmefrist des § 48 IV VwVfG (ein Jahr) eingreift, ist vom *EuGH*
im Fall Alcan aufgrund einer Vorlage des *BVerwG* gem. Art. 234
EGV ebenfalls verneint worden (vgl. Rn. 38d). Gegen die Befristung spricht wiederum die Stringenz des Gemeinschaftsrechts;
zudem soll der Gefahr vorgebeugt werden, daß die nationalen
Behörden diese Frist bewußt verstreichen lassen, um die ihrer
Auffassung nach erforderlichen Subventionen in ihrem Lande doch
zu gewähren. Schließlich hat der *EuGH* aaO. ausgeführt, daß auch
der Grundsatz von Treu und Glauben (im Blick auf das Verhalten
der die Beihilfe bewilligenden Behörde) und der Einwand des
Wegfalls der Bereicherung beim Empfänger der Rückforderung
nicht entgegenstünden. § 48 VwVfG hat danach nur noch die
Funktion eines nationalrechtlichen „Durchsetzungshebels" für die
Verwirklichung der gemeinschaftsrechtlichen Rückforderungsan-
ordnung. Die Rechtsprechung des EuGH zu den Beihilfebescheiden verdient im Blick auf die eindeutigen formellen Anforderungen des Art. 88 EGV, der in der Regel schon die Entstehung von
Vertrauen bei den Empfängern ausschließen dürfte, durchaus Zustimmung. Sie darf aber nicht verallgemeinert werden. Daß der
Grundsatz des Vertrauensschutzes auch im Gemeinschaftsrecht und
beim mitgliedschaftlichen Vollzug des Gemeinschaftsrechts Bedeutung erlangt, ist allgemein, auch vom *EuGH,* anerkannt. Das
wird durch zwei spätere Urteile des *EuGH* bestätigt, die Vertrauensschutz bzw. den Wegfall der Bereicherung in Rücknahmefällen
anerkannten (*EuGH* EuZW 1998, 499 und 603).

38 d   Die Problematik der Rücknahme gemeinschaftsrechtswidriger Beihilfebescheide hat im Fall Alcan zu einer Reihe gerichtlicher Entscheidungen auf
allen Instanzen geführt, die im folgenden nach kurzer Darstellung des Sachverhalts im Zusammenhang vorgestellt werden sollen: Die Fa. Alcan betrieb in
Rheinland-Pfalz ein Aluminiumwerk. Sie geriet 1982 in finanzielle Schwierigkeiten und beabsichtigte, das Werk zu schließen und den etwa 330 Arbeit-
nehmern zu kündigen. Daraufhin erklärte sich die Landesregierung bereit, einen

Überbrückungskredit in Höhe von 8 Mio. DM zu gewähren. Durch Bescheide vom 9. 6. 1983 und 30. 11. 1983 wurden jeweils 4 Mio. DM bewilligt. Die
nach Art. 88 III EGV vorgeschriebene Unterrichtung der Kommission erfolgte
nicht. Die Kommission, die gleichwohl Kenntnis erhielt, stellte durch Entscheidung vom 14. 12. 1985 fest, daß die Beihilfe gegen Art. 87 I, 88 III EGV verstoße
und deshalb zurückgefordert werden müsse. Da diese Anordnung nicht befolgt
wurde, klagte die Kommission im Vertragsverletzungsverfahren gem. Art. 226
EGV beim *EuGH,* der durch Urteil vom 2. 2. 1989 entschied, daß die Bundesrepublik gegen ihre Verpflichtung aus dem EG-Vertrag verstoßen habe.
Nunmehr nahm die Landesregierung durch Bescheid vom 26. 9. 1989 die Bewil-
ligungsbescheide von 1983 zurück und verlangte die Rückzahlung der 8 Mio.
DM. Der Fall hat die Gerichte aller Instanzen beschäftigt: Die Alcan klagte
beim *VG Mainz,* das den Rücknahmebescheid aufhob (EuWZ 1990, 389). Die
Berufung des Landes beim *OVG Koblenz* blieb erfolglos. Die Revision des
Landes beim *BVerwG* führte zunächst zur Vorlage beim *EuGH* gem. Art. 234
EGV, da das *BVerwG* zwar bereits früher in einer anderen Sache entschieden
hatte, daß die Behörde in diesen Fällen aus gemeinschaftsrechtlichen Gründen
grundsätzlich zur Rücknahme verpflichtet sei (*BVerwGE* 92, 81), aber noch
drei Gesichtspunkte für klärungsbedürftig hielt, nämlich die Anwendbarkeit
der Rücknahmefrist des § 48 IV VwVfG, den Wegfall der Bereicherung gem.
Art. 48 II VwVfG in Vbg. mit § 818 III BGB und den Verstoß gegen Treu
und Glauben (*BVerwG,* Beschluß v. 28. 9. 1994, NVwZ 1995, 703). Der
EuGH entschied durch Urteil vom 20. 3. 1997, daß diese drei Gesichtspunkte
im vorliegenden Fall der Rücknahme nicht entgegenstünden (*EuGH* NJW 1998,
47 = NVwZ 1998, 45). Das *BVerwG* gab daraufhin der Revision des Landes
statt und wies die Anfechtungsklage der Alcan als unbegründet zurück (Urteil
vom 23. 4. 1998, *BVerwGE* 106, 328). Die dagegen eingelegte Verfassungsbeschwerde wurde vom *BVerfG* nicht zur Entscheidung angenommen (§ 93 a
BVerfGG); in der Begründung wurde kurz ausgeführt, die Verfassungsbeschwerde sei unzulässig, soweit sie die Vorabentscheidung des *EuGH* betreffe,
und – abgesehen davon – unbegründet, da die Entscheidung des *BVerwG* nicht
gegen die Verfassungsgrundsätze der Rechtssicherheit und des Vertrauensschutzes verstoße und daher verfassungsrechtlich nicht zu beanstanden sei
(*BVerfG,* Kammerentscheidung vom 17. 2. 2000, NJW 2000, 2015 = DVBl.
2000, 900). – Vgl. ferner *EuGH* DVBl. 2003, 319; *EuGH* DVBl. 2004, 373;
aus der umfangreichen Literatur *Koenig/Kühling,* Grundfragen des EG-Beihilfe-
rechts, NJW 2000, 1065 ff.; *Suerbaum,* Die Europäisierung des nationalen
Verwaltungsverfahrensrechts am Beispiel der Rückabwicklung gemeinschaftsrechtswidriger staatlicher Beihilfen, VerwArch. 91 (2000) S. 169 ff.; *Scheuing,*
Europäisierung des Verwaltungsrechts. Zum mitgliedstaatlichen Vollzug des
EG-Rechts am Beispiel der gemeinschaftsrechtswidrigen Beihilfen, DV 34
(2001) S. 107 ff.; *Schwarz,* Vertrauensschutz im Spannungsfeld von Europäi-
schem Gerichtshof und Bundesverfassungsgericht, DV 34 (2001) S. 397 ff. –
R. Scholz hat die Entscheidung des *EuGH* vom 20. 3. 1997 einer scharfen
Kritik unterzogen (DÖV 1998, 261 ff.), ist dabei aber auch auf Widerspruch
gestoßen (*Winkler,* DÖV 1999, 148 ff.). – Zu den Auswirkungen des EG-
Rechts auf die Rücknahme belastender Verwaltungsakte vgl. unten Rn. 48 a.

IV. Widerruf begünstigender Verwaltungsakte

1. Allgemeines

39   a) Der Grundsatz des *Vertrauensschutzes* rückt beim *Widerruf* begünstigender Verwaltungsakte noch stärker in den Vordergrund als bei der *Rücknahme* begünstigender Verwaltungsakte. Er tritt nun nicht mehr in Widerstreit mit dem *Grundsatz der Gesetzmäßigkeit,* sondern verbündet sich mit ihm und wird durch ihn unterstützt. Das gilt freilich nur bei gleichbleibenden Verhältnissen. Die Frage des Widerrufs wird jedoch vor allem dann aktuell, wenn sich die dem Verwaltungsakt zugrunde liegende Sach- oder Rechtslage geändert hat und der (ursprünglich) rechtmäßige Verwaltungsakt inhaltlich nicht mehr mit dem geltenden Recht im Einklang steht. In diesen Fällen taucht das Spannungsverhältnis zwischen der Rechtssicherheit und dem Vertrauensschutz einerseits und der Gesetzmäßigkeit andererseits wieder auf, – nunmehr allerdings nicht durch eine fehlerhafte Entscheidung der Behörde, sondern durch die Entwicklung der Verhältnisse bedingt.

Beispiel: Die dem A erteilte Genehmigung zum Bau eines zweistöckigen Gebäudes war rechtmäßig; infolge Änderung des örtlichen Bebauungsplanes, der nur noch eine einstöckige Bauweise zuläßt, steht sie jetzt im Widerspruch zum geltenden Recht.

40   b) *Nach der Regelung des § 49 II, III VwVfG* ist der Widerruf eines begünstigenden Verwaltungsaktes nur zulässig, wenn ein besonderer *Widerrufsgrund* vorliegt.

Der Widerruf hängt also – anders als die Rücknahme – nicht von der Abwägung im Einzelfall ab, sondern ist bereits gesetzlich begrenzt. Der Gesetzgeber selbst hat die Abwägung nach abstrakten Merkmalen vorgenommen. Das kann dazu führen, daß ein Widerruf im konkreten Fall auch dann erfolgt, wenn schutzwürdiges Vertrauen besteht. Für diese Fälle sieht § 49 VI VwVfG eine Entschädigung vor. Im übrigen ist die Behörde bei Vorliegen eines Widerrufsgrunds zum Widerruf berechtigt, aber nicht verpflichtet; sie kann also gerade auch im Blick auf Vertrauensgesichtspunkte von einem an sich zulässigen Widerruf absehen.

Der Widerruf ist gem. § 49 II VwVfG nur mit Wirkung für die Zukunft (ex nunc) zulässig. Diese Beschränkung dient ebenfalls dem Vertrauensschutz. Sie kann aber zu unbilligen Ergebnissen führen, wenn ein ursprünglich rechtmäßiger Verwaltungsakt infolge Änderung der Sach- oder Rechtslage „rechtswidrig geworden" ist. Es läge daher nahe, in diesen Fällen den Widerruf ab dem Änderungszeitpunkt zuzulassen, freilich unter Beachtung des Vertrauensschutzes. Der Gesetzgeber hat diesen Aspekt aufgegriffen. Nach der Neuregelung des § 49 III VwVfG i.d.F. von 1996 kann der Widerruf im Fall der zweckwidrigen Verwendung von Subventionen auch für die Vergangenheit (ex tunc) erfolgen (vgl. dazu unten Rn. 44).

2. Die einzelnen Widerrufsgründe des § 49 II und III VwVfG

Der Widerruf ist zulässig, wenn – abgesehen von spezialgesetz- **41** lichen Ermächtigungen – einer der folgenden Widerrufsgründe vorliegt:

a) *Widerrufsvorbehalt.* Ein Verwaltungsakt darf widerrufen werden, wenn er bei seinem Erlaß mit einem entsprechenden Vorbehalt versehen worden ist (§ 49 II Nr. 1). Die Zulässigkeit eines solchen Vorbehalts ergibt sich aus § 36 VwVfG (vgl. unten § 12 Rn. 18 ff.). Der Widerruf selbst darf im konkreten Fall nur erfolgen, wenn

(1) *der Widerrufsvorbehalt rechtmäßig ist.* Str., nach der Gegenmeinung kann sich der Betroffene nicht auf die Rechtswidrigkeit des Widerrufsvorbehalts berufen, wenn dieser zusammen mit dem Verwaltungsakt unanfechtbar geworden ist, vgl. *BadWürtt-VGH* GewArch. 1975, 330; *BVerwG* NVwZ 1987, 498; wie hier *BVerwG* DVBl. 1965, 728.

(2) *der Widerruf selbst durch sachliche Gründe gerechtfertigt ist.* Ob sachliche Gründe vorliegen, bestimmt sich nach den Zwecksetzungen des Gesetzes, das Grundlage des zu widerrufenden Verwaltungsakts ist.

Beispiel: A möchte auf dem Bürgersteig einer durch die Stadt S führenden Bundesstraße einen Zeitungskiosk aufstellen und beantragt daher eine Sondernutzungserlaubnis gem. § 8 FStrG. Die Erlaubnis wird mit dem „Vorbehalt des jederzeitigen Widerrufs" erteilt. Einige Zeit später wird die Erlaubnis widerrufen, (1) unter dem bloßen Hinweis auf den Vorbehalt, (2) weil der Verkehr in diesem Bereich erheblich zugenommen habe und der Kiosk nunmehr ein Hindernis darstelle, (3) weil der Inhaber jugendgefährdende Schriften offen auslege. Ist der Widerruf rechtmäßig? Der Widerrufsvorbehalt ist nach der ausdrücklichen Regelung des § 8 II FStrG zulässig und daher rechtmäßig. Die Frage ist aber, ob von dem Widerrufsvorbehalt Gebrauch gemacht werden durfte. Das ist im Fall (2) zu bejahen, weil die Sondernutzungserlaubnis unter straßen- und straßenverkehrsrechtlichen Gesichtspunkten erteilt worden ist und daher auch unter solchen Gesichtspunkten widerrufen werden darf. Unzulässig ist er dagegen im Fall (1), weil der bloße Hinweis auf den Widerrufsvorbehalt keine ausreichende Begründung darstellt, und vor allem im Fall (3), weil keine straßen- und straßenverkehrsrechtlichen und somit keine sachgerechten Gründe vorliegen.

42   b) *Nichterfüllung einer Auflage.* Der Verwaltungsakt kann ferner widerrufen werden, wenn er mit einer Auflage verbunden worden ist und der Betroffene diese nicht oder nicht innerhalb einer ihm gesetzten Frist erfüllt hat (§ 49 II Nr. 2 VwVfG).

Die Grundsätze der Erforderlichkeit und Verhältnismäßigkeit sind hier besonders zu beachten. So wäre bspw. der Widerruf einer Genehmigung einer bereits errichteten Anlage allein deswegen, weil eine relativ unwichtige Auflage nicht erfüllt worden ist, nicht vertretbar. Im Regelfall muß die Behörde ohnehin zunächst einmal die zwangsweise Durchsetzung der Auflage als weniger einschneidendes Mittel versuchen (vgl. zum Grundsatz der Verhältnismäßigkeit oben § 10 Rn. 17).

43   c) *Änderung der dem Verwaltungsakt zugrunde liegenden Sach- oder Rechtslage.* Ein Widerruf ist gem. § 49 II Nr. 3 und 4 VwVfG ferner zulässig, wenn kumulativ folgende Voraussetzungen vorliegen, nämlich

(1) die Behörde auf Grund nachträglich eingetretener Tatsachen oder auf Grund einer nachträglichen Änderung einer Rechtsvorschrift berechtigt wäre, den Verwaltungsakt nicht zu erlassen. Es ist also hypothetisch zu fragen, ob auf Grund der nunmehr gegebenen Sach- oder Rechtslage die Behörde verpflichtet oder – falls ihr Ermessen eingeräumt ist – berechtigt wäre, den jetzt beantragten Erlaß des Verwaltungsaktes abzulehnen;

(2) ohne Widerruf das öffentliche Interesse gefährdet würde;

(3) nur bei Änderung der Rechtslage: Der Begünstigte von der Vergünstigung noch keinen Gebrauch gemacht hat (also noch nichts „ins Werk gesetzt" hat) oder auf Grund des Verwaltungsaktes noch keine Leistungen empfangen hat.

Es handelt sich in diesen Fällen um Verwaltungsakte, die ursprünglich rechtmäßig waren, nunmehr aber inhaltlich mit dem geltenden Recht nicht mehr im Einklang stehen, also „rechtswidrig geworden" sind.

Beispiel: Im obigen Baurechtsfall (Rn. 39) kann die Behörde gem. § 49 II Nr. 4 VwVfG (nur) widerrufen, wenn mit dem Bau noch nicht begonnen worden ist.

d) Zweck- oder auflagenwidrige Verwendung von Leistungen. Dieser in **44** § 49 III VwVfG festgelegte Widerrufsgrund zielt auf Subventionen und ähnliche Geldleistungen. Die Verwaltung verfolgt mit der Vergabe von Subventionen öffentliche Zwecke (vgl. unten § 17 Rn. 9). Wenn der Zweck im Subventionsbescheid selbst oder in einer beigefügten Auflage bestimmt wird, der Begünstigte aber die Subvention gleichwohl nicht oder nicht alsbald oder nicht mehr dem Zweck entsprechend verwendet, dann kann der Subventionsbescheid widerrufen und die Subvention zurückgefordert werden. Die Rücknahme scheidet in diesen Fällen aus, da die zweckwidrige Verwendung der Subvention den Subventionsbescheid nicht rechtswidrig macht, sondern eine nachträglich eintretende Tatsache darstellt. In Betracht kommt aber ein Widerruf; er muß jedoch rückwirkend zulässig sein, da nur auf diese Weise bereits ausbezahlte Subventionen erfaßt werden können. Dem trägt § 49 III VwVfG Rechnung.

Vgl. zur Neuregelung des § 49 III VwVfG *Baumeister,* NVwZ 1997, 19 ff.; *Suerbaum,* VerwArch. 90 (1999), S. 361 ff.; vgl. zur Vorgängerregelung § 44 a BHO *Götz,* NVwZ 1984, 480, 482 ff.; *Weides,* JuS 1985, 364 ff.

Beispiele: A erhält eine Investitionshilfe (Subvention) in Höhe von 50 000 Euro zur Erweiterung seiner Betriebsanlagen. Da der Absatz der dort herzustellenden Produkte nachläßt, verzichtet A auf die Erweiterung seiner Betriebsanlagen und verwendet das Geld für den Ausbau des Vertriebsnetzes. B, der eine Investitionshilfe mit derselben Zweckbestimmung erhält, entschließt sich im Blick auf die derzeitigen Absatzschwierigkeiten, die Erweiterung frühestens in zwei Jahren vorzunehmen und das Geld vorerst zinsgünstig anzulegen. In beiden Fällen kann die Verwaltung wegen zweckwidriger Verwendung den Bescheid widerrufen und das ausbezahlte Geld zurückfordern. Dagegen liegt kein Widerrufsgrund i. S. des § 49 III VwVfG vor, wenn die Betriebsanlagen zwar erweitert werden, die Erwartungen des Subventionsgebers, daß dadurch neue Arbeitsplätze entstehen, aber wegen Absatzschwierigkeiten nicht in Erfüllung gehen. – Vgl. ferner als Beispiele aus der Rechtsprechung *BadWürttVGH* DÖV 1983, 383; *BVerwG* NVwZ 1998, 852.

e) Vordringliches öffentliches Interesse. Schließlich ist ein Widerruf **44 a** noch zulässig, „um schwere Nachteile für das Gemeinwohl zu verhüten oder zu beseitigen" (§ 49 II Nr. 5 VwVfG). Dieser Widerrufsgrund ist gleichsam eine Art Auffangklausel für den Fall, daß einer der vorerwähnten Widerrufsgründe nicht eingreift. Er ist aber gleichwohl als ultima ratio für Extremfälle eng auszulegen.

Beispiel: Wenn in dem obigen Baurechtsfall (Rn. 39, 43) der Bauherr mit dem Bau bereits begonnen oder ihn sogar schon abgeschlossen hat, dann kann die Baugenehmigung nur noch unter den engen Voraussetzungen des § 49 II Nr. 5 VwVfG widerrufen werden.

3. Vertrauensschutz und Entschädigung

45 In den beiden ersten Fällen des § 49 II VwVfG ist der Vertrauensschutzgrundsatz nicht berührt. Der *Widerrufsvorbehalt* hat gerade den Sinn, den Betroffenen auf die Möglichkeit des späteren Widerrufs hinzuweisen und damit die Entstehung eines Vertrauensschutztatbestandes zu verhindern. Um so dringlicher ist es deshalb, die rechtlichen Grenzen des Widerrufsvorbehaltes zu beachten. Bei *Nichterfüllung einer Auflage* kann sich der Betroffene ebenfalls nicht auf Vertrauensschutz berufen, weil der Grund für den Widerruf in seinem Verhalten liegt.

Dagegen kann der Widerruf bei *Änderung der Sach- oder Rechtslage* oder bei *vordringlichem öffentlichen Interesse* in eine schutzwürdige Vertrauensposition eingreifen. Für diese Fälle sieht § 49 VI VwVfG eine Entschädigung vor. Sie wird allerdings nicht generell, sondern nur insoweit gewährt, als der Betroffene schutzwürdig auf den Bestand des Verwaltungsaktes vertraut hat.

Beispiel: Wenn die Baugenehmigung in den beiden obigen Fällen (Rn. 43, 44a) widerrufen wird, dann kann der Bauherr – entsprechend seinem schutzwürdigen Vertrauen – Entschädigung verlangen.

45a Damit wird die Bedeutung des Widerrufsvorbehalts vollends klar: Auch der Widerruf auf Grund eines Widerrufsvorbehalts kommt in aller Regel nur bei Änderung der tatsächlichen oder rechtlichen Verhältnisse in Betracht. Aber er ist – wegen des Vorbehalts – leichter realisierbar und kann ohne Entschädigung erfolgen.

Vgl. dazu für den Fall der Baugenehmigung mit Widerrufsvorbehalt *BGH* NJW 1970, 1178 = DÖV 1970, 421 mit kritischer Anm. von *Menger/Erichsen,*

VerwArch. Bd. 61 (1970) S. 384 ff.: Nach Auffassung des *BGH* begründet der Widerruf auf Grund eines Widerrufsvorbehalts keinen Entschädigungsanspruch, da insoweit nur eine beschränkte Rechtsposition besteht, der Widerruf also insoweit nur die Sozialpflichtigkeit konkretisiert. Es stellt sich dann aber um so dringlicher die Frage, ob der Widerrufsvorbehalt zulässig war und, wenn ja, ob die Erteilung einer unter Widerrufsvorbehalt stehenden Baugenehmigung nicht bereits eine entschädigungspflichtige Eigentumsbeschränkung darstellt, die sich im Falle des Widerrufs konkretisiert.

4. Abwicklung

a) *Frist*. Die Regelung der Rücknahmefrist des § 48 IV VwVfG **46** gilt entsprechend für den Widerruf von Verwaltungsakten (§ 49 II 2 VwVfG). Damit werden der Vertrauensschutz und die Rechtssicherheit noch einmal verstärkt.

b) *Erstattung*. Der Bürger muß die ihm gewährte Leistung erstatten, wenn – im Falle der zweck- oder auflagenwidrigen Verwendung von Leistungen – der Widerruf mit Wirkung für die Vergangenheit erfolgt (§ 49 a VwVfG).

c) *Rechtsweg*. Bei Streitigkeiten über die Entschädigung gem. § 49 VI 1 VwVfG ist nicht der Verwaltungsrechtsweg, sondern der Zivilrechtsweg gegeben (§ 49 VI 3 VwVfG). Mit dieser Rechtswegregelung wird einer Kollision mit Art. 14 III 4 GG vorgebeugt, die eintreten würde, wenn und soweit der Widerruf enteignungsrechtlichen Charakter hat.

Vgl. näher zur Fristbestimmung oben Rn. 35, zur Erstattungspflicht oben Rn. 36, zum Rechtsweg *Maurer*, Festschrift für den Boorberg-Verlag, S. 253 ff.

V. Rücknahme und Widerruf belastender Verwaltungsakte

1. Rücknahme belastender Verwaltungsakte

a) *Problematik*. Im Grunde geht es um dieselben Probleme wie **47** bei der Rücknahme begünstigender Verwaltungsakte: Der Grundsatz der Gesetzmäßigkeit der Verwaltung drängt auf die Beseitigung des rechtswidrigen Verwaltungsakts, der Grundsatz der Rechtssicherheit fordert die Aufrechterhaltung des erlassenen und unanfechtbar gewordenen Verwaltungsakts. Lediglich die Frontstellung hat sich geändert. Für den betroffenen Bürger streitet die Gesetzmäßigkeit. Die Verwaltung kann sich zwar schwerlich auf „Vertrauensschutz" berufen; sie kann aber geltend machen, daß der Verwaltungsakt aus Gründen der Rechtssicherheit Bestand haben muß.

48   b) *Nach der allgemeinen Rücknahmeregelung des § 48 I 1 VwVfG* liegt die Rücknahme rechtswidriger belastender Verwaltungsakte im Ermessen der Behörde. Das VwVfG enthält keine weiteren Direktiven oder Einschränkungen. Lediglich aus § 51 VwVfG lassen sich einige Rückschlüsse gewinnen: Wenn nämlich unter gewissen Voraussetzungen das Verwaltungsverfahren wieder aufzugreifen ist, dann muß zumindest im Regelfall die in diesem Verfahren festgestellte Rechtswidrigkeit eines Verwaltungsaktes zur Rücknahme führen (vgl. dazu unten Rn. 61). Im übrigen hat sich die Behörde bei ihrer Ermessensausübung an den erwähnten Grundsätzen der Gesetzmäßigkeit und der Rechtssicherheit zu orientieren und entsprechend dem jeweiligen Gewicht dieser Grundsätze zu entscheiden. Wenn die für die Rücknahme sprechenden Gründe überwiegen (etwa Schwere des Fehlers, Belastungen für den Betroffenen, Auswirkungen für die Allgemeinheit), dann kann sich der Ermessensspielraum zur Rücknahmepflicht verdichten.

Vgl. zur Rücknahme eines rechtswidrigen Gebührenbescheids *BVerwGE* 27, 141. – Eine Sonderregelung gilt für Verwaltungsakte, die auf einem Gesetz beruhen, das später auf Grund eines prinzipalen Normenkontrollverfahrens für nichtig oder verfassungswidrig erklärt worden ist, vgl. § 79 II BVerfGG, §§ 183, 47 V 3 VwGO: Diese Verwaltungsakte bleiben zwar bestehen, dürfen aber nicht mehr vollstreckt werden. Das Vollstreckungsverbot kommt praktisch einer ex nunc-Rücknahme gleich. Wer also bezahlt hat, erhält nichts mehr zurück; wer noch nicht bezahlt hat, braucht auch nicht mehr zu bezahlen.

48 a   Wie die Rücknahme begünstigender Verwaltungsakte (vgl. oben Rn. 38 a ff.) so bestimmt sich auch die Rücknahme belastender Verwaltungsakte, die gegen Gemeinschaftsrecht verstoßen, nach deutschem Recht, wird aber durch das Gemeinschaftsrecht beeinflußt. Vgl. *EuGH* DVBl. 2004, 373 mit Anm. von *Frenz*. Im konkreten Fall ging es gleichsam um einen umgekehrten Beihilfefall, nämlich die Rücknahme eines bestandskräftigen Verwaltungsakts, mit dem eine Beihilfe zurückverlangt wurde. Das Gericht forderte, dass die zwischenzeitliche Rechtsprechung des EuGH bei der Entscheidung über die Rücknahme des Rückforderungsbescheides berücksichtigt werde.

2. Widerruf belastender Verwaltungsakte

Der Widerruf betrifft ursprünglich rechtmäßige Verwaltungsak- **49** te. Wie beim begünstigenden Verwaltungsakt kommt ein Widerruf vor allem dann in Betracht, wenn sich bei einem Verwaltungsakt mit Dauerwirkung die zugrunde liegende Sach- oder Rechtslage geändert hat.

Beispiel: G wurde wegen Unzuverlässigkeit die weitere Ausübung seines Gewerbes gem. § 35 GewO untersagt; das seitherige Verhalten des G läßt die Annahme zu, daß er jetzt nicht mehr als unzuverlässig i. S. des Gewerberechts anzusehen ist (Änderung der Sachlage, vgl. *BVerwGE* 28, 202, insbes. 204). – Ein Gewerbeverbot wurde auf gesetzliche Bestimmungen gestützt, die inzwischen aufgehoben worden sind (Änderung der Rechtslage, vgl. *BVerwGE* 22, 16, 21 ff.).

Während in § 49 II Nr. 3 und 4 VwVfG diese Konstellation für begünstigende Verwaltungsakte ausdrücklich geregelt ist, geht § 49 I VwVfG, der den Widerruf belastender Verwaltungsakte betrifft, darauf nicht besonders ein. Lediglich die Flexibilität der Ermessensregelung dieser Vorschrift läßt Raum für sachgemäße Lösungen. Es gilt danach folgendes:

a) Grundsätzlich liegt der Widerruf belastender Verwaltungsakte **50** im Ermessen der Behörde.

b) Der Widerruf ist nach § 49 I VwVfG *unzulässig,* wenn **51**
– ein Verwaltungsakt gleichen Inhalts erneut erlassen werden müßte, also ein rechtlich gebundener Verwaltungsakt vorliegt und die Voraussetzungen für seinen Erlaß noch bestehen,
– andere Gründe entgegenstehen, z. B. eine durch gleichmäßige Verwaltungspraxis bedingte Selbstbindung der Verwaltung (die Behörde hat bislang in gleich gelagerten Fällen von einem Widerruf abgesehen), der Sinn und Zweck der zugrunde liegenden gesetzlichen Regelung, die Eigenart des Verwaltungsakts, allgemeine Rechtsgrundsätze.

52   c) Der Widerruf *muß* dagegen ausgesprochen werden, wenn sich
die tatsächlichen oder rechtlichen Verhältnisse geändert haben und
der Verwaltungsakt deshalb jetzt nicht mehr erlassen werden dürfte. Das gilt vor allem, wenn ein Verwaltungsakt zu Grundrechtseinschränkungen führt und mit der Änderung der Sach- oder
Rechtslage auch die Voraussetzungen für die Grundrechtsbeschrän-
kung wegfallen. Der Grundsatz der Gesetzmäßigkeit – im Falle des
Grundrechtsbezugs sogar der Verfassungsmäßigkeit – fordert die
Aufhebung eines solchen „rechtswidrig gewordenen" Verwaltungsakts. Der Grundsatz der Rechtssicherheit steht nicht entgegen, weil sich die Bestandskraft auf den Zeitpunkt des Erlasses des
Verwaltungsakts bezieht und erst nachher eintretende Änderungen
nicht mehr erfaßt und erfassen kann. Das wird ohne weiteres verständlich, wenn man bedenkt, daß die erst nachträglich entstandenen Gründe im Wege der Anfechtung gar nicht geltend gemacht
werden konnten. Für eine Widerrufspflicht spricht ferner wiederum ein Rückschluß aus § 51 I VwVfG.

Beispiele: In den obigen Gewerbeverbotsfällen *muß* – schon im Blick auf
Art. 12 I GG – das Gewerbeverbot widerrufen werden (vgl. *BVerwGE* 28,
202, 205 f., 209 f.). Die Indizierung einer jugendgefährdenden Schrift *muß*
widerrufen werden, wenn die Schrift nicht mehr als jugendgefährdend i. S.
des § 1 GjS anzusehen ist (so *BVerwGE* 39, 197, 202; *BVerwG* NJW 1987,
1435). Die Untersagung eines handwerklichen Nebenbetriebs *muß* widerrufen werden, wenn der Betrieb zwischenzeitlich reduziert wurde und nun
nicht mehr die Unerheblichkeitsgrenze des § 3 HandwO übersteigt (vgl.
BVerwGE 59, 5). Das Verbot an einen Lehrer, eine bestimmte politische
Plakette im Dienst zu tragen, muß aufgehoben werden, wenn es sich nicht
mehr als erforderlich erweist, um seinen Zweck zu erreichen (*BVerwGE* 84,
292, 298).
Prozessual ist der Widerruf durch Verpflichtungsklage geltend zu machen.
Eine besondere prozessuale Situation entsteht, wenn ein Gewerbetreibender
gegen ein Gewerbeverbot klagt und sich während des Verwaltungsprozesses
herausstellt, daß er zwar unzuverlässig war, nunmehr aber, wie sein zwischen-
zeitliches Verhalten zeigt, als zuverlässig anzusehen ist. Damit stellt sich die
Frage nach dem maßgeblichen Zeitpunkt für die verwaltungsgerichtliche Beurteilung der Rechtmäßigkeit des Verwaltungsakts im Anfechtungsverfahren.
Nach der h. L. ist grundsätzlich auf den Zeitpunkt der letzten Behördenentscheidung, (in der Regel der Widerspruchsbescheid), bei Dauerverwaltungsak-
ten dagegen auf den Zeitpunkt der letzten mündlichen Verhandlung vor dem
Verwaltungsgericht bzw. der gerichtlichen Entscheidung abzustellen (*Schmitt
Glaeser/Horn*, VwprozR Rn. 525 ff.; *Hufen*, VwprozR § 24 Rn. 7 ff.; *Schenke*,
JA 1999, 580 ff.). Dementsprechend hat das *BVerwG* früher die Auffassung

vertreten, daß das Gewerbeverbot aufzuheben ist, wenn sich die Sach- oder Rechtslage während des Prozesses zugunsten des Klägers geändert hat, allerdings nicht mit Wirkung ex tunc, sondern nur mit Wirkung ab dem Zeitpunkt, zu dem die Änderung eingetreten ist (*BVerwGE* 28, 202, 204 ff.; 59, 5, 7 f.). Dieses − rechtspolitisch sicher zu billigende − Ergebnis läßt sich auch rechtsdogmatisch damit einigermaßen begründen, daß man den Nicht-Widerruf eines zu widerrufenden Verwaltungsakts als Aufrechterhaltung des Verwaltungsakts deutet und diese zum Gegenstand der Anfechtung macht.

Gerade für den Fall des Gewerbeverbots ist das *BVerwG* inzwischen von seiner früheren Rechtsprechung abgerückt. Es vertritt nunmehr die Auffassung daß auf den Zeitpunkt der letzten Behördenentscheidung abzustellen sei, spätere Änderungen also nicht mehr zu berücksichtigen seien (*BVerwGE* 65, 1, 2 ff.; seitdem st. Rspr., vgl. NVwZ 1991, 372; NVwZ-RR 1997, 621; verfassungsrechtlich bestätigt durch *BVerfG-K* NVwZ 1995, 1096). Zur Begründung verwies das *BVerwG* auf die zwischenzeitlich ergangene Änderung des § 35 VI GewO, derzufolge die Behörde auf Grund eines an sie gerichteten Antrags des Betroffenen die Ausübung des Gewerbes „wieder zu gestatten" hat, wenn die Unzuverlässigkeit nunmehr zu verneinen ist, allerdings grundsätzlich erst nach Ablauf eines Jahres seit der Untersagungsverfügung. Das antragsbedingte Wiedergestattungsverfahren schließt, so meint das Gericht, die Berücksichtigung der neuen Umstände im laufenden gerichtlichen Anfechtungsverfahren aus. Diese Auffassung kann nicht überzeugen. Es wäre − wie bislang − durchaus möglich und auch sinnvoll, die „Wiedergestattung" in das verwaltungsgerichtliche Verfahren zu integrieren, zumal auch die frühere Rechtsprechung von einem Antrag des Betroffenen ausging (*BVerwGE* 28, 204). Die Terminologie des § 35 VI GewO (Wiedergestattung) darf nicht darüber hinwegtäuschen, daß es sich sachlich um einen Widerruf handelt, der den Weg für die generell erlaubnisfreie gewerbliche Betätigung wieder frei macht. Daher ist auch die Bezugnahme auf die (sachlich zutreffende) Entscheidung *BVerwGE* 60, 133 (Änderung der Sachlage nach Erlaß einer Ausweisungsverfügung) verfehlt; sie geht über die wesentlichen Unterschiede beider Fälle hinweg: Während der Aufenthalt eines Ausländers in der Bundesrepublik Deutschland erlaubnispflichtig ist und daher wieder (!) erlaubt werden muß, ist die gewerbliche Betätigung in den Fällen des § 35 VI GewO, sofern keine Sonderregelungen vorliegen, erlaubnisfrei und bedarf daher keiner „Wiedergestattung" im Sinne einer besonderen Erlaubnis, sondern kann nach dem Widerruf der Gewerbeuntersagung ohne weiteres wieder aufgenommen werden. Das *BVerwG* ist denn auch auf Widerspruch gestoßen, vgl. *Horn,* GewArch. 1983, 369 ff.; *Schenke,* WiVerw 1988, 145, 166 ff.; *K. H. Klein,* NVwZ 1990, 633 ff.; *Kopp/Schenke,* VwGO § 113 Rn. 44; zustimmend dagegen *Laubinger,* VerwArch 89 (1998) S. 163 ff. m.w.N.; *Jochum,* JuS 2003, 1104 f. − Zum umgekehrten Fall (das Gewerbeverbot war rechtswidrig, der Gewerbetreibende ist aber während des gerichtlichen Verfahrens unzuverlässig geworden) vgl. *OVG Lüneburg* NVwZ 1995, 185 und dazu *Mager,* NVwZ 1996, 124 f.

Zu III−V: Einen Überblick über die verschiedenen Aufhe-   53
bungsmöglichkeiten gibt die folgende Skizze:

	begünstigende VA		belastende VA
Rücknahme	§ 48 I: nach Ermessen		§ 48 I: nach Ermessen
	bei Vertrauensschutz:		
	Leistungsbescheide § 48 II: unzulässig	sonstige VA § 48 III: zulässig nur gegen Entschädigung	
Widerruf	§ 49 II, III nach Ermessen, aber nur zulässig, – wenn Widerrufsgrund vorliegt – bei Vertrauensschutz nur gegen Entschädigung (§ 49 VI)		§ 49 I: nach Ermessen (Ausnahmen vgl. Rn. 51 und 52)
Aufhebung im Rechtsmittel-verfahren	(entfällt mangels Beschwer, es sei denn, daß Dritter durch VA belastet wird)		§ 113 I VwGO: Pflicht zur Aufhebung, wenn der VA rechtswidrig ist und den Kläger in seinen Rechten verletzt.

VI. Das Wiederaufgreifen des Verfahrens

1. Problematik

54   Bislang sind die *materiell-rechtlichen* Voraussetzungen der Rücknahme und des Widerrufs erörtert worden. Nun ist auf die eng damit im Zusammenhang stehenden *verfahrensrechtlichen* Aspekte einzugehen. Die Problematik wird durch folgenden Fall verdeutlicht:

Der Grundstückseigentümer G wird durch einen (mit einer Rechtsmittelbelehrung versehenen) Bescheid zur Zahlung bestimmter zusätzlicher Anliegerkosten aufgefordert. Er zahlt. Zwei Monate später erfährt er bei einem Gespräch mit seinem Nachbarn N, daß dieser nicht zur Zahlung herangezogen worden ist. Er ist der Meinung, daß bei ihm die Verhältnisse nicht anders liegen und daher der ihm gegenüber ergangene Bescheid rechtswidrig sei. Er teilt dies der Behörde mit und verlangt die Rücknahme des Bescheids und die Rückerstattung des bereits bezahlten Geldes. Die Behörde lehnt unter Hinweis darauf ab, daß der Bescheid unanfechtbar geworden sei.

a) Das Begehren des G wirft zwei Fragen auf, nämlich einmal **55** die *materiell-rechtliche* Frage, ob die Behörde einen rechtswidrigen Verwaltungsakt zurücknehmen kann (und muß), und zum anderen die *verfahrensrechtliche* Frage, ob sie überhaupt berechtigt (und verpflichtet) ist, einen unanfechtbaren Verwaltungsakt erneut auf seine Rechtmäßigkeit hin zu überprüfen. Dem G geht es letzlich um die Rücknahme. Sie kommt indessen nur in Betracht, wenn die Behörde die Voraussetzungen der Rücknahme, insbesondere die Rechtswidrigkeit des gerügten Verwaltungsakts, prüft und feststellt. „Nochmalige Überprüfung" bedeutet, daß in einem neuen Verfahren eine bereits durch einen unanfechtbar gewordenen Verwaltungsakt entschiedene Angelegenheit noch einmal geprüft und ggf. unter Aufhebung oder Abänderung des Verwaltungsakts anders entschieden wird, daß also das alte Verfahren neu eröffnet wird. Daher spricht man auch vom Wiederaufgreifen des Verfahrens.

Dem Wiederaufgreifen steht die Bestandskraft (Unanfechtbarkeit) des ursprünglichen Verwaltungsakts entgegen. Der Bürger hat die Möglichkeit, einen ihn belastenden Verwaltungsakt anzufechten. Tut er das nicht oder nicht rechtzeitig, dann muß er den Verwaltungsakt hinnehmen. Die Anfechtungsfristen sollen gerade sicherstellen, daß Zweifel an der Rechtmäßigkeit eines Verwaltungsakts alsbald einer Klärung zugeführt und nach der dafür gesetzten Frist im Interesse der Rechtssicherheit nicht mehr geltend gemacht werden können. Die Bestandskraft kann jedoch keine absolute Sperre bilden. Selbst gerichtliche Urteile müssen – wenn auch nur unter engen Voraussetzungen – im Wege der Wiederaufnahme überprüft und im Falle ihrer Rechtswidrigkeit aufgehoben werden. In noch stärkerem Umfang gilt dies für Verwaltungsakte, die meist nicht in einem formalisierten Verfahren ergehen und nicht denselben Richtigkeitsanspruch haben können wie gerichtliche Urteile. Das ist heute allgemein anerkannt. Die Frage ist denn auch nicht mehr, *ob* die Behörde überhaupt, sondern *unter welchen Voraussetzungen* sie berechtigt oder sogar verpflichtet ist, ein unanfechtbar abgeschlossenes Verwaltungsverfahren wiederaufzugreifen.

b) Wenn der Bürger – in unserem Ausgangsfall G – die Rück- **56** nahme eines Verwaltungsakts begehrt, so stellt er genau betrachtet zwei Anträge: einen Antrag auf Wiederaufgreifen des Verfahrens und einen Antrag auf Rücknahme des Verwaltungsakts. Dementsprechend sind auch unterschiedliche Entscheidungen möglich. Die Behörde kann

(1) das Wiederaufgreifen des Verfahrens ablehnen,

(2) das Verfahren zwar wieder aufgreifen, aber in der Sache erneut ablehnend entscheiden,

(3) das Verfahren wieder aufgreifen und in der Sache positiv, dem Antrag entsprechend, entscheiden.

Alle drei Entscheidungen sind als Verwaltungsakte zu qualifizieren. Im Fall (1) wurde allerdings früher und wird zum Teil auch heute noch eine bloß „wiederholende Verfügung", d. h. ein bloßer Hinweis auf die ursprüngliche Ablehnung, angenommen, die als „Hinweis" keinen Regelungscharakter habe und daher kein Verwaltungsakt sei. Das ist indessen nicht zutreffend; denn in Wirklichkeit wird das Wiederaufgreifen des Verfahrens abgelehnt und damit eine verfahrensrechtliche Regelung getroffen. Es liegt somit ein Verwaltungsakt vor, dessen Besonderheit freilich darin besteht, daß er keine materiell-rechtliche, sondern nur eine verfahrensrechtliche Entscheidung enthält (so *BVerwGE* 44, 333, 335; *BVerwG* NVwZ 2002, 482). In den Fällen (2) und (3) wird – nach erfolgtem Wiederaufgreifen – auch in der Sache (im Ausgangsfall G über die Rücknahme) entschieden, und zwar entweder wiederum ablehnend (so im Fall 2: Nichtrücknahme) oder positiv (so im Fall 3: Rücknahme). Diese Sachentscheidung wird als „Zweitbescheid" bezeichnet, weil zum zweiten Mal in der Sache entschieden wird.

2. Die Wiederaufgreifensregelung des § 51 VwVfG

Das Wiederaufgreifen des Verfahrens ist in § 51 VwVfG – allerdings nur unvollständig – geregelt.

57   a) *Voraussetzungen des Wiederaufgreifens.* Die Behörde hat auf Antrag des Betroffenen „über die Aufhebung oder Änderung eines unanfechtbaren Verwaltungsakts zu entscheiden", d. h. ein Verfahren wiederaufzugreifen, wenn

– der durch den Verwaltungsakt Betroffene einen entsprechenden Antrag gestellt hat;

- der Verwaltungsakt unanfechtbar geworden ist (auch ein durch ein rechtskräftiges gerichtliches Urteil bestätigter Verwaltungsakt kann wieder aufgegriffen werden, vgl. *BVerwGE* 82, 272, 274 f.; 95, 86, 88 f.);
- ein Wiederaufgreifensgrund i. S. des § 51 I VwVfG vorliegt (vgl. dazu näher
  unten b);
- der Betroffene ohne grobes Verschulden außerstande war, den Wiederaufgreifensgrund in einem früheren Verfahren, insbesondere durch Rechtsbe-
  helf, geltend zu machen;
- die Drei-Monats-Frist des § 51 III VwVfG, die mit Kenntnis des Widerrufs-
  grundes beginnt, eingehalten wurde.

b) *Die Wiederaufgreifensgründe des § 51 I VwVfG.*   **58**

aa) *Änderung der dem Verwaltungsakt zugrunde liegenden Sach- oder
Rechtslage* (Nr. 1). Dieser Wiederaufgreifensgrund zielt auf einen
Widerruf. Denn der Betroffene macht geltend, daß sich nach Erlaß
des Verwaltungsakts, dessen ursprüngliche Rechtmäßigkeit nicht
bestritten wird, die Sach- oder Rechtslage geändert habe und deshalb der Verwaltungsakt nunmehr nicht mit dem geltenden Recht
im Einklang stehe.

Beispiele: G wird durch Bescheid vom 1. 3. 1994 die weitere Ausübung seines Gewerbes untersagt. Am 1. 6. 1994 wird die Vorschrift, auf die das Verbot
gestützt wurde, aufgehoben. G kann das Wiederaufgreifen des Verfahrens, d. h.
die Überprüfung des Gewerbeverbots, verlangen. – B beantragt Wohngeld in
Höhe von 80 Euro, erhält durch Bescheid vom 1. 7. 1994 aber nur 40 Euro
zugesprochen. Am 1. 12. 1994 macht B geltend, daß seine Einkommens-
verhältnisse inzwischen (!) verschlechtert hätten und er nunmehr höheres
Wohngeld beanspruchen könne. – Die Änderung der Sachlage kann auch durch
die Gewinnung neuer naturwissenschaftlicher Erkenntnisse eintreten (*BVerwGE*
115, 274, 281). Die Änderung der Rechtsprechung ist keine Änderung der
Rechtslage i. S. des § 51 I VwVfG und ihr auch nicht gleichzusetzen, vgl.
BVerwGE NVwZ 1989, 161 (Änderung der Rechtsprechung erst- und zweitinstanzlicher Gerichte); *BVerwGE* 95, 86, 89 f. (Urteil eines Disziplinargerichts);
BVerwGE 121, 226, 228 f. (späteres Parallelverfahren); sie kann aber außerhalb
des Verfahrens gem. § 51 VwVfG bedeutsam werden, vgl. unten Rn. 66.

bb) *Vorliegen neuer Beweismittel* (Nr. 2). „Neue Beweismittel“   **59**
sind keine neuen Tatsachen (das wäre ein Fall der Nr. 1), sondern
beziehen sich auf alte Tatsachen, d. h. auf Tatsachen, die bereits zur
Zeit des Erlasses des Verwaltungsakts vorlagen. In Betracht kommen alle in § 26 VwVfG genannten Erkenntnismittel (insbesondere
Auskunft, Zeugenvernehmung, Sachverständigengutachten, Urkunden und Augenschein). Sie sind „neu“, wenn sie erst nach
Abschluß des ersten Verwaltungsverfahrens bekannt wurden oder

beigebracht werden konnten. Die neuen Beweismittel indizieren die (ursprüngliche) Rechtswidrigkeit des Verwaltungsakts. Daher geht es hier um ein Rücknahmeverfahren.

Beispiel: C beantragt die Befreiung vom Wehrdienst nach § 11 II WPflG, da seine Eltern kriegsverschollen seien. Der Antrag wurde abgelehnt, weil dies nicht nachweisbar war. Nun kann C Zeugen benennen, die seine Angaben bestätigen. Das Verfahren ist wiederaufzugreifen (vgl. *BVerwGE* 25, 241). – Sachverständigengutachten sind nur dann „neue Beweismittel", wenn sie nach Erlaß des Verwaltungsaktes erstellt wurden *und* neue, seinerzeit nicht bekannte Tatsachen verwerten, wenn sie selbst auf neuen Beweismitteln beruhen; vgl. *BVerwGE* 95, 86, 90 f. Das ist auch ohne weiteres verständlich, da sonst allein durch das Beibringen eines neuen Sachverständigengutachtens die Wiederaufnahme des Verfahrens erreicht werden könnte. Vgl. ferner zu den „neuen Beweismitteln" und dem darauf gestützten Antrag auf Wiederaufgreifen *BVerwG* DVBl. 1982, 998; *BVerwGE* 82, 272, 275 ff.

60   cc) *Wiederaufnahmegründe gem. § 580 ZPO (Nr. 3).* Damit wird auf die zivilprozessualen Wiederaufnahmegründe, die auch im Verwaltungsprozeß gelten (§ 153 VwGO), verwiesen. Der Gedanke ist, daß zumindest in den Fällen, in denen die Wiederaufnahme eines gerichtlichen Verfahrens gefordert werden kann, auch ein Anspruch auf Wiederaufgreifen eines Verwaltungsverfahrens gegeben sein muß.

So bereits die Rechtsprechung des *BVerwG* vor Erlaß des VwVfG, vgl. *BVerwGE* 19, 153, 155; 24, 115, 117. In der Praxis spielt die Bezugnahme auf die zivilprozessualen Wiederaufnahmegründe kaum eine Rolle. Vgl. dazu auch *BVerwGE* 95, 86, 91, wo im Blick auf ein neues Disziplinarurteil § 580 Nr. 6 und 7 b durchgeprüft und verneint werden.

61   c) *Folgen des Wiederaufgreifens.* § 51 VwVfG ist eine rein verfahrensrechtliche Vorschrift. Sie gibt dem Bürger einen Anspruch auf Wiederaufgreifen des Verfahrens und auf eine erneute Sachentscheidung. Die Sachentscheidung selbst hat sich am materiellen Recht zu orientieren. Maßgebend sind, da es sich um Rücknahme und Widerruf von Verwaltungsakten handelt, § 48 I 1 und § 49 I VwVfG, auf die § 51 V VwVfG ausdrücklich verweist. Der Widerruf eines belastenden Verwaltungsakts muß erfolgen, wenn sich die Sach- oder Rechtslage zugunsten des Betroffenen geändert hat (vgl. oben Rn. 49 ff.). Die Rücknahme eines belastenden Verwaltungsakts liegt dagegen im Ermessen der Behörde. Es ist daher möglich und zulässig, daß die Behörde zwar zur Erkenntnis gelangt, der überprüfte Verwaltungsakt sei rechtswidrig, gleichwohl aber die Rücknahme (ganz oder teilweise) ablehnt. Dieses Ergebnis erscheint unbefriedigend. Der Bürger wird kaum Verständnis dafür haben, daß in einem eigens dafür eingerichteten Wiederaufgreifens-Verfahren die Rechtswidrigkeit eines Verwaltungsakts festgestellt, aber trotzdem keine Konsequenzen daraus gezogen werden. Der formelle Erfolg des Wiederaufgreifens bliebe für ihn wertlos, wenn er nicht zum materiellen Erfolg der Aufhebung weiterführte. Die Rechtssicherheit tritt in diesen Fällen zurück, der Grundsatz der Gesetzmäßigkeit rückt in den Vordergrund. Daher muß es im Regelfall als ermessensfehlerhaft angesehen werden, wenn die Behörde nach erfolgtem Wiederaufgreifen den als rechtswidrig erkannten Verwaltungsakt nicht zurücknimmt. In Ausnahmefällen kann es jedoch gerechtfertigt sein, von der Aufhebung des rechtswidrigen Verwaltungsakts abzusehen, so etwa bei Verwaltungsakten mit Drittwirkung im Blick auf den Vertrauensschutz des Dritten. Ferner kann eine begrenzte Aufhebung in Betracht kommen, etwa eine Aufhebung nur ex nunc (vgl. *BVerwGE* 42, 353, 358 ff.).

Die hier vertretene Auffassung der Verknüpfung des Wiederaufgreifens mit den Rücknahme- und Widerrufsregelungen ist nicht unbestritten (wie hier z. B. *Weides,* Verwaltungsverfahren, S. 332 f.; *Meyer/Borgs,* VwVfG, § 51 Rn. 3 ff.; anders die h. M., vgl. etwa *Ule/Laubinger,* Verwaltungsverfahrensrecht, § 65 IV 1; *Schenke,* DÖV 1983, 330 f.; *Selmer,* JuS 1987, 363 ff.; *Erichsen,* VerwR § 20 Rn. 10 m. w. N.; vgl. auch *BVerwG* DVBl. 1982, 998). Die Gegenmeinung trennt scharf zwischen dem Rücknahme- und Widerrufsverfahren gem. §§ 48, 49 VwVfG und dem Wiederaufgreifen des Verfahrens gem. § 51 VwVfG: Während im ersten Fall die Prüfung und die Rücknahme bzw. der Widerruf grundsätzlich im Ermessen der Behörde liegen, *muß* sie im zweiten Fall in die Prüfung eintreten und falls der Antrag auf Wiederaufgreifen zulässig und begründet ist, entsprechend der materiellen Rechtslage neu entscheiden. Diese differenzierende Deutung widerspricht jedoch dem Gesetzeswortlaut und der Entstehungsgeschichte (BT-Drs. 7/910 S. 75); sie trennt auch sachlich Zusammenhängendes und führt möglicherweise zu zwei nebeneinander laufenden, letztlich aber doch wieder kaum voneinander zu trennenden Verfahren mit unterschiedlichen Voraussetzungen und unterschiedlichen Rechtsfolgen (Rücknahme- bzw. Widerrufsverfahren, Wiederaufgreifen). Sie ist auch aus praktischen Gründen nicht geboten, da das in der Tat unbefriedigende Ergebnis, daß der rechtswidrige Verwaltungsakt trotz erfolgreichen Wiederaufgreifens letztlich bestehen bleibt, durch eine entsprechende Ermessensreduzierung verhindert werden kann; andererseits wird gerade durch die Anknüpfung an §§ 48, 49 VwVfG Raum für die Berücksichtigung von Sonderfällen geschaffen (vgl. oben Rn. 47 ff.).

3. Wiederaufgreifen des Verfahrens außerhalb des § 51 VwVfG?

62   § 51 VwVfG enthält zwar einen abschließenden Katalog von
Wiederaufgreifungsgründen, der auch nicht im Wege der ausdehnenden Auslegung oder der Analogie erweitert werden kann. Er
berührt aber nicht die Rücknahme- und Widerrufsregelungen der
§§ 48 I, 49 I VwVfG (so ausdrücklich § 51 V). Die Verwaltungsbehörde ist daher befugt, von sich aus einen Verwaltungsakt
– ohne Rücksicht darauf, ob ein Wiederaufgreifensgrund i. S. des
§ 51 VwVfG vorliegt oder nicht – zurückzunehmen oder zu widerrufen. Das schließt zugleich die Befugnis ein, die Voraussetzungen für die Rücknahme oder den Widerruf zu prüfen, d. h. das
frühere Verwaltungsverfahren wieder aufzunehmen. Es ist daher
zwischen dem Wiederaufgreifen des Verfahrens im engeren Sinne
(gem. § 51 VwVfG) und dem Wiederaufgreifen des Verfahrens im
weiteren Sinne (im Zusammenhang mit §§ 48, 49 VwVfG) zu
unterscheiden. Während die Behörde bei Vorliegen der Voraussetzungen des § 51 VwVfG zum Wiederaufgreifen verpflichtet ist,
liegt das Wiederaufgreifen im weiteren Sinne in ihrem Ermessen,
das sich allerdings in besonders gelagerten Fällen – wie auch sonst –
zu einer Pflicht verdichten kann.

63   Fraglich ist, ob der Bürger einen *entsprechenden Anspruch* auf ermessensfehlerfreie Entscheidung über das Wiederaufgreifen und im
Falle der Ermessensreduzierung einen Anspruch auf Wiederaufgreifen hat. Das wurde früher überwiegend und wird auch heute
noch teilweise unter Berufung auf die zeitlich begrenzte Anfechtbarkeit von Verwaltungsakten, die durch einen solchen Anspruch
unterlaufen würde, verneint. Folgt man den allgemeinen Rechtsgrundsätzen über das subjektive Recht und seine Voraussetzungen,
dann ist ein solcher Anspruch jedoch zu bejahen, da die Ermessensregelung der §§ 48 I und 49 I VwVfG sicherlich nicht nur im
öffentlichen Interesse, sondern auch im Interesse des Einzelnen
besteht, wenigstens soweit es um die hier allein interessierenden
belastenden Verwaltungsakte geht. Auch die Bestandskraft steht
insoweit nicht entgegen. Sie wird bereits durch die Befugnis der Behörde zum Wiederaufgreifen und zur Rücknahme bzw. zum Wi-

derruf durchbrochen. Der korrespondierende Anspruch des Bürgers stellt keine Erweiterung, sondern nur eine rechtsstaatliche Ergänzung dieser Durchbrechung in subjektiv-rechtlicher Hinsicht dar.

In der Rechtsprechung und in der überwiegenden Literatur hat sich diese Auffassung – wenngleich erst nach langem Zögern und kontroversen Diskussionen – schon vor Erlaß des VwVfG durchgesetzt, vgl. dazu *BVerfGE* 27, 297, 305 ff. (vor allem zur verfassungsrechtlichen Grundlegung); *BVenvGE* 44, 333; *BGH DÖV* 1973, 92; ferner *Maurer*, JuS 1976, 25 ff. m. w. N. Das 1976 erlassene VwVfG knüpft an diese Rechtsauffassung an. § 51 VwVfG will nicht die traditionellen Rechtsgrundsätze über das Wiederaufgreifen des Verfahrens einschränken oder ausklammern, sondern einige Tatbestände benennen, bei deren Vorliegen der Betroffene – entsprechend der bisherigen Rechtsprechung – auf jeden Fall einen Rechtsanspruch auf Wiederaufgreifen hat. Vgl. dazu *BVenvG* NJW 1981, 2595; *BVenvGE* 78, 332, 338 f.; 95, 86, 92; 121, 226, 230 f.; 122, 103, 107.

Im einzelnen ist noch auf folgendes hinzuweisen:

a) *Ermessenserwägungen.* Der Antrag des Bürgers auf Wiederauf-   **64** greifen des Verfahrens muß – entsprechend den allgemeinen Ermessensgrundsätzen – geprüft und beschieden werden. Bei der Ermessensabwägung fällt selbstverständlich auch die Bestandskraft des ursprünglichen Verwaltungsakts ins Gewicht, – sie ist also nicht unerheblich, allerdings auch nicht allein maßgeblich. Wenn der Betroffene nur pauschal die Rechtswidrigkeit des Verwaltungsakts behauptet oder wenn er lediglich Einwendungen vorbringt, die bereits im Rechtsmittelverfahren oder bei der Ablehnung früherer Wiederaufgreifensanträge zurückgewiesen wurden, dann kann er ohne weiteres ermessensfehlerfrei auf die Bestandskraft des ursprünglichen Verwaltungsakts verwiesen werden. Wenn er dagegen tatsächliche oder rechtliche Gesichtspunkte vorträgt, die bislang nicht oder nicht hinreichend beachtet wurden, dann muß die Behörde eingehender prüfen und die für und gegen das Wiederaufgreifen sprechenden Gründe sorgfältig abwägen.

b) *Anspruch auf Wiederaufgreifen.* Eine Ermessensreduzierung auf   **65** Null mit der Folge einer Wiederaufgreifenspflicht bzw. eines Wiederaufgreifensanspruchs ist – über die Tatbestände des § 51 I VwVfG hinaus – insbesondere dann anzunehmen, wenn die Behörde in gleich gelagerten Fällen das Verfahren wiederaufgegriffen hat (*BVenvGE* 26, 153, 155: Selbstbindung der Verwaltung!), wenn die Aufrechterhaltung des Verwaltungsakts „schlechthin unerträglich wäre" (BVerwGE 28, 122, 127 f.), wenn „Umstände ersichtlich sind, die die Berufung der Behörde auf die Unanfechtbarkeit des Erstbescheides als einen Verstoß gegen die guten Sitten oder Treu und Glauben erscheinen lassen" (BVerwGE 44, 333, 336).

66 c) *Neue höchstrichterliche Rechtsprechung.* Fraglich und umstritten ist, ob und inwieweit eine nach Erlaß des Verwaltungsakts ergangene höchstrichterliche Entscheidung, die die bisherige Rechtsprechung unterer Gerichte korrigiert oder sogar von der bisherigen Rechtsprechung des erkennenden Gerichts selbst abweicht, einen Wiederaufnahmegrund bildet.

Beispiel: Der Beamte B beantragt Beihilfe für einen nach seiner Krankheit angetretenen Kuraufenthalt. Der Antrag wird abgelehnt, da nach den gesetzlichen Bestimmungen für eine derartige Kur keine Beihilfe gewährt werde. B stellt fest, daß diese Rechtsauslegung der Rechtsprechung des Verwaltungsgerichts entspricht und sieht deshalb von der Einlegung eines Rechtsmittels ab. Drei Monate später ergeht ein Urteil des BVerwG, das die einschlägigen Vorschriften anders auslegt und auch solche Kuren für beihilfefähig erklärt. B beantragt nunmehr unter Hinweis auf dieses Urteil das Wiederaufgreifen des Verfahrens und die Bewilligung der ursprünglich beantragten Beihilfe.

Wenn man die neue höchstrichterliche Entscheidung als rechtsändernde Rechtsfortbildung bewertet, liegt eine Änderung der Rechtslage i. S. des § 51 I Nr. 1 VwVfG vor, die zum Wiederaufgreifen verpflichtet. Das dürfte jedoch allenfalls ausnahmsweise anzunehmen sein. In der Regel indiziert sie nur, daß die bisherige Rechtsanwendung unzutreffend und deshalb der darauf gestützte Verwaltungsakt, wie sich nunmehr herausstellt, von vornherein rechtswidrig war. Die neue Rechtsprechung begründet für sich noch keinen Anspruch auf Wiederaufgreifen. Sie ist aber bei der Ermessensabwägung vorrangig zu berücksichtigen, zumal wenn und weil sie die Rechtswidrigkeit des Verwaltungsakts eindeutig aufdeckt.

So BVerwG NJW 1981, 2595 (grundlegend); st. Rspr., vgl. etwa BVerwG NVwZ 1988, 143 (Änderung der Rechtsprechung erst- und zweitinstanzlicher Gerichte); BVerwG NVwZ 1995, 1097 (Änderung der Rechtsprechung des Europäischen Gerichtshofs für Menschenrechte). – Die frühere Rechtsprechung war schwankend. Eine Wiederaufgreifenspflicht wurde verneint von BVerwGE 28, 122, 124 ff. und BVerwG DÖV 1978, 405, dagegen wohl bejaht von BVerwGE 17, 256, 260 f. und 35, 234, 237, ferner von BSozGE 36, 120,

123 f. bei Änderung der höchstrichterlichen Rechtsprechung. In § 51 VwVfG ist diese Frage bewußt offengelassen worden (vgl. BT-Drs. 7/910 S. 74 f.). § 48 II SGB X sieht eine (beschränkte) Rücknahme- und damit auch Wiederaufgreifenspflicht vor. – Vgl. ferner auch *BVerwGE* 27, 141, 142 f. zu den Auswirkungen der inzidenten Nichtigkeitserklärung einer Satzung für die Rücknahme von Verwaltungsakten in gleich gelagerten Fällen.

Im obigen Fall ist daher das Verfahren wieder aufzugreifen, falls nicht besondere Gründe dagegen sprechen (etwa Folgewirkungen für Parallelfälle, beschränkte Mittel).

VII. Aufhebbarkeit von begünstigenden Verwaltungsakten mit belastender Drittwirkung

Es handelt sich im folgenden um Verwaltungsakte, die eine Person begünstigen, eine andere belasten (vgl. zum Begriff oben § 9 Rn. 50). Typisches Beispiel ist die den Bauherrn begünstigende, aber in die Rechte des Nachbarn eingreifende Baugenehmigung.

1. Anfechtung

Der durch den Verwaltungsakt (etwa Baugenehmigung) in seinen Rechten betroffene Dritte (etwa ein Nachbar) kann den Verwaltungsakt anfechten. Ist die Anfechtung zulässig und begründet, dann muß der Verwaltungsakt aufgehoben werden (vgl. § 113 I VwGO). Das Vertrauensschutzprinzip greift nicht ein; denn einmal mußte der Begünstigte mit der (zeitlich befristeten) Möglichkeit der Anfechtung rechnen, zum anderen darf der Rechtsschutz des Belasteten nicht durch Vertrauensschutzgesichtspunkte zugunsten des Begünstigten beeinträchtigt werden. **67**

Problematisch ist die Regelung allerdings insofern, als ein Nachbar, wenn ihm die Baugenehmigung nicht amtlich bekanntgemacht worden ist, noch nach Jahr und Tag anfechten kann, da die Anfechtungsfristen erst und nur mit der amtlichen Bekanntgabe zu laufen beginnen; der Nachbar muß sich aber, wenn er tatsächlich Kenntnis erlangt und nicht innerhalb einer angemessenen Frist angefochten hat, den Grundsatz von Treu und Glauben entgegenhalten lassen, vgl. dazu *BVerwGE* 44, 294, 299 ff.; 78, 85, 88 ff.

2. Rücknahme und Widerruf

Die Regelungen der §§ 48, 49 VwVfG betreffen unmittelbar nur den einseitig begünstigenden und den einseitig belastenden Verwaltungsakt. Wie sich mittelbar aus § 50 VwVfG ergibt, bestimmen sich Rücknahme und Widerruf begünstigender Verwal- **68** tungsakte mit belastender Drittwirkung nach den Vorschriften und Grundsätzen über die Rücknahme und den Widerruf *begünstigender Verwaltungsakte.* Es gelten daher auch hier die sich aus dem Vertrauensschutzprinzip ergebenden Einschränkungen. Bei der Interessenabwägung sind allerdings nicht nur die Belange des Einzelnen und der Allgemeinheit gegeneinander abzuwägen, sondern auch die Interessen des belasteten Dritten miteinzubeziehen.

Beispiel: Eine Baugenehmigung wird unter Verletzung der Grenzabstandsvorschriften. Bei der Rücknahmeentscheidung kann die Beeinträchtigung des Nachbarn eine erhebliche Rolle spielen (wobei freilich zu beachten ist, daß die Grenzabstandsvorschriften zwar auch, aber nicht nur im Interesse des Nachbarn, sondern vornehmlich im öffentlichen Interesse bestehen).

3. Die Sonderregelung des § 50 VwVfG

69   Die Sonderregelung des § 50 VwVfG geht von dem Fall aus, daß ein begünstigender Verwaltungsakt mit belastender Drittwirkung von dem Dritten angefochten worden ist, und bestimmt für diesen Fall, daß der angefochtene Verwaltungsakt von der zuständigen Behörde ohne Rücksicht auf die vertrauensschutzbedingten Einschränkungen der §§ 48, 49 VwVfG zurückgenommen oder widerrufen werden darf. Sie verdrängt somit die Vertrauensschutzregelungen der §§ 48, 49 VwVfG. Der Grundsatz des Vertrauensschutzes steht dem nicht entgegen, weil der Bürger mit der eventuellen Aufhebung eines anfechtbaren und angefochtenen Verwaltungsaktes rechnen muß (vgl. oben Rn. 67). Für diese Regelung spricht auch die Verfahrensökonomie, da die Behörde nicht die Aufhebung durch die Rechtsmittelinstanz abwarten muß, sondern von sich aus den angefochtenen Verwaltungsakt aufheben kann, wenn sie zu der Erkenntnis gelangt, daß er nicht haltbar ist. Der Gesichtspunkt der Verfahrensökonomie greift freilich nur bedingt ein, weil es durchaus möglich ist, daß der ehemals Begünstigte nunmehr gegen die Aufhebung mit der Begründung klagt, die einschränkenden Voraussetzungen des § 50 VwVfG hätten nicht vorgelegen.

70   Die Anwendung des § 50 VwVfG, d. h. der Wegfall der Vertrauensschutzregelungen der §§ 48, 49 VwVfG (einschließlich der Entschädigungsregelungen), setzt voraus, daß

– der Verwaltungsakt tatsächlich durch Einlegung eines förmlichen Rechtsmittels (Widerspruch und Anfechtungsklage) angefochten worden ist, die
  bloße Anfechtbarkeit genügt nicht;
– das Rechtsmittel zulässig ist;
– das Rechtsmittelverfahren noch läuft;
– mit der Aufhebung durch die Behörde dem Rechtsmittel abgeholfen wird,
  wobei es nicht auf die jeweils vorgetragenen rechtlichen Argumente, sondern auf das Ergebnis ankommt;
– das Rechtsmittel begründet ist, also der Dritte durch den Verwaltungsakt in
  seinen Rechten verletzt wird.

Fast alle der genannten Voraussetzungen sind in der Literatur **71**
und Rechtsprechung mehr oder weniger umstritten. Das gilt vor
allem für die Begründetheit des Rechtsmittels, die teilweise für
unerheblich erklärt wird (so etwa *Obermayer/Schäfer*, VwVfG, § 50
Rn. 18). Für deren Annahme sprechen jedoch der Wortlaut („abgeholfen wird"), ferner die ratio dieser Vorschrift, die der Behörde
die Möglichkeit geben will, einer Aufhebung durch die Rechtsmittelinstanz zuvorzukommen, und vor allem der Grundsatz des
Vertrauensschutzes, der jedenfalls dann wieder eingreift, wenn der
Dritte keinen Anspruch auf Korrektur des Verwaltungsaktes hat.
Die Folge ist allerdings, daß im Fall des Widerrufs § 50 VwVfG
nur relevant wird, wenn die erlassende Behörde den Verwaltungsakt während des Widerspruchsverfahrens als unzweckmäßig aufhebt. Die in der Literatur umstrittene Frage nach dem Zeitpunkt
und der Kompetenz für die Beurteilung der Begründetheit des
Rechtsmittels bzw. der Rechtswidrigkeit des Verwaltungsaktes ist
ein Scheinproblem: Wenn die Behörde einen Verwaltungsakt unter den erleichterten Bedingungen des § 50 VwVfG zurücknehmen
will, muß sie deren Vorliegen, also auch die voraussichtliche Begründetheit des Rechtsmittels, überprüfen. Hebt sie daraufhin den
Verwaltungsakt auf, dann hat im Fall der Anfechtung der Aufhebung das Verwaltungsgericht zu prüfen, ob die Behörde von
der Begründetheit des Rechtsmittels ausgehen durfte, d. h. ob das
Rechtsmittel Erfolg gehabt hätte.

Die Rücknahme erledigt das Rechtsmittelverfahren. Der Begünstigte, der
die Rücknahme für rechtswidrig hält, kann nun gegen diese klagen.

Beispiel: Wenn in dem obigen Grenzabstandsfall der Nachbar geklagt hat,
kann die Behörde die Baugenehmigung ohne weiteres zurücknehmen; der
Bauherr kann sich nicht auf Vertrauensschutz berufen und erhält daher auch

keine Entschädigung nach § 48 III VwVfG (aber evtl. nach anderen Vorschriften, etwa nach Art. 34 GG/§ 839 BGB oder Enteignungsentschädigungs-
grundsätzen). Vgl. näher zur Problematik des § 50 VwVfG *Remmert,* Die behördliche Aufhebung von Verwaltungsakten mit Doppelwirkung, VerwArch.
91 (2000) S. 209 ff.

72   **Literatur zu § 11:** *Ipsen,* Widerruf gültiger Verwaltungsakte, 1932; *Haueisen,*
Die Rücknahme fehlerhafter Verwaltungsakte, NJW 1954, 1425 ff.; *Becker/Luh-
mann,* Verwaltungsfehler und Vertrauensschutz, 1963; *Bullinger,* Zur Bestandskraft belastender Verwaltungsakte, JZ 1963, 466 ff.; *J. Martens,* Der Anspruch
auf Rücknahme eines belastenden Verwaltungsakts, NJW 1963, 1856 ff.; *Ossenbühl,* Die Rücknahme fehlerhafter begünstigender Verwaltungsakte, 2. Aufl.
1965; *Maurer,* Die Rücknahme rechtswidriger belastender Verwaltungsakte,
DÖV 1966, 477 ff.; *ders.,* Wiederaufgreifen unanfechtbar abgeschlossener Verwaltungsverfahren, JuS 1976, 25 ff.; *ders.,* Das Vertrauensschutzprinzip bei Rücknahme und Widerruf von Verwaltungsakten, Festschrift für den Boorberg-Verlag, 1977, S. 223 ff.; *Bettermann,* Über die Wiederaufnahme abgeschlossener Verwaltungsverfahren, Festschrift für Hans J. Wolff, 1973, S. 465 ff.; *Göldner,* Die
Rücknahme rechtswidriger begünstigender Verwaltungsakte nach dem neuen
Verwaltungsverfahrensrecht, DÖV 1979, 805 ff; *Sachs,* Das Wiederaufgreifen
des Verwaltungsverfahrens, JuS 1982, 264 ff.; *Schenke,* Probleme der Bestandskraft von Verwaltungsakten, DÖV 1983, 320 ff.; *Kopp,* Die Bestandskraft von
Verwaltungsakten, DVBl. 1983, 392 ff.; *Erichsen/Knoke,* Bestandskraft von Verwaltungsakten, NVwZ 1983, 185 ff.; *Merten,* Bestandskraft von Verwaltungs-
akten, NJW 1983, 1993 ff.; *J. Ipsen,* Verbindlichkeit, Bestandskraft und Bin-
dungswirkung von Verwaltungsakten, DV 17 (1984) S. 169 ff.; *Schwabe,* Das
Wiederaufgreifen unanfechtbarer Verwaltungsakte, JZ 1985, 545 ff.; *Selmer,*
Wiederaufgreifen des Verwaltungsverfahrens – von Amts wegen und auf Antrag,
JuS 1987, 363 ff.; *Frohn,* Das verwaltungsrechtliche Zweitverfahren: Rücknahme, Widerruf und Wiederaufgreifen (§§ 48 ff. VwVfG), DV 20 (1987)
S. 337 ff.; *M.-J. Seibert,* Die Bindungswirkung von Verwaltungsakten, 1989;
Knoke, Rechtsfragen der Rücknahme von Verwaltungsakten, 1989; *Baumeister,*
Der Anspruch auf ein Wiederaufgreifen unanfechtbar abgeschlossener Verwaltungsverfahren, VerwArch. 83 (1992) S. 374 ff.; *Steiner,* Zum Anwendungsbereich der verwaltungsverfahrensrechtlichen Regelungen über die materielle Bestandskraft von Verwaltungsakten (§§ 48, 49 VwVfG), VerwArch. 83
(1992) S. 479 ff.; *Preusche,* Zum Ändern und Ersetzen angefochtener Verwaltungsakte, DVBl. 1992, 797 ff.; *Schnapp,* Rücknahme von Verwaltungsakten, SGb 1993, 1 ff.; *Lehner,* Der rückwirkende Widerruf von begünstigenden Verwaltungsakten nach dem Eintritt einer Sachverhaltsänderung, DV 26
(1993) S. 183 ff.; *Bronnenmeyer,* Der Widerruf rechtmäßiger begünstigender
Verwaltungsakte nach § 49 VwVfG, 1994; *Siebelt/Eckert,* Dritte als Rückfor-
derungsadressaten im Verwaltungsrecht, DVBl. 1995, 114 ff.; *Wickel,* Bestandskraft im Umweltrecht, 1996; *Gassner,* Rücknahme drittbelastender Verwaltungsakte im Rechtsbehelfsverfahren, JuS 1997, 794 ff.; *Stelzer,* Was leistet das
Prinzip der Rechtssicherheit? DV 30 (1997) S. 139 ff.; *Erichsen/Ebber,* Das
Wiederaufgreifen unanfechtbar abgeschlossener Verwaltungsverfahren gemäß
§ 51 VwVfG, Jura 1997, 424 ff.; *Erichsen/Brügge,* Die Rücknahme von Ver-

waltungsakten nach § 48 VwVfG, Jura 1999, 155 ff.; *Pauly/Pudelka*, Verwaltungsprozessuale Folgeprobleme des § 49 a VwVfG, DVBl. 1999, 1609 ff.; *Bamberger*, Rücknahme und Widerruf begünstigender Allgemeinverfügungen, DVBl. 1999, 1632 ff.; *Suerbaum*, Widerruf und Erstattung bei Geld- und Sachleistungsverwaltungsakten nach der Novellierung des Verwaltungsverfahrensrechts, VerwArch. 90 (1999), S. 361 ff.; *Schenke*, Der Anspruch des Verletzten auf Rücknahme des Verwaltungsakts vor Ablauf der Anfechtungsfristen, Festschrift für Maurer, 2001, S. 723 ff.; *Hansmann*, Der Bestandsschutz im Immissionsschutzrecht, BVerwG-Festschrift 2003, S. 935 ff. – Vgl. ferner zum Grundsatz des Vertrauensschutzes die Nachweise oben Rn. 22.

Rechtsprechung zu § 11 I: *BVerfGE* 60, 253, 269 ff. (rechtsstaatliche Bedeutung der Bestandskraft); *BVerwGE* 48, 271 (Bestandskraft der Ablehnung einer Baugenehmigung); *BVerwG* DÖV 1977, 249 (Bestandskraft eines Bescheids über die Vorauszahlung von Erschließungskosten); *BVerwG* DÖV 1982, 941 (Bestandskraft von Verwaltungsakten mit Drittwirkung).   **73**

Zu III (Rücknahme begünstigender Verwaltungsakte): *BVerfGE* 59, 128, 152 ff. (verfassungsrechtliche Grundlagen); *BVerwGE* 56, 230 (zur Rücknahme eines verfahrensfehlerhaften Verwaltungsakts); *BVerwGE* 68, 151 (Rücknahme der Zurückstellung vom Wehrdienst); *BVerwGE* 68, 159; 78, 139 (Einziehung des Vertriebenenausweises, Vertrauensschutz); *BVerwGE* 70, 356 (Rücknahmefrist); *BVerwGE* 71, 220 (Änderung eines BAföG-Bescheides zugunsten des Studenten); *BVerwGE* 71, 261 (Rücknahme nach den allgemeinen Grundsätzen des Verwaltungsrechts); *BVerwGE* 74, 357 (Rücknahme eines gegen EG-Recht verstoßenden Verwaltungsakts, falsche Angaben, Wegfall der Bereicherung); *BVerwGE* 78, 101; 87, 103 (Rücknahme eines BAföG-Bescheides nach §§ 44 ff. SGB X); *BVerwGE* 85, 79; 88, 312 (Einziehung des Vertriebenenausweises); *BVerwGE* 88, 278 (Rücknahmevoraussetzungen); *BVerwGE* 92, 81; 106, 328 (Rücknahme einer gemeinschaftsrechtlichen Investitionszulagenbescheinigung); *BVerwGE* 98, 298, 304 ff. (Rücknahme einer Aufenthaltsgenehmigung); *BVerwGE* 100, 199 (Rücknahmefrist); *BVerwGE* 110, 226 (Zuständigkeit, Rücknahmefrist, Verwirkung); *BVerwGE* 118, 216 (Rücknahme einer durch bewußte Täuschung erwirkten Einbürgerung); *BVerwG* NVwZ 1985, 488 (Rücknahme eines Subventionsbescheids, Beweislast); *BVerwG* NJW 1992, 328 (Unterscheidung von Rücknahme und Rückforderung erbrachter Leistungen, Wegfall der Bereicherung); *OVG Münster* DÖV 1981, 109 (Rücknahme eines gegen Verwaltungsvorschriften verstoßenden Verwaltungsakts); *OVG Münster* NVwZ 1985, 661 (Rücknahme einer Abhilfeentscheidung gem. § 72 VwGO); *BadWürttVGH* NVwZ 1992, 184 (Rücknahme einer Rücknahmeentscheidung); *BVerwG* NVwZ 2003, 1384 (Rücknahme eines gegen eine Verwaltungsvorschrift verstoßenden Subventionsbewilligungsbescheids); vgl. zur Rücknahmerechtsprechung des *BVerwG* vor Erlass des VwVfG oben Rn. 21, 23.

Zu IV (Widerruf begünstigender Verwaltungsakte): *BVerwGE* 32, 12 (Voraussetzungen des Widerrufs); *BVerwGE* 68, 267 (Widerruf, vorherige Anhörung); *BVerwGE* 71, 234 (Widerruf einer Waffenbesitzkarte); *BVerwGE* 105, 6 (Widerruf einer atomrechtlichen Betriebsgenehmigung: Endlager Morsleben);

BVerwGE 105, 55 (Widerruf einer Subventionsbewilligung, ermessenslenkende Bedeutung der Grundsätze der Wirtschaftlichkeit und Sparsamkeit); *BVerwGE* 105, 214 (Widerruf einer ärztlichen Approbation; keine Ausschlußfrist); *BVerw-GE* 108, 30 (Aufrechterhaltung einer rechtswidrigen Rücknahme als Widerruf); *BVerwGE* 112, 360 (Frist bei Widerruf wegen Auflagenverstoß); *BVerwGE* 116, 332 (Rückforderung einer Leistung gem. § 49 III VwVfG, Verzinsung); *BVerwGE* 117, 380 (Widerruf einer unbefristeten Aufenthaltserlaubnis); *BVerw-GE* 118, 174 (Widerruf einer Asylanerkennung); *BVerwG* NVwZ 1984, 102 (Widerruf der Genehmigung eines Schulbuches); *BVerwG* NVwZ 1987, 498 (Widerrufsvorbehalt); *BayVGH* BayVBl. 1986, 304 (Widerrufsvorbehalt); *HessVGH* DVBl. 1992, 1446 (Widerruf eines Planfeststellungsbeschlusses); *BGH* NJW 1970, 1178 (keine Entschädigung bei Widerruf auf Grund eines Widerrufsvorbehalts).

Zu V und VI (Rücknahme und Widerruf belastender Verwaltungsakte, Wiederaufgreifen des Verfahrens): *BVerfGE* 27, 297 (verfassungsrechtliche Grundlagen); *BVerwGE* 27, 141 (Rücknahme eines rechtswidrigen Gebührenbescheids); *BVerwGE* 30, 132; 67, 129, 133 ff. (Änderung eines Gebührenbescheids zum Nachteil des Betroffenen); *BVerwGE* 44, 333 (Wiederaufgreifen des Verfahrens nach allgemeinen Grundsätzen); *BVerwGE* 69, 90 (erneuter Antrag auf Anerkennung als Kriegsdienstverweigerer); *BVerwGE* 70, 110; 82, 272 (Wiederaufgreifen des Verfahrens auch im Falle eines durch ein rechtskräftiges Urteil bestätigten Verwaltungsaktes); *BVerwGE* 78, 332 (Wiederaufgreifen im Asylverfahrensrecht); *BVerwGE* 95, 86 (Wiederaufgreifen nach § 51 VwVfG und allgemeinen Grundsätzen); *BVerwGE* 104, 115 (Begrenzung des Wiederaufgreifens nach § 51 I Nr. 1 VwVfG auf Dauerverwaltungsakte; *BVerwGE* 106, 171 (Wiederaufgreifen des Asylverfahrens, „Pflicht zum Durchentscheiden"); *BVerwGE* 115, 302 (Widerspruch und Widerruf bei belastenden Verwaltungsakten); *BVerwG* NJW 1981, 2595 (Wiederaufgreifen bei Änderung der höchstrichterlichen Rechtsprechung?); *BVerwG* DVBl. 1982, 998; *BVerwG* NVwZ 2002, 483 (wiederholende Verfügung); *OVG Münster* NVwZ 1986, 51; *BadWürttVGH* NVwZ 1986, 225 (jeweils Wiederaufgreifen des Verfahrens nach § 51 VwVfG).

§ 12 Nebenbestimmungen zu Verwaltungsakten, insbesondere Bedingungen und Auflagen

I. Allgemeine Bedeutung

1　　Jeder Verwaltungsakt enthält begriffswesentlich eine Regelung. Diese *Hauptregelung* kann durch eine *zusätzliche Bestimmung,* eine sog. Nebenbestimmung, ergänzt oder beschränkt werden. In Betracht kommen: Befristung, Bedingung, Widerrufsvorbehalt, Auflage und Auflagenvorbehalt.

Die Nebenbestimmungen spielen in der Verwaltungspraxis eine **2**
wesentliche Rolle, insbesondere im Zusammenhang mit gewerberechtlichen und baurechtlichen Genehmigungen. Sie haben vornehmlich den Zweck, rechtliche oder auch tatsächliche Hindernisse,
die einer uneingeschränkten Genehmigung (noch) entgegenstehen,
zu beseitigen. Die Behörde braucht, wenn gegen eine uneingeschränkte Genehmigung Einwendungen bestehen, die beantragte
Genehmigung nicht abzulehnen, sondern kann sie mit bestimmten
Vorbehalten erteilen; anstelle des strikten „Nein" einer Ablehnung
tritt das einschränkende „Ja, aber" einer Genehmigung mit Nebenbestimmungen. Die Nebenbestimmungen ermöglichen sonach eine
elastische Verwaltung und kommen den Interessen der Bürger entgegen. Sie bergen aber auch die Gefahr der Reglementierung und
Bevormundung.

Die Nebenbestimmungen werden in § 36 VwVfG geregelt: **3**
Abs. 1 betrifft die Zulässigkeit von Nebenbestimmungen zu
rechtlich gebundenen Verwaltungsakten, Abs. 2 die Zulässigkeit
von Nebenbestimmungen zu Ermessensverwaltungsakten. Ferner
bringt Abs. 2 Legaldefinitionen der einzelnen Nebenbestimmungen.

II. Die Arten der Nebenbestimmungen

Trotz der Legaldefinitionen des § 36 II VwVfG bereitet die **4**
Abgrenzung der einzelnen Nebenbestimmungen immer wieder
Schwierigkeiten. Die Problematik wird vereinfacht, wenn man die
Hauptregelung, die Inhaltsbestimmung des Verwaltungsaktes, in
die Betrachtung einbezieht.

1. Die Hauptregelung des Verwaltungsaktes und ihre Schranken

Mit der Festlegung des Regelungsinhaltes eines Verwaltungsak- **5**
tes (der Begünstigung, der Belastung) werden zugleich dessen
Grenzen bestimmt. Wenn z.B. ein Abgabenbescheid auf 1000,–
Euro lautet, so wird eben nur dieser Betrag, nicht mehr und nicht
weniger, verlangt; wenn die Errichtung eines einstöckigen Hauses
genehmigt wird, dann darf eben nur einstöckig, nicht mehrstöckig

gebaut werden. Die sich bereits aus der positiven Umschreibung des Regelungsinhaltes ergebenden inhaltlichen Grenzen des Verwaltungsaktes können negativ durch zusätzliche Einschränkungen ergänzt werden. Das ist z. B. der Fall, wenn eine Gaststättengenehmigung auf den Ausschank von alkoholfreien Getränken oder eine Arbeitserlaubnis für einen Ausländer auf bestimmte Tätigkeitsbereiche beschränkt wird.

> Vgl. ferner die in der Rechtsprechung unter dem Stichwort „modifizierende Auflage" aktuell gewordenen Beispiele: Die Genehmigung zum Betrieb eines Transportbetonwerks wird mit der Einschränkung versehen, daß ein bestimmter Lärmpegel nicht überschritten werden darf (*BVerwG* DÖV 1974, 380); die Errichtung und der Betrieb einer Ölfeuerungsanlage wird mit der Maßgabe genehmigt, daß nur Heizöl mit einem Schwefelgehalt von höchstens 1% verwendet wird (*BVerwGE* 69, 37).

Oft ist es nur eine Sache der Formulierung, ob der Regelungsinhalt des Verwaltungsaktes nur positiv oder auch – durch Verwendung von Einschränkungen – negativ umschrieben wird. Einschränkungen kommen vor allem dann vor, wenn die Behörde vom Antrag abweicht, indem sie entweder weniger oder etwas anderes als beantragt gewährt. Eine solche Abweichung liegt etwa vor, wenn statt des vom Bauherrn beantragten Satteldachs ein Flachdach genehmigt wird. In allen diesen Fällen handelt es sich nicht um Nebenbestimmungen, sondern um Inhaltsbestimmungen des Verwaltungsaktes, was bei der rechtlichen Beurteilung zu beachten ist (vgl. dazu unten Rn. 16).

2. Befristung und Bedingung

6   Die Befristung und die Bedingung bestimmen den *zeitlichen Geltungsbereich* (die innere Wirksamkeit) des Verwaltungsaktes. Der Unterschied zwischen beiden liegt darin, daß die *Befristung* den Beginn oder das Ende der Wirksamkeit des Verwaltungsaktes auf einen bestimmten Termin festlegt, während die *Bedingung* den Beginn oder das Ende der Wirksamkeit des Verwaltungsaktes von einem bestimmten Ereignis abhängig macht, dessen Eintritt noch ungewiß ist. Ungewiß kann dabei nicht nur sein, *wann* das Ereignis eintritt, sondern auch, *ob* es überhaupt eintritt. Ferner ist es möglich und kommt auch tatsächlich häufig vor, daß das Ereignis

ein Verhalten des Begünstigten selbst ist, der Eintritt der Bedingung von seinem Willen und seinem Verhalten abhängt. Von einer *aufschiebenden* Bedingung spricht man, wenn der Verwaltungsakt erst mit Eintritt des Ereignisses wirksam wird, und von einer *auflösenden* Bedingung, wenn der Verwaltungsakt zunächst wirksam wird, mit dem Eintritt der Bedingung aber seine Wirksamkeit verliert.

Beispiele: Eine *Befristung* liegt etwa vor, wenn der Einzelhändler E die Erlaubnis erhält, sein in einem Kurort gelegenes Geschäft bis zum Ende der Saison am 30. 9. des Jahres auch am Sonntagvormittag geöffnet zu halten. Am 30. 9. verliert die Erlaubnis automatisch ihre Wirksamkeit. – Eine *aufschiebende Bedingung* liegt vor, wenn eine Baugenehmigung mit der Bedingung erteilt wird, daß noch Einstellplätze für Kraftfahrzeuge geschaffen werden (*BVerwGE* 29, 261), oder wenn eine Einberufung zum Wehrdienst vorsorglich für den Verteidigungsfall ausgesprochen wird (vgl. *BVerwGE* 57, 69, 70; dazu auch *Maurer,* JZ 1968, 591). In beiden Fällen wird der Verwaltungsakt (die Baugenehmigung, die Einberufung zum Wehrdienst) erst wirksam, wenn die Bedingung (Schaffung von Einstellplätzen, Verteidigungsfall) eintritt. – Eine *auflösende Bedingung* liegt vor, wenn eine Aufenthaltserlaubnis für einen Ausländer nur für die Dauer der Beschäftigung bei einem bestimmten Arbeitgeber erteilt wird (*OVG Koblenz* DÖV 1966, 209). Endet das konkrete Beschäftigungsverhältnis, dann erlischt die Aufenthaltserlaubnis.

Ein besonderer Fall der auflösenden Bedingung ist der *Widerrufs-* **7** *vorbehalt.* Das „Ereignis", das das Ende der Wirksamkeit des Verwaltungsakts herbeiführt, ist der von der Behörde erklärte Widerruf. Der Widerrufsvorbehalt weist den Adressaten auf die Möglichkeit des späteren Widerrufs hin und schließt damit die Entstehung schutzwürdigen Vertrauens aus.

Eben deshalb sind aber an den Erlaß eines Widerrufsvorbehalt strenge Anforderungen zu stellen. Vgl. dazu und zu der Ausübung des Widerrufsvorbehalts bereits oben § 11 Rn. 41.

Da die Befristung und die Bedingung lediglich den Beginn oder **8** das Ende der Wirksamkeit eines Verwaltungsaktes bestimmen, enthalten sie keine eigene Sachregelung, sondern begrenzen lediglich die Hauptregelung des Verwaltungsaktes in zeitlicher Hinsicht, wobei allerdings im Falle der Bedingung auf sachliche Gesichtspunkte Bezug genommen wird. Sie bilden daher integrierende, d. h. unselbständige Bestandteile des Verwaltungsakts.

3. Auflage

9   Die Auflage ergänzt den Verwaltungsakt durch eine eigene Sachregelung. Sie verpflichtet den Begünstigten zu einem bestimmten Tun, Dulden oder Unterlassen, enthält also ein Gebot oder Verbot. Sie ist daher nicht nur – wie die Befristung und die Bedingung – Bestandteil eines Verwaltungsaktes, sondern eine *zusätzliche* Verpflichtung und daher *selbst Verwaltungsakt*. Sie ist aber gleichwohl eine Nebenbestimmung, da sie nicht nur sachlich auf einen Hauptverwaltungsakt bezogen, sondern auch rechtlich von ihm abhängig ist. Sie wird nämlich nur rechtswirksam, wenn der Hauptverwaltungsakt rechtswirksam wird und wenn der Begünstigte von dem Hauptverwaltungsakt Gebrauch macht. Der Unterschied zur Befristung und Bedingung kommt bereits in den vom Gesetzgeber bewußt gewählten Formulierungen des § 36 II VwVfG zum Ausdruck („erlassen mit" – „verbunden mit").

Der Verwaltungsakt-Charakter der Auflage ist allerdings bestritten, wie hier *Wolff/Bachof/Stober*, VerwR I, § 47 Rn. 8; *Kopp*, VwVfG, § 36 Rn. 29; *Stelkens*, StBS § 36 Rn. 32; *BVerwGE* 85, 24, 26; *BVerwG* NVwZ 1990, 855; *BadWürttVGH* VBlBW 1987, 292; a.A. *Meyer/Borgs*, VwVfG § 36 Rn. 19; *Schenke*, JuS 1983, 183f.; *Fehn*, DÖV 1988, 203; *Erichsen*, Jura 1990, 217 (obwohl nach seiner Auffassung alle Merkmale eines Verwaltungsaktes nach § 35 VwVfG erfüllt sind).

Beispiele: A erhält eine Baugenehmigung mit der Auflage, an der Außentreppe noch ein Geländer anzubringen. – B erhält eine Fahrerlaubnis mit der Auflage, sich in gewissen Zeitabständen einem Sehtest zu unterziehen. – C erhält eine Abbruchgenehmigung mit der Auflage, eine Abstandsumme in Höhe von 50 000 Euro zur Förderung des sozialen Wohnungsbaus zu bezahlen (vgl. *BVerwGE* 55, 135; 65, 139; ferner zu den verfassungsrechtlichen Grenzen solcher Auflagen *BVerfGE* 55, 249). Wenn die Abbruchgenehmigung aufgehoben wird oder wenn C von ihr keinen Gebrauch macht, entfällt selbstverständlich auch die durch die Auflage festgelegte Zahlungspflicht.

10   Die Auflage und die aufschiebende Bedingung können in Konkurrenz zueinander treten. Das ist dann der Fall, wenn das „Ereignis" der aufschiebenden Bedingung ein bestimmtes Verhalten des Betroffenen, d.h. ein Tun, Dulden oder Unterlassen des Betroffenen, ist. Denn ein bestimmtes Tun, Dulden oder Unterlassen ist gerade auch Gegenstand der Auflage. Gleichwohl sind beide wegen ihrer unterschiedlichen Rechtsfolgen zu unterscheiden. Sie

beziehen sich auf das Wirksamwerden der Hauptregelung, die Durchsetzbarkeit der Nebenbestimmung und – zumindest nach früherer Auffassung – auf den Rechtsschutz.

Ausgangsfall: G erwirbt eine Gastwirtschaft und beantragt die nach § 2 GastG erforderliche Erlaubnis zum Betrieb dieser Gaststätte. Die Erlaubnis wird erteilt mit dem Zusatz, G habe noch eine weitere Lärmschutzvorrichtung anzubringen, um Lärmbelästigungen für die Nachbarschaft zu vermeiden. Dieser „Zusatz" kann sowohl eine Auflage als auch eine aufschiebende Bedingung sein (vgl. zur praktisch schwierigen Abgrenzung unten Rn. 17); die rechtlichen Unterschiede sind erheblich.

a) Der mit einer *Auflage verbundene Verwaltungsakt* wird – ohne **11** Rücksicht darauf, ob die Auflage erfüllt wird oder nicht – sofort rechtswirksam. – Der aufschiebend bedingte Verwaltungsakt wird dagegen erst mit Bedingungseintritt wirksam.

Wenn im obigen Ausgangsfall der „Zusatz" eine Auflage ist, dann kann G aufgrund der wirksamen Erlaubnis seine Gaststätte sofort betreiben. Wenn sie dagegen eine aufschiebende Bedingung darstellt, dann liegt erst nach Anbringung der Lärmschutzvorrichtung eine wirksame Erlaubnis vor, die zum Betrieb der Gaststätte berechtigt.

b) Die *Auflage verpflichtet* und ist daher *zwangsweise durchsetzbar*. **12** – Die aufschiebende Bedingung ist nicht verpflichtend und daher auch nicht durchsetzbar.

Ist im obigen Ausgangsfall eine Auflage gegeben, dann kann sie, wenn G ihr nicht nachkommt, im Wege der Verwaltungsvollstreckung durchgesetzt werden (vgl. unten § 20). Wenn es sich dagegen um eine aufschiebende Bedingung handelt, bedarf es einer zwangsweisen Durchsetzung schon deshalb nicht, weil die Genehmigung noch nicht wirksam ist und der Betrieb der Gaststätte daher noch nicht aufgenommen werden kann; es liegt im Interesse des G, durch Erfüllung der Bedingung das Wirksamwerden der Genehmigung herbeizuführen.

Die unter a) und b) genannten Unterschiede kommen in der bereits klassischen, von *von Savigny* stammenden Formulierung zum Ausdruck: „Die Bedingung . . . suspendiert, zwingt aber nicht; der Modus (die Auflage) zwingt, suspendiert aber nicht" (System des heutigen römischen Rechts, Bd. III, 1840, S. 231).

Der Unterschied verflacht allerdings de facto, wenn man bedenkt, daß die Nichterfüllung der Auflage zum Widerruf des Hauptverwaltungsaktes berechtigt (vgl. § 49 II Nr. 2 VwVfG und oben § 11 Rn. 42) und damit doch wieder Konsequenzen für die Wirksamkeit des Hauptverwaltungsaktes haben kann, und daß sich andererseits der Bürger der Auflage entziehen kann, indem er von der Begünstigung, der die Auflage beigefügt wurde, keinen Gebrauch macht.

13   c) Nach der früher herrschenden Auffassung konnte die Auflage *isoliert angefochten* und *aufgehoben* werden, während die aufschiebende Bedingung nur durch *Klage auf Erlaß eines unbedingten Verwaltungsaktes* beseitigt werden konnte (vgl. dazu näher unten Rn. 22 ff.).

4. Der Auflagenvorbehalt

14   Da die Auflage ein selbständiger, wenn auch mit einer Hauptregelung verbundener Verwaltungsakt ist, kann sie auch nachträglich noch erlassen werden. Der Auflagenvorbehalt ist die rechtserhebliche Ankündigung, daß später ggf. noch eine Auflage ergeht oder eine bestehende Auflage geändert wird (§ 36 II Nr. 5 VwVfG). Ein solcher Vorbehalt kommt dann in Betracht, wenn zur Zeit des Erlasses des Verwaltungsaktes bestimmte Auswirkungen (etwa Lärmbelästigungen für die Nachbarschaft) möglich, aber noch nicht eindeutig feststellbar sind, oder wenn sich die Behörde die Möglichkeit offen halten will, auf spätere Änderungen der Verhältnisse (etwa zunehmende Lärmbelästigungen für die Nachbarschaft) reagieren zu können. Wie der Widerrufsvorbehalt soll auch der Auflagenvorbehalt die Entstehung schutzwürdigen Vertrauens ausschließen.

Die rechtsdogmatische Einordnung des Auflagenvorbehalts ist noch fraglich: Bloßer Hinweis, Verwaltungsakt wie die Auflage, Vorverwaltungsakt (etwa eine Art umgekehrter Zusage), Unterfall des Widerrufsvorbehalts (dann, wenn man den späteren Erlaß der Auflage als Teilwiderruf beurteilt, was jedoch nicht vertretbar ist). Da der Auflagenvorbehalt einerseits die Bestandskraft des Verwaltungsakts zu Lasten des Begünstigten schwächt und deshalb Regelungscharakter hat, andererseits aber – ebenso wie die Auflage selbst – nicht Bestandteil des Verwaltungsakts ist, muß er als Verwaltungsakt („Nebenverwaltungsakt") qualifiziert werden, sofern man in ihm nicht einen Akt eigener Art sehen möchte.
Vgl. dazu *Kloepfer,* Der Auflagenvorbehalt bei Verwaltungsakten, Die Verwaltung Bd. 8 (1975) S. 295 ff.; *Heinrich,* Auflagen und Vorbehalt weiterer Auflagen bei Erteilung einer Genehmigung nach § 16 GewO, GewArch. 1968, 25 ff.; *OVG Münster* OVGE 23, 1.

15   **Bildlich** lassen sich Bedingung und Auflage wie folgt darstellen (der durchgezogene Strich bedeutet die zeitlich andauernde Wirksamkeit eines Verwaltungsakts):

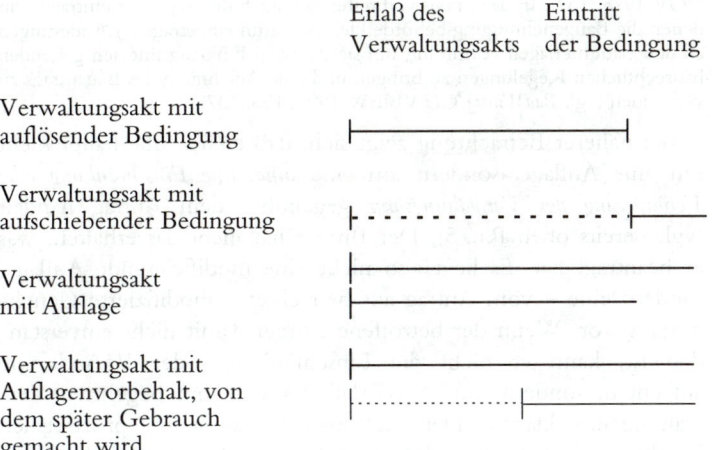

Erlaß des   Eintritt
Verwaltungsakts   der Bedingung

Verwaltungsakt mit
auflösender Bedingung

Verwaltungsakt mit
aufschiebender Bedingung

Verwaltungsakt
mit Auflage

Verwaltungsakt mit
Auflagenvorbehalt, von
dem später Gebrauch
gemacht wird

5. Die sog. modifizierende Auflage

Eine modifizierende Auflage soll dann vorliegen, wenn sie nicht – 16
wie die normale Auflage – eine zusätzliche Leistungspflicht begründet, sondern den Inhalt des Verwaltungsakts, „die eigentliche Genehmigung qualitativ verändert, also modifiziert". Sie soll – das ist
der eigentliche Grund für diese Kreation – wegen dieses ihres besonderen Charakters nicht isoliert anfechtbar und aufhebbar sein.

Die These der modifizierenden Auflage wurde von *Weyreuther* entwickelt
(DVBl. 1969, 295 ff.; DVBl. 1984, 365 ff.) und vom BVerwG übernommen.
Vgl. *BVerwG* DÖV 1974, 380: Im konkreten Fall ging es um die baurechtliche
Genehmigung eines Transportbetonwerks, die mit zahlreichen als „besondere
Auflagen" bezeichneten Nebenbestimmungen erteilt wurde, u. a. unter Nr. 11
mit der Auflage, einen bestimmten Lärmpegel nicht zu überschreiten. Das
Gericht führte dazu aus: „Die sonach zwar als Auflage zu beurteilende Neben-
bestimmung Nr. 11 betrifft aber nicht eine selbständig neben die Gewährung
tretende besondere Leistungsverpflichtung, sondern unmittelbar das zur Genehmigung stehende Vorhaben selbst und ist deshalb im Hinblick auf diese
Genehmigung von modifizierender Funktion; eine solche ,modifizierende
Auflage' bewirkt eine qualitative Änderung der Gewährung in Bezug auf den
Antragsgegenstand." Als weitere Beispiele werden genannt die Baugenehmigung mit der Auflage, ein Flachdach anstelle des beantragten Satteldachs zu errichten (vgl. *Wolff/Bachof/Stober*, VerwR I § 47 Rn. 11), oder die Aufenthaltserlaubnis für einen Ausländer mit der Auflage, nicht als selbständiger Gewerbetreibender in der Bundesrepublik Deutschland tätig zu werden (*HessVGH*

DÖV 1978, 137). In der Praxis verbreitet sind auch die sog. Grüneinträge, mit denen die Baugenehmigungsbehörde kleinere (grün eingetragene) Änderungen an den Bauunterlagen vornimmt, um sie damit in Einklang mit den geltenden baurechtlichen Regelungen zu bringen und eine Ablehnung des Bauantrags zu vermeiden (vgl. *BadWürttVGH* VBlBW 1993, 135, 137).

Bei näherer Betrachtung zeigt sich, daß es sich überhaupt nicht um eine Auflage, sondern um eine *inhaltliche Einschränkung oder Veränderung des Verwaltungsakts* gegenüber dem Antrag handelt (vgl. bereits oben Rn. 5). Der Bürger hat nicht das erhalten, was er beantragt hat. Es liegt also nicht eine modifizierende Auflage, sondern eine – vom Antrag aus betrachtet – modifizierte Genehmigung vor. Wenn der betroffene Bürger damit nicht einverstanden ist, kann er nicht die Einschränkung oder Veränderung anfechten, sondern muß auf Erlaß des von ihm begehrten Verwaltungsakts klagen. Dem *BVerwG* ist somit im prozessualen Ergebnis, nicht aber in der rechtsdogmatischen Begründung zuzustimmen.

Der Adressat eines solchen Verwaltungsakts, der sich nicht an die Einschränkungen oder Veränderungen hält, verstößt nicht gegen eine zwangsweise durchsetzbare Auflage, sondern übt eine erlaubnispflichtige Tätigkeit ohne die erforderliche Erlaubnis aus und handelt daher rechtswidrig. Wenn der Adressat dagegen von der eingeschränkten oder veränderten Genehmigung Gebrauch macht, dann liegt darin auch konkludent der evtl. erforderliche Antrag, der jederzeit nachgeholt werden kann (§ 45 VwVfG). Nur nebenbei sei bemerkt, daß sich die modifizierende Auflage auch nicht als Bedingung qualifizieren läßt, da sie nicht den Beginn oder das Ende der Rechtswirksamkeit des Verwaltungsakts, sondern dessen Inhalt betrifft.

In der Literatur hatte die modifizierende Auflage zwar zunächst starke Beachtung gefunden, wird aber inzwischen fast durchweg abgelehnt. Auch das *BVerwG* hat sich inzwischen zwar nicht ausdrücklich, aber doch in der Sache davon distanziert.

In *BVerwG* NVwZ 1984, 367 nimmt das Gericht zwar ausdrücklich auf die Entscheidung DÖV 1974, 380 Bezug, stellt aber in „Weiterführung der Rechtsprechung" auf einen anderen Gesichtspunkt ab, nämlich darauf, ob die Genehmigung nach Aufhebung der Auflage „mit einem Inhalt bestehen bleiben kann, der der Rechtsordnung entspricht." In *BVerwGE* 65, 139, 141 f.; 69, 37, 39 und 85, 24, 26 wird zwar jeweils die modifizierende Auflage erwähnt, aber zugleich hinzugefügt, daß eine solche im konkreten Fall nicht vorliege. In der neueren Rechtsprechung taucht die modifizierende Auflage, soweit ersichtlich, nicht mehr auf. Es ist daher auch nicht sehr glücklich, wenn in neueren Lehrbüchern bei der Behandlung des Rechtsschutzes gegen Nebenbestimmungen die „modifizierende Auflage" immer noch, wenn auch mit dem zutreffenden Hinweis, daß es sich eigentlich um eine Inhaltsbestimmung handle, erörtert wird. Zur Vermeidung von Mißverständnissen sollte dieser Terminus ganz aufgegeben werden.

6. Abgrenzungsfragen

Die einzelnen Nebenbestimmungen unterscheiden sich begriff- **17** lich-theoretisch klar voneinander. In der Praxis ergeben sich jedoch immer wieder Abgrenzungsschwierigkeiten, insbesondere zwischen der Bedingung und der Auflage. Daher ist noch auf die Frage einzugehen, nach welchen Gesichtspunkten die Abgrenzung im Zweifelsfall zu erfolgen hat.

a) Zunächst ist auf die jeweilige *Bezeichnung* der einzelnen Nebenbestimmung abzustellen. Sie ist aber nur ein erstes Indiz, kein maßgebliches Kriterium, da die Terminologie in Gesetzgebung und Verwaltungspraxis gerade in dieser Hinsicht oft noch sehr unpräzise ist. Man sollte allerdings annehmen, daß sich die Verwaltungsbehörden genau überlegen, was sie wollen, und dies dann auch präzis entsprechend der gängigen juristischen Terminologie zum Ausdruck bringen.

b) Entscheidend kommt es auf den *Willen der Behörde* an, der aus ihren Erklärungen im Zusammenhang mit den jeweiligen konkreten Verhältnissen zu ermitteln ist. Dabei ist von wesentlicher Bedeutung, welches Mittel den Intentionen der Behörde eher gerecht wird. Als *Faustregel* kann gelten, daß eine Bedingung dann gewollt ist, wenn der Behörde die Beachtung der Nebenbestimmung so wichtig erscheint, daß sie die Wirksamkeit des Verwaltungsakts davon abhängig machen will.

c) Ein weiteres Indiz ist die *Zulässigkeit* der jeweiligen Nebenbestimmung, da im Zweifel nicht anzunehmen ist, die Behörde wolle eine rechtswidrige Anordnung treffen. Wenn also beispielsweise im konkreten Fall eine Auflage, nicht aber eine Bedingung gesetzlich erfolgen darf, dann spricht das mehr für das Vorliegen einer Auflage.

d) Bleiben noch Zweifel, so ist – wenn auch mit erheblichen Vorbehalten – die *Auflage* als das in der Regel weniger einschneidende Mittel anzunehmen.

III. Die Zulässigkeit von Nebenbestimmungen

1. Sonderregelungen

18   Es gibt zahlreiche Spezialvorschriften, die eine Nebenbestimmung ausdrücklich für zulässig erklären (so etwa § 14 AuslG) oder verbieten (so z. B. § 2 BÄO für die ärztliche Approbation, vgl. *BVerwGE* 108, 100, 103 ff.) oder nur unter gewissen Voraussetzungen gestatten (so § 17 BImSchG bezüglich nachträglicher Auflagen). Ferner gibt es einige Verwaltungsakte, die schon ihrem Wesen nach nicht mit Nebenbestimmungen verknüpft werden können, so z. B. Prüfungsentscheidungen (Abitur, Staatsexamen), Einbürgerungen, Beamtenernennungen und andere statusbegründende Akte (sog. nebenbestimmungsfeindliche Verwaltungsakte).

2. Die Regelung des § 36 VwVfG

19   a) Bei *Verwaltungsakten, auf die ein Anspruch besteht,* also bei *rechtlich gebundenen Verwaltungsakten,* sind Nebenbestimmungen grundsätzlich *unzulässig,* sofern nicht – was selbstverständlich ist – eine Spezialvorschrift besteht oder – und das ist die eigentliche Aussage des § 36 I VwVfG – durch die Nebenbestimmung gerade die Erfüllung einer noch fehlenden gesetzlichen Voraussetzung sichergestellt werden soll.

Beispiel: Wenn ein Bauvorhaben nur in einem relativ unwesentlichen Punkt nicht den baurechtlichen Vorschriften entspricht, ist es sinnvoll, die Baugenehmigung gleichwohl mit einer entsprechenden Auflage oder Bedingung zu erteilen („Ja, aber").

20   b) Bei *Ermessensverwaltungsakten* sind dagegen Nebenbestimmungen grundsätzlich *zulässig* (§ 36 II VwVfG). Wenn es im Ermessen der Behörde liegt, ob sie einen Verwaltungsakt erlassen will oder nicht, dann muß sie auch befugt sein, einen Verwaltungsakt mit einer Nebenbestimmung (Ja mit Einschränkungen) zu erlassen.

3. Allgemeine Rechtmäßigkeitsvoraussetzungen

21   Jede Nebenbestimmung muß im sachlichen Zusammenhang mit der Hauptregelung stehen und dem Grundsatz der Verhältnismä-

ßigkeit entsprechen. Die allgemeinen Ermessensregelungen (Berücksichtigung des Gesetzeszwecks, Sachgerechtigkeit, Einbeziehung und Abwägung der verschiedenen Interessen usw.) gelten auch hier. Ferner stellt § 36 III VwVfG klar, daß eine Nebenbestimmung nicht dem Zweck des Verwaltungsakts zuwiderlaufen darf.

Beispiel: Die Behörde erteilt eine Bodenverkehrsgenehmigung gem. § 19 BBauG in der bis 1979 geltenden Fassung mit der Auflage, das Grundstück nicht vor Zuerwerb einer weiteren Fläche zu bebauen. Die Auflage ist rechtswidrig, da die Bodenverkehrsgenehmigung gerade den Zweck hat, die Bebauung eines Grundstücks im Rahmen der §§ 20, 21 BBauG zu ermöglichen (vgl. *BVerwGE* 24, 129).

IV. Rechtsschutz gegen Nebenbestimmungen

Der Rechtsschutz gegen belastende Nebenbestimmungen begünstigender Verwaltungsakte hat im Laufe der Zeit erhebliche Wandlungen durchgemacht, allerdings nicht in der Gesetzgebung, sondern in der Literatur und Rechtsprechung. Spezielle gesetzliche Regelungen fehlen, so daß die allgemeinen Vorschriften der VwGO eingreifen. Früher galt als Faustregel, daß die Auflage isoliert angefochten und aufgehoben werden kann, die Beseitigung von Befristungen und Bedingungen dagegen nur durch eine Klage auf Erlaß eines unbefristeten bzw. unbedingten Verwaltungsakts erreichbar ist. Begründet wurde das damit, daß die Auflage ein selbständiger, wenn auch mit dem Hauptverwaltungsakt verbundener Verwaltungsakt sei, die Befristung und die Bedingung dagegen nur integrierende Bestandteile der Hauptregelung darstellten. Diese einfache und wenig strukturierte Auffassung stieß jedoch zunehmend auf Kritik und Ablehnung. Es wurde darauf hingewiesen, daß auch die Auflage und der Hauptverwaltungsakt oft in einem engen, sich gegenseitig ergänzenden Zusammenhang stünden. Das sei zum einen der Fall, wenn die Auflage rechtliche Defizite des Hauptverwaltungsakts ausgleichen soll, und zum anderen, wenn beide, Auflage und Hauptverwaltungsakt auf einer einheitlichen Ermessensentscheidung beruhten. Durch die isolierte Aufhebung der Auflage bliebe in diesen Fällen eine Regelung zurück, die die Behörde (bei Ermessensverwaltungsakten) nicht erlassen wollte oder sogar (bei gebundenen Verwaltungsakten) nicht erlassen durfte.

22

Problematisiert wurde aber auch der Rechtsschutz gegen rechtswidrige Befristungen und Bedingungen. Es sei nicht einzusehen,
daß der Betroffene, der lediglich die Beseitigung einer seiner Auffassung nach rechtswidrigen Befristung oder Bedingung anstrebe,
den gesamten Verwaltungsakt in Frage stellen und auf Erlaß eines
neuen Verwaltungsaktes klagen müsse.

23   Diese, z. T. weiter ausdifferenzierten Einwände haben in der Literatur zu einer ganzen Reihe von Lösungsvorschlägen geführt.
Dabei lassen sich – wieder etwas vereinfacht – vier Ausgangsposi-
tionen unterscheiden: Differenzierung nach dem Rechtscharakter
der Nebenbestimmung (Anfechtungsklage gegen die Auflage, Verpflichtungsklage auf Erlaß eines unbefristeten bzw. unbedingten
Verwaltungsakts); Differenzierung nach dem Rechtscharakter der
Hauptregelung (Anfechtungsklage bei gebundenen Verwaltungsakten, Verpflichtungsklage bei Ermessensverwaltungsakten); einheitliche Anfechtungsklage gegen alle Nebenbestimmungen; einheitliche Verpflichtungsklage gegen alle Nebenbestimmungen (Klage auf Erlaß eines Verwaltungsaktes ohne die beanstandete Auflage,
Befristung oder Bedingung). Vgl. dazu die Nachweise bei *Schenke,*
VwprozR Rn. 292 ff.; ferner in der Vorauflage dieses Buches (§ 14
Rn. 23).

24   Auch das BVerwG kam ins Schwanken. Zunächst differenzierte es durchweg entsprechend der seinerzeit h. L. nach der Rechtsnatur der Nebenbestimmungen und bejahte eine Anfechtungsklage bei Auflagen und eine Verpflichtungsklage bei Befristungen und Bedingungen (*BVerwGE* 29, 261, 265; 36,
145, 154; 41, 78, 81). Später lehnte es jedoch eine isolierte Anfechtung und
Aufhebung von Auflagen ab, wenn die Hauptregelung und die Auflage auf
einer einheitlichen untrennbaren Ermessensentscheidung beruhen (*BVerwGE*
55, 135, 137; 56, 254, 256). Einige Jahre später gab das Gericht diese Auffassung wieder ausdrücklich auf (*BVerwGE* 65, 139, 141) und kehrte zur isolierten Anfechtbarkeit von Auflagen zurück (*BVerwGE* 81, 185, 186; 85, 24, 26;
88, 348, 349). Es stellte nunmehr fest, die Frage, ob im Falle der isolierten
Anfechtung „die Auflage isoliert aufgehoben werden, die Genehmigung also
ohne die Auflage sinnvoller- und rechtmäßigerweise bestehen bleiben kann, ist
eine Frage der Begründetheit und nicht der Zulässigkeit des mit der Anfechtungsklage verfolgten Aufhebungsbegehrens" (so *BVerwGE* 81, 185, 186).
Auch die Verpflichtungsklage bei Befristungen und Bedingungen hielt das
Gericht nicht konsequent durch, wie *BVerwGE* 60, 269, 275 ff. zeigt (isolierte
Anfechtung einer Befristung). In *BVerwGE* 112, 221, 224 stellte das BVerwG
schließlich ganz allgemein fest, daß gegen belastende Nebenbestimmungen
eines Verwaltungsakts – also nicht nur gegen Auflagen, sondern auch gegen

Bedingungen und Befristungen – die Anfechtungsklage gegeben ist und die Frage ihrer isolierten Aufhebbarkeit nicht im Rahmen der Zulässigkeit, sondern im Rahmen der Begründetheit der Klage zu prüfen ist, sofern nicht eine isolierte Aufhebung offenkundig von vornherein ausscheidet.

Die (neue) Rechtsprechung des BVerwG, die in *BVerwGE* 112, **25** 221 noch einmal zusammengefaßt und vom Gericht selbst als „inzwischen gefestigte Rechtsprechung des Bundesverwaltungsgerichts" bezeichnet wird, verdient Zustimmung. Sie schafft klare Verhältnisse in einem bislang unsicheren und überladenen Streit, bei dem auch noch die verfehlte Bezeichnung der Inhaltsbestimmung als modifizierende Auflage eine unglückliche und verwirrende Rolle gespielt hat (vgl. oben Rn. 16). Die isolierte Anfechtbarkeit einer Auflage ergibt sich bereits aus deren Verwaltungsaktcharakter. Die isolierte Anfechtung von Befristungen und Bedingungen läßt sich damit begründen, daß auch die Teilanfechtung von Verwaltungsakten möglich und zulässig ist. Das wird zwar in der Verwaltungsgerichtsordnung nicht ausdrücklich gesagt, ergibt sich aber im Rückschluß aus § 113 I 1 VwGO („Soweit der Verwaltungsakt rechtswidrig ist, ..."). Sollte man die Auflage ebenfalls als integrierenden Bestandteil des Hauptverwaltungsaktes betrachten, ergäbe sich für ihn dasselbe. Im Rahmen der Begründetheit ist dann zu prüfen, (1) ob die jeweilige Nebenbestimmung rechtswidrig ist und (2) ob die im Falle ihrer Aufhebung verbleibende Hauptregelung noch rechtmäßig und sinnvoll ist. Dabei kann § 44 III VwVfG entsprechend herangezogen werden: Wenn die nach der Aufhebung der Nebenbestimmung verbleibende Hauptregelung rechtswidrig würde oder von der Behörde so nicht erlassen worden wäre, ist die Anfechtungsklage unbegründet. Der Kläger kann dann – evtl. nach Klageumstellung – Verpflichtungsklage auf Erlaß eines Verwaltungsaktes ohne die beanstandete Nebenbestimmung erheben, die, wenn sie erfolgreich sein sollte, in der Regel mit einem Bescheidungsurteil enden wird.

Die Lehre der Anfechtbarkeit aller Nebenbestimmungen wirft **26** freilich auch Probleme auf. Zum einen hat die isolierte Anfechtung der Nebenbestimmungen zur Folge, daß die Nebenbestimmung wegen des Suspensiveffekts der Klage (§ 80 I VwGO) nicht wirksam wird und der Betroffene damit eine sofort wirksame, wenn auch nur vorläufige Begünstigung ohne Einschränkung erhält. Dem kann jedoch mit der Anordnung des Sofortvollzugs nach § 80 II Nr. 4 VwGO begegnet werden, wenn sich daraus Schwierigkeiten ergeben sollten und die Voraussetzungen dieser Vorschrift vorliegen. Zum anderen werden in der Literatur Bestandskraftprobleme gesehen, da im Fall der isolierten Anfechtung der Nebenbestimmung die begünstigende Hauptregelung in Bestandskraft erwachse (vgl. *Pietzcker,* in: Schoch/Schmidt-Aßmann/Pietzner, VwGO, § 42 Rn. 128). Dem ist jedoch entgegenzuhalten, daß der Betroffene zwar im Falle der isolierten Anfechtung – zunächst – eine uneingeschränkte Begünstigung erhält, diese aber unter dem Vorbehalt des Sofortvollzugs, der möglichen Aufhebung durch Rücknahme und Widerruf und der Drittanfechtung steht, ganz abgesehen davon, daß eine Anfechtung durch den Begünstigten selbst ohnehin ausscheidet. Problematisch bleibt drittens die – auch nach den anderen Lösungsvorschlägen bestehende – Trennung von Hauptregelung und Nebenbestimmung, insbesondere bei Ermessensverwaltungsakten. Sie wird aber durch die hier vertretene Lösung in den richtigen Zusammenhang gebracht, nämlich von der Zulässigkeit in die Begründetheit. Fraglich ist schließlich der Vorbehalt des BVerwG, daß die isolierte Anfechtung der Nebenbestimmung nicht zulässig sei, wenn eine isolierte Aufhebbarkeit offenkundig von vornherein ausscheidet (so zuletzt *BVerwGE* 112, 221, 224). Dieser Rückschluß von der Begründetheit auf die Zulässigkeit ist allenfalls dann gerechtfertigt, wenn damit das Rechtsschutzbedürfnis gemeint sein soll (vgl. dazu auch *Detterbeck,* VerwR § 669: fehlende Klagebefugnis).

27   **Literatur zu § 12:** *Kloepfer,* Der Auflagenvorbehalt bei Verwaltungsakten, DV 8 (1975) S. 295 ff.; *Schachel,* Nebenbestimmungen zu Verwaltungsakten, 1979; *ders.,* Nebenbestimmungen zu Verwaltungsakten, Jura 1981, 449 ff.; *Elster,* Begünstigende Verwaltungsakte mit Bedingungen, Einschränkungen und Auflagen, 1979; *H.-J. Schneider,* Nebenbestimmungen und Verwaltungsprozeß, 1981; *Mößle,* Der Verwaltungsakt mit Nebenbestimmungen im Planungsrecht und der verwaltungsgerichtliche Rechtsschutz, BayVBl. 1982, 193 ff. und 231 ff.; *Laubinger,* Die Anfechtbarkeit von Nebenbestimmungen, VerwArch. 73 (1982) S. 345 ff.; *Stelkens,* Das Problem Auflage, NVwZ 1985, 469 ff.; *Fehn,* Die isolierte Auflagenanfechtung, DÖV 1988, 202 ff.; *Badura,* Schutz Dritter durch Nebenbestimmungen einer Planfeststellung oder Genehmigung, Festschrift für Lukes, 1989, S. 3 ff.; *Erichsen,* Nebenbestimmungen zu Verwaltungsakten, Jura 1990, 214 ff.; *Stadie,* Rechtsschutz gegen Nebenbestimmungen eines begünstigenden Verwaltungsaktes, DVBl. 1991, 613 ff.; *Pietzcker,* Rechtsschutz gegen Nebenbestimmungen – unlösbar? NVwZ 1995, 17 ff.; *Störmer,* Rechtsschutz gegen Inhalts- und Nebenbestimmungen, DVBl. 1996, 81 ff.; *Brenner,* Der Verwaltungsakt mit Nebenbestimmungen, JuS 1996, 281 ff.; *Schenke,* Eine unendliche Geschichte: Rechtsschutz gegen Nebenbestimmungen, Festschrift für Roellecke, 1997, S. 281 ff.; *Remmert,* Nebenbestimmungen zu begünstigenden Verwaltungsakten, VerwArch. 88 (1997) S. 112 ff.; *Siekmann,* Die Anfechtbarkeit von Nebenbestimmungen zu begünstigenden Verwaltungsakten, DÖV 1998, 525 ff.; *Jahndorf,* Rechtsschutz gegen Nebenbestimmungen, JA 1999, 676 ff.; *Axer,* Nebenbestimmungen im Verwaltungsrecht, Jura 2001, 748 ff.; *Sproll,* Rechtsschutz gegen Nebenbestimmungen eines Verwaltungsakts, NJW 2002, 3221 ff.; *Brüning,* Ist die Rechtsprechung zur isolierten Anfechtbarkeit von Nebenbestimmungen wieder voraussehbar?, NVwZ 2002, 1081 ff.; *Heitsch,* Neben- und Inhaltsbestimmungen bei begünstigenden Verwaltungsakten: Kriterien für die Auswahl des passenden Regelungssystems, DÖV 2003, 367 ff.; *Hanf,* Rechtsschutz gegen Inhalts- und Nebenbestimmungen zu Verwaltungsakten, 2003; *J. Schmidt,* Rechtsschutz gegen Nebenbestimmungen, VBlBW 2004, 81 ff.; *Sturm,* Isolierter Rechtsschutz von Nebenbestimmungen?, VR 2004, 15 ff.

Rechtsprechung zu § 12: *BVerwGE* 27, 263 (bedingte Einberufung zum Wehrdienst); *BVerwGE* 36, 145 (wasserrechtliche Genehmigung mit Auflage); *BVerwGE* 60, 269 (Aufhebung einer Befristung); *BVerwGE* 65, 139 (Abbruchgenehmigung mit Zahlungsauflage); *BVerwGE* 78, 114 (Güterfernverkehrsgenehmigung, auflösender Bedingung); *BVerwGE* 81, 185 (atomrechtliche Genehmigung mit Auflage); *BVerwGE* 85, 24 (gemeinschaftsrechtliche Kautionsfestsetzung als Auflage); *BVerwGE* 88, 348 (Auflage für Spielhalle); *BVerwGE* 90, 42 (nachträgliche „Zielauflage", Abgrenzung zur Inhaltsänderung); *BVerwGE* 112, 221 (Anfechtungsklage gegen Nebenbestimmungen, Auflagenvorbehalt im Planfeststellungsrecht); *BVerwGE* 112, 263 (Widerrufsvorbehalt: Rechtsschutz); *BVerwG* DÖV 1974, 380 und 563 (sog. modifizierende Auflage, im konkreten Fall bejaht bzw. verneint); *BVerwG* NVwZ 1990, 855 (Rechtsnatur und inhaltliche Bestimmtheit der Auflage); *BVerwG* NVwZ-RR 1996, 20 (isolierte Anfechtbarkeit der Auflage, Zusammenfassung); *BVerwG* NJW 1998, 94 (Unzulässigkeit einer mietpreissichernden Auflage bei Zweckentfremdungsgenehmigungen); *BayVGH* BayVBl. 1986, 304 (Widerrufsvorbehalt); vgl. ferner die Nachweise Rn. 24.

28

4. Teil. Das Verwaltungshandeln: Die übrigen Handlungsformen

§ 13 Die Rechtsverordnung

I. Die Rechtsverordnung als Rechtsnorm und Verwaltungsinstrument

1   1. Die Rechtsverordnung ist begrifflich eine *von einem Exekutivorgan erlassene Rechtsnorm.* In dieser Bedeutung wurde sie bereits oben im Rahmen der Rechtsquellenlehre behandelt (vgl. § 4). Der Rechtsnormcharakter tritt z. B. bei der vom Bundesverkehrsminister erlassenen StVO besonders sinnfällig in Erscheinung, die in ihrer Bedeutung für die Allgemeinheit und jeden einzelnen Bürger vielen formellen Gesetzen sicherlich nicht nachsteht.

2   2. Die Rechtsverordnung ist aber zugleich auch ein *Verwaltungsinstrument,* und zwar um so mehr, je weiter unten das verordnungsgebende Organ in der Verwaltungshierarchie steht und je intensiver es sich deshalb mit den unmittelbaren Vollzugsaufgaben zu befassen hat. Die Rechtsverordnung bietet sich an, wenn die Verwaltung in Vollzug und Anwendung der formellen Gesetze nicht nur einzelne Fälle, sondern eine größere, noch nicht genau übersehbare Zahl gleichgelagerter Fälle einheitlich regeln muß oder will. Sie ist das Mittel zur räumlich weiter ausgreifenden, eine Mehrheit von Personen erfassenden und für eine gewisse Zeitdauer gedachten Regelung und Gestaltung der Verwaltung. Deshalb ist es auch sachlich durchaus richtig, wenn das Landesverwaltungsgesetz von Schleswig-Holstein unter der Überschrift „Verwaltungshandeln durch Verordnung" die Rechtsverordnung erfaßt und regelt (§§ 53 ff.).

Auch die *Satzung,* insbesondere die Satzung im kommunalen Bereich, hat den ambivalenten Charakter von Rechtsnorm einerseits und Verwaltungsmaßnahme andererseits. Aber der Schwerpunkt der Satzung liegt in der Regel doch im Rechtsnormcharakter, zumal die Satzungen grundsätzlich keiner speziellen gesetzlichen Ermächtigung bedürfen und daher auch nicht in gleicher Weise auf den Gesetzesvollzug hin zugeschnitten sind.

3. Die Rechtsverordnung ist nicht nur innerhalb des Bereichs **3** der Rechtsquellen von den übrigen Rechtsnormen, sondern auch innerhalb des Bereichs der Handlungsformen der Verwaltung von den sonstigen Verwaltungsmaßnahmen *abzugrenzen:* Sie unterscheidet sich vom *Verwaltungsakt,* der einen Einzelfall regelt, durch ihren generell-abstrakten Charakter (vgl. dazu oben § 9 Rn. 14 ff.), vom *Verwaltungsvertrag,* der durch Einvernehmen der Beteiligten zustande kommt (vgl. unten § 14 Rn. 5 f.), durch ihren einseitigen Erlaß und von den *Verwaltungsvorschriften,* die (zunächst) nur verwaltungsintern wirken, durch ihre Außenwirkung (vgl. dazu unten § 24).

II. Die rechtlichen Voraussetzungen der Rechtsverordnung

Die rechtlichen Voraussetzungen der Rechtsverordnung werden **4** durch verschiedene Vorschriften bestimmt. Da es sich um delegierte Rechtsetzung handelt, kommen zunächst die Verfassungen in Betracht. Das Grundgesetz enthält für den Bundesbereich in Art. 80 I GG die maßgebliche Regelung. Die Landesverfassungen enthalten für den jeweiligen Landesbereich entsprechende, überwiegend sogar gleichlautende Regelungen.

Wenn landesrechtlich eine dem Standard des Art. 80 I GG entsprechende Regelung fehlt, wie derzeit noch in Hessen (vgl. Art. 107, 118 Hess.Verf.), dann gelten die in Art. 80 I GG zum Ausdruck kommenden Grundsätze als rechtsstaatliche und demokratische Gebote über die Homogenitätsklausel des Art. 28 I GG auch im landesrechtlichen Bereich, so zutr. *BVerfGE* 41, 251, 266; 58, 257, 277; 73, 388, 400; anders noch *BVerfGE* 34, 52, 58 ff.; *Hess.-StGH* ESVGH 21, 1, 18 ff. Das gilt jedenfalls für den Grundsatz der gesetzlichen Spezialermächtigung, während das Zitiergebot des Art. 80 I 3 GG keine zwingende Forderung des Demokratie- und Rechtsstaatsprinzips darstellt (anders *BVerfGE* 101, 1, 42 f., das im Zitiergebot ein „unerläßliches Element des demokratischen Rechtsstaates" sieht).

Die verfassungsrechtlichen Regelungen werden z. T. durch ein- **5** fach-gesetzliche Vorschriften ergänzt. Zu nennen sind vor allem die Polizei- und Ordnungsgesetze der Länder, die eingehenden Regelungen über den Erlaß von Polizeiverordnungen enthalten.

Vgl. dazu etwa – weitgehend übereinstimmend – §§ 10 ff. Bad.-Württ. PolG, §§ 71 ff. Hess.SOG, §§ 25 ff. NRW OBG. – Lediglich die Zuständigkeit ist unterschiedlich geregelt. Teilweise ist nicht der Bürgermeister, sondern die Gemeindevertretung zum Erlaß der Polizeiverordnungen befugt. Dadurch werden die „Polizeiverordnungen" aber nicht zu Satzungen; denn sie ergehen nicht im Bereich der Selbstverwaltungsangelegenheiten, sondern der Auftrags-angelegenheiten (Weisungsangelegenheiten) und unterliegen daher auch der Fachaufsicht der höheren Polizeibehörden. Vgl. näher zu den Polizeiverord-nungen *Vogel,* in: Drews/Wacke/Vogel/Martens, Gefahrenabwehr, S. 357 ff., 484 ff.; *Götz,* PolR Rn. 602 ff.; *Knemeyer,* PolR Rn. 55 ff., 451 ff.; *Schenke,* PolR Rn. 607 ff.; *Hamann,* Die Gefahrenabwehrverordnung – ein Gebrauchs-klassiker des Ordnungsrechts? NVwZ 1994, 669 ff.

Die folgenden Darlegungen beziehen sich auf den bundesrecht-lichen Bereich (Erlaß von Rechtsverordnungen aufgrund bundes-gesetzlicher Ermächtigung). Für den Landesbereich gilt jedoch im wesentlichen dasselbe.

1. Ermächtigungsgrundlage

6   Die Rechtsverordnung bedarf einer ausreichenden gesetzlichen Ermächtigungsgrundlage. Dabei genügt es nicht, daß überhaupt eine gesetzliche Grundlage vorhanden ist. Vielmehr muß sie den Anforderungen des Art. 80 I GG entsprechen. Ist das nicht der Fall, dann ist die Ermächtigungsgrundlage verfassungswidrig und nichtig und damit keine tragfähige Grundlage für die Rechtsverordnung.

Nach dem *Bestimmtheitsgebot* des Art. 80 I GG muß das zum Er-laß einer Rechtsverordnung ermächtigende Gesetz selbst „Inhalt, Zweck und Ausmaß der erteilten Ermächtigung" bestimmen und begrenzen (Prinzip der Spezialermächtigung). Der Parlamentsge-setzgeber selbst muß also den Rahmen und die Tendenz der zu-künftigen Regelung festlegen, so daß dem Verordnunggeber nur noch die Konkretisierung und Weiterentwicklung eines vorgege-benen gesetzgeberischen Programms überlassen bleibt (vgl. dazu bereits oben § 4 Rn. 11). Im Einzelfall sind allerdings die Anfor-derungen der Spezialermächtigung nicht immer zweifelsfrei. Das *BVerfG* hat hierzu eine kasuistische Rechtsprechung entwickelt. Es bringt den Bestimmtheitsgrundsatz des Art. 80 I 2 GG nicht so sehr mit dem Gewaltenteilungsprinzip, sondern mehr mit dem Rechts-staatsprinzip, insbesondere der Rechtssicherheit, in Zusammenhang: Der Bürger müsse schon aus dem ermächtigenden Gesetz selbst hinreichend deutlich ersehen können, „in welchen Fällen und mit welcher Tendenz von der Ermächtigung Gebrauch gemacht werden wird und welchen möglichen Inhalt die auf Grund der Ermächtigung erlassenen Verordnungen haben können" (st. Rspr., vgl. die Nachweise unten). Die erforderliche Bestimmtheit braucht sich jedoch nicht ausdrücklich aus der ermächtigenden Vorschrift selbst zu ergeben; es reicht, wenn sie sich im Wege der Auslegung unter Einbeziehung der übrigen Vorschriften des gesamten Gesetzes ermitteln läßt.

Vgl. dazu etwa *BVerfGE* 1, 14, 60 (grundsätzlich); *BVerfGE* 8, 274, 307 ff.; 65, 248, 259 f. (Preisgesetz); *BVerfGE* 19, 354, 361 ff. (Lastenausgleichsgesetz); *BVerfGE* 28, 66, 84 ff. (Postverwaltungsgesetz); *BVerfGE* 35, 179, 183 f. (Steuerrecht); *BVerfGE* 38, 348, 357 ff. (Mietrechtsverbesserungsgesetz); *BVerfGE* 42, 191, 200 ff. (Personenbeförderungsgesetz); *BVerfGE* 55, 207, 225 ff. (Beamtengesetz, Nebentätigkeitsverordnung); *BVerfGE* 58, 257, 276 ff. (Schulrecht); *BVerfGE* 68, 319, 332 f. (Gebührenordnung für Ärzte); *BVerfGE* 80, 1, 20 ff. (Approbationsordnung für Ärzte); *BVerfGE* 101, 1, 31 ff. (Hennenhaltungs-VO); *BVerfGE* 106, 1, 19 (Zuständigkeitsverschiebung im Bereich der Finanzverwaltung); ferner die Rechtsprechungsübersichten bei *Leibholz/Rinck/Hesselberger*, Grundgesetz, Art. 80 Rn. 136 ff.; *Hasskarl,* Die Rechtsprechung des Bundesverfassungsgerichts zu Art. 80 Abs. 1 S. 2 GG, AöR 94 (1969) S. 85 ff.

Das ermächtigende Gesetz muß zum *Zeitpunkt* des Erlasses der **7** Rechtsverordnung schon in Kraft getreten sein. Eine nachträgliche „Heilung" einer ohne ausreichende Ermächtigungsgrundlage ergangenen Rechtsverordnung durch späteres Gesetz ist schon wegen des Bestimmtheitsgrundsatzes ausgeschlossen. Andererseits berührt nach der h. L. die spätere Änderung oder der spätere Wegfall der Ermächtigungsgrundlage die Fortgeltung der darauf gestützten Rechtsverordnung nicht mehr. Diese Auffassung ist jedoch nur für den Fall haltbar, daß die geänderte Ermächtigungsgrundlage die bisherige Rechtsverordnung noch deckt.

Beispiel: Das GastG a. F. ermächtigte in § 14, das GastG i. d. F. von 1970 ermächtigt dagegen in § 18 zum Erlaß von Polizeistunden-, bzw. Sperrstundenverordnungen. Die bisherigen, auf § 14 GastG a. F. gestützten Rechtsverordnungen konnten fortgelten, da sich die beiden Ermächtigungsgrundlagen im wesentlichen deckten; sie wären aber unwirksam geworden, wenn § 14 GastG a. F. ersatzlos gestrichen worden wäre. – Dagegen i. S. der h. L. *BVerfGE* 9, 3, 12, st. Rspr. vgl. *BVerfGE* 31, 357, 362 f.; einschränkend *BVerfGE* 78, 179, 198 (die BVerfG-Entscheidungen beziehen sich allerdings durchweg auf vorkonstitutionelle Ermächtigungsgrundlagen); *BVerwG* NVwZ 1999, 1112; *HessVGH* ESVGH 37, 57, 61; differenzierend *Wilke,* AöR Bd. 98 (1973)

S. 234; ablehnend *Kotulla,* NVwZ 2000, 1263 ff. mit zahlreichen Nachw. zum Meinungsstand.

8   Ferner ist zu beachten, daß der Parlamentsgesetzgeber nach den Grundsätzen des Gesetzes- und Parlamentsvorbehalts alle wesentlichen Angelegenheiten im normativen Bereich selbst regeln muß (vgl. oben § 6 Rn. 9 ff.). Daraus folgt ein *Delegationsverbot.* Soweit es sich um eine wesentliche, dem Parlamentsgesetzgeber vorbehaltene Angelegenheit handelt, ist eine Ermächtigung der Exekutive zur Rechtsetzung durch Rechtsverordnung ausgeschlossen. Ein Gesetz, das gleichwohl dazu ermächtigt, ist verfassungswidrig und nichtig.

2. Formelle Rechtmäßigkeitsvoraussetzungen

Die Rechtsverordnung muß – wie jeder Staatsakt – einer Reihe von formellen Anforderungen entsprechen.

9   a) *Zuständigkeit.* Das zum Erlaß der Rechtsverordnung zuständige Organ wird durch das ermächtigende Gesetz bestimmt. Nach Art. 80 I 1 GG kommen nur die Bundesregierung, ein Bundesminister oder die Landesregierungen als mögliche Verordnungsgeber in Betracht. Diese primären Delegatare sind aber unter gewissen Voraussetzungen zur *Weiterermächtigung* (Subdelegation) befugt.

Die Weiterermächtigung setzt gem. Art. 80 I 4 GG voraus, daß sie (1) durch das ermächtigende Gesetz ausdrücklich für zulässig erklärt wird und (2) ihrerseits durch eine Rechtsverordnung erfolgt. *Beispiel:* § 18 I GastG ermächtigt die Landesregierungen, durch Rechtsverordnung eine Sperrzeit für Schank- und Speisewirtschaften festzusetzen (etwa für die Zeit von 1–6 Uhr). Sodann bestimmt er weiter, daß die Landesregierungen (die primären Delegatare) befugt sind, durch Rechtsverordnung die Ermächtigung auf andere Behörden zu übertragen. Die Landesregierungen haben von dieser Befugnis zur Weiterermächtigung Gebrauch gemacht. So hat z. B. die Landesregierung von Baden-Württemberg durch die §§ 1, 20, 21 Gaststättenverordnung (Dürig Nr. 77) die Ermächtigung zur Festsetzung und Änderung von Sperrzeiten – je nachdem – auf die Gemeinden, die Landratsämter und die Regierungspräsidien weiter übertragen.

Die landesverfassungsrechtlichen Regelungen enthalten keine Begrenzung der primären Delegatare. Daher kann der Landesgesetzgeber grundsätzlich alle Verwaltungsorgane unmittelbar zum Erlaß von Rechtsverordnungen ermächtigen.

10   b) *Verfahren.* Das gesetzlich ermächtigte Exekutivorgan kann jederzeit von sich aus eine Rechtsverordnung erlassen, hat also, wenn man eine Parallele zu Art. 76 GG ziehen will, das Initiativrecht. Es ist dazu sogar verpflichtet, wenn sich dies aus dem Ermächtigungsgesetz oder dem Gesamtzusammenhang ergibt. Ausnahmsweise können auch andere Organe ein Initiativrecht haben. Nach Art. 80 III GG i. d. F. vom 27. 10. 1994 kann der Bundesrat der Bundesregierung für solche Rechtsverordnungen, die der Zustimmung des Bundesrates unterliegen, einen Verordnungsentwurf zuleiten, der von der Bundesregierung zwar nicht beschlossen, aber jedenfalls bedacht und beraten werden muß. Besondere Verfahrensvorschriften bestehen nicht. In erheblichem Umfang sind aber Mitwirkungsrechte anderer Organe vorgesehen. So bedürfen bereits nach Art. 80 II GG die dort genannten Rechtsverordnungen der Bundesregierung der Zustimmung des Bundesrates. Verschiedentlich behält sich der Bundestag im ermächtigenden Gesetz die Zustimmung zur Rechtsverordnung vor. Es besteht dann ein dreistufiges Verfahren: Ermächtigung durch Bundesgesetz, Erlaß der Rechtsverordnung durch die Bundesregierung, Zustimmung des Bundestages. Dieser traditionelle Zustimmungsvorbehalt ist in den letzten Jahren durch eine ganze Reihe anderer Parlamentsvorbehalte (Kenntnisgabevorbehalt, Änderungsvorbehalt, Aufhebungsvorbehalt und dgl.) ergänzt worden.

Der Zustimmungsvorbehalt ist zwar verfassungsrechtlich nicht ausdrücklich vorgesehen, wird aber von *BVerfGE* 8, 274, 319 ff. und der h. L. anerkannt. Die Frage, ob und inwieweit die übrigen Vorbehalte zulässig sind, wird in der Literatur eingehend und kontrovers diskutiert (vgl. zuletzt *Uhle*, Verordnungsgeberische Entscheidungsmacht und parlamentarischer Kontrollvorbehalt, NVwZ 2002, 15 ff. mit zahlreichen Nachweisen); diese Frage führt zum Verfassungsrecht weiter und ist dort näher zu behandeln, vgl. *Maurer*, Staatsrecht, § 17 Rn. 153 ff.

In einigen Gesetzen ist ferner die Anhörung außerstaatlicher **11** Verbände, unabhängiger Sachverständiger oder „der beteiligten Kreise" (so § 51 BImSchG) vor Erlaß der Rechtsverordnung vorgesehen. Damit sollen die besonderen Sachkenntnisse dieser Organisationen und Personen genutzt, den Verbänden darüber hinaus die Gelegenheit gegeben werden, die Interessen ihrer Mitglieder zur Sprache zu bringen. Die Anhörung stellt in der Regel kein verfahrensrechtliches Mitwirkungsrecht dar, macht also die Rechtsverordnung nicht mitwirkungsbedürftig, sondern erfolgt gleichsam im Vorfeld „bei der Vorbereitung" der Rechtsverordnung. Daher hat die unterbliebene Anhörung keine Auswirkungen auf die Rechtswirksamkeit der Rechtsverordnung, was jedoch nicht ausschließt, daß die Verbände ggf. gleichwohl einen gerichtlich durchsetzbaren Anspruch auf Anhörung haben und geltend machen können.

Vgl. dazu *BVerwGE* 59, 48 (Beteiligung der Gewerkschaften bei Vorbereitung beamtenrechtlicher Regelungen); *BayVGH* BayVBl. 1981, 719 (Anhörung des Elternbeirats); *HessVGH* NVwZ 1982, 689 (Anhörung des Naturschutzverbandes); *H. Schneider,* Gesetzgebung, Rn. 263 ff.; *Ossenbühl,* HStR III (1988) § 64 Rn. 59 ff. – Sollte die Beteiligung dieser außerstaatlichen Verbände und Stellen als echtes Mitwirkungsrecht gedacht sein und somit eine rechtliche Voraussetzung für die Rechtsverordnung darstellen, dann wäre sie verfassungsrechtlich nicht haltbar. Im Zweifel ist sie daher restriktiv auszulegen.

12   c) *Form.* Die Rechtsverordnung muß, was selbstverständlich ist, schriftlich erfolgen. Sie bedarf der Ausfertigung (Unterschrift) des Behördenleiters oder seines Vertreters. Ferner verlangt Art. 80 I 3 GG die Angabe der Rechtsgrundlage. Dieses Zitiergebot soll die Prüfung ermöglichen, ob die Rechtsverordnung eine ausreichende Rechtsgrundlage hat und sich in deren Grenzen hält.

Das *BVerfG* weist dem Zitiergebot eine besondere, wohl etwas überzogene Bedeutung zu, vgl. *BVerfGE* 101, 1, 41 ff.; s. dazu *Müller-Terpitz,* DVBl. 2000, 237 f. Strittig ist, ob das Zitiergebot auch für die gemeinschaftsrechtlichen Grundlagen der Rechtsverordnung gilt; *BVerwGE* 118, 70, 73 f. verneint dies (für die Umsetzung von Richtlinien), in der Literatur wird das u. a. von *Nierhaus,* Bonner Kommentar, Art. 80 (1998) Rn. 327 bejaht. Fraglich mag sein, ob Art. 80 I 3 GG direkt zur Anwendung kommt; stellt man jedoch auf die ratio dieser Vorschrift ab (vgl. *BVerfG* aaO.), dann ist jedenfalls der (ausdehnenden oder analogen) Anwendung auf das Gemeinschaftsrecht zuzustimmen.

13   e) *Verkündung.* Wie jede Rechtsnorm muß die Rechtsverordnung öffentlich bekanntgegeben („verkündet") werden. Die Verkündung ist von wesentlicher Bedeutung: So lange sie (noch) nicht erfolgt ist, liegt (noch) keine – auch keine rechtswidrige – Rechtsverordnung vor.

Die Verkündung erfolgt im Bundesgesetzblatt oder im Bundesanzeiger, vgl. dazu Art. 82 I 2 GG und das Gesetz über die Verkündung von Rechtsverordnungen vom 30. 1. 1950 (Sart. Nr. 70), das von dem Vorbehalt des Art. 82 I 2 GG Gebrauch macht. Zu Einzelheiten *Maurer,* Bonner Kommentar, Art. 82 (1988) Rn. 142 ff.

3. Die materiellen Rechtmäßigkeitsvoraussetzungen

Die durch die Rechtsverordnung getroffene Regelung muß sich **14** im Rahmen der Ermächtigungsgrundlage halten, die Vorgaben der Ermächtigungsgrundlage beachten und auch mit den übrigen gesetzlichen und verfassungsrechtlichen Regelungen vereinbar sein. Es ist daher in verfassungsrechtlicher Sicht nicht nur zu prüfen, ob die Rechtsverordnung eine ausreichende Ermächtigungsgrundlage hat und diese den Anforderungen des Art. 80 I GG entspricht, sondern auch, ob sie mit den übrigen Vorschriften des Grundgesetzes, insbesondere mit den Grundrechten, im Einklang steht.

4. Ermessen

Es liegt grundsätzlich im Ermessen des Verordnungsgebers, *ob* er **15** von einer gesetzlichen Ermächtigung Gebrauch machen will. Eine Pflicht dazu besteht nur, wenn sie gesetzlich bestimmt ist oder sich aus dem Gesamtzusammenhang ergibt (etwa wenn ein Gesetz ohne ergänzende Rechtsverordnung nicht anwendbar ist). Entsprechendes gilt für die inhaltliche Regelung, die allerdings schon durch die Ermächtigung weitgehend determiniert ist und – gem. Art. 80 I 2 GG – auch weitgehend determiniert sein muß.

Vgl. allgemein zum Ermessen oben § 7 und speziell zur Ermessensfreiheit (Gestaltungsfreiheit) des Verordnungsgebers die Hinweise § 7 Rn. 63; zu beachten ist allerdings, daß das typische Verwaltungsermessen Einzelfälle, das Verordnungsermessen dagegen generell-abstrakte Regelungen betrifft und sich daher nicht am konkreten, sondern am typischen Fall orientieren muß. Vgl. näher zum Verordnungsermessen; *Zuleeg,* Die Ermessensfreiheit des Verordnungsgebers, DVBl. 1970, 157 ff.; *Ossenbühl,* HStR III (1988) § 64 Rn. 33; *v. Danwitz,* Die Gestaltungsfreiheit des Verordnungsgebers, 1989, S. 161 ff. – Entsprechendes gilt für das Ermessen des Zahlungsgebers, das allerdings wegen der Satzungsautonomie noch mehr Spielraum gibt, vgl. dazu etwa *BVerwGE* 116, 188, 190 ff.

III. Die Rechtswidrigkeit der Rechtsverordnung und ihre Folgen

Die Rechtsverordnung ist *rechtswidrig,* wenn sie den dargelegten **16** rechtlichen Voraussetzungen nicht entspricht. Im konkreten Fall ist daher (nach Bundesrecht, entsprechendes gilt nach Landesrecht) zu prüfen, ob sie (1) eine ausreichende, dem Art. 80 I GG genügende Ermächtigungsgrundlage besitzt, (2) formell ordnungsgemäß zustandegekommen ist, (3) inhaltlich der Ermächtigungsgrundlage entspricht, (4) auch im übrigen mit dem höherrangigen Recht vereinbar ist und (5), falls Ermessen besteht, ermessensfehlerfrei erlassen wurde.

17   Die rechtswidrige Rechtsverordnung ist *nichtig* und damit unverbindlich. Sie darf von den Behörden nicht angewendet werden und muß von den Bürgern nicht beachtet werden. Eine weitere – in der Praxis vorgelagerte – Frage ist, ob und inwieweit die Verwaltungsbehörden zur (inzidenten) Prüfung und Verwerfung von Rechtsverordnungen befugt sind, vgl. dazu bereits oben § 4 Rn. 57.

Ein Verstoß gegen das Zitiergebot macht nach *BVerfGE* 101, 1, 41 ff. die Rechtsverordnung insgesamt verfassungswidrig und nichtig. Dagegen soll nach *BVerfGE* 91, 148, 175 f. ein Verfahrensfehler (es ging um eine Rechtsverordnung der Bundesregierung, die in einem verfassungswidrigen Umlaufverfahren beschlossen wurde) nur dann zur Nichtigkeit führen, wenn er *evident* ist, was das *BVerfG* im konkreten Fall im Blick auf die bislang nicht beanstandete ständige Staatspraxis verneinte. Das ist sicher nicht unproblematisch: Praxis mit heilender Wirkung? Auch der allgemeine Hinweis auf die Rechtssicherheit und den Vertrauensschutz vermag nicht zu überzeugen. Ferner besteht ein gewisser Widerspruch zwischen de beiden Entscheidungen, da sie jeweils die formelle Verfassungsmäßigkeit der Rechtsverordnung betreffen. Beachtlich ist dagegen der weitere Gesichtspunkt, daß die Nichtigkeit aller im Umlaufverfahren erlassener Rechtsverordnungen der Bundesregierung „zu einer Lage führen (müßte), die mit der Verfassungsordnung noch weniger im Einklang stünde als die Hinnahme der verfassungswidrigen Staatspraxis für die Vergangenheit." Das ist ein Argument, das auch sonst gelegentlich zur Vermeidung der Nichtigerklärung herangezogen wird. Jedenfalls wird mit der bundesverfassungsgerichtlichen Klarstellung die Rechtslage evident mit der Folge, daß künftige Verstöße dieser Art die Nichtigkeit auslösen. – Die Bemerkungen des *BVerwG* zur evtl. begrenzten Nichtigkeit verfahrensfehlerhafter Rechtsverordnungen (*BVerwGE* 59, 48, 50 f.) lassen keine weiteren Schlüsse zu, da das Gericht selbst erklärt, daß diese Frage im konkreten Fall keiner näheren und abschließenden Beurteilung bedürfe.

18   Die *Rechtsschutzgarantie des Art. 19 IV GG* erfaßt nicht nur Verwaltungsakte, sondern auch Rechtsnormen, jedenfalls Rechtsverordnungen und Satzungen. Ihre Umsetzung erfolgt durch die einfach-gesetzlichen Prozeßgesetze. Maßgebend ist im Blick auf die (hier interessierenden) Rechtsverordnungen zunächst die sog. verwaltungsgerichtliche Normenkontrolle gem. § 47 VwGO. Danach

hat das Oberverwaltungsgericht über die Gültigkeit von Rechtsverordnungen zu entscheiden; der Antrag kann von jeder Person
gestellt werden, die geltend macht, durch die Rechtsverordnung in
ihren Rechten verletzt zu sein oder in absehbarer Zeit verletzt zu
werden. Die verwaltungsgerichtliche Normenkontrolle ist also insoweit ein subjektives Rechtsschutzverfahren, das in ein objektives
Normenkontrollverfahren übergeht. Das OVG hat allerdings – anders als das BVerfG nach Art. 100 I GG – kein Verwerfungsmonopol. Daher können alle Gerichte – etwa im Rahmen eines Anfechtungsverfahrens – inzidenter über die Rechtmäßigkeit einer
Rechtsverordnung entscheiden. Der Bürger hat dementsprechend
die Wahl, ob er unmittelbar gegen eine Rechtsverordnung vorgehen oder die Anwendung der Rechtsverordnung abwarten und
gegen den Anwendungsakt klagen will.

Der Anwendungsbereich des § 47 VwGO ist (von baurechtlichen Rechtsverordnungen und Satzungen abgesehen) beschränkt,
da er

(1) nur für Landesrechtsverordnungen (nicht für Bundesrechtsverordnungen)
    gilt,
(2) nur solche Rechtsverordnungen erfaßt, die sachlich in den Zuständigkeitsbereich der allgemeinen Verwaltungsgerichtsbarkeit fallen (also nicht zivilrechtliche, prozeßrechtliche, sozialrechtliche usw. Rechtsverordnungen),
(3) auch insoweit nur eingreift, wenn dies landesgesetzlich ausdrücklich bestimmt ist (was in Nordrhein-Westfalen, Hamburg und Bremen nicht der
    Fall ist).

In dem von § 47 VwGO *nicht* erfaßten Bereich war die Frage **19**
nach dem Rechtsschutz gegen Rechtsverordnungen lange umstritten. Sie wird vor allem dann aktuell, wenn die Rechtsverordnung
unmittelbar wirkt und deshalb der Bürger nicht auf die inzidente
Normenkontrolle verwiesen werden kann. Das *BVerwG* hat inzwischen klargestellt, daß in diesen Fällen die allgemeine Feststellungsklage gem. § 43 VwGO zulässig ist.

BVerwGE 111, 276, 278 f. (An- und Abflugstrecken von Flugplätzen, die
durch Rechtsverordnung festgelegt werden); dazu *H. H. Rupp,* NVwZ 2002,
286 ff. Die Entscheidung des *BVerwG* ist auf Druck des *BVerfG* erfolgt, das
verständlicherweise verhindern will, daß es im Wege der Verfassungsbeschwerde erstinstanzlich mit Rechtsverordnungen befaßt wird, *BVerfG-K,*
NVwZ 1998, 169 (An- und Abflugstrecken), *BVerfG-K,* NJW 1999, 2031
(FahrlehrerVO). Das ist auch deshalb geboten, weil die Verfassungsbeschwerde

lediglich zur Prüfung der Verfassungsmäßigkeit, nicht auch der (sonstigen) Rechtmäßigkeit der Rechtsverordnung führt und zudem der Annahme bedarf (§ 93 a BVerfGG). Die Feststellungsklage gem. § 43 I VwGO wirkt allerdings nur inter partes. De lege ferenda wäre es jedenfalls besser, die verwaltungsgerichtliche Normenkontrolle auf alle Rechtsverordnungen zu erstrecken. – Die bisherigen Darlegungen zum Rechtsschutz gegen Rechtsverordnungen gelten gleicherweise auch für Satzungen.

20   **Literatur zu § 13:** *Wilke,* Bundesverfassungsgericht und Rechtsverordnungen, AöR Bd. 98 (1973) S. 196 ff.; *Lepa,* Verfassungsrechtliche Probleme der Rechtsetzung durch Rechtsverordnung, AöR Bd. 105 (1980) S. 335 ff.; *Stern,* Das Staatsrecht der Bundesrepublik Deutschland, Bd. II, 1980, S. 646 ff.; *Ossenbühl,* Richterliches Prüfungsrecht und Rechtsverordnungen, Festschrift für H. Huber, 1981, S. 283 ff.; *ders.,* Rechtsverordnung, HStR III (1988) § 64; *Hufen/Leiß,* Ausgewählte Probleme beim Erlaß von Baumschutzverordnungen, BayVBl. 1987, 289 ff.; *v. Danwitz,* Die Gestaltungsfreiheit des Verordnungsgebers, 1989; *Lippold,* Erlaß von Verordnungen durch das Parlament und Wahrnehmung des Parlamentsvorbehalts durch Schweigen, ZRP 1991, 254 ff.; *Dittmann,* Die Rechtsverordnung als Handlungsinstrument der Verwaltung, in: Biernat/Hendler u. a. (Hg.), Grundfragen des Verwaltungsrechts und der Privatisierung, 1994, S. 107 ff.; *Uhle,* Parlament und Rechtsverordnungen, 1999; *Pielow,* Neuere Entwicklungen beim „prinzipalen" Rechtsschutz gegen untergesetzlichen Normen, DV 32 (1999), S. 445 ff.; *Axer,* Normsetzung der Exekutive in der Sozialversicherung, 2000, S. 148 ff., 163 ff., 212 ff., 362 ff. und öfter; *Schmidt-Aßmann,* Die Rechtsverordnung in ihrem Verhältnis zu Gesetz und Verwaltungsvorschrift, Festschrift für Vogel, 2000, S. 477 ff.; *Müller-Terpitz,* Rechtsverordnungen auf dem Prüfstand des Bundesverfassungsgerichts, DVBl. 2000, 232 ff. (zu *BVerfGE* 101, 1); *H. Schneider,* Gesetzgebung, 3. Aufl. 2002, S. 161 ff.; *von Danwitz,* Rechtsverordnungen, Jura 2002, 93 ff.; vgl. ferner die Erläuterungen zu Art. 80 GG in den Grundgesetz-Kommentaren.

21   **Rechtsprechung zu § 13:** Vgl. die Nachweise Rn. 4 zum Bestimmtheitsgebot; ferner *BVerfGE* 8, 274, 319 ff. (Zustimmungsvorbehalt zu Gunsten des Parlaments); *BVerfGE* 41, 251, 265 f.; 55, 207, 225 f.; 58, 257, 277 (Bedeutung des Art. 80 GG für Landesrechtsverordnungen); *BVerfGE* 91, 148 (Beschlußfassung der Bundesregierung über Rechtsverordnung); *BVerfGE* 101, 1 (HennenhaltungsVO); *BVerfGE* 106, 1 (Verschiebung der örtlichen Zuständigkeit zwischen den Oberfinanzdirektionen durch Rechtsverordnung); *BVerfGE* 107, 1, 15 (Beschränkung der kommunalen Selbstverwaltung durch Rechtsverordnung). – *BVerwGE* 59, 48 (gesetzlich vorgesehene Beteiligung der Gewerkschaften bei der Vorbereitung von Rechtsverordnungen); *BVerwGE* 70, 318; *BVerfGE* 85, 36 (Kapazitätsverordnung im Hochschulbereich, gerichtliche Überprüfung); *BVerwGE* 116, 347 (Polizeiverordnung gegen Kampfhunde); *BVerwGE* 117, 313 (sog. Entsteinerungsklausel: ein Landesgesetz ändert eine Vorschrift einer Rechtsverordnung und stellt sie zugleich zur Disposition des Verordnungsgebers); *BVerwG* NVwZ 2002, 1505 (Anspruch auf Erlaß einer Rechtsverordnung); *BadWürttVGH* NVwZ 1992, 1105 (HundehaltungsVO).

§ 14 Der Verwaltungsvertrag

Die typische und in der Praxis häufigste Rechtsform des Ver- **1** waltungshandelns ist der Verwaltungsakt, die einseitig getroffene Regelung eines Einzelfalls. Die Behörde kann jedoch auch den Weg der einvernehmlichen Regelung wählen und mit dem Bürger einen verwaltungsrechtlichen Vertrag – oder kurz: einen Verwaltungsvertrag (vgl. zum Begriff unten Rn. 5 ff.) abschließen. Der Verwaltungsvertrag hat durch seine Anerkennung und Regelung im VwVfG eine erhebliche Aufwertung erfahren. Er nimmt in der Praxis an Zahl und Bedeutung zu.

Der Anwendungsbereich des Verwaltungsvertrags beschränkt sich nicht auf das Gebiet, das auch der Verwaltungsakt erfaßt, sondern geht weit darüber hinaus. Denn gerade auch solche Rechtsbeziehungen, die mangels einer übergeordneten Stellung der Behörde nicht einseitig geregelt werden können, so etwa zwischen zwei grundsätzlich gleichgestellten rechtsfähigen Verwaltungsträgern, sind der vertraglichen Regelung zugänglich.

I. Rechtsgrundlagen

1. Die Regelungen des VwVfG

Das VwVfG enthält in §§ 54–61 Bestimmungen über den Ver- **2** waltungsvertrag. Sie beschränken sich jedoch auf einige wesentliche Grundsätze und sind insgesamt fragmentarisch. Nach § 62 VwVfG gelten subsidiär die übrigen Vorschriften des VwVfG und ferner ergänzend und entsprechend die Vorschriften des BGB.

– Die *„übrigen Vorschriften"* des *VwVfG* beziehen sich vornehmlich auf Verwaltungsakte, so daß für den Verwaltungsvertrag nur wenige Bestimmungen in Betracht kommen. Anwendbar sind § 3 (örtliche Zuständigkeit) und die Verfahrensvorschriften der §§ 9 ff. Fraglich ist, ob und inwieweit § 25 (Beratung, Auskunft) Anwendung findet. § 28 (Anhörung) beschränkt sich schon seinem Wortlaut nach auf Verwaltungsakte und erscheint auch im Blick auf die notwendigen Vertragsverhandlungen überflüssig; sein Grundgedanke, nämlich daß der Bürger durch Verwaltungsmaßnahmen nicht „überfahren" werden soll, fordert aber auch hier Beachtung, – das könnte über § 25 erreicht werden.

– *Die Vorschriften des BGB* kommen nur entsprechend zur Anwendung. Es muß daher stets geprüft werden, ob die Voraussetzungen einer Gesetzesanalogie im Einzelfall vorliegen. Bezüglich der Fehlerfolgen wird noch besonders auf die entsprechend anzuwendenden BGB-Vorschriften verwiesen (§ 59 I). Vgl. allgemein zur entsprechenden Anwendbarkeit der bürgerlichrechtlichen Rechtsnormen im öffentlichen Recht oben § 3 Rn. 28 ff.

2. Die Regelungen im Sozialleistungs- und Abgabenrecht

3   Die Vertragsvorschriften des VwVfG gelten selbstverständlich nur soweit, wie der Anwendungsbereich des VwVfG reicht. Sie kommen daher nicht zur Anwendung, wenn das VwVfG generell ausgeschlossen ist oder wenn Sonderregelungen bestehen (vgl. dazu bereits oben § 5 Rn. 8 ff.). Zu den generell ausgeschlossenen Rechtsbereichen gehören das Sozialleistungsrecht und das Abgabenrecht (vgl. § 2 II Nr. 1 und 5 VwVfG). Das *Sozialgesetzbuch* enthält jedoch für das Sozialleistungsrecht Vertragsregelungen, die – von einer Ausnahme abgesehen – mit den §§ 54 ff. VwVfG vollständig übereinstimmen, so daß insoweit kein Unterschied besteht.

Vgl. §§ 53–61 SGB X. Die §§-Zahlen verschieben sich gegenüber dem VwVfG um jeweils eine Nummer nach unten. Die Ausnahme bringt § 53 II SGB X, der – zum Schutz der Leistungsempfänger – Verträge über Leistungen, auf die ein Rechtsanspruch besteht, verbietet, sofern es sich nicht um Vergleichsverträge oder Austauschverträge handelt (vgl. dazu § 54 II und § 55 III SGB X).

3 a   Dagegen finden sich in der *Abgabenordnung* (AO) keine, den §§ 54 ff. VwVfG entsprechenden Vertragsvorschriften, obwohl sie sich sonst weitgehend dem VwVfG anschließt. Lediglich in § 78 AO, der – entsprechend § 12 VwVfG – die Beteiligten des Verwaltungsverfahrens bestimmt, werden auch „diejenigen, mit denen die Finanzbehörde einen öffentlich-rechtlichen Vertrag schließen will oder geschlossen hat", erwähnt. Dieser positiv-rechtliche Befund wird in der Literatur und in der Rechtsprechung unterschiedlich beurteilt. Während die einen der Auffassung sind, daß die Abgabenordnung den Verwaltungsvertrag zwar nicht regele, aber doch, wie § 78 AO zeige, voraussetze und damit anerkenne, folgern die anderen aus dem Fehlen gesetzlicher Regelungen, zumal im Vergleich zum VwVfG, die Unzulässigkeit des Verwaltungsvertrages im Abgabenrecht und erklären die beiläufige Erwähnung

in § 78 AO als reines Redaktionsversehen. Diese Hinweise führen jedoch nicht weiter. Weder aus der Entstehungsgeschichte noch aus dem Gesamtzusammenhang der Abgabenordnung läßt sich eine Entscheidung pro oder contra entnehmen. Daß vertragliche Vereinbarungen dem Abgabenrecht nicht völlig fremd sind, zeigen § 79 III Zollgesetz 1961, § 33 II Gewerbesteuergesetz, neuerdings sogar § 224 a AO (Übertragung von Kunstgegenständen an Zahlungs Statt), ferner Vertragsregelungen im Kommunalabgabenrecht, die bis in das 19. Jahrhundert zurückreichen.

Maßgebend sind somit, soweit besondere gesetzliche Regelungen 3 b fehlen, die *allgemeinen Grundsätze des Verwaltungsrechts,* die hier bereichsspezifisch, d. h. unter Berücksichtigung der Besonderheiten des Abgabenrechts, heranzuziehen sind. Die Problematik wird wesentlich entschärft, wenn man zwischen der Zulässigkeit der *Vertragsform* (darf die Verwaltung durch Vertrag handeln?) und der Zulässigkeit des *Vertragsinhalts* (ist das Vereinbarte rechtmäßig?) unterscheidet. Nach den Grundsätzen des allgemeinen Verwaltungsrechts ist die Verwaltung zum Handeln in der Form des Vertrages befugt, soweit gesetzliche Vorschriften nicht entgegenstehen. Eine solche entgegenstehende Vorschrift bildet § 155 I AO, wonach die Steuern durch „Steuerbescheid", d. h. durch Verwaltungsakt, festgesetzt werden. Daraus folgt, daß eine Steuerfestsetzung durch Vertrag ausgeschlossen ist. Entsprechendes gilt für die Festsetzung anderer Abgaben, etwa die Festsetzung von Gemeindesteuern, Gebühren, Beiträgen usw. Im übrigen können aber durchaus Verträge zwischen der Abgabenverwaltung und dem Bürger – auch im Zusammenhang mit Steuer- und Abgabenbescheiden – getroffen werden. Die Möglichkeiten des *Vertragsinhalts* sind allerdings beschränkt, weil die Abgabenverwaltung weitgehend materiellrechtlich gebunden ist und daher nur wenig Raum für eine selbständige vertragliche Gestaltung bleibt. Immerhin kommen etwa Verträge über die Art und Weise der Steuerzahlung (etwa Stundung, Ratenzahlung), Verträge zur Regelung atypischer Fallkonstellationen (vgl. dazu die Billigkeitsregelung der §§ 163, 227 AO) und Vergleichsverträge in Betracht. Das gilt vor allem dann, wenn es sich nicht um Steuern, sondern um Beiträge und Gebühren handelt.

In der steuerrechtlichen Literatur ist die Zulässigkeit des Verwaltungsvertrages umstritten. Früher wurde er völlig abgelehnt. In neuerer Zeit mehren sich die Stimmen, die für die Zulässigkeit der Vertragsform eintreten und auch inhaltlich gewisse Gestaltungsspielräume anerkennen (vgl. *Tipke/Lang,* Steuerrecht, 17. Aufl. 2002, § 4 Rn. 164 und § 21 Rn. 19; *Sontheimer,* Der verwaltungsrechtliche Vertrag im Steuerrecht, 1987). Der Bundesfinanzhof lehnt Verträge im Bereich des Steuerrechts nach wie vor grundsätzlich ab (*BFinH* NVwZ 2001, 1079, 1080), macht aber doch erhebliche Zugeständnisse, indem er die „tatsächliche Verständigung" zwischen der Finanzbehörde und dem Steuerpflichtigen über schwer zu ermittelnde tatsächliche Umstände, also gleichsam einen Vergleich über Tatsachenfragen, für zulässig und bindend erklärt wird (*BFinHE* 142, 549, 557; 162, 211, 214 f.; 164, 168, 170 ff.; 181, 103, 105 f. oder auf die Annahme einer einseitigen Selbstverpflichtung der Finanzbehörde ausweicht (*BFinH* NVwZ 2001, 1079, 1080). Im Kommunalabgabenrecht findet dagegen der Verwaltungsvertrag, insbesondere der Vergleichsvertrag, schon seit längerem Anerkennung, vgl. *Gern,* KStZ 1979, 161 ff.; *Heun,* DÖV 1989, 1053 ff.; *Tiedemann,* DÖV 1996, 594 ff. jeweils m. w. N.; vgl. ferner zum Vergleichsvertrag *BVerwG* DÖV 1978, 611; DÖV 1980, 48; *OVG Lüneburg* KStZ 1976, 71; *BayVGH* NVwZ 1989, 167; zum Ablösungsvertrag im Erschließungsbeitragsrecht *BVerwG* 64, 361; 84, 183 = DVBl. 1990, 438 mit Anm. von *Götz; OVG Münster* NVwZ-RR 2003, 147 (vertraglicher Verzicht auf Beitragserhebung im konkreten Fall bejaht). – Teilweise wird der Vertrag im Kommunalabgabenrecht sogar gesetzlich ausdrücklich anerkannt (so § 2 II KAG Rheinland-Pfalz) oder doch mittelbar vorausgesetzt (so § 61 III LVwVfG Baden-Württemberg).

3 c　　Die Darlegungen zum Vertrag im Abgabenrecht gelten entsprechend für andere vom VwVfG nicht erfaßte Bereiche. Was die Ausgestaltung im einzelnen anbetrifft, so können die Vertragsregelungen des VwVfG analog herangezogen werden, wenn und soweit sie Ausdruck der allgemeinen Grundsätze des Verwaltungsrechtes sind (so etwa die Regelungen der §§ 54, 55, 56). Dagegen scheidet eine analoge Anwendung aus, wenn es sich – wie z.B. bei der Fehlerfolgenregelung des § 59 – um eine neuartige und zudem verfassungsrechtlich zweifelhafte Regelung handelt, es sei denn, daß sie sich im Rahmen der Verfassung inzwischen zu einem allgemeinen Grundsatz des Verwaltungsrechts entwickelt hat.

Eine solche Entwicklung „in Richtung auf eine weitere Stärkung der Wirksamkeit öffentlich-rechtlicher Verträge", d. h. auf eine Reduzierung der Nichtigkeit rechtswidriger Verträge, nahm das *OVG Lüneburg,* NJW 1988, 2126, für einen nicht nach dem VwVfG zu beurteilenden Ablösungsvertrag an (das *BVerwG* ging in seinem Revisionsurteil auf diese Argumentation nicht ein und bejahte die Nichtigkeit des Vertrags, vgl. *BVerwGE* 84, 183, 188 ff.).

3. Städtebauliche Verträge

Vertragsregelungen, die für alle Verwaltungsbereiche maßgeblich **4**
sein sollen, sind zwangsläufig allgemein und abstrakt. Es liegt deshalb nahe, für bestimmte Verwaltungsbereiche zusätzlich spezifische Vertragsvorschriften zu treffen. Das setzt voraus, daß zunächst
bestimmte Vertragstypen herausgearbeitet und sodann die dafür
angemessenen Regelungen entwickelt werden. In einigen Rechtsbereichen ist das bereits seit längerem durch die Verwaltungspraxis,
die Rechtsprechung und die Literatur geschehen. Das gilt vor
allem für den Bereich des Baurechts, in dem ohnehin in der Praxis
die meisten Verträge vorkommen. Der Gesetzgeber hat daran angeknüpft und entsprechende Regelungen erlassen. Im Vordergrund
stehen die „städtebaulichen Verträge", die zunächst in § 6 BauGB-
MaßnG geregelt und dann 1997 in das BauGB übernommen wurden. § 11 I BauGB erklärt, daß die Gemeinden befugt sind, städtebauliche Verträge mit Privatpersonen (privaten Bauträgern, Inve-
storen usw.) abzuschließen, und führt dann eine Reihe möglicher
Vertragsinhalte auf. Ein Vertrag, durch den sich eine Gemeinde zur
Aufstellung eines Bauleitplanes verpflichtet, ist zwar gem. § 1 III 2
BauGB unzulässig und nichtig, aber Verträge zwischen der
Gemeinde und Privatpersonen, die im Zusammenhang mit der
Bauleitplanung und ihrer Realisierung stehen, werden gesetzlich
ausdrücklich anerkannt. Das entspricht auch der modernen Entwicklung zur Kooperation im Städtebaurecht (Public Private Partnership). Mögliche Vertragsinhalte sind gem. § 11 I BauGB die
Vorbereitung oder Durchführung städtebaulicher Maßnahmen
durch einen privaten Investor auf dessen Kosten (Planungsver-
träge), die Förderung und Sicherung der mit der Bauleitplanung
verfolgten Ziele (Planverwirklichungsverträge), die Übernahme
von Kosten oder sonstigen Aufwendungen, die der Gemeinde – als
Folge städtebaulicher Maßnahmen entstehen (Folgekostenverträge)
und bezüglich der Energieversorgung. Die Aufzählung ist nicht
abschließend, wie sich aus dem Vorbehalt des § 11 I („insbesondere") und noch einmal aus § 11 IV BauGB ergibt.

Im Baugesetzbuch selbst finden sich weitere Vertragsregelungen, so vor
allem in § 124 (Erschließungsvertrag), §§ 18 II 4, 28 VI 3, 43 I 1, 43 II 1 (Ent-

schädigungsverträge), § 110 I (Einigung über die Enteignung und die Entschädigung), § 159 II (Sanierungsträgervertrag), § 67 I (Entwicklungsträgervertrag). – Vgl. zu den städtebaulichen Verträgen grundlegend *Schmidt-Aßmann/Krebs*, Rechtsfragen städtebaulicher Verträge, 2. Aufl. 1992; *Spannowsky*, Grenzen des Vertragshandelns durch Verträge und Absprachen, 1994, S. 353 ff.; zu den städtebaulichen Verträgen gem. § 11 I BauGB neben den Kommentaren zum BauGB und den Lehrbüchern zum öffentlichen Baurecht: *Erbguth/Witte*, Biete Planung, suche Grundstück – Möglichkeiten und Grenzen städtebaulicher Verträge, DVBl. 1999, 435 ff.; *Pietzcker*, Probleme des städtebaulichen Vertrages, Festschrift für Hoppe, 2000, S. 439 ff.; *Brohm*, Städtebauliche Verträge zwischen Privat- und Öffentlichem Recht, JZ 2000, 321 ff.; *Kahl*, Das Kooperationsprinzip im Städtebaurecht, DÖV 2000, 793 ff.; *Birk*, Städtebauliche Verträge, 4. Aufl. 2002; *Hamann*, Der Verwaltungsvertrag im Städtebaurecht, 2002; *Lorz*, Unzulänglichkeiten des Verwaltungsvertragsrechts am Beispiel der städtebaulichen Verträge, DÖV 2002, 177 ff.; *Grziwotz*, Städtebauliche Verträge und AGB-Recht, NVwZ 2002, 391 ff.

II. Begriff und Abgrenzung des Verwaltungsvertrages

1. Begriff

5   Die Legaldefinition des § 54 S. 1 VwVfG spricht von einem *Vertrag, durch den ein Rechtsverhältnis auf dem Gebiet des öffentlichen Rechts begründet, geändert oder aufgehoben wird.* Sie geht danach von dem allgemeinen Vertragsbegriff aus und bestimmt den Verwaltungsvertrag durch seinen Gegenstand.

6   a) *Vertrag* ist nach der allgemeinen Rechtslehre, wie sie sich vor allem im Zivilrecht niedergeschlagen hat, die Einigung zweier (oder mehrerer) Rechtssubjekte über die Herbeiführung eines bestimmten Rechtserfolges; er kommt durch die Abgabe einander entsprechender, auf einen gemeinsamen Rechtserfolg gerichteter Willenserklärungen (Angebot und Annahme) zustande. Fehlt eine solche Willenseinigung, so scheidet ein Verwaltungsvertrag von vornherein aus.

Fehlt der für den Vertrag typische und notwendige Rechtsbindungswille, dann liegt möglicherweise eine informelle Absprache vor, vgl. dazu unten § 15 Rn. 14 ff.

7   b) Der *Verwaltungs*vertrag unterscheidet sich durch seinen *Gegenstand* von den übrigen Verträgen. Das VwVfG spricht zwar durchgehend vom „öffentlich-rechtlichen Vertrag" und in der Legaldefinition von einem „Rechtsverhältnis auf dem Gebiet des öffent-

lichen Rechts". Folgt man dem Wortlaut, so werden damit alle Verträge, die sich auf ein öffentlich-rechtliches Rechtsverhältnis beziehen, erfaßt. Aus der generellen Begrenzung des § 1 I VwVfG (öffentlich-rechtliche Verwaltungstätigkeit der Behörden) und des § 9 VwVfG (Begriff des Verwaltungsverfahrens) ergibt sich jedoch, daß nur solche Verträge unter diese Begriffsbestimmung fallen, die von einer *Behörde* abgeschlossen wurden und dem Bereich des *Verwaltungsrechts* zuzuordnen sind.

Die Formel „auf dem Gebiet des öffentlichen Rechts" deckt sich mit dem entsprechenden Begriffsmerkmal des Verwaltungsakts (vgl. § 35 S. 1 VwVfG); hier wie dort ist jedoch eine Einschränkung auf das Verwaltungsrecht vorzunehmen (vgl. bereits oben § 9 Rn. 13 und 24).

Die Bezugnahme auf das öffentliche Recht dient der *Abgrenzung zum privatrechtlichen Vertrag* (vgl. dazu unten Rn. 8 ff.), bedeutet aber keine Ausdehnung auf *alle* öffentlich-rechtlichen Verträge. Staatsverträge und Verwaltungsabkommen zwischen dem Bund und den Ländern oder zwischen den Ländern, staatskirchenrechtliche und innerkirchenrechtliche Verträge sowie völkerrechtliche Verträge gehören deshalb nicht hierher, wobei offen bleiben kann, inwieweit sie überhaupt als „öffentlich-rechtliche" Verträge zu qualifizieren sind.

Vgl. zu den dem Verfassungsrecht angehörenden Staatsverträgen *BVerfGE* 22, 221 und 42, 345 (sog. Eingliederungsverträge: Coburg/Bayern und Pyrmont/Preußen) und *BVerfGE* 94, 297, 310 (Einigungsvertrag). Sie bedürfen der Zustimmung des Parlaments, während die Verwaltungsabkommen dem Regierungsbereich angehören und daher von den Regierungen oder den zuständigen Ministern allein abgeschlossen werden können (vgl. dazu auch *Rudolf,* HStR IV (1990) § 105 Rn. 52). Verwaltungsabkommen in diesem Sinne sind trotz ihrer Bezeichnung der Staatsvertrag über die Vergabe von Studienplätzen vom 20. 10. 1972 (*BVerfGE* 42, 103, 113 ff.; *BVerwGE* 50, 124, 130 ff.) und der Staatsvertrag zwischen den Bundesländern über die Errichtung und den Betrieb einer gemeinsamen Rundfunkanstalt (*BVerwGE* 60, 162, 173) mit der Folge, daß im Streitfall nicht das BVerfG, sondern das BVerwG gem. § 50 I Nr. 1 VwGO zuständig ist. Das VwVfG gilt gleichwohl für diese, dem Regierungsbereich zuzurechnenden Verwaltungsabkommen nicht.

Zur Klarstellung wird deshalb im folgenden – entgegen der Terminologie des VwVfG – die Bezeichnung Verwaltungsvertrag verwendet: Es ist der Vertrag, der verwaltungsrechtliche Rechtsverhältnisse zum Gegenstand hat, der verwaltungsrechtliche Rechte und Pflichten begründet, ändert oder aufhebt.

2. Die Abgrenzung zum privatrechtlichen Vertrag

8   a) *Problem.* Da die Verwaltung sowohl öffentlich-rechtlich als auch privatrechtlich tätig werden kann (vgl. oben § 3) stellt sich im Einzelfall die Frage, ob ein Vertrag, an dem eine Behörde (als Repräsentant ihres rechtsfähigen Verwaltungsträgers) beteiligt ist, dem öffentlichen Recht oder dem Privatrecht zuzurechnen ist. Die Klärung dieser Frage ist von erheblicher Bedeutung, da davon abhängt, welches Vertragsrecht anzuwenden ist, welche Haftungsregelungen gelten, welche Vollstreckungsmöglichkeiten bestehen und welcher Rechtsweg im Streitfall offensteht.

8 a   Die Unterschiede zwischen dem öffentlich-rechtlichen Vertrag und dem privatrechtlichen Vertrag der Verwaltung dürfen allerdings auch nicht überbetont werden. Es läßt sich nicht übersehen, daß es zu beiderseitigen Annäherungen und sogar zu Überschneidungen kommt. Das hat verschiedene Gründe: Zum einen wird der Vertrag als solcher durch vorgegebene Strukturen geprägt, die in allen Rechtsbereichen bestehen. Zum anderen ist de lege lata das öffentlich-rechtliche Vertragsrecht nur sehr allgemein und lückenhaft geregelt, so daß immer wieder ergänzend privatrechtliche Vertragsvorschriften entsprechend herangezogen werden müssen, was durch § 62 S. 2 VwVfG und weitere Vorschriften auch angeordnet wird. Andererseits werden drittens die privatrechtlichen Vertragsregelungen im Verwaltungsbereich durch das öffentliche Recht, insbesondere die Grundrechte und die allgemeinen Verwaltungsgrundsätze (und zwar gerade auch die im VwVfG zum Ausdruck kommenden Verwaltungsgrundsätze) überlagert und modifiziert (vgl. oben § 3 Rn. 6 ff.). Diese gegenseitigen Einwirkungen dürfen jedoch nicht zur Vermengung und Nivellierung führen, zumal die Verwaltungsverträge und die privatrechtlichen Verträge ihre spezifischen Anwendungsfelder haben. Bei der Lösung von Einzelfällen ist jedenfalls von dem jeweiligen Vertragsrecht auszugehen.

8 b   In terminologischer Hinsicht bestehen noch gewisse Differenzen. Einige Autoren verwenden den „Verwaltungsvertrag" als Oberbegriff für alle, die öffentlich-rechtlichen und die privatrechtlichen Verträge der Verwaltung. Verwaltungsvertrag ist danach jeder Vertrag, der von einem Verwaltungsträger mit einem anderen Verwaltungsträger oder einer Privatperson abgeschlossen wird; ihm steht der „Privatvertrag", der ausschließlich zwischen Privatpersonen abgeschlossene Vertrag, gegenüber (vgl. *Krebs,* Grundfragen des öffentlich-rechtlichen Vertrages, S. 41, der freilich etwas vorschnell von einer „inzwischen eingeführten Terminologie" spricht). Dieser Terminologie wird hier aus rechtsdogmatischen und rechtspraktischen Gründen nicht gefolgt. Die §§ 54 ff. VwVfG stellen den Verwaltungsvertrag ergänzend und korrespondierend neben den Verwaltungsakt; sie sind die spezifischen Handlungsformen der Verwaltung zur verbindlichen Regelung von Einzelfällen. Das kommt am besten durch die Bezeichnungen Verwaltungsakt und Verwaltungsvertrag zum Ausdruck. Wenn, dann müßte schärfer zwischen dem subordinationsrechtlichen und koordinationsrechtlichen Vertrag unterschieden werden. Daß die Vertragsregelungen der §§ 54 ff. VwVfG insgesamt zu eng sind, ist inzwischen allgemein anerkannt. Daher ist bereits vorgeschlagen worden, den „Kooperationsvertrag" als weiteren, allgemeinen Vertragstyp in das VwVfG aufzunehmen. Der neu einzufügende § 54a sollte lauten: „Kooperationsverträge können auf dem Gebiet des öffentlichen Rechts geschlossen werden, um Private an der Erledigung öffentlicher Aufgaben zu beteiligen" (vgl. den Bericht, NVwZ 2002, 834 f.). Aber auch er sollte sonach auf das *öffentliche* Recht beschränkt bleiben.

b) *Wahlrecht der Behörde?* Die (öffentlich-rechtliche oder privat- **9** rechtliche) Rechtsnatur des Vertrags ist nach *objektiven Kriterien* zu bestimmen; die subjektiven Vorstellungen der Vertragspartner sind nicht maßgeblich. Es ist jedoch zu beachten, daß der Verwaltung im Bereich der Leistungstätigkeit ein (begrenztes) Wahlrecht zwischen öffentlich-rechtlichen und privatrechtlichen Handlungsformen zusteht. Insoweit kann es also – gleichsam im Vorfeld – doch auf den Willen der Behörde ankommen. Hat sie sich jedoch aufgrund ihres Wahlrechts generell für einen bestimmten Bereich entschieden und damit die Weiche gestellt, dann muß sie den eingeschlagenen Weg auch konsequent verfolgen.

Beispiel: Es liegt im Ermessen der Stadtverwaltung, ob sie die Benutzungsordnung für die Stadtbibliothek öffentlich-rechtlich oder privatrechtlich ausgestalten will. Wenn sie sich für die privatrechtliche Ausgestaltung der Benutzungsverhältnisse entschieden hat, dann sind auch alle in diesem Rahmen abgeschlossenen Verträge privatrechtlicher Natur. Die generelle Vorentscheidung präjudiziert auch die späteren Einzelrechtsverhältnisse.

c) *Abgrenzung nach dem Vertragsgegenstand.* Nach § 54 S. 1 VwVfG, **10** der der früheren Rechtsprechung und Rechtslehre entspricht, bestimmt sich die Rechtsnatur nach dem Gegenstand des Vertrags.

Unerheblich ist also die *Rechtsstellung der Vertragspartner.* Die Tatsache, daß auf der einen Seite oder sogar auf beiden Seiten des Vertrages ein öffentlich-rechtlicher Verwaltungsträger steht, rechtfertigt noch nicht die Annahme eines Verwaltungsvertrags. Selbst ein Vertrag zwischen zwei Verwaltungsträgern kann privatrechtlicher Natur sein, so etwa, wenn die Gemeinde A an die Gemeinde B ein Kraftfahrzeug gem. § 433 BGB verkauft. – Andererseits ist auch ein verwaltungsrechtlicher Vertrag zwischen zwei Privatpersonen möglich und im Falle einer spezialgesetzlichen Ermächtigung zulässig, so z. B. die Einigung nach § 110 BauGB, wenn Betroffener und Begünstigter der Enteignung Private sind, was immer wieder einmal vorkommt (die Enteignungsbehörde selbst ist nicht Partner, sondern Vermittler des Vertrags), die vertragliche Übernahme einer öffentlich-rechtlichen Verpflichtung zur Straßenreinigung (vgl. *OVG Lüneburg* OVGE 27, 341, 343) oder die vertragliche Abtretung eines (öffentlich-rechtlichen) Rentenanspruchs (vgl. *BSozGE* 70, 37, 39). Str., ablehnend *Gern,* Der Vertrag zwischen Privaten über öffentlichrechtliche Berechtigungen und Verpflichtungen, 1977; *Kasten/Rapsch,* Der öffentlichrechtliche Vertrag zwischen Privaten – Phänomen oder Phantom? NVwZ 1986, 708 ff. m. w. N. Das *VwVfG* erfaßt jedenfalls „Verwaltungsverträge" zwischen Privaten nicht (vgl. § 1 I: Verwaltungstätigkeit der Behörden!); es sei denn, daß ein oder beide Partner als Beliehene tätig werden (*Erichsen,* VerwR § 24 Rn. 10); vgl. dazu auch *BVerwG* DVBl. 1992, 1295 (Übertragung des öffentlich-rechtlichen Nutzungsrechts an einem Wahlgrab).

11   Der *Gegenstand* des Vertrages ist aus seinem Inhalt zu ermitteln. Es kommt darauf an, ob er sich auf einen öffentlich-rechtlich zu beurteilenden Sachverhalt bezieht, insbesondere ob die vertraglich übernommene Verpflichtung oder die vertraglich vollzogene Verfügung öffentlich-rechtlichen Charakter hat. Danach liegt z. B. ein Verwaltungsvertrag vor,

– wenn er dem Vollzug öffentlich-rechtlicher Rechtsnormen dient (etwa die sog. Einigung im Enteignungsverfahren gem. § 110 BauGB),
– wenn er die Verpflichtung zum Erlaß eines Verwaltungsaktes oder einer sonstigen hoheitlichen Amtshandlung enthält (etwa Erlaß einer Baugenehmigung),
– wenn er sich auf eine öffentlich-rechtliche Berechtigung oder Verpflichtung des Bürgers bezieht (etwa die baurechtlich festgelegte Pflicht zur Bereitstellung von Abstellplätzen für Kraftfahrzeuge oder die Straßenreinigungspflicht).

Schwierigkeiten entstehen dann, wenn die Leistungspflichten für sich betrachtet „neutral" oder „indifferent" sind. Das gilt vor allem bei Verpflichtungen zur Zahlung eines Geldbetrags, da sie als solche weder öffentlich-rechtlich noch privatrechtlich sind. In diesen Fällen ist auf den *Zweck* der Leistungsverpflichtung und den *Gesamtcharakter* des Vertrags abzustellen: Wenn sich ein Bürger zur Zahlung eines Geldbetrages verpflichtet, um eine begehrte Amts-

handlung der Behörde zu erhalten, liegt ein Verwaltungsvertrag
vor, und zwar nicht nur dann, wenn die Amtshandlung im Vertrag
selbst zugesagt oder sogar vollzogen wird, sondern auch dann,
wenn sie dort nicht ausdrücklich erwähnt wird, aber die Geschäftsgrundlage des Vertrags bildet (Fall des sog. hinkenden Austausch-
vertrags). Entsprechendes ist anzunehmen, wenn sich der Bürger
nicht zur Zahlung eines Geldbetrags, sondern zur Übereignung
eines Grundstücks vertraglich verpflichtet. Die Aufspaltung solcher
Verträge in einen öffentlich-rechtlichen Teil und einen privatrechtlichen Teil (sog. Mischverträge), die dementsprechend auch
rechtlich unterschiedlich beurteilt werden müßten, wird von der
h. L. zu Recht abgelehnt. Die Folge ist allerdings, daß sich der
Anwendungsbereich des Verwaltungsvertrags erheblich ausdehnt,
da es bereits genügt, daß die vertragliche Vereinbarung wenigstens
eine (nicht unwesentliche) öffentlich-rechtliche Verpflichtung enthält oder sich nur auf eine solche bezieht. Das gilt freilich nur,
wenn die vertraglichen Leistungspflichten aufeinander bezogen
sind. Möglich ist auch, daß zwei selbständige vertragliche Regelungen äußerlich in einem Vertragswerk zusammengefaßt werden,
etwa ein Grundstückskaufvertrag und ein erschließungsrechtlicher
Ablösungsvertrag.

Fall: A will in der Innenstadt ein Geschäftshaus errichten und beantragt eine
entsprechende Baugenehmigung. Da er nicht in der Lage ist, auf seinem
Grundstück die erforderlichen Einstellplätze für Kraftfahrzeuge zu schaffen,
beantragt er ferner, ihm einen Dispens von dieser gesetzlichen Pflicht zu erteilen. Die Behörde ist dazu bereit, wenn A 10 000,– DM für den Bau des Parkhauses bezahlt, das demnächst in der Nähe errichtet werden soll. Es kommt zu
einem entsprechenden Vertrag: Die Behörde verpflichtet sich zur Erteilung des
Dispenses, der A zur Zahlung von 10 000,– DM (sog. Baudispensvertrag). Der
Vertrag ist öffentlich-rechtlicher Natur (vgl. *BVerwGE* 23, 213; *BGHZ* 32,
214; 56, 365, 368 f.; *HessVGH* DÖV 1984, 118). Der Vertrag wäre auch dann
öffentlich-rechtlich, wenn er nur die Verpflichtung des A zur Zahlung ent-
hielte, diese Verpflichtung aber im Blick auf die Dispenserteilung erfolgte (vgl.
BVerwGE 42, 331, 332 f. für Folgekostenverträge; nicht unbestr., für privatrechtlichen Vertrag in diesen Fällen *Lange,* JuS 1982, 503 f.).
    Vgl. ferner *für* öffentlich-rechtlichen Vertrag *BVerwG* NJW 1976, 2360
(Grundstückstauschvertrag im Zusammenhang mit umstrittenen Straßenanlie-
gerbeiträgen); *BGHZ* 58, 386, 388 f.; *BGH* DVBl. 1986, 409 (Erschließungsvertrag); *BGH* JZ 1973, 420 mit Anm. *Rüfner* (unentgeltliche Abtretung eines
Grundstücksteils als Vorleistung auf künftig fällig werdende Anliegerbeiträge).
Der *BGH* tendierte früher eher zur Annahme eines zivilrechtlichen Vertrags

(vgl. noch *BGH* DVBl. 1972, 824: Grundstücksabtretungsvertrag im Blick auf Baudispens), hat sich aber dann der Rechtsprechung des *BVerwG* angenähert (vgl. vor allem *BGHZ* 56, 365, 367 ff.). Die Abgrenzung ist freilich nicht immer einfach. Sicherlich liegt ein privatrechtlicher Kaufvertrag vor, wenn ein Bürger sein Grundstück an die Stadt verkauft, um einer sonst erfolgenden Enteignung zu entgehen (vgl. *BGHZ* 84, 1, 3; 95, 1, 4). Privatrechtlich ist nach *BVerwG* MDR 1976, 874 auch ein Vertrag zwischen einem Künstler und dem Staat als Veranstalter einer Kunstausstellung, wenn und weil die Ausstellung zwar in Wahrnehmung öffentlicher Aufgaben, aber in privatrechtlicher Form erfolgt; privatrechtlich ist nach der Rechtsprechung (BVerwGE 92, 56, 58 f.; BGHZ 153, 93, 96 f.) auch der städtebauliche Vertrag über das sog. Einheimischenmodell (str., vgl. *Brahm,* JZ 2000, 321 ff.; *Grziwotz,* NJW 1997, 237 f.).

Die umstrittene Frage, ob Verträge zwischen gesetzlichen Krankenkassen (Körperschaften des öffentlichen Rechts) und privaten Unternehmern über die Lieferung von Heil- und Hilfsmitteln an Versicherte öffentlich-rechtlich oder privatrechtlich sind, ist vom *GemS-OBG* im letzteren Sinne entschieden worden (*BVerwGE* 74, 368). Die Entscheidung ist jedoch inzwischen zumindest insoweit, als es um den Rechtsweg geht, durch die Neuregelung des § 51 II SGG i. d. F. des Gesundheitsreformgesetzes vom 20. 12. 1988 (BGBl. I S. 2477) überholt, nach der für Streitigkeiten aus solchen Verträgen die Sozialgerichte zuständig sind. Damit ist jedoch nur die Rechtswegfrage geregelt; die rechtsdogmatische Frage nach der Rechtsnatur dieser Verträge selbst ist damit nicht präjudiziert, wenngleich davon auszugehen ist, daß sie nach Auffassung des Gesetzgebers wohl öffentlich-rechtlich zu beurteilen sind. Verträge zwischen einem Sozialhilfeträger (Körperschaft des öffentlichen Rechts) und privaten Trägern der freien Wohlfahrtspflege zur Übernahme der der privaten Einrichtung entstehenden Pflegekosten gem. § 93 II BSHG (sog. Pflegesatzvereinbarungen) sind nach der h. L. und Rspr. öffentlich-rechtlicher Natur, vgl. *BGHZ* 116, 339, 341 ff. m. w. N.; *BVerwGE* 94, 202, 204.

3. Arten der Verwaltungsverträge

12   a) *Koordinationsrechtliche und subordinationsrechtliche Verträge.* Diese Unterscheidung knüpft an das Verhältnis der vertragsschließenden Parteien an.

aa) *Koordinationsrechtlich* sind diejenigen Verträge, die zwischen grundsätzlich gleichgeordneten Vertragspartnern, insbesondere zwischen rechtsfähigen Trägern öffentlicher Verwaltung, abgeschlossen werden. Sie betreffen Rechtsbeziehungen, die durch Verwaltungsakt nicht geregelt werden könnten.

Beispiele: Vertrag zwischen zwei Gemeinden über die Unterhaltung eines an der Gemeindegrenze verlaufenden Flusses; Gebietsänderungsverträge zwischen zwei Gemeinden (vgl. z.B. §§ 16 ff. Hess.GemO); Vertrag zwischen

Gemeinde und Landkreis zur Übertragung der Abfallbeseitigungspflicht (*Bad-WürttVGH* ESVGH 26, 51); Verwaltungsvereinbarung zwischen Bund und Land über die Wahrnehmung von Landesaufgaben durch Bundesbehörden (vgl. *BVerwG* DÖV 1976, 319); Vertrag zwischen Bund und Gemeinde über die Straßenbaulastübertragung (vgl. *BVerwG* DÖV 1975, 855); der Vertrag zwischen der Bundesbahn und einer Gemeinde über den Einsatz besonderer Züge zur Beförderung von Schülern gegen Erstattung der Betriebskosten (vgl. *BVerwGE* 81, 312) bleibt auch nach der Privatisierung der Bundesbahn ein koordinationsrechtlicher Verwaltungsvertrag. – Wenn ausnahmsweise ein Verwaltungsvertrag zwischen zwei Privatpersonen geschlossen wird (vgl. oben Rn. 10), dann liegt ebenfalls ein koordinationsrechtlicher Vertrag vor.

bb) *Subordinationsrechtlich* sind dagegen die Verträge zwischen Parteien, die sonst im Verhältnis der Über-Unterordnung stehen, also zwischen der Verwaltung auf der einen und dem Bürger oder sonstigen der Verwaltung untergeordneten Rechtspersonen auf der anderen Seite.

Beispiele: Solche Verträge kommen vor allem im Baurecht vor, vgl. bereits die oben Rn. 4 und 11 genannten Verträge; ferner: Vertrag zwischen dem Dienstherrn und einem Beamten über die Rückzahlung von Ausbildungskosten bei vorzeitigem Ausscheiden aus dem Dienst (*BVerwGE* 30, 65; 40, 237; 52, 183; 91, 200; vgl. auch *BVerwGE* 74, 78: Vertragsstrafe); Vertrag zwischen der Polizeibehörde und einem Polizeipflichtigen über die Erfüllung einer Polizeipflicht (*OVG Münster* OVGE 16, 12: Beseitigung eines Kiosks); Vertrag über die Zahlung der Kosten einer Ersatzvornahme (*OVG Münster* OVGE 26, 180); Vertrag über eine straßenrechtliche Sondernutzung (sog. Sondernutzungsvertrag, *BadWürttVGH* ESVGH 43, 10); Vertrag über die Zahlung zusätzlicher Kosten einer Kanalisation (sog. Mehrkostenvertrag, *OVG Lüneburg* NJW 1992, 1404); Vertrag, mit dem sich ein Dritter gem. § 68 AufenthG (ebenso schon § 84 AuslG) verpflichtet, die Lebenshaltungskosten eines Ausländers in Deutschland zu tragen (vgl. zur früheren Vorschrift *Schlette,* NVwZ 1998, 125 ff.; str. a. A. *BVerwGE* 108, 1, 5: einseitige empfangsbedürftige Willenserklärung; *Hölscheidt,* DVBl. 2000, 385 f. mit weiteren Nachw.; ebenso nunmehr zu § 68 AufenthG *OVG Lüneburg* NdsVBl. 2006, 42); Vertrag über die Bewilligung und Auszahlung einer Subvention; Vertrag über die Benutzung einer öffentlichen Anstalt. Weitere Beispiele bei *Maurer/Bartscher,* Die Praxis des Verwaltungsvertrags im Spiegel der Rechtsprechung, 2. Aufl. 1997, S. 49 ff.

Die Beispiele zeigen, daß der subordinationsrechtliche Vertrag teilweise die Verpflichtung zum Erlaß eines Verwaltungsaktes enthält (Verwaltungsakt-Vorbereitungsgeschäft), teilweise einen Verwaltungsakt ersetzt (Verwaltungsakt-Ersatzgeschäft), teilweise aber auch in keinem unmittelbaren Zusammenhang mit einem Verwaltungsakt steht.

13 cc) Das *VwVfG* geht von der Unterscheidung zwischen koordinationsrechtlichen und subordinationsrechtlichen Verträgen aus,
ohne diese Begriffe ausdrücklich zu nennen (vgl. die amtliche Begründung, BT-Drs. 7/910, S. 78, 79 f.). In § 54 S. 2 VwVfG wird
der subordinationsrechtliche Vertrag eingeführt; einige Vorschriften, nämlich die §§ 55, 56, 59 II und 61 VwVfG, nehmen auf § 54
S. 2 VwVfG Bezug und gelten daher nur für subordinationsrechtliche Verträge.

> Die Deutung des § 54 S. 2 ist jedoch nicht ganz zweifelsfrei. Folgt man dem
> Wortlaut, so scheint er nur Verwaltungsverträge, die einen Verwaltungsakt
> *ersetzen,* zu erfassen. Aus der Entstehungsgeschichte, dem Zweck dieser Vor-
> schrift und dem systematischen Zusammenhang ergibt sich jedoch, daß *alle* sub-
> ordinationsrechtlichen Verwaltungsverträge gemeint sind (vgl. *BVerwGE* 111,
> 162, 165 f.). Das gilt zumindest insoweit, als in den genannten Paragraphen der
> „Vertrag im Sinne des § 54 Satz 2" in Bezug genommen wird, da etwa das Kop-
> pelungsverbot des § 56 sinnvollerweise nicht auf einen verhältnismäßig kleinen
> Teil der subordinationsrechtlichen Verträge beschränkt sein kann. Der miß-
> glückte Wortlaut soll zum Ausdruck bringen, daß es sich um Verträge *des Bereiches*
> handelt, der generell auch durch Verwaltungsakt, also subordinationsrechtlich,
> geregelt werden kann. Im übrigen *ermächtigt* diese Vorschrift, einen durch Ver-
> waltungsakt regelbaren Sachverhalt auch durch Verwaltungsvertrag zu regeln.

14 b) *Verpflichtungs- und Verfügungsverträge.* Diese vor allem im Zivilrecht geläufige Unterscheidung stellt auf den Regelungsgegenstand ab. Ein Verpflichtungsvertrag liegt vor, wenn sich ein oder
beide Vertragspartner zu bestimmten Leistungen verpflichten und
dementsprechend der andere Vertragspartner einen Anspruch auf
Erfüllung der übernommenen Leistungspflichten erhält. Der Verfügungsvertrag führt dagegen – in Erfüllung vertraglicher, aber auch
gesetzlicher oder sonstwie begründeter Verpflichtungen – eine unmittelbare Rechtsänderung herbei. Diese zivilrechtlich orientierte
Unterscheidung darf jedoch nicht zu unbedachten Schlußfolgerun-
gen führen. Es wäre insbesondere verfehlt, wenn man in jedem
Verwaltungsakt eine „Verfügung" sehen und den verwaltungsakt-
ersetzenden Verwaltungsvertrag als Verfügungsvertrag behandeln
würde. Der Verwaltungsakt kann auf unmittelbare Rechtsänderung
gerichtet sein (rechtsgestaltende Verwaltungsakte, wie z.B. die
Genehmigung); er kann aber auch Berechtigungen und Verpflichtungen zum Gegenstand haben, die erst noch der Erfüllung bedürfen (so z.B. Geldleistungsbescheide, Polizeiverfügungen).

Der Hauptanwendungsbereich des verwaltungsakt-ersetzenden Verwaltungsvertrages wird ohnehin die zweite Gruppe sein: Die Behörde kann z. B. eine Subvention durch Verwaltungsakt einseitig festlegen oder durch Subventionsvertrag vereinbaren, – in beiden Fällen bedarf der Rechtsakt noch des Vollzugs. Entsprechend kann ein Polizeipflichtiger durch Polizeiverfügung oder durch Vereinbarung mit der Polizeibehörde zur Beseitigung eines ordnungswidrigen Zustandes verpflichtet werden, – auch hier bedarf es in beiden Fällen noch der Erfüllung. Problematisch ist dagegen die erste Gruppe; so fragt es sich, ob die Erlaubnis zum Bauen statt durch Verwaltungsakt (Baugenehmigung) durch einen Verwaltungsvertrag ausgesprochen werden kann, vgl. dazu unten Rn. 27.

c) *Besondere Vertragstypen.* Das VwVfG nennt zwei Verträge, **15** nämlich den Vergleichsvertrag (§ 55) und den Austauschvertrag (§ 56), ohne damit freilich die Verwaltungsverträge auf diese beiden Vertragstypen zu beschränken. Ein numerus clausus verwaltungsrechtlicher Verträge besteht nicht. Die beiden genannten Verträge werden besonders aufgeführt, weil sie nicht nur in der Praxis häufig vorkommen, sondern auch typische Gefahrenlagen schaffen und deshalb besonderer Regelung bedürfen.

Vergleichs- und Austauschverträge kommen als koordinationsrechtliche und als subordinationsrechtliche Verträge vor. *§§ 55, 56 VwVfG* nehmen auf § 54 S. 2 VwVfG Bezug und regeln damit nur die dort genannten *subordinationsrechtlichen Verträge.* Die koordinationsrechtlichen Verträge unterliegen also zumindest nicht unmittelbar den dort genannten Einschränkungen.

aa) *Der Vergleichsvertrag* soll eine bei verständiger Würdigung des **16** Sachverhalts oder der Rechtslage bestehende Ungewißheit durch gegenseitiges Nachgeben beseitigen. Er setzt also voraus, daß (1) eine Ungewißheit bezüglich tatsächlicher Umstände oder rechtlicher Gesichtspunkte besteht, (2) diese Ungewißheit nicht oder nicht ohne erheblichen Aufwand beseitigt werden kann und (3) beide Vertragspartner „zurückstecken", also gewisse Zugeständnisse machen.

Vgl. dazu *BVerwGE* 49, 359, 364; 84, 157, 165 (Baugenehmigung: Ungewißheit und Nachgeben müssen sich auf denselben Punkt beziehen); *BVerwGE* 98, 58, 62 f. (ebenso im Blick auf baurechtliche Ordnungsverfügung); *BVerwG* DÖV 1977, 206 (Erschließungsvertrag: Ungewißheit über Rechtslage vor höchstrichterlicher Entscheidung); *BayVGH* DVBl. 1980, 62 (Unzulässigkeit eines Vergleichs über eine Rechtsfrage des Wahlprüfungsverfahrens); ferner *Meyer-Hesemann,* Die Zulässigkeit gesetzesinkongruenter verwaltungsrechtlicher Vergleichsverträge und Prozeßvergleiche, DVBl. 1980, 869 ff.; *Degen-hart,* Der öffentlichrechtliche Abfindungsvergleich, NVwZ 1982, 71 ff.; *Erfme-yer,* Die Beseitigung einer Ungewißheit über den Sachverhalt durch Abschluß eines Vergleichsvertrags, DVBl. 1998, 753 ff.

Die Regelung des § 55 VwVfG findet auch auf den verwaltungsgerichtlichen *Prozeßvergleich* Anwendung, da dieser eine Doppelnatur besitzt und nicht nur eine (nach der VwGO zu beurteilende) Prozeßhandlung, sondern auch einen (nach dem VwVfG zu beurteilenden) Verwaltungsvertrag darstellt.

17   bb) *Austauschverträge* sind gegenseitig verpflichtende Verträge. Sie sind – zum Schutze des Bürgers und zur Verhinderung des „Ausverkaufs von Hoheitsrechten" (vgl. die amtliche Begründung, BT-Drs. 7/910, S. 79) – nur bei Vorliegen bestimmter Voraussetzungen zulässig: Die Gegenleistung des Bürgers muß (1) für einen bestimmten Zweck vereinbart sein, (2) der Erfüllung öffentlicher Aufgaben dienen, (3) angemessen sein und (4) in sachlichem Zusammenhang mit der vertraglichen Leistung stehen (sog. Koppelungsverbot). Wenn ein Anspruch auf behördliche Leistung gegeben ist, so ist die Gegenleistung nur zulässig, wenn sie als Nebenbestimmung zu einem Verwaltungsakt ergehen könnte (vgl. dazu § 56 II VwVfG und oben § 12 Rn. 19 ff.). Diese Voraussetzungen gelten nicht nur für den echten Austauschvertrag, bei dem die Leistung und die Gegenleistung in den Vertragstext selbst aufgenommen werden, sondern auch für den sog. hinkenden Austauschvertrag, der nur die Leistungspflicht des Bürgers enthält, die Gegenleistung der Behörde aber von den Vertragspartnern als Geschäftsgrundlage oder als Zweck der Regelung vorausgesetzt wird (vgl. bereits oben Rn. 11).

Typische Fälle des Austauschvertrages sind die oben erwähnten Baudispens-verträge (Dispens gegen Zahlung oder Grundstücksabtretung). Im oben Rn. 11 erwähnten Einstellplatz-Fall sind die Voraussetzungen gegeben: (1) Das Geld soll für den Bau eines bestimmten Parkhauses verwendet werden. (2) Die Errichtung des Parkhauses liegt im öffentlichen Interesse. (3) Der Betrag ist angemessen, wenn er sich prozentual an den Gesamtkosten des Parkhauses orientiert oder wenn er dem entspricht, was A durch den Dispens erspart hat. (4) Der Sachzusammenhang ist gegeben, weil durch die Zahlung die Schaffung von Parkplätzen ermöglicht wird, die an sich der Bauherr auf seinem Grundstück errichten müßte, aber wegen der beengten räumlichen Verhältnisse nicht errichten kann. Vgl. dazu *BVerwGE* 23, 213; *BVerwG* NJW 1980, 1294; *OVG Münster* DVBl. 1977, 903; *BadWürttVGH* VBlBW 1996, 218 (die meisten Landesbauordnungen enthalten inzwischen Regelungen über die Stellplatzver-

pflichtung). Vgl. ferner zum Austauschvertrag, insbesondere zum Koppelungsverbot *BVerwGE* 42, 331, 338 ff. (Folgekostenvertrag im Baurecht); *BGH*
DVBl. 1972, 824 (Baudispens gegen Grundstücksabtretung).

4. Verhältnis von Verwaltungsakt und Verwaltungsvertrag

a) *Unterschiede.* Der Verwaltungsvertrag ist – wie der Verwal-   **18**
tungsakt – eine verwaltungsrechtliche Regelung eines Einzelfalles
mit Außenwirkung. Beide werden daher folgerichtig auch in § 9
VwVfG als verfahrensabschließende Akte genannt. Der einzige,
allerdings auch folgenschwere Unterschied besteht in der Art und
Weise des Zustandekommens. Der Verwaltungsakt wird *einseitig*
durch die Behörde, der Verwaltungsvertrag wird *einvernehmlich*
durch Behörde *und* Bürger erlassen.

Dieser eine Unterschied gibt dem Verwaltungsvertrag nicht nur
ein völlig anderes Gepräge, sondern hat auch erhebliche rechtliche
Konsequenzen, so hinsichtlich der Rechtmäßigkeitsvoraussetzungen, der Bindungswirkung, der Fehlerfolgen, der Aufhebungsmög-
lichkeit im Falle der Änderung der rechtlichen oder tatsächlichen
Verhältnisse sowie der Vollstreckbarkeit.

Es besteht allerdings eine gewisse Tendenz, diese Unterschiede einzuebnen
(z. B. bezüglich der Fehlerfolgen), was jedoch nur bedingt möglich ist.

b) *Abgrenzung zum zustimmungsbedürftigen Verwaltungsakt.* Es gibt   **19**
Verwaltungsakte, die nur erlassen werden dürfen, wenn der Betroffene seine Zustimmung erklärt hat, was i. d. R. durch den Antrag auf Erlaß des Verwaltungsaktes erfolgt, aber auch auf andere
Art und Weise geschehen kann. Der zustimmungsbedürftige Verwaltungsakt ist und bleibt eine einseitig durch die Behörde erlassene Regelung. Das Zustimmungserfordernis hat nicht den Zweck,
den Bürger mitentscheidend in den Regelungsvorgang einzubeziehen (wie das beim Verwaltungsvertrag der Fall ist), sondern soll
sicherstellen, daß ihm nicht ein Verwaltungsakt aufgedrängt wird,
den er nicht haben will. Die Erklärung des Bürgers beim Vertrag
ist Existenzvoraussetzung, beim zustimmungsbedürftigen Verwaltungsakt Rechtmäßigkeitsvoraussetzung, häufig auch Rechtswirk-
samkeitsvoraussetzung. Fehlt sie beim beabsichtigten Vertrag, dann
liegt überhaupt kein Vertrag vor; fehlt sie beim zustimmungsbe-

dürftigen Verwaltungsakt, dann liegt zwar ein Verwaltungsakt vor, er ist aber rechtswidrig und anfechtbar, bzw. unwirksam.

Vgl. zum zustimmungsbedürftigen Verwaltungsakt bereits oben § 9 Rn. 25.
Beispiele: Beamtenernennung, Immatrikulation, Gaststättenerlaubnis. Die Zustimmung ist vor allem deswegen bedeutsam, weil mit der Begünstigung Belastungen verbunden sein können (Pflichten des Beamten, Schankerlaubnissteuer usw.).

Im Einzelfall kann zweifelhaft sein, ob ein Verwaltungsvertrag oder ein Verwaltungsakt mit erfolgter Zustimmung anzunehmen ist. Maßgeblich ist der Wille der Beteiligten, insbesondere der Behörde, der – wie auch sonst – aus den jeweiligen Erklärungen und dem Gesamtzusammenhang zu ermitteln ist. Wichtiges Indiz ist, ob der Bürger auf die inhaltliche Gestaltung der Regelung Einfluß nehmen konnte (dann Vertrag) oder ob er lediglich die Möglichkeit hatte, durch Verweigerung der Zustimmung den Erlaß der Regelung zu verhindern (dann Verwaltungsakt).

Es ist denkbar, daß die Behörde und der Bürger unterschiedliche Vorstellungen hatten. Wenn die Behörde einen Vertrag abschließen wollte, der Bürger aber seine Erklärung lediglich als Antrag auf Erlaß eines (zustimmungsbedürftigen) Verwaltungsakts verstanden wissen wollte, liegt mangels Willenseinigung kein Vertrag und im übrigen auch kein Verwaltungsakt vor. Wenn dagegen die Behörde einen Verwaltungsakt erlassen wollte, der Bürger aber seine Erklärung als Vertragsbestandteil betrachtete, ist ebenfalls kein Vertrag, aber ein (allerdings rechtswidriger und möglicherweise sogar rechtsunwirksamer) Verwaltungsakt gegeben.

20   c) *Der Verwaltungsakt mit Nebenbestimmungen.* In der Zielsetzung kommen sich der Verwaltungsvertrag, der den Erlaß eines Verwaltungsakts von einer Gegenleistung des Bürgers abhängig macht, und der Verwaltungsakt, der mit einer Auflage oder einer aufschiebenden Bedingung verbunden ist, oft recht nahe. In beiden Fällen kann dem Bürger eine zusätzliche Verpflichtung auferlegt werden, um Bedenken oder Hindernisse, die dem Erlaß des Verwaltungsakts noch entgegenstehen, auszuräumen – entweder einseitig durch die Behörde (so bei den Nebenbestimmungen) oder einvernehmlich (so beim Verwaltungsvertrag).

Beispiele: G beantragt eine Gaststättenerlaubnis gem. § 2 I GastG. Die Behörde ist der Auffassung, daß die Gaststätte noch mit einer zusätzlichen Lärmschutzvorrichtung versehen werden muß. Sie kann nicht nur die Erlaubnis mit einer entsprechenden Auflage oder unter einer entsprechenden Bedingung erlassen (vgl. oben § 12 Rn. 10), sondern auch einen Vertrag mit G abschließen, in dem sie sich zum Erlaß der Erlaubnis und G sich zur Herstellung der Vorrichtung verpflichtet. – Entsprechend könnte der Fall, in dem die Behörde bereit ist, einen Dispens gegen Zahlung von 10000,– DM zu erteilen (vgl. oben Rn. 11 und 17), abgewandelt werden. Statt eines Vertrages (Baudispensvertrag) könnte die Behörde den Dispens unter der Bedingung oder mit der Auflage, daß der Bauherr 10000,– DM bezahlt, erlassen (vgl. dazu auch *BVerwGE* 65, 139).

In allen diesen Fällen kann übrigens der *Bürger* der *zusätzlichen Verpflichtung* – allerdings unter gleichzeitigem Verzicht auf die ihn begünstigende Regelung – *entgehen:* beim Verwaltungsvertrag, indem er die für den Vertragsabschluß erforderliche Einigungserklärung nicht abgibt, bei der Auflage, indem er vom Hauptverwaltungsakt keinen Gebrauch macht und damit auch die Auflage nicht zu befolgen braucht, und bei der aufschiebenden Bedingung, indem er sie nicht erfüllt.

d) *Verwaltungsvertrag und Zusage.* Ferner besteht offensichtlich eine Parallele zwischen dem Verpflichtungsvertrag und der Zusage oder Zusicherung. Die Verwaltungsbehörde kann sich durch beide Handlungsformen zu einem bestimmten Tun, Dulden oder Unterlassen verpflichten, – im ersten Fall zweiseitig (evtl. unter Einbeziehung korrespondierender Verpflichtungen des Bürgers), im zweiten Fall einseitig.

Vgl. dazu auch oben § 9 Rn. 61. Rechtlich ist die Zusicherung nach den Regeln über den Verwaltungsakt, der Verwaltungsvertrag nach den Vertragsregeln zu beurteilen. Danach kann die rechtswidrige Zusicherung zurückgenommen werden, während der rechtswidrige Verpflichtungsvertrag in die Problematik der Fehlerregelung des § 59 VwVfG fällt (vgl. dazu unten Rn. 36 ff., insbesondere Rn. 49).

III. Entwicklung und Bedeutung des Vertrages zwischen Staat und Bürger

Der subordinationsrechtliche Vertrag verdient besonderes Interesse, da er das heute weitgehend gesetzlich geregelte Staat-Bürger-Verhältnis betrifft und daher spezifische Probleme aufwirft.   21

1. Entwicklung

a) *Verwaltungsrechtslehre.* Während der Verwaltungsakt Ende des letzten Jahrhunderts durch *Otto Mayer* seine prägende Gestalt gefunden hat und seitdem eine beherrschende Stellung im Verwaltungsrechtssystem einnimmt, ist der Verwaltungsvertrag zwischen Staat und Bürger lange Zeit abgelehnt oder zumindest vernachlässigt worden. Entgegen einer verbreiteten Ansicht war er allerdings schon im 19. Jahrhundert in der Verwaltungsrechtslehre bekannt und auch weithin anerkannt. So erwähnten die Lehrbücher zum Verwaltungsrecht von *Loening* und *Stengel* (1884 bzw. 1886) neben der Verfügung (dem Verwaltungsakt) den öffentlich-rechtlichen Vertrag als weitere Handlungsform der Verwaltung. *Laband* stellte im Blick auf den Vertrag fest, daß sich der Staat, weil er Herrscher sei, nach Belieben aller Rechtsformen bedienen könne, die ihm nützlich erscheinen (AöR Bd. 2, 1887, S. 159). Ein beachtlicher Teil der Literatur deutete damals die Anstellung des Beamten als öffentlich-rechtlichen Vertrag. Gegen diese Deutung und gegen die Annahme eines öffentlich-rechtlichen Vertrages im Staat-Bürger-Verhältnis überhaupt wandte sich jedoch nachdrücklich *Otto Mayer*. Er hielt Verträge zwischen dem Staat und dem Bürger auf dem Gebiete des öffentlichen Rechts für „nicht möglich", weil der Vertrag die Gleichordnung der Rechtssubjekte voraussetze, das öffentliche Recht aber durch die Überordnung des Staates bestimmt sei (vgl. vor allem AöR Bd. 3, 1888, S. 3 ff., insbes. S. 42). Das Verdikt *Otto Mayers* beherrschte lange Zeit das Feld. Es blieb aber nicht unwidersprochen. Es gab immer wieder Autoren, die sich für den Verwaltungsvertrag einsetzten, so bereits *Willibalt Apelt,* Der verwaltungsrechtliche Vertrag, 1920 (rezensiert von *Otto Mayer* in AöR Bd. 40, 1921, S. 244 ff.). Fast alle nach 1945 veröffentlichten Lehrbücher zum Allgemeinen Verwaltungsrecht wiesen, wenn auch meist nur beiläufig, auf den Verwaltungsvertrag als mögliche Handlungsform der Verwaltung hin. Im Jahre 1958 erschienen dann gleich drei Arbeiten, die sich grundsätzlich mit der rechtlichen Zulässigkeit des Verwaltungsvertrages befaßten und ihm in der Wissenschaft endgültig zum Durchbruch verhalfen.

Vgl. *Imboden,* Der verwaltungsrechtliche Vertrag, 1958; *Salzwedel,* Die Grenzen der Zulässigkeit des öffentlich-rechtlichen Vertrags, 1958; *Stern,* Zur Grundlegung einer Lehre des öffentlich-rechtlichen Vertrages, VerwArch. Bd. 49 (1958) S. 106 ff.; dagegen sprach sich *Bullinger,* Vertrag und Verwaltungsakt, 1962, noch einmal entschieden gegen den Verwaltungsvertrag aus, hatte dabei aber doch mehr bestimmte Konstellationen und Gefährdungen im Auge. Vgl. zur geschichtlichen Entwicklung die weiteren Nachweise bei *Maurer,* DVBl. 1989, 799 ff.

b) In der *Verwaltungspraxis* ist der Verwaltungsvertrag trotz der **22** wissenschaftlichen Zurückhaltung seit langem herangezogen worden, da offensichtlich ein Bedürfnis für diese Handlungsform bestand. Auch die *Rechtsprechung* hatte sich immer wieder mit Verwaltungsverträgen zu befassen. Immerhin hielt es aber das *BVerwG* noch 1966 für erforderlich, die Zulässigkeit des Verwaltungsvertrages grundsätzlich zu überprüfen und zu begründen, kam dabei aber (erwartungsgemäß) zu einem positiven Ergebnis (vgl. *BVerwGE* 23, 213).

c) Mit dem *Erlaß des VwVfG* hat sich der Verwaltungsvertrag **23** endgültig durchgesetzt, zumal er sogar gleichwertig neben dem Verwaltungsakt erscheint (vgl. bereits § 9 VwVfG).

Die Vertragsregelungen waren bereits im Musterentwurf 1963 (vgl. oben § 5 Rn. 5) enthalten. Sie stellten damals eine beachtliche Pionierleistung dar, da die Autoren des Entwurfs weitgehend Neuland betreten mußten. Bereits diese Entwurfsregelungen haben Rechtslehre und Rechtspraxis beeinflußt. Sie haben andererseits aber auch lebhafte Diskussionen ausgelöst und sind z. T. auf harte Kritik gestoßen, insbesondere die Fehlerregelung des § 59 VwVfG. Um so bemerkenswerter ist es, daß der Gesetzgeber, der sonst auf Anregungen der Literatur einging, die Regelungen des Musterentwurfs über den Verwaltungsvertrag im wesentlichen unverändert übernahm. Man kann darin geradezu eine Aufforderung an Rechtslehre und Rechtspraxis sehen, die ohnehin fragmentarischen Vertragsregelungen des VwVfG näher auszugestalten und weiter zu entwickeln, im Zweifel auch verfassungskonform auszulegen. Die wenigen allgemeinen Grundsätze des Verwaltungsrechts, die bislang im Bereich des öffentlich-rechtlichen Vertragsrechts bestanden, sind in das VwVfG eingegangen, so daß auch von daher keine weiteren Erkenntnisse zu gewinnen sind.

d) *In der Gegenwart* geht es nicht mehr um die grundsätzliche Zulässigkeit des Verwaltungsvertrages, wenngleich sich gelegentlich noch kritische oder ablehnende Stimmen finden, sondern um die dogmatische Durchdringung des Verwaltungsvertragsrechts, insbesondere die Klärung der rechtlichen Voraussetzungen, der rechtlichen Ausgestaltung und der Fehlerfolgen. Diese Klärung dürfte auch eine wesentliche Voraussetzung dafür sein, daß der Verwaltungsvertrag in der Praxis verstärkt eingesetzt wird.

Vgl. zur grundsätzlichen Kritik noch einmal *Burmeister,* Referat auf der Staatsrechtslehrertagung 1992 mit anschließender Diskussion, VVDStRL 52 (1993) S. 190 ff.; ferner *Püttner,* Wider den öffentlich-rechtlichen Vertrag zwischen Staat und Bürger, DVBl. 1982, 122 ff., mit Erwiderung von Heberlein, Wider den öffentlich-rechtlichen Vertrag? DVBl. 1982, 763 ff.; ferner *Püttner,* Festschrift für Maurer, 2001, S. 718 f.

Zur *Vertragspraxis* vgl. *Maurer/Bartscher,* Die Praxis des Verwaltungsvertrags im Spiegel der Rechtsprechung, 2. Aufl. 1997; *Bartscher,* Der Verwaltungsvertrag in der Behördenpraxis, 1997; *Schlette,* Die Verwaltung als Vertragspartner, 2000, S. 235 ff.; ferner die Berichte aus dem Regierungspräsidium Stuttgart von *Arnold,* VerwArch. Bd. 80 (1989) S. 125 ff. und *Bulling,* DÖV 1989, 277, 282 ff. (wobei allerdings anzumerken ist, daß eine entsprechende Aktivität bei den übrigen Regierungspräsidien in der Bundesrepublik Deutschland nicht festzustellen ist, wie Recherchen des Verf. ergeben haben) sowie die Berichte aus verschiedenen Verwaltungsbereichen und Ländern bei *Hill* (Hg.), Verwaltungshandeln durch Verträge und Absprachen, 1990.

2. Bedeutung und Problematik des Verwaltungsvertrags

24   a) Der (subordinationsrechtliche) Verwaltungsvertrag wird heute allgemein als ein *notwendiges und legitimes Regelungsinstrument der Verwaltung* angesehen. Er ermöglicht eine flexible und vor allem auch atypischen Fällen gerecht werdende Verwaltung. Er entspricht insbesondere den Vorstellungen einer modernen, rechtsstaatlich-demokratischen Verwaltung, die den Bürger nicht nur als bloßen Untertan, sondern als selbständiges Rechtssubjekt und Partner der Verwaltung sieht und ihn deshalb nach Möglichkeit in das Verwaltungsgeschehen mitverantwortlich einbezieht.

b) Je mehr sich jedoch der Verwaltungsvertrag ausbreitet, desto weniger wird er dem Bild individueller Vertragsgestaltung gerecht werden. Wenn der Verwaltungsvertrag zum Handlungsinstrument des Verwaltungsalltags wird, dann wird die Verwaltung zunehmend dazu übergehen, vorgedruckte und typisierte Vertragsformulare zu entwerfen, die den Regelungsinhalt im wesentlichen festlegen und nur noch mit den Daten des konkreten Einzelfalls zu versehen sind. Der *typisierte Vertrag* dieser Art unterscheidet sich praktisch nur noch dadurch vom Verwaltungsakt, daß der Bürger die von der Verwaltung beabsichtigte Regelung unterschreibt und sich mit dieser Unterschrift stärkeren Bindungen unterwirft.

Auch was die Einwirkungsmöglichkeiten des Bürgers anbetrifft, sind die Unterschiede zwischen Verwaltungsvertrag und Verwaltungsakt nicht so groß, wie es zunächst erscheinen mag. Denn einerseits bleibt dem Bürger beim Abschluß eines Verwaltungsvertrags oft nichts anderes übrig, als die von der Behörde angebotene Regelung anzunehmen, wenn er an den damit verbundenen Vorteilen interessiert ist. Andererseits kann er aber auch vor Erlaß eines Verwaltungsakts über die ihm eingeräumten Verfahrensrechte im Verwaltungsverfahren seine Vorstellungen darlegen und die Entscheidungsfindung beeinflussen. Der „ausgehandelte Verwaltungsakt", der eine komplexe Angelegenheit betrifft und erst nach längeren Verhandlungen zwischen Verwaltung und Bürger erlassen wird, unterscheidet sich zwar in der äußeren Erscheinung, aber kaum in der Entstehung und im Regelungsinhalt vom Verwaltungsvertrag.

Vgl. zum „unfreiwilligen" Vertrag, d. h. zum Vertrag, bei dessen Abschluß der Bürger keine echte Wahl hat, weil er auf die Leistung der Verwaltung angewiesen ist, eingehend mit rechtlichen Folgerungen *Schilling,* Der „unfreiwillige" Vertrag mit der öffentlichen Hand. Erscheinungsformen und Rechtsschutz, VerwArch. Bd. 87 (1996) S. 191 ff.

c) Das *Hauptproblem* des Verwaltungsvertrags in rechtlicher Sicht **25** ist der *Grundsatz der Gesetzmäßigkeit der Verwaltung.* Während das Zivilrecht durch die Privatautonomie geprägt und damit geradezu auf den Vertrag als Gestaltungsmittel ausgerichtet ist, wird das Verwaltungsrecht durch den Grundsatz der Gesetzmäßigkeit beherrscht. Das rechtliche Netz der Verwaltung ist gerade im Verhältnis zum Bürger zunehmend enger geknüpft worden, wie die Ausdehnung des Gesetzesvorbehalts, die Verrechtlichung des Ermessens, die Anerkennung subjektiver Rechte und der Ausbau des gerichtlichen Rechtsschutzes zeigen. Je enger dieses Netz ist, desto geringer ist auch der Spielraum für echte vertragliche Gestaltungen. Im Prinzip ist allgemein anerkannt, daß die Verwaltung durchgehend an den Grundsatz der Gesetzmäßigkeit mindestens i. S. des Vorrangprinzips gebunden ist, ohne Rücksicht darauf, ob sie Verwaltungsakte erläßt oder Verwaltungsverträge abschließt, daß sie also ihren gesetzlich festgelegten Handlungsspielraum nicht durch vertragliche Vereinbarungen erweitern darf. Gleichwohl betreffen die Hauptprobleme des Verwaltungsvertragsrechts gerade den Gesetzmäßigkeitsgrundsatz. Es geht einmal um die Frage, ob im Ver-

tragswege – also mit Zustimmung des Bürgers – Regelungen getroffen werden dürfen, die sonst, z. B. durch Verwaltungsakt, nicht
festgelegt werden dürften, und zum anderen um die Frage, ob und
inwieweit auch rechtswidrige Verträge rechtswirksam werden und
bleiben.

Die positiven Aspekte des Verwaltungsvertrages, der sicherlich
eine Bereicherung für das Verwaltungshandeln darstellt, sollen
damit nicht in Zweifel gezogen werden. Nur muß man sehen, daß
der Verwaltungsvertrag, der in anderen Zusammenhängen als der
privatrechtliche Vertrag steht, seine spezifischen Probleme hat, ja
sogar bis zu einem gewissen Grad zu strukturellen Widersprüchen
führt.

IV. Die rechtlichen Voraussetzungen des Verwaltungsvertrags

1. Die Zulässigkeit der Vertragsform

26   Die Verwaltung ist gem. § 54 VwVfG zum Handeln durch Vertrag befugt, soweit Rechtsvorschriften nicht entgegenstehen. Damit
ist die frühere Streitfrage, ob das Vertragshandeln der Verwaltung
einer besonderen Ermächtigung bedarf oder nicht, de lege lata entschieden. „Entgegenstehende Vorschriften" sind nicht nur ausdrückliche Verbote, die ohnehin nur selten vorkommen, sondern vor
allem Vorschriften, die ihrem Sinn und Zweck nach eine Regelung
durch Vertrag ausschließen. Ein Verwaltungsvertrag ist insbesondere
dann unzulässig, wenn ausdrücklich oder nach den gesetzlich geregelten Umständen die Form des Verwaltungsakts geboten ist.

Die Ernennung zum Beamten muß durch Verwaltungsakt erfolgen, wie sich
aus den Beamtengesetzen und ihren besonderen Formvorschriften ergibt (zur
früher umstrittenen Rechtslage vgl. oben Rn. 21). Auch die Einberufung zum
Wehrdienst, die Festsetzung von Steuern oder sonstigen Abgaben, die Prüfungsentscheidungen müssen durch Verwaltungsakt erfolgen.

27   Fraglich ist, ob baurechtliche, gewerberechtliche, berufsrechtli-
che usw. *Genehmigungen* durch Verwaltungsvertrag ausgesprochen
werden können. Theoretisch ist nicht ausgeschlossen, daß z. B. die
Befugnis zum Bauen, d. h. die Aufhebung des generellen, aus
Gründen der Präventivkontrolle festgelegten Bauverbots (vgl. oben

§ 9 Rn. 51), nicht in Form eines Verwaltungsakts, sondern in Form eines Verwaltungsvertrags erklärt wird. Die baurechtlichen Gesetze sind jedoch auf Verwaltungsakte zugeschnitten. Ein Verwaltungsvertrag ist daher nur zulässig, wenn die verwaltungsakt- bezogenen Regelungen auch bei vertraglichem Handeln berücksichtigt werden können.

Beispiel: Die Baugenehmigung kann und muß u. U. zurückgenommen oder widerrufen werden. Die Rücknehmbarkeit und die Widerruflichkeit müßten also durch entsprechende Rücktritts- und Kündigungsvorbehalte in den Bauerlaubnisvertrag eingefügt werden. Ob das genügt, bleibt fraglich. – Im übrigen ist die vertragliche Bauerlaubnis für den Bauherrn wegen § 58 I VwVfG eine riskante Angelegenheit, da sie unter dem Vorbehalt der schriftlichen Zustimmung des Nachbarn steht, sofern dieser in seinen Rechten betroffen ist. Möglicherweise stellt sich erst nach Jahren heraus, daß die Zustimmung erforderlich war, aber nicht erteilt wurde und deshalb die Bauerlaubnis unwirksam ist.

Es ist aber auch möglich, daß eine Bauerlaubnis zwar *im Rahmen eines Verwaltungsvertrages* ausgesprochen wird, aber gleichwohl rechtlich *als selbständiger Verwaltungsakt* zu werten ist. In diesem Fall enthält die Vertragsurkunde neben den eigentlichen vertraglichen Regelungen eine rein äußerlich damit verbundene behördliche Erklärung, die den Charakter eines Verwaltungsakts hat. Im Zweifel ist diese Deutung anzunehmen. Auch in anderen Bereichen, etwa im Bürgerlichen Recht, kommen entsprechende Verknüpfungen vor, so etwa Kauf und Auflassung in einer Vertragsurkunde.

Ist die Form eines Verwaltungsakts vorgeschrieben, so schließt **28** das natürlich nicht aus, daß *im Zusammenhang* mit einem solchen Verwaltungsakt ein Vertrag geschlossen wird.

Beispiel: Die Behörde vereinbart durch Vertrag mit dem B, der zum Beamten ernannt werden soll, daß dieser nach Ernennung und Ablauf einer bestimmten Frist befördert werden wird. Was durch Zusicherung verbindlich zugesagt werden kann, muß grundsätzlich auch vertraglich versprochen werden können.

2. Die formelle Rechtmäßigkeit des Verwaltungsvertrages

a) *Zustandekommen.* Der Verwaltungsvertrag kommt, wie auch **28 a** der privatrechtliche Vertrag, durch zwei übereinstimmende zugangsbedürftige Willenserklärungen, nämlich einen *Antrag* auf Vertragsschluß (Angebot) und dessen *Annahme* zustande (§ 62 S. 2 VwVfG in Vbg. mit §§ 145 ff. BGB).

Fall: Die Behörde schickt einem bauwilligen Bürger einen vorbereiteten, aber von ihr noch nicht unterschriebenen Vertrag zu, wonach dieser sich zur Zahlung von DM 10 000,– verpflichtet, die Behörde ihn im Gegenzug von seiner Stellplatzpflicht dispensiert (sog. Stellplatzablösungsvertrag). Der Bürger unterschreibt und schickt den Vertrag an die Behörde zurück. Der zuständige Beamte unterschreibt nun seinerseits und heftet das Formular zu den Akten, ohne dem Bürger ein Doppel zuzusenden. Nach fünf Jahren klagt die Behörde den Geldbetrag ein und legt der Klage die Vertragsurkunde bei; der Bürger bekommt das von beiden Seiten unterschriebene Schriftstück erst jetzt zu Gesicht. Besteht ein vertraglicher Anspruch? Lösung: Die Zusendung des Vertragsformulars ist noch kein wirksames Angebot, da es an der für die Schriftform erforderlichen Unterschrift fehlt (vgl. dazu unten Rn. 29). Mit der Rücksendung des von ihm unterschriebenen Formulars an die Behörde hat der Bürger ein Vertragsangebot abgegeben. Die Annahmeerklärung der Behörde (Unterschrift des Beamten) ist dem Bürger zunächst nicht zugegangen. Als dem Bürger im Rahmen des Prozesses fünf Jahre später die Annahmeerklärung zugeht, ist diese nach §§ 62 Satz 2 VwVfG, 147 II BGB verspätet, weil der Bürger so spät nicht mehr mit einer Annahme rechnen mußte. Es ist kein Vertrag zustande gekommen, der vertragliche Zahlungsanspruch besteht nicht (vgl. *OVG Saarland* NJW 1993, 1612).

29   b) *Schriftform.* Der Verwaltungsvertrag bedarf gem. § 57 VwVfG der Schriftform. Es gelten also insoweit strengere Anforderungen als beim Verwaltungsakt, der formlos erlassen werden kann (§ 37 II VwVfG), allerdings meistens ebenfalls schriftlich ergehen wird. Das Schriftformerfordernis hat – wie auch sonst – eine doppelte Funktion: es soll zum einen die Beteiligten, insbesondere den Bürger, vor übereilten Vertragsabschlüssen mit entsprechenden Bindungen schützen (Warnfunktion) und zum anderen Abschluß und Inhalt des Vertrages eindeutig dokumentieren (Beweisfunktion). § 57 VwVfG stellt nur eine Regel auf. Bestehen gesetzlich strengere Anforderungen, so sind diese zu beachten. Andererseits kann durch eine entsprechende Rechtsvorschrift auf die Schriftform verzichtet werden.

Als strengere Form ist die *notarielle Beurkundung* zu nennen, die gem. § 62 S. 2 VwVfG in Vbg. mit § 311 b I BGB (früher § 313 S. 1 BGB) für Verwaltungsverträge mit der Verpflichtung zur Übertragung eines Grundstücks erforderlich ist (so – z. T. vor Erlaß des VwVfG – *BGHZ* 58, 386, 392 ff.; 65, 368, 372; *BVerwGE* 70, 247, 254 f.; ebenso die h. L., vgl. *Schlette*, S. 466 m. w. N. Der Verzicht auf die Schriftform kommt insbesondere bei alltäglichen Massenverträgen in Betracht, z. B. bei Abschluß von Verträgen auf Benutzung einer kommunalen Badeanstalt durch Aushändigung einer Eintrittskarte. Sollte ein solcher Verzicht nicht durch den Vorbehalt des § 57 VwVfG gedeckt sein, was in der Literatur weitgehend angenommen wird, so ergibt er sich aus der Subsidiarität des VwVfG. Fraglich kann nur sein, ob auch eine Satzung genügt. Das ist für die erwähnten Alltagsverträge im kommunalen Bereich, die keine weitergehende Konsequenzen haben, zu bejahen. Die Funktionen der Schriftform kommen hier ohnehin nicht zum Zuge.

Auch sonst ist manches noch strittig, so z. B., ob die Vertragserklärungen in *einer* Urkunde erscheinen müssen oder ob auch getrennte, sich ergänzende Schreiben (Briefwechsel) ausreichen, vgl. dazu eingehend *Weihrauch,* Verwaltungsrechtlicher Vertrag und Urkundeneinheit, VerwArch. Bd. 82 (1991) S. 543 ff.; *OVG Lüneburg* NJW 1998, 2921 (Schriftform erfordert die Unterschrift der Vertragspartner in *einer* Urkunde). Das *BVerwG* hat die Frage noch nicht generell entschieden, aber im konkreten Fall zwei separate schriftliche Erklärungen für ausreichend erklärt (*BVerwGE* 96, 326, 332 ff.).

c) *Zustimmung.* Ein Verwaltungsvertrag, der in die Rechte eines **30** Dritten eingreift, bedarf dessen Zustimmung (§ 58 I VwVfG). Das versteht sich von selbst, da eine Vereinbarung zu Lasten eines Dritten grundsätzlich nicht zulässig sein kann. Das Zustimmungserfordernis gilt jedenfalls für Verfügungsverträge. Fraglich ist, ob es darüber hinaus auch für Verpflichtungsverträge gilt (so die h. L., vgl. *Erichsen,* VerwR § 26 Rn. 8 m. w. N.). Das ist dann – aber auch nur dann – zu bejahen, wenn die Verwaltung aufgrund des Verpflichtungsvertrages in die Rechte Dritter eingreifen muß oder wenn die Erfüllung des Verpflichtungsvertrages durch die Verwaltung zu Eingriffen in die Rechte eines Dritten führt, die dieser nicht mehr abwehren kann, weil der Vertrag die maßgebliche Rechtsgrundlage bildet. Ob und inwieweit dies der Fall ist, läßt sich nicht isoliert, sondern nur im Zusammenhang mit der noch weithin ungeklärten Fehlerregelung des § 59 VwVfG beantworten.

Beispiel: Die Behörde verpflichtet sich vertraglich zum Erlaß eines Baudispenses, der, so wird unterstellt, Nachbarrechte des N verletzt. Die entscheidende Frage ist, ob ein solcher Vertrag – vorbehaltlich des § 58 VwVfG – rechtswirksam oder nichtig ist. Bejaht man die Rechtswirksamkeit, dann ist der darauf gestützte Baudispens rechtmäßig; man kommt dann nicht umhin, den Verpflichtungsvertrag von der Zustimmung des Nachbarn abhängig zu machen, da dieser sonst rechtsschutzlos bliebe. Nimmt man dagegen – wie hier – seine Nichtigkeit an, dann hat der Verpflichtungsvertrag keine präjudizierende Wirkung für den Baudispens und bedarf daher auch nicht der Zustimmung des Nachbarn. Folgt man der erstgenannten Alternative, dann bedürfen alle Verpflichtungsverträge, die Verwaltungsakte mit Drittwirkung zum Gegenstand haben, der Zustimmung des Dritten, was die Akzeptanz solcher Verträge in der Praxis nicht gerade fördern wird. Im übrigen ist zu beachten, daß nach beiden Alternativen – sowohl bei Fehlen der erforderlichen Zustimmung als auch bei Nichtigkeit des Vertrages – der aufgrund eines Verwaltungsvertrages erlassene Verwaltungsakt nach Ablauf der Anfechtungsfrist bestandskräftig wird.

Entsprechendes gilt, wenn ein Verwaltungsvertrag einen Verwaltungsakt ersetzen soll, bei dessen Erlaß die Zustimmung einer anderen Behörde erforderlich wäre (§ 58 II VwVfG). Auch hier geht es darum, daß rechtlich festgelegte Beschränkungen nicht durch die Wahl der Vertragsform umgangen werden.

3. Die materielle Rechtmäßigkeit des Verwaltungsvertrages

Der Verwaltungsvertrag muß vor allem inhaltlich mit dem geltenden Recht in Einklang stehen.

31 a) Soweit die *Verwaltung gesetzlich gebunden* ist, kann sie zwar einen Vertrag abschließen, wenn kein Vertragsformverbot besteht (vgl. oben Rn. 26), sie darf aber nur das „vereinbaren", was gesetzlich bereits festgelegt ist. Solche bloße Normvollzugsverträge erscheinen daher i. d. R. wenig sinnvoll, sie können sich aber bspw. bei der Regelung von komplexen Sachverhalten und von Leistungs- und Lieferungsverhältnissen mit gegenseitigen Rechten und Pflichten als zweckmäßig erweisen. Eine Abweichung von zwingenden gesetzlichen Vorschriften ist grundsätzlich unzulässig.

Fall: Der Bürgermeister der verkehrsmäßig ungünstig gelegenen Gemeinde G will die Industrieansiedlung in seiner Gemeinde fördern. Der Unternehmer U zeigt Interesse, zögert aber noch wegen der Standortschwierigkeiten und der dadurch bedingten finanziellen Mehrbelastungen. Nach einigen Verhandlungen vereinbaren die Gemeinde und der U durch Vertrag, daß dem U in den ersten zwei Jahren die Gewerbesteuer ganz, in den folgenden zwei Jahren je zur Hälfte erlassen wird. Wie ist der Vertrag zu beurteilen? Es handelt sich um einen Verwaltungsvertrag, da es um die öffentlich-rechtliche Gewerbesteuer geht. Der Vertrag ist aber rechtswidrig, da die Steuern und die Abgaben entsprechend den gesetzlichen Vorschriften erhoben werden *müssen*, vgl. dazu *BVerwGE* 8, 329; 48, 166, 168f.; 64, 361, 363; *OVG Koblenz*, NVwZ 1986, 68.

32 b) Der eigentliche Anwendungsbereich des Verwaltungsvertrages liegt dort, wo die Verwaltung nach ihrem *Ermessen* handeln kann oder gesetzlich überhaupt nicht gebunden ist. Die durch die Er-

messenseinräumung gewährte Befugnis zu differenzierendem Handeln kann gerade auch über Vereinbarungen mit dem Bürger realisiert werden. Das bietet sich umso mehr an, als bei der Ermessensausübung die Interessen des Einzelnen zu berücksichtigen sind. Die Rechtsbindungen, insbesondere auch die Ermessensbindungen, müssen jedoch auch hier beachtet werden.

§ 53 II SGB X *beschränkt* Verträge über Sozialleistungen ausdrücklich auf den *Ermessensbereich,* schließt also vertragliche Vereinbarungen über rechtlich gebundene Sozialleistungen aus. Diese Vorschrift, die dem Schutze des Bürgers dienen soll, zeigt, daß der Gesetzgeber offenbar die Rechte des Bürgers zumindest in diesem Bereich besser gewahrt sieht, wenn die Verwaltung nicht durch Vertrag, sondern durch Verwaltungsakt handelt. Sie gilt übrigens nicht für Vergleichs- und Austauschverträge, weil deren spezifische Voraussetzungen den Bürger hinreichend schützen (vgl. §§ 54, 55 SGB X).

c) Bei *Vergleichsverträgen* und *Austauschverträgen* sind noch die jeweils besonderen rechtlichen Voraussetzungen und Grenzen zu beachten, vgl. §§ 55 und 56 VwVfG und oben Rn. 16 f. **33**

Es liegt im Wesen des Vergleichs, daß die durch ihn getroffene Regelung zwar nicht zwangsläufig, aber doch in den meisten Fällen mit dem geltenden Recht nicht voll übereinstimmt, sondern ihm nur mehr oder weniger nahekommt. Diese (verborgene) Diskrepanz wird hingenommen, da sich eine vollständige Aufklärung ohnehin nicht oder nur unter verhältnismäßig großem Aufwand erreichen läßt und daher eine Beilegung der Meinungsverschiedenheiten durch gegenseitiges Nachgeben eine rechtlich adäquate Lösung darstellt. Umso dringlicher ist es aber, daß die besonderen gesetzlichen Voraussetzungen des Vergleichs beachtet werden.

Beispiel: Es läßt sich nicht mehr mit Sicherheit feststellen, ob A die ihm zugesagte Nachzahlung einer Rente in Höhe von 500 Euro erhalten hat oder nicht. Die zuständige Behörde und A einigen sich durch Vergleich, daß noch 300 Euro bezahlt werden sollen. Objektiv betrachtet kann A nur 500 Euro oder gar nichts beanspruchen. Da sich die objektive Rechtslage nicht mehr feststellen läßt, erscheint dieser „Vergleich" als eine Art Mittellösung gerechtfertigt.

d) *Lockerungen der Rechtsbindung durch Einverständnis des Bürgers?* **34** Die bisherigen Überlegungen gingen von den Rechtsbindungen der Verwaltung aus, die grundsätzlich auch bei Vertragshandeln gelten. Das ist jedoch nur die eine Seite. Die andere ist, daß der

Bürger unter gewissen Voraussetzungen staatlichen Eingriffen zustimmen, Rechtspositionen aufgeben und gesetzlich nicht geforderte Leistungen freiwillig versprechen oder erbringen kann. Zusammenfassend soll hierfür – entsprechend der überwiegenden,
allerdings nicht immer eindeutigen und fraglichen Terminologie –
der Ausdruck „Verzicht" verwendet werden.

Beispiele: Der Bürger unterzieht sich freiwillig einer amtsärztlichen Untersuchung (Zustimmung zu einem Eingriff in Art. 2 II GG) oder gestattet das
Betreten seiner Wohnung (Zustimmung zu einem Eingriff in Art. 13 GG), er
verzichtet auf eine Gewerbeerlaubnis oder eine ihm zustehende Subvention, er
„spendet" einen Geldbetrag oder ein Grundstück zum Bau eines städtischen
Kindergartens.

Soweit der Bürger durch einseitige Erklärung einen Verzicht
aussprechen kann mit der Folge, daß die Verwaltung zu sonst nicht
zulässigen Maßnahmen berechtigt ist, muß dies auch durch Vertrag
zwischen Staat und Bürger möglich sein. Die Frage, inwieweit der
Bürger auf seine Rechtspositionen verzichten kann, ist daher auch
bei der Beurteilung der Rechtmäßigkeit von Verwaltungsverträgen
bedeutsam. *Voraussetzung für einen* (einseitigen oder vertraglichen)
Verzicht ist, daß

(1) auf die in Frage stehende Rechtsposition *überhaupt* verzichtet werden
kann, was nur dann der Fall ist, wenn die Rechtsposition ausschließlich *im Interesse des Berechtigten* begründet wurde und deshalb zu dessen Verfügung steht,

(2) der Verzicht im *konkreten Fall* nicht gegen das *Koppelungsverbot,* das sich
aus den Grundsätzen der Sachgerechtigkeit und des Sachzusammenhangs
ergibt, verstößt.

Dabei ist noch zwischen dem Gesetzesvorbehalt und dem Gesetzesvorrang zu unterscheiden. Der Gesetzesvorbehalt dient sowohl
dem Individualschutz als auch der Kompetenzverteilung zwischen
Parlament und Exekutive. Soweit es jedoch um *einzelne* Eingriffe
in Freiheit und Eigentum des Bürgers geht, steht der Individualschutz so sehr im Vordergrund, daß ein Verzicht rechtswirksam
erfolgen kann. Was den Gesetzesvorrang anbetrifft, so ist auf die
jeweils bestehenden gesetzlichen Regelungen im Einzelfall abzustellen.

Vgl. dazu näher *Erichsen,* VerwR § 26 Rn. 9 ff.; *Schmidt-Aßmann / Krebs,*
S. 177 f.; *Maurer,* DVBl. 1989, 804 f.; *BVerwGE* 42, 331, 335 f. (Verwaltungsvertrag und Gesetzesvorbehalt); *OVG Lüneburg* DVBl. 1978, 179, 180 f. (Ver-

zicht, Verwaltungsvertrag und Koppelungsverbot); allgemein und grundsätzlich zum Grundrechtsverzicht *Stern, Staatsrecht* III 2, S. 887 ff.

e) Die früher umstrittene Frage, ob sich die Gemeinde vertrag- **35** lich zum *Erlaß oder zur Änderung eines Bebauungsplans* verpflichten kann, ist inzwischen eindeutig gesetzlich geregelt. § 1 III 2 BauGB verbietet ausdrücklich solche Verträge. Dieses Vertragsverbot ist nicht nur eine gesetzgeberische Entscheidung, sondern ergibt sich zwingend aus dem rechtlichen Kontext der Bebauungspläne. Eine vertragliche Vorwegbindung der Gemeinde würde nämlich das Abwägungsgebot des § 1 VII BauGB sowie die Beteiligungsrechte der Bürger gem. § 3 BauGB und der betroffenen Behörden und Verwaltungsträger gem. § 4 BauGB unterlaufen.

Aus diesen Gründen sind solche Verträge in der Rechtsprechung und der überwiegenden Literatur bereits vor der gesetzlichen Regelung abgelehnt worden, vgl. *BVerwG* DVBl. 1980, 686; *BGHZ* 71, 386, 390 f.; 76, 16, 22. Verträge, die im Zusammenhang mit dem Bebauungsplan stehen, sind damit nicht ausgeschlossen. Sie werden sogar durch den Gesetzgeber favorisiert (vgl. dazu bereits oben Rn. 4). Zu erwähnen ist in diesem Zusammenhang vor allem der sog. Vorhabenträgervertrag gem. § 12 I 1 BauGB. Schon vorher hat die Rechtsprechung auf Ersatzlösungen hingewiesen. So ist es möglich, daß das spezifische Interesse eines privaten Investors an der Aufstellung eines bestimmten Bebauungsplanes als privater oder öffentlicher Belange in die Abwägung gem. § 1 VII BauGB einzubeziehen ist und dort vielleicht sogar den letztlich ausschlaggebenden Gesichtspunkt bildet (vgl. dazu *BVerwG* DÖV 1981, 878), oder daß die Vereinbarung über einen Bebauungsplan u. U. dahin gedeutet oder umgedeutet wird, daß die Gemeinde das finanzielle Risiko für den Fall übernimmt, daß ein bestimmter Bebauungsplan nicht zustande kommt (vgl. dazu *BGHZ* 76, 16, 24 ff.; ferner weitergehend *BGH* ZfBR 1984, 146).

Vgl. dazu und zu den verschiedenen Ansprüchen, die in diesem Zusammenhang in Betracht kommen (Ansprüche aus vertraglicher Risikoübernahme, aus culpa in contrahendo, aus Amtshaftung usw.), *Dolde / Uechtritz*, Ersatzansprüche aus Bauplanungsabreden, DVBl. 1987, 446 ff.; *Looman*, „Ausverkauf von Hoheitsrechten" in Verträgen zwischen Bauherrn und Gebietskörperschaften, NJW 1996, 1439, 1441 ff.; *Brohm*, Baurecht, § 7 Rn. 19; *Schlette*, S. 206 ff., 269 ff. m. w. N.

V. Die Rechtsfolgen der Rechtswidrigkeit
von Verwaltungsverträgen

Früher wurde nahezu einhellig die Auffassung vertreten, daß **36** rechtswidrige Verwaltungsverträge nichtig sind. Das VwVfG hat diese Auffassung nicht übernommen, sondern in § 59 VwVfG eine differenzierende Regelung getroffen.

1. Überblick über die Regelung des § 59 VwVfG

37   Die Fehlerregelung des § 59 VwVfG wird von zwei Leitgesichtspunkten bestimmt:

a) Es gibt nur *eine* Fehlerfolge, nämlich die Nichtigkeit des rechtswidrigen Verwaltungsvertrags.

b) Die Nichtigkeit tritt *nicht* bei jedem Rechtsverstoß, sondern nur dann ein, wenn ein in § 59 VwVfG aufgeführter *Nichtigkeitsgrund* gegeben ist.

Das bedeutet, daß rechtswidrige Verwaltungsverträge nur in bestimmten Fällen nichtig sind, im übrigen aber trotz ihrer Rechtswidrigkeit rechtswirksam werden und unangreifbar rechtswirksam bleiben. Anders als beim Verwaltungsakt kommen eine Anfechtung durch den Betroffenen, eine Aufhebung im Rechtsmittelverfahren, eine Rücknahme durch die Behörde oder ein sonstiges Lösungsmittel nicht in Betracht.

Lediglich nach *§ 60 VwVfG* kann die Behörde einen Vertrag *kündigen,* um schwere Nachteile für das Allgemeinwohl zu verhüten oder zu beseitigen. Diese eng auszulegende „Notstandsklausel" ist zwar vor allem für nachträglich eintretende tatsächliche oder rechtliche Änderungen gedacht, greift aber auch bei einer ursprünglichen Rechtswidrigkeit ein. Zum anderen ist noch auf *§ 58 VwVfG* zu verweisen, wonach zustimmungsbedürftige Verträge erst mit Zustimmung wirksam werden, also vor Erteilung der Zustimmung *schwebend unwirksam* und nach Versagung der Zustimmung *endgültig unwirksam* sind.

Ferner wird in § 59 VwVfG zwischen koordinationsrechtlichen und subordinationsrechtlichen Verträgen unterschieden. Abs. 1 gilt für *alle Verwaltungsverträge* und verweist auf die entsprechend anzuwendenden Nichtigkeitsvorschriften des BGB. Abs. 2 gilt dagegen nur für *subordinationsrechtliche Verträge* und enthält für diese einige *weitere* Nichtigkeitsgründe.

2. Die Nichtigkeitsgründe des § 59 II VwVfG

38   Ein subordinationsrechtlicher Vertrag ist „ferner" (also über die in § 59 I VwVfG genannten Nichtigkeitsgründe hinaus) nichtig, wenn

1. ein Verwaltungsakt mit entsprechendem Inhalt nichtig wäre,
2. ein Verwaltungsakt mit entsprechendem Inhalt rechtswidrig wäre, die Rechtswidrigkeit nicht auf einem Verfahrensfehler i. S. des § 46 VwVfG beruht und *beide* Vertragspartner die Rechtswidrigkeit kannten,
3. bei einem Vergleichsvertrag dessen spezifische Voraussetzungen (vgl. § 55 VwVfG) nicht vorlagen,
4. bei einem Austauschvertrag die Gegenleistung gem. § 56 VwVfG unzulässig ist.

Nr. 1 verweist auf die Nichtigkeitsregelung des § 44 VwVfG, die erst in diesem Zusammenhang ihre eigentliche Bedeutung erhält, da die ipso iure eintretende Nichtigkeit bei Verwaltungsakten wegen deren Anfechtbarkeit und Aufhebbarkeit theoretisch und praktisch keine große Rolle spielt, beim Verwaltungsvertrag aber ggf. den allein möglichen Lösungsgrund darstellt. Nr. 2 will verhindern, daß die Vertragspartner durch bewußtes und gewolltes Zusammenwirken gesetzliche Vorschriften umgehen. Nr. 3 und 4 sollen sicherstellen, daß die besonderen Voraussetzungen des Vergleichs- und Austauschvertrages nicht sanktionslos übergangen werden.

3. Die Nichtigkeitsgründe des § 59 I VwVfG

a) Aus dem generellen Verweis des § 59 I VwVfG auf die entsprechend anzuwendenden Vorschriften des BGB ergibt sich, daß ein Verwaltungsvertrag nichtig ist, wenn **39**

- ein Vertragspartner geschäftsunfähig bzw. handlungsunfähig ist (vgl. § 105 BGB, § 12 I Nr. 1 und 2 VwVfG). Im Fall der beschränkten Geschäftsfähigkeit (Minderjährige ab Vollendung des 7. Lebensjahres) ist der ohne Einwilligung des gesetzlichen Vertreters abgeschlossene Vertrag nach Maßgabe der §§ 106 ff. BGB zunächst schwebend unwirksam;
- ein Fall der Mentalreservation, des Scheingeschäfts oder der mangelnden Ernsthaftigkeit i. S. der §§ 116–118 BGB vorliegt;
- der Vertrag eine Formvorschrift verletzt (§ 125 BGB). Wird die Schriftform des § 57 VwVfG nicht beachtet, dann ist der Verwaltungsvertrag nichtig (*BVerwGE* 96, 326, 332). Entsprechendes gilt, wenn eine strengere Form (etwa notarielle Beurkundung gem. § 311 b I BGB) vorgeschrieben ist und nicht eingehalten wird;
- der Verwaltungsvertrag gegen die guten Sitten verstößt (§ 138 BGB);
- im Gegensatz zu § 306 BGB a. F. ist der auf eine objektiv unmögliche Leistung gerichtete Vertrag nicht (mehr) nichtig, sondern wirksam (§ 311 a I BGB); er begründet zwar keinen primären Erfüllungsanspruch (§ 275 I BGB), aber Ersatzansprüche (§ 311 a II BGB). Dasselbe gilt – wie bislang –

für die subjektive Unmöglichkeit und die nachträgliche objektive Unmöglichkeit; sie bildeten schon früher kein Fehlerproblem, sondern ein Erfüllungsproblem und wurden daher im Rahmen der Leistungsstörung aktuell, vgl. *BVerwG* DVBl. 1978, 610, 613 („nachträglich entstandenes rechtliches Erfüllungshindernis").

40   b) Ferner erfaßt der Verweis auf die BGB-Vorschriften auch die erst durch (bürgerlich-rechtliche) *Anfechtung ausgelöste Nichtigkeit.* Ein Verwaltungsvertrag ist daher auch nichtig (§ 142 I BGB), wenn ein Vertragspartner seine Erklärung wegen Irrtum, falscher Übermittlung, arglistiger Täuschung oder Drohung angefochten hat (§§ 119, 120, 123 BGB).

41   c) Problematisch und strittig ist, ob und inwieweit § 134 BGB entsprechend heranzuziehen ist. Bei isolierter Betrachtung des § 59 I VwVfG besteht kein Anlaß, die Anwendbarkeit gerade des § 134 BGB, der wichtigsten Fehlervorschrift des Bürgerlichen Rechts, abzulehnen. Sie würde dazu führen, daß alle rechtswidrigen Verwaltungsverträge nichtig wären, da die Verwaltung die Gesetze beachten muß, ihr also ein gesetzwidriges Verhalten verboten ist (Grundsatz der Gesetzmäßigkeit). Fraglich wird dies aber, wenn man § 59 II VwVfG in die Betrachtung einbezieht. Die enumerative Aufzählung der − überdies zusätzlichen − Nichtigkeitsgründe wäre überflüssig und inkonsequent, wenn bereits nach § 59 I VwVfG *jeder* rechtswidrige Verwaltungsvertrag nichtig wäre. Nach Auffassung des (subjektiven) Gesetzgebers soll § 134 BGB offenbar überhaupt nicht zur Anwendung kommen (vgl. BT-Drs. 7/910 S. 81 f.).

Der Ausschluß des § 134 BGB hätte allerdings gravierende Konsequenzen. Das zeigen folgende Beispiele: Ein koordinationsrechtlicher Vertrag wäre selbst bei einem offensichtlichen und schwerwiegenden Verstoß gegen materiellrechtliche Vorschriften rechtswirksam und verbindlich. Ebenso wäre ein subordinationsrechtlicher Vertrag rechtswirksam, der eine Beamtenernennung zum Inhalt hat und damit gegen das Vertragsformverbot des § 54 S. 1 VwVfG verstößt, der die Behörde zum Erlaß einer rechtswidrigen Baugenehmigung verpflichtet, der die Befreiung von einer gesetzlich festgelegten Steuer vorsieht, sofern in diesen Fällen nicht ausnahmsweise § 59 II Nr. 1 und 2 VwVfG eingreifen würde: Die „vertragliche" Beamtenernennung wäre vollzogen, die rechtswidrig zugesagte Baugenehmigung müßte erteilt werden, die rechtswidrig erlassene Steuer brauchte nicht bezahlt zu werden (vgl. zur Lösung unten Rn. 51).

42   In der *Literatur* und Rechtsprechung hat sich inzwischen eine mittlere Linie durchgesetzt. Danach kommt § 134 BGB grundsätzlich zur Anwendung, erfaßt aber nicht jeden Rechtsverstoß, sondern nur einen „qualifizierten Fall der Rechtswidrigkeit" (*BVerwGE* 98, 58, 63). Dementsprechend ist zu unterscheiden zwischen einfach-rechtswidrigen Verwaltungsverträgen, die trotz Rechtswidrigkeit rechtswirksam werden (sofern kein anderer Nichtigkeitsgrund vorliegt), und qualifiziert-rechtswidrigen Verwaltungsverträgen, die von vornherein nichtig sind. Folgt man dieser Ansicht, dann stellt sich freilich die Frage, wann eine qualifizierte Rechtswidrigkeit und damit ein Verstoß gegen ein Verbotsgesetz i. S. des § 59 VwVfG/§ 134 BGB gegeben ist. Eine knappe und griffige Formel ist bislang nicht angeboten worden; sie ist wohl auch nicht möglich. Als maßgebende Kriterien werden genannt: der Wortlaut sowie der Sinn und Zweck der die Rechtswidrigkeit des Verwaltungsvertrags begründenden Rechtsnorm, die Erheblichkeit des Rechtsverstoßes, das im Einzelfall bestehende öffentliche Interesse an der Erhaltung der durch den rechtswidrigen Verwaltungsvertrag verletzten Rechtsordnung oder umgekehrt das (öffentliche oder private) Interesse am Bestand des Vertrages trotz seiner Rechtswidrigkeit, was letzten Endes zur Abwägung führt. Ferner wird angenommen, daß ein Verstoß gegen ein Verbotsgesetz nur dann vorliegt, wenn das Gesetz den *Inhalt* des Verwaltungsvertrags, d. h. den durch den Verwaltungsvertrag intendierten rechtlichen oder wirtschaftlichen Erfolg, mißbilligt, nicht aber dann, wenn er nur die Modalitäten der vertraglichen Regelung, insbesondere Verfahrens- und Formfragen betrifft.

Vgl. *BVerwGE* 89, 7, 10 f.; 98, 58, 63 f.; *Schenke,* JuS 1977, 288 ff.; *Weyreuther,* Festschrift für Reimers, 1979, S. 379 ff.; *Schimpf,* aaO. Rn. 59, S. 283 ff.; *Gusy,* DVBl. 1983, 1227 f.; *Efstratiou,* aaO. Rn. 59, S. 222 ff.; *Schmidt-Aßmann,* Festschrift für Gelzer, S. 125 f.; *Schlette,* aaO. Rn. 59, S. 549 ff.

Da die genannten Abgrenzungskriterien sehr allgemein sind, **42 a** verwundert es nicht, daß die Vertreter der differenzierenden Lösung im Einzelfall zu unterschiedlichen Ergebnissen kommen, soweit sie sich überhaupt auf Beispiele einlassen. Die Rechtsprechung tendiert eher dazu, die Regelung des § 134 BGB – mit oder ohne Bezugnahme auf § 59 I VwVfG – auf rechtswidrige Verwaltungsverträge anzuwenden.

Vgl. vor allem *BVerwGE* 89, 7 (Erschließungsvertrag); *BVerwGE* 90, 310 (Baufolgekostenvertrag); *BVerwGE* 98, 58, 63 f. (Vergleichsvertrag); ferner *BVerwGE* 64, 361, 363 f.; 84, 183, 185 ff.; 87, 77, 82 ff. (jeweils erschließungsrechtlicher Ablösungsvertrag); *BVerwGE* 52, 183, 189 ff. (Vereinbarung über die Rückzahlung von Ausbildungskosten); *BVerwG* DVBl. 1980, 686 und DÖV 1981, 878 (Vertragliche Verpflichtung zum Erlaß eines Bebauungsplanes); *BVerwG* NJW 1980, 1294 (Verstoß gegen eine Vorschrift einer Landesbauordnung). – *BayVGH* BayVBl. 1980, 719 (Folgekostenvertrag); *HessVGH* DÖV 1984, 118 (Mitbestimmungsvereinbarung); *OVG Münster* NVwZ 1984, 522 (Subventionsvertrag); *OVG Lüneburg* NJW 1988, 2126 (Kaufvertrag mit pauschaler Abgeltung der künftigen Erschließungskosten); *BayVGH* NVwZ 1990, 979 (sog. Einheimischenmodell); *BadWürttVGH* NVwZ 1991, 583 (sog. Folgelastenvertrag); *OVG Münster* NVwZ 1992, 988 (Stellplatz-Ablösungsvertrag). – *BGHZ* 76, 16, 22 (Vertragliche Verpflichtung zum Erlaß eines Bebauungsplanes).

42 b   Ein Verstoß gegen das Vertragsformverbot des § 54 S. 1 VwVfG führt durchweg zur Nichtigkeit des Vertrages. Das ergibt sich zwar nicht, wie teilweise angenommen wird, aus § 54 VwVfG selbst, aber aus § 59 I VwVfG in Vbg. mit § 134 BGB oder § 125 BGB.

So die h. L., vgl. etwa *Henneke*, in: Knack, VwVfG, § 54 Rn. 19; *Erichsen/ Ehlers*, VerwR § 26 Rn. 26; *Schlette* (Rn. 59) S. 559 ff.; a. A. *Schenke*, JuS 1977, 290. – Nach Auffassung von *Krebs*, VerwArch. 72 (1981) S. 54 (ebenso früher *Erichsen*, Jura, 1994, 50 f.) ergibt sich die Nichtigkeit im Falle der Verletzung des Vertragsformverbotes nicht aus § 59 I VwGO, sondern direkt aus § 54 S. 1 VwVfG, da die Verwaltung, soweit Rechtsvorschriften entgegenstehen, keine Verträge abschließen „kann", also dazu rechtlich nicht imstande sei. Diese Meinung vermag nicht zu überzeugen. Das „Kann" bringt lediglich zum Ausdruck, daß die Verwaltung befugt ist, innerhalb der Grenzen des Soweit-Satzes Verträge abzuschließen. Überschreitet sie diese Grenzen, dann ist der von ihr abgeschlossene Vertrag rechtswidrig; über die Rechtsfolgen der Rechtswidrigkeit ist damit aber noch nichts gesagt. Das gilt umso mehr, als § 59 VwVfG eine abschließende Fehlerregelung intendiert. – Eine Sondervorschrift enthält § 126 III Nr. 2 Schl.-Holst. LVwG, wonach die Verletzung des Vertragsformverbotes die innerhalb eines Monates geltend zu machende „Unwirksamkeit" des Vertrags auslöst. Diese Vorschrift mag für Schleswig-Holstein den Gegenschluß rechtfertigen, daß der gegen das Vertragsformverbot verstoßende Vertrag nicht nichtig ist, läßt aber keine Folgerungen für die übrigen Verwaltungsverfahrensgesetze zu.

43   Die Auffassung, über § 134 BGB würden keine Verfahrens- und Formfehler erfaßt, darf übrigens nicht zu der Annahme verleiten, solche Fehler berührten die Rechtswirksamkeit des Verwaltungsvertrags überhaupt nicht (so aber wohl *Schenke,* aaO. Rn. 42 b). Nach § 59 I VwVfG in Vbg. mit § 125 BGB führt ein Formman-

gel zur Nichtigkeit. Es spricht einiges dafür, diese Vorschrift nicht
nur bei Verstoß gegen das Schriftlichkeitserfordernis des § 57
VwfG, sondern bei allen „formellen" Mängeln, also auch bei Ver-
fahrens- und Zuständigkeitsmängeln, entsprechend anzuwenden,
wobei – bezüglich der Zuständigkeit – auch noch §§ 105, 164ff.
BGB entsprechend herangezogen werden könnten. Freilich müßte
diese Auslegung wieder zu Unstimmigkeiten mit § 59 II VwVfG
führen, wonach Verfahrens- und Formfehler möglichst unbeachtlich sein sollen.

4. Verstoß gegen EG-Recht

Zu den Verbotsgesetzen i.S. des § 59 I VwVfG, § 134 BGB ge- **43 a**
hören auch die *zwingenden Vorschriften des Europäischen Gemeinschaftsrechts*. Für eine Abwägung und Differenzierung ist insoweit grundsätzlich kein Raum. Das Prinzip der effektiven Durchsetzung des
Gemeinschaftsrechts fordert vielmehr eine strikte Anwendung der
gemeinschaftsrechtlichen Vorschriften und dementsprechend die
Nichtigkeit gemeinschaftsrechtswidriger Verträge.

So *BVerwGE* 70, 41, 44f.; *Ehlers,* DVBl. 1991, 613; *Erichsen,* Jura 1994, 50;
Spannowski, Grenzen des Verwaltungshandelns durch Verträge und Abspra-
chen, 1994, S. 306 Fn. 33; a.A. *Papier,* Die Einwirkungen des europäischen
Gemeinschaftsrechts auf das nationale Verwaltungs- und Verfahrensrecht, in:
Kloepfer/Merten u.a. (Hg.), Die Bedeutung der Europäischen Gemeinschaf-
ten für das deutsche Recht und die deutsche Gerichtsbarkeit, 1989, S. 51 (59).
In der Praxis werden vor allem die, allerdings relativ selten vorkommenden
Beihilfeverträge (Subventionsverträge) aktuell, die gegen Art. 87, 88 EGV (frü-
her: Art. 92, 93 EGV) verstoßen. Es stellt sich eine der Rücknahme gemein-
schaftsrechtswidriger Beihilfebescheide (Subventionsbescheide) entsprechende
Problematik (vgl. dazu oben § 11 Rn. 38aff.). Unbestritten ist, daß Beihilfeverträge, die gegen das Beihilfeverbot des Art. 87 I EGV verstoßen, jedenfalls
dann, wenn ihre Gemeinschaftsrechtswidrigkeit von der Kommission gem.
Art. 88 III EGV festgestellt worden ist, nichtig sind. Strittig ist dagegen die
Rechtslage, wenn der Beihilfevertrag vorher abgeschlossen wird und damit das
Durchführungsverbot des Art. 88 III 3 EGV (d.h. die Pflicht, die Kommission
über die beabsichtigte Subventionierung zu unterrichten und ihre Entscheidung abzuwarten) verletzt wird. In der Literatur wird z.B. die Auffassung
vertreten, daß ein solcher Vertrag gem. § 58 II VwVfG (Zustimmung der mit-
wirkungsberechtigten Behörden) bis zur endgültigen Entscheidung der Kommission schwebend unwirksam sei (so *Spannowski,* aaO. S. 310; *Schlette,* Die
Verwaltung als Vertragspartner, 2000, S. 555f.). Da § 58 II VwVfG hier offensichtlich nicht paßt, kommt allenfalls eine gemeinschaftsrechtskonforme Ausle-

gung in Betracht. Sie läßt sich jedoch schwerlich begründen. Daher ist der Gegenmeinung zuzustimmen, daß der gegen das Durchführungsverbot des Art. 88 III 3 EGV verstoßende Beihilfevertrag nichtig ist; kommt die Kommission später in der Sache zu einer positiven Entscheidung, so kann und muß der Vertrag eben neu abgeschlossen werden (so *Remmert*, EuR 2000, 473 ff.). Nach einer vermittelnden Meinung führt der Verstoß gegen das Durchführungsverbot nur dann zur Nichtigkeit des Vertrages, wenn er zu einer Verfälschung des Wettbewerbs führt (so *Oldiges*, NVwZ 2001, 634 f.). Diese Ansicht hat zwar einiges für sich, dürfte aber in der Praxis nicht immer einfach nachvollziehbar sein. Vgl. zum Ganzen auch *Ehlers*, GewArch. 1999, 318 f., ferner die Entscheidung *BGH* NVwZ 2004, 636, die zwar einen zivilrechtlichen Vertrag betrifft (wie wohl oft in diesem Zusammenhang), aber dieselben Rechtsfragen auslöst.

5. Folgen der Nichtigkeit des Verwaltungsvertrags

44   a) Der nichtige Verwaltungsvertrag entfaltet *keine Rechtswirkungen*. Er begründet (als Verpflichtungsvertrag) keine Leistungspflichten und führt (als Verfügungsvertrag) keine Rechtsänderungen herbei. Die Nichtigkeit ist von jeder Behörde und jedem Gericht zu berücksichtigen und kann von jedem Bürger geltend gemacht werden.

Es gilt grundsätzlich dasselbe wie beim nichtigen Verwaltungsakt (vgl. dazu oben § 10 Rn. 35 ff.). Wenn ein Baudispensvertrag nichtig ist, so ist weder die Behörde zur Erteilung der Baugenehmigung noch der Bürger zur Zahlung der versprochenen Geldleistung verpflichtet. Die Frage, ob ein Dispens zu erteilen ist, richtet sich (wieder) ausschließlich nach den einschlägigen Vorschriften (etwa § 31 II BauGB). – Ist ein rechtswidriger Vertrag dagegen rechtswirksam, dann sind die Leistungen zu erbringen. Der Vertrag bildet den Rechtsgrund der Leistungen, der Hinweis auf die Rechtswidrigkeit ist angesichts seiner Rechtswirksamkeit unbeachtlich.

45   b) Wenn die Rechtswidrigkeit und Nichtigkeit des Verwaltungsvertrages nur *einen Teil* des Vertrages betrifft, so ist der Vertrag insgesamt nichtig, sofern nicht anzunehmen ist, daß er auch ohne den nichtigen Teil abgeschlossen worden wäre (§ 59 III VwVfG). Es kommt also auf die *Teilbarkeit des Vertragsinhalts* und den *mutmaßlichen Willen der Vertragspartner* an.

Beispiel: Die Eltern des Kindes K schließen mit der Gemeinde einen Vertrag über die Unterbringung von K im Kindergarten ab. Im Vertrag ist festgelegt, daß der zu zahlende Kostenbeitrag einkommensabhängig ist. Für die Berechnung des maßgeblichen Nettoeinkommens sieht der Vertrag – in Abweichung von der gesetzlichen Regelung – der Einfachheit halber pauschalierte Abzüge vom Bruttoeinkommen vor. Ein Elternpaar zahlt zunächst den sich aus der Berechnung ergebenden Beitrag. Später stellen sie fest, daß die gesetzlich vorgesehene Berechnungsmethode ein geringeres Nettoeinkommen und damit einen geringeren Beitrag ergeben hätte. Sie halten den Vertrag für insgesamt nichtig und fordern alle Beiträge zurück. Zu Recht? Lösung: Soweit die vertragliche Einkommensberechnung im Vergleich zur – insoweit abschließenden – gesetzlichen Berechnungsart zu einem höheren Beitrag geführt hat, ist der Vertrag nichtig, da sich die Behörde eine unangemessene Gegenleistung versprechen ließ (§ 58 II Nr. 4 SGB X bzw. § 59 II Nr. 4 VwVfG). Im übrigen ist der Vertrag jedoch wirksam, da ein entsprechender Wille der Vertragsparteien angenommen werden kann. Die Eltern bekommen nur einen (kleinen) Teil ihrer Beiträge zurück, vgl. *OVG Berlin* NJW 1982, 954; zur Teilnichtigkeit auch *BGHZ* 65, 368 m. w. N. (betr. die frühere Rechtslage beim Erschließungsvertrag); zur Zulässigkeit einkommensmäßig gestaffelter Kindergartenbeiträge *BVerfGE* 97, 332.

c) *Die Leistungen,* die aufgrund eines nichtigen Vertrages und **46** damit ohne Rechtsgrund erbracht worden sind, müssen grundsätzlich *zurückerstattet werden.* Der Vertragspartner, der die Leistung bewirkt hat, hat einen öffentlich-rechtlichen Erstattungsanspruch (vgl. dazu unten § 28 Rn. 20 ff.). Die Rückforderung kann sich jedoch ggf. als *Rechtsmißbrauch* darstellen. Das gilt insbesondere dann, wenn die Gegenleistung nicht mehr zurückgewährt oder nicht mehr ausgeglichen werden kann.

Vgl. zur Rückgabe und zum Ausgleich nach den Grundsätzen der ungerechtfertigten Bereicherung *BVerwG* NJW 1980, 2538; zur rechtsmißbräuchlichen Rückforderung *BVerwG* NJW 1974, 2247; *BVerwGE* 55, 337; *OVG Münster* DVBl. 1978, 305 und NJW 1980, 2093; zur Verweigerung des Erfüllungsanspruchs *BVerwG* NJW 1974, 2250; zum Anspruch des einen Vertragspartners auf Erfüllung des Vertrages trotz Nichtigkeit wegen Formmangels, wenn er selbst geleistet hat und eine sachgemäße Rückabwicklung nicht möglich ist *OVG Lüneburg* NJW 1992, 1404. Nach *OVG Koblenz,* NVwZ 1992, 796 kann der Bürger seine aufgrund eines nichtigen Vertrages erbrachte Leistung auch dann zurückfordern, wenn er bei Vertragsschluß die Nichtigkeit annahm oder kannte (§ 814 Alt. 1 BGB finde beim öffentlich-rechtlichen Erstattungsanspruch des Bürgers gegen die Verwaltung keine Anwendung).

Ein Verwaltungsakt, der aufgrund eines nichtigen Vertrages erlassen worden ist, ist selbst rechtswidrig (sofern er nicht auch noch auf eine andere Rechtsgrundlage gestützt werden kann) und entsprechend den Regeln über die Rechtsfolgen rechtswidriger Verwaltungsakte zu behandeln: Er ist grundsätzlich anfechtbar und rücknehmbar, nur ausnahmsweise – unter den Voraussetzungen des § 44 VwVfG – nichtig. Die Rücknahme eines auf einem nichtigen Ver-

trag beruhenden begünstigenden Verwaltungsaktes ist bei schutz-
würdigem Vertrauen des Betroffenen entweder überhaupt nicht
oder nur gegen Entschädigung zulässig (vgl. § 48 II und III VwVfG).

6. Die Problematik der Fehlerregelung des § 59 VwVfG

47   Die Fehlerregelung des § 59 VwVfG ist nicht nur im Blick auf
ihren Anwendungsbereich, sondern insbesondere auch in grundsätzlicher, nämlich rechtspolitischer, rechtsdogmatischer und verfassungsrechtlicher Sicht fraglich und umstritten. Die Diskussion
um die entsprechende Anwendbarkeit des § 134 BGB spiegelt die
Problematik des § 59 VwVfG wider, da über diese Vorschrift versucht wird, einerseits der nur beschränkten Nichtigkeit rechtswidriger Verwaltungsverträge Rechnung zu tragen, andererseits aber
die Konsequenzen dieser Konzeption möglichst zu mildern. Nur
dürfte § 134 BGB, zumal wenn er in Anlehnung an die Zivil-
rechtslehre ausgelegt wird, schwerlich das passende Mittel zur Lösung dieser Problematik sein.

48   Es fragt sich vor allem, ob § 59 VwVfG, wonach bestimmte
Verwaltungsverträge trotz Rechtswidrigkeit rechtswirksam werden
und bleiben, mit dem *Grundsatz der Gesetzmäßigkeit der Verwaltung*
vereinbar ist. Die Rechtswidrigkeit eines Rechtsaktes muß nicht zur
Nichtigkeit führen, sondern kann unterschiedliche Rechtsfolgen
auslösen, wie bereits die Darlegungen zum rechtswidrigen Verwaltungsakt gezeigt haben. Das gilt grundsätzlich auch für Verwaltungsverträge (vgl. *BVerwGE* 55, 337, 341). Bleibt aber die
Rechtswidrigkeit für einen Teilbereich *völlig sanktionslos,* so wird
dadurch die Geltung der Gesetze relativiert: die Verwaltung *darf*
zwar nicht, *kann* aber über das Recht hinweggehen.

49   Der *Vergleich mit der Bestandskraft* des Verwaltungsakts, der häufig
zur Rechtfertigung der beschränkten Nichtigkeit rechtswidriger
Verwaltungsverträge herangezogen wird, ignoriert die vielfältigen
Fehlerfolgen rechtswidriger Verwaltungsakte. Der Verwaltungsakt
ist zwar nur unter engen Voraussetzungen nichtig. Er kann aber,
wenn er den Bürger in seinen Rechten beeinträchtigt, angefochten
und aufgehoben werden. Selbst wenn man den freiwilligen Vertragsabschluß mit einem Rechtsmittelverzicht gleichsetzt (was
schwerlich haltbar ist), so bleibt doch die Möglichkeit der Behörde,

den Verwaltungsakt jederzeit von sich aus zurückzunehmen. Das VwVfG hat sogar die Rücknehmbarkeit von Verwaltungsakten erweitert. Das Vertrauensschutzprinzip, das u. U. zur Aufrechterhaltung rechtswidriger Verwaltungsakte führt, gründet auf der Eigenart des Verwaltungsakts als hoheitlichem Rechtserkenntnisakt und ist deshalb nicht ohne weiteres auf den Verwaltungsvertrag übertragbar. Im übrigen stellt § 59 VwVfG nicht darauf ab, sondern läßt, sofern kein Nichtigkeitsgrund vorliegt, rechtswidrige Verträge generell bestehen, ohne nach dem schutzwürdigen Vertrauen im Einzelfall zu differenzieren, wie das bei Verwaltungsakten der Fall ist.

Wenn sich die Behörde *vertraglich* zum Erlaß eines rechtswidrigen Verwaltungsakts verpflichtet und dieser Vertrag mangels eines Nichtigkeitsgrunds nicht nichtig ist, dann *muß* sie den (rechtswidrigen) Verwaltungsakt in Vollzug des (gültigen) Vertrags erlassen. Wenn sie dagegen einen rechtswidrigen Verwaltungsakt einseitig *zusichert,* dann ist sie zwar zunächst auch zum Erlaß des Verwaltungsakts verpflichtet, sie kann aber die Zusicherung unter den Voraussetzungen des § 48 VwVfG zurücknehmen (vgl. § 38 II VwVfG) und sich damit dieser Verpflichtung entziehen. Das verkennen *Meyer/Borgs* (VwVfG § 54 Rn. 77), die Vertrag und Zusicherung insoweit gleichsetzen.

Auch die in diesem Zusammenhang oft berufene *Vertragsverbindlichkeit* darf nicht zu falschen Vorstellungen verleiten. Die Bindungswirkung gehört sicherlich zum Wesen des Vertrages; die Vertragspartner sind verpflichtet, ihre vertraglichen Vereinbarungen zu beachten und zu erfüllen (pacta sunt servanda). Aber das gilt doch nur, wenn und weil der Vertrag von der Rechtsordnung anerkannt wird und damit Rechtswirksamkeit erlangt. Die dem Vertrag eigene Verbindlichkeit ist nicht Voraussetzung, sondern Folge der Rechtswirksamkeit. Die Frage, ob und inwieweit auch *rechtswidrige* Verträge rechtswirksam und damit verbindlich werden, läßt sich nicht mit Hinweisen auf das Wesen des Vertrages, sondern nur nach der jeweils maßgeblichen Rechtsordnung beantworten. 50

Die Vorstellung, daß der Verwaltungsvertrag wegen seines Einigungscharakters eine höhere Bestandsfestigkeit habe als einseitig erlassene staatliche Rechtsakte, hat zwar eine gewisse Berechtigung. Der Grund hierfür liegt jedoch nicht auf der Fehlerebene oder der Fehlerfolgenebene, sondern auf der vorgelagerten Regelungsebene. Da der Vertrag mit Zustimmung des Bürgers zustande kommt, kann er auch Regelungen enthalten, die als einseitige

Rechtsakte, insbesondere als Verwaltungsakte, nicht zulässig wären. Die rechtlichen Grenzen und damit die Fehleranfälligkeit von Verwaltungsverträgen sind somit geringer, was ihnen – umgekehrt betrachtet – eine verstärkte Bestandsfestigkeit verleiht. Man schießt jedoch über das Ziel hinaus, wenn man daraus auch eine erweiterte Bestandsfestigkeit rechtswidriger Verträge folgern will.

> Vgl. dazu auch *Maurer,* in: Hill (Hg.), Zustand und Perspektiven der Gesetzgebung, 1989, S. 247 f.

51   Die Regelung der Rechtsfolgen der Rechtswidrigkeit von Verwaltungsverträgen ist daher zunächst ein *rechtspolitisches Problem.* Sie ist aber auch ein *verfassungsrechtliches Problem,* weil die gesetzgeberische Entscheidung dem Verfassungsrecht gegenüber standhalten muß. Die Frage, ob die Fehlerregelung des § 59 VwVfG mit dem Grundgesetz, insbesondere dem verfassungsrechtlich verankerten Rechtsstaatsprinzip, vereinbar ist, hängt von ihrer Auslegung ab. Die Verfassungsmäßigkeit ist zu bejahen, wenn die Nichtigkeitsgründe des § 59 VwVfG alle wesentlichen Rechtsverletzungen erfassen und die Rechtswirksamkeit auf mehr nebensächliche Rechtsverstöße beschränkt bleibt. Im Wege der verfassungskonformen Auslegung ist § 59 VwVfG in diesem Sinne zu interpretieren. Ob damit alle verfassungsrechtlichen Bedenken beseitigt werden, bedürfte noch der Prüfung im einzelnen.

> Wenn *Schlette,* aaO. Rn. 59, S. 541 f. die Kritik der Literatur an der Fehlerfolgenregelung des § 59 VwVfG für überzogen hält, so liegt das daran, daß er selbst diese Regelung extensiv auslegt; so ist er der Auffassung, daß sie „sämtliche nicht ganz unbedeutende Gesetzesverstöße" erfasse, daß sich damit die Problematik der rechtswidrigen, aber nicht nichtigen Verwaltungsverträge „auf wenige Gesetzesverstöße in Randzonen" reduziere. Unter diesen einschränkenden Aspekten dürfte § 59 VwVfG in der Tat nicht problematisch sein.

Die Annahme der Nichtigkeit rechtswidriger Verwaltungsverträge führt auch nicht zu unüberwindlichen praktischen Schwierigkeiten. Sie setzt vielmehr einen klaren Ausgangspunkt und ermöglicht differenzierende, dem Einzelfall adäquate Lösungen bei der Abwicklung (vgl. dazu oben Rn. 46).

> Im übrigen könnten – de lege ferenda – auch Zwischenlösungen entwickelt werden. Ein Beispiel bietet das Landesverwaltungsgesetz von Schleswig-Holstein, das auch in seiner Fassung vom 2. 6. 1992 (GVBl. S. 243) neben

den Nichtigkeitsgründen, die dem § 59 I und II VwVfG entsprechen, noch den Fall der „Unwirksamkeit" vorsieht, die innerhalb eines Monats nach Vertragsabschluß geltend zu machen ist (vgl. § 126 III). Im Ergebnis kommt diese „Unwirksamkeit" einem befristeten Anfechtungs- oder Rücktrittsrecht gleich.

VI. Abwicklung der Vertragsverhältnisse

1. Erfüllung und Leistungsstörungen

Die vertraglich vereinbarten Leistungspflichten sind ordnungs- **52** gemäß zu erfüllen. Das VwVfG enthält darüber keine näheren Regelungen, so daß nach der Verweisungsklausel des § 62 S. 2 VwVfG die BGB-Vorschriften entsprechend anzuwenden sind. Es handelt sich nicht um eine statische, sondern um eine dynamische Verweisung. Daher sind die jeweils geltenden BGB-Vorschriften heranzuziehen (vgl. oben § 3 Rn. 29). Maßgebend sind seit dem 1. 1. 2002 die §§ 241 ff. BGB i. d. F. des Gesetzes zur Modernisierung des Schuldrechts vom 26. 11. 2001 (BGBl. I S. 3138). Die Schuldrechtsreform hat bekanntlich erhebliche Veränderungen gebracht, so sind z. B. die bislang gesetzlich geregelten oder gewohnheitsrechtlich entwickelten Konstellationen der Leistungsstörung (Unmöglichkeit, Verzug, positive Vertragsverletzung und culpa in contrahendo) in den einheitlichen Tatbestand der Pflichtverletzung aufgegangen (§ 280 BGB). Die Verweisungsklausel ist geblieben, ihr Gegenstand hat sich aber geändert. Es ist daher erneut zu prüfen, ob und inwieweit die schuldrechtlichen Vorschriften auf den Verwaltungsvertrag anwendbar sind, wobei einerseits die Eigenart und das rechtliche Umfeld des Verwaltungsvertrages und andererseits die teleologische Ausrichtung der zivilrechtlichen Regelungen zu berücksichtigen sind.

Der Gesetzgeber hat sich, soweit ersichtlich, mit den Konsequenzen, die sich aus der Neuregelung des Schuldrechts für das Verwaltungsverfahrensrecht ergeben, nicht befaßt. Auch in der Literatur sind sie bislang nur selten behandelt worden. Vgl. jedoch *Dötsch,* Schuldrechtmodernisierung und öffentliches Recht, NWVBl. 2001, 385 ff.; *Geis,* Die Schuldrechtsreform und das Verwaltungsrecht, NVwZ 2002, 385 ff.; ferner zur Verjährung *Kellner,* Auswirkungen der Schuldrechtsreform auf die Verjährung im Staatshaftungsrecht, NVwZ 2002, 395 ff.; zur früheren Rechtslage: *Schlette,* Die Verwaltung als Vertragspartner, 2000, S. 580 ff. mit weiteren Nachw.

2. Anpassung und Kündigung in besonderen Fällen

53　　Bei allen Rechtsakten stellt sich die Frage, welche Rechtsfolgen sich ergeben, wenn sich nachträglich – nach Erlaß des Aktes – die ihm zugrunde liegenden tatsächlichen oder rechtlichen Verhältnisse ändern. Für den Verwaltungsakt ist diese Frage in § 49 VwVfG und für die Zusicherung in § 38 III VwVfG geregelt. Für den Verwaltungsvertrag ist § 60 I 1 VwVfG maßgebend, der an die traditionellen Grundsätze über die clausula rebus sic stantibus bzw. den Wegfall der Geschäftsgrundlage anknüpft. Danach kann ein Vertragspartner, wenn sich die Verhältnisse so wesentlich geändert haben, daß ihm das Festhalten an der ursprünglichen vertraglichen Regelung nicht zuzumuten ist, eine Anpassung des Vertrags an die geänderten Verhältnisse verlangen. Wenn eine Anpassung nicht möglich oder einem der beiden Vertragspartner nicht zumutbar ist, kann er den Vertrag kündigen. Der Anspruch auf Anpassung richtet sich gegen den anderen Vertragspartner; die Anpassung selbst erfolgt durch vertragliche Vereinbarung, führt zur Änderung des Vertragsinhalts und kann erforderlichenfalls im Wege der Leistungsklage durchgesetzt werden. Die – nur subsidiär in Betracht kommende – Kündigung ist eine einseitige Willenserklärung, die mit Zugang an den anderen Vertragspartner wirksam wird.

54　　Von der subsidären Kündigung des Satz 1 ist die außerordentliche Kündigung des Satz 2 zu unterscheiden. Sie steht nur der Behörde zu (was nicht ausschließt, daß sie die Kündigung auch im Interesse des Bürgers ausspricht), ist nur im Notfall zur Verhütung oder zur Beseitigung schwerer Nachteile für das Gemeinwohl zulässig und muß in analoger Anwendung des § 49 VI VwVfG unter den dort genannten Voraussetzungen entschädigt werden.

Zur Frage, inwieweit § 313 BGB (Wegfall der Geschäftsgrundlage) und § 314 BGB (Kündigung von Dauerschuldverhältnissen) – jeweils in der Fassung des Schuldrechtsmodernisierungsgesetzes – alternativ oder ergänzend zur Anwendung kommen, vgl. *Geis*, NVwZ 2002, 387; *Dötsch*, NWVBl. 2001, 386. – Auch sonst ergeben sich – vor allem im Blick auf Satz 1 – noch eine ganze Reihe von Streit- und Zweifelsfragen die hier nicht weiter erörtert werden können. Zu bemerken ist nur noch, daß es wenig sinnvoll ist, bei der Auslegung des § 60 I 1 VwVfG von der Frage auszugehen, ob ihm die Rechtsfigur der clausula rebus sic stantibus oder die Rechtsfigur des Wegfalls der Geschäftsgrundlage, die nicht identisch sind, ganz oder teilweise zugrunde liegen. Er ist vielmehr selbständig in seinem Zusammenhang auszulegen. Vgl. dazu *BVerw-GE* 97, 331, 340 ff.; *BVerwG* DVBl. 2002, 843; *BadWürttVGH* VBlBW 1997, 301 ff., ferner die Literaturnachweise unten Rn. 61.

3. Durchsetzung vertraglicher Ansprüche

a) Die Behörde ist nicht befugt, ihre Ansprüche aus Verwaltungs- **55** vertrag durch Verwaltungsakt festzusetzen und auf diese Weise zwangsweise durchzusetzen (vgl. bereits oben § 10 Rn. 6). Sie ist vielmehr – wie der Bürger – auf *eine Klage beim Verwaltungsgericht angewiesen,* wenn sich der Vertragspartner weigert, die ihm (angeblich) obliegende Leistung zu erbringen.

Beispiel: Durch Vertrag verpflichtet sich die Behörde zum Erlaß einer Baugenehmigung, der Bauherr B zur Zahlung von 10000 DM. Weigert sich die Behörde, die Baugenehmigung zu erlassen, so muß B im Wege der Verpflichtungsklage auf Erlaß der Baugenehmigung klagen. Weigert sich B, die 10000 DM zu zahlen, so kommt eine allgemeine Leistungsklage der Behörde in Betracht.

b) Nach § 61 VwVfG kann sich bei subordinationsrechtlichen **56** Verwaltungsverträgen jeder Vertragspartner, also sowohl der Bürger als auch die Behörde, der *sofortigen Vollstreckung aus dem Vertrag unterwerfen.* Dabei ist es durchaus denkbar, daß nur eine Seite, etwa nur der Bürger, eine entsprechende Erklärung abgibt. Die Unterwerfungserklärung macht den Vertrag zum Vollstreckungstitel. Liegt sie vor, dann kann die Behörde ihre Forderungen aus dem Vertrag nach den Vorschriften über die Vollstreckung von Verwaltungsakten (vgl. unten § 20) selbst durchsetzen und der Bürger seine Forderungen aus dem Vertrag nach den Vorschriften über die Vollstreckung verwaltungsgerichtlicher Urteile – also mit Hilfe der Verwaltungsgerichte – verwirklichen. Praktisch bedeutet das, daß Verwaltungsverträge mit einer Vollstreckungsklausel wie Verwaltungsakte bzw. wie verwaltungsgerichtliche Urteile vollstreckt werden können. Wenn die Verwaltung den Abschluß eines Vertrages von einer entsprechenden Erklärung des Bürgers abhängig macht, was sie in der Regel tut, bereitet die Durchsetzung des Vertrages keine größeren Schwierigkeiten als die des Verwaltungsaktes. Kommt es zur Vollstreckung nach § 61 VwVfG, dann kann sich der Bürger nur noch gegen die Vollstreckung selbst, nicht aber gegen den der

Vollstreckung zugrunde liegenden Vertrag wenden. Er kann allerdings noch geltend machen, daß der zu vollstreckende Vertrag nichtig sei und daher keine ausreichende Vollstreckungsgrundlage bilde. Die Bedeutung der (beschränkten) Nichtigkeitsregelung zeigt sich somit auch hier, zumal dann, wenn sich der Bürger nicht nur vorschnell auf den Verwaltungsvertrag, sondern auch noch auf die Unterwerfungserklärung eingelassen hat.

Aufgrund der früheren, bis 1998 geltenden Fassung des § 61 I 2 VwVfG war strittig, ob nur die Unterwerfung der Behörde oder auch die Unterwerfung des Bürgers der Genehmigung der fachlich zuständigen Aufsichtsbehörde bedarf (vgl. *BVerwGE* 98, 58, 64 ff.; *Kowalski*, NVwZ 1992, 351 f.; *Bonk*, StBS § 61 Rn. 22). Diese Streitfrage ist durch das Änderungsgesetz von 1998 (vgl. dazu oben § 5 Rn. 7) entschieden worden. Durch die Einfügung der Worte „der Behörde" wird zum Ausdruck gebracht, daß nur die „Unterwerfung der Behörde" genehmigungsbedürftig ist. Das erleichtert den Abschluß von Verwaltungsverträgen in der Praxis, führt aber doch zu einer Ungleichbehandlung der Verwaltung und des Bürgers.

57   c) Der *Verwaltungsrechtsweg* ist nicht nur bei Ansprüchen auf Erfüllung des Vertrages, sondern auch bei Schadensersatzansprüchen wegen Verletzung des Vertrages gegeben (so § 40 VwGO). Das dürfte auch für Ansprüche aus Verletzung von Pflichten bei der Anbahnung oder beim Abschluß von Verträgen (§§ 280 I, 311 II BGB analog, früher sog. culpa in contrahendo) gelten; a. A. jedoch *BGH* DVBl. 1986, 409 und ihm folgend *BVerwG* DVBl. 2002, 1555, die den Zivilrechtsweg bejahen, weil es sich um einen Anspruch handele, der wegen des engen sachlichen Zusammenhangs mit der Amtshaftung nicht auf einem Vertrag, sondern auf einem gesetzlichen Schuldverhältnis beruhe (kritisch dazu *Ehlers,* JZ 2003, 209 ff.). Dagegen sind für Amtshaftungsansprüche, die neben den Schadensersatzansprüchen wegen Vertragsverletzung in Betracht kommen, gem. Art. 34 GG die ordentlichen Gerichte zuständig. Nach § 17 II 1 GVG i. d. F. vom 17. 12. 1990 kann jedoch das ordentliche Gericht ggf. über beide Ansprüche entscheiden.

Beispiel: A wird durch Vertrag ein Darlehen als Subvention zugesagt. Da der Darlehensbetrag erst einige Zeit nach dem vereinbarten Termin ausbezahlt wird, entgehen dem A einige Aufträge. Er macht einmal Schadensersatz wegen Vertragsverletzung und zum anderen Schadensersatz wegen Amtspflichtverletzung geltend. Im ersten Fall sind die Verwaltungsgerichte, im zweiten Fall die ordentlichen Gerichte zuständig. Nach der Neufassung des § 17 II GVG hat jedoch das Gericht des zulässigen Rechtsweges den Rechtsstreit unter allen in Betracht kommenden rechtlichen Gesichtspunkten zu entscheiden. Daher hat, wenn A das ordentliche Gericht anruft, dieses nicht nur über den Amtshaftungsanspruch, sondern auch über den Anspruch auf Verzugschaden zu entscheiden (vgl. dazu *BGHZ* 114, 1, 2 f.). Dagegen können die Verwaltungsgerichte wegen Art. 34 GG nicht über Amtshaftungsansprüche entscheiden (vgl. auch § 17 II 2 GVG). Würde A vor dem Verwaltungsgericht klagen, dann könnte dieses zwar über die Ansprüche aus öffentlich-rechtlichem Vertrag und damit auch über den Anspruch auf Verzugschaden entscheiden, müßte aber wegen des Amtshaftungsanspruchs den Rechtsstreit an die Zivilgerichte verweisen. – Zu beachten ist noch, daß eine Vertragsverletzung keine Amtspflichtverletzung i. S. des § 839 BGB ist, der Amtshaftungsanspruch also nur auf die Verletzung allgemeiner, insbesondere gesetzlicher Verpflichtungen gestützt werden kann.

VII. Hinweise zur Lösung von Fällen

Im Streitfall wird es meist darum gehen, daß ein Vertragspartner **58** die Erfüllung der vom anderen Vertragspartner übernommenen Verpflichtung verlangt, dieser aber die Erfüllung unter Hinweis auf die Nichtigkeit des Vertrages verweigert, oder daß ein Vertragspartner bereits erfüllt hat und nunmehr unter Hinweis auf die Nichtigkeit des Vertrages die bereits erbrachten Leistungen zurückfordert. Ausgangspunkt der Lösung ist die Frage, ob der Kläger einen Erfüllungsanspruch bzw. einen öffentlich-rechtlichen Erstattungsanspruch hat. Von dieser Frage ausgehend sind folgende Gesichtspunkte zu beachten (und je nach dem Sachverhalt mehr oder weniger eingehend zu prüfen).

1. Vertrag?

Zunächst ist zu prüfen, ob überhaupt ein Vertrag vorliegt. Voraussetzung hierfür ist die Einigung der beiden Vertragspartner (Behörde und Bürger) über die Herbeiführung eines Rechtserfolgs. Fehlt es daran, dann ist bereits die Existenz eines Vertrages zu verneinen, so etwa wenn die Behörde einen begünstigenden Verwaltungsakt mit Auflage, die vom Bürger „gebilligt" wird, erläßt.

2. Verwaltungsvertrag?

Sodann ist zu prüfen, ob der Vertrag dem öffentlichen Recht (genauer: dem Verwaltungsrecht) zuzurechnen ist. Das bestimmt sich nach der Rechtsnatur des Vertragsgegenstands. Ist der verwaltungsrechtliche Charakter zu verneinen, dann liegt jedenfalls kein *Verwaltungs*vertrag, sondern ggf. ein bürgerlich-rechtlicher oder verfassungsrechtlicher Vertrag vor. Wenn er dagegen zu bejahen ist, dann greifen die §§ 54 ff. VwVfG unmittelbar oder ggf. entsprechend ein.

3. Rechtmäßigkeit des Verwaltungsvertrags?

Hierbei sind folgende Fragen – entsprechend dem Verwaltungsakt – zu prüfen:

a) Durfte die Behörde überhaupt in Form des Vertrages handeln? Das richtet sich nach § 54 VwVfG.

b) Ist der Vertrag formell rechtmäßig? Das ist dann der Fall, wenn er den gesetzlich vorgesehenen Zuständigkeits-, Verfahrens- und Formvorschriften entspricht, vgl. dazu vor allem §§ 57, 58 VwVfG.

c) Ist der Vertrag inhaltlich rechtmäßig? Das bestimmt sich nach dem materiellen Recht, an das die Behörde auch bei vertraglichem Handeln grundsätzlich gebunden ist.

4. Folgen der Rechtswidrigkeit?

Ergibt sich, daß der Vertrag rechtswidrig ist, dann fragt sich weiter, welche Folgen die Rechtswidrigkeit hat. Dabei empfiehlt sich folgende Reihenfolge:

a) Ist der Vertrag wegen fehlender Zustimmung gem. § 58 VwVfG (schwebend) unwirksam?

b) Liegt ein spezieller Nichtigkeitsgrund gem. § 59 II VwVfG vor?

c) Ist ein Nichtigkeitsgrund in entsprechender Anwendung der Vorschriften des bürgerlichen Rechts gegeben?

Wenn diese Fragen zu verneinen sind, dann ist der Vertrag trotz Rechtswidrigkeit rechtswirksam und verbindlich, da das VwVfG nur die Fehlerfolge der Nichtigkeit kennt. Lediglich ausnahmsweise kann die Behörde noch nach § 60 I 2 VwVfG kündigen, wenn der Bestand des rechtswidrigen Verwaltungsvertrages schwerwiegende Nachteile für das Gemeinwohl haben sollte.

5. Rechtsmißbräuchliche Geltendmachung eines Anspruchs?

Wenn der Vertrag nichtig ist, dann kann der in Anspruch genommene Vertragspartner die Erfüllung seiner „Vertragspflicht" verweigern oder die Rückerstattung bereits erbrachter Leistungen verlangen. Die Geltendmachung dieser an sich bestehenden Ansprüche kann aber ggf. rechtsmißbräuchlich und deshalb unzulässig sein.

Diese Lösungshinweise stellen kein Aufbauschema dar. Es sind durchaus auch Abweichungen denkbar. So ist es an sich überflüssig, einen bestimmten Rechtsverstoß zu prüfen, wenn feststeht, daß er keinen Nichtigkeitsgrund bildet. In einem Gutachten sollten aber möglichst alle Gesichtspunkte kurz angedeutet werden.

59   **Literatur zu § 14:** Vgl. zur grundlegenden Problematik des Verwaltungsvertrags bereits die Nachweise unter Rn. 21. Ferner: *Rupp,* Zum Anwendungsbereich des öffentlich-rechtlichen Vertrages, JuS 1961, 59 ff.; *Stein,* Der Verwaltungsvertrag und die Gesetzmäßigkeit der Verwaltung, AöR Bd. 86 (1961) S. 320 ff.; *Bullinger,* Zur Notwendigkeit funktionalen Umdenkens des öffentlichen und privaten Vertragsrechts im leistungsintensiven Gemeinwesen,

Gedächtnisschrift für H. Peters, 1967, S. 667 ff.; *J. Martens*, Normenvollzug durch Verwaltungsakt und Verwaltungsvertrag, AöR Bd. 89 (1964) S. 429 ff.; *Schmidt-Salzer*, Tatsächlich ausgehandelter Verwaltungsakt, zweiseitiger Verwaltungsakt und verwaltungsrechtlicher Vertrag, VerwArch. Bd. 62 (1971) S. 135 ff.; *Renck*, Verwaltungsakt und verwaltungsrechtlicher Vertrag, JuS 1971, 77 ff.; *Bosse*, Der subordinationsrechtliche Verwaltungsvertrag als Handlungsform der öffentlichen Verwaltung, 1974; *Göldner*, Gesetzmäßigkeit und Vertragsfreiheit im Verwaltungsrecht, JZ 1976, 352 ff.; *Gern*, Neue Aspekte der Abgrenzung des öffentlichrechtlichen vom privatrechtlichen Vertrag, VerwArch. Bd. 70 (1979) S. 219 ff.; *Büchner*, Die Bestandskraft verwaltungsrechtlicher Verträge, 1979; *Lange*, Die Abgrenzung des öffentlichrechtlichen Vertrages vom privatrechtlichen Vertrag, NVwZ 1983, 313 ff.; *Schimpf*, Der verwaltungsrechtliche Vertrag unter besonderer Berücksichtigung seiner Rechtswidrigkeit, 1982; *Henke*, Allgemeine Fragen des öffentlichen Vertragsrechts, JZ 1984, 441 ff.; *ders.*, Praktische Fragen des öffentlichen Vertragsrechts – Kooperationsverträge, DÖV 1985, 41 ff.; *Fluck*, Die Erfüllung des öffentlichrechtlichen Verpflichtungsvertrages durch Verwaltungsakt, 1985; *Rhinow*, Verfügung, Verwaltungsvertrag und privatrechtlicher Vertrag, Festgabe zum Schweizerischen Juristentag 1985, S. 295 ff.; *Efstratiou*, Die Bestandskraft des öffentlichrechtlichen Vertrags, 1988; *Fluck*, Grundprobleme des öffentlichrechtlichen Vertragsrechts, DV 22 (1989) S. 185 ff.; *Punke*, Verwaltungshandeln durch Vertrag, 1989; *Maurer*, Der Verwaltungsvertrag – Probleme und Möglichkeiten, DVBl. 1989, 798 ff.; *Di Fabio*, Vertrag statt Gesetz? – Gesetzesvertretende und gesetzesausfüllende Verwaltungsverträge im Natur- und Landschaftsschutz, DVBl. 1990, 338 ff.; *Hill* (Hg.), Verwaltungshandeln durch Verträge und Absprachen, 1990; *Bleckmann*, Verfassungsrechtliche Probleme des Verwaltungsvertrages, NVwZ 1990, 601 ff.; *Rengeling/Gellermann*, Kooperationsrechtliche Verträge im Naturschutzrecht, ZG 1991, 317 ff.; *Scherzberg*, Grundfragen des verwaltungsrechtlichen Vertrages, JuS 1992, 205 ff.; *Schmidt-Aßmann/Krebs*, Rechtsfragen städtebaulicher Verträge, 2. Aufl. 1992; *Kunig*, Verträge und Absprachen zwischen Verwaltung und Privaten, DVBl. 1992, 1193 ff.; *Burmeister/Krebs*, Verträge und Absprachen zwischen der Verwaltung und Privaten, Referate mit Diskussion VVDStRL 52 (1993) S. 190 ff.; *H. Bauer*, Anpassungsflexibilität im öffentlich-rechtlichen Vertrag, in: Hoffmann-Riem/Schmidt-Aßmann, Innovation und Flexibilität des Verwaltungshandelns, 1994, S. 245 ff.; *Spannowsky*, Grenzen des Verwaltungshandelns durch Verträge und Absprachen, 1994; *Dose/Voigt*, Kooperatives Recht, 1995; *Seer*, Verständigungen in Steuerverfahren, 1996; *Schilling*, Der „unfreiwillige“ Vertrag mit der öffentlichen Hand. Erscheinungsformen und Rechtsschutz, VerwArch. Bd. 87 (1996) S. 191 ff.; *Looman*, „Ausverkauf von Hoheitsrechten“ in Verträgen zwischen Bauherrn und Gebietskörperschaften, NJW 1996, 1439 ff.; *R. Keller*, Vorvertragliche Schuldverhältnisse im Verwaltungsrecht, 1997; *Bauer*, Verwaltungsrechtliche und verwaltungswissenschaftliche Aspekte der Gestaltung von Kooperationsverträgen bei Public Private Partnership, DÖV 1998, 89 ff.; *Koch*, Die Vertragsstrafe im öffentlich-rechtlichen Vertrag am Beispiel von Ausbildungsförderungsverträgen, DÖV 1998, 141 ff.; *Correll*, Problembereiche und Möglichkeiten des öffentlich-rechtlichen Vertrags. Ein deutsch-österreichischer

Rechtsvergleich, DÖV 1998, 363 ff.; *Schlette,* Die Verwaltung als Vertragspartner, 2000; *Höfling/Krings,* Der verwaltungsrechtliche Vertrag: Begriff, Typologie, Fehlerlehre, JuS 2000, 625 ff.; *Krebs,* Grundfragen des öffentlichrechtlichen Vertrages, in: Ehlers/Krebs (Hg.), Grundfragen des Verwaltungsrechts und Kommunalrechts, 2000, S. 41 ff.; *Pakeerut,* Die Entwicklung der Dogmatik des verwaltungsrechtlichen Vertrages, 2000; *Lischke,* Tauschgerechtigkeit und öffentlich-rechtlicher Vertrag. Zur Auslegung der Angemessenheit im Sinne des § 56 Abs. 1 VwVfG, 2000; *Gurlit,* Verwaltungsvertrag und Gesetz, 2000; *dies.,* Grundlagen des Verwaltungsvertrages, Jura 2001, 659 ff., 731 ff.; *Schmidt-Aßmann,* Das Recht der Verwaltungsverträge zwischen gesetzlicher Bindung und administrativer Gestaltung, Festschrift für Kruse, 2001, S. 65 ff.; *Grziwotz,* Vertragsgestaltung im öffentlichen Recht, 2002; *Butzer,* Brauchen wir das Koppelungsverbot nach § 56 VwVfG?, DÖV 2002, 881 ff.; *Reimer,* Mehrseitige Verwaltungsverträge, VerwArch. 94 (2003), S. 543 ff.; *Ziekow/ Siegel,* Entwicklung und Perspektiven des Rechts des öffentlich-rechtlichen Vertrages, VerwArch. 94 (2003), S. 593 ff.; 95 (2004), S. 133 ff. und S. 573 ff.; *Remmert,* Verwaltungsvertrag und Verwaltungskompetenz. Garantieren Hochschulverträge finanzielle Planungssicherheit? Festschrift für Erichsen, 2004, S. 163 ff.; *Bonk,* Fortentwicklung des öffentlich-rechtlichen Vertrags unter besonderer Berücksichtigung der Public Privat Partnerships, DVBl. 2004, 141 ff.; *Schmitz,* „Die Verträge sollen sicherer werden". – Zur Novellierung der Vorschriften über den öffentlich-rechtlichen Vertrag, DVBl. 2005, 17 ff. – Zu den vieldiskutierten städtebaulichen Verträgen vgl. die Nachweise oben Rn. 4.

60   **Literatur zu V (rechtswidrige Verträge) insbesondere:** *Haueisen,* Zur Zulässigkeit, Wirksamkeit und Nichtigkeit des öffentlich-rechtlichen Vertrages, NJW 1969, 122 ff.; *Renck,* Bestandskraft verwaltungsrechtlicher Verträge? NJW 1970, 737 ff.; *Götz,* Der rechtswidrige verwaltungsrechtliche Vertrag, DÖV 1973, 298 ff.; *Schenke,* Der rechtswidrige Verwaltungsvertrag nach dem Verwaltungsverfahrensgesetz, JuS 1977, 281 ff.; *Obermayer,* Der nichtige öffentlich-rechtliche Vertrag nach § 59 VwVfG, Festschrift zum 100jährigen Bestehen des Bayerischen Verwaltungsgerichtshofes, 1979, S. 275 ff.; *Tschaschnig,* Die Nichtigkeit subordinationsrechtlicher Verträge nach dem Verwaltungsverfahrensgesetz, 1984; *Blankenagel,* Folgenlose Rechtswidrigkeit öffentlichrechtlicher Verträge? VerwArch. Bd. 76 (1985) S. 276 ff.; *Erichsen,* Die Nichtigkeit und Unwirksamkeit verwaltungsrechtlicher Verträge, Jura 1994, 47 ff.; *U. Stelkens,* Von der Nichtigkeit zur Vertragsanpassungspflicht. Zur Neuordnung der Fehlerfolgen öffentlich-rechtlicher Verträge, DV 37 (2004), S. 193 ff.

61   **Literatur zu VI (Abwicklung der Verträge):** Vgl. die Nachweise Rn. 52; ferner *Fiedler,* Zum Wirkungsbereich der clausula rebus sic stantibus im Verwaltungsrecht, VerwArch. Bd. 67 (1976) S. 125 ff.; *Littbarski,* Der Wegfall der Geschäftsgrundlage im öffentlichen Recht, 1982; *Kawalla,* Der subordinationsrechtliche Verwaltungsvertrag und seine Abwicklung, Jur. Diss. Konstanz 1984; *Stern,* Die clausula rebus sic stantibus im Verwaltungsrecht, Festschrift für Mikat, 1989, S. 775 ff.; *Kokott,* Entschädigungsfragen bei der Ausübung des einseitigen Kündigungsrechts der Behörde beim öffentlich-rechtlichen Vertrag, VerwArch.

Bd. 83 (1992) S. 503 ff.; *Lorenz,* Der Wegfall der Geschäftsgrundlage beim verwaltungsrechtlichen Vertrag, DVBl. 1997, 865 ff.; *Schwerdtner,* Verwaltungsverträge im Spannungsfeld unbedingter Vertragsbindungen und dem Interesse auf Vertragsanpassung bei veränderter Sachlage, VBlBW 1998, 9 ff.

Rechtsprechung zu § 14: *BVerwGE* 23, 213 (Grundentscheidung, Baudispensvertrag); *BVerwGE* 42, 331 (Folgekostenvertrag); *BVerwGE* 49, 359 (vertragliche Verpflichtung zum Erlaß einer – rechtswidrigen – Baugenehmigung; Vorinstanz *OVG Münster,* DVBl. 1973, 696); *BVerwGE* 8, 327; 48, 166; 49, 125, 128 (Vereinbarung über den Erlaß von Steuern bzw. Erschließungskosten); *BVerwGE* 30, 65; 40, 237; 52, 183 (Ausbildungskostenvertrag); *BVerwGE* 55, 337 (zur rechtsmißbräuchlichen Geltendmachung eines Erstattungsanspruchs wegen Nichtigkeit des Vertrages); *BVerwGE* 64, 361; 84, 183; 87, 77 (Ablösungsvereinbarung im Erschließungsbeitragsrecht); *BVerwGE* 74, 78 (Ausbildungsförderung, Vertragsstrafe); *BVerwGE* 81, 312 (Gemeinde – Bundesbahn); *BVerwGE* 84, 236 (kommunale Wirtschaftsförderung und Immissionsschutz); *BVerwGE* 89, 7 (Erschließungsvertrag: Anwendung des § 59 I VwVfG i.Vbg. mit § 134 BGB); *BVerwGE* 89, 345 (Subventionsvertrag: Rückabwicklung); *BVerwGE* 90, 310 (Baufolgekostenvertrag: rechtliche Anforderungen); *BVerwGE* 91, 200 (beschränkte Anwendbarkeit des Vertrages im Beamtenrecht, Ausbildungskostenvertrag); *BVerwGE* 92, 56 (Abgrenzung zum zivilrechtlichen Vertrag, städtebaulicher Vertrag: sog. Einheimischen-Modell); *BVerwGE* 94, 202 (Pflegesatzvereinbarungen als öffentlich-rechtliche Verträge); *BVerwGE* 96, 326 (Schuldanerkenntnis: Rückzahlung der Ausbildungskosten gegen Einbürgerung; Schriftform, Unterwerfung unter die Vollstreckung gem. § 794 I Nr. 5 ZPO); *BVerwGE* 97, 331 (Unternehmervertrag über Betrieb einer Tierkörperbeseitigungsanlage, Anpassung an veränderte Verhältnisse gem. § 60 I VwVfG); *BVerwGE* 98, 58 (Vergleich, Unterwerfung unter die sofortige Vollstreckung gem. § 61 I VwVfG); *BVerwGE* 102, 119, 123 f. (vorläufige Zuständigkeitsvereinbarung zwischen dem Bund und einem Land); BVerwGE 104, 353 (Vertragliche Sicherung einer Naturschutzmaßnahme); *BVerwGE* 106, 345, 350 f. (Planvereinbarung, Formblatt); *BVerwGE* 111, 162 (sog. hinkender Austauschvertrag, Koppelungsverbot). – *BVerwG* NJW 1974, 2247 und 2250 (Verfassungswidriger Verwaltungsvertrag); *BVerwG* DÖV 1977, 206 (öffentlich-rechtliches Schuldanerkenntnis); *BVerwG* NJW 1980, 1294 (Koppelungsverbot); *BVerwG* NJW 1988, 662 (Vergleich, rechtliche Voraussetzungen); *BVerwG* NJW 1994, 2306 (Doppelnatur und Wirksamkeit des Prozeßvergleichs); *BVerwG* NVwZ 1994, 485 (Koppelungsverbot); *BVerwG* NVwZ 1994, 1012 (Vereinbarung über bauliche Entwicklung); *BVerwG* DVBl. 2002, 844 (Vertragsanpassung); *BVerwG* DVBl. 2003, 1215 (Nichtigkeit einer Stundungsvereinbarung, Rückabwicklung).

BGHZ 56, 365 (Baudispensvertrag); *BGHZ* 58, 386; 65, 368 (Erschließungsvertrag); *BGHZ* 71, 386 (Folgekostenvertrag; culpa in contrahendo); *BGHZ* 76, 16 (Vertragliche Verpflichtung zum Erlaß eines Bebauungsplans); *BGHZ* 87, 9 (Kooperationsvertrag, Rechtsweg); *BGHZ* 116, 339 (Pflegesatzvereinbarung i.S. des § 93 II BSHG: öffentlich-rechtlicher Vertrag); *BGHZ* 153, 93 (Einheimischenmodell: privatrechtlicher Vertrag, Inhaltskontrolle); *BGH* NJW 1979, 642 (Verstoß gegen das Koppelungsverbot als schadensersatzbegründende

62

Amtspflichtverletzung); *BGH* DVBl. 1986, 409 (culpa in contrahendo: Rechtsweg, Voraussetzungen); *BGH* DVBl. 1994, 1240 (Rückzahlung von Ausbildungskosten, notarielle Beurkundung, Rechtsweg).
OVG Münster OVGE 16, 12 und *OVG Lüneburg* OVGE 16, 471, 475 (Vereinbarung über die Erfüllung baupolizeilicher Verpflichtungen); *OVG Münster* OVGE 26, 180 (Vereinbarung über die Kosten der Ersatzvornahme); *HessVGH* ESVGH 26, 80 (Kanalisationskosten, Wegfall der Geschäftsgrundlage); *BayVGH* DVBl. 1977, 394 (Abgeltung der Kanalisationsgebühren); *OVG Münster* DVBl. 1978, 308 (rechtsmißbräuchliche Geltendmachung eines Erstattungsanspruchs wegen Nichtigkeit eines Vertrages); *HessVGH* NJW 1983, 2831; *BayVGH* BayVBl. 1987, 531; *BadWürttVGH* VBlBW 1996, 218 (Vertrag über Ablösung der Stellplatzpflicht); *BayVGH* BayVBl. 1983, 730 und *BadWürttVGH* VBlBW 1984, 377 (Ausbildungsförderungsvertrag, Vertragsstrafe); *OVG Münster* NVwZ 1984, 522 (Subventionsvertrag, Konkurrentenklage, Unwirksamkeit?); *BayVGH* NVwZ 1987, 814 (konkrete Voraussetzungen eines Vertrags, Vollstreckung); *BayVGH* NVwZ 1989, 167 (Vergleich, Nichtigkeit, Wegfall der Geschäftsgrundlage); *BadWürttVGH* NVwZ 1991, 583 (sog. Folgelastenvertrag); *OVG Lüneburg* NJW 1992, 1404 (sog. Mehrkostenvertrag, Schriftform, Erfüllungsanspruch trotz Formnichtigkeit des Vertrages); *OVG Koblenz* NVwZ 1992, 796 (sog. hinkender Austauschvertrag, Verstoß gegen Koppelungsverbot, Erstattungsanspruch trotz Kenntnis der Nichtigkeit des Vertrages); *OVG Münster* NVwZ 1992, 988 (zur Nichtigkeit gem. § 59 I VwVfG i. Vbg. mit § 134 BGB, gesetzeskonforme Auslegung des Vertrages); *OVG Saarland* NJW 1993, 1612 (Modalitäten des Vertragsabschlusses); *OVG Lüneburg* NdsVBl. 1994, 38 (Sondernutzungsvertrag); *OVG Lüneburg* NJW 1998, 2921 (Unterschrift in *einer* Vertragsurkunde); *BadWürtt VGH* NVwZ 1996, 652 (Werbenutzungsvertrag, Folgen der Rechtswidrigkeit); *OVG Münster* NVwZ-RR 2003, 147 (Verzicht auf Beitragserhebung; *BadWürtt.VGH* VBlBw 2004, 52 (Austauschvertrag, Kopplungsverbot).

§ 15 Realakte, schlichtes Verwaltungshandeln

I. Begriff

1   Realakte (Tathandlungen, schlichtes Verwaltungshandeln) sind alle diejenigen Verwaltungsmaßnahmen, die *nicht* auf einen *Rechtserfolg,* sondern auf einen *tatsächlichen Erfolg* gerichtet sind. Dadurch unterscheiden sie sich von den Rechtsakten der Verwaltung (Verwaltungsakt, Verwaltungsvertrag, Rechtsverordnung und Satzung). Die üblichen Bezeichnungen Realakt oder Verwaltungsrealakt betonen die Abgrenzung zum Verwaltungsakt (vgl. dazu auch oben § 9 Rn. 8). Dabei ist allerdings zu beachten, daß dem Realakt nicht nur der für Verwaltungsakte typische Regelungscharakter fehlt, sondern

daß er auch nicht auf Einzelfälle beschränkt ist und nicht einseitig erfolgen muß. In der Literatur wird daher auch vom schlichten oder schlicht-hoheitlichen Verwaltungshandeln oder vom nichtförmlichen Verwaltungshandeln (so *Ipsen,* VerwR Rn. 820 ff.) gesprochen. Diese Bezeichnungen bringen den weiten Anwendungsbereich besser zum Ausdruck, während der „Realakt" terminologisch besser in die Reihe der Verwaltungsmaßnahmen paßt.

Die Verwaltungspraxis kennt zahlreiche, sehr unterschiedliche 2 Realakte. In der Literatur wird gelegentlich zwischen Wissenserklärungen (Auskünfte, Warnungen, Berichte, Ansprachen und dgl.) und tatsächlichen Verrichtungen (Auszahlung eines Geldbetrages, Fahrt mit dem Dienstfahrzeug, Durchführung einer Schutzimpfung, Reinigung einer Straße, Errichtung eines Verwaltungsgebäudes, Unterhaltung einer Schule usw.) unterschieden. Diese Differenzierung ist typologisch richtig, hat aber keine weiteren rechtlichen Konsequenzen.

Die Bezeichnung „Wissenserklärung" veranschaulicht den Unterschied zu den auf einen Rechtserfolg gerichteten Willenserklärungen und hat insoweit einen gewissen heuristischen Wert.

II. Rechtlicher Bezug

Da die Realakte keinen Rechtserfolg hervorbringen, sind sie in 3 rechtlicher Sicht weniger interessant als die Rechtsakte. Sie sind aber rechtlich nicht bedeutungslos, denn sie müssen mit dem geltenden Recht im Einklang stehen und können im Falle ihrer Rechtswidrigkeit Beseitigungs- und Schadenersatzansprüche auslösen.

1. Rechtliche Einordnung

Die rechtliche Beurteilung der Realakte setzt die Klärung vor- 4 aus, ob sie dem öffentlichen Recht oder dem Privatrecht zuzuordnen sind. Das bestimmt sich nach den ihnen zugrunde liegenden Rechtsnormen und, wenn solche fehlen, nach dem Zusammenhang, in dem sie stehen (vgl. dazu bereits oben § 3 Rn. 20 ff.). Die dem Verwaltungsrecht zuzuordnenden Realakte werden „Verwaltungsrealakte" genannt. Auf sie beziehen sich die folgenden Bemerkungen.

2. Rechtliche Voraussetzungen

5 Die Realakte müssen den jeweils für sie bestehenden rechtlichen Anforderungen entsprechen. Es gilt insoweit grundsätzlich dasselbe wie für die Rechtsakte (vgl. dazu bezüglich der Verwaltungsakte oben § 10 Rn. 9 ff.), wenngleich die rechtlichen Bindungen der Realakte in der Regel sehr viel lockerer sind, zumal sie großenteils im sog. gesetzesfreien Raum ergehen. Ein Realakt ist demnach z. B. rechtswidrig, wenn er von einer unzuständigen Behörde vorgenommen worden ist oder Rechte des Bürgers, etwa das Eigentumsrecht, verletzt.

3. Folgen der Rechtswidrigkeit

6 Die bei den rechtswidrigen Verwaltungsakten und sonstigen Rechtsakten im Vordergrund stehende Frage, welche Konsequenzen die Rechtswidrigkeit für die Rechtswirksamkeit hat (nichtig, aufhebbar oder trotz Rechtswidrigkeit rechtswirksam?), stellt sich bei den Realakten nicht, da sie ihrem Wesen nach überhaupt keine Rechtswirkungen hervorbringen. Die Rechtswidrigkeit kann aber gleichwohl Folgen haben: Die Behörde ist verpflichtet, die durch einen rechtswidrigen Realakt geschaffenen Fakten zu beseitigen und den rechtmäßigen Zustand wiederherzustellen, soweit dies noch möglich und zumutbar ist. Der durch einen rechtswidrigen Realakt in seinen Rechten verletzte Bürger hat einen entsprechenden Beseitigungs- und Wiederherstellungsanspruch. Ferner kann er ggf. einen Schadensersatz- oder Entschädigungsanspruch geltend machen.

Beispiele: Die Polizei nimmt rechtswidrig eine dem A gehörende Sache weg: A kann die Herausgabe der Sache verlangen. Ein Beamter äußert sich in ehrverletzender Weise über B: B kann Widerruf (= Beseitigung der Ehrverletzung) verlangen. Zum Beseitigungsanspruch (Folgenbeseitigungsanspruch) näher unten § 30. Ferner können A und B ggf. Schadensersatz verlangen, vgl. dazu unten §§ 25 ff.

4. Rechtsschutz

7 Der verwaltungsgerichtliche Rechtsschutz beschränkt sich nicht auf Verwaltungsakte und sonstige Rechtsakte, sondern erstreckt sich auch auf Realakte. In Betracht kommt die allgemeine Lei-

stungsklage: Klage auf Unterlassung eines Realakts, ferner Klage auf Beseitigung der durch einen Realakt geschaffenen Fakten, u. U. – bei Geltendmachung eines entsprechenden Anspruchs – Klage auf Vornahme eines Realakts und schließlich, für den Fall, daß die Leistungsklage (Unterlassungsklage) nicht greift, die Feststellungsklage gem. § 43 I VwGO.

Ob im konkreten Fall (nur) ein Realakt oder (auch) ein Verwaltungsakt vorliegt, ist vor allem in prozessualer Hinsicht bedeutsam, weil für die verwaltungsaktbezogenen Anfechtungs- und Verpflichtungsklagen besondere Zulässigkeitsvoraussetzungen gelten (Vorverfahren und Frist, vgl. §§ 68 und 74 VwGO).

Beispiel: A verlangt vom Verfassungsschutzamt, daß ihm der Name der Person mitgeteilt werde, die über ihn bestimmte Informationen gegeben hat. Das Verfassungsschutzamt lehnt ab. 13 Monate später klagt A auf Bekanntgabe des Namens. Wie ist die Zulässigkeit der Klage zu beurteilen? Die Klage ist wegen Fristablaufs unzulässig, wenn die Ablehnung ein Verwaltungsakt ist, dagegen (bei Vorliegen der übrigen Zulässigkeitsvoraussetzungen) zulässig, wenn sie einen Realakt darstellt. Die Auskunft selbst ist sicherlich Realakt; die Entscheidung darüber, ob die Auskunft erteilt werden darf, kann dagegen verselbständigt gesehen werden und ist dann als Einzelfallregelung Verwaltungsakt, so *BVerwGE* 31, 301; vgl. zum Auskunftsanspruch selbst *BVerwGE* 84, 375 und nunmehr § 15 BVerfSchG). Die Annahme einer solchen verselbständigten Entscheidung ist jedoch nur ausnahmsweise gerechtfertigt. Vgl. dazu auch oben § 9 Rn. 62.

III. Öffentliche Warnungen

1. Begriffliche Bestimmung

Eine besondere Form des Realakts bildet die *öffentliche Warnung* oder behördliche Warnung. Dabei handelt es sich um öffentliche, an die Bevölkerung gerichtete Erklärungen oder sonstige Verlautbarungen von Behörden oder Regierungsorganen, mit denen vor bestimmten gewerblichen oder landwirtschaftlichen Produkten, aber auch vor anderen Erscheinungen, etwa vor sog. Jugendsekten, gewarnt wird. Sie haben inzwischen in der Literatur eine breite Diskussion ausgelöst und auch die Rechtsprechung beschäftigt.

Beispiele: Warnung vor glykolhaltigem Wein (*BVerfGE* 105, 252; *BVerwGE* 87, 37); Warnung vor Jugendsekte „Osho" (*BVerfGE* 105, 279; *BVerwGE* 82, 76); Warnung des Regierungspräsidium Stuttgart vor angeblich verdorbenen Teigwaren (*OLG Stuttgart,* NJW 1990, 2690; *LG Stuttgart,* NJW 1989, 2257); – Vgl. ferner die (weniger nachdrücklichen) Hinweise und Empfehlungen, etwa die behördliche Veröffentlichung einer Arzneimitteltransparenzliste (*BVerwGE* 71, 183); die Veröffentlichung von Warentests durch eine Behörde (*BVerwG* DVBl. 1996, 807); die Empfehlung der Stadt Frankfurt, in Karton verpackte Getränke zu meiden (*HessVGH* NVwZ 1995, 611); der Hinweis eines Landrats auf Schadstoffe im Trinkwasser (*LG Göttingen* NVwZ 1992, 98). In diesem Zusammenhang gehört auch die durch eine Rechtsverordnung des Bundesgesundheitsministers festgelegte Verpflichtung der Tabakwarenhersteller, auf jeder Zigarettenschachtel vor den gesundheitlichen Gefahren des Rauchens zu warnen (vgl. *BVerfGE* 95, 173; kein Verstoß gegen Art. 12 I und 14 I GG).

9   Die behördlichen Warnungen können nach Art und Wirkung sehr unterschiedlich sein – je nach Gegenstand, Dringlichkeit, Publikationsweise, Weitergabe und Erörterung durch die Presse und die sonstigen Medien, Grad der Gefährlichkeit der erwähnten Produkte, Überprüfbarkeit durch den Bürger, Resonanz und Akzeptanz in der Öffentlichkeit, Sensibilität der Bevölkerung in dem angesprochenen Bereich und möglicherweise auch nach der Ausnutzung durch die Werbung der Konkurrenz. Zudem sind die Grenzen zu bloßen Empfehlungen und informatorischen Hinweisen fließend.

So dürfte z. B. die seit Jahren ständig erfolgende Warnung des Bundesgesundheitsministers, jetzt der EG-Gesundheitsminister vor Nikotingenuß kaum noch wahrgenommen werden; ob die Warnung vor einer Jugendsekte Beachtung findet, ist fraglich, kaum bei den dafür anfälligen Jugendlichen, eher bei deren Eltern; die Warnung vor bestimmten gesundheitsschädlichen Lebensmitteln wird dagegen in der Regel zur Folge haben, daß die Produkte nicht mehr gekauft werden, zumal der Bürger selbst dann, wenn er der Warnung nicht unbedingt Glauben schenkt, das Risiko meidet und auf andere Produkte umwechselt.

10   Die behördliche Warnung ist rechtlich betrachtet weniger einschneidend als ein Gebot oder Verbot, etwa das Verbot bestimmte Lebensmittel herzustellen oder zu vertreiben. In tatsächlicher Sicht kann sie jedoch den gleichen Effekt haben. Wenn eine Warnung bei der Bevölkerung „ankommt" und ernstgenommen wird, dann wird eben das Produkt nicht mehr gekauft, was im Ergebnis einem Verkaufsverbot gleichkommt. Die Warnung kann sogar erheblich darüber hinausgehen, wenn die Bevölkerung – vorsichtshalber („man kann ja nie wissen") – auch sonstige Produkte der betroffenen Hersteller oder Vertreiber nicht mehr kauft. Während das Verbot punktuell erfolgt und sich i. d. R. auf das (interne) Verhältnis zum Adressaten beschränkt, kann die öffentliche Warnung – je nach den Umständen – sachlich und räumlich weit darüber hinaus-

greifen, mittelbare Folgewirkungen haben und sich der Steuerung durch die Behörde entziehen.

Es wird daher bereits die Frage gestellt, ob die öffentliche War- **11** nung überhaupt noch unter den – rechtsdogmatisch ohnehin vernachlässigten – Begriff des Realaktes subsumiert werden kann oder nicht als eigene Handlungsform des Verwaltungsrechts betrachtet und behandelt werden müßte. Das ist jedoch – zumindest zum gegenwärtigen Zeitpunkt – zu verneinen. Da die „behördlichen Warnungen" nach Art und Wirkung sehr unterschiedlich sind, ist es nicht nur schwierig, sie begrifflich klar zu erfassen und abzugrenzen, sondern auch nicht möglich, dafür spezifische Rechtsfolgen zu entwickeln. Damit entfällt aber auch die Voraussetzung für die Annahme einer besonderen Handlungsform, die – gleichsam als Kurzformel – nur sinnvoll ist, wenn eine bestimmte Gruppe staatlicher Maßnahmen mit übereinstimmenden Merkmalen denselben rechtlichen Regelungen unterworfen werden soll. Im übrigen lassen sich die rechtlichen Probleme der öffentlichen Warnungen auch mit den Instrumentarien des Realaktes, der ohnehin nur eine Sammelbezeichnung darstellt, bewältigen.

2. Rechtliche Zulässigkeit

Die öffentlichen Warnungen werfen eine Reihe rechtlicher Pro- **12** bleme auf. Sie betreffen vor allem (1) die Zuständigkeit, insbesondere bei Warnungen der Bundesregierung, (2) die Rechtsgrundlage und damit die Frage nach dem Gesetzesvorbehalt und (3) die Grundrechtsrelevanz, nämlich die Vereinbarkeit mit Art. 12 I und 14 I GG bei Warnungen vor gewerblichen oder landwirtschaftlichen Produkten, mit Art. 4 I GG bei Warnungen vor sog. Jugendsekten, mit Art. 2 I GG im Blick auf geschäftsschädigende und ehrverletzende Äußerungen und mit Art. 3 I GG im Blick auf die Wettbewerbsneutralität. Wenn eine „Gefahr" i. S. des Polizeirechts vorliegt, reichen die polizeirechtlichen Vorschriften aus. Damit ist jedoch nicht der gesamte Bereich abgedeckt, z. B. nicht die Warnungen der Bundesregierung, die keine allgemein-polizeilichen Kompetenzen besitzt, und nicht die Warnungen und Empfehlungen, die sich nicht gegen polizeilich verdichtete Gefahren wenden. Das *BVerfG* und das *BVenvG* bejahen die Zuständigkeit der Bundesregierung, da sie „auf Grund ihrer Aufgabe der Staatsleitung überall dort zur Informationsarbeit berechtigt (ist), wo ihr eine gesamtstaatliche Verantwortung zukommt, die mit Hilfe von Informationen wahrgenommen werden kann" (so die Leitsätze zwei in *BVerfGE* 105, 252 und 279). Sie sind damit aber auch auf Widerspruch gestoßen. Fraglich ist ferner, inwieweit die Grundrechte gegen Warnungen, d. h. gegen nur faktische und mittelbare „Eingriffe" in den grundrechtlichen Schutzbereich, schützen. Auf diese, in das Verfassungsrecht weiterführenden Fragen kann hier nicht mehr eingegangen werden. Hinzuweisen ist nur noch darauf, daß in diesem Zusammenhang der Grundsatz der Verhältnismäßigkeit eine wesentliche Rolle spielt, sei es im Rahmen der Grundrechtsprüfung, sei es als allgemeiner Grundsatz des Verwaltungsrechts. Das gilt sowohl für das Ob als auch für das Wie der öffentlichen Warnung. Die Behörde darf eine öffentliche Warnung nur abgeben, wenn sie die Gefährlichkeit des Produkts für die Verbraucher und die Folgen der Warnung für den Hersteller sorgfältig geprüft und abgewogen hat. Sie muß ferner, wenn sie sich zur öffentlichen Warnung entschließt, so vorgehen, daß der Hersteller möglichst wenig geschädigt wird, vor allem weitere Auswirkungen auf seinen Geschäftsbetrieb vermieden werden. Dabei sind auch mögliche Alternativen zu bedenken. So kann sich im Einzelfall ergeben, daß ein Verbot weniger einschneidend ist als eine öffentliche Warnung. Wie auch sonst im Polizei- und Ordnungsrecht ist bei der nachträglichen Beurteilung der Rechtmäßigkeit einer Warnung bzw. der Erforderlichkeit einer Warnung zu beachten, daß es auf den damaligen, nicht auf den heutigen Erkenntnisstand ankommt.

Das VwVfG findet auf Warnungen keine direkte Anwendung (vgl. oben § 5 Rn. 13, 24). Es bestehen aber keine durchgreifenden Bedenken, diejenigen Regelungen des VwVfG, die Ausdruck allgemeiner Verwaltungsgrundsätze sind, entsprechend heranzuziehen (vgl. oben § 5 Rn. 24). So zur Anhörung gem. § 28 VwVfG *Hochhuth,* Vor schlichthoheitlichem Verwaltungseingriff anhören?, NVwZ 2003, 30 ff.

3. Gesetzliche Regelungen

13   Die soeben dargelegten allgemeinen Probleme der Warnung haben für Teilbereiche eine *gesetzliche Regelung* gefunden. Zu nennen ist vor allem das *Produktsicherheitsgesetz* (ProdSG) vom 22. 4. 1997.

(Das ProdSG wurde vor kurzem durch das Geräte- und Pro-
dukt-sicherheitsgesetz abgelöst, das hier nicht mehr berücksichtigt
werden konnte, jedoch in §§ 4 ff., insbesondere in § 8 IV, entsprechende Regelungen enthält, so daß die folgenden Ausführungen
tendenziell ihre sachliche Bedeutung behalten). Die zentrale Vorschrift des ProdSG bildet § 4 I, der die Hersteller verpflichtet, nur
sichere Produkte in den Verkehr zu bringen. Nach der Legaldefinition des § 6 I ist ein Produkt sicher, „wenn von ihm bei be-
stimmungsgemäßer oder zu erwartender Verwendung unter Einbeziehung der üblichen oder zu erwartenden Gebrauchsdauer keine
1. erhebliche, 2. mit der Art der Verwendung nicht zu vereinbaren-
de und 3. bei Wahrung der jeweils allgemein anerkannten Regeln
der Technik nicht hinnehmbare Gefahr für Gesundheit und Sicherheit von Personen ausgeht." Entspricht ein Produkt diesen Anforderungen nicht, dann kann die zuständige Behörde „die erforderlichen Maßnahmen treffen" (§ 7 I). In Betracht kommen Verbote,
Auflagen, aber auch *Warnungen der Öffentlichkeit*. § 8 ermächtigt
ausdrücklich zu solchen Warnungen, begrenzt sie aber auch; sie sind
nur zulässig, wenn (1) „Gefahr im Verzug" vorliegt, d. h. ein sofor-
tiges Eingreifen zur Abwendung einer erheblichen Gefahr für die
Gesundheit der Bevölkerung erforderlich ist, und wenn (2) andere
Maßnahmen, insbesondere Warnungen oder sonstige Maßnahmen
durch den Hersteller selbst, nicht ausreichen (Grundsatz der Verhältnismäßigkeit). Im übrigen greifen diese Regelungen nur ein,
wenn das Produktsicherheitsgesetz überhaupt anwendbar ist (vgl.
zum Anwendungsbereich die komplizierte Regelung des § 2).

Schon vor Erlaß des ProdSG enthielten einige landesrechtliche   **13 a**
Ausführungsgesetze zum (bundesrechtlichen) Lebensmittel- und
Bedarfsgegenständegesetz (LMBG, Sart. E Nr. 861) Regelungen
über öffentliche Warnungen für den Bereich des Lebensmittelrechts. Das ProdSG geht an sich als Bundesgesetz vor, bestimmt
aber in § 10 ausdrücklich, daß weitergehende landesrechtliche
Vorschriften über Warnungen, die der Vorsorge gegen Gesundheits-
gefahren dienen, unberührt bleiben. Den Reigen der landesrechtlichen Regelungen eröffnete Baden-Württemberg (§ 13 Ausführungsgesetz vom 9. 7. 1991, Dürig Nr. 106); es folgten mit teilweise
anderer Formulierung, aber inhaltlich im wesentlichen übereinstim-

mend Brandenburg (§ 12), Sachsen (§ 11) und Thüringen (§ 9). Diese Gesetze gehen durchweg weiter als das ProdSG: Es genügt eine konkrete polizeiliche Gefahr (im Gegensatz zur Gefahr im Verzuge nach § 8 ProdSG). Das Produkt und der Hersteller können ausdrücklich benannt werden. Erweist sich später der Verdacht als unbegründet, dann muß dies in gleicher Weise öffentlich bekannt gegeben werden, sofern der Unternehmer dies beantragt (der aber möglicherweise kein Interesse mehr daran hat, da dadurch die Angelegenheit wieder publik wird). Diese Pflicht zur „Entwarnung" ergibt sich aus dem allgemeinen Folgenbeseitigungsanspruch (vgl. dazu unten § 30) und gilt deshalb auch dort, wo dies, wie in Brandenburg, nicht ausdrücklich geregelt ist. Fraglich ist, ob unter den Vorbehalt des § 10 ProdSG auch die allgemeine polizeiliche Generalklausel fällt. Das ist wohl zu verneinen, da sonst die speziellere Regelung des § 8 ProdSG unterlaufen würde. Die Folge ist allerdings, daß dadurch die Zulässigkeit öffentlicher Warnungen erheblich beschränkt wird.

13 b   Das Ausführungsgesetz von Baden-Württemberg regelt neben der öffentlichen Warnung noch das Verkaufsverbot (§ 11), die öffentliche Bekanntgabe des Verbotes als Allgemeinverfügung (§ 12) und die „Information der Öffentlichkeit", wenn gegen Bestimmungen des LMBG verstoßen wird und an der Information ein besonderes Interesse der Öffentlichkeit oder Dritter besteht (§ 15). Auch das Ausführungsgesetz in Brandenburg enthält weitergehende Regelungen. – Das Produktsicherheitsgesetz darf nicht mit dem Produkthaftungsgesetz verwechselt werden, das nicht das Staat-Bürger-Verhältnis, sondern die (zivilrechtliche) Gefährdungshaftung des Herstellers für fehlerhafte Produkte gegenüber den dadurch geschädigten Privatpersonen betrifft (vgl. dazu auch unten § 29 Rn. 15).

Literatur zum ProdSG: *Tremmel/Steffen,* Amtshaftung wegen behördlicher Warnungen nach dem Produktsicherheitsgesetz, NJW 1997, 2265 ff.; *Hammerl,* Produktsicherheit: Der Standort des Lebensmittelrechts, ZLR 1998, 299 ff.; *Geis,* Gesetzgebungsübersicht, JuS 1998, 277, 280.

IV. Informelles Verwaltungshandeln

1. Abgrenzung und Bedeutung

14   Neuerdings – seit Beginn der 80er Jahre – wird in der verwaltungsrechtlichen Literatur zunehmend über das sog. informelle Verwaltungshandeln (auch informales Verwaltungshandeln oder informelles Hoheitshandeln genannt) diskutiert. Es geht dabei vor allem um Absprachen oder sonstige Kontakte zwischen der Verwaltung und dem Bürger vor Erlaß oder an Stelle einer behördlichen Entscheidung. Sie sind informell, weil sie nicht in den traditionellen Rechtsformen des Verwaltungshandelns erfolgen, sondern gerade umgekehrt als tatsächliche Verständigung diese vorbereiten oder ersetzen wollen. Als informelle Akte sind sie rechtlich nicht verbindlich und somit dem – ohnehin sehr weiten und diffusen – Bereich der Realakte zuzurechnen.

Beispiele: (1) A beantragt die Genehmigung für den Bau eines Sanatoriums. In eingehenden Vorgesprächen zwischen A und der Baugenehmigungsbehörde werden alle wesentlichen Punkte, insbesondere auch die Einwände und Vorbehalte der Behörde und die Wünsche des A, im Detail besprochen. Abschließend kommt man überein, daß A noch bestimmte Änderungen an seinem Plan vornimmt und die Behörde daraufhin die Baugenehmigung erteilen wird. – (2) Die zuständige Behörde teilt dem Inhaber einer Fabrik mit, daß die Filteranlage seines Betriebs inzwischen technisch überholt sei und ersetzt werden müsse; sie beabsichtige eine entsprechende nachträgliche Anordnung gem. § 17 BImSchG zu erlassen. Nach längeren Verhandlungen sagt B zu, erhebliche Verbesserungen an seiner Anlage vorzunehmen; die Behörde verzichtet daraufhin auf die beabsichtigte Anordnung. – In beiden Fällen will sich die Behörde rechtlich nicht binden, liegt also weder ein Verwaltungsvertrag noch ein Vorbescheid noch eine Zusage vor, sondern nur eine unverbindliche Absprache, ein Gentleman's Agreement.

Solche Absprachen sind nicht neu. Neu ist nur ihre Entdeckung **15** und ihre Erörterung in der Verwaltungsrechtslehre. Allerdings spielen sie eine immer größere Rolle, weil der Staat zunehmend in den wirtschaftlichen Bereich einwirkt und einwirken muß, die Verhältnisse in diesem Bereich wegen der rasanten technischen Entwicklung und der erheblichen Gefährdungen der Umwelt immer komplizierter werden und das grundrechtlich geprägte Staat-Bürger-Verhältnis darauf drängt, den Bürger als selbständige Person nach Möglichkeit in den staatlichen Entscheidungsprozeß einzubeziehen.

Da es (noch) keinen festen Begriff des informellen Verwaltungs- **16** handelns gibt, läßt es sich – sofern überhaupt – mehr oder weniger weit abgrenzen. Nach *Ossenbühl* gehören dazu „alle Verwaltungshandlungen, die sich nicht unter die herkömmlichen rechtlich formalisierten Handlungsformen der Verwaltung rubrizieren lassen", also nicht nur Absprachen und ähnliche Formen des Zusammenwirkens von Staat und Bürger, sondern auch „einseitiges Hoheitshandeln", nämlich behördliche Warnungen, Empfehlungen, Auskünfte usw., ja darüber hinausgehend auch „administrative Regelbildungen und Normsetzungen, die sich außerhalb der verfassungsrechtlich formalisierten Rechtserzeugungsverfahren vollziehen, aber in ihrer praktischen Bedeutung nicht hinter den herkömmlichen klassischen Rechtsquellen, also Gesetz und Rechtsverordnung, zurückstehen" (UTR 1987, S. 29 f.). Damit wird jedoch ein Bereich angesprochen, der so weit ist, daß er sich nicht mehr sinnvoll unter einheitlichen Gesichtspunkten beurteilen läßt. Das gilt umso mehr, als sich diese weiteren Akte nicht nur durch ihren einseitigen Erlaß, sondern auch dadurch von den informellen Absprachen und ähnlichen Kontakten zwischen Verwaltung und einzelnen Bürgern unterscheiden, daß sie sich nicht vorbereitend oder ersetzend auf eine behördliche Entscheidung beziehen und daß sie in der Regel eine erhebliche Breitenwirkung im Außenbereich haben.

17   Dagegen findet das informelle Verwaltungshandeln mehr oder weniger vergleichbare Entsprechungen auf der *verfassungsrechtlichen Ebene*.

Beispiel: Die Regierung beabsichtigt, einen Entwurf einer gesetzlichen Regelung über die Beschränkung der Zigarettenwerbung im Bundestag einzubringen, verzichtet aber darauf, nachdem die Zigarettenindustrie durch ihren Verbandssprecher erklärt, daß sie von sich aus die Zigarettenwerbung einschränken werde. Vgl. dazu *Oebbecke,* Die staatliche Mitwirkung an gesetzesabwendenden Vereinbarungen, DVBl. 1986, 793 ff. m. w. N.; allgemein *Schulze-Fielitz,* Der informale Verfassungsstaat, 1984. Informelle Absprachen im verfassungsrechtlichen Bereich stellen auch die Koalitionsvereinbarungen dar, vgl. *Schulze-Fielitz,* aaO. S. 46 ff.; *Maurer,* Staatsrecht, § 14 Rn. 23 ff.

18   Die informellen Absprachen im Bereich der Verwaltung, die im folgenden näher behandelt werden sollen, sind in der Regel das Produkt der vor allem bei größeren Projekten ohnehin erforderlichen Gespräche zwischen der Verwaltung und dem privaten Unternehmer. Es liegt nahe, daß dabei die Behörde auch ihre Einschätzung und ihre Vorbehalte zum Ausdruck bringt und der Antragsteller darauf eingeht, sie zu entkräften versucht oder Alternativen anbietet, möglicherweise auch Zugeständnisse erreicht, vor allem wenn der Behörde an dem Projekt gelegen ist oder wenn sie zweifelt, ob ihre Rechtsauffassung einer gerichtlichen Prüfung standhält. Der Vorteil solcher Gespräche besteht darin, daß die gegenseitigen

Standpunkte und Möglichkeiten abgeklärt werden und daß die sich daraus ergebenden Verständigungen und Absprachen das eigentliche Verwaltungsverfahren entlasten, Zeit und Kosten sparen. Manches, was sonst später als Auflage zur Genehmigung erscheinen würde, kann schon in diesem frühen Stadium bereinigt werden. Andererseits dürfen aber auch die Nachteile und Gefahren nicht übersehen werden, etwa gemeinschaftliches Hinwegsetzen über gesetzliche Regelungen, Beeinträchtigung von Rechtspositionen Dritter, mangelnde Transparenz. Sie müssen durch die Beachtung der allgemeinen rechtlichen Grenzen vermieden werden.

2. Rechtliche Beurteilung

a) *Zulässigkeit.* Die informellen Absprachen sind nicht per se un- **19** zulässig. Es gibt keinen numerus clausus der Handlungsformen der Verwaltung. Sie finden sogar eine gewisse Grundlage in der letztlich verfassungsrechtlich verankerten Pflicht der Verwaltung zur Anhörung der Bürger, die sich nicht auf ein „bloßes Zuhören" beschränken kann, sondern sinnvollerweise eine Erörterung der wichtigen Gesichtspunkte einschließt, ferner im Untersuchungsgrundsatz, der die Verwaltung verpflichtet, den Sachverhalt umfassend aufzuklären, was häufig nur mit Hilfe des Betroffenen möglich ist, und schließlich in der Pflicht, eine optimale, die Interessen der Allgemeinheit und des Einzelnen gleichermaßen berücksichtigende Entscheidung zu finden. Daraus folgt natürlich keine Pflicht zur – weitergehenden – „Absprache", aber die in den Verhandlungen erreichte „Verständigung" kann sich durchaus in einer solchen Absprache niederschlagen.

b) *Wirkung.* Die informellen Absprachen sind rechtlich nicht **20** verbindlich. Gerade darin liegt ihre Besonderheit. Wenn Verbindlichkeit gewollt wäre, läge keine informelle Absprache, sondern ein Verwaltungsvertrag, ein Vorbescheid oder eine Zusage vor. Die „Verbindlichkeit" läßt sich auch nicht durch die Hintertür, etwa unter Hinweis auf den Grundsatz des Vertrauensschutzes, den Grundsatz von Treu und Glauben, die Selbstbindung der Verwaltung usw. einschleusen. Die Behörde kann daher nicht nur bei Änderung der Sach- oder Rechtslage, sondern auch bei einer Änderung ihrer Einschätzung von der Absprache abweichen. Entsprechendes gilt für den Bürger. Es gibt weder einen Anspruch auf Erfüllung der Absprache noch auf Schadensersatz wegen Nichterfüllung. Möglich ist lediglich, daß nach den Grundsätzen der culpa in contrahendo, die auch auf die Entstehung behördlicher Entscheidungen in vorsichtiger Weise entsprechend anwendbar sind, gehaftet wird. Das schließt freilich nicht aus, daß durch solche Absprachen faktische Bindungen entstehen können.

21   c) *Grenzen.* Wenn auch die informellen Absprachen nicht verboten sind, so stoßen sie doch auf rechtliche Grenzen. Verfehlt wäre es, wenn man aus der Unverbindlichkeit solcher Absprachen folgern wollte, sie seien, weil nicht verbindlich, uneingeschränkt zulässig. Dagegen spricht schon Art. 20 III GG, der die Verwaltung in allen ihren Äußerungen, auch im tatsächlichen Bereich, an die gesetzlichen Vorschriften und die rechtlichen Grundsätze bindet. Hinzu kommt, daß die faktischen Bindungen und Zwänge, die von solchen Absprachen ausgehen können, mitbedacht werden müssen.

Grenzen bestehen sowohl in materiell-rechtlicher als auch in verfahrensrechtlicher Hinsicht. Materiell-rechtlich darf die Verwaltung keine Zugeständnisse machen, die mit dem geltenden Recht nicht im Einklang stehen, die – würden sie später eingehalten – zu einer rechtswidrigen Genehmigung oder zu einem rechtswidrigen Zustand (etwa durch Unterlassung einer nachträglichen Anordnung) führen würden. Ferner dürfen die verfahrensrechtlichen Sicherungen nicht überspielt werden, insbesondere nicht die sich aus dem Untersuchungsgrundsatz ergebende Pflicht zur umfassenden Aufklärung verkürzt oder die Anhörungs- und Beteiligungsrechte Dritter unterlaufen werden. Die sich im einzelnen daraus ergebenden Konsequenzen und Anforderungen hängen von der jeweiligen Fallkonstellation ab und können hier nicht weiter untersucht werden. Sie dürften jedoch zu erheblichen Einschränkungen führen. Der in der Literatur gelegentlich gemachte Vorschlag, das Verwaltungsverfahrensrecht des VwVfG oder sogar der jeweiligen Spezialgesetze entsprechend auf das informelle Verwaltungshandeln anzuwenden, ist abzulehnen. Formalisiert man das informelle Verwaltungshandeln, dann ist es eben kein informelles Verwaltungshandeln mehr mit der Folge, daß sich davor wiederum informelle Kontakte und Absprachen ansiedeln werden. Es kann also nicht darum gehen, das informelle Verwaltungshandeln zu regeln, sondern nur – vor allem im Blick auf seine Auswirkungen – zu begrenzen.

Literatur zu § 15: *Krause,* Rechtsformen des Verwaltungshandelns, 1974, **22** S. 54 ff. und 361 ff.; *Rasch,* Der Realakt insbesondere im Polizeirecht, DVBl. 1982, 207 ff.; *Robbers,* Schlichtes Verwaltungshandeln, DÖV 1987, 272 ff.; *Scherer,* Realakte mit „Doppelnatur", NJW 1989, 2724 ff.; *Schulte,* Schlichtes Verwaltungshandeln, 1995; *Siems,* Der Begriff des schlichten Verwaltungshandelns, 1999.

Zu III (öffentliche Warnungen) insbesondere: *Ossenbühl,* Umweltpfle- **23** ge durch behördliche Warnungen und Empfehlungen, 1986, S. 33 ff.; *ders.,* Informelles Hoheitshandeln im Gesundheits- und Umweltschutz, UTR 1987, 27 (33 ff.); *Lübbe-Wolff,* Rechtsprobleme der behördlichen Umweltberatung, NJW 1987, 2705 ff.; *Sodan,* Gesundheitsbehördliche Informationstätigkeit und Grundrechtsschutz, DÖV 1987, 858 ff.; *Dolde,* Behördliche Warnungen vor nicht verkehrsfähigen Lebensmitteln, 1987; *Schulte,* Informales Verwaltungshandeln als Mittel staatlicher Umwelt- und Gesundheitspflege, DVBl. 1988, 512, 515 ff.; *Zuck,* Die Eingriffswarnung, MDR 1988, 1020 ff.; *R. Philipp,* Staatliche Verbraucherinformationen im Umwelt- und Gesundheitsrecht, 1989; *Berg,* Die behördliche Warnung – eine neue Handlungsform des Verwaltungsrechts? ZLR 1990, 565 ff.; *Gröschner,* Öffentlichkeitsaufklärung als Behördenaufgabe, DVBl. 1990, 619 ff.; *Heintzen,* Hoheitliche Warnungen und Empfehlungen im Bundesstaat, NJW 1990, 1448 ff.; *ders.,* Die öffentliche Warnung als Handlungsform der Verwaltung? in: Becker-Schwarze/Köck u.a., Wandel der Handlungsformen im Öffentlichen Recht, 1991, S. 167 ff.; *Robbers,* Behördliche Auskünfte und Warnungen gegenüber der Öffentlichkeit, AfP 1990, 84 ff.; *Schoch,* Staatliche Informationspolitik und Berufsfreiheit, DVBl. 1991, 667 ff.; *Leidinger,* Hoheitliche Warnungen, Empfehlungen und Hinweise im Spektrum staatlichen Informationshandelns, DÖV 1993, 925 ff.; *Voitl,* Behördliche Warnkompetenzen im Bundesstaat, 1994; *Di Fabio,* Information als hoheitliches Gestaltungsmittel, JuS 1997, 1 ff.; *Murswiek,* Staatliche Warnungen, Wertungen, Kritik als Grundrechtseingriffe, DVBl. 1997, 1021 ff.; *Lege,* Nochmals: Staatliche Warnungen, DVBl. 1999, 569 ff.; *Gusy,* Verwaltung durch Information, NJW 2000, 977 ff.; *Ibler,* Grundrechtseingriff und Gesetzesvorbehalt bei Warnungen durch Bundesorgane, Festschrift für Maurer, 2001, S. 145 ff.

Zu IV. (informales Verwaltungshandeln) insbesondere: *Bohne,* Der **24** informale Rechtsstaat, 1981; *ders.,* Informales Verwaltungs- und Regierungshandeln als Instrument des Umweltschutzes, VerwArch. Bd. 75 (1984) S. 343 ff.; *Hoffmann-Riem,* Selbstbindungen der Verwaltung, VVDStRL 40 (1982) S. 187 ff.; *Eberle,* Arrangements im Verwaltungsverfahren, DV Bd. 17 (1984) S. 439 ff.; *Becker,* Informales Verwaltungshandeln zur Steuerung wirtschaftlicher Prozesse im Zeichen der Deregulierung, DÖV 1985, 1003 ff.; *Jarass,* Reichweite des Bestandschutzes industrieller Anlagen gegenüber umweltrechtlichen Maßnahmen, DVBl. 1986, 314 (319 ff.); *Ossenbühl,* Informelles Hoheitshandeln im Gesundheits- und Umweltschutz, UTR 1987, 27 ff.; *Bauer,* Informelles Verwaltungshandeln im öffentlichen Wirtschaftsrecht, VerwArch. Bd. 78 (1987) S. 241 ff.; *Beyerlin,* Schutzpflicht der Verwaltung gegenüber dem Bürger außerhalb des formellen Verwaltungsverfahrens? NJW 1987, 2713 ff.; *Schulte,* Informales Verwaltungshandeln als Mittel staatlicher Umwelt- und Gesundheitspflege, DVBl. 1988, 512 ff.; *Rengeling,* Das Kooperationsprinzip im Umweltrecht, 1988; *Lübbe-Wolff,* Das Kooperationsprinzip im Umweltrecht – Rechtsgrundsatz oder Deckmantel des Vollzugsdefizits? NuR 1989, 295 ff.; *Hill* (Hg.), Verwaltungshandeln durch Verträge und Absprachen, 1990; *R. Schmidt,* Öffentliches Wirtschaftsrecht, 1990, S. 494 ff.; *Hoffmann-Riem / Schmidt-Aßmann* (Hg.), Konfliktsbewältigung durch Verhandlungen, 2 Bde., 1990; *Kunig / Rublack,* Aushandeln statt Entscheiden? Jura 1990, 1 ff.; *H. Dreier,* Informales Verwaltungshandeln, StW 1993, S. 647 ff.; *Brohm,* Rechtsstaatliche Vorgaben für informelles Verwaltungshandeln, DVBl. 1994, 133 ff.; *Dose,* Kooperatives Recht, DV 27 (1994) S. 91 ff.; *Schlette,* Die Verwaltung als Vertragspartner, 2000, S. 216 ff.; *Volkmann,* Umweltvereinbarungen als Problem der verwaltungsrechtlichen Dogmatik, UTR 2001, 97 ff.; *Bull,* VerwR Rn. 242 ff., 486; *Erichsen,* VerwR § 32 Rn. 1 ff.; *Ipsen,* VerwR Rn. 820 ff.

§ 16 Plan und Planung

I. Überblick und Bedeutung

1. Überblick

1   Dem Plan wird üblicherweise alles zugerechnet, was der Gesetzgeber oder was sich selbst als Plan bezeichnet. Dadurch entsteht ein Konglomerat der verschiedensten staatlichen Akte, denen zwar die Kennzeichnung Plan gemeinsam ist, die sich aber im übrigen erheblich unterscheiden. Zur Veranschaulichung sollen einige Plantypen hervorgehoben werden:

2   a) *Die Haushaltspläne des Bundes, der Länder und der Gemeinden.* Diese gleichsam klassischen Pläne bilden die Grundlage der staatlichen bzw. kommunalen Haushaltswirtschaft. Sie haben eine eminent politische Bedeutung, weil mit der Verteilung der Mittel zugleich Prioritäten für die staatlichen Aufgaben und die gesellschaftliche Entwicklung gesetzt werden. Der längerfristigen Finanzplanung dienen die (fünfjährigen) *Finanzpläne,* die vom Finanzminister aufzustellen, von der Regierung zu beschließen und dem Parlament zur Kenntnisnahme vorzulegen sind (vgl. Art. 109 III GG, § 50 HGrG, §§ 9 ff. StabG).

b) *Die Raumordnungspläne,* die entweder Gesamtpläne oder Fach-   **3**
pläne darstellen.

aa) *Die raumordnenden Gesamtpläne* betreffen die Gesamtentwick-
lung eines bestimmten Gebietes. Sie reichen – zunehmend konkreter werdend – von den Vorgaben des Raumordnungsgesetzes des
Bundes und den vom zuständigen Bundesminister entwickelten
Leitbildern der räumlichen Entwicklung (§§ 1 ff., 18 ROG) über
die Landesplanung (Landesentwicklungspläne, Landesraumord-
nungsprogramme usw. für das gesamte Landesgebiet) und die Regionalplanung (Regionalpläne für bestimmte Landesteile) bis zur
Ortsplanung (Bauleitpläne der Gemeinden).

Die *Landes- und Regionalpläne* sind teilweise bundesrechtlich im ROG und
teilweise landesrechtlich in den Landesplanungsgesetzen geregelt. Da der Bund
nur eine Rahmengesetzgebungskompetenz für die Raumordnung besitzt
(Art. 75 I Nr. 4 GG), beschränkt sich das ROG auf allgemeine Grundsätze und
Regelungen (§§ 18 ff. ROG), die von den Landesgesetzgebern näher ausgeführt werden können und müssen. Die *Bauleitpläne* der Gemeinden haben ihre
Rechtsgrundlage im Baugesetzbuch: Der Flächennutzungsplan erstreckt sich
auf das gesamte Gemeindegebiet und stellt die sich aus der beabsichtigten
städtebaulichen Entwicklung ergebende Bodennutzung in den Grundzügen dar
(§ 5 BauGB). Der Bebauungsplan, der aus dem Flächennutzungsplan zu entwickeln ist, legt die bauliche und sonstige Nutzung des Bodens für Teilgebiete
der Gemeinde im einzelnen rechtsverbindlich fest (§ 8 BauGB). Die Pläne der
unteren Ebenen haben sich der Raumplanung der jeweiligen höheren Ebene
anzupassen (vgl. für die Bauleitplanung § 1 IV BauGB); diesen Anpassungs-
pflichten entspricht das Recht der unteren Planungsträger auf Berücksichtigung
ihrer Pläne oder sogar auf Beteiligung bei der Planung der höheren Verwaltungseinheiten (sog. Gegenstromprinzip). Vgl. zu den Raumordnungsplänen
m. w. N. *Hoppe/Bönker/Grotefels,* Öffentliches Baurecht, 3. Aufl. 2004, S. 67 ff.;
Brohm, Baurecht, §§ 35 ff.; *Gubelt/Muckel,* Fälle zum Bau- und Raumordnungsrecht, 5. Aufl. 2001, S. 165 ff.

bb) *Die raumbezogenen Fachpläne,* die als Planfeststellungsbeschlüs-   **4**
se ergehen, bilden die Rechtsgrundlage für die Errichtung bestimmter raumbeanspruchender Anlagen, so z.B. den Bau von Straßen,
von Flugplätzen, von Abfallbeseitigungsanlagen usw., vgl. § 17
FStrG, § 8 LuftVG, § 31 II KrW-/AbfG.

c) *Der Bedarfsplan für die Bundesfernstraßen,* der dem Fernstraßen-   **5**
ausbaugesetz (FStrAbG) als Anlage beigefügt ist und die erforderlichen Neubau- und Ausbaumaßnahmen für die Bundesstraßen in
einer Dringlichkeitsliste festlegt.

Damit entscheidet der parlamentarische Gesetzgeber darüber, wo und wann neue Bundesstraßen gebaut oder bestehende Bundesstraßen ausgebaut werden (vgl. zum Bedarfsplan *BVerwGE* 98, 339, 345 f.; 100, 388, 390). Aufgrund dieser Bedarfsfeststellung hat sodann der Bundesverkehrsminister gem. § 16 FStrG die Planung und Linienführung zu bestimmen. Die Linienbestimmung ist kein (anfechtbarer) Verwaltungsakt, sondern eine verwaltungsinterne Anordnung (*BVerwGE* 62, 342, 344 ff.; 104, 236, 251 f.). Ihr folgt das Planfeststellungsverfahren mit dem abschließenden Planfeststellungsbeschluß gem. § 17 FStrG (oben Rn. 4). Vgl. zur Straßenplanung einschließlich der weiteren umweltrechtlichen und europarechtlichen Bezüge *Steiner*, Straßen- und Wegerecht, in: Steiner, BesVerwR., V Rn. 59 ff.; *Gottschewski*, Zur rechtlichen Durchsetzung von europäischen Straßen, 1998, S. 19 ff.; *Lautner/Metz*, Bundesfernstraßenplanung – Von der Bedarfsermittlung bis zur baulichen Realisierung, VR 1996, 253 ff.

6   d) *Pläne im umweltrechtlichen Bereich,* etwa Landschaftspläne (§§ 14 BNatSchG), Luftreinhaltepläne (§ 47 BImSchG), Lärmminderungspläne (§ 47 a BImSchG) usw.

7   e) *Bedarfspläne* im sozialen Bereich, etwa der Krankenhausbedarfsplan nach dem Krankenhausfinanzierungsgesetz (KHG) usw.

Die Zielrichtung dieses Gesetzes ergibt sich am § 1: „Zweck dieses Gesetzes ist die wirtschaftliche Sicherung der Krankenhäuser, um eine bedarfsgerechte Versorgung der Bevölkerung mit leistungsfähigen, eigenverantwortlich wirtschaftenden Krankenhäusern zu gewährleisten und zu sozial tragbaren Pflegesätzen beizutragen." Die Pläne werden in § 6 I angesprochen: „Die Länder stellen zur Verwirklichung der in § 1 genannten Ziele Krankenhauspläne und Investitionsprogramme auf." Folgerungen ergeben sich dann aus § 8 I 1: „Die Krankenhäuser haben nach Maßgabe dieses Gesetzes Anspruch auf Förderung, soweit und solange sie in den Krankenhausplan eines Landes und bei Investitionen nach § 9 Abs. 1 Nr. 1 in das Investitionsprogramm aufgenommen sind." Vgl. zu den Krankenhausbedarfsplänen nach dem KHG früherer Fassungen *BVerwGE* 62, 86; 72, 38. Nach Auffassung des *BVerwG* war der (frühere) Krankenhausbedarfsplan weder eine Rechtsnorm noch ein Verwaltungsakt in Form einer Allgemeinverfügung, sondern „eine verwaltungsinterne Maßnahme ohne unmittelbare Rechtswirkungen nach außen, ... am ehesten vergleichbar mit einer innerdienstlichen Weisung, durch welche die nach § 8 I 1 KHG (1972/1981) zuständige Landesbehörde verpflichtet wird, einen entsprechenden Feststellungsbescheid zu erlassen" (*BVerwGE* 72, 38, 45). Das dürfte auch heute noch gelten (so *Sodan*, Lebensmittel- und Gesundheitsrecht, in: Achterberg/Püttner/Würtenberger (Hg.), Besonderes Verwaltungsrecht, II, 2. Aufl. 2000, S. 740, 793 f.

8   f) *Pläne im Bildungs- und Hochschulbereich,* z. B. Struktur- und Entwicklungspläne für die Universitäten nach § 36 Bad.-Württ. Universitätsgesetz.

Vgl. dazu *Schmidt-Aßmann,* Wissenschaftsplanung im Wandel, Festschrift für Hoppe, 2000, S. 649 ff.; zur Bildungsplanung im Bund-Länder-Verhältnis (Art. 91 b GG) *Blümel,* HStR IV (1990) § 101 Rn. 156 ff.

g) Pläne, die nur eine Person betreffen

So z. B. der Gesamtplan für die Eingliederung eines Behinderten nach § 58 SGB XII (vgl. zur Vorgängerregelung § 46 BSHG *OVG Münster* OVGE 29, 1) und der Vollzugsplan als Grundlage für die Behandlung eines Strafgefangenen nach § 7 StVollzG.

h) Schließlich auch *behördeninterne Dienstpläne,* etwa über die behördeninterne Organisation, die Vertretung, die Aktenablage und dgl. Sie sind als Verwaltungsvorschriften zu qualifizieren.

2. Bedeutung

Staatliche Planung ist kein Phänomen nur unserer Zeit, sondern 9 gab es auch schon früher. Sie hat aber in der Gegenwart erheblich zugenommen.

Der Umfang und die Intensität der Planung hängt von der Aktivität staatlichen Handelns überhaupt ab. Im liberalen Rechtsstaat des 19. Jahrhunderts, der sich vornehmlich als gefahrabwehrender Ordnungsstaat verstand, trat die Planung naturgemäß zurück; der Staat entfaltete keine Initiative, sondern reagierte im wesentlichen nur auf Störungen der öffentlichen Sicherheit und Ordnung. Im sozialen Rechtsstaat der Gegenwart, der – neben der Gefahrabwehr – Aufgaben der Leistungstätigkeit und Sozialgestaltung hat (vgl. oben § 2 Rn. 6), wird der Plan zu einem wesentlichen Instrument staatlichen Handelns.

Die *Notwendigkeit* staatlicher Planung ist heute im Prinzip un- 10 bestritten. Sie ergibt sich rechtlich aus dem Sozialstaatsauftrag des GG und sachlich aus der zunehmenden Arbeitsteilung auch im staatlichen Bereich, der Knappheit der zur Verfügung stehenden Mittel und Kapazitäten sowie den unterschiedlichen, oft gegenläufigen Interessen in einem pluralistischen Gemeinwesen. Mit Hilfe der Planung sollen nicht nur die Maßnahmen der staatlichen Instanzen koordiniert und zielgerichtet gelenkt werden, sondern auch Impulse für den wirtschaftlichen und gesellschaftlichen Bereich gegeben werden. Sie entspricht auch der Tendenz unserer Zeit zur rational-wissenschaftlichen Analyse und Bewältigung anstehender Probleme. Die „Planungseuphorie" der 60er Jahre ist jedoch berechtigter Skepsis gewichen. Die sozialen Entwicklungen lassen

sich nicht – wie vielleicht technische Vorgänge – exakt vorausbe-
rechnen und somit sicher einplanen, ganz abgesehen davon, daß
das Grundgesetz zwar eine sinnvolle staatliche Planung fordert,
aber einer „Verplanung" des Menschen und damit auch des Sozial-
lebens entgegensteht.

11   *Der Schwerpunkt* staatlicher Planung liegt übrigens nicht im Bereich der Verwaltung, sondern im *Bereich der Gesetzgebung und der
Regierung* (politische Planung, Regierungsplanung). Die im Grundgesetz erwähnten Planungsaufgaben

Finanzplanung (Art. 109 III), Rahmenplanung bei Gemeinschaftsaufgaben
(Art. 91 a III), Bildungsplanung (Art. 91 b), Haushaltsplan (Art. 110)

betreffen Gesetzgebung und Regierung. Eine scharfe Unterscheidung zwischen politischer Planung und Verwaltungsplanung ist
freilich nicht möglich, zumal die Planungen der verschiedenen
Ebenen oft miteinander verknüpft sind.

12   Die *rechtliche Problematik* der Planung bewegt sich ebenfalls vornehmlich im
verfassungsrechtlichen Bereich. Sie ergibt sich aus den typischen Gefahren der
Planung, die zu Freiheitsbeschränkungen (Grundrechte), zu Kompetenzeinbu-
ßen des Parlaments gegenüber der planenden Exekutive (Gewaltenteilung) und
zur Einengung der Kompetenzen der Bundesländer und der Gemeinden durch
präjudizierende Planungen zentraler Instanzen (Bundesstaatsprinzip, Selbstverwaltungsgarantie der Gemeinden gem. Art 28 II GG) führen kann. Auch die
Beteiligung der Bürger an der Planung (sog. Partizipation), die Teilhabe an der
Vergabe planausgewiesener Leistungen (Grundrechte) und der Schutz des
Vertrauens des Bürgers auf den Fortbestand eines Plans (Plangewährleistung)
sind letztlich an verfassungsrechtlichen Grundsätzen zu messen, vgl. dazu im
einzelnen die Darstellungen zum Verfassungsrecht, ferner zum Plangewährleistungsanspruch unten Rn. 26 ff.

II. Rechtliche Einordnung

1. Der Plan als Rechtsbegriff?

13   Es gibt in der Literatur verschiedene Versuche, den Plan begrifflich zu erfassen (vgl. etwa *Herzog/Pietzner,* EvStL Sp. 2503; *Obermayer,* VerwR S. 121); sie stellen jedoch meist mehr rechtstatsäch-
liche Umschreibungen als juristisch einsetzbare Begriffsbildungen
dar. Die Vielfalt der Pläne, die sich nach Plangeber, Adressaten,
Inhalt, Bezugsfelder, Zeitdauer, Wirkung und rechtlicher Bindung
unterscheiden, schließt die Annahme eines einheitlichen und um-

fassenden Rechtsbegriffs „Plan" aus. Es gibt daher auch *nicht* die
selbständige verwaltungsrechtliche *Handlungsform Plan;* vielmehr
stellt der Plan eine Sammelbezeichnung für sehr unterschiedliche
Erscheinungen dar, die jeweils nach ihrer Eigenart und den für sie
maßgeblichen Rechtsvorschriften zu beurteilen sind.

Eine gewisse Eingrenzung läßt sich lediglich über die *Planung*   **14**
erreichen. Plan und Planung werden häufig unterschiedslos nebeneinander genannt. Sie sind jedoch nicht gleichbedeutend. Planung
ist die auf den Erlaß eines Planes zielende Tätigkeit; der Plan ist das
Produkt dieser Tätigkeit (vgl. bereits zur entsprechenden Unterscheidung beim Verwaltungsakt oben § 9 Rn. 7).

Planung bedeutet „vorausschauendes Setzen von Zielen und
gedankliches Vorwegnehmen der zu ihrer Verwirklichung erforderlichen Verhaltensweisen" (*Wolff/Bachof/Stober,* VerwR I § 56
Rn. 6); sie setzt also ein gewisses Maß an *Autonomie* sowohl im
Blick auf die Zielsetzungen als auch im Blick auf die Wahl der
Mittel voraus. Daher liegt auch naturgemäß der Schwerpunkt der
Planung bei der Gesetzgebung und Regierung (die meisten Gesetze sind das Ergebnis einer Planung in diesem Sinne und somit,
wenn man so will, Pläne). Im *Bereich der Verwaltung* kann zwischen
vollziehender und *planender* Tätigkeit unterschieden werden. Die
erstere besteht im Vollzug gesetzlicher Vorschriften oder von der
Regierung erlassener Richtlinien; sie ist also vorprogrammiert. Die
letztere kann dagegen – innerhalb von Zielvorgaben und Rah-
mensetzungen des Gesetzgebers oder der Regierung – selbst ihre
Ziele festlegen und den zur Erreichung dieser Ziele einzuschlagen-
den Weg bestimmen; sie programmiert sich also insoweit selbst.
Diese modellartige Gegenüberstellung darf jedoch nicht darüber
hinwegtäuschen, daß in der Praxis die Grenzen fließend sind und
meist Überschneidungen vorkommen. Gerade bei der Bauleitplanung, die ihren Grund in der Planungshoheit der Gemeinden hat,
gehen autonome Planung und heteronomer Vollzug (insbesondere
des § 1 VI BauGB) ineinander über; es bleibt aber den Gemeinden
noch ein Bereich planender Gestaltungsfreiheit.

Vgl. dazu und zur Unterscheidung zwischen planerischer Gestaltungsfreiheit
und Verwaltungsermessen oben § 7 Rn. 63 mit Nachweisen.

2. Die Bindungswirkung der Pläne

Man unterscheidet zwischen indikativen, influenzierenden und imperativen Plänen.

15   a) *Die indikativen Pläne* enthalten Daten und Vorausberechnungen. Sie haben den Zweck, staatliche Instanzen und u. U. auch Private über die derzeitigen Verhältnisse und die zu erwartenden Entwicklungen zu informieren und ihnen damit Material für eigene Entscheidungen und Dispositionen zu geben.

Es ist fraglich, ob in diesem Fall überhaupt von einem „Plan" gesprochen werden kann, da es sich lediglich um eine Datensammlung handelt, auch wenn ihre Erstellung Fachkenntnisse und Bewertungen erfordern mag. Indessen können auch Daten unter bestimmten Zielvorstellungen weitergegeben werden und damit stimulierend wirken; das rückt den indikativen Plan aber bereits in die Nähe des influenzierenden Plans.

16   b) *Die imperativen Pläne* sind dagegen für die jeweiligen Adressaten rechtlich verbindlich. Dabei ist weiter danach zu unterscheiden, ob die Bindungswirkung sich auf den Bereich der öffentlichen Verwaltung beschränkt oder auch Privatpersonen erfaßt und diese verpflichtet. Ein Teil der Literatur rechnet wohl nur die zweite Gruppe zu den imperativen Plänen.

17   c) *Die influenzierenden Pläne* stehen gleichsam zwischen den beiden vorgenannten Plantypen. Sie wollen ein bestimmtes Verhalten entsprechend den planerischen Zielvorstellungen veranlassen, – aber nicht durch Befehl und Zwang, sondern indem sie Anreize für planentsprechendes Verhalten in Aussicht stellen (etwa Subventionen, Steuervergünstigungen, Verbesserung der Infrastruktur durch Bau von Straßen oder durch Ausweisung von Industriegelände) oder Nachteile bei planentgegengesetztem Verhalten ankündigen (etwa steuerliche Belastungen). Die Intensität der Einflußnahme auf das private Verhalten kann sehr unterschiedlich sein, bedingt durch die tatsächlichen Verhältnisse, aber auch durch die rechtliche Form der Ankündigung, die von der bloßen Absichtserklärung bis hin zur bereits gesetzlich geregelten Subvention oder Steuervergünstigung reichen kann.

Der influenzierende Plan ist das dem sozialen Rechtsstaat adäquate Gestaltungsmittel: Er zwingt nicht, verzichtet aber auch nicht auf eine sozialgestal-

tende Einwirkung, sondern versucht mit Hilfe der Globalsteuerung die Initiative und Eigenverantwortlichkeit Privater zu aktivieren.

3. Die Rechtsnatur der Pläne

Der Plan stellt, wie bereits ausgeführt wurde, keine eigene   **18**
Rechtsform staatlichen Handelns dar. Er kann vielmehr in allen
traditionell überkommenen Rechtsformen auftreten: als Rechtssatz
(formelles Gesetz, Rechtsverordnung, Satzung), Beschluß des Ka-
binetts, Richtlinie des Bundeskanzlers oder Ministerpräsidenten,
Verwaltungsakt, Verwaltungsvorschrift, Einzelweisung, Realakt. Es
ist bei jedem Plan besonders zu prüfen, wie er rechtlich zu qualifizieren ist. Läßt sich der Plan nicht oder nicht zwanglos unter eine
der traditionellen Rechts- und Handlungsformen subsumieren,
dann fragt sich weiter, ob er eine Zwischenform (etwa eine sonstige Rechtsnorm) oder gar einen Akt sui generis darstellt.

a) *Die indikativen Pläne* stellen eine Art Auskunft dar und sind   **19**
daher als Realakte zu qualifizieren.

b) *Die influenzierenden Pläne* sind rechtlich wesentlich schwerer   **20**
zu erfassen. Es kommt darauf an, ob die Ankündigung mit oder
ohne Bindungswille erfolgt, was bei der bloßen Absichtserklärung
zu verneinen, bei der gesetzlichen Festlegung von Steuervergünstigungen zu bejahen ist. Zwischen diesen beiden Extremen liegt eine
ganze Bandbreite von Fällen, die oft schwer zu beurteilen sind.
Auch wenn in der Regel ein Bindungswille zu verneinen ist, so
bleibt doch, daß allein durch die stimulierende Wirkung solcher
Pläne ein Vertrauenstatbestand geschaffen werden kann.

c) *Die imperativen Pläne* stehen bei einer rechtlichen Analyse im   **21**
Vordergrund. Häufig hat der *Gesetzgeber* bereits die Rechtsform
bestimmt: Die Haushaltspläne des Bundes und der Länder werden
durch formelles Gesetz festgestellt (vgl. Art. 110 II GG für den
Bund). Entsprechendes gilt für die Bedarfspläne für den Ausbau der
Bundesfernstraßen (vgl. oben Rn. 7). Die Haushaltspläne der Ge-
meinden werden durch Satzung festgesetzt (vgl. z. B. § 79 Bad.-
Württ.GemO). Der Bebauungsplan wird als Satzung (§ 10 I
BauGB), der Planfeststellungsbeschluß als Verwaltungsakt (vgl. z. B.
§ 74 VwVfG) erlassen. Sehr uneinheitlich sind noch die Regelun-

gen der Landesplanungsgesetze bezüglich der Landesentwicklungspläne und der Regionalpläne: Die Landesentwicklungspläne werden
überwiegend als formelles Gesetz verabschiedet, zum Teil aber
auch als Rechtsverordnung erlassen (so etwa in Hessen). Die Regionalpläne ergehen in Baden-Württemberg, Niedersachsen und
Sachsen als Satzung, sonst meistens als Rechtsverordnung. Verschiedentlich fehlt eine nähere gesetzliche Kennzeichnung.

Als Beispiel einer differenzierenden Regelung sei auf das Niedersächsische
Raumordnungsgesetz verwiesen (§§ 5 ff.): Das Landes-Raumordnungspro-
gramm Teil I, das die Grundsätze der Raumordnung für das Gebiet des Landes
festlegt, wird als Gesetz durch den Landtag beschlossen; das Landes-Raum-
ordnungsprogramm Teil II, das die Ziele der Raumordnung, für die Entwicklung des Landes oder von Teilräumen des Landes, festlegt, wird durch Verordnung der Landesregierung bestimmt; die Regionalen Raumordnungsprogram-
me werden von den Trägern der Regionalplanung, den Landkreisen und den
kreisfreien Städten, als Satzung beschlossen, bedürfen aber noch der Genehmigung der Aufsichtsbehörde. Die jeweilige Rechtsform bestimmt zugleich über
die rechtlichen Voraussetzungen und die rechtlichen Wirkungen der einzelnen
Pläne, ferner über den Rechtsschutz.

22   Aus der Bestimmung der Rechtsform ergibt sich zunächst nur,
daß die jeweiligen Pläne *formal* wie ein formelles Gesetz, eine Satzung usw. zu behandeln sind, insbesondere was die rechtlichen
Voraussetzungen und die gerichtliche Kontrolle anbetrifft. Die Gesetzesform soll vor allem die Mitwirkung der Parlamente bei wichtigen Planentscheidungen sichern. Die *materiell-rechtlichen Rechtswirkungen,* insbesondere die Bindungswirkung, werden damit aber
noch nicht präjudiziert; sie müssen vielmehr im Einzelfall noch
geprüft werden. Die Bebauungspläne sind als Satzung allgemein-
verbindlich und haben damit Rechtsnormcharakter (wobei sie
natürlich, wie jede Rechtsnorm, nur diejenigen berechtigen und
verpflichten, die es angeht, also vorwiegend nur die Grundstückseigentümer des Plangebiets). Die Planfeststellungsbeschlüsse sind
rechtsgestaltende Verwaltungsakte. Die Haushaltspläne ermächtigen
dagegen nur die Exekutivorgane zu entsprechenden Ausgaben,
begründen aber keine Rechte und Pflichten für den Bürger (vgl.
§ 3 II HGrG, § 80 III 2 Bad.-Württ.GemO); sie entfalten also nur
innerhalb des jeweiligen Verwaltungsträgers Bindungswirkung, und
dies auch nur bedingt, da die Exekutivorgane rechtlich ermächtigt,

aber nicht verpflichtet werden, die bereitgestellten Mittel aus-
zugeben. Der Bedarfsplan für die Bundesfernstraßen (vgl. oben
Rn. 7) ist ebenfalls nur intern verbindlich. Die Raumordnungspläne binden nur innerhalb des Bereichs der öffentlichen Verwaltung,
sind aber nicht nur von den Organen des eigenen Verwaltungsträgers, sondern auch von den Verwaltungsträgern der unteren
Ebenen zu beachten (vgl. § 1 IV BauGB, wonach die Bauleitpläne
der Gemeinden den Zielen der Raumordnung und Landesplanung
anzupassen sind).

d) *Fehlt eine gesetzliche Einordnung* des Planes, dann ist die Rechts-   **23**
natur nach den jeweiligen Umständen, insbesondere nach dem
Plangeber, dem Inhalt und der Bindungswirkung zu bestimmen.
Pläne, die Rechte und Pflichten für den Bürger begründen, sind
Rechtsnormen oder Verwaltungsakte. Es ist dem Gesetzgeber allerdings nicht von vornherein versagt, weitere Rechtsakte mit ver-
pflichtender Wirkung zu schaffen. Maßnahmen, die den Bürger verpflichten und daher in Freiheit und Eigentum eingreifen, müssen
aber jedenfalls durch Gesetz oder auf Grund eines Gesetzes ergehen.

Im Einzelfall kann die Bestimmung der Rechtsnatur eines Planes zu fast un-   **24**
überwindlichen Schwierigkeiten führen. Das zeigt der *Flächennutzungsplan*. Er
wird von der Gemeindevertretung erlassen, bedarf der Genehmigung der
Rechtsaufsichtsbehörde (§ 6 BauGB) und bindet nicht nur die Gemeinde selbst,
insbesondere bei der späteren Aufstellung eines Bebauungsplanes (§ 8 II
BauGB), sondern ggf. auch andere Verwaltungsträger (§ 7 BauGB). Er begründet keine unmittelbaren Rechtswirkungen für den Bürger, hat aber doch mittelbare Auswirkungen für ihn, da z. B. bei der Genehmigung von Bauvorhaben
im Außenbereich auch die Vereinbarkeit mit dem Flächennutzungsplan zu
prüfen ist (§ 35 III BauGB). Nach der h. L. läßt sich der Flächennutzungsplan
nicht unter eine der herkömmlichen Rechtsformen (Satzung, Verwaltungsakt,
Verwaltungsvertrag, bloßes Verwaltungsinternum) subsumieren, sondern stellt
eine hoheitliche Maßnahme eigener Art, eine besonders ausgestaltete Planstufe
dar, so *Grauvogel*, in Kohlhammer-Kommentar zum BauGB, § 5 Rn. 156 ff.;
Brohm, Baurecht, § 6 Rn. 12; *Finkelnburg/Ortloff*, Öffentliches Baurecht, Bd. I,
5. Aufl. 1998, S. 72 („planungsbindender Plan"); vgl. auch *BVerwG* NVwZ
1991, 262 (jedenfalls nicht Rechtsnorm oder Rechtssatz i. S. des § 47 I
VwGO). Da der Flächennutzungsplan den formalen Anforderungen einer
Satzung entsprechen muß (wie auch der Vergleich mit dem Bebauungsplan
zeigt), ist er als nur formelle Satzung zu qualifizieren, d. h. als ein Rechtsakt, der
in Form einer Satzung ergeht, aber keine allgemeinverbindliche Rechtsnorm
darstellt, sondern (fast) nur verwaltungsinterne Bedeutung hat (entsprechend
dem Haushaltsplan). Da er keine Rechte und Pflichten für die Bürger begrün-

det, ja überhaupt keine Rechtsnorm im materiellen Sinne darstellt, kann er nicht im Wege der verwaltungsgerichtlichen Normenkontrolle gem. § 47 VwGO angefochten werden, ebenso im Ergebnis *BVerwG* NVwZ 1991, 262; vgl. allerdings auch *BVerwGE* 117, 287 und dazu *Kment,* NVwZ 2004, 314 f.

25   Die *Landesentwicklungspläne* und *Regionalpläne,* die nicht durch formelles Gesetz, Satzung oder Rechtsverordnung festgestellt, sondern durch bloßen Beschluß der Regierung, eines Ministers oder einer sonstigen Instanz erlassen werden, haben grundsätzlich nur verwaltungsinterne Rechtswirkungen. Sie werden in der Literatur und Rechtsprechung als Verwaltungsvorschrift, Verwaltungsinternum oder hoheitliche Maßnahme eigener Art bezeichnet, womit zugleich die Verlegenheit, sie in die überkommene Rechtsformentypologie einzuordnen, zum Ausdruck kommt. Strittig ist, ob die Gemeinden durch solche (nicht als Außenrechtssätze ergangene) Pläne gebunden und damit in ihrer durch Art. 28 II GG geschützten Planungshoheit beschränkt werden können, was durch diese Pläne regelmäßig intendiert wird.

Art. 28 II GG läßt zwar Beschränkungen der kommunalen Selbstverwaltung zu, verlangt dafür aber eine gesetzliche Regelung (vgl. § 23 Rn. 6). Die erwähnten Bindungen lassen sich allenfalls über die den Plänen zugrundeliegenden gesetzlichen Regelungen, insbesondere die Landesplanungsgesetze, rechtfertigen. So die h.M., vgl. *OVG Lüneburg* DVBl. 1973, 151, 155; *Söfker,* in: Ernst/Zinkahn/Bielenberg, Bundesbaugesetz, § 1 Rn. 21 f. m.w.N.; a.A. etwa *Brohm,* DVBl. 1980, 658; vgl. auch *Brohm,* Baurecht, § 36 Rn. 30 ff. m.w.N. Bejaht man eine solche Bindung, dann stellt sich die weitere Frage, ob und ggf. wie die Gemeinde gegen die nicht als Außenrechtssätze ergangenen Pläne gerichtlich vorgehen kann, vgl. dazu im Blick auf die Regionalpläne *Löhr,* DVBl. 1980, 19 ff., der die Regionalpläne als außenrechtswirksame Verwaltungsvorschriften qualifiziert und eine Normenkontrolle gem. § 47 VwGO für zulässig erklärt, ebenso im Ergebnis *Schmidt-Aßmann,* DÖV 1981, 245 f.; ferner *Weidemann,* Gerichtlicher Rechtsschutz der Gemeinden gegen regionale Raumordnungspläne, 1983; *Hoppe,* Festschrift für Menger, 1985, S. 756 ff. Die zunehmende tatsächliche und rechtliche Bedeutung der Regionalpläne nicht nur für die Gemeinden und sonstigen Körperschaften, sondern auch – zumindest mittelbar – für die Bürger macht eine gesetzliche Regelung ihrer Rechtsform dringend erforderlich.

III. Die Plangewährleistung

26   Die Pläne stehen ihrem Wesen nach im *Spannungsverhältnis von Stabilität und Flexibilität.* Sie haben einerseits den Sinn und Zweck, die Planadressaten, insbesondere die im wirtschaftlichen Bereich tätigen Bürger, zu einem bestimmten Verhalten, zu Dispositionen und Investitionen, zu veranlassen; sie wollen und sollen verwirklicht werden. Das setzt aber voraus, daß sich die Bürger auf den Bestand des Planes verlassen können (Problem des Vertrauensschutzes). Andererseits gehen die Pläne von bestimmten Verhältnissen im politischen, wirtschaftlichen und sozialen Bereich aus, die sie zugleich steuern wollen. Ändern sich die Verhältnisse oder sind sie von vornherein falsch eingeschätzt worden, dann sind auch die Pläne entsprechend zu korrigieren, wenn sie nicht zwecklos oder gar zweckwidrig werden sollen (Problem der Planänderung). In diesem Spannungsverhältnis liegt die Frage der *Plangewährleistung*. Es geht um die *Verteilung des Risikos* zwischen Plangeber und Planadressaten bei Aufhebung, Änderung oder Nichteinhaltung von Plänen.

Bei imperativen Plänen ist die Risikoverteilung gelegentlich gesetzlich geregelt, so hat z.B. nach §§ 39 ff. BauGB der Bürger einen Entschädigungsanspruch bei Änderung des Bebauungsplans. Bei indikativen Plänen scheiden solche Ansprüche von vornherein aus, sofern nicht ausnahmsweise ein Schadensersatzanspruch wegen „unrichtiger Auskunft" geltend gemacht werden kann. Im Vordergrund stehen die influenzierenden Pläne, die stimulierend auf den wirtschaftlichen und gesellschaftlichen Bereich einwirken wollen und sollen. **27**

Dabei geht es nicht nur um die Frage, ob der Bürger einen Schadensersatz- oder Entschädigungsanspruch wegen enttäuschten Vertrauens hat, sondern zunächst einmal um die Frage, ob er Ansprüche auf Planfortbestand, auf Planvollzug und – bei Planänderung – auf Anpassungs- und Übergangsregelungen geltend machen kann. Die „Plangewährleistung" ist demnach kein fest umrissenes Rechtsinstitut, sondern bezieht sich auf *verschiedene Anspruchsvarianten.*

Die Frage nach den einzelnen Ansprüchen kann nicht pauschal beantwortet werden. Es kommt vor allem auf die Form und den Inhalt des jeweiligen Planes an, da diese wieder für die Bewertung der Vertrauensposition des Bürgers von Bedeutung sind.

Es ist sicherlich ein Unterschied, ob die finanzielle Förderung einer Gewerbeansiedlung in einem bestimmten Gebiet in einem Subventionsgesetz geregelt, im Haushaltsplan durch Ausweisung der erforderlichen Mittel vorgesehen, im Finanzplan der Regierung (§§ 9, 14 StabG) aufgenommen oder durch eine Erklärung des zuständigen Ministers in der Öffentlichkeit angekündigt worden ist.

1. Anspruch auf Planfortbestand?

28   Ein solcher Anspruch richtet sich auf Beibehaltung des Planes und damit gegen die Aufhebung oder Änderung des Planes.

Eine *andere* Frage ist es, ob es einen Anspruch auf Planung, also einen Anspruch auf Einleitung bzw. Weiterführung eines Planverfahrens gibt. Das ist grundsätzlich zu verneinen, und zwar auch dann, wenn Beteiligungsrechte der Bürger im Planverfahren vorgesehen sind. Für die Bauleitplanung ergibt sich das bereits aus § 1 III 2 BauGB, der einen solchen Anspruch ausdrücklich ausschließt (vgl. dazu *BVerwG* NVwZ 1983, 92). Entsprechendes gilt für die Planfeststellungsverfahren, etwa das straßenrechtliche Planfeststellungsverfahren (*BVerwG* NJW 1981, 239) oder das wasserrechtliche Planfeststellungsverfahren (*BVerwGE* 62, 243, 246 ff.). Der Bürger kann sich aber bei Beeinträchtigung seiner Rechte durch Vorhaben, die ohne die erforderliche Planfeststellung durchgeführt worden sind, also etwa bei Beeinträchtigung seines Eigentums durch einen ohne vorhergehenden Planfeststellungsbeschluß erfolgten Ausbau einer Straße, zur Wehr setzen, indem er Abwehr-, Unterlassungs- oder Beseitigungsansprüche geltend macht.

Beim Anspruch auf Planfortbestand geht es – ebenso wie beim sogleich zu erörternden Anspruch auf Planbefolgung – nicht um Einfluß auf die Planung, sondern um den Schutz plangeschaffener subjektiver öffentlicher Rechtspositionen.

29   Ein allgemeiner Planfortbestandsanspruch kann grundsätzlich nicht anerkannt werden, da sonst das Vertrauensinteresse des einzelnen einseitig Vorrang gegenüber den öffentlichen Interessen an der Planänderung erhielte, ja ein sinnvolles Planen, das gerade auch Planflexibilität voraussetzt, nicht möglich wäre. Nur in Ausnahmefällen und auch nur dann, wenn der Plan in Form eines Gesetzes oder eines Verwaltungsakts ergangen ist, kommt ein Anspruch auf (zeitweiligen) Fortbestand in Betracht.

30   a) Ist der Plan *als Gesetz* beschlossen oder *durch Gesetz* festgestellt worden, dann sind die vom *BVerfG* aus dem Grundsatz des Vertrauensschutzes entwickelten Grenzen der echten und unechten Rückwirkung von Gesetzen zu beachten.

Das BVerfG unterscheidet zwischen der echten und der unechten Rückwirkung (so der 1. Senat) bzw. zwischen der Rückbewirkung von Rechtsfolgen und der tatbestandlichen Rückanknüpfung (so der 2. Senat). Die Differenz

zwischen den beiden Senaten ist – vom Ergebnis her betrachtet – nur terminologischer Art. Im ersten Fall wird der zeitliche Geltungsbereich eines Gesetzes auf die Vergangenheit erstreckt (ein am 1. 3. 2002 verkündetes Gesetz soll
ab 1. 8. 2001 gelten), im zweiten Fall erfaßt ein nur für die Zukunft geltendes
Gesetz (auch) Sachverhalte und Rechtsverhältnisse, die bereits in der Vergangenheit entstanden sind (ein am 1. 3. 2002 verkündetes Gesetz beseitigt bislang
gewährte Zinszuschüsse ab 1. 4. 2002, betrifft dabei aber auch vor dem 1. 3.
2002 abgeschlossene Darlehensverträge). Die Zulässigkeit der Rückwirkung ist
am (rechtsstaatlich oder grundrechtlich begründeten) Vertrauensschutzprinzip
zu messen. Danach ist die echte Rückwirkung (Rückbewirkung von Rechtsfolgen) grundsätzlich unzulässig; dagegen ist die unechte Rückwirkung (tatbestandliche Rückanknüpfung) grundsätzlich zulässig, muß aber zur Vermeidung
von Härtefällen ggf. durch Übergangsregelungen abgefedert werden. Vgl. zusammenfassend *BVerfGE* 97, 67, 78 ff.; 101, 239, 262 ff.; ferner die weiteren
Nachweise bei *Maurer,* Staatsrecht, § 17 Rn. 105 ff.

Eine Planänderung, die eine echte Rückwirkung darstellt, wäre
grundsätzlich unzulässig, ist aber kaum vorstellbar, da die Planung
– und damit auch die Planänderung – zukunftsorientiert ist und deshalb in der Vergangenheit liegende Sachverhalte nicht mehr zu erfassen vermag. Dagegen ist es durchaus möglich, daß sich die Planänderung als unechte Rückwirkung erweist. Ein Anspruch auf Planfortbestand ist in diesem Fall dann (ausnahmsweise) begründet, wenn
der Plan Anlaß zu entsprechenden Dispositionen gegeben hat und
das schutzwürdige Vertrauen der Betroffenen auf den Fortbestand
das öffentliche Interesse an der Änderung des Planes überwiegt.

Vgl. dazu *BVerfGE* 30, 392 (Berlinhilfegesetz): Der Gesetzgeber gewährte
eine Steuervergünstigung für einen Zeitraum von mindestens 5 Jahren; wegen
zwischenzeitlich eingetretener wirtschaftlicher und politischer Ereignisse wurde
bereits drei Jahre später die Steuervergünstigung durch Gesetzesänderung
vorzeitig gestrichen. Das *BVerfG* bejahte die Verfassungsmäßigkeit: die Fristbestimmung habe zwar einen Vertrauenstatbestand geschaffen; bei Abwägung
des Vertrauensinteresses der Betroffenen und der öffentlichen Interessen würden jedoch die letzteren überwiegen und die vorzeitige Beseitigung der Vergünstigung rechtfertigen. Die Grundsätze über die unechte Rückwirkung
fanden in diesem Fall allerdings nicht unmittelbar Anwendung, wurden aber
vom *BVerfG* entsprechend angewandt. – Vgl. ferner *BGHZ* 45, 83 (Knäckebrot-Fall: Aufhebung eines Schutzzolls), ferner schon *RGZ* 139, 177 (Gefrier-
fleisch-Fall: vorzeitige Wiedereinführung eines Einfuhrzolls); *Ossenbühl,* JuS
1975, 545 ff.

b) Wenn ein Plan als *Verwaltungsakt* erlassen worden ist, kann er   **31**
nur nach den Widerrufsregelungen geändert oder aufgehoben werden (vgl. zum Widerruf oben § 11 Rn. 39 ff.).

32 c) Im übrigen fallen Aufhebung oder Änderung eines Planes unter die planerische Gestaltungsfreiheit der zuständigen Instanz (vgl. oben Rn. 14). Einschränkungen ergeben sich nur, wenn sich die Verwaltung durch eine besondere Zusage oder durch eine vertragliche Vereinbarung gebunden hat.

Vgl. dazu die Andeutungen in *BGHZ* 45, 83, 87 f.; *BGH* NJW 1968, 293 (Blinkleuchten); ferner *Ossenbühl,* JuS 1975, 549.

2. Anspruch auf Planbefolgung?

33 Er richtet sich auf Beachtung und Vollzug eines Planes und damit gegen planwidriges Verhalten der Verwaltung. Auch in diesem Zusammenhang ist zu differenzieren. Zunächst fragt sich, ob der Plan rechtsverbindlich ist und ob er gerade die angesprochene Behörde bzw. ihren Verwaltungsträger bindet. Ferner ist zwischen Beachtung und Vollzug zu unterscheiden. Der Bebauungsplan ist als rechtsverbindlicher Plan von jeder Behörde insoweit zu beachten, als sie keine Maßnahme treffen darf, die gegen den Plan verstößt. Eine andere Frage ist aber, ob und inwieweit die Gemeinde die sie betreffenden Festsetzungen des Bebauungsplanes, etwa bezüglich einer Grünfläche oder einer Straße, zu vollziehen und damit zu verwirklichen hat. Sie ist zu verneinen. Selbst wenn aber eine solche Pflicht unter den gegebenen Umständen bestehen sollte, wäre die Gemeinde nicht zum sofortigen Vollzug verpflichtet. Im übrigen hätte der Bürger nur dann einen entsprechenden Anspruch, wenn die evtl. bestehende Vollzugspflicht gerade auch in seinem Interesse besteht (vgl. zum subjektiven Recht oben § 8 Rn. 8). Einen allgemeinen Planvollzugsanspruch gibt es genauso wenig wie einen allgemeinen Gesetzesvollzugsanspruch (vgl. dazu *BVerwG* DVBl. 1970, 62; *BadWürttVGH* ESVGH 23, 196). Andererseits ist zu beachten, daß der Plan auf Verwirklichung angelegt ist und demnach ein entsprechendes Verhalten der Bürger veranlassen soll. Die Verwaltung handelt daher ggf. widersprüchlich und ermessensfehlerhaft, wenn sie nicht das ihrerseits Erforderliche zur Verwirklichung der von ihr selbst erlassenen Pläne tut.

Fall: Die Baubehörde erteilt dem A unter Bewilligung eines Dispenses von der zwingenden Vorschrift des Bebauungsplanes über die Geschoßhöhe eine Baugenehmigung. Der Nachbar N wendet sich gegen die Dispenserteilung und fordert, daß der Bebauungsplan eingehalten wird. Mit Erfolg? Die Baubehörde ist an die Vorschriften des Bebauungsplanes gebunden, kann aber im Einzelfall unter Beachtung bestimmter Voraussetzungen einen Dispens erteilen (vgl. § 31 II BauGB). Eine Klage des N hätte danach nur Erfolg, wenn (1) die Erteilung des Dispenses objektiv rechtswidrig war und (2) der Dispens eine nachbarschützende und damit subjektive Rechte begründende Baurechtsvorschrift betraf.

3. Anspruch auf Übergangsregelungen und Anpassungshilfen?

Dieser Anspruch geht von einer Planänderung oder Planaufhe- **34** bung aus und fordert Übergangsregelungen und Anpassungshilfen für diejenigen, die dem Plan entsprechend Dispositionen getroffen haben und nunmehr durch den Wegfall des Planes Vermögensein-bußen erleiden. Auf diese Weise lassen sich einerseits die erforder-lichen Planänderungen durchführen, andererseits aber auch die Interessen der betroffenen Bürger berücksichtigen, die sich auf-grund der Übergangsregelungen oder Anpassungshilfen allmählich auf die neue Situation einstellen könnten.

Beispiele: Der Abbau von Subventionen wird rechtzeitig vorher angekün-digt oder erfolgt nicht sofort und vollständig, sondern etappenweise. Die durch die Änderung der Verkehrsplanung betroffenen Unternehmer, die aufgrund des ursprünglichen Planes von einer verkehrsgünstigeren Lage ausgehen konn-ten, erhalten finanzielle Übergangshilfen.

Ein allgemeiner Anspruch auf solche Übergangsregelungen oder Anpassungshilfen läßt sich nicht begründen. Er dürfte auch de lege ferenda nicht zu verwirklichen sein. Dagegen spricht schon, daß sich je nach Lage des Falles sehr unterschiedliche Möglichkeiten anbieten, ein einklagbarer Anspruch aber hinreichend bestimmt sein muß. Es liegt jedoch nahe, daß die planändernden Instanzen von sich aus solche Regelungen oder Hilfen gewähren. Es ist sogar denkbar, daß dadurch im konkreten Fall eine Planänderung erst zulässig wird bzw. sonst entstehende Entschädigungs- oder Scha-densersatzansprüche verhindert werden können.

4. Anspruch auf Entschädigung?

Er richtet sich auf Entschädigung oder Schadensersatz bei Än- **35** derung oder Nichteinhaltung von Plänen. In der Literatur wird

z. T. der „Plangewährleistungsanspruch" begrifflich darauf beschränkt. Eine Rechtsgrundlage für einen derartigen Anspruch besteht – von Sonderfällen abgesehen (vgl. oben Rn. 27) – nicht. Die
Frage der Entschädigung oder des Schadensersatzes bestimmt sich
deshalb nach den allgemeinen Vorschriften und Grundsätzen über
die staatlichen Ersatzleistungen (vgl. dazu näher unten §§ 25 ff., insbesondere § 28 Rn. 35).

36   Literatur zu § 16: *Imboden* und *Obermayer,* Der Plan als verwaltungsrecht-
liches Institut, Referate mit Diskussion, VVDStRL 18 (1960) S. 113 ff.; *Kaiser*
(Hg.), Planung, 6 Bde., 1965 ff.; *Forsthoff/Blümel,* Raumordnungsrecht und
Fachplanungsrecht, 1970; *Wimmer,* Über Rechtsnatur und Justiziabilität öffentlicher Bildungspläne, DVBl. 1970, 305 ff.; *M. Schröder,* Planung auf staatlicher
Ebene, 1974; *Ossenbühl,* Welche normativen Anforderungen stellt der Verfas-
sungsgrundsatz des demokratischen Rechtsstaates an die planende staatliche
Tätigkeit? 50. DJT 1974, Gutachten B; *Blümel,* Planung und Verwaltungsge-
richtsbarkeit, DVBl. 1975, 695 ff.; *Brohm,* Strukturprobleme der planenden
Verwaltung, JuS 1977, 500 ff.; *ders.,* Entwicklungen im Raum- und Stadtpla-
nungsrecht, 1979; *Wahl,* Rechtsfragen der Landesplanung und Landesent-
wicklung, 2 Bde., 1978; *Hendler,* Raumplanungsrecht, JuS 1979, 618 ff.;
Schmitt Glaeser/König, Grundfragen des Planungsrechts, JA 1980, 321 ff. und
414 ff.; *Löhr,* Gerichtliche Rechtsschutzmöglichkeiten der Gemeinden gegen
Regionalpläne, DVBl. 1980, 13 ff. (insbesondere auch zur Rechtsform der
Regionalpläne); *Schmidt-Aßmann,* Rechtsstaatliche Anforderungen an Regio-
nalpläne, DÖV 1981, 237 ff.; *Wahl,* Genehmigung und Planungsentscheidung,
DVBl. 1982, 51 ff.; *Erbguth,* Raumordnungs- und Landesplanungsrecht, 1983;
Weidemann, Gerichtlicher Rechtsschutz der Gemeinden gegen regionale
Raumordnungspläne, 1983; *Hoppe,* Planung, HStR III (1988) § 71; *Wahl,*
Entwicklung des Fachplanungsrechts, NVwZ 1990, 426 ff.; *Blümel,* Die
Planfeststellung. 2. Teil: Die Planfeststellung im geltenden Recht, 2 Bde.,
1994; *Ronellenfitsch,* Neues Verkehrswegeplanungsrecht, DVBl. 1994, 441 ff.;
Roellecke, Ein Rechtsbegriff der Planung, DÖV 1994, 1024 ff.; *Schmidt-Aß-
mann,* Planung als administrative Handlungsform und Rechtsinstitut, Festschrift
für Schlichter, 1995, S. 3 ff.; *Schmidt-Eichstaedt,* Das Bau- und Planungsrecht
in der Europäischen Union, DÖV 1995, 969 ff.; *Bartelsberger,* Planungsrecht-
liche Optimierungsgebote, DVBl. 1996, 1 ff.; *Hoppe,* Der Grundsatz der Planerhaltung als Struktur- und Abwägungsprinzip, DVBl. 1996, 12 ff.; *Fouquet,*
Die allgemeinen materiellen Voraussetzungen der Planfeststellung, VerwArch.
Bd. 87 (1996) S. 212 ff.; *Ringel,* Die Plangenehmigung im Fachplanungsrecht,
1996; *Spannowsky,* Der Planer als Rechtsgestalter, DÖV 1996, 1017 ff.; *Blümel,*
Fachplanung durch Bundesgesetz (Legalplanung), DVBl. 1997, 205 ff.; *Jarass,*
Aktuelle Probleme des Planfeststellungsrechts, DVBl. 1997, 795 ff.; *ders.,* Die
materiellen Voraussetzungen der Planfeststellung in neuerer Sicht, DVBl. 1998,
1202; *Hoppe,* Grundfragen des Planungsrechts. Ausgewählte Veröffentlich-
ungen, 1998; *Dolderer,* Das neue Raumordnungsgesetz (ROG 1998), NVwZ
1998, 345 ff.; *Jarass,* Europäisierung des Planungsrechts, DVBl. 2000, 945 ff.;

Stüer, Querschnitte zwischen Bau- und Fachplanungsrecht, Festschrift für Blümel, 1999, S. 565 ff.; *Wahl,* Europäisches Planungsrecht – Europäisierung des deutschen Planungsrechts, ebenda S. 617 ff.; *Ziekow* (Hg.), Bauplanungsrecht vor neuen Herausforderungen, 1999; *Kühling/Herrmann,* Fachplanungsrecht, 2. Aufl. 2000; *Ziekow* (Hg.), Planung 2000 – Herausforderungen für das Fachplanungsrecht, 2001; *Hoppe/Schlarmann/Buchner,* Rechtsschutz bei der Planung von Straßen und anderen Verkehrsanlagen, 3. Aufl. 2001; *Konrad,* Gemeindliche Abwehrrechte gegen Planungen, JA 2001, 975 ff.; *Stüer/Probstfeld,* Die Planfeststellung 2003; *Kment,* Unmittelbarer Rechtsschutz von Gemeinden gegen Raumordnungspläne, DÖV 2003, 349 ff.

Zu § 16 III insbesondere: *Oldiges,* Grundlagen eines Plangewährleistungsrechts, 1970; *Egerer,* Plangewährleistungsanspruch, 1971; *Ossenbühl,* Die Plangewährleistung, JuS 1975, 545 ff.; *Schenke,* Gewährleistung bei Änderung staatlicher Wirtschaftsplanung, AöR Bd. 101 (1976) S. 337 ff.; *Thiele,* Zur Problematik des Plangewährleistungsanspruchs, DÖV 1980, 109 ff.; *Hufnagel,* Gewährleistung bei Änderung raumordnerischer Planungen, BayVBl. 1980, 166 ff.; *Brohm,* Plangewährleistungsrechte, Jura 1986, 617 ff.; *Fronhöfer,* Schadensersatz- und Entschädigungsansprüche bei Planungsänderungen von Gemeinden, BayVBl. 1991, 193 ff.; *Ossenbühl,* Staatshaftungsrecht, 5. Aufl. 1998, S. 378 ff.; *Detterbeck,* in: Detterbeck/Windthorst/Sproll, Staatshaftungsrecht, 2000, S. 451 ff. – Zur sog. Planerhaltung vgl. oben § 4 Rn. 41 b.

Rechtsprechung zu § 16: BVerfGE 95, 1 (Legalplanung: Eisenbahn- **37** Südumfahrung Stendal). – BVerwGE 34, 301; 45, 309; 90, 329; 110, 118; 119, 25 (Bauleitplanung); *BVerwGE* 48, 56; 52, 237; 71, 166; 72, 282; 84, 123; 100, 370 (straßenrechtliche Planfeststellung); *BVerwGE* 110, 302 (Bundesstraße durch FFH-Gebiet); *BVerwGE* 56, 110; 75, 214; 87, 332; 107, 142 und 313 (luftverkehrsrechtliche Planfeststellung: Verkehrsflughafen Frankfurt, München bzw. Erfurt); *BVerwGE* 90, 42; 90, 96; 97, 143 (abfallrechtliche Planfeststellung); *BVerwGE* 116, 175 (wasserrechtliche Planfeststellung); *BVerwGE* 120, 87 (Verkehrswegeplanungsbeschleunigungsgesetz); *BVerwGE* 107, 350; 111, 108 (Planfeststellung für nach der Wiedervereinigung wiederherzustellender Schienenwege); *BVerwGE* 35, 268 (Plangewährleistung?); *BVerwGE* 62, 86; 72, 38 (Krankenhausbedarfsplan: verwaltungsinterner Akt ohne unmittelbare Rechtsbindung im Außenbereich); *BVerwG* NJW 1981, 239 und *BVerwGE* 62, 243 (kein Anspruch Dritter auf Einleitung und Durchführung eines Planfeststellungsverfahrens); *BVerwGE* 101, 73 (Zusammentreffen mehrerer Planfeststellungsverfahren: Berliner Tiergartentunnel); *BVerwGE* 112, 221 (Auflagenvorbehalt im Planungsrecht); *BVerwG* NVwZ 91, 262 (Flächennutzungsplan). – BGHZ 66, 322; 67, 320 (Bauleitplanung); *BGH* NJW 1983, 215 (Plangewährleistungsanspruch allenfalls bei wirksamen Planungsmaßnahmen). – *OVG Lüneburg* DVBl. 1971, 320; DVBl. 1973, 151; OVGE 39, 409; *BadWürttVGH* DÖV 1981, 269; *BayVGH* DVBl. 1983, 1157; *Brem.StGH* DVBl. 1983, 1144; *NRW VerfGH,* NVwZ 1990, 456 (Raumordnungspläne); *OVG Lüneburg* DVBl. 1979, 628 (Landschaftsrahmenplan); *BayVGH* DÖV 1984, 476 (Regionalplan); *BadWürttVGH* ESVGH 23, 196 (kein allgemeiner Planvollzugsanspruch). – Vgl. ferner die oben in Rn. 36 aufgeführten Rechtsprechungsberichte.

§ 17 Verwaltungsprivatrechtliches Handeln; Subventionierung; Vergabe öffentlicher Aufträge

I. Verwaltungsprivatrechtliches Handeln der Verwaltung

1   Das verwaltungsprivatrechtliche Handeln wurde bereits mehrfach erwähnt (vgl. oben § 3 Rn. 9, 31; § 9 Rn. 12) und braucht daher hier nur noch als Merkposten aufgeführt zu werden. Die Verwaltung kann, wie dargelegt wurde, im Bereich der Leistungs- und Lenkungsverwaltung nach öffentlichem Recht oder nach Privatrecht vorgehen, soweit gesetzliche Regelungen oder sachliche Gründe nicht entgegenstehen. Die Entscheidung für das privatrechtliche Tätigwerden kommt vor allem bei Geld-, Sach- oder Dienstleistungen in Betracht, die in gleicher Weise auch von Privatunternehmen erbracht werden könnten (etwa Lieferung von Wasser, Abfallbeseitigung, Gewährung eines Darlehens). Die maßgebliche Handlungsform ist, wie auch sonst im Privatrecht, der Vertrag; hinzu kommen einseitige rechtsgeschäftliche Erklärungen wie z.B. Aufrechnung, Kündigung usw.

Die Verwaltung bleibt auch bei der Wahrnehmung unmittelbarer Verwaltungsaufgaben in der Form des Privatrechts an bestimmte öffentlich-rechtliche Grundsätze und Regelungen gebunden, so daß eine gewisse Gemengelage von öffentlichem Recht und Privatrecht, eben das Verwaltungsprivatrecht, entsteht. Zu den öffentlich-rechtlichen Bindungen gehören die Grundrechte, die allgemeinen Grundsätze des Verwaltungsrechts und die Zuständigkeitsregelungen. Im übrigen ist zweifelhaft, ob, inwieweit und in welcher Weise die verwaltungsprivatrechtlich agierende Verwaltung darüberhinaus öffentlich-rechtlich gebunden ist (vgl. zur Haftung unten § 26 Rn. 56). Jedenfalls stehen ihr in diesem Bereich nur die privatrechtlichen Handlungsformen, nicht die Freiheiten der Privatperson zur Verfügung.

2   Von der verwaltungsprivatrechtlich bedingten Gemengelage ist der Fall zu unterscheiden, daß die Verwaltung *zweistufig* vorgeht, nämlich zunächst öffentlich-rechtlich entscheidet und sodann diese Entscheidung privatrechtlich vollzieht. Die sog. Zweistufentheorie

wurde im Subventionswesen entwickelt, später aber auch auf andere Rechtsbeziehungen, insbesondere die Zulassung zu öffentlichen Einrichtungen und Anstalten (vgl. oben § 3 Rn. 26), übernommen. Sie soll in ihrem ursprünglichen Bereich näher betrachtet
werden, was zunächst einige Bemerkungen zur Subventionierung
voraussetzt.

II. Die Subventionierung

1. Begriff und Arten der Subvention

Die Subventionen spielen in der Praxis als wirtschaftspolitische 3
Instrumente eine erhebliche Rolle. Obwohl in der politischen Diskussion ständig der Abbau der Subventionen gefordert wird und
die Europäische Gemeinschaft der Subventionierung aus Gründen
der Wettbewerbsfreiheit entgegentritt, hat sich daran wenig geändert. Ein allgemeines Subventionsgesetz besteht in Deutschland
– anders als in einigen ausländischen Staaten, etwa in der Schweiz –
nicht. Daher fehlt auch eine allgemeingültige Legaldefinition.

§ 264 VII StGB enthält zwar eine gesetzliche Begriffsbestimmung; sie beschränkt sich aber auf den Straftatbestand des Subventionsbetrugs und kann
daher nicht auf andere Bereiche übertragen werden, wenngleich sie gewisse
Anhaltspunkte in allgemeiner Hinsicht vermittelt. Danach ist eine Subvention im Sinne dieser Vorschrift (d. h. des § 264 StGB) eine Leistung aus öffentlichen Mitteln nach Bundes- oder Landesrecht oder nach dem Recht der
Europäischen Gemeinschaften an Betriebe oder Unternehmen, die wenigstens
zum Teil ohne marktmäßige Gegenleistung gewährt wird und der Förderung
der Wirtschaft dienen soll. Das Subventionsgesetz vom 29. 7. 1976 (BGBl. I
S. 2037) ergänzt § 264 StGB, hat darüber hinaus aber kaum Bedeutung. Auch
die gesetzliche Terminologie ist nicht einheitlich, so spricht § 12 StabG von
„Finanzhilfen" und § 14 HGrG von „Zuwendungen". Wie sich aus dem
Gesamtzusammenhang und den Funktionen dieser Regelungen ergibt, handelt
es sich um bestimmte Arten von Subventionen (§ 12 II StabG verpflichtet die
Bundesregierung, dem Bundestag und dem Bundesrat alle zwei Jahre einen
Subventionsbericht vorzulegen; § 14 HGrG betrifft die Veranschlagung der
Subventionen im Haushaltsplan). – Zum schweizerischen Subventionsgesetz
vom 5. 10. 1990 vgl. *Vallender*, Wirtschaftsfreiheit und begrenzte Staatsverant-
wortung, 3. Aufl. 1995, § 13 Rn. 80 ff.

In der Literatur hat sich noch kein einheitlicher Begriff der Sub- 4
vention herausgebildet. Allerdings betreffen die Meinungsverschiedenheiten mehr die Reichweite als die prägenden Strukturelemen-

te der Subvention. Fraglich ist, ob die Subvention nur positive Zuwendungen *(Leistungssubventionen)* oder auch Befreiungen von allgemeinen Abgabeverpflichtungen, insbesondere Steuervergünstigungen *(Verschonungssubventionen)* erfaßt. Wirtschaftlich betrachtet ist es
gleichgültig, ob dem einzelnen ein bestimmter Geldbetrag ausbezahlt
oder eine Steuervergünstigung in entsprechender Höhe bewilligt
wird; denn in beiden Fällen hat er mehr als er haben würde, wenn die
ihn begünstigende Regelung nicht bestünde. Deshalb gehen die
Wirtschafts- und Finanzwissenschaften auch von dem weiteren, die
Verschonungssubventionen einbeziehenden Subventionsbegriff aus.
In rechtlicher Sicht bestehen aber für Leistungssubventionen und für
Steuervergünstigungen unterschiedliche Regelungen, so daß eine
entsprechende Differenzierung geboten und der Subventionsbegriff
im verwaltungsrechtlichen Sinn auf die Leistungssubventionen zu
beschränken ist. Im europäischen Gemeinschaftsrecht wird der weite, auch die Verschonungssubventionen einbeziehende Subventionsbegriff („Beihilfen") verwendet (vgl. unten Rn. 35). Ob sich das
auch auf den verwaltungsrechtlichen Subventionsbegriff des deutschen Rechts auswirken wird, ist noch offen. Auf jeden Fall ist zu
beachten, daß für die Leistungssubventionen und die Verschonungssubventionen unterschiedliche Regelungen gelten.

Unterschiede zwischen

Verschonungssubvention und (Steuervergünstigungen)	**Leistungssubvention** (Zuschüsse, Darlehen usw.)
1. Gesetzliche Grundlage erforderlich (Befreiung von gesetzlicher Abgabepflicht)	Gesetzliche Grundlage nach h. M. nicht erforderlich
2. Gesetzgebungskompetenz gem. Art. 105 GG	Allgemeine Kompetenzvorschriften
3. Erscheint nicht (ausdrücklich) im Haushaltsplan	Muß im Haushaltsplan ausgewiesen werden
4. Bewilligung durch Verwaltungsakt (Steuerbescheid)	Bewilligung durch Verwaltungsakt *oder* andere Rechtsformen (Verwaltungsvertrag, Zweistufentheorie)

(Fortsetzung S. 445)

5. Rechtlich gebundene Entscheidung	Evtl. Ermessensentscheidung
6. Unterschiedliche Auswirkungen infolge Steuerprogression (je höher der Steuersatz desto höher die Steuervergünstigung)	Fester Betrag (evtl. gestaffelt nach Subventionszweck)
7. Rechtsschutz: Anfechtungsklage gegen den Steuerbescheid beim Finanzgericht (weil Steuerbegünstigung nicht berücksichtigt)	Verpflichtungs- oder allgemeine Leistungsklage auf Gewährung der Subvention beim Verwaltungsgericht; Anspruch aufgrund des Subventionsgesetzes oder, falls dies nicht vorhanden, über Art. 3 I GG

Subventionen sind sonach (a) vermögenswerte Zuwendungen **5** (b) des Staates oder eines anderen Verwaltungträgers an Privatpersonen (c) ohne marktmäßige Gegenleistung (d) zur Förderung eines im öffentlichen Interesse liegenden Zwecks.

a) Als *Zuwendungen* – und damit als Arten der Subvention – **6** kommen in Betracht:

– *verlorene Zuschüsse,* d. h. Geldleistungen, die nicht zurückzuzahlen sind, die also für die Staatskasse „verloren" sind. Die Bezeichnungen sind unterschiedlich: Finanzhilfen, Prämien, Beihilfe, Zuschüsse usw. Hierher gehören auch die (teilweise als selbständige Subventionsart angesehenen) Zinszuschüsse, mit denen der Subventionsgeber die Zinsen für ein anderweitig erlangtes Darlehen ganz oder teilweise übernimmt.

– *Darlehen,* die unter günstigeren Voraussetzungen gewährt werden als im privatwirtschaftlichen Bereich, etwa zu niedrigeren Zinsen oder mit besseren Rückzahlungsbedingungen.

– *Bürgschaften und sonstige Gewährleistungen* für Darlehen, die der Subventionsnehmer von dritter Seite, insbesondere von Privatbanken, erhalten hat oder erhalten will.

– *Realförderungen,* d. h. die bevorzugte Berücksichtigung bei der Vergabe öffentlicher Aufträge oder bei der Veräußerung staatlicher Grundstücke, wobei der Vorteil darin liegt, daß der Subventionsnehmer den Zuschlag überhaupt – und zudem meist zu günstigeren Bedingungen – erhält.

7 b) *Subventionsgeber* ist der Staat oder ein sonstiger Verwaltungsträger (etwa die Gemeinden). *Subventionsnehmer* oder *Subventionsempfänger* sind Privatrechtssubjekte, bei Wirtschaftssubventionen private Wirtschaftsunternehmen, Gewerbetreibende usw. *Keine* Subventionen sind sonach die *Finanzzuweisungen* innerhalb des staatlichen Bereichs, etwa der Länder an die Gemeinden, sowie *gesetzlich erzwungene Ausgleichsleistungen* innerhalb des privatwirtschaftlichen Bereichs, die eine Art obligatorische Selbsthilfe der Wirtschaft darstellen (vgl. dazu *BVerfGE* 4, 7: Investitionshilfe; *BVerwGE* 45, 1: Filmabgabe). Wenn es demnach zum Begriff der Subvention gehört, daß die Subvention vom Staat an eine Privatperson vergeben wird, so schließt dies nicht aus, daß in die Abwicklung ein Dritter, etwa eine Privatbank, eingeschaltet wird.

Beispiel: Nach dem Getreidepreisgesetz haben die Müller den Landwirten zusätzlich zu dem festgesetzten Getreidepreis eine bestimmte Lieferprämie zu zahlen, die sie vom Staat wieder ersetzt erhalten. Der Staat subventioniert also die Landwirte, er schaltet aber beim Vollzug die Müller ein, die zum Staat in einem öffentlich-rechtlichen Auftragsverhältnis stehen, vgl. dazu *BVerwGE* 24, 154.

8 c) Ohne marktmäßige Gegenleistung bedeutet, daß es sich um eine einseitige Leistung des Staates handelt, der keine gleichwertige wirtschaftliche Leistung des Subventionsnehmers gegenübersteht, daß der Subventionsnehmer einen Vorteil erlangt, den er am Markt nicht oder nicht so günstig erlangen würde.

9 d) Wesentliches Merkmal jeder Subvention ist der mit ihr verfolgte *öffentliche Zweck* (Subventionszweck). Die Subvention wird dem Empfänger nicht in dessen Interesse, sondern im öffentlichen Interesse gewährt. Das gilt insbesondere für Wirtschaftssubventionen. Der Unternehmer soll durch die Subvention zu einem bestimmten Verhalten veranlaßt werden (Ausweitung der Produktionskapazität, Ansiedlung in einem bestimmten Gebiet usw.), das zugleich wirtschafts-, sozial- oder allgemeinpolitischen Zielsetzungen dient (Sicherung von Arbeitsplätzen, Förderung des Exports, Unterstützung strukturschwacher Randgebiete usw.). Die Unterstützung des einzelnen ist also nicht Selbstzweck (wie bei den Sozialleistungen, die deshalb auch meistens an die Bedürftigkeit anknüpfen), sondern *Mittel zum Zweck*. Die Subvention gehört zum Instru-

mentarium des wirtschaftslenkenden und sozialgestaltenden Staates
der Gegenwart (vgl. dazu auch oben § 1 Rn. 17, 21 und § 2 Rn. 6).
Die zweckentsprechende Verwendung wird durch Gesetz, Verwaltungsvorschrift, Verwaltungsakt, Auflage oder vertragliche Bindung rechtlich gesichert, sofern sie sich nicht von selbst ergibt (etwa
bei einer Subvention allein für die Tatsache, daß sich der Betrieb in
einem bestimmten Entwicklungsgebiet befindet). Wird die Zweckbestimmung nicht eingehalten, kann die Subvention zurückgefordert werden (vgl. dazu näher oben § 11 Rn. 44).

Entsprechendes gilt für die finanzielle Förderung kultureller, so-   9 a
zialer oder sportlicher Einrichtungen (Theater, Privatschulen, Pri-
vatkrankenhäuser, Sportvereine usw.). Die umstrittene Frage, ob
der Subventionsbegriff auf den wirtschaftlichen Bereich zu beschränken ist oder auch diese weiteren Fallgruppen erfassen soll, ist
mehr terminologischer Art, sofern man die Gemeinsamkeiten, aber
auch die Unterschiede beachtet. Eine scharfe Abgrenzung ist ohnehin nicht immer möglich, wie die „Filmsubventionen" und „Pressesubventionen" zeigen.

2. Die Subventionsvergabe

Die Subventionsvergabe verläuft in zwei Etappen.   **10**

a) In der Regel ergeht zunächst eine *generell-abstrakte Entscheidung*
über die Subventionierung eines bestimmten Bereichs, durch die
auch die allgemeinen Voraussetzungen, insbesondere der Kreis der
Subventionsempfänger, bestimmt werden. Das geschieht durch
Gesetz oder durch eine zweckbestimmende Ausweisung der Mittel
im Haushaltsplan. Liegt ein Subventionsgesetz vor, dann *müssen* die
erforderlichen Mittel im Haushaltsplan bereitgestellt werden. Liegt
ein Subventionsgesetz nicht vor oder ist es nicht hinreichend bestimmt, erfolgt die maßgebliche Entscheidung durch die Ausweisung im Haushaltsplan; die Einzelheiten müssen dann aber noch
durch Verwaltungsvorschriften (Subventionsrichtlinien) geregelt
werden.

Die generell-abstrakte Subventionierung ist eine politische Entscheidung
und wirft vornehmlich verfassungsrechtliche Probleme auf (Grundrechte,
Gesetzesvorbehalt, Beachtung der haushaltsverfassungsrechtlichen Bestimmun-

gen), auf die hier nicht weiter eingegangen werden soll. Vgl. zum Gesetzesvorbehalt im Bereich der Subventionsverwaltung oben § 6 Rn. 13 ff.

10 a   b) Auf Grund der generell-abstrakten Subventionsregelung erfolgt dann – als zweite Etappe – die *individuell-konkrete Subventionierung,* die Vergabe der Mittel im Einzelfall. Sie bestimmt sich vornehmlich nach Verwaltungsrecht und ist deshalb im folgenden
näher zu betrachten.

Die Frage nach der *Rechtsform* der Subventionsvergabe im Einzelfall stellt sich unter verschiedenen Aspekten und findet dementsprechend unterschiedliche Antworten. Manche Streitfrage würde
sich bald erledigen, wenn die unterschiedlichen Bezugspunkte
hinreichend beachtet würden. So fragt sich aus der Sicht

– des Gesetzgebers, ob und, wenn ja, welche Rechtsform für welche Bereiche
  gesetzlich vorgeschrieben werden soll (Rechtspolitik),
– der die Subvention vergebenden Verwaltungsbehörde, welche Rechtsform
  im konkreten Fall geboten ist und, wenn ein Ermessensspielraum besteht,
  zweckmäßigerweise gewählt wird (Rechtsanwendung),
– des Verwaltungsgerichts, welche Rechtsform die Verwaltung im konkreten
  Fall tatsächlich gewählt hat und ob sie rechtlich zulässig ist (Rechtskontrolle),
– der Verwaltungsrechtswissenschaft, welche Rechtsform in den typischen
  Fallkonstellationen angemessen ist (Rechtsdogmatik).

III. Das Subventionsdarlehen

1. Die Zweistufentheorie

11   Das Subventionsdarlehen wird nach der Rechtsprechung und
einem Teil der Lehre in einem zweistufigen Verfahren vergeben.
Zur Veranschaulichung soll von folgendem Fall ausgegangen werden.

A beantragt zur Rationalisierung seines landwirtschaftlichen Betriebs aus den
dafür im Haushaltsplan bereitgestellten Mitteln ein Darlehen in Höhe von
30 000 Euro. Das Darlehen wird durch Bescheid der zuständigen Behörden
bewilligt; dem Bescheid ist ein hektographiertes Begleitschreiben beigefügt, in
dem unter Bezugnahme auf die „Allgemeinen Bewilligungsrichtlinien des
Landwirtschaftsministers" die einzelnen Bedingungen über Amortisation, Verzinsung und evtl. vorzeitige Rückzahlung festgelegt sind.

12   a) Die *Zweistufentheorie* unterscheidet, wie bereits ihr Name an-
deutet, zwei Stufen: Zunächst entscheidet die Behörde darüber, ob

das beantragte Darlehen zu gewähren ist; diese Entscheidung, d. h. die Bewilligung des Darlehens oder seine Versagung, ist dem öffentlichen Recht zuzurechnen und stellt als Einzelfallregelung einen Verwaltungsakt dar. Sodann wird in Vollzug des Bewilligungsbescheids und zur Abwicklung der Subvention ein privatrechtlicher Darlehensvertrag zwischen der Behörde und dem Subventionsempfänger abgeschlossen.

– Erste Stufe: Bewilligung (ob), öffentlich-rechtlich, Verwaltungsakt.

– Zweite Stufe: Abwicklung (wie), privatrechtlich, Darlehensvertrag.

So vor allem die Rechtsprechung: *BVerwGE* 1, 308; 7, 180; 13, 47; 13, 307; 35, 170; 45, 13 (14); *BGHZ* 40, 206 (210); 52, 155 (160 ff.); 61, 296 (299); *BGH NJW* 1997, 328; *OVG Saarbrücken DVBl.* 1972, 616; ferner *Ipsen*, Öffentliche Subventionierung Privater, 1956, S. 62 ff.; *ders.*, VVDStRL 25 (1967) S. 298 f.; *Stern*, JZ 1960, 519; *Brohm*, Strukturen der Wirtschaftsverwaltung, 1969, S. 181 f.; *Stern*, VwprozR Rn. 90; *Schmitt Glaeser/Horn*, VwprozR, Rn. 46; *Kopp/Ramsauer*, VwVfG, § 35 Rn. 41; *Stelkens/Stelkens*, StBS § 35 Rn. 72 und *Bonk*, StBS § 54 Rn. 47, 51; *Jarass*, JuS 1980, 118; kritisch *Rüfner*, Formen öffentlicher Verwaltung im Bereich der Wirtschaft, 1967, S. 372 ff.; ablehnend *Zuleeg*, Die Rechtsform der Subventionen; *Bethge*, JR 1972, 139 ff.; *Bosse*, Der subordinationsrechtliche Verwaltungsvertrag als Handlungsform öffentlicher Verwaltung, S. 94 ff.; *Henke*, Das Recht der Wirtschaftssubventionen, S. 11 f.

Die Zweistufentheorie ist nach dem Zweiten Weltkrieg zur recht- **13** lichen Erfassung der Aufbaudarlehen nach dem Lastenausgleichsgesetz, der Wohnungsbaudarlehen, der Eingliederungsdarlehen für Landwirte und sonstiger Subventionsdarlehen entwickelt worden.

Grundlegend *H. P. Ipsen* Öffentliche Subventionierung Privater, 1956, vgl. ferner schon dessen Gutachten aus dem Jahre 1951 (abgedruckt in Festschrift für Wacke, 1972, S. 140 ff.), zur weiteren Entwicklung *Ipsen*, HStR IV (1990) § 92 Rn. 60 ff. (S. 381 f.); ferner *Krüger*, BB 1953, 565 (567); *Hamann*, BB 1953, 865 ff.

Sie sollte die bislang rein privatrechtliche Deutung solcher Subventionierungen überwinden und die Entscheidung über die Gewährung des Darlehens durch Vorschaltung eines Verwaltungsaktes als Bewilligungsbescheid öffentlich-rechtlich binden, insbesondere dem Grundrechtsschutz (Gleichheitssatz) und der verwaltungsgerichtlichen Kontrolle unterwerfen. Die Zweistufentheorie schien geradezu als ideale Lösung, da sie einmal die rechtsstaatlichen Bin-

dungen garantierte, andererseits aber auch die Beibehaltung der aus-
gebildeten und praktikablen Rechtsformen des Privatrechts ermög-
lichte. Daher fand sie auch rasch Zustimmung und Verbreitung.

14   b) *Kritik.* Bei näherer Betrachtung stößt die Zweistufentheorie
heute auf erhebliche *Bedenken* und *Schwierigkeiten.*

aa) Zunächst ist die Annahme eines dem Bewilligungsbescheid
(zeitlich oder doch zumindest logisch) nachfolgenden Darlehensvertrages, der Angebot und Annahme voraussetzt, oft nicht mehr
als eine *Fiktion.*

Dabei kommt es freilich auf die jeweiligen konkreten Verhältnisse an. Im
obigen Beispielsfall ist zweifelhaft, ob noch ein Darlehensvertrag zustandegekommen ist; mehr spräche für diese Deutung, wenn das Begleitschreiben als
„Darlehensvertrag" gekennzeichnet und dem A zur Unterschrift vorgelegt
worden wäre, weniger, wenn die „Darlehensbedingungen" (Amortisation, Verzinsung usw.) bereits im Bewilligungsbescheid aufgeführt worden wären. Man
müßte den Antrag des A nicht nur als einen Antrag auf Erlaß des Verwaltungsakts, sondern auch als Antrag auf Abschluß eines Darlehensvertrags und den
Bescheid nicht nur als Verwaltungsakt, sondern auch als privatrechtliche Annahmeerklärung deuten – oder aber in dem Bewilligungsbescheid das privatrechtliche Angebot und in dem folgenden Verhalten des A die Annahme
sehen. Das ist zwar rechtsdogmatisch nicht ausgeschlossen, aber doch sehr
konstruiert und lebensfremd. Der Gefahr der fiktiven Unterstellung eines
Darlehensvertrages entgeht die Auffassung, nach der das privatrechtliche Darlehensverhältnis überhaupt nicht rechtsgeschäftlich, sondern durch den Bewilligungsbescheid als privatrechtsgestaltenden Verwaltungsakt entsteht (so offenbar *Badura,* Wirtschaftsverfassung und Wirtschaftsverwaltung, 1971, S. 135).
Diese Konstruktion einer „verkümmerten" zweiten Stufe läßt jedoch die
folgenden Bedenken noch stärker hervortreten.

15   bb) Ferner ist es zumindest mißlich, daß ein *einheitliches Lebens-
verhältnis* – nämlich die Subventionierung durch die Gewährung
eines Darlehens – nicht nur in *zwei Rechtsverhältnisse getrennt* wird,
sondern diese beiden Rechtsverhältnisse auch noch verschiedenen
Rechtsbereichen und damit verschiedenen Rechtswegen zugewiesen werden.

16   cc) Zudem ergeben sich immer wieder *Abgrenzungsschwierigkeiten*
zwischen der ersten und der zweiten Stufe. Denn das Ob kann ja
nicht rein abstrakt erfolgen, sondern muß irgendwie substantiiert
werden und enthält daher inhaltliche Aussagen, die auch im Darlehensvertrag festgelegt werden können (so über die Art der Auszahlung, die Verzinsung, die Rückzahlung usw.).

dd) Zweifelhaft ist weiter das *Verhältnis der beiden Stufen zueinan-* **17** *der.* Während nach der einen Auffassung der Bewilligungsbescheid durch den Abschluß des Darlehensvertrages vollzogen wird und damit erlischt (so *BGHZ* 40, 206), sind andere der Meinung, daß der Bewilligungsbescheid fortbesteht und weiter auf die zweite Stufe einwirken kann (so *BVerwGE* 35, 170; *Ipsen,* Subventionierung, S. 86 f.).

Die verschiedenen Abgrenzungen und Zuordnungen der beiden Stufen haben zwangsläufig unterschiedliche Einzelergebnisse zur Folge, die in der Literatur immer wieder als „Widersprüche" angeprangert werden: So ist die Zinsänderung nach *BVerwGE* 13, 47 öffentlich-rechtlich, nach *BVerwG* DVBl. 1959, 665 und *BGHZ* 40, 206 privatrechtlich zu beurteilen, der Rückzahlungsanspruch nach *BVerwGE* 13, 307 und 35, 170 öffentlich-rechtlicher, nach *BVerwGE* 41, 127 und *BGHZ* 40, 206 privatrechtlicher Natur.

ee) Schließlich entstehen *rechtskonstruktive Schwierigkeiten* bei der **18** Lösung von Konfliktsfällen. Sicher ist zwar, daß der Subventionsbewerber bei Ablehnung der beantragten Subvention, also bei Versagung des Bewilligungsbescheids, Verpflichtungsklage beim Verwaltungsgericht erheben kann. Fraglich ist aber bereits, was gilt, wenn die Behörde nach Erlaß dieses Bescheids den Abschluß des Darlehensvertrages verweigert. Konsequenterweise muß man dem Bewerber auf Grund des Bescheides einen Anspruch auf Vertragsschluß zugestehen, also auf Grund des Bescheides (eines Verwaltungsaktes!) einen Kontrahierungszwang annehmen. Indessen ist es denkbar, daß die Behörde zwar zum Abschluß des Vertrages bereit ist, sich aber mit dem Bewerber nicht über gewisse Modalitäten (etwa die Zinshöhe) einigen kann; der Hinweis auf den Kontrahierungszwang hilft dann nur noch weiter, wenn die Forderungen der Behörde rechtswidrig oder rechtsmißbräuchlich sind.

Erhebliche Probleme ergeben sich ferner, wenn sich der Bewil- **19** ligungsbescheid als nichtig erweist oder wenn er aufgehoben worden ist (nach erfolgreicher Anfechtung eines Dritten, etwa des Konkurrenten, oder durch Rücknahme oder Widerruf). Es sind folgende Lösungen denkbar:

– Der Bewilligungsbescheid ist Wirksamkeitsvoraussetzung des Darlehensvertrages mit der Folge, daß der Vertrag in sich zusammenbricht, also ungültig ist bzw. wird;

- der Bewilligungsbescheid ist causa des Darlehensvertrages mit der Folge, daß der Vertrag und daraufhin das ausbezahlte Geld kondiziert werden kann;
- der Bewilligungsbescheid ist Geschäftsgrundlage des Darlehensvertrages mit der Folge, daß der Vertrag gekündigt werden kann;
- der Bewilligungsbescheid ist mit Abschluß des Vertrages vollzogen und damit erloschen und vermag daher diesen auch nicht mehr zu beeinflussen.

Den Vorzug verdient die erste Alternative, was allerdings voraussetzt, daß man eine entsprechend enge Verknüpfung der beiden Stufen anzunehmen bereit ist.

2. Alternativen

20   Angesichts dieser Schwierigkeiten verwundert es nicht, daß die Zweistufentheorie in der Literatur zunehmend auf *Ablehnung* stößt. Als Alternativen bieten sich „einstufige Rechtsverhältnisse" an, die auf folgenden Begründungsakten beruhen könnten:

21   a) *Verwaltungsakt.* Die Behörde bewilligt durch Verwaltungsakt eine Geldleistung, die – das wird durch Bedingungen oder Auflagen festgelegt, die dem Verwaltungsakt beigefügt werden, – in bestimmten Raten zurückzuzahlen und ggf. zu verzinsen ist. Der Verwaltungsakt begründet also ein Dauerrechtsverhältnis, das inhaltlich den Charakter eines öffentlich-rechtlichen Darlehensverhältnisses hat.

So etwa *Zuleeg,* Rechtsform, insbes. S. 61; *ders.,* Festschrift für Fröhler, S. 286 ff. In der *Schweiz* ist der Verwaltungsakt als Regelform der Subventionsvergabe sogar gesetzlich vorgeschrieben, allerdings auch ein Verwaltungsvertrag zulässig. Art. 16 I, II Subventionsgesetz vom 5. 10. 1990 bestimmt: „(1) Finanzhilfen und Abgeltungen werden in der Regel durch Verfügung gewährt. (2) Sie können durch öffentlichrechtlichen Vertrag gewährt werden, insbesondere wenn die zuständige Behörde über einen erheblichen Ermessensspielraum verfügt oder wenn bei Finanzhilfen ausgeschlossen werden soll, daß der Empfänger einseitig auf die Erfüllung seiner Aufgabe verzichtet." Vgl. dazu *Vallender* (vgl. oben Rn. 3), § 13 Rn. 100 ff.

22   b) *Verwaltungsvertrag.* Zwischen der Verwaltung als Subventionsgeber und dem einzelnen als Subventionsnehmer wird ein Verwaltungsvertrag abgeschlossen, der die Voraussetzungen und Bedingungen eines von der Verwaltung zu zahlenden und vom Bürger in bestimmten Raten zurückzuerstattenden, ggf. auch zu verzinsenden Geldbetrages, also ein öffentlich-rechtliches Darlehensverhältnis, regelt.

So etwa *Menger,* VerwArch. Bd. 69 (1978) S. 93 ff.; *ders.,* Festschrift für
W. Ernst, S. 311 ff.; *Bosse* (Rn. 12), S. 103 ff.; *Henke,* Wirtschaftssubventionen,
S. 20 ff.; *Henneke,* in: Knack, VwVfG § 54 Rn. 21.

c) Privatrechtlicher Vertrag. Zwischen der Verwaltung und dem   **23**
einzelnen wird ein privatrechtlicher Darlehensvertrag gem. § 607
BGB abgeschlossen, der allerdings, da die Verwaltung mit der Subventionierung echte Verwaltungsaufgaben wahrnimmt, „verwaltungsprivatrechtlich" zu qualifizieren und damit öffentlich-rechtlich gebunden ist.

So *Götz,* Recht der Wirtschaftssubventionen, S. 56 ff.

3. Stellungnahme

Die drei Alternativlösungen sind sowohl in rechtsdogmatischer   **24**
als auch in praktischer Hinsicht der Zweistufentheorie vorzuzie-
hen. Da sie deren Anliegen – nämlich die öffentlich-rechtliche
Einbindung der Subventionsdarlehen – ebenfalls verfolgen, teilweise sogar noch nachdrücklicher zur Geltung bringen, besteht zumindest für den Regelfall kein Bedürfnis mehr, die Zweistufentheorie
aufrechtzuerhalten. Ihr kommt historisch das Verdienst zu, frühzeitig den öffentlich-rechtlichen Bezug der Subventionsdarlehen
gesehen und im Rahmen der damaligen Erkenntnisse und Möglichkeiten durchgesetzt zu haben.

Die *verwaltungsprivatrechtliche Deutung* (vgl. Rn. 23) garantiert   **25**
zwar die erforderlichen öffentlich-rechtlichen Bindungen (etwa an
den Gleichheitssatz); sie geht aber an der – nicht zuletzt durch die
Zweistufentheorie vermittelten – Einsicht vorbei, daß zumindest
die Vergabe von Subventionen nach Rechtsgrundlagen und Zielsetzung dem öffentlichen Recht zuzuordnen ist. Abgesehen davon
ist sie den grundsätzlich gegen das Verwaltungsprivatrecht bestehenden Bedenken ausgesetzt. Einer rein öffentlich-rechtlichen
Deutung steht nichts im Wege, zumal die (ohnehin spärlichen)
Darlehensvorschriften des BGB erforderlichenfalls entsprechend
herangezogen werden können (vgl. bereits oben § 3 Rn. 31).

Der in der neueren Literatur in diesem Zusammenhang stark fa-   **26**
vorisierte *Verwaltungsvertrag* ist jedenfalls dann geeignet, wenn das
Darlehensverhältnis individuell ausgestaltet werden soll. In der Re-

gel ist die Darlehensvergabe jedoch bereits durch Gesetz oder Verwaltungsrichtlinien präjudiziert. Dem einzelnen bleibt dann nur noch die Möglichkeit, entweder den Verwaltungsvertrag zu den von der Verwaltung genannten Bedingungen zu akzeptieren oder ganz darauf zu verzichten. Das schließt die Annahme eines Verwaltungsvertrages nicht aus, wie entsprechende Vorgänge im privatwirtschaftlichen Bereich zeigen. Aber der Unterschied zum *Verwaltungsakt* mit Auflagen und Bedingungen reduziert sich praktisch auf Null. Daher bietet sich in Standardfällen der Verwaltungsakt an.

Es besteht sogar die Gefahr, daß der Subventionsempfänger bei vertraglicher Gestaltung rechtliche Sicherungen verliert, die ihm gegenüber einem Verwaltungsakt verbleiben. So ist bemerkenswert, daß *Menger,* VerwArch. Bd. 69 (1978) S. 93 ff. und Festschrift für W. Ernst, S. 309 ff. einen Verwaltungsakt mit Auflagen und Bedingungen ohne gesetzliche Ermächtigung für unzulässig hält und deshalb einen Verwaltungsvertrag fordert, – obwohl der Bürger in diesem Fall denselben Bindungen und Beschränkungen ausgesetzt ist, ja sie nicht nur hinzunehmen hat, sondern auch noch mit seiner Unterschrift sanktionieren muß.

27   Die Bestimmung der Rechtsform der Subventionsvergabe hängt von den oben erwähnten Fragestellungen ab (vgl. Rn. 10b). Es wäre zweckmäßig und im Interesse der Rechtssicherheit zu begrüßen, wenn der Gesetzgeber die Rechtsform der Vergabe der Subventionsdarlehen für den Regelfall festlegen würde (vgl. zur Schweiz oben Rn. 21). Das ist jedoch bislang – von Ausnahmen abgesehen – nicht geschehen. Daher kann die Verwaltung die im konkreten Fall zweckmäßig erscheinende Rechtsform wählen. Das Verwaltungsgericht muß im Streitfall von der Entscheidung der Verwaltung ausgehen und diese auf ihre Rechtmäßigkeit hin überprüfen. Da die Praxis bislang wohl noch die Zweistufigkeit bevorzugt, ist im Zweifel diese anzunehmen. Indessen verdient zumindest bei Subventionsdarlehen, die in Vollzug von Gesetzen oder Verwaltungsvorschriften breiter gestreut vergeben werden und dementsprechend keine großen Probleme aufwerfen, der Verwaltungsakt und in komplexeren Fällen, insbesondere wenn gegenseitige Absprachen erforderlich sind, der Verwaltungsvertrag den Vorzug.

4. Zwischenschaltung einer Privatbank

Die bisherigen Überlegungen gingen von dem „Standardfall" **28** aus, daß das „Darlehen" unmittelbar von der Verwaltung vergeben wird. Es kommt indessen immer wieder vor, daß eine Bank oder ein sonstiges privatrechtliches Kreditinstitut dazwischen geschaltet wird, – sei es eine selbständige Bank, sei es eine für derartige Zwecke von der Verwaltung errichtete, aber privatrechtlich organisierte und privatrechtlich agierende Bank. Wenn die Bank lediglich die Auszahlung besorgt und somit nur als Erfüllungsgehilfe des Staates auftritt, bestehen keine Unterschiede gegenüber der Zahlung durch die Staatskasse selbst. Es ist jedoch auch möglich, daß die Behörde zwar bewilligt, die Bank jedoch den Darlehensvertrag abschließt und dabei bezüglich der Konditionen noch einen gewissen Entscheidungsspielraum besitzt. In diesem Fall ist die Annahme von zwei aufeinanderfolgenden Rechtsverhältnissen unumgänglich. Man kann daher von einer Zweistufentheorie sprechen, muß aber beachten, daß sie durch die Einbeziehung eines Dritten und das dadurch geschaffene „Dreiecksverhältnis" bedingt ist.

IV. Die sonstigen Subventionen

1. Verlorene Zuschüsse

Bei der Gewährung verlorener Zuschüsse greift die Zweistu- **29** fentheorie nicht ein. Der beantragte Zuschuß wird *durch Verwaltungsakt* bewilligt und daraufhin ausbezahlt. Eine zweite Stufe kommt in diesen Fällen nicht in Betracht. Die Auszahlung ist keine zweite Stufe, sondern die Erfüllung des Bewilligungsbescheids. Zusätzliche Regelungen, insbesondere solche, die den Subventionszweck sichern sollen, können durch Auflagen und Bedingungen festgelegt werden. An die Stelle des Bewilligungsbescheides (Verwaltungsakt) kann ein Verwaltungsvertrag treten (§ 54 VwVfG).

Vgl. *BGHZ* 57, 130 (Filmprämien); *BGH* NVwZ 1985, 517 (Beihilfe für Aussiedlerhof, Auszahlung durch Kreditinstitut); *BVerwG* NJW 1969, 809 = JZ 1969, 69 (Prämien für Handelsdünger); *Ipsen* (vgl. oben Rn. 12), S. 63, 68 ff.; *Zuleeg* (vgl. oben Rn. 12), S. 11 m. w. N.

Beispiel: Nach dem Filmförderungsgesetz werden Prämien für förderungs-
würdige Filmprojekte bezahlt, die (nur) zurückzuerstatten sind, wenn das Projekt
nicht innerhalb einer angemessenen Frist verwirklicht wird, der Subventionszweck also nicht erreicht wird. Die Bewilligung erfolgt durch Verwaltungsakt,
die Rückzahlungspflicht bei Nichterreichung des Subventionszwecks kann
durch eine auflösende Bedingung oder durch eine Auflage erreicht werden.
Der Bescheid begründet und regelt ein Subventionsrechtsverhältnis, das erst
mit der Fertigstellung des Filmes sein Ende findet. Die Rechtskonstruktion des
„Verwaltungsakts auf Unterwerfung" (so *BVerwG* und *BGH* aaO.) ist hier
– wie auch sonst – entbehrlich, da man mit Hilfe der allgemeinen Rechtsfiguren Bedingung und Auflage überzeugender zu demselben Ergebnis gelangt.

2. Bürgschaften

30   Bei Bürgschaften des Staates wird die Zweistufentheorie selbst
von denjenigen angenommen, die ihr sonst ablehnend gegenüberstehen: Die Behörde erklärt sich durch Verwaltungsakt gegenüber
dem Subventionsempfänger bereit, für dessen Verpflichtungen als
Bürge einzustehen, und schließt daraufhin mit dem Gläubiger des
Subventionsempfängers einen privatrechtlichen Bürgschaftsvertrag
gem. §§ 765 ff. BGB. Bildlich lassen sich diese Rechtsbeziehungen
wie folgt darstellen:

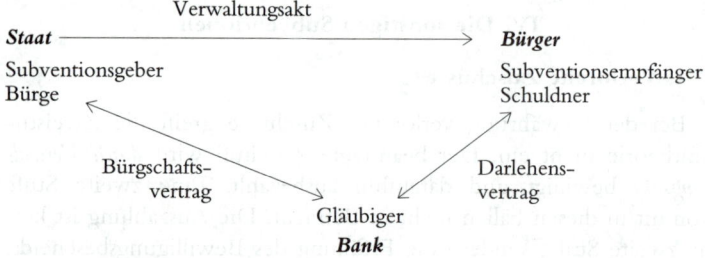

Die Besonderheit gegenüber dem einfachen Darlehen liegt wiederum – wie bei der Zwischenschaltung einer Privatbank (vgl.
oben Rn. 28) – darin, daß *drei* Personen beteiligt sind. Indessen
führt das im vorliegenden Zusammenhang zwar zu zwei Rechtsverhältnissen (Staat/Schuldner, Staat/Gläubiger), nicht aber unbedingt zur Kombination von öffentlichem Recht und Privatrecht.
Denn die „Bürgschaft" – nämlich das Versprechen des Staates, für
die Schulden eines Dritten einzustehen – braucht nicht zwingend

privatrechtlich qualifiziert zu werden. Man könnte darin auch eine öffentlich-rechtliche Zusage (durch Verwaltungsakt oder Verwaltungsvertrag) sehen, die in entsprechender Anwendung der §§ 765 ff. BGB zu beurteilen und zu verwirklichen ist. In der Praxis dürfte freilich die Zweistufentheorie, da sie an vertraute Rechtsfiguren anknüpft, einfacher sein.

Vgl. näher zur Konstruktion des öffentlich-rechtlichen Bürgschaftsvertrags *Ossenbühl*, Die Bürgschaft im öffentlichen Recht, Festschrift Maurer, 2001, S. 679 ff.

V. Realförderung, insbesondere Vergabe öffentlicher Aufträge

Das Subventionswesen und das Vergabewesen bilden zwei verschiedene Bereiche. Sie überschneiden sich jedoch, wenn mit der Vergabe öffentlicher Aufträge Subventionszwecke verfolgt werden, indem bestimmte Bewerber im Blick auf wirtschafts- oder sozialpolitische Zielsetzungen bevorzugt berücksichtigt werden, sei es aus persönlichen Gründen (Schwerbeschädigte, Umsiedler), sei es aus sachlichen Gründen (Förderung ökologischer Produktionsweise oder besonderer Ausbildungsplätze). Entsprechendes gilt für sonstige Realförderungen, etwa die bevorzugte Berücksichtigung bei der Vergabe von Baugrundstücken, beim Zugang zu öffentlichen Einrichtungen und dgl. Wie bereits dargestellt wurde, werden die öffentlichen Aufträge nach überwiegender, wenn auch nicht mehr unbestrittener Auffassung durch privatrechtliche Verträge (Kaufverträge, Werkverträge usw.) vergeben (vgl. oben § 3 Rn. 7). Daran ändert sich auch nichts, wenn bestimmte Bewerber bevorzugt berücksichtigt werden müssen. Es fragt sich jedoch, ob im konkreten Fall die (öffentlich-rechtlich begründete) Bevorzugung (1) vorweg durch eine besondere Entscheidung in Gestalt eines Verwaltungsakts oder (2) nur behördenintern als Vorfrage des Vertragsabschlusses festzustellen ist. Im ersten Fall käme es wieder zur Zwei-Stufen-Theorie (öffentlich-rechtliche Entscheidung über die Bevorzugung durch Verwaltungsakt, privatrechtlicher Abschluß des Kauf- oder Werkvertrags); im zweiten Fall käme es dagegen nur zu einem privatrechtlichen Rechtsgeschäft, in dessen Rahmen auch über die

31

Bevorzugung entschieden werden müßte. Das *BVerwG* hat früher verschiedentlich die zweistufige Vergabe öffentlicher Aufträge angenommen, aber keine einheitliche Linie entwickelt. Die h. L. lehnt jedoch zu Recht die Zweistufigkeit als zu aufwendig generell ab.

Vgl. zur Rechtsprechung *BVerwGE* 7, 89 (Bevorzugung nach § 74 BVFG: Zweistufentheorie, Entscheidung über die Bevorzugung ist Verwaltungsakt); *BVerwGE* 14, 65 (ebenfalls § 74 BVFG: im konkreten Fall nur privatrechtlich); *BVerwG* DVBl. 1970, 866 (Bevorzugung nach § 76 BVFG: öffentlich-rechtliches Bevorzugungsverhältnis); *BVerwGE* 34, 213 (Schwerbeschädigte, Berlin: Streit über die Bevorzugung jedenfalls öffentlich- rechtlich); *BVerwGE* 38, 281 (Verkauf von Grundstücken zu herabgesetzten Preisen mangels gesetzlicher Vorschrift über Bevorzugung: privatrechtlich); zur Literatur *Ehlers,* in: Schoch/Schmidt-Aßmann/Pietzner, VwGO, § 40 Rn. 250 mit weiteren Nachw; der Vorschlag von *Kopp,* BayVBl. 1980, 609 ff., aus Rechtsschutzgründen allen (privatrechtlichen und öffentlich-rechtlichen) Verträgen in diesem Bereich einen Verwaltungsakt vorzuschalten, hat zu Recht keine Gefolgschaft gefunden.

32   Das deutsche Vergaberecht wird seit einigen Jahren maßgeblich durch verschiedene EG-Richtlinien bestimmt. Die Umsetzung dieser Richtlinien erfolgte zunächst durch die §§ 57a–c HGrG (sog. haushaltsrechtliche Lösung) und dann, nachdem sich diese als nicht gemeinschaftsrechtskonform erwiesen hatten, durch das sog. Vergaberechtsänderungsgesetz vom 26. 8. 1998, das in das Gesetz gegen Wettbewerbsbeschränkungen eingefügt wurde (§§ 97 ff. GWB, sog. wettbewerbsrechtliche Lösung). Hinzu kommt die auf Grund des § 127 GWB erlassene Vergaberechtsordnung (VgV), derzeit i. d. F. vom 11. 2. 2003 (BGBl. I S. 170).

Die gemeinschaftsrechtlichen Vorschriften und die sie umsetzenden deutschen Vorschriften des Vergaberechts gelten allerdings nur für öffentliche Aufträge über bestimmten Schwellenwerten (§ 100 I GWB, § 2 VgV: bei Bauaufträgen 5 Mio Euro, bei sonstigen Aufträgen in der Regel ab 200 000 Euro), so daß es im übrigen beim bisherigen deutschen Recht bleibt (§§ 6, 30 HGrG, Verdingungsordnungen in der Form von Verwaltungsvorschriften). Die Zweiteilung des Vergaberechts ist in der Literatur zu Recht auf Kritik gestoßen (vgl. dazu *Pietzcker,* Die Zweiteilung des Vergaberechts, S. 44 f.). Indessen ist zu erwarten, daß die §§ 97 ff. GWB auch Auswirkungen auf das „unterschwellige" Vergaberecht haben wird.

Nach § 97 GWB sind die öffentlichen Auftraggeber (Bund, **33** Länder, Gemeinden und sonstige Verwaltungsträger) verpflichtet, ihre Liefer- und Bauaufträge „im Wettbewerb und im Wege transparenter Vergabeverfahren" zu vergeben. Sie müssen dabei, wie § 97 II GWB ausdrücklich bestimmt, die Teilnehmer an dem jeweiligen Vergabeverfahren gleich behandeln, es sei denn, eine Benachteiligung ist auf Grund des GWB ausdrücklich geboten oder gestattet. Maßgebliche Auswahlkriterien sind die Fachkunde, die Leistungsfähigkeit und die Zuverlässigkeit der Bewerber sowie die Wirtschaftlichkeit ihres Angebots. Andere Gesichtspunkte (sog. vergaberechtsfremde Kriterien, etwa Tariftreueerklärung, Frauenförderung, Sicherung von Ausbildungsplätze für Jugendliche, ökologische Produktionsweise, Bevorzugung von Bewerbern aus bestimmten Gebieten) dürfen nur herangezogen werden, wenn Bundes- oder Landesgesetze dies vorsehen. Das bedeutet, daß die Vergabe öffentlicher Aufträge nur dann zu Subventionszwecken eingesetzt werden darf, wenn eine formell-gesetzliche Ermächtigung vorliegt. Die Rechtsnatur der Vergabe wird durch die Neuregelung nicht präjudiziert oder gar festgelegt. Nach der h. L. erfolgt sie nach wie vor durch einen privatrechtlichen Vertrag (Kaufvertrag, Werkvertrag usw.).

Es besteht aber nunmehr – das war ein Hauptziel der Neuregelung – ein Anspruch auf Einhaltung der Vergaberechtsregelungen **34** (§ 97 VII GWB) und darauf aufbauend ein besonderes, zweistufig bzw. dreistufig ausgestaltetes Rechtsschutzverfahren (§§ 102 ff. GWB): (1) Nachprüfung der behördlichen Vergabeentscheidung durch eine Vergabekammer, die als sachlich unabhängige Verwaltungsbehörde durch Verwaltungsakt entscheidet; (2) Beschwerde gegen die Entscheidung der Vergabekammer beim OLG, das in der Regel endgültig entscheidet; (3) Vorlage beim BGH, wenn das OLG von der Entscheidung eines anderen OLG oder des BGH abweichen will, und abschließende Entscheidung des BGH (*BGHZ* 146, 202, 217). Die Rechtsmittel haben aufschiebende Wirkung, der Zuschlag an einen (anderen) Bewerber darf erst nach Abschluß des Rechtsschutzverfahrens erteilt werden. Das ist unter Rechtsschutzgesichtspunkten konsequent, aber wegen der dadurch bedingten zeitlichen Verzögerung problematisch. Deshalb sind kurze

Fristen vorgesehen. Nach § 114 II 1 GWB kann ein erteilter Zuschlag, durch den der privatrechtliche Vertrag zustande kommt,
auch im Nachprüfungsverfahren nicht mehr aufgehoben werden.
Das ist aus Gründen der Rechtssicherheit verständlich, läßt aber
den Rechtsschutz praktisch leer laufen, wenn und weil die nicht
berücksichtigten Bieter erst durch den Zuschlag (Vertragsabschluß)
erfahren, daß sie nicht zum Zuge kamen. Dieser Konsequenz kann
nur ausgewichen werden, wenn entweder eine zweistufige Auftragsvergabe erfolgt (Entscheidung über die Vergabe durch Verwaltungsakt, Zuschlag durch Abschluß eines Vertrages) oder die konkurrierenden Bieter über den beabsichtigten Zuschlag benachrichtigt
werden. § 13 VgV folgt der zweiten, auch von der Rechtsprechung
nahegelegten Alternative. Er bestimmt, daß der Auftraggeber die
nicht berücksichtigten Bieter spätestens 14 Tage vor Vertragsabschluß informieren muß und den Vertrag selbst erst nach Ablauf
dieser Frist abschließen darf; ein Vertrag, der unter Verletzung dieser Vorschriften abgeschlossen wurde, ist nichtig (§ 13 S. 4 VgV).

VI. Gemeinschaftsrechtliche Beihilfen

35   Das Subventionsrecht wird maßgeblich durch das europäische
Gemeinschaftsrecht bestimmt. Art. 87 I EGV enthält ein grundsätzliches Beihilfeverbot (Subventionsverbot), das allerdings durch
obligatorische und fakultative Ausnahmen (Art. 87 II, III EGV)
relativiert wird. Der Beihilfebegriff des EG-Rechts reicht erheblich
weiter als der Subventionsbegriff des deutschen Verwaltungsrechts.
Er erfaßt nicht nur Leistungssubventionen, sondern auch Verschonungssubventionen und sonstige Begünstigungen jeder Art, alle
„Maßnahmen, die in verschiedener Form die Belastungen vermin-
dern, welche ein Unternehmen normalerweise zu tragen hat und
die somit zwar keine Subventionen in strengen Sinne des Wortes
darstellen, diesen aber nach Art und Wirkung gleichstehen" (so
EuGH Slg. 1961, 1, 43: Bergmannsprämie; ferner etwa *EuGH*
DVBl. 2001, 633: Stromeinspeisungsgesetz). Dazu gehören auch
die Befreiung von Steuern und sonstigen Abgaben, die Überlassung
von Räumen ohne marktübliche Miete, die Lieferung von Gütern
und die Erbringung von Dienstleistungen zu Vorzugsbedingungen

usw. Maßgebend ist die begünstigende Wirkung beim Empfänger und das Fehlen einer adäquaten Gegenleistung. Im Vordergrund stehen aber zweifellos die Geldleistungs-Beihilfen. Eingegrenzt wird der gemeinschaftsrechtliche Beihilfebegriff dadurch, daß (1) die Förderung durch *staatliche* Mittel erfolgt, (2) *bestimmte* Unternehmen oder Produktionszweige gefördert werden, (3) die Förderung den *Wettbewerb verfälscht,* was dann der Fall ist, wenn die Stellung des begünstigten Unternehmens gegenüber seinen Konkurrenten voraussichtlich verbessert wird, und (4) durch die Förderung der *Handel zwischen Mitgliedstaaten* beeinträchtigt wird. Danach liegt z. B. keine Förderung aus staatlichen Mitteln vor, wenn die Stromversorgungsunternehmen durch Gesetz verpflichtet werden, Strom aus erneuerbaren Energiequellen zu Mindestpreisen abzunehmen und dadurch die Produzenten dieser Energiequellen begünstigt werden (*EuGH* DVBl. 2001, 633).

Vgl. dazu auch die Verordnung des Rats der EG Nr. 659/1999 über das Verfahren bei der Beihilfekontrolle, abgedruckt in NVwZ 1999, 1090 ff.; *Oppermann,* Europarecht, § 16 Rn. 4 ff.; *Streinz,* Europarecht, Rn. 1016 ff; *Rodi,* Subventionsordnung, S. 38 ff. und passim; *Kilb,* Subventionskontrolle durch europäisches Beihilferecht – Eine Übersicht, JuS 2003, 1072 ff. Im einzelnen kann auf die Ausnahmeregelungen hier nicht weiter eingegangen werden; es sei aber doch noch auf Art. 87 II c EGV hingewiesen, wonach Beihilfen, die an die Teilung Deutschlands anknüpfen, mit dem Gemeinschaftsrecht vereinbar sind, vgl. dazu EuG EuZW 2000, 115 (Freistaat Sachsen/Volkswagenwerk). Zur Beihilfeaufsicht gem. Art. 88 EGV und zur Rückforderung rechtswidrig gewährter Beihilfen vgl. oben § 11 Rn. 38 a ff. und § 14 Rn. 43 a.

Literatur zu § 17: Vgl. die Nachweise zu § 3.

Zur Subventionierung insbesondere: *Ipsen,* Öffentliche Subventionie-   **36** rung Privater, 1956; *Zuleeg,* Die Rechtsform der Subventionen, 1965; *ders.,* Die Zweistufenlehre, Festschrift für Fröhler, 1980, S. 275 ff.; *ders.,* Zur künftigen Entwicklung des Subventionsrechts, DÖV 1984, 733 ff.; *Götz,* Das Recht der Wirtschaftssubventionen, 1966; *Ipsen* und *Zacher,* Verwaltung durch Subventionen, Referate mit Diskussion, VVDStRL 25 (1967) S. 257 ff.; *Bleckmann,* Subventionsrecht, 1978; *Henke,* Das Recht der Wirtschaftssubventionen als öffentliches Vertragsrecht, 1979; *ders.,* Entwurf eines Gesetzes über den Subventionsvertrag, DVBl. 1984, 845 ff.; *Jarass,* Das Recht der Wirtschaftssubventionen, JuS 1980, 115 ff.; *Menger,* Probleme der Handlungsformen bei der Vergabe von Wirtschaftssubventionen – mitwirkungsbedürftiger Verwaltungsakt oder öffentlich-rechtlicher Vertrag? Festschrift für W. Ernst, 1980, S. 301 ff.; *Friehe,* Das Abwehrrecht des Wettbewerbers gegen die Subventionierung eines Konkurrenten, JuS 1981, 867 ff.; *Ehlers,* Die Handlungsformen bei der Vergabe von Wirtschaftssubventionen, VerwArch. 74 (1983) S. 112 ff.;

Oldiges, Richtlinien als Ordnungsrahmen der Subventionsverwaltung, NJW 1984, 1927 ff.; *Flessa,* 30 Jahre Zweistufentheorie, DVBl. 1985, 1365 f.; *Henseler,* Staatliche Verhaltenslenkung durch Subventionen im Spannungsfeld zur Unternehmerfreiheit des Begünstigten, VerwArch. Bd. 77 (1986) S. 249 ff.; *Schwarze,* Subventionen im Gemeinsamen Markt und der Rechtsschutz des Konkurrenten, Gedächtnisschrift für W. Martens, 1987, 819 ff.; *Papier,* Rechtsformen der Subventionierung und deren Bedeutung für die Rückabwicklung, ZHR 152 (1988) S. 493 ff.; *H.-W. Arndt,* Rückforderung von Subventionen aufgrund Haftungserklärung Dritter, JuS 1989, 808 ff.; *Gusy,* Subventionsrecht, JA 1991, 286 ff. und 327 ff.; *Ehlers,* Die Kontrolle von Subventionen, DVBl. 1993, 861 ff.; *Dickersbach,* Die Entwicklung des Subventionsrechts, NVwZ 1993, 846 ff. und 1996, 963 ff.; *Suerbaum,* Die Subventionsrückforderung, JuS 1998, 635 ff.; *Stober/Vogel* (Hg.), Subventionsrecht und Subventionspolitik auf dem Prüfstand, 1999; *Ehlers,* Rechtsprobleme der Rückforderung von Subventionen, GewArch. 1999, 305 ff.; *Rodi,* Die Subventionsrechtsordnung, 2000; *Oldiges,* Die Entwicklung des Subventionsrechts seit 1996, NVwZ 2001, 280 ff. und 626 ff.; *Gellermann,* Verwaltungsvertragliche Subventionsverhältnisse im Spannungsfeld zwischen Beihilfekontrolle und Verwaltungsverfahrensrecht, DVBl. 2003, 481 ff.; *Schwarz,* Subventionsabbau im Spannungsfeld von politischer Gestaltungsfreiheit und grundrechtlicher Bindung, JZ 2004, 79 ff.

37   Zum Vergaberecht insbesondere: *Pietzcker,* Die neue Gestalt des Vergaberechts, ZHR 162 (1998) S. 427 ff.; *ders.,* Die Zweiteilung des Vergaberechts, 2001, mit umfangreicher Nachw.; *Schneevogel/Horn,* Das Vergaberechtsänderungsgesetz, NVwZ 1998, 1242 ff.; *Thieme/Correll,* Deutsches Vergaberecht zwischen nationaler Tradition und europäischer Integration, DVBl. 1999, 884 ff.; *Schwarze* (Hg.), Die Vergabe öffentlicher Aufträge im Lichte des europäischen Wirtschaftsrechts, 2000; *Broß,* Das Vergaberechtsänderungsgesetz vom 26. 8. 1998 – Ungereimtheiten und offene Fragen, Festschrift für Geiß, 2000, S. 559 ff.; *Byok/Jaeger* (Hg.), Kommentar zum Vergaberecht, 2000; *Boesen,* Vergaberecht. Kommentar zum 4. Teil des GWB, 2000; *Reidt/Stickler/Glahs,* Vergaberecht. Kommentar, 2000; *Malmendir,* Vergaberecht, quo vadis? DVBl. 2000, 963 ff.; *Byok,* Die Entwicklung des Vergaberechts, NJW 2001, 2295 ff.; 2004, 198 ff.; *Puhl,* Der Staat als Wirtschaftssubjekt und Auftraggeber, VVDStRL 60 (2001), S. 456 ff.; *Pache,* Der Staat als Kunde – System und Defizite des neuen deutschen Vergaberechts, DVBl. 2001, 1781 ff.; *Dörr,* Das deutsche Vergaberecht unter dem Einfluß von Art. 19 Abs. 4 GG, DÖV 2001, 1014 ff.; *Burgi,* Der Verwaltungsvertrag im Vergaberecht, NZBau 2002, 57 ff.; *Otting,* Die neue Vergabeverordnung, NVwZ 2001, 775 ff.; *Röhl,* Der Anwendungsbereich des Vergaberechts, JuS 2002, 1053 ff.; *H. Schröder,* Die Informationspflicht nach § 13 VgV im Spiegel aktueller Rechtsprechung, NVwZ 2002, 1440 ff.; *J.-P. Schneider,* EG-Vergaberecht zwischen Ökonomisierung und umweltpolitischer Instrumentalisierung, DVBl. 2003, 1186 ff.; *Grzeszick,* Vergaberecht zwischen Markt und Gemeinwohl, DÖV 2003, 649 ff.; *Würfel/Butt,* Ausschreibungspflicht für städtebauliche Verträge?, NVwZ 2003, 153 ff.; *Leinemann,* Die Vergabe öffentlicher Aufträge, 3. Aufl. 2004; *Pünder,* Zu den Vorgaben des grundgesetzlichen Gleichheitssatzes für die Vergabe öffentlicher Aufträge, VerwArch. 95 (2004), S. 38 ff.

Rechtsprechung: EuGH DVBl. 2000, 118 (Alkatel: Nachprüfung einer **36** Vergabeentscheidung). – BVerwGE 1, 308 (Wohnungsbaudarlehen nach der Zweistufentheorie); *BVerwGE* 34, 213 (bevorzugte Vergabe öffentlicher Aufträge); *BVerwGE* 35, 170 (Rückzahlung eines nach der Zweistufentheorie gewährten Darlehens); *BVerwGE* 58, 45 (Rechtsgrundlage von Subventionen); *BVerwGE* 90, 112 (Subvention und Grundrechte); *BVerwGE* 104, 220 (Reduzierung einer durch Verwaltungsvorschrift gewährten Subvention); *BVerwG* NJW 1969, 809 (verlorener Zuschuß, Prämie für Handelsdünger); *BVerwG* NJW 1996, 1766 (Subventionsbegriff und Subventionszweck); *BVerwG* DVBl. 2003, 139 (unterschiedliche Förderung der Existenzgründungen von Frauen und Männern; Vorinstanz *OVG Münster*, NWVBl. 2002, 239; dazu *Wernsmann*, JuS 2002, 959 ff.); *BVerwG* DVBl. 2004, 126 (Rücknahme eines gegen eine Subventionsrichtlinie verstoßenden Subventionsbescheids). – *BGHZ* 52, 155 (Rückzahlung eines nach der Zweistufentheorie gewährten Darlehens); *BGHZ* 57, 130 (verlorener Zuschuß, Filmprämie); *BGHZ* 146, 202 (Zuschlag); *BGHZ* 155, 166 (Subvention, Verwaltungsprivatrecht); *BGH* NVwZ 1985, 517 (Rückforderung einer über eine Bank ausbezahlten Beihilfe, Rechtsweg); *BGH* NJW 1997, 328 (Hermes-Bürgschaft: Zwei-Stufen-Theorie); *BGH* DVBl. 2005, 848 (Vergaberecht). – *OVG Münster* NVwZ 1984, 522 (Subventionsvertrag, Konkurrentenklage); *OLG Brandenburg* NVwZ 1999, 1142 (Flughafen Berlin-Brandenburg: Anforderungen an das Vergabeverfahren). Vgl. im übrigen die Nachweise im Text.

§ 18 Verwaltungsautomation

I. Allgemeine Bemerkungen

Die Verwaltung hat sich seit jeher der technischen Mittel und **1** Möglichkeiten ihrer Zeit bedient. Die Errungenschaften der modernen Informations- und Kommunikations-Technik (IuK-Technik) eröffnen der Verwaltung jedoch neue, bislang nicht geahnte Dimensionen. Das gilt insbesondere für die elektronische Datenverarbeitung (EDV). Die EDV-Anlagen können eine Vielzahl von Informationen auf engstem Raum und in kürzester Zeit aufnehmen, speichern, verarbeiten und wieder abgeben. Sie können zudem auf Grund vorgegebener Programme und sodann eingegebener Daten (= computergerecht formulierte Informationen) selbststeuernd („automatisch") arbeiten und damit menschliche Tätigkeit nicht nur erleichtern und vereinfachen, sondern ersetzen. Sie bleiben aber gleichwohl noch Hilfsmittel der Verwaltung, da sie nicht nur durch Verwaltungsbedienstete in Betrieb gesetzt, sondern auch mit entsprechenden generellen Programmen und speziellen Daten versehen werden müssen. Die Gefahr der Verselbständigung ist freilich – zumal bei Weiterentwicklungen – nicht von der Hand zu weisen.

2   Während zunächst nur Großrechner zur Verfügung standen, die nur bei großen Datenmengen hinreichend ausgelastet und rentabel waren, sind inzwischen kleinere Geräte entwickelt worden, die erheblich leistungsfähiger sind, relativ einfach von Einzelpersonen bedient werden können und nicht nur an den Arbeitsplätzen der Verwaltungsbediensteten sondern auch in den meisten Privathaushalten vorhanden sind. Sie ermöglichen somit sowohl Kontakte zwischen den verschiedenen Verwaltungsstellen und Verwaltungsbediensteten als auch zwischen der Verwaltung und den Bürgern. Die schriftliche Übermittlung von Nachrichten und Willenserklärungen kann durch die elektronische Übermittlung ersetzt werden. An die Stelle der Schriftform (Papierform) kann die elektronische Form treten. Daß sich daraus nicht nur tatsächliche und technische Probleme, sondern auch rechtliche Probleme ergeben, liegt auf der Hand.

3   Das VwVfG geht vom Grundsatz der Nichtförmlichkeit des Verwaltungsverfahrens aus. Nach § 10 VwVfG ist das Verfahren nicht an bestimmte Formen gebunden, soweit keine besonderen Formvorschriften bestehen. Es liegt daher – zunächst einmal – bei der Verwaltung selbst, ob und in welcher Weise sie die Möglichkeiten der IuK-Technik einsetzt. Die Verpflichtung, das Verfahren „einfach, zweckmäßig und zügig durchzuführen" (§ 10 S. 2 VwVfG), weist sogar in diese Richtung. Bei genauerer Betrachtung zeigt sich jedoch, daß die Verwaltung gerade in dem hier vor allem interessierenden Staat-Bürger-Verhältnis immer wieder auf Formvorschriften, insbesondere auf das Schriftformerfordernis, stößt. Der Gesetzgeber muß daher einerseits gewisse Erleichterungen und Sonderregelungen vorsehen, um die IuK-Technik im Verwaltungsbereich überhaupt operabel zu machen, andererseits aber die Rechte des Bürgers absichern und gegenüber zusätzlichen Gefährdungen stärken.

Daß die technische Entwicklung zur Verlagerung oder sogar Erledigung rechtlicher Probleme führen kann, zeigt die früher im Blick auf die kommunale Selbstverwaltungsgarantie umstrittene Frage, ob die Gemeinden gesetzli-

che verpflichtet werden können, sich einer überörtlichen Datenverarbeitungs-
anlage anzuschließen (vgl. dazu *NWR VerfGH* DVBl. 1979, 668 mit Anm. von
Püttner).

Das VwVfG enthielt bereits in seiner ursprünglichen Fassung **4**
von 1976 besondere Regelungen über den „schriftlichen Verwaltungsakt, der mit Hilfe automatischer Einrichtungen erlassen
wird", d. h. über den Computerverwaltungsakt (vgl. dazu unten
Rn. 5 ff.). Durch das 3. VwVfGÄndG vom 21. 8. 2002, das am
1. 2. 2003 in Kraft getreten ist (vgl. oben § 5 Rn. 7), werden
nunmehr besondere Regelungen über die Voraussetzungen und
die Sicherung der elektronischen Kommunikation zwischen der
Verwaltung und dem Bürger eingeführt (vgl. unten Rn. 13 ff.). Die
Länder, die am Erlaß dieser Regelungen durch gemeinsam erar-
beitete Musterentwürfe beteiligt waren, folgten oder werden dies
demnächst tun, sofern dies nicht über die dynamische Verweisung
auf das VwVfG automatisch geschehen ist. In die Abgabenordnung
und das Sozialgesetzbuch sind gleichlautende Vorschriften aufgenommen worden (§ 87 a AO, § 36 a SGB I), so daß übereinstimmende Regelungen über das E-Verfahren im Gesamtbereich der
Verwaltung bestehen. Ferner ist auf das Gesetz zur Anpassung der
Formvorschriften des Privatrechts und anderer Vorschriften an den
modernen Rechtsgeschäftsverkehr vom 13. 7. 2001 (BGBl. I
S. 1542) hinzuweisen, das die elektronische Form auch in das Privatrecht eingeführt hat. Die zentrale Vorschrift bildet § 126 III
BGB, der bestimmt: „Die schriftliche Form (des Vertrags) kann
durch die elektronische Form ersetzt werden, wenn sich nicht aus
dem Gesetz ein anderes ergibt." Die elektronische Kommunikation
ist damit ein essentieller Teil der Vorschriften über den gesamten
Rechtsverkehr. Im Bereich des Verwaltungsprozeßrechts ermöglicht § 86 a VwGO die elektronische Kommunikation.

II. Der automatisch hergestellte Verwaltungsakt

1. Rechtliche Einordnung

Der Einsatz der EDV bietet sich geradezu an, wenn die Ver- **5**
waltung eine Vielzahl gleicher oder gleichartiger Verwaltungsakte
zu erlassen hat. Die Verwendung von vorgefertigten Formularen

oder Briefen, die durch eine EDV-Anlage – entsprechend den eingegebenen und verarbeiteten Daten – ausgefüllt bzw. vervollständigt werden, ermöglicht eine rasche und rationelle Bewältigung von Massenvorgängen der Verwaltung. Sie ist heute in der Praxis eine Selbstverständlichkeit.

Die EDV kann in verschiedenen Abschnitten des Verwaltungsverfahrens eingesetzt werden. Ein automatisch hergestellter Verwaltungsakt liegt jedoch nur vor, wenn die das Verwaltungsverfahren abschließende Entscheidung durch die Anlage hergestellt und ausgeschrieben wird und die Behörde sich darauf beschränkt, diesen Entscheidungsentwurf durch Bekanntgabe an den Adressaten in Kraft zu setzen, wobei auch die Bekanntgabe (= Versendung) wiederum „automatisch" erfolgen kann (vgl. zur elektronischen Bekanntgabe *Polomski,* S. 172 ff.).

6   Die Einschaltung der EDV hindert nicht die Annahme eines Verwaltungsakts. Die Behörde ist und bleibt Herr des Verfahrens, weil sie einmal die Entscheidungsfindung der EDV-Anlage (etwa die Berechnung der Rente) durch die Programmierung und die Eingabe der konkreten Daten lenkt und präjudiziert und weil sie zum anderen die gefundene Entscheidung (etwa die errechnete Rente) durch Bekanntgabe verbindlich macht. Sie betrachtet folgerichtig den automatisierten Bescheid als „ihren" Verwaltungsakt und verlangt seine Beachtung und muß ihn sich auch deshalb zurechnen lassen.

Die früher von *Zeidler* (Über die Technisierung der Verwaltung, 1959, insbes. S. 15 ff.) vertretene Auffassung, daß bei automatisierten Verwaltungsakten zwischen der Tätigkeit des Verwaltungsbeamten (Verwaltungshandeln) und dem maschinell hergestellten Teil (Verwaltungsfabrikat) zu unterscheiden sei und für das Verwaltungsfabrikat besondere Fehler- und Haftungsregelungen entwickelt werden müßten, ist zu Recht auf Ablehnung gestoßen (vgl. *Bull,* Verwaltung durch Maschinen, S. 61 ff.; *Erichsen,* in: Erichsen/Ehlers, VerwR § 12 Rn. 12 m. w. N.), wenngleich ihr das Verdienst bleibt, frühzeitig auf die Problematik hingewiesen zu haben.

7   Die *Rechtsprechung,* die sich schon mehrfach mit besonderen Aspekten des automatisch hergestellten Bescheids zu befassen hatte, ging stets ohne weiteres von dessen Rechtsnatur als Verwaltungsakt aus.

Vgl. *BVerfG* NJW 1994, 574 (Unterschrift und Namenswiedergabe auf Steuerbescheid); *BVerwGE* 31, 236 (Schreibweise und Grundrechte); *BVerwGE* 40, 212 (Offenbare Unrichtigkeit und Nachprüfbarkeit der Schlüsselkennzeichen bei Versorgungsbescheid); *BVerwGE* 45, 189 (Unterschrift bei Einberufungsbescheid?); *BVerwGE* 48, 336 (Wohngeldbescheid); *BVerwG* NVwZ 1986, 198 (Studentenausweis); *BVerwG* NJW 1993, 1667 (manuell geänderter EDV-Bescheid); *OVG Bremen* DÖV 1974, 353 (Wohngeldbescheid); *OVG Münster* DÖV 1974, 599 (Besoldungsmitteilung); *OVG Weimar*, ThürVBl. 2000, 254 (Abgabenbescheid); *OLG Frankfurt* NJW 1976, 337 (Unterschrift bei Bußgeldbescheid?); vgl. auch *BFinH* NVwZ 1985, 519 (Steuerbescheid, Scheinverwaltungsakt).

Das *VwVfG*, das einige Sonderregelungen für „den mit Hilfe **8** automatischer Einrichtungen erlassenen Verwaltungsakt" enthält, folgt dieser Deutung.

2. Sonderregelungen

Da der automatisierte Verwaltungsakt in einem besonderen **9** technischen Verfahren – mittels zunehmend leistungsfähigeren Maschinen – hergestellt wird und meist Massenvorgänge betrifft, hat der Gesetzgeber einige Sonderregelungen in das VwVfG eingefügt, die mit geringfügigen Ergänzungen auch in die AO 1977 und das SGB X übernommen worden sind:

a) Die *Unterschrift* und die *Wiedergabe des Namens des Behördenleiters* können in Abweichung von den allgemeinen Regelungen fehlen (§ 37 IV 1 VwVfG).

b) Zur Inhaltsangabe können *Schlüsselzeichen* (Zahlen, Buchstaben, Symbole) verwendet werden, sofern sich deren Bedeutung aus den beigefügten Erläuterungen eindeutig ergibt (§ 37 IV 2 VwVfG).

c) Die *Begründung* kann unterbleiben, wenn sie nach den Umständen des Einzelfalls nicht geboten ist (§ 39 II Nr. 3 VwVfG).

d) Eine vorherige *Anhörung* des betroffenen Bürgers ist nicht erforderlich (§ 28 II Nr. 4 VwVfG).

Diese Sonderregelungen sind in der Literatur z. T. aus rechts- **10** staatlichen Gründen auf Bedenken und Ablehnung gestoßen. Sie sind jedoch dann vertretbar, wenn sie einerseits sachlich-technisch bedingt sind und andererseits die Rechte der Bürger nicht oder nicht übermäßig beeinträchtigen. Der Verzicht auf die *Unterschrift* ergibt sich bei automatisch hergestellten, also nicht manuell, sondern maschinell gefertigten Bescheiden bereits aus deren sachlich-technischen Eigenart. Es ist auch nicht ersichtlich, welche Interessen oder gar Rechte des Bürgers betroffen sein könnten. Das VwVfG fordert sogar bei „normalen" Verwaltungsakten nicht unbedingt die Unterschrift, sondern läßt wahlweise auch die Namenswiedergabe genügen (§ 37 III 1). Daß auch die *Namenswiedergabe* fehlen kann (so § 37 V VwVfG), läßt sich dagegen schwerlich rechtfertigen. Sie ist dementsprechend auch in der Literatur auf Kritik gestoßen (vgl. die Nachweise pro und contra bei *Polomski,* S. 146 ff.). Gerade bei automatisierten Verwaltungsakten, die die Anonymität der Verwaltung verstärken, sollte der Name des verantwortlichen Beamten, an den sich der Betroffene bei Fragen und Bedenken wenden kann, mitgeteilt werden, ganz abgesehen davon, daß der Name evtl. für die Amtshaftung (vgl. dazu unten § 26), zumindest aber für eine Dienstaufsichtsbeschwerde bekannt sein muß. Technisch bestehen diesbezüglich keine Schwierigkeiten, da der Name als (bei Bearbeiterwechsel sogar jederzeit veränderbarer) Programmparameter vorgesehen werden kann. Auch der Ausschluß der *Begründung* – über die sonstigen Ausschlußgründe des § 39 II VwVfG hinaus – ist bedenklich. Bei Rentenbescheiden, Versorgungsbescheiden usw., die oft auf unübersichtlichen und sich rasch ändernden und damit für den Betroffenen nur schwer nachvollziehbaren Gesetzen beruhen, ist die Angabe der maßgeblichen rechtlichen und ggf. tatsächlichen Entscheidungsgrundlagen erforderlich. Das ist bei entsprechender Programmierung auch möglich. Da die entscheidungsrelevanten Daten zur Erstellung eines automatisierten Bescheides ohnehin einzugeben sind, bereitet es technisch keine Schwierigkeiten, diese Entscheidungsgrundlagen in Form von standardisierten Textbausteinen – notfalls unter Verwendung von Schlüsselzeichen – auch im Bescheid auszudrucken. Die vage Formulierung des § 39 II Nr. 3 VwVfG berechtigt daher nicht zum Weglassen einer Begründung, die in standardisierter Form möglich und für das Verständnis des Bescheids erforderlich ist, sondern befreit allenfalls von einer darüber hinausgehenden individuellen Begründungspflicht. Dagegen läßt sich der Verzicht auf die (individuelle) *Anhörung* wiederum mit der sachlich-technischen Eigenart der automatisierten und damit standardisierten Bescheide begründen. Sie ist auch vertretbar, weil der Betroffene über den oft erforderlichen oder üblichen Antrag seine Position darlegen kann und nach Erlaß des Verwaltungsaktes seine Auffassung durch eine Gegenvorstellung oder durch Rechtsmittel zur Geltung bringen kann.

Im übrigen gilt ganz generell für alle vier Ausnahmeregelungen, daß sie rechtlich nicht zwingend sind, sondern der Verwaltung einen Ermessensspielraum einräumen; die Behörde muß daher stets prüfen, ob ihre Anwendung sachlich oder rechtlich geboten ist.

3. Der rechtswidrige automatisierte Bescheid

Die Rechtswidrigkeit der durch eine EDV-Anlage hergestellten **11** Verwaltungsakte bestimmt sich nach den allgemeinen Grundsätzen (vgl. bereits oben § 10). Besondere Probleme ergeben sich bei Ermessensverwaltungsakten, da die EDV nach einem bestimmten Schema (Programm) arbeitet, die Ermessensermächtigung aber falladäquate, die konkreten Umstände berücksichtigende Entscheidungen fordert. Das schließt die EDV im Ermessensbereich jedoch nicht völlig aus. Die Entscheidungsprogramme der EDV sind rechtlich als Verwaltungsvorschriften zu beurteilen. So wie die normalen Ermessensverwaltungsakte durch Verwaltungsvorschriften (Ermessensrichtlinien) gelenkt werden können (vgl. oben § 7 Rn. 14 ff.), muß dies auch für die automatisierten Bescheide zulässig sein.

Der automatisierte Verwaltungsakt ist – wie jeder andere Ver- **12** waltungsakt – *anfechtbar,* unter den Voraussetzungen des § 44 VwVfG *nichtig.* Durch die Einlegung eines Rechtsmittels kann der Betroffene erreichen, daß sein Fall mit seinen Besonderheiten individuell überprüft wird. *Offenbare Unrichtigkeiten* kommen in automatisch erstellten Bescheiden aufgrund der inzwischen erreichten Sicherheitsstandards immer seltener vor. Wenn sie auftreten, können sie jedoch eine Vielzahl gleichartiger Bescheide betreffen. Indessen können solche Fehler auch bei automatisierten Verwaltungsakten jederzeit berichtigt werden (vgl. oben § 10 Rn. 44). Werden Berichtigungen oder Änderungen von Hand vorgenommen, bleibt der Bescheid im Sinne des VwVfG „mit Hilfe automatischer Einrichtungen erlassen", solange er diese Prägung nicht durch die (Vielzahl oder den Umfang der) Änderungen verliert und so aus der Sicht des Adressaten wie ein – womöglich nicht unterschriebener – Entwurf wirkt (vgl. dazu *BVerwG* NJW 1993, 1667, 1668).

III. Die elektronische Verwaltung (E-Verwaltung)

1. Allgemeine Rechtsgrundlage

13   Die maßgebliche rechtliche Basis für das elektronische Verwaltungsverfahren bildet der 2002 in das VwVfG eingefügte § 3 a. Danach ist die elektronische Übermittlung von Dokumenten (E-Mail, ferner Disketten oder CD) zwischen der Verwaltung und dem Bürger, also in beiden Richtungen, zulässig, soweit der Empfänger dafür einen Zugang eröffnet. Zulässig bedeutet in diesem Zusammenhang, daß die elektronische Übermittlung den traditionellen Kommunikationsmitteln, insbesondere der Schriftform (Papierform), gleichsteht, daß die elektronische Übermittlung für den Empfänger die gleiche rechtliche Wirkung und die gleichen Konsequenzen hat wie die schriftliche oder sonstige Übermittlung. Voraussetzung dafür ist, daß der Empfänger (die Verwaltung bzw. der Bürger) „einen Zugang eröffnet". Er muß – objektiv – überhaupt ein geeignetes und betriebsbereites Gerät besitzen und – subjektiv – derartige Dokumente entgegennehmen wollen. Das Einverständnis muß nicht ausdrücklich erklärt werden, sondern kann auch konkludent erfolgen. Maßgelblich ist dafür nach der h. L. (sofern sich eine solche bereits herausgebildet hat) die Verkehrsanschauung. So soll bei Privatpersonen die bloße Angabe der E-Mail-Adresse auf dem Briefkopf nicht genügen, dagegen die regelmäßige Nutzung dieses Kontakts im Geschäftsverkehr ausreichen. Eine Pflicht zur Eröffnung des Zugangs besteht nicht, weder für die Behörde noch für den Bürger. Die Behörde entscheidet darüber nach Ermessen, so daß sie ggf. ermessensfehlerhaft handelt, wenn sie im konkreten Fall dem Wunsch des betroffenen Bürgers nicht entspricht.

14   Die elektronische Form ist, wie sich aus § 3 a II VwVfG ergibt, auch dann zulässig, wenn durch eine bestehende Rechtsvorschrift die Schriftform ausdrücklich angeordnet worden ist. Dasselbe gilt, wenn später die Schriftform für bestimmte Erklärungen oder Rechtsakte vorgeschrieben werden sollte. Die Behörde und der Bürger können also zwischen der elektronischen Form und der Schriftform wählen. Problematisch ist allerdings, daß mit der elek-

tronischen Form gewisse Unsicherheiten verbunden sind, da beim
E-Mail systembedingt die Unterschrift fehlt und Textänderungen
durch dritte Personen während der Übermittlung nicht ganz auszuschließen sind. § 3 a II VwVfG verlangt daher, daß das elektronische Dokument mit einer qualifizierten elektronischen Signatur
nach dem Signaturgesetz versehen wird. Diese Signatur soll dem
Empfänger die Feststellung ermöglichen, ob das Dokument tatsächlich vom angegebenen Absender stammt und ob es ihn auch
inhaltlich unverändert erreicht hat (Authentizität und Integrität des
Dokuments). Des weiteren ist noch zu beachten, daß die elektronische Form nicht zulässig ist, wenn sie gesetzlich ausdrücklich
ausgeschlossen worden ist.

Für den gesetzlichen Ausschluß gibt es eine ganze Reihe von Beispielen.
So heißt es etwa in § 38 a StAG: „Eine Ausstellung von Urkunden in
Staatsangehörigkeitssachen in elektronischer Form ist ausgeschlossen." Weitere Beispiele finden sich in Art. 5 ff. des 3. VwVfGÄndG vom 21. 8. 2002
(BGBl. I S. 3322); ferner bei *Meyer*, Knack, VwVfG § 3 a Rn. 9. – Zu
den unterschiedlichen Formen der Signatur und der hier maßgeblichen
qualifizierten elektronischen Signatur vgl. das Signaturgesetz vom 16. 5.
2001 (BGBl. I S. 876); dazu *Roßnagel*, DÖV 2001, 221 ff.; *ders.*, NJW 2003,
469 ff. m. w. N.

Zusammenfassend läßt sich feststellen, daß die elektronische   **15**
Form als Alternative zur gesetzlich vorgesehenen Schriftform dann
zulässig ist, wenn (1) der Empfänger einen Zugang eröffnet hat, (2)
die erforderliche Signatur angebracht ist und (3) keine entgegenstehende Rechtsvorschrift vorhanden ist.

2. Der elektronische Verwaltungsakt

Unter den genannten Voraussetzungen kann auch ein Verwal-   **16**
tungsakt erlassen werden, und zwar ein sonst formfreier Verwaltungsakt gem. § 3 a I VwVfG (ohne oder mit Signatur) und ein
sonst schriftformbedürftiger Verwaltungsakt gem. 3 a II VwVfG
(mit Signatur). § 37 II 1 VwVfG i. d. F. des 3. VwVfGÄndG erklärt
ausdrücklich, daß ein Verwaltungsakt nicht nur – wie früher –
schriftlich, mündlich oder in anderer Weise, sondern auch „elektronisch" erlassen werden kann. Die früher umstrittene Frage, ob
und inwieweit unter den „in anderer Weise erlassenen Verwal-

tungsakt" auch der elektronisch erlassene Verwaltungsakt fällt, ist damit gesetzlich entschieden. Daher ist es z. B. nach §§ 3 a, 37 VwVfG möglich, daß die Behörde auf Grund eines elektronisch gestellten Antrags eines Unternehmers eine elektronische Gewerbegenehmigung erteilt und daß die während des Verfahrens ergehenden Anfragen, Klärungen und Verfahrenshandlungen ebenfalls in elektronischer Form ergehen. Ob dies alles in der Praxis immer so klappt, ist freilich (noch) fraglich. Wenn die elektronische Kommunikation aus technischen Gründen, etwa wegen nicht kompatibler Formate, fehlschlägt, hat die Behörde den Empfänger zu informieren und Alternativen anzubieten (§ 3 a III VwVfG).

17   Für den schriftlichen und den elektronischen Verwaltungsakt gelten weitgehend dieselben Regelungen. Beide müssen die erlassende Behörde erkennen lassen und die Unterschrift oder die Namenswidergabe des Behördenleiters, seines Vertreters oder seines Bevollmächtigten enthalten (§ 37 III 1 VwVfG), wobei freilich bei elektronischen Verwaltungsakten schon technisch nur die Namenswidergabe und nicht die Unterschrift in Betracht kommen. Beide bedürfen der Begründung (§ 39 I 1 VwVfG). Ferner kann die Bestätigung eines mündlichen Verwaltungsaktes nicht nur in schriftlicher, sondern auch in elektronischer Form verlangt werden, wenn der Betroffene ein berechtigtes Interesse daran hat und seinen Antrag unverzüglich stellt (§ 37 II 2 VwVfG). Andererseits kann – und das zeigt doch eine unterschiedliche Gewichtung – unter denselben Voraussetzungen die schriftliche Bestätigung eines elektronischen Verwaltungsaktes verlangt werden.

18   Der elektronische Verwaltungsakt muß dem Adressaten und den sonstigen Betroffenen bekannt gegeben werden. Für die Bekanntgabefrist bestehen wiederum entsprechende Regelungen. Grundsätzlich gilt der schriftliche Verwaltungsakt am dritten Tag nach der Aufgabe zur Post und der elektronische Verwaltungsakt am dritten Tag nach der Absendung als bekanntgegeben (§ 41 II 1 VwVfG). Die Drei-Tage-Frist mag bei elektronischen Verwaltungsakten, die innerhalb Sekunden ankommen, etwas überraschend sein, zeigt aber das Bemühen des Gesetzgebers, schriftliche und elektronische Verwaltungsakte möglichst gleichzustellen.

3. Unterscheidung zwischen dem elektronischen und dem automatischen Verwaltungsakt

Die beiden Arten des Verwaltungsaktes müssen – schon wegen **19** der teilweise unterschiedlichen Regelungen, aber auch aus sachlichen Gründen – strikt unterschieden werden. Der elektronische Verwaltungsakt wird durch die Form der Übermittlung bestimmt. Sie erfolgt nicht schriftlich, mündlich oder konkludent, sondern auf elektronischem Wege – entweder durch eine E-Mail oder durch die Speicherung auf einer Diskette oder einer CD-Rom und deren Übergabe an den Adressaten. Entscheidend ist, daß auf das Jahrtausende alte Medium des Papiers verzichtet wird. Der Inhalt der Entscheidung wird dagegen nicht technisch, sondern in traditioneller Weise durch die Verwaltungsbehörde festgelegt. Dagegen wird der mit Hilfe automatischer Einrichtungen erlassene oder kurz der automatische Verwaltungsakt in traditioneller Weise übermittelt. Sein Inhalt wird aber ganz oder teilweise durch EDV-Anlagen ermittelt, die allerdings durch bestimmte Programme gesteuert werden. Wenn auch zwischen beiden Arten von Verwaltungsakten unterschieden werden muß, so gehen sie in der Praxis doch immer wieder ineinander über, so etwa wenn ein automatisch hergestellter Verwaltungsakt elektronisch übermittelt wird.

IV. Datenschutz

Der Datenschutz ist kein spezifisches Problem der automatisier- **20** ten und elektronischen Verwaltung, sondern eine Angelegenheit der gesamten Verwaltung. Er wird aber in diesem Bereich besonders aktuell, weil einerseits durch die EDV-Anlagen eine fast unbegrenzte Menge personenbezogener Daten gespeichert und ausgewertet werden kann und andererseits der Zugriff dritter Personen nicht sicher auszuschließen ist. Das *BVerfG* hat aus Art. 2 I GG in Vbg. mit Art. 1 I GG das Recht auf informationelle Selbstbestimmung abgeleitet. Es umfaßt den Schutz des Einzelnen gegen unbegrenzte Erhebung, Speicherung, Verwendung und Weitergabe seiner persönlichen Daten und gewährleistet insoweit die Befugnis des Einzelnen, grundsätzlich selbst über die Preisgabe und Verwendung seiner persönlichen Daten zu bestimmen (*BVerfGE* 65, 1,

43). Dazu gehört auch das Recht des Einzelnen auf Auskunft darüber, ob und welche Daten über seine Person gespeichert wurden und werden. Das Recht auf informationelle Selbstbestimmung ist freilich im Blick auf gegenläufige überwiegende Allgemeininteressen nicht schrankenlos; die Schranken müssen aber durch Gesetz bestimmt werden.

21   Die Absicht, bei der Novellierung des Datenschutzrechtes Ende der 1980er Jahre eigene Datenschutzregelungen in das VwVfG aufzunehmen (vgl. Art. 2 §§ 3 a–f des Gesetzentwurfes vom 20. 12. 1988, BT-Drs. 11/4306), wurde nicht verwirklicht. Maßgebend sind daher weiterhin das Bundesdatenschutzgesetz (BDSG) und die Landesdatenschutzgesetze (vgl. zum Anwendungsbereich § 1 BDSG). Sie werden durch bereichsspezifische Regelungen, die auf die besonderen Bedürfnisse der jeweiligen Verwaltungsbereiche abgestimmt sind, ergänzt, so z. B. durch die §§ 8 ff. BVerfSchG, durch § 34 StUG und vor allem durch die in die Polizeigesetze und die Sicherheits- und Ordnungsgesetze der Länder aufgenommenen Vorschriften über die polizeiliche Datenverarbeitung, vgl. etwa §§ 19 ff. Bad.-Württ. PolG, §§ 9 ff. NRW PolG. Weitere Regelungen betreffen – entsprechend der grundrechtlichen Schutzpflicht des Staates in Sachen Datenschutz – den privatrechtlichen Bereich (§§ 27 ff. BDSG), insbesondere soweit es um die privatisierten Unternehmen des Post- und Fernmeldewesens geht (§ 41 PostG, § 89 TKG).

Literatur zu § 18: *Zeidler,* Über die Technisierung der Verwaltung, 1959; *Bull,* Verwaltung durch Maschinen, 2. Aufl. 1964; *Luhmann,* Recht und Automation in der öffentlichen Verwaltung, 1966, 2. unveränderte Aufl. 1997 (dazu *B. Becker,* DVBl. 1998, 290 f.); *W. Schmidt,* Die Programmierung von Verwaltungsentscheidungen, AöR 96 (1971) S. 321 ff.; *Steinmüller,* Automatische Datenverarbeitung und Recht, 2. Aufl. 1976; *Eberle,* Organisation der automatisierten Datenverarbeitung in der öffentlichen Verwaltung, 1976; *Popper,* Rechtsprobleme der automatisierten Verwaltung, DVBl. 1977, 509 ff.; *Zielinski,* Probleme der Automation in der öffentlichen Verwaltung, DV 10 (1977) S. 197 ff.; *Grimmer,* Die Automation und das Verhältnis der Verwaltung zum Bürger, DÖV 1982, 257 ff.; *Scholz/Pitschas,* Informationelle Selbstbestimmung und staatliche Informationsverantwortung, 1984; *H. Redeker,* Der elektronisch übermittelte Verwaltungsakt, NVwZ 1986, 545 ff.; *Eberle,* Die öffentliche Verwaltung vor den Herausforderungen der Informationsgesellschaft, DV 20 (1987) S. 459 ff.; *Giehl,* Moderne Informations- und Kommunikationstechniken – Auswirkungen auf die Strukturen der öffentlichen Verwaltung, BayVBl. 1988, 321 ff.; *Dörner/Ehlers,* Rechtsprobleme der EDV, 1989; *Lazaratos,* Rechtliche Auswirkungen der Verwaltungsautomation auf das Verwaltungsverfahren, 1990; *Polomski,* Der automatisierte Verwaltungsakt, 1993; *N. Brugger,* Das (baden-württembergische) Gesetz über die Zusammenarbeit bei der automatisierten Datenverarbeitung, BWVPr 1996, 83 ff.; *Rosenbach,* Verfahrensrechtliche Rahmenbedingungen für den Einsatz der elektronischen Datenverarbeitung in der Verwaltung, NWVBl. 1997, 121 ff.; *ders.,* Die elektronische Datenverarbeitung und das Verwaltungsverfahrensgesetz, NVWBl.

1997, 326 ff.; *Klein/Stolz*, Rechtsfragen zum Internet für die Städte, Der Städtetag 1997, 390 ff.; *Bullerdiek*, Werkzeug Internet – Nutzungspotentiale für Verwaltungen, VR 1998, 90 ff.; *Groß*, Öffentliche Verwaltung im Internet, DÖV 2001, 159 ff.; *Roßnagel*, Die elektronische Signatur im Verwaltungsrecht, DÖV 2001, 221 ff.; *ders.*, Das elektronische Verwaltungsverfahren. – Das Dritte Verwaltungsverfahrensänderungsgesetz, NJW 2003, 469 ff.; *Schmitz/Schlatmann*, Digitale Verwaltung? – Das Dritte Gesetz zur Änderung verwaltungsverfahrensrechtlicher Vorschriften, NVwZ 2002, 1281 ff.; *Schlatmann*, Anmerkungen zum Entwurf eines Dritten Gesetzes zur Änderung verwaltungsverfahrensrechtlicher Vorschriften, DVBl. 2002, 1005 ff.; *ders.*, Verwaltungsverfahrensrecht und elektronischer Rechtsverkehr, LKV 2002, 489 ff.; *Britz*, Reaktionen des Verwaltungsverfahrensrechts auf die informationstechnischen Vernetzungen der Verwaltung, in: Hoffmann-Riem/Schmidt-Aßmann (Hg.), Verwaltungsverfahren und Verwaltungsverfahrensgesetz, 2002, S. 213 ff.; *Storr*, Elektronische Kommunikation in der öffentlichen Verwaltung. Die Einführung des elektronischen Verwaltungsakts, MMR 2002, 579 ff.; *Schmitz*, Änderungen des Verwaltungsverfahrensrechts durch moderne Informationstechniken, BVerwG-Festschrift 2003, S. 677 ff.; *Schliesky*, Auswirkungen des E-Government auf Verfahrensrecht und kommunale Verwaltungsstrukturen, NVwZ 2003, 1322; *Laubinger*, Elektronisches Verwaltungsverfahren und elektronischer Verwaltungsakt – zwei (fast) neue Institute des Verwaltungsrechts, Festschrift für K. König, 2004, S. 517 ff.; *Büllesbach*, eGovernment – Sackgasse oder Erfolgsstory, DVBl. 2005, 605 ff.; *Schmitz*, Die Regelung der elektronischen Kommunikation im Verwaltungsverfahrensgesetz, DöV 2005, 885 ff.

Literatur zu IV (Datenschutz): *Tinnefeld/Ehmann*, Einführung in das Da- **22** tenschutzrecht, 3. Aufl. 1998; *Kloepfer*, Informationsrecht, 2000, S. 281 ff.; *Roßnagel/Pfitzmann/Garstka*, Modernisierung des Datenschutzrechts, 2001; *Simitis* (Hg.), Kommentar zum Bundesdatenschutzgesetz, 5. Aufl. 2003. – *Bull*, Der Einfluß der Datenschutzgesetze auf die öffentliche Verwaltung, DÖV 1983, 829 ff.; *Knemeyer*, Datenerhebung und Datenverarbeitung im Polizeirecht, NVwZ 1988, 193 ff.; *Riegel*, Zustand und Entwicklungstendenzen des informationellen Befugnisrechts zur polizeilichen Aufgabenerfüllung: Licht, Schatten und Hoffnung, DÖV 1994, 814 ff.; *Schwabe*, Wirrwarr im Recht der polizeilichen Datenverarbeitung, DVBl. 2000, 1815 ff.; *Rudolf*, Datenschutz – Ein Grundrecht, Festschrift für Maurer, 2001, S. 269 ff.; *Schenke*, PolR Rn. 176; *Gola/Klug*, Die Entwicklung des Datenschutzrechts in den Jahren 2004/2005, NJW 2005, 2434 ff.

Rechtsprechung zu § 18: BVerfGE 46, 120 (Datenübertragung über das **23** Fernmeldenetz der Bundespost); BVerfG NJW 1994, 574 (Namenswiedergabe und Unterschrift bei automatisiertem Steuerbescheid); BVerwGE 40, 212 (Nachprüfbarkeit der Schlüsselkennzeichen bei Versorgungsbescheid); BVerwGE 45, 189 (Unterschrift bei Einberufungsbescheid); BVerwGE 48, 336 (Berichtigung eines Wohngeldbescheids); BVerwG NJW 1993, 1667 (automatisierter Verwaltungsakt mit manuellen Änderungen); BGHZ 99, 249 (Haftung bei Versagen der Verkehrsampel, Computerhaftung, vgl. unten § 29 Rn. 18, 19).

Rechtsprechung zu IV (Datenschutz): *BVerwGE* 65, 1, 41 ff. (Volkszählungsurteil: Grundsatzurteil zum Recht auf informationelle Selbstbestimmung); *BVerfGE* 78, 77, 84 ff. (öffentliche Bekanntmachung einer Entmündigung); *BVerfGE* 80, 367, 373 (Tagebuch); *BVerwGE* 84, 375 (Auskunft über beim Bundesverfassungsschutzamt gespeicherte personenbezogene Daten); *BVerwGE* 89, 14 (Benennung eines Informanten, der für den Bundesgrenzschutz personenbezogene Daten beschafft hat); *BVerwGE* 96, 147 (der auf einem Überweisungsträger angebrachte Vermerk „Sozialleistung" ist unzulässig).

5. Teil. Verwaltungsverfahren und Verwaltungsvollstreckung

§ 19 Die Grundzüge des Verwaltungsverfahrens

I. Begriff und Arten des Verwaltungsverfahrens

1. Begriff

a) *Verwaltungsverfahren im weiteren Sinne* ist jede auf den Erlaß 1
einer Entscheidung, die Vornahme einer sonstigen Maßnahme
oder den Abschluß eines Vertrages gerichtete Tätigkeit der Verwaltungsbehörden. Eine so weitgehende Bestimmung erfaßt entsprechend den jeweils intendierten Maßnahmen (Rechtsverordnungen,
Verwaltungsakte, Realakte, Wahlen, privatrechtliche Willenserklärungen, Verträge, innerdienstliche Anordnungen, Amtshilfe usw.)
eine große Zahl unterschiedlicher Verwaltungsverfahren, die gemäß ihrer jeweiligen Eigenart wieder unterschiedliche Regelungen
erfordern, wenngleich sich auch gewisse durchgehende Gemeinsamkeiten zeigen. Wenn in der Gesetzgebung, Rechtsprechung
und Literatur vom „Verwaltungsverfahren" die Rede ist, so wird
damit meist nur ein Ausschnitt dieses umfassenden Begriffs gemeint. Es ist, sofern eine präzise Definition fehlt, nach dem jeweiligen Sinn und Zusammenhang zu ermitteln, was im konkreten
Fall unter der Bezeichnung „Verwaltungsverfahren" zu verstehen
ist.

b) *Die Legaldefinition des § 9 VwVfG* will ebenfalls keinen allge- 2
meinen, sondern lediglich den für das VwVfG maßgeblichen Begriff des Verwaltungsverfahrens bringen, wie die einschränkenden
Worte „im Sinne dieses Gesetzes" zeigen. Danach ist Verwaltungsverfahren nur „die nach außen wirkende Tätigkeit der Behörden,
die auf die Prüfung der Voraussetzungen, die Vorbereitung und
den Erlaß eines Verwaltungsaktes oder auf den Abschluß eines

öffentlich-rechtlichen Vertrages gerichtet ist." Diese Begriffsbestimmung wird durch zwei Merkmale bestimmt und begrenzt,
nämlich

– einmal die Außenwirkung und
– zum anderen die Zielrichtung auf einen Verwaltungsakt oder
  einen Verwaltungsvertrag.

Damit scheiden aus einmal alle Vorgänge des internen Bereichs,
auch wenn sie im Zusammenhang mit dem Erlaß eines Verwaltungsaktes oder dem Abschluß eines Verwaltungsvertrages stehen, und
zum anderen alle Verfahren, die nicht auf einen Verwaltungsakt oder
einen Verwaltungsvertrag abzielen, auch wenn sie Außenwirkung
haben, wie z. B. die auf Erlaß einer Rechtsverordnung oder auf
Durchführung einer Wahl gerichteten Verwaltungsverfahren. Ebenso sind keine Verwaltungsverfahren i. S. des § 9 VwVfG die auf
informelle Absprachen zielenden Verhandlungen, die im Zuge der
Deregulierung an Stelle von Genehmigungsverfahren tretenden
sog. Freistellungs- oder Anzeigeverfahren, die Vorbereitung öffentlicher Warnungen und die der Vornahme aller sonstigen Realakte
dienenden Verfahren. Die Vorschriften des VwVfG, insbesondere
die dort aufgeführten Verfahrensrechte, können aber ggf. entsprechend herangezogen werden, so schon die Begründung zum
EVwVfG 1973, BT-Drs. 7/910, S. 41 f.

2. Die Arten der Verwaltungsverfahren

Das VwVfG kennt verschiedene Verwaltungsverfahren, die – wenigstens in der Grundstruktur – den bislang schon entwickelten
und auch heute noch vielfach spezialgesetzlich geregelten Verfah-
renstypen entsprechen.

3   a) *Das allgemeine oder nichtförmliche Verwaltungsverfahren* stellt den
Regeltyp dar. Es kommt immer dann zur Anwendung, wenn ge-
setzlich keine andere Verfahrensart angeordnet oder vorgesehen ist.
Für dieses Verfahren gelten die (wenigen) allgemeinen Verfah-
rensregelungen des VwVfG und die sie ergänzenden allgemeinen
Verfahrensprinzipien. Im übrigen wird es durch den Grundsatz der
Nichtförmlichkeit des Verfahrens bestimmt (§ 10 VwVfG). Dieser
Grundsatz stellt allerdings keinen Freibrief dar, sondern soll ein den

konkreten Gegebenheiten des Einzelfalls angemessenes, einfaches, zügiges und zweckmäßiges Verfahren gewährleisten.

b) *Das förmliche Verfahren,* das in §§ 63 ff. VwVfG geregelt ist und **4** nur auf Grund gesetzlicher Anordnung stattfindet, wird durch besondere („förmliche") Verfahrensvorschriften geprägt: Der evtl. erforderliche Antrag muß schriftlich oder zur Niederschrift bei der Behörde gestellt werden; die Vorschriften über die Anhörung der Beteiligten und über die Mitwirkung von Zeugen und Sachverständigen sind eingehender und strenger als im allgemeinen Verwaltungsverfahren; in der Regel muß eine mündliche Verhandlung durchgeführt werden; die Entscheidung ist schriftlich abzufassen und zu begründen und den Beteiligten zuzustellen.

Solche förmliche Verfahren gab und gibt es noch in zahlreichen Spezialgesetzen, z. B. das Enteignungsverfahren nach §§ 104 ff. BauGB, das Verfahren über die Indizierung jugendgefährdender Schriften nach §§ 12 ff. GjSM, das Musterungsverfahren nach § 19 WPflG, das Anlagengenehmigungsverfahren nach § 10 BImSchG. Die Regelung des VwVfG soll ein Modell bieten, auf das der Gesetzgeber Bezug nehmen kann, wenn er die Durchführung eines förmlichen Verfahrens in bestimmten Bereichen für geboten hält.

c) *Das Planfeststellungsverfahren,* das in §§ 72 ff. VwVfG näher **5** geregelt ist, zielt auf die Feststellung eines Planes, durch den ein bestimmtes raumbezogenes Vorhaben mit rechtsgestaltender Wirkung für zulässig erklärt wird. Das Verfahren ist noch stärker formalisiert als das förmliche Verwaltungsverfahren, insbesondere muß ein Anhörungsverfahren mit einer mündlichen Verhandlung erfolgen, in der alle Einwendungen gegen das beantragte Vorhaben erörtert werden. Der das Planfeststellungsverfahren abschließende Planfeststellungsbeschluß, ein Verwaltungsakt, ersetzt alle nach sonstigen Gesetzen erforderlichen Entscheidungen (Baugenehmigung, wasserrechtliche Bewilligung, Zustimmung der Naturschutzbehörde usw.) und regelt alle öffentlich-rechtlichen Beziehungen zwischen dem Träger des Vorhabens und den durch den Plan Betroffenen mit rechtsgestaltender Wirkung. Diese umfassende Konzentrations- und Gestaltungswirkung gibt dem Planfeststellungsbeschluß sein maßgebliches Gepräge (*BVerwG* NJW 1977, 2367; näher dazu *Dürr,* in: Knack, VwVfG § 75 Rn. 5 ff. mit weiteren Nachw.).

Gegenstand des Planfeststellungsverfahrens sind nur konkrete raumbezogene Vorhaben, etwa der Bau einer Straße, eines Flugplatzes, einer Abfallbeseitigungsanlage, vgl. oben § 16 Rn. 4. – Die §§ 72 ff. VwVfG kommen unmittelbar zur Anwendung, wenn gesetzlich die Durchführung eines Planfeststellungsverfahrens angeordnet ist, allerdings nur, soweit keine Sonderregelungen bestehen. Tatsächlich enthalten einige Gesetze, die ein Planfeststellungsverfahren vorsehen, zugleich die erforderlichen Verfahrensregelungen, so daß der Anwendungsbereich der VwVfG-Vorschriften beschränkt bleibt; vgl. etwa §§ 8 ff. LuftVG für Flugplätze. Jedenfalls haben die §§ 72 ff. VwVfG Modellcharakter, indem sie die typischen Merkmale des Planfeststellungsverfahrens bestimmen und regeln.

6   d) *Das Rechtsbehelfsverfahren* dient der Überprüfung der Rechtmäßigkeit und Zweckmäßigkeit von Verwaltungsmaßnahmen auf Antrag des Bürgers. Das VwVfG verweist auf die Vorschriften der VwGO über das Widerspruchsverfahren (§§ 68 ff.) und erklärt die Vorschriften des VwVfG für subsidiär anwendbar (§ 79 VwVfG). Das Widerspruchsverfahren ist ein echtes Verwaltungsverfahren, weil es von einer Verwaltungsbehörde durchgeführt wird, aber auch ein verwaltungsgerichtliches Vorverfahren, weil seine Durchführung Voraussetzung für die Zulässigkeit der Anfechtungsklage und der Verpflichtungsklage in Form der Versagungsgegenklage ist.

Dieser Doppelcharakter findet auch in den maßgeblichen Rechtsgrundlagen seinen Ausdruck. Die VwGO bringt – schon wegen der auf das Prozeßrecht beschränkten Gesetzgebungskompetenz des Bundes (*BVerwGE* 61, 360) – nur die wenigen Regelungen, die für das Widerspruchsverfahren als verwaltungsgerichtliches Vorverfahren erforderlich sind. Im übrigen bestimmt sich das Widerspruchsverfahren als Verwaltungsverfahren nach dem Verwaltungsverfahrensrecht. Es ist daher nur konsequent, wenn § 79 VwVfG bestimmt, daß die Vorschriften des VwVfG (soweit dessen Anwendungsbereich reicht, vgl. §§ 1 und 2) gelten. In Betracht kommen z. B. die Regelungen über die Beteiligten und ihre Vertretung (§§ 11 ff. VwVfG), über den Verfahrensablauf (§§ 22 ff. VwVfG), über die Verfahrensrechte (§§ 28 ff. VwVfG). Im einzelnen ergeben sich allerdings noch einige Zweifelsfragen, die durch den Pauschalverweis des § 79 VwVfG nicht gelöst werden, vgl. dazu *Schmitt Glaeser / Horn,* VwprozR, Rn. 93; *Allesch,* Die Anwendbarkeit der Verwaltungsverfahrensgesetze auf das Widerspruchsverfahren nach der VwGO, 1984. – § 70 und § 74 I VwVfG, die für die im förmlichen Verwaltungsverfahren oder im Planfeststellungsverfahren ergangenen Verwaltungsakte das Widerspruchsverfahren ausschließen und damit die sofortige Anfechtungsklage zulassen, sind Ausnahmen im Sinne des Vorbehalts des § 68 I 2 VwGO. Vgl. dazu auch oben § 10 Rn. 28.

7   e) *Die sog. Massenverfahren* sind Verwaltungsverfahren, an denen viele (hunderte, tausende, vielleicht sogar -zigtausende) Personen beteiligt sind. Sie sind in den letzten Jahren – gefördert durch Interessenverbände, Bürgerinitiativen usw. – immer häufiger geworden, etwa durch zahllose Einwendungen gegen die beantragte Genehmigung eines Kernkraftwerks oder gegen die Festlegung einer Fernverkehrsstraße. Diese Verfahren zielen auf Erlaß *eines* Verwaltungsakts (Genehmigung *einer* Anlage); wegen der großen Reichweite des geplanten Unternehmens kommt aber eine Vielzahl von Personen als „betroffene Dritte" in Betracht.

So sollen im Verfahren zur Genehmigung des Kernkraftwerks Brokdorf 75 000, im Verfahren zur Genehmigung des Kernkraftwerks Wyhl 100 000 Einwendungen erhoben worden sein, vgl. *Schmitt Glaeser,* Der Landkreis 1976, 444; weitere Angaben bei *Blümel,* Festschrift für Werner Weber, 1974, S. 542 ff. Inzwischen hat der Andrang ganz erheblich nachgelassen.

Das Massenverfahren ist (noch) kein rechtlich besonderer Verfahrenstyp. Doch bestehen verschiedene Vorschriften, die der Bewältigung der durch den Massenandrang entstehenden verwaltungstechnischen und verwaltungsrechtlichen Schwierigkeiten dienen sollen. Es handelt sich vor allem um zwei Gruppen von Vorschriften:

– *Öffentliche Bekanntmachung:* Die Behörde kann bei Beteiligung von mehr als 50 Personen die an sich notwendigen individuellen Ladungen und sonstigen Benachrichtigungen durch öffentliche Bekanntmachung ersetzen, die im amtlichen Veröffentlichungsblatt der Behörde und zudem in örtlichen Tageszeitungen zu erfolgen hat. Entsprechendes gilt für die Zustellung der abschließenden Entscheidung.

Vgl. §§ 67 I, 69 II, 73 VI, 74 V VwVfG; die bislang bestehenden Sonderregelungen, etwa im Bundesfernstraßengesetz, sind im Zuge der Vereinheitlichung des Verwaltungsverfahrensrechts weitgehend zugunsten des VwVfG beseitigt worden; vgl. aber z. B. noch § 10 VIII BImSchG; § 7 IV 3 AtomG in Vbg. mit § 15 III und IV AtVfV. – § 3 II 5 BauGB sieht ebenfalls eine vereinfachte öffentliche Bekanntmachung bei 50 Personen vor. – Die Regelungen über die öffentliche Bekanntmachung sind nach *BVerwGE* 67, 206, 209 ff. verfassungsgemäß; kritisch dagegen *Blümel,* VerwArch. 73 (1982) S. 5 ff.

– *Gemeinsame Vertretung:* Bei mehr als 50 Einwendungen wird ein gemeinsamer Vertreter der Beteiligten gesetzlich fingiert oder kann ein gemeinsamer Vertreter durch die Behörde verlangt oder von ihr bestellt werden (vgl. dazu im einzelnen §§ 17 und

18 VwVfG). Die Rechtsstellung des gemeinsamen Vertreters wird durch § 19 VwVfG näher bestimmt: Er kann alle Verfahrenshandlungen vornehmen, hat die Interessen der Vertretenen wahrzunehmen, ist aber an Weisungen nicht gebunden. Durch die Vertretung soll eine Bündelung sachlich gleicher Einwendungen erreicht werden.

Die Vorschriften über die öffentliche Bekanntmachung haben sich als zweckmäßig, ja sogar als unerläßlich erwiesen. Die Vertreterregelungen der §§ 17–19 VwVfG scheinen dagegen in der Praxis bislang keine Bedeutung erlangt zu haben.

Die *Verwaltungsgerichtsordnung* enthält ebenfalls Regelungen über das „Massenverfahren", die dem VwVfG weitgehend nachgebildet sind. Danach ist das Verwaltungsgericht befugt, bei einer Beteiligung von über 50 Personen die individuellen Bekanntgaben durch eine öffentliche Bekanntmachung zu ersetzen (§ 56a VwGO) und die Beiladung zu beschränken (§§ 65 III, 121 Nr. 2 VwGO) sowie bei einer Beteiligung von mehr als 20 Personen die Bestellung eines gemeinsamen Bevollmächtigten anordnen (§ 67a VwGO). Ferner kann das Verwaltungsgericht, wenn sich mehr als 20 Klagen gegen ein und dieselbe behördliche Maßnahme, etwa gegen einen straßenrechtlichen Planfeststellungsbeschluß, richten, ein oder einige Verfahren als „Musterverfahren" herausgreifen und vorab durchführen, die übrigen Verfahren aber zunächst aussetzen und später in Anlehnung an das Musterverfahren vereinfacht entscheiden (vgl. § 93a VwGO). Diese Regelung knüpft an eine Entscheidung des *BVerfG* an, in der gebilligt wurde, daß das Verwaltungsgericht München aus den 5724 Klagen gegen den Planfeststellungsbeschluß Flughafen München-Riem einige für die mündliche Verhandlung auswählte und die übrigen einstweilen zurückstellte (*BVerfGE* 54, 39). – Für das Widerspruchsverfahren gelten ebenfalls die erwähnten Regelungen des VwVfG über das Massenverfahren, vgl. dazu und zu den sich daraus ergebenden Problemen *Schmitt Glaeser/Horn,* VwprozR Rn. 230 ff.

7a   f) *Das mehrstufige Verwaltungsverfahren* ist ebenfalls kein gesetzlich besonders geregelter Verfahrenstyp, es ergibt sich aber aus den Rechtsinstituten des Vorbescheides und der Teilgenehmigung (vgl. dazu bereits oben § 9 Rn. 9 und 63 f.). In der Regel kann, soll und wird auch das Verwaltungsverfahren vom Antrag bis zur endgültigen Entscheidung in Gestalt eines Verwaltungsaktes oder eines Verwaltungsvertrages in einem – wenngleich vielleicht sehr langatmigen – Zuge durchgeführt werden. Bei Verfahren über die Genehmigung von Großprojekten (Kernkraftwerk, Industrieanlagen usw.), die die Klärung und Entscheidung vieler, oft komplexer

und weitreichender Fragen unter Berücksichtigung divergierender
öffentlicher und privater Interessen und unter Beteiligung verschiedener Behörden und zahlreicher betroffener Bürger erfordern,
kann es verfahrensökonomisch zweckmäßig sein, über bestimmte
Vorfragen (etwa die Standortfrage, die Zulässigkeit gewisser Techniken) oder bestimmte Teile der Gesamtanlage (etwa einzelne Bau-
komplexe) vorweg und für alle Beteiligten verbindlich durch einen
bestandskräftig werdenden Verwaltungsakt (Vorbescheid bzw. Teilgenehmigung) zu entscheiden. Auf diese Weise wird das Genehmigungsverfahren in zwei oder sogar – wie meistens in der Praxis –
mehrere Teilabschnitte (Stufen) zerlegt, die zwar formal verselbständigt sind, aber doch in sachlichem Zusammenhang zueinander
stehen, aufeinander aufbauen und am Ziel der abschließenden
Genehmigung der Gesamtanlage orientiert sind. Vorbescheid und
Teilgenehmigung schließen – in gesetzlich unterschiedlich geregel-
tem Umfang – spätere Einwendungen des Antragstellers und der
Drittbetroffenen gegen die bestandskräftig entschiedenen Teilkom-
plexe aus (Präklusionswirkung); sie erfordern ein vorläufiges positives Gesamturteil der Behörde über die Zulässigkeit der gesamten
Anlage und entfalten daher wiederum gewisse, im einzelnen allerdings noch umstrittene Vorwirkungen und Bindungen der Behörde bezüglich späterer Genehmigungsabschnitte.

Neben den soeben skizzierten, durch außenverbindliche Ab-   **7b**
schnittsentscheidungen geprägten Verfahren gibt es noch weitere
Verfahren, die verschiedentlich ebenfalls als „mehrstufig" bezeichnet werden. Das gilt vor allem für den Fall, daß die Genehmigung
einer Anlage durch die zuständige Behörde eine grundsätzliche
Vorentscheidung einer anderen Behörde voraussetzt, die aber nur
als ein verwaltungsinterner Akt gegenüber der Genehmigungsbe-
hörde ergeht und deshalb keine unmittelbaren rechtlichen Bindungen für den Antragsteller und die Drittbetroffenen erzeugt, so etwa
die Bestimmung der Linienführung einer Bundesstraße durch den
Bundesverkehrsminister gem. § 16 I FStrG, vgl. dazu *BVerwGE* 62,
342. Die Linienführungsbestimmung kann danach nicht selbst,
sondern nur im Rahmen des darauf beruhenden Planfeststellungsbeschlusses der Planfeststellungsbehörde gerichtlich angegriffen
werden; wäre sie selbst Verwaltungsakt, dann wäre sie auch isoliert

anfechtbar, könnte aber andererseits nach Eintritt der Bestandskraft rechtlich nicht mehr in Frage gestellt werden.

7 c   Keine sachliche, sondern eine räumliche Abschnittsbildung liegt vor, wenn die Planung einer Straße jeweils für bestimmte Strecken erfolgt, insbesondere wenn Teilstrecken zunächst ausgespart werden (vgl. dazu *BVerwGE* 62, 342, 353 f.; 104, 144, 152 f.; 104, 236, 242 f.; *BadWürttVGH* ESVGH 31, 196, 198 f.). Es ist eine Frage der Terminologie, ob man diese wie überhaupt jedes Verfahren, das nicht ganz einfach strukturiert ist und daher in unterscheidbaren Abschnitten verläuft, als „mehrstufiges Verfahren" bezeichnet. Das zeigt zugleich, daß der Begriff „mehrstufiges Verfahren", sofern man ihn nicht auf den eingangs erwähnten Verfahrenstyp beschränkt, keine spezifischen Eigenarten hat, sondern je nach seinen Eigenarten beurteilt werden muß.

Vgl. zum mehrstufigen Verfahren *BVerwGE* 24, 23; 70, 365; 72, 300; 80, 207; 92, 185; 96, 258. – *Schmidt-Aßmann,* Institute gestufter Verwaltungsverfahren: Vorbescheid und Teilgenehmigung, BVerwG-Festschrift, 1978, S. 569 ff.; *Selmer,* Vorbescheid und Teilgenehmigung im Immissionsschutzrecht, 1979; *A. Weber,* Vorbescheid und Teilgenehmigung im Atomrecht, DÖV 1980, 397 ff., *Ossenbühl,* Regelungsgehalt und Bindungswirkung der 1. Teilgenehmigung im Atomrecht, NJW 1980, 1353 ff.; *Selmer/Schulze-Osterloh,* Der Vorbescheid im verwaltungsrechtlichen Genehmigungsverfahren, JuS 1981, 393 ff.; *J. Ipsen,* Die Genehmigung technischer Großanlagen. Rechtliche Regelung und neuere Judikatur, AöR 107 (1982) S. 259 ff.; *Kutscheidt,* Das gestufte Genehmigungsverfahren – Glanz und Elend eines Rechtsinstituts, Festschrift für Sendler, 1991, S. 303 ff.; *Schmidt-Preuß,* Kollidierende Privatinteressen im Verwaltungsrecht, 1992, 504 ff.; *Roßnagel,* Teilgenehmigung und vorläufiges positives Gesamturteil, DÖV 1995, 624 ff.; *Schmidt-Preuß,* Das Atomrecht als Referenzgebiet des Verwaltungsrechts, DVBl. 2000, 767 ff.; *Stelkens / Stelkens,* StBS § 35 Rn. 184 ff. mit weiteren Nachw.

7 d   g) *Verfahrensbeschleunigung.* Das Verwaltungsverfahren ist zügig durchzuführen. Das versteht sich eigentlich von selbst, wurde aber gleichwohl durch eine entsprechende Ergänzung des § 10 VwVfG i. d. F. des Genehmigungsverfahrensbeschleunigungsgesetz (GenBeschlG) vom 12. 9. 1996 (BGBl. I S. 1354) noch ausdrücklich bestimmt. In §§ 71 a ff. VwVfG, die durch das GenBeschlG eingefügt wurden, werden daraus bestimmte Konsequenzen gezogen. Diese Vorschriften greifen bei „Genehmigungsverfahren" ein, d. h. bei Verfahren, die die Genehmigung von Vorhaben im Rahmen einer

wirtschaftlichen Unternehmung zum Ziel haben. Dadurch wird kein neuer Verfahrenstyp geschaffen. Vielmehr werden Regelungen getroffen, die der Beschleunigung von Verfahren dienen, die nach §§ 63 ff. VwVfG oder entsprechenden Spezialgesetzen ablaufen. Der Gesetzgeber will damit Klagen aus der Wirtschaft über zu lange Genehmigungsverfahren, aber auch der Tatsache begegnen, daß Verfahrensverzögerungen teilweise auf die Antragsteller selbst, etwa die unzulängliche Einreichung der erforderlichen Unterlagen, zurückzuführen sind. Wirtschaftliche Unternehmungen i.S. dieser Vorschriften sind gewerbliche Betriebe einschließlich der Urproduktion. Nicht erfaßt werden dagegen Verfahren, die der privaten Lebensgestaltung (etwa Baugenehmigungen für ein Eigenheim), der Berufszulassung (etwa Apothekerkonzession), karitativen oder kirchlichen Zwecken (etwa Errichtung eines Altersheim) oder der wissenschaftlichen Forschung (etwa Einrichtung eines Labors) dienen.

Die verschiedenen Beschleunigungsregelungen sind hier nicht im einzelnen zu kommentieren. Es sei nur auf folgendes hingewiesen: Nach § 71b VwVfG kann der Unternehmer beantragen, daß sein Verfahren „besonders beschleunigt" wird. Welche Konsequenzen sich aus einem solchen Beschleunigungsantrag ergeben, insbesondere im Blick auf andere Verfahren (Zurückstellung zugunsten der nach §§ 71a ff. VwVfG privilegierten Verfahren?), bleibt offen. § 71b begründet – in Ergänzung und Erweiterung des § 25 VwVfG – besondere Beratungs- und Auskunftspflichten der Behörde, auch schon vor Antragstellung und damit vor Einleitung des eigentlichen Genehmigungsverfahrens. In § 71d VwVfG wird das bislang in der Praxis schon bekannte „Sternverfahren" gesetzlich geregelt. Danach sollen die Träger öffentlicher Belange, d.h. die Behörden und Stellen, die spezielle öffentliche Interessen vertreten (Naturschutzbehörde, Wasserschutzbehörde usw.), *gleichzeitig* und unter Fristsetzung zur Stellungnahme aufgefordert werden. Stellungnahmen, die erst *nach* Ablauf dieser Frist eingehen, werden nicht mehr berücksichtigt (Präklusion), es sei denn, daß sie für die Rechtmäßigkeit der Entscheidung von Bedeutung sind. Die Beschleunigung des Verfahrens soll also nicht auf Kosten des Rechtsstaats gehen. Eine noch stärkere Konzentration und damit Beschleunigung ermöglicht die in § 71e VwVfG geregelte Antragskonferenz, bei der

7e

auf Ladung der Behörde der Antragsteller und alle beteiligten Stellen zur Besprechung der anstehenden Probleme zusammenkommen. Sie „soll" auf Verlangen des Antragstellers von der Behörde einberufen werden. Die genannten Beschleunigungsvorschriften gelten nicht ausschließlich; sie schließen nicht aus, daß die Behörde in Genehmigungsverfahren weitere Beschleunigungsmaßnahmen trifft, und sie schließt nicht aus, daß die Behörde in anderen Verfahren diese Regelungen im Rahmen ihres Verfahrensermessens heranzieht.

7 f   Sie sind allerdings nicht bei der Durchführung von Planfeststellungsverfahren anwendbar (vgl. § 72 I VwVfG). Für diese Verfahren bringt aber das GenBeschlG – in Anlehnung und unter Übernahme bereits bestehender Vorschriften spezialgesetzlicher Fachplanungsgesetze – ebenfalls Beschleunigungsregelungen. Sie betreffen die Straffung des Anhörungsverfahrens durch Festlegung von Fristen und durch Ausschluß verspäteter Einwendungen der Bürger und verspäteter Äußerungen der beteiligten Behörden (§ 73 IIIa, IV 3 VwVfG), die Ersetzung des Planfeststellungsverfahrens durch das (einfachere) Plangenehmigungsverfahren oder sogar den Verzicht auf eine Planfeststellung oder eine Plangenehmigung (§ 74 VI, VII VwVfG) sowie die Einschränkung der Rechtserheblichkeit von Abwägungsmängeln (§ 75 Ia VwVfG).

Wenn auch das Planfeststellungsverfahren des VwVfG wegen der vorrangig geltenden speziellen Planungsgesetze nur selten zur Anwendung kommt, so haben die neu eingeführten Beschleunigungsregelungen – abgesehen von der noch verbleibenden praktischen Relevanz – Modellcharakter (vgl. dazu auch oben Rn. 5).

3. Die Bedeutung des Verwaltungsverfahrens

8   *Das Verwaltungsverfahren dient der Durchsetzung und Verwirklichung des materiellen Rechts.* Insofern hat es – wie jedes andere staatliche Verfahren – nur *Hilfsfunktion.* Gleichwohl darf es nicht unterschätzt und seine Regelung nicht als „lästige Formalie" abgetan werden. Denn durch die Festlegung und die Beachtung von Verfahrensregelungen soll die Gewinnung von rechtlich einwandfreien und sach-

lich angemessenen Entscheidungen gewährleistet werden. Nach den Erkenntnissen der modernen Entscheidungstheorie kommt dem Entscheidungsprozeß für die Entscheidung selbst erhebliche Bedeutung zu. Daher darf sich das Recht nicht darauf beschränken, die materiell-rechtlichen Voraussetzungen der Entscheidung zu regeln, sondern muß auch die Entscheidungsfindung, eben das Verwaltungsverfahren, in seine Regelung einbeziehen.

Das Verwaltungsverfahren hat sogar *unmittelbaren Verfassungsbezug.* Die *Grundrechte,* die vom Menschen als eigenverantwortlicher und selbständiger Persönlichkeit ausgehen, verlangen, daß der Einzelne nicht nur als Objekt des staatlichen Verfahrens behandelt, sondern als „mündiger Bürger" und Partei mit eigenen Rechten in den Entscheidungsprozeß einbezogen wird, indem er die Möglichkeit erhält, dort seine Kenntnisse, Vorstellungen und Einsichten zur Geltung zu bringen. Das *Rechtsstaatsprinzip* fordert nicht nur eine klare und berechenbare, sondern auch faire Verfahrensgestaltung. Dem dienen vor allem die Verfahrensrechte (vgl. insbes. §§ 28 ff. VwVfG und unten Rn. 20 ff.). **9**

In der neueren Rechtsprechung und Literatur wird darüber hinaus zunehmend die Bedeutung des Verfahrens – ebenso wie der Organisation – für die Verwirklichung der einzelnen Grundrechte betont („Grundrechtsverwirklichung durch Organisation und Verfahren"). Danach müssen nicht nur die staatlichen Entscheidungen selbst mit den Grundrechten im Einklang stehen, sondern auch die vorausgehenden Verwaltungsverfahren und der folgende Rechtsschutz so ausgestaltet sein und praktiziert werden, daß eine optimale Sicherung und Verwirklichung der in den einzelnen Grundrechten verbürgten Rechtspositionen gewährleistet ist. Es ist daher möglich, daß schon wegen Verletzung wesentlicher – d. h. grundrechtsrelevanter – Verfahrensgarantien eine Zwangsversteigerung gegen Art. 14 I GG, eine Prüfungsentscheidung gegen Art. 12 I GG oder eine atomrechtliche Genehmigung gegen Art. 2 II GG verstößt (vgl. *BVerfGE* 46, 325; *BVerfGE* 52, 380; *BVerfGE* 53, 30). Die verfahrensrechtlichen Auswirkungen der Grundrechte binden sowohl den Gesetzgeber, der ein grundrechtseffektuierendes Verfahren bereitstellen muß, als auch die Verwaltung, die das bestehende Verfahrensrecht ggf. grundrechtskonform auslegen und anwenden bzw. ergänzen muß. Je schwieriger und komplizierter eine Sachentscheidung ist, desto höhere Anforderungen sind an die Verfahrensgestaltung zu stellen.

Vgl. dazu neben den bereits genannten Entscheidungen des *BVerfG* den Überblick in *BVerfGE* 53, 30, 65 und 72 ff. (Sondervotum); ferner *Häberle,* Grundrechte im Leistungsstaat, VVDStRL 30 (1972) S. 43, insbes. 86 ff. und 121 ff.; *Hesse,* Bestand und Bedeutung der Grundrechte in der Bundesrepublik Deutschland, EuGRZ 1978, 427, 434 ff.; *ders.,* VerfR Rn. 358 ff.; *Redeker,* Grundgesetzliche Rechte auf Verfahrensteilhabe, NJW 1980, 1593 ff.; *Goerlich,* Grundrechte als Verfahrensgarantien, 1981; *Bethge,* Grundrechtsverwirklichung und Grundrechtssicherung durch Organisation und Verfahren, NJW 1982, 1 ff.; *Blümel,* Grundrechtsschutz durch Verfahrensgestaltung, in: ders. (Hg.), Frühzeitige Bürgerbeteiligung bei Planungen, 1982, S. 23 ff.; kritisch *Ossenbühl,* Grundrechtsschutz im und durch Verfahrensrecht, Festschrift für Eichenberger, 1982, S. 183 ff.; *Laubinger,* Grundrechtsschutz durch Gestaltung des Verwaltungsverfahrens, VerwArch. 73 (1982), S. 60 ff.; *Dolde,* Grundrechtsschutz durch einfaches Verfahrensrecht? NVwZ 1982, 65 ff.; *von Mutius,* Grundrechtsschutz contra Verwaltungseffizienz im Verwaltungsverfahren? NJW 1982, 2150 ff.; *Grimm,* Verfahrensfehler als Grundrechtsverstöße, NVwZ 1985, 865 ff.; zusammenfassend *Dreier,* Grundgesetz, Kommentar, Bd. 1, 2. Aufl. 2003, Vorb. vor Art. 1, Rn. 105.

Die Ableitung von Verfahrensrechten aus den materiellen Grundrechten stößt in der Literatur auch auf Widerspruch (vgl. *Laubinger,* aaO. S. 80 ff.) oder auf die Forderung nach differenzierender Betrachtung (vgl. etwa *Ossenbühl,* aaO.). Diese Vorbehalte haben eine gewisse Berechtigung. Die Garantie des effektiven gerichtlichen Rechtsschutzes wird bereits durch Art. 19 IV GG gewährleistet, so daß insoweit ein Rückgriff auf materielle Grundrechte überflüssig, ja sogar rechtsdogmatisch verfehlt ist. Die verwaltungsverfahrensrechtlichen Konsequenzen sind im Prinzip nicht neu, sondern werden schon lange im Verwaltungsrecht – vor allem als Folgerungen aus dem Rechtsstaatsprinzip – anerkannt oder wenigstens gefordert. Die Lehre von der verfahrensrechtlichen Dimension der materiellen Grundrechte wirkt sich somit vornehmlich im prozessualen Bereich aus: Sie ermöglicht eine Verfassungsbeschwerde bei schwerwiegenden ("grundrechtsrelevanten") Verfahrensverstößen. Darüber hinaus schärft sie aber auch den Blick für die Bedeutung des Verfahrensrechts in den verschiedenen Zusammenhängen. Andererseits darf das Verfahren nicht zum rechtsstaatlichen Alibi werden. Die besten Verfahrensgarantien (Anhörung der Beteiligten, Akteneinsicht usw.) sind vergeblich, wenn die von der Behörde getroffene Sachentscheidung falsch ist. Im Vordergrund steht daher nach wie vor die Forderung nach materiell-rechtlicher Ausgestaltung der Grundrechte und die Pflicht zur sachlich richtigen Entscheidung. Das Verfahren hat eben (nur) Hilfsfunktion, keinen Eigenwert.

10   Die *verschiedenen Tendenzen* des Verwaltungsverfahrensrechts stehen nicht im Widerspruch zueinander, sondern *ergänzen sich.* Das Recht auf Anhörung z. B. gibt dem Bürger die Möglichkeit, aktiv auf die Entscheidungsfindung einzuwirken, es dient aber auch der Verwaltung, weil oft allein der betroffene Bürger die für die Entscheidung maßgeblichen Sachkenntnisse besitzt und seine Informationen daher für die Entscheidungsfindung unentbehrlich sind.

Es wäre auch verfehlt, wenn man einen Gegensatz zwischen dem Interesse der Verwaltung an einem möglichst formlosen Verfahren und dem Interesse des Bürgers an einem mit möglichst vielen Garantien ausgestatteten Verfahren konstruieren würde. Auch der Bürger ist an einem zügigen und damit nicht förmlich überladenen Verfahren interessiert, auch der Verwaltung ist an einem geordneten und damit einen optimalen Erfolg garantierenden Verfahren gelegen.

II. Die Beteiligten des Verwaltungsverfahrens

1. Die grundsätzlichen Anknüpfungspunkte

Die Klärung des Beteiligtenbegriffs ist schon deshalb notwendig, weil die Vorschriften des VwVfG häufig die „Beteiligten" erwähnen und die Verfahrensrechte nur den „Beteiligten" zustehen.   **11**

Im weiteren Sinne kann auch die Behörde, die das Verwaltungsverfahren durchführt, als Beteiligte angesehen werden, zumal sie mit Hilfe dieses Verfahrens Aufgaben ihres Verwaltungsträgers wahrnimmt und durch die verfahrensabschließende Regelung gebunden wird. Sie ist jedoch gleichwohl nicht dem Kreis der Beteiligten zuzurechnen, da sie – verfahrensrechtlich – nicht nur „Beteiligte", sondern auch „Herrin des Verfahrens" ist.

Die Beteiligung am Verwaltungsverfahren bestimmt sich nicht nach materiellen, sondern nach *formellen* Gesichtspunkten. Beteiligter ist nicht schon derjenige, der durch das Verwaltungsverfahren und die intendierte Entscheidung in seinen materiellen Rechten betroffen wird, sondern nur derjenige, der kraft Gesetzes oder behördlicher Erklärung die Stellung eines Beteiligten erlangt. Dabei versteht es sich von selbst, daß die formelle Beteiligtenstellung an materiell-rechtliche Rechtspositionen anknüpft; – aber sie allein genügen nicht, es ist noch die verfahrensrechtliche Anerkennung erforderlich.   **12**

2. Die Regelungen des VwVfG

Die Vorschriften des VwVfG über die Beteiligten (§§ 11 ff. VwVfG) schließen sich bewußt an die entsprechenden Bestimmungen der VwGO an (§ 61 ff. VwGO). Dabei sind folgende Begriffe zu unterscheiden:

13   a) *Beteiligungsfähigkeit* (§ 11 VwVfG) ist die Fähigkeit, überhaupt als Subjekt an einem Verwaltungsverfahren teilnehmen zu können. Sie entspricht der Parteifähigkeit des Prozeßrechts (vgl. § 61 VwGO und § 50 ZPO).

Beteiligungsfähig sind (1) natürliche und juristische Personen, (2) Vereinigungen, soweit ihnen ein Recht zustehen kann, (3) Behörden. Danach ist grundsätzlich *beteiligtenfähig,* wer *rechtsfähig* ist, sei es, daß er – wie natürliche und juristische Personen – eine umfassende Rechtsfähigkeit besitzt, sei es, daß er – wie teilrechtsfähige Verbände, Vereinigungen usw. – nur eine beschränkte Rechtsfähigkeit besitzt.

Zur zweiten Gruppe gehören etwa die OHG, die nichtrechtsfähigen Vereine, soweit ihnen bestimmte Rechte zustehen (etwa das Demonstrationsrecht gem. Art. 8 GG), die politischen Parteien einschließlich ihrer Untergliederungen, die Gewerkschaften, die Fakultäten und Fachbereiche der Universitäten, die Fraktionen einer Gemeindevertretung. Entscheidend ist jeweils die Rechtsinhaberschaft, nicht der Rechtsstatus; soweit die Rechte gehen, reicht die Beteiligtenfähigkeit.

Die Behörden sind nicht rechtsfähig, können aber gleichwohl kraft Gesetzes an einem Verfahren beteiligt sein, entweder um die besonderen Gesichtspunkte ihres Zuständigkeitsbereichs zur Geltung zu bringen oder um – in rechtstechnischer Verkürzung – für ihre rechtsfähigen Verwaltungsträger zu agieren.

14   b) Die *Handlungsfähigkeit* (§ 12 VwVfG) entspricht der Prozeßfähigkeit der VwGO und der ZPO. Sie ist die Fähigkeit, *selbst* Verfahrenshandlungen vornehmen zu können, etwa Erklärungen abzugeben oder entgegenzunehmen, eine Vertretung zu bestellen usw. Die Handlungsfähigkeit orientiert sich – wie im Prozeßrecht – an der Geschäftsfähigkeit.

15   c) *Die Beteiligten des konkreten Verfahrens.* Während § 11 VwVfG regelt, wer überhaupt (abstrakt) Beteiligter *sein kann,* regelt § 13

VwVfG, wer an einem *konkreten* Verfahren Beteiligter *ist*. Dabei muß zwischen zwei Gruppen unterschieden werden:

aa) *Beteiligte kraft Gesetzes* sind gem. § 13 I Nr. 1–3 VwVfG der Antragsteller, der Antragsgegner, der (potentielle) Adressat eines Verwaltungsaktes und der (potentielle) Vertragspartner der Behörde.

bb) *Beteiligte kraft Hinzuziehung der Behörde* sind gem. § 13 I Nr. 4 VwVfG Dritte, die von der Behörde durch *besonderen Beschluß* hinzugezogen worden sind, weil sie durch den Ausgang des Verfahrens (den beabsichtigten Verwaltungsakt oder den beabsichtigten Verwaltungsvertrag) in ihren rechtlichen Interessen betroffen werden können (vgl. dazu näher § 13 II VwVfG). Die Hinzuziehung, die der verwaltungsprozessualen Beiladung (§ 65 VwGO) entspricht, vermittelt dem Dritten die Stellung eines Verfahrensbeteiligten mit allen dessen Rechten, Pflichten und Bindungen.

III. Der Ablauf des Verwaltungsverfahrens

1. Verfahrensbeginn

Nach § 22 S. 1 VwVfG entscheidet die Behörde nach pflicht- **16** gemäßem Ermessen, ob und wann sie ein Verwaltungsverfahren durchführt. Von dieser Regel bestehen Ausnahmen in doppelter Richtung (§ 22 S. 2 VwVfG):

– Die Behörde ist zur Einleitung eines Verwaltungsverfahrens *verpflichtet,* wenn sie von Amts wegen tätig werden muß oder wenn sie auf Antrag tätig werden muß und ein entsprechender Antrag gestellt worden ist.
– Die Behörde muß von der Einleitung eines Verwaltungsverfahrens *absehen,* wenn sie nur auf Antrag tätig werden darf und ein entsprechender Antrag (noch) nicht vorliegt.

Der Beginn des Verfahrens wird sonach durch das *Offizialprinzip* (die Behörde entscheidet von Amts wegen, ex officio, über die Verfahrenseröffnung) und das *Opportunitätsprinzip* (sie hat dabei Ermessen) beherrscht, die aber teilweise durch das *Dispositions- oder Verfügungsprinzip* (der Bürger bestimmt durch Antrag über die Verfahrenseröffnung) und das *Legalitätsprinzip* (die Behörde muß tätig werden) verdrängt werden.

Verfahren, die auf den Erlaß eines begünstigenden Verwaltungsaktes abzielen, sind meist von einem Antrag abhängig; es kommt aber auch vor, daß sie von Amts wegen eingeleitet werden können. Häufig ist auch eine Kombination beider Möglichkeiten: Die Behörde muß dann auf Antrag, kann aber auch ohne Antrag tätig werden (vgl. ausdrücklich § 10 I HandwO: Die Eintragung in die Handwerksrolle erfolgt auf Antrag oder von Amts wegen). Bei Verwaltungsverfahren, die auf Erlaß eines belastenden Verwaltungsakts gerichtet sind, gilt verständlicherweise durchgehend das Offizialprinzip. Das Ermessen der Behörde reduziert sich zu einer Rechtspflicht, wenn ein Einschreiten nach dem derzeitigen Stand der Erkenntnis geboten erscheint (etwa ein Gebäude demnächst einzustürzen droht). Vom Antrag ist die „Anregung" zu unterscheiden, die darauf zielt, die Behörde zum Einschreiten von Amts wegen zu veranlassen; sie ist ein unverbindlicher Hinweis. Im übrigen ist zu beachten, daß in der Praxis die Verfahrenseröffnung oft ganz formlos erfolgt, indem die Behörde eine bestimmte Angelegenheit aufgreift. – Vgl. zum Antrag: *Stelkens,* Der Antrag – Voraussetzung eines Verwaltungsverfahrens und eines Verwaltungsaktes? NuR 1985, 213 ff.; *Gusy,* Der Antrag im Verwaltungsverfahren, BayVBl. 1985, 484 ff.; *Laubinger,* Der Antrag auf Erlaß eines Verwaltungsakts, Festschrift für Jong Hyun Seok, 2003, S. 65 ff.; *BVerwGE* 104, 375 (Rücknahme eines Antrags).

2. Der Verlauf des Verwaltungsverfahrens

17   Der Fortgang des einmal begonnenen Verfahrens wird durch die Behörde bestimmt. Sie hat über den äußeren Verlauf des Verfahrens zu entscheiden (sog. Prinzip des Amtsbetriebs) und von Amts wegen den entscheidungserheblichen Sachverhalt zu ermitteln (sog. Untersuchungsgrundsatz).

18   Der *Untersuchungsgrundsatz* ist von entscheidender Bedeutung, da von der ordnungsgemäßen und zutreffenden Ermittlung der entscheidungserheblichen Tatsachen die Rechtmäßigkeit der zu erlassenden Entscheidung abhängt. Die Behörde bestimmt Art und Umfang der Ermittlungen, insbesondere auch ob und welche Beweismittel zu verwenden sind. Die Beteiligten können zwar Beweisanträge stellen. Die Behörde ist aber daran nicht gebunden; sie kann sowohl die Beweisanträge der Beteiligten ablehnen als auch andere Beweismittel heranziehen. Sie darf allerdings nicht einseitig vorgehen, sondern ist verpflichtet, *alle* für den Einzelfall bedeutsamen, auch die für die Beteiligten günstigen Umstände heranzuziehen und zu berücksichtigen (vgl. § 24 VwVfG).

Als Beweismittel kommen in Betracht: Auskünfte jeglicher Art, Äußerungen der Beteiligten, Aussagen von Zeugen, Gutachten von Sachverständigen, Urkunden und Akten sowie Augenscheinseinnahmen.

Eine Pflicht, als Zeuge auszusagen oder als Sachverständiger ein Gutachten zu erstatten, besteht im förmlichen Verfahren, sonst nur, wenn sie gesetzlich besonders vorgesehen ist. Die Abnahme einer Versicherung an Eides Statt und die Vereidigung ist ebenfalls nur auf Grund einer gesetzlichen Regelung, letztere nur durch Einschaltung eines Gerichts, zulässig. Vgl. dazu näher §§ 26, 27, 65 VwVfG.

Wenn somit die Behörde als „Herrin des Verwaltungsverfahrens" erscheint, so ist doch andererseits zu beachten, daß sie dabei nicht nur rechtlich gebunden ist, sondern auch der Bürger durch die ihm zustehenden Verfahrensrechte auf die Entscheidung Einfluß nehmen kann (vgl. sofort unten IV).

3. Die Beendigung des Verfahrens

Das Verwaltungsverfahren findet durch den Erlaß bzw. die Ablehnung des intendierten Verwaltungsakts oder durch den Abschluß bzw. das Scheitern des beabsichtigten Verwaltungsvertrages sein Ende. Es kann aber auch aus anderen Gründen enden, etwa weil sich die Angelegenheit von selbst erledigt hat oder weil das Verfahren eingestellt oder einfach nicht weiter verfolgt wird. **19**

IV. Die Verfahrensrechte der Beteiligten

Die Beteiligten haben folgende Rechte im Verwaltungsverfahren:

1. Recht auf Anhörung (§ 28 VwVfG)

Das rechtliche Gehör im Verwaltungsverfahren ist im GG nicht ausdrücklich garantiert (Art. 103 I GG gilt nur für Gerichtsverfahren), aber als allgemeiner, verfassungsrechtlich begründeter Rechtsgrundsatz schon lange anerkannt. Lediglich die Begründung ist umstritten (Rechtsstaatsprinzip, Art. 1 I GG, entsprechende Anwendung des Art. 103 I GG). Tragend ist das Rechtsstaatsprinzip, dessen Verletzung über Art. 2 I GG geltend gemacht werden kann (*BVerfGE* 101, 397, 404 f.). Rechtliches Gehör bedeutet (im Verwaltungsverfahren ebenso wie im Gerichtsverfahren), daß die Entscheidung nur auf solche Umstände gestützt werden darf, zu denen sich der Beteiligte vorher äußern konnte. Es genügt, daß er die Möglichkeit dazu hatte. Wenn sich der Beteiligte äußert, dann hat die Behörde seine Darlegungen auch zur Kenntnis zu nehmen und **20** in ihre Erwägungen einzubeziehen, was sich in der Regel in der Begründung dokumentieren muß.

§ 28 VwVfG geht von diesen Grundsätzen aus, ist aber inhaltlich zu eng gefaßt, weil er sich einmal auf Verwaltungsakte, die in die Rechte der Beteiligten „eingreifen", und zum anderen auf entscheidungserhebliche „Tatsachen" beschränkt.

Nach Auffassung des *BVerwG* kommt § 28 I VwVfG nur zur Anwendung, wenn der zu erlassende Verwaltungsakt die bisherige Rechtsstellung des Beteiligten zu seinem Nachteil verändert (Umwandlung eines status quo in einen status quo minus), nicht aber dann, wenn der Erlaß eines Verwaltungsakts abgelehnt wird, der erst eine Rechtsposition gewähren soll (*BVerwGE* 66, 184). Diese zunächst griffig erscheinende Differenzierung wird jedoch der wirklichen Problematik nicht gerecht. Der ablehnende Verwaltungsakt (etwa Ablehnung einer Subvention, einer Fürsorgeunterstützung) ist für den Betroffenen oft nicht weniger schwerwiegend als der eingreifende Verwaltungsakt, ganz abgesehen davon, daß eine klare Trennung zwischen beiden kaum möglich ist. Jedenfalls gehört zu den „eingreifenden" Verwaltungsakten i. S. des § 28 I VwVfG auch die Ablehnung einer der Präventivkontrolle dienenden Erlaubnis, etwa die Ablehnung einer Bau- oder Gewerbeerlaubnis (vgl. dazu nun auch *OVG Münster* NVwZ 1983, 746; zur Rechtsnatur der Kontrollgenehmigung bereits oben § 9 Rn. 52). Die Anhörung vor der Ablehnung eines Verwaltungsaktes wird freilich in der Praxis keine so große Bedeutung erlangen, weil der Ablehnung i. d. R. ein Antrag vorausgeht und der Antragsteller schon mit dem Antrag und seiner Begründung die Möglichkeit zur Stellungnahme hat. Das schließt jedoch die Beachtung der übrigen Anhörungsgrundsätze (Kenntnisnahme und Berücksichtigung des Vortrags durch die Behörde, evtl. Nachfrage) nicht aus. Ferner muß der Betroffene auch die Gelegenheit haben, zu wesentlichen *Rechtsfragen* Stellung nehmen zu können. Wenn z. B. ein Student die Verlängerung seines Stipendiums beantragt und eingehend begründet, die Behörde aber nunmehr zur Auffassung gelangt, daß der Student überhaupt nicht zum Kreis der Berechtigten gehört und deshalb den Antrag ablehnen will, so muß sie ihn auf diesen rechtlichen Gesichtspunkt hinweisen und ihm Gelegenheit zur Stellungnahme geben. Im Blick auf die enge Verknüpfung von Rechts- und Tatfragen wird sich die Ausdehnung auf rechtliche Gesichtspunkte ohnehin meist von selbst ergeben.

Weitere Eingrenzungen des Anhörungsrechts erfolgen dadurch, daß nach § 28 II VwVfG von der Anhörung abgesehen werden kann, wenn sie nach den Umständen des Einzelfalls nicht geboten ist (was durch einige Beispiele konkretisiert wird), und daß nach § 28 III VwVfG die Anhörung unterbleiben muß, wenn ihr ein zwingendes öffentliches Interesse entgegensteht. Nimmt man noch hinzu, daß die fehlende Anhörung im Verwaltungsverfahren weitgehend sanktionslos bleibt, da sie noch im Widerspruchsverfahren und teilweise auch noch im Verwaltungsgerichtsverfahren nachgeholt werden kann (vgl. §§ 45, 46 VwVfG und oben § 10 Rn. 38 ff.), dann zeigt sich, daß das Recht auf Anhörung durch das VwVfG nur unzureichend gewährleistet ist.

Es wird daher immer wieder notwendig sein, auf die verfassungsrechtliche Grundlage – sei es zur erweiternden verfassungskonformen Auslegung des § 28 VwVfG, sei es zur Ergänzung dieser Vorschrift – zurückzugreifen. So läßt sich die Ausdehnung der Anhörung auf *alle* belastenden Verwaltungsakte – also nicht nur die Eingriffsakte, sondern auch die eine beantragte Begünstigung ablehnenden Akte – im Zweifel durch verfassungskonforme Auslegung begründen. Die Einschränkungen des § 28 II und III VwVfG sind – im Blick auf die verfassungsrechtliche Garantie des rechtlichen Gehörs – eng auszulegen.

Eine einwandfreie Regelung des rechtlichen Gehörs enthält § 66 VwVfG für die förmlichen Verfahren.

2. Das Recht auf Akteneinsicht (§ 29 VwVfG)

Der Beteiligte hat das Recht auf Einsicht in die das Verfahren **21** betreffenden Akten, soweit deren Kenntnis zur Geltendmachung oder Verteidigung seiner rechtlichen Interessen erforderlich ist. Dieses Recht hängt eng mit dem Recht auf Anhörung zusammen, da jenes oft nur bei Kenntnis der Akten wirksam ausgeübt werden kann. Es wird ferner mit dem Grundsatz der Parteiöffentlichkeit und der Waffengleichheit der Beteiligten, gelegentlich auch mit dem Rechtsstaatsprinzip oder sogar mit dem Demokratieprinzip begründet. Als Verfahrensrecht gilt das Akteneinsichtsrecht des § 29 I VwVfG nur für die am konkreten Verfahren beteiligten Personen (vgl. dazu oben Rn. 15) und auch insoweit nur für die Akten, die ihre Rechtsstellung betreffen. Zeitlich beschränkt es sich auf die Dauer des konkreten Verfahrens (*BVerwGE* 67, 300, 303 f.). Daher kann weder vor Beginn des Verwaltungsverfahrens, etwa um die Erfolgsaussichten eines etwaigen Antrags auf Gewerbegenehmigung abzuschätzen, noch nach dem Ende des Verwaltungsverfahrens Akteneinsicht nach § 28 I VwVfG verlangt werden (vgl.

zum Vorfeld des Verfahrens *BVerwG* DVBl. 2003, 1401). Allerdings muß – gleichsam als Folgewirkung dieses Verfahrensrechts –
nach Erlaß eines Verwaltungsaktes noch insoweit Akteneinsicht
gewährt werden, als dies zur Prüfung etwaiger Rechtsmittel erforderlich ist (so zutr. *Ipsen*, VerwR Rn. 932).

Die Einschränkungen ergeben sich aus § 29 II VwVfG. Danach
ist die Behörde nicht zur Gewährung von Akteneinsicht verpflichtet, soweit dadurch die ordnungsgemäße Erfüllung der Verwaltungsaufgaben der Behörde beeinträchtigt würde oder (öffentliche
oder private) Geheimhaltungsinteressen entgegenstehen. Schon der
Wortlaut („nicht verpflichtet") indiziert, daß die Behörde insoweit
einen Ermessensspielraum hat und dementsprechend zwischen den
gegenläufigen Interessen abwägen muß.

3. Exkurs: Allgemeiner Informationsanspruch

21 a   a) *Ermessen der Behörde*. Da sich § 29 VwVfG auf konkrete Verwaltungsverfahren beschränkt, enthält er – folgerichtig – keine
Aussage dazu, ob und inwieweit im übrigen ein Anspruch auf
Akteneinsicht besteht. Das deutsche Recht war – bis vor kurzem –
vom Grundsatz der beschränkten Aktenöffentlichkeit beherrscht.
Danach lag die Gewährung von Akteneinsicht im Ermessen der
Behörde. Entsprechendes galt für behördliche Auskünfte und Informationen. Der Bürger hatte nur einen Anspruch auf ermessensfehlerfreie Prüfung und Entscheidung, wenn er ein berechtigtes
oder schutzwürdiges Interesse geltend machen konnte.

Lediglich in besonders gelagerten Fällen bestand auf Grund spezieller gesetzlicher Regelungen ein Anspruch auf Akteneinsicht und Auskunft, wobei diese
Regelungen entweder individuell motiviert waren (so das Recht des Beamten
auf Einsicht in seine Personalakten gem. § 90 BBG und § 56 BRRG, das
Recht auf Auskunft über gespeicherte Daten gem. § 19 BDSG und das Recht
auf Einsicht in die Unterlagen des SED-Staatssicherheitsdienstes gem. § 3
StUG) oder gerade auf Publizität abzielten (so die Einsicht in das Güterrechts-
register gem. § 1563 BGB, das Handelsregister gem. § 9 I HGB und das
Grundbuch § 12 I GBO).

21 b   b) *Umweltinformationsanspruch*. Die zurückhaltende Einstellung des
deutschen Rechts stieß jedoch zunehmend auf Kritik. Es wurde die
Forderung erhoben, den Bürgern ein umfassendes Recht auf Zu-

gang zu den bei den staatlichen Behörden befindlichen Daten und Akten zu gewähren. Dabei wurde auch auf ausländische Rechtsordnungen, insbesondere in den USA und den skandinavischen Ländern, sowie auf die Einführung eines entsprechenden Rechts in der Europäischen Gemeinschaft (Art. 255 EGV) verwiesen. Den letzten Anstoß – allerdings nur für den Bereich des Umweltrechts – gab schließlich eine EG-Richtlinie, nämlich die Richtlinie vom 7. 6. 1990 über den freien Zugang zu Informationen über die Umwelt (90/313/EWG). In Umsetzung dieser Richtlinie erging sodann das Umweltinformationsgesetz des Bundes (UIG) vom 8. 7. 1994 (Sart. Nr. 294), das jedoch nach dem Urteil des *EuGH* vom 9. 9. 1999 (NVwZ 1999, 1209, dazu *F. Becker,* NVwZ 1999, 1187 ff.) nicht durchweg den Anforderungen der EG-Richtlinie entsprach und deshalb durch Bundesgesetz vom 23. 8. 2001 (und seitdem noch einmal durch Bundesgesetz vom 22. 12. 2004) novelliert wurde.

Die Richtlinie und das Gesetz verfolgen den Zweck, durch Publizität der Umweltdaten den Umweltschutz zu verstärken. Nach § 3 I 1 UIG hat jeder Anspruch auf freien Zugang zu Umweltinformationen, über die eine „informationspflichtige Stelle" verfügt. Wer zu diesen Stellen gehört, wird in § 2 I UIG näher bestimmt (vorwiegend Verwaltungsbehörden). Ein besonderes rechtliches oder sonstiges Interesse braucht nicht geltend gemacht zu werden. Der Zugang kann durch Auskunftserteilung, Gewährung von Akteneinsicht oder in sonstiger Weise eröffnet werden. Die Behörde muß dem Wunsch des Antragstellers über die Art des Zugangs entsprechen, es sei denn, daß ein gewichtiger Grund, etwa ein deutlich höherer Verwaltungsaufwand, entgegensteht. Damit erledigt sich auch die frühere Rechtsprechung über das Auswahlermessen der Behörde (vgl. dazu *BVerwGE* 102, 282 = JZ 1998, 243 mit Anm. von *Hendler*). Der Informationsanspruch selbst wird nur durch entgegenstehende öffentliche oder private Interessen beschränkt, die in §§ 8, 9 UIG näher umschrieben werden.

Im einzelnen ist auf das Umweltinformationsgesetz und die dazu ergangene Rechtsprechung und Literatur zu verweisen, vgl. *BVerwGE* 108, 369 (Voraussetzungen des Anspruchs); *BVerwGE* 110, 17 (Ausnahmen); *BVerwG* DVBl. 2006, 182 mit Anm. *Schoch* (Stelle öffentlicher Verwaltung i.S. des

§ 2 I Nr. 1 UIG). – *Kloepfer*, Informationsrecht, 2002, § 10 Rn. 28 ff.;
R. Schmidt/H. Müller, Einführung in das Umweltrecht, 6. Aufl. 2001, § 1
Rn. 45 ff.; *Schomerus/Schrader/Wegener*, Umweltinformationsgesetz. Kommentar, 1995; *Scherzberg*, Freedom of information – deutsch gewendet: Das neue
Umweltinformationsgesetz, DVBl. 1994, 733 ff.; *Kollmer*, Klage auf Umwelt-
information nach dem neuen Umweltinformationsgesetz (UIG), NVwZ 1995,
858 ff.; *Theuer*, Der Zugang zu Umweltinformationen aufgrund des Umweltinformationsgesetzes (UIG), NVwZ 1996, 326 ff.; *Müller/Heuer*, Problemfälle
des Anspruchs auf Umweltinformationen, NVwZ 1997, 330 ff.; *D. König*, Das
Umweltinformationsgesetz – ein Modell für mehr Aktenöffentlichkeit?, DÖV
2000, 45 ff.; *Clausen*, in: Knack, VwVfG § 29 Rn. 42 f.; *Bonk*, StBS § 29
Rn. 20 ff.

21 c   c) *Allgemeiner Informationsanspruch.* Das Informationsfreiheitsgesetz des Bundes vom 5. 9. 2005 (BGBl. I S. 2722) geht sachlich
über das Anwendungsgebiet des Umweltinformationsgesetzes, der
sich auf den Umweltschutz beschränkt, weit hinaus und gewährt
einen umfassenden Informationsanspruch, der sich auf alle Verwaltungsbereiche erstreckt, allerdings – kompetenzrechtlich bedingt – nur auf die Verwaltungsbereiche des Bundes. Der Bundesgesetzgeber folgt damit dem Vorbild einiger Bundesländer, die
bereits vor einigen Jahren ein Informationszugangsgesetz bzw.
Informationsfreiheitsgesetz erlassen haben

Vorreiter war das Land Brandenburg, das das Informationsrecht verfas-
sungsrechtlich verankert hatte (Art. 21 IV LVerf.) und auf dieser Grundlage
das Akteneinsichts- und Informationszugangsgesetz (AIG) vom 10. 3. 1998
(GVBl. I S. 46) erließ. Es folgten Berlin (1999), Schleswig-Holstein (2000) und
Nordrhein-Westfalen (2001). Vgl. die Nachweise bei *Schoch*, DV 35 (2002),
S. 149 ff.; *Kloepfer/von Lewinski*, DVBl. 2005, 1277, 1278. Die Bezeichnungen
wechseln zwischen Informationszugangsgesetz und Informationsfreiheitsgesetz.
Die erste verdient den Vorzug, da es sich nicht um ein (liberales) Freiheitsrecht, sondern um ein (demokratisches) Partizipations- und Mitwirkungsrecht
handelt.

§ 1 IFG bestimmt, dass jeder gegenüber der Bundesverwaltung
„einen Anspruch auf Zugang zu amtlichen Informationen" hat.
Die Behörde kann zu diesem Zweck Auskunft erteilen, Akteneinsicht gewähren oder Informationen in sonstiger Weise zur Verfügung stellen. Sie ist verpflichtet, die vom Antragsteller begehrte
Zugangsart zu gewähren, sofern nicht ein wichtiger Grund, insbesondere ein dadurch bedingter, deutlich höherer Verwaltungsaufwand, dagegen spricht. Der Informationsanspruch entfällt, wenn
und soweit besondere öffentliche Interessen, insbesondere Geheim-

haltungsinteressen, oder der Schutz persönlicher Daten entgegenstehen (§§ 3–5 IFG). Schon aus diesem Regelungssystem ergibt sich, daß es sich dabei um Ausnahmen handelt, die besonders dargelegt und begründet werden müssen. Gegen die Ablehnung der Informationsgewährung kann Widerspruch eingelegt und verwaltungsgerichtliche Klage (Verpflichtungsklage) erhoben werden (§ 9 IV IFG). Ferner wird ein „Bundesbeauftragter für Informationsfreiheit" eingesetzt, der von jedem angerufen werden kann, der meint, in seinem Informationsrecht verletzt zu sein. Diese Aufgabe wird – gleichsam in Personalunion – vom Bundesbeauftragten für Datenschutz übernommen, der damit einen Interessenausgleich herbeiführen, aber auch leicht in die Gefahr geraten kann, zwischen den Fronten aufgerieben zu werden.

Die Informationszugangsgesetze sollen die demokratischen Mit-   **21 d** wirkungsrechte der Bürger ausbauen und die demokratische Kontrolle gegenüber dem Staat verstärken. Sie gewähren einen umfassenden, nicht weiter beschränkten und damit voraussetzungslosen Anspruch auf Information über Behördendaten. Grundsätzlich kann jeder von der Behörde über alles Auskunft verlangen, soweit nicht aus Gründen des Datenschutzes oder der öffentlichen Geheimhaltungsinteressen Ausnahmen festgelegt sind. Ein besonderes Interesse an der Auskunft braucht nicht geltend gemacht zu werden. Das ist sicherlich nicht unproblematisch. *Ibler* hat die Probleme klar benannt und analysiert (Vertraulichkeit der Behördenakten, System des subjektiven Rechtsschutzes, Staatsaufsicht, Datenschutz Dritter); darauf kann hier verwiesen werden. Fraglich ist auch, ob begrifflich überhaupt ein subjektives Recht vorliegt, da sich dieses an der Verfolgung eigener Interessen orientiert und deshalb personenbezogen ist. Das spricht zwar nicht per se gegen den voraussetzungslosen Informationsanspruch, zeigt aber doch, daß er ein Rechtsinstitut besonderer Art ist.

Vgl. dazu *Ibler*, Zerstören die neuen Informationszugangsgesetze die Dogmatik des deutschen Verwaltungsrechts?, Festschrift für Brohm, 2002, S. 405 ff.; *Schoch*, Informationsfreiheitsgesetz für die Bundesrepublik Deutschland, DV 35 (2002) S. 149 ff.; *Bull*, Informationsfreiheitsgesetze – wozu und wie?, ZG 2002, 201 ff.; *Kloepfer*, Informationsrecht, 2002, S. 400 ff.; *Gurlit*, Konturen eines Informationsverwaltungsrechts, DVBl. 2003, 1119 ff.; *Fluck/Wintterle*, Zugang zu Umweltinformationen. Die Rechtsprechung zum Umweltinformationsgesetz, VerwArch. 94 (2003), S. 437 ff. *Kloepfer/von Lewinski,* Das Informationsfreiheitsgesetz des Bundes (IFG), DVBl. 2005, 1277 ff.; *Schmitz/Jastrow,* Das Informationsfreiheitsgesetz des Bundes, NVwZ 2005, 984 ff.; *Schoch,* Das Recht auf Zugang zu staatlichen Informationen, DÖV 2006, 1 ff.

Es ist sicher rechtspolitisch nicht befriedigend, dass zwei Informationszugangsgesetze nebeneinander bestehen. Das liegt vor allem daran, daß das UIG durch eine gemeinschaftsrechtliche Richtlinie gefordert und bestimmt wird, während das IFG originär deutsches Recht ist, allerdings in seinem internationalen Kontext gesehen werden muß. Die beiden Gesetze sollten möglichst bald zusammengeführt werden. Ferner sollten das Landesrecht und das Bundesrecht in diesem Bereich aufeinander abgestimmt werden, etwa durch ein Modellgesetz des Bundes oder eine Simultangesetzgebung von Bund und Länder entsprechend dem VwVfG.

21 e   d) *Verfassungsunmittelbarer Informationsanspruch.* Grundsätzlich bedarf der Informationsanspruch der gesetzlichen Vermittlung. Er kann sich jedoch, folgt man einer neueren Entscheidung des BVerwG, auch unmittelbar aus der Verfassung ergeben (*BVerwGE* 118, 270). Im konkreten Fall begehrte ein Unternehmer von der Behörde bestimmte Informationen, um die Erfolgsaussichten eines Antrags auf Erteilung einer der kontingentierten Genehmigungen nach dem Personenbeförderungsgesetz prüfen zu können. § 29 I VwVfG kam nicht zur Anwendung (vgl. oben Rn. 21). Das BVerwG bejahte jedoch einen Informationsanspruch unmittelbar aus Art. 12 I GG. Leistungsansprüche aus Freiheitsrechten sind indessen nicht unproblematisch. Im vorliegenden Fall löst sich jedoch die Problematik, wenn man davon ausgeht, daß die Auskunftserteilung einfachrechtlich im Ermessen der Behörde liegt (vgl. oben Rn. 21 a) und sich im vorliegenden Fall das Ermessen bei verfassungskonformer Auslegung zu einem Anspruch auf Auskunftserteilung verdichtete. Die sorgfältige Begründung des BVerwG zeigt, daß dieses Judikat nicht vorschnell verallgemeinert werden darf.

4. Recht auf Geheimhaltung (§ 30 VwVfG)

22   Der Beteiligte hat das Recht auf Wahrung seiner persönlichen und geschäftlichen Geheimnisse. Die verfassungsrechtliche Verankerung dieses Rechts in Art. 1 I, 2 I, evtl. auch 12 I GG ist evident. Der Geheimhaltungsschutz endet, wenn die Behörde zur

Offenbarung befugt ist; diese Befugnis ergibt sich einmal aus der Zustimmung des Betroffenen, zum anderen aus gesetzlichen Vorschriften; dagegen genügt der bloße Hinweis auf ein zwingendes öffentliches Interesse nicht.

Problematisch ist z.B. das Verhältnis des Geheimhaltungsanspruchs nach § 30 VwVfG zum Auskunftsanspruch der Presse (etwa § 4 Bad.Württ. Pressegesetz), vgl. dazu *Löffler,* Presserecht, Bd. I, 4. Aufl. 1997, § 4 LPG, Rn. 99 f.; *Groß,* Zum presserechtlichen Informationsanspruch, DÖV 1997, 133 ff.; *Fechner,* Medienrecht, 3. Aufl. 2002, Rn. 633 ff. Neben § 30 VwVfG kommen die Geheimhaltungsvorschriften anderer Gesetze zur Anwendung, etwa der Beamtengesetze, Datenschutzgesetze usw.

5. Beratungs- und Auskunftsrecht (§ 25 VwVfG)

In der Rechtsprechung besteht schon seit langem – unter Hinweis darauf, daß der Beamte nicht nur Diener des Staates, sondern auch Helfer des Staatsbürgers sei – die Auffassung, daß die Behörde bestimmte Beratungs-, Auskunfts-, Belehrungs- und sonstige Betreuungspflichten gegenüber dem Bürger habe, bei deren Verletzung ein Amtshaftungsanspruch entstehen könne.   **23**

Vgl. *BGH* DVBl. 1960, 520; DVBl. 1970, 861; JZ 1971, 227; *BVerwGE* 30, 46; ferner *Laubinger,* Die Verwaltung als Helfer des Bürgers – Gedanken zur behördlichen Betreuungspflicht, aaO., S. 442 ff.; *Ule/Laubinger,* Verwaltungsverfahrensrecht, § 26; zum haftungsrechtlichen Gesichtspunkt *Bender,* Staatshaftungsrecht, 2. Aufl. 1974, S. 202 ff.

Das VwVfG übernimmt diese Rechtsprechung nicht insgesamt, sondern regelt in § 25 nur die „Beratung" und die „Auskunft". Danach soll die Behörde die Abgabe bzw. Berichtigung von Anträgen und Erklärungen anregen, wenn diese offensichtlich nur versehentlich oder aus Unkenntnis nicht oder nicht richtig eingereicht worden sind (Beratung). Ferner soll sie, soweit erforderlich, Auskunft über die den Beteiligten im Verwaltungsverfahren zustehenden Rechte und die ihnen obliegenden Pflichten erteilen. Die Zurückhaltung des Gesetzgebers („soll", „soweit erforderlich") ist auf Kritik gestoßen, die der Problematik jedoch meist nicht voll gerecht wird. Es geht – im Blick auf die Haftung bei Verletzung behördlicher Pflichten – um die Frage, wer das Risiko für die fehlerhafte Behandlung der vom Bürger zu besorgenden Angelegenheiten im Verkehr mit der Verwaltung zu tragen hat. Grundsätzlich muß das Risiko beim Bürger liegen. Das gilt um so mehr, als vom „mündigen Staatsbürger", der zur Begründung der Verfahrensrechte gern berufen wird, auch die sachgerechte und sorgfältige Erledigung seiner Angelegenheiten erwartet und verlangt werden kann. Andererseits läßt sich nicht verkennen, daß die Gesetzgebung und die Verwaltung immer komplizierter und für die Bürger immer unübersichtlicher werden. Diese Entwicklung darf nicht einseitig zu Lasten des Bürgers gehen, sondern muß zu einer entsprechenden Ausweitung und Intensivierung der Betreuungspflicht der Behörden führen.

In §§ 14, 15 SGB I sind weitergehende Beratungs- und Auskunftspflichten festgelegt, was angesichts der persönlichen und sachlichen Probleme des Sozialleistungsbereichs verständlich und gerechtfertigt ist.

6. Recht auf Vertretung (§ 14 VwVfG)

24   Der Beteiligte kann sich durch einen Bevollmächtigten vertreten lassen (§ 14 I) sowie zu Verhandlungen und Besprechungen mit einem Beistand erscheinen (§ 14 IV). Während der Bevollmächtigte *für* den Beteiligten handelt, ihn also „vertritt", erscheint der Beistand *neben* und *mit* dem Beteiligten, um ihn beim mündlichen Vortrag zu unterstützen. Da Bevollmächtigte und Beistände gem. § 14 VwVfG gleich behandelt werden, ist die nicht immer ganz einfach zu beantwortende Frage, ob im konkreten Fall eine Vertretung oder ein Beistand vorliegt, für die Zulassung nicht weiter erheblich.

Das *BVerwG* vertritt die Auffassung, daß § 3 III Bundesrechtsanwaltsordnung das Recht des Bürgers auf Beratung und Vertretung durch einen Rechtsanwalt nicht begründet, sondern voraussetzt und auf die maßgeblichen Vorschriften der jeweiligen Sachbereiche verweist (*BVerwG* NJW 1974, 715; *BVerwGE* 62, 169). Folgt man dieser Auffassung, dann ergibt sich die Befugnis, im Verwaltungsverfahren einen Rechtsanwalt als Vertreter oder Beistand heranzuziehen, erst und nur aus § 14 VwVfG.

Die Vertretungs- und Beistandsbefugnis im Verwaltungsverfahren ist in der letzten Zeit mehrfach bei Vorstellungsgesprächen mit Beamtenanwärtern zur Überprüfung ihrer Verfassungstreue aktuell geworden. – **Fall:** A bewirbt sich um die Aufnahme in den Vorbereitungsdienst für das höhere Schulamt. Da Zweifel an seiner Verfassungstreue bestehen, wird er zu einem persönlichen Gespräch mit dem zuständigen Referenten der Einstellungsbehörde geladen. A erscheint mit einem Rechtsanwalt. Der Rechtsanwalt wird zurückgewiesen. Zu Recht? In Betracht kommt das VwVfG, und zwar das VwVfG des Bundeslandes, in dessen Vorbereitungsdienst der Bewerber aufgenommen werden will (vgl. dazu oben § 5 Rn. 10, 18 ff.). Das VwVfG findet grundsätzlich Anwendung, da die Einstellung eines Beamten eine öffentlich-rechtliche Verwaltungstätigkeit darstellt (§ 1 I), die auf die Ernennung eines Beamten, also den Erlaß eines Verwaltungsakts, gerichtet ist (§ 9). Sonderregelungen, die die Anwendung des VwVfG ausschließen, etwa im Landesbeamtengesetz, bestehen, so soll unterstellt werden, nicht. Nach § 14 IV kann sich der am Verfahren beteiligte Bürger eines Rechtsbeistands bedienen. § 14 selbst enthält keine Einschränkungen. Aber § 2 III 2 schließt u. a. § 14 bei Leistungs-, Eignungs- und ähnlichen Prüfungen aus. Fraglich ist, ob das Vorstellungsgespräch eine solche Prüfung darstellt. Das ist zu bejahen, wenn man mit der h. L. dazu nicht nur die verselbständigte, in einem förmlichen Verfahren abzulegende Prüfung (Abitur, Staatsexamen, Führerscheinprüfung), sondern jede auf Feststellung der Eignung oder Leistung abstellende behördliche Tätigkeit rechnet. Die weitere Frage ist dann aber, ob der Ausschluß des Rechtsbeistands in Fällen dieser Art verfassungsrechtlich haltbar ist. Das BVerfG hat – allerdings in anderem Zusammenhang, nämlich bei der Vernehmung eines Zeugen – aus Art. 2 I GG in Vbg. mit dem Rechtsstaatsprinzip ein Recht auf Heranziehung eines Rechtsbeistands gefolgert (BVerfGE 38, 105). Nach diesen Grundsätzen müßte auch ein Recht auf Rechtsbeistand bei Vorstellungsgesprächen zur Prüfung der Verfassungstreue anerkannt werden. Die bei einem solchen Vorstellungsgespräch gestellten Fragen können selbstverständlich nur vom Bewerber persönlich beantwortet werden. Das schließt aber die Anwesenheit eines Rechtsanwalts, der z. B. auf die sachgerechten Fragestellungen und die korrekte Protokollierung achtet, ebensowenig aus wie bei der Zeugenvernehmung (vgl. BVerfG aaO.) und im Verfahren über die Anerkennung als Kriegsdienstverweigerer (vgl. BVerwGE 78, 93, 99 ff.). A. A. BVerwGE 62, 169 m. w. N., das die Auffassung vertritt, das in Art. 2 I GG begründete Recht auf anwaltlichen Beistand werde durch die Vorschriften des VwVfG konkretisiert und in zulässiger Weise begrenzt; dagegen wohl grundsätzlich bejahend BAG NJW 1981, 71, 73; vgl. ferner eingehend dazu *Schoch,* NJW 1982, 545 ff.; *F. Wagner,* DÖV 1988, 278 m. w. N.

7. Exkurs: Die Pflichten der Beteiligten

Die Erörterung der Verfahrensrechte führt zu der weiteren Frage,   **25** ob und welche Pflichten die Beteiligten im Verwaltungsverfahren haben. Das VwVfG ist in dieser Beziehung sehr zurückhaltend. Nach § 26 II VwVfG „sollen" die Beteiligten bei der Ermittlung des Sachverhalts mitwirken, insbesondere ihnen bekannte Tatsachen und Beweismittel angeben. Eine „weitergehende Pflicht" bei der Sachaufklärung, insbesondere eine Pflicht zum persönlichen Erscheinen oder zur Aussage, besteht vorbehaltlich anderer Rechtsvorschriften nicht. Auch sonst enthält das VwVfG keine verfahrensrechtlichen Pflichten der Beteiligten. Wenn § 26 II VwVfG von „*Sollen*" spricht, so ist das nicht – wie bei den an die Behörde gerichteten Sollvorschriften – als „Muß mit Ausnahmen in atypischen Fällen" (vgl. oben § 7 Rn. 11 f.) zu verstehen, sondern als *Last* oder *Obliegenheit*. Der Bürger wird durch die Sollvorschrift nicht zu einem erzwingbaren Verhalten verpflichtet; er muß aber die Nachteile hinnehmen, die sich ergeben, wenn er der Sollvorschrift nicht nachkommt. Die Behörde bleibt allerdings auch bei Schweigen und Untätigkeit des Beteiligten zur Aufklärung des Sachverhalts im Rahmen des Möglichen und Zumutbaren verpflichtet (vgl. § 24 VwVfG).

Beantragt ein Unternehmer eine Subventionsleistung, ohne die erforderlichen Angaben über seine Betriebsverhältnisse zu machen, so wird eben der Antrag abgelehnt. Verweigert ein Antragsteller die für die Rentenbewilligung erforderliche ärztliche Untersuchung, so ist die Ablehnung des Antrags gerechtfertigt, wenn keine andere Möglichkeit der Sachaufklärung besteht und der Betroffene darauf hingewiesen worden ist, daß aus der Weigerung für ihn nachteilige Schlüsse gezogen werden können (*BVerwGE* 8, 29; MDR 1970, 532). Ferner kann bei Geltendmachung von Schadensersatzansprüchen die fehlende Mitwirkung als Mitverschulden i. S. des § 254 BGB gewertet werden (vgl. *BGH* DVBl. 1964, 146).

Echte, auch durchsetzbare Mitwirkungspflichten bestehen dagegen im Steuerrecht (§ 90 AO 1977) sowie in verschiedenen Spezialgesetzen.

So etwa Auskunftspflichten nach § 22 I GastG, § 17 I HandwO. Vgl. ferner die Mitwirkungspflichten nach § 60 ff. SGB I im Bereich des Sozialleistungsrechts, deren Nichtbeachtung die Versagung oder Entziehung einer Leistung zur Folge haben kann.

8. Rechtsschutz

26   Nach § 44 a VwGO (zur Fortgeltung vgl. *BVerwG* NJW 1999, 1729), können behördliche Verfahrenshandlungen (etwa die Ablehnung eines Beweisantrags, die Bestellung oder Ablehnung eines Vertreters, die Verweigerung der Akteneinsicht, die Ablehnung eines Befangenheitsantrags) nicht selbständig angefochten werden: Der betroffene Bürger hat vielmehr die das Verfahren abschließende Sachentscheidung abzuwarten und mit dem gegen diese gegebenen Rechtsmittel den (angeblichen) Verfahrensverstoß zu rügen. Er kann also bei Verweigerung der Akteneinsicht nicht während des Verwaltungsverfahrens auf Akteneinsicht klagen, sondern le-

diglich die spätere Sachentscheidung mit der Begründung anfechten, sie sei verfahrensfehlerhaft, weil die beantragte Akteneinsicht nicht gewährt wurde. § 44a VwGO schließt alle Rechtsbehelfe aus, nicht nur den Widerspruch und die Anfechtungsklage, sondern auch die Verpflichtungs-, Leistungs-, Feststellungs- und Fortsetzungsfeststellungsklagen (*BVerwGE* 115, 373, 377; *Kopp/Schenke,* VwGO § 44a Rn. 4). Diese Regelung soll eine Verzögerung des Verwaltungsverfahrens durch isolierte Anfechtung von Verfahrensakten verhindern; sie entspricht ferner dem Gesichtspunkt des Rechtsschutzinteresses, da ja noch offen ist, ob sich der Verfahrensverstoß überhaupt auf die Sachentscheidung auswirkt (möglicherweise erhält der Antragsteller trotz Ablehnung der Akteneinsicht die beantragte Rente); sie beugt schließlich der Gefahr zweier nebeneinander laufender Verfahren – gegen die Verfahrenshandlung und gegen die Sachentscheidung – vor. Insgesamt liegt § 44a VwGO in der allgemeinen Tendenz des Gesetzgebers, Verfahrensfehlern nur dann nachzugeben, wenn sie sich auf die materiell-rechtliche Entscheidung ausgewirkt haben können. Andererseits kann diese Regelung dazu führen, daß allein wegen eines Verfahrensfehlers, der noch während des Verwaltungsverfahrens hätte geklärt werden können, das ganze Verfahren erneut aufgerollt werden muß. Problematisch wird diese Konzeption gerade bei der Verweigerung der Akteneinsicht, wenn und weil der Betroffene erst nach Kenntnis bestimmter Akten (etwa eines dort liegenden medizinischen Gutachtens) Klarheit darüber erhält, ob die Anfechtung der Sachentscheidung erfolgversprechend ist. Die Ausnahmen des § 44a VwGO sind jedenfalls unerläßlich, da in diesen Fällen über die Sachentscheidung entweder kein rechtzeitiger Rechtsschutz oder überhaupt kein Rechtsschutz zu erlangen wäre.

Vgl. dazu *W. Schmidt,* Gerichtlicher Rechtsschutz im Verwaltungsverfahren, JuS 1982, 745 ff.; *Hill,* Rechtsbehelfe gegen behördliche Verfahrenshandlungen (§ 44a VwGO), Jura 1985, 61 ff.; *Eichberger,* Die Einschränkung des Rechtsschutzes gegen behördliche Verfahrenshandlungen, 1986; *Kösling,* § 21 VwVfG und der Rechtsschutz der Betroffenen, NVwZ 1994, 455 ff.

Literatur zu § 19: *Bettermann,* Das Verwaltungsverfahren, VVDStRL 17 **27** (1959) S. 118 ff.; *F. Becker,* Das allgemeine Verwaltungsverfahren in Theorie und Gesetzgebung, 1960; *Rasch/Patzig,* Verwaltungsorganisation und Verwaltungsverfahren, 1962; *Ule/Becker,* Verwaltungsverfahren im Rechtsstaat, 1964;

Haueisen, Unterschiede zwischen Verwaltungsverfahren und verwaltungsgericht-
lichem Verfahren, DVBl. 1966, 773 ff.; *Kopp,* Verfassungsrecht und Verwaltungsverfahrensrecht, 1971; *Ule,* Verwaltungsverfahren und Verwaltungsprozeß,
VerwArch. 62 (1971) S. 114 ff.; *Blümel,* Masseneinwendungen im Verwaltungsverfahren, Festschrift für W. Weber, 1974, S. 539 ff.; *Schmitt Glaeser,* Planende Behörden, protestierende Bürger und überforderte Richter, Der Landkreis 1976, S. 442 ff.; *Schmitt Glaeser* (Hg.), Verwaltungsverfahren, Festschrift
für den Boorberg-Verlag, 1977 (mit verschiedenen Beiträgen); *Papier,* Einwendungen Dritter im Verwaltungsverfahren, NJW 1980, 313 ff.; *Wahl und Pietzk-
ker,* Verwaltungsverfahren zwischen Verwaltungseffizienz und Rechtsschutz-
auftrag, Referate und Diskussion, VVDStRL 41 (1983) S. 151 ff. sowie die
begleitenden Aufsätze mit dem gleichen Titel von *Degenhart,* DVBl. 1982,
872 ff., *Ossenbühl,* NVwZ 1982, 465 ff.; *Schenke,* VBlBW 1982, 313 ff. und
Steinberg, DÖV 1982, 619 ff.; *Lerche/Schmitt Glaeser/Schmidt-Aßmann,* Verfahren als staats- und verwaltungsrechtliche Kategorie, 1984; *Hill,* Das fehlerhafte
Verfahren und seine Folgen im Verwaltungsrecht, 1986, insbesondere
S. 189 ff.; *Battis,* Das Planfeststellungsverfahren nach dem Verwaltungsverfah-
rensgesetz, Bd. 21 (1988) S. 23 ff.; *Pitschas,* Verwaltungsverantwortung und
Verwaltungsverfahren, 1990; *Schoch,* Der Verfahrensgedanke im Allgemeinen
Verwaltungsrecht, DV 25 (1992) S. 21 ff.; *W. Schick,* Die Verfahren des Steuerrechts, StuW 1992, 197 ff.; *Axer,* Die Konzentrationswirkung der Plangene-
nehmigung, DÖV 1995, 495 ff.; *U. Becker,* Verfahrensbeschleunigung durch
Genehmigungskonzentration, VerwArch. 87 (1996) S. 581 ff.; *Blümel/Pitschas*
(Hg.), Verwaltungsverfahren und Verwaltungsprozeß im Wandel der Staatsfunktionen, 1997; *Ziekow* (Hg.), Beschleunigung von Planungs- und Genehmigungsverfahren, 1998; *Lautner,* Funktionen raumordnerischer Verfahren,
1999; *Laubinger,* Der Verfahrensgedanke im Verwaltungsrecht, in: König/Mer-
ten (Hg), Verfahrensrecht in Verwaltung und Verwaltungsgerichtsbarkeit, 2000,
S. 47 ff.; *Ziekow,* Modernisierung des Verfahrensrechts, ebenda S. 69 ff.; *Neumann,* Die Entwicklung des Verwaltungsverfahrensrechts, NVwZ 2000, 1244 ff.;
Pietzcker, Verfahrensrechte und Folgen von Verfahrensfehlern, Festschrift für
Maurer, 2001, S. 695 ff.; *Püttner/Guckelberger,* Beschleunigung von Verwaltungsverfahren, JuS 2001, 218 ff.; *Hufen,* Fehler im Verwaltungsverfahren,
4. Aufl. 2002 (mit umfangreichen Literaturangaben S. 395 ff.); *Hoffmann-Riem/
Schmidt-Aßmann* (Hg.), Verwaltungsverfahren und Verwaltungsverfahrensgesetz, 2002; *Wahl,* Das Verhältnis von Verwaltungsverfahren und Verwaltungs-
prozeßrecht in europäischer Sicht, DVBl. 2003, 1285 ff.; *Odendahl,* Die Konzentrationswirkung: Formenvielfalt, Kollisionsfragen und Alternativmodelle,
VerwArch. 94 (2003), S. 222 ff.; *Berg,* Die Rechtsprechung zum Verwaltungsverfahrensrecht seit 1998, JZ 2005, 1039 ff.; *Schmidt-Preuß,* Gegenwart und
Zukunft des Verfahrensrechts, NVwZ 2005, 489 ff.; *Sydow,* Europäisierte
Verwaltungsverfahren, JuS 2005, 97 ff., 202 ff.; vgl. ferner die Nachweise im
Text sowie oben am Ende des § 5.

28   **Zu IV (Verfahrensrechte der Beteiligten) insbesondere:** *König,* Der
Grundsatz des rechtlichen Gehörs im verwaltungsbehördlichen Verfahren,
DVBl. 1959, 189 ff.; *Laubinger,* Die Verwaltung als Helfer des Bürgers. Ge-
danken zur behördlichen Betreuungspflicht, in: Demokratie und Verwaltung,

Schriftenreihe der Hochschule Speyer, Bd. 50, 1972, S. 439 ff.; *ders.*, Zur Erforderlichkeit der Anhörung des Antragstellers vor Ablehnung seines Antrages durch die Verwaltungsbehörde, VerwArch. 75 (1984) S. 55 ff.; *Preussner,* Das Recht auf Akteneinsicht im Verwaltungsverfahren, VBlBW 1982, 1 ff.; *Mandelartz,* Anhörung, Absehen von der Anhörung, Nachholen der unterbliebenen Anhörung – Zur Relativierung eines Verfahrensrechts, DVBl. 1983, 112 ff.; *Weides,* Die Anhörung der Beteiligten im Verwaltungsverfahren, JA 1984, 648 ff.; *Krasney,* Zur Anhörungspflicht im Verwaltungsverfahren, NVwZ 1986, 337 ff.; *Schilling,* Die Anhörungsregelung des Verwaltungsverfahrensgesetzes im Lichte des Grundgesetzes, VerwArch. 78 (1987) S. 45 ff.; *Horn,* Das Anhörungsrecht des mit Drittwirkung Betroffenen nach § 28 VwVfG, DÖV 1987, 20 ff.; *Schoenemann,* Akteneinsicht und Persönlichkeitsschutz, DVBl. 1988, 520 ff.; *Mengel,* Akteneinsicht im Verwaltungsverfahren, DV 23 (1990) S. 377 ff.; *Weyreuther,* Einflußnahme durch Anhörung, Festschrift für Sendler, 1991, S. 183 ff.; *Knemeyer,* Auskunftsanspruch und behördliche Auskunftsverweigerung, JZ 1992, 348 ff.; *Oebbecke,* Beratung durch Behörden, DVBl. 1994, 147 ff.; *Martensen,* Persönlichkeitsrecht und Anhörung des Bürgers vor dem Erlaß belastender Verwaltungsakte, DÖV 1995, 538 ff.; *Ehlers,* Anhörung im Verwaltungsverfahren, Jura 1996, 617 ff.; *Trantas,* Akteneinsicht und Geheimhaltung im Verwaltungsrecht. Eine vergleichende Untersuchung zum deutschen und französischen Verwaltungsverfahrensrecht, 1998; *Kahl,* Grundrechtsschutz durch Verfahren in Deutschland und in der EU, VerwArch. 95 (2004), S. 1 ff.; vgl. auch die Nachweise am Ende des § 10.

Rechtsprechung zu § 19: *BVerfGE* 53, 30 (atomrechtliches Planfeststel-   **29** lungsverfahren: Grundrechtsschutz durch Verfahren); *BVerfGE* 61, 82 (Sasbach: Präklusion); *BVerfGE* 95, 1 (Südumfahrung Stendal: Planfeststellung durch Gesetz). *BVerwGE* 75, 214 (luftverkehrsrechtliches Planfeststellungsverfahren); *BVerwGE* 100, 238 (Umweltverträglichkeitsprüfung in der straßenrechtlichen Planfeststellung); *BVerwGE* 110, 302 (Planfeststellung einer Bundesstraße im Flora-Fauna-Habit-Gebiet). – *BVerwG* DVBl. 1965, 26; *BVerwGE* 49, 348 (allgemein zum rechtlichen Gehör im Verwaltungsverfahren); *BVerwGE* 66, 184; 68, 267; 118, *BVerwG* DVBl. 1983, 997; *OVG Münster* DVBl. 1978, 508 (Anhörung gem. § 28 VwVfG); *OVG Münster* NVwZ 1983, 746 (Anhörung vor Ablehnung begünstigender Verwaltungsakte); *BSozG* NVwZ 1983, 576 (Verzicht auf Geltendmachung unterbliebener Anhörung im Prozeß); *BVerwGE* 105, 348 (Anhörung anerkannter Naturschutzverbände). – *BVerfGE* 103, 41 (keine Einsicht in die der Vorbereitung eines Parteiverbotsverfahrens dienende Akten der antragsstellenden Organe); *BVerfG-K* NJW 1986, 1243 (kein Anspruch auf Akteneinsicht zu Forschungszwecken); – *BVerwGE* 30, 154, 159 f.; 67, 300; 69, 278; *BayVGH* NVwZ 1999, 889 (jeweils Akteneinsicht); *OVG Hamburg* NJW 1979, 1219 (Einsicht des Vormunds in die Akten des Jugendamts). – *BGH* DVBl. 1960, 520; JZ 1971, 228 (Betreuungspflicht der Behörde); *BVerwG* MDR 1983, 344 (kein allgemeiner Anspruch auf Behördenauskunft). – *BVerwGE* 62, 169 (Rechtsbeistand bei Vorstellungsgespräch eines Beamtenbewerbers). – *BVerwGE* 69, 256, 263 ff. (Befangenheit eines Amtsträgers).

§ 20 Die Verwaltungsvollstreckung

I. Begriff, Bedeutung und allgemeine Voraussetzungen

1. Begriff

1   Unter Verwaltungsvollstreckung ist die zwangsweise Durchsetzung öffentlich-rechtlicher Verpflichtungen des Bürgers oder eines sonstigen Rechtssubjekts durch die Behörde in einem verwaltungseigenen Verfahren zu verstehen.

2. Bedeutung

2   Die Bedeutung der Verwaltungsvollstreckung zeigt sich, wenn man die Alternative in die Betrachtung einbezieht, auf die insbesondere der Bürger verwiesen ist. Der Bürger kann seine (vermeintlichen) Ansprüche i. d. R. nicht selbst zwangsweise durchsetzen, sondern muß die staatlichen Gerichte und die staatlichen Vollstreckungsorgane um Hilfe ersuchen.

Im gerichtlichen Erkenntnisverfahren wird geprüft, ob der geltend gemachte Anspruch rechtlich überhaupt begründet ist. Wenn dies der Fall ist, ergeht ein entsprechendes Urteil, das einen Vollstreckungstitel bildet und auf Antrag des Berechtigten von den staatlichen Vollstreckungsorganen zwangsweise durchgesetzt werden muß.

Die Behörde kann dagegen ihre Ansprüche selbst – ohne Einschaltung eines erkennenden Gerichts und besonderer Vollstreckungsorgane – vollstrecken, sie kann selbst zugreifen. Auch die verwaltungseigene Vollstreckung setzt einen Vollstreckungstitel voraus, aber die Behörde kann sich durch Erlaß eines Verwaltungsaktes den erforderlichen Vollstreckungstitel selbst beschaffen. Damit wird der Verwaltungsakt auch zum Zentralbegriff des Verwaltungsvollstreckungsrechts. Nur wenn und soweit die Verwaltung befugt ist, verwaltungsrechtliche Ansprüche durch Verwaltungsakt zu bestimmen, kommt eine verwaltungsrechtliche Vollstreckung in Betracht. Fehlt es im konkreten Fall an dieser Befugnis, dann muß die Behörde – wie der Bürger – die Gerichte anrufen, ein vollstreckbares Urteil erwirken und die Vollstreckung dieses Urteils

(Titels) veranlassen. Das gilt vor allem für privatrechtliche Forderungen der Verwaltung, für verwaltungsvertraglich begründete
Ansprüche und für Ansprüche im Verhältnis der Verwaltungsträger
untereinander.

Beispiel: Kann das städtische Wasserwerk das Wassergeld selbst zwangsweise beitreiben, wenn der Benutzer B seiner Zahlungspflicht nicht nachkommt? – Das hängt von der Ausgestaltung des Benutzungsverhältnisses ab. Ist
es öffentlich-rechtlich ausgestaltet, dann kann das Wasserwerk das Wassergeld
als Gebühr durch Verwaltungsakt festsetzen und diesen erforderlichenfalls
vollstrecken. Ist dagegen das Benutzungsverhältnis privatrechtlicher Natur,
dann stellt das Wassergeld ein privatrechtliches Entgelt dar, das im Weige-
rungsfalle wie andere privatrechtliche Forderungen aufgrund eines zivilgericht-
lichen Titels im Wege der zivilprozessualen Zwangsvollstreckung durchzusetzen ist.

Die erforderliche rechtsstaatliche Bindung erhält die Verwaltungsvoll-   3
streckung dadurch, daß auch ihr in Gestalt des Verwaltungsakts ein
eindeutiger Titel zugrunde liegen muß, daß sie ferner unter Beachtung strikter Verfahrensvorschriften durchzuführen ist, und daß
schließlich sowohl der Verwaltungsakt als Vollstreckungsvorausset-
zung als auch die Durchführung der Vollstreckung gerichtlicher
Kontrolle unterliegt.

Es gehört zu den Errungenschaften unserer staatlich-gesellschaftlichen Entwicklung, daß der Bürger keine Gewalt anwenden darf, auch dann nicht,
wenn es um die Durchsetzung seiner (vermeintlichen) Rechte geht, daß er
aber gleichwohl nicht wehrlos ist, weil der Staat für die Rechte der Bürger
eintreten und sie notfalls unter Einsatz der staatlichen, allerdings rechtlich
gebundenen Gewalt durchsetzen muß. Friedenspflicht des Bürgers, Gewalt-
monopol des Staates und staatliche Bereitschaft zur Durchsetzung des Rechts
sind wesentliche Merkmale des Rechtsstaats. Beispiel: Die politische Vereinigung A beabsichtigt eine Kundgebung; Vertreter der politisch anders orientierten Vereinigung B verhindern die Durchführung der Kundgebung durch
massive Störungen. Der Staat (d.h. die Polizei, der Inhaber des Hausrechts
usw.) ist grundsätzlich verpflichtet, die Vereinigung A, die von ihren Grundrechten (Art. 5, 8 GG) Gebrauch macht, zu schützen und gegen die Störer
vorzugehen. Vgl. dazu im einzelnen die Darstellungen zum Polizeirecht.

3. Gesetzliche Regelungen

Die Verwaltungsvollstreckung wird für den Bereich der Bundes-   4
verwaltung durch das Verwaltungs-Vollstreckungsgesetz (VwVG)
vom 27. 4. 1953 (Sart. Nr. 112) und durch das Gesetz über den
unmittelbaren Zwang bei Ausübung öffentlicher Gewalt durch

Vollzugsbeamte des Bundes (UZwG) vom 10. 3. 1961 (Sart. Nr. 115) geregelt. Die Bundesländer haben für ihren Bereich entsprechende Gesetze erlassen. Die allgemeinen Verwaltungsvollstreckungsgesetze werden durch Sonderregelungen ergänzt oder ersetzt, so etwa durch §§ 49 ff. Ausländergesetz (Abschiebung) oder durch die Vorschriften der Polizei- und Ordnungsgesetze der Länder über den polizeilichen Zwang. Im folgenden wird das VwVG zugrundegelegt.

4. Die allgemeinen Vollstreckungsvoraussetzungen

5   Das VwVG unterscheidet – wie die Landesgesetze – zwischen der Vollstreckung wegen Geldforderungen und der Erzwingung von Handlungen, Duldungen oder Unterlassungen und hält für diese beiden Fallgruppen jeweils besondere Regelungen bereit (§§ 1 ff., §§ 6 ff. VwVG). Dementsprechend werden die beiden Fallgruppen im folgenden auch getrennt behandelt (vgl. unten II und III).

Gemeinsame Voraussetzung für die Vollstreckung in beiden Bereichen ist jedoch, wie bereits dargelegt wurde, das Vorliegen eines Verwaltungsakts als Vollstreckungstitel. Das bedarf freilich noch einiger Ergänzungen.

6   a) *Vollstreckbar* sind nur befehlende Verwaltungsakte, also Verwaltungsakte, die ein Gebot oder Verbot enthalten, wie z. B. Abgabenbescheide, Polizeiverfügungen, Gewerbeverbote, Einberufungsbescheide. Feststellende und gestaltende Verwaltungsakte verwirklichen sich ipso jure und sind daher schon ihrer Natur nach einer Vollstreckung nicht fähig und nicht bedürftig.

7   b) Auch befehlende Verwaltungsakte *dürfen* nach geltendem Recht *nur vollstreckt werden,* wenn sie unanfechtbar geworden oder sofort vollziehbar sind.

Vgl. § 6 I VwVG. Die Voraussetzungen der Unanfechtbarkeit bzw. sofortigen Vollziehbarkeit bestimmen sich nicht nach dem VwVG, sondern nach der VwGO. Ein Verwaltungsakt ist unanfechtbar, wenn die Anfechtungsfristen abgelaufen sind (§§ 70, 74 VwGO) oder wenn er durch rechtskräftiges Urteil bestätigt worden ist. Er ist ausnahmsweise sofort vollziehbar, wenn dies durch Gesetz oder behördliche Entscheidung angeordnet worden ist (vgl. näher § 80 VwGO). – § 6 I VwVG bezieht sich nicht auf Geldleistungsbescheide, für sie gilt aber grundsätzlich nichts anderes; wenn Leistungsbescheide gem. § 3 II c VwVG bereits eine Woche nach der Bekanntgabe vollstreckt werden können, so ist das damit zu erklären, daß Abgabenbescheide i. d. R. sofort vollziehbar sind (§ 80 II 1 Nr. 1 VwGO).

c) Andererseits ist ausnahmsweise ein Verwaltungszwang auch **8** *ohne* Verwaltungsakt zulässig, nämlich einmal, wenn wegen Gefahr im Verzuge sofort gehandelt werden muß (vgl. § 6 II VwVG und unten Rn. 25), und zum anderen, wenn sich der Bürger bezüglich verwaltungsvertraglich übernommener Verpflichtungen der sofortigen Vollstreckung unterworfen hat (vgl. § 61 VwVfG und oben § 14 Rn. 56).

Darüber hinaus ist in gewissen Fällen eine Verwaltungsvollstreckung auch bei öffentlich-rechtlichen, aber nicht durch Verwaltungsakt festgestellten Geldforderungen und sogar bei privatrechtlichen Geldforderungen der Verwaltung gesetzlich zulässig. Das ist systemwidrig und zumindest de lege ferenda abzulehnen. Vgl. dazu näher *Röber,* Beitreibung privatrechtlicher Forderungen durch Verwaltungszwang, DÖV 1982, 680 ff.; *Sauthoff,* Privatrechtliche Forderungen und Verwaltungszwang, DÖV 1989, 1 ff.

II. Vollstreckung wegen Geldforderungen

1. Voraussetzungen

Die Vollstreckung von öffentlich-rechtlichen Geldforderungen **9** (Steuern, Gebühren, Beiträge usw.) wird durch eine Vollstreckungsanordnung eingeleitet. Sie ist zulässig, wenn folgende Voraussetzungen gegeben sind (§ 3 II und III VwVG):

a) Leistungsbescheid (= Verwaltungsakt, der eine öffentlich-rechtliche Geldleistungspflicht zum Gegenstand hat),

b) Fälligkeit der Leistung,

c) Ablauf einer Frist von einer Woche seit Bekanntgabe des Leistungsbescheids bzw. seit Eintritt der Fälligkeit,

d) ferner „soll" vor Anordnung der Vollstreckung der Schuldner mit einer Zahlungsfrist von einer weiteren Woche besonders gemahnt werden.

2. Verfahren

Die Vollstreckungsanordnung wird von der „Anordnungsbehörde" **10** (die Behörde, die befugt ist, die Forderung geltend zu machen) erlassen und richtet sich an die „Vollstreckungsbehörde" (die Behörde, die die Vollstreckung durchzuführen hat, § 4 VwVG). Sie ist daher – mangels Außenwirkung – eine verwaltungsinterne Maßnahme, kein (anfechtbarer) Verwaltungsakt (vgl.

BVerwG NJW 1961, 332). Das Vollstreckungsverfahren bestimmt sich nach den Vorschriften der Abgabenordnung, die sich ihrerseits wiederum an die Regelungen der ZPO anlehnen (§ 5 VwVG). Dabei ergeben sich – je nachdem, ob in bewegliche Sachen, Grundstücke oder Forderungen vollstreckt wird – erhebliche Unterschiede, auf die hier nicht weiter eingegangen werden soll.

3. Rechtsschutz

11 Der Bürger kann zwar nicht die (verwaltungsinterne) Vollstreckungsanordnung, aber die ihr folgenden und gegen ihn gerichteten Vollstreckungsmaßnahmen anfechten. Da spezielle Regelungen fehlen, kommen die allgemeinen prozessualen Vorschriften zur Anwendung, was verschiedentlich zu Zweifeln und Unsicherheiten führt. Es empfiehlt sich, bei der Lösung von Einzelfällen von den gerügten Vollstreckungsmaßnahmen und den handelnden Organen auszugehen.

Die Sachpfändung durch die Verwaltungsbehörde stellt einen anfechtbaren Verwaltungsakt dar (vgl. *BVerwG* NJW 1961, 332; *BVerwGE* 54, 314, 316). Gegen die Vollstreckungsmaßnahmen, die durch die ordentlichen Gerichte oder den Gerichtsvollzieher getroffen werden, sind die Rechtsbehelfe der ZPO zu ergreifen.

Umstritten ist, auf welchem Wege der Vollstreckungsschuldner erst *nach* Erlaß des Verwaltungsaktes entstandene Einwendungen gegen die zu vollstreckende Forderung – etwa die Einwendung, sie sei durch eine inzwischen erfolgte Zahlung oder durch Aufrechnung erloschen – geltend machen kann. Teilweise wird eine Vollstreckungsgegenklage beim Verwaltungsgericht gem. § 767 ZPO in Vbg. mit § 173 VwGO für zulässig erklärt. Überwiegend wird jedoch auf die Klagearten der VwGO verwiesen, wobei wiederum unterschiedliche Auffassungen über die im konkreten Fall zulässige Klageart bestehen: Feststellungsklage (entweder Klage auf Feststellung, daß der im Verwaltungsakt titulierte Anspruch nicht mehr besteht, oder auf Feststellung, daß die Vollstreckung aus dem Verwaltungsakt unzulässig ist), Anfechtungsklage (gegen einzelne Vollstreckungsmaßnahmen), Leistungs- oder Verpflichtungsklage (auf bestimmte, die Vollstreckung für unzulässig erklärende oder hindernde Äußerungen der Behörde bzw. auf Widerruf des zugrundeliegenden Verwaltungsaktes). Den Vorzug verdient die Feststellungsklage, und zwar mit dem Ziel der Feststellung, daß der titulierte Anspruch nicht mehr besteht.

Vgl. *OVG Münster* DÖV 1976, 673; *BadWürttVGH* KStZ 1981, 134; *ders.*, NVwZ 1993, 72; *Schenke*, VerwArch. 61 (1970) S. 220 ff., 342 ff.; *Schenke/Baumeister*, NVwZ 1993, 1, 9 f.; *Erichsen*, in: Erichsen/Ehlers, VerwR § 21 Rn. 8 f. mit weiteren Nachw.; ferner *BVerwGE* 27, 141 und *BVerwG* NVwZ 1984, 168. – Für eine Vollstreckungsgegenklage gem. § 767 ZPO dagegen früher *OVG Münster* JZ 1965, 366 und 719; sodann wieder *VG Freiburg* NVwZ-RR 1989, 514; eingehend und grundsätzlich *Renck*, NJW 1964, 848 ff., NJW 1966, 1247 ff., BayVBl. 1975, 637 ff. Vgl. ferner zum Streitstand mit zahlreichen Nachw. *Pietzner*, in: Schoch/Schmidt-Aßmann/Pietzner (Hg.), VwGO § 167 Rn. 58 ff., der selbst der Meinung ist, daß die in Bayern bestehende Regelung (vgl. sogleich) als allgemeiner Grundsatz in allen Bundesländern gilt (Rn. 69).

Es sind jedoch evtl. landesrechtliche Besonderheiten zu beachten. So bestimmt Art. 21 Bay.Verwaltungszustellungs- und Vollstreckungsgesetz, daß die Anordnungsbehörde „über Einwendungen gegen die Vollstreckung, die den zu vollstreckenden Anspruch betreffen, entscheidet". Sind diese Einwendungen begründet, dann wird die Vollstreckung aus dem Grundverwaltungsakt für unzulässig erklärt. Der Schuldner kann daher, wenn er eine Einwendung, etwa Aufrechnung oder Stundung, geltend machen will, eine entsprechende Entscheidung (Verwaltungsakt) beantragen und, falls diese abgelehnt wird, Verpflichtungsklage beim Verwaltungsgericht erheben. Vgl. dazu *BayVGH* BayVBl. 1980, 51; 1984, 208; 1993, 600. Entsprechendes gilt für Rheinland-Pfalz, vgl. § 16 II Rhl.-Pf. VwVG und *OVG Koblenz* DÖV 1982, 414.

Im einzelnen kann der Rechtsschutz hier nicht näher erörtert **12** werden. Es ist nur noch auf zwei wesentliche Gesichtspunkte hinzuweisen. Wenn auch unterschiedliche Meinungen über die Verwirklichung des Rechtsschutzes vertretbar sind, so steht gem. Art. 19 IV GG jedenfalls fest, *daß* ein ausreichender Rechtsschutz gewährleistet sein muß. Ferner ist auch beim Rechtsschutz zwischen der (materiell-rechtlichen) *Grundverfügung,* d. h. dem die Zahlungspflicht festsetzenden Leistungsbescheid, und den (verfahrensrechtlichen) *Vollstreckungsmaßnahmen* zu unterscheiden. Mit den gegen die Vollstreckungsmaßnahmen gerichteten Rechtsmitteln kann nur deren Rechtswidrigkeit, nicht auch die Rechtswidrigkeit der Grundverfügung gerügt werden. Ist die Grundverfügung unanfechtbar geworden, so können Einwendungen gegen diese nicht mehr berücksichtigt werden; ist sie noch anfechtbar, dann können solche Einwendungen ggf. als Rechtsmittel gegen die Grundverfügung gedeutet werden.

Beispiel: A erhält am 1. 3. 1995 einen mit einer Rechtsmittelbelehrung versehenen Gebührenbescheid. Da er nicht zahlt, wird am 2. 5. 1995 die Vollstreckung eingeleitet. A wendet sich nunmehr gegen die Vollstreckungsmaßnahmen mit der Behauptung, daß der Gebührenbescheid und damit auch die Vollstreckung dieses Bescheids rechtswidrig seien. Wie ist die Rechtslage? Der Gebührenbescheid ist unanfechtbar geworden; die Frage, ob er rechtmäßig oder rechtswidrig ist, spielt daher keine Rolle mehr. A kann nur noch die Rechtswidrigkeit der Vollstreckung selbst (etwa Nichteinhaltung von Fristen) geltend machen. Anders wäre es nur, wenn der Gebührenbescheid offensichtlich und schwerwiegend rechtswidrig und deshalb nichtig wäre, da die Vollstreckung einen wirksamen, wenn auch möglicherweise (!) rechtswidrigen Verwaltungsakt voraussetzt. Im übrigen kann A nur noch die Rücknahme des Gebührenbescheids zu erreichen versuchen (vgl. oben § 11 Rn. 48 und *BVerwGE* 27, 141). Schließlich ist noch auf das Vollstreckungsverbot der § 79 II BVerfGG, § 183 VwGO und § 47 V 3 VwGO im Falle der prinzipalen – nicht inzidenten – Nichtigerklärung der dem Leistungsbescheid zugrunde liegenden Rechtsnorm hinzuweisen.

III. Die Erzwingung von Handlungen, Duldungen oder Unterlassungen

1. Die Zwangsmittel

Das VwVG kennt – wie die Landesverwaltungsvollstreckungsgesetze – drei Zwangsmittel, nämlich (a) die Ersatzvornahme, (b) das Zwangsgeld mit subsidiärer Zwangshaft und (c) den unmittelbaren Zwang.

13   a) *Ersatzvornahme* (§ 10 VwVG). Wenn der Pflichtige die ihm durch den Verwaltungsakt auferlegte Handlung nicht durchführt, kann die Behörde einen Dritten mit der Vornahme auf Kosten des Pflichtigen beauftragen. Die Ersatzvornahme ist also die Ausführung durch einen Dritten auf Kosten des Pflichtigen im Auftrag der Behörde. Sie kommt nur bei vertretbaren, d. h. auch durch andere Personen durchführbaren Handlungen, nicht aber bei höchstpersönlichen Handlungen sowie bei Unterlassungen und bei Duldungen in Betracht.

Beispiel: A wird durch Verwaltungsakt aufgegeben, sein illegal errichtetes Wochenendhaus abzubrechen. Wenn A diesem Verwaltungsakt nicht nachkommt, kann die Behörde den Unternehmer U beauftragen, den Abbruch des

Gebäudes durchzuführen. – Dagegen kann verständlicherweise die Einberufung zum Wehrdienst oder das Verbot nächtlicher Ruhestörung nicht im Wege der Ersatzvornahme durchgesetzt werden.

Die Behörde schließt mit dem Dritten einen privatrechtlichen Vertrag ab (Werkvertrag, evtl. auch Dienstvertrag), der die Rechtsbeziehungen zwischen ihr und dem Dritten bestimmt. Es steht dem Dritten frei, ob er den Vertrag abschließen will. (Lediglich bei einer akuten und nicht anderweitig zu beseitigenden Gefahr kann er unter den Voraussetzungen des polizeilichen Notstands – dann aber nicht aufgrund eines Vertrags, sondern durch einseitigen Verwaltungsakt – zwangsweise herangezogen werden.) Die Beziehungen zwischen der Behörde und dem Pflichtigen sind – nach wie vor – ausschließlich öffentlich-rechtlicher Natur. Zwischen dem Pflichtigen und dem Dritten bestehen keine unmittelbaren Rechtsbeziehungen; der Pflichtige muß aber (kraft öffentlichen Rechts) die Ersatzvornahme durch den Dritten – etwa das damit verbundene Betreten seines Grundstücks – dulden. Der Vergütungsanspruch des Dritten richtet sich nicht gegen den Pflichtigen, sondern – aufgrund des privatrechtlichen Vertrags – gegen die Behörde, die ihrerseits wiederum einen entsprechenden Erstattungsanspruch gegenüber dem Pflichtigen hat. Dieser Erstattungsanspruch ist ein öffentlich-rechtlicher Anspruch, der ebenfalls durch Verwaltungsakt festgestellt und im Wege der Verwaltungsvollstreckung beigetrieben werden kann.

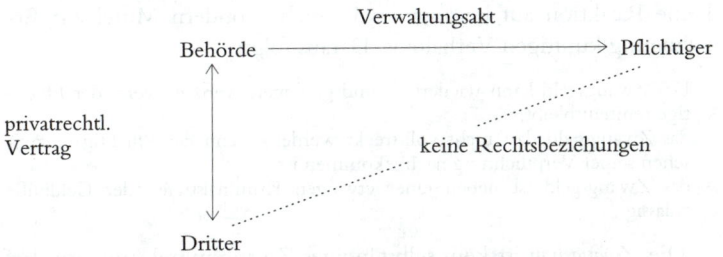

Nach den meisten Landesverwaltungsvollstreckungsgesetzen (vgl. z.B. § 25 **14** Bad.-Württ. VwVG; § 59 I NRW VwVG) liegt eine Ersatzvornahme nicht nur dann vor, wenn die Behörde einen Dritten beauftragt (Fremdvornahme), sondern auch dann, wenn sie selbst „ersatzweise" tätig wird (Selbstvornahme). Beispiel: Das illegal errichtete Wochenendhaus wird nicht im Auftrage der Behörde durch einen privaten Bauunternehmer, sondern durch die Bediensteten des städtischen Bauhofes abgerissen. Diese Ausdehnung der Ersatzvornahme zu Lasten des unmittelbaren Zwangs (vgl. zur Abgrenzung unten Rn. 18) erfolgte vor allem aus finanziellen Gründen, da die Kosten der Ersatzvornahme der Pflichtige, die Kosten des unmittelbaren Zwangs dagegen – wenigstens noch grundsätzlich – die Verwaltung zu tragen hat. Inzwischen ist aber in einigen Bundesländern eine Kostenerstattung auch bei Maßnahmen des unmittelbaren Zwangs eingeführt worden, vgl. hierzu *Erdmann,* Die Kostentragung bei Maßnahmen des unmittelbaren Zwangs, 1987.

Die dualistische Deutung der Fremdvornahme (öffentlich-rechtliche Beziehung zwischen der Behörde und dem Pflichtigen, privatrechtlicher Vertrag zwischen der Behörde und dem Unternehmer) ist in der Literatur auch auf Ablehnung gestoßen. *Burmeister* nimmt statt dessen eine durch einen zustimmungsbedürftigen Verwaltungsakt erfolgende öffentlich-rechtliche Indienstnahme an (JuS 1989, 256 ff.). Gegen diese Auffassung spricht jedoch schon die ungewöhnliche Vorstellung einer freiwilligen Indienstnahme. Ferner kann es im Einzelfall durchaus nötig oder wenigstens angebracht sein, daß noch einige Punkte besprochen und vertraglich festgelegt werden. Wenn schon, dann wäre nicht eine einseitige öffentlich-rechtliche Indienstnahme, sondern ein öffentlich-rechtlicher Vertrag anzunehmen.

15   b) *Zwangsgeld* (§ 11 VwVG). Durch die Festsetzung eines Zwangsgelds soll der Verpflichtung Nachdruck verliehen werden. Sie kommt bei unvertretbaren Handlungen, Duldungen und Unterlassungen in Betracht. Sie kann aber auch bei vertretbaren Handlungen verhängt werden, wenn die Ersatzvornahme „untunlich ist"; das ist vor allem dann der Fall, wenn der Pflichtige nicht in der Lage ist, die Kosten der Ersatzvornahme zu tragen.

Das Zwangsgeld ist keine Strafe, sondern ein Beugemittel, also keine Reaktion auf begangenes Unrecht, sondern Mittel zur Erzwingung künftigen Verhaltens. Daraus folgt:

– Das Zwangsgeld kann wiederholt und gesteigert werden, wenn der Pflichtige renitent bleibt;
– das Zwangsgeld darf nicht vollstreckt werden, wenn der Pflichtige inzwischen seiner Verpflichtung nachgekommen ist;
– das Zwangsgeld ist neben einer etwaigen Kriminalstrafe oder Geldbuße zulässig.

16   Die *Zwangshaft* ist kein selbständiges Zwangsmittel, sondern darf nur verhängt werden, wenn das Zwangsgeld nicht beigetrieben werden kann. Deshalb spricht § 16 VwVG zu Recht von einer „Ersatzzwangshaft". Die Anordnung der Zwangshaft muß durch den Richter erfolgen (Art. 104 II GG); nach § 16 I VwVG ist das Verwaltungsgericht zuständig.

Die Ersatzzwangshaft spielt in der Praxis offenbar noch eine gewisse Rolle, vgl. *BadWürttVGH* VBlBW 1987, 336 (die Einsicht des Betroffenen in die Berechtigung der bestandskräftigen Abbruchsverfügung ist – entgegen der Auffassung der Vorinstanz – unerheblich); *VG Oldenburg,* NJW 1988, 580 (Ersatzzwangshaft wegen Nichtherausgabe von Bundeswehr-Ausrüstungsgegenständen, wobei die nicht ganz fernliegende Möglichkeit, daß der Pflichtige selbst nicht weiß, wo sich die Gegenstände befinden, nicht erörtert wird. Im letzteren Falle wäre die Erfüllung der Verpflichtung – zumindest subjektiv – nicht möglich und daher auch ein darauf bezogener Zwang nicht zulässig); *BayVGH* BayVBl. 1988, 372 (da die Ersatzzwangshaft kein primäres Zwangsmittel ist, darf sie auch dann nicht sofort angedroht und festgesetzt werden, wenn anzunehmen ist, daß der Pflichtige das Zwangsgeld nicht bezahlen kann und wird).

c) *Unmittelbarer Zwang* (§ 12 VwVG). Die Behörde kann schließ- **17** lich den Pflichtigen unmittelbar zu einer Handlung, Duldung oder Unterlassung zwingen oder die Handlung selbst vornehmen. Unmittelbarer Zwang erfolgt durch die Einwirkung auf Personen oder Sachen durch körperliche Gewalt, Hilfsmittel der körperlichen Gewalt oder Waffengebrauch.

Vgl. dazu § 2 UZwG. Etwa: Ein Kraftfahrzeug wird abgeschleppt, eine Wohnung wird aufgebrochen, eine illegale Demonstration wird mit Schlagstöcken und Wasserwerfern aufgelöst, gegen Geiselnehmer werden Schußwaffen eingesetzt.

Der unmittelbare Zwang ist das schärfste Zwangsmittel und kommt deshalb nur als ultima ratio in Betracht. Auch innerhalb dieser Gruppe von Zwangsmitteln ist der Grundsatz der Erforderlichkeit und Verhältnismäßigkeit zu beachten. Der Schußwaffengebrauch ist allenfalls in Extremfällen zulässig, vgl. dazu §§ 9ff. UZwG, ferner *BGHSt* 35, 379; *BGH* NJW 1999, 2533; *Schenke,* PolR Rn. 559ff. mit weiteren Nachw.

Der *unmittelbare Zwang* unterscheidet sich von der *Ersatzvornahme* dadurch, **18** daß die Behörde selbst tätig wird, während bei der Ersatzvornahme ein Dritter im Auftrag der Behörde handelt. Soweit in einigen Bundesländern die Ersatzvornahme durch den Fall der „*Selbstvornahme*" erweitert wurde (vgl. oben Rn. 14), wird nicht nur der Anwendungsbereich des unmittelbaren Zwangs erheblich eingeschränkt, sondern auch die Abgrenzung fraglich. Sie ist wie folgt zu bestimmen: Ersatzvornahme i.S. der Selbstvornahme ist gegeben, wenn die Behörde eine dem Pflichtigen obliegende vertretbare Handlung an dessen Stelle vornimmt (Beispiel: Abbruch eines Gebäudes), unmittelbarer Zwang dagegen, wenn die Behörde durch ihre Tätigkeit den Pflichtigen zu einem weiteren Verhalten, insbesondere zu einer unvertretbaren Handlung, einer Unterlassung oder einer Duldung, veranlassen will (Beispiel: Einsatz von Wasserwerfern zur Auflösung einer Versammlung), vgl. dazu *Hoffmann,* DÖV 1967, 296 ff.; *Mertens,* Die Kostentragung bei der Ersatzvornahme im Verwaltungsrecht, 1976, S. 22 ff.; *Kirchhof,* JuS 1975, 510; *Schenke,* PolR Rn. 553.

19   Zu a)–c) Die Behörde darf *nur* die genannten Zwangsmittel anwenden. Andere Zwangsmittel, etwa die Vorenthaltung einer an sich zustehenden Leistung, die Mobilisierung der öffentlichen Meinung und dgl., sind unzulässig.

Beispiel: Der Gewerbetreibende G kommt einer gewerberechtlichen Auflage des Bürgermeisters nicht nach; dieser weist daraufhin die städtischen Wasserwerke an, die Wasserzufuhr an G zu sperren, bis er die Auflage befolgt habe. Dieses „Zwangsmittel" ist unzulässig. Anders wäre es, wenn G das Wassergeld nicht bezahlen würde, da G die Lieferung von Wasser nur bei Bezahlung erwarten und verlangen kann. Wenn es nicht um die Lieferung von Wasser an einen Gewerbebetrieb, sondern an einen Privathaushalt ginge, dann wäre übrigens eine Liefersperre auch für den Fall, daß das Wassergeld nicht bezahlt würde, unzulässig, weil die Wasserversorgung nicht nur existenznotwendig, sondern auch aus hygienischen und gesundheitlichen Gründen im öffentlichen Interesse geboten ist.

Welche Zwangsmittel eingesetzt werden sollen, liegt im Ermessen der Behörde. Dabei sind jedoch wiederum die Grundsätze der Erforderlichkeit und Verhältnismäßigkeit zu beachten (vgl. § 9 II VwVG).

2. Das Zwangsverfahren

20   Der Einsatz der Zwangsmittel darf zum Schutze des Betroffenen nur unter Beachtung strenger Verfahrensvorschriften erfolgen. Das Zwangsverfahren läuft im Regelfall in folgenden drei Phasen ab (vgl. §§ 13–15 VwVG).

21   a) *Androhung.* Das Zwangsmittel muß vorher unter Festsetzung einer bestimmten Frist, innerhalb derer der Vollzug dem Pflichtigen billigerweise zugemutet werden kann, schriftlich angedroht werden. Die Androhung kann – und wird auch in der Praxis meistens – mit dem zu vollstreckenden Verwaltungsakt verbunden. Sie muß sich auf ein bestimmtes Zwangsmittel beziehen, dieses genau kennzeichnen (etwa die Höhe des Zwangsgeldes) und – bei der Ersatzvornahme – auch einen Kostenvoranschlag enthalten.

b) *Festsetzung.* Das Zwangsmittel wird durch besonderen Akt   **22**
festgesetzt, wenn der Verwaltungsakt nicht innerhalb der bestimmten Frist befolgt wird. Die Festsetzung muß der Androhung
inhaltlich entsprechen; weicht sie von ihr ab (etwa indem sie einen
höheren Zwangsgeldbetrag enthält), ist sie rechtswidrig.

So § 14 VwVG und die entsprechenden Regelungen in Berlin, Brandenburg und Nordrhein-Westfalen. In den Verwaltungsvollstreckungsgesetzen der
übrigen Bundesländer ist eine förmliche Festsetzung der Zwangsmittel nur
beim Zwangsgeld oder (so in Bayern und Rheinland-Pfalz) überhaupt nicht
vorgesehen. Erfolgt sie gleichwohl, was nicht erforderlich, aber zulässig ist,
dann ist sie wie die Festsetzung nach § 14 VwVG ein Verwaltungsakt. Vgl.
dazu auch *OVG Koblenz* NVwZ 1986, 762.

c) *Anwendung des Zwangsmittels.* Nach erfolgter Festsetzung kann   **23**
das Zwangsmittel angewendet werden. Leistet der Pflichtige bei
der Ersatzvornahme oder beim unmittelbaren Zwang Widerstand,
so kann dieser mit Gewalt gebrochen werden.

3. Rechtsschutz

Die Androhung ist nach § 18 I VwVG selbständig anfechtbar.   **24**
Deshalb kann insoweit die Frage, ob die Androhung Verwaltungsakt ist oder nicht (bloße Ankündigung oder rechtserhebliche Voraussetzung der Zwangsanwendung?), dahingestellt bleiben; sie ist
jedenfalls im Blick auf den Rechtsschutz wie ein Verwaltungsakt zu
behandeln. Die Festsetzung ist zweifelsfrei ein anfechtbarer Verwaltungsakt. Die Anwendung des Zwangsmittels ist dagegen nur
ein Realakt (str.) und als solcher mit der Leistungsklage oder Feststellungsklage anzugreifen.

Auch hier ist wieder zwischen der Grundverfügung und den Vollstrek-
kungsmaßnahmen zu unterscheiden (vgl. bereits oben Rn. 12). Wenn z.B.
eine Abbruchverfügung unanfechtbar geworden ist, dann kann der Betroffene
nur noch die Rechtswidrigkeit der Vollstreckung, nicht aber die der Abbruchverfügung selbst geltend machen.

In den meisten Bundesländern ist gem. § 80 II S. 1 Nr. 3 und
S. 2 VwGO bestimmt, daß Widerspruch und Anfechtungsklage
gegen Vollstreckungsakte keine aufschiebende Wirkung haben, was
Verzögerungen durch Einlegung von Rechtsmitteln entgegen-
wirkt, aber auch leicht zu vollendeten Fakten führen kann. Ein

gewisser Ausgleich wird dadurch geschaffen, daß die Widerspruchsbehörde oder das Verwaltungsgericht die aufschiebende Wirkung
anordnen können (§ 80 IV und V VwGO).

4. Sofortiger Vollzug und unmittelbare Ausführung

25   Es kommt immer wieder vor, daß im Blick auf eine aktuelle Ge-
fahrenlage der Erlaß eines Verwaltungsaktes mit anschließendem
Vollstreckungsverfahren nicht abgewartet werden kann, sondern
sofort gehandelt werden muß, so etwa wenn ein Polizist bei einem
Streifengang feststellt, daß ein Einbrecher in ein Wohnhaus einzu-
steigen beabsichtigt, oder wenn ein Öltanklastwagen umstürzt und
das auslaufende Öl das Grundwasser zu verseuchen droht. In diesen
Fällen kann der Polizeibeamte sofort oder unmittelbar – d. h. ohne
vorausgegangenen Verwaltungsakt – die erforderlichen Zwangsmaßnahmen ergreifen, etwa den Einbrecher am Eindringen hindern (Fall
des unmittelbaren Zwangs) oder das Öl durch Beauftragung eines
Privatunternehmers abpumpen lassen (Fall der Ersatzvornahme).

Vgl. § 6 II VwVG, ferner die hier vor allem einschlägigen Vorschriften der
Polizeigesetze der Länder, Nachweise bei *Götz*, PolR Rn. 416 ff.; *Schenke*, in:
Steiner, Bes.VerwR Rn. 200. – Die Terminologie ist uneinheitlich; teilweise
wird vom „sofortigen Vollzug" (so § 6 II VwVG) bzw. vom Sofortvollzug oder
vom sofortigen Zwang und teilweise von der unmittelbaren Ausführung gesprochen. Der Musterentwurf eines Polizeigesetzes führt (vorsorglich) beide Rechtsbegriffe auf, ebenso das bayerische und hessische Polizeirecht, womit sich unnö-
tige Abgrenzungsschwierigkeiten ergeben. In beiden Fällen geht es um dasselbe,
nämlich um die Ermächtigung der Polizei oder sonstiger Vollzugsorgane zum
sofortigen Tätigwerden ohne vorausgehenden Verwaltungsakt. Wenn überhaupt, dann unterscheiden sich die beiden Begriffe dadurch, daß der sofortige
Vollzug als Zwangsmittel gegen den (vermeintlichen) Willen des Pflichtigen
eingesetzt werden darf, während die unmittelbare Ausführung als polizeiliche
Maßnahme auch dann zulässig ist, wenn der Betroffene einverstanden ist, etwa
der Grundstückseigentümer mit der Beseitigung des öldurchtränkten Erdreichs
durch sofortige Beauftragung eines Unternehmers seitens der Polizei. Im einzelnen hängt das aber von den jeweiligen Vorschriften ab. Im folgenden wird –
vereinfachend – nur der Ausdruck „unmittelbare Ausführung" verwendet.

Da bei der unmittelbaren Ausführung die spezifischen rechtsstaatlichen Sicherungen der Verwaltungsvollstreckung (Vollstrek-
kungstitel, Vollstreckungsverfahren) nicht oder nur bedingt eingreifen, müssen ihre rechtlichen Voraussetzungen und Grenzen
besonders streng beachtet werden. Sie ist nur zulässig, wenn

- die rechtlichen Voraussetzungen des Verwaltungsaktes, der wegen der Eilbedürftigkeit nicht erlassen zu werden braucht, vorliegen,
- die Voraussetzungen des jeweiligen Zwangsmittels gegeben sind,
- ein Eilfall anzunehmen ist.

Die *Rechtsnatur* der unmittelbaren Ausführung ist umstritten. Nach **26** der früher herrschenden, aber auch heute noch teilweise vertretenen Auffassung fallen der zu vollstreckende Verwaltungsakt, die Androhung des Zwangsmittels, die Festsetzung des Zwangsmittels und die Anwendung des Zwangs gleichsam in einem Akt zusammen. Die unmittelbare Ausführung enthält also – konkludent oder fiktiv – alle diese Akte und ist damit selbst ein (zusammengesetzter) Verwaltungsakt. Der Rechtsschutz läuft über die Anfechtungsklage bzw. die Fortsetzungsfeststellungsklage (vgl. oben Rn. 24). Von dieser Auffassung geht wohl auch § 18 II VwVG aus, der auf die „gegen Verwaltungsakte allgemein gegebenen Rechtsmittel" verweist. Die Annahme eines Verwaltungsaktes führt jedoch zu erheblichen Schwierigkeiten, da in den Fällen, in denen der Betroffene noch nicht bekannt ist, ein adressatloser Verwaltungsakt konstruiert werden müßte, bzw. der Verwaltungsakt erst nachträglich mit seiner Bekanntgabe an den Betroffenen rechtswirksam würde (§ 43 I VwVfG). Diese Schwierigkeiten werden vermieden, wenn man die unmittelbare Ausführung so nimmt, wie sie sich bei unbefangener Betrachtung darstellt, nämlich als Realakt. Da der Rechtsschutz nicht mehr vom Vorliegen eines Verwaltungsaktes abhängt, ist auch das früher maßgebliche Motiv, über einen Verwaltungsakt eine gerichtliche Kontrolle zu erreichen, gegenstandslos. Der Betroffene kann Leistungsklage (Klage auf Rückgängigmachung der einzelnen Maßnahmen) oder, falls diese nicht (mehr) greift, Feststellungsklage gem. § 43 I VwGO erheben. Das Bild vom Zusammenfallen des zu vollstreckenden Verwaltungsaktes und der einzelnen Vollstreckungsmaßnahmen ist durchaus geeignet, die Eigenart der unmittelbaren Ausführung zu veranschaulichen, läßt sich aber nicht rechtsdogmatisch in einen Verwaltungsakt ummünzen.

So die inzwischen h. L., vgl. *Götz,* PolR Rn. 422; *Schenke,* PolR Rn. 566 f.; *Rasch,* DVBl. 1992, 209 f. (anders noch *Ule/Rasch,* Allgemeines Polizei- und Ordnungsrecht, 2. Aufl. 1982, S. 69 f.); *Hormann,* Die Anwendung von Verwaltungszwang unter Abweichung vom Regelvollstreckungsverfahren, 1988,

S. 168; für Verwaltungsakt dagegen noch *Drews/Wacke/Vogel/Martens*, Gefahrenabwehr, S. 438 ff.; *Mayer/Kopp*, VerwR S. 391.
Unmittelbarer Zwang einerseits und unmittelbare Ausführung oder sofortiger Zwang andererseits dürfen nicht verwechselt werden. Im ersten Fall geht es um ein bestimmtes Zwangsmittel, im zweiten Fall um eine verfahrensrechtlich vereinfachte Eilmaßnahme, die sachlich eine Maßnahme des unmittelbaren Zwangs oder der Ersatzvornahme darstellt.

In vielen Fällen wird die Frage der Rechtmäßigkeit der unmittelbaren Ausführung erst aktuell werden, wenn die Behörde einen Kosten- oder Gebührenbescheid erläßt. Der Adressat kann dann gegen diesen Bescheid klagen und dabei nicht nur geltend machen, daß die unmittelbare Ausführung rechtswidrig war, sondern auch, daß jedenfalls er nicht herangezogen werden durfte.

27   Wenn im Blick auf die zur Verfügung stehende Zeit und die konkreten Umstände zwar der Erlaß eines Verwaltungsaktes (der Grundverfügung), nicht aber die Durchführung des Regelvollstreckungsverfahrens möglich ist, dann greift § 6 II VwVG an sich nicht ein. Die Behörde ist aber befugt – argumentum a maiore ad minus –, auf die einzelnen Vollstreckungsverfahrensakte zu verzichten, wenn und soweit dies wegen der Gefahr im Verzuge geboten ist.

28   **Literatur zu § 20:** *Engelhardt/App*, Verwaltungs-Vollstreckungsgesetz, Verwaltungszustellungsgesetz. Kommentar, 6. Aufl. 2004; *Sadler*, Verwaltungs-Vollstreckungsgesetz. Verwaltungszustellungsgesetz, 6. Aufl. 2006; *App/Wettlaufer*, Verwaltungsvollstreckungsrecht, 4. Aufl. 2005. – *Arndt*, Der Verwaltungsakt als Grundlage der Verwaltungsvollstreckung, 1967; *König*, System des verwaltungsbehördlichen Vollstreckungsrechts, BayVBl. 1967, 262 ff.; *Rasch*, Probleme des polizeilichen Zwanges (Zwangsgeld, Ersatzvornahme, Rechtsschutz), DVBl. 1980, 1017 ff.; *Hormann*, Die Anwendung von Verwaltungszwang unter Abweichung vom Regelvollstreckungsverfahren, 1988; *Burmeister*, Die Ersatzvornahme im Polizei- und Verwaltungsvollstreckungsrecht, JuS 1989, 256 ff.; *Henneke*, Verwaltungszwang mittels Zwangsgeld, Jura 1989, 7 ff., 64 ff.; *Gusy*, Verwaltungsvollstreckungsrecht am Beispiel der Vollstreckung von Polizeiverfügungen, JA 1990, 296 ff., 339 ff.; *App*, Die Struktur der Verwaltungsvollstreckungsgesetze, DÖV 1991, 415 ff.; *Schenke/Baumeister*, Probleme des Rechtsschutzes bei der Vollstreckung von Verwaltungsakten, NVwZ 1993, 1 ff.; *Pietzner*, Rechtsschutz in der Verwaltungsvollstreckung, VerwArch. 84 (1993) S. 261 ff.; *Kästner*, Unmittelbare Maßnahmen der Gefahrenabwehr, JuS 1994, 361 ff.; *Selmer/Gersdorf*, Verwaltungsvollstreckungsverfahren, 1996; *App*, Die rechtliche Regelung der Verwaltungsvollstreckung in den neuen Bundesländern, NVwZ 1996, 656 ff.; *Lemke*, Verwaltungsvollstreckungsrecht des Bundes und der Länder, 1997; *Kugelmann*, Unmittelbare Ausführung von

Maßnahmen und sofortige Anwendung von Verwaltungszwang durch die Polizei, DÖV 1997, 153 ff.; *Brühl,* Die Prüfung der Rechtmäßigkeit des Verwaltungszwangs im gestreckten Verfahren, JuS 1997, 926 ff. (Aufsatzfolge); *Poscher,* Verwaltungsakt und Verwaltungsrecht in der Vollstreckung, VerwArch. 89 (1998) S. 111 ff.; *Erichsen/Rauschenberg,* Verwaltungsvollstreckung, Jura 1998, 31 ff.; *dies.,* Rechtsschutz in der Verwaltungsvollstreckung, Jura 1998, 323 ff.; *Werner,* Ausgewählte Grundfragen des Verwaltungsvollstreckungsrechts, JA 2000, 902 ff.; *Remmert,* Rechtsdogmatische Probleme des Umsetzens verkehrswidrig geparkter Kraftfahrzeuge, NVwZ 2000, 642 ff.; *Weiß,* Gibt es einen Rechtswidrigkeitszusammenhang in der Verwaltungsvollstreckung?, DÖV 2001, 275 ff.; *K. Fischer,* Das polizeiliche Abschleppen von Kraftfahrzeugen, JuS 2002, 446 ff.; *Malmendier,* Die Zwangsmittelfestsetzung in der Verwaltungsvollstreckung des Bundes und der Länder, VerwArch. 94 (2003), S. 25 ff.; *Stohrer,* Die zwangsweise Durchsetzung staatlicher Auskunftsansprüche gegenüber Privaten, BayVBl. 2005, 489 ff.; *Schenke,* PolR Rn. 538 ff.

Rechtsprechung zu § 20: *BVerfG-K* NVwZ 1999, 290 (polizeilicher **29** Einsatz von Wasserwerfern als unmittelbarer Zwang, Rechtswirksamkeit der Grundverfügung reicht aus); *BVerwGE* 26, 161 (unmittelbarer Zwang als Verwaltungsakt auf Duldung; str.); *BVerwGE* 90, 189, 193 (Abschleppen eines Kraftfahrzeugs, Grundsatz der Verhältnismäßigkeit); *BVerwGE* 102, 316 (Abschleppen eines wegen nachträglich aufgestellten Verkehrsschildes rechtswidrig parkenden Kraftfahrzeugs); *BVerwGE* 117, 332 (Zwangsgeldandrohung zur Durchsetzung eines gesetzlichen Verbots); *BVerwG* DVBl. 1989, 362 (Androhung eines Zwangsmittels als Verwaltungsakt); *BVerwG* NVwZ 1998, 393 (Androhung eines Zwangsgeldes „für jeden Fall der Zuwiderhandlung" unzulässig); *BVerwG* DVBl. 2002, 1560 (Verhältnismäßigkeit der Abschleppmaßnahme, Erreichbarkeit des Fahrers per Handy unerheblich); *BadWürtt VGH* VBlBW 1987, 336 (Ersatzzwangshaft); *BadWürtt VGH* DÖV 1996, 792 (Zwangsgeldbeitreibung nach Erledigung des zugrunde liegenden Verwaltungsakts unzulässig); *OVG Bremen* DÖV 1972, 391 (Ersatzzwangshaft); *OVG Münster* DVBl. 1973, 924 (Ölunfall, unmittelbare Ausführung); *OVG Schleswig* NVwZ 2000, 821 (Festsetzung eines weiteren Zwangsgeldes).

6. Teil. Die Verwaltungsorganisation

Die Erledigung der vielfältigen Verwaltungsaufgaben erfordert einen umfangreichen, mit Personal und Sachmitteln ausgestatteten Verwaltungsapparat. Für den Bürger tritt die Verwaltung vor allem in Gestalt der Verwaltungsbediensteten und der Verwaltungsbehörden in Erscheinung. Sie bilden jedoch nur den Vordergrund eines komplizierten und verzweigten Apparates, nämlich der Verwaltungsorganisation.

§ 21 Grundstrukturen des Verwaltungsorganisationsrechts

I. Die Verwaltungsträger

1   Wenn bislang – verallgemeinernd – vom „Staat" oder von der „Verwaltung" gesprochen wurde, so handelte es sich dabei um eine Sammelbezeichnung für sehr unterschiedliche Organisationen und Subjekte, die als *Verwaltungsträger* mit der Wahrnehmung von Verwaltungsaufgaben betraut sind.

1. Verwaltungsträger als Rechtsträger

2   Der entscheidende Anknüpfungspunkt für den Begriff Verwaltungsträger ist die Rechtsfähigkeit. Wenn die „Verwaltung" rechtlich erfaßt und gebunden werden soll, so bedarf es nicht nur Rechtssätze, die die „Verwaltung" berechtigen und verpflichten, sondern auch einer genauen Bestimmung der Subjekte, die Träger dieser Rechte und Pflichten sind. Das geschieht rechtsdogmatisch dadurch, daß bestimmte Organisationen Rechtsfähigkeit erhalten und damit zum Zurechnungssubjekt der verwaltungsrechtlichen Rechte und Pflichten werden.

3   Die rechtlichen Verhältnisse zwischen dem „Staat" und dem Bürger werden also durch den jeweiligen Verwaltungsträger als Rechtssubjekt auf der einen

Seite und dem Bürger als Rechtssubjekt auf der anderen Seite bestimmt. Wenn das in der Praxis meist nicht so deutlich zum Ausdruck kommt, so liegt das daran, daß die für den Verwaltungsträger handelnde *Behörde* berechtigt ist, nach außen – also vor allem im Verhältnis zum Bürger – im eigenen Namen aufzutreten. Das ändert aber nichts daran, daß das dem Bürger gegenüberstehende Verwaltungsrechtssubjekt der jeweilige Verwaltungsträger ist. Vgl. zum Verhältnis Verwaltungsträger – Behörde unten Rn. 43.

2. Exkurs: Die Rechtsfähigkeit

Zum besseren Verständnis des Verwaltungsträgers erscheint es **4** angebracht, in diesem Zusammenhang auf den – der allgemeinen Rechtslehre angehörenden – Begriff der Rechtsfähigkeit kurz einzugehen. Rechtsfähig ist, wer Zuordnungssubjekt von Rechtsnormen (= Außenrechtssätze, vgl. oben § 4 Rn. 4, ferner unten Rn. 26) und damit Träger von Rechten und Pflichten sein kann. Rechtsfähigkeit besitzen in erster Linie alle Menschen (natürliche Personen). Rechtsfähigkeit kann aber durch die Rechtsordnung auch Personenvereinigungen oder sonstigen Organisationen zugesprochen werden mit der Folge, daß sie selbst Träger von Rechten und Pflichten sind, daß sie also bspw. selbst im Rechtsverkehr auftreten, Eigentum erwerben sowie klagen und verklagt werden können (juristische Personen). Je nachdem, ob die Rechtsfähigkeit im Privatrecht oder im öffentlichen Recht wurzelt, spricht man von juristischen Personen des Privatrechts oder juristischen Personen des öffentlichen Rechts.

Juristische Personen des Privatrechts sind z. B. der eingetragene Verein (§ 21 BGB), die Aktiengesellschaft (§ 1 AktG), die GmbH (§ 13 GmbHG). Zu den juristischen Personen des öffentlichen Rechts vgl. näher unten Rn. 8 f. und § 23.

Wer rechtsfähig ist, kann grundsätzlich Inhaber aller durch eine **5** Rechtsnorm begründeten Rechte und Pflichten sein. Daß verschiedene Rechtsnormen auf bestimmte Personengruppen zugeschnitten sind und daher für andere Personen nicht gelten, etwa das Handelsrecht auf Kaufleute, das Wahlrecht auf staatsangehörige Einzelpersonen, bedeutet keine Einschränkung der Rechtsfähigkeit, sondern eine inhaltliche Beschränkung der jeweiligen Rechtsnormen.

6   Von dieser *Voll*rechtsfähigkeit ist die *Teil*rechtsfähigkeit zu unterscheiden, die darin besteht, daß einer Organisation nicht generell, sondern nur im Blick auf bestimmte Rechtsgebiete oder sogar nur im Blick auf bestimmte Rechtsnormen Rechtsfähigkeit zugesprochen wird. Eine solche Organisation kann von vornherein nur in dem ihr zugestandenen Teilrechtsbereich rechtlich selbständig auftreten; sie ist keine (vollrechtsfähige) juristische Person, sondern ein teilrechtsfähiges Subjekt. Während im Falle der Vollrechtsfähigkeit die Rechtsfähigkeit allgemein angenommen werden kann und nur noch die Anwendbarkeit der fraglichen Rechtsnorm im einzelnen festzustellen ist, muß im Falle der Teilrechtsfähigkeit zunächst die besondere Zuweisung der fraglichen Rechte und Pflichten geprüft werden.

Vgl. dazu grundlegend *Bachof,* Teilrechtsfähige Verbände des öffentlichen Rechts, AöR Bd. 83 (1958) S. 208 ff., insbes. S. 259 ff., ferner unten Rn. 10. Der Unterschied zwischen der Vollrechtsfähigkeit und der Teilrechtsfähigkeit darf jedoch gerade im Bereich des öffentlichen Rechts nicht überschätzt werden, da Verwaltungsträger ohnehin nur im Rahmen ihrer gesetzlich begründeten Zuständigkeit tätig werden dürfen.

3. Überblick über die verschiedenen Verwaltungsträger

7   a) *Der Staat.* Er ist originärer Verwaltungsträger, da er ursprüngliche Herrschaftsgewalt besitzt und seine Existenz und seine Befugnisse von keiner anderen Instanz ableitet. Nach unserer Verfassungsordnung sind Staat sowohl der *Bund* (die Bundesrepublik Deutschland) als auch die einzelnen *Bundesländer* (Land Baden-Württemberg, Freistaat Bayern usw.). Staatsverwaltung ist demnach teils Bundesverwaltung und teils Landesverwaltung.

Der Staatscharakter der Bundesländer wird vom *BVerfG* in st. Rspr bejaht (vgl. z.B. *BVerfGE* 1, 14, 34; 101, 158, 221 f.), ebenso von der h.L., vgl. *Stern,* Staatsrecht I, S. 666 ff.; *Maurer,* Staatsrecht, § 10 Rn. 12 ff., vereinzelt aber auch bezweifelt oder abgelehnt, vgl. *Hesse,* VerfR Rn. 217 Fn. 1. – Fraglich ist auch, ob der Staat als juristische Person anzusehen ist, vgl. ablehnend *Böckenförde,* Festschrift für Hans J. Wolff, 1973, S. 269 (272 f., 287 ff.). Zum Verständnis der rechtlichen Beziehungen des verfaßten Staates ist diese Qualifizierung jedoch zweckmäßig, vgl. oben Rn. 2.

8   b) *Rechtsfähige Körperschaften, Anstalten und Stiftungen des öffentlichen Rechts.* Der Staat nimmt die ihm zukommenden Verwaltungsaufgaben teils durch Behörden und teils durch mehr oder weniger selbständige Verwaltungseinheiten wahr. Wenn diese Verwaltungseinheiten nicht nur organisatorisch, sondern auch *rechtlich* verselbständigt sind, dann besitzen sie selbst den Charakter von juristischen Personen und Verwaltungsträgern. Sie werden üblicherweise in Körperschaften, Anstalten und Stiftungen unterteilt, sind aber im einzelnen sehr unterschiedlich gestaltet (vgl. dazu unten § 23). Die rechtliche Verselbständigung ermöglicht ihnen eine eigenverantwortliche Verwaltung. Sie bleiben aber an den Staat angebunden, da sie nicht nur ihre Existenz und ihre Aufgaben vom Staat ableiten, sondern auch an spezielle staatliche Gesetze gebunden sind und der staatlichen Aufsicht unterliegen. Sie können deshalb – im Gegensatz zum originären Verwaltungsträger Staat – als derivative Verwaltungsträger bezeichnet werden.

Zu den Körperschaften des öffentlichen Rechts gehören auch **9** die *Landkreise* und *Gemeinden,* da sie keine ursprüngliche, sondern nur eine abgeleitete Hoheitsgewalt besitzen. Sie nehmen aber in dieser Gruppe eine Sonderstellung ein, weil sie – wie der Staat und anders als die übrigen juristischen Personen des öffentlichen Rechts – einen umfassenden Aufgabenkreis haben, Gebietshoheit besitzen und durch ihre unmittelbar gewählten Volksvertretungen (Kreistag, Gemeinderat) zu einer eigenen, demokratisch begründeten Willensbildung befähigt sind.

c) *Teilrechtsfähige Verwaltungseinheiten* sind öffentlich-rechtlich be- **10** gründete Organisationen, die zwar nicht den Status von (vollrechtsfähigen) juristischen Personen des öffentlichen Rechts besitzen, aber zur eigenverantwortlichen Wahrnehmung bestimmter Verwaltungsaufgaben berufen und *insoweit* mit eigenen Rechten und Pflichten ausgestattet sind. Sie können ihrer Struktur nach Körperschaften, Anstalten oder auch sonstige Gebilde sein. Soweit die Rechtsfähigkeit reicht, sind sie Verwaltungsträger.

Teilrechtsfähige Körperschaften sind z.B. die Fakultäten der Universitäten, die – im Gegensatz zur Universität selbst – keine juristischen Personen des öffentlichen Rechts sind, aber doch in bestimmter Hinsicht Rechtsfähigkeit haben, vgl. *BVerfGE* 15, 256, 261f.; *BVerwGE* 45, 39, 42; *Maurer*, WissR 10 (1977) S. 193ff.; ferner besitzt der Personalrat Teilrechtsfähigkeit (*BVerwGE* 90, 76, 80ff.). – Das „Bundeseisenbahnvermögen" ist zwar ein „nicht rechtsfähiges Sondervermögen des Bundes", kann aber im Rechtsverkehr unter

eigenem Namen auftreten, klagen und verklagt werden (vgl. §§ 1, 4 Bundes-
eisenbahnneugliederungsgesetz). Zur früheren Rechtsnatur der Deutschen
Bundesbahn vgl. *BVerwGE* 64, 202, 205: „eine teilrechtsfähige Anstalt des
öffentlichen Rechts in bundeseigener Verwaltung."

11   d) *Der sog. Beliehene (oder beliehene Unternehmer).* In gewissem, allerdings nur geringem Umfang verzichtet der Staat darauf, bestimmte Verwaltungsaufgaben selbst zu erfüllen oder durch von
ihm geschaffene öffentlich-rechtliche Organisationen durchführen
zu lassen, sondern überträgt sie Privatpersonen und weist ihnen
insoweit hoheitliche Befugnisse zu. Beliehene (oder beliehene Unternehmer) sind Privatrechtssubjekte (natürliche oder juristische
Personen des Privatrechts), denen bestimmte Verwaltungsaufgaben
zur selbständigen hoheitlichen Wahrnehmung übertragen worden
sind. Da sie rechtlich selbständig und eigenverantwortlich tätig
werden, können sie i.w.S. als Verwaltungsträger bezeichnet werden. Vgl. dazu näher unten § 23 Rn. 56 ff.

12   Zu a–d) Je nachdem, ob der Staat die anstehenden Aufgaben
selbst erledigt oder durch selbständige Verwaltungsträger besorgen
läßt, spricht man von *unmittelbarer* oder *mittelbarer* Staatsverwaltung.
Mittelbare Bundesverwaltung liegt vor, wenn die Verwaltungsaufgaben durch vom Bund geschaffene Verwaltungsträger, mittelbare
Landesverwaltung liegt vor, wenn sie durch vom Land geschaffene
Verwaltungsträger wahrgenommen werden.

Zur mittelbaren Bundesverwaltung gehören auch die „bundesunmittelbaren
Körperschaften und Anstalten des öffentlichen Rechts" gem. Art. 86 S. 1,
87 III GG und § 1 Nr. 1 VwVfG; sie sind insofern „bundesunmittelbar", als sie
ihre Entstehung unmittelbar dem Bund verdanken. – Auch die Gemeinden
können nach Maßgabe der Gesetze rechtsfähige Anstalten und Stiftungen
errichten; sie sind dann der Gemeinde zuzuordnen, gehören aber rechtlich
zum Bereich der mittelbaren Landesverwaltung.

Überblick über die rechtsfähigen Personen und die Verwal-   13
tungsträger

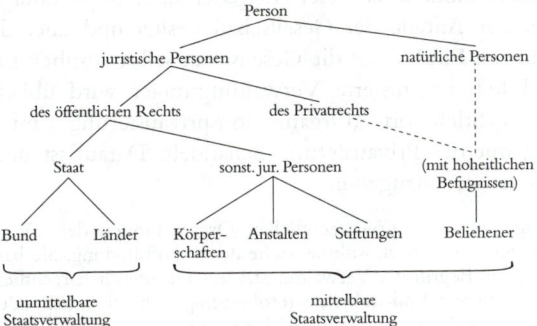

Die teilrechtsfähigen Organisationen sind keine juristischen Personen, aber
Verwaltungsträger, soweit sie rechtsfähig sind.

Überblick über die Verwaltungsorganisation   14

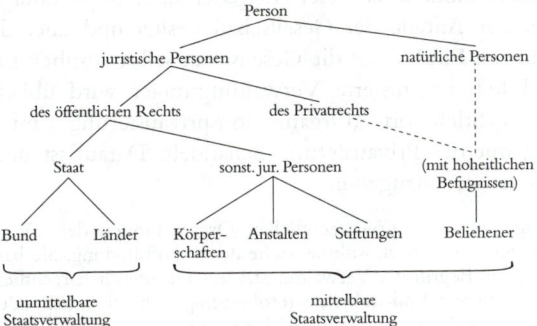

4. Privatrechtlich organisierte Verwaltungsträger

Die Verwaltung kann, wie dargelegt wurde (vgl. oben § 3   15
Rn. 9), ihre Aufgaben u. U. auch in der Form des Privatrechts
wahrnehmen, und zwar nicht nur dadurch, daß sie für ihre eigene
Verwaltungstätigkeit die Gestaltungsformen des Privatrechts wählt,
sondern auch dadurch, daß sie eine juristische Person des Privatrechts (Aktiengesellschaft, GmbH usw.) gründet und ihr die Wahrnehmung bestimmter Verwaltungsaufgaben überträgt (Beispiel:
Straßenbahn-AG). Diese Unternehmen sind rechtlich selbständig
und können daher als privatrechtlich organisierte Verwaltungsträ-

ger bezeichnet werden. Sie bleiben aber an den öffentlich-rechtlichen Verwaltungsträger (Staat, Gemeinden usw.), der sie geschaffen hat, angebunden, da dieser entweder alle Anteile oder doch die Mehrheit der Anteile der Gesellschaft besitzt und über diese den maßgeblichen Einfluß auf die Gesellschaft selbst ausüben kann. Der privatrechtlich organisierte Verwaltungsträger wird üblicherweise unter dem Stichwort „Organisationsprivatisierung" im Zusammenhang mit der Privatisierung behandelt. Darauf ist unten § 23 Rn. 60 ff. näher einzugehen.

16   Die Frage, ob diese privatrechtlichen Organisationen den „Verwaltungsträgern" zuzurechnen sind, ist eine Sache der Begriffsbildung. Sie hängt davon ab, ob man den Begriff der Verwaltungsträgers auf öffentlich-rechtlich begründete Organisationen und Subjekte (Hoheitsträger) beschränken oder auf alle rechtlich selbständigen, mit der Wahrnehmung von Verwaltungsaufgaben betrauten Organisationen und Subjekte erstrecken will. Da für die öffentlich-rechtlichen Verwaltungsträger besondere Regelungen gelten, sollte jedenfalls zwischen beiden unterschieden und der „privatrechtlich organisierte Verwaltungsträger" jeweils als solcher besonders gekennzeichnet werden.

17   Vom Beliehenen unterscheidet sich der privatrechtlich organisierte Verwaltungsträger dadurch, daß er von einem öffentlich-rechtlichen Verwaltungsträger als Privatrechtssubjekt geschaffen wird und als solches nur privatrechtlich tätig werden kann, während der Beliehene ein bereits vorhandenes Privatrechtssubjekt ist, aber durch die Übertragung bestimmter, hoheitlich zu erledigender Verwaltungsaufgaben partiell in den öffentlich-rechtlichen Verwaltungsbereich einbezogen wird. Möglich ist allerdings, daß ein privatrechtlich organisierter Verwaltungsträger mit der hoheitlichen Wahrnehmung bestimmter Verwaltungsaufgaben beliehen wird und insoweit den Status eines Beliehenen erhält. Als Beispiel kann auf die förmliche Postzustellung durch die (privatisierte) Deutsche Post AG (§ 33 I PostG) hingewiesen werden. Hier findet also gleichsam eine partielle Umkehr der Privatisierung statt.

5. Das Staatsvolk als Verwaltungsträger

18   Nach Art. 20 II GG geht alle Staatsgewalt – einschließlich der Verwaltung – vom Volk aus. Die „Verwaltungsträgerschaft" des Volkes im *politisch-staatsrechtlichen* Sinn ist von der hier erörterten *verwaltungsorganisatorischen* Verwaltungsträgerschaft zu unterscheiden. Sie stehen jedoch nicht beziehungslos nebeneinander, sondern sind miteinander verknüpft: die Hauptverwaltungsträger (Bund, Länder, Landkreise und Gemeinden) sind demokratisch aufgebaut; die sonstigen Körperschaften des öffentlichen Rechts haben eine verbandsinterne demokratische Struktur; im übrigen wird die erforderliche demokratische Legitimation der mittelbaren Staatsverwaltung durch die Anbindung an den Staat hergestellt.

II. Die interne Organisation der Verwaltungsträger (Organ, Behörde, Amt)

1. Organ und Organwalter

Die Verwaltungsträger als solche sind – von dem seltenen Fall, **19** daß eine natürliche Person Beliehener ist, abgesehen – rechtsfähig, aber nicht handlungsfähig. Wollen und Handeln können nur Menschen. Die Verwaltungsträger brauchen daher Menschen, die für sie tätig werden und sie somit handlungsfähig machen. Das geschieht rechtstechnisch mit Hilfe der Rechtsbegriffe Organ und Organwalter. Organe sind rechtlich geschaffene Einrichtungen eines Verwaltungsträgers, die dessen Zuständigkeit für diesen wahrnehmen; Organwalter sind diejenigen Menschen, die konkret die den Organen zugewiesenen Zuständigkeiten ausüben. Das rechtlich relevante Verhalten der Organwalter wird seinem Organ und damit dessen Verwaltungsträger zugeordnet.

Beispiel: Die Gemeindevertretung ist Organ der Gemeinde. Die Mitglieder der Gemeindevertretung (Organwalter) nehmen die Zuständigkeiten der Gemeindevertretung und damit die der Gemeinde wahr. So wird etwa die von den Mitgliedern der Gemeindevertretung mehrheitlich beschlossene Satzung der Gemeindevertretung und über diese der Gemeinde zugeordnet; sie ist – über diese doppelte Zuordnung – eine Satzung der Gemeinde.

Das Organ ist keine Besonderheit des Verwaltungsorganisa- **20** tionsrechts, sondern ein wesentlicher Bestandteil aller juristischen Personen und etwaiger sonstiger (teil)rechtsfähiger Organisationen. Es ist daher auch in allen Rechtsbereichen zu finden. So haben auch die rechtsfähigen Vereinigungen und Gesellschaften des Privatrechts ihre Organe, etwa die Aktiengesellschaft einen Vorstand,

einen Aufsichtsrat und eine Hauptversammlung, die die Aktiengesellschaft erst handlungsfähig machen.

21   *Im staatlichen Bereich* kann man – entsprechend dem jeweils zu-
geordneten Rechtsbereich – unterscheiden zwischen Verfassungs-
organen, die verfassungsrechtlich begründet sind und im verfassungsrechtlichen Bereich tätig werden (Bundestag, Bundesrat, Bundesregierung usw.), Verwaltungsorganen (Regierungspräsident,
Finanzamt, Wehrbereichsverwaltung) und Rechtsprechungsorga-
nen (Gerichte). Ebenfalls Verwaltungsorgane, aber nicht Staatsorgane i. e. S. sind die Organe der nichtstaatlichen Verwaltungsträger,
z. B. die Gemeindeorgane (Gemeindevertretung, Magistrat, Bürgermeister) oder die Universitätsorgane (Senat, Rektor, Präsident
usw.). Alle diese Organe haben grundsätzlich dieselbe Funktion,
nämlich rechtsfähige Organisationen durch Zuordnung rechtsverbindlichen menschlichen Verhaltens handlungsfähig zu machen.

2. Die Begriffsmerkmale des Organs

22   Das Organ wird durch a) ein institutionelles und b) ein funktio-
nelles Merkmal bestimmt.

23   a) *Institutionell:* Das Organ ist eine zwar dem Verwaltungsträger
eingegliederte, aber organisatorisch selbständige Einrichtung. Es besteht unabhängig vom Wechsel seiner Inhaber, ja auch dann noch,
wenn es zeitweilig überhaupt keinen Inhaber hat. Die Verselbständigung geht aber nicht soweit, daß das Organ rechtlich selbständig
wäre; das Organ ist nicht Rechtsperson, sondern Teil einer
Rechtsperson (vgl. dazu allerdings auch unten Rn. 26).

24   b) *Funktionell:* Das Organ hat bestimmte Zuständigkeiten. Es sind
aber keine Eigenzuständigkeiten, sondern Fremdzuständigkeiten;
denn das Organ hat die Zuständigkeit seines Verwaltungsträgers
wahrzunehmen. Es handelt nicht für sich, sondern für seinen Verwaltungsträger; es verpflichtet und berechtigt nicht sich, sondern
seinen Verwaltungsträger. Der Verwaltungsträger hat unmittelbare
Eigenzuständigkeiten (er ist Zurechnungsendsubjekt von Rechtssätzen); das Organ hat nur transitorische Wahrnehmungszuständig-
keiten (es nimmt seine Zuständigkeiten vermittelnd für den endgültig verpflichteten oder berechtigten Verwaltungsträger wahr).

Beispiel: Wenn der Regierungspräsident im Rahmen seiner Zuständigkeit einen Verwaltungsakt erläßt oder einen Verwaltungsvertrag abschließt, so sind die durch diese Rechtsakte begründeten Rechte und Pflichten *unmittelbar* dem Bundesland, dessen Organ er ist, zuzurechnen.

3. Das Verhältnis der Organe zueinander

a) Die Verwaltungsträger haben in aller Regel *mehrere Organe,*   25
die arbeitsteilig die Aufgaben ihrer Verwaltungsträger wahrnehmen und entsprechend ihrer Zuständigkeit in spezifischer Weise – unter Berücksichtigung fachlicher, repräsentativer oder sonstiger Gesichtspunkte – besetzt sind.

So haben z. B. die Landratsämter die allgemeinen Aufgaben der staatlichen Innenverwaltung, die Finanzämter, Gesundheitsämter, Wasserämter usw. die Aufgaben der ihnen jeweils zugewiesenen Sonderbereiche zu erledigen, oder sind die Gemeindevertretung für die Entscheidung der wesentlichen Gemeindeangelegenheiten und der Magistrat bzw. der Bürgermeister für den Vollzug zuständig.

b) *Die Beziehungen zwischen den verschiedenen Organen* eines Ver-   26
waltungsträgers sowie die Beziehungen zwischen diesen Organen und dem Verwaltungsträger selbst müssen ebenfalls geregelt werden. Es muß z. B. bestimmt werden, welche Aufgaben des Verwaltungsträgers von welchem Organ wahrzunehmen sind, wie die einzelnen Organe zu besetzen sind, wie die Willensbildung innerhalb der Kollegialorgane erfolgen soll usw. Das geschieht durch das interne Organisationsrecht oder Innenrecht. Es unterscheidet sich vom Außenrecht, das die Rechtsbeziehungen *zwischen* Rechtspersonen betrifft, dadurch, daß es die rechtlichen Verhältnisse *innerhalb* einer Rechtsperson regelt (vgl. dazu bereits oben § 3 Rn. 5). Adressaten des Innenrechts sind die Organe, evtl. auch Untergliederungen oder Teile von Organen (so z. B. die Fraktion einer Gemeindevertretung, der Vorsitzende eines Ausschusses). Die Organe werden – als Adressaten der innenrechtlichen Vorschriften – zu Rechtssubjekten, aber eben doch nur zu Rechtssubjekten des Innenrechts, nicht auch des Außenrechts. Wenn ein Organ Verwaltungsaufgaben seines Verwaltungsträgers erledigt, so handelt es "nach außen" für seinen Verwaltungsträger; "nach innen", d. h. im Verhältnis zu den anderen Organen seines Verwaltungsträgers,

nimmt es dagegen die ihm zugewiesenen Aufgaben, also *seine* Zuständigkeit, wahr.

Der oben Rn. 4 entwickelte Begriff der Rechtsfähigkeit bezieht sich auf das Außenrecht. Im Interesse der systematischen Klarheit sollte er darauf beschränkt bleiben, wenngleich sachlich nichts dagegen einzuwenden ist, wenn ein umfassender Begriff der Rechtsfähigkeit angenommen und sodann in die Teilbegriffe Außenrechtsfähigkeit und Innenrechtsfähigkeit untergliedert wird.

27   Innenrecht und Außenrecht stellen allerdings keine strikt voneinander getrennte und beziehungslos nebeneinander stehende Rechtskreise dar, sondern gehen ineinander über. Das ergibt sich schon daraus, daß das Innenrecht weitgehend in Gestalt der formellen Gesetze, Rechtsverordnungen und Satzungen ergeht, also dieselben Rechtsquellen (Rechtsformen) wie das Außenrecht hat. Es beschränkt sich jedoch nicht darauf, sondern besitzt weitere Quellen, nämlich die Verwaltungsvorschriften und die Geschäftsordnungen (vgl. dazu näher § 24). Ferner ist zu beachten, daß es Regelungskomplexe gibt, die beiden Rechtsbereichen zugeordnet sind. So kann z. B. eine Zuständigkeitsvorschrift sowohl innenrechtlich als auch außenrechtlich wirken, – innenrechtlich, indem sie die Aufgabenbereiche der verschiedenen Verwaltungsorgane gegeneinander abgrenzt, und außenrechtlich, indem sie das entscheidungsbefugte Organ gegenüber dem Bürger festlegt. Die außenrechtliche Rechtswirkung hat u. a. zur Folge, daß ein gegen die Zuständigkeitsvorschrift verstoßender Verwaltungsakt rechtswidrig ist.

28   c) *Verwaltungsgerichtliche Organstreitigkeiten.* Die verschiedenen Probleme, die das Verhältnis von Außenrecht und Innenrecht aufwirft, insbesondere ihre unterschiedliche Qualität, ihre Abgrenzung, ihr Ineinandergreifen usw., sind in der Literatur allenfalls ansatzweise erörtert und können in diesem Grundriß nicht weiter behandelt werden. Nur auf eine Frage ist noch einzugehen, nämlich die, ob das Organ – als innenrechtliches Rechtssubjekt – durch das Innenrecht nur verpflichtet oder ggf. auch berechtigt wird, und ob es, falls solche Organrechte bestehen, diese bei Beeinträchtigung durch andere Organe verwaltungsgerichtlich geltend machen kann. Diese Frage läßt sich nicht mit dem generellen Hinweis abtun, daß ein Rechtsstreit zwischen Organen ein und derselben juristischen Person ein unzulässiger „Insichprozeß" sei. Sie ist vielmehr diffe-

renzierend zu beantworten. Die Organe, die in den hierarchischen Aufbau der Verwaltung eingeordnet sind, haben keine Zuständigkeits- oder sonstige Organrechte; Zuständigkeitskonflikte sind durch die übergeordnete Instanz, letztlich auf der Regierungsebene zu lösen. Anders ist es bei solchen Organen, die repräsentativen Charakter haben und in einem gesetzlich ausbalancierten Verhältnis zu anderen Organen eigene Vorstellungen entwickeln und zur Geltung bringen sollen. Das trifft sowohl auf die Verfassungsorgane (Parlament, Regierung) als auch auf die Organe der Gemeinden und der sonstigen Selbstverwaltungskörperschaften zu. Sie haben ihre Zuständigkeiten auch gegen Übergriffe anderer Organe zu verteidigen und besitzen deshalb gerichtlich durchsetzbare Organrechte. Entsprechendes gilt bei Streitigkeiten zwischen Organ und Organteil (Gemeindevertretung – Mitglied der Gemeindevertretung) sowie zwischen Organteilen (Vorsitzender und Mitglied der Gemeindevertretung).

Im verfassungsrechtlichen Bereich sind Organstreitigkeiten ausdrücklich geregelt, vgl. Art. 93 I Nr. 1 GG und §§ 63 ff. BVerfGG für den Bundesbereich. Entsprechendes gilt nach der heute h. L. auch für den Bereich der Gemeinden, Universitäten und sonstigen Körperschaften des öffentlichen Rechts, – allerdings mit dem Unterschied, daß nicht das Verfassungsgericht, sondern die Verwaltungsgerichte zuständig sind, da diese Organstreitigkeiten nicht verfassungsrechtlicher, sondern verwaltungsrechtlicher Art sind (sog. verwaltungsrechtliche Organstreitigkeiten). Vgl. zu den verwaltungsrechtlichen Organstreitigkeiten *Hufen,* VwprozR § 21 Rn. 1 ff. mit weiteren Nachw. – Die Kosten eines verwaltungsgerichtlichen Organstreitverfahrens hat zunächst das unterlegene Organ oder Organteil zu tragen; es hat aber einen Erstattungsanspruch gegen seine Organisation, etwa das Mitglied des Gemeinderats, dessen Klage gegen den Gemeinderat kostenpflichtig abgewiesen worden ist, gegen die Gemeinde, sofern es mit seiner Klage Organrechte geltend gemacht und die Klage nicht mutwillig aus sachfremden Gründen erhoben hat, vgl. dazu etwa *OVG Saarlouis* NVwZ 1982, 140; *OVG Münster* DVBl. 1992, 444).

Beispiele: (1) Der Magistrat der hessischen Stadt X beschließt die Erweiterung des städtischen Freibades. Die Gemeindevertretung ist der Auffassung, daß diese Angelegenheit in ihren Zuständigkeitsbereich falle. (2) Der Vorsitzende des Senats der Universität X teilt dem Senatsmitglied S mit, daß er, der S., an der nächsten Sitzung wegen Befangenheit nicht teilnehmen könne. (3) Die Gemeindevertretung beschließt den nächsten Haushalt; die Minderheitsfraktion F, die dagegen gestimmt hat, hält die Satzung für rechtswidrig. (4) Der Regierungspräsident erklärt, daß das Landesverfassungsschutzamt durch seine Recherchen in unzulässiger Weise in seinen Zuständigkeitsbereich eingegriffen habe. Ist in diesen Fällen eine Klage beim Verwaltungsgericht zulässig? **29**

Das ist im Fall (1) zu bejahen, da die Gemeindevertretung die Verletzung ihrer Zuständigkeitsrechte geltend machen kann. Ebenso ist im Fall (2) eine Klage des S zulässig, da er die Verletzung seines Mitgliedschaftsrechts rügen kann. Bezüglich des Falles (3) ist festzustellen, daß zwar ein Organstreit Gemeindevertretung – Fraktion möglich ist, die F aber in diesem Verfahren keine Verletzung subjektiver Rechte geltend machen kann. Im Fall (4) ist eine Klage sicher unzulässig, da der Regierungspräsident keine Organrechte gegenüber einer anderen Landesbehörde hat; dieser Streit ist durch den übergeordneten Innenminister zu entscheiden.

4. Behörde

30   Die Begriffe Organ und Organwalter sind in der Rechtslehre zur systematischen Erfassung der funktionellen Zusammenhänge der Verwaltungsorganisation entwickelt worden. In der Gesetzgebung und Praxis tauchen sie selten auf. Dort ist vor allem von Behörde, Amt, Dienststelle usw. die Rede, ohne daß diese Bezeichnungen einheitlich gebraucht werden würden.

31   Die „Behörde" ist ein Zentralbegriff des Verwaltungsorganisationsrechts, wie bereits ihre vorzugsweise Verwendung in der Gesetzgebung, Verwaltung und Literatur zeigt. Der Behördenbegriff ist jedoch in der Lehre umstritten, in der Praxis mehrdeutig.

Vgl. zu den verschiedenen Deutungen *Wolff/Bachof,* VerwR II § 76 I c; *Rasch,* VerwArch. 50 (1959) S. 1 (8 ff.); ferner *BVerfGE* 10, 20, 48; *BGHZ* 40, 225, 228.

32   Behörden sind jedenfalls Organe des Staates oder sonstiger Verwaltungsträger, so daß sie – begrifflich – einen Unterfall des Organs bilden. Die weitere begriffliche Abgrenzung hängt davon ab, ob man mehr die organisatorische oder die funktionelle Seite betont. *Behörden im organisatorischen Sinne* sind die in die staatliche Verwaltungshierarchie eingeordneten Organe sowie die Vollzugsorgane der nichtstaatlichen Verwaltungsträger, also etwa der Regierungspräsident, das Finanzamt, der Bürgermeister, der Dekan der Fakultät einer Universität. *Behörden im funktionellen Sinne* sind dagegen alle Organe, wenn und soweit sie zur hoheitlichen Durchführung konkreter Verwaltungsmaßnahmen im Außenverhältnis berufen sind. Solche Außenzuständigkeiten haben zwar in erster Linie die Behörden im organisatorischen Sinn, darüber hinaus aber auch sonstige Staatsorgane, so z. B. der Bundespräsident, der Bundestagspräsident oder ein Gericht, wenn sie einen Verwaltungsakt erlassen oder eine sonstige hoheitliche Einzelmaßnahme im Außenverhältnis treffen.

Beispiel: Der Bundespräsident lehnt die Ernennung eines Beamtenbewerbers ab; der Präsident des Bundestages weist aufgrund seiner Polizeigewalt einen störenden Zuhörer aus dem Sitzungssaal, vgl. auch oben § 9 Rn. 13, 22 ff.

In diesem *funktionellen* Sinne ist auch die *Legaldefinition des* § 1 IV   **33** VwVfG zu verstehen: „Behörde im Sinne dieses Gesetzes ist jede Stelle, die Aufgaben der öffentlichen Verwaltung wahrnimmt." Diese weite Begriffsbestimmung wird durch den gesetzessystematischen Zusammenhang eingeschränkt. Da nämlich das VwVfG nur Verwaltungsverfahren erfaßt, die auf den Erlaß eines Verwaltungsaktes oder den Abschluß eines Verwaltungsvertrages abzielen, fallen unter den Behördenbegriff i. S. dieses Gesetzes in Wirklichkeit nur solche Stellen, die Verwaltungsakte erlassen oder Verwaltungsverträge abschließen können. Diese Beschränkung ist durch den Anwendungsbereich des Gesetzes bedingt. Darüber hinaus ist eine Behörde im funktionellen Sinne auch dann anzunehmen, wenn eine „Stelle" sonstige, schlicht hoheitliche Verwaltungsmaßnahmen mit Außenwirkung vornimmt (sog. Realakte), nicht aber, wenn sie rechtsetzend, fiskalisch oder nur intern wirkend tätig wird.

Im einzelnen ist ggf. aus dem Gesetzeszusammenhang zu ermitteln, was mit   **34** „Behörde" gemeint ist. Nach Art. 35 I GG leisten sich „alle Behörden des Bundes und der Länder ... gegenseitig Rechts- und Amtshilfe". Behörden i. S. des Art. 35 I GG sind alle Stellen, die staatliche Aufgaben wahrnehmen, auch die Gerichte als Rechtsprechungsorgane, wie sich aus dem Begriff „Rechtshilfe" ergibt, der sich gerade auf die Rechtsprechung bezieht. Im übrigen ist aber die Rechtsprechung aus dem Behördenbegriff auszuklammern. Die Unterscheidung zwischen Verwaltungsbehörden und Gerichtsbehörden mit dem Oberbegriff Behörde orientiert sich an überholten Vorstellungen und wird dem grundsätzlichen Unterschied zwischen Verwaltung und Rechtsprechung, Verwaltungsbehörden und Gerichten nicht gerecht.

5. Die organinterne Organisation

Die Organe sind meistens mit mehreren Personen (Organwal-   **35** tern) besetzt und mit Sachmitteln ausgestattet. Das erfordert wiederum eine Organisation des Organs. Sie ist je nach Anlage und Aufgabe des Organs sehr unterschiedlich.

36   a) Die Behörden z. B. sind häufig in *Abteilungen* und diese wiederum in *Referate* (Dezernate) mit einzelnen Sachbearbeitern gegliedert. An der Spitze der Behörde steht der Behördenvorstand, der die Behörde repräsentiert und Vorgesetzter aller Behördenbediensteter ist. Behördenvorstand kann eine Person sein (monokratisch organisierte Behörde, z. B. der Regierungspräsident) oder ein Kollegium (Kollegialbehörde, z. B. der Magistrat). Es ist ferner möglich, daß eine Behörde Außenstellen hat; sie sind trotz einer gewissen (räumlichen und organisatorischen) Verselbständigung Teil der Behörde, sie sind also nicht selbst Organ, sondern nur Organteil, so etwa die Polizeireviere und Polizeistationen als Außenstellen der Polizeibehörden.

37   b) Die kleinste Organisationseinheit bildet das *Amt*. Unter Amt im organisationsrechtlichen Sinne versteht man den institutionalisierten, auf eine Person zugeschnittenen Aufgabenbereich. Amtswalter (Amtsträger, Amtsinhaber) ist diejenige Person, die die jeweiligen Aufgaben ihres Amtes wahrzunehmen hat. Das Amt besteht nur organintern, es hat – anders als die Behörde – keine Außenzuständigkeit.

> Amt ist z. B. der Aufgabenbereich des Leiters der Bauabteilung im Regierungspräsidium, des Sachbearbeiters für Friedhofsangelegenheiten im Bürgermeisteramt, des Fakultätsassistenten beim Dekan der Juristischen Fakultät, des Hausmeisters einer Schule. Die Bezeichnung „Amt" wird ferner oft in einem weiteren Sinn gebraucht als Behörde (Finanzamt, Landratsamt) oder Behördenteil (Ordnungsamt oder Sozialamt der Gemeindebehörde).

6. Organwalter und Amtswalter

38   Organ und Amt sind institutionelle Funktionseinheiten; Organwalter und Amtswalter sind diejenigen Personen, die zu Inhabern bestimmter Organe und Ämter bestellt sind und sonach mit der Wahrnehmung der jenen Funktionseinheiten zugewiesenen Aufgaben betraut sind. Organwalter und Amtswalter unterscheiden sich durch die unterschiedlichen Bezugspunkte. Da der Organwalter zugleich Amtswalter ist und damit auch an die das Amt betreffenden Vorschriften gebunden ist, erscheint es zweckmäßig, vorwiegend auf den Amtswalter abzustellen.

a) *Die Rechtsstellung der Amtswalter* bestimmt sich nach dem Recht **39** des öffentlichen Dienstes. Danach wird unterschieden zwischen Beamten, Angestellten und Arbeitern. Das *Beamtenverhältnis* ist ein öffentlich-rechtliches, durch die Beamtengesetze näher geregeltes Dienstverhältnis. Die *Angestellten und Arbeiter im öffentlichen Dienst* stehen dagegen in einem privatrechtlich geregelten Dienstverhältnis.

Daraus ergibt sich eine Reihe von *Unterschieden,* so vor allem im **40** Blick auf die Einstellung (Ernennung durch Verwaltungsakt – Einstellung durch Vertrag), die Beendigung des Dienstverhältnisses (im Regelfall, nämlich bei Lebenszeitbeamten, nur disziplinarrechtliche Entfernung aus dem Dienst – Kündigung), die Bezahlung (Besoldung auf Grund staatlicher Besoldungsgesetze – Gehalt auf Grund von Tarifverträgen), den Rechtsweg (Verwaltungsgerichte – Arbeitsgerichte), das Streikrecht (es besteht nicht für Beamte, aber für die Angestellten und Arbeiter). Das Beamtenverhältnis ist traditionell ein besonderes Pflicht- und Treueverhältnis zwischen dem Beamten und seinem Dienstherrn. Tatsächlich haben sich jedoch das Beamtenverhältnis und das Angestellten- und Arbeiterverhältnis – trotz der bestehenden formalen Unterschiede – weitgehend angenähert. So sind z.B. die Angestellten nach 15 Dienstjahren in der Regel unkündbar (§ 53 III BAT); entsprechendes gilt für die Arbeiter im öffentlichen Dienst. Die traditionellen Besonderheiten des Beamtenverhältnisses müssen jedoch gem. Art. 33 V GG berücksichtigt werden.

b) *Die Beziehungen zwischen den Beamten* und *ihrem Dienstherrn* **41** sind unterschiedlicher Natur. Es ist zu unterscheiden zwischen dem *amtlichen Verhältnis,* das den Beamten als Walter seines Amtes und damit letztlich das Amt und dessen ordnungsgemäße Führung betrifft, und dem *persönlichen Verhältnis,* das ihn als selbständige Rechtsperson, wenn auch in seiner Eigenschaft als Beamten trifft. Im ersten Fall geht es um die Rechte und Pflichten des Staates, die durch den Amtswalter wahrgenommen werden sollen, im zweiten Fall um die persönlichen Rechte und Pflichten, die der Beamte gegenüber dem Staat hat. Vgl. dazu (mit Beispielen und Nachweisen) bereits oben § 9 Rn. 28. Entsprechendes gilt im Blick auf die Angestellten und Arbeiter im öffentlichen Dienst.

7. Zusammenfassung

42   Das Verhältnis von Verwaltungsträger, Verwaltungsorgan und Organwalter stellt sich wie folgt dar:
- Verwaltungsträger: organisatorisches Gebilde – rechtsfähig.
- Verwaltungsorgan (einschließlich Behörde): organisatorisches Gebilde – nicht rechtsfähig.
- Organwalter (bzw. Amtswalter): natürliche Person.

43   Der *Organwalter* führt die Verwaltungsmaßnahmen tatsächlich durch, dem *Verwaltungsträger* werden sie rechtlich zugeordnet. Nach außen tritt aber i. d. R. weder der Organwalter noch der Verwaltungsträger, sondern allein die *Behörde* in Erscheinung. Sie agiert als Einheit ohne Rücksicht darauf, welcher Behördenbedienstete im konkreten Fall tätig geworden ist, und sie handelt im eigenen Namen, nicht im Namen und „in Vertretung" ihres Verwaltungsträgers. Es ist also die Behörde X oder die Behörde Y, die einen bestimmten Verwaltungsakt erläßt oder eine sonstige Verwaltungsmaßnahme trifft.

Vgl. dazu § 37 III VwVfG. Das zeigt sich in der Verwaltungspraxis schon am Briefkopf, wo gewöhnlich nur die Behörde genannt ist. Wenn – wie i. d. R. – die Behörde monokratisch aufgebaut ist (vgl. Rn. 36), dann ist der Verwaltungsakt durch den Behördenleiter, der die Behörde als Organwalter nach außen repräsentiert, oder in seiner Vertretung (i. V.) bzw. in seinem Auftrag (i. A.) durch einen anderen Bediensteten der Behörde zu unterzeichnen. Aus der prinzipiellen Gleichstellung von Verwaltungsakt und Verwaltungsvertrag ist zu folgern, daß auch beim Vertragsabschluß die Behörde im eigenen Namen auftritt.

III. Zuständigkeit

1. Begriff und Bedeutung

44   Die Zuständigkeit betrifft die Frage, welcher Verwaltungsträger und welches Verwaltungsorgan zur Wahrnehmung der verschiedenen Verwaltungsaufgaben berufen ist. Im Vordergrund steht die Zuständigkeit der Behörde, da sie nach außen in Erscheinung tritt. Sie wird allerdings durch die Zuständigkeit ihres Verwaltungsträgers präjudiziert, da die Behörde nur innerhalb des Zuständigkeitsbereichs ihres Verwaltungsträgers tätig werden kann.

Der Gesetzgeber beschränkt sich dementsprechend auch meistens darauf, die   **45**
Zuständigkeit der Behörden festzulegen. Die Frage der Zuständigkeit des
Verwaltungsträgers (meist als Verbandszuständigkeit bezeichnet) ist in diesen
Fällen nicht weiter zu prüfen, es sei denn, daß sie verfassungsrechtlich geregelt
ist (etwa im Verhältnis Bund – Länder gem. Art. 83 ff. GG) und Zweifel daran
bestehen, ob der Gesetzgeber die verfassungsrechtlichen Vorschriften beachtet
hat. – Andererseits kommt es immer wieder vor, daß gesetzlich nur bestimmte
Verwaltungsträger (etwa „die Gemeinden") für zuständig erklärt werden. Dann
ist nach der internen Zuständigkeitsregelung, also etwa nach der Gemeindeordnung, zu bestimmen, welches Organ im konkreten Fall zu handeln hat.

Eine klare Regelung der Zuständigkeit ist angesichts der Vielzahl   **46**
von Behörden unerläßlich. Sie liegt einmal im Interesse der Verwaltung selbst, weil sie Doppelarbeit, Reibungsverluste und Kompe-
tenzschwierigkeiten verhindert und durch Abstimmung der behördlichen Tätigkeitsbereiche die Einheit der Verwaltung sichert. Und
sie liegt zum anderen im Interesse des Bürgers, der wissen will und
muß, welche Behörde in seinen Angelegenheiten zu entscheiden
hat. Die Beachtung der Zuständigkeit ist nicht bloßer Formalismus
(etwa in dem Sinn: es kommt nur darauf an, daß sachlich richtig
entschieden worden ist, gleichgültig, von welcher Behörde); denn
gerade die zuständige Behörde wird das fachlich vorgebildete und
sachkundige Personal und die erforderliche Ausstattung besitzen,
die eine Gewähr für eine sachlich richtige Entscheidung bieten.

Beispiel: Ein Öltanklastwagen kommt ins Schleudern und stürzt um, das Öl
läuft aus und droht das Grundwasser zu verseuchen. Die Frage, ob die allgemein zur Gefahrenabwehr zuständige Behörde (etwa in Nordrhein-Westfalen
die Ordnungsbehörde oder in Baden-Württemberg die Polizeibehörde) oder
der Polizeivollzugsdienst oder die Wasserbehörde als Sonderbehörde zuständig
ist, ist nicht unerheblich. Die Wasserbehörde wird die genaueren Kenntnisse,
insbesondere über die geologischen Verhältnisse und den Grundwasserspiegel,
besitzen und deshalb das Ausmaß der Gefährdung besser beurteilen können.
Der Polizeivollzugsdienst ist ohnehin bei Gefahr im Verzuge zuständig.

2. Die verschiedenen Arten der Zuständigkeit

a) *Die sachliche Zuständigkeit* bezieht sich auf die der Behörde zu-   **47**
gewiesenen Sachaufgaben. Sie regelt also z.B., welche Behörde
über Bauangelegenheiten, Gewerbeangelegenheiten, Schulangele-
genheiten usw. zu entscheiden hat.

b) *Die örtliche Zuständigkeit* betrifft den räumlichen Tätigkeitsbe-   **48**
reich der Behörde. Sie bestimmt also z.B. darüber, ob sich das

Landratsamt in X oder das Landratsamt in Y mit einer bestimmten Angelegenheit zu befassen hat.

49   c) *Die instanzielle Zuständigkeit* stellt auf den mehrstufigen Behördenaufbau ab und regelt die Frage, ob und unter welchen Voraussetzungen die übergeordnete Behörde zur Entscheidung befugt ist.

Das gilt insbesondere bei Rechtsmitteln (über den Widerspruch entscheidet gem. § 73 VwGO die „nächsthöhere Behörde", sofern nicht gesetzlich etwas anderes bestimmt ist). In diesem Zusammenhang wird auch die Frage aktuell, ob die übergeordnete Behörde befugt ist, eine in die Zuständigkeit der untergeordneten Behörde fallende Angelegenheit zur Entscheidung an sich zu ziehen (sog. *Selbsteintritt der höheren Behörde*). Das ist – außer im Fall einer gesetzlichen Ermächtigung – nur dann zu bejahen, wenn Gefahr im Verzuge ist oder wenn die nachgeordnete Behörde eine ihr erteilte Weisung nicht befolgt. Im übrigen kann die übergeordnete Behörde kraft ihres Weisungsrechts die Entscheidung der ihr untergeordneten Behörde maßgeblich beeinflussen.

50   d) *Die funktionelle Zuständigkeit.* Die Zuständigkeitsvorschriften betreffen in der Regel nur die Behörde als solche, nicht die behördeninterne Geschäftsverteilung. Die Zuständigkeit der Behörde ist daher nicht betroffen, wenn eine Angelegenheit nicht von dem behördenintern vorgesehenen Sachbearbeiter A, sondern von seinem Kollegen B bearbeitet wird. Eine Ausnahme bildet die funktionelle Zuständigkeit: sie greift gleichsam in den behördeninternen Bereich ein und ordnet an, daß gewisse Verwaltungsaufgaben durch bestimmte Organwalter, etwa den Behördenleiter, selbst zu erledigen sind.

„Behördenleitervorbehalte" finden sich neuerdings vor allem im Polizeirecht, wonach bestimmte polizeiliche Eingriffe in Grundrechte nur von dem Leiter der Polizeidienststelle angeordnet werden dürfen, vgl. dazu *Lisken/Mokros,* Richter- und Behördenleitervorbehalte im neuen Polizeirecht, NVwZ 1991, 609 ff., insbes. S. 612 f.

51   Zu a–d) Hinweis für die Lösung von Fällen: In der Regel ist nur die sachliche und die örtliche Zuständigkeit zu prüfen. Auch sie dürfte meistens unproblematisch sein, so daß längere Ausführungen darüber nicht erforderlich sind. Gleichwohl sollten alle vier Zuständigkeiten bei der Fallösung wenigstens kurz in die Überlegungen einbezogen werden.

3. Die Bindungswirkung der Zuständigkeit

Die Behörde ist rechtlich verpflichtet, die ihr zugewiesenen 52
Aufgaben wahrzunehmen, zugleich aber auch die Grenzen ihres
Zuständigkeitsbereiches zu beachten. Die Zuständigkeit bildet also
Grund und Grenze ihres Handelns.

Die Zuständigkeit umfaßt *nicht* die Befugnis, alle diejenigen Mit- 53
tel, die zur Aufgabenerfüllung notwendig oder gar zweckmäßig
erscheinen, einzusetzen. Eingriffe in die Rechte des Bürgers bedürfen einer (zusätzlichen) gesetzlichen Ermächtigung.

Die Polizeibehörden haben die Aufgabe (Zuständigkeit) der Gefahrenabwehr; sie dürfen aber im Rahmen dieser Zuständigkeit nur diejenigen Eingriffe
vornehmen und Zwangsmittel anwenden, zu denen sie gesetzlich ermächtigt
sind. Beispiel: Wenn der Polizeibeamte P in die Wohnung eines Bürgers
eindringen will, so genügt nicht, daß dies zur Gefahrenabwehr notwendig ist,
sondern es muß auch eine gesetzliche Ermächtigung gerade für diesen Eingriff
vorliegen.

4. Organleihe

a) *Eine Organleihe* liegt vor, wenn ein bestimmtes Organ neben 54
den Aufgaben *seines* Verwaltungsträgers gewisse Aufgaben eines
anderen Verwaltungsträgers wahrzunehmen hat und insoweit als
dessen Organ tätig wird.

Beispiel: Der Landrat ist in den meisten Bundesländern Organ des Landkreises; er ist daneben aber *auch* untere staatliche Verwaltungsbehörde und hat
als solche staatliche Aufgaben zu erledigen, vgl. dazu näher § 22 Rn. 23 ff.

Das ausgeliehene Organ ist, soweit die Inanspruchnahme reicht,
nicht nur funktionell, sondern auch organisatorisch dem ausleihenden Verwaltungsträger zugeordnet. Es ist also teilweise Organ
dieses Verwaltungsträgers und hat sonach eine Doppelstellung,
wenngleich das Schwergewicht bei „seinem" Verwaltungsträger
liegt. Die Folge ist, daß das ausgeliehene Organ den Weisungen
des ausleihenden Verwaltungsträgers unterworfen ist und daß seine
Entscheidungen und Handlungen diesem unmittelbar zugerechnet
werden, was insbesondere für die Haftung und für die verwaltungsgerichtliche Klage von Bedeutung ist.

Wenn der Landrat als staatliche Verwaltungsbehörde einen Verwaltungsakt
erläßt, so ist Beklagter einer Anfechtungsklage das Land, nicht der Landkreis.

Ebenso trifft eine etwaige Schadensersatzpflicht nicht den Landkreis, sondern das Land. – Vgl. allgemein zum Begriff und zur verfassungsrechtlichen Zulässigkeit der Organleihe *BVerfGE* 63, 1, 31 ff.

55   b) Von der Organleihe ist der Fall zu unterscheiden, daß ein Verwaltungsträger oder ein bestimmtes Organ eines Verwaltungsträgers *auftragsweise* Aufgaben eines anderen Verwaltungsträgers wahrzunehmen hat. Das (direkt oder über seinen Verwaltungsträger) in Anspruch genommene Organ erfüllt in diesem Fall zwar Aufgaben jenes Verwaltungsträgers, es handelt aber nicht als dessen Organ, sondern als Organ seines Verwaltungsträgers. Das schließt nicht aus, daß das beauftragte Organ Weisungen des beauftragenden Organträgers unterliegt. Die Handlungen des beauftragten Organs sind aber seinem Verwaltungsträger zuzurechnen.

Beispiel: Der Bürgermeister, also ein Gemeindeorgan, hat bestimmte staatliche Aufgaben als Auftragsangelegenheiten wahrzunehmen. Er handelt auch insoweit als kommunales Organ; verwaltungsgerichtliche Klagen und Schadensersatzansprüche sind an die Gemeinde zu richten. Die Frage, ob im Einzelfall eine Organleihe oder ein Auftrag vorliegt, ist nicht immer zweifelsfrei zu beantworten; strittig ist sie z.B. bezüglich des „Bürgermeisters als Ortspolizeibehörde", vgl. *Wolff/Bachof/Stober*, VerwR II (5. Aufl. 1987), § 86 Rn. 197 (Organleihe) und *HessVGH* ESVGH 21, 74 (Auftragsangelegenheit). Im Zweifel ist der Auftrag als weniger einschneidender Eingriff in die Behördenorganisation des anderen Verwaltungsträgers anzunehmen. Eine Organleihe ist nur zu bejahen, wenn der Landrat oder der Bürgermeister „als staatliche Behörde" oder „als Behörde der Landesverwaltung" in Anspruch genommen werden. Daher nimmt der Bürgermeister im polizeilichen Bereich zwar staatliche Aufgaben wahr, handelt aber als Gemeindeorgan. Bemerkenswert ist, daß in Baden-Württemberg früher der „Bürgermeister" Ortspolizeibehörde war und nunmehr die „Gemeinde" Ortspolizeibehörde ist (vgl. § 62 IV PolG). Sachlich hat sich durch diesen Wechsel nichts geändert, da die polizeilichen Aufgaben Pflichtaufgaben nach Weisung sind und diese vom Bürgermeister in eigener Zuständigkeit erledigt werden, soweit gesetzlich nichts anderes bestimmt ist (§ 44 III 1 GemO).

56   c) *Der rechtfertigende Grund* für diese Rechtsinstitute liegt in der Effektivität und der Ökonomie der Verwaltung. Der „andere" Verwaltungsträger erspart sich die Errichtung und Unterhaltung einer eigenen Behörde oder Verwaltungseinrichtung. Er kann sich zudem die besondere Sachkenntnis oder Ortsnähe eines bereits bestehenden Organs zunutze machen. Ferner kann auf diese Weise ein Bindeglied zwischen Staats- und Selbstverwaltung im Interesse

einer einheitlichen Verwaltungsführung innerhalb zweier zwar rechtlich getrennter, aber tatsächlich doch ineinander übergehender Verwaltungsbereiche hergestellt werden.

IV. Organisationsgewalt

1. Begriff

Unter der traditionellen Bezeichnung *Organisationsgewalt* versteht   57 man die Befugnis zur Errichtung, Änderung und Aufhebung von Verwaltungsträgern (Körperschaften, Anstalten und Stiftungen des öffentlichen Rechts) und von Verwaltungsorganen (insbesondere Behörden).

Errichtung bedeutet die rechtliche Anordnung; sie umfaßt nicht   58 nur die Entscheidung über die Schaffung eines Verwaltungsträgers oder einer Behörde, sondern auch ihre organisatorische Ausgestaltung wenigstens in den Grundzügen und die Festlegung ihrer Zuständigkeiten. Änderung und Auflösung sind die entsprechenden Komplementärbegriffe. Von der *Errichtung* ist die *Einrichtung* zu unterscheiden, die die tatsächliche Bildung und die Ausstattung der Behörde mit Personal und Sachmitteln betrifft.

Die Terminologie ist nicht einheitlich. Das GG spricht in Art. 84 I, 85 I und 86 von „Einrichtung", meint aber offensichtlich – wie in Art. 87 III – die Errichtung von Behörden. Z. T. wird noch weiter differenziert, so unterteilen *Wolff/Bachof*, VerwR § 78 I b, die hier unter Errichtung verstandene rechtliche Anordnung in die (abstrakte) Bildung i. d. R. durch den Gesetzgeber und die (konkrete) Errichtung i. d. R. durch die Regierung. Wie hier in der Sache, aber mit umgekehrten Bezeichnungen *Burgi*, in: Erichsen/Ehlers, VerwR § 52 Rn. 2.

2. Träger der Organisationsgewalt

Die Frage nach dem Träger oder Inhaber der Organisationsge-   59 walt bezieht sich darauf, *wer* befugt ist, die maßgeblichen Organisationsregelungen und -maßnahmen zu treffen. Sie ist in erster Linie nach *Verfassungs*recht zu beurteilen, wobei sowohl vertikal-bundesstaatliche als auch horizontal-gewaltenteilende Aspekte eine Rolle spielen.

a) *In bundesstaatlicher Hinsicht* geht es darum, wem im bundes-   60 staatlichen Aufbau die Organisationsgewalt zusteht. Grundsätzlich

gilt, daß der Bund und die Länder jeweils *selbst* darüber zu entscheiden haben, wie sie die ihnen zukommenden Verwaltungsaufgaben erledigen, insbesondere auch wie sie ihre Verwaltungsorganisation gestalten. Eine Einschränkung besteht lediglich beim
Vollzug von Bundesgesetzen durch die Länder: Zwar ist die Verwaltungsorganisation auch insoweit Sache der Länder; durch Bundesgesetz, das der Zustimmung des Bundesrates bedarf, können
aber Regelungen über die „Einrichtung" (Errichtung, vgl. oben)
der Behörden getroffen werden.

61   Vgl. Art. 84 I und 85 I GG. Die auf Grund der Art. 84 I und 85 I GG erlassenen Gesetze dürfen nicht desintegrierend in die Struktur der Landesverwaltung eingreifen. Fraglich ist, ob und inwieweit der Bundesgesetzgeber − gleichsam im direkten Durchgriff auf die Gemeinden − die Errichtung und Zuständigkeit kommunaler Behörden regeln darf. Nach der Rspr. des *BVerfG* sind solche
Vorschriften nur zulässig, wenn sie als Annex zu einer materiell-rechtlichen
Regelung des Bundes ergehen und für den wirksamen Vollzug dieser materiell-rechtlichen Regelung erforderlich sind, vgl. *BVerfGE* 22, 180, 209 ff. zum
Vollzug des Sozialhilfegesetzes und des Jugendwohlfahrtsgesetzes und *BVerfGE*
77, 288, 298 ff. zum Vollzug des Bundesbaugesetzes (Bauleitplanung).

62   b) *In gewaltenteilender Hinsicht* geht es darum, ob die Organisationsgewalt dem Gesetzgeber oder der Exekutive zusteht, d.h. ob
und inwieweit die Errichtung von Verwaltungsträgern und Behörden durch Gesetz oder auf Grund eines Gesetzes erfolgen muß
oder auch durch verwaltungsinterne Regelung erfolgen kann.

Diese Frage ist seit langem umstritten. Sie gehörte bereits zu den traditionellen Streitobjekten des Konstitutionalismus. Im 19. Jahrhundert wurde sie
überwiegend zugunsten der Exekutive beantwortet; in der Weimarer Zeit
änderte sich der Streitstand kaum. Man sprach vom „Hausgut der Exekutive".
Tatsächlich wurden aber in den Ländern seit der Mitte des 19. Jahrhundert die
Grundstrukturen der Verwaltungsorganisation gesetzlich geregelt (so in Baden,
Preußen, Sachsen usw.), vgl. die Nachweise bei *Maurer,* Festschrift für Vogel,
2000, S. 337 ff. Auch unter der Herrschaft des Grundgesetzes ist die Frage
sowohl grundsätzlich als auch im einzelnen noch umstritten, wenngleich die
Stimmen zugunsten des Gesetzgebers immer mehr zunehmen.

63   aa) Das *Grundgesetz* enthält eine differenzierende und zudem
nicht abschließende Regelung: Der *Gesetzgeber* hat nach Art. 87
GG über die Errichtung von Körperschaften und Anstalten sowie
über die Errichtung bestimmter Behörden zu entscheiden, wobei
z.T. sogar qualifizierte Mehrheiten und die Zustimmung des Bundesrates erforderlich sind. Diese Vorschrift ist allerdings − ebenso

wie die bereits erwähnten Gesetzesvorbehalte in Art. 84 I und 85 I GG – mehr bundesstaatlich als gewaltenteilend motiviert. Die *Bundesregierung* ist gem. Art. 86 S. 2 GG zur Errichtung von Behörden befugt, soweit gesetzlich nichts anderes bestimmt ist.

bb) Die *Landesverfassungen* bieten kein einheitliches Bild. Über-   64
wiegend hat jedoch der Gesetzgeber den Aufbau der Landesverwaltung und die Zuständigkeiten zu regeln, während die Einrichtung der Behörden der Landesregierung überlassen wird. Im
einzelnen wäre allerdings noch zu prüfen, ob und inwieweit die
„Einrichtung" stets im begrifflichen Sinne oder auch im Sinn von
„Errichtung" zu verstehen ist (vgl. dazu oben Rn. 58).

So z. B. Art. 77 NRW Verf.: „Die Organisation der allgemeinen Landes-
verwaltung und die Regelung der Zuständigkeiten erfolgt durch Gesetz. Die
Einrichtung der Behörden im einzelnen obliegt der Landesregierung und auf
Grund der von ihr erteilten Ermächtigung den einzelnen Landesministern".
Vgl. ferner etwa Art. 70 Bad.-Württ.Verf., Art. 77 I Bay.Verf., Art. 96 I, II
Bbg.Verf., Art. 56 II Nds.Verf., Art. 112 Saarl.Verf., Art. 83 I, II Sächs.Verf.,
Art. 86 II S.-Anh.Verf., Art. 45, II, III Schl.-Holst.Verf., Art. 90 Thür.Verf.
Dagegen bedürfen in Niedersachsen nur „der allgemeine Aufbau und die
räumliche Gliederung der allgemeinen Landesverwaltung eines Gesetzes"
(Art. 56 II LVerf.), vgl. dazu *BVerwGE* 120, 87, 97 f.). Keine Regelung ent-
halten die (älteren) Verfassungen von Hessen und Rheinland-Pfalz.

cc) Soweit verfassungsrechtliche Vorschriften fehlen oder un-   65
vollständig sind, ist auf die *allgemeinen Verfassungsgrundsätze über das
Verhältnis von Parlament und Regierung* zurückzugreifen. Im Anschluß an die obigen Ausführungen zum Gesetzesvorbehalt (vgl.
§ 6 Rn. 9 ff.) läßt sich feststellen: Sicher ist, daß der Gesetzgeber
grundsätzlich befugt ist, organisationsrechtliche Regelungen zu
treffen (sog. Zugriffsrecht des Gesetzgebers). Die Frage ist nur, ob
und inwieweit die Organisationsgewalt dem Gesetzgeber ausschließlich vorbehalten ist (Vorbehalt des Gesetzes). Auch diese
Frage hat angesichts der Tatsache, daß in der Praxis die Verwaltungsorganisation weitgehend gesetzlich geregelt ist, keine große
Bedeutung mehr. Sie kann jedoch nicht offen bleiben, da nicht nur
die noch zweifelhaften Einzelfälle gelöst werden müssen, sondern
auch ein grundsätzliches Interesse an ihrer Klärung besteht.

Die Struktur der Verwaltung und die Ausgestaltung der Ver-   66
waltungsorganisation muß in einem rechtsstaatlich geordneten

Staatswesen klar, eindeutig, transparent, funktionsgerecht, ausgewogen und tendenziell dauerhaft geregelt sein. Das erfordert eine gesetzliche Regelung. Die sog. Wesentlichkeitstheorie, die ohnehin nicht konstituierend, sondern konkretisierend wirkt, beschränkt sich, wie dargelegt wurde (oben § 6 Rn. 10 ff.), auf das Staat-Bürger-Verhältnis, kommt aber hier insoweit unterstützend zur Anwendung, als die Regelung der Verwaltungsorganisation, insbesondere der Zuständigkeiten, auch den Bürger betreffen.

Einer gesetzlichen Grundlage bedürfen danach (unter Zugrundelegung der oben Rn. 58 genannten Begriffe):

– Die Errichtung von Verwaltungsträgern, weil es sich um Ausgliederungen aus der (engeren) staatlichen Verwaltungsorganisation und damit um grundlegende Organisationsentscheidungen handelt;
– die Errichtung von Behörden, und zwar schon deshalb, weil sie wegen ihren Außenzuständigkeiten in aller Regel auch für den Bürger rechtlich relevant sind;
– die Beleihung von Privatpersonen mit der hoheitlichen Wahrnehmung staatlicher Aufgaben, weil es auch hier um einen Fall der Verlagerung staatlicher Aufgaben geht;
– die Privatisierungsmaßnahmen, wenn und weil sie unmittelbare rechtliche Wirkungen für den Bürger haben;
– die Bildung weisungsfreier Verwaltungsorgane (Behörden, Ausschüsse), weil sie zur Einschränkung der hierarchischen und damit parlamentarischen Kontrolle führen.

Dagegen ist die *Ein*richtung der Verwaltungsträger und Verwaltungsbehörden Sache der Regierung und der (höheren) Verwaltungsinstanzen, die dabei allerdings an evtl. gesetzliche Vorschriften und vor allem an den Haushaltsplan gebunden sind.

3. Rechtsnatur der Organisationsakte

67   Die Organisationsmaßnahmen, die keinen Regelungscharakter haben, sind ohne weiteres als Realakte einzustufen. Wenn es um Organisationsmaßnahmen mit Regelungscharakter (Organisationsakte) geht, stellt sich zunächst die Frage, ob eine bestimmte Rechtsform gesetzlich vorgeschrieben ist und ob sich das den Organisationsakt erlassende Organ an diese Vorschrift gehalten hat. Solche Vorschriften sind relativ häufig, etwa, daß eine Eingemeindung durch formelles Gesetz, eine Änderung des Regierungsbezirkes durch Rechtsverordnung zu erfolgen hat. Damit ist die Frage, ob

der Organisationsakt auch sachlich der ihm zugewiesenen Form entspricht, noch nicht entschieden; sie kann aber für die Praxis dahingestellt bleiben, solange kein Formmißbrauch vorliegt, zumal sich die Organisationsakte ohnehin nicht so recht in die traditionelle Rechtsformenlehre einordnen lassen. Fehlt es an einer zuweisenden gesetzlichen Vorschrift, dann muß die Rechtsform im Einzelfall ermittelt werden, wobei auf den Träger der Organisationsgewalt, den Regelungszusammenhang sowie den Inhalt und die Reichweite des jeweiligen Aktes abzustellen ist.

Beispiel: Das Oberschulamt ordnet die Schließung der Grundschule in der Gemeinde G an. Die Schüler, die bislang diese Schule besucht haben, müssen nunmehr die Schule in der 3 km entfernt liegenden Nachbargemeinde besuchen. Wie ist diese Anordnung rechtlich zu qualifizieren?

Die Organisationsakte der Exekutive können verwaltungsinterne **68** Regelungen, Rechtsverordnungen oder Verwaltungsakte sein. Es ist daher zweckmäßigerweise zunächst zu prüfen, ob der Organisationsakt nur verwaltungsintern oder (auch) „nach außen" wirkt; wenn die Außenwirkung bejaht wird, ist weiter zu fragen, ob eine konkrete Regelung (dann Verwaltungsakt) oder eine generell-abstrakte Regelung (dann Rechtsverordnung) vorliegt (vgl. zur Abgrenzung Verwaltungsakt-Rechtsverordnung oben § 9 Rn. 14 ff.). Die spezifische Problematik bei der Einordnung der Organisationsakte besteht darin, daß sie primär auf die Verwaltungsorganisation abzielen. Stellt der Organisationsakt eine Einzelfallregelung dar, dann ist die Außenwirkung und damit der Verwaltungsaktcharakter nur dann zu bejahen, wenn er den Bürger nicht nur reflexartig in seinen Rechten betrifft, sondern – zumindest auch – „für ihn" eine Regelung enthält, also rechtsfolgebegründend über den verwaltungsorganisatorischen Bereich hinaus wirken soll.

Vgl. dazu auch oben § 9 Rn. 26 ff. Im obigen Ausgangsfall ist ein Verwaltungsakt zu bejahen, da die Schließung der Schule zugleich eine Anordnung für die Schüler über die von ihnen zu besuchende Schule enthält, ebenso im Ergebnis *BVerwGE* 18, 40; *BVerwG* DVBl. 1978, 640; *BVerfGE* 51, 268, 282, 286, das allerdings die Schulauflösung als „einen Verwaltungsakt besonderer Eigenart" bezeichnet; a.A. *BayVGH* BayVBl. 1977, 635. – Die Rechtsprechung hat ferner in folgenden Fällen einen Verwaltungsakt *bejaht:* die Aufhebung eines Gymnasiums und die Eingliederung von Gymnasialklassen in eine Gesamtschule (*BVerwG* DVBl. 1979, 354), jahrgangsweise Schließung und Umwandlung eines

Gymnasiums in eine Gesamtschule (*OVG Hamburg* DVBl. 1980, 486 und 1981, 51), die Einführung der 5-Tage-Woche an einer Schule (*OVG Münster* DVBl. 1976, 948), die Festsetzung der Pflichtstundenzahl eines Lehrers durch einen Stundenplan (*VG Schleswig* DVBl. 1978, 117); Versetzung eines Schülers in eine Parallelklasse als schulische Ordnungsmaßnahme (*BayVGH* DÖV 1985, 1022); dagegen *verneint:* der Abbruch eines Schulversuchs (*BadWürttVGH* DÖV 1975, 568 und *BVerwG* DÖV 1976, 316), die Bildung einer neuen Schulklasse (*BayVGH* BayVBl. 1980, 244), die Auflösung einer Schulklasse und Verteilung der Schüler auf Parallelklassen (*OVG Lüneburg* DVBl. 1981, 54), die Umsetzung eines Schülers, sofern sie nicht als Schulstrafe verhängt wird (*BadWürttVGH* ESVGH 34, 22), die Schließung einer kommunalen Kindertagesstätte (*OVG Frankfurt/Oder*, NVwZ-RR 1997, 555; fraglich). – Vgl. ferner mit weiteren Nachweisen *Schnapp,* AöR 105 (1980), S. 263 f.; *Stelkens/ Stelkens,* StBS § 35 Rn. 121 ff. – Im übrigen ist noch daran zu erinnern, daß die Ablehnung eines Verwaltungsakts nur die Anfechtungsklage, nicht aber den verwaltungsgerichtlichen Rechtsschutz schlechthin ausschließt; der Bürger kann Leistungsklage erheben, wenn er durch die innerorganisatorische Maßnahme in seinen Rechten betroffen sein sollte.

Häufig treffen die Organisationsakte zwar *eine* Verwaltungseinrichtung (etwa eine Behörde oder eine Schule), aber eine *Mehrzahl* von Personen (alle Behördenbesucher, alle Schüler und ihre Eltern). Die Schwierigkeiten, die durch diese – sogar in verschiedene Richtungen zielende – Mischung einer zugleich konkreten und generellen Regelung entstehen, werden durch die (ebenfalls wiederum fragliche) Vorschrift des § 35 S. 2 VwVfG vermindert, da nunmehr eher ein Verwaltungsakt in Form einer Allgemeinverfügung angenommen werden kann (vgl. dazu oben § 9 Rn. 31 ff.).

69   Weitere Probleme ergeben sich, wenn der Adressat eines Organisationsaktes eine juristische Person des öffentlichen Rechts ist (etwa eine Gemeinde durch eine Maßnahme der Gebietsreform), zugleich aber Einzelpersonen betroffen werden (Gemeindeeinwohner). In der Literatur wird teilweise ein „Rechtsakt mit Doppelnatur" angenommen (Verwaltungsakt gegen die Gemeinde, Rechtsnorm gegenüber den Bürgern). Organisationsakte müssen jedoch – wie alle anderen Rechtsakte – einheitlich behandelt werden. Es ist sowohl praktisch als auch rechtslogisch unmöglich, daß z.B. ein Gebietsänderungsakt im Falle seiner Rechtswidrigkeit gegenüber der Gemeinde rechtswirksam, gegenüber den Gemeindeeinwohnern nichtig ist. Gelegentlich werden die Organisationsakte auch als „Hoheitsakte sui generis" bezeichnet, was sachlich richtig ist, aber nicht davon entbindet, daß sie gleichwohl in das bestehende Schema der Rechtsformen eingeordnet werden müssen.

Vgl. zu den Gebietsänderungsakten *Rasch,* DVBl. 1970, 765 ff. und DVBl. 1983, 620 f.; *Hess. StGH* ESVGH 25, 131; *Bay. VerfGH* DVBl. 1978, 806; vgl. ferner etwa *Bad.-Württ. VGH* DVBl. 1979, 527 (Änderung eines Straßennamens Verwaltungsakt, keine Rechtsverletzung der Anwohner); *BayVGH* DVBl. 1981, 223 (Entscheidung des Regierungspräsidiums über den Namen einer neu zu bildenden Gemeinde Verwaltungsakt); *BayVGH* BayVBl. 1978, 573 (Neugliederung einer Hochschule im konkreten Fall kein Verwaltungsakt).

Literatur zu § 21: *Wolff/Bachof/Stober,* VerwR I §§ 32–34; *Wolff/Bachof,* **70** VerwR II §§ 71–78; *H.J. Wolff,* Organschaft und Juristische Person, 2 Bde., 1933/34; *Köttgen* und *Ermacora,* Die Organisationsgewalt, Referate mit Diskussion, VVDStRL 16 (1958) S. 154 ff.; *Bachof,* Teilrechtsfähige Verbände des öffentlichen Rechts, AöR 83 (1958) S. 208 ff.; *Rasch/Patzig,* Verwaltungsorganisation und Verwaltungsverfahren, 1962; *Böckenförde,* Die Organisationsgewalt im Bereich der Regierung, 1964; 2. Aufl. 1999; *Rupp,* Grundfragen der heutigen Verwaltungsrechtslehre, 1965, I 1991; 2. Aufl.; *Rasch,* Die staatliche Verwaltungsorganisation, 1967; *Ossenbühl,* Verwaltungsvorschriften und Grundgesetz, 1968, S. 250 ff. (zur Organisationsgewalt); *Böckenförde,* Organ, Organisation, Juristische Person, Festschrift für Hans J. Wolff, 1973, S. 269 ff.; *Schmidt-Aßmann,* Verwaltungsorganisation zwischen parlamentarischer Steuerung und exekutivischer Organisationsgewalt, Festschrift für Ipsen, 1977, S. 333 ff.; *Schnapp,* Dogmatische Überlegungen zu einer Theorie des Organisationsrechts, AöR 105 (1980) S. 243 ff.; *Rasch,* Bemerkungen zur Rechtsnatur organisatorischer Maßnahmen, DVBl. 1983, 617 ff.; *R. Dreier,* Organlehre, EvStL Sp. 1699 ff.; *Krebs,* Verwaltungsorganisation, HStR III (1988) § 69; *Oldiges,* Verbandskompetenz, DÖV 1989, 873 ff.; *G. C. Burmeister,* Herkunft, Inhalt und Stellung des institutionellen Gesetzesvorbehalts, 1991; *Schmidt-De Caluwe,* Verwaltungsorganisationsrecht, JA 1993, 77 ff., 115 ff. und 143 ff.; *Butzer,* Zum Begriff der Organisationsgewalt, DV 27 (1994) S. 157 ff.; *Chotjewitz,* Die Organisationsgewalt nach den Verfassungen der deutschen Bundesländer, 1995; *Krebs,* Notwendigkeit und Struktur eines Verwaltungsgesellschaftsrechts, DV 29 (1996) S. 309 ff.; *Schmidt-Aßmann/Hoffmann-Riem* (Hg.), Verwaltungsorganisationsrecht als Steuerungsressource, 1997; *Jahn,* Verwaltungsorganisation im Reformprozeß, 1998; *Groß,* Das Kollegialprinzip in der Verwaltungsorganisation, 1999; *Böckenförde,* Organisationsgewalt und Gesetzesvorbehalt, NJW 1999, 1235 ff.; *Kahl,* Die Staatsaufsicht, 2000; *Maurer,* Zur Organisationsgewalt im Bereich der Regierung, Festschrift für Vogel, 2000, S. 331 ff.; *Schmidt-Preuß,* Steuerung durch Organisation, DÖV 2001, 45 ff.; *Bull,* Über Formenwahl, Formwahrheit und Verantwortungsklarheit in der Verwaltungsorganisation, Festschrift für Maurer, 2001, S. 545 ff.; *Thieme,* Das Deutsche Personenrecht, 2003, insbes. S. 156 ff.; *Ruffert* (Hg.), Recht und Organisation, 2003.

§ 22 Überblick über die unmittelbare Staatsverwaltung

1   Unmittelbare Staatsverwaltung bedeutet, wie bereits dargelegt wurde, Verwaltung durch staatliche Behörden. Sie ist – entsprechend der föderativen Struktur der Bundesrepublik – Bundesverwaltung oder Landesverwaltung. Im folgenden werden zunächst die verfassungsrechtlichen Grundlagen bestimmt (I), sodann wird die Verwaltungsorganisation in den Ländern (II) und im Bund (III) skizziert; schließlich ist noch auf einige Formen der sog. Mischverwaltung einzugehen (IV). Ein Überblick über die mittelbare Staatsverwaltung, d. h. die Verwaltung durch Selbstverwaltungskörperschaften und sonstige rechtlich verselbständigte Verwaltungseinheiten, wird in § 23 gegeben. Die Verwaltungsorganisation in Bund und Ländern ist äußerst kompliziert. Die folgende Erörterung kann nicht allen Verästelungen nachgehen, sondern muß sich auf die Grundlinien und einige Beispiele beschränken.

I. Verfassungsrechtliche Grundlagen

2   Das Grundgesetz enthält im 8. Abschnitt „Die Ausführung der Bundesgesetze und die Bundesverwaltung" Regelungen über die Verwaltung. Sie betreffen einmal die Verteilung der Verwaltungskompetenzen zwischen dem Bund und den Ländern und zum anderen die Organisation der Behörden und der Verwaltungsträger des Bundes. Sie werden ergänzt durch die allgemeine Regelung der Kompetenzverteilung in Art. 30 GG und die Garantie der kommunalen Selbstverwaltung in Art. 28 II GG, ferner durch einige Sondervorschriften (Art. 108, 120 a GG).

1. Die Verteilung der Verwaltungskompetenzen

3   a) *Der Vollzug der Bundesgesetze.* Nach dem Grundgesetz bestehen für den Vollzug der Bundesgesetze drei Vollzugstypen: (1) Vollzug durch die Länder als eigene Angelegenheit gem. Art. 84 GG, (2) Vollzug durch die Länder im Auftrag des Bundes gem. Art. 85 GG und (3) Vollzug durch den Bund selbst, d. h. durch bun-

deseigene Behörden oder bundeseigene Verwaltungsträger gem. Art. 86 ff. GG.

aa) *Der Vollzug der Bundesgesetze als eigene Angelegenheit* ist der **4** Regelfall; er greift dann ein, wenn nichts anderes bestimmt ist (Art. 83 GG). Vollzug als eigene Angelegenheit bedeutet, daß die Länder durch ihre Verwaltungsbehörden und ihre Verwaltungsträger die Bundesgesetze wie ihre eigenen Gesetze vollziehen. Maßgeblich ist also das Vollzugsrecht der Länder. Der Bund hat aber bestimmte Einwirkungsmöglichkeiten: Er kann gesetzliche Regelungen über die Organisation, die Zuständigkeit und das Verfahren treffen (Art. 84 I GG), allgemeine Verwaltungsvorschriften erlassen (Art. 84 II GG) und die Rechtmäßigkeit des Vollzugs überprüfen (Art. 84 III, IV GG: Bundesaufsicht und Mängelrüge).

bb) *Der Vollzug der Bundesgesetze im Auftrag des Bundes* kommt **5** dann zum Zuge, wenn er durch das Grundgesetz vorgeschrieben ist (obligatorische Bundesauftragsverwaltung) oder durch ein Bundesgesetz aufgrund einer Ermächtigung des Grundgesetzes festgelegt wird (fakultative Bundesauftragsverwaltung). Trotz der vielleicht irreführenden Bezeichnung ist auch die Bundesauftragsverwaltung Landesverwaltung (*BVerfGE* 81, 310, 331; *BVerwGE* 100, 56, 58). Aber der Bund hat noch stärkere Einwirkungsmöglichkeiten. Er ist nicht nur – wie nach Art. 84 GG – zum Erlaß gesetzlicher Regelungen und allgemeiner Verwaltungsvorschriften bezüglich der Vollzugsmodalitäten und zur Rechtsaufsicht befugt, sondern kann auch die Zweckmäßigkeit des Vollzugs überprüfen und entsprechende Weisungen erlassen (Art. 85 III, IV GG). Andererseits muß der Bund im Falle der Auftragsverwaltung – anders als im Falle der Eigenverwaltung gem. Art. 84 GG – die sich aus dem Vollzug ergebenden Ausgaben tragen (Art. 104a II GG).

Die Weisungskompetenz des Bundes (des zuständigen Bundes- **6** ministers) gem. Art. 85 III GG wurde in der Praxis erst zu Beginn der 1980er Jahre aktuell, als die beiden großen Parteien – die CDU und die SPD – unterschiedliche energiepolitische Vorstellungen entwickelten, was zu Konflikten zwischen der CDU-geführten Bundesregierung und einigen SPD-geführten Landesregierungen über die Atompolitik führte, die sich nach dem Regierungswech-

sel im Bund 1998 mit umgekehrten Frontstellungen fortsetzten.
Nach Art. 87 c GG in Vbg. mit Art. 74 Nr. 11 a GG kann der
Bundesgesetzgeber bestimmen, daß die Gesetze über die Erzeu-
gung und Nutzung der Kernenergie im Wege der Bundesauftragsverwaltung vollzogen werden. Das ist durch § 24 I AtomG
geschehen, der bestimmt, daß das Atomgesetz (mit gewissen Ausnahmen) „im Auftrag des Bundes durch die Länder ausgeführt"
wird. Die Bundesregierung kann daher durch entsprechende Weisungen gem. Art. 85 III GG ihre energiepolitischen Vorstellungen
im Exekutivbereich auch gegenüber widerstrebenden Landesregierungen durchsetzen. Tatsächlich sind solche Weisungen verschiedentlich ergangen. Nach der Rspr. des *BVerfG* muß der Landesminister die Weisung des Bundesministers auch dann beachten,
wenn er sie inhaltlich für rechtswidrig halten sollte; er kann lediglich geltend machen, daß die Inanspruchnahme der Weisungskompetenz im konkreten Fall verfassungswidrig sei.

Das BVerfG unterscheidet zwischen der Wahrnehmungskompetenz und der
Sachkompetenz; während die erstere den Ländern ausschließlich zusteht, kann
der Bund die Sachkompetenz jederzeit an sich ziehen und auf ihrer Grundlage
in der Sache entscheiden; vgl. *BVerfGE* 81, 310 (Kalkar); *BVerfGE* 84, 25
(Schacht Konrad); *BVerfGE* 102, 167 (Abstufung einer Bundesstraße); *BVerf-
GE* 104, 249 (KKW Biblis: Vorbereitung einer Weisung und informelle Kontakte nach außen). Aus der neueren Literatur: *Heitsch,* Die Ausführung der
Bundesgesetze durch die Länder, 2001, S. 248 ff.; *ders.,* Verfassungswidrigkeit
des Bundesgesetzes als Grenze des Weisungsrechts, DÖV 2002, 368 ff.; *Janz,*
Das Weisungsrecht nach Art. 85 Abs. 3 GG, 2003; *ders.,* Die Länder als ohn-
mächtige Werkzeuge des Bundeswillens?, JuS 2003, 129 ff.; *Jochum,* Die Bun-
desauftragsverwaltung im Umbruch: Wie weit reicht die Sachkompetenz des
Bundes?, DÖV 2003, 16 ff.; *Maurer,* Staatsrecht, § 18 Rn. 15 ff.
    Weitere Fälle der (obligatorischen oder fakultativen) Bundesauftragsver-
waltung finden sich in Art. 87 b II GG (Verteidigung), Art. 87 d II GG
(Luftverkehrsverwaltung), Art. 89 II GG (Bundeswasserstraßenverwaltung),
Art. 90 II GG (Bundesstraßenverwaltung), Art. 120 a I 1 GG (Lastenausgleich).
Hinzuweisen ist ferner noch auf Art. 104 a III 2 GG, wonach Gesetze, die
bestimmen, daß der Bund die Hälfte der Ausgaben oder mehr trägt, im Auftrag
des Bundes durchgeführt werden. Das trifft z. B. für das Bundesausbildungsförderungsgesetz zu (vgl. §§ 39 I, 56 I BAföG).

7   cc) *Der Vollzug der Bundesgesetze durch den Bund* selbst, d. h.
durch bundeseigene Behörden oder bundeseigene Verwaltungsträger kommt nur dann in Betracht, wenn sich entsprechende Kompetenzen aus den Art. 86 ff. GG ergeben.

b) *Die Verwaltungskompetenzen des Bundes.* Der Bund darf nur **8**
verwaltend tätig werden, wenn und soweit er verfassungsrechtlich
dazu ermächtigt ist. Die diesbezüglichen Vorschriften des Grundgesetzes sind freilich nicht gerade übersichtlich, da die Zuweisung
von Verwaltungskompetenzen verschiedentlich mit Organisations-
fragen verknüpft ist oder sich sogar erst aus der Regelung bestimmter Behörden folgern läßt. Es lassen sich vier Gruppen unterscheiden:

aa) In einigen Bereichen ist die Bundesverwaltung zwingend vorgeschrieben
(obligatorische Bundesverwaltung), so der Auswärtige Dienst, die Bundes-
finanzverwaltung und nach Maßgabe des Art. 89 GG, die Verwaltung der
Bundeswasserstraßen und der Schiffahrt (Art. 87 I 1 GG), die Bundeswehrverwaltung (Art. 87 b I 1 GG), ferner die Luftverkehrsverwaltung
(Art. 87 d I GG), die Eisenbahnverkehrsverwaltung (Art. 87 e I 1 GG) und
die hoheitlichen Aufgaben im Bereich des Postwesens und der Telekommunikation (Art. 87 f II 2 GG).
bb) In weiteren Bereichen ist eine Bundesverwaltung nicht zwingend vorgeschrieben, aber zulässig (fakultative Bundesverwaltung), so etwa der Bundesgrenzschutz (Art. 87 I 2 GG) oder das Verteidigungswesen (Art. 87 b II
GG).
cc) Ferner ist der Bund gem. Art. 87 III GG befugt, für Angelegenheiten, die
seiner Gesetzgebung unterliegen, selbständige Bundesoberbehörden und
neue Körperschaften und Anstalten des öffentlichen Rechts, unter engen
Voraussetzungen sogar bundeseigene Mittel- und Unterbehörden zu errichten, was jeweils die Übernahme der diesen übertragenen Aufgaben
durch den Bund impliziert.
dd) Schließlich vermitteln die bereits erwähnten Aufsichts- und Einwirkungsrechte des Bundes beim Vollzug der Bundesgesetze durch die Länder gewisse Kompetenzen verwaltender Art (vgl. oben Rn. 4, 5).

Neben den im Grundgesetz ausdrücklich genannten Bun- **9**
deskompetenzen bestehen noch ungeschriebene Zuständigkeiten
des Bundes kraft Sachzusammenhangs oder kraft Natur der Sache.

Eine ungeschriebene Zuständigkeit kraft Sachzusammenhangs ist dann
anzunehmen, wenn eine dem Bund ausdrücklich zugewiesene Materie ver-
ständigerweise nicht verwaltet werden kann, ohne daß zugleich eine nicht
ausdrücklich zugewiesene Materie mitverwaltet wird (Beispiel: Rundfunksen-
dungen für das Ausland: sie ergeben sich aus der Bundeskompetenz für auswärtige Angelegenheiten). Eine ungeschriebene Zuständigkeit kraft Natur der
Sache ist gegeben, wenn eine Angelegenheit sinnvoll überhaupt nur durch den
Bund geregelt werden kann (so etwa die Schaffung einer zentralen Einrichtung der Jugendpflege, deren Wirkungsbereich sich auf das Bundesgebiet als
ganzes erstreckt, vgl. *BVerfGE* 22, 180, 217). Ein bloßes Bedürfnis nach bun-

deseinheitlicher Verwaltung genügt nicht. Die Rspr. und die h. L. legen diese
Zuständigkeiten zu Recht restriktiv aus, vgl. *BVerfGE* 41, 291, 312 (Mitent-
scheidung des Bundes bei Finanzhilfen?).

10   c) *Die Verwaltungskompetenzen der Länder.* Die Länder sind zuständig, soweit keine Bundeskompetenz besteht. Der Vollzug der
Landesgesetze ist ausschließlich Sache der Länder selbst (*BVerfGE*
21, 312, 325). Der Vollzug der Bundesgesetze liegt, wie bereits
dargelegt wurde, nach Maßgabe der Art. 84, 85 GG ebenfalls bei
den Ländern. Ferner können die Länder jede Verwaltungsangelegenheit an sich ziehen und wahrnehmen, soweit sich aus dem
Grundgesetz nichts anderes ergibt. Im Gegensatz zur Gesetzgebung
besteht das Regel-Ausnahme-Verhältnis zu Gunsten der Länder im
Bereich der Verwaltung nicht nur nach der verfassungsrechtlichen
Konzeption, sondern auch in der Praxis. Die Aufgaben des modernen Sozialstaates (Raumplanung, Wirtschaftsförderung, Sozialgestaltung) fordern freilich zunehmend ein Tätigwerden des Zen-
tralstaates mit der Folge, daß sich auch die Bundesverwaltung entsprechend ausweitet.

11   d) *Die Gemeinden und die Landkreise* bilden weitere Stufen im
Verwaltungsaufbau; sie sind aber im bundesstaatlichen Aufbau, der
aus dem Bund und den Ländern besteht, den Ländern zuzuordnen.
Die Kommunalverwaltung ist insoweit (mittelbare) Landesverwaltung. Die Gemeinden haben das Recht, die Verwaltungsangelegenheiten der örtlichen Gemeinschaft eigenverantwortlich zu regeln und zu erledigen. Entsprechendes gilt für die Landkreise. Das
Recht auf kommunale Selbstverwaltung ist in Art. 28 II GG bundesverfassungsrechtlich gewährleistet und wird durch entsprechende Regelungen der Landesverfassungen – z. T. noch weitergehend
– zusätzlich abgesichert. Die Gemeinden und Landkreise haben
aber nicht nur „ihre" Angelegenheiten zu besorgen, sondern darüber hinaus die ihnen durch Gesetz übertragenen staatlichen Aufgaben wahrzunehmen (vgl. dazu näher unten § 23 Rn. 12 ff.). Der
Vollzug der Bundesgesetze durch die Länder gem. Art. 83 ff. GG
erfolgt entweder durch die unmittelbaren Landesbehörden oder
durch die Gemeinden und die Landkreise als Organisationen der
mittelbaren Landesverwaltung. *Welche* Behörden oder Verwal-

tungsträger der Länder für den Vollzug der einzelnen Gesetze zuständig sind, bestimmen grundsätzlich die Länder selbst. Der Bundesgesetzgeber kann aber gem. Art. 84 I, 85 I GG Vorgaben machen und Zuständigkeiten festlegen.

Er kann dabei unter gewissen Voraussetzungen auch die Zuständigkeit der Gemeinden und der Landkreise begründen. Vgl. dazu *BVerfGE* 22, 180, 209 f. (Sozialhilfe); *BVerfGE* 77, 288, 299 ff. (Bauleitplanung). Zu Recht hält das *BVerfG* die bundesgesetzliche Zuweisung von Vollzugsaufgaben an die Gemeinden als Selbstverwaltungsaufgaben nur dann für zulässig, wenn (1) es sich um eine punktuelle Annex-Regelung zu einer zur Zuständigkeit des Bundesgesetzgebers gehörenden materiellen Regelung handelt und (2) diese Annex-Regelung für den wirksamen Vollzug der materiellen Bestimmungen des Gesetzes notwendig ist. Vgl. dazu mit weiteren Nachw. *Maurer,* Die Finanzgarantie der Landkreise zwischen Bund und Ländern, in: Henneke/Maurer/Schoch, Die Kreise im Bundesstaat, 1994 S. 139, 142 f. Zur verfassungsrechtlichen Garantie der kommunalen Selbstverwaltung ferner unten § 23 Rn. 6.

2. Der Vollzug des Gemeinschaftsrechts

Der Vollzug der gemeinschaftsrechtlichen Vorschriften erfolgt **12** entweder durch die Organe der EG (gemeinschaftseigener Vollzug) oder durch die Behörden und Organe der Mitgliedstaaten (mitgliedstaatlicher Vollzug). Die gemeinschaftseigene Verwaltung betrifft zum einen den internen Bereich der EG, etwa das Personalwesen, und zum anderen die Beziehungen nach außen, etwa den Vollzug der kartellrechtlichen oder beihilferechtlichen Bestimmungen des EG-Vertrags (Art. 81 ff. EGV, Art. 87 ff. EGV). Das wichtigste Vollzugsorgan der EG ist die Kommission. Überwiegend wird das Gemeinschaftsrecht jedoch durch die Mitgliedstaaten vollzogen. Wie auch in anderen föderalen Organisationen liegt der Schwerpunkt der Rechtssetzung bei der Gemeinschaft und der Schwerpunkt des Vollzugs bei den Gliedern. Der mitgliedstaatliche Vollzug des EG-Rechts läßt sich weiter in unmittelbaren Vollzug und mittelbaren Vollzug unterteilen, je nachdem, ob es um den Vollzug des Gemeinschaftsrechts selbst oder um den Vollzug des deutschen Rechts geht, das auf Grund und nach Maßgabe des EG-Rechts, insbesondere der EG-Richtlinien, erlassen worden ist.

Die Zuständigkeit für den mittelbaren Vollzug bestimmt sich, da es um die Anwendung von deutschem Recht geht, ohne weiteres nach Art. 83 ff. GG. Dagegen wird der unmittelbare Vollzug des Gemeinschaftsrechts von Art. 83 ff. GG, eben weil diese Vorschriften auf das deutsche Recht abstellen, nicht erfaßt. Es bestehen aber keine Bedenken, Art. 83 ff. GG analog anzuwenden. Daraus folgt, daß der Vollzug des unmittelbar geltenden Gemeinschaftsrechts grundsätzlich bei den Ländern liegt, der Bund aber gem. Art. 84, 85 GG Aufsichts- und Einwirkungsrechte hat und im Rahmen seiner Zuständigkeiten gem. Art. 87 ff., 108 I 1 GG selbst den Vollzug übernehmen kann und ggf. auch muß. Darüber hinaus kann der Bund, der als Vertragspartner der EG dieser gegenüber für die Durchsetzung des Gemeinschaftsrechts in Deutschland verantwortlich ist, die Länder unter Berufung auf den Grundsatz der Bundestreue zu gemeinschaftskonformem Verhalten verpflichten.

Für den (unmittelbaren und vor allem auch mittelbaren) Vollzug des Gemeinschaftsrechts durch die deutschen Organe gilt grundsätzlich das deutsche Verwaltungsverfahrensrecht, das allerdings durch das vorrangige Gemeinschaftsrecht überlagert und modifiziert wird. So gilt z. B. für die Rücknahme rechtswidriger Beihilfebescheide gem. Art. 87, 88 EGV die Regelung des § 48 VwVfG, aber nur unter Beachtung der gemeinschaftsrechtlichen Anforderungen (vgl. dazu oben § 11 Rn. 38 a ff.).

Vgl. dazu *Lerche,* in: Maunz/Dürig, Grundgesetz, Art. 83 Rn. 51; *Ehlers,* in: Erichsen, VerwR, § 3 Rn. 51 ff.; *Streinz,* Europarecht, Rn. 468 ff.; *Suerbaum,* Die Kompetenzverteilung beim Verwaltungsvollzug des Europäischen Gemeinschaftsrechts in Deutschland, 1998; *A. Weber,* Rechtsfragen der Durchführung des Gemeinschaftsrechts in der Bundesrepublik, 1987, S. 47 ff.; *BVerwGE* 99, 315, 319 f.; 102, 119, 125; differenzierend *Kösinger,* Die Durchführung des Europäischen Gemeinschaftsrechts im Bundesstaat, 1989, S. 150 ff. – Die Terminologie ist noch nicht einheitlich. Verschiedentlich wird der gemeinschaftseigene Vollzug als „direkter Vollzug" und der mitgliedstaatliche Vollzug als „indirekter Vollzug" bezeichnet (vgl. etwa *Rengeling,* VVDStRL 53, 1994, S. 205 f.). Das kann jedoch im Blick auf die weitere Untergliederung des indirekten Vollzugs (unmittelbarer und mittelbarer Vollzug) zu Verwechslungen führen und ist daher nicht zu empfehlen.

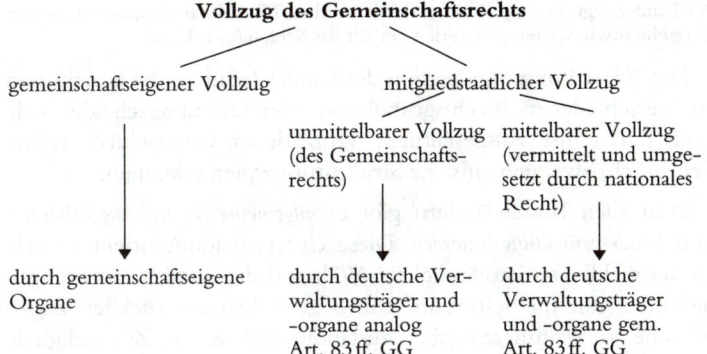

Vollzug des Gemeinschaftsrechts

gemeinschaftseigener Vollzug   mitgliedstaatlicher Vollzug

                              unmittelbarer Vollzug   mittelbarer Vollzug
                              (des Gemeinschafts-   (vermittelt und umge-
                              rechts)   setzt durch nationales
                                                    Recht)

durch gemeinschaftseigene   durch deutsche Ver-   durch deutsche
Organe   waltungsträger und   Verwaltungsträger
                              -organe analog   und -organe gem.
                              Art. 83 ff. GG   Art. 83 ff. GG

3. Die Verwaltungsorganisation

Die Verwaltungsorganisation wird wesentlich durch Art und **13** Umfang der Verwaltungsaufgaben bestimmt. Schon aus der Kompetenzverteilung des GG ergibt sich, daß sich die meisten Verwaltungsbehörden und Verwaltungseinrichtungen im Landesbereich befinden. Der Bund darf zudem nur Verwaltungsbehörden und Verwaltungsträger errichten, wenn und soweit dies im Grundgesetz vorgesehen oder zugelassen ist (vgl. Art. 86–89, 108, 120a GG und unten Rn. 36 ff.).

II. Die Verwaltungsorganisation der Länder

1. Grundstruktur

Es ist Sache der Länder selbst, ihre Verwaltungsorganisation zu **14** bestimmen (vgl. § 21 Rn. 60). Einige Bundesländer haben den Aufbau ihrer Verwaltung in einem besonderen Gesetz umfassend, wenn auch nicht abschließend geregelt. In anderen Bundesländern ist das Verwaltungsorganisationsrecht auf mehrere Gesetze verstreut und z. T. nur lückenhaft geregelt.

Eingehende Regelungen haben Baden-Württemberg (Landesverwaltungsgesetz i. d. F. vom 2. 1. 1984, GBl. S. 101), Brandenburg (Landesorganisationsgesetz vom 25. 4. 1991, GVBl. S. 148), Nordrhein-Westfalen (Landesorganisationsgesetz i. d. F. vom 13. 5. 1980, GVBl. S. 528) und das Saarland (Landesorganisationsgesetz i. d. F. vom 31. 1. 1979, ABl. S. 147). – Diese Gesetze dürfen nicht mit den Verwaltungsverfahrensgesetzen des Bundes und der Länder (vgl. oben § 5) verwechselt werden. Eine Zusammenfassung beider Bereiche sowie weiterer Materien enthält das Schl.-Holst. LVwG.

15   Die Verwaltungsorganisation der Länder beruht jedoch nicht nur auf verschiedenen Rechtsgrundlagen, sondern unterscheidet sich auch durch ihre Ausgestaltung. Trotz dieser Unterschiede lassen sich (noch) zwei gemeinsame Strukturprinzipien erkennen:

16   a) In allen Bundesländern gibt es *allgemeine Verwaltungsbehörden* und *Sonderverwaltungsbehörden*. Diese Unterscheidung orientiert sich an der sachlichen Zuständigkeit. Während die Sonderverwaltungs-behörden nur für bestimmte, ihnen gesetzlich ausdrücklich zuge-wiesene Verwaltungsaufgaben zuständig sind, ist die Zuständigkeit der allgemeinen Verwaltungsbehörde stets dann anzunehmen, wenn nicht die Zuständigkeit einer anderen Behörde – eben einer Sonderverwaltungsbehörde – gegeben ist.

Die Konzentrierung der Verwaltungsaufgaben bei einer allgemeinen Behör-de dient der Einheit der Verwaltung und verhindert Kompetenzkonflikte. Wenn es jedoch um spezifische Verwaltungsaufgaben geht, kann es zweckmä-ßig sein, eine besondere Behörde mit Fachpersonal und besonderer Sachaus-stattung einzurichten (etwa Forstbehörde, Gesundheitsbehörde). Allerdings könnte dies auch durch Einrichtung einer entsprechenden Abteilung der allgemeinen Behörde erreicht werden. Eine allumfassende allgemeine Behörde würde jedoch als Mammutgebilde schwerfällig werden.

17   b) *Die Verwaltungsorganisation* ist in den größeren Flächenstaaten dreistufig, in den kleineren Flächenstaaten zweistufig. Der dreistu-fige Aufbau der allgemeinen Verwaltungsbehörden besteht aus der Landesregierung bzw. den Landesministern (Oberstufe), dem Re-gierungspräsidenten (Mittelstufe) und dem Landrat (Unterstufe). Die kleineren Länder verzichten auf die Mittelstufe. Zu diesen allgemeinen Behörden kommen auf allen Ebenen, gelegentlich auch auf Zwischenebenen, zahlreiche Sonderverwaltungsbehörden. Vgl. näher dazu sogleich Rn. 19 ff.

Der zweistufige Verwaltungsaufbau besteht in Brandenburg, Mecklenburg-Vorpommern, Schleswig-Holstein und Saarland; in Niedersachsen soll er zum 1. 1. 2005 eingeführt werden (vgl. *Häusler,* NdsVBl. 2004, 145 ff.). In Rhein-land-Pfalz sind die Bezirksregierungen zum 1. 1. 2000 aufgelöst und durch zwei „Struktur- und Genehmigungsdirektionen" (Nord und Süd) und eine „Aufsichts- und Dienstleistungsdirektion" ersetzt worden (§§ 5 ff. Landesgesetz vom 12. 10. 1999, GVBl. S. 325). In Thüringen werden die typischen Auf-gaben des Regierungspräsidiums von einem zentralen „Landesverwaltungsamt"

wahrgenommen; daher wird verschiedentlich auch für Thüringen ein dreistufiger Verwaltungsaufbau angenommen (vgl. *Kießwetter,* LKV 1993, 111 ff.;
Laßleben, ThürVBl. 1995, 11 ff.). Berlin, Hamburg und Bremen weisen als
„Stadtstaaten" (sie sind Staat und Stadt zugleich, Bremen allerdings im Blick
auf Bremerhaven nur bedingt) Besonderheiten auf, die hier nicht weiter verfolgt werden können. Unterschiede bestehen auch in der Bezeichnung, so
werden die Behörden in Norddeutschland vorwiegend nach dem Behördenchef (der Landrat, der Regierungspräsident), in Süddeutschland dagegen nach
dem Behördentyp (Landratsamt, Regierungspräsidium) benannt.

Einen schematischen Überblick über die Verwaltungsorganisation **18**
gibt die folgende Skizze:

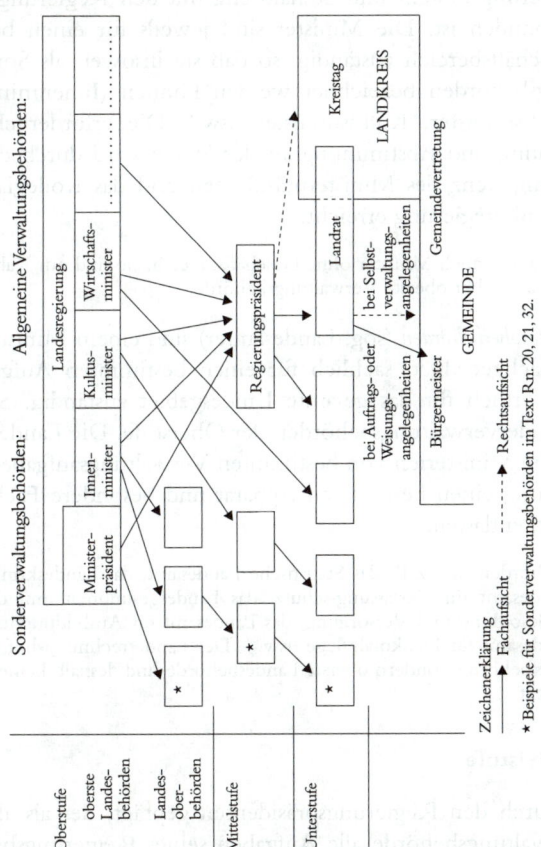

2. Die Oberstufe

19   Sie besteht aus den obersten Landesbehörden und den Landesoberbehörden.

a) *Oberste Landesbehörden* sind die Landesregierung sowie der
Ministerpräsident und die Minister. Sie sind also Regierungs- *und*
Verwaltungsinstanzen. Eine klare Trennung zwischen Regierungs-
und Verwaltungsaufgaben ist freilich nicht möglich und sinnvoll,
da die Verwaltungstätigkeit an der Spitze vor allem in der Leitung
und Koordinierung besteht und deshalb eng mit den Regierungs-
aufgaben verbunden ist. Die Minister sind jeweils für einen bestimmten Geschäftsbereich zuständig, so daß sie insoweit als Sonderverwaltungsbehörden bezeichnet werden können (Innenminister, Wirtschaftsminister, Kultusminister usw.). Die erforderliche
Vereinheitlichung und Abstimmung an der Spitze wird durch die
Richtlinienkompetenz des Ministerpräsidenten und das Kollegialprinzip der Landesregierung erreicht.

Gelegentlich gibt es auch Minister ohne Geschäftsbereich; sie sind nur Kabi-
nettsmitglieder, nicht aber oberste Verwaltungsbehörde.

20   b) *Die Landesoberbehörden* (sog. Landesämter) sind einem Minister
unmittelbar nachgeordnet, sachlich für einen bestimmten Aufgabenkreis und örtlich für das gesamte Landesgebiet zuständig. Sie
sind daher Sonderverwaltungsbehörden der Oberstufe. Die Landesämter sollen die Ministerien von bestimmten Verwaltungsaufgaben,
deren Erledigung einen besonderen Apparat und besondere Fachleute erfordert, entlasten.

Landesoberbehörden sind z. B. das Statistische Landesamt, das Landeskrimi-
nalamt, das Landesamt für Verfassungsschutz, das Landesgesundheitsamt, das
Landesamt für Besoldung und Versorgung, das Landesamt für Ausbildungsförderung, das Landesamt für Denkmalpflege usw. – Der Landesrechnungshof ist
keine Landesoberbehörde, sondern oberste Landesbehörde und deshalb keinem
Minister unterstellt.

3. Die Mittelstufe

21   Sie wird durch den Regierungspräsidenten geprägt, der als allgemeine Verwaltungsbehörde alle Aufgaben seines Regierungsbe-

zirks wahrzunehmen hat, sofern nicht die Zuständigkeit einer Sonderverwaltungsbehörde begründet ist. Sonderverwaltungsbehörden sind auf der Mittelstufe verhältnismäßig selten (zu nennen sind z. B. die Forstdirektion und das Oberschulamt). Der Regierungspräsident ist daher fachlich nicht nur dem Innenminister, sondern auch den sonstigen Ministern nachgeordnet, etwa in Gewerbeangelegenheiten dem Wirtschaftsminister, in Denkmalschutzfragen dem Kultusminister, in Straßen- und Verkehrssachen dem Verkehrsminister. Er ist Mittelinstanz auch im übertragenen Sinne des Wortes, indem er als Mittler und Koordinator zwischen der Oberstufe und der Unterstufe steht.

Vgl. zu den Aufgaben des Regierungspräsidenten den unter Anhang 1 abgedruckten Organisationsplan.

4. Die Unterstufe

Allgemeine Verwaltungsbehörde der Unterstufe sind teils der **22** Landrat (das Landratsamt oder die Kreisverwaltung mit dem Landrat an der Spitze) und teils die kreisfreien Städte oder sonstige große Städte.

a) *Der Landrat* erledigt als untere staatliche Verwaltungsbehörde **23** die Aufgaben der staatlichen Verwaltung in seinem Verwaltungsbezirk, der sich mit dem Gebiet des Landkreises deckt. Er ist jedoch nicht nur staatliche Verwaltungsbehörde, sondern *auch Verwaltungsorgan des Landkreises* und hat als solches Aufgaben der Selbstverwaltungskörperschaft Landkreis wahrzunehmen.

Die Doppelstellung des Landrats ist traditionell verwurzelt, aber **24** auch heute noch sinnvoll. Sie soll die Staatsverwaltung und die Selbstverwaltung auf der Kreisebene miteinander verknüpfen und dadurch eine effektive Verwaltung gewährleisten, die sowohl die staatlichen als auch die kommunalen Aufgaben und Interessen auf dieser Ebene berücksichtigt und ausgleicht. Früher, vor allem in Preußen, war der Landrat ein von der Regierung ernannter Staatsbeamter, der die staatlichen Aufgaben seines Verwaltungsbezirks zu erledigen hatte, daneben aber auch noch als Organ des Landkreises fungierte. Der Staat lieh also gleichsam sein Organ Landrat dem Landkreis (Organleihe).

25   Das hat sich nach 1945 – wenn auch in den meisten Bundesländern erst im Laufe der Zeit und nach einigen Zwischenstufen – geändert. Der Landrat ist nun Organ des Landkreises und Kommunalbeamter, der von den Bürgern des Landkreises oder vom Kreistag gewählt wird. Dementsprechend geht die „Organleihe" nunmehr vom Kreis zum Staat; der Landkreis „leiht" dem Staat seinen Landrat. Die unmittelbare Wahl des Landrates hat sich – ebenso wie die des Bürgermeisters – erst in den letzten Jahren durchgesetzt (schon früher allerdings in Bayern). Sie ist heute in fast allen Bundesländern vorgesehen. Lediglich in Baden-Württemberg, Brandenburg und Schleswig-Holstein wird der Landrat vom Kreistag gewählt. Im Gegensatz zu früher, wo die Bestellung des Landrates durch den Staat mit Zustimmung des Kreistages erfolgte, ist eine Mitwirkung der anderen Seite nicht mehr vorgesehen. Das ist nicht ganz unproblematisch, da das Landratsamt, dem der Landrat vorsteht, nicht nur eine Kommunalbehörde, sondern auch eine staatliche Behörde ist. Das dürfte auch der Grund sein, weshalb sich in Baden-Württemberg der Staat bei der Bestellung des Landrates Mitwirkungsrechte vorbehalten hat (vgl. § 39 Bad.-Württ. LKO).

Von der dargelegten Konzeption des Landrats weicht Niedersachsen ab. Dort gibt es auf der Kreisebene keine Instanz, die sowohl kommunale Behörde als auch staatliche Behörde ist. Vielmehr werden dort die Aufgaben der unteren staatlichen Verwaltungsbehörde vom Landkreis wahrgenommen, der dabei – folgerichtig – an die Weisungen der zuständigen staatlichen Behörden der höheren Ebene gebunden ist (vgl. § 4 I Nds. LKO). Dementsprechend ist auch nicht der Landrat, sondern der Landkreis Rechtsaufsichtsbehörde über die Gemeinden (§ 128 I 2 Nds. GemO). Viel ändert sich dadurch freilich nicht, weil insoweit der Landrat für den Landkreis tätig wird (vgl. § 57 II Nds. LKO: Der Landrat „erfüllt die Aufgaben des Landkreises als Kommunal- und Fachaufsichtsbehörde".).

26   b) *Die kreisfreien Städte oder Stadtkreise* sind keinem Landkreis eingeordnet und haben daher nicht nur die Gemeindeangelegenheiten, sondern auch die Kreisangelegenheiten ihres Gebietes wahrzunehmen. Sie sind gleichsam Stadt und Kreis zugleich. Da sich die Zuständigkeit des Landrats als staatliche Behörde auf den Bezirk des Landkreises beschränkt, haben die kreisfreien Städte auch die Aufgaben der allgemeinen staatlichen Verwaltungsbehörde auf der Un-

terstufe zu besorgen. Sie werden daher oft als untere staatliche Verwaltungsbehörde bezeichnet.

So § 13 I Bad.-Württ. LVG. Diese Bezeichnung ist nicht ganz korrekt. Die Städte sind Verwaltungsträger, nicht Verwaltungsorgane und Verwaltungsbehörden. Gemeint ist aber, daß sie die Aufgaben, die sonst der unteren staatlichen Verwaltungsbehörde zukommen, zu erfüllen haben.

Das *zuständige Organ* der Stadt wird entweder gesetzlich aus- **27** drücklich benannt oder muß, sofern eine solche Vorschrift fehlt, nach den allgemeinen Regelungen der Gemeindeordnung über die gemeindeinterne Aufgabenverteilung bestimmt werden. In beiden Fällen ist das meistens der Bürgermeister (Oberbürgermeister). Er wird aber in der Regel nicht als staatliches Organ oder gar als staatlicher Beamter, sondern als Kommunalorgan im Auftrag des Staates tätig.

Es liegt somit kein Fall der Organleihe, sondern der Auftragsverwaltung vor (vgl. bereits § 21 Rn. 55). Das gilt freilich nicht ausnahmslos. So hat nach § 146a Hess. GemO in den kreisfreien Städten der „Oberbürgermeister als Behörde der Landesverwaltung" (!) eine Reihe näher bezeichneter und sonst dem Landrat zukommender Aufgaben wahrzunehmen. Er hat also insoweit eine dem Landrat vergleichbare Stellung.

c) *Große Kreisstädte.* Städte mittlerer Größe bilden ein besonderes **28** Problem, da sie als kreisfreie Städte zu klein erscheinen und ihre Ausgliederung den Landkreis auszehren müßte, andererseits aber auch nicht den kleinen Gemeinden einfach gleichgeordnet werden können. Sie erhalten daher eine Sonderstellung (oder besser: Mittelstellung), indem sie zwar dem Landkreis angehören und unterstellt sind, aber einen Teil der dem Landkreis oder dem Landrat als untere staatliche Verwaltungsbehörde obliegenden Aufgaben selbst (als Auftragsangelegenheiten) zu erfüllen haben. Man kann sie also in funktioneller Hinsicht als „teilkreisfreie Städte" bezeichnen.

Der Status einer Kreisfreien Stadt oder einer Großen Kreisstadt (je nach Bundesland ab 20 000–40 000 Einwohner) wird durch den Staat (Gesetz, Rechtsverordnung, Erklärung der Regierung) verliehen.

d) Neben dem Landrat bzw. den Landkreisen und Städten, die **29** als allgemeine staatliche Behörden der unteren Stufe tätig werden, gibt es noch eine große Zahl von *Sonderverwaltungsbehörden.*

So z. B. die Gewerbeaufsichtsämter, Straßenbauämter, Forstämter, Finanzämter, Eichämter, Bergämter, Schulämter usw. Neuerdings ist die Tendenz zu
beobachten, diese Behörden möglichst in die allgemeine untere Verwaltungsbehörde (Landratsamt) einzugliedern.

5. Gemeindeebene

30   Auf der Gemeindeebene gibt es keine staatlichen Verwaltungsbehörden, auch nicht im Wege der Organleihe. Die staatlichen
Aufgaben, die auf dieser Ebene anfallen, werden durch die Gemeinden als Auftragsangelegenheiten (Weisungsangelegenheiten) wahrgenommen.

> Das ist allerdings z. T. – etwa im Blick auf die Bürgermeister als Ortspolizei-
> behörde – nicht unbestritten, vgl. oben § 21 Rn. 55. Vgl. ferner allgemein zu
> den Auftragsangelegenheiten und ihre Abgrenzung gegenüber den Selbstver-
> waltungsangelegenheiten unten § 23 Rn. 12 ff.

6. Der hierarchische Aufbau der Landesverwaltung

31   a) Die (unmittelbare) Landesverwaltung ist hierarchisch aufgebaut. Sie wird durch die *Aufsichts- und Weisungsbefugnisse der übergeordneten Behörde* und die entsprechenden Gehorsamspflichten der
nachgeordneten Behörde geprägt. Die Aufsichts- und Weisungsbefugnisse, die vom Minister bis zur untersten Verwaltungsbehörde reichen, dienen der Koordination und der Vereinheitlichung
der Verwaltungstätigkeit sowie der Kontrolle der einzelnen Behörde. Sie ermöglichen ferner, wenn auch nur mittelbar über die
Minister, eine parlamentarische Kontrolle der gesamten Verwaltung.

> Eine Ausnahme bilden die sog. *weisungsfreien Ausschüsse,* d. h. die Verwal-
> tungsorgane, die weisungsfrei und damit gerade nicht der Aufsicht und Wei-
> sung einer übergeordneten Behörde unterliegen. – Beispiel (aus dem Bundes-
> bereich): Der Prüfungsausschuß für Kriegsdienstverweigerer ist gem. § 9 V
> KDVG nicht weisungsgebunden. Nach § 18 II KDVG können jedoch das
> Kreiswehrersatzamt und die Wehrbereichsverwaltung Rechtsbehelfe gegen die
> Entscheidungen der Prüfungsausschüsse für Kriegsdienstverweigerer und der
> Kammer für Kriegsdienstverweigerer (= Widerspruchsausschüsse) einlegen; auf
> diese Weise wird eine rechtliche Überprüfung dieser Entscheidungen ermög-
> licht. Es besteht sonach eine Art Rechtsaufsicht mit vorgeschalteter gericht-
> licher Kontrolle.

b) *Die Aufsicht* (einschließlich der in ihr enthaltenen Weisungs-   **32**
kompetenz) ist Fachaufsicht oder Dienstaufsicht. Die *Fachaufsicht*
betrifft die rechtmäßige und zweckmäßige Erledigung der Verwaltungsaufgaben; die *Dienstaufsicht* bezieht sich auf die innere
Ordnung, die allgemeine Geschäftsführung und die Personalange-
legenheiten der Behörde. Der Unterschied hat auch praktische
Bedeutung, weil die Aufsicht u. U. von unterschiedlichen Behörden wahrzunehmen ist.

Der Regierungspräsident unterliegt der Dienstaufsicht des Innenministers,   **33**
aber der Fachaufsicht des für die jeweilige Angelegenheit zuständigen Res-
sortministers (vgl. oben Rn. 21). Wenn der Bürger das Verhalten eines Beamten, also die Art und Weise des behördlichen Tätigwerdens, rügen will, muß
er sich an die Dienstaufsichtsbehörde wenden (Dienstaufsichtsbeschwerde);
wenn er dagegen einen Verwaltungsakt für rechtswidrig oder unzweckmäßig hält, hat er sich an die Fachaufsichtsbehörde zu wenden (Aufsichtsbeschwerde). Beide „Beschwerden" sind übrigens nur Anregungen an die Aufsichtsbehörden, von ihren Aufsichts- und Weisungsbefugnissen Gebrauch zu
machen.

c) *Gehorsamspflicht der Beamten.* Der Beamte ist als Organwalter   **34**
seiner Behörde verpflichtet, die Weisungen der vorgesetzten Behörde zu beachten. Er kann gegen eine vermeintlich rechtswidrige
Weisung nicht beim Verwaltungsgericht klagen, wenn und weil
sie ihn ausschließlich als Organwalter und nicht in seinen persönlichen Rechten betrifft (vgl. bereits oben § 9 Rn. 27 f.). Andererseits
trägt aber der Beamte für die Rechtmäßigkeit seiner amtlichen
Handlungen die volle persönliche Verantwortung (etwa disziplinarrechtlich, strafrechtlich, haftungsrechtlich). Der Konflikt, in den
der Beamte durch die Weisungsgebundenheit einerseits und die
persönliche Verantwortlichkeit andererseits geraten kann, wird
durch das Recht und die Pflicht zur Remonstration gelöst: Wenn der
Beamte gegen die Rechtmäßigkeit von Weisungen Bedenken hat, so
hat er sie auf dem Dienstweg bei seinem Vorgesetzten geltend zu
machen. Bestätigt dieser die Weisung, so muß er sie durchführen,
wird aber zugleich von seiner eigenen Verantwortung befreit. Das
gilt jedoch nicht, wenn das angewiesene Verhalten erkennbar straf-
bar wäre oder gegen die Menschenwürde verstoßen würde. Vgl.
dazu §§ 37, 38 BRRG, dem die Beamtengesetze in Bund und
Ländern entsprechen.

35   d) Die *Fachaufsicht* besteht auch gegenüber den *Landkreisen* und *Gemeinden* bzw. deren Organen, wenn und soweit sie als untere staatliche Verwaltungsbehörden oder im Auftrag des Staates bestimmte staatliche Aufgaben wahrzunehmen haben. Der Weisungsstrang kann sonach ausnahmsweise über den eigentlichen Bereich der unmittelbaren Staatsverwaltung hinausgreifen und Kreis- bzw. Gemeindeorgane erfassen.

III. Die Verwaltungsorganisation des Bundes

1. Grundstruktur

36   Die Verwaltungsorganisation des Bundes unterscheidet sich in doppelter Hinsicht erheblich von der Landesverwaltung.

a) Der Bund hat keine allgemeine Verwaltungsbehörden, sondern nur Sonderverwaltungsbehörden.

b) Der Bund hat in der Regel, wenn auch nicht ausnahmslos, nur Behörden der Oberstufe ohne eigenen Verwaltungsunterbau.

2. Die Behörden des Bundes

37   a) *Oberste Bundesbehörden* sind – entsprechend den obersten Landesbehörden – die Bundesregierung, der Bundeskanzler und die Bundesminister, ferner der Bundesrechnungshof (§ 1 S. 1 BRHG) und die Organe der Bundesbank, die vom Gesetzgeber als „eine bundesunmittelbar juristische Person des öffentlichen Rechts" bezeichnet wird (§§ 2, 29 I Bundesbankgesetz).

In der Literatur werden gelegentlich noch weitere oberste Bundesbehörden genannt, nämlich der Bundespräsident mit dem Bundespräsidialamt, das Präsidium des Bundestages mit der Bundestagsverwaltung, der Bundesrat, das Bundesverfassungsgericht (so *Rudolf,* in: Erichsen, VerwR, 11. Aufl. 1998, § 54 Rn. 2). Ob sie wirklich Verwaltungsbehörden sind, hängt von der Definition der Behörde ab (vgl. oben § 21 Rn. 32). Sie sind jedenfalls nicht in die staatliche Verwaltungsorganisation eingegliedert.

38   b) *Bundesoberbehörden* sind – entsprechend den Landesoberbehörden – den Bundesministern nachgeordnete Behörden, die sachlich für bestimmte Verwaltungsaufgaben und örtlich für das gesamte Bundesgebiet zuständig sind.

Zu den zahlreichen Bundesoberbehörden ohne Verwaltungsunterbau gehören z. B. das Bundeskriminalamt in Wiesbaden, das Bundeskartellamt in Berlin, das Kraftfahrt-Bundesamt in Flensburg, das Statistische Bundesamt in Wiesbaden, das Umweltbundesamt in Berlin, das Bundesamt für Verfassungsschutz in Köln, das Deutsche Patentamt in München, das Bundesamt für Wehrtechnik und Beschaffung in Koblenz, die Bundesprüfstelle für jugendgefährdende Medien in Bonn.

c) *Ein mehrstufiger, meist dreistufiger Verwaltungsaufbau* des Bundes **39** besteht nur für bestimmte Sachbereiche, vgl. Art. 87 I, 87 b GG.

Zu nennen sind der Auswärtige Dienst (Außenminister, Vertretungen im Ausland), die Bundeswasserstraßenverwaltung (Bundesverkehrsminister, Wasser- und Schiffahrtsdirektionen, Wasser- und Schiffahrtsämter), die Bundeswehrverwaltung (Bundesverteidigungsminister, Wehrbereichsverwaltungen, Kreiswehrersatzämter, Standortverwaltungen und andere Unterbehörden); zur Finanzverwaltung vgl. unten Rn. 47.

d) Zur bundeseigenen Verwaltung mit eigenem Verwaltungs- **40** unterbau gehörten bis 1993/94 auch die *Bundesbahn* und die *Bundespost*. Beide Unternehmen sind jedoch inzwischen privatisiert worden, wobei zunächst eine formelle Privatisierung (Organisationsprivatisierung) erfolgte, die aber zumindest teilweise zu einer materiellen Privatisierung (Aufgabenprivatisierung) weiterführen soll. In bundeseigener Verwaltung bleiben gem. Art. 87 e und Art. 87 f GG die hoheitlichen Befugnisse bezüglich der Eisenbahn und bezüglich des Postwesens und der Telekommunikation, etwa die Aufsicht, die Erteilung von Genehmigungen, die Planfeststellung usw., soweit sie nicht auf die Länder übertragen worden sind.

Vgl. Gesetz zur Neuordnung des Eisenbahnwesens (Eisenbahnneuordnungsgesetz – ENeuOG) vom 27. 12. 1993 (BGBl. I S. 2378) und Gesetz zur Neuordnung des Postwesens und der Telekommunikation (Postneuordnungsgesetz – PTNeuOG) vom 14. 9. 1994 (BGBl. I S. 2325). Beide Gesetze sind sog. Artikel-Gesetze, die eine ganze Reihe von einzelnen Gesetzen enthalten. Vgl. aus der Literatur: *Fromm,* Die Reorganisation der Deutschen Bahnen, DVBl. 1994, 187 ff.; *Schmidt-Aßmann/Röhl,* Grundpositionen des neuen Eisenbahnverfassungsrechts (Art. 87 e GG), DÖV 1994, 577 ff.; *Heinze,* Das Gesetz zur Änderung des Verfassungsrechts der Eisenbahnen vom 20. 12. 1993, BayVBl. 1994, 266 ff.; *ders., Rechts-* und Funktionsnachfolge bei der Eisenbahnneuordnung, NVwZ 1994, 748 ff.; *Hommelhoff/Schmidt-Aßmann,* Die Deutsche Bahn

AG als Wirtschaftsunternehmen, ZHR 160 (1996) S. 521 ff.; *Gramlich,* Von der
Postreform zur Postneuordnung, NJW 1994, 2785 ff.; *Heun* (Hg.), Handbuch
Telekommunikationsrecht, 2002.

IV. Zusammenwirken von Bund und Ländern

1. Grundlagen und Grenzen

41   Die Verwaltung des Bundes und die Verwaltungen der einzelnen Bundesländer sind *organisatorisch* und *funktionell* grundsätzlich
voneinander *getrennt.* Sie bilden jeweils in sich geschlossene Ver-
waltungsorganisationen mit je eigenem Zuständigkeitskomplex. Die
Landesverwaltung ist also nicht etwa – weder insgesamt noch teilweise – der Bundesverwaltung untergeordnet, sondern stellt einen
eigenständigen Verwaltungsbereich *neben* der Bundesverwaltung dar.

42   Das kann jedoch nicht bedeuten, daß sich die Bundesverwaltung
und die Landesverwaltungen jeweils auf ihren Bereich einzuigeln
hätten. Da die Bundesrepublik Deutschland ein Bundesstaat mit
relativ kleinem Gebiet, weitgehend gleichen Lebensverhältnissen,
eng verflochtener Wirtschaft, starker Bevölkerungsfluktuation sowie
bundesweit wirkenden politischen, gesellschaftlichen, wirtschaftlichen und kulturellen Organisationen (etwa politische Parteien,
Gewerkschaften, Sportverbände, Kirchen) darstellt, ist es angebracht,
ja u. U. sogar unerläßlich, daß die Verwaltungtätigkeit zwischen
Bund und Ländern und vor allem zwischen den Ländern koordiniert wird, was wiederum zu gemeinsamen Einrichtungen führt.

Das Spektrum reicht von wichtigen Grundsatzentscheidungen, etwa kon-
junkturpolitischen Maßnahmen (es wäre z. B. verfehlt, wenn die Bundesregierung zur Bekämpfung einer Konjunkturüberhitzung ihre Ausgaben drosselt,
bestimmte Bundesländer und Gemeinden dagegen größere Aufträge zur Förderung bestimmter Wirtschaftszweige vergeben würden) bis zu Fragen des
Alltags, etwa der Abstimmung der Schulferien.

43   Damit stellt sich die *Frage nach der Zulässigkeit der sog. Mischverwaltung.* Das Grundgesetz selbst hat in verschiedener Hinsicht
ein Zusammenwirken von Bund und Ländern ausdrücklich vorgesehen oder zugelassen (vgl. sogleich unten 2.). Im übrigen hängt
die Zulässigkeitsfrage entscheidend davon ab, was man unter
„Mischverwaltung" überhaupt versteht. Gerade darüber bestehen
aber noch sehr kontroverse, oft wenig präzise Auffassungen.

Das *BVerfG* spricht von einem „grundgesetzlichen Verbot der sog. Misch-verwaltung", bezieht dies aber nur auf „eine Verwaltungsorganisation, bei der eine Bundesbehörde einer Landesbehörde übergeordnet ist, oder bei der ein Zusammenwirken von Bundes- und Landesbehörden durch Zustimmungser-fordernisse erfolgt" (*BVerfGE* 11, 105, 124) oder – weitergehend – auf „Mit-planungs-, Mitverwaltungs- und Mitentscheidungsbefugnisse gleich welcher Art (des Bundes) im Aufgabenbereich der Länder" (*BVerfGE* 39, 96, 120). In dieser (jeweils fallbezogenen) Beschränkung ist dem *BVerfG* sicher zuzustim-men. Damit ist aber über die Zulässigkeit des Zusammenwirkens von Bund und Ländern im übrigen noch nichts gesagt, wie das *BVerfG* in einer späteren Ent-scheidung klarstellend betont (*BVerfGE* 63, 1, 37 f.). Später stellt das Gericht allerdings wieder fest, das Grundgesetz schließe „auch eine so genannte Misch-verwaltung, soweit sie nicht ausdrücklich zugelassen ist, aus" (*BVerfGE* 108, 169, 182).

Koordinationsgremien, die lediglich rechtlich unverbindlichen Absprachen dienen, dürften jedenfalls zulässig sein. Die Bundeslän-der sind darüber hinaus auch befugt, im Wege der Vereinbarung gemeinsame Verwaltungsbehörden oder sonstige gemeinsame Verwaltungseinrichtungen zu schaffen. Das entspricht dem moder-nen Verständnis des Föderalismus, der nicht nur in der Wahrung der Eigenständigkeit, sondern auch in der kooperativen Zusam-menarbeit besteht („kooperativer Föderalismus"). Die Grenzen sind allerdings dann erreicht, wenn die im Grundgesetz festgelegte bun-desstaatliche Gliederung oder die grundgesetzlich vorgenommene Kompetenzverteilung verschoben oder unterlaufen werden würde.

2. Formen des Zusammenwirkens zwischen Bund und Län-dern und der Länder untereinander im Bereich der Verwaltung

Es gibt vielfältige Formen der Koordination und der Zusammen-arbeit zwischen Bund und Ländern und der Länder untereinander. **44**
Sie sind teilweise schon im Grundgesetz vorgesehen, im übrigen beruhen sie auf vertraglichen Vereinbarungen oder sogar nur auf Verwaltungsübung.

a) *Einwirkung des Bundes auf die Landesverwaltung*

aa) *Beim Vollzug von Bundesgesetzen durch die Länder* hat der Bund **45**
verschiedene, in Art. 84 und 85 GG näher umschriebene Auf-sichts- und Einwirkungsbefugnisse.

Vgl. dazu *BVerwGE* 42, 279: Nach § 12 Häftlingshilfegesetz kann die ober-ste Landesbehörde (nur) im Einvernehmen mit dem zuständigen Bundesminister (also mit dessen Zustimmung) bestimmte Maßnahmen treffen. Der Einvernehmensvorbehalt zugunsten des Bundesministers ist nach Ansicht des *BVerwG* vom Recht zur Einzelweisung nach Art. 84 V GG umschlossen und stellt daher keine verbotene Mischverwaltung dar.

46   bb) *Gemeinschaftsaufgaben* i. e. S. sind bestimmte Landesaufgaben, bei deren Erfüllung der Bund planend und finanzierend mitwirken kann (Art. 91 a und b GG). In den Fällen des Art. 91 a (Ausbau und Neubau von wissenschaftlichen Hochschulen sowie Verbesserung der regionalen Wirtschaftsstruktur, der Agrarstruktur und des Küstenschutzes) ist der Bund bei Vorliegen der weiteren Voraussetzungen dieser Vorschrift zur Mitwirkung verpflichtet; die Einzelheiten sind durch Bundesgesetz mit Zustimmung des Bundesrates festzulegen (vgl. z. B. Hochschulbauförderungsgesetz i. d. F. vom 24. 8. 1981, BGBl. I S. 1913). Ferner kann der Bund im Bereich der Bildungsplanung und der Förderung der wissenschaftlichen Forschung aufgrund von Vereinbarungen mit den Ländern mitwirken (Art. 91 b GG).

In diesem Zusammenhang ist noch auf die Investitionshilfen des Bundes für Länder und Gemeinden hinzuweisen, die wegen der damit verbundenen Auflagen und der damit möglichen Steuerung nicht unproblematisch sind und deshalb durch Art. 104 a IV GG gesetzlich geregelt und beschränkt worden sind. Vgl. dazu *BVerfGE* 39, 96 (Städtebauförderungsgesetz) und *BVerfGE* 41, 291 (einmalige Finanzhilfe zur Wiederankurbelung der Wirtschaft).

b) *Gemeinsame Behörden*

47   aa) *Finanzverwaltung.* Sowohl der Bund als auch die Länder haben eine eigene Finanzverwaltung. Auf der Mittelstufe besteht jedoch als *gemeinsame* Bundes- und Landesbehörde die *Oberfinanzdirektion* mit dem Oberfinanzpräsidenten an der Spitze, vgl. dazu Art. 108 IV GG und das Finanzverwaltungsgesetz (FVG).

Die Oberfinanzdirektion leitet die Finanzverwaltung des Bundes und des Landes in ihrem Bezirk" (§ 8 I FVG). Der Oberfinanzpräsident wird gemeinsam von den jeweils zuständigen Organen des Bundes und des Landes ernannt und entlassen; er ist sowohl Bundesbeamter als auch Landesbeamter (§ 9 II FVG). Früher hatten *alle* Oberfinanzdirektionen Bundesaufgaben und Landesaufgaben wahrzunehmen. Durch eine Rechtsverordnung des Bundesfinanzministers vom 4. 3. 1998, gestützt auf § 8 III 1 FVG, wurden jedoch die Bundesaufgaben auf einige Oberfinanzdirektionen konzentriert und damit den übrigen Oberfinanzdirektionen entzogen, so daß diese nur noch Landesbehörden sind (§ 9 III FVG). Vgl. zur Verfassungsmäßigkeit der genannten Rechtsverordnung *BVerfGE* 106, 1. – Die nachgeordneten Behörden sind teils Bundesbehörden (Hauptzollämter u. a.), teils Landesbehörden (Finanzämter), vgl. §§ 1, 2 FVG.

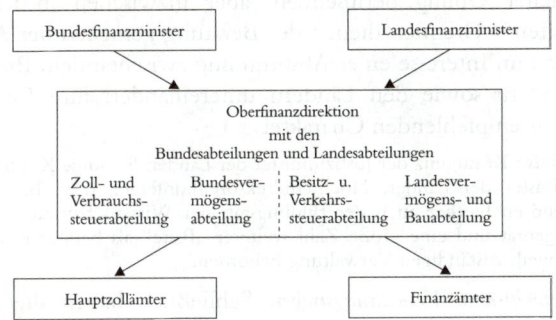

bb) *Gemeinsame Behörden der Länder.* Ein bemerkenswertes Bei- **48** spiel für eine gemeinsame Behörde der Länder ist die *Filmbewertungsstelle* in Wiesbaden, die zwar formell eine Behörde des Landes Hessen ist, in Wirklichkeit aber eine gemeinsame Behörde aller Länder darstellt.

Nach den Vergnügungssteuergesetzen der Länder unterliegen Filmvorführungen der Vergnügungssteuer; zur Förderung des guten Filmes werden jedoch „wertvolle" und „besonders wertvolle" Filme steuerlich begünstigt (Fall der indirekten Subventionierung von Filmen). Da eine unterschiedliche Bewertung der Filme in den einzelnen Ländern kaum tragbar wäre, haben die Kultusminister der Länder durch Verwaltungsabkommen die Errichtung einer gemeinsamen Filmbewertungsstelle vereinbart, vgl. zur Gültigkeit dieses Abkommens sowie zu dieser Stelle überhaupt *BVerwGE* 23, 194.

Daß die Filmbewertungsstelle eine gemeinsame Behörde aller Länder unter der Federführung des hessischen Kultusministers ist, ergibt sich vor allem aus folgendem: Die Bewertungen der Stelle sind für alle Länder maßgebend; der hessische Kultusminister entscheidet zwar über die Besetzung, die Geschäftsordnung usw. der Filmbewertungsstelle, aber nur im Einvernehmen mit der zuständigen Kultusministerkonferenz, der alle Landeskultusminister angehören und die nur einstimmige Beschlüsse fassen kann; die Kosten im Falle eines Defizits werden auf alle Länder umgelegt.

c) *Koordinierungsgremien.* Es gibt eine Vielzahl von Gremien, die **49** aus den Fachministern von Bund und Ländern oder auch sonstigen

Amtsträgern, die für bestimmte Verwaltungsbereiche zuständig sind, bestehen. Diese – meist auf Vereinbarung oder sogar nur auf tatsächlicher Übung beruhenden, aber inzwischen institutionell verfestigten – Gremien dienen der Beratung gemeinsamer Angelegenheiten im Interesse einer Abstimmung zwischen dem Bund und den Ländern sowie den Ländern untereinander; ihre Beschlüsse haben nur empfehlenden Charakter.

Beispiele: Konferenz der Justizminister der Länder, Ständige Konferenz der Kultusminister der Länder, Hochschulrektorenkonferenz usw. Im weiteren Sinne gehören hierher auch der Bildungsrat, der Wissenschaftsrat, der Sachverständigenrat und eine große Zahl weiterer „Räte" als beratende Gremien für die jeweils zuständigen Verwaltungsbehörden.

50   d) *Gemeinsame Verwaltungsträger.* Schließlich haben die Länder nicht nur gemeinsame Verwaltungsbehörden, sondern auch gemeinsame Verwaltungsträger, d. h. juristische Personen des öffentlichen Rechts (Anstalten), die von den Ländern gemeinsam errichtet und getragen werden.

Beispiele: Zweites Deutsches Fernsehen, errichtet aufgrund des Staatsvertrages der Länder über die Errichtung der Anstalt des öffentlichen Rechts Zweites Deutsches Fernsehen vom 6. 6. 1961 (abgedruckt u. a. Hess.GVBl. 1961, 199), vgl. dazu *BVerwGE* 22, 299; *Kisker*, JuS 1969, 466 ff.; *Fuhr*, ZDF-Staatsvertrag, 2. Aufl. 1985. § 1 I des Staatsvertrages lautet: „Die Länder errichten zur Verbreitung des zweiten Fernsehprogramms eine gemeinnützige Anstalt des öffentlichen Rechts mit dem Namen ‚Zweites Deutsches Fernsehen'." Die Rechtsaufsicht wird von den Landesregierungen ausgeübt, und zwar jeweils von einer Landesregierung im zweijährigen Turnus in alphabetischer Reihenfolge (vgl. § 25 Staatsvertrag). – Zentralstelle für die Vergabe von Studienplätzen (rechtsfähige Anstalt des öffentlichen Rechts), errichtet aufgrund des Staatsvertrages der Länder über die Vergabe von Studienplätzen vom 20. 10. 1972 (abgedruckt u. a. Hess.GVBl. I 1973, 136), dessen Art. 1 I lautet: „Die Länder errichten die Zentralstelle für die Vergabe von Studienplätzen als rechtsfähige Anstalt des öffentlichen Rechts".

51   **Literatur:** *Köttgen,* Der Einfluß des Bundes auf die deutsche Verwaltung und die Organisation der bundeseigenen Verwaltung, JöR Bd. 3 (1954) S. 67 ff. und Bd. 11 (1962) S. 173 ff.; *Kölble,* Zur Lehre von den – stillschweigend – zugelassenen Verwaltungszuständigkeiten des Bundes, DÖV 1963, 660 ff.; *ders.,* Die Ministerialverwaltung im parlamentarisch-demokratischen Regierungssystem des Grundgesetzes, DÖV 1969, 25 ff.; *W. Weber,* Der Staat in der unteren Verwaltungsinstanz, 2. Aufl. 1964; *Fonk,* Die Behörde des Regierungspräsidenten, 1967; *ders.,* Die Problematik der Sonderbehörden, 1969; *Wagener,* Neubau der Verwaltung, 2. Aufl. 1974; *ders.,* Die Regierungsbezirke im Gesamtaufbau der Verwaltung, VerwArch. 73 (1982) S. 153 ff.;

Ronellenfitsch, Die Mischverwaltung im Bundesstaat, 1975; *Loeser,* Theorie und
Praxis der Mischverwaltung, 1976; *Kirschenmann,* Zuständigkeiten und Kompetenzen im Bereich der Verwaltung nach dem 8. Abschnitt des Grundgesetzes, JuS 1977, 565 ff.; *B. Becker,* Zentrale nichtministerielle Organisationseinheiten der unmittelbaren Bundesverwaltung, VerwArch. 69 (1978) S. 149 ff.;
Sendler, Mischverwaltung in der Sozialversicherung? DÖV 1981, 409 ff.; *Dittmann,* Die Bundesverwaltung, 1983; *Loeser,* Die Bundesverwaltung in der
Bundesrepublik Deutschland, Speyerer Forschungsberichte 50, 2 Bde., 1986;
ders., Das Bundes-Organisationsgesetz, 1988; *Lerche,* Kommentierung von
Art. 83–87, in: Maunz/Dürig, Grundgesetz (1983/1992); *Schmidt-Eichstaedt,*
Das Bundesgesetz nach seiner Verkündung, ZG 1989, 193 ff.; *Blümel,* Verwaltungszuständigkeit, HStR IV (1990) § 101; *Schulte,* Zur Rechtsnatur der Bundesauftragsverwaltung, VerwArch. 81 (1990) S. 415 ff.; *Brandner,* Grenzen des
ministeriellen Weisungsrechts gegenüber nachgeordneten Behörden? DÖV
1990, 966 ff.; *Schrapper,* Bezirksregierungen in Deutschland: Die Bündelungsbehörde der Mittelinstanz im Vergleich, DÖV 1994, 157 ff.; *Traumann,* Die
Organisationsgewalt im Bereich der bundeseigenen Verwaltung, 1998; *Britz,*
Bundeseigenverwaltung durch selbständige Bundesoberbehörden nach Art. 87
III 1 GG, DVBl. 1998, 1167 ff.; *Heitsch,* Die Ausführung der Bundesgesetze
durch die Länder, 2001; *Sommermann,* Grundfragen der Bundesauftragsverwaltung, DVBl. 2001, 1549 ff.; *Hebeler,* Die Ausführung der Bundesgesetze
(Art. 83 ff. GG), Jura 2002, 164 ff.; *Janz,* Das Weisungsrecht nach Art. 85
Abs. 3 GG, 2003. Vgl. ferner die Literatur zu § 21.

Rechtsprechung: *BVerfGE* 12, 205 (Fernsehurteil: u. a. Verwaltungskompetenz der Länder); *BVerfGE* 14, 197 (Errichtung von Bundesoberbehörden: Bundesaufsichtsamt für das Kreditwesen); *BVerfGE* 22, 180 (Sozialhilfeurteil: u. a. Befugnis des Bundes zur Regelung der Errichtung und des Verfahrens kommunaler Behörden); *BVerfGE* 39, 96; 41, 291 (Finanzhilfen des Bundes an Länder und Gemeinden); *BVerfGE* 81, 310 (KKW Kalkar, grundlegend zum Weisungsrecht des Bundes gem. Art. 85 III GG); *BVerfGE* 102, 167 (Bundesstraße, unzulässige Weisung); *BVerfGE* 104, 249 (Befugnisse des Bundes im Rahmen seines Weisungsrechts gem. Art. 85 III GG, informelle Absprachen); *BVerfGE* 106, 1 (Finanzverwaltung); *BVerfGE* 108, 169 (Abgrenzung Bundeszuständigkeit/Landeszuständigkeit). – *BVerwGE* 23, 194 (Filmbewertungsstelle Wiesbaden); *BVerwGE* 40, 276 (Göttingen-Gesetz); *BVerwG* NJW 2000, 3150 (Vollzug von Bundesgesetzen durch die Länder, auch durch Körperschaften). **52**

§ 23 Die mittelbare Staatsverwaltung

Mittelbare Staatsverwaltung liegt vor, wenn der Staat seine Ver- **1**
waltungsaufgaben nicht selbst, durch eigene Behörden, erfüllt,
sondern rechtlich selbständigen Organisationen zur Erledigung
überträgt oder überläßt. Der Kreis der dafür in Betracht kommenden öffentlich-rechtlichen Organisationstypen ist auf Körperschaf-

ten, Anstalten und Stiftungen beschränkt (dazu II–IV). Hinzu kommt noch der Beliehene als eigene Rechtsfigur (dazu unten V). Die Gemeinden sind zwar Körperschaften des öffentlichen Rechts, nehmen aber in diesem Rahmen eine Sonderstellung ein. Deshalb und weil sie bis zu einem gewissen Grad das Modell für die übrigen Körperschaften des öffentlichen Rechts bilden, sollen sie zunächst gesondert dargestellt werden (dazu I).

Die übliche Bezeichnung „mittelbare Staatsverwaltung" wird hier nur mit Vorbehalten gebraucht, da sie der Selbstverwaltung, insbesondere der der Gemeinden, nur bedingt gerecht wird. Jedenfalls dürfen aus dieser Bezeichnung keine voreiligen Schlüsse gezogen werden. Richtig ist aber, daß der Bürger dem verwaltenden Staat i. w. S. gegenübersteht, der sich bei genauerer Betrachtung in verschiedene Verwaltungsträger (u. a. den Staat i. e. S.) aufgliedert.

I. Die Gemeinden und weitere Kommunalkörperschaften

1. Grundlagen

2   a) Die Verwaltung durch die Gemeinden beruht auf dem *Prinzip der Selbstverwaltung:* Die Bürger sollen die Angelegenheiten ihrer örtlichen Gemeinschaft selbst regeln und verwalten. Dadurch sollen einmal das Verantwortungsbewußtsein und die Einsatzbereitschaft der Bürger für das Gemeinwohl in dem überschaubaren und deshalb in seinen Dimensionen relativ leicht erfaßbaren Gemeindebereich aktiviert und zum anderen die Interessen sowie die besonderen Orts- und Sachkenntnisse der Bürger bezüglich der Gemeindeangelegenheiten genutzt werden. Selbstverwaltung bedeutet – in idealer Sicht – Verwaltung durch die Betroffenen selbst in eigener Verantwortung.

3   b) Die bürgerschaftliche Selbstverwaltung wird dadurch *rechtlich erfaßt,* daß die Bürger einer Gemeinde zu einem öffentlich-rechtlichen Verband mit eigenen Rechten und Pflichten, also zu einer Körperschaft des öffentlichen Rechts, zusammengeschlossen werden. Die Gemeinde ist Gebietskörperschaft, weil sich ihre Befugnisse nicht nur auf alle im Gebiet der Gemeinde ansässigen Personen, sondern auch auf das Gebiet selbst erstrecken. Handlungsfähig wird die Gemeinde durch ihre Organe, die unmittelbar oder mittelbar durch die Gemeindebevölkerung bestellt werden.

c) *Das Verhältnis von Staatsverwaltung und kommunaler Selbstverwal-* **4**
tung läßt sich nur richtig verstehen, wenn man die wechselhafte
geschichtliche Entwicklung in die Betrachtung einbezieht. Im Rahmen
dieses Grundrisses sind dazu allerdings nur einige Stichworte möglich.

- Die Geschichte der modernen kommunalen Selbstverwaltung beginnt mit
  der preußischen Städteordnung von 1808. Ihr Schöpfer, Freiherr vom Stein,
  verfolgte damit ein staatspolitisches Ziel; er wollte den bislang politisch un-
  mündigen Bürger über die ihm vertraute Gemeindeebene für die Mitarbeit
  im Staat gewinnen.
- In der Folgezeit geriet die kommunale Selbstverwaltung in die politischen
  Auseinandersetzungen zwischen dem monarchischen Staat und der bürgerlichen Gesellschaft. Die liberal-demokratische Bewegung erlangte nicht nur
  an der Spitze – über das Parlament –, sondern auch auf der Ortsebene –
  über die kommunale Selbstverwaltung – Einfluß- und Machtpositionen. Es
  entstand der Gegensatz zwischen (monarchischer) Staatsverwaltung und
  (demokratischer) Selbstverwaltung in den Kommunen.
- Nach 1918 kam es wieder zu erheblichen Veränderungen, da nicht nur der
  Monarch als die eine Antipode entfiel, sondern sich auch der Bereich der
  kommunalen Selbstverwaltung durch die Entwicklung zur egalitären Mas-
  sengesellschaft, den Einfluß der politischen Parteien und die Bürokratisie-
  rung der Kommunalverwaltung strukturell wandelte. Staat und Gemeinde
  wurden nunmehr weitgehend durch dieselben politischen Kräfte (wenn
  auch oft im Wechselspiel) bestimmt.
- Das national-sozialistische Regime denaturierte durch seine Gleichschal-
  tungstendenzen und sein Führerprinzip auch die kommunale Selbstverwaltung.
- Nach 1945 gewannen die Gemeinden wieder an Eigengewicht. Sie waren
  nach dem totalen staatlichen Zusammenbruch 1945 die einzigen noch einigermaßen intakten Organisationen, die die drängenden Verwaltungsaufgaben der Nachkriegszeit übernahmen, und bildeten sodann die Grundlage für
  die „von unten nach oben gehende Wiederentstehung deutscher Staatlichkeit".
- Das 1949 erlassene Grundgesetz garantiert in Anknüpfung an freiheitliche
  und demokratische Traditionen ausdrücklich die kommunale Selbstverwaltung (Art. 28 II GG).
- In der ehemaligen DDR war – trotz verfassungsrechtlicher Verbürgungen –
  für eine kommunale Selbstverwaltung kein Platz; die „örtlichen Volksvertretungen" waren vielmehr entsprechend dem Prinzip des demokratischen
  Zentralismus und der Vorherrschaft der SED weisungsgebundene „örtliche
  Organe der sozialistischen Staatsmacht" (§ 1 I Gesetz über die örtlichen
  Volksvertretungen in der DDR vom 4. 7. 1985, GBl. I S. 213). Nach dem
  Zusammenbruch der SED-Herrschaft Ende 1989 wurde von der (frei ge-
  wählten) Volkskammer der DDR das Gesetz über die Selbstverwaltung der
  Gemeinden und der Landkreise in der DDR (Kommunalverfassung) vom
  17. 5. 1990 (GBl. I S. 255) erlassen, das in Anlehnung an die verschiedenen

Gemeindeordnungen der westlichen Bundesländer, aber auch unter Entwicklung eigener Gesichtspunkte die Grundlagen für eine freiheitliche und demokratische Kommunalordnung schuf. Seit der Wiedervereinigung gilt auch in diesem Teil Deutschlands Art. 28 II GG.

5   Die kommunale Selbstverwaltung kann heute kaum noch an die nachbarschaftliche Verbundenheit in überkommenen Gemeindeverbänden als soziologische Grundsubstanz anknüpfen, wenngleich – trotz oder sogar wegen der z. T. rigorosen staatlichen Eingemeindungspolitik – noch ein gewisses Gemeinschaftsbewußtsein vorhanden sein dürfte. Die Gemeinden bewähren sich aber jedenfalls als lebendige und bürgernahe Verwaltungseinheiten. Sie stellen eine wichtige Ebene im Verwaltungsaufbau der Bundesrepublik Deutschland dar, der dreistufig (Bund, Länder, Gemeinden), bei Einbeziehung der Landkreise sogar vierstufig (Bund, Länder, Landkreise, Gemeinden) gegliedert ist. Die vertikale Gewaltenteilung zwischen Bund und Ländern findet somit in den Gemeinden (und den Landkreisen) ihre Fortsetzung. Sie ergänzt die ohnehin politisch fraglich gewordene horizontale Gewaltenteilung (Legislative, Exekutive, Gerichtsbarkeit).

6   d) Die kommunale Selbstverwaltung ist *verfassungsrechtlich abgesichert*. Nach Art. 28 II 1 GG haben die Gemeinden das Recht, „alle Angelegenheiten der örtlichen Gemeinschaft im Rahmen der Gesetze in eigener Verantwortung zu regeln." Entsprechende, z. T. noch weitergehende Gewährleistungen enthalten die Landesverfassungen. Art. 28 II 1 GG enthält nicht nur, wie vielfach angenommen wird, eine *institutionelle Garantie* der Gemeinden im staatlichen Verwaltungsaufbau, sondern vermittelt auch ein *subjektives Recht* der Gemeinden auf eigenverantwortliche Wahrnehmung ihrer Angelegenheiten. Er wird in *prozessualer* Hinsicht durch Art. 93 I Nr. 4b GG (Verfassungsbeschwerde bei Verletzung des Art. 28 II GG durch den Gesetzgeber) und in *finanzieller* Hinsicht durch Art. 106 V–VIII GG (Zuweisung bestimmter Anteile am Steueraufkommen) ergänzt. Einschränkungen des Rechts der kommunalen Selbstverwaltung – und zwar sowohl des sachlichen Aufgabenbereichs als auch des funktionellen Wahrnehmungsbereichs – sind zulässig; sie müssen aber durch Gesetz oder aufgrund eines Gesetzes erfolgen, den (unantastbaren) Kernbereich der Selbstverwaltung

§ 23 Die mittelbare Staatsverwaltung   579

beachten und im übrigen – d. h. im Randbereich – den Grundsatz der Verhältnismäßigkeit berücksichtigen.

Vgl. zur Selbstverwaltungsgarantie und ihrem Kernbereich *BVerfGE* 1, 167, 174 ff. (grundsätzlich, teilweise überholt); *BVerfGE* 11, 266, 273 ff. (Kommunale Wählervereinigungen); *BVerfGE* 23, 353, 365 ff. (Finanzhoheit, Kreisumlage); *BVerfGE* 38, 258, 278 ff. (Gemeindeorganisation); *BVerfGE* 50, 50 (Gebietsreform); *BVerfGE* 50, 195, 200 ff. (Gemeindenamen nach erfolgter Gebietsreform); *BVerfGE* 56, 298, 312 ff.; 76, 107, 118 ff. (Planungshoheit); *BVerfGE* 79, 127, 143 ff. (Rastede; grundsätzlich, Abgrenzung der Zuständigkeitsbereiche von Gemeinden und Landkreisen); *BVerfGE* 83, 363, 381 ff. (Krankenhausumlage); *BVerfGE* 86, 90, 106 ff. (Rückgängigmachung der Neugliederung); *BVerfGE* 91, 228 (Organisationshoheit; Gleichstellungsbeauftragte); *BVerfGE* 103, 332, 358 ff. (Finanz- und Planungshoheit); *BVerfGE* 107, 1, 11 ff. (Zuordnung zu Verwaltungsgemeinschaft); *BVerfG-K* DVBl. 1995, 286 (Gemeindegebiet, Berlin).

In der *Literatur* bestehen noch unterschiedliche Auffassungen. Strittig ist vor allem, ob Art. 28 II GG nur eine institutionelle Garantie der Gemeinden oder auch ein subjektives Recht der Gemeinden begründet. Der Streit hat vor allem Auswirkungen für die Grenzziehung. Allerdings nehmen auch die Vertreter der erstgenannten Auffassung – inkonsequent – ein subjektives Recht der Gemeinden gleichsam als Rechtsreflex der institutionellen Garantie an. Vgl. zur institutionellen Deutung aus neuerer Zeit etwa *Schmidt-Aßmann/Röhl*, Kommunalrecht, S. 15 ff. (Rn. 8 ff.); *Löwer*, in: v. Münch/Kunig (Hg.), Grundgesetz-Kommentar Bd. 2, 3. Aufl. 1995, Art. 28 Rn. 39; *Schoch*, VerwArch. Bd. 81 (1990) S. 18, 26 ff.; *Clemens*, NVwZ 1990, 834 ff.; zur weiteren, auch subjektiv-rechtlichen Deutung *Knemeyer*, Festschrift für v. Unruh, 1983, S. 209, 211 ff.; *Kronisch*, Aufgabenverlagerung und gemeindliche Selbstverwaltungsgarantie, 1993, S. 71 ff.; *Frenz*, DV Bd. 28 (1995) S. 33 ff.; *Maurer*, DVBl. 1995, 1037, 1040 ff. m. w. N. – In den siebziger Jahren entstand eine Lehre, die sich für eine grundsätzlich neue Auslegung des Art. 28 II GG aussprach. Angesichts der immer enger werdenden Verflechtungen zwischen den örtlichen und den überörtlichen Aufgaben, insbesondere im Planungsbereich, sei eine gegenständliche Abgrenzung nicht mehr möglich; die Selbstverwaltungsgarantie sei daher „funktional" i. S. einer Mitwirkung der Gemeinden an allen sie betreffenden öffentlichen Angelegenheiten zu interpretieren; so vor allem *Roters*, Kommunale Mitwirkung an höherstufigen Entscheidungsprozessen, 1975, insbes. S. 30 f.; *ders.*, in: v. Münch, Grundgesetz-Kommentar, Bd. 2, 1. Aufl. 1976, Art. 28 Rn. 39 ff.; *Pappermann*, JuS 1973, 691; ferner *Burmeister*, Verfassungstheoretische Neukonzeption der kommunalen Selbstverwaltungsgarantie, 1977. Diese Auffassung konnte sich jedoch zu Recht nicht durchsetzen; ablehnend etwa *Blümel*, VVDStRL 36 (1978) S. 244 ff.; *Stern*, HKWP I, S. 208 ff. m. w. N.

e) *Die Regelung des Kommunalrechts* ist nach der Kompetenzordnung des Grundgesetzes ausschließlich Sache des Landesgesetzgebers. Da eine besondere Zuweisung an dem Bund fehlt, greift   **7**

Art. 70 GG ein. Der Landesgesetzgeber ist aber an Art. 28 I, II GG gebunden. Da letztlich das BVerfG über die Auslegung dieser Vorschrift entscheidet und inzwischen auch eine umfangreiche Rechtsprechung vorliegt, ist der Landesgesetzgeber bundesrechtlich – genauer: bundesverfassungsgerichtsrechtlich – stärker beschränkt, als es zunächst den Anschein hat.

Alle Bundesländer haben eine eigene Gemeindeordnung mit einer Reihe ergänzender Gesetze erlassen. Auch die neuen Bundesländer haben inzwischen die gemeinsame Kommunalverfassung von 1990 (vgl. oben Rn. 4) durch eigene Gemeindeordnungen abgelöst. Trotz der unterschiedlichen Rechtsquellen stimmen jedoch die einzelnen landesrechtlichen Gemeindeordnungen nach Aufbau und Inhalt weitgehend überein. Sachliche Unterschiede bestehen noch im Blick auf die Gemeindeverfassung und eine Reihe von Detailfragen. Deshalb ist bei der Lösung von Einzelfällen stets die jeweils landesrechtlich maßgebliche Gemeindeordnung heranzuziehen.

Die Gemeindeordnungen und Kreisordnungen sowie die einschlägigen verfassungsrechtlichen Grundlagen sind in der ergänzbaren Loseblattsammlung von *Schmidt-Eichstaedt/Stade/Borchmann,* Die Gemeindeordnungen und die Kreisordnungen in der Bundesrepublik Deutschland, abgedruckt, die Kreisordnungen und sonstige kreisrelevante Regelungen werden auch in *Henneke,* Kreisrecht in den Ländern der Bundesrepublik Deutschland, 1994, wiedergegeben. Einen Überblick über die Rechtsgrundlagen der einzelnen Länder bringen u. a. *Schmidt-Aßmann/Röhl,* Kommunalrecht, S. 4 ff. und *Stober,* Kommunalrecht, § 3 III. Eine Zusammenstellung früherer, historisch noch interessanter Gesetzestexte von der Mitte des 18. Jahrhunderts bis zur Gegenwart findet sich bei *Engeli/Haus,* Quellen zum modernen Gemeindeverfassungsrecht in Deutschland, 1975. – Zur Entwicklung des Kommunalrechts in den neuen Bundesländern vgl. *Knemeyer* (Hg.), Aufbau der kommunalen Selbstverwaltung in der DDR, 1990; *P. Schumacher/F.-J. Schumacher,* Entwicklungen des Kommunalrechts in Ostdeutschland, Stadt und Gemeinde 1994, 3 ff.; *G. Hoffmann,* Zur Situation des Kommunalverfassungsrechts nach den Gesetzgebungen in den neuen Bundesländern, DÖV 1994, 621 ff.; *Knemeyer,* 10 Jahre kommunale Selbstverwaltung in den „neuen" Ländern, DÖV 2000, 496 ff.

2. Die Organisation der Gemeinden

8   a) *Überblick.* Die in der Literatur und in der Praxis übliche Bezeichnung „Gemeindeverfassung" oder „Kommunalverfassung" (letzteres häufig unter Einbeziehung der Landkreise) betrifft die

Gemeindeorganisation, insbesondere die Stellung, die Besetzung, die Zuständigkeiten und das Zusammenwirken der Gemeindeorgane und ihrer Untergliederungen. Wenn sich auch gewissen Parallelen zur staatlichen Verfassung feststellen lassen, so ist doch zu beachten, daß das „Gemeindeverfassungsrecht" seinem Rang und seinem Inhalt nach nicht dem Verfassungsrecht, sondern dem Verwaltungsrecht angehört. Daher haben über gemeindeverfassungsrechtliche Streitigkeiten die Verwaltungsgerichte zu entscheiden (§ 40 I VwGO).

Die Gemeindeverfassungen der einzelnen Bundesländer, die früh erhebliche Unterschiede aufwiesen, haben sich durch die Reformbewegung zu Beginn der 90er Jahren stark angenähert und stimmen nunmehr im wesentlichen überein. In allen Bundesländern gibt es zwei Hauptorgane: die unmittelbar gewählte Gemeindevertretung als Repräsentation der Gemeindebevölkerung und den ebenfalls unmittelbar gewählten Bürgermeister als Vollzugs- und Verwaltungsorgan. Lediglich in Hessen liegt die Leitung der Gemeindeverwaltung bei einem Kollegialorgan, dem Magistrat, dessen Vorsitzender, der Bürgermeister, jedoch ebenfalls von der Gemeindebevölkerung gewählt wird. In einigen Bundesländern gibt es darüber hinaus zwischen der Gemeindevertretung und dem Bürgermeister ein weiteres Organ oder organähnliches Gebilde als Koordinations- und Kontrollgremium (Hauptausschuß, Verwaltungsausschuß und dgl.).

Bevor auf die Ausgestaltung im einzelnen näher eingegangen **9** wird, erscheint es zweckmäßig, die verschiedenen Gemeindeverfassungsmodelle in ihrer historischen Entwicklung kurz darzustellen, da sie nicht nur für die Beurteilung der früheren Rechtslage bedeutsam sind, sondern auch bis zu einem gewissen Grad noch nachwirken. Typologisch kann zwischen dem monistischen System und dem dualistischen System unterschieden werden. Nach dem monistischen System gibt es nur ein Organ, nämlich die unmittelbar gewählte Gemeindevertretung, die für alle Gemeindeangelegenheiten zuständig ist (sog. Ratsverfassung). Nach dem dualistischen System tritt neben die Gemeindevertretung ein zweites Organ als Vollzugs- und Verwaltungsbehörde, und zwar entweder der Magistrat als Kollegialorgan (Magistratsverfassung) oder der Bürger-

meister als monokratisch strukturiertes Organ (Bürgermeisterverfassung). Wenn die Beschlüsse der Gemeindevertretung der Zustimmung des Magistrats bzw. des Bürgermeisters bedürfen, wird
von echter und, wenn dies nicht der Fall ist, von unechter Magi-
strats- bzw. Bürgermeisterverfassung gesprochen. Sollte noch ein
drittes Organ hinzukommen, dann läge ein trialistisches System vor.
Das sind freilich nur Grundtypen, die historisch in verschiedener
Weise konkretisiert worden sind. Die in der Literatur üblichen
Kennzeichnungen, insbesondere die Bezeichnung „Norddeutsche
Ratsverfassung" und „Süddeutsche Ratsverfassung", sind zudem
insoweit irreführend, als sie auf die ursprüngliche Konzeption abstellen, aber ihre Weiterentwicklung nicht hinreichend berücksichtigen.

– Die *Magistratsverfassung* geht auf die Stein'sche Städteordnung von 1808
  zurück und galt in Preußen (mit Ausnahme von Rheinland und Westfalen)
  bis 1933. Ihr Kennzeichen ist die kollegiale Leitung der Gemeindeverwaltung. Der Magistrat besteht aus dem Bürgermeister als Vorsitzendem und
  einer bestimmten Zahl von hauptamtlichen und ehrenamtlichen Beigeordneten, die von der Gemeindevertretung gewählt werden. Die (unechte)
  Magistratsverfassung wurde nach 1945 in Hessen und 1951 nach Aufgabe
  der sog. norddeutschen Ratsverfassung in Schleswig-Holstein für die Städte
  (wieder) eingeführt. In Hessen wurde sie 1991 (an sich systemwidrig) durch
  die unmittelbare Wahl des Bürgermeisters modifiziert und in Schleswig-
  Holstein durch die Änderung der Gemeindeordnung von 1996 durch
  Übernahme der sog. süddeutschen Ratsverfassung abgeschafft.
– Die *Bürgermeisterverfassung* setzte sich im 19. Jahrhundert nach französischem
  Vorbild im Rheinland durch. Ihr Kennzeichen ist die monokratische Ge-
  meindeleitung durch den Bürgermeister, der von der Gemeindevertretung
  gewählt wird. Die (unechte) Bürgermeisterverfassung wurde nach 1945 in
  Rheinland-Pfalz und im Saarland übernommen, dann aber – 1993 bzw.
  1994 – durch Einführung der unmittelbaren Wahl des Bürgermeisters i. S.
  der süddeutschen Ratsverfassung modifiziert.
– Die *norddeutsche Ratsverfassung* wurde 1946 von der britischen Besatzungs-
  macht in ihrer Besatzungszone (Nordrhein-Westfalen, Niedersachsen,
  Schleswig-Holstein) in Anknüpfung an (angeblich) englische Traditionen
  eingeführt und nach dem Ende der Besatzungsherrschaft in Nordrhein-
  Westfalen und in Niedersachsen mit einigen Modifikationen beibehalten.
  Danach gibt es an sich nur ein Gemeindeorgan, nämlich den unmittelbar
  gewählten Rat mit dem Bürgermeister als Vorsitzendem. Die Aufgaben
  der Verwaltung, insbesondere die Vorbereitung und der Vollzug der
  Ratsbeschlüsse, sollten vom Gemeindedirektor (Stadtdirektor, Oberstadt-
  direktor) wahrgenommen werden, der ursprünglich als bloßer Vertreter
  des Rates und unpolitischer Fachbeamter gedacht war, sich aber im Laufe

der Zeit kraft Zuweisung eigener Kompetenzen zu einem Gemeindeorgan entwickelt hat. Im Blick auf das Nebeneinander von Bürgermeister (Ratsvorsitzender) und Gemeindedirektor (Verwaltungschef) wurde von der „Doppelköpfigkeit" oder der „Zweigleisigkeit" dieses Gemeindeverfassungstyps gesprochen. Er ist 1994 in Nordrhein-Westfalen und 1996 in Niedersachsen zugunsten der süddeutschen Ratsverfassung aufgegeben worden.

– Die *süddeutsche Ratsverfassung* hat sich im süddeutschen Raum (Baden, Württemberg, Bayern) herausgebildet und gilt in ihrer heutigen Form in Baden-Württemberg seit 1955 und in Bayern seit 1952. Nach der ursprünglichen Konzeption gab es nur *ein* Gemeindeorgan, nämlich den Gemeinderat, der aus den unmittelbar gewählten Gemeindevertretern und dem unmittelbar gewählten Bürgermeister als Vorsitzendem bestand (daher Ratsverfassung). Inzwischen hat sich der Bürgermeister zum zweiten Gemeindeorgan mit eigenen Zuständigkeiten weiterentwickelt. Er behält aber seine traditionellen Eigenheiten (unmittelbare Wahl auf Zeit ohne Möglichkeit vorzeitiger Abwahl, Mitglied und Vorsitzender des Gemeinderates).

– *In den neuen Bundesländern* wurde zunächst aufgrund der gemeinsamen Kommunalverfassung von 1990 die Bürgermeisterverfassung mit Wahl und vorzeitiger Abwahlmöglichkeit des Bürgermeisters durch die Gemeindevertretung eingeführt (§§ 27, 30). Die sodann von den einzelnen Ländern 1993/1994 erlassenen Gemeindeordnungen schlossen sich durchweg der süddeutsche Ratsverfassung (mit Direktwahl, allerdings auch Abwahlmöglichkeit des Bürgermeisters durch das Volk) an.

Wie der Überblick zeigt, hat sich die sog. süddeutsche Ratsver- **10** fassung, d. h. die monokratische Leitung der Gemeindeverwaltung durch den unmittelbar gewählten Bürgermeister, innerhalb weniger Jahre durchgesetzt und damit die fast 200jährige, bis 1990 andauernde kommunalverfassungsrechtliche Vielfalt in Deutschland bereinigt. In der Literatur ist geradezu von einem „Siegeszug" des süddeutschen Modells die Rede (so z. B. *Hoffmann*, DÖV 1994, 622). Der eigentliche Grund für diese Entwicklung liegt freilich nicht nur in der Anziehungskraft der Gemeindeordnungen von Baden-Württemberg und Bayern, die ja bereits seit Jahrzehnten bestehen, sondern vor allem in der zunehmenden Forderung nach Einführung und Ausbau der plebiszitären Elemente auf der Kommunalebene mit dem Ziel, den parteipolitischen Einfluß zurückzudrängen und dem Bürger mehr direkte Einflußmöglichkeiten zu vermitteln.

Die Frage, ob der Bürgermeister durch die Gemeindevertretung oder durch die Gemeindebürger gewählt wird, ist keineswegs nur rechtstechnischer Art, sondern hat erhebliche kommunalpolitische und damit auch staatspolitische Bedeutung. Der von der Gemeindevertretung gewählte Bürgermeister ist – das ist keine Wertung, sondern eine Feststellung – Exponent seiner Partei oder der ihn wählenden Koalition in der Gemeindevertretung. Er ist daher mehr oder weniger in die vorgegebenen Mehrheitsverhältnisse der Gemeindevertretung eingebunden. Der direkt gewählte Bürgermeister kann sich dagegen auf seine eigene demokratische Legitimität berufen und dementsprechend auch selbständiger gegenüber dem Gemeinderat auftreten. Er muß sich zwar, wenn er effektiv arbeiten und seine Projekte durchsetzen will, um eine Mehrheit im Gemeinderat bemühen, kann sich aber dabei erforderlichenfalls auf „wechselnde Mehrheiten" stützen. Besteht Direktwahl, dann ist weiter von Bedeutung, ob der Bewerber der Unterstützung einer politischen Partei oder einer Wählergruppe bedarf oder als Einzelbewerber auftreten kann. Im ersten Fall können die Parteien zwar nicht – wie bei der Wahl durch die Gemeindevertretung – den Bürgermeister bestimmen, aber doch eine Vorauswahl treffen. Die zweite Alternative ist sicherlich „demokratischer", erweitert das Spektrum der Kandidaten und gibt auch unabhängigen Bewerbern eine Chance. Sie ist daher zu befürworten, auch wenn sog. Jux-Kandidaten, d. h. Kandidaten, die ohne ernsthafte Aussichten „mitspielen", lästig sein mögen. Die Befürchtung, daß Demagogen, lokale Fußballstars und dgl. gewählt werden könnten, hat sich nicht bestätigt. Der Bürger hat selbst ein Interesse daran, daß *sein* Bürgermeister die erforderliche Sachkompetenz besitzt. Daher hatten bislang in Baden-Württemberg auch die Kandidaten, die aus der Staats- oder Kommunalverwaltung kamen, die größten Chancen. Die Direktwahl des Bürgermeisters ist zudem ein angemessenes Mittel, um den Einfluß der Parteien im demokratischen Staat angemessen zu begrenzen und der vielbeklagten „Parteiverdrossenheit" entgegenzuwirken. Wenn in der Praxis öfters Kandidaten gewählt werden, die nicht der Partei, die im Gemeinderat die Mehrheit hat, sondern einer kleineren Partei angehören oder sogar, soweit möglich, als Einzelbewerber auftreten, dann läßt sich das nicht mit dem Hinweis „Protestwahl" (so etwa *Henneke,* Landkreis 1997, 4) abtun, sondern wohl eher damit erklären, daß die Wähler von der Qualität „ihres" Kandidaten mehr überzeugt sind als von der Qualität des Kandidaten „ihrer" Partei. Vgl. dazu auch *Wehling/Sievert,* Der Bürgermeister in Baden-Württemberg, 2. Aufl. 1987; *Schmidt-Eichstaedt,* Die Machtverteilung zwischen der Gemeindevertretung und dem Hauptverwaltungsbeamten im Vergleich der deutschen Kommunalverfassungssysteme, AfK 1985, 20 ff.; *Maurer,* Die Direktwahl des Bürgermeisters in der Bundesrepublik Deutschland – rechtliche Grundlagen und praktische Erfahrungen, Österreichische Gemeinde-Zeitung 1989, Heft 10, S. 14 ff. m. w. N.

10 a   b) *Die Gemeindevertretung* (auch Gemeinderat, Rat, Stadtverordnetenversammlung genannt) repräsentiert das Gemeindevolk. Sie wird unmittelbar von den Gemeindebürgern (einschließlich der ortsansässigen Staatsangehörigen der anderen EU-Staaten) in der Regel nach den Grundsätzen der Verhältniswahl gewählt. Nach dem Prinzip der starren Liste hat der Bürger lediglich die Wahl zwischen den ihm vorgelegten Listen (und damit zwischen den dahinterstehenden politischen Parteien und Gruppierungen), nach dem Prinzip der freien Liste, das der freiheitlichen Demokratie sicher mehr entspricht, kann der Bürger variieren und Kandidaten aus anderen Listen übernehmen (panaschieren) und einem Kandidaten mehrere Stimmen geben (kumulieren). Das Erfordernis einer repräsentativen Vertretung des Gemeindevolkes ergibt sich bereits aus dem Grundsatz der Selbstverwaltung, folgt aber auch aus dem Demokratieprinzip und ist zudem in Art. 28 I 2 GG ausdrücklich vorgeschrieben. Die Gemeindevertretung hat über alle (wesentlichen) Angelegenheiten der Gemeinde zu beraten und zu beschließen, soweit nicht die Zuständigkeit des Bürgermeisters oder eines evtl. bestehenden weiteren Gemeindeorgans begründet ist. Sie wird daher in einigen Gemeindeordnungen auch als „Hauptorgan" bezeichnet, ohne daß sich aus dieser Kennzeichnung allein irgendwelche Kompetenzen folgern lassen.

Die Gemeindevertretung wird oft als „Gemeindeparlament" bezeichnet. Daran ist richtig, daß die Gemeindevertretung – wie das Parlament – auf unmittelbarer Volkswahl beruht und ein Repräsentativorgan darstellt. Auch die Organisation (freies Mandat, Ausschüsse, Fraktionen usw.) und das Verfahren (Öffentlichkeit der Sitzungen, Mehrheitsprinzip usw.) entsprechen weitgehend, wenn auch keineswegs durchweg dem Parlamentsrecht. Im Gegensatz zu den Parlamenten des Bundes und der Länder ist die Gemeindevertretung aber kein primär rechtsetzendes, sondern verwaltendes Organ, ganz abgesehen davon, daß auch die Gemeindesatzungen vornehmlich der Verwaltung dienen (vgl. zu den Satzungen als Handlungsinstrument der Verwaltung bereits oben § 4 Rn. 15 und § 13 Rn. 2).

c) *Die Leitung der Gemeindeverwaltung* obliegt, wie bereits dargelegt wurde, in fast allen Bundesländern dem Bürgermeister als monokratisch organisierter Behörde, in Hessen dem Magistrat als Kollegialbehörde.

aa) *Der Bürgermeister* wird unmittelbar von den Bürgern der Gemeinde gewählt. Er ist statusrechtlich kommunaler Wahlbeamter auf Zeit. Er hat die Beschlüsse der Gemeindevertretung vorzubereiten und auszuführen, die Geschäfte der laufenden Verwaltung zu erledigen, die Gemeinde nach außen zu vertreten und in der Regel die übertragenen Aufgaben bzw. die Weisungsaufgaben (vgl. dazu unten Rn. 12 ff.) wahrzunehmen. Selbstverständlich besteht zwischen der Gemeindevertretung und dem Bürgermeister keine

10 b

Gewaltenteilung im Sinne der klassischen, auf Montesquieu zu-
rückgehenden Gewaltenteilungslehre. Aber die Verteilung der Gemeindeaufgaben auf zwei selbständige Organe kommt doch der
heutigen Zielsetzung der „Gewaltenteilung", nämlich der Macht-
begrenzung und -kontrolle und der arbeitsteiligen und damit effektiven Erledigung öffentlicher Aufgaben, entgegen.

Wenn auch die Gemeindeordnungen in der Direktwahl des
Bürgermeisters und seinen Zuständigkeiten übereinstimmen, so lassen sich doch im einzelnen Unterschiede feststellen, die kommu-
nalrechtlich und vor allem auch kommunalpolitisch nicht unterschätzt werden dürfen. Zu nennen sind:

– *Wahlvorschlag:* Teilweise ist eine Einzelbewerbung möglich, teilweise ist die
  Unterstützung durch eine politische Partei oder eine Gruppe von Wählern
  erforderlich (vgl. dazu bereits oben Rn. 10).
– *Wahlvorgang:* Durchweg ist im ersten Wahlgang die absolute Mehrheit erforderlich; wenn kein Kandidat diese Mehrheit erreicht, findet zwei Wochen
  später entweder eine Stichwahl (zwischen den beiden bestplazierten Kandidaten) oder eine Neuwahl (mit möglicherweise neuen Kandidaten) statt.
– *Amtszeit:* Überwiegend wird der Bürgermeister für eine bestimmte, von der
  Wahlperiode der Gemeindevertretung unabhängige und über diese hinaus-
  reichende Zeit (in der Regel 7 oder 8 Jahre) gewählt, in Bayern und Nordrhein-Westfalen ist die Amtszeit des Bürgermeisters mit der Wahlperiode
  der Gemeindevertretung zeitlich gekoppelt.
– *Abwahl:* In Baden-Württemberg und Bayern ist eine vorzeitige Abwahl des
  Bürgermeisters nicht vorgesehen; im übrigen kann er aufgrund eines Antrags
  der Gemeindevertretung, der einer $2/3$- oder sogar einer $3/4$-Mehrheit bedarf, oder aufgrund eines Bürgerbegehrens durch Abstimmung der Gemeindebürger abgewählt werden.
– *Mitgliedschaft in der Gemeindevertretung:* Sie ist gesetzlich teilweise ausgeschlossen, teilweise möglich und teilweise festgelegt; entsprechendes gilt für
  die Frage des Stimmrechts und des Vorsitzes.
  Im einzelnen ist auf die Lehrbücher zum Kommunalrecht (vgl. unten
  Rn. 68) und die Kommentare zu den Gemeindeordnungen zu verweisen.

10 c   bb) *Beigeordnete.* Alle Gemeindeordnungen bestimmen, daß in
Städten ab einer bestimmten Einwohnerzahl neben dem Bürgermeister hauptamtliche Beigeordnete bestellt werden können oder
sogar bestellt werden müssen. Die Bezeichnung ist unterschiedlich
und teilweise der Hauptsatzung der Gemeinde überlassen (Bürgermeister, Stadtrat und dgl.). Die Beigeordneten werden von der Gemeindevertretung auf Zeit gewählt, sind statusrechtlich kommunale
Wahlbeamte auf Zeit, haben einen bestimmten, durch die Ge-

meindevertretung und/oder den Bürgermeister festgelegten Geschäftsbereich und können in der Regel mit qualifizierter Mehrheit von der Gemeindevertretung vorzeitig abberufen werden. Da der Bürgermeister Chef der Gemeindeverwaltung ist, kann er grundsätzlich den Beigeordneten Weisungen erteilen.

Die Frage, ob die vorzeitige Abwahl der Kommunalwahlbeamten zulässig ist (Art. 33 V GG, allgemeine Verfassungsgrundsätze, Beamtenrechtsrahmengesetz), wird von der Rechtsprechung zu Recht bejaht, vgl. *BVerfGE* 7, 155 (Schleswig-Holstein); *BVerwGE* 56, 163 (Rheinland-Pfalz); *BVerwGE* 81, 318 (Hessen), bestätigt durch *BVerfG* NVwZ 1994, 473; *BVerwG* NVwZ 1993, 377 (Niedersachsen); ablehnend *Erishsen*, DVBl. 1980, 723 ff.; *E. Klein*, DÖV 1980, 853 ff.; *Henneke*, Jura 1988, 374 ff. Eine andere Frage ist, ob und inwieweit solche Regelungen kommunalpolitisch sinnvoll und vertretbar sind. Das gilt vor allem für § 76 II HessGemO, der bestimmt, daß in Gemeinden mit mehr als 50 000 Einwohnern hauptamtliche Beigeordnete innerhalb von 6 Monaten nach Beginn der Wahlzeit der Gemeindevertretung mit der Mehrheit der gesetzlichen Zahl der Mitglieder (also nicht wie sonst mit 2/3-Mehrheit) vorzeitig abberufen werden können. Diese Vorschrift ist schon deshalb verfehlt, weil sie nicht nur zur Parlamentarisierung der Gemeindeverwaltung führt, sondern diese durch die Befristung auch noch zeitlich forciert, zu Recht kritisch *Frotscher/Knecht*, DÖV 2003, 620 ff., unter zusätzlichem Hinweis auf die Mißbrauchsanfälligkeit dieser Vorschrift. – Die zitierte Literatur und Rechtsprechung betrifft nur die Abwahl durch die *Gemeindevertretung,* betrifft also nicht die unter anderen Aspekten stehende Abwahl des Bürgermeisters durch Abstimmung der *Bürgerschaft,* die in einigen Bundesländern möglich ist.

cc) *Der Magistrat* – die kommunalverfassungsrechtliche Alternative zum Bürgermeister – ist nicht monokratisch, sondern kollegial strukturiert. Er besteht aus dem Bürgermeister als Vorsitzendem und einer bestimmten Zahl von hauptamtlichen und ehrenamtlichen Beigeordneten, die von der Gemeindevertretung entweder für eine bestimmte Zeit (so die hauptamtlichen Mitglieder) oder für die Dauer der Wahlperiode der Gemeindevertretung (so die ehrenamtlichen Mitglieder) gewählt werden. Abweichend von dieser traditionellen Regelung wird der Bürgermeister in Hessen seit 1991 nicht mehr von der Gemeindevertretung, sondern unmittelbar von der Bürgerschaft gewählt. Der Bürgermeister und die hauptamtlichen Beigeordneten sind statusrechtlich kommunale Wahlbeamte auf Zeit. Sie können vorzeitig abberufen werden, der Bürgermeister allerdings folgerichtig nur durch eine Abstimmung des Volkes, die Beigeordneten wie ihre Kollegen in den

10 d

anderen Bundesländern durch einen qualifizierten Beschluß der Gemeindevertretung. Der Magistrat hat – wie der Bürgermeister in den anderen Bundesländern – die Beschlüsse der Gemeindevertretung vorzubereiten und zu vollziehen sowie die Gemeinde nach außen zu vertreten. Als Kollegialorgan entscheidet der Magistrat durch Mehrheitsbeschluß. Der Bürgermeister ist grundsätzlich nur primus inter pares; er hat allerdings nicht nur die typischen Befugnisse des Vorsitzenden, sondern – in Hessen – darüber hinaus einige weitere Kompetenzen. Die Beigeordneten sind ihm grundsätzlich nicht unterstellt, sondern gleichgestellt. Die unmittelbare Wahl (und Abwahl) des Bürgermeisters in Hessen dürfte jedoch, auch wenn sich daraus keine rechtlichen Befugnisse ableiten lassen, nicht nur seine Stellung gegenüber der Gemeindevertretung, sondern auch im Magistrat erheblich stärken. Ob sich die Direktwahl des Vorsitzenden mit der Kollegialität des Gremiums verträgt, bleibt offen. Systemgerecht ist diese Kombination jedenfalls nicht.

10 e   dd) *Koordinationsgremien.* In einer Reihe von Gemeindeordnungen sind ferner Gremien vorgesehen, die in unterschiedlicher Weise besetzt sind (Bürgermeister, hauptamtliche Beigeordnete, Gemeindevertreter, evtl. auch sonstige Bedienstete der Gemeinde). Sie stehen gleichsam zwischen der Gemeindevertretung und dem Bürgermeister und haben vermittelnde, überwiegend beratende, teilweise aber auch beschließende Funktionen und Aufgaben. Man könnte sie vielleicht als magistratsähnliche Gebilde bezeichnen.

So etwa der „Hauptausschuß" in Brandenburg (§§ 55 ff. GemO), der „Verwaltungsausschuß" in Niedersachsen (§§ 56 ff. GemO), der „Verwaltungsvorstand" in Nordrhein-Westfalen (§ 70 GemO), der „Stadtvorstand" in Rheinland-Pfalz (§§ 57 ff. GemO, in der Literatur als „Teilorgan mit magistraler Ausprägung" bezeichnet vgl. *Stargardt,* VR 1995, 149), und der „Hauptausschuß" in Schleswig-Holstein (§§ 45 a ff.).

11   d) *Die Beteiligung der Bürger.* Die Frage nach der Bürgerbeteiligung zielt darauf ab, ob und ggf. welche rechtlichen Möglichkeiten die Bürger – neben ihrem Wahlrecht – haben, um auf das Gemeindegeschehen Einfluß zu nehmen. Das Kommunalrecht war insoweit – abgesehen von Baden-Württemberg, das schon in der ersten Fassung seiner Gemeindeordnung von 1955 den Bürgerentscheid und das Bürgerbegehren einführte – lange sehr zurückhaltend. Erst die sog. Demokratisierungswelle der 1970er Jahre brachte verschiedene Formen der Bürgerbeteiligung (Bürgerversammlung, Anhörung von Bürgern in der Gemeindevertretung oder in Ausschüssen, Fragerecht der Bürger, Einwendungen gegen den öffentlich auszulegenden Entwurf des Haushaltsplanes), die aber bei näherem Zusehen über bloße Informations-, Beratungs- oder allenfalls Anregungsrechte nicht hinausgehen. Lediglich der *Bürgerantrag* bzw. *Einwohnerantrag,* der die Gemeindevertretung verpflichtet, eine bestimmte Angelegenheit zu behandeln, hat rechtlich weitergehende Bedeutung, auch wenn die Gemeindevertretung in sachlicher Hinsicht nicht gebunden wird. Zu einem weiteren und nachhaltigerem Schub kam es dann in den letzten Jahren.

Den Anfang machte Schleswig-Holstein, das durch § 16 g GemO i. d. F. vom 23. 3. 1990 (GVBl. S. 134) den Bürgerentscheid und das Bürgerbegehren einführte. Sodann kam es in den neuen Bundesländern im Anschluß an die vorhergehende Kommunalverfassung vom 17. 5. 1990 (Art. 18 KVerf.) zu eingehenden Regelungen, die ihrerseits wieder – wie bei der Direktwahl des Bürgermeisters – die Gesetzgebung in den alten Bundesländern anregten und beeinflußten. Inzwischen haben alle Bundesländer – mit Ausnahme des Saarlandes – Regelungen über den Bürgerentscheid und das Bürgerbegehren in ihrer Gemeindeordnung aufgenommen. In Bayern bedurfte es dazu allerdings eines Volksbegehrens und eines Volksentscheides auf der landesrechtlichen Ebene, die dann zu einer großzügigen, nach Auffassung mancher Betrachter sogar zu einer zu großzügigen Regelung führten, die ihrerseits wiederum durch den *BayVerfGH* korrigiert wurde (Volksentscheid vom 1. 10. 1995; *BayVerfGH* BayVBl. 1997, 622 = DVBl. 1998, 136; Gesetz zur Änderung der Gemeindeordnung und Landkreisordnung vom 26. 3. 1999, GVBl. S. 86; vgl. zur Entstehungsgeschichte und Weiterentwicklung *Hölzl/Klein,* Kommentar zur bayerischen Gemeindeordnung, Art. 18 a Anm. 1; *Knemeyer,* Bay. Kommunalrecht, Rn. 183 ff.).

Bürgerentscheid und *Bürgerbegehren* sind Elemente der unmittelbaren Demokratie, die sich im Bereich der kommunalen Selbstverwaltung noch mehr verwirklichen lassen als im staatlichen Bereich. *Bürgerentscheid* ist die verbindliche Entscheidung der Bürgerschaft über eine Sachfrage. *Bürgerbegehren* ist der Antrag einer bestimmten Zahl von Bürgern auf Durchführung eines Bürgerentscheids. Als *Gegenstand* des Bürgerentscheids kommen – je nach

Gemeindeordnung – alle Gemeindeangelegenheiten oder alle wichtigen Gemeindeangelegenheiten, die z. T. näher bestimmt werden, oder alle in den Zuständigkeitsbereich der Gemeindevertretung fallenden Angelegenheiten in Betracht. Durch einen Negativkatalog wird jedoch eine ganze Reihe von Angelegenheiten ausgeschlossen, so insbesondere Weisungsaufgaben bzw. Aufgaben des übertragenen Wirkungskreises, Fragen der inneren Organisation der Gemeindeverwaltung, Haushaltssatzungen und Gemeindeabgaben sowie Entscheidungen in Rechtsmittelverfahren. Der Bürgerentscheid ist *erfolgreich,* wenn die gestellte Frage von der Mehrheit der abgegebenen gültigen Stimmen bejaht wird *und* diese Mehrheit mindestens 25% bzw. 30% der Stimmberechtigten beträgt. Er hat die Wirkung eines Gemeinderatsbeschlusses, darüber hinaus sogar eine gewisse, zeitlich begrenzte Sperrwirkung gegenüber abändernden Gemeinderatsbeschlüssen oder neuen Bürgerentscheiden. Das *Bürgerbegehren,* das auf Durchführung eines Bürgerentscheids abzielt, muß von einer bestimmten Zahl von Bürgern unterstützt werden. Entspricht es diesen und weiteren formellen Anforderungen, dann ist die Gemeindeverwaltung verpflichtet, den Bürgerentscheid anzuberaumen und durchzuführen. In einigen Bundesländern kann der Bürgerentscheid auch durch einen Beschluß der Gemeindevertretung (mit $^2/_3$-Mehrheit bzw. mit der Mehrheit der Mitglieder der Gemeindevertretung) veranlaßt werden.

Vgl. dazu näher mit Hinweis auf die gesetzlichen Regelungen *Gern,* Kommunalrecht, Rn. 587 ff.; *Kühne/Meißner* (Hg.), Züge unmittelbarer Demokratie in der Gemeindeverfassung, 1977; *Streinz,* Bürgerbegehren und Bürgerentscheid, DV 16 (1983) S. 293 ff.; *v. Arnim,* Möglichkeiten unmittelbarer Demokratie auf Gemeindeebene, DÖV 1990, 85 ff.; *Humpert,* Bürgerantrag, Bürgerentscheid und Bürgerbegehren in der Kommunalverfassung der neuen Bundesländer, DÖV 1990, 999 ff.; *Erbguth,* Verstärkung der Elemente unmittelbarer Bürgerbeteiligung auf kommunaler Ebene, DÖV 1995, 793 ff.; *Hendler,* Zu den Vorzügen und Nachteilen verstärkter Bürgerbeteiligung auf kommunaler Ebene, Der Landkreis 1995, 321 ff.; *Henneke,* Das richtige Maß von Unmittelbarkeit und Distanz bei kommunalen Bürgerbegehren und -entscheiden, ZG 1996, 1 ff.; *Muckel,* Bürgerbegehren und Bürgerentscheid – wirksame Instrumente unmittelbarer Demokratie in Gemeinden? NVwZ 1997, 223 ff.; *Hofmann,* Bürgerbegehren und Bürgerentscheid in der kommunalen Praxis, VR 1997, 156 ff.; *Ossenbühl,* Bürgerbegehren und Bürgerentscheid, Festschrift für Rommel, 1997, 247 ff.; *Schmitt Glaeser,* Grenzen des Plebiszits auf kommunaler Ebene, DÖV 1998, 824 ff.; *Dustmann,* Die Regelung von

Bürgerbegehren und Bürgerentscheid in den Kommunalverfassungen der
Flächenstaaten der Bundesrepublik Deutschland, 2000; *Rittgen*, Zu den thema-
tischen Grenzen von Bürgerbegehren und Bürgerentscheid, NVwZ 2000,
129 ff.; ferner zur Rechtslage in Baden-Württemberg: *Sapper*, VBlBW 1983,
879 ff.; *Seeger*, ZParl. 1988, 516 ff.; *Hager*, VerwArch. Bd. 84 (1993) S. 97 ff.;
Kloster/Peters, Bürgerentscheid und Bürgerbegehren, VR 1999, 316 ff.; zur
Rechtslage in Bayern: *Knemeyer*, aaO. Rn. 183 ff.; *Wehr*, BayVBl. 1996, 549 ff.;
Hofmann-Hoeppel/Weible, BayVBl. 2000, 577 ff.; zur Rechtslage in Nordrhein-
Westfalen *v. Danwitz*, DVBl. 1996, 134 ff.; zur Rechtslage in Niedersachsen:
J. Ipsen, NdsVBl. 1996, 101 f.

Weitere Beteiligungsrechte sind in spezialgesetzlichen Vorschriften enthalten, so etwa in § 3 BauGB bezüglich der Bauleitplanung, in § 10 BImSchG
bezüglich Industrieanlagen, in § 7 IV 3 AtomG, §§ 4 ff. AtVfV bezüglich
Kernkraftwerken etc. Sie unterscheiden sich jedoch in verschiedener Hinsicht
von den kommunalrechtlichen Beteiligungsrechten, da sie nicht an die Ge-
meindebürgerschaft anknüpfen, sondern jedermann oder zumindest jedem
Betroffenen zustehen, sich nicht auf den weiten Kreis der Gemeindeangelegenheiten erstrecken, sondern nur bestimmte, allerdings meist weitreichende
Vorhaben betreffen, nicht nur den Zweck haben, den Behörden Informationen zu vermitteln und den Bürgern Einflußmöglichkeiten auf den Entscheidungsprozeß einzuräumen, sondern auch dem Schutz subjektiver Rechte
dienen sollen (vorgelagerter Rechtsschutz), da sie – kurz gesagt – keinen plebiszitären, sondern partizipativen Charakter haben.

3. Die Aufgaben der Gemeinde

a) *Selbstverwaltungsangelegenheiten und Auftragsangelegenheiten.* Tra-   **12**
ditionell wird zwischen Selbstverwaltungs- und Auftragsangelegenheiten bzw. – gleichbedeutend – zwischen eigenem Wirkungskreis
und übertragenem Wirkungskreis unterschieden.

aa) *Selbstverwaltungsangelegenheiten* sind die „eigenen Angelegen-   **13**
heiten" der Gemeinde, d. h. diejenigen, die sich aus der örtlichen
Gemeinschaft ergeben oder sich auf diese beziehen. Die Gemeinde
kann alle diese Angelegenheiten in ihre Verwaltung einbeziehen,
einer besonderen Zuweisung bedarf es nicht. Daher spricht man
von „Allzuständigkeit", darf aber nicht übersehen, daß sie sich nur
auf den Bereich der „eigenen Angelegenheiten" bezieht.

Nach der Rechtsprechung „sind Angelegenheiten der örtlichen Gemeinschaft diejenigen Bedürfnisse und Interessen, die in der örtlichen Gemeinschaft
wurzeln oder auf sie einen spezifischen Bezug haben, die also den Gemeindeeinwohnern gerade als solchen gemeinsam sind, indem sie das Zusammenleben und -wohnen der Menschen in der (politischen) Gemeinde betreffen" (*BVerfGE* 79, 127, 151 f.; 110, 370, 400 f. *BVerwGE* 87, 228, 231 f.; 101,
99, 103; 122, 350, 355). Auf die Verwaltungskraft der Gemeinde kommt es

hierfür nicht an. Der Staat darf den Gemeinden nicht unter Hinweis auf die fehlende Verwaltungskraft Aufgaben vorenthalten oder entziehen, sondern muß umgekehrt die erforderliche Verwaltungskraft durch Zuweisung entsprechender Finanzmittel gewährleisten. – Im Einzelnen ist die Abgrenzung der eigenen oder örtlichen Angelegenheiten immer wieder fraglich und strittig. So ist in den 50er und dann wieder in den 80er Jahren darüber diskutiert worden, ob und inwieweit die Gemeinden zu außen- und verteidigungspolitischen Fragen, die als solche eindeutig in den Kompetenzbereich des Bundes fallen, Stellung nehmen und Erklärungen abgeben dürfen (Befassungskompetenz). Nach der h. M. haben sie zwar kein allgemein-politischen Mandat, können aber ein (rechtlich unverbindliches) Votum beschließen, wenn sie durch staatliche und damit überörtliche Vorhaben in ihrem Gebiet konkret betroffen werden oder betroffen werden können. Vgl. *BVerfGE* 8, 122 (Atombewaffnung); *BVerwGE* 87, 228 (Atomwaffenstationierung; Erklärung der Gemeinde zur „atomfreien Zone"); *BVerwGE* 87, 237 (internationale Städtepartnerschaft); *BadWürttVGH*, NVwZ 1984, 659ff. (Atomwaffenstationierung); ferner die weiteren Nachweise bei *Maurer*, BWStVR, S. 201.

Grundsätzlich liegt es bei den Gemeinden, ob und wie sie eine Angelegenheit ihres Wirkungskreises erledigen will. Tatsächlich bestehen jedoch zahlreiche gesetzliche Vorschriften, die – gedeckt durch den Gesetzesvorbehalt des Art. 28 II GG – das Ob und Wie regeln. Es ist daher zwischen freiwilligen Aufgaben und Pflichtaufgaben zu unterscheiden, – je nachdem, ob die Übernahme einer Aufgabe im Ermessen der Gemeinde liegt oder sie dazu verpflichtet ist. Auch freiwilligen Aufgaben kann sich die Gemeinde im Blick auf die tatsächlichen Bedürfnisse oft nicht entziehen, andererseits bilden Verwaltungskraft und finanzielle Leistungsfähigkeit rechtliche und faktische Grenzen für die gemeindliche Tätigkeit.

Freiwillige Aufgaben sind z. B. Verkehrsbetriebe, sonstige kommunale Einrichtungen (Freibäder, Krankenhäuser, Sportplätze usw.), Förderung der wirtschaftlichen und gewerblichen Entwicklung. – Pflichtaufgaben sind z. B. die Feuerwehr, die Bauleitplanung, die Unterhaltung von Grund- und Hauptschulen.

14   bb) *Auftragsangelegenheiten* sind staatliche Aufgaben, die den Gemeinden zur Erledigung übertragen worden sind. Sie sind – im Gegensatz zu den „örtlichen" Selbstverwaltungsangelegenheiten – überörtlicher Natur. Der Staat errichtet auf der Ortsebene keine eigenen Behörden, sondern bedient sich der Gemeinden, indem er ihnen bzw. ihren Organen die Durchführung der staatlichen Aufgaben auf der untersten Ebene zuweist.

Zu den Auftragsangelegenheiten gehören z. B. das Paß- und Meldewesen, das Personenstandswesen, die Bauaufsicht, der Lastenausgleich, die Wehrerfassung usw. Die obrigkeitlichen Aufgaben sind vornehmlich Auftragsangelegenheiten, während die Aufgaben der Daseinsvorsorge und der Förderung im wirtschaftlichen, kulturellen und sozialen Bereich überwiegend Selbstverwaltungsangelegenheiten sind. – Vgl. im übrigen zu den Aufgaben der Gemeinden noch den als Anhang 2 abgedruckten Verwaltungsgliederungsplan.

cc) Die Unterscheidung von Selbstverwaltungsangelegenheiten **15** und Auftragsangelegenheiten ist wegen der verschiedenen Folgen von erheblicher Bedeutung, wie folgende Gegenüberstellung zeigt:

Selbstverwaltungsangelegenheiten	*Auftragsangelegenheiten*
Allzuständigkeit	Zuweisung im Einzelfall durch Gesetz
Eigenverantwortliche Aufgabenerfüllung	Fremd-(staats-)verantwortliche Aufgabenerfüllung
Recht zum Erlaß von Satzungen	Kein Satzungsrecht, es sei denn, daß eine spezielle gesetzliche Ermächtigung vorliegt
Interne Zuständigkeitsverteilung nach dem Gemeinderecht	Meistens Zuständigkeit der Gemeindeverwaltungsorgane ohne Mitwirkung der Gemeindevertretung
Rechtsaufsicht	Fachaufsicht
Rechtsschutz gegen staatliche Eingriffe durch Verwaltungsgerichte und BVerfG (Art. 93 I Nr. 4 b GG)	Kein gerichtlicher Rechtsschutz gegen Maßnahmen der Fachaufsicht

b) *Einheitlicher Bereich von Gemeindeaufgaben.* Der Dualismus von **16** Selbstverwaltungsangelegenheiten und Auftragsangelegenheiten ist sowohl wegen der Abgrenzungsschwierigkeiten als auch aus grundsätzlichen Erwägungen immer wieder auf Kritik gestoßen (vgl. dazu auch oben § 22 Rn. 11). Einige Bundesländer haben daher in Anlehnung an den sog. Weinheimer Entwurf (ausgearbeitet auf einer Tagung von Vertretern der kommunalen Spitzenverbände und der Innenministerien fast aller Länder in Weinheim 1948) diese Differenzierung aufgegeben und durch einen einheitlichen Bereich der Gemeindeaufgaben ersetzt. Die Gemeinden verwalten danach in ihrem Gebiet alle öffentlichen Aufgaben allein und unter

eigener Verantwortung, soweit die Gesetze nichts anderes bestimmen; die Gemeinden können durch Gesetz zur Erfüllung bestimmter Aufgaben verpflichtet werden (Pflichtaufgaben); Pflichtaufgaben können den Gemeinden zur Erfüllung nach Weisung
auferlegt werden (Weisungsaufgaben).

So § 2 Bad.-Württ.GemO, §§ 2 ff. Hess.GemO, §§ 2 f. NRW GemO, § 2
Sächs. GemO, §§ 2 f. Schl.Holst. GemO.

Es ist sonach zwischen freien Aufgaben, Pflichtaufgaben und
Weisungsaufgaben zu unterscheiden. „Weisung" bedeutet in diesem Zusammenhang, daß die übergeordnete staatliche Behörde
(also z. B. der Landrat) dem zuständigen Gemeindeorgan allgemein
oder für den Einzelfall Weisungen bezüglich der Erledigung solcher Aufgaben erteilen kann. Unbestritten ist, daß sich die freien
Aufgaben und die Pflichtaufgaben mit den (freien und pflichtigen)
Selbstverwaltungsaufgaben traditioneller Art decken. Strittig ist die
Qualifizierung der Weisungsaufgaben.

Es werden insoweit alle möglichen Auffassungen vertreten: Selbstverwaltungsangelegenheiten (so z.B. *Jesch,* DÖV 1960, 739, 741; *Erichsen,* Kommunalrecht des Landes Nordrhein-Westfalen, 2. Aufl. 1997, S. 69 f.; *Ehlers,*
NWVBl. 1990, 44, 48; *ders., DVBl.* 2001, 1602 f.; *Vietmeier,* DVBl. 1992,
413 ff.; *Riotte/Waldecker,* NWVBl. 1995, 401 ff.). – Auftragsangelegenheiten (so
z.B. *Gönnenwein,* Gemeinderecht, 1963, S. 105 f.; *Gern,* Kommunalrecht,
Rn. 239). – „Zwischenform" (so etwa *Schmidt-Aßmann/Röhl,* Kommunalrecht,
Rn. 39; *Stober,* Kommunalrecht, § 4 IV 1). Das *OVG Münster* nahm früher
ebenfalls ein „Zwischending" an (*OVGE* 13, 356, 359), folgte dann aber der
Rechtsprechung des *VerfGH NRW,* der sich für die Qualifizierung als Selbst-
verwaltungsaufgaben aussprach (vgl. *VerfGH NRW DVBl.* 1985, 685; *OVG
Münster* NVwZ-RR 1995, 502). Vgl. zum Ganzen auch *Henneke,* ZG 2002,
S. 72 ff., insbes. S. 76 ff. und 98 ff.; *Schmidt-Eichstaedt,* HKWP III S. 20 ff.

Der Vergleich der Weisungsaufgaben mit den Selbstverwal-
tungs- und Auftragsangelegenheiten ist schon deshalb problematisch, weil es sich um nicht kommensurable Begriffe handelt. Die
Unterscheidung Selbstverwaltungs- und Auftragsangelegenheiten
stellt auf die Materie ab (Angelegenheiten der örtlichen Gemeinschaft – staatliche, zumindest überörtliche Angelegenheiten). Der
Begriff der Weisungsaufgaben stellt dagegen auf die Einwirkungsrechte des Staates ab. Die Selbstverwaltungsgarantie schließt staatliche Weisungen grundsätzlich aus; lediglich aufgrund des Geset-

zesvorbehalts sind sie im beschränkten Umfang möglich. Daher können die Weisungsaufgaben, will man nicht gegen die Verfassung verstoßen, nicht generell den Selbstverwaltungsangelegenheiten zugeordnet werden. Andererseits kann der Gesetzgeber anordnen, daß bestimmte, den Gemeinden übertragene staatliche Aufgaben wie Selbstverwaltungsangelegenheiten, d. h. mit den Möglichkeiten und Mitteln des Selbstverwaltungsrechts, wahrgenommen werden. Es ist dementsprechend zwischen den echten Selbstverwaltungsangelegenheiten und den unechten, nur formellen Selbstverwaltungsangelegenheiten zu unterscheiden. Das monistische Modell erweitert den Spielraum der Gemeinden. Es hat zudem den Vorteil, daß die Grenzen durch den Gesetzgeber klar bestimmt werden: (1) Staatliche Weisungen sind nur zulässig, wenn und soweit der Gesetzgeber dies regelt; (2) die Gemeinden können alle öffentlichen Aufgaben auf ihrem Gebiet übernehmen, soweit gesetzlich nichts anderes geregelt ist. Die nach dem dualistischen Modell maßgebliche Frage, ob sachlich eine staatliche Aufgabe vorliegt (dann Weisungsrecht zulässig und kommunaler Zugriff ausgeschlossen), kann daher dahingestellt bleiben, es sei denn, daß die gesetzliche Regelung im Einzelfall gegen die verfassungsrechtliche Selbstverwaltungsgarantie verstößt. Die „Weinheimer Konzeption" bringt also keine grundsätzliche Neuerung, aber doch eine rechtliche Präzisierung und Verschiebung zugunsten der Gemeinden.

c) Die Unterschiede beider Modelle sollen durch folgende Ge-   **17** genüberstellung veranschaulicht werden:

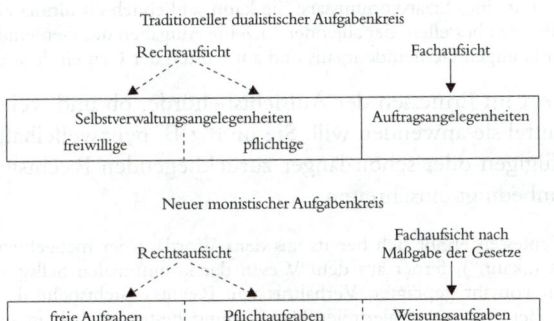

4. Staatliche Aufsicht

18   a) *Rechtskontrolle.* Die Gemeinden nehmen ihre Selbstverwaltungsangelegenheiten bzw. weisungsfreien Aufgaben eigenverantwortlich wahr, sind aber an das Gesetz gebunden. Die Einhaltung dieser Gesetzesbindung wird durch die staatliche Aufsicht überwacht und erforderlichenfalls durchgesetzt. Sie beschränkt sich folgerichtig auf eine Rechtmäßigkeitskontrolle.

19   b) *Die Aufsichtsmittel.* Die dem Staat zur Verfügung stehenden Aufsichtsmittel sind gesetzlich geregelt und beschränkt. Es sind drei Gruppen zu unterscheiden:

aa) *Information:* Die Rechtsaufsichtsbehörde ist berechtigt, sich über alle aufsichtsrelevanten Angelegenheiten der Gemeinde zu informieren. Die Information ist Voraussetzung für den Einsatz der folgenden Aufsichtsmittel, gibt aber auch die Möglichkeit zur Beratung und zu Empfehlungen.

20   bb) *Die repressiven Aufsichtsmittel* reagieren auf erfolgte Rechtsverletzungen der Gemeinde und dienen deren Beseitigung. In Betracht kommen:

– Beanstandung: Die staatliche Aufsichtsbehörde kann rechtswidrige Beschlüsse aufheben, bzw. deren Aufhebung durch die Gemeinde verlangen.
– Anordnung: Sie kann die Erfüllung der der Gemeinde gesetzlich obliegenden Pflichten innerhalb angemessener Frist verlangen.
– Ersatzvornahme: Sie kann, wenn die Gemeinde einer Verpflichtung nicht nachkommt, die obliegende Aufgabe anstelle und auf Kosten der Gemeinde selbst durchführen oder durch einen Dritten durchführen lassen.
– Bestellung eines Staatskommissars: Sie kann schließlich als ultima ratio einen Beauftragten bestellen, der alle oder einzelne Aufgaben der Gemeinde anstelle des zuständigen Gemeindeorgans und auf Kosten der Gemeinde wahrnimmt.

Es liegt im Ermessen der Aufsichtsbehörde, ob und welche Aufsichtsmittel sie anwenden will. Sie muß z. B. bei zweifelhaften oder geringfügigen oder schon länger zurückliegenden Rechtsverstößen nicht unbedingt einschreiten.

Das Ermessen ergibt sich bereits aus dem Wortlaut der maßgeblichen Vorschriften („kann"), ferner aus dem Wesen der kommunalen Selbstverwaltung und dem von ihr geprägten Verhältnis von Rechtsaufsichtsbehörde und Gemeinde. Bei ermessensfehlerfreier Handhabung bestehen auch in rechtsstaatlicher Hinsicht keine Bedenken. So zutr. die h. L., vgl. *Kahl*, Staatsaufsicht,

2000, S. 252 ff. mit weiteren Nachw.; a. A. *Borchert*, Legalitätsprinzip oder Opportunitätsgrundsatz für die Kommunalaufsicht? DÖV 1978, 721; *Waechter,* Kommunalrecht, Rn. 198; ebenso früher die gesetzliche Regelung in Bayern (Art. 112, 113 GemO), die aber inzwischen im Sinne des Opportunitätsprinzips geändert worden ist, vgl. *Knemeyer,* HKWP I S. 268 f. und *BayVGH* BayVBl. 1960, 287 zur früheren Fassung und *Knemeyer,* BayVBl. 1999, 193 ff. zur geltenden Fassung.

cc) *Die präventiven Aufsichtsmittel* sollen durch Vorwegkontrolle **20 a** rechtswidrige Akte verhindern (Genehmigungsvorbehalt) oder eine sofortige Kontrolle ermöglichen (Anzeigenvorbehalt).

– Genehmigungsvorbehalt: Bestimmte Beschlüsse der Gemeinde bedürfen zu ihrer Rechtswirksamkeit der Genehmigung durch die Aufsichtsbehörde, so – allerdings nur noch eingeschränkt – die Bauleitpläne (§§ 6 I, 10 II BauGB), ferner je nach Landesrecht der Erlaß einer rückwirkenden Satzung, die Veräußerung von Gemeindevermögen, die Aufnahme von Darlehen usw.
– Anzeigenvorbehalt: Bestimmte Beschlüsse oder Vorhaben müssen der Aufsichtsbehörde angezeigt werden, die dann, wenn sie eine Rechtsverletzung feststellt, mit den repressiven Aufsichtsmitteln einschreiten kann.

Einige der genannten Aufsichtsmittel finden Parallelen im Staat-Bürger-Verhältnis, so die Ersatzvornahme als Zwangsmittel gegenüber renitenten Bürgern (vgl. oben § 20 Rn. 13), der Genehmigungsvorbehalt (§ 9 Rn. 51) und der Anzeigenvorbehalt (vgl. oben § 9 Rn. 54).

c) *Aufsichtsbehörden* sind die allgemeinen Behörden der (staat- **21** lichen) Landesverwaltung, also der Landrat (bzw. der Landkreis), der Regierungspräsident und der Innenminister, vgl. oben § 22 Rn. 17 ff.

d) *Rechtsschutz.* Die Aufsichtsmaßnahmen sind (mit Ausnahme der **22** Information) anfechtbare Verwaltungsakte. Die Außenwirkung ist gegeben, da die Gemeinde in Selbstverwaltungsangelegenheiten als juristische Person des öffentlichen Rechts betroffen ist. Wenn ein Antrag auf Genehmigung (etwa eines Bebauungsplanes) abgelehnt wird, kann die Gemeinde Verpflichtungsklage erheben (die Genehmigung der Satzung ist Verwaltungsakt, vgl. oben § 9 Rn. 21).

Die Klage eines Bürgers gegen das Land, in einem bestimmten Fall von der Rechtsaufsicht gegen eine Gemeinde Gebrauch zu machen, ist mangels Klagebefugnis unzulässig, da die Rechtsaufsicht nur im öffentlichen Interesse, nicht auch im Interesse einzelner Bürger erfolgt. Das gilt selbst dann, wenn die gerügte Maßnahme der Gemeinde den Kläger in seinen Rechten betrifft, weil

Gegenstand der hier erörterten Klage nicht diese Maßnahme, sondern die Rechtsaufsicht über die Gemeinde ist.

23   e) *Exkurs: Fachaufsicht bei Auftragsangelegenheiten bzw. Weisungsangelegenheiten.* Im Bereich der Auftragsangelegenheiten unterliegt die Gemeinde – bzw. das jeweils dafür zuständige Gemeindeorgan, insbesondere der Bürgermeister – der Fachaufsicht, die sich nicht nur auf die Rechtmäßigkeit, sondern auch auf die Zweckmäßigkeit des Verwaltungshandelns erstreckt. Die Weisung der Fachaufsichtsbehörde kann sowohl das künftige Verhalten als auch die Korrektur und Aufhebung bereits erfolgter Maßnahmen betreffen. Sie richtet sich nicht an die Gemeinde als Selbstverwaltungskörperschaft, sondern an die Gemeinde bzw. ihre Organe als Teile der Staatsorganisation i. w. S., entsprechend der innerdienstlichen Weisung gegen Beamte und Behörden. Deshalb scheidet auch eine Klage gegen solche Weisungen aus. Die Gemeinde kann allerdings geltend machen, daß eine Maßnahme den Rahmen der Fachaufsicht überschreitet und sie insoweit (!) in ihrem Selbstverwaltungsrecht betrifft. Entsprechendes gilt für die sog. Weisungsangelegenheiten.

Beispiel: Die Gemeinde kann gerichtlich geltend machen, eine Weisung verletze sie in ihrem Selbstverwaltungsrecht, weil im vorliegenden Fall überhaupt keine Weisung zulässig sei. Sie kann aber nicht geltend machen, daß eine an sich zulässige Weisung im konkreten Fall rechtswidrig sei.

5. Der Landkreis

24   Die wichtigste Kommunalkörperschaft auf der höheren Ebene ist der Landkreis. Er besteht nicht nur unangefochten in allen Bundesländern (Flächenstaaten), sondern ist auch bundes- und landesverfassungsrechtlich gewährleistet (Art. 28 GG, ebenso die entsprechenden, meist ausführlicheren Vorschriften der Landesverfassungen). Der Begriff „Gemeindeverbände" in Art. 28 I und II GG ist zwar nicht eindeutig, erfaßt aber auf jeden Fall auch die Landkreise. Anderseits ist der Landkreis kein Verband der kreisangehörigen Gemeinden, sondern eine alle Kreisbewohner erfassende Gebietskörperschaft. Es ist daher nur folgerichtig, daß der Kreistag als oberstes Organ des Landkreises nicht von den Gemeinden (Gemeindevertretungen), sondern unmittelbar von der Kreisbevölkerung gewählt wird.

Die Organisation des Landkreises ist landesrechtlich sehr unterschiedlich geregelt, entspricht aber in den einzelnen Bundesländern bis ins Detail der Gemeindeorganisation, wenn man von der Verknüpfung der Kreisverwaltung mit der unteren staatlichen Verwaltung absieht (vgl. dazu oben § 22 Rn. 23 ff.). So wird z. B. der Kreistag nach den gleichen Grundsätzen gewählt wie die Gemeindevertretung und hat der Landrat dieselbe Stellung wie der Bürgermeister.

Der Landkreis hat die überörtlichen, auf die Kreisbevölkerung **25** und das Kreisgebiet bezogenen Aufgaben als Selbstverwaltungsangelegenheiten wahrzunehmen. Ferner hat er im Verhältnis zu den kreisangehörigen Gemeinden Ergänzungs- und Ausgleichsaufgaben, d. h. er soll subsidiär zugunsten der kreisangehörigen Gemeinden eingreifen und bestimmte Defizite bei der Aufgabenerfüllung einzelner Gemeinden ausgleichen. Zu den eigenen Angelegenheiten kommen noch − wie bei den Gemeinden − die staatlich übertragenen Aufgaben.

Die Abgrenzung zwischen den Gemeinde- und Landkreiszuständigkeiten wird in der Praxis immer wieder problematisch. Vgl. dazu grundsätzlich *BVerfGE* 79, 127, das den Vorrang der Gemeinden betont; zu den Ergänzungs- und Ausgleichsaufgaben *BVerwGE* 101, 99; *BVerwG* NVwZ 1998, 63; *Schmidt-Aßmann,* Kommunalrecht, Rn. 142 f.; kritisch *Wimmer,* NVwZ 1998, 28 ff. − Zu den eigenen Angelegenheiten der Landkreise gehören z. B. die Schaffung und Unterhaltung sozialer und kultureller Einrichtungen, etwa ein Kreiskrankenhaus, ein Jugendheim, eine Berufsschule; zu den übertragenen Aufgaben gehören z. B. der Vollzug des Bundesausbildungsförderungsgesetzes, des Wohngeldgesetzes und des Lastenausgleichsgesetzes. Möglich ist auch, daß den Landkreisen eine Aufgabe als „Selbstverwaltungsangelegenheit" übertragen wird, obwohl es sich materiell um eine staatliche Aufgabe handelt; so liegt es z. B. bei der Sozialhilfe gem. § 3 II SGG XII (früher § 96 BSHG), vgl. dazu *Maurer,* in: Henneke/Maurer/Schoch, Die Kreise im Bundesstaat, 1994, S. 139 ff., insbes. S. 150, 163; *ders.,* DVBl. 1995, 1046, ferner im Blick auf die Gemeinden oben Rn. 16.

Die Selbstverwaltung der Landkreise wird durch Art. 28 II 2 GG **26** verfassungsrechtlich garantiert, aber nicht im Blick auf einen sachlich vorgegebenen, sondern nur im Blick auf den gesetzlich bestimmten Aufgabenkreis (vgl. die unterschiedliche Formulierung für die Gemeinden und für die Gemeindeverbände = Landkreise in Art. 28 II GG). Der gebietskörperschaftliche Charakter der Landkreise wird mittelbar bereits durch Art. 28 I 2 GG gewährleistet, der eine unmittelbare Volksvertretung auch in den Landkreisen vorsieht.

6. Weitere Kommunalkörperschaften und interne Gliederungen

27   a) *Überblick.* Im übrigen gibt es – von Land zu Land verschieden – eine ganze Reihe von Kommunalkörperschaften, die nach Ebene und Größe entweder zwischen den Gemeinden und den Landkreisen (etwa die Ämter in Brandenburg, Mecklenburg-Vorpommern und Schleswig-Holstein, die Samtgemeinden in Niedersachsen, die Verwaltungsgemeinschaften in Baden-Württemberg, Bayern, Sachsen, Sachsen-Anhalt und Thüringen) oder über den Landkreisen (etwa die Landschaftsverbände in Nordrhein-Westfalen, die Bezirksverbände in Bayern, der Landeswohlfahrtsverband in Hessen bzw. die Landeswohlfahrtsverbände in Baden-Württemberg) einzuordnen sind. Sie haben jeweils bestimmte Aufgaben ihres Bereichs, die von den kleineren Körperschaften der unteren Ebene nicht mehr bewältigt werden können, wahrzunehmen, sind meist aber auch sehr stark traditionell bestimmt. Sie stellen teils Gebietskörperschaften, teils Verbände der in ihrem Bereich liegenden Gemeinden und/oder Landkreise dar.

Vgl. dazu im einzelnen *Kluth,* in: Wolff/Bachof/Stober, VerwR § 95 Rn. 151 ff., § 96; *Gern,* Kommunalrecht, Rn. 948 ff.; ferner beispielhaft für Baden-Württemberg *Maurer,* BWStVR S. 177, 261 ff.

28   c) *Der kommunale Zweckverband.* Er ist ein freiwilliger oder gesetzlich vorgeschriebener Zusammenschluß von Gemeinden oder Landkreisen zur gemeinsamen Erfüllung *einzelner* Verwaltungsaufgaben, etwa zur Errichtung eines gemeinsamen Versorgungsbetriebs, zum Bau eines gemeinsamen Freibades, zur Regulierung eines auf der Grenze zwischen zwei Gemeinden verlaufenden Flusses, zur Unterhaltung eines gemeinsamen Schulbusses. Der Zweckverband ist eine Körperschaft des öffentlichen Rechts.

Dieses Rechtsinstitut ist in allen Bundesländern gesetzlich geregelt, vgl. z. B. Bad.-Württ. Gesetz über kommunale Zusammenarbeit (GKZ) i. d. F. vom 16. 9. 1974 (GBl. S. 408) mit späteren Änderungen.

29   d) *Innergemeindliche Gliederungen.* Von den bisher erörterten übergemeindlichen Zusammenschlüssen in der Form von (rechtsfähi-

gen) Körperschaften sind die Untergliederungen der Gemeinden zu unterscheiden. Die *Stadtbezirke* dienen der Verwaltungsgliederung von Großstädten. Sie haben eigene Verwaltungsstellen, z. T. auch von der Bevölkerung des Stadtbezirks unmittelbar gewählte oder von der Gemeindevertretung gewählte Bezirksvertretungen zur Wahrnehmung bestimmter Verwaltungsaufgaben ihres Bezirks. Die *Ortschaften* sind ein Produkt der Gemeindegebietsreform. Früher selbständige Gemeinden, die nunmehr lediglich Teil einer größeren Gemeinde sind, behalten einen Rest von Selbstverwaltung im Rahmen der Gesamtgemeinde. Die Organe der Ortschaft sind – nach der bad.-württ. GemO (§§ 67 ff.), die hier als Beispiel herangezogen werden soll – der Ortschaftsrat, der von den Bürgern der Ortschaft gewählt wird, und der Ortsvorsteher, der auf Vorschlag des Ortschaftsrats vom Gemeinderat zu wählen ist. Ortschaftsrat und Ortsvorsteher haben vor allem Anhörungsrechte, teilweise auch begrenzte Entscheidungsrechte, ferner fungiert der Ortsvorsteher als Außenstelle der zentralen Gemeindeverwaltung.

Im einzelnen sind die Voraussetzungen und die Ausgestaltung der Stadtbezirke und Ortschaften, sofern sie überhaupt vorhanden sind, in den einzelnen Bundesländern sehr unterschiedlich. Teilweise dürften sie einen körperschaftlichen Charakter haben. Sie sind aber durchweg keine rechtsfähigen Körperschaften des öffentlichen Rechts und damit auch keine Verwaltungsträger, sondern eben Untergliederungen eines Verwaltungsträgers. Verwaltungspolitisch ist anzumerken, daß die Gebietsreform, die auf leistungsfähige Großgemeinden abzielte, doch offenbar wiederum Anlaß zur Bildung gemeindlicher Untergliederungen – also kleinerer Organisationseinheiten – gibt.

Vgl. zu den verfassungsrechtlichen Anforderungen, die an die Bezirksvertretungen zu stellen sind, *BVerfGE* 47, 253 (zur NRW GemO).

II. Die übrigen Körperschaften des öffentlichen Rechts

1. Überblick über die verschiedenen Arten der Körperschaften des öffentlichen Rechts

Neben den Kommunalkörperschaften gibt es noch eine ganze **30** Anzahl recht unterschiedlicher Körperschaften des öffentlichen

Rechts in den verschiedensten Bereichen. Sie sind ebenfalls öffentlich-rechtliche Personenverbände, die „ihre Angelegenheiten" selbst
verwalten und damit zugleich die Staatsverwaltung entlasten sollen
(Prinzipien der Selbstverwaltung und der Dezentralisation). Sie
knüpfen aber nicht an das allgemeine Merkmal des Wohnsitzes
oder der Niederlassung in einem bestimmten Gebiet an, sondern
erfassen ihre Mitglieder nach spezifischen, nämlich beruflichen,
wirtschaftlichen, sozialen, kulturellen oder sonstigen Gesichtspunkten. Daher werden sie – im Gegensatz zu den Gebietskörperschaften – auch als Personalkörperschaften bezeichnet.

Im folgenden sollen nur einige Beispiele zur Veranschaulichung
gegeben werden.

31   a) Im wirtschaftlichen Bereich: die Industrie- und Handelskammern, die Handwerkskammern, die Handwerksinnungen, die Land-
wirtschaftskammern usw.

> Vgl. Gesetz zur vorläufigen Regelung des Rechts der Industrie- und Han-
> delskammern vom 18. 12. 1956 (BGBl. I S. 920; Sart. 818); §§ 52 ff., §§ 90 ff.
> HandwO. Die Industrie- und Handelskammer erfaßt kraft Gesetzes alle Ge-
> werbetreibenden ihres Bezirks mit Ausnahme der Handwerker, die der Hand-
> werkskammer angehören. Sie hat die Gesamtinteressen von Industrie und
> Handel zu vertreten, staatliche Stellen durch Berichte, Gutachten und dgl. zu
> unterstützen sowie ihre Mitglieder durch Beratung, Fortbildungseinrichtun-
> gen usw. zu fördern (vgl. dazu auch *BVerfGE* 15, 235). Die Handwerkskam-
> mer hat in etwa dieselben, darüber hinaus aber noch weitere Aufgaben, so z. B.
> die Führung der Handwerksrolle (die Eintragung in die Handwerksrolle ist
> Voraussetzung für den selbständigen Betrieb eines Handwerks), die Mitwir-
> kung bei der Gesellen- und Meisterprüfung, vgl. dazu näher § 91 HandwO.
> Die Handwerksinnung ist ein (freiwilliger) Zusammenschluß von Handwer-
> kern desselben Handwerks (§ 52 HandwO). – In Bremen und im Saarland gibt
> es noch Arbeitnehmerkammern, die kraft Gesetzes alle Arbeiter erfassen und
> offenbar ein Pendant zur Industrie- und Handelskammer und zur Handwerks-
> kammer als „Unternehmerkammern" darstellen sollen; ihre verfassungsrechtli-
> che Zulässigkeit ist jedoch zweifelhaft, da sie tatsächlich nicht erforderlich sind
> (bejahend allerdings *BVerfGE* 38, 281; vgl. dazu auch unten Rn. 43).

32   b) Im Bereich der sog. freien und zugleich staatlich gebundenen
Berufe: die Rechtsanwaltskammern, die Ärztekammern, die Zahn-
ärztekammern, die Apothekerkammern, die Architektenkammern
usw.

> Vgl. dazu z. B. §§ 60 ff. Bundesrechtsanwaltsordnung (BRAO). Der Rechts-
> anwalt wird freiberuflich tätig; seine Tätigkeit liegt aber im öffentlichen In-

teresse und ist deshalb besonderen gesetzlichen Pflichten und Bindungen unterworfen. Die Rechtsanwaltskammern, die aus den Rechtsanwälten eines OLG-Bezirkes bestehen, haben u. a. bei der Zulassung der Rechtsanwälte mitzuwirken, auf die Wahrung der Standespflichten zu achten und im Rahmen der anwaltlichen Ehrengerichtsbarkeit tätig zu werden. Sie haben also gegenüber ihren Mitgliedern gewisse Disziplinierungsaufgaben, die sonst von staatlichen Organen wahrzunehmen wären, – im Gegensatz zu den Wirtschaftskammern (Rn. 31), denen lediglich die Vertretung der Gesamtinteressen ihres Bereichs und die Förderung ihrer Mitglieder obliegt. Die einzelnen Rechtsanwaltskammern sind in der Bundesrechtsanwaltskammer zusammengeschlossen, die ihrerseits wiederum eine Körperschaft des öffentlichen Rechts ist (§§ 175 ff. BRAO). Die anderen oben genannten Körperschaften sind landesrechtlich geregelt. Vgl. ferner den Überblick bei *Tettinger,* DÖV 1995, 169 ff. mit Hinweisen auf die Diskussion über die Einführung weiterer Kammern (Journalistenkammer, Heilpraktikerkammer usw.) aaO. S. 175.

c) Im Bereich der Sozialversicherung: die Allgemeinen Orts- **33** krankenkassen (AOK) und die ihr gleichgestellten Ersatzkassen, die Berufsgenossenschaften, die Landesversicherungsanstalten, die Bundesversicherungsanstalt für Angestellte usw.

Die Aufgaben der gesetzlichen Kranken-, Unfall- und Altersversicherung übernimmt der Staat nicht selbst, sondern schließt die versicherten Arbeitnehmer und ihre Arbeitgeber zu Körperschaften zusammen, die – über ihre Organe und Behörden – diese Aufgaben zu erfüllen haben. Vgl. zu den Versicherungsträgern §§ 29 ff. SGB IV. § 29 I bestimmt: „Die Träger der Sozialversicherung (Versicherungsträger) sind Körperschaften des öffentlichen Rechts mit Selbstverwaltung".

d) Im kulturellen Bereich: die Hochschulen und die Studieren- **34** denschaften.

Die Hochschulen sind nach § 58 I 1 HRG „Körperschaften des öffentlichen Rechts und zugleich staatliche Einrichtungen". Die Bezeichnung „staatliche Einrichtung" ist zweifelhaft und umstritten; sie soll wohl zum Ausdruck bringen, daß die Körperschaft Hochschule *auch* durch anstaltliche Züge geprägt ist und ihrem Träger, dem Staat, zugeordnet ist. Der Körperschaftsstatus ist freilich nur die Regelform. Nach § 58 I 2 HRG können die Hochschulen „auch in anderer Rechtsform errichtet werden." In Betracht kommen die rechtsfähige Stiftung des öffentlichen Rechts und die rechtsfähige Anstalt, ferner privatrechtliche Organisationen, nämlich die rechtsfähige Stiftung des Privatrechts, der eingetragene Verein, die AG und die GmbH. Im Einzelfall müßte jeweils noch geprüft werden, ob – z.B. bei der Stiftung – die Hochschule selbst oder ihr Träger gemeint ist. Vgl. näher zur Rechtsnatur der Universitäten und Hochschulen *Thieme,* Deutsches Hochschulrecht, 3. Aufl. 2004, S. 125 ff.; *Geis,* in: Hailbronner/Geis (Hg.), Kommentar zum Hochschulrahmengesetz, § 58 (2001) Rn. 10 ff.; *Kimminich,* Die Rechtsgestalt der Hochschulen, HWissR I, S. 227 ff. Die Rechtsnatur der verfaßten Studentenschaften bzw. – nach der neueren Terminologie – der Studierendenschaften wird im HRG nicht näher bestimmt, sondern allenfalls mit dem Hinweis auf das Selbstverwaltungsrecht angedeutet. § 41 HRG, der im zurückhaltenden Indikativ die Studierendenschaften vorschreibt, beschränkt sich im wesentlichen auf die Festlegung ihrer Aufgaben. Nach der h. L., die an die Tradition anknüpft, sind die Studierendenschaften Teil- oder Gliedkörperschaften der jeweiligen Hochschule und im Rahmen ihres Selbstverwaltungsrechts rechtsfähig. Ihre in § 41 HRG näher festgelegten Aufgaben beziehen sich auf die Wahrnehmung der hochschulpolitischen, sozialen und kulturellen Belange der Studenten. Zu diesem Zweck erfassen sie alle Studenten einer Hochschule. Es besteht also eine Zwangs- oder Pflichtmitgliedschaft. Damit stellt sich – wie bei allen Zwangskörperschaften – die Frage, ob die Studierendenschaften in dieser Ausgestaltung überhaupt verfassungsgemäß sind. Darauf ist unten Rn. 43 näher einzugehen. Vgl. zu den Studierendenschaften *Thieme,* Hochschulrecht, S. 681 ff.; *Krüger,* Studentische Selbstverwaltung und studentische Vereinigungen, HWissR I, S. 571 ff.; *Gieseke,* Die verfaßte Studentenschaft, 2001 sowie die Kommentierungen des § 41 HRG, insbesondere von *Leuze,* in: Hailbronner/Geis (Hg.), Kommentar zum Hochschulrahmengesetz.

Die *Kirchen* besitzen zwar den Status von Körperschaften des öffentlichen Rechts (vgl. Art. 140 GG in Vbg. mit Art. 137 V WRV, ferner die Konkordate und Kirchenverträge zwischen Staat und Kirchen), sind aber nicht – wie sonst für Körperschaften typisch – dem Staat organisatorisch und funktionell eingeordnet; der Körperschaftsstatus soll ihnen bestimmte Körperschaftsrechte vermitteln und ihre Bedeutung für die öffentliche Ordnung anerkennen; vgl. dazu *von Campenhausen,* Staatskirchenrecht, 3. Aufl. 1996, S. 139 ff.; *P. Kirchhof,* Die Kirchen und Religionsgemeinschaften als Körperschaften des öffentlichen Rechts, in: Listl/Pirson (Hg.), Handbuch des Staatskirchenrechts der Bundesrepublik Deutschland, Bd. I, 2. Aufl. 1994, 651 ff.; *BVerfGE* 18, 385, 386 f.; 70, 138, 160 f.; 102, 370, 371 f., 387 f. m. w. N.

35   e) Ferner kommen noch die unterschiedlichsten Verbände vor, etwa Wasser- und Bodenverbände (Deichgenossenschaften, Entwässerungsverbände), Jagdgenossenschaften, Fischereiwirtschaftsgenossenschaften, Siedlungsverbände.

36   f) Möglich ist auch, daß Körperschaften des öffentlichen Rechts ihrerseits zu einer Körperschaft des öffentlichen Rechts zusammengeschlossen werden, so z. B. die kommunalen Zweckverbände oder die Bundesrechtsanwaltskammer (vgl. dazu oben Rn. 28 und 32).

Davon zu unterscheiden sind die Zusammenschlüsse öffentlich-rechtlicher Körperschaften zu privatrechtlichen Vereinigungen, etwa der, Deutsche Gemeindetag, Deutsche Städtetag, Deutsche Landkreistag (Zusammenschluß von Gemeinden, Städten bzw. Landkreisen, vgl. dazu *H.-G. Henneke,* Die Kommunalen Spitzenverbände, 2005), der Deutsche Industrie- und Handelstag (Zusammenschluß der Industrie- und Handelskammern) oder der Deutsche Handwerkskammertag (Zusammenschluß von Handwerkskammern). Sie beruhen nicht auf staatlichem Hoheitsakt, sondern auf einer privatrechtlichen Vereinbarung, sind also keine öffentlich-rechtliche, sondern privatrechtliche Organisationen. Zur Zulässigkeit der Mitgliedschaft in solchen Organisationen vgl. *BVerwGE* 74, 254 (Handwerkskammern).

2. Begriff und Funktionen der Körperschaften

Es versteht sich von selbst, daß die unter 1. genannten Organisa- **37** tionen nicht nur in ihrer tatsächlichen Erscheinungsform, sondern auch in ihrer rechtlichen Ausgestaltung erhebliche Unterschiede aufweisen. Sie werden jedoch durch den Gesetzgeber als „Körperschaften des öffentlichen Rechts" qualifiziert. Als solche sind sie durch staatlichen Hoheitsakt geschaffene, rechtsfähige, mitgliedschaftlich verfaßte Organisationen des öffentlichen Rechts, die öffentliche Aufgaben mit i. d. R. hoheitlichen Mitteln unter staatlicher Aufsicht wahrnehmen.

Der Gesetzgeber kann freilich auch atypische Organisationsformen oder Zwischengebilde, etwa solche, die sowohl körperschaftliche als auch anstaltliche Elemente besitzen, entwickeln. Daher dürfen aus der Bezeichnung als Körperschaft des öffentlichen Rechts keine voreiligen Schlüsse gezogen werden. Solange sich aber aus den gesetzlichen Regelungen und dem Sachzusammenhang nichts anderes ergibt, ist von der obigen Definition auszugehen.

Im einzelnen ist noch zu bemerken:

a) *Errichtung durch staatlichen Hoheitsakt.* Die Körperschaften des **38** öffentlichen Rechts (im folgenden kurz: Körperschaften) sind staatliche Schöpfungen. Es gibt keine Körperschaft kraft Natur der Sache oder aufgrund privaten Willensaktes. Das gilt zumindest in formaler Hinsicht. Der Staat knüpft zwar in der Regel an vorgegebene soziale Tatbestände an, etwa an die örtliche Gemeinschaft, an gemeinsame berufliche Interessen oder sogar an eine bereits erfolgte private Verbandsbildung. Aber die besondere rechtliche Stellung als Körperschaft setzt einen entsprechenden staatlichen Hoheitsakt, die Verleihung des Körperschaftsstatus, voraus.

Deshalb sind z. B. die politischen Parteien, die Gewerkschaften oder auch der ADAC keine Körperschaften, obwohl sie sicherlich (auch) öffentliche Aufgaben wahrnehmen.

Die Errichtung muß – ebenso wie die Änderung oder Aufhebung – durch Gesetz oder auf Grund eines Gesetzes erfolgen (vgl. bereits oben § 21 Rn. 66). Der Gesetzgeber hat auch die wesentlichen Grundzüge der Körperschaft (den Mitgliederkreis, die innere Organisation, die Aufgaben) zu bestimmen. Die Ausgestaltung im einzelnen kann den Körperschaften selbst überlassen bleiben. Das geschieht z. B. durch die Hauptsatzung der Gemeinden oder die Grundordnung der Universitäten, die durch das Repräsentationsorgan und mit qualifizierter Mehrheit erlassen werden müssen.

39 b) *Rechtsfähigkeit*. Die Körperschaft ist rechtsfähig und damit selbst Zurechnungssubjekt von Rechten und Pflichten. Die Rechtsfähigkeit vermittelt der Körperschaft die rechtliche Selbständigkeit, die für eine eigenverantwortliche Wahrnehmung ihrer Aufgaben erforderlich ist.

Wenn der Gesetzgeber eine Organisation als „Körperschaft des öffentlichen Rechts" qualifiziert, dann steckt darin in aller Regel auch die Verleihung der Rechtsfähigkeit. Das gilt für alle oben unter 1. genannten Fälle. Es kann aber auch nichtrechtsfähige Körperschaften (etwa die Ortschaften) oder teilrechtsfähige Körperschaften (etwa die Fakultäten) geben. Sie sind jedoch keine, bzw. nur teilweise Verwaltungsträger. Vgl. dazu *Werner Weber,* Nichtrechtsfähige öffentlich-rechtliche Verbände, Festschrift für Jahrreiß, 1984, S. 323 ff.

40 c) *Mitgliedschaft*. Die Mitglieder sind das die Körperschaft tragende und bestimmende Element. Sie sollen ja gerade durch den körperschaftlichen Zusammenschluß zur gemeinschaftlichen Verwaltung der sie betreffenden Angelegenheiten veranlaßt werden. Daher genügt es nicht, daß die Körperschaft Mitglieder hat; vielmehr ist es erforderlich, daß die Mitglieder den maßgeblichen Einfluß auf die Gestaltung der Verbandsangelegenheiten haben. Schon aus dem Prinzip der Selbstverwaltung ergibt sich sonach die Forderung nach verbandsinterner Demokratie.

Die Mitgliedschaft ist teils freiwillig, teils gesetzlich festgelegt (Zwangsmitgliedschaft oder Pflichtmitgliedschaft). So sind z. B. die Rechtsanwälte eines OLG-Bezirks kraft Gesetzes Angehörige der Rechtsanwaltskammer, die Gewerbetreibenden eines bestimmten Bezirks kraft Gesetzes Mitglieder der Industrie- und Handelskammer, die Studenten einer Universität kraft Gesetzes Mitglieder der Studentenschaft. Gegen die Zwangsmitgliedschaft sind verschiedentlich verfassungsrechtliche Bedenken erhoben worden. Sie sind im Zusammenhang mit den die Körperschaft legitimierenden Aufgaben zu erörtern, vgl. dazu sogleich unten Rn. 43.

d) *Die Organisation* der Körperschaften ist unterschiedlich gere- **41**
gelt, entspricht aber in der Grundkonzeption weitgehend der Organisation der Gemeinden. Die wesentlichen Entscheidungen sind
von den Mitgliedern insgesamt oder dem von ihnen gewählten
Repräsentationsorgan (Vertreterversammlung) vorbehalten; die
laufende Verwaltung obliegt dagegen i. d. R. dem Vorstand, dem
Geschäftsführer oder den sonstigen Organen, die durch die Mitglieder oder ihre Vertretung gewählt werden.

So hat z. B. die Handwerkskammer eine von allen kammerzugehörigen
Handwerkern gewählte Mitgliederversammlung und einen von dieser gewählten Vorstand (§§ 92 ff. HandwO), die Rechtsanwaltskammer eine Kammer-
versammlung und einen von ihr gewählten Vorstand (§§ 63 ff. BRAO). Dieses
relativ einfache Muster kann auf komplexe Gebilde nicht ohne weiteres übertragen werden. Das gilt z. B. für die Universität, die sich in mehrere Fakultäten
(Fachbereiche) gliedert und sehr unterschiedliche Gruppen (Professoren, Assi-
stenten, Doktoranden, Studenten, Bedienstete) kennt, die entsprechend diesen
Unterschieden natürlich auch in unterschiedlicher Weise an der Univer-
sitätsselbstverwaltung zu beteiligen sind. Hinzu kommt, daß die Universitätsor-
ganisation durch das Grundrecht des Art. 5 III GG präjudiziert wird (vgl. dazu
BVerfGE 35, 79, 112 ff.; 43, 242, 267 ff.; 47, 327, 386 ff.). Ferner wird die
Universität als Ausbildungsstätte durch anstaltliche Merkmale geprägt.

e) *Die Aufgaben* der Körperschaft ergeben sich aus den durch ihre **42**
Errichtung verfolgten Zwecksetzungen, so haben z. B. die Gemeinden die örtlichen Angelegenheiten, die Rechtsanwaltskammern die Berufs- und Standesangelegenheiten ihrer Mitglieder, die
Sozialversicherungsträger die Versicherungsangelegenheiten (Bei-
tragsfestsetzung, Beitragseinziehung, Leistungsvergabe) zu erledigen. Der Sachbezug gibt jedoch noch keinen Rechtstitel. Es kommt
deshalb darauf an, welche Aufgaben der jeweiligen Körperschaft
gesetzlich zugewiesen worden sind. Die Gemeinden sind grundsätzlich befugt, *alle* sich aus dem örtlichen Bereich ergebenden
Angelegenheiten an sich zu ziehen (vgl. oben Rn. 13). Die übrigen
Körperschaften dürfen dagegen nur die ihnen ausdrücklich übertragenen Aufgaben durchführen. Die Aufgaben der Gemeinden
werden also durch eine Generalklausel bestimmt (sog. Allzuständigkeit), während für den Aufgabenkreis der übrigen Körperschaften das Enumerationsprinzip gilt.

Im einzelnen ist der Aufgabenkatalog sehr unterschiedlich, vgl. etwa § 1
Gesetz über die Industrie- und Handelskammern einerseits und § 91 HandwO

andererseits. – Der Zuständigkeitsbereich der Studierendenschaften wird in § 41 HRG festgelegt (vgl. oben Rn. 34) und in den Landeshochschulgesetzen übernommen und teilweise präzisiert. Ein allgemeines politisches Mandat, d. h. die Befugnis, zu allgemein-politischen (außenpolitischen, wirtschaftspolitischen, gesellschaftspolitischen usw.) Fragen Stellung zu nehmen, steht ihnen nach den Hochschulgesetzen nicht zu. Es läßt sich auch nicht mit Art. 5 I GG begründen, da die Studierendenschaften als Körperschaften mit Zwangsmitgliedschaft keine Grundrechte, sondern Kompetenzen haben (*BlnVerfGH* NVwZ 2000, 549; vgl. allerdings auch *BlnVerfGH* DVBl. 2001, 559). Vielmehr würde gerade umgekehrt die Anerkennung des allgemein-politischen Mandats gegen Grundrechte verstoßen, nämlich gegen die Freiheitsrechte der Studenten, die allenfalls eine Vertretung in studentischen Angelegenheiten, nicht aber im staatsbürgerlichen Bereich durch die Studierendenschaft hinnehmen müssen. In der Rechtsprechung wird das allgemeine politische Mandat der Studierendenschaft durchweg abgelehnt, vgl. *BVerwGE* 34, 69, 73 f.; 59, 231; *NRW VerfGH* NVwZ-RR 2000, 594; *OVG Berlin* NVwZ-RR 2004, 348. § 41 HRG ist in dieser Hinsicht nicht ganz eindeutig und daher entsprechend verfassungskonform auszulegen. Dagegen wurde die Einführung des Semesterticket als soziale Angelegenheit bejaht, vgl. *BVerwGE* 109, 97; *BVerfG-K* NVwZ 2001, 190. Auch hochschultypische Erklärungen, d. h. Erklärungen, die sich unmittelbar auf die Hochschule und ihre Tätigkeit beziehen, sind nur zulässig, soweit sie durch den gesetzlichen Zuständigkeitsbereich gedeckt sind (so zutr. *HessVGH* DVBl. 1998, 972; *Mußgnug,* Festschrift für Doehring, S. 665 ff.); vgl. ferner zu den Aufgaben der Studierendenschaft *HessVGH* NVwZ 1998, 873 (nicht: Bekämpfung der Verbindungen); *OVG Bremen* NVwZ 2000, 342 (ebenso); *NRW VerfGH* DVBl. 2000, 699 (verfassungskonforme Auslegung).

Entsprechendes gilt für die Gemeinden und die übrigen Körperschaften des öffentlichen Rechts mit Pflichtmitgliedschaft. Sie besitzen ebenfalls kein allgemeines politisches Mandat (*BVerwGE* 87, 228, 231 ff.: Gemeinden, Atomwaffenstationierung; *BVerwGE* 64, 298: Ärztekammer; *Pietzcker,* JuS 1985, 27 ff.). Die Ablehnung des politischen Mandats ist also keine Besonderheit der Studierendenschaft, sondern gilt für alle Pflicht- oder Zwangskörperschaften.

42 a   Die Aufgabenzuweisung liegt nicht im Belieben des Gesetzgebers. Das gilt vor allem für Körperschaften mit Zwangsmitgliedschaft. Es muß sich vielmehr um Aufgaben handeln, die

(1) nicht dem Staat, insbesondere dem staatlichen Gesetzgeber, vorbehalten sind, wie das z. B. bei der Regelung der Berufszulassung der Fall ist (vgl. dazu *BVerfGE* 33, 125, 158 ff. – Facharztzulassung),

(2) nicht dem privaten Bereich überlassen bleiben können, sondern aus Gründen des öffentlichen Interesses in den Bereich der (mittelbaren) Staatsverwaltung einbezogen werden müssen,

(3) im Zusammenhang mit den „eigenen Angelegenheiten" der jeweiligen Körperschaft stehen. Das schließt gewisse Auftragsangelegenheiten nicht aus (vgl. zum Begriff oben Rn. 14), setzt ihnen aber enge Grenzen. Das gilt aller-

dings nicht für die Gemeinden, da sie zugleich die allgemeine untere Verwaltungsebene darstellen und alle auf dieser Ebene anfallenden Aufgaben – als Selbstverwaltungsangelegenheiten nach eigenem Ermessen, als Auftragsangelegenheiten kraft Zuweisung – zu erledigen haben.

f) In diesem Rahmen ist auch die *verfassungsrechtliche Zulässigkeit* **43** der *Zwangsmitgliedschaft* zu klären. Maßgebend ist nicht Art. 9 I GG, der nur für private Vereinigungen gilt, sondern Art. 2 I GG. Danach braucht der Bürger nur solche gesetzlich begründeten Freiheitsbeschränkungen hinzunehmen, die durch die verfassungsmäßige Ordnung i.S. des Art. 2 I GG gedeckt sind. Das ist bei Körperschaften mit Zwangsmitgliedschaft nur dann der Fall, wenn und soweit diese legitime öffentliche Aufgaben verfolgen, die nicht nur von einer Körperschaft, sondern gerade auch von einer *alle* Angehörigen des jeweiligen Lebenskreises erfassenden und daher mit Pflichtmitgliedschaft ausgestatteten Körperschaft wahrgenommen werden müssen.

So das *BVerfG,* das allerdings im konkreten Fall bei der Annahme dieser Voraussetzungen großzügig – teilweise *zu* großzügig – verfährt, vgl. *BVerfGE* 10, 89 (Wasserverband); *BVerfGE* 15, 235 (Industrie- und Handelskammer); *BVerfGE* 32, 54 (Handwerkskammer); *BVerfGE* 38, 281 (Arbeitnehmerkammer); *BVerfGE* 78, 320, 329 f. (gesetzliche Krankenkasse); *BVerfGE* 85, 360, 370 (Personalvertretung); *BVerfGE* 97, 271, 286 (Sozialversicherungsträger); *BVerfG-K* NVwZ 2002, 335 (Industrie- und Handelskammer); *BVerwGE* 39, 100 (Ärztekammer); *BVerwGE* 39, 110 (Zahnärztekammer); *BVerwGE* 107, 109 (Industrie- und Handelskammer); *BVerwGE* 108, 169 (Handwerkskammer). – In der Literatur mehren sich dagegen die Stimmen, die für die Anwendbarkeit des Art. 9 GG eintreten, vgl. etwa *Hesse,* VerfR Rn. 413; *Schöbener,* VerwArch. Bd. 91 (2000) S. 374 ff. m. w. N.
Fraglich ist die Verfassungsmäßigkeit der sog. verfaßten Studentenschaft bzw. Studierendenschaft (vgl. oben Rn. 34). Sie wird von der Rechtsprechung durchweg bejaht, vgl. *BVerwGE* 59, 231, 233 ff.; 109, 97, 99 ff.; *BVerfG-K* NVwZ 2001, 190; *OVG Berlin* NVwZ-RR 2004, 348 (anders nur eine frühe Entscheidung des *VG Sigmaringen,* DVBl. 1977, 465); ebenso von einem Teil der Literatur, vgl. etwa *Leuze* (oben Rn. 34), § 41 Rn. 7, 16; stößt aber auch auf beachtlichen Widerspruch, vgl. *Thieme,* Hochschulrecht, S. 690 ff.; *Krüger,* HWissR I, S. 581 ff.; *Gieseke* (oben Rn. 34), S. 73 ff. Überblickt man die den Studierendenschaften zugewiesenen Aufgaben, dann erscheint es doch zweifelhaft, ob sie eine Zwangskörperschaft rechtfertigen können.

Wenn die Körperschaft den ihr gesetzlich zugewiesenen Aufgabenkreis überschreitet, greift wiederum Art. 2 I GG ein. Die Körperschaft handelt in einem solchen Fall nicht nur rechtswidrig,

sondern verletzt auch die Freiheitsrechte ihrer Mitglieder, weil ihre
Betätigung nicht mehr durch die verfassungsmäßige Ordnung i. S.
des Art. 2 I GG gedeckt ist. Die Mitglieder haben einen Anspruch
auf Einhaltung des gesetzlich zugewiesenen Aufgabenkreises. Sie
können beim Verwaltungsgericht auf Unterlassung klagen, wenn
die Körperschaft gesetzlich nicht begründete Aktivitäten entfaltet,
etwa allgemein-politische Äußerungen abgibt (vgl. oben Rn. 42).

Vgl. dazu *BVerwGE* 64, 115 (Steuerberaterkammer – Vertrieb einer Fach-
zeitschrift); *BVerwGE* 59, 231 und 64, 298 (Studentenschaft/Ärztekammer –
allgemein-politische Äußerungen); ferner *Redeker,* NJW 1982, 1266 ff.; *Laubinger,* VerwArch. 74 (1983) S. 175 ff., 263 ff.; *Pietzcker,* JuS 1985, 27 ff.; einschränkend dagegen *BVerfGE* 78, 320, 330 f. für den Fall, daß es nur um die
Beitragspflicht geht.

44   g) *Öffentlich-rechtliche Einordnung.* Die Körperschaften stellen öffentlich-rechtliche Institutionen dar. Die innere Organisation der
Körperschaften sowie die Beziehungen zwischen der Körperschaft
und ihren Mitgliedern sind öffentlich-rechtlicher Natur. Die Bediensteten der Körperschaft können – wie die des Staates – Beamte, aber auch Angestellte oder Arbeiter sein (vgl. oben § 21
Rn. 39). Die Körperschaften sind zur Wahrnehmung ihrer Aufgaben mit Hoheitsgewalt ausgestattet; sie können also Rechtsnormen
(„Satzungen") beschließen, Verwaltungsakte erlassen und ggf.
zwangsweise durchsetzen, Beiträge und Gebühren erheben. Daneben kommt – wie beim Staat – eine verwaltungsprivatrechtliche
Aufgabenerledigung in Betracht (vgl. oben § 3 Rn. 9). Fraglich ist,
ob den Körperschaften auch Rechtsprechungsbefugnisse übertragen
werden dürfen. Das *BVerfG* ist der Auffassung, daß Art. 92 GG,
der die rechtsprechende Gewalt den Richtern anvertraut, *staatliche* Gerichte fordert, qualifiziert aber auch die Körperschaftsge-
richte dann als „staatliche Gerichte", wenn sie auf staatlichem Gesetz beruhen und der Staat bei der Berufung der Richter mitwirkt,
vgl. dazu *BVerfGE* 48, 300, 315 ff. (Ehrengerichte für Rechtsanwälte).

Beispiele: Der Rechtsanwalt R ist der Auffassung, daß sowohl die von seiner Rechtsanwaltskammer geforderten Beiträge als auch die Mitgliedsbeiträge
der politischen Partei P, der er vor kurzem beigetreten ist, zu hoch sind und
verweigert deshalb deren Zahlung. Welcher Rechtsweg ist bei einer gerichtli-

chen Auseinandersetzung gegeben? Im ersten Fall ist gem. § 40 VwGO der Verwaltungsrechtsweg eröffnet, da die Beziehungen zwischen dem Rechtsanwalt und seiner Kammer öffentlich-rechtlicher Natur sind; im zweiten Fall sind gem. § 13 GVG die Zivilgerichte zuständig, da die Rechtsbeziehungen zwischen der politischen Partei und ihren Mitgliedern dem Privatrecht angehören (vgl. *Maurer,* Staatsrecht, § 11 Rn. 12f. und 61).

h) *Staatsaufsicht.* Die Körperschaften unterliegen der Aufsicht des **45** Staates, die i.d.R. eine Rechtmäßigkeitskontrolle, ausnahmsweise aber auch eine Zweckmäßigkeitskontrolle darstellt. Die Staatsaufsicht ergibt sich aus der Einbeziehung der Körperschaften in den staatlichen Bereich i.w.S.; sie ist das notwendige Korrelat der Befugnis zur Wahrnehmung öffentlicher Aufgaben mit hoheitlichen Mitteln. Im einzelnen entspricht die Staatsaufsicht im wesentlichen der Kommunalaufsicht, deren eingehende Regelungen im Zweifel auch entsprechend herangezogen werden können. Vgl. etwa bezüglich der verfaßten Studentenschaften *Hess VGH* NVwZ-RR 1991, 636 und 639.

III. Die rechtsfähigen Anstalten des öffentlichen Rechts

1. Die Anstalt im allgemeinen

Die Anstalt ist ein eigentümlicher Organisationstyp der öffent- **46** lichen Verwaltung. Ihre klassische, auch heute im wesentlichen noch maßgebende Bestimmung erhielt sie durch *Otto Mayer,* der sie als verwaltungsrechtliches Institut begründet und wie folgt definiert hat: „Die öffentliche Anstalt ist ein Bestand von Mitteln, sächlichen wie persönlichen, welche in der Hand eines Trägers öffentlicher Verwaltung einem besonderen öffentlichen Zweck dauernd zu dienen bestimmt sind" (Verwaltungsrecht, Bd. II, S. 268, 331). Der öffentliche Zweck, dem die Anstalt zu dienen bestimmt ist, besteht vornehmlich in der Erbringung von Leistungen für die Bürger oder sonstige außerhalb der Verwaltung stehende Rechtssubjekte aufgrund eines Benutzungsverhältnisses. Der Aktionsbereich der Anstalt liegt sonach überwiegend im Bereich der Leistungsverwaltung (vgl. dazu die Beispiele unten Rn. 48).

47   Die Anstalt wird durch folgende drei Merkmale bestimmt:

a) Sie stellt eine organisatorische Zusammenfassung von Verwaltungsbediensteten und Sachmitteln (Gebäude, Anlagen, technische Geräte) zu einer verselbständigten Verwaltungseinheit dar.

Wenn zur Erledigung bestimmter Verwaltungsaufgaben besondere Fachleute und besondere Betriebsmittel erforderlich sind, kann es zweckmäßig sein, eine entsprechend ausgestattete Sonderverwaltungsbehörde oder − noch weitergehend − eine selbständige Verwaltungseinheit, eben eine Anstalt, zu schaffen.

b) Sie hat − entsprechend ihrer Zwecksetzung − bestimmte Verwaltungsaufgaben wahrzunehmen, insbesondere Leistungen zu erbringen.

c) Sie hat ferner i. d. R. Benutzer, die aufgrund eines einmaligen, wiederkehrenden oder länger dauernden Benutzungsverhältnisses Empfänger der durch die Anstalt dargebotenen Leistungen sind.

2. Überblick über die verschiedenen Anstalten

48   Die *Verselbständigung* der Anstalt oder − von der allgemeinen Verwaltung aus betrachtet − die Ausgliederung der Anstalt kann verschieden weit gehen:

a) Die nichtrechtsfähige Anstalt (oder unselbständige Anstalt) ist nur organisatorisch selbständig, aber rechtlich noch Teil eines anderen Verwaltungsträgers.

So z. B. im kommunalen Bereich die Schulen, Krankenhäuser, Stadtwerke, Museen, Friedhöfe; im Landesbereich die Landeszentrale für politische Bildung; im Bundesbereich die Physikalisch-Technische Bundesanstalt in Braunschweig, der Deutsche Wetterdienst in Offenbach, die Bundesanstalt für Flugsicherung in Braunschweig, nach *BVerwGE* 32, 299 auch die Schleusen an Bundeswasserstraßen (str.).

b) Die rechtsfähige Anstalt (oder selbständige Anstalt) ist dagegen auch rechtlich selbständig; sie ist nicht Teil eines anderen Verwaltungsträgers, sondern selbst Verwaltungsträger.

So etwa die öffentlich-rechtlichen Rundfunkanstalten, die Kreis- und Stadtsparkassen, die Zentralstelle für die Vergabe von Studienplätzen (§ 1 I Staatsvertrag), die Studentenwerke, die Filmförderungsanstalt (§ 1 Filmförderungsgesetz, vgl. dazu auch *BVerwGE* 45, 1), die Bundesanstalt für Post- und Telekommunikation (§ 1 II BA-PostG), ferner die (frühere) Treuhandanstalt, die die Aufgabe hatte, die volkseigenen Betriebe der DDR zu privatisieren und zu veräußern (vgl. Art. 25 EV; näher dazu *Schmidt-Preuß,* DV 25, 1992, S. 327 ff.), sodann – nach Erledigung dieser Aufgabe – durch die Bundesanstalt für vereinigungsbedingte Sonderaufgaben abgelöst wurde (Bundesgesetz vom 20. 12. 1994, BGBl. I S. 3913). – Die Bundesagentur für Arbeit ist nach der Legaldefinition des § 367 I SGB III eine „rechtsfähige bundesunmittelbare Körperschaft des öffentlichen Rechts mit Selbstverwaltung." Das ist jedoch ebenso fraglich wie die entsprechende Qualifizierung der Bundesanstalt für Arbeit nach dem früheren Recht (§ 189 Arbeitsförderungsgesetz). Mangels Mitglieder dürfte die Bundesagentur für Arbeit eher eine Anstalt sein (vgl. zum früheren Recht wie hier *Wolff/Bachof/Stober/Kluth,* VerwR Bd. 2, § 88 Rn. 104; ferner *Rudolf,* in: Erichsen, VerwR, 11. Aufl. 1998, § 52 Rn. 15 Fn. 37 m. w. N.); Die Bundesagentur für Arbeit ist dreistufig aufgebaut. Sie gliedert sich in eine Zentrale auf der oberen Verwaltungsebene, Regionaldirektionen auf der mittleren Verwaltungsebene und Agenturen für Arbeit auf der örtlichen Verwaltungsebene (§ 367 II SGB III).

c) Die teilrechtsfähige Anstalt besitzt nur in bestimmter Beziehung Rechtsfähigkeit und ist daher nur insoweit selbständiger Verwaltungsträger, im übrigen aber Teil eines anderen Verwaltungsträgers.

Vgl. zur Teilrechtsfähigkeit oben § 21 Rn. 10.

3. Die rechtsfähige Anstalt

a) *Rechtsstellung.* Die rechtsfähige Anstalt ist – kraft ihrer recht- **49** lichen Verselbständigung – berechtigt und verpflichtet, die ihr obliegenden Aufgaben eigenverantwortlich wahrzunehmen. Sie ist selbst Zuordnungssubjekt von Rechten und Pflichten, kann – über ihre Organe – selbst rechtlich handeln und haftet selbst für ihre Verbindlichkeiten.

Beispiele: A erklärt, daß in einer Rundfunksendung unzutreffende Behauptungen über ihn verbreitet worden seien. B erklärt, daß er im städtischen Krankenhaus medizinisch unzureichend versorgt worden sei. Beide machen Schadensersatzansprüche geltend. Im Fall A ist der Anspruch direkt gegen die Rundfunkanstalt, im Fall B gegen die Stadt, die Trägerin der nichtrechtsfähigen Anstalt Krankenhaus ist, zu richten.

Maßgeblich für die Errichtung von Anstalten ist das Prinzip der **50** *Dezentralisation,* d. h. der Verlagerung von staatlichen Aufgaben auf selbständige Verwaltungsträger zur Entlastung der Staatsverwaltung. Entsprechendes gilt für rechtsfähige Anstalten von Gemeinden und anderen Körperschaften. Der Gedanke der Selbstverwaltung kommt dagegen nicht zum Tragen, da es bereits am personellen Substrat fehlt. Der Gesichtspunkt der *Eigenverantwortlichkeit* kann aber für die Errichtung von Anstalten eine ganz erhebliche Rolle spielen. Das gilt z. B. für den öffentlich-rechtlichen Rundfunk- und Fernsehbetrieb, der einerseits nicht dem privaten Bereich überlassen bleiben soll, andererseits aber auch nicht in staatliche Regie übernommen werden darf (Art. 5 I GG): Die für Rundfunk und Fernsehen gewählte Rechtsform der Anstalt ermöglicht einen öffentlich-rechtlich gebundenen, aber auch eigenverantwortlichen Betrieb unter Einbeziehung der verschiedenen gesellschaftlichen Kräfte (vgl. dazu *BVerfGE* 12, 205).

51   b) *Errichtung und Anstaltsträger.* Die rechtsfähige Anstalt muß – als selbständiger Verwaltungsträger – durch Gesetz oder auf Grund eines Gesetzes geschaffen werden. Da eine gesetzliche Ermächtigung genügt, können rechtsfähige Anstalten auch durch Gemeinden oder andere Körperschaften errichtet werden, so z. B. die von den Städten und Landkreisen geschaffenen Sparkassen. Der die Anstalt errichtende Verwaltungsträger (= Anstaltsträger) bestimmt zugleich die Organisation und die Aufgaben der Anstalt, soweit sie nicht bereits durch Gesetz festgelegt sind oder der Anstalt zur selbständigen Regelung überlassen bleiben können. Er hat ferner jedenfalls die Rechtsaufsicht über die rechtsfähige Anstalt, häufig auch noch weitergehende Einwirkungsrechte verschiedenster Art (z. B. Weisungsbefugnisse, Genehmigungsvorbehalte, Mitwirkung bei der Besetzung der Anstaltsorgane, Recht zur Entsendung von Vertretern in diese Organe und dgl.).

Der Anstaltsträger bleibt darüber hinaus auch sonst verschiedentlich für seine Anstalt verantwortlich. So trifft die Kommunen (Gemeinden und Landkreise) für ihre Sparkassen (Stadt- und Kreissparkassen) nach den (bisherigen) gesetzlichen Bestimmungen eine Anstaltslast und eine Gewährträgerhaftung (vgl. *Stern,* Anstaltslast und Gewährträgerhaftung im Sparkassenrecht, Festschrift für Maurer, 2001, S. 815 ff.). Die Anstaltslast besteht im Verhältnis zwischen dem Anstaltsträger und der Anstalt und besagt, daß der Anstaltsträger die Funktions- und Leistungsfähigkeit der Anstalt sicherstellen, insbesondere finanzielle Defizite ausgleichen muß. Die Gewährträgerhaftung wendet gleichsam die Anstaltslast nach außen. Danach ist der Anstaltsträger verpflichtet, für die Verbindlichkeiten der Anstalt einzustehen, wenn und soweit diese nicht mehr zu leisten in der Lage ist (Ausfallhaftung). Die darin liegenden Vorteile der kom-

munalen Sparkassen im Vergleich zu anderen Kreditinstituten wird mit ihrer
speziellen Aufgabe der Daseinsvorsorge begründet. Sie sind jedoch gemeinschaftsrechtlich – unter dem Aspekt des Beihilfeverbots (Art. 87 EGV) – fraglich geworden und auf Einwände der EG-Kommission gestoßen. Im Wege der
Verständigung zwischen der Kommission und Vertretern der deutschen Seite
vom 17. 7. 2001 und ergänzend-konkretisierend vom 28. 2. 2002 wurde die
Abschaffung der kommunalen Haftung vereinbart, vgl. *Henneke,* Kommunale
Sparkassen in Deutschland unter dem Einfluß der europäischen Entwicklung,
Festschrift für Brohm, 2002, S. 81 ff.; *Ruge,* Neues Sparkassenrecht nach Beilegung der Auseinandersetzung mit der Europäischen Kommission, ZG 2004,
12 ff.

c) *Benutzer.* Die Anstalt hat keine Mitglieder, sondern Benutzer. **52**
Darin liegt auch der maßgebliche Unterschied zur Körperschaft.
Die im Rahmen der Anstalt erscheinenden Personen sind entweder
die Bediensteten der Anstalt, die die Anstaltsaufgaben wahrzunehmen haben, oder die Benutzer, die die Anstaltsleistungen in Anspruch nehmen. Die Benutzer bilden das die Anstalt prägende Element. Sie sind aber nicht Träger, sondern von außen kommende
Dritte.

Sie haben daher auch keine Mitwirkungsbefugnisse. Der Gesetzgeber kann
freilich den Benutzern gewisse Mitsprache- oder Mitbestimmungsrechte einräumen. Dann liegt aber schon eine Zwischenform zwischen Anstalt und
Körperschaft vor. Ist eine echte Mitgliedschaft vorgesehen, so handelt es sich –
auch wenn die Bezeichnung „Anstalt" gewählt wurde – um eine Körperschaft,
so etwa die „Bundesversicherungsanstalt für Angestellte".

Die Benutzung ist in der Regel freiwillig, sie kann aber auch
gesetzlich zwingend vorgeschrieben sein. Die verfassungsrechtliche
Zulässigkeit einer solchen Zwangsbenutzung richtet sich – wie die
der Zwangsmitgliedschaft in Körperschaften – nach Art. 2 I GG.

Vgl. *BVerfGE* 10, 354 (Zwangsversicherung in ärztlicher Versorgungs-
kasse). – Entsprechendes gilt für den Anschluß- und Benutzungszwang bei
kommunalen Einrichtungen, die zwar ebenfalls überwiegend Anstalten sind,
aber meistens keine eigene Rechtsfähigkeit besitzen und daher hier nicht
weiter interessieren.

d) *Öffentlich-rechtliche Organisation und Befugnisse.* Die Anstalt ist **53**
eine öffentlich-rechtliche Organisation. Ihre innere Struktur und
das Verhältnis zu ihrem Anstaltsträger sind öffentlich-rechtlich zu
beurteilen. Sie kann auch mit hoheitlichen Mitteln tätig werden.
Gerade die wesentlichen Aufgaben der Anstalt, nämlich die Dar-

bietung von Leistungen für den Bürger, erfolgen aber nicht selten in privatrechtlicher Form. Für die Anstalt ist zwar begriffswesentlich, daß sie öffentlich-rechtlich organisiert ist, nicht aber, daß das Benutzungsverhältnis öffentlich-rechtlich ausgestaltet ist.

Vgl. dazu bereits oben § 3 Rn. 9 und 26. Die Sparkassen sind zwar rechtsfähige Anstalten des öffentlichen Rechts, sie wickeln aber ihre Bankgeschäfte – wie Privatbanken – privatrechtlich ab. Überwiegend ist jedoch das Benutzungsverhältnis öffentlich-rechtlich ausgestaltet; im Zweifelsfall ist dies anzunehmen.

54   Eine eigenständige, jeder rechtsfähigen Anstalt des öffentlichen Rechts gleichsam von selbst zukommende *Anstaltsgewalt* mit der Befugnis zu Eingriffen und Zwangsmaßnahmen gibt es nicht. Die Anstalt kann Regelungen (Satzungen) und Einzelanordnungen (Verwaltungsakte) gegenüber ihren Benutzern und Dritten nur treffen, soweit hierfür eine ausreichende Ermächtigungsgrundlage vorliegt. Die frühere Auffassung, daß das Anstaltsverhältnis ein besonderes Gewaltverhältnis sei und daher zu Eingriffen entsprechend dem Anstaltszweck berechtigte, ist überholt (vgl. dazu oben § 8 Rn. 26 ff., § 9 Rn. 34). Lediglich bei akuten Störungen des Anstaltsbetriebs können die Anstaltsorgane, soweit das allgemeine Hausrecht nicht ausreichen sollte, die erforderlichen Abwehrmaßnahmen treffen. Das ist aber keine Besonderheit der Anstalt, sondern gilt entsprechend für alle Hoheitsträger.

IV. Die Stiftungen des öffentlichen Rechts

55   Die Stiftung ist eine rechtsfähige Organisation zur Verwaltung eines von einem Stifter zweckgebunden übergebenen Bestands an Vermögenswerten (Kapital oder Sachgüter). Im Vordergrund stehen Vermögensmassen, deren Erträge bestimmten Personen zugute kommen sollen. Stiftungen gibt es sowohl im öffentlichen Recht als auch im bürgerlichen Recht (vgl. §§ 80 ff. BGB).

Die rechtsfähige Stiftung des öffentlichen Rechts ist rechtlich verselbständigt und damit Verwaltungsträger. Sie wird durch einen staatlichen Hoheitsakt – durch Gesetz oder auf Grund eines Gesetzes – errichtet, dient öffentlichen Aufgaben, hat hoheitliche Befugnisse und unterliegt der staatlichen Aufsicht. Während die Körperschaft Mitglieder und die Anstalt Benutzer hat, gibt es bei der Stiftung allenfalls Nutznießer (Destinatäre).

Früher gab es sehr viele Stiftungen (kirchliche Stiftungen, Armenstiftungen). Sie wurden teilweise durch die Anstalten abgelöst, so etwa die früher oft auf Stiftungen beruhenden Krankenhäuser, Schulen usw. Die Abgrenzung zur Anstalt ist auch heute nicht immer eindeutig. Gegenwärtig sind Stiftungen selten. Als Stiftungen des Bundes sind vor allem zu nennen: Stiftung Preußischer Kulturbesitz (Bundesgesetz vom 25. 7. 1957, BGBl. I S. 841), die die Aufgabe hat, die ehemals preußischen Kulturgüter (Bibliotheken, Archivbestände, Museumsbestände, Kunstsammlungen, wissenschaftliche Sammlungen) aufzubewahren, zu pflegen und ihre Auswertung zu gewährleisten, vgl. dazu *BVerfGE* 10, 20; *Peter Hofmann,* Die Stiftung „Preußischer Kulturbesitz" in Berlin, DV Bd. 21 (1988) S. 63 ff. – Stiftung „Hilfswerk für behinderte Kinder" (Bundesgesetz vom 17. 12. 1971, BGBl. I S. 2018, i. d. F. v. 22. 7. 1976, BGBl. I S. 1876), die vor allem zur Hilfe für contergangeschädigte Kinder errichtet wurde, vgl. dazu *BGHZ* 64, 30; *BVerfGE* 42, 263. – Stiftung „Haus der Geschichte der Bundesrepublik Deutschland" (Bundesgesetz vom 28. 2. 1990, BGBl. I S. 294), die durch Ausstellungen das Geschichtsbewußtsein der Bevölkerung fördern soll. – Bundeskanzler-Willy-Brandt-Stiftung (Bundesgesetz vom 25. 10. 1994, BGBl. I S. 3138) zur Wahrung des Andenkens an das politische Wirken Willy Brandts; Stiftung „Erinnerung, Verantwortung und Zukunft" (Bundesgesetz vom 2. 8. 2000, BGBl. I S. 1263), die mit der Auszahlung der Entschädigung für Zwangsarbeiter der Nazi-Zeit befaßt ist. – Dagegen ist die Stiftung Volkswagenwerk, deren Erträge zur Förderung der Wissenschaft und Technik in Forschung und Lehre verwendet werden, eine privatrechtliche Stiftung, vgl. dazu *Kerscher,* Die Stiftung Volkswagenwerk, 1972.

V. Der Beliehene

1. Begriff

Beliehene oder beliehene Unternehmer sind Privatpersonen **56** (Einzelpersonen oder juristische Personen des Privatrechts), denen die Kompetenz zur selbständigen hoheitlichen Wahrnehmung bestimmter Verwaltungsaufgaben im eigenen Namen übertragen worden ist (vgl. bereits oben § 21 Rn. 11). Sie sind und bleiben – statusmäßig – Privatrechtssubjekte; sie können aber – funktionell – in begrenztem Umfang hoheitlich handeln und sind insoweit in die mittelbare Staatsverwaltung einbezogen. Da sie selbständig tätig werden und im eigenen Namen handeln, sind sie Verwaltungsträger, soweit ihr hoheitlicher Kompetenzbereich reicht.

Beispiele: Die Flug- und Schiffskapitäne; der Jagdaufseher gem. § 25 Bundesjagdgesetz; der freiberufliche Fleischbeschauer (*BVerwGE* 29, 166 zu § 4 Fleischbeschaugesetz a. F.); der Prüfingenieur für Baustatik (*BVerwG* DÖV 1972, 500; *BVerwGE* 57, 55, 58); der Bezirksschornsteinfeger bezüglich der Feuerschau (*HessVGH* ESVGH 18, 86, 88, vgl. auch *BGHZ* 62, 372); die technischen Überwachungsvereine bzw. deren Sachverständige (*Steiner,* JuS 1969, 69 ff. m. w. N.); Privatbanken, soweit sie bei der Vergabe von Subventionen hoheitliche Entscheidungsbefugnisse haben; Privatschulen, soweit es sich nicht nur um staatlich genehmigte, sondern staatlich anerkannte Ersatzschulen handelt (*BVerwGE* 17, 41 und 45, 117). Im Zuge der Dezentralisierung, Deregulierung und Privatisierung hat die Beleihung in der letzten Zeit sowohl in quantitativer als auch in qualitativer Hinsicht erheblich zugenommen. Sie erfolgt vor allem im Bereich der Infrastrukturmaßnahmen (Straßenwesen, Abfallbeseitigung, Gebührenerhebung) und – bemerkenswerterweise – im sensiblen und zu den Kernaufgaben des Staates gehörenden Bereich der öffentlichen Sicherheit (Straßenverkehr, Bewachung öffentlicher, auch militärischer Anlagen usw.), vgl. dazu näher *Burgi,* Festschrift für Maurer, 2001, S. 581 ff.

57   Durch die Beleihung macht sich der beleihende Staat oder der sonstige beleihende Verwaltungsträger die Sachkunde, die Initiative und die Interessen sowie die technischen und betrieblichen Mittel und Möglichkeiten von Privaten, insbesondere privaten Wirtschaftsunternehmen, nutzbar und entlastet damit zugleich den eigenen Verwaltungsapparat.

2. Das Rechtsverhältnis zwischen dem beleihenden Verwaltungsträger und dem Beliehenen

58   Die Beleihung muß – als Übertragung von Hoheitsrechten – durch Gesetz oder auf Grund gesetzlicher Ermächtigung erfolgen. Sie bringt ein öffentlich-rechtliches Auftragsverhältnis zwischen dem beleihenden Verwaltungsträger und dem Beliehenen zum Entstehen, das durch das zugrunde liegende Gesetz und den konkreten Beleihungsakt näher bestimmt wird. Der Beliehene ist zur Wahrnehmung der ihm übertragenen Verwaltungsaufgaben berechtigt und verpflichtet, hat evtl. finanzielle Erstattungsansprüche und unterliegt der Aufsicht des Beleihenden.

Die Bestimmung des Art. 33 IV GG, daß die Ausübung hoheitsrechtlicher Befugnisse als ständige Aufgabe in der Regel Beamten zu übertragen ist (sog. Funktionsvorbehalt für Beamte) steht der Beleihung nicht generell entgegen, zumal sie einschränkend ausgelegt wird, weist aber doch auf vorgegebene verfassungsrechtliche Schranken hin. Bei der Auswahl der zu beleihenden Person oder Personen ist, wenn mehr Bewerber vorhanden sind, der Gleichheitssatz zu beachten. Maßgebliche Auswahlkriterien sind – ähnlich wie bei der Einstellung öffentlicher Bediensteter (Art. 33 II GG) oder der Vergabe öffentlicher Aufträge (§ 97 IV GWB) – Eignung (Zuverlässigkeit), Befähigung und fachliche Leistung.

3. Außenwirkung

Der Beliehene tritt nach außen als selbständiger Hoheitsträger   **59** auf. Er ist Behörde i. S. des § 1 IV VwVfG. Er kann im Rahmen seines Kompetenzbereichs Verwaltungsakte erlassen, Gebühren erheben und sonstige hoheitliche Maßnahmen treffen. Anfechtungs- und sonstige verwaltungsgerichtliche Klagen sind gegen den Beliehenen selbst zu richten. Als Verwaltungsträger ist der Beliehene bei der Wahrnehmung seiner Aufgaben an die öffentlich-rechtlichen Vorschriften, insbesondere an die Grundrechte und die allgemeinen Verwaltungsgrundsätze gebunden.

Fraglich ist, wer über Widersprüche gegen Verwaltungsakte des Beliehenen zu entscheiden hat. Nach der h. L. ist die Aufsichtsbehörde zuständig, sofern sie nicht oberste Bundes- oder Landesbehörde ist (§ 73 I Nr. 1 und 2 VwGO). Folgerichtig ist es jedoch, § 73 I Nr. 3 VwGO entsprechend anzuwenden. Jedenfalls kann die Aufsichtsbehörde einen Widerspruch nur soweit prüfen, als ihre Aufsichtsbefugnisse reichen (keine Zweckmäßigkeitskontrolle bei bloßer Rechtsaufsicht). Schadensersatzansprüche gem. § 839 BGB, Art. 34 GG treffen dagegen den beleihenden Verwaltungsträger (vgl. *BGHZ* 49, 108; *BGHZ* 147, 169, 171 ff.), was nicht ganz konsequent ist, aber dem Sinn dieser Vorschriften, einen finanziell potenten Schuldner zu gewährleisten, entspricht; so auch § 12 des – allerdings wegen fehlender Gesetzgebungskompetenz des Bundes für nichtig erklärten – Staatshaftungsgesetzes 1981. – Strittig ist vor allem, wer Widerspruchsbehörde und Beklagter ist, wenn ein Sachverständiger des TÜV eine Prüfplakette gem. § 29 II 2 StVZO verweigert, vgl. dazu *BayVGH* NJW 1975, 1796 mit Anm. *Steiner* = DÖV 1975, 210 mit Anm. *Götz; OVG Lüneburg* DÖV 1979, 604; vgl. ferner den instruktiven Fall von *Borchert*, JuS 1974, 723 ff.

VI. Privatisierung

1. Die Bezugsfelder der Privatisierung

Die „Privatisierung der Verwaltung" kann unter verschiedenen   **60** Aspekten betrachtet und diskutiert werden. Sie betrifft den Bereich und die Erledigung von Verwaltungsaufgaben, grundlegende Verfassungs- und Verwaltungsrechtsgrundsätze (demokratische Legitimation, Rechtsstaatsprinzip, Sozialstaatsprinzip), die Rechtsformen des Verwaltungshandelns, das Verwaltungsverfahren und die Verwaltungsorganisation. Der organisatorische Aspekt bildet den ersten Anknüpfungspunkt, da die Privatisierung – mindestens zunächst – eine Frage der Verwaltungsorganisation ist, aus der sich dann weitere Fragestellungen ergeben. Deshalb wird auch die Privatisierung hier im Anschluß an die „mittelbare Staatsverwaltung" behandelt, obwohl sie nur bedingt unter diesen traditionellen Begriff fällt.

2. Die Formen der Privatisierung

Die Privatisierung erfolgt nicht nach einem bestimmten Schema, sondern entsprechend den jeweiligen verwaltungspolitischen Zielsetzungen und den jeweiligen Bedürfnissen der Praxis und weist dementsprechend unterschiedliche Formen auf. Systematisch lassen sich vier Gruppen unterscheiden:

61   a) *Organisationsprivatisierung oder formelle Privatisierung.* Der Staat (bzw. die Gemeinden und sonstigen Kommunalkörperschaften, sie sind im folgenden stets mit gemeint) errichtet zur Wahrnehmung bestimmter Aufgaben der Leistungsverwaltung privatrechtliche Organisationen, insbesondere Kapitalgesellschaften in der Form der GmbH oder der AG (vgl. bereits oben § 21 Rn. 15). Die Organisationsprivatisierung besitzt – wenn auch nicht unter dieser Bezeichnung – im Kommunalbereich eine lange Tradition; wurde aber gerade in der letzten Zeit erheblich erweitert. Die Gemeinden erledigen ihre Aufgabe der Daseinsvorsorge und ihre sonstigen Leistungsaufgaben weitgehend durch Einschaltung von von ihr errichteten oder übernommenen privatrechtlichen Organisationen. In Betracht kommen sog. Eigengesellschaften, die sich ausschließlich in staatlicher Hand befinden, und sog. gemischt-wirtschaftliche Unternehmen, an der auch anderer Gesellschafter beteiligt sind. Ihr Vorteil liegt – abgesehen davon, daß die Erfahrungen des privatwirtschaftlichen Bereichs genutzt werden können – in der größeren Flexibilität der Privatrechts, der Befreiung von haushaltsrechtlichen und besoldungsrechtlichen Bindungen, der Einbeziehung weiterer Gesellschafter und Kapitalgeber sowie der Haftungsbegrenzung. Die Verwaltung wechselt nur die Rechtsform, nimmt aber in dieser Form echte Verwaltungsaufgaben wahr.

b) *Erfüllungsprivatisierung oder funktionale Privatisierung.* Der Staat **62** behält eine bestimmte Verwaltungsaufgabe in seiner Hand, zieht aber zu deren Erfüllung private Wirtschaftssubjekte heran, etwa – im Bereich des Straßenwesens – für die Planung, den Bau, den Betrieb, die Unterhaltung und/oder die Finanzierung eines Straßenabschnitts. Er nutzt dabei die Sachkunde, die Fähigkeiten, die Eigeninitiative und die spezifische Ausrüstung (Maschinen und dgl.) des Unternehmers. Wichtig ist allerdings, daß der Staat nicht nur die „richtige" Auswahl trifft, die sich am Vergaberecht zu orientieren hat, sondern sich auch weitere Einflußmöglichkeiten vorbehält. Dementsprechend kann die Selbständigkeit bzw. die Abhängigkeit der jeweiligen Privatunternehmer von der Verwaltung sehr unterschiedlich sein. Kennzeichnend ist, daß sie nur einen „Teilbeitrag mit funktionalem Bezug auf eine Staatsaufgabe" *(Burgi)* erbringen; die Zuständigkeit und die Verantwortung für die jeweilige Verwaltungsaufgabe liegt und bleibt bei der Verwaltungsbehörde. Beispiele bieten einerseits die bekannten Abschleppfälle (die Polizei beauftragt einen Privatunternehmer, ein verkehrswidrig parkendes Kraftfahrzeug abzuschleppen) andererseits die Abfall- und Abwasserbeseitigung (vgl. § 16 I 1 KrW-/AbfG, § 18 a II 3 WHG).

c) *Aufgabenprivatisierung oder materielle Privatisierung.* Der Staat **63** zieht sich ganz zurück und überläßt die Erledigung gewisser, bislang von ihm wahrgenommener Aufgaben dem privaten, gesellschaftlich-wirtschaftlichen Bereich und dem dort herrschenden Wettbewerbsprinzip. Er vertraut auf die gesellschaftliche Selbstregulierung, kann und muß aber dann selbst regulierend eingreifen, wenn diese (noch) nicht ausreichend funktioniert, um die erforderliche Versorgung der Bevölkerung zu gewährleisten. Das bekannteste Beispiel dafür ist das Telekommunikationsgesetz (Sart. Nr. 920), das den Zweck hat, „durch Regulierung im Bereich der Telekommunikation den Wettbewerb zu fördern und flächendeckend angemessene und ausreichende Dienstleistungen zu gewährleisten sowie eine Frequenzordnung festzulegen" (§ 1), und das zu diesem Zweck u. a. eine Regulierungsbehörde errichtet (§ 66). Aus der Leistungsverwaltung wird die Gewährleistungsverwaltung, aus der Eigenverwaltung die Regulierungsverwaltung, aus der De-Regulierung vielleicht sogar die Re-Regulierung.

64   d) *Vermögensprivatisierung.* Sie liegt dann vor, wenn der Staat Vermögensgegenstände, insbesondere Grundstücke oder Beteiligungen an Wirtschaftsunternehmen (Aktien, GmbH-Anteile) an Private veräußert. Es geht vor allem um Industrieunternehmen im Besitz des Bundes. Die Vermögensprivatisierung wirft keine besonderen verwaltungsrechtlichen Probleme auf, insbesondere keine Folgeprobleme, da die Sache eben weg ist.

Zu diesem Privatisierungsarten kommen zahlreiche Varianten und Zwischenformen, insbesondere auch Teilprivatisierungen, die ihrerseits – wie schon die Erfüllungsprivatisierung – die Basis für ein Zusammenwirken von Staat und Privatunternehmer bilden können (Kooperationsprinzip).

65   **Literatur zu § 23:** *W. Weber,* Die Körperschaften, Anstalten und Stiftungen des öffentlichen Rechts, 2. Aufl. 1943; *ders.,* Der nicht staatsunmittelbare öffentliche Organisationsbereich, Juristen-Jahrbuch, Bd. 8 (1967/68), S. 137 ff.; *ders.,* Die bundesunmittelbaren juristischen Personen des öffentlichen Rechts, Festschrift für Reinhardt, 1972, S. 499 ff.; *Heffter,* Die deutsche Selbstverwaltung im 19. Jahrhundert. Geschichte der Ideen und Institutionen, 2. Aufl. 1969; *Brohm,* Strukturen der Wirtschaftsverwaltung, 1969; *Rasch,* Entstehung und Auflösung von Körperschaften des öffentlichen Rechts, DVBl. 1970, 765 ff.; *von Mutius* (Hg.), Selbstverwaltung im Staat der Industriegesellschaft, Festgabe für von Unruh, 1983 (mit Beiträgen zahlreicher Autoren zu allen Bereichen der Selbstverwaltung); *Hendler,* Selbstverwaltung als Ordnungsprinzip, 1984; *Schuppert,* Selbstverwaltung, Selbststeuerung, Selbstorganisation. Zur Begrifflichkeit einer Wiederbelebung des Subsidiaritätsgedankens, AöR 114 (1989) S. 127 ff.; *Hendler,* Das Prinzip Selbstverwaltung, HStR IV (1990) § 106; *Tettinger,* Wirtschaftliche und freiberufliche Selbstverwaltung, DÖV 1995, 169 ff.; *Badura,* Die organisatorische Gestaltungsfreiheit des Staates und die juristischen Personen des öffentlichen Rechts, Festschrift zum 50jährigen Bestehen des Bayerischen Verfassungsgerichtshofs, 1997, S. 9 ff.

66   **Zu I. (Gemeinden und sonstige Kommunalkörperschaften) insbesondere:** *Peters* (Hg.), Handbuch der kommunalen Wissenschaft und Praxis, 3 Bde., 1956–1959; *Püttner* (Hg.), Handbuch der kommunalen Wissenschaft und Praxis, 6 Bde., 1981/85 (2. Aufl. des soeben genannten Handbuchs, tatsächlich aber ein völlig neues Werk; zitiert HKWP). – *Gönnenwein,* Gemeinderecht, 1963; *W. Weber,* Staats- und Selbstverwaltung in der Gegenwart, 2. Aufl. 1967; *Köttgen,* Kommunale Selbstverwaltung zwischen Krise und Reform, 1968 (ausgewählte Schriften); *Dehmel,* Übertragener Wirkungskreis, Auftragsangelegenheiten und Pflichtaufgaben nach Weisung, 1970; *Scheuner,*

Zur Neubestimmung der kommunalen Selbstverwaltung, AfK 1973, S. 1 ff.; *K. Lange,* Die Entwicklung des kommunalen Selbstverwaltungsgedankens und seine Bedeutung in der Gegenwart, Festschrift für W. Weber, 1974, S. 851 ff.; *Roters,* Kommunale Mitwirkung an höherstufigen Entscheidungsprozessen, 1975; *Borchmann/Vesper,* Reformprobleme im Kommunalverfassungsrecht, 1976; *Burmeister,* Verfassungstheoretische Neukonzeption der kommunalen Selbstverwaltungsgarantie, 1977; *Blümel/Grawert,* Gemeinden und Kreise vor den öffentlichen Aufgaben der Gegenwart, Referate mit Diskussion, VVDStRL 36 (1978) S. 171 ff.; *Schmidt-Jortzig,* Kommunale Organisationshoheit, 1979; *Stüer,* Funktionalreform und kommunale Selbstverwaltung, 1980; *Schmidt-Aß-mann,* Die kommunale Rechtsetzung im Gefüge der administrativen Handlungsformen und Rechtsquellen, 1981; *Schmidt-Eichstaedt,* Bundesgesetze und Gemeinden, 1981; *Brohm,* Die Eigenständigkeit der Gemeinden, DÖV 1986, 397 ff.; *Knemeyer,* Aufgabenkategorien im kommunalen Bereich, DÖV 1988, 397 ff.; *Püttner,* Kommunale Selbstverwaltung, HStR IV (1990) § 107; *Petz,* Aufgabenübertragungen und kommunales Selbstverwaltungsrecht, DÖV 1991, 320 ff.; *J. Ipsen,* Schutzbereich der Selbstverwaltungsgarantie und Einwirkungsmöglichkeiten des Gesetzgebers, ZG 1994, 193 ff.; *Henneke/Maurer/Schoch,* Die Kreise im Bundesstaat, 1994; *Hoppe,* Probleme des verfassungsgerichtlichen Rechtsschutzes der kommunalen Selbstverwaltung, DVBl. 1995, 179 ff.; *M. Hoffmann/Kromberg* u. a. (Hg.), Kommunale Selbstverwaltung im Spiegel von Verfassungsrecht und Verwaltungsrecht, 1995 (Referate der Assistententagung 1995); *Maurer,* Verfassungsrechtliche Grundlagen der kommunalen Selbstverwaltung, DVBl. 1995, 1037 ff.; *Bovenschulte/Boß,* Plebiszitäre Bürgermeisterverfassungen, 1996; *Henneke* (Hg.), Kommunen und Europa-Herausforderungen und Chancen, 1999; *Bovenschulte,* Gemeindeverbände als Organisationsformen kommunaler Selbstverwaltung, 2000; *Ehlers,* Die verfassungsrechtliche Garantie der kommunalen Selbstverwaltung, DVBl. 2000, 1301 ff.; *Hollenbach,* Zur Rechtsaufsicht über die Gemeinden in Baden-Württemberg, VBlBW 2000, 464 ff.; *Knemeyer/Wehr,* Die Garantie der kommunalen Selbstverwaltung nach Art. 28 Abs. 2 GG in der Rechtsprechung des Bundesverfassungsgerichts, VerwArch. 92 (2001) S. 317 ff.; *Oebbecke,* Kommunalaufsicht – nur Rechtsaufsicht oder mehr? DÖV 2001, 406 ff.; *Henneke,* Verfassungsrechtlicher Schutz der Gemeindeverbände vor gesetzlichem Aufgabenentzug im dualistischen und monistischen Aufgabenmodell, ZG 2002, 72 ff.; *Remmert,* Die verfassungsrechtliche Stellung der Gemeinden bei der Zuweisung überörtlicher Aufgaben durch Bundesgesetz, VerwArch. 94 (2003), S. 459 ff.; vgl. ferner die laufenden Berichte von *Erlenkemper* unter dem Titel „Entwicklungen im Kommunalrecht" in der NVwZ, beginnend mit NVwZ 1984, 621 ff., zuletzt NVwZ 1999, 1295 ff.

Vgl. ferner die Kommentierungen zu Art. 28 GG und die systematischen Darstellungen des Kommunalrechts, z. B. *Gern,* Deutsches Kommunalrecht, 3. Aufl. 2003; *v. Mutius,* Kommunalrecht 1996; *Püttner,* Besonderes Verwaltungsrecht, 3. Aufl. 1998, S. 95 ff.; *Schmidt-Aßmann/Röhl,* Kommunalrecht, in: Schmidt-Aßmann (Hg.), Besonderes Verwaltungsrecht, 13. Aufl. 2005, S. 1 ff.; *Schmidt-Jortzig,* Kommunalrecht, 1982; *Scholler,* Grundzüge des Kommunalrechts in der Bundesrepublik Deutschland, 4. Aufl. 1990; *Seewald,* Kommunalrecht, in: Steiner (Hg.), Besonderes Verwaltungsrecht, 7. Aufl. 2003, S. 1 ff.; *Stober,* Kommunalrecht in der Bundesrepublik Deutschland, 3. Aufl. 1996; *Tettinger/Erbguth,* Besonderes Verwaltungsrecht, 8. Aufl. 2005, S. 3 ff.; *Waechter,* Kommunalrecht, 3. Aufl. 1997; *Knemeyer,* Bayerisches Kommunalrecht, 10. Aufl. 2000.

67   Zu II. (Körperschaften) insbesondere: *Scheuner,* Voraussetzungen und Form der Errichtung öffentlicher Körperschaften, Gedächtnisschrift für H. Peters, 1967, S. 797 ff.; *Bieback,* Die öffentliche Körperschaft, 1976 (in historischer Sicht); *Redeker,* Grenzen für Aufgaben und Tätigkeit öffentlich-rechtlicher Zwangsverbände, NJW 1982, 1266 ff.; *Mußgnug,* Das politische Mandat öffentlich-rechtlicher Körperschaften und seine verfassungsrechtlichen Grenzen, Festschrift für Doehring, 1989, S. 665 ff.; *Tettinger,* Kammerrecht. Das Recht der wirtschaftlichen und freiberuflichen Selbstverwaltung, 1997; *Geis,* Körperschaftliche Selbstverwaltung in der Sozialversicherung, in: Schnapp (Hg.), Funktionale Selbstverwaltung und Demokratieprinzip – am Beispiel der Sozialversicherung, 2001, S. 65 ff.; *Thieme,* Deutsches Hochschulrecht, 3. Aufl. 2004; *Kluth,* Das Selbstverwaltungsrecht der Kammern und sein verfassungsrechtlicher Schutz, DöV 2005, 368 ff.

Zu III. (Anstalten) insbesondere: *Jecht,* Die öffentliche Anstalt, 1963; *Rüfner,* Die Nutzung öffentlicher Anstalten, DV 17 (1984) S. 19 ff.; *Lange/ Breuer,* Die öffentlich-rechtliche Anstalt, Referate mit Diskussion, VVDStRL 44 (1986) S. 169 ff.; dazu die Begleitaufsätze von *Berg,* NJW 1985, 2294 ff.; *Krebs,* NVwZ 1985, 609 ff.; *Löwer,* DVBl. 1985, 928 ff.; *Rüfner,* DÖV 1985, 605 ff.; *v. Mutius,* Studentenwerke als öffentlich-rechtliche Anstalten und öffentliche Unternehmen, Festschrift für Bachmann, 1997, S. 11 ff.; *Thode/ Peres,* Anstalten des öffentlichen Rechts im Spannungsfeld zwischen deutschem und europäischem Recht, VerwArch. 89 (1998) S. 439 ff.; *Laubinger,* Die nutzbare Anstalt des öffentlichen Rechts – ein Fabelwesen, Festschrift für Maurer, 2001, S. 641 ff.; *Stern,* Anstaltslast und Gewährträgerhaftung im Sparkassenrecht, Festschrift für Maurer, 2001, S. 815 ff.

Zu IV. (Stiftungen) insbesondere: *Ebersbach,* Die Stiftung des öffentlichen Rechts, 1961; *Strickrodt,* Die Erscheinungsformen der Stiftungen des privaten und des öffentlichen Rechts, NJW 1962, 1480 ff.; *ders.,* Stiftungsrecht, 1977; *Neuhoff/Schindler/Zwingmann,* Stiftungshandbuch, 1983; *Schulte,* Staat und Stiftung. Verfassungsrechtliche Grundlagen und Grenzen des Stiftungsrechts und der Staatsaufsicht, 1989; *Seifart/v. Campenhausen* (Hg.), Handbuch des Stiftungsrechts, 2. Aufl. 1999.

68   Zu V (Beliehene) insbesondere: *Rupp,* Privateigentum an Staatsfunktionen? 1963; *U. Steiner,* Der „beliehene Unternehmer", JuS 1969, 69 ff.; *ders.,* Öffentliche Verwaltung durch Private, 1975; *Dagtoglou,* Die Beteiligung Privater an Verwaltungsaufgaben, DÖV 1970, 532 ff.; *Ossenbühl/Gallwas,* Die Erfüllung von Verwaltungsaufgaben durch Private, Referate mit Diskussion, VVDStRL 29 (1971) S. 137 ff.; *Krautzberger,* Die Erfüllung öffentlicher Aufgaben durch Private, 1971; *Tettinger,* Der Immissionsschutzbeauftragte – ein Beliehener? DVBl. 1976, 752 ff.; *von Heimburg,* Verwaltungsaufgaben und

Private, 1982; *Berkemann,* Juris als öffentlich-rechtlich „beliehener Unternehmer", VerwArch. 87 (1996) S. 362 ff.; *Kotulla,* Umweltschutzbeauftragte, 1995; *Scholz,* Verkehrsüberwachung durch Private?, NJW 1997, 14 ff.; *Ehlers,* Die Erledigung von Gemeindeaufgaben durch Verwaltungshelfer, 1997; *Burgi,* Funktionale Privatisierung und Verwaltungshilfe, 1999; *ders.,* Der Beliehene – ein Klassiker im modernen Verwaltungsrecht, Festschrift für Maurer, 2001, S. 581 ff.; *Stadler,* Die Beleihung in der neueren Bundesgesetzgebung, 2002; *T. I. Schmidt,* Gesetzliche Regelung der Rechtsverhältnisse der Beliehenen, ZG 2002, 353 ff.

Zu VI (Privatisierung) insbesondere: *J. Ipsen* (Hg.), Privatisierung öffentlicher Aufgaben, 1994; *R. Schmidt,* Die Privatisierung öffentlicher Aufgaben als Problem des Staats- und Verwaltungsrechts, in: Biernat/Hendler u. a. (Hg.), Grundfragen des Verwaltungsrechts und der Privatisierung, 1994, S. 210 ff.; *Schoch,* Privatisierung von Verwaltungsaufgaben, DVBl. 1994, 962 ff.; *Hengstschläger/Osterloh/Bauer,* Privatisierung von Verwaltungsaufgaben, Referate mit Diskussion, VVDStRL 54 (1995) S. 165 ff.; *von Arnim,* Rechtsfragen der Privatisierung, 1995; *Heuer,* Privatwirtschaftliche Wege und Modelle zu einem modernen (anderen?) Staat, DÖV 1995, 85 ff.; *Peine,* Grenzen der Privatisierung – Verwaltungsrechtliche Aspekte, DÖV 1997, 353 ff.; *Gusy* (Hgs.), Privatisierung von Staatsaufgaben: Kriterien – Grenzen – Folgen, 1998; *Burgi,* Funktionale Privatisierung und Verwaltungshilfe, 1999; *Di Fabio,* Privatisierung und Staatsvorbehalt, JZ 1999, 585 ff.; *Kämmerer,* Privatisierung, 2001; *Mayen,* Privatisierung öffentlicher Aufgaben: Rechtliche Grenzen und rechtliche Möglichkeiten, DÖV 2001, 110 ff.; *Burgi,* Kommunales Privatisierungsfolgenrecht: Vergabe, Regulierung und Finanzierung, NVwZ 2001, 601 ff.; *ders.,* in: Erichsen/Ehlers, VerwR § 54 Rn. 7 ff.

Rechtsprechung: *BVerfGE* 1, 167, 174 ff.; 79, 127, 143 ff. (grundlegend **69** zur kommunalen Selbstverwaltung); *BVerfGE* 61, 82, 100 ff. (kein Grundrechtsschutz für die Gemeinden); *BVerfGE* 77, 288, 298 ff. (Zuweisung von Selbstverwaltungsaufgaben an die Gemeinden durch den Bund); *BVerfGE* 83, 37 und 60 (Kommunalwahlrecht für Ausländer); *BVerfG-K* NVwZ 2000, 190 (Studierendenschaft); *BVerwGE* 81, 318 (Abwahl kommunaler Wahlbeamter); *BVerwGE* 87, 228 und 237 (Atomwaffenstationierung, internationale Städtepartnerschaft); *BVerwGE* 90, 140 (freies Mandat der Gemeindevertreter, Fraktion und Ausschuß); *BVerwGE* 101, 99; *BVerwGE* 109, 97 (Studierendenschaft, Semesterticket); *BVerwGE* 118, 101; 118, 345 (jeweils Bürgermeisterwahl); *BVerwG* NVwZ 1998, 63 (Ergänzungs- und Ausgleichsaufgaben der Landkreise); *BGHZ* 153, 198 (Amtshaftungsanspruch der Gemeinde bei fehlerhafter Rechtsaufsicht); *OVG Schleswig,* NordÖ 2002, 60 (Beleihungsgesetz); vgl. auch die Nachweise oben Rn. 6.

§ 24 Verwaltungsvorschriften

I. Einordnung

1. Begriffsbestimmung

1   Verwaltungsvorschriften sind generell-abstrakte Anordnungen einer Behörde an nachgeordnete Behörden oder eines Vorgesetzten an die ihm unterstellten Verwaltungsbediensteten. Sie betreffen entweder die innere Ordnung einer Behörde oder das sachliche Verwaltungshandeln. Sie beruhen auf der Weisungskompetenz der vorgesetzten Instanz, die zu Einzelweisungen (vgl. dazu oben § 9 Rn. 27) oder zu generellen Weisungen, eben zu Verwaltungsvorschriften, führen kann.

Beispiele: Der Regierungspräsident weist die Landratsämter seines Bezirks durch Verwaltungsvorschrift an, den Abbruch aller im Außenbereich illegal errichteten Wochenendhäuser zu verfügen. Der Leiter des Finanzamts regelt durch Verwaltungsvorschrift die gegenseitige Vertretung der Referatsleiter seiner Behörde.

Die Terminologie ist noch sehr uneinheitlich. In der Praxis kommen die verschiedensten Bezeichnungen vor: Verwaltungsvorschriften, Richtlinien, Erlasse, Rundverfügungen, innerdienstliche Weisungen usw. Der Ausdruck „Verwaltungsvorschrift" setzt sich jedoch immer mehr durch.

2. Die Rechtsnatur

2   Die Rechtsnatur der Verwaltungsvorschriften ist umstritten. Die Meinungsverschiedenheiten werden durch unterschiedliche Begriffsbildungen zusätzlich vernebelt und verschärft. In der Staats- und Verwaltungsrechtslehre des 19. Jahrhunderts wurde der Begriff des Rechts auf die Beziehungen zwischen selbständigen Rechtspersonen – im Bereich des Verwaltungsrechts auf die Beziehungen zwischen Staat und Bürger – beschränkt und daher folgerichtig die Verwaltungsvorschrift als verwaltungsinterne Regelung aus dem Rechtsbegriff ausgeklammert. Diese Abgrenzung, die auf dem konstitutionellen Gesetzesbegriff der damaligen Zeit beruhte (vgl. dazu oben § 2 Rn. 5), ist durch die Entwicklung überholt. Der Rechts-

charakter der Verwaltungsvorschriften wird denn auch heute allgemein anerkannt. Strittig ist aber, ob die Verwaltungsvorschriften – insgesamt oder wenigstens teilweise – als Rechtssätze oder Rechtsnormen den Rechtsquellen zuzuordnen sind oder nicht. Auch die Klärung dieser Streitfrage hängt wiederum davon ab, was man unter jenen Begriffen versteht.

Die Verwaltungsvorschriften sind jedenfalls *rechtliche* Regelun- 3 gen. Ihr Rechtscharakter wird schon dadurch indiziert, daß sie für die Behörden und Bediensteten verbindlich sind und diese Verbindlichkeit nur durch das Recht begründet sein kann. Da sich die Verwaltungsvorschriften an Behörden und Bedienstete wenden und deren Verhalten regeln, stellen sie *verwaltungsinterne* Regelungen dar und sind als solche dem staatlichen Innenraum zuzuordnen. Sie sind – entsprechend der oben getroffenen Begriffsbestimmung (§ 4 Rn. 3) – zwar Rechtssätze, aber keine Rechtsnormen (Außenrechtssätze), sondern Innenrechtssätze. Die Qualifizierung als Innenrecht schließt nicht aus, daß sie u. U. auf das Verhältnis Staat – Bürger, also auf die Außenbeziehungen, einwirken und somit wenigstens mittelbar eine gewisse Außenwirkung entfalten. Darauf ist noch einzugehen. Es ist aber bereits hier festzustellen, daß dies nicht zu der rechtsdogmatischen Folgerung zwingt (sie allerdings auch nicht ausschließt), die Verwaltungsvorschriften seien deshalb dem Außenrecht zuzurechnen.

Die Frage, ob die Verwaltungsvorschriften Rechtsquellen sind, ist vorwie- 4 gend eine Sache der Terminologie. Wenn man den Begriff „Rechtsquelle" auf das Außenrecht beschränkt, ist diese Frage zu verneinen. Wenn man diesen Begriff dagegen auf alle Rechtssätze bezieht, dann ist sie zu bejahen; man muß dann aber innerhalb der Rechtsquellen wieder zwischen solchen des Außenrechts und des Innenrechts unterscheiden. Wenn und soweit man die Verwaltungsvorschriften selbst als Außenrecht qualifiziert, sind sie auf jeden Fall als Rechtsquellen anzusehen.

3. Gesamtzusammenhang

Die Verwaltungsvorschriften berühren – in verwaltungsrechts- 5 dogmatischer Sicht – eine ganze Reihe verwaltungsrechtlicher Bereiche und verwaltungsrechtlicher Grundprobleme, nämlich
– *die Rechtsquellenlehre,* wie der bereits dargelegte Streit über die Rechtsnatur der Verwaltungsvorschriften zeigt;

- *den Grundsatz des Gesetzesvorbehalts,* weil Sachkomplexe, die durch Gesetz oder durch Rechtsverordnung auf Grund eines Gesetzes geregelt werden müssen, der selbständigen Regelung durch Verwaltungsvorschriften entzogen sind;
- *die Grundsätze des Ermessens und des Beurteilungsspielraums,* weil im gesetzlich geregelten Bereich Verwaltungsvorschriften – vor allem oder nur? – dann in Betracht kommen, wenn die Verwaltung noch einen eigenen Entscheidungs- und Handlungsspielraum hat;
- *die Lehre von den Handlungsformen der Verwaltung,* weil auch die Verwaltungsvorschriften eine solche Handlungsform, wenn auch eigener Art, darstellen;
- *die Verwaltungsorganisation,* weil erst der hierarchische Aufbau der Verwaltung die Voraussetzungen für das Institut der Verwaltungsvorschriften schafft.

6   In den verwaltungsrechtlichen Darstellungen werden die Verwaltungsvorschriften – je nachdem, ob sie überwiegend diesem oder jenem Problembereich zugeordnet werden – an unterschiedlichen Stellen erörtert. Wenn sie im Rahmen dieses Grundrisses erst jetzt und im Anschluß an die Verwaltungsorganisation behandelt werden, so hat das zwei Gründe: Einmal erscheint es aus didaktischen Erwägungen zweckmäßig, die Verwaltungsvorschriften erst nach Erörterung der erwähnten Problembereiche (Rechtsquelle, Gesetzesvorbehalt, Ermessen usw.) zu behandeln. Zum anderen – und das ist entscheidend – bildet der hierarchische Aufbau der Verwaltung mit seinen Weisungskompetenzen den Schlüssel zum Verständnis der Verwaltungsvorschriften, die daher auch primär diesem letzten Bereich zuzuordnen sind, ohne daß freilich die anderen Bezugsfelder aus dem Blick verloren werden dürfen.

II. Die Funktionen der Verwaltungsvorschriften

7   Sinn und Zweck der Verwaltungsvorschriften lassen sich am besten verdeutlichen, wenn man die verschiedenen Arten der Verwaltungsvorschriften näher betrachtet.

1. Arten der Verwaltungsvorschriften

8   a) *Die Organisations- und Dienstvorschriften* betreffen die innere Organisation und den Dienstbetrieb der Behörde, so z. B. die be-

hördeninterne Gliederung, die Geschäftsverteilung, die Art der Bearbeitung der Akten, die Dienstzeit usw., ferner die Zuständigkeit und das Verfahren, soweit sie nicht durch Gesetz oder auf Grund eines Gesetzes zu regeln sind (vgl. oben § 21 Rn. 66).

Dienstvorschriften sind nur dann Verwaltungsvorschriften, wenn sie den Bediensteten in amtlicher Hinsicht, nicht aber, wenn sie ihn in persönlicher Hinsicht betreffen. Es ergeben sich hier dieselben Aspekte wie bei der Abgrenzung von Verwaltungsakt und innerdienstlicher Weisung (vgl. oben § 9 Rn. 28). Vgl. dazu auch *BadWürttVGH* ESVGH 23, 90: Der „Erlaß" des Kultusministeriums bezüglich der wöchentlichen Pflichtstundenzahl der Lehrer berührt diese in ihrer persönlichen Rechtssphäre und ist daher ein Außenrechtssatz (Rechtsverordnung).

b) *Die gesetzesauslegenden oder norminterpretierenden Verwaltungsvor-* **9** *schriften* (Auslegungsrichtlinien) bestimmen die Auslegung und Anwendung von Rechtsnormen, insbesondere bei Vorliegen unbestimmter Rechtsbegriffe. Sie geben den nachgeordneten Behörden Interpretationshilfen und gewährleisten eine einheitliche Anwendung der Gesetze.

Beispiel: Nach § 12 IV WPflG soll ein Wehrpflichtiger auf Antrag vom Wehrdienst zurückgestellt werden, wenn die Einberufung für ihn wegen persönlicher Gründe eine besondere Härte bedeuten würde, so z. B. wenn die Einberufung „einen bereits weitgehend geförderten Ausbildungsabschnitt" unterbrechen würde. Es kann im Einzelfall fraglich sein, wann ein „bereits weitgehend geförderter Ausbildungsabschnitt" vorliegt, – nach einer bestimmten Semesterzahl, nach einem prozentual zu bemessenden Teil des Studiums (ein Drittel oder zwei Drittel der gesetzlich vorgesehenen oder im Einzelfall vorgenommenen Studienzeit), nach Ablegung bestimmter Zwischenprüfungen oder Vorlage bestimmter Übungsscheine, nach individuellem Kenntnisstand? Der Bundesverteidigungsminister hat deshalb durch die „Verwaltungsvorschriften für die Musterung und Einberufung ungedienter Wehrpflichtiger" u. a. auch diesen unbestimmten Rechtsbegriff konkretisiert und näher bestimmt, wann dessen Voraussetzungen anzunehmen sind. Diese Verwaltungsvorschriften richten sich an die zuständigen Behörden (Kreiswehrersatzämter usw.) und verpflichten diese, sie bei der Entscheidung über Zurückstellungsanträge anzuwenden.

Von den norminterpretierenden Verwaltungsvorschriften sind die sog. *normkonkretisierenden Verwaltungsvorschriften* als neue, allerdings noch nicht endgültig etablierte Variante zu unterscheiden, die – über die bloße, verwaltungsgerichtlich voll überprüfbare Interpretation hinausgehend – aufgrund gesetzlicher Ermächtigung unbestimmte Rechtsbegriffe bzw. „offene" gesetzliche Tatbestände in rechtssatzmäßiger Weise ausfüllen (konkretisieren) und die dementsprechend gerichtlich nur begrenzt überprüft werden können (vgl. dazu unten Rn. 25 a).

10   c) *Die ermessenslenkenden Verwaltungsvorschriften* (Ermessensrichtlinien) bestimmen, in welcher Weise von dem der Verwaltung eingeräumten Ermessen Gebrauch gemacht werden soll. Sie sollen eine einheitliche und gleichmäßige Ermessensausübung sicherstellen.

Beispiele: Vgl. dazu den oben Rn. 1 erwähnten Fall der Verwaltungsvorschrift des Regierungspräsidenten: Es liegt im Ermessen der zuständigen Behörden, ob ein illegal errichtetes Gebäude abgebrochen werden soll oder nicht (so etwa § 65 Bad.-Württ.LBO). Durch die Verwaltungsvorschrift des Regierungspräsidenten wird das Ermessen der unteren Baurechtsbehörden dahin gelenkt und gebunden, daß jedenfalls illegale Wochenendhäuser im Außenbereich (im Interesse des Landschaftsschutzes) zu beseitigen sind. – Der Dienstherr entscheidet im Einzelfall nach seinem Ermessen über die Auswahl und die Einstellung von Beamtenbewerbern; er kann aber Einstellungsrichtlinien erlassen und dadurch sich, d.h. die über die Einstellung entscheidenden Beamten, binden, um eine sachgemäße, einheitliche und gleichmäßige Einstellungspraxis sicherzustellen (vgl. *BVerwG* DVBl. 1982, 198 für den Auswärtigen Dienst). Ferner kann der Dienstherr die Ausübung der beamtenrechtlichen Fürsorgepflicht gem. § 79 BBG durch Ermessensrichtlinien konkretisieren und sich dadurch binden (*BVerwGE* 95, 98, 100).

11   d) *Gesetzesvertretende Verwaltungsvorschriften* werden dann erlassen, wenn für bestimmte, normbedürftige Bereiche gesetzliche Regelungen fehlen, – sei es, daß überhaupt keine gesetzliche Regelung vorliegt, sei es, daß zwar eine gesetzliche Regelung besteht, aber diese so allgemein ist, daß konkretisierende Vorschriften noch erforderlich sind. Vor allem im letzten Fall ist der Übergang zu den Ermessensrichtlinien fließend. Prinzipiell unterscheiden sie sich aber von jenen dadurch, daß sie nicht vorgegebene Entscheidungsmaßstäbe konkretisieren, sondern die erforderlichen Entscheidungsmaßstäbe erst liefern.

Beispiele: Subventionsrichtlinien, d.h. Verwaltungsvorschriften des zuständigen Ministers über die Vergabe der im Haushaltsplan ausgewiesenen und zweckgebundenen Subventionsmittel bei Fehlen einer (materiell) gesetzlichen Regelung (vgl. *BVerwGE* 58, 45); Verwaltungsvorschriften über die Zahlung von Beihilfen im Krankheitsfall an Beamte aufgrund der allgemeinen beamtenrechtlichen Fürsorgepflicht des Dienstherrn (*BVerwGE* 19, 48, 55 ff.); früher auch die Förderung der Studenten nach dem sog. Honnefer Modell (vgl. dazu *BVerwGE* 18, 352; 32, 16; 32, 283; *Böckenförde,* JuS 1968, 375).

Mit der zunehmenden gesetzlichen Durchnormierung auch des Bereichs der Leistungsverwaltung verlieren die sog. gesetzesvertretenden Verwaltungsvorschriften an Bedeutung (vgl. oben § 6 Rn. 13). Sie sind zudem nur zulässig, soweit der Gesetzesvorbehalt nicht eingreift.

2. Abgrenzung

a) *Geschäftsordnungen* sind Regelungen von Kollegialorganen (Gemeindevertretung, Ausschüsse und dgl.), die die Organisation und den Verfahrensablauf innerhalb dieser Organe betreffen und nur die Mitglieder der jeweiligen Organe binden. Es handelt sich also ebenfalls um Vorschriften des Innenrechts, und zwar genauer: um organinternes Recht. Im Gegensatz zu den Verwaltungsvorschriften begründen sie jedoch keine heteronome Bindung, sondern eine Selbstbindung. Die Geschäftsordnung ist daher ein Regelungstyp eigener Art.   **12**

Die Versuche, sie in die überkommene Formentypik einzufangen, müssen fehlschlagen (vgl. auch *BVerwG* DVBl. 1988, 790); sie ist weder Verwaltungsvorschrift (so z. B. *BadWürtt VGH* ESVGH 22, 180 und die h. L. für die Geschäftsordnung des Gemeinderats) noch „autonome Satzung" (so *BVerfGE* 1, 144, 148 und die h. L. für die Geschäftsordnung der Parlamente) noch gar „sowohl Satzung als auch Verwaltungsvorschrift" (so *Gern/Berger,* VBlBW 1983, 165 f. für die Geschäftsordnung des Gemeinderats; etwas modifiziert *Gern,* Deutsches Kommunalrecht, 3. Aufl. 2003, Rn. 441: Satzung oder „Innenrechtssatz eigener Art").

Man kann somit das Außenrecht als interpersonales Recht, die Verwaltungsvorschriften als intrapersonales Recht und die Geschäftsordnungen als organinternes Recht bezeichnen. Die Weisungen des Behördenchefs gegenüber den Behördenangestellten sind genau betrachtet auch organinterne Regelungen, sie führen aber nicht zur Selbstbindung, sondern zur Fremdbindung. Wenn die Dienstvorschriften mit Zustimmung der Behördenbediensteten oder ihrer Vertretung (Personalrat) erlassen werden, nähern sie sich der Geschäftsordnung.

Die Geschäftsordnung muß mit den Außenrechtsnormen (formelle Gesetze, Rechtsverordnungen, Satzungen), evtl. sogar, nämlich bei staatlichen Organen, mit den Verwaltungsvorschriften übergeordneter Behörden, vereinbar sein. Ein Verstoß gegen die Geschäftsordnung ist nur innenrechtlich, nicht auch außenrechtlich relevant. Deshalb kann zwar ein Mitglied des jeweiligen Organs,   **13** nicht aber ein Bürger oder sonstiger Außenstehender einen solchen Verstoß rügen.

Beispiel: Die Gemeindevertretung der Stadt S wird drei Tage vor der geplanten Sitzung durch ihren Vorsitzenden einberufen. Die Ladungsfrist – so soll unterstellt werden – entspricht der Gemeindeordnung, die eine „angemessene Frist" vorsieht, nicht aber der Geschäftsordnung der Gemeindevertretung, die die „angemessene Frist" konkretisiert und für den Regelfall eine 4-Tage-Frist vorschreibt. Das Mitglied der Gemeindevertretung G fragt, ob er die Durchführung der Sitzung verhindern kann und ob die bei einer gleichwohl stattfindenden Sitzung gefaßten Beschlüsse rechtswidrig und gerichtlich überprüfbar sind. – Die erste Frage ist zu bejahen: G kann ein Organstreitverfahren einleiten und geltend machen, daß er durch die Verletzung der Geschäftsordnung in seinen (Organ-)Rechten verletzt sei (vgl. oben § 21 Rn. 28); eine sofortige Entscheidung kann er ggf. durch Antrag auf Erlaß einer einstweiligen Anordnung gem. § 123 VwGO erreichen. – Zur zweiten Frage: G kann zwar als Organmitglied an sich die Geschäftsordnungswidrigkeit rügen. Eine Klage gegen die darauf beruhenden Beschlüsse ist jedoch nur zulässig, wenn er durch diese in seinen Organrechten verletzt sein sollte. Das ist nur ausnahmsweise der Fall, so z. B. wenn durch Beschluß die für eine Fraktion der Gemeindevertretung erforderliche Zahl erhöht wird und die Fraktion des G dadurch ihren Fraktionsstatus verliert. Ein Bürger kann möglicherweise unter anderen Gesichtspunkten gegen die Beschlüsse klagen, seine Klage aber nicht auf die Verletzung der Geschäftsordnung stützen, da er durch diese Verletzung überhaupt nicht betroffen wird. – Nach *BVerwG* DVBl. 1988, 790 kann eine Geschäftsordnung jedenfalls dann Gegenstand einer verwaltungsgerichtlichen Normenkontrolle gem. § 47 VwGO sein, wenn sie in abstrakt-genereller Weise Rechte von Gemeinderatsmitgliedern regelt.

14   b) Früher wurden auch die *Vorschriften der Verwaltung,* die innerhalb eines *besonderen Gewaltverhältnisses* ergingen und sich an die dem besonderen Gewaltverhältnis unterworfenen Personen richteten, als Verwaltungsvorschriften beurteilt. Das galt insbesondere für die Anstaltsordnungen, die von der Anstaltsleitung erlassen wurden und das Benutzungsverhältnis regelten. Die Frage, ob diese Auffassung in sich schlüssig war, kann dahingestellt bleiben. Sie ist jedenfalls, wie bereits dargelegt wurde (vgl. oben § 8 Rn. 26 ff., § 9 Rn. 34), überholt. Die den Bürger betreffenden Anstaltsordnungen und Benutzungsregelungen müssen als Satzungen, Rechtsverordnungen oder Allgemeinverfügungen unter Beachtung der jeweils für sie geltenden rechtlichen Voraussetzungen erlassen werden.

III. Die Rechtswirkungen der Verwaltungsvorschriften

Das Hauptproblem der Verwaltungsvorschriften bildet die Frage **15** nach der Reichweite und der Intensität ihrer Bindungswirkung.

1. Innenwirkung

a) Die Verwaltungsvorschriften entfalten ihre Rechtswirkungen **16** *im staatlichen Innenbereich* (Innenwirkung). Sie wenden sich an die nachgeordneten Behörden und Bediensteten und regeln deren Verhalten. Die angesprochenen Organwalter haben kraft ihrer dienstrechtlichen Gehorsamspflicht die Verwaltungsvorschriften zu beachten und anzuwenden (vgl. dazu bereits oben § 22 Rn. 34).

Als *verwaltungsinterne Regelungen* begründen die Verwaltungsvor- **17** schriften *für die Bürger keine Rechte und Pflichten*. Sie erreichen den Bürger – wegen ihrer Beschränkung auf den staatlichen Innenbereich – nicht. Ebenso sind sie für die Gerichte bei der Entscheidung von Rechtsstreitigkeiten zwischen Staat und Bürger rechtlich unerheblich.

Beispiel: A wird durch Bescheid des Finanzamts zur Einkommensteuer herangezogen. Er ist der Meinung, daß die Steuer zu hoch angesetzt sei, weil eine bestimmte, gesetzlich vorgesehene Steuervergünstigung nicht berücksichtigt worden sei. Das Finanzamt erwidert, daß A nach der (norminterpretierenden) Verwaltungsvorschrift des Finanzministers nicht zu dem Kreis der Begünstigten gehöre. A kann sich jedoch zu Recht darauf berufen, daß für ihn nicht die Verwaltungsvorschrift, sondern allein das Einkommensteuergesetz und die evtl. darauf gestützten Rechtsverordnungen maßgeblich sind. Kommt es zum Rechtsstreit, so hat auch das entscheidende Gericht nur zu prüfen, ob der Steuerbescheid mit dem Gesetz und den evtl. vorhandenen Rechtsverordnungen im Einklang steht, was nicht ausschließt, daß es die Verwaltungsvorschrift als *unverbindliche* Rechtsauffassung des Finanzministers in seine Erwägungen einbezieht. Da die Verwaltungsvorschrift im Verhältnis Finanzamt – Bürger unerheblich ist, hat das Gericht auch nicht zu klären, ob das Finanzamt die Verwaltungsvorschrift im konkreten Fall zutreffend ausgelegt hat.

b) *Innerhalb* des verwaltungsinternen Bereichs wird die Reich- **18** weite der Bindungswirkung der Verwaltungsvorschriften durch die Organisations- und Weisungsbefugnis der sie erlassenden Instanz bestimmt und begrenzt. Die Verwaltungsvorschriften binden grundsätzlich nur die nachgeordneten und daher weisungsgebundenen Behörden und Beamten, also etwa die Verwaltungsvorschriften des Ministers nur die Behörden und Beamten seines Verwaltungsbereichs. Daraus folgt auch, daß die Verwaltungsvorschriften nur innerhalb eines Verwaltungsträgers verbindlich sind, es sei denn, daß ausnahmsweise auch Organe anderer Verwaltungsträger der Fachaufsicht der die Verwaltungsvorschriften erlassenden Behörde unterliegen (etwa Gemeindeorgane bei Auftragsbzw. Weisungsangelegenheiten der Gemeinden, vgl. oben § 23 Rn. 23).

19   Es ist jedoch möglich, daß bestimmte Exekutivorgane durch die Verfassung oder durch ein Gesetz zum Erlaß weitergehender Verwaltungsvorschriften ermächtigt werden. Eine solche Ermächtigung enthalten die Art. 84 II und 85 II 1 GG für die Bundesregierung hinsichtlich des Vollzugs von Bundesgesetzen durch die Landesbehörden. Obwohl die Landesbehörden der Bundesregierung bzw. den Bundesministern nicht nachgeordnet sind, können sie gleichwohl in diesem Rahmen durch Verwaltungsvorschriften der Bundesregierung verpflichtet und gebunden werden.

Diese Verwaltungsvorschriften sind gem. Art. 84 II und Art. 85 II 1 GG von der *Bundesregierung,* also dem Kollegium aus Bundeskanzler und Bundesminister, zu erlassen (*BVerfGE* 100, 249, 259). Die in *BVerfGE* 26, 338, 395ff. vertretene Auffassung, durch ein mit Zustimmung des Bundesrates ergangenes Gesetz könne auch ein Bundesminister zum Erlaß einer solchen Verwaltungsvorschrift ermächtigt werden, ist in *BVerfGE* 100, 249 ausdrücklich aufgegeben worden. Sie läßt sich in der Tat mit dem Wortlaut und dem Zweck der Art. 84 II und Art. 85 II 1 GG nicht vereinbaren. – Trotz der mißlichen Formulierung des Art. 86 GG, der ebenfalls von der „Bundesregierung" spricht, kann jeder Bundesminister kraft seiner Geschäftsleitungsbefugnis Verwaltungsvorschriften für *seinen* Verwaltungsbereich erlassen. Vgl. dazu auch *Oldiges,* Die Bundesregierung als Kollegium, 1983, S. 213ff.

Fall: Im Bundeshaushaltsplan sind bestimmte Mittel zur Förderung des Weinanbaus vorgesehen. Eine (materiell) gesetzliche Regelung über die Vergabe dieser Mittel fehlt. Der Bundeslandwirtschaftsminister bestimmt deshalb durch eine Verwaltungsvorschrift, daß die allgemeinen unteren Landesbehörden die Mittel nach Maßgabe der im einzelnen festgelegten Vergabevoraussetzungen zu verteilen haben. Die Verwaltungsvorschriften sind für die angesprochenen Landesbehörden nicht verbindlich, es sei denn, daß eine entsprechende gesetzliche Ermächtigung vorliegt oder daß der zuständige Landesminister die Verwaltungsvorschriften übernommen hat (also gleichsam sich zu eigen gemacht hat). Das schließt aber nicht aus, daß die Landesbehörden die Verwaltungsvorschriften des Bundesministers aus Gründen der Zweckmäßigkeit heranziehen und die Mittel nach Maßgabe dieser Vorschriften verteilen.

2. Außenwirkung

a) *Problem.* Die Verwaltungsvorschriften wirken zwar an sich nur **20** verwaltungsintern, können aber gleichwohl auch für den Bürger, also im Außenbereich, erhebliche Bedeutung erlangen. Denn zahlreiche Verwaltungsvorschriften bestimmen ja gerade, wie die Behörden und die Beamten ihre Verwaltungsaufgaben im Außenbereich und damit gegenüber dem Bürger wahrzunehmen haben. Sie erhalten dadurch, daß sie von der Behörde angewendet werden, faktisch Außenwirkung. So wird eben die zuständige Behörde die beantragte Subvention bewilligen, wenn die Voraussetzungen der maßgeblichen Subventionsrichtlinie vorliegen, und ablehnen, wenn dies nicht der Fall ist. „Rechtsprobleme" ergeben sich bei diesen Konstellationen noch nicht. Zum „Schwur" kommt es aber, wenn der Antragsteller der Meinung ist, sein Subventionsantrag sei richtlinienwidrig abgelehnt worden, und deshalb beim Verwaltungsgericht klagt. Die Klage ist nur erfolgversprechend, wenn sich der Antragsteller auf die Subventionsrichtlinie berufen kann, d. h., wenn er geltend machen kann, daß die Subventionsrichtlinie nicht nur tatsächliche, sondern auch rechtliche Außenwirkung hat und ihm entsprechende Rechte vermittelt. Es ist inzwischen allgemein anerkannt, daß die faktische Außenwirkung der Verwaltungsvorschriften auch *rechtliche* Relevanz besitzt. Unterschiedliche Auffassungen bestehen aber noch über die Begründung und die Art der rechtlichen Außenwirkung.

b) *Die Begründung der Außenwirkung.* **21**

aa) Nach der h. L. wird die *Außenwirkung über die Verwaltungspraxis und den Gleichheitssatz* hergestellt. Die Verwaltungsvorschriften begründen durch ständige Anwendung eine gleichmäßige Verwaltungspraxis, durch die sich die Verwaltung selbst bindet, da sie gleichgelagerte Fälle nicht ohne sachlichen Grund unterschiedlich behandeln darf (sog. Selbstbindung der Verwaltung). Die Verwaltung verstößt daher gegen den Gleichheitssatz, wenn sie in einzelnen Fällen ohne rechtfertigenden sachlichen Grund von ihrer ständigen, durch die Verwaltungsvorschriften veranlaßten Verwaltungspraxis abweicht. Der Bürger kann in einem solchen Fall zwar nicht die Verletzung der nur verwaltungsintern wirkenden Verwaltungsvorschriften rügen; er kann aber geltend machen, daß die Verwaltung gegen Art. 3 I GG verstoßen habe, weil sie in seinem Fall die sonst praktizierten Verwaltungsvorschriften nicht eingehalten habe. Wenn die Verwaltungsvorschrift die Vergabe von Leistungen (Stipendien, Subvention usw.) regelt, dann entsteht auf diese Weise ein Teilhabe- und Leistungsanspruch.

22   Die Verwaltungsvorschriften erlangen damit *mittelbar* rechtliche Außenwirkung. Voraussetzung ist jedoch, daß sich eine entsprechende Verwaltungspraxis gebildet hat. Problematisch ist daher der (in der Literatur oft überbetonte) „erste Fall", da die Anwendung des Gleichheitssatzes mindestens zwei Vergleichsfälle voraussetzt. Die Rechtsprechung behilft sich insoweit mit der „antizipierten Verwaltungspraxis", nimmt also einen Verstoß gegen den Gleichheitssatz im Blick auf die künftig zu erwartenden Fälle an. Das ist vertretbar, wenn und weil der erste Fall ohnehin erst später, nachdem sich inzwischen eine Verwaltungspraxis herausgebildet haben dürfte, rechtlich geklärt wird. Sollte der erste auch der einzige Fall bleiben, dann stellt sich die Frage der Außenwirkung nicht ernsthaft; die Verwaltungsvorschrift ist dann praktisch eine Einzelweisung und sollte auch wie eine solche behandelt werden.

23   Ferner ist zu beachten, daß die über Art. 3 I GG vermittelte Bindung an die Verwaltungsvorschriften zwar nach ihrer Intensität, nicht aber nach ihrem Umfang einer Gesetzesbindung gleichkommt. Während die Gesetze ausnahmslos Beachtung fordern (sofern sie nicht selbst Einschränkungen vorsehen), kann von der allgemeinen Verwaltungspraxis in besonders gelagerten atypischen Fällen abgewichen werden. Eine solche Abweichung mag u. U. gegen die Verwaltungsvorschrift verstoßen, stellt aber keine Verletzung des Art. 3 I GG dar, weil die besonderen Umstände unter dem Aspekt des Gleichheitssatzes eine Sonderregelung rechtfertigen, ja vielleicht sogar gebieten.

Vgl. allgemein zur Außenwirkung kraft Selbstbindung der Verwaltung z. B. *BVerwGE* 8, 4, 10 (Entschädigung); *BVerwGE* 34, 278, 280 (Wehrpflicht); *BVerwGE* 36, 323, 327 (Wehrpflicht); *BVerwGE* 44, 72, 74 f. (Beihilfe für Beamte); *BVerwGE* 61, 15, 18; 100, 335, 339 f. (Ausländerrichtlinien); *BVerwGE* 104, 220, 223 (Subventionsrichtlinien); *BVerwG* DVBl. 2004, 126 (ebenso). – Zur antizipierten Verwaltungspraxis *BVerwGE* 52, 193, 199 und

DVBl. 1982, 196 (Prüfungsordnung für den gehobenen Verwaltungsdienst). – Zur Abweichung in atypischen Fällen *BVerwG* DÖV 1979, 793; DÖV 1985, 682; *OVG Münster* DÖV 1985, 204. – Zur Änderung von Verwaltungsvorschriften *BVerwGE* 70, 127, 136; 104, 220, 223 ff.; *BGH* NJW 1987, 1329, 1330 f.

bb) Gelegentlich wird eine (mittelbare) Außenwirkung mit dem **24** *Grundsatz des Vertrauensschutzes* zu begründen versucht, der dem Bürger einen Anspruch darauf gebe, daß die Verwaltung die von ihr erlassenen und ggf. veröffentlichten Verwaltungsvorschriften beachte (vgl. dazu *Klein*, Festgabe für Forsthoff, S. 179 ff.). Bei genauerer Betrachtung bietet das Vertrauensschutzprinzip jedoch im Regelfall keine tragfähige Grundlage. Wenn man davon ausgeht, daß die Verwaltungsvorschriften als solche nur an die Behörden adressiert sind und diese verpflichten sollen, fehlt es bereits an dem erforderlichen Vertrauenstatbestand, nämlich an einer Erklärung oder einem sonstigen Verhalten der Verwaltung, das in dem Bürger die Erwartung wecken könnte, die Verwaltungsvorschriften seien auch für ihn rechtserheblich. Die öffentliche Bekanntgabe führt zu keinem anderen Ergebnis, sofern deutlich bleibt, daß sich die Verwaltungsvorschriften an die Behörden und nicht an die Bürger richten. Widersprüchlich ist es, wenn in der Literatur einerseits im Blick auf die Außenwirkung eine öffentliche Bekanntgabe gefordert wird, andererseits aber gerade die Bekanntgabe als der den Vertrauensschutz begründende Tatbestand bezeichnet wird. Der Grundsatz des Vertrauensschutzes greift daher allenfalls dann ein, wenn eine Verwaltungsvorschrift in Anbetracht der konkreten Umstände als eine Art Zusicherung an bestimmte Personen gewertet werden kann.

Ein solcher Sachverhalt lag der Entscheidung *BVerwGE* 35, 159 (Bedingungen einer einmaligen öffentlichen Ausschreibung einer staatlichen Außenhandelsstelle) zugrunde, die deshalb nicht verallgemeinert werden darf. Vgl. ferner *BVerwGE* 104, 220, 226 ff.; auch in dieser Entscheidung ging es um einen besonders gelagerten Fall (Änderung einer veröffentlichten Verwaltungsvorschrift durch eine nicht veröffentlichte Verwaltungsvorschrift, rückwirkende Änderung), der übrigens trotz seiner Besonderheiten nicht zur Anerkennung des Vertrauensschutzes führte. – Das *OVG Münster* GewArch. 1976, 290 zieht den Vertrauensschutzgrundsatz sogar zur Bindung der Verwaltung an eine rechtswidrige Verwaltungsvorschrift (Gewährung einer Subvention entgegen dem im Haushaltsplan festgelegten Subventionszweck) heran. Das ist um so bedenklicher, als nicht einmal das Vertrauen in den Bestand und die Verbindlichkeit einer rechtswidrigen Rechtsnorm geschützt wird. Dagegen wird vom *OVG Münster* DVBl. 1980, 648 auf den Gleichbehandlungsgrundsatz abgestellt und zu Recht betont, daß „erst durch die Erteilung eines Bewilligungsbescheides ein Tatbestand gesetzt (wird), der das Vertrauen des Subventionsbewerbers auf eine bestimmte Verwaltungspraxis nach Maßgabe des Bescheides zu begründen vermag."

25   cc) Schließlich wird in der Literatur noch die Auffassung vertreten, daß den Verwaltungsvorschriften *unmittelbar* – also ohne Vermittlung über den Gleichheitssatz oder das Vertrauensprinzip – *rechtliche Außenwirkung* zukomme. Die Exekutive habe in ihrem Funktionsbereich eine originäre Rechtsetzungskompetenz (wobei Rechtssatz i. S. von Außenrecht = Rechtsnorm verstanden wird); die in diesem Rahmen erlassenen Verwaltungsvorschriften stellten originäres Administrativrecht mit Außenwirkung dar.

> So *Ossenbühl,* BVerwG-Festschrift, 1978, S. 433 ff.; *ders.,* HStR III (1988) § 65 Rn. 39 ff.; *ders.,* in: Erichsen/Ehlers, VerwR, § 6 Rn. 44 ff.; *K. Vogel,* VVDStRL 24 (1966) S. 162 f.; *ders.,* Festschrift für Thieme, 1993, S. 607 ff.; *Lorenz,* Der Rechtsschutz des Bürgers und die Rechtsweggarantie, 1973, S. 37 ff.; *Krebs,* VerwArch. 70 (1979) S. 259 (269 ff.); *Beckmann,* DVBl. 1987, 616 ff.; zuletzt noch einmal mit Nachdruck *Wahl,* BVerwG – Festschrift 2003, S. 571 ff.; vgl. ferner *Hendler,* UTR 1997, 55 ff. m. w. N. sowie die Literaturhinweise in Rn. 25 a. – In der Rechtsprechung finden sich gelegentlich Entscheidungen, in denen unmittelbar auf die Verwaltungsvorschriften verwiesen wird; es dürfte sich jedoch in der Regel nur um eine verkürzte Ausdrucksweise, nicht um einen Verzicht auf das Zwischenglied der Selbstbindung handeln.

25 a   Einen erheblichen Auftrieb hat die Lehre von der unmittelbaren Außenwirkung durch die vom *BVerwG* kreierte Rechtsfigur der „normkonkretisierenden Verwaltungsvorschrift" erfahren, die sich von der norminterpretierenden Verwaltungsvorschrift dadurch unterscheidet, daß sie für die Verwaltungsgerichte verbindlich ist und daher wie eine Norm angewandt werden muß. Grundlage der „normkonkretisierenden Verwaltungsvorschrift" ist der Beurteilungsspielraum (vgl. dazu oben § 7 Rn. 26 ff.). Wenn und soweit ein Beurteilungsspielraum besteht, ist nicht nur die Einzelentscheidung der Behörde, sondern auch die – gleichsam vorgelagerte – generelle Regelung der Verwaltung gerichtlich nur beschränkt überprüfbar (entsprechend den Ermessensrichtlinien). Die Grenzen werden freilich vom *BVerwG* zu Recht eng gezogen: Die „Norm-

konkretisierung" beschränkt sich auf den Bereich des Umwelt- und technischen Sicherheitsrechts, sie muß die „höherrangige Gebote" und die „im Gesetz getroffenen Wertungen" beachten, sie muß in einem sorgfältigen Verfahren unter Einbeziehung des wissenschaftlichen und technischen Sachverstands erfolgt sein und sie darf nicht durch die Erkenntnisfortschritte in Wissenschaft und Technik überholt sein (*BVerwGE* 107, 338, 341). Im übrigen ist zu beachten, daß dadurch lediglich die gerichtliche Kontrolle reduziert, aber noch keine allgemeine, auch die Bürger betreffende unmittelbare rechtliche Außenwirkung hergestellt wird.

Vgl. dazu *BVerwGE* 72, 300, 320 f.; 107, 338, 340 ff.; 110, 216, 218 f.; 114, 342, 344 f.). Das *BVerfG* hat sich dazu bislang nur einschränkend und distanzierend geäußert, s. *BVerfGE* 78, 214, 227 („Sonderfall" der atomrechtlichen Genehmigung); *BVerfGE* 80, 257, 265 (der Frage, ob und inwieweit diese Lehre verfassungsrechtlich haltbar sei, brauche im vorliegenden Fall nicht nachgegangen zu werden). Aus der Literatur: *Ossenbühl,* HStR III (1988) S. 438; *Hill,* NVwZ 1989, 401 ff.; *Erbguth,* DVBl. 1989, 473 ff.; *Gerhardt,* NJW 1989, 2233 ff.; *Di Fabio,* DVBl. 1992, 1338 ff.; *Sendler* UPR 1993, 321 ff.; *Jachmann,* DV 28 (1995) S. 17 ff.; *Jarass,* JuS 1999, 108 ff.; *Ladeur,* DÖV 2000, 217 ff.; *Uerpmann,* BayVBl. 2000, 705 ff.; *Kautz,* GewArch. 2000, 235 ff.; *Faßbender,* UPR 2002, 15 ff.

Die Lehre vom originären Administrativrecht steht und fällt mit der Prämisse, daß der Verwaltung eine originäre Rechtsetzungskompetenz zusteht, eine Prämisse, welche zu verfassungsrechtlichen Fragen weiterführt (Gewaltenteilung, Gesetzesvorbehalt, Bedeutung des Art. 80 I GG), die hier nicht mehr verfolgt werden können (vgl. bereits oben § 6). Fraglich ist auch, warum eine Außenwirkung der Verwaltungsvorschriften „kraft Willensakt der Verwaltung" (so *Ossenbühl*) eintreten soll, wenn die erlassende Behörde nur eine interne Bindung wollte (!), was besonders deutlich wird, wenn de lege lata die Wahl zwischen Rechtsverordnung und Verwaltungsvorschrift bestand und sich die Behörde für die letztere entschieden hat, ganz abgesehen davon, daß der Wille allein noch keine rechtsbegründende Wirkung hat und haben kann.

Die Unterschiede zwischen den beiden Auffassungen bestehen **26** nicht nur in der Begründung, sondern auch *im Ergebnis,* – jedenfalls dann, wenn man die Konsequenzen aus der unmittelbaren Außenwirkung der Verwaltungsvorschriften zieht: Der Richter hat im Streitfall zu prüfen, ob die Behörde die Verwaltungsvorschrift zutreffend ausgelegt und angewendet hat; bei Divergenzen zwischen Verwaltungsvorschrift und Verwaltungspraxis ist die Verwaltungsvorschrift maßgebend, da ja die Verwaltungspraxis wegen Verstoßes gegen die Verwaltungsvorschrift rechtswidrig ist; auch in atypischen Fällen ist die Verwaltungsvorschrift anzuwenden, sofern sie nicht einen entsprechenden Vorbehalt hat. Die Vertreter der Lehre vom Administrativrecht ziehen allerdings diese Folgerungen nicht oder nur teilweise; so gehen auch sie davon aus, daß die Behörde in atypischen Ausnahmefällen von der Verwaltungsvorschrift (oder der Verwaltungspraxis?) abweichen darf. Diese „Inkonsequenzen" sind im Ergebnis sachlich gerechtfertigt. Die These von der unmittelbaren Außenwirkung läßt sich letztlich nur halten, wenn man sie entsprechend relativiert (*Wahl*, BVerwG-Festschrift 2003, S. 598, fordert sogar einen ausdrücklichen Ausnahmevorbehalt in der Verwaltungsvorschrift selbst). Insgesamt zeigt sich, daß die h. L. zwar etwas konstruiert erscheint, aber zu praktisch brauchbaren und rechtsdogmatisch folgerichtigen Lösungen führt. Sie verdient daher den Vorzug.

26 a   Die Frage der Außenrechtswirksamkeit von Verwaltungsvorschriften hat inzwischen auch eine *gemeinschaftsrechtliche Dimension* erlangt. Der *EuGH* ist der Ansicht, daß die Umsetzung von EG-Richtlinien (vgl. oben § 4 Rn. 62) durch außenrechtswirksame Rechtsvorschriften erfolgen muß, die Verwaltungsvorschriften des deutschen Rechts (konkret die TA Luft) dieser Anforderung aber nicht genüge (*EuGH* NVwZ 1991, 866, 868). Diese Auffassung ist in der deutschen Literatur auf Kritik gestoßen. Dabei geht es nicht nur um die Beurteilung der Rechtswirksamkeit von Verwaltungsvorschriften, sondern auch um die Frage, wessen Deutung (die der EG-Organe oder die der nationalen Organe) maßgeblich ist. Vgl. dazu die Stellungnahmen von *Rupp*, JZ 1991, 1034 f.; *Guttenberg*, JuS 1993, 1006 ff.; *v. Danwitz*, VerwArch. 1993, 73 ff.; *Doerfert*, JA 1999, 949 ff.; *Wahl*, BVerwG-Festschrift 2003, S. 589 ff.

3. Voraussetzungen der Außenwirkung

27   Die (wie auch immer begründete) rechtliche Außenwirkung von Verwaltungsvorschriften entsteht nur, wenn erstens eine tatsächliche Wirkung nach außen vorhanden ist, und wenn zweitens die Verwaltung noch Raum für eigene Gestaltung hat. Das erfordert eine differenzierende Betrachtung.

a) Bei den *Dienstvorschriften* fehlt es in der Regel schon an der **28** tatsächlichen Außenwirkung, da sie nur den internen Dienstbetrieb betreffen und sich darauf beschränken.

Beispiel: Die Geschäftsverteilung innerhalb einer Behörde hat ausschließlich internen Charakter, da nach außen *die Behörde,* nicht der jeweilige Sachbearbeiter auftritt. Der Bürger kann daher auch nicht unter Hinweis auf die Verwaltungspraxis und den Gleichheitssatz verlangen, daß sein Antrag von dem üblicherweise zuständigen Sachbearbeiter behandelt wird.

Die Regelung der Behördenzuständigkeit und des Verwaltungsverfahrens sowie sonstige nach außen wirkende Organisationsregelungen müssen grundsätzlich durch Gesetz oder auf Grund eines Gesetzes erfolgen, so daß sich die Frage nach der Außenwirkung von Verwaltungsvorschriften überhaupt nicht stellt. Soweit ausnahmsweise Einzelfragen ergänzend durch Verwaltungsvorschriften geregelt werden dürfen, entsteht eine der tatsächlichen Außenwirkung entsprechende rechtliche Außenwirkung.

Vgl. *BVerwGE* 36, 327 (Bestimmung der örtlichen Zuständigkeit des Kreiswehrersatzamtes durch Verwaltungsvorschrift des Bundesministers der Verteidigung), ferner *BVerfGE* 40, 237, 250 f., das die Regelung eines verwaltungsrechtlichen Vorverfahrens vor Klageerhebung durch Verwaltungsvorschriften für zulässig erklärt, zugleich aber die engen Grenzen betont: „Die Regelung der Behördenzuständigkeiten und des Verwaltungsverfahrens (ist) nicht bis in alle Einzelheiten dem Gesetz vorbehalten", eine gesetzliche Regelung ist nicht „verfassungsrechtlich ausnahmslos geboten".

b) *Bei norminterpretierenden Verwaltungsvorschriften* fehlt der eigene **29** Entscheidungsspielraum der Behörde. Wenn diese Verwaltungsvorschriften das Gesetz *zutreffend* auslegen, dann kommt ihnen schon deshalb keine eigene Bedeutung zu, weil sie ohnehin nur das bestimmen, was gesetzlich bereits festgelegt ist. Der Bürger kann sich unmittelbar auf das Gesetz berufen. Die Bezugnahme auf die Verwaltungsvorschrift ist überflüssig. Sie erleichtert allenfalls die Argumentation gegenüber der Behörde, indem ihr entgegengehalten werden kann, daß sie selbst eine bestimmte Gesetzesauslegung vertrete, wie die Verwaltungsvorschrift und die darauf gestützte Verwaltungspraxis zeige.

Ferner kann eine Verwaltungsvorschrift in tatsächlicher Hinsicht Erkenntniswert haben, da in ihr die Sachkenntnisse und der Sachverstand der Verwaltung zum Ausdruck kommen. Das gilt z. B. für die die Immissionsschutzgrenze festlegenden Verwaltungsvorschriften nach § 48 BImSchG, die als „antizipierte

Sachverständigengutachten" bezeichnet werden (vgl. *BVerwGE* 55, 250, 256; *Breuer, DVBl.* 1978, 34 ff.). Vgl. dazu allerdings nun die Diskussion zu den sog. normkonkretisierenden Verwaltungsvorschriften (oben Rn. 25 a).

Etwas anderes würde nur gelten, wenn und soweit der Verwaltung bei der Auslegung unbestimmter Rechtsbegriffe ein *Beurteilungsspielraum* zukäme. Sie hätte dann im Rahmen dieses Beurteilungsspielraums das Recht zur eigenverantwortlichen und letztverbindlichen Auslegung eines unbestimmten Rechtsbegriffs, wäre dann aber auch an ihre durch Verwaltungsvorschrift festgelegte und ständig praktizierte Auslegung gebunden. Ein Beurteilungsspielraum besteht jedoch, wie bereits dargelegt wurde (vgl. § 7 Rn. 31 ff.) im Regelfall nicht. Die wenigen Ausnahmen (Prüfungsentscheidungen, dienstliche Beurteilungen, von einem pluralistisch zusammengesetzten Gremium getroffene Entscheidungen) lassen wegen ihrer Eigenart eine Steuerung durch Auslegungsrichtlinien nicht zu.

30   Problematisch wird es, wenn eine Verwaltungsvorschrift und die darauf gestützte Praxis *gegen das Gesetz verstößt*. Kann sich dann der Bürger, der nicht dieser Praxis entsprechend behandelt wird, auf den Gleichheitssatz berufen und verlangen, daß sein Fall wie die gleichgelagerten Fälle behandelt wird? Der in diesem Fall bestehende Konflikt zwischen Gesetzesbindung und Gleichbehandlung kann nur zugunsten der Gesetzesbindung gelöst werden. Der Gleichheitssatz vermag eine rechtswidrige Praxis nicht zu rechtfertigen; es gibt „keine Gleichheit im Unrecht", „keinen Anspruch auf Fehlerwiederholung". Anderenfalls könnte die Verwaltung – bewußt oder unbewußt – allein durch eine rechtswidrige Praxis geltendes Recht verdrängen oder abändern. Das stünde aber im Gegensatz zu Art. 20 III GG. Auch der Grundsatz des Vertrauensschutzes greift nicht ein, da die Verwaltungsvorschrift keine – etwa der Bestandskraft von Verwaltungsakten vergleichbare – Bestandsfestigkeit besitzt. Zu demselben Ergebnis kommt man, wenn man den Verwaltungsvorschriften als originärem Administrativrecht unmittelbare Außenwirkung zuerkennt, weil sie dann als Rechtsquelle der untersten Rangstufe wegen Verstoßes gegen höherrangiges Recht ungültig wären.

Beispiel: S wird kurz nach Aufnahme seines Studiums an einer Ingenieurschule zum Wehrdienst einberufen. Er beantragt die Zurückstellung vom

Wehrdienst unter Berufung auf eine Verwaltungsvorschrift des Bundesministers der Verteidigung, wonach ein „bereits weitgehend geförderter Ausbildungsabschnitt" i. S. des § 12 IV 2 Nr. 3 WPflG bei Ingenieurstudenten schon
vom Beginn der Ausbildung an als gegeben anzusehen ist, und die dieser
Verwaltungsvorschrift entsprechende Verwaltungspraxis. Die zuständige Behörde lehnt den Antrag ab, hält sich aber im übrigen nach wie vor an die
bisherige Verwaltungspraxis. S erhebt nach erfolglosem Widerspruch Klage.
Wie ist zu entscheiden? § 12 IV WPflG ist nicht verletzt, da ein „weitgehend
geförderter Ausbildungsabschnitt" kurz nach Beginn des Studiums sicherlich
noch nicht vorliegt. S kann sich auch nicht auf die Verwaltungsvorschrift und
die Verwaltungspraxis berufen, da sie im Widerspruch zu § 12 IV WPflG
stehen. Vgl. dazu *BVerwG* 34, 278; ferner *BVerwGE* 36, 313; 45, 197, 200f.;
92, 153, 157.

c) Die Frage nach der Außenwirkung wird daher (fast) nur bei **31**
ermessenslenkenden und gesetzesvertretenden Verwaltungsvorschriften bedeutsam. Wenn die Verwaltung in diesen Bereichen ihr Ermessen
durch eine Verwaltungsvorschrift konkretisiert und die Vorschrift
in der Praxis regelmäßig anwendet, dann muß sie sich auch im
Einzelfall daran festhalten lassen, – sei es über den Gleichheitssatz,
den Vertrauensschutz oder die Lehre vom originären Administrativrecht der Verwaltung.

Die Ermessensrichtlinien können jedoch ebenfalls nur dann
Rechtswirkungen im Außenbereich entfalten, wenn sie mit den
Gesetzen im Einklang stehen. Sie müssen insbesondere den Rahmen der gesetzlichen Ermächtigung einhalten und dem Zweck der
gesetzlichen Ermächtigung entsprechen. Für die generelle Ermessensausübung durch Verwaltungsvorschriften gilt im Prinzip dasselbe wie für die Ermessensentscheidung im Einzelfall (vgl. dazu oben
§ 7 Rn. 19ff.).

Beispiele: Nach § 11 WPflG sind bestimmte Personengruppen vom Wehrdienst befreit; im übrigen liegt die Einberufung im Ermessen der Behörde.
Eine Verwaltungsvorschrift, die in Konkretisierung dieses Ermessensspielraumes bestimmt, daß eine weitere Gruppe nicht zum Wehrdienst herangezogen
werden soll und damit praktisch einen weiteren, über die abschließend aufgeführten Befreiungstatbestände des § 11 WPflG hinausgehenden Befreiungstat-
bestand schafft, ist rechtswidrig und unwirksam. Sie begründet (weder mittelbar noch unmittelbar) einen Anspruch auf Befreiung vom Wehrdienst. Vgl.
dazu *BVerwGE* 36, 323; ferner *BVerwG* DÖV 1973, 135. – Entsprechendes
gilt für Subventionsrichtlinien, die Zuschüsse entgegen dem im Haushaltsplan
festgelegten Subventionszweck vorsehen.

IV. Der Erlaß der Verwaltungsvorschrift;
Rechtsverordnung und Verwaltungsvorschrift

1. Der Erlaß der Verwaltungsvorschrift

32   Die Verwaltungsvorschriften werden – wie die Rechtsverordnungen – von Exekutivorganen erlassen. Im übrigen unterscheiden
sich aber diese beiden Regelungsarten in formaler Hinsicht in
verschiedenen Punkten, so daß es angebracht erscheint, die Voraussetzungen für den Erlaß von Verwaltungsvorschriften in Gegenüberstellung zur Rechtsverordnung darzulegen.

33   a) *Ermächtigung.* Während die Rechtsverordnung einer spezialgesetzlichen Ermächtigung bedarf (vgl. z. B. Art. 80 I GG), beruht
die Verwaltungsvorschrift auf „der Befugnis zur Leitung eines
Geschäftsbereichs" (*BVerwG* DÖV 1957, 863; *BVerwGE* 67, 222,
229) und der sich daraus ergebenden Befugnis zum Erlaß von
(individuellen und generellen) Weisungen gegenüber nachgeordneten Behörden. Wenn die Verwaltungsvorschrift weitere, nicht
nachgeordnete Behörden erreichen und verpflichten soll, dann ist
insoweit eine besondere gesetzliche Ermächtigung erforderlich
(vgl. dazu oben Rn. 19).

34   b) *Form.* Die Rechtsverordnung muß besonderen, allerdings unterschiedlich geregelten Formvorschriften entsprechen (so etwa Angabe der Rechtsgrundlage gem. Art. 80 I 3 GG). Die Verwaltungsvorschrift kann dagegen formlos ergehen, sofern nicht besondere
Formvorschriften bestehen, die in Gesetzen oder Rechtsverordnungen, aber auch in Verwaltungsvorschriften oder Geschäftsordnungen enthalten sein können.

So enthält die Gemeinsame Geschäftsordnung der Bundesministerien, Besonderer Teil (GGO II) Vorschriften über die Form der von den Bundesministern zu erlassenden Verwaltungsvorschriften (§§ 76–78 aaO.).

35   c) *Verfahren.* Rechtsverordnung und Verwaltungsvorschrift ist
gemeinsam, daß sie grundsätzlich ohne Beachtung von Verfahrensvorschriften und damit schnell und unkompliziert erlassen werden
können. Verschiedentlich ist jedoch die Mitwirkung anderer Organe (etwa Bundesrat) oder bestimmter Gremien (etwa Personalrat)

oder sogar von nichtstaatlichen Organisationen (etwa Gewerk-schaften) vorgesehen, die von der bloßen Anhörung über die Mit-beratung bis zur Zustimmung reichen kann.

Die Frage, ob sich der Bundestag durch Gesetz die Zustimmung oder eine sonstige rechtserhebliche Mitwirkung beim Erlaß bestimmter Verwaltungsvor-schriften eines Bundesministers vorbehalten darf, ist grundsätzlich zu verneinen, vgl. dazu *Hömig*, DVBl. 1976, 858 ff.; *Sauerland* (Rn. 43), S. 107 f., 324 f.

d) *Veröffentlichung.* Rechtsverordnungen werden nur rechtswirk-   **36** sam, wenn sie verkündet werden, d. h. wenn sie amtlich in einem dafür vorgesehenen Publikationsorgan veröffentlicht werden (Ge-setzblatt, Amtsblatt usw.). Die Verwaltungsvorschriften brauchen dagegen grundsätzlich nur den Behörden, an die sie gerichtet sind, bekanntgegeben zu werden (es genügt daher ggf. auch ein Rund-schreiben, etwa des Regierungspräsidiums an die Landratsämter). Es wird jedoch zu Recht zunehmend gefordert, daß diejenigen Verwaltungsvorschriften, die Außenwirkung entfalten, veröffent-licht werden. Die Veröffentlichung ist aus rechtsstaatlichen Grün-den geboten; sie ist allerdings nicht Wirksamkeitsvoraussetzung (wie bei den Rechtsverordnungen), sondern nur eine sich aus der Außenwirksamkeit ergebende Folgepflicht.

So *Ossenbühl*, Verwaltungsvorschriften und Grundgesetz, S. 462 ff.; *Gusy*, DVBl. 1979, 720 ff.; *Lübbe-Wolff*, DÖV 1980, 594 ff.; *OVG Berlin* DÖV 1976, 53 (aufgehoben durch *BVerwGE* 61, 15). – Das *BVerwG* hatte sich mit ver-waltungsgerichtlichen Klagen von Rechtsanwälten zu befassen, die Auskunft über nicht veröffentlichte ausländerrechtliche Ermessensrichtlinien begehrten. Das Gericht ließ die Frage, ob eine Veröffentlichungspflicht besteht, ausdrück-lich offen und stellte lediglich fest, daß zwar die an einem konkreten Verwal-tungsverfahren beteiligten Personen einen Anspruch auf Auskunft über die einschlägigen Verwaltungsvorschriften hätten (und über sie auch der Anwalt), daß aber ein genereller Auskunftsanspruch der Rechtsanwälte nicht bestehe, vgl. *BVerwGE* 61, 15 und 40. Ebenso für „Allgemeine Weisungen" im Be-reich der Sozialhilfe *BVerwG* DVBl. 1984, 1078. Nach *BVerwGE* 104, 220, 224 ist die Veröffentlichung keine Wirksamkeitsvoraussetzung der Verwal-tungsvorschrift.

2. Abgrenzung von Rechtsverordnung und Verwaltungsvor-schrift

In der Praxis stößt die Abgrenzung von Rechtsverordnungen   **37** und Verwaltungsvorschriften immer wieder auf Schwierigkeiten.

Sie spiegeln indessen nur die Tatsache wider, daß die ursprüngliche Unterscheidung von Rechtsverordnung und Verwaltungsvorschrift (allgemeinverbindliches Außenrecht − behördenbindendes Innenrecht) insgesamt fraglich geworden ist. So ist es denkbar, daß eine bestimmte sachliche Regelung mit gleichem Inhalt und gleicher Wirkung durch Rechtsverordnung oder durch Verwaltungsvorschrift getroffen wird. Man kann zwar sagen, daß die Rechtsverordnung das Gesetz weiterentwickeln und durch eine eigene zusätzliche Regelung ergänzen soll, während die Verwaltungsvorschrift lediglich der Konkretisierung gesetzlicher Vorschriften dient. Damit wird aber letztlich nur eine allgemeine Tendenz, kein griffiges Unterscheidungsmerkmal angegeben. Solange der Dualismus von Rechtsverordnung und Verwaltungsvorschrift besteht, bleibt die Frage, nach welchen Gesichtspunkten die Abgrenzung vorzunehmen ist.

38   a) *Die Bezeichnung* der jeweiligen Vorschrift ist zwar ein erstes Indiz, kann aber selbstverständlich nicht allein maßgeblich sein.

39   b) Verschiedentlich wird auf *formale Kriterien* abgestellt, insbesondere darauf, ob die für eine Rechtsverordnung typischen Voraussetzungen (Ermächtigungsgrundlage, Formerfordernis, Verkündung) vorliegen oder nicht. Sie sind jedoch Rechtmäßigkeitsvoraussetzungen, nicht Qualifikationsmerkmale. Liegen die formellen Voraussetzungen einer Rechtsverordnung vor, so spricht das in der Tat für eine Rechtsverordnung, − aber doch nur bedingt, weil es z.B. durchaus denkbar ist, daß eine Verwaltungsvorschrift in dem Amtsblatt veröffentlicht wird, in dem die sie erlassende Behörde auch ihre Rechtsverordnungen zu verkünden hat. Fehlt eine für die Rechtsverordnung „typische Voraussetzung", dann kann es sich auch um eine rechtswidrige Rechtsverordnung handeln. Die formalen Kriterien haben daher ebenfalls nur Indizwert, sollten aber insoweit nicht unterschätzt werden.

40   c) Die h.L. will die Abgrenzung nach *materiellen Kriterien* treffen. Maßgebend sind danach die Adressaten, der Inhalt und die Rechtswirkungen der jeweiligen Vorschrift. Aber auch das führt nicht immer weiter. Der Inhalt, also der materielle Regelungsgehalt, kann oft sowohl in einer Rechtsverordnung als auch in einer Verwaltungsvorschrift erscheinen. Griffiger sind die Adressaten und die intendierte Rechtswirkung. Allerdings dürfen auch insoweit keine voreiligen Schlüsse gezogen werden. Es ist möglich, daß auch eine ausschließlich nachgeordnete Behörden betreffende Vorschrift in Form einer Rechtsverordnung ergeht, andererseits kann, wie dargelegt wurde, auch die Verwaltungsvorschrift Wirkungen im Außenbereich entfalten. Im Zweifelsfall sind daher die verschiedenen Gesichtspunkte differenzierend und abwägend zur Beurteilung heranzuziehen; das größte Gewicht dürfte dabei der angesprochene Adressatenkreis haben (Behörde – jedermann).

d) Die Autoren, die die Verwaltungsvorschriften als *originäres Administrativrecht* qualifizieren, gehen folgerichtig von den verschiedenen Funktionsbereichen der Exekutive und der Legislative aus. Verwaltungsvorschriften sind die von der Verwaltung in ihrem Funktionsbereich erlassenen Regelungen, während die Rechtsverordnungen derivative Rechtsnormen der Exekutive kraft Delegation im Funktionsbereich der Legislative sind (so *Ossenbühl,* Verwaltungsvorschriften und Grundgesetz, S. 166 ff.). Abgesehen von den bereits erwähnten Grundsatzfragen wird dadurch die Problematik auf die nicht weniger schwierige Abgrenzung zwischen dem Funktionsbereich der Exekutive und dem der Legislative verschoben.   **41**

e) *Umdeutung.* Wenn die Behörde beabsichtigt, eine Rechtsverordnung zu erlassen, die Rechtsverordnung aber wegen Verstoßes gegen eine Formalvorschrift rechtswidrig ist, so stellt sich die Frage, ob sie als Verwaltungsvorschrift aufrechterhalten werden kann. Das ist zu bejahen, falls die formellen Voraussetzungen einer Verwaltungsvorschrift vorliegen und die Regelung nach Inhalt und Rechtswirkung auch als Verwaltungsvorschrift ergehen könnte.   **42**

Literatur: *Rupp,* Grundfragen der heutigen Verwaltungsrechtslehre, 2. Aufl. 1991 S. 19 ff.; *ders.,* Die „Verwaltungsvorschriften" im grundgesetzlichen Normensystem, JuS 1975, 609 ff.; *Hans H. Klein,* Rechtsqualität und Rechtswirkung von Verwaltungsnormen, Festschrift für Forsthoff, 1967, S. 163 ff.; *Ossenbühl,* Verwaltungsvorschriften und Grundgesetz, 1968; *Selmer,* Rechtsverordnung und Verwaltungsvorschrift, VerwArch. 59 (1968) S. 114 ff.; *W. Schmidt,* Gesetzesvollziehung durch Rechtsetzung, 1969; *Menger,* Verwaltungsrichtlinien – autonome Rechtsetzung durch die Exekutive? in: Demokratie und Verwaltung, Schriftenreihe der Hochschule Speyer, 1972, S. 299 ff.; *Weyreuther,* Über die Rechtsnatur und die Rechtswirkung von Verwaltungs-   **43**

vorschriften, DVBl. 1976, 853 ff.; *Schenke,* Der Rechtsschutz des Bürgers gegen Verwaltungsvorschriften, DÖV 1979, 622 ff.; *Breuer,* Die rechtliche Bedeutung der Verwaltungsvorschriften nach § 48 BImSchG im Genehmigungsverfahren, DVBl. 1978, 28 ff.; *Krebs,* Zur Rechtsetzung der Exekutive durch Verwaltungsvorschriften, VerwArch. 70 (1979) S. 259 ff.; *Scheffler,* Wachsende Bedeutung der Verwaltungsvorschriften, DÖV 1980, 236 ff.; *Brohm,* Verwaltungsvorschriften als administrative Rechtsquelle – ein ungelöstes Problem des Innenrechts, in: Brohm (Hg.), Drittes Deutsch-polnisches Verwaltungssymposium, 1984, S. 11 ff.; *Oldiges,* Richtlinien als Ordnungsrahmen der Subventionsverwaltung, NJW 1984, 1927 ff.; *Beckmann,* Die gerichtliche Überprüfung von Verwaltungsvorschriften im Wege der verwaltungsgerichtlichen Normenkontrolle, DVBl. 1987, 611 ff.; *Ossenbühl,* Autonome Rechtsetzung der Verwaltung, HStR III, § 65; *Ellwein,* Verwaltung und Verwaltungsvorschriften, 1989 (zur Bedeutung der Verwaltungsvorschriften in der Praxis); *Osterloh,* Typisierende Verwaltungsvorschriften im Steuerrecht, JuS 1990, 100 ff.; *dies.,* Gesetzesbindung und Typisierungsspielräume bei der Anwendung der Steuergesetze, 1992, insbes. S. 451 ff.; *Hill* (Hg.), Verwaltungsvorschriften, 1991; *J. Wolf,* Die Kompetenz der Verwaltung zur „Normsetzung" durch Verwaltungsvorschriften, DÖV 1992, 849 ff.; *K. Vogel,* Verwaltungsvorschriften zur Vereinfachung der Sachverhaltsermittlung und „normkonkretisierende" Verwaltungsvorschriften, Festschrift für Thieme, 1993, 605 ff.; *K. Lange,* Innenrecht und Außenrecht, in: Hoffmann-Riem/Schmidt-Aßmann/Schuppert (Hg.), Reform des Allgemeinen Verwaltungsrechts, 1993, S. 307 ff.; *Hendler,* Verwaltungsvorschriften zur Konkretisierung technischer Standards im Umweltrecht, UTR 1997, 55 ff.; *Rogmann,* Die Bindungswirkung von Verwaltungsvorschriften, 1998; *Jarass,* Bindungswirkung von Verwaltungsvorschriften, JuS 1999, 105 ff.; *Kautz,* Verhaltenslenkende Verwaltungsvorschriften und ihre unterschiedliche Bindungswirkung, GewArch. 2000, 230 ff.; *Th. Koch,* Probleme administrativer Außenrechtserzeugung am Beispiel der Verdingungsordnungen, VerwArch. 91 (2000) S. 354 ff.; *Erichsen,* Verwaltungsvorschriften als Steuerungsnormen und Rechtsquellen, Festschrift für Kruse, 2001, S. 39 ff.; *Guckelberger,* Zum methodischen Umgang mit Verwaltungsvorschriften, DV 35 (2002) S. 61 ff.; *A. Leisner,* Verwaltungsgesetzgebung durch Erlasse, JZ 2002, 219 ff.; *Seibert,* Die Einwirkung des Gleichheitssatzes auf das Rechtssetzungs- und Rechtsanwendungsermessen der Verwaltung, BVerwG-Festschrift 2003, S. 535, 539 ff.; *Wahl,* Verwaltungsvorschriften: Die ungesicherte dritte Kategorie des Rechts, BVerwG-Festschrift 2003, S. 571 ff.; *Sauerland,* Die Verwaltungsvorschrift im System der Rechtsquellen, 2005, vgl. ferner die oben Rn. 25 a angegebene Literatur zu den sog. konkretisierenden Verwaltungsvorschriften.

44   **Rechtsprechung:** *BVerfGE* 40, 237 (Regelung der Behördenzuständigkeit und des Verwaltungsverfahrens durch Verwaltungsvorschriften und Gesetzesvorbehalt); *BVerfGE* 78, 214 (keine Bindung der Gerichte an Verwaltungsvorschriften); BVerfGE 100, 249 (Zuständigkeit für den Erlaß von Verwaltungsvorschriften gem. Art. 85 II GG).

BVerwGE 34, 278 und 36, 313 (keine Bindung an rechtswidrige norminterpretierende Verwaltungsvorschriften); *BVerwGE* 36, 323 (Grenzen der Ermessensrichtlinien); *BVerwGE* 44, 72, 74 f. (Beihilferichtlinien, Selbstbindung der

Verwaltung); *BVerwGE* 52, 193 (Prüfungsordnung, Abgrenzung Verwaltungsvorschrift und Rechtsverordnung); *BVerwGE* 55, 250 (Verwaltungsvorschrift als „antizipiertes Sachverständigengutachten"); *BVerwGE* 58, 45 (Subventionsrichtlinien, richterliche Überprüfung); *BVerwGE* 61, 15; 61, 40 (Anspruch auf Bekanntgabe von Verwaltungsvorschriften?); *BVerwGE* 71, 342 (Konkretisierung der beamtenrechtlichen Fürsorgepflicht durch Beihilfevorschriften); *BVerwGE* 72, 300, 320 f.; 107, 338, 340 ff.; 110, 216, 218 (normkonkretisierende Verwaltungsvorschriften); *BVerwGE,* 94, 326 und 335 (Rechtsnatur der Regelsätze gem. § 22 I BSHG); *BVerwGE* 100, 335 (Ausländerrichtlinie: Keine unmittelbare, aber über Art. 3 I GG vermittelte Außenrechtswirkung); *BVerwGE* 104, 220 (Subventionsrichtlinie: Veröffentlichung, Änderung); *BVerwGE* 116, 332, 333 (die Gerichte sind an Verwaltungsvorschriften grundsätzlich nicht gebunden). *BVerwGE* 118, 379 (Subventionsrichtlinie; *BVerwGE* 121, 103 (die beamtenrechtlichen Beihilfevorschriften entsprechen nicht dem Gesetzesvorbehalt); *BVerwGE* 122, 264 (Bekanntgabe); *BVerwG* DVBl. 1982, 195 (Prüfungsordnung: Grundlage, Bindungswirkung, Auslegung); *BVerwG* DVBl. 1988, 790 (Überprüfung einer Geschäftsordnung im verwaltungsgerichtlichen Normenkontrollverfahren gem. § 47 VwGO).

BadWürttVGH ESVGH 23, 90 (Erlaß über die wöchentliche Pflichtstundenzahl von Lehrern); *OVG Berlin* DÖV 1976, 53 (Publikation von Verwaltungsvorschriften); *OVG Münster* DÖV 1985, 204 (Bindungswirkung der Verwaltungsvorschriften); *BadWürttVGH* NVwZ 1999, 547 (Rücknahme eines gegen eine Verwaltungsvorschrift verstoßenden Verwaltungsakts); *BayVGH,* DVBl. 2001, 311 (keine Normenkontrolle gem. § 47 VwGO gegen Verwaltungsvorschrift).

7. Teil. Das Recht der staatlichen Ersatzleistungen

§ 25 Grundlagen

I. Überblick über die verschiedenen Ansprüche und Haftungsinstitute

1   *Das Recht der staatlichen Ersatzleistungen* umfaßt die verschiedenen Schadensersatz-, Ausgleichs- und Wiederherstellungsansprüche des Bürgers bei Beeinträchtigung seiner Rechte durch staatliches Verhalten. Es stellt jedoch kein in sich geschlossenes System dar. Vielmehr ist es historisch und sachlich aus verschiedenen Wurzeln entstanden, beruht auf unterschiedlichen gesetzesrechtlichen, gewohnheitsrechtlichen und richterrechtlichen Regeln und Grundsätzen, orientiert sich an verschiedenen, nicht aufeinander abgestimmten Tatbeständen und bildet insgesamt eine mehrschichtige, lückenhafte und unübersichtliche Materie.

Die Bezeichnungen dieses Rechtsgebiets sind unterschiedlich, was zugleich Ausdruck der Verlegenheit ist, die verschiedenen Ansprüche und Haftungsinstitute in ein systematisches Gerüst zu bringen. So ist – anstatt der hier bewußt weit gewählten Überschrift – auch die Rede von „Staatshaftungsrecht" (so der Titel der Bücher von *Bender, Detterbeck/Windthorst/Sproll* und *Ossenbühl,* ferner *Battis,* Allg. Verwaltungsrecht), „Recht der öffentlich-rechtlichen Schadensersatz- und Entschädigungsleistungen" (so *Rüfner,* in: Erichsen, Allg. Verwaltungsrecht), „Haftung für rechtswidriges Behördenhandeln (Sekundärrechtsschutz)" (so *Ipsen,* Allg. Verwaltungsrecht) oder – die Verwaltungskontrolle einbeziehend – „Kontrolle der Verwaltung und Ausgleich der Folgen von Verwaltungshandeln" (so *Bull,* Allg. Verwaltungsrecht) bzw. „Kontrolle des Verwaltungshandelns und ihre Folgen" (so *Peine,* Allg. Verwaltungsrecht). Sachlich ergeben sich daraus keine Unterschiede, wie die jeweiligen Untergliederungen zeigen.

2   Ein Schwerpunkt des Ersatzleistungsrechtes bildet die *Amtshaftung* für rechtswidriges schuldhaftes Verhalten eines Beamten oder eines sonstigen öffentlichen Bediensteten im hoheitlichen Bereich. Sie wurde im Anschluß an frühere Rechtsauffassungen zunächst im bürgerlichen Recht geregelt (§ 839 BGB), sodann erweitert und schließlich auch verfassungsrechtlich verankert (zuerst Art. 131

WRV, jetzt Art. 34 GG) (dazu näher unten § 26). Ein zweiter
Schwerpunkt bildet die *Entschädigung für Beeinträchtigungen des Eigentums*. Sie hat ihre historische und gedankliche Grundlage einmal im
Aufopferungsanspruch, der auf naturrechtliche Vorstellungen des
18. Jahrhunderts zurückgeht und demjenigen Entschädigung gewährt, der im Allgemeininteresse bestimmte Rechte aufzuopfern
genötigt wird, und zum anderen in der grundrechtlichen Eigentumsgarantie der sich seit Beginn des 19. Jahrhunderts herausbildenden Verfassungen. Ursprünglich beschränkte sich diese Entschädigung auf rechtmäßige Eingriffe, wurde aber im Laufe der
Zeit durch die Rechtsprechung des Reichsgerichts und vor allem
des BGH immer weiter ausgedehnt, insbesondere auf rechtswidrige
Eingriffe. Dementsprechend wurde zwischen der Entschädigung
für rechtmäßige Eingriffe in das Eigentum (Enteignung), der Entschädigung für rechtswidrige Beeinträchtigungen des Eigentums
(sog. enteignungsgleiche Eingriffe) und der Entschädigung für enteignend wirkende Nebenfolgen rechtmäßigen Verwaltungshandelns (sog. enteignende Eingriffe) unterschieden. Das *BVerfG* drehte
diese Entwicklung insoweit wieder zurück, als es diese Enteignung
und damit die Enteignungsentschädigung auf gezielte hoheitliche
Rechtsakte beschränkte, anerkannte dafür aber – quasi als Ausgleich für diese Reduktion – Entschädigung für besondere Belastungen im Rahmen der Inhalts- und Schrankenbestimmung des
Art. 14 I 2 GG (sog. ausgleichspflichtige Inhaltsbestimmung) (dazu
näher unten § 27). Daneben besteht als *Aufopferungsanspruch i. e. S.*
der Anspruch auf Entschädigung für Eingriffe in immaterielle
Rechte fort (dazu unten § 28). Hinzu kommen noch – teils überschneidend, teils ergänzend, teils verdrängend – *weitere Ansprüche*
für besondere Fallkonstellationen aus unterschiedlichen Quellen und
mit verschiedenen Zielrichtungen, nämlich als Anleihen aus dem
Zivilrecht (so die Schadensersatzansprüche aus verwaltungsrechtlichem Schuldverhältnis), als allgemein geltende Haftungsansprüche
(so die Ansprüche aus Gefährdungshaftung), als Konkretisierungen
der Enteignungs- und Aufopferungsentschädigung (so die entsprechenden Ansprüche in den Polizeigesetzen), als sozialstaatlich motivierte Entschädigungsansprüche (so die Ansprüche aus § 2 SGB VII
und dem Opferentschädigungsgesetz) und als Folge der Wiederver-

einigung (so die Ansprüche aus dem in den neuen Bundesländern zum Teil noch geltenden Staatshaftungsgesetz der DDR) (vgl. zu diesen Ansprüchen näher unten § 29). Während die bislang erwähnten Ansprüche auf Schadensersatz oder Entschädigung in Geld zielen, richtet sich der in der Nachkriegszeit entwickelte *Folgenbeseitigungsanspruch* auf Beseitigung der tatsächlichen Folgen eines rechtswidrigen Eingriffs und damit auf Wiederherstellung des früheren Zustandes; er ist also den Schadensersatz- und Entschädigungsansprüche vorgeordnet (vgl. dazu unten § 30). Zunehmende Bedeutung erlangt schließlich im Bereich der staatlichen Ersatzleistungen auch das Europäische Gemeinschaftsrecht, das nicht nur Schadensersatzansprüche bei Verletzung des EG-Rechts durch Gemeinschaftsorgane, sondern auch durch mitgliedstaatliche Organe begründet und deshalb das deutsche Staatshaftungsrecht überlagert, determiniert und ergänzt (vgl. dazu unten § 31).

3   Da diese Ansprüche nach Ursprung, Anforderungen, Ausgestaltung und Zielrichtung sehr verschieden sind, ist es nicht möglich, sie – ohne Verzerrungen – in ein rechtsdogmatisch geschlossenes und stimmiges System zu bringen. Die folgende Darstellung versucht deshalb, die jeweiligen Ansprüche aus sich heraus verständlich zu machen und ihre Gemeinsamkeiten und Unterschiede aufzuzeigen. Dabei ist es auch erforderlich, auf ihre historischen Grundlagen und geschichtliche Entwicklung etwas näher einzugehen.

Die Rechtsdogmatik, der Lehrbücher der vorliegenden Art verpflichtet sind, muß vom bestehenden Rechtsstoff ausgehen und diesen sichten und ordnen, was kritische Stellungnahme nicht ausschließt. Sie unterscheidet sich damit von der Rechtstheorie, die auf theoretischer Basis allgemein-gültige Zusammenhänge darstellt, und der Rechtspolitik, die nach der praktisch besten oder wenigstens besseren Lösung sucht.

II. Reformbestrebungen

4   Der derzeitige Zustand des staatlichen Ersatzleistungsrechts drängt auf eine grundlegende Reform und umfassende gesetzliche Neuregelung. Der Bundesgesetzgeber hat diese Forderung aufgenommen und nach langjährigen Beratungen ein Staatshaftungsgesetz erlassen (Staatshaftungsgesetz vom 26. 6. 1981, BGBl. I S. 553 – im folgenden: StHG 1981).

Den letzten Anstoß zur gesetzgeberischen Initiative gab der 47. Deutsche Juristentag 1968, der sich mit dem engeren Thema „Folgenbeseitigung und Folgenentschädigung" befassen wollte, aber bald zu der Erkenntnis gelangte, daß dieser Problemkreis nur im größeren Zusammenhang der gesamten Staatshaftung geklärt werden kann. Er forderte deshalb den Gesetzgeber in seinem abschließenden Votum auf, „die verschiedenen Bereiche der Staatshaftung untereinander und mit dem Rechtsschutz zu harmonisieren und umfassend bundesgesetzlich zu regeln" (Verh. des DJT 1968, Bd. II L S. 144 f.). Die Bundesregierung griff diese Empfehlung auf und setzte 1970 eine unabhängige Sachverständigenkommission mit dem Auftrag ein, eine gesetzliche Neuregelung des Staatshaftungsrechts vorzubereiten. Die Kommission legte 1973 einen Entwurf eines Staatshaftungsgesetzes mit ausführlicher Begründung vor. Dem Kommissionsentwurf folgte 1976 ein Referentenentwurf und 1978 ein Regierungsentwurf, der nach eingehenden Beratungen in der 8. und 9. Wahlperiode des Bundestages schließlich zur Verabschiedung des Staatshaftungsgesetzes führte.

Das Staatshaftungsgesetz war jedoch verfassungsrechtlich umstrit- 5 ten. Strittig war einmal, ob der Bund überhaupt die Kompetenz zum Erlaß eines Staatshaftungsgesetzes besitzt, und zum anderen, ob der Bundesrat dem Gesetz zustimmen muß. Diese Fragen waren auch praktisch bedeutsam, weil sich die damalige CDU-Opposition im Bundestag weigerte, einer entsprechenden Verfassungsänderung zuzustimmen, und weil die Mehrheit der CDU-geführten Länder im Bundesrat die Zustimmung zum Staatshaftungsgesetz ablehnten. Das *BVerfG,* das im Wege der abstrakten Normenkontrolle von einigen Ländern angerufen wurde, stellte fest, daß das Staatshaftungsgesetz wegen fehlender Bundeskompetenz verfassungswidrig und nichtig ist *(BVerfGE* 61, 149). Damit war die Staatshaftungsreform − zumindest vorerst − gescheitert.

Das Projekt der Staatshaftungsreform wurde jedoch weiter verfolgt. Die 6 Justizministerkonferenz sprach sich mehrfach für eine bundesgesetzliche Regelung aus und setzte eine Arbeitsgruppe ein, die verschiedene Modelle entwikkelte. Bayern und Hamburg brachten sogar im Bundesrat (verschiedene) Gesetzentwürfe ein, die freilich nicht einmal über den Bundesrat hinauskamen. Inzwischen ist es um die Staatshaftungsreform ruhig geworden. Sie steht nicht mehr auf der Tagesordnung. Hemmend dürfte vor allem der Widerstand der Finanzminister sein, die weitere finanzielle Belastungen befürchten (obwohl die Mehrbelastungen nach den bisherigen Berechnungen, die allerdings ihrerseits wiederum fraglich sind, gering sind, ganz abgesehen davon, daß der Rechtsstaat nicht zur Finanzangelegenheit degradiert werden darf).

Die 1981 fehlende Gesetzgebungskompetenz wurde im Zuge der 7 Verfassungsreform 1994 geschaffen. Durch den neu eingefügten

Art. 74 I Nr. 25 GG wurde dem Bund die konkurrierende Gesetzgebung für „die Staatshaftung" eingeräumt. Der Bundesgesetzgeber könnte also nunmehr – mit Zustimmung des Bundesrates
(Art. 74 II GG) – ein umfassendes, in sich stimmiges und den modernen Ansprüchen genügendes Staatshaftungsgesetz erlassen. Sollte
es dazu kommen, dann könnte das StHG 1981 durchaus als Vorlage herangezogen werden; allerdings müßten auch die zwischen-
zeitlichen Erkenntnisse und Entwicklungen, vor allem im Blick auf
das europäische Gemeinschaftsrecht, berücksichtigt werden.

8   Wegen der nachwirkenden Bedeutung des Staatshaftungsgesetzes
1981 sollen im folgenden die wesentlichen Grundzüge dieses Gesetzes kurz dargestellt werden. Das Gesetz sah eine unmittelbare,
primäre und ausschließliche Haftung des Staates für rechtswidriges
Verhalten seiner Organe vor, – im Gegensatz zur bisherigen Amtshaftung, die nur eine mittelbare, sekundäre und grundsätzliche
Haftung festlegte, und zu den enteignungsgleichen und aufopferungsgleichen Eingriffen, die sich auf das Eigentum und die Rechtsgüter des Art. 2 II GG beschränkten (vgl. dazu näher die folgenden
§§ dieses Buches). Die sog. Haftungsgrundnorm des § 1 I StHG
1981 bestimmte: „Verletzt die öffentliche Gewalt eine Pflicht des
öffentlichen Rechts, die ihr einem anderen gegenüber obliegt, so
haftet ihr Träger dem anderen für den daraus entstehenden Schaden nach diesem Gesetz." Der Forderung, eine reine Rechtswidrigkeitshaftung bzw. eine verschuldensabhängige Haftung des Staates
einzuführen, wollte der Gesetzgeber nicht entsprechen. Immerhin bestimmte er aber, daß das Erfordernis des Verschuldens bei
„rechtswidrigen Grundrechtseingriffen" und bei Versagen technischer Einrichtungen (etwa Ampelanlagen an Straßenkreuzungen)
entfällt, und legte im übrigen eine Beweislastumkehr fest mit der
Folge, daß nicht der Geschädigte das Verschulden des Amtsträgers
sondern der Staat das Nichtverschulden seines Amtsträgers zu be-
weisen hat (§ 2 I 2 StHG 1981). Umstritten war ferner die unmittelbare Haftung für verfassungswidrige Gesetze; sie wurde durch
§ 5 II StHG 1981 ausgeschlossen. War der Haftungstatbestand erfüllt, konnte der Geschädigte Schadensersatz in Geld oder Beseitigung der Folgen des rechtswidrigen Eingriffs verlangen (§§ 2, 3
StHG 1981).

Vgl. zur damaligen Staatshaftungsreform und zum Inhalt des StHG 1981 § 30
der 13. Auflage dieses Buches mit zahlreichen weiteren Nachweisen.

III. Verfassungsrechtliche Vorgaben

Die Staatshaftung ist rechtsstaatlich geboten. Das Rechtsstaats- **9**
prinzip fordert, daß Rechtsverletzungen möglichst vermieden werden und daß sie, wenn sie trotzdem vorkommen, nicht einfach hingenommen, sondern beseitigt oder ausgeglichen werden. Das folgt
aus Art. 20 III GG, der die Bindung aller Staatsorgane an Verfassung und Gesetz festlegt, aus Art. 19 IV GG, der Rechtsschutz gegen
rechtswidrige Staatsakte gewährleistet, und aus Art. 34 GG, der
Ersatz für den durch ein rechtswidriges Verhalten des Staates entstandenen Schadens verbürgt. Die subjektiv-rechtlichen Voraussetzungen für den Einsatz dieser Staatsunrechtsreaktionen bilden die
Grundrechte und die sich daraus ergebende Subjektivierung des
Staat-Bürger-Verhältnisses, das auch den Bereich des einfachen
Rechts erfaßt. Die *Grundrechte* begründen primär einen *Abwehr-
oder Unterlassungsanspruch* gegenüber drohenden staatlichen Eingriffen in den Freiheitsbereich des Einzelnen. Sie beschränken sich
aber darauf nicht, sondern kommen – entsprechend ihrer umfassenden Schutzwirkung – auch dann noch zur Anwendung, wenn
solche Eingriffe erfolgt sind, und zwar als
– *Beseitigungsanspruch* zur Korrektur der Rechtsverletzung durch
  einen actus contrarius (etwa durch Aufhebung eines rechtswidrigen Verwaltungsakts),
– *Folgenbeseitigungsanspruch* zur Beseitigung der tatsächlichen Folgen eines rechtswidrigen Eingriffs und der Wiederherstellung des
  früheren Zustands,
– *Schadensersatz- oder Entschädigungsanspruch* zum (finanziellen) Ausgleich der durch den Eingriff verursachten Einbußen.
Diese Ansprüche stehen in einem Stufenverhältnis. Der folgende
Anspruch kommt grundsätzlich nur dann zum Zuge, wenn der
vorhergehende Anspruch nicht greift.
     Art. 34 GG muß in seinem verfassungsrechtlichen Kontext gese- **10**
hen werden. Er bildet, wie noch darzulegen ist (vgl. § 26 Rn. 2ff.),
in historischer Sicht eine Haftungsüberleitungsnorm, durch die die
in § 839 BGB begründete verschuldensabhängige Beamtenhaftung

auf den Staat übertragen wird, ist aber über diese Funktion längst hinausgewachsen und stellt eine eigenständige verfassungsrechtliche Haftungsnorm dar. Daß das traditionelle Verständnis des Art. 34 GG nicht mehr stimmt, zeigt sich auch daran, daß sich die beiden Vorschriften nicht mehr entsprechen, da Art. 34 GG einerseits über § 839 BGB hinausgeht (also insoweit nicht mehr an § 839 BGB anknüpft) und andererseits hinter ihm zurückbleibt (also § 839 BGB insoweit nicht weiterführt). In verfassungsrechtlicher Sicht ist Art. 34 GG nicht nur ein Anhängsel des § 839 BGB, sondern umgekehrt die dominierende Vorschrift, die die Staatshaftung trägt und lediglich durch § 839 BGB konkretisiert und ausgefüllt wird. Schon die Rangordnung beider Vorschriften – Art. 34 GG ist Verfassungsrecht, § 839 BGB ist einfaches Recht – und der Geltungsanspruch des Grundgesetzes weisen in diese Richtung. Es ist grundsätzlich Sache des Gesetzgebers, den Art. 34 GG näher auszugestalten. § 839 BGB, der – noch – diese Funktion übernimmt, entspricht den modernen rechtsstaatlichen Anforderungen der Gegenwart nicht mehr. Wenn der Gesetzgeber seinem Gestaltungsauftrag nicht nachkommt, wie der derzeitige Stillstand der Staatshaftungsreform zeigt, dann ist die Rechtsprechung berufen, das Staatshaftungsrecht unter Berücksichtigung der verfassungsrechtlichen Vorgaben weiterzuentwickeln.

Literatur: *Bender,* Staatshaftungsrecht, 2. Aufl. 1974 (sie behandelt das geltende Recht), 3. Aufl. 1981 (sie behandelt das inzwischen für nichtig erklärte Staatshaftungsgesetz; soweit nichts vermerkt ist, wird die 2. Aufl. zitiert); *Papier,* Staatshaftung, HStR VI (1989) § 157; *Steinberg/Lubberger,* Aufopferung – Enteignung und Staatshaftung, 1991; *Ossenbühl,* Staatshaftungsrecht, 5. Aufl. 1998; *E. Klein,* in: Soergel, BGB-Kommentar, Bd. 12, 13. Aufl. 2005, Anhang nach 839: Staatshaftung; *Detterbeck/Windthorst/Sproll,* Staatshaftungsrecht, 2000; ferner die Lehrbücher zum Allgemeinen Verwaltungsrecht, insbes. *Rüfner,* in: Erichsen/Ehlers (Hg.), Allgemeines Verwaltungsrecht, 12. Aufl. 2002, §§ 46 ff.; *Kluth,* in: Wolff/Bachof/Stober (Hg.), Allgemeines Verwaltungsrecht, Bd. 2, 6. Aufl. 2000, §§ 66 ff.

Dürig, Grundfragen des öffentlich-rechtlichen Entschädigungssystems, JZ 1955, 521 ff.; *Scheuner,* Grundfragen der Staatshaftung für schädigende Eingriffe, Gedächtnisschrift für Jellinek, 1955, S. 331 ff.; *Heidenhain,* Amtshaftung und Entschädigung aus enteignungsgleichem Eingriff, 1965; *ders.,* Folgen rechtswidrigen hoheitlichen Verwaltungshandelns, JZ 1968, 487 ff.; *Luhmann,* Öffentlich-rechtliche Entschädigung – rechtspolitisch betrachtet, 1965; *Maurer,* Die Gesetzgebungskompetenz für das Staatshaftungsrecht, 1981; *Kopp* (Hg.),

Entwicklungen im Staatshaftungsrecht, 1982 (rechtsvergleichend); *Kreßel,* Öffentliches Haftungsrecht und sozialrechtlicher Herstellungsanspruch, 1990; *H. H. Rupp,* Grundfragen der heutigen Verwaltungsrechtslehre, 2. Aufl. 1991; *Krohn,* Zum Stand des Rechts der staatlichen Ersatzleistungen nach dem Scheitern des Staatshaftungsgesetzes, VersR 1991, 1085 ff.; *Morlok,* Erstattung als Rechtmäßigkeitsrestitution, DV 25 (1992) S. 371 ff.; *Fetzer,* Die Haftung des Staates für legislatives Unrecht, 1994; *Pfab,* Staatshaftung in Deutschland, 1997; *U. Stelkens,* Verwaltungshaftungsrecht, 1998; *Hösch,* Staatshaftung und Aufopferung, DÖV 1999, 192 ff.; *Ehlers,* Die Haftung der Religionsgemeinschaften mit öffentlich-rechtlichen Körperschaftsstatus, ZevKR 44 (1999), S. 4 ff.; *Ossenbühl,* Staatshaftungsrecht, BGH-Festschrift, 2000, Bd. III, S. 887 ff.; *Schoch,* Effektuierung des Sekundärrechtsschutzes, DV 34 (2001) S. 263 ff.; *Axer,* Primär- und Sekundärrechtsschutz im öffentlichen Recht, DVBl. 2001, 322 ff.; *Erbguth/Höfling/Streinz/Epiney,* Primär- und Sekundärrechtsschutz im Öffentlichen Recht, Referate mit Diskussion, VVDStRL 61 (2002) S. 221 ff. – Vgl. ferner die Rechtsprechungsberichte von *Engelhardt,* NVwZ 1985, 621 ff.; 1989, 927 ff., 1026 ff.; 1992, 1052 ff.; 1994, 337 ff.; *Rinne* und *Schlick,* NVwZ 1997, 34 ff., 1065 ff., 1171 ff.; NVwZ 2000, Beilage II zu Heft 2; NJW 2002, Beilage II zu Heft 14; NJW 2004, 1844 ff., 1918 ff.

§ 26 Die Amtshaftung nach Art. 34 GG/§ 839 BGB

I. Grundlagen der Amtshaftung

1. Die verschiedenen Haftungsmodelle

Die Schadensersatzpflicht für ein rechtswidriges schuldhaftes 1
Verhalten eines Beamten oder sonstigen öffentlichen Bediensteten (Amtswalters) kann unterschiedlich geregelt werden. In Betracht kommen folgende Möglichkeiten:

a) *Beamtenhaftung* (persönliche Haftung, Eigenhaftung): Der Beamte hat selbst und ausschließlich den von ihm verursachten Schaden zu ersetzen.

b) *Staatshaftung:* Der Staat muß sich das Fehlverhalten seines Beamten unmittelbar zurechnen lassen und ausschließlich für den Schaden einstehen.

c) *Amtshaftung:* Die Haftung trifft zunächst den Beamten selbst, wird aber vom Staat übernommen. Es liegt also eine Haftungsübernahme vor mit der Folge, daß anstelle des Beamten der Staat den Schaden zu ersetzen hat. Im Gegensatz zu b) besteht keine unmittelbare oder originäre, sondern eine mittelbare oder derivative Staatshaftung.

d) *Kumulative Haftung:* Der Beamte und der Staat haften nebeneinander.

2. Das geltende Recht in historischer Sicht

2   Das geltende Recht bestimmt für den hoheitlichen Bereich die Amtshaftung, für den privatrechtlichen Bereich die kumulative Haftung. Die im hoheitlichen Bereich maßgebliche Amtshaftung (zur Haftung im privatrechtlichen Bereich vgl. unten Rn. 55 ff.) läßt sich nur *historisch* erklären.

3   Im 19. Jahrhundert war die Haftung für ein rechtswidriges schuldhaftes Verhalten eines Beamten uneinheitlich und fragmentarisch geregelt, was u. a. auch daran lag, daß die rechtliche Qualifizierung des Beamtenverhältnisses selbst fraglich war. Rechtsprechung und Literatur waren dementsprechend kontrovers. Überwiegend wurde die persönliche Haftung des Beamten angenommen (so bereits §§ 89–91 II 10 Preuß. ALR). Sie wurde mit der sog. Mandatstheorie begründet, wonach der Beamte nur das Mandat (den Auftrag) zu rechtmäßigem Handeln habe und deshalb das rechtswidrige Handeln nicht mehr dem Staat, sondern dem Beamten persönlich zuzurechnen sei, der dafür – wie andere Privatpersonen – nach den allgemeinen Deliktsvorschriften einzustehen habe.

4   Das 1900 in Kraft getretene BGB schloß sich dieser Auffassung an. § 839 bestimmt: „Verletzt ein Beamter vorsätzlich oder fahrlässig die ihm einem Dritten gegenüber obliegende Amtspflicht, so hat er (sc. also der Beamte selbst) dem Dritten den daraus entstehenden Schaden zu ersetzen." Schon die Einordnung in den Abschnitt „Unerlaubte Handlungen" (§§ 823 ff. BGB) zeigt, daß die Amtspflichtverletzung als unerlaubte Handlung i. S. des Deliktsrechts angesehen wurde, für die allerdings nicht die allgemeine Regelung des § 823 BGB, sondern die Sonderregelung des § 839 BGB gelten sollte.

Die Regelung des § 839 BGB war jedoch nur eine Notlösung. Schon damals wurde die Forderung nach einer Haftung des *Staates* für das Fehlverhalten seiner Beamten gegenüber dem geschädigten

Bürger weitgehend anerkannt. Dem Reichsgesetzgeber fehlte indessen die Kompetenz für eine umfassende, auch den Bereich der Landesverwaltungen einbeziehenden Staatshaftung. Deshalb verweist Art. 77 des Einführungsgesetzes zum BGB auf den Landesgesetzgeber. Die meisten Länder erließen auch entsprechende Regelungen und bestimmten, daß bei Vorliegen der Voraussetzungen des § 839 BGB die an sich den Beamten treffende Haftung auf den Staat übergehe, so die süddeutschen Länder in ihren Ausführungsgesetzen zum BGB, Preußen durch das Staatshaftungsgesetz 1909, ferner das Reich für seine Beamten durch das Reichsbeamtenhaftungsgesetz (RBHG) 1910, das teilweise heute noch für die Bundesbeamten gilt. Damit hatte sich die Konzeption der Amtshaftung durchgesetzt. Art. 131 Weim.Verf. legte die Haftungsübernahme verbindlich für alle Beamten im gesamten Reichsgebiet fest. Art. 34 GG schließt sich dieser Regelung an. Die Haftung des Staates für seine Beamten im hoheitlichen Bereich ist sonach – zumindest in Form der (mittelbaren) Amtshaftung – verfassungsrechtlich gewährleistet.

3. Die Gründe der Staatshaftung

Die Haftungsübernahme durch den Staat wurde seinerzeit aus 5 zwei Gründen gefordert und eingeführt: Einmal sollte der geschädigte Bürger in Gestalt des Staates einen leistungsfähigen Schuldner erhalten. Zum anderen sollte – im Interesse der Funktionsfähigkeit der Verwaltung – eine Beeinträchtigung der Initiative und Einsatzbereitschaft des Beamten durch das Risiko einer uneingeschränkten persönlichen Haftung gegenüber dem Geschädigten verhindert werden.

Die tragende Grundlage für die Staatshaftung bildet jedoch das 6 *Rechtsstaatsprinzip*. Die Staatshaftung (Art. 34 GG) ergänzt den Grundsatz der Gesetzmäßigkeit (Art. 20 III GG) und die Rechtsschutzgarantie (Art. 19 IV GG): Wenn es zu Rechtsverletzungen durch die staatliche Gewalt kommt und wenn diese Rechtsverletzungen nicht oder nicht mehr durch den gerichtlichen Rechtsschutz aufgefangen werden können, dann muß die Rechtsverletzung durch Leistung von Schadensersatz wieder ausgeglichen werden. Das gilt umso mehr, als der Staat die Amtswalter anstellt und sie zu beaufsichtigen hat, ja ihnen überhaupt erst die hoheitlichen Möglichkeiten und Befugnisse verleiht, die zu dem schadensverursachenden Verhalten führen können. Daher bestehen auch in rechtstheoretischer und in rechtsdogmatischer Sicht keine Bedenken mehr, dem Staat das rechtswidrige Verhalten seiner Beamten zuzurechnen und ihn dafür einstehen zu lassen. Die früher in diese Richtung gehenden Einwände sind überholt.

4. Anspruchsgrundlage

7   § 839 BGB und Art. 34 GG bilden eine *einheitliche* Anspruchsgrundlage. Der Staat haftet nicht *neben,* sondern *anstelle* des Amtswalters. Sind die Tatbestandsmerkmale des § 839 BGB gegeben, dann trifft bei Vorliegen der Voraussetzungen des Art. 34 GG die Schadensersatzpflicht nicht den Amtswalter, sondern den Staat.

8   Das Verhältnis dieser beiden Vorschriften läßt sich unterschiedlich deuten. Man kann die Auffassung vertreten, daß § 839 BGB die anspruchsbegründende und Art. 34 GG die anspruchsverlagernde Norm ist. Man kann aber auch der Auffassung sein, daß Art. 34 GG die eigentliche Anspruchsnorm darstellt und nur noch durch § 839 BGB seine erforderliche Konkretisierung erhält. Je nachdem, ob man mehr rechtshistorisch oder mehr rechtsdogmatisch argumentiert, wird man zu der einen oder der anderen Auffassung neigen.

9   Jedenfalls sind die beiden Vorschriften aufeinander bezogen. Sie entsprechen sich aber nicht vollständig. § 839 BGB gilt sowohl für den hoheitlichen als auch für den privatrechtlichen Bereich des Verwaltungshandelns, beschränkt sich aber im privatrechtlichen Bereich auf Beamte im engeren, beamtenrechtlichen Sinn. Art. 34 GG gilt dagegen nur für den hoheitlichen Bereich, erstreckt sich dort aber auf jeden Amtswalter.

Für die Lösung von Fällen empfiehlt sich, zunächst von der einheitlichen Anspruchsgrundlage Art. 34 GG/§ 839 BGB (oder umgekehrt: § 839 BGB/ Art. 34 GG, vgl. oben) auszugehen. Eine zweistufige Prüfung (sind die Voraussetzungen des § 839 BGB gegeben? Greift die Haftungsübernahme gem. Art. 34 GG ein?) führt gerade in problematischen Fällen zu erheblichen Schwierigkeiten. Wenn ein Anspruch aus Art. 34 GG/§ 839 BGB verneint wird (etwa, weil der Beamte nicht hoheitlich handelte), dann ist ggf. noch § 839 BGB isoliert zu prüfen.

5. Regreßanspruch des Staates gegen die Amtswalter

Art. 34 GG/§ 839 BGB regeln nur die Schadensersatzpflicht im **10**
Außenverhältnis zwischen Staat/Beamten einerseits und Bürger andererseits. Eine weitere Frage ist, ob sich der Staat, wenn er dem
Bürger Schadensersatz geleistet hat, im *Innenverhältnis* an den für
den Schaden verantwortlichen Amtswalter halten kann (Regreß
oder Rückgriff). Art. 34 S. 2 GG erklärt einen solchen Rückgriff
für zulässig, aber nur bei Vorsatz oder grober Fahrlässigkeit, so daß
der Amtswalter in den (meisten) Fällen nur leichter Fahrlässigkeit
nicht regreßpflichtig ist. Im übrigen ist zu beachten, daß Art. 34
S. 2 GG selbst keine Anspruchsgrundlage enthält. Es ist daher jeweils noch zu prüfen, ob eine spezialgesetzliche Vorschrift den
Dienstherrn zum Regreß ermächtigt oder sogar verpflichtet.

Für die *Beamten* gelten § 78 I BBG und die entsprechenden Vorschriften der
Landesbeamtengesetze (vgl. § 46 I BRRG), die die Beamten bei vorsätzlichen
oder grob fahrlässigen Pflichtverletzungen zum internen Schadensersatz verpflichten. Diese Vorschriften gelten sowohl für unmittelbare Schädigungen des
Dienstherrn (etwa Beschädigung eines Dienstfahrzeugs) als auch für mittelbare
Schädigungen des Dienstherrn, die gerade dadurch entstehen, daß der Dienstherr für die Verletzung eines Dritten durch den Beamten einzustehen hat. Der
Dienstherr ist grundsätzlich *verpflichtet,* den Schadensersatzanspruch geltend zu
machen, kann aber auch – im Blick auf den beamtenrechtlichen Fürsorgegrundsatz – Erleichterungen gewähren (etwa Ratenzahlungen, Stundung) oder
ausnahmsweise auf die Durchsetzung des Anspruchs ganz oder teilweise verzichten (etwa wenn die Durchsetzung hoher Ersatzansprüche die Lebenshal-
tung des Beamten in unerträglicher Weise beeinträchtigen würde), vgl. dazu
§ 6 I HGrG, ferner *BGHZ* 124, 14, 23 ff.; *BVerwGE* 108, 1, 17 f. m. w. N. –
Für den Rückgriff bei *Angestellten und Arbeitern im öffentlichen Dienst* gelten die
allgemeinen zivil- und arbeitsrechtlichen Vorschriften. Zu beachten ist jedoch
§ 14 BAT (Bundesangestelltentarifvertrag), wonach für die Schadenshaftung
der Angestellten die für die Beamten jeweils geltenden Vorschriften entsprechend Anwendung finden. Ähnliche tarifvertragliche Regelungen gelten für
die Arbeiter im öffentlichen Dienst. Vgl. zum Rückgriff auch unten Rn. 63.

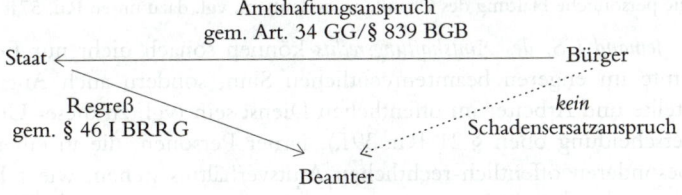

Amtshaftungsanspruch
gem. Art. 34 GG/§ 839 BGB

Staat ←————————————————————————— Bürger

Regreß   *kein*
gem. § 46 I BRRG   Schadensersatzanspruch

Beamter

II. Die materiell-rechtlichen Voraussetzungen

11   Der Amtshaftungsanspruch ist gegeben, wenn (1) jemand in Ausübung eines ihm anvertrauten öffentlichen Amtes (2) die ihm einem Dritten gegenüber obliegende Amtspflicht (3) schuldhaft verletzt und (4) dadurch einen Schaden verursacht, sofern (5) kein Haftungsausschlußgrund vorliegt.

1. Ausübung eines öffentlichen Amtes

12   a) *Öffentliches Amt.* Die Amtshaftung knüpft an das Verhalten einer Person („jemand") in Ausübung eines öffentlichen Amtes an. Das „öffentliche Amt" ist in diesem Zusammenhang *funktionell* als hoheitlicher = öffentlich-rechtlicher Tätigkeitsbereich zu verstehen. Es kommt sonach nicht auf die organisatorische Eingliederung oder auf die Rechtsstellung des Amtswalters, sondern allein darauf an, ob jemand mit der Wahrnehmung hoheitlicher Aufgaben betraut und in diesem Zusammenhang tätig geworden bzw. untätig geblieben ist. Bei der Lösung konkreter Fälle ist daher stets zu fragen, ob das schadensersatzbegründende Verhalten des Amtswalters dem öffentlichen Recht oder dem Privatrecht zuzuordnen ist. Zur Abgrenzung dieser beiden Rechtsbereiche, die für das Amtshaftungsrecht von grundlegender Bedeutung ist, vgl. bereits oben § 3 Rn. 14 ff.

Fall: Der Chauffeur des Bundesministers X verursacht fahrlässig bei einer Dienstfahrt einen Verkehrsunfall, bei dem auch das Fahrzeug des K beschädigt wird. K verlangt Schadensersatz von der Bundesrepublik Deutschland. Anspruchsgrundlage? Die erste Frage ist, ob die Dienstfahrt dem öffentlichen Recht oder dem Privatrecht zuzurechnen ist (vgl. dazu oben § 3 Rn. 22). Im ersten Fall kommt ein Amtshaftungsanspruch nach Art. 34 GG/§ 839 BGB, im zweiten Fall ein Anspruch nach § 831 BGB in Betracht. Die Frage, ob der Chauffeur Beamter oder Angestellter ist, spielt für die Amtshaftung keine Rolle (sie wird aber bei der privatrechtlichen Qualifizierung der Dienstfahrt für die persönliche Haftung des Chauffeurs bedeutsam, vgl. dazu unten Rn. 57 ff.).

13   *Jemand i. S. des Amtshaftungsrechts* können sonach nicht nur Beamte im engeren beamtenrechtlichen Sinn, sondern auch Angestellte und Arbeiter im öffentlichen Dienst sein (vgl. zu dieser Unterscheidung oben § 21 Rn. 39 f.), ferner Personen, die in einem besonderen öffentlich-rechtlichen Amtsverhältnis stehen, wie z. B.

Minister (*BGHZ* 14, 319, 321; 63, 319, 322), Mitglieder eines Gemeinderats (*BGHZ* 84, 292, 298 f.; 106, 323, 330) oder eines Kreistags (*BGHZ* 11, 192, 197 f.) sowie Parlamentsabgeordnete (so *OLG Hamburg* DÖV 1971, 238), schließlich auch Privatpersonen, die längerfristig, vorübergehend oder sogar nur einmalig mit der Erledigung bestimmter hoheitlicher Aufgaben betraut sind. Das gilt vor allem für die Beliehenen, denen durch Gesetz oder aufgrund eines Gesetzes die hoheitliche Wahrnehmung bestimmter staatlicher Aufgaben übertragen worden ist (vgl. oben § 23 Rn. 56 ff.), aber auch für die sog. Verwaltungshelfer, die mehr oder weniger selbständig in den Vollzug staatlicher Aufgaben einbezogen wurden. Dazu gehören auch die bei einer anerkannten Beschäftigungsstelle tätigen Zivildienstleistende (*BGHZ* 118, 304, 308 f.; 152, 380, 382).

Fraglich ist, ob das auch dann noch gilt, wenn eine Privatperson aufgrund eines privatrechtlichen Vertrages zur Erfüllung öffentlich-rechtlich zu beurteilender Aufgaben herangezogen wird, wenn z. B. ein privater Abschleppunternehmer im Auftrag der Polizei ein verkehrswidrig parkendes Kraftfahrzeug abschleppt und dabei das Kraftfahrzeug beschädigt oder einem unbeteiligten Dritten einen Schaden zufügt. Der *BGH* hat das früher nur ausnahmsweise dann bejaht, wenn der private Unternehmer in so weitgehendem Maße den Weisungen oder sonstiger Einflußnahme der Verwaltung unterliegt, daß er gleichsam als deren Werkzeug erscheinen muß. In der Literatur ist diese sog. Werkzeugtheorie zu Recht auf Kritik gestoßen. Sie läßt sich mit der funktionellen Ausrichtung der Amtshaftung, die nicht auf die Rechtsstellung der handelnden Personen, sondern auf die Tätigkeit und ihrer Einordnung abstellt, schwerlich vereinbaren. Der *BGH* hat dementsprechend auch in einem später (1993) entschiedenen Abschleppfall seine Auffassung gelockert (*BGHZ* 121, 161). Die nunmehr genannten Kriterien sind allerdings noch sehr vage: Je stärker der hoheitliche Charakter der Aufgabe in den Vordergrund trete, je enger die Verbindung zwischen der übertragenen Tätigkeit und der von der Behörde zu erfüllenden hoheitlichen Aufgabe und je begrenzter der Entscheidungsspielraum des Unternehmers sei, desto näher läge es, ihn als Beamten im haftungsrechtlichen Sinne anzusehen. Immerhin wird klargestellt, daß „jedenfalls" im *Bereich der Eingriffsverwaltung* das Fehlverhalten eines privatrechtlich herangezogenen Unternehmers nach Amtshaftungsgrundsätzen zu beurteilen ist. Der Staat haftet demnach für den Abschleppunternehmer.

Vgl. *BGHZ* 121, 161 = JZ 1993, 1001 mit Anm. von Würtenberger (Abschleppen eines Kraftfahrzeuges); zur früheren Rechtsprechung BGHZ 48, 98, 103 (Straßenbau); *BGH NJW* 1980, 1679 (ebenso); *BGH NJW* 1971, 2220 (Einstellung einer Ampelanlage); *OLG Nürnberg* JZ 1967, 61 mit Anm. *Medicus* (Abschleppen eines Kraftfahrzeuges); ferner *Ossenbühl,* Staatshaftungsrecht, S. 20 ff.; *Ehlers,* Verwaltung in Privatrechtsform, 1984, S. 504 ff. jeweils m. w. N. – Der BGH hat diese Rechtsprechung in einer neueren Entscheidung weitergeführt und im Sinne der hier vertretenen Auffassung verallgemeinert, vgl. *BGH NJW* 1996, 2431; dazu *Meysen,* JuS 1998, 404 ff. – Im Abschleppfall haftet, wenn es zu einer Beschädigung des Kraftfahrzeugs durch den Unternehmer selbst oder seinen Angestellten kommt, gem. Art. 34 GG/§ 839 BGB – bei Vorliegen der übrigen Voraussetzungen – ausschließlich das Land als Träger der Polizeibehörde, die den Abschleppunternehmer beauftragt hat. Zu den konkurrierenden Ansprüchen aus § 7 und § 18 StVG vgl. unten Rn. 45, 46.

14   In der Literatur wird der „Jemand" i. S. des Art. 34 GG oft als *Beamter im haftungsrechtlichen Sinn* bezeichnet und vom Beamten im staatsrechtlichen (besser: beamtenrechtlichen) Sinn abgegrenzt. Ob diese Bezeichnung glücklich ist, mag zweifelhaft sein. Beide Gruppen bilden jedenfalls zwei sich überschneidende Kreise: Die erste Gruppe ist funktionell (Wahrnehmung öffentlich-rechtlicher Aufgaben), die zweite Gruppe ist statusrechtlich (öffentlich-rechtliche Rechtsstellung entsprechend den Beamtengesetzen) bestimmt.

15   b) *In Ausübung.* Die schädigende Handlung muß „in Ausübung eines öffentlichen Amts" erfolgen. Das bedeutet, daß sie im äußeren und inneren Zusammenhang mit der Amtsausübung stehen muß, also nicht nur „bei Gelegenheit" erfolgen darf.

Dieser Zusammenhang fehlt, wenn ein Polizist während eines Streifengangs aus persönlichen Motiven auf einen mit ihm verfeindeten Nachbarn schießt (vgl. *BGHZ* 11, 181, 185 ff.) oder wenn ein Dienstwagen zu persönlichen Zwecken verwendet wird („Schwarzfahrt", vgl. *BGHZ* 124, 15, 19). Dies soll allerdings dann nicht mehr gelten, wenn der Beamte ausnahmsweise gerade die Dienstpflicht hat, das, was er getan hat, zu verhindern oder zu unterlassen, so für die „Schwarzfahrt" *BGHZ* 124, 15, 19 und für die Veruntreuung von Geldern *BVerwGE* 96, 45, 57. Auch streikähnliche Maßnahmen können ggf. „in Ausübung" erfolgen (vgl. *BGHZ* 69, 128, 132 f. – Fluglotsenstreik).

2. Verletzung einer einem Dritten gegenüber obliegenden Amtspflicht

Der Amtswalter muß a) eine Amtspflicht verletzt haben, die b) dem Geschädigten gegenüber bestand.

a) *Amtspflicht.* Die Amtshaftung stellt − genau betrachtet − nicht **16** auf die Rechtspflichten des Staates gegenüber dem Bürger (Außenverhältnis), sondern auf die Amtspflichten, die dem Amtswalter gegenüber dem Staat als seinem Dienstherrn obliegen (Innenverhältnis), ab. Eine Amtspflichtverletzung liegt demnach vor, wenn der Amtswalter die sich aus seinem amtlichen Verhältnis zum Staat (Dienstherr) ergebenden Pflichten (= Amtspflichten) verletzt. Diese heute merkwürdig anmutende Konstruktion läßt sich nur historisch mit der ursprünglichen Eigenhaftung des Beamten erklären. Sie wird dadurch überbrückt, daß der Amtswalter auch und gerade die Amtspflicht hat, bei der Wahrnehmung seiner Aufgaben die den Staat bindenden Rechtspflichten zu beachten.

Die Unterscheidung zwischen den (internen) Amtspflichten des Amtswalters **17** und den (externen) Rechtspflichten des Staates ist allerdings auch heute noch nicht ganz bedeutungslos. Denn einmal können sich Amtspflichten des Amtswalters auch aus innerdienstlichen Weisungen und Verwaltungsvorschriften ergeben, ohne daß es auf deren „Außenrechtscharakter" ankommt (vgl. zu diesem Problemkreis § 24 Rn. 20 ff.). Zum anderen ist es möglich, daß das Verhalten eines Beamten zwar rechtswidrig, aber nicht amtspflichtwidrig ist. Das ist z. B. der Fall, wenn ein Bürgermeister auf Weisung des vorgesetzten Landrats ein rechtswidriges Versammlungsverbot erläßt. Der Bürgermeister handelt zwar rechtswidrig, aber weisungsgemäß und daher amtspflichtgemäß. Der Landrat hat dagegen eine Amtspflichtverletzung begangen, weil er dem Bürgermeister eine rechtswidrige Weisung erteilte. Diese Unterscheidung hat auch praktische Konsequenzen, da für den Bürgermeister die Gemeinde und für den Landrat (insoweit) das Land haftet. Die Amtshaftungsklage wäre daher im konkreten Fall gegen das Land, die gegen das Versammlungsverbot gerichtete Anfechtungsklage gegen die Gemeinde, deren Organ Bürgermeister das Verbot erlassen hat, zu richten. Vgl. dazu *BGH* NJW 1959, 1629; NJW 1977, 713; *BGHZ* 63, 319, 324f.; *Bender,* Staatshaftungsrecht, Rn. 493. Entsprechendes gilt, wenn der Erlaß eines Verwaltungsaktes von der Zustimmung einer anderen Behörde oder einem anderen Verwaltungsträger abhängt, etwa der Erlaß einer Baugenehmigung vom Einvernehmen der Gemeinde gem. § 36 BauGB (vgl. dazu bereits oben § 9 Rn. 30). Im Regelfall kann aber davon ausgegangen werden, daß das rechtswidrige Verhalten eines Amtswalters zugleich eine Amtspflichtverletzung darstellt.

18   Bei Vorliegen eines *Ermessensspielraumes* handelt der Amtswalter rechtswidrig und damit amtspflichtwidrig, wenn er die Bindungen und Grenzen des Ermessens nicht beachtet (vgl. dazu oben § 7 Rn. 19 ff.).

So der *BGH* (vgl. *BGHZ* 74, 144, 155 f.: Bankenaufsicht) unter Aufgabe der früheren Rechtsprechung, die – sehr viel enger – Amtsmißbrauch oder evident fehlerhaftes Verwaltungshandeln forderte (vgl. *BGHZ* 45, 143, 146 m. w. N.). Entsprechendes gilt, wenn ein Beurteilungsspielraum besteht.

19   b) *Drittrichtung.* Die Amtspflichtverletzung löst nur dann eine Schadensersatzpflicht aus, wenn die verletzte Amtspflicht – zumindest auch – dem Geschädigten gegenüber bestand und dessen Schutz bezweckte. Das Erfordernis der Drittrichtung (Drittbezogenheit, Schutzzweck) hat eine haftungsbegrenzende Funktion. Die Parallele zum subjektiven Recht liegt auf der Hand (vgl. oben § 8 Rn. 8). Wenn auch die Amtspflicht einen besonderen Bezug hat (vgl. oben Rn. 16), so kann man doch generell sagen, daß die Drittrichtung dann vorliegt, wenn ein subjektives Recht des Geschädigten betroffen ist. Die Drittrichtung ist aus den die Amtspflicht begründenden Vorschriften und der besonderen Natur des Amtsgeschäfts zu ermitteln (vgl. etwa *BGHZ* 56, 40, 45; 69, 128, 136; 84, 292, 299; 93, 87, 90 ff.; 106, 323, 331; 129, 23, 25; 140, 380, 382 jeweils m. w. N.); maßgebend ist, *ob und inwieweit der Schutz der Interessen des Geschädigten bezweckt* ist. Im konkreten Fall ist daher zu prüfen, (1) ob die Amtspflicht überhaupt Drittwirkung hat, (2) ob der Geschädigte zu dem Kreis der geschützten Personen gehört, (3) ob das konkret betroffene Interesse oder Rechtsgut der in den Schutzbereich einbezogenen Person von der Drittwirkung erfaßt wird. Fehlt die Drittrichtung, dann erhält der Geschädigte keinen Ersatz, auch wenn sich die Amtspflichtverletzung nachteilig für ihn ausgewirkt haben sollte.

Beispiel: B errichtet entsprechend der ihm erteilten Baugenehmigung eine Fabrikhalle. Nachdem die Halle weitgehend fertiggestellt ist, stürzt sie zusammen, weil, wie sich nunmehr herausstellt, die statische Berechnung falsch war. Der zufällig an der Baustelle vorbeigehende A wird durch den Einsturz verletzt. A und B machen einen Schadensersatzanspruch gem. Art. 34 GG/§ 839 BGB geltend, da die Baugenehmigung nicht hätte erteilt werden dürfen, – A verlangt Ersatz seiner Behandlungskosten, B verlangt Ersatz seines durch den Einsturz und den erforderlichen Neubau entstandenen Vermögensschadens.

Sind die Ansprüche begründet? Der Erlaß der Baugenehmigung stellt sicherlich eine hoheitliche Tätigkeit dar. Die Baugenehmigungsbehörde hat nach den Landesbauordnungen auch und vor allem die Standsicherheit des geplanten Bauwerks zu prüfen, was im konkreten Fall offenbar nicht ausreichend geschehen ist. Es liegt sonach eine Amtspflichtverletzung vor. Fraglich ist aber die Drittrichtung. Die bauordnungsrechtliche Prüfung der Standsicherheit dient in erster Linie dem Interesse der Allgemeinheit, aber dabei auch den Interessen derjenigen Personen, die durch den Einsturz eines nicht standsicheren Gebäudes gefährdet sind, allerdings nur im Blick auf Leben, Gesundheit und Eigentum, nicht auch im Blick auf ihre finanziellen Interessen. Daher hat (bei Vorliegen der weiteren Voraussetzungen) A, der einen Körperschaden erlitten hat, nicht aber B, der lediglich einen Vermögensschaden geltend machen kann, einen Schadensersatzanspruch. Vgl. dazu *BGHZ* 39, 358, 363 ff.; *BayObLG* NVwZ 1994, 1242); anders liegt es dagegen nach *BGHZ* 142, 259, 266 ff., wenn die mangelhafte Standsicherheit auf Berggefahren zurückzuführen ist, da diese vom Bauherrn nicht „beherrschbar" und deshalb nicht seinem alleinigen Aufgaben- und Pflichtenkreis zuzuordnen sind.

Zu differenzierenden Lösungen über die Drittrichtung kommt der *BGH* auch in den sog. Altlastfällen (Erlaß eines Bebauungsplanes für Gebiete, auf denen sich früher eine Mülldeponie oder eine, den Boden durch Produktionsrückstände verseuchende Industrieanlage befanden), vgl. *BGHZ* 106, 323, 331 ff.; 108, 224, 226 ff.; 109, 380, 385 ff.; 113, 367, 372 ff.; 117, 363, 366 ff.; 121, 65, 66 ff.; 123, 363, 365 ff.; ferner *BGHZ* 123, 191, 194 ff. (Baugenehmigung für kontaminiertes Gebiet); *BGHZ* 142, 259 (Erlaß eines Bebauungsplans und einer Baugenehmigung auf bergschadengefährdetem Gebiet); vgl. zur sog. Altlasten-Rechtsprechung des BGH *Krohn,* Festschrift für Gelzer, 1991, S. 281 ff.; *Ossenbühl,* DÖV 1992, 761 ff.; *Wurm,* UTR 1994, 587 ff.

c) *Einzelfälle.* Die Frage, wann eine Amtspflicht mit Drittwir-   **20**
kung vorliegt, hat in der Rechtsprechung – ähnlich wie beim subjektiven Recht (vgl. oben § 8 Rn. 9) – zu einer umfangreichen Kasuistik geführt, die kaum noch übersehbar ist, aber insgesamt eine ausdehnende Tendenz erkennen läßt.

aa) Neben den *speziellen,* aus Einzelvorschriften folgenden Amts-   **21**
pflichten gibt es *allgemeine* Amtspflichten. Dazu gehört insbesondere die Amtspflicht, unerlaubte Handlungen i. S. des § 823 I BGB zu unterlassen, d. h. die hoheitlichen Aufgaben so zu erledigen, daß Leben, Gesundheit, Freiheit und Eigentum Dritter, insbesondere unbeteiligter Personen, nicht verletzt werden (vgl. *BGHZ* 69, 128, 138). Deshalb stellt z. B. die Schädigung eines Verkehrsteilnehmers durch verkehrswidriges Verhalten während einer (öffentlich-rechtlich zu beurteilenden) Dienstfahrt eine Amtspflichtverletzung dar (vgl. *BGHZ* 42, 176). Andererseits neigt die Rechtsprechung dazu,

Vermögensschäden, die an sich von § 839 BGB und damit von Art. 34 GG erfaßt werden, über die Drittwirkung auszuklammern, so daß sich § 839 BGB auch insoweit dem allgemeinen Deliktstatbestand annähert (vgl. die Nachweise oben Rn. 19 a. E.).

Allgemeine Amtspflichten sind ferner z. B. die Pflicht, einen Antrag innerhalb einer angemessenen Frist zu bearbeiten (*BGHZ* 15, 305, 309; 30, 19, 25 ff.), die Pflicht, die Grenzen der Zuständigkeit einzuhalten (*BGHZ* 81, 21, 27; 117, 240, 244 f.), die Pflicht, wenn eine Auskunft gegeben wird, diese richtig, klar, unmißverständlich und vollständig zu erteilen (st. Rspr., vgl. etwa *BGHZ* 117, 83, 87 ff.; 121, 65, 69 ff.; *BGH* NVwZ 1987, 258, dort auch zur Frage, wann die Auskunft dem öffentlichen Recht oder dem Privatrecht zuzuordnen ist; *BGH* NVwZ 2002, 373).

22   bb) *Ein Unterlassen* ist dann erheblich, wenn eine *Pflicht zum Tätigwerden,* und zwar zum Tätigwerden gerade (auch) dem *Geschädigten gegenüber,* bestand. Der Bürger hat z. B. einen Anspruch darauf, daß die Polizei aufgrund der polizeilichen Generalklausel einschreitet, wenn eine erhebliche Gefährdung für wesentliche Rechtsgüter des einzelnen besteht (vgl. oben § 8 Rn. 15). Bleibt die Polizei untätig, so verletzt sie eine (auch) dem Geschädigten gegenüber obliegende Amtspflicht.

So *BGH* VerwRspr. Bd. 5, 319 (Polizei unterläßt es trotz mehrerer Hinweise, eine in einem Garten liegende Mine aus der Kriegszeit zu entfernen); *BGH* NJW 1962, 1245 (Pflicht zur Sicherung bei Autorennen); *OLG Celle* DÖV 1972, 243 (Beseitigung einer Straßenbahnblockade durch Demonstranten). Eine drittgerichtete Pflicht zum Tätigwerden nahm *BGHZ* 74, 144, 152 f. auch für die Bankenaufsicht durch das Bundesaufsichtsamt für das Kreditwesen an. Diese Entscheidung ist jedoch inzwischen überholt, da der neu eingefügte § 6 III des Gesetzes über das Kreditwesen i. d. F. vom 20. 12. 1984 (BGBl. I S. 1693) bestimmt, daß das Bundesaufsichtsamt für das Kreditwesen „die ihm nach diesem Gesetz und nach anderen Gesetzen zugewiesenen Aufgaben nur im öffentlichen Interesse" wahrnimmt, und damit die – bislang von der Rechtsprechung angenommene – Drittwirkung ausschließt (was auch beabsichtigt war, vgl. die Amtliche Begründung zum Regierungsentwurf, BT-Drs. 10/1441 S. 20). Diese Novellierung zeigt, daß nicht nur die interpretierende Rechtsprechung, sondern auch und vor allem der Gesetzgeber die Reichweite der Amtshaftung über die Drittrichtung steuern kann. Die verfassungsrechtliche Verankerung der Amtshaftung und die Grundrechte, deren Verletzung wenigstens durch Gewährung von Schadensersatz oder Entschädigung ausgeglichen werden muß, ziehen dem jedoch Grenzen, vgl. dazu *Engelhardt,* NVwZ 1985, 625; *Papier,* MünchKomm. zum BGB, § 839 Rn. 252 ff.; *Nicolaysen,* Gedächtnisschrift für Wolfgang Martens, 1987, S. 663 ff.; *E. Habscheid,* Staatshaftung für fehlsame Bankenaufsicht?, 1988; *Nüß-*

gens, Festschrift für Gelzer, 1991, S. 299 f.; ferner zur entsprechenden Regelung und Problematik der Versicherungaufsicht (§ 81 I 2 VAG) ausführlich unter Einbeziehung der Lehre von der grundrechtlichen Schutzpflicht *Schenke,* Festschrift für E. Lorenz, 1994, S. 473 ff. Der *BGH* hat inzwischen die Verfassungsmäßigkeit des § 6 III KWG und damit des Haftungsausschlusses bejaht (*BGHZ* 162, 49, 55 ff.).

Die zunehmende Spezialisierung und Technisierung unseres Lebens veranlaßt den Staat – zur Abwehr von Gefahren für die Allgemeinheit, aber auch für den Einzelnen – die privatwirtschaftliche Betätigung immer mehr zu beaufsichtigen (Gewerbeaufsicht, Bankaufsicht, Bauaufsicht). Die Folge ist, daß den staatlichen Aufsichtsbehörden vorgehalten werden kann, mangelhafte Leistungen bestimmter privatwirtschaftlicher Betriebe seien nur deshalb möglich gewesen, weil die Aufsicht nicht ordnungsgemäß (= nicht amtspflichtgemäß) durchgeführt worden sei. Der Staat wird damit zum Garanten des privatwirtschaftlichen Bereichs, der zumindest dann Entschädigung zu leisten hat, wenn Ansprüche gegen den schädigenden Unternehmer selbst nicht mehr durchzusetzen sind. Die Problematik wird durch das oben erwähnte Bankenaufsichtsurteil *BGHZ* 74, 144 schlagartig beleuchtet. Die notwendigen Begrenzungen lassen sich – bedingt (vgl. oben) – durch das Drittrichtungserfordernis (vgl. zutreffend *BGHZ* 39, 358: Bauaufsicht, oben Rn. 19), durch den Gesichtspunkt des Mitverschuldens gem. § 254 BGB und durch die sog. Subsidiaritätsklausel, die insofern noch ihre Berechtigung hat, erreichen.

cc) *Die Verkehrsregelungspflicht,* d. h. die sich aus der StVO ergebende Pflicht der Straßenverkehrsbehörden und der Polizeibehörden zur Regelung des allgemeinen Straßenverkehrs (etwa Betrieb von Verkehrsampeln, Anbringung von Verkehrszeichen an gefährlichen Kreuzungen), ist eine hoheitliche, den Verkehrsteilnehmern und ggf. den Anliegern gegenüber bestehende Amtspflicht. **23**

Vgl. *BGH* NJW 1962, 791 (fehlendes Verkehrszeichen an gefährlicher Stelle); *BGH* NVwZ 1990, 898 (falsche Programmierung einer Ampelanlage); *OLG Karlsruhe* NVwZ 1989, 399 (fehlerhafte Anbringung einer Ampelanlage).

Die *Verkehrssicherungspflicht,* die Verpflichtung, allgemein zugängliche Wege, Plätze, Räume usw. in einem verkehrssicheren Zustand zu halten, ist dagegen nach der Rechtsprechung des *BGH* eine privatrechtliche Pflicht, deren Verletzung einen Schadensersatzanspruch aus § 823 I BGB auslöst. Das soll auch für die *Straßenverkehrssicherungspflicht,* d. h. die Verpflichtung der Straßenbaubehörden, die Straßenfläche in einem verkehrssicheren Zustand zu halten, gelten, sofern sie nicht durch Gesetz oder ausdrücklichen, allgemein verlautbarten Organisationsakt als hoheitliche Aufgabe übertragen wird (so *BGHZ* 9, 373, st. Rspr. vgl. *BGHZ* 60, 54; 66, 398). Die

h. L. betrachtet dagegen die Straßenverkehrssicherungspflicht zu Recht von vornherein als hoheitliche Aufgabe, deren Verletzung einen Amtshaftungsanspruch begründet. Diese unterschiedliche rechtliche Einordnung hat inzwischen ihre praktische Bedeutung verloren, weil die Landesstraßengesetzgeber die Straßenverkehrssicherungspflicht durchweg zur hoheitlichen Aufgabe i. S. der Rechtsprechung des *BGH* erklärt haben. Das gilt auch für die Bundesstraßen, für die insoweit die Länder zuständig sind. Sie bleibt aber für sonstige Anlagen, etwa für öffentliche Kinderspielplätze der Gemeinden aktuell.

Vgl. zur Straßenverkehrssicherungspflicht – neben den bereits genannten Grundsatzentscheidungen – aus der neueren Rechtsprechung *BGHZ* 112, 74, 75 (Streupflicht auf einer Straße innerhalb einer Ortschaft); *BGHZ* 123, 102, 103 (Standsicherheit von Straßenbäumen); *BGH* BayVBl. 1995, 542 (zur Streupflicht auf einem Gehweg zwischen zwei Ortschaften); *BGH* NVwZ 2000, 1209 (Die Verantwortung für die ordnungsgemäße Aufstellung von Verkehrszeichen trifft zwar grundsätzlich die Straßenverkehrsbehörde als Verkehrsregelungspflicht, ausnahmsweise aber auch den Träger der Straßenbaulast im Rahmen der Verkehrssicherungspflicht); *BGH* NJW 2002, 1265 (Rutschgefahr auf einer zum Gehweg gehörenden Brücke); *BGH* DVBl. 2004, 513 (Streupflicht auf gemeinsamem Fuß- und Radweg); *Rinne,* Straßenverkehrsregelungs- und Straßenverkehrssicherungspflicht in der amtshaftungsrechtlichen Rechtsprechung des Bundesgerichtshofs, NVwZ 2003, 9 ff. – Grundsätzlich *Ossenbühl,* Staatshaftungsrecht, S. 29 ff.; *Steiner,* in: ders. (Hg.), Bes. VerwR, V Rn. 99 ff. – Zur Verkehrssicherungspflicht für öffentliche Kinderspielplätze *BGH* NJW 1988, 2667 und *OLG Hamm* NVwZ 1996, 97 und zur Verkehrssicherungspflicht für einen städtischen Sportplatz *OLG Celle* NJW-RR 1995, 984.

3. Verschulden

24   Die Amtshaftung ist Verschuldenshaftung. Sie setzt ein vorsätzliches oder fahrlässiges Verhalten eines Amtswalters voraus. Die Fahrlässigkeit bestimmt sich nach § 276 II BGB, der einen objektiven Verschuldensmaßstab festlegt. Es ist daher nicht auf den konkret handelnden Amtswalter, sondern auf den „pflichtgetreuen Durchschnittsbeamten" abzustellen. Maßgebend sind die Kenntnisse und die Fähigkeiten, die für die Führung des jeweiligen Amtes im Durchschnitt erforderlich sind. Im konkreten Fall genügt sonach der Nachweis, daß das rechtswidrige Verhalten der „Behörde" bei objektiver Betrachtung nicht der gebotenen Sorgfalt entsprach. Der Name des verantwortlichen Amtswalters braucht nicht angegeben zu werden, was übrigens dem Geschädigten oft auch gar nicht möglich wäre.

Diese Kriterien gelten auch für die Mitglieder des Gemeinderates. Zu Recht hat der *BGH* (NVwZ 1986, 504) die Auffassung zurückgewiesen, daß sie „grundsätzlich nach laienhaftem Ermessen" entscheiden dürften, und betont, daß für sie dieselben Sorgfaltsmaßstäbe wie für die übrigen Amtswalter bestehen, da sonst das Schadensrisiko in unzumutbarer Weise auf den Bürger verlagert würde. Ebenso *BGHZ* 106, 323, 330.

Eine weitere Objektivierung erfolgt über das sog. *Organisationsverschulden,* wonach Mängel innerhalb der Behörde dem Vorgesetzten (Behördenleiter oder Abteilungsleiter) angelastet werden.

Beispiel: Die Straßenverkehrsbehörde unterläßt es, ein erforderliches Verkehrszeichen aufzustellen, weil der behördenintern zuständige Sachbearbeiter im Urlaub ist und keine Vertretungsregelung besteht. Wenn dieses Unterlassen zu einem Verkehrsunfall führt, dann kann dem Geschädigten nicht entgegengehalten werden, daß kein verantwortlicher Amtswalter vorhanden war, vielmehr muß sich die Behörde – der Behördenleiter – vorwerfen lassen, daß nicht für eine ordnungsgemäße Vertretung gesorgt war.

Der Beamte kann sich nicht auf *mangelnde Rechtskenntnis* berufen.   **25**
Er muß vielmehr die für sein Arbeitsgebiet maßgebenden Rechtsvorschriften einschließlich ihrer Auslegung durch die Rechtsprechung und Rechtslehre kennen. Ein Schuldvorwurf entfällt allerdings, wenn er bei objektiv zweifelhafter Rechtslage aufgrund sorgfältiger rechtlicher und tatsächlicher Prüfung zu einer vertretbaren Rechtsauffassung gelangt ist, auch wenn sie durch die spätere Rechtsprechung nicht bestätigt wird und sich somit als „unrichtig" erweist.

Vgl. *BGHZ* 119, 365, 369f.; 139, 200, 203; *BGH* NJW 1994, 3158 = JZ 1994, 1116 mit Anm. von *Schwabe.* Ferner wird ein Verschulden dann im Regelfall verneint, wenn ein Kollegialgericht das Verhalten des Amtswalters als rechtmäßig beurteilt hat, weil von einem Beamten keine besseren Rechtskenntnisse als von einem Gericht verlangt werden könnten (vgl. *BGHZ* 73, 161, 164f. m.w.N.; *BGH* DVBl. 1981, 825; *BVerwG* NVwZ 1985, 265 im Blick auf das Rechtsschutzinteresse für eine Fortsetzungsfeststellungsklage; *BGH* NVwZ 1998, 878 im Blick auf die Vollstreckung verjährter Steuerforderungen). Nach der neueren Rechtsprechung gilt das freilich nur als „Richtlinie, von der abgewichen werden kann," etwa dann, wenn das Gericht in einem entscheidenden Punkt von einem unzutreffenden Sachverhalt ausgegangen ist (vgl. *BGH* NVwZ 1987, 258, 260). – Diese Auffassung lenkt nicht nur vom eigentlichen Problem ab, sondern hat auch die merkwürdige Konsequenz, daß dann, wenn eine Amtshaftungsklage vom Landgericht mit der Be-

gründung zurückgewiesen wird, es liege keine Amtspflichtverletzung vor, eine
Berufung und Revision von vornherein aussichtslos sind.

4. Kausalität

26   Die Amtspflichtverletzung muß ursächlich für den Schaden sein.
Es ist zu prüfen, wie die Entwicklung bei pflichtgemäßem Handeln
des Amtsträgers verlaufen wäre und wie sich die Vermögenslage
des betroffenen in diesem Fall darstellen würde. Es gilt die sog. Adäquanztheorie, die auch sonst das (zivilrechtliche) Schadensersatz-
recht bestimmt.

Probleme stellen sich bei Verfahrensfehlern und Ermessensfehlern. Bei einer
verfahrensfehlerhaften Maßnahme ist die Kausalität zu verneinen, wenn die
Maßnahme auch bei Vermeidung des Verfahrensfehlers hätte getroffen werden
müssen (so *BGHZ* 63, 319, 325; 143, 362. – Diese Auffassung ist nicht zweifelsfrei, läßt sich aber nun auch durch § 46 VwVfG stützen). – Ermessensfehler
machen zwar den Verwaltungsakt rechtswidrig, lassen aber, sofern kein Fall
der Ermessensreduzierung vorliegt, noch nicht ohne weiteres den Schluß zu,
daß bei ermessensfehlerfreier Prüfung und Entscheidung der Verwaltungsakt
nicht erlassen worden wäre. Nur wenn sich den konkreten Umständen zufolge
annehmen läßt, daß der Amtswalter bei pflichtgemäßer Handhabung des Ermessens anders entschieden hätte, ist die Kausalität (hypothetisch) zu bejahen
(vgl. dazu *BGH* NJW 1959, 1316; *BGHZ* 146, 122, 128 ff.).

III. Haftungsbeschränkungen

27   Liegen die unter II. dargelegten anspruchsbegründenden Voraussetzungen vor, dann greift der Amtshaftungsanspruch gleichwohl
nur durch, wenn keine Haftungsbeschränkung (oder kein Haftungsausschluß) vorgesehen ist. Solche Haftungsbeschränkungen sind in
verschiedenen Gesetzen geregelt; sie unterscheiden sich nach Mo-
tivation, Reichweite und Konsequenzen.

1. Die Haftungsbeschränkungen des § 839 BGB

28   Einige Haftungsbeschränkungen sind bereits in § 839 BGB selbst
enthalten, nämlich die Subsidiaritätsklausel nach Abs. 1 Satz 2, das
Spruchrichterprivileg nach Abs. 2 sowie der Haftungsausschluß
bei schuldhafter Versäumung eines Rechtsmittels nach Abs. 3. Sie
schließen die Schadensersatzpflicht des Beamten und, da der Staat

gem. Art. 34 GG nur unter den Voraussetzungen des § 839 BGB einstehen muß, auch die Staatshaftung aus (*BGHZ* 146, 385, 388 f.).

a) *Die Subsidiaritätsklausel* (auch Verweisungsprivileg genannt) **29** besagt, daß der Beamte bei fahrlässigem Verhalten nur subsidiär haftet, d. h. nur, wenn der Geschädigte „nicht auf andere Weise Ersatz zu erlangen vermag" (§ 839 I 2 BGB). Eine anderweitige Ersatzmöglichkeit liegt vor allem dann vor, wenn weitere Personen an dem Schadensfall beteiligt waren, an die sich der Geschädigte halten kann. Voraussetzung ist allerdings, daß der anderweitige Ersatzanspruch nicht nur rechtlich besteht, sondern auch tatsächlich – und zwar in absehbarer Zeit und in zumutbarer Weise – durchgesetzt werden kann (*BGHZ* 120, 124, 126).

Beispiele: Bei einer Auseinandersetzung in einer Gastwirtschaft wird A gemeinsam durch den Gastwirt G und den Polizisten P aus dem Lokal gedrängt und dabei verletzt. G und P haben fahrlässig gehandelt. A begibt sich in ärztliche Behandlung. Er will wissen, von wem er die Arztkosten ersetzt verlangen kann. Der an sich wegen der Amtspflichtverletzung des P gegebene Amtshaftungsanspruch entfällt, wenn und weil A einen Schadensersatzanspruch gegen G aus § 823 BGB geltend machen kann. G muß also – ohne Rücksicht auf das Maß seiner Mitwirkung und seines Verschuldens – allein den Schaden tragen; er hat auch keinen internen Ausgleichsanspruch gegen den Staat oder P. – B hat aufgrund einer Baugenehmigung mit der Errichtung eines Eigenheims begonnen. Während der Bauarbeiten nimmt die Behörde die Baugenehmigung wegen Rechtswidrigkeit zurück. B muß das Bauvorhaben einstellen. Er verlangt nunmehr Schadensersatz gem. Art. 34 GG/§ 839 BGB. Der Amtshaftungsanspruch ist nicht begründet, wenn und weil sich der Bauherr auch an den Architekten halten kann (*BGH* NVwZ 1993, 602).

Die Subsidiaritätsklausel hatte *ursprünglich* den *Sinn,* den persön- **30** lich haftenden Beamten, der durch den Staat nicht gedeckt wurde, zu entlasten und zu schützen. Durch die Haftungsübernahme kommt sie nunmehr dem Staat selbst zugute, indem sie ihn auf Kosten des Mitschädigers oder ggf. der Versicherung des Geschädigten (vgl. dazu jedoch sogleich Rn. 31) privilegiert. Die Subsidiaritätsklausel hat damit ihre eigentliche Rechtfertigung verloren (vgl. aber auch oben Rn. 22 a. E.). Sie stößt deshalb in der Literatur zunehmend auf Kritik und Ablehnung. Der *BGH,* der sie bereits in *BGHZ* 42, 176, 181 als „antiquiert" bezeichnete, hat sie zunehmend abgebaut.

31   Die Subsidiaritätsklausel ist nach der Rechtsprechung *nicht* (mehr) anzuwenden,

- wenn sich der anderweitige Anspruch wiederum *gegen einen Verwaltungsträger* richtet, da in diesem Fall der Ersatzanspruch so oder so durch die öffentliche Hand, die wirtschaftlich eine Einheit bildet, befriedigt werden muß, vgl. *BGHZ* 13, 88, 101 ff. (Entschädigung aus enteignungsgleichem Eingriff), *BGHZ* 50, 271, 273 (Kraftfahrzeughalterhaftung gem. § 7 StVG), *BGHZ* 62, 394 (Versorgungsleistungen nach dem Bundesversorgungsgesetz);
- wenn der anderweitige Anspruch in Leistungen einer *gesetzlichen oder privaten Versicherung* besteht, weil der Versicherte diesen Anspruch durch eigene Leistung erlangt hat und die Leistung der Versicherung nicht den Schädiger begünstigen, sondern den Geschädigten absichern soll, vgl. *BGHZ* 79, 26, 27 ff. (gesetzliche Krankenversicherung); *BGHZ* 79, 35, 36 f. (private Krankenversicherung); *BGHZ* 85, 230, 232 ff. (Auto-Kaskoversicherung);
- wenn es sich um eine *Lohnfortzahlung* handelt, weil diese nicht Ausgleich für einen Schadensfall, sondern Ausdruck der arbeitsrechtlichen Fürsorgepflicht ist, vgl. *BGHZ* 62, 380, 383 f.;
- wenn ein Amtswalter bei einer nach den allgemeinen Verkehrsvorschriften zu beurteilenden *Dienstfahrt* einen Verkehrsunfall verursacht, da der Grundsatz der haftungsrechtlichen Gleichbehandlung aller Verkehrsteilnehmer eine Privilegierung des Staates ausschließt, vgl. zuerst *BGHZ* 68, 217; 221 f. Dagegen greift die Subsidiaritätsklausel nach wie vor ein, wenn der Amtswalter die Sonderrechte des § 35 I und VI StVO (Einsatz der Polizei, der Feuerwehr usw.; Straßenreinigungs- und Müllfahrzeuge) in Anspruch nimmt, weil er insoweit gerade nicht wie jeder andere Verkehrsteilnehmer verpflichtet und berechtigt ist, vgl. *BGHZ* 85, 225, 228 f.; 113, 164, 167 ff.; 148, 385, 387;
- wenn die als hoheitliche Aufgabe übertragene *Straßenverkehrssicherungspflicht* (dazu oben Rn. 23) verletzt wurde, vgl. *BGHZ* 75, 134, 136 ff.; 118, 368, 371 f.; 123, 102, 104 f.

Vgl. im übrigen die Nachweise bei *Nüßgens, Festschrift für Gelzer*, 1991, S. 293 ff.; *Papier, MünchKomm, § 839 BGB Rn. 307 ff.; BGHZ* 118, 368, 370 f.

Greift somit die Subsidiaritätsklausel in wichtigen Bereichen nicht mehr zugunsten des Staates ein, so ist sie nach der Rechtsprechung des *BGH* doch nicht obsolet geworden. Der *BGH* ist vielmehr der Auffassung, daß an ihr „grundsätzlich festzuhalten" ist und der „Ausnahmefall" der besonderen Begründung bedarf.

Vgl. *BGHZ* 91, 48, 51 ff.; 120, 124, 125 f. Sie besteht weiter bei Inanspruchnahme der Sonderrechte der Polizei, der Feuerwehr usw. gem. § 35 StVO *(BGHZ* 85, 225, 228 f.: „Fahrt mit Blaulicht"; *BGHZ* 113, 164, 167 ff.: Müllfahrzeug) sowie wohl allgemein im Bereich der polizeilichen Gefahrenabwehr *(BGHZ* 91, 48, 51 ff.); vgl. ferner *BGHZ* 120, 124, 125 ff. (Haftung des Bauunternehmers und des Bauherrn für Überschwemmungsschäden); *BGHZ* 121, 65, 71 f. (Haftung des Verkäufers eines altlastverseuchten Grundstücks); *BGH* NVwZ 1993, 602 (Architektenhaftung).

Ferner kommt die Subsidiaritätsklausel nach wie vor zur Anwendung, wenn die Haftungsübernahme durch den Staat nicht eintritt und deshalb der Beamte gem. § 839 BGB *persönlich* haftet, nämlich

– durchweg bei Tätigwerden im privatrechtlichen Bereich (vgl. unten Rn. 59 und *BGHZ* 85, 393; 89, 263, 273 f.) und
– in den Fällen des gesetzlichen Ausschlusses der Staatshaftung im hoheitlichen Bereich (vgl. unten Rn. 34 ff. und das obiter dictum *BGHZ* 79, 26, 31).

b) *Versäumung der Rechtsmittel.* Die Haftung entfällt ferner, wenn **32** der Geschädigte es vorsätzlich oder fahrlässig unterlassen hat, den Schaden durch Einlegung eines Rechtsmittels abzuwenden. In Betracht kommen in erster Linie Widerspruch und Anfechtungsklage, aber auch sonstige verwaltungsgerichtliche Klagen, ferner die Rechtsbehelfe des vorläufigen Rechtsschutzes, entgegen der Rechtsprechung aber nicht die Gegenvorstellung und Aufsichtsbeschwerde. Zu beachten ist, daß der Schadensersatzanspruch nur entfällt, wenn und soweit die Versäumung des Rechtsmittels für den Schaden *kausal* war.

Der *Grund für diese Haftungsbeschränkung* liegt im Gedanken des Mitverschuldens. § 839 III BGB konkretisiert und verschärft die Regelung des § 254 BGB, die (in ihrer elastischeren Form) im übrigen auch für den Amtshaftungsanspruch anwendbar bleibt (*BGHZ* 108, 224, 230). Ferner bringt § 839 III BGB den Vorrang des Primärrechtsschutzes (Abwehr von Rechtsverletzungen) gegenüber dem Sekundärrechtsschutz (finanzieller Ausgleich für die gleichwohl erfolgte Rechtsverletzungen) zum Ausdruck, beschränkt ihn aber zu Recht auf die Fälle, in denen dem Betroffenen vorgeworfen werden kann, daß er ein zur Verfügung stehendes Rechtsmittel nicht eingelegt hat. Vgl. zur entsprechenden Problematik beim enteignungsgleichen Eingriff unten § 27 Rn. 99.

Beispiel (*BGH* NJW 1986, 1924): Der Kläger behauptet, daß er durch unzutreffende Presseveröffentlichungen, die auf entsprechenden falschen Informationen des Pressesprechers der Staatsanwaltschaft beruhten, in seinem Ruf als Rechtsanwalt geschädigt worden sei und erhebliche Einkommensverluste erlitten habe. Er macht einen Amtshaftungsanspruch geltend. Zu Recht? Nach Auffassung des *BGH* hätte der Kläger Dienstaufsichtsbeschwerde gegen den Pressesprecher einlegen können und müssen. Allerdings hätte dieses „Rechtsmittel" den Schaden nur teilweise abgewendet. Daher entfällt der Schadensersatz auch nur insoweit. Bei der Beurteilung der (hypothetischen) Kausalität ist nicht darauf abzustellen, ob die Dienstaufsichtsbeschwerde rechtlich hätte Erfolg haben müssen, sondern darauf, ob sie tatsächlich Erfolg gehabt hätte.

33   c) Das sog. *Spruchrichterprivileg,* das nicht den Bereich der Verwaltung, sondern den der Rechtsprechung betrifft und daher streng genommen nicht mehr hierher gehört, wird unten Rn. 49 f. erörtert.

2. Einschränkungen der Staatshaftung

34   a) Die Haftungsübernahme durch den Staat erfolgt in der Regel, aber nicht ausnahmslos. In einigen Fällen ist sie gesetzlich ausgeschlossen mit der Folge, daß der Beamte nach § 839 BGB persönlich haftet. Im Unterschied zu den oben unter 1. erwähnten Ausnahmen entfällt also nicht die gesamte Amtshaftung (zu Lasten des Geschädigten), sondern nur die Staatshaftung unter Verbleib der Beamtenhaftung (zu Lasten des Beamten und mittelbar auch des Geschädigten, falls der Beamte nicht zahlungsfähig ist).

35   b) Die *Ausnahmen* wurden vor allem durch diejenigen Gesetze festgelegt, die nach Erlaß des BGB die Haftungsübernahme des Staates eingeführt hatten (vgl. oben Rn. 4). Die Regelungen über die Haftungsübernahme selbst sind zwar inzwischen durch Art. 131 WRV und durch Art. 34 GG überholt und verdrängt worden, die Ausnahmeregelungen gelten aber nach der h. L. weiter. Allerdings sind sie im Laufe der Zeit zunehmend abgebaut worden, so daß sie keine große Rolle mehr spielen.

Derzeit entfällt die Staatshaftung im Bereich des Bundesrechts

– für Gebührenbeamte (§ 5 Nr. 1 RBHG, ebenso § 1 III preuß. StHG, das in Schleswig-Holstein noch weiter gilt). Dazu gehörten früher vor allem die Notare, für die aber nunmehr § 19 NotO maßgebend ist (*BGHZ* 135, 354, 356). Heute gilt diese Ausnahmeregelung noch für Bezirkschornsteinfegermeister (*BGHZ* 62, 372), dagegen nicht für Gerichtsvollzieher (*BGHZ* 146, 17, 22 ff.); vgl. ferner die eingehenden und grundsätzlichen, im konkreten Fall aber ablehnenden Darlegungen zu den Mitgliedern der Ortsgerichte in Hessen (*BGHZ* 113, 72).

– für Beamte im Auswärtigen Dienst, wenn ihr Verhalten nach einer amtlichen Erklärung des Bundeskanzlers politischen oder internationalen Rücksichten entsprochen hat (§ 5 Nr. 2 RBHG).

Früher war auch die Haftung *gegenüber Ausländern* erheblich ein- **36** geschränkt. Sie bestand nach § 7 I RBHG a. F. nur dann, wenn „die Gegenseitigkeit verbürgt" war, d. h. wenn sichergestellt war, daß deutschen Staatsangehörigen im Heimatstaat des Betroffenen ein gleichwertiger Schadensersatzanspruch zustand. Durch die Neufassung des § 7 RBHG vom 28. 7. 1993 (BGBl. I S. 1394) wurde dieser gesetzliche Ausschlußtatbestand auf die Ermächtigung der Bundesregierung reduziert, durch Rechtsverordnung einen entsprechenden Ausschluß anzuordnen, und auch dies nur gegenüber Ausländern, die keinen Wohnsitz oder ständigen Aufenthalt in der Bundesrepublik haben und die nicht EU-Bürger sind. Die Bundesregierung hat von der Ermächtigung des § 7 RBHG noch keinen Gebrauch gemacht, so daß derzeit auf der Bundesebene überhaupt keine Haftungsbeschränkungen für Ausländer bestehen. Auch die früheren *landesrechtlichen* Regelungen, die die Haftung gegenüber Ausländern in entsprechender Weise beschränkt hatten, sind inzwischen ersatzlos aufgehoben oder (so in Sachsen-Anhalt) durch eine dem § 7 I RBHG entsprechende Regelung ersetzt worden.

Der Ausschluß der Staatshaftung für Amtspflichtverletzungen von Notaren **37** (vgl. oben Rn. 35) bedeutet lediglich, daß die den *Notar* treffende Haftung nicht auf den Staat übergeht, schließt aber nicht aus, das der *Staat* für eine mangelhafte Dienstaufsicht über den Notar einstehen muß, so daß der Staat auf diese Weise – wenn auch nur unter engen Voraussetzungen – doch noch für das Fehlverhalten eines Notars haften muß (vgl. dazu *BGHZ* 135, 354, 356 ff.).

c) Die *Verfassungsmäßigkeit des Ausschlusses der Staatshaftung* ist **38** umstritten. Fraglich ist zunächst, ob sie mit Art. 34 GG vereinbar ist. Die h. M. bejaht dies. Sie begründet dies (1) mit dem Wortlaut des Art. 34 GG („grundsätzlich" bedeute, daß Ausnahmen zulässig seien), (2) mit der Entstehungsgeschichte und (3) mit dem Hinweis, daß eine Änderung gegenüber dem bisherigen Rechtszustand deutlicher zum Ausdruck hätte kommen müssen, vgl. die Zusammenfassung der Argumente in BGHZ 62, 372, 376 f. Der Wortlaut ist jedoch fraglich; denn das Wort „grundsätzlich" könnte auch auf die Körperschaft bezogen werden, ganz abgesehen davon, daß es schwer nachvollziehbar ist, wenn aus dem Wort „grundsätzlich" gleichsam ein Gesetzesvorbehalt hergeleitet wird. Die entstehungsgeschichtlichen Hinweise, auf die hier nicht weiter eingegangen werden soll, sind bei näherer Betrachtung wenig tragfähig. Dasselbe gilt für die Mutmaßung darüber, wie deutlich ein Wandel gegenüber früher hätte ausgedrückt werden müssen. Im übrigen darf sich die verfassungsrechtliche Prüfung nicht auf Art. 34 GG beschränken, sondern muß auch das *Rechtsstaatsprinzip* (das eine Staatshaftung fordert, vgl. oben Rn. 6), den *Gleichheitssatz* des Art. 3 I GG (der eine unterschiedliche haftungsrechtliche Behandlung der Beamten verbietet) und die zumindest im Kern in Art. 33 V GG verankerte *Fürsorgepflicht des Dienstherrn* (der Staat darf seine Beamten nicht auf der Eigenhaftung sitzenlassen) berücksichtigen. Die verfassungsrechtlichen Einwände betrafen früher vor allem die Vorschriften, die die Haftung gegenüber Ausländern beschränkten. Sie haben sich jedoch mit dem Abbau dieser Vorschriften erledigt. Gegen die Neuregelung des § 7 RBHG bestehen keine grundsätzlichen Bedenken, da sie in sachlicher und personeller Hinsicht eng begrenzt ist und auch innerhalb dieser Grenzen nur dosiert zur Herstellung der Gegenseitigkeit eingesetzt werden darf.

> Vgl. zur früheren breiten Diskussion über die Haftungsbeschränkung gegenüber Ausländern mit Nachw. aus der Literatur und Rechtsprechung die 10. Aufl. dieses Buches (§ 25 Rn. 38).

39   Im übrigen nimmt auch die h. M. an, daß die Beschränkung oder gar der Ausschluß der Haftungsübernahme nur zulässig sind, wenn sie (1) aus sachlichen Gründen geboten und verhältnismäßig sind und (2) auf einem formellen Gesetz beruhen. Man kann darüber hinaus sogar sagen, daß nur die traditionellen Haftungsbeschränkungen gedeckt sind, aber keine neuen Haftungsbeschränkungen eingeführt werden dürfen.

> Da eine *gesetzliche Grundlage* erforderlich ist, scheidet eine Haftungsbeschränkung durch *Gemeindesatzung* aus; so zutreffend *BGHZ* 61, 7; a. A. (satzungsrechtliche Beschränkung grundsätzlich zulässig) *BayVGH* NVwZ 1985, 344; *Rüfner,* DÖV 1973, 808 ff.; *Reiter,* BayVBl. 1990, 771 ff.

> **Beispiel** *(BGHZ* 61, 7): Die Gemeinde G betreibt einen Schlachthof; das Benutzungsverhältnis wird durch Satzung geregelt und öffentlich-rechtlich ausgestaltet; in § 6 der Satzung wird bestimmt, daß die Gemeinde für leicht fahr-

lässige Amtspflichtverletzungen ihrer hoheitlich tätigen Bediensteten nicht haftet. Der den Schlachthof benutzende Metzger M erleidet durch leicht fahrlässiges Verhalten des Schlachthofdirektors einen Schaden und verlangt Ersatz. Die Gemeinde beruft sich auf die Haftungsbeschränkung des § 6 der Satzung. Zu Recht? Die Gemeinde kann ihre Haftung gem. Art. 34 GG/§ 839 BGB nicht ausschließen oder beschränken, so daß ein Amtshaftungsanspruch in Betracht kommt und näher zu prüfen ist. Dagegen kann die Gemeinde ihre Schadensersatzpflicht aus verwaltungsrechtlichem Schuldverhältnis einschränken (vgl. dazu unten § 28 Rn. 7); insoweit ist § 6 der Satzung beachtlich.

IV. Die Verwirklichung des Anspruchs

1. Der haftende Verwaltungsträger

a) *Die Haftungssubjekte.* Bislang wurde vereinfachend vom Staat **40** gesprochen. Schadensersatzpflichtig kann jedoch jeder Verwaltungsträger sein (vgl. allerdings Rn. 43). Art. 34 GG spricht von „Staat" und „Körperschaft". Es ist unbestritten, daß unter „Körperschaft" alle juristischen Personen des öffentlichen Rechts, also auch rechtsfähige Anstalten und Stiftungen des öffentlichen Rechts, zu verstehen sind.

b) *Der im konkreten Fall haftende Verwaltungsträger.* Nach Art. 34 **41** GG haftet der Verwaltungsträger, in dessen „Dienst" der Amtswalter steht. Diese Bestimmung ist nicht zweifelsfrei. Das zeigt sich, wenn ein Amtswalter Aufgaben eines anderen Verwaltungsträgers wahrnimmt, wenn also z. B. ein Gemeindeorgan staatliche Aufgaben (Auftragsangelegenheiten, Weisungsangelegenheiten) erledigt. Früher standen sich die *Anstellungstheorie* (es haftet die Körperschaft, die den Amtswalter angestellt hat) und die *Funktionstheorie* (es haftet die Körperschaft, deren Aufgaben der Amtswalter wahrgenommen hat) gegenüber. Die h. L. bejahte die Anstellungstheorie, zog aber in Sonderfällen (Beamter mit Doppelstellung, Abordnung eines Beamten an eine andere Körperschaft) die Funktionstheorie heran. Eine Doppelstellung hat z. B. der Landrat, der durch den Landkreis berufen wird und dessen Organ bildet, zugleich aber auch Leiter der unteren staatlichen Verwaltungsbehörde ist (vgl. § 22 Rn. 23): Nach der Funktionstheorie haftet der Landkreis oder das Land, je nachdem, ob der Landrat Aufgaben (!) des Landkreises oder des Landes wahrnimmt.

42   Nach einer *vermittelnden Theorie* (Amtsübertragungstheorie oder Anvertrauenstheorie) kommt es darauf an, welche Körperschaft „dem Amtsträger das Amt, bei dessen Ausübung er fehlsam gehandelt hat, anvertraut hat, wer mit anderen Worten dem Amtsträger die Aufgaben, bei deren Wahrnehmung die Amtspflichtverletzung vorgekommen ist, übertragen hat" (so *BGHZ* 53, 217, 218 f.; 99, 326, 330). In der Regel ist das die Anstellungskörperschaft. Es kann aber auch eine andere Körperschaft sein, so werden z.B. die dem Landrat als Leiter der unteren staatlichen Verwaltungsbehörde zukommenden Aufgaben vom Land „anvertraut" oder „übertragen", das deshalb insoweit auch haften muß. Die Amtsübertragungstheorie vermeidet die jeweiligen Schwächen der beiden anderen Theorien, ergibt sich zwanglos aus dem Wortlaut des Art. 34 GG und entspricht der funktionellen Orientierung des Art. 34 GG; sie verdient daher den Vorzug. Sie löst auch problemlos den Fall, daß der „jemand" i.S. des Art. 34 GG ohne Begründung eines Anstellungsverhältnisses zur Erledigung bestimmter öffentlicher Aufgaben herangezogen wird, etwa der Beliehene, der Verwaltungshelfer oder der von der Verwaltung beauftragte Privatunternehmer (vgl. dazu oben Rn. 13).

43   c) *Beliehene* sind zwar Verwaltungsträger (vgl. § 21 Rn. 11), aber keine Körperschaften i.S. des Art. 34 GG. Es haftet für Verhalten des Beliehenen bzw. seiner Angestellten diejenige Körperschaft, die dem Beliehenen die jeweiligen Aufgaben anvertraut hat.

So haftet z.B. für die Sachverständigen des TÜV, wenn sie Kraftfahrzeuge nach § 29 StVZO überprüfen, das Land (*BGHZ* 49, 108, 115 ff.; 147, 169, 171); ebenso für die entsprechende Prüfung von Flugzeugen durch einen anerkannten luftfahrttechnischen Betrieb (*BGHZ* 147, 169, 173 ff.); für Zivildienstleistende, die in einer privatrechtlich organisierten, gem. § 4 ZDG anerkannten Beschäftigungsstelle tätig sind, haftet der Bund (*BGHZ* 118, 304, 311; 146, 385, 386 f.; 152, 380, 381 ff.).

2. Schadensersatz

44   Der Umfang des Schadensersatzes wird durch die BGB-Vorschriften geregelt, da die Amtshaftung nicht nur durch die haftungsbegründende oder -ausfüllende Norm des § 839 BGB, sondern auch durch die sie ergänzenden Vorschriften des BGB bestimmt wird. Es gelten daher z. B. §§ 194 ff. (Verjährung), § 253 II (Schmerzensgeld), § 254 (Mitverschulden). Eine wesentliche Ausnahme besteht jedoch: Es kommt nur Schadensersatz in Geld, nicht – als eine Art Naturalrestitution gem. § 249 BGB – die Vornahme oder Unterlassung einer Amtshandlung (etwa Beförderung eines Beamten, Widerruf einer Erklärung) in Betracht.

Vgl. dazu *BGHZ* 34, 99 (die Klage auf Widerruf einer ehrkränkenden Äußerung eines Beamten kann nicht auf Art. 34 GG/§ 839 BGB gestützt werden). Diese Einschränkung ergibt sich aus der Konstruktion der Amtshaftung als kombinierte Beamtenhaftung/Staatshaftung: Vom Staat kann gem. Art. 34 GG nur verlangt werden, was auch vom persönlich haftenden Beamten gem. § 839 BGB gefordert werden könnte; der Beamte als Privatmann kann aber keine Amtshandlung erlassen. Das folgt schon aus der Struktur der Haftungsübernahme, die grundsätzlich nur vertretbare Leistungen, also auch von anderen erbringbare Leistungen, erfassen kann. Im übrigen entspricht dieses Ergebnis auch der Aufgabenverteilung innerhalb der Gerichtsbarkeit, wonach die Verurteilung zur Vornahme oder zur Unterlassung einer Amtshandlung, insbesondere die Aufhebung von Verwaltungsakten, in den Zuständigkeitsbereich der Verwaltungsgerichte fällt.

Die *Verjährungsfrist* bestimmt sich, nachdem die deliktsrechtliche Sonderregelung des § 852 BGB a. F. durch das Schuldrechtmodernisierungsgesetz mit Wirkung vom 1. 1. 2002 gestrichen worden ist, nach den allgemeinen Verjährungsregelungen der §§ 194 ff. BGB. Die Unterschiede sind jedoch gering, da die neuen Verjährungsregelungen weitgehend dem früheren § 852 BGB entsprechen. Nach §§ 194 ff. BGB beträgt die Verjährungsfrist in der Regel drei Jahre, in besonderen Fällen zehn oder sogar 30 Jahre. Sie beginnt – ebenfalls in der Regel – mit dem Ende des Jahres, in dem der Geschädigte Kenntnis von dem Schaden und dem Schädiger erlangt hat oder ohne grobe Fahrlässigkeit hätte erlangen müssen.

Durch die Erhebung der Amtshaftungsklage wird die Verjährungsfrist nicht mehr – wie früher – nach § 209 I BGB a. F. – unterbrochen (mit der Folge, daß sie nach der Unterbrechung neu beginnt), sondern gem. § 204 I Nr. 1 BGB nur gehemmt (mit der Folge, daß sie nach der Hemmung weiterläuft). Entsprechendes gilt für die Einlegung eines Widerspruchs, einer Anfechtungsklage gegen den Verwaltungsakt, an den der Amtshaftungsanspruch anknüpft, sowie für sonstige Klagen des Primärrechtsschutzes, etwa die Geltendmachung eines Folgenbeseitigungsanspruchs. Vgl. dazu entsprechend zum früheren Recht *BGHZ* 95, 238; ferner *BGHZ* 103, 242; 122, 317; *BGH* NVwZ 2001, 469 im Blick auf verschiedene Konstellationen.

3. Anspruchskonkurrenzen

45   a) *Allgemeines Deliktsrecht.* § 839 BGB schließt − auch soweit er Grundlage der Staatshaftung gem. Art. 34 GG ist − als lex specialis die Haftung nach Deliktsrecht aus. Daraus folgt, daß weder der Beamte persönlich nach §§ 823, 826 BGB noch der Staat nach § 831 BGB (Haftung des Geschäftsherrn für seinen Verrichtungsgehilfen) haftet. Ausschließliche Haftungsgrundlage bildet § 839 BGB, der zur Staatshaftung gem. Art. 34 GG weiterführt. Ebenso entfällt die persönliche Haftung des Beamten oder sonstigen öffentlichen Bediensteten bei Verkehrsunfällen gem. § 18 StVG (Haftung des Kraftfahrzeugführers), sei es, weil § 839 BGB auch § 18 StVG verdrängt (so *BGHZ* 121, 161, 167), sei es, weil die Haftung nach § 18 StVG zwar an sich besteht, aber als Verschuldenshaftung gem. Art. 34 GG auf den Staat übergeht (so zutr. wohl *BGH* JZ 1960, 174); vgl. auch *OLG Nürnberg* NVwZ 2001, 1324.

§ 839 BGB reicht einerseits weiter als § 823 BGB, weil er nicht nur bei Verletzung bestimmter Rechtsgüter und bestimmter Schutzgesetze, sondern auch bei Vermögensschäden Ersatz gewährt, − eine Erweiterung, die allerdings über die Drittrichtung weitgehend wieder reduziert wird (vgl. oben Rn. 19 ff.); er ist andererseits enger als § 823 BGB, weil er verschiedene Haftungsbeschränkungen enthält und nur auf Geldersatz geht.

46   b) *Alle sonstigen Schadensersatz- und Entschädigungsansprüche* können neben dem Amtshaftungsanspruch geltend gemacht werden.

So die Entschädigung wegen enteignungsgleichen Eingriffs (vgl. § 27 Rn. 104) und entsprechend wegen Aufopferung (vgl. § 28 Rn. 7), die Schadensersatzansprüche aus öffentlich-rechtlichem Vertrag und sonstigen verwaltungsrechtlichen Schuldverhältnissen (vgl. § 14 Rn. 57 und § 29 Rn. 8, 14) und aus Gefährdungshaftung (vgl. § 29 Rn. 16), die Ersatzpflicht des Kraftfahrzeughalters gem. § 7 StVG (weil sie keine Verschuldenshaftung, sondern eine Gefährdungshaftung darstellt) sowie der Ausgleichsanspruch bei Rücknahme eines Verwaltungsakts gem. § 48 III VwVfG (vgl. § 11 Rn. 34).

4. Rechtsweg

47   Über Amtshaftungsklagen entscheiden die ordentlichen Gerichte (Art. 34 GG, § 40 II VwGO), und zwar die Landgerichte in erster Instanz (§ 71 II Nr. 2 GVG).

Dies kann zur Doppelspurigkeit des Rechtswegs führen. Wenn A geltend macht, daß die Entziehung seiner Fahrerlaubnis rechtswidrig sei und er da-

durch einen Schaden erlitten habe, muß er beim Verwaltungsgericht auf Aufhebung der Entziehung und beim Landgericht auf Schadensersatz klagen. Die
Zuständigkeit der ordentlichen Gerichte ist traditionell zu erklären, aber heute
rechtspolitisch fraglich. *Gegen* sie spricht die Doppelspurigkeit des Rechtswegs.
Für sie spricht, daß Schadensersatzfragen mit ihren oft diffizilen Kausalitäts-
und Berechnungsproblemen tägliches Brot der Zivilgerichte sind, den Verwaltungsgerichten (bislang) aber eher ferner standen. Allerdings ist der Verwaltungsrechtsweg bereits durch die Zuständigkeit der Verwaltungsgerichte bei
Schadensersatzklagen aus verwaltungsrechtlichen Verträgen vorgezeichnet (vgl.
oben § 14 Rn. 57).

5. Prüfungsumfang der Gerichte

Strittig ist, ob die Zivilgerichte die Rechtswidrigkeit eines Ver-   **47a**
waltungsaktes, auf dessen Erlaß der Amtshaftungsanspruch gestützt
wird, auch dann noch überprüfen dürfen, wenn der Verwaltungsakt nicht rechtzeitig angefochten wurde und damit bestandskräftig
geworden ist. Der *BGH* und die h. L. bejahen dies, sind aber auch
auf Widerspruch gestoßen. Die Gegenmeinung beruft sich auf die
Verbindlichkeit des bestandskräftigen Verwaltungsakts, die auch für
die Zivilgerichte maßgeblich sei, und auf den Vorrang des Primärrechtsschutzes. Indessen ist zu beachten, daß der Gegenstand des
Amtshaftungsprozesses nicht der Verwaltungsakt, sondern die Frage
ist, ob die Behörde bzw. deren Bedienstete einen rechtswidrigen
Verwaltungsakt erlassen und damit eine Amtspflichtverletzung begangen haben. Wenn dies auch zur Prüfung des Verwaltungsaktes
als Ergebnis des Verwaltungshandelns führt, so ist doch beides zu
unterscheiden (vgl. bereits oben Rn. 16, 17). Ferner spricht für die
Überprüfbarkeit die gesetzliche Regelung des § 839 III BGB.
Diese Vorschrift, die den Amtshaftungsanspruch nur scheitern läßt,
wenn der Betroffene *schuldhaft* das zur Verfügung stehende Rechtsmittel versäumt hat, würde unterlaufen, wenn er durchweg – auch
bei nicht schuldhaftem Versäumnis der Rechtsmittel – auf die Bestandskraft verwiesen werden könnte und müßte. § 839 III BGB
nimmt den Grundsatz des Vorrangs des Primärrechtsschutzes auf,
beschränkt ihn aber zu Recht auf die Fälle, in denen dem Betroffenen vorgeworfen werden kann, daß er kein Rechtsmittel eingelegt
hat. Die Folge ist allerdings, daß der Betroffene auf diese Weise
trotz der Unanfechtbarkeit des Abgabenbescheids das rechtswidrig
abverlangte und bezahlte Geld zurückerhält, nicht anders, als wenn

der Verwaltungsakt aufgrund der Anfechtung oder auf sonstigem Wege aufgehoben worden wäre. Das liegt jedoch im Wesen des Schadenersatzes, der gerade darauf abzielt, den Geschädigten schadlos zu stellen. Zu prüfen wäre allerdings, ob nicht durch Einbeziehung der Grundsätze über die Rücknahme von Verwaltungsakten besser abgesicherte Ergebnisse erzielt werden könnten, was hier jedoch als Frage und Anregung stehen bleiben muß.

In *BGHZ* 113, 17 wird die Rechtsprechung noch einmal nachdrücklich bestätigt; vgl. dazu zustimmend *M. Schröder,* DVBl. 1991, 751 ff.; *Nierhaus,* JZ 1992, 209 ff.; *Rinne,* Festschrift für Boujong, 1996, S. 633 ff.; *Beaucamp,* DVBl. 2004, 352 ff.; ablehnend *Jeromin,* NVwZ 1991, 543 ff.; *Broß,* VerwArch. 82 (1991), S. 595 ff.; ferner *Schlichter,* Festschrift für Sendler, 1991, S. 254 f. – Eine Bindung der Zivilgerichte nimmt der *BGH* dagegen an, wenn der Verwaltungsakt durch ein rechtskräftiges verwaltungsgerichtliches Urteil bestätigt worden ist, möglicherweise auch dann, wenn er in einem besonderen förmlichen Verfahren erlassen worden ist. – Vgl. ferner zur Bindung der Zivilgerichte an bestandskräftige Verwaltungsakte *BGHZ* 112, 363.

V. Sonderfälle

1. Amtshaftung im Bereich der Judikative?

48   Die Amtshaftung ist auf Verwaltungsbeamte und auf den Bereich der Verwaltung zugeschnitten. Gleichwohl stellt sich noch die Frage, ob und inwieweit die Amtshaftungsgrundsätze auch im Bereich der Rechtsprechung und der Gesetzgebung Anwendung finden. Diese Frage geht zwar über den Rahmen einer verwaltungsrechtlichen Darstellung hinaus, soll aber wegen des Zusammenhangs im folgenden noch erörtert werden.

49   *Für den Bereich der Rechtsprechung* gilt die Sonderregelung des § 839 II BGB, die einerseits zeigt, daß die Beamtenhaftung und damit die Amtshaftung auch für den Bereich der Rechtsprechung gilt, andererseits aber die Haftung so stark einengt, daß sie kaum noch zum Zuge kommt. Die Rechtsprechung ist Ausübung eines öffentlichen Amtes i. S. des Art. 34 GG/§ 839 BGB. Der Richter haftet aber „bei einem Urteil in einer Rechtssache" nur dann, wenn die Amtspflichtverletzung zugleich eine Straftat darstellt, wobei nur die vorsätzliche Rechtsbeugung oder die vorsätzliche Richterbestechlichkeit (§§ 339, 332 II StGB) in Betracht kommen.

Der *Grund* für diese Sonderregelung liegt im *Wesen der Recht-* **50**
sprechung, die der endgültigen Streitentscheidung durch Erlaß
rechtskräftiger Urteile dient. § 839 II BGB soll nicht den Richter
schützen, sondern den *Bestand der Rechtskraft* garantieren. Wenn
derjenige, der den Prozeß verloren hat, anschließend mit der Begründung, der Richter habe falsch entschieden und damit seine
Amtspflichten verletzt, einen Schadensersatzanspruch geltend machen könnte, dann müßte, wenn auch unter einer anderen Frage-
stellung, der frühere, bereits rechtskräftig abgeschlossene Rechtsstreit noch einmal aufgerollt werden. Das soll durch § 839 II BGB
verhindert werden. Insoweit handelt es sich genau genommen
nicht um ein Richterprivileg, sondern um ein Richterspruchprivileg, wenngleich es sich in der Person des sonst haftenden Richters
auswirkt.

Beispiel: A klagt gegen B auf Herausgabe eines wertvollen alten Gemäldes,
da es ihm gehöre. Die Klage wird mit der Begründung abgewiesen, A sei nicht
Eigentümer des Bildes und habe daher auch keinen Herausgabeanspruch. Berufung und Revision des A bleiben erfolglos. Nunmehr klagt A auf Schadensersatz gem. Art. 34 GG/§ 839 BGB mit der Begründung, die Richter hätten
zumindest fahrlässig falsch entschieden und damit ihm einen Schaden zugefügt.
Das für die Amtshaftungsklage zuständige Gericht hat nur zu prüfen, ob den
Richtern des ersten Prozesses Rechtsbeugung oder Richterbestechlichkeit vor-
zuwerfen ist, was in aller Regel zu verneinen sein wird. Würde die Sonderregelung des § 839 II BGB nicht bestehen, dann müßte im zweiten Prozeß die
Frage, ob A Eigentümer des Bildes ist, noch einmal überprüft und inzidenter
entschieden werden; der Streit über das Bild würde also weitergehen. Vgl. als
(seltenes) Beispiel einer Anwendung des § 839 II BGB *OLG Frankfurt* NJW
2001, 3270 und dazu *Schlaeger,* Amtspflichtverletzung durch richterliche Tätigkeit, NJW 2001, 3244 f.

Die Regelung des § 839 II BGB erfaßt ihrem Zweck entspre- **50a**
chend nicht nur Urteile im engeren prozeßrechtlichen Sinn, sondern erstreckt sich auf alle gerichtlichen Entscheidungen, die in
Rechtskraft erwachsen (*BGHZ* 155, 306, 308; st. Rspr.). Darauf
beschränkt sie sich aber auch. Sie greift deshalb nicht mehr ein,
wenn es sich um Haftbefehle, Unterbringungsanordnungen, Durch-
suchungsverfügungen und dgl. sowie um Entscheidungen der Freiwilligen Gerichtsbarkeit handelt, sofern sie nicht ausnahmsweise
streitentscheidender Natur sind und rechtskräftig werden. Es bleibt
insoweit vielmehr bei den allgemeinen Vorschriften der Amtshaf-

tung. Der *BGH* folgert jedoch aus dem verfassungsrechtlichen Grundsatz der richterlichen Unabhängigkeit, daß sich in diesen Fällen (konkret ging es um eine einstweilige Anordnung einer vorläufigen Unterbringung in eine psychiatrische Anstalt) die Haftung auf Vorsatz und grobe Fahrlässigkeit des Richters beschränke und daß die beanstandete gerichtliche Entscheidung „nicht uneingeschränkt auf ihre sachliche Richtigkeit, sondern nur daraufhin zu überprüfen (sei), ob sie – bei voller Würdigung auch der Belange einer funktionstüchtigen Rechtspflege – vertretbar" sei (*BGHZ* 155, 306, 309 f.). Diese nicht weiter begründete Rechtsansicht ist schon de lege lata nicht haltbar. Sie betont zudem zu einseitig den Grundsatz der richterlichen Unabhängigkeit zu Lasten der Grundrechte des Betroffenen und des verfassungsrechtlich begründeten sekundären Rechtsschutzes. Vertretbar ist lediglich, daß die besonderen Umstände dieser Verfahren (Dringlichkeit, beschränkte Beweislage) im Rahmen des (ohnehin objektiv zu bestimmenden) Verschuldens berücksichtigt werden.

2. Amtshaftung im Bereich der Rechtsetzung?

51   Die Frage, ob die Amtshaftung auch Rechtsetzungsakte erfaßt, wird unterschiedlich beantwortet. Dabei wird teilweise zwischen verfassungswidrigen Gesetzen (sog. legislatives Unrecht) und rechtswidrigen untergesetzlichen Rechtsnormen, insbesondere Rechtsverordnungen und Satzungen (sog. normatives Unrecht) unterschieden. Ferner wird zwischen Vollzugsakten, die ausschließlich auf der Verfassungswidrigkeit oder Rechtswidrigkeit der ihr zugrunde liegenden Rechtsnorm beruhen (sog. Beruhensakte), und Vollzugsakten, die aus anderen Gründen rechtswidrig sind, differenziert. Die Rechtsprechung ist zurückhaltend. Der *BGH* bejaht inzwischen, was praktisch von erheblicher Bedeutung ist, die Haftung für rechtswidrige Bebauungspläne, die gem. § 10 I BauGB als Satzung ergehen; ferner hält er eine Haftung für verfassungswidrige Maßnahme- und Einzelfallgesetze für möglich; im übrigen lehnt er aber eine Haftung für rechtswidrige Rechtsnormen (formelle Gesetze, Rechtsverordnungen) ab. In der Literatur ist diese Frage umstritten; es mehren sich jedoch die Stimmen, die für eine Amtshaftung in diesem Bereich eintreten.

Vgl. *BGHZ* 56, 40, 44 ff. (Rechtsverordnung); *BGHZ* 84, 292, 300 (Zu-stimmungsgesetz zu völkerrechtlichem Vertrag); *BGH* NJW 1989, 101 (Inve-stitionshilfegesetz); *BGHZ* 102, 350, 367 f. (Waldschäden, allgemein); *BGH* DVBl. 1993, 718 (Rechtsverordnung auf EG-rechtlicher Grundlage); *OLG Hamburg* DÖV 1971, 328 (Besoldungsgesetz); vgl. ferner zu den Bebauungs-plänen unten Rn. 53. In der Literatur wird die Amtshaftung bejaht von *Dagto-glou*, Ersatzpflicht des Staates bei legislativem Unrecht? 1963; *Schenke*, Die Haftung des Staates bei normativem Unrecht, DVBl. 1975, 121 ff.; *Schenke/ Guttenberg*, Rechtsprobleme einer Haftung bei normativem Unrecht, DÖV 1991, 945 (949 ff.); *Scheuing*, Haftung für Gesetze, Festschrift für Bachof, 1984, S. 343 ff., insbes. S. 356 ff.; *v. Arnim*, Die Haftung der Bundesrepublik Deutsch-land für das Investitionshilfegesetz, 1986; *Fetzer*, Die Haftung des Staates für legislatives Unrecht, 1994, S. 49 ff.; dagegen wird sie abgelehnt von *Ossenbühl*, Staatshaftungsrecht, S. 103 ff.; *Steinberg/Lubberger*, S. 301 ff.; *Boujong*, Staatshaf-tung für legislatives und normatives Unrecht in der neueren Rechtsprechung des Bundesgerichtshofes, Festschrift für Geiger, 1989, S. 430 ff.

Da Sondervorschriften fehlen, sind die *allgemeinen Voraussetzun-gen der Amtshaftung* zu prüfen:

– Die erste Voraussetzung der Amtshaftung, nämlich die *Wahrnehmung eines öffentlichen Amtes*, ist gegeben. Der Erlaß einer Rechtsnorm stellt sicherlich eine hoheitliche Tätigkeit dar. Das gilt auch, wenn nicht eine Person (etwa der Minister bei Erlaß einer Rechtsverordnung), sondern ein Gremium (das Parlament, der Gemeinderat) entschieden hat, da es dann eben auf die Mit-glieder des Parlaments bzw. des Gemeinderates ankommt, die *für das Gesetz* oder die Satzung gestimmt haben. Ihre namentliche Benennung ist nicht erforderlich (vgl. oben Rn. 24), so daß der allgemeine Hinweis genügt, das jeweilige Gremium habe mehrheitlich eine bestimmte Regelung erlassen. Selbst eine geheime Abstimmung würde daran nichts ändern.

– Ferner ist die *Verletzung einer Amtspflicht* zu bejahen, da die an der Rechtset-zung beteiligten Personen verpflichtet sind, das höherrangige Recht zu be-achten und demnach nur rechtmäßige Rechtsnormen zu erlassen.

– Das Hauptproblem bildet die *Drittrichtung* der Amtspflicht. Sie wird von der Rechtsprechung und einem Teil der Literatur grundsätzlich verneint: Aus dem generell-abstrakten Charakter der Gesetze folge, daß der Gesetzgeber nur im Allgemeininteresse, nicht auch im Interesse bestimmter Personen oder Personenkreise tätig werde; lediglich ausnahmsweise – etwa bei Maß-nahme- oder Einzelfallgesetzen – könnten Belange von Einzelpersonen un-mittelbar berührt werden und daher eine Drittrichtung in Betracht kom-men. Diese Auffassung ist jedoch schon im Ansatz verfehlt. Maßgebend ist nicht die zu erlassende Rechtsnorm, sondern sind die bei Erlaß der Rechts-norm zu beachtenden höherrangigen Rechtsvorschriften. Der Gesetzgeber ist an die Grundrechte, die zweifellos individualschützenden Charakter ha-ben, der Rechtsverordnungs- und Satzungsgeber darüber hinaus an einfach-gesetzliche Vorschriften mit evtl. individualschützendem Charakter gebun-den, so daß die Drittrichtung bei Verletzung der Grundrechte und sonstiger drittschützender Normen durchaus gegeben sein kann.

– Die weitere Voraussetzung, das Verschulden, dürfte bei Erlaß formeller Gesetze nur selten vorliegen. Die spätere Feststellung der Verfassungswidrigkeit im gerichtlichen Normenkontrollverfahren allein genügt nicht. Indessen ist es denkbar, daß vermeidbare grobe Mängel oder redaktionelle Flüchtigkeiten, zumal bei nicht hinreichend abgestimmten Änderungen kurz vor der endgültigen Beschlußfassung, den Vorwurf mangelnder Sorgfalt begründen können. Bei Rechtsverordnungen und Satzungen sind zudem die gesetzlichen Bindungen enger und die sachlichen Gegebenheiten konkreter, so daß insoweit auch höhere Sorgfaltsanforderungen bestehen.
– Schließlich ist noch auf § 839 III BGB zu verweisen, wonach der Schadensersatzanspruch entfällt, wenn der bzw. die Geschädigten die Einlegung eines zulässigen Rechtsmittels versäumt haben. In Betracht kommen vor allem die Verfassungsbeschwerde und die verwaltungsgerichtliche Normenkontrolle gem. § 47 VwGO.

52 Zusammenfassend läßt sich feststellen, daß die Amtshaftung an sich auch verfassungswidrige Gesetze und sonstige rechtswidrige Rechtsnormen erfaßt. Es ist jedoch zuzugeben, daß sie auf das Fehlverhalten eines Beamten gegenüber einem oder einigen Bürgern zugeschnitten ist und für verfassungswidrige Gesetze nicht so richtig paßt. Das gilt um so mehr, als die Gewährung von Schadensersatz wegen der Breitenwirkung der Gesetze zu weitreichenden und unübersehbaren Folgen, insbesondere für die Staatsfinanzen, führen kann, was letztlich wohl auch der entscheidende Grund für die ablehnende Haltung des *BGH* sein dürfte. Die Haftung des Staates für verfassungswidrige Gesetze bedarf jedenfalls in rechtspolitischer Hinsicht einer besonderen Regelung durch den Gesetzgeber.

Bei den Beratungen des Staatshaftungsgesetzes (vgl. unten § 31 Rn. 4 ff.) wurde die Frage der Haftung für legislatives Unrecht eingehend diskutiert. Nachdem in den ersten Entwürfen eine Haftung vorbehaltlich einer besonderen gesetzlichen Regelung festgelegt worden war, wurde später gerade umgekehrt die Staatshaftung vorbehaltlich einer gesetzlichen Regelung ausgeschlossen (vgl. dazu näher *Schäfer/Bonk*, Staatshaftungsgesetz, 1982, S. 380 ff.). Das ist, folgt man der Rechtsprechung des *BGH*, auch die heutige Rechtslage. Daraus ergibt sich aber auch, daß dann der Gesetzgeber gehalten ist, die Folgen der Verfassungswidrigkeit zu regeln. Er kann sich dieser Aufgabe schon aus verfassungsrechtlichen Gründen nicht entziehen (Rechtsstaatsprinzip, Grundrechte, Art. 34 GG). In § 79 II BVerfGG wird ebenfalls folgerichtig auf eine gesetzliche Regelung verwiesen. Unbestritten war übrigens bei den Beratungen des Staatshaftungsgesetzes, daß bei rechtswidrigen Rechtsverordnungen und Satzungen die Staatshaftung eingreifen soll. Insofern war der Gesetzgeber schon weiter. Im Rahmen des enteignungsgleichen Eingriffs ist dieser Stand auch bereits erreicht, vgl. unten § 27 Rn. 91.

Die Vorbehalte, die man gegen die Haftung des Staates für ver-   **53**
fassungswidrige Gesetze haben mag, greifen bei *Rechtsverordnungen,*
jedenfalls bei Rechtsverordnungen unterer Instanzen mit räumlich
und personell begrenztem Geltungsbereich, und bei *Satzungen* nicht
mehr durch. Für den praktisch wichtigsten Anwendungsfall, den
Bebauungsplan, ist das inzwischen auch allgemein anerkannt. Da der
Bebauungsplan zwar als Satzung erlassen wird (vgl. § 10 I BauGB),
aber doch z. T. sehr konkrete Feststellungen enthält und wegen
des räumlich begrenzten Plangebietes lediglich einen beschränkten
Personenkreis betrifft, fallen die sich aus dem generell-abstrakten
Charakter der Gesetze ergebenden Bedenken des *BGH* weg. Entscheidend ist jedoch auch hier die Schutzrichtung der für den Erlaß
des Bebauungsplanes maßgebenden Vorschriften. Es kommt vor allem darauf an, ob und welche bauplanungsrechtlichen Regelungen
drittschützenden Charakter haben.

Die Pflicht des § 8 II BauGB, den Bebauungsplan aus dem Flächennutzungsplan zu entwickeln, besteht sicherlich nur im öffentlichen Interesse, so
daß ihre Verletzung keinen Amtshaftungsanspruch auslöst (so *BGHZ* 84, 292,
301 f.). Dagegen hat das Abwägungsgebot des § 1 VII BauGB insoweit dritt-
schützende Wirkung, als auch private Interessen in die Abwägung einzubeziehen sind (so *BGHZ* 106, 323, 332 im Blick auf die Pflicht, die Anforderungen
an die gesunden Wohn- und Arbeitsverhältnisse gem. § 1 VI Nr. 1 BauGB zu
berücksichtigen). Die Amtshaftung für Bebauungspläne ist in der letzten Zeit
vor allem für solche Bebauungspläne aktuell geworden, die ein sog. altlasten-
verseuchtes Gebiet als Baugebiet ausgewiesen haben, vgl. *BGHZ* 106, 323 und
die weiteren Nachweise oben Rn. 19 a. E.; sie ist inzwischen in der Rechtsprechung allgemein so selbstverständlich, daß sie nicht mehr besonders erörtert und begründet wird (vgl. etwa *BGHZ* 142, 259, 263 f.).

3. Amtshaftung zwischen Verwaltungsträgern?

Durch eine schuldhafte Amtspflichtverletzung eines hoheitlich   **54**
handelnden Amtswalters kann nicht nur ein Bürger oder eine juristische Person des Privatrechts, sondern auch ein anderer Verwaltungsträger, also eine juristische Person des öffentlichen Rechts,
geschädigt werden.

Beispiele: Der Gemeindebeamte G, der die vom Bund bereitgestellten La-
stenausgleichsmittel zu verteilen hat, zahlt infolge fahrlässiger Fehlberechnung
mehrfach Beträge aus, die erheblich über den gesetzlich vorgesehenen Sätzen
liegen. Der Bund macht gegen die Gemeinde einen Amtshaftungsanspruch

geltend (vgl. *BGHZ* 27, 210). – Der vom Land angestellte Lehrer L beschädigt während der Vorbereitung einer Unterrichtsstunde das Schulgebäude. Die Gemeinde, die den Sachaufwand der Schule zu tragen hat und Eigentümerin des Schulgebäudes ist, macht gegen das Land einen Amtshaftungsanspruch geltend (vgl. *BGHZ* 60, 371). – Ein Fußgänger verletzt sich, weil der Bürgersteig nach der Verlegung von Kabeln durch die (damals noch als Teil der öffentlichen Verwaltung organisierten) Bundespost nicht ordnungsgemäß instandgesetzt wurde. Die Gemeinde, die von dem Fußgänger wegen Verletzung der Verkehrssicherungspflicht in Anspruch genommen wird, verlangt nun ihrerseits Schadenersatz von der Bundespost, da deren Bedienstete den Bürgersteig nicht sachgemäß ausgebessert haben (*BGHZ* 85, 121). – Der Landkreis genehmigt als Rechtsaufsichtsbehörde die Finanzierung einer gemeindlichen Sporthalle nach dem Leasingmodell, obwohl eine Kreditfinanzierung, wie der Rechnungshof später feststellte, billiger gewesen wäre. Die Gemeinde ist der Auffassung, daß die Genehmigung amtspflichtwidrig war und verlangt Schadensersatz (*BGHZ* 153, 198).

Da die Tatbestandsmerkmale „hoheitliches Handeln" und „Amtspflichtverletzung" gegeben sind, geht es vor allem um die Frage, ob der geschädigte Verwaltungsträger „Dritter" i. S. des Amtshaftungsrechts ist. Das ist in formal-rechtlicher Sicht zu bejahen, weil der geschädigte Verwaltungsträger eine selbständige Rechtsperson ist. Bei genauerer Betrachtung zeigt sich jedoch, daß damit die Bedeutung des Tatbestandsmerkmals „Dritter" nicht voll erfaßt wird. Das Amtshaftungsrecht orientiert sich am Staat-Bürger-Verhältnis; es regelt die Schadensersatzpflicht im Außenverhältnis. An einem derartigen Außenverhältnis fehlt es, wenn zwei Verwaltungsträger eine gemeinsame Aufgabe erfüllen und zu diesem Zweck zusammenwirken, wenn sie also trotz rechtlicher Selbständigkeit sich nicht gegenüberstehen, sondern durch ihre gemeinsame Aufgabe funktionell miteinander verbunden sind und insoweit eine Einheit bilden.

Im ersten der oben erwähnten Fälle wirken Bund und Gemeinde bei der gemeinsamen Aufgabe Lastenausgleich, die eine Bundesangelegenheit ist, aber von der Gemeinde im Wege der Auftragsverwaltung wahrgenommen wird (vgl. Art. 120 und 120a GG), zusammen (in Betracht kommt aber eine Haftung gem. Art. 104a V GG, vgl. sogleich unten). – Im zweiten Fall, der nicht ganz so zweifelsfrei ist, vertritt der *BGH* die Auffassung, daß Land und Gemeinde bezüglich der Unterhaltung und des Betriebs der Schule zur Erfüllung einer gemeinsamen Aufgabe zusammengeschlossen seien. – Im dritten Fall nehmen Bundespost und Gemeinde keine gemeinsame Aufgabe wahr. Vielmehr muß die Gemeinde die Verlegung von Fernmeldekabeln als Wegeunterhaltungspflichtige dulden, so daß sich hier eher ein Widerstreit der Interessen ergibt (so *BGHZ* 85, 126 f.). – Im vierten Fall hat der BGH ein Gegenüber von Gemeinde und Rechtsaufsichtsbehörde (Landkreis) angenommen und im übrigen die Voraussetzungen einer drittgerichteten Amtspflicht bejaht, da die Genehmigung auch den Zweck habe, die Gemeinde vor einer möglichen Selbstschädigung zu bewahren (*BGHZ* 153, 198, 201 ff.). – Vgl. ferner die Auflistung der Entscheidungen des *BGH,* die eine Drittwirkung ablehnten, in *BGHZ* 116, 312, 315; *BGHZ* 148, 139 = DVBl. 2001, 1609 mit Anm. von *Quantz* (Amtshaftung zwischen zwei Bundesländern wegen Ausstellung eines falschen Gesundheitszeugnisses); *Komorowski,* Amtshaftungsansprüche von Gemeinden gegen andere Verwaltungsträger, VerwArch. 93 (2002) S. 62 ff. Generell und grundsätzlich abgelehnt wird die Amtshaftung von *U. Stelkens,* Zum Erfordernis einer Staatshaftung gegenüber juristischen Personen des öffentlichen Rechts, DVBl. 2003, 22 ff.

Die meisten „Schädigungen" zwischen Verwaltungsträgern werden bei einem solchen Zusammenwirken vorkommen. Wenn das nicht der Fall ist, wenn die betroffenen Verwaltungsträger nicht nur formal-rechtlich selbständig sind, sondern auch in der Sache nebeneinander stehen oder sich sogar gegenüber stehen, dann ist der geschädigte Verwaltungsträger „Dritter" i. S. des Amtshaftungsrechts. Es ist dann weiter zu prüfen, ob die verletzte Amtspflicht überhaupt Drittwirkung hat und ob gerade auch der geschädigte Verwaltungsträger mit seinen betroffenen Interessen in den Schutzbereich fällt. Das ist z. B. der Fall, wenn ein Landesbeamter bei einer hoheitlich zu beurteilenden Dienstfahrt durch verkehrswidriges Verhalten ein Kraftfahrzeug der Gemeinde beschädigt („nebeneinander") oder wenn die Gemeinde durch eine rechtswidrige Rechtsaufsichtsmaßnahme des Regierungspräsidenten einen Schaden erleidet („gegeneinander" von Gemeinde und Land bei Selbstverwaltungsangelegenheiten).

4. Exkurs: Haftung nach Art. 104 a V GG?

Die Frage, ob und welche Schadensersatz- oder Entschädigungs- **54 a** ansprüche sonst im Verhältnis zwischen Körperschaften des öffentlichen Rechts bestehen, ist bislang wenig geklärt (vgl. *Cremer,* JuS 1996, 333 ff., mit Hinweisen auf die verschiedenen, allerdings meist nicht tragfähigen Möglichkeiten). Strittig ist vor allem, ob *Art. 104 a V GG* eine unmittelbare Haftung im Bund-Länder-Verhältnis begründet oder noch der Ausgestaltung durch den Gesetzgeber bedarf.

Für die erste Alternative *K. Vogel/P. Kirchhof,* Bonner Kommentar, Art. 104a Rn. 158 ff.; *von Arnim,* HStR IV (1990) § 103 Rn. 24; *Jarass/Pieroth,* Grundgesetz, Art. 104a Rn. 13; *Siekmann,* in: Sachs (Hg.), Grundgesetz, 1996, Art. 104a Rn. 62. – Für die zweite Alternative *Erichsen,* Zur Haftung im Bund-Länder-Verhältnis, 1986; *F. Kirchhof,* Die Verwaltungshaftung zwischen Bund und Ländern, NVwZ 1994, 105 ff.

Das *BVerwG* vertritt eine differenzierende Auslegung und unterscheidet zwischen einem unmittelbar wirksamen Haftungskernbereich und einem durch Gesetz zu regelnden Haftungsrandbereich (*BVerwGE* 96, 45; vgl. auch *BVerwGE* 100, 56, 60). Danach besteht ein unmittelbarer Haftungsanspruch „zwar nicht bei jeder nicht ordnungsgemäßen Verwaltungsmaßnahme, jedenfalls aber bei solchen schwerwiegenden Pflichtverletzungen, die vorsätzlich oder grob fahrlässig begangen worden sind" (*BVerwGE* 96, 45, 46). Im konkreten Fall, in dem es um die Veruntreuung von BAföG-Mitteln durch eine Angestellte des Landratsamtes in Höhe von über 300 000 DM ging, die durch die mangelhafte Organisation und Aufsicht im Landratsamt ermöglicht wurde, bejahte das *BVerwG* eine Haftung gem. Art. 104a V GG. In einer neueren Entscheidung hat das *BVerwG* diese Rechtsprechung bestätigt, zugleich aber auch „fortgeführt" und erklärt, daß die unmittelbare Haftung aus Art. 104a V GG nur vorsätzliche, nicht grob fahrlässige Pflichtverletzungen erfasse (*BVerwGE* 104, 29; ebenso *BGHZ* 148, 139, 151).

Zum gesamten Komplex nunmehr grundlegend und umfassend *U. Stelkens,* Verwaltungshaftungsrecht, 1998. Das *BVerfG* hat sich noch nicht sachlich, sondern nur formell mit Art. 104a V GG befaßt; dabei geht es um die gerichtliche Zuständigkeit und die Antragsfrist, vgl. *BVerfGE* 99, 361; *BVerfGE* 109, 1; *BVerwGE* 116, 234 (Vorlagebeschluß gem. § 50 III VwGO).

5. Amtshaftung für die Verletzung von Gemeinschaftsrecht?

Die Frage, ob und inwieweit die Amtshaftung auch bei Verletzung von Gemeinschaftsrecht eingreift, wird unten näher behandelt (vgl. § 31 Rn. 1 ff.).

VI. Exkurs: Die Haftung für rechtswidriges schuldhaftes Verhalten öffentlicher Bediensteter im privatrechtlichen Bereich

1. Einordnung und Abgrenzung

a) Die Amtshaftung beschränkt sich, wie dargelegt wurde, auf **55** den *hoheitlichen* Bereich. Wenn ein öffentlicher Bediensteter im *privatrechtlichen* Bereich handelt, dann kommen ausschließlich die Haftungsvorschriften des BGB zur Anwendung. Dabei ist – anders als bei der Amtshaftung – zwischen den Beamten im engeren, beamtenrechtlichen Sinn (dazu unten 2) und den Angestellten und Arbeitern im öffentlichen Dienst (dazu unten 3) zu unterscheiden.

b) *Zu den Bereichen,* die ausschließlich durch die bürgerlich-recht- **56** lichen Haftungsvorschriften bestimmt werden, gehören die Beschaffungsverträge der Verwaltung (jedenfalls soweit die Beschaffung durch privatrechtliche Kaufverträge, Werkverträge und dgl. erfolgt) und die *erwerbswirtschaftliche Betätigung* der öffentlichen Hand (vgl. dazu oben § 3 Rn. 7 f.). Zweifelhaft ist, ob dies auch für das *verwaltungsprivatrechtliche Handeln der Verwaltung* gilt (vgl. § 3 Rn. 9). Es fragt sich nämlich, ob zu den öffentlich-rechtlichen Bindungen, denen die Verwaltung bei der Wahrnehmung echter Verwaltungsaufgaben in der Form des Privatrechts unterliegt, auch Art. 34 GG zu rechnen ist. Die h. L. verneint dies (vgl. *Papier,* MünchKomm. § 839 Rn. 150 m. w. N.), stößt aber auch auf zunehmende Ablehnung (vgl. *Ossenbühl,* Staatshaftungsrecht, S. 27 f.). Diese Streitfrage spiegelt die grundsätzliche Problematik des Verwaltungsprivatrechts wider.

Wenn man der Verwaltung die Wahlfreiheit bezüglich der Rechtsformen zugesteht, muß man auch die sich daraus ergebenden Konsequenzen hinnehmen. Der Hinweis darauf, daß sich die Verwaltung nicht durch eine „Flucht in das Privatrecht" der öffentlich-rechtlichen Haftung entziehen dürfe, greift nur dann durch, wenn geklärt ist, daß die privatrechtlichen Haftungsvorschriften nicht nur – wie die unterschiedlichen Rechtswegregelungen – zu Verlagerungen, sondern zu erheblichen Benachteiligungen der Bürger führen, wobei zu beachten ist, daß sich das Verwaltungsprivatrecht im wesentlichen auf den gesetzlich nicht geregelten Bereich der Leistungsverwaltung beschränkt, für die das Privatrecht ggf. geeignetere Formen zur Verfügung stellt (vgl. dazu auch die Rechtsprechung zum verwaltungsrechtlichen Schuldverhältnis, § 28 Rn. 2 ff.).

Für die h. L. spricht auch das Argument der Rechtssicherheit und Rechtsklarheit, da das Kriterium der öffentlich-rechtlichen Rechtsgrundlage sicherlich griffiger ist als das der öffentlichen Aufgaben.

2. Haftung für Beamte

57   a) *Eigenhaftung der Beamten.* § 839 BGB gilt für Amtspflichtverletzungen von Beamten im hoheitlichen *und* im privatrechtlichen Bereich. Da nach Art. 34 GG die Haftung nur bei hoheitlichem Handeln auf den Staat übergeht, haftet der Beamte für privatrechtliches Fehlverhalten selbst.

58   b) *Staatshaftung.* Der Staat, für den der Beamte tätig wird, haftet *neben* den Beamten nach den allgemeinen bürgerlich-rechtlichen Vorschriften, und zwar

– für leitende Beamte mit Organstellung nach §§ 823, 31, 89 BGB,

– für die übrigen Beamten nach § 831 BGB (mit Exkulpationsmöglichkeit!)

§ 31 BGB begründet für Organe privatrechtlicher Vereine eine Verbandshaftung; diese Vorschrift gilt gem. § 89 BGB entsprechend für den Staat im privatrechtlichen Bereich. Das BGB regelt also in privatrechtlicher Hinsicht eine echte Staatshaftung, die sich allerdings nach § 31 BGB auf „verfassungsmäßig berufene Vertreter", d. h. leitende Beamte, deren Stellung und Aufgaben auf Organisationsnormen beruhen, beschränkt.

59   c) *Die Subsidiaritätsklausel* des § 839 I 2 BGB kommt in diesem Fall dem *Beamten* selbst zugute. Er kann den Geschädigten auf die Haftung des Staates verweisen. Im Ergebnis muß daher der Beamte bei bloß fahrlässigem Verhalten keinen Schadensersatz leisten, es sei denn, daß dem Staat im Fall des § 831 BGB die sog. Exkulpation gelingt.

Die Subsidiaritätsklausel, die im hoheitlichen Bereich weitgehend abgebaut wurde (vgl. oben Rn. 29 ff.), gilt zugunsten des persönlich haftenden Beamten im privatrechtlichen Bereich uneingeschränkt weiter; vgl. *BGHZ* 85, 393, 395 f.; 89, 263, 273 f. (selbstliquidierender beamteter Arzt); *BGHZ* 147, 381, 391 ff. (Bürgermeister).

3. Haftung für sonstige Bedienstete

60   a) *Haftung der Bediensteten.* § 839 BGB gilt (im privatrechtlichen Bereich) nur für Beamte, so daß die Angestellten und Arbeiter im

öffentlichen Dienst nach der allgemeinen Deliktsvorschrift des
§ 823 BGB – wie die Arbeitnehmer im privatwirtschaftlichen Bereich – haften.

b) *Staatshaftung.* Der Staat haftet ebenso wie oben (vgl. Rn. 58).   **61**
Amtswalter mit Leitungsfunktionen sind in der Regel Beamte,
können ausnahmsweise aber auch Angestellte sein.

c) *Eine subsidiäre Haftung* der Bediensteten besteht nicht, da § 839   **62**
BGB mit seiner Subsidiaritätsklausel *nur* für Beamte gilt. Der Ge-
schädigte kann also den Staat *und* den Bediensteten *nebeneinander* in
Anspruch nehmen.

4. Regreß

Wenn der Staat einem Dritten für ein rechtswidriges schuldhaf-   **63**
tes Verhalten eines privatrechtlich tätigen Beamten oder sonstigen
öffentlichen Bediensteten Schadensersatz geleistet hat, kann er diese
wiederum in Anspruch nehmen (Regreß oder Rückgriff). Allerdings ist auch in diesen Fällen der Rückgriff wieder auf vorsätzliche
oder grob fahrlässige Pflichtverletzungen beschränkt.

Dies gilt für die *Beamten* seit der Neufassung des § 78 I BBG und des § 46 I
BRRG v. 11. 6. 1992 (BGBl. I S. 1030), für die *Angestellten und Arbeiter im öffentlichen Dienst* über die entsprechende Anwendung der beamtenrechtlichen
Haftungsregelungen (vgl. bereits oben Rn. 10). Die Frage, ob und inwieweit
auch die arbeitsrechtlich begründeten Haftungsbeschränkungen auf das Dienstverhältnis der Angestellten und Arbeiter im öffentlichen Dienst Anwendung
finden, bedürfte noch näherer Klärung. Der Haftungsbeschränkung bei scha-
dens- oder gefahrgeneigter Arbeit dürfte durch die Beschränkung des Rückgriffs auf Vorsatz und grobe Fahrlässigkeit jedenfalls weitgehend der Boden
entzogen sein. Vgl. zur arbeitsrechtlichen Diskussion über die Beschränkung
der Arbeitnehmerhaftung die Entscheidung des *Großen Senats des BAG* NJW
1993, 1732; ferner, allerdings durch die gesetzlichen Regelungen z. T. überholt, *Riedmaier,* DÖV 1989, 386 ff.; *Fleig,* ZRP 1992, 460 ff.

5. Posthaftung

Da die frühere Deutsche Bundespost ein Teil der Bundesverwal-   **64**
tung und das Postbenutzungsverhältnis öffentlich-rechtlicher Natur
waren, bestimmte sich die Haftung der Post nach Art. 34 GG/
§ 839 BGB, für die allerdings erhebliche Einschränkungen bestanden (§§ 11 ff. PostG a. F.). Mit der Aufgliederung und der Privati-

sierung der Deutschen Bundespost 1989/1994 ist die Grundlage für die Staatshaftung entfallen (vgl. bereits oben § 3 Rn. 27). Die Deutsche Post AG haftet nunmehr – wie andere Aktiengesellschaften – nach privatrechtlichen Vorschriften, die hier nicht weiter zu erörtern sind. Eine Ausnahme besteht für die förmliche Zustellung nach den Vorschriften des Prozeß- und Verfahrensrechts, zu deren Wahrnehmung die Deutsche Bundespost gem. § 33 I PostG verpflichtet ist. In diesem Fall handelt die Deutsche Post als „beliehener Unternehmer" und haftet für Pflichtverletzungen ihrer Bediensteten nach den Grundsätzen des Amtshaftungsrechts (§ 35 PostG).

VII. Zusammenfassender Überblick

65   Die folgende Skizze gibt einen Überblick über die verschiedenen Haftungsregelungen bei rechtswidrigem schuldhaftem Verhalten eines Amtswalters im hoheitlichen und privatrechtlichen Bereich. Sie beschränkt sich auf die bislang erörterten allgemeinen (deliktsrechtlichen) Haftungsvorschriften. Hinzu kommt ggf. noch die Haftung des Staates für seine Amtswalter aus vertraglichen oder vertragsähnlichen Verhältnissen nach den schuldrechtlichen Haftungsvorschriften (§§ 276 ff., 31, 89 BGB bei Beamten mit Organstellung, § 278 BGB bei den übrigen Bediensteten), und zwar unmittelbar bei privatrechtlichen Verhältnissen und analog bei öffentlich-rechtlichen Verhältnissen (vgl. unten § 29 Rn. 1 ff.).

	Tätigwerden im			
	hoheitlichen Bereich durch		privatrechtlichen Bereich durch	
	Beamte	sonstige Bedienstete	Beamte	sonstige Bedienstete
Haftung des Staates	Art. 34 GG, § 839 BGB	Art. 34 GG, § 839 BGB	§§ 823, 31, 89 oder § 831 BGB	§§ 823, 31, 89 oder § 831 BGB
Haftung des Amtswalters	–	–	§ 839 BGB mit Verweisungsmöglichkeit auf den Staat	§ 823 BGB

Die Skizze zeigt, daß die Voraussetzungen und die Folgen der Haftung sehr unterschiedlich sind, je nachdem, ob das Fehlverhalten des Amtswalters im öffentlich-rechtlichen Bereich oder im privatrechtlichen Bereich liegt und ob es einem Beamten oder einem sonstigen Bediensteten zuzurechnen ist. Eine bislang sehr mißliche Konsequenz, nämlich die unterschiedliche Regelung des Rückgriffs – im hoheitlichen Bereich nur bei Vorsatz und grober Fahrlässigkeit, im privatrechtlichen Bereich auch bei leichter Fahrlässigkeit – ist durch die Änderung des § 78 I BBG und des § 46 I BRRG jeweils vom 11. 6. 1992 (BGBl. I S. 1030) beseitigt worden. Die übrigen Unstimmigkeiten bleiben aber noch, sie wären durch das gescheiterte Staatshaftungsgesetz bereinigt worden (vgl. dazu oben § 25 Rn. 4 ff.).

Literatur zu § 26: Vgl. die Kommentierungen des Art. 34 GG, insbesondere von *Bonk,* in: Sachs (Hg.), Grundgesetz, 3. Aufl. 2002; *Bryde,* in: v. Münch/Kunig (Hg.), Grundgesetz-Kommentar, Bd. 2, 4./5. Aufl. 2001; *von Danwitz,* in: v. Mangoldt/Klein/Starck, Das Bonner Grundgesetz, 5. Aufl. 2005; *Jarass,* in: Jarass/Pieroth, Grundgesetz, 7. Aufl. 2004; ferner die Kommentierungen des § 839 BGB, insbesondere von *Papier,* Münchener Kommentar, 4. Bd., 4. Aufl. 2004; *Papier,* in: Maunz/Dürig, Grundgesetz (Loseblatt-Kommentar); *Wieland,* in: H. Dreier (Hg.), Grundgesetz-Kommentar, Bd. II, 1998; *Wurm,* in: Staudinger, BGB-Kommentar, 13. Aufl. 2002.
Bettermann, Die Amtshaftung, Grundrechte, Bd. III 2, 1959, S. 830 ff.; *Ruland,* Der Anwendungsbereich der Amtshaftung, BayVBl. 1976, 581 ff.; *Blankenagel,* Die „Amtspflicht gegenüber Dritten" – Kasuistik ohne Systematik? DVBl. 1981, 15 ff.; *Schoch,* Amtshaftung, Jura 1988, 585 ff., 648 ff.; *Nüßgens,* Zur Rechtsfortbildung bei § 839 Abs. 1 Satz 2 BGB (Verweisungsklausel), Festschrift für W. Geiger, 1989, S. 456 ff.; *Smid,* Zum prozeßrechtlichen Grund des Haftungsausschlusses nach § 839 Abs. 2 S. 1 BGB, Jura 1990, 225 ff.; *Broß,* Ausgewählte Probleme aus der Rechtsprechung des Bundesgerichtshofs zur Amtshaftung, VerwArch. 82 (1991) S. 593 ff.; *Ossenbühl,* Staatshaftung für Altlasten, DÖV 1992, 761 ff.; *Galke,* Die Beschränkung der Staatshaftung nach Art. 34 GG in der Rechtsprechung des Bundesgerichtshofs, DÖV 1992, 53 ff.; *Czybulka/Jeand'Heur,* Das Amtshaftungsrecht in der Fallbearbeitung, JuS 1992, 396 ff.; *Krohn,* Haftungsrechtlicher Vertrauensschutz bei rechtswidrigen baurechtlichen Genehmigungen, Festschrift für Boujong, 1996, S. 573 ff.; *Lansnik-ker/Schwirtzek,* Die Amtshaftung der Bauordnungs- und Bauplanungsbehörden in der Rechtsprechung des BGH, NVwZ 1996, 745 ff.; *Bömer,* Amtshaftung und Vertrauensschutz, NVwZ 1996, 749 ff.; *Meysen,* Der haftungsrechtliche Beamtenbegriff am Ziel?, JuS 1998, 404 ff.; *Tremml/Karger,* Der Amtshaftungsprozeß, 1998; *Lochte-Handjery,* Das Verschulden im Rahmen des Amtshaftungsanspruchs – zeitgemäße Haftungsvoraussetzungen oder Relikt lang vergangener Tage?, JuS 2001, 1186 ff.; *Komorowski,* Amtshaftungsansprüche von

66

Gemeinden gegen andere Verwaltungsträger, VerwArch. 93 (2002) S. 62 ff.; *Detterbeck*, Drittgerichtete Amtspflichten einer verwaltungsintern beauftragten Behörde eines anderen Rechtsträgers, JuS 2002, 127 ff.; *von Mutius/Groth*, Amtshaftung bei fehlerhafter kommunalaufsichtsbehördlicher Genehmigung privatrechtlicher Rechtsgeschäfte, NJW 2003, 1278 ff.; *Wißmann*, Amtshaftung als Superrevision der Verwaltungsgerichtsbarkeit, NJW 2003, 3455 ff.; *Leisner-Egensperger*, Die Erlaßhaftung: Amtshaftung für Verwaltungsvorschriften?. Zugleich ein Beitrag zum „legislativen Unrecht", DÖV 2004, 65 ff.; *Herbst*, Amtshaftung bei rechtswidriger Weisung, DV 37 (2004), S. 51 ff.

67   **Rechtsprechung zu § 26:** *BVerfGE* 61, 149 (Gesetzgebungskompetenz für das Staatshaftungsrecht, grundsätzlich und historisch zur Amtshaftung).

BGHZ 34, 99 (kein Widerruf, nur Geldersatz); *BGHZ* 39, 358 (Beliehener, Drittrichtung); *BGHZ* 49, 108; 122, 85; 147, 169 (Haftung für TÜV-Sachverständigen); *BGHZ* 53, 217, 218 f.; 87, 202 (Passivlegitimation); *BGHZ* 56, 40 (Haftung für sog. legislatives Unrecht); *BGHZ* 59, 310 (keine Amtshaftung für gerichtlich bestellten Sachverständigen); *BGHZ* 60, 54 (Straßenverkehrssicherungspflicht); *BGHZ* 60, 371 (Amtshaftung gegenüber anderen Verwaltungsträgern?); *BGHZ* 63, 319 (rechtswidrige Weisung, Verfahrensfehler); *BGHZ* 65, 182 (Amtspflichtverletzung im Baugenehmigungsverfahren); *BGHZ* 68, 217; 85, 225; 85, 230; 91, 48; 113, 164; 118, 368; 120, 124 (Subsidiaritätsklausel gem. § 839 I 2 BGB); *BGHZ* 69, 128 (Fluglotsenstreik); *BGHZ* 74, 144 (Bankenaufsicht); *BGHZ* 76, 375 und 387 (Haftung gegenüber Ausländern); *BGHZ* 77, 74 (privatrechtliche Haftung für Chefarzt in städtischer Klinik); *BGHZ* 78, 274 (Entschädigung in Geld bei Ehrverletzungen); *BGHZ* 84, 292, 298 ff.; 92, 34, 51 ff. (Haftung für rechtswidrigen Bebauungsplan); *BGHZ* 86, 356 (Schadensersatz des Nachbarn wegen rechtswidriger Baugenehmigung); *BGHZ* 93, 87 (Haftung wegen Versagung des Einvernehmens der Gemeinde gem. § 36 BBauG); *BGHZ* 102, 350, 367 f. (Haftung für Waldschäden?); *BGHZ* 106, 323; 108, 224; 109, 380; 113, 367; 117, 363; 121, 65; 123, 363 (Haftung für den Erlaß eines Bebauungsplanes für ein Gebiet mit Altlasten); *BGHZ* 112, 74 (Straßenverkehrssicherungspflicht: Streupflicht); *BGHZ* 113, 17 (Überprüfung der Rechtmäßigkeit eines bestandskräftigen Verwaltungsaktes im Amtshaftungsprozeß); *BGHZ* 118, 263 (Amtspflichtverletzung im Baugenehmigungsverfahren); *BGHZ* 119, 365 (Ablehnung einer Baugenehmigung, Anforderungen an das Verschulden bei Rechtsirrtum); *BGHZ* 121, 161 (Abschleppen eines Kraftfahrzeugs durch einen beauftragten Privatunternehmer); *BGHZ* 122, 363 (militärische Tiefflüge); *BGHZ* 124, 15 (Rückgriff); *BGHZ* 126, 386 (Schutzimpfung); *BGHZ* 129, 226 (Nichtberücksichtigung bei der Besetzung einer Beamtenstelle); *BGHZ* 130, 332; 131, 163 (Einweisung eines Obdachlosen in die Wohnung eines Dritten); *BGHZ* 134, 268 (Amtshaftung für rechtswidrige atomrechtliche Genehmigung); *BGHZ* 137, 344 (Amtspflichtverletzung des Bürgermeisters); *BGHZ* 139, 200 (Amtshaftung für fehlerhafte Prüfungsentscheidung); *BGHZ* 142, 259 (Bebauungsplan für bergwerksgefährdetes Gebiet, Drittrichtung, Vermögensschaden); *BGHZ* 146, 122 (hypothetische Kausalität bei der Schadensberechnung); *BGHZ* 147, 381 (Haftung für Bürgermeister ohne Vertretungsmacht); *BGHZ* 148, 193 (Amtshaftung zwischen zwei Bundesländern?); *BGHZ* 149, 50 (Haftung für rechtswidrige Baugenehmigung, Vertrauensschutz, Mitverschulden); *BGHZ* 152, 380 (Zivildienstleistender); *BGHZ* 153, 198 (kommunale Rechtsaufsicht); *BGHZ* 153, 391 (Notarhaftung); *BGHZ* 154, 54 (Sektenbeauftragter einer öffentlichrechtlichen Religionsgemeinschaft); *BGHZ* 155, 306 (Richterspruchprivileg). – *BGH* NJW 1985, 1692 (fehlerhafte Baugenehmigung: Amtspflichtverletzung, Subsidiaritätsklausel, § 254 BGB); *BGH* NVwZ 1986, 504 (Anforderungen an das Verschulden; Gemeinderat); *BGH* NVwZ 1987, 168 (Amtspflichten der Baugenehmigungsbehörde bei Nichtigkeit des Bebauungsplans); *BGH* NJW 1989, 101 (keine Haftung für sog. legislatives Unrecht); *BGH* NJW 1991, 2824 (Verkehrssicherungspflicht bei Verlegung von Bodenschwellen zur Verkehrsberuhigung); *BGH* NJW 1996, 2373 (keine gegenüber dem Geschädigten obliegende Amtspflicht der Staatsanwaltschaft zur Verfolgung von Straftaten); *BGH* DVBl. 2000, 1292 (amtspflichtwidrige Anklageerhebung der Staatsanwaltschaft); *BGH* DVBl. 2003, 460 (anderweitige Ersatzmöglichkeit, Anwaltshaftung); *BGH* DVBl. 2004, 513 (Straßenverkehrssicherungspflicht, Streupflicht).

OLG Hamburg DÖV 1971, 238 (Haftung für sog. legislatives Unrecht?); *BayVGH* NVwZ 1985, 844 (Haftungsbeschränkung im Benutzungsverhältnis); *OLG Hamm* NJW 1990, 2473 und 2474 (Verkehrssicherungspflicht bei Verlegung von Bodenschwellen zur Verkehrsberuhigung); *OLG Karlsruhe* NVwZ-RR 1991, 596 (Nichteinstellung eines Bewerbers in den Schuldienst).

§ 27 Entschädigung für Beeinträchtigungen des Eigentums

Die Entschädigung für Eingriffe in das Eigentum oder sonstige   **1**
Beeinträchtigungen des Eigentums betrifft mehrere Fallkonstellationen, nämlich die Entschädigung für Enteignungen gem. Art. 14 III GG, die Entschädigung für besondere Belastungen im Rahmen der gesetzlichen Bestimmung des Inhalts und der Schranken des Eigentums nach Art. 14 I 2 GG (sog. ausgleichspflichtige Inhaltsbestimmung), die Entschädigung für rechtswidrige Eingriffe in das Eigentum (sog. enteignungsgleiche Eingriffe) und schließlich, allerdings als eigene Rechtsfigur fraglich geworden, die Entschädigung für enteignend wirkende Nebenfolgen rechtmäßiger Verwaltungshandelns (sog. enteignende Eingriffe).

Ist schon die Amtshaftung, wie sich aus den vorhergehenden   **2**
Darlegungen ergibt, sehr kompliziert und dogmatisch in verschiedener Hinsicht fraglich, so gilt das noch mehr für die Entschädigung für Beeinträchtigungen des Eigentums. Sie wird derzeit vor allem durch die Rechtsprechung des *BVerfG* und des *BGH* bestimmt, die zunächst von unterschiedlichen Positionen und Betrachtungsweisen ausgingen und dementsprechend zu unterschied-

lichen Beurteilungen und Ergebnissen kamen. Das *BVerfG* hat entsprechend seiner Zuständigkeit die Zulässigkeit von Eingriffen in das Eigentum und die Verfassungsmäßigkeit der ihnen zugrunde liegenden Gesetze zu prüfen. Der *BGH* entscheidet dagegen gleichsam ex post darüber, ob und inwieweit der erfolgte Eingriff in das Eigentum zu entschädigen ist. Beide Gerichte stehen zudem in unterschiedlichen Traditionslinien, nämlich der verfassungsrechtlichen Eigentumsgarantie einerseits und dem Gedanken der Aufopferungsentschädigung andererseits. Die Kontroverse zwischen dem *BVerfG* und dem *BGH* im Enteignungsbereich ist zugleich ein Lehrstück dafür, wie unterschiedliche Fragestellungen zu unterschiedlichen Lösungen führen können. Sie ist bis heute nicht ausgeräumt, wird aber doch in verschiedener Hinsicht überbrückt und gemildert.

Die komplexe Materie läßt sich nur dann einigermaßen übersehen und verstehen, wenn man nicht nur die Entwicklung der *BGH*- und *BVerfG*-Rechtsprechung verfolgt, sondern auch die Vorgeschichte mit einbezieht.

I. Entwicklung und Grundlagen

1. Die historische Entwicklung bis zum Erlaß des Grundgesetzes

3   a) *Der Aufopferungsanspruch als historischer Ausgangspunkt.* Die Entschädigung für Eingriffe in das Eigentum hat eine völlig andere Wurzel als die deliktsrechtlich orientierte Amtshaftung. Sie reicht in die Zeit des aufgeklärten Absolutismus des 18. Jahrhunderts zurück. Damals bildete sich unter Berufung auf das Naturrecht die Auffassung, daß der einzelne bestimmte, auf besonderen Rechtstiteln beruhende Rechte (sog. wohlerworbene Rechte, iura quaesita) habe, in die der Landesherr nur aus besonderen Gründen des Allgemeinwohls (ius eminens) und nur gegen Entschädigung eingreifen dürfe (vgl. bereits oben § 2 Rn. 4). Dazu wurde auch das Eigentum gerechnet.

4   Diese Auffassung fand erstmals ihren positiv-rechtlichen Ausdruck in den §§ 74, 75 der Einleitung des Allgemeinen Landrechts für die Preußischen Staaten (ALR) von 1794, die bestimmten:

§ 74. Einzelne Rechte und Vorteile der Mitglieder des Staates müssen den Rechten und Pflichten zur Beförderung des gemeinschaftlichen Wohls, wenn zwischen beiden ein wirklicher Widerspruch (Kollision) eintritt, nachstehen. § 75. Dagegen ist der Staat denjenigen, welcher seine besonderen Rechte und Vorteile dem Wohle des gemeinen Wesens aufzuopfern genötigt wird, zu entschädigen gehalten.

Die §§ 74, 75 Einl. ALR lösen in geradezu allgemeingültiger 5 Weise den Konflikt bei einem Widerstreit zwischen dem Allgemeininteresse und Individualrechten: Der einzelne muß die Entziehung oder Beschränkung seiner Rechte dulden, kann aber Entschädigung für seinen Rechtsverlust verlangen. Der üblicherweise als „Aufopferungsanspruch" bezeichnete Anspruch auf Entschädigung wegen Aufopferung individueller Rechte hat im Laufe der Zeit unterschiedliche Ausprägungen erhalten und Wandlungen durchgemacht, gilt aber – als allgemeiner Rechtsgrundsatz, als gewohnheitsrechtliche Regelung oder spezialgesetzlich konkretisiert – bis heute.

Der Aufopferungsanspruch galt – wie das ALR insgesamt – unmittelbar nur 6 in den sieben östlichen Provinzen Preußens. Er wurde jedoch gewohnheitsrechtlich auf das gesamte Gebiet Preußens, ja sogar Deutschlands erstreckt (*RGZ* 102, 390; 145, 107, 109). Strittig war sein sachlicher Anwendungsbereich. Durch Kabinettsorder vom 4. 12. 1831 (Preuß. GS S. 255; auch abgedruckt bei *E. R. Huber,* Dokumente zur deutschen Verfassungsgeschichte, Bd. 1, 1961, S. 67) wurde der Aufopferungsanspruch im Wege der „authentischen Interpretation" auf Eingriffe der Verwaltung beschränkt und die Entschädigung für gesetzliche Beschränkungen sowie der Ausgleich für Kriegsschäden der besonderen gesetzlichen Regelung vorbehalten, eine Differenzierung, die auch heute noch eine gewisse Bedeutung hat (vgl. unten Rn. 91). Bemerkenswert ist die Begründung, die in der Kabinettsorder für die Regelung der §§ 74, 75 gegeben wurde: Sie beruhe auf dem „einfachen Grundsatz", daß dann, „wenn das Interesse der Gesamtheit der Einwohner des Staates eine Einrichtung in der Verwaltung erfordert, die das Privateigentum des Einzelnen gefährdet, die Entschädigung des Einzelnen aus dem Gesamt-Vermögen zu leisten sei." – Später wurde der Aufopferungsanspruch durch die Rechtsprechung weiter eingeschränkt, und zwar auf Eingriffe in das Eigentum (im Gegensatz zu Leben und Gesundheit) und auf rechtmäßige Eingriffe (im Gegensatz zu rechtswidrigen Eingriffen).

b) *Die sog. klassische Enteignung.* In der zweiten Hälfte des 19. Jahr- 7 hunderts wurde aus dem Aufopferungsanspruch und den verfassungsrechtlichen Garantien des Eigentums in den neuerlassenen Landesverfassungen, die eine Enteignung nur zum Wohle der Allgemeinheit und gegen Entschädigung zuließen, die sog. klassische Enteignung als festes, klar umrissenes und begrenztes Rechtsinstitut entwickelt. Sie bestand in der Übertragung des Eigentums an Grundstücken durch gesetzlich begründeten Verwaltungsakt auf ein dem öffentlichen Wohl dienenden Unternehmen und mußte voll entschädigt werden. Die Festsetzung und Entrichtung der Entschädigung mußte – zum Schutze des Bürgers – grundsätzlich vor der Übertragung erfolgen. Daher wurde die Entschädigungspflicht verschiedentlich sogar zum Begriffsmerkmal der Enteignung erklärt.

Wesentliche Elemente der klassischen Enteignung waren somit (1) Grundstücke als Enteignungsobjekte, (2) Übertragung des Eigentums auf einen neuen Rechtsträger als Rechtsvorgang, (3) Verwaltungsakt als Rechtsform und (4) Bedürfnis für ein konkretes, dem öffentlichen Wohl dienenden Unternehmen als Enteignungszweck.

8   Die Enteignung war danach ein Güterbeschaffungsvorgang, eine Art Zwangskauf. Wenn ein Grundstück im öffentlichen Interesse dringend benötigt wurde und nicht freihändig im Wege des privatrechtlichen Kaufs erworben werden konnte, dann durfte die Übereignung erzwungen, d. h. „enteignet" werden. Der Anlaß für die Entwicklung des so umschriebenen Enteignungsbegriffs war der damals zunehmende Bedarf an Grund und Boden für die Schaffung von Infrastruktureinrichtungen, insbesondere für den Bau von Straßen und Eisenbahnlinien, deren Beschaffung ermöglicht, zugleich aber auch in rechtsstaatliche Bahnen gelenkt werden sollte.

Die Voraussetzungen, das Verfahren und die Entschädigung wurden in besonderen Enteignungsgesetzen geregelt, zuerst Bay. Gesetz die Abtretung von Grundeigentum für öffentliche Zwecke betreffend vom 17. 11. 1837 (GBl. S. 109); ferner etwa Preuß. Gesetz über die Enteignung von Grundeigentum vom 11. 6. 1874 (GS S. 221); Württ. Zwangsenteignungsgesetz vom 20. 12. 1888 (RegBl. S. 446). Diese Gesetze sind heute noch Vorbild der Enteignungsgesetze der Länder (vgl. dazu unten Rn. 75).

9   c) *Die Erweiterung des Enteignungsbegriffs in der Weimarer Zeit.* Die Weimarer Reichsverfassung von 1919 enthielt in Anlehnung an die früheren Landesverfassungen eine Garantie des Eigentums (Art. 153 WRV). Danach war – wie nach den Landesverfassungen – eine Enteignung nur zum Wohle der Allgemeinheit und nur gegen angemessene Entschädigung zulässig. Allerdings konnte die Entschädigung durch Reichsgesetz (nicht durch Landesgesetz!) beschränkt oder ausgeschlossen werden. Obwohl Art. 153 WRV offensichtlich an den klassischen Enteignungsbegriff anknüpfte, wurde er bald durch das Reichsgericht und die h.L. extensiv ausgelegt. Die Erweiterung erfolgte in jeder Richtung, wie die folgende Gegenüberstellung zeigt:

- *Gegenstand der Enteignung:* Bislang (nach dem klassischen Enteignungsbegriff) nur Grundstücke und allenfalls bewegliche Sachen, nun (nach dem erweiterten Enteignungsbegriff) auch alle sonstigen vermögenswerten privaten Rechte, etwa Forderungsrechte, Gesellschaftsrechte, Urheberrechte.
- *Rechtsform der Enteignung:* Bislang nur durch Verwaltungsakt aufgrund eines Gesetzes, nun auch unmittelbar durch Gesetz selbst.
- *Rechtsvorgang der Enteignung:* Bislang nur die Übertragung des Eigentums auf den Staat oder einen sonstigen Rechtsträger, nunmehr auch bloße Beschränkung des Eigentums, vor allem Nutzungsbeschränkungen, etwa Verbot der baulichen Veränderung eines in die Denkmalschutzliste eingetragenen Gebäudes (*RGZ* 116, 268).
- *Zweck der Enteignung:* Bislang nur für ein bestimmtes konkretes Unternehmen, nun (als Folge der Möglichkeit bloßer Beschränkung) auch allgemein im öffentlichen Interesse.

Die Rechtsprechung des Reichsgerichts fand in der Literatur überwiegend **10** Zustimmung. Sie wurde sogar z.T. durch die Literatur angeregt und beeinflußt, so insbesondere durch *Martin Wolff*, Reichsverfassung und Eigentum, Festschrift für W. Kahl, 1923, stieß aber vereinzelt auch auf Ablehnung, so vor allem durch *Carl Schmitt*, Die Auflösung des Enteignungsbegriffs, JW 1929, 495 ff. (auch abgedruckt in: *ders.*, Verfassungsrechtliche Aufsätze, 1958, S. 110 ff. mit Nachwort von 1958). Vgl. ferner die rückblickende Darstellung von *W. Weber*, Die Grundrechte II, S. 338 ff. mit weiteren Nachw.

Die Ausdehnung des Enteignungsbegriffs ist mit der *Entwicklung* **11** *zum modernen Industrie- und Massenstaat* und den sich daraus ergebenden *Veränderungen im politischen, gesellschaftlichen und wirtschaftlichen Bereich* zu erklären. Einmal erweiterte und verlagerte sich die vermögensrechtliche Basis des einzelnen. Während früher das Grundeigentum im Vordergrund stand, gewannen nunmehr auch andere Vermögenswerte, insbesondere Aktien als Beteiligung an Industrieunternehmen oder Lohn- und Gehaltsforderungen, für den wirtschaftlichen Bereich und die persönliche Lebensgestaltung des einzelnen zunehmend an Bedeutung. Zum anderen griff der sich ausweitende Sozialstaat mit seinen vielfältigen Aufgaben immer stärker in die verschiedenen Vermögensrechte des Bürgers ein. Da der gesamte vermögensrechtliche Bereich gegen staatliche Eingriffe abgesichert werden sollte, schien es nur folgerichtig, den Eigentums- und Enteignungsbegriff entsprechend den erweiterten Gefahrenzonen auszudehnen. Das Reichsgericht konnte freilich keinen Bestandsschutz, sondern – entsprechend seinen Kompetenzen – nur Vermögensschutz durch Entschädigung gewähren.

Im übrigen ist zu beachten, daß die Erweiterungen des Eigentums- und Enteignungsbegriffs an sich bereits im traditionellen und noch fortgeltenden Aufopferungsanspruch enthalten waren. Sie brachten also sachlich nicht viel Neues, sondern dienten vornehmlich der Verdeutlichung, Aktualisierung und verfassungsrechtlichen Absicherung.

2. Die Enteignungsrechtsprechung des BGH bis zum Naßauskiesungsbeschluß des BVerfG

12   In den *ersten Jahrzehnten* der Bundesrepublik beherrschte der *BGH* das Feld des Enteignungsrechts. Er knüpfte an die Rechtsprechung des Reichsgerichts an und führte sie in verschiedener Hinsicht weiter. Da Art. 14 GG dem Art. 153 WRV entspricht, schien dies auch naheliegend. Er gewährleistet wie jener das Eigentum, überträgt die nähere Ausgestaltung dem Gesetzgeber und läßt Enteignungen nur zum Wohle der Allgemeinheit und gegen Entschädigung zu. Neu ist lediglich, daß Art. 14 GG ausdrücklich Enteignungen unmittelbar durch Gesetz zuläßt (was allerdings in der Rechtsprechung und der Literatur zur Weimarer Zeit bereits anerkannt war), daß das enteignende Gesetz selbst eine Entschädigungsregelung enthalten muß (sog. Junktimklausel) und daß die Entschädigung gesetzlich nicht mehr ausgeschlossen werden darf, allerdings, wie die Abwägungsregelung zeigt, flexibel gehandhabt werden kann. Betrachtet man Art. 14 GG isoliert, dann hat sich in der Tat gegenüber Art. 153 WRV nicht viel geändert. Indessen hat schon die *Junktimklausel* erhebliche Auswirkungen. Sie zwingt den Gesetzgeber dazu, vorweg generell-abstrakt zu bestimmen, welche Maßnahmen enteignenden Charakter haben und deshalb entschädigt werden müssen. Das ist nur möglich, wenn handlungsorientiert auf den Eingriff und seine Voraussetzungen und nicht erfolgsorientiert auf das Ergebnis, den erfolgten Eingriff, etwa seine Schwere oder Intensität, abgestellt wird. Vor allem aber hat sich das *verfassungsrechtliche Umfeld* der Eigentumsregelung gegenüber früher

wesentlich geändert, insbesondere durch die Aufwertung der Grundrechte insgesamt (Bestandsgarantie, Schutz auch gegenüber dem Gesetzgeber, gerichtliche Absicherung) und durch die Stärkung des parlamentarischen Gesetzgebers (Gesetzesvorbehalt, Verwerfungsmonopol des Bundesverfassungsgerichts), was wiederum Konsequenzen für die Auslegung des Art. 14 GG hat und haben muß.

Diese verfassungsrechtlichen Änderungen traten freilich in den   **13** ersten Jahren der Bundesrepublik noch nicht so deutlich in Erscheinung. Wenn sich der *BGH* der Judikatur des Reichsgerichts anschloß, dann entsprach das der Nachkriegsrechtsprechung der obersten Landesgerichte und der Literatur und wohl auch der Entstehungsgeschichte des Art. 14 GG (vgl. die Nachweise bei *W. Weber,* Grundrechte II, S. 346). Im übrigen blieb der *BGH* dabei nicht stehen, sondern hat die überkommene Enteignungsrechtsprechung – bereits in der grundlegenden Entscheidung des *Großen Senats des BGH* vom 10. 6. 1952 (*BGHZ* 6, 270) – ausgebaut und wesentlich weitergeführt.

Der *BGH* stützte seine Zuständigkeit auf Art. 14 III 4 GG, wonach die or-   **14** dentlichen Gerichte im Streitfall über die Höhe der Enteignungsentschädigung zu entscheiden haben. Er war der Auffassung, daß danach die Zivilgerichte nicht nur über die Höhe der Entschädigung, sondern auch über den Grund der Entschädigung, d. h. darüber, ob überhaupt eine entschädigungspflichtige Enteignung vorliegt, zu entscheiden haben.

Im einzelnen sind folgende Entwicklungsstufen und Merkmale für die frühere Enteignungsrechtsprechung des *BGH* charakteristisch:

a) *Der weite Enteignungsbegriff* des Reichsgerichts wurde übernom-   **15** men, ja noch einmal ausgedehnt, indem nunmehr auch öffentlich-rechtliche Rechtspositionen als mögliche Gegenstände in den Enteignungsbegriff einbezogen wurden.

b) Da die Enteignung nicht nur in der Entziehung, sondern auch   **16** in der Beschränkung des Eigentums bestehen konnte, wurde die *Abgrenzung der entschädigungspflichtigen Enteignung gem. Art. 14 III GG gegenüber der entschädigungslosen Eigentumsbindung gem. Art. 14 I 2 GG* zum Hauptproblem. Der *BGH* entwickelte im Anschluß an die Einzelaktstheorie des Reichsgerichts (Einzeleingriffe sind als

Enteignung, generelle Beschränkungen als Inhaltsbestimmungen zu werten) die sog. *Sonderopfertheorie.* Enteignung ist danach der „Eingriff in das Eigentum, sei es in der Gestalt der Entziehung oder der Belastung, der die betroffenen Einzelnen oder Gruppen im Vergleich zu anderen ungleich, besonders trifft und sie zu einem besonderen, den übrigen nicht zugemuteten Opfer für die Allgemeinheit zwingt" (*BGHZ* 6, 270, 280). Damit wollte der *BGH* eine formale und griffige Abgrenzung gewinnen. Er brachte die Enteignung in Verbindung mit dem Gleichheitssatz: Der Enteignete wird besonders betroffen und daher ungleich behandelt, das Sonderopfer ist durch die Entschädigung auszugleichen, der Gleichheitssatz wird zum Ausgleichssatz.

17   Die *Literatur* schloß sich überwiegend der Abgrenzung des *BGH* an. Die z. T. schon in der Weimarer Zeit entwickelten materiellen Abgrenzungstheorien konnten sich dagegen nicht durchsetzen, gewannen aber doch zunehmend an Einfluß, so etwa die Schutzwürdigkeitstheorie *(W. Jellinek),* die Substanzminderungstheorie *(E. R. Huber),* die Zumutbarkeitstheorie *(Stödter, Maunz),* die Privatnützigkeitstheorie *(Reinhardt)* und die Zweckentfremdungstheorie *(Forsthoff).* Maßgebend nach diesen Theorien war, ob der schutzwürdige Teil des Eigentums betroffen ist, ob nach dem Eingriff noch die Substanz des Eigentums vorhanden ist, ob die Beeinträchtigung im Blick auf ihre Intensität noch zumutbar ist, ob das Eigentum noch dem Nutzen des Eigentümers dient bzw. noch funktionsgerecht verwendet werden kann.

Vgl. *Jellinek,* VerwR S. 413; *E. R. Huber,* Wirtschaftsverwaltungsrecht, Bd. II, 1954, S. 26 ff.; *Stödter,* Öffentlich-rechtliche Entschädigung, 1933, S. 190 ff., insbes. S. 208; *ders.,* DÖV 1953, 97 ff., 136 ff.; *Maunz,* in: Maunz/Dürig, Grundgesetz, Art. 14 (Erstbearbeitung 1969) Rn. 71; *Reinhardt,* in: Reinhardt/Scheuner, Verfassungsschutz des Eigentums, 1954, S. 12 ff.; *Forsthoff,* VerwR S. 344.

18   Das *BVerwG* bestimmte die Abgrenzung ebenfalls nach materiellen Gesichtspunkten, in dem es auf „die Schwere und Tragweite des Eingriffs" abstellte (sog. Schweretheorie).

Vgl. *BVerwGE* 5, 143, 145 f.; ferner etwa *BVerwGE* 15, 1 = NJW 1962, 2171 (dort ausführlicher abgedruckt); *BVerwGE* 19, 94, 98 f.; *BVerwG* DÖV 1974, 390.

Auch der *BGH* hat im Laufe der Zeit zunehmend materielle **19**
Kriterien herangezogen, ohne die Sonderopfertheorie grundsätzlich
aufzugeben. So tauchten immer wieder die Gesichtspunkte der
Schwere, der Intensität und der Zumutbarkeit des Eingriffs auf.
Schon der doppeldeutige Ausdruck Sonder-Opfer gab dazu Gelegenheit, da vom formalen „Sonder" leicht auf das auch materiell zu
verstehende „Opfer" übergegangen werden konnte. Das lag um so
näher, als der Gleichheitssatz nur scheinbar formal ist, in Wirklichkeit aber auf eine Wertung nicht verzichtet werden kann. Ferner
gelangte der *BGH* bei der Bestimmung der maßgeblichen Ver-
gleichsmomente immer wieder von den Rechtsträgern zu den
Rechten selbst, indem er fragte, ob bestimmte Beschränkungen
dem Wesen des betroffenen Rechts eigentümlich sind oder nicht.
Es war dann nur noch ein kleiner Schritt, wenn in einer Reihe von
Fällen die Abgrenzung „nach der Natur der Sache" beurteilt wurde. In diesem Zusammenhang gewann vor allem die Theorie von
der Situationsgebundenheit des Eigentums erhebliche Bedeutung,
nach der sich aus der besonderen Situation, in der sich die einzelnen Eigentumsobjekte befinden (etwa ein Grundstück in einem
Naturschutzgebiet, ein Gebäude unter Denkmalschutz), bestimmte
sachliche Bindungen ergeben, die durch die staatliche Einschränkung nur noch im Sinne der Sozialbindung konkretisiert werden.

Vgl. zur früheren Rechtsprechung des *BGH* und den verschiedenen Abgrenzungstheorien die 1. Auflage dieses Buches (1980) § 26 Rn. 7 ff., 41 ff.;
Papier, in: Maunz/Dürig, Grundgesetz, Art. 14 Rn. 343 ff.; *Ossenbühl*, Staatshaftungsrecht, S. 169 ff. jeweils m. w. N.; ferner speziell zur Situationsgebundenheit des Eigentums etwa *BGHZ* 23, 30 (grundlegend, Grünfläche im In-
dustriegebiet); *BGHZ* 72, 211, 216 ff. (Denkmalschutz); *BGHZ* 87, 66, 71 ff.
(Kiesabbau); *BGHZ* 90, 17, 25 (Zusammenfassung der bisherigen Rechtsprechung).

c) *Eine weitere Ausdehnung erfolgte durch die Entwicklung des enteig-* **20**
nungsgleichen Eingriffs. Da die Enteignungsentschädigung an sich einen rechtmäßigen Eingriff voraussetzt, fragte sich, was geschieht,
wenn der Eingriff rechtswidrig ist. Handelte es sich um einen
rechtswidrigen schuldhaften Eingriff, dann erhielt der Betroffene
Schadensersatz nach Amtshaftungsrecht. Für den Fall, daß der Eingriff rechtswidrig schuldlos war, fehlte eine Haftungsgrundlage.
Der *BGH* schloß diese Lücke im Wege des Erst-recht-Schlusses:

Wenn schon rechtmäßige Eingriffe in das Eigentum entschädigt würden, dann müsse das erst recht für rechtswidrige Eingriffe gelten. Damit folgte der *BGH* ebenfalls dem Reichsgericht, das für diesen Fall Entschädigung in entsprechender Anwendung des Aufopferungsanspruches (§ 75 Einl. ALR) gewährte (*RGZ* 140, 276, 281 ff.), knüpfte allerdings nicht mehr beim Aufopferungsanspruch, sondern bei der Enteignungsregelung an. Enteignungsgleiche Eingriffe waren – nach der ursprünglichen Begriffsbestimmung des *BGH* – rechtswidrige Eingriffe in das Eigentum, die „sich für den Fall ihrer gesetzlichen Zulässigkeit sowohl nach ihrem Inhalt wie nach ihrer Wirkung als eine Enteignung darstellen würden und in ihrer tatsächlichen Wirkung dem Betroffenen ein besonderes Opfer auferlegt haben" (*BGHZ* 6, 270, 290). Sie wurden in entsprechender Anwendung des Art. 14 III GG oder – so vorsichtiger später – aufgrund des Art. 14 GG, aber „wie eine Enteignung" entschädigt.

21 In der Folgezeit wurde auch der enteignungsgleiche Eingriff ausgedehnt. So entschied der *BGH,* daß die Entschädigung wegen enteignungsgleichen Eingriffs nicht nur für rechtswidrig schuldlose Eingriffe, sondern auch für rechtswidrig schuldhafte Eingriffe – neben der Amtshaftung – gewährt werde (*BGHZ* 7, 296; 13, 88), daß das für die Enteignungsentschädigung konstitutive Sonderopfer bereits in der Rechtswidrigkeit des Eingriffs liegen könne (*BGHZ* 32, 208) und daß kein gezielter Eingriff erforderlich sei, sondern bereits die unmittelbare Beeinträchtigung des Eigentums genüge (*BGHZ* 37, 44, 47).

22 Die Auffassung, daß bereits die Rechtswidrigkeit das Sonderopfer begründe, war von weittragender Bedeutung. Während nach der ursprünglichen Begriffsbestimmung des enteignungsgleichen Eingriffs alle Tatbestandsmerkmale der Enteignung einschließlich des sachlichen Sonderopfers vorliegen mußten und lediglich auf das Merkmal der Rechtmäßigkeit verzichtet wurde, wurde nun die Rechtswidrigkeit als Sonderopfer zum konstitutiven Element des Entschädigungsanspruchs. Es wurde sonach nicht nur – wie nach der ursprünglichen Konzeption – *trotz* der Rechtswidrigkeit des Eingriffs, sondern auch gerade *wegen* der Rechtswidrigkeit des Eingriffs entschädigt. Die Rechtsfigur des enteignungsgleichen Eingriffs entwickelte sich damit zu einer unmittelbaren verschuldensunabhängigen Haftung des Staates für rechtswidriges Verhalten seiner Organe.

In rechtsdogmatischer Hinsicht war schon damals die entsprechende An- **23**
wendung des Art. 14 III GG auf rechtswidrige Eingriffe in das Eigentum keineswegs unproblematisch. Die Enteignung muß der Bürger als *rechtmäßigen* Akt
dulden, während er sich gegen *rechtswidrige* Eingriffe *zur Wehr setzen* kann.
Dementsprechend hatte auch das *Reichsgericht* in der vom *BGH* zitierten Entscheidung einschränkend festgestellt, „daß dem rechtmäßigen Eingriff in die
Rechte des Einzelnen zum allgemeinen Wohl der unrechtmäßige solange gleich
zu achten ist, als er von dem Betroffenen hingenommen werden muß, dieser
also gezwungen worden ist, etwas aus seinem Vermögen zum Besten des gemeinen Wohles aufzuopfern" (*RGZ* 140, 276, 285). Indessen dürfte es doch
noch eine Reihe rechtswidriger Eingriffe geben, die nicht oder nicht ausreichend mit Hilfe eines Rechtsmittels abgewehrt werden können (vgl. dazu unten Rn. 96 ff.). Noch problematischer ist der zweite Erst-recht-Schluß (wenn
schon rechtswidrig schuldlose Eingriffe entschädigt werden, dann muß das erst
recht für rechtswidrig schuldhafte Eingriffe gelten), weil bei rechtswidrig
schuldhaften Eingriffen bereits nach Amtshaftungsrecht Ersatz geleistet wird, so
daß keine ausfüllungsbedürftige Lücke besteht, vielmehr die Grenzen der Amtshaftung überspielt werden. Andererseits ist die Begründung des *BGH* nicht
von der Hand zu weisen, daß die Frage des Verschuldens bei der Enteignungsentschädigung unerheblich ist und daher auch nicht zum Ausschluß der Entschädigung führen kann.

d) Schließlich hat der *BGH* noch die Rechtsfigur des *enteignen-* **24**
den Eingriffs kreiert. Hierbei handelte es sich um Beeinträchtigungen
des Eigentums durch – meist atypische und unvorhergesehene – Nebenfolgen an sich rechtmäßigen Verwaltungshandelns, die besonders
nachhaltig sind und daher die enteignungsrechtliche Opfergrenze
überschreiten. Das Hauptbeispiel bildeten die Straßenbauarbeiten,
die zu Verkehrsbehinderungen und damit zu Umsatzeinbußen der
auf die Laufkundschaft angewiesenen Anliegerbetriebe, insbesondere der an der Straße liegenden Kaufhäuser, Tankstellen usw.,
führten. Solche Beeinträchtigungen sind nach der Rechtsprechung
des *BGH* in der Regel als bloße Sozialbindungen i. S. des Art. 14
I 2 GG entschädigungslos hinzunehmen, können aber ausnahmsweise nach Art, Umfang und Intensität so schwerwiegend sein, daß
sie für den betroffenen Eigentümer ein Sonderopfer darstellen und
deshalb nach Enteignungsgrundsätzen entschädigt werden müssen.
Wenn der *BGH* in diesen Fällen nicht einfach eine Enteignung
annahm, so lag das offenbar daran, daß eine dem Art. 14 III 2 GG
entsprechende Enteignungs- und Entschädigungsregelung fehlte
und daher diese Beeinträchtigungen als Enteignung rechtswidrig
gewesen wären, was sich wiederum auf die Rechtmäßigkeit des

Verwaltungshandelns, etwa der Straßenbauarbeiten insgesamt, hätte auswirken müssen.

Vgl. dazu etwa *BGH* NJW 1965, 1907 (Straßenbau, Buschkrug-Brücke); *BGHZ* 57, 359 (Frankfurter U-Bahn-Bau); *BGHZ* 64, 220 (Verkehrslärm); *BGH* NJW 1980, 770 (Immissionen durch städtische Mülldeponie).

25   e) *Zusammenfassend* läßt sich feststellen, daß die Rechtsprechung des *BGH* den Enteignungsbegriff immer weiter ausdehnte. Enteignung im weiteren Sinne war jede Beeinträchtigung einer als Eigentum geschützten Rechtsposition, die jenseits der Sozialanbindung (Inhalts- und Schrankenbestimmung) des Eigentums gem. Art. 14 I 2 GG lag und deshalb für den Betroffenen ein Sonderopfer darstellte. Sozialbindung und Enteignung schlossen sich nahtlos aneinander an. Was nicht mehr unter die entschädigungslose Sozialbindung fiel, war entschädigungspflichtige Enteignung und umgekehrt. Die Sonderopfertheorie bzw. die materiellen Abgrenzungstheorien hatten die Funktion, die Linie zu bestimmen, an der der jeweilige Umschlag erfolgte. Der weite Enteignungsbegriff erfaßte drei Fallkonstellationen, nämlich einmal als Enteignung im engeren Sinne die rechtmäßigen Eingriffe in das Eigentum, zum anderen als enteignungsgleiche Eingriffe die rechtswidrigen Beeinträchtigungen des Eigentums und drittens als enteignende Eingriffe die enteignend wirkenden Nebenfolgen rechtmäßigen Verwaltungshandelns (vgl. *BGHZ* 99, 24, 27). War der Eingriff rechtswidrig, dann war schon aus diesem Grunde das „Sonderopfer" zu bejahen und eine weitere Prüfung in dieser Richtung überflüssig. Andererseits war, wenn ein Sonderopfer in sachlicher Hinsicht festgestellt wurde, die Frage der Rechtmäßigkeit bzw. Rechtswidrigkeit des Eingriffs unerheblich, weil so oder so – wegen rechtmäßiger Enteignung oder rechtswidrigen enteignungsgleichen Eingriffs – entschädigt werden mußte. Da der *BGH* ausschließlich von der erfolgten Beeinträchtigung des Eigentums und der Entschädigungsbedürftigkeit her dachte, blieb die Frage nach der Anfechtung des eingreifenden Aktes ausgeblendet. Der Bürger hatte somit ein Wahlrecht: Er konnte den (rechtswidrigen) Eingriff in sein Eigentum bei den Verwaltungsgerichten anfechten oder aber hinnehmen und Entschädigung bei den ordentlichen Gerichten geltend machen.

3. Die Rechtsprechung des BVerfG

Das *BVerfG* hat sich relativ spät mit der verfassungsrechtlichen   **26**
Eigentumsgarantie und der Enteignung befaßt. Allerdings finden
sich schon aus der Anfangszeit Erkenntnisse dazu, so etwa zur
Junktimklausel in *BVerfGE* 4, 219 und vor allem zum Enteignungsbegriff in *BVerfGE* 24, 367. Sie wurden jedoch in ihrer
grundsätzlichen Bedeutung von der Literatur und der Rechtsprechung nicht oder zumindest nicht ausreichend beachtet. Erst die
Paukenschläge des Naßauskiesungsbeschlusses vom 15. 7. 1981
(*BVerfGE* 58, 300) rückten die Konzeption des *BVerfG* und die
sich daraus ergebenden Differenzen mit dem *BGH* und der ihm
folgenden Literatur in das allgemeine Bewußtsein.

Im Naßauskiesungsbeschluß ging es um folgenden Fall:

Der Kläger des Ausgangsverfahrens betrieb auf seinem Grundstück den ge-
werbsmäßigen Abbau von Kies. Die für die Fortsetzung des Abbaues erforderliche wasserrechtliche Genehmigung wurde ihm versagt, da die Grundstücke
im Schutzbereich eines Wasserwerks lagen und Gefährdungen des Grundwas-
sers befürchtet wurden. Er legte daraufhin Widerspruch ein, der erfolglos blieb.
Von einer verwaltungsgerichtlichen Klage sah er ab. Vielmehr verlangte er nun
unter Berufung auf frühere Entscheidungen des *BGH* Entschädigung wegen
enteignenden Eingriffs. Der *BGH* legte die Sache dem *BVerfG* gem. Art. 100 I
GG vor, da er den entschädigungslosen Ausschluß der Grundwasserbenutzung
aus der Eigentumsgarantie durch den 1976 neu eingeführten § 1a III WHG
für verfassungswidrig hielt (*BGH* NJW 1978, 2290). Das *BVerfG* nahm die
Prüfung der Zulässigkeit der Vorlage zum Anlaß, die Enteignungsrechtsprechung des *BGH* einer scharfen Kritik und Ablehnung zu unterziehen. Im
Rahmen der komplizierten Zulässigkeitserwägungen, die hier nicht weiter interessieren, führte es in enteignungsrechtlicher Hinsicht folgendes aus: Eine
Administrativenteignung ist gem. Art. 14 III 2 GG nur zulässig, wenn sie auf
ein Gesetz gestützt werden kann und dieses Gesetz zugleich Art und Ausmaß
der Entschädigung regelt. Fehlt eine Entschädigungsregelung, dann ist das enteignende Gesetz verfassungswidrig und die darauf beruhende enteignende
Maßnahme rechtswidrig. Der Betroffene kann in diesem Fall mangels gesetzlicher Entschädigungsregelung keine Enteignungsentschädigung verlangen, sondern muß auf Aufhebung des Enteignungsaktes bei den Verwaltungsgerichten
klagen. Läßt er den Enteignungsakt unanfechtbar werden, dann verfällt die
Entschädigungsklage der Ablehnung. Ein Wahlrecht zwischen Anfechtung und
Entschädigung besteht nicht. Die ordentlichen Gerichte sind dementsprechend
nach Art. 14 III 4 GG auf die Entscheidung beschränkt, ob die gesetzlich vorgesehene Entschädigung gewährt worden ist. Sie sind nicht befugt, eine Enteignungsentschädigung zuzusprechen, für die keine gesetzliche Grundlage besteht.

Die maßgeblichen Ausführungen im Naßauskiesungsbeschluß sind im größeren Zusammenhang der Enteignungsrechtsprechung des *BVerfG* zu sehen, die durch folgende Merkmale bestimmt wird.

27   a) Das *BVerfG* vertritt einen wesentlich *engeren Enteignungsbegriff* als der *BGH*. Während nach Auffassung des *BGH* jede unmittelbare Beeinträchtigung des Eigentums jenseits der Sozialbindung eine Enteignung darstellte, hebt das *BVerfG* den *Entzug* vermögenswerter Rechtspositionen als entscheidendes Kriterium hervor. Enteignung ist danach (nur) die vollständige oder teilweise Entziehung vermögenswerter Rechtspositionen i.S. des Art. 14 I 1 GG durch einen gezielten hoheitlichen Rechtsakt zur Erfüllung bestimmter öffentlicher Aufgaben. Maßgeblich sind also die Form und die Zweckrichtung, nicht die Intensität und die Qualität des Eingriffs. Das erlaubt es auch, von vornherein – und nicht erst nach erfolgtem Eingriff – festzustellen, ob eine bestimmte Maßnahme enteignenden Charakter hat oder nicht.

> Vgl. dazu bereits *BVerfGE* 24, 367, 394; ferner *BVerfGE* 42, 263, 299; 52, 1, 27; 58, 300, 330 f. Das *BVerfG* hat diesen formalen Enteignungsbegriff beibehalten (vgl. die weiteren Nachw. dazu unten Rn. 41). Die übrige Rechtsprechung und die h. L. sind inzwischen gefolgt, vgl. auch dazu Rn. 41.

28   b) Von der Enteignung i.S. des Art. 14 III GG ist die *Inhalts- und Schrankenbestimmung des Eigentums* i.S. des Art. 14 I 2 GG begrifflich strikt zu trennen. Das Eigentum bedarf als Rechtsinstitut der gesetzlichen Ausgestaltung. Der Gesetzgeber hat deshalb durch generell-abstrakte Regelung zu bestimmen, was überhaupt im einzelnen zum verfassungsrechtlich geschützten Eigentum gehört. Dabei ist er allerdings nicht frei, sondern hat die grundsätzliche Anerkennung des Privateigentums in Art. 14 I GG einerseits und die Sozialbindung des Art. 14 II GG andererseits und in diesem Zusammenhang den Grundsatz der Verhältnismäßigkeit, das Vertrauensschutzprinzip, den Gleichheitssatz und den Wesensgehalt des Eigentums (Art. 19 II GG) zu beachten. Die auf der Ebene des objektiven Rechts durch generell-abstrakte Regelungen erfolgende Inhaltsbestimmung ist primär. Sie begründet erst die konkreten subjektiven Eigentumsrechte. Positionen und Vorteile, die in verfassungsrechtlich vertretbarer Weise nicht in das Eigentum einbe-

zogen werden, fallen demnach auch nicht in den Schutzbereich des
Art. 14 I GG.

Das gilt z. B. für das Grundwasser, das nach dem § 1 a III WHG nicht zum
Grundeigentum gehört, sondern einer besonderen öffentlich-rechtlichen Benutzungsordnung untersteht, vgl. dazu *BVerfGE* 58, 300, 328 ff.

c) Eine *inhaltsbestimmende gesetzliche Vorschrift* bleibt ihrem Recht-   **29**
scharakter nach auch dann eine Regelung i. S. des Art. 14 I 2 GG,
wenn sie die *verfassungsrechtlichen Grenzen* überschreitet. Sie wandelt
sich nicht in eine Enteignungsnorm, sondern ist verfassungswidrig
und nichtig. Die darauf gestützten Maßnahmen sind keine entschädigungspflichtigen Enteignungen, sondern auf einem verfassungswidrigen und nichtigen Gesetz beruhende und daher selbst rechtswidrige Akte, die im Wege des Primärrechtschutzes angefochten
und aufgehoben werden können. Damit wird auch der These des
BGH, daß alle jenseits der Sozialbindung liegenden Eingriffe in das
Eigentum als Enteignungen zu werten seien, die Grundlage entzogen. Die verfassungswidrige Inhaltsbestimmung bildet – neben der
(verfassungsgemäßen) Inhaltsbestimmung und der Enteignung –
eine dritte Kategorie. Nimmt man noch die rechtswidrige Enteignung hinzu, sind vier Gruppen zu unterscheiden:

– Eingriffe in das Eigentum, die auf einem inhaltsbestimmenden Gesetz be-
 ruhen: Sie sind rechtmäßig und müssen entschädigungslos hingenommen
 werden.
– Eingriffe in das Eigentum, die auf einem verfassungswidrigen inhaltsbestim-
 menden Gesetz beruhen: sie sind rechtswidrig; der Betroffene erhält keine
 Entschädigung wegen Enteignung, kann sich aber gegen die Eingriffe zur
 Wehr setzen und mit Hilfe von Rechtsmitteln ihre Aufhebung erreichen;
 ferner kommt subsidiär eine Entschädigung nach anderen Vorschriften oder
 Grundsätzen in Betracht.
– Eingriffe in das Eigentum, die auf einem den Anforderungen des Art. 14 III
 GG entsprechenden Gesetz beruhen (Enteignungen): Sie sind rechtmäßig,
 lösen aber eine Enteignungsentschädigung aus.
– Eingriffe in das Eigentum, die auf einem verfassungswidrigen enteignenden
 Gesetz beruhen: Sie sind ebenfalls rechtswidrig und anfechtbar; eine Enteig-
 nungsentschädigung scheidet aus; in Betracht kommt aber auch hier –
 wenngleich wegen der Sperrwirkung des Art. 14 III 2 GG in nur engem
 Umfang – eine Entschädigung nach anderen Vorschriften oder Grundsätzen.

d) In diesem Zusammenhang spielt auch das *Verwerfungsmonopol*   **30**
des BVerfG gem. Art. 100 I GG eine erhebliche Rolle. Wenn ein

Zivilgericht ein (formelles und nachkonstitutionelles) Gesetz wegen Verstoßes gegen Art. 14 I 2 GG oder wegen Verstoßes gegen Art. 14 III GG, insbesondere dessen Junktimklausel, für verfassungswidrig und nichtig hält, darf es nicht unter unmittelbaren Rückgriff auf Art. 14 III GG Entschädigung gewähren, sondern muß es dem BVerfG die Frage der Verfassungsmäßigkeit gem. Art. 100 I GG zur endgültigen Entscheidung vorlegen.

31   e) Daraus folgt weiter, daß der Betroffene *kein Wahlrecht* zwischen der Anfechtung des rechtswidrigen Eingriffs und der Forderung nach Entschädigung hat, wie früher angenommen wurde. Ist der Eingriff rechtswidrig, muß er anfechten; ein Entschädigungsanspruch ist in diesem Fall nicht begründet. Es gilt der Grundsatz des Vorrangs des Primärrechtsschutzes gegenüber dem Sekundärrechtsschutz.

Diese in *BVerfGE* 58, 300, 324 im Blick auf die konkrete Fallkonstellation ziemlich schroff formulierte These muß allerdings auf die Möglichkeit und Zumutbarkeit des primären Rechtsschutzes beschränkt werden, vgl. dazu näher unten Rn. 96.

32   f) Erhebliche Bedeutung erlangte schließlich die sog. *Pflichtexemplarentscheidung des BVerfG* vom 14. 7. 1981 (*BVerfGE* 58, 137), durch die die strikte Trennung zwischen der entschädigunglosen Inhaltsbestimmung und der entschädigungspflichtigen Enteignung wieder gelockert und relativiert wird.

Es handelte sich um folgenden Sachverhalt: Nach § 9 des Hessischen Landespressegesetzes und der dazu ergangenen Ausführungsverordnung waren alle Verleger verpflichtet, ein Exemplar ihrer Druckerzeugnisse kostenlos an die zentrale Landesbibliothek abzuliefern. Durch die Ablieferungspflicht sollte gewährleistet werden, daß an *einer* Stelle alle Neuerscheinungen gesammelt und zur Einsicht bereitgehalten werden. Gegen diese Ablieferungspflicht klagte ein Verleger. Er machte geltend, daß er wertvolle Bücher mit großem Aufwand und in kleiner Auflage herstelle und daher durch die Ablieferungspflicht in besonderer Weise belastet werde. Das *BVerfG,* dem das Verwaltungsgericht die Sache gem. Art. 100 I GG vorlegte, führte aus, daß die Ablieferungspflicht keine Enteignung darstelle, sondern als Inhaltsbestimmung zu werten sei und grundsätzlich mit Art. 14 I GG im Einklang stehe, daß aber die Pflicht zur kostenlosen Ablieferung von Druckwerken, die mit großem Aufwand und in kleiner Auflage hergestellt würden, eine unverhältnismäßige und gleichheitswidrige Belastung darstelle und insoweit nicht mehr durch Art. 14 I GG gedeckt sei. Es erklärte deshalb die Pflichtexemplarregelung insoweit für verfassungswidrig, als sie die Ablieferungspflicht „ausnahmslos ohne Kostenerstattung" anordnete.

Dabei brachte es auch zum Ausdruck, daß gegen eine gesetzlich vorgeschriebene Ablieferungspflicht solcher Werke nichts einzuwenden sei, wenn dem Verleger eine entsprechende Entschädigung bezahlt würde.

Ob das *BVerfG* mit dieser Entscheidung ein neues Rechtsinstitut begründen wollte, ist fraglich. Die Fachgerichte und die Literatur haben daraus jedenfalls die „ausgleichspflichtige Inhaltsbestimmung" als neues Rechtsinstitut entwickelt. Das *BVerfG* hat sich mit seiner Entscheidung vom 2. 3. 1999 (*BVerfGE* 100, 226) dieser Entwicklung angeschlossen, zugleich aber auch die Voraussetzungen des Ausgleichs präzisiert und beschränkt. Vgl. dazu näher unten Rn. 79 ff.

4. Die Reaktionen der Literatur und der Rechtsprechung

a) In den ersten, allerdings meistens nur knappen und mehr vor- **33** läufigen Stellungnahmen der *Literatur* zum Naßauskiesungsbeschluß des *BVerfG* herrschte die Meinung vor, daß nicht nur die Enteignung wesentlich eingeschränkt werde, sondern auch die Rechtsinstitute des enteignungsgleichen Eingriffs und des enteignenden Eingriffs nicht mehr haltbar seien, obsolet geworden seien usw.

So etwa *H. Weber,* JuS 1982, 853, 855; *Scholz,* NVwZ 1982, 347; *Rupp,* NJW 1982, 1733; *Dolde,* NJW 1982, 1796 f.; *Berkemann,* JR 1982, 232; *Schrödter,* DVBl. 1982, 328; *Sendler,* DVBl. 1982, 816; *Schröer,* NJW 1984, 1864 ff.

Bald setzte sich jedoch eine nüchternere Betrachtung und die **34** Erkenntnis durch, daß zwar gewisse Änderungen, nicht aber die völlige Aufgabe dieser Rechtsinstitute erforderlich seien.

So vor allem *Ossenbühl,* NJW 1983, 1 ff.; *Bender,* BauR 1983, 1 ff.; *Schwerdtfeger,* JuS 1983, 104 ff.; *Papier,* NVwZ 1983, 258 ff.; *Hendler* DVBl. 1983, 873 ff.; *J. Ipsen,* DVBl. 1983, 1029 ff. Vgl. ferner zum Naßauskiesungsbeschluß: *Baur,* NJW 1982, 1734 ff.; *Battis,* NVwZ 1982, 585 ff.; *Rittstieg,* NJW 1982, 721 ff.; *ders.,* JZ 1983, 165 ff.; *Schwabe,* JZ 1983, 273 ff.; *Leisner,* DVBl. 1983, 61 ff.; *Böhmer, Krohn und Leisner,* Referate mit Diskussion, Agrarrecht 1984, Heft 4, Beilage I; *Böhmer,* NJW 1988, 2561 ff. Neben diesen früheren Stellungnahmen sei noch auf die Literaturübersicht Rn. 122 verwiesen, da es kaum noch einen neueren Beitrag zum Enteignungsrecht gibt, der nicht mehr oder weniger ausführlich auf den Naßauskiesungsbeschluß eingeht.

Da der Naßauskiesungsbeschluß des *BVerfG* über einige grundsätzliche Thesen (strikte Trennung von Inhaltsbestimmung und Enteignung, formeller Enteignungsbegriff, Ausschluß des sog. Wahlrechts) kaum hinausging, insbesondere auf eine klare Abgrenzung zu den bisherigen Begriffsbildungen des *BGH* und der Lehre verzichtete, blieb für Vermutungen und Spekulationen in der Literatur zunächst viel Raum.

Daher ist es auch nicht weiter verwunderlich, daß in der Literatur zunächst sehr unterschiedliche Meinungen vertreten und sehr unterschiedliche Prognosen gestellt wurden. Fraglich und strittig war z.B., ob und inwieweit die Enteignung als teilweiser Entzug von Rechtspositionen auch Nutzungsbeschränkungen erfaßt, was unter den Begriff der sog. Legalenteignung fällt, wie strikt der Ausschluß des Wahlrechts zu handhaben ist, welche Voraussetzungen für die ausgleichspflichtige Inhaltsbestimmung bestehen, wie es mit den sog. salvatorischen Entschädigungsklauseln steht. Vgl. dazu und zu weiteren, noch „ungelösten Problemen" *Schmitt-Kammler*, aaO. Rn. 122, S. 821 ff.; *Osterloh*, DVBl. 1991, 908; *Rozek*, aaO. Rn. 122, S. 14 f.

35   b) Der *BGH* hat den engen Enteignungsbegriff des *BVerfG* übernommen, was um so leichter fiel, als er eine Variante des früheren weiteren Enteignungsbegriffs darstellte. Zugleich hat sich der *BGH* für den Fortbestand des enteignungsgleichen Eingriffs und des enteignenden Eingriffs ausgesprochen. Der enge Enteignungsbegriff schafft sogar Freiraum für diese beiden Anspruchsgrundlagen. Da er sich auf gezielte Rechtsakte beschränkt, scheiden Kollisionen mit dem enteignenden Eingriff, der per definitionem nur nicht gezielte Realakte erfaßt, gänzlich und Kollisionen mit dem enteignungsgleichen Eingriff, der zwar auch, aber nicht nur gezielte Rechtsakte betrifft, zumindest teilweise aus.

36   Im übrigen hat die Enteignungsrechtsprechung des *BVerfG* den *BGH* zu gewissen Neuorientierungen veranlaßt. Zum einen werden die Entschädigungsansprüche wegen enteignungsgleichen Eingriffs und wegen enteignenden Eingriffs nicht mehr auf Art. 14 GG, sondern auf den „allgemeinen Aufopferungsgedanken der §§ 74, 75 Einl. ALR in seiner richterrechtlich geprägten Ausformung" gestützt. Damit kehrt der *BGH* zum historischen Ausgangspunkt zurück, wobei allerdings zu bemerken ist, daß der Aufopferungsanspruch ursprünglich nur rechtmäßige Eingriffe erfaßte, allerdings schon zur Weimarer Zeit, wenngleich nur beschränkt, auch auf rechtswidrige Eingriffe ausgedehnt wurde (vgl. oben Rn. 23). Zum anderen hat der *BGH* das Wahlrecht zwischen An-

fechtung und Entschädigung aufgegeben. Damit entfällt allerdings
die Entschädigung wegen enteignungsgleichen Eingriffs nicht generell, sondern tritt nur zurück, wenn die Einlegung eines Rechtsmittels gegen den in das Eigentum eingreifenden Akt möglich und
zumutbar war. Der Vorrang des Primärrechtsschutzes wird vom
BGH über den Gesichtspunkt des Mitverschuldens i. S. des § 254
BGB realisiert.

Vgl. zum engen Enteignungsbegriff *BGHZ* 99, 24, 28; zum Fortbestand des
enteignungsgleichen Eingriffs *BGHZ* 90, 17, 29 ff. (Sandabbau) und zum Fortbestand des enteignenden Eingriffs *BGHZ* 91, 20, 26 ff. (Immissionen durch
Kläranlage). – Das *BVerfG* hat, wenn auch nur beiläufig, den „Anspruch aus
enteignungsgleichem Eingriff" erwähnt und damit mittelbar anerkannt, vgl.
BVerfGE 61, 149, 203; *BVerfG-K* NJW 1992, 36, 37.

Eine weitere Etappe in der Entwicklung der *BGH*-Rechtspre-
chung bildet die Anerkennung und der Ausbau der ausgleichspflichtigen Inhaltsbestimmung, durch die ein Teil der Enteignungs-
problematik sachlich in Art. 14 I 2 GG verlagert wird (vgl. dazu
näher unten Rn. 79 ff.).

II. Enteignung

1. Die Struktur der Eigentums- und Enteignungsregelung

Die Enteignungsregelung des Art. 14 III GG muß im Gesamt-   **37**
zusammenhang der Eigentumsregelung des Art. 14 GG gesehen
werden. Den Ausgangspunkt bildet Art. 14 I 1 GG. Er gewährleistet den Bestand des Eigentums – einmal als Institutsgarantie das
Eigentum als solches und zum andern als Individualrechtsgarantie
das konkrete Eigentum, die Summe der vermögenswerten Rechte,
in der Hand des einzelnen Eigentümers.

Was gegenständlich Eigentum i. S. des Art. 14 I 1 GG ist, muß   **38**
allerdings noch näher bestimmt und begrenzt werden. Art. 14 GG
gehört zu den normgeprägten Grundrechten, die – im Gegensatz
zu den sachgeprägten Grundrechten, etwa dem Recht auf Leben
und Gesundheit, der Meinungsäußerungsfreiheit, der Kunstfreiheit
usw. – durch die Rechtsordnung ausgestaltet werden müssen. Dementsprechend ist der Gesetzgeber nach Art. 14 I 2 GG verpflichtet,
Inhalt und Schranken des Eigentums zu bestimmen. Er hat dabei

zwar einen Gestaltungsspielraum, muß aber in sachlicher Hinsicht die natürlichen Gegebenheiten und gesellschaftlichen Verhältnisse sowie vor allem in verfassungsrechtlicher Hinsicht die grundsätzliche Entscheidung für das Privateigentum gem. Art. 14 I 1 GG und die Sozialbindung des Eigentums gem. Art. 14 II GG beachten.

Wesentliche Kriterien bei der Ausgestaltung des Eigentums sind die faktischen und rechtlichen Zuordnungen (das Haben und Nutzen), die spezifischen Funktionen des Privateigentums, nämlich die Privatnützigkeit und die Verfügungsmöglichkeit, ferner die Bedeutung des Eigentums als Grundlage für die Entfaltung der Persönlichkeit, das existentielle, aber auch wirtschaftliche, gesellschaftliche und kulturelle Angewiesensein auf das Eigentum, die eigene Leistung, die zur Begründung und Vermehrung des Eigentums geführt hat, weiter der Grundsatz der Verhältnismäßigkeit, das Vertrauensschutzprinzip, der Gleichheitssatz, der Wesensgehalt des Eigentums (Art. 19 II G), schließlich die sich aus den nachbarschaftlichen Verhältnissen und ihren gegenseitigen Einwirkungen ergebenden Bindungen, der soziale Bezug des Eigentums, die allgemeinwirtschaftliche Bedeutung des Eigentums usw., vgl. dazu statt vieler *BVerfGE* 52, 1, 29 f.; 68, 361, 367 ff.; 70, 191, 200 ff.; 100, 226, 240 f.; 101, 54, 75 f.; *BVerwGE* 88, 191, 194 ff.; 106, 228, 234 f. mit weiteren Nachw. – Da die Eigentumsordnung gesetzlich bereits ausgestaltet ist, geht es bei einer Neuregelung i. S. des Art 14 I 2 GG in aller Regel um Änderungen. Soweit sie zu Beschränkungen des bisherigen Eigentums führen, sind sie – vor allem unter dem Gesichtspunkt der Verhältnismäßigkeit und des Vertrauensschutzes – besonders zu begründen.

39   Das nach Art. 14 I 2 GG gemäß den verfassungsrechtlichen Vorgaben näher bestimmte und begrenzte Eigentum ist dem Zugriff des Staates grundsätzlich entzogen. Enteignungen sind nur ausnahmsweise unter den Voraussetzungen des Art. 14 III GG zulässig, nämlich nur zum Wohle der Allgemeinheit, nur aufgrund eines Gesetzes oder durch Gesetz und nur gegen Entschädigung. Die Entschädigung soll gewährleisten, daß, wenn schon enteignet werden muß, wenigstens der Wert erhalten bleibt. Die Bestandsgarantie wandelt sich dann zur Wertgarantie.

40   Art. 14 III GG enthält jedoch keine unmittelbare Anspruchsgrundlage für die Entschädigung. Es ist vielmehr Sache des Gesetzgebers, nicht nur die Voraussetzungen des Enteignungseingriff, sondern auch die Entschädigung generell-abstrakt zu regeln. Anspruchsgrundlage ist daher im konkreten Fall nicht Art. 14 III GG, sondern das enteignende Gesetz, das – auch im Blick auf die Entschädigung – den Anforderungen des Art. 14 III GG entsprechen muß. Die gesetzlich zu vermittelnde Entschädigung wird dadurch sichergestellt, daß eine Enteignung überhaupt nur dann erfolgen darf, wenn ein Enteignungsgesetz mit Entschädigungsregelung vorliegt. Fehlt es daran, dann wird nicht unmittelbar gem. Art. 14 III GG entschädigt, sondern ist die Enteignung rechtswidrig und unzulässig.

Wenn auch bei der Lösung konkreter Einzelfälle an sich nur das jeweilige Enteignungsgesetz und die darin enthaltene Entschädigungsregelung maßgebend sind, so ist es doch notwendig, sich ein allgemeines Bild von den begrifflichen und rechtlichen Voraussetzungen zu verschaffen, schon um die einzelnen gesetzlichen Regelungen richtig einordnen und beurteilen zu können. Die Enteignungsentschädigung erfordert (wenn auch gesetzlich geregelt), daß der Tatbestand der Enteignung (Enteignungsbegriff) gegeben ist und die verfassungsrechtlichen Voraussetzungen erfüllt sind. Darauf soll unter 2. und 3. eingegangen werden. Sodann ist die Rechtsfolge, die Entschädigung, näher zu betrachten (unten 4.). Anschließend folgen einige Hinweise auf die Enteignungsgesetze und das dort geregelte Enteignungsverfahren (unten 5.).

2. Der Tatbestand der Enteignung (Enteignungsbegriff)

Der Enteignungsbegriff hat sich, wie dargelegt wurde, im Laufe der Zeit entsprechend der verfassungsrechtlichen und gesellschaftlichen Entwicklung mehrfach gewandelt. Eine gesetzliche oder gar verfassungsrechtliche Definition der Enteignung existiert nicht. Nach der heute in der Rechtsprechung allgemein anerkannten und in der Literatur weithin gebilligten Begriffsbestimmung ist die Enteignung die vollständige oder teilweise Entziehung vermögenswerter Rechtspositionen i.S. des Art. 14 I 1 GG durch einen gezielten hoheitlichen Rechtsakt zur Erfüllung bestimmter öffentlicher Aufgaben. **41**

So das *BVerfG,* vgl. bereits *BVerfGE* 24, 367, 394 und die Nachweise oben Rn. 27; ferner *BVerfGE* 66, 248, 257; 70, 191, 199 f.; 72, 66, 76; 74, 264, 280; 79, 174, 191; 83, 201, 211; 100, 226, 239 f.; ebenso nunmehr *BVerwGE* 77, 295, 297 f.; 81, 329, 340; 84, 361, 366; 87, 241, 243; 94, 279, 283; *BGHZ* 99, 24, 28 f.; 120, 38, 42.

Die Tatbestandsmerkmale sind sonach (a) eine als Eigentum geschützte Rechtsposition, (b) vollständiger oder teilweiser Entzug dieser Rechtsposition (c) durch einen gezielten hoheitlichen Rechtsakt (d) mit dem Ziel der Erfüllung öffentlicher Aufgaben.

42   a) Das Eigentum als Gegenstand der Enteignung

Der verfassungsrechtliche Eigentumsbegriff reicht erheblich weiter als der des bürgerlichen Rechts. Da Art. 14 GG die materielle Basis der Freiheit sichern soll, kann es nicht darauf ankommen, ob es sich um Eigentum an Sachen (Grundstücke und bewegliche Gegenstände) oder um sonstige vermögenswerte Rechte handelt. Der Schutzbereich des Art. 14 I 1 GG und damit der des Art. 14 III GG erfaßt alle vermögenswerte Rechte des Privatrechts und darüber hinaus unter bestimmten Voraussetzungen auch vermögenswerte Rechte des öffentlichen Rechts.

43   aa) Zu den *vermögenswerten Rechten des Privatrechts* gehören neben dem Eigentum an Sachen etwa alle dinglichen Rechte, der Besitz, vermögenswerte Mitgliedschafts- und Gesellschaftsrechte, Urheberrechte, Forderungsrechte usw., ferner das Recht am eingerichteten und ausgeübten Gewerbebetrieb, das nicht nur durch den sachlichen Bestand (Betriebsgrundstücke, Waren, Einrichtungsgegenstände), sondern auch durch die Forderungen, die Geschäftsbeziehungen, den Firmennamen, die Kundschaft, die besondere Lage an der Straße (Kontakt nach außen), den sog. good will usw., also alles, was in seiner Gesamtheit den wirtschaftlichen Wert des Betriebs ausmacht und sich beim Verkauf im Kaufpreis niederschlagen würde, bestimmt wird.

In der Praxis steht eindeutig das Grundeigentum im Vordergrund, werden aber auch sonst alle möglichen Fälle immer wieder aktuell, etwa das Erbbaurecht (*BVerfGE* 79, 174, 191), Aktien (*BVerfGE* 25, 371, 407; 100, 289, 301 f.), Urheberrechte (*BVerfGE* 49, 382, 392), Bergbauberechtigungen (*BVerfGE* 77, 130, 136), Fischereirechte (*BVerfGE* 70, 191, 199), Jagdausübungsrechte (*BGHZ* 112, 392, 399; 133, 63, 65), Besitzrechte des Mieters einer Wohnung (*BVerfGE* 89, 1, 1, 5 ff.; str.), schuldrechtliche Forderungen (*BVerfGE* 45, 142, 179: Kaufpreisanspruch), obligatorische Nutzungsrechte, etwa das Recht zur Verlegung und Unterhaltung von Stromleitungen auf fremden Grundstücken (*BGHZ* 117, 236, 237), allerdings nur, wenn sie rechtlich gesichert sind, was dann nicht zutrifft, wenn sie jederzeit gekündigt oder in anderer Weise beendet werden können (vgl. *BGHZ* 125, 293, 299 f.), das Vorkaufsrecht, jedenfalls wenn der Vorkaufsfall eingetreten ist (*BVerfGE* 83, 201, 209 ff.) – Nach Auffassung des *BGH* fällt auch der eingerichtete und ausgeübte Gewerbebetrieb unter Art. 14 GG (vgl. *BGHZ* 23, 157, 163; 111, 349, 355 ff.; ebenso *BVerwGE* 62, 224, 226), während das *BVerfG* bisher noch offen gelassen hat, „ob und inwieweit der eingerichtete und ausgeübte Gewerbebetrieb als tatsächliche Zusammenfassung der zum Vermögen eines Unternehmens gehörenden Sachen und Rechte von der Gewährleistung des Art. 14 I GG erfaßt wird" (*BVerfG* DVBl. 1991, 1253 m. w. N.; *BVerfGE* 96, 375, 397), vgl. dazu auch *Engel,* Eigentumsschutz für Unternehmen, AöR Bd. 118 (1993) S. 169 ff.; *Bryde,* in: v. Münch/Kunig, Grundgesetz-Kommentar, Bd. 1, 5. Aufl. 2000, Art. 14 Rn. 18 f. m. w. N.

bb) *Vermögenswerte Rechte des öffentlichen Rechts* fallen nach der **44** heute vorherrschenden differenzierenden Auffassung dann unter den Begriff des Eigentums i. S. des Art. 14 I 1 GG und damit unter den Enteignungsbegriff i. S. des Art. 14 III GG, wenn sie nicht nur auf staatlicher Gewährung, sondern auf eigener Leistung, nämlich eigener Arbeit und/oder eigenem Kapitaleinsatz, beruhen. Das ist freilich nur ein, wenn auch wesentliches Indiz. Ein weiteres Kriterium ist – vor allem im Blick auf sozialversicherungsrechtliche Ansprüche – das existentielle Angewiesensein auf die Leistungen. Insgesamt kommt es darauf an, ob die öffentlich-rechtlichen Ansprüche und Leistungen dem Berechtigten ausschließlich und zur eigenverantwortlichen Nutzung – eben „wie das Eigentum" – zugeordnet sind.

Vgl. grundlegend *Dürig,* Festschrift für Apelt, 1958, S. 13 ff.; *W. Weber,* AöR Bd. 91 (1966) S. 382 ff.; *P. Krause,* Eigentum an subjektiven öffentlichen Rechten, 1982. – Dazu gehören etwa berufs- und gewerberechtliche Genehmigungen (*BSozGE* 5, 40; *BGHZ* 81, 21, 33 f.: Kassenarztpraxis), sozialversicherungsrechtliche Ansprüche und Anwartschaften (vgl. *BVerfGE* 53, 257, 289 ff.; 69, 272, 300 ff.; 76, 256, 293 f.; 100, 1, 32 ff.), der Anspruch auf Arbeitslosengeld (*BVerfGE* 72, 9, 18 ff.), der Anspruch auf Erstattung zuviel gezahlter Steuern (*BVerfGE* 70, 278, 285). Sozialversicherungsrechtliche Ansprüche fallen nach der Rechtsprechung des *BVerfG* danach unter die Eigentumsgarantie, wenn sie (1) dem Versicherten ausschließlich und privatnützig zugeordnet sind, (2) auf nicht unerheblichen Eigenleistungen des Versicherten beruhen und (3) der Sicherung seiner Existenz dienen. In der Literatur stößt die Einbeziehung dieser Ansprüche in den Schutzbereich des Art. 14 GG zum Teil auf Ablehnung, vgl. *K.-J. Bieback,* Verfassungsrechtlicher Schutz gegen Abbau und Umstrukturierung von Sozialleistungen, 1997, 10 ff. Als Geldleistungsansprüche werden sie allerdings enteignungsrechtlich kaum relevant, da es wenig sinnvoll erscheint, gegen den Staat gerichtete Geldleistungsansprüche gegen Geldentschädigung zu enteignen. Im Fall der Kassenarztpraxis (ein Mediziner hatte, was damals möglich war, eine Zulassung als Kassenarzt und als

Kassenzahnarzt und übte beide Tätigkeiten entsprechend seiner Zulassung aus; nunmehr wird die Zulassung als Kassenzahnarzt entzogen) geht es genau betrachtet nicht um die Genehmigung als solche, sondern um die aufgrund der Genehmigung durch eigene Leistung und Kapitaleinsatz geschaffene Vermögensposition (vgl. *W. Weber,* Grundrechte II, S. 401). – Dagegen fallen mangels eigener Leistung nicht unter die Eigentumsgarantie: Fürsorgeansprüche (*BVerfGE* 2, 380, 399 ff.), Wohnungsbauprämien für Bausparer (*BVerfGE* 48, 403, 412 f.), Subventionen und ähnliche staatliche Zuwendungen (*BVerfGE* 72, 175, 193 ff.; 88, 384, 401 f.), Ansprüche auf Hinterbliebenenversorgung aus der gesetzlichen Rentenversicherung (*BVerfGE* 97, 271, 283 ff.).

45   cc) Wenn festgestellt ist, *daß* eine vermögenswerte Rechtsposition dem Schutzbereich des Art. 14 GG zuzurechnen ist, dann ist weiter zu prüfen, *inwieweit* das der Fall ist. Nicht jeder vermögenswerte Vorteil wird erfaßt. Es gibt durchaus hoheitliche Maßnahmen, die sich nachteilig für ein Grundstück, einen Gewerbebetrieb, ein Urheberrecht usw. auswirken, aber (noch) keine Eigentumsverletzung darstellen.

Die Eigentumsgarantie erfaßt von vornherein nur den Bestand konkret vorhandener Vermögenswerte, nicht Erwerbschancen, Verdienstmöglichkeiten, Gewinnerwartungen und dgl. (*BVerfGE* 102, 197, 211). Art. 14 GG schützt das Erworbene, nicht den Erwerb; er gewährt Bestandsschutz, nicht Erwerbsschutz. Dadurch unterscheidet er sich von Art. 12 I GG, der auf den Schutz der gewerblichen und beruflichen Tätigkeit und damit auch auf den Schutz des Erwerbs abzielt.

Vgl. *BVerfGE* 84, 133, 157; 88, 366, 377; *BGHZ* 62, 96 (Erwartung, daß ein landwirtschaftliches Grundstück Bauland wird); *BGHZ* 111, 349, 357 f. (Möglichkeit der Gewinnerzielung, Abgrenzung zu Art. 12 I GG); *BGHZ* 117, 236, 237 f. (Erwartung, daß ein privatrechtliches Vertragsverhältnis trotz Kündigungsmöglichkeit fortgesetzt wird); *BGH* NJW 1975, 1017 (Verdienstmöglichkeiten); *BGH* NJW 1980, 387 (beabsichtigte Betriebserweiterung), jeweils Eigentumsschutz abgelehnt.

Auch vorhandene und realisierbare Wertfaktoren sind nicht durchweg, sondern nur dann beachtlich, wenn sie in die Eigentumsgarantie des Art. 14 I 1 GG einbezogen werden.

Das Grundwasser ist nicht Teil des Grundstücks und damit des Grundeigentums (vgl. § 1 a III WHG; *BVerfGE* 58, 300, 328 ff.); die günstige Lage eines Einzelhandelsgeschäfts oder einer Tankstelle an einer belebten Straße ist zwar ein tatsächlicher Vorteil, aber nicht eigentumsrechtlich geschützt (vgl.

BGHZ 57, 359, 361 ff.: Frankfurter U-Bahn-Bau); entsprechendes gilt für einen Fährbetrieb (*BGHZ* 94, 373); wirtschafts- und finanzpolitische Änderungen, die bisher bestehende Vorteile für einen Gewerbebetrieb ändern oder aufheben, betreffen nicht das Eigentum am Gewerbebetrieb, sondern nur die „Randbedingungen" (vgl. dazu *BGHZ* 45, 83: Knäckebrot-Fall, Herabsetzung eines Schutzzolls). Strittig, aber mit der h. L. zu bejahen ist die Frage, ob die Möglichkeit, ein Grundstück im Rahmen der gesetzlichen Bedingungen zu bebauen, Ausfluß des Grundeigentums ist, vgl. dazu *Leisner*, DVBl. 1992, 1065 ff.; *Papier*, Festschrift für Hoppe, 2000, S. 220 f. jeweils m. w. N.

b) Entzug als Enteignungsvorgang   46

Die Enteignung besteht in der *vollständigen oder teilweisen Entziehung* der als Eigentum geschützten vermögenswerten Rechtsposition. Die Entziehung kann und wird auch in der Regel zur Übertragung auf einen neuen Rechtsträger führen. Dieser zweite, wenn auch möglicherweise mit der Entziehung verbundene Rechtsakt ist indessen nicht entscheidend. Er gehört nicht mehr zur Enteignung. Diese besteht ausschließlich in der Lösung des rechtlichen Zuordnungsverhältnisses, eben dem Entzug und dem damit verbundenen Rechts- und Vermögensverlust.

Vgl. *BVerfGE* 24, 367, 394; 83, 201, 211; ferner schon *Dürig*, JZ 1954, 10. In der Literatur wird vereinzelt die Enteignung noch enger auf die Übertragung des Eigentums auf ein anderes Rechtssubjekt (Rechtsinhaberwechsel) beschränkt, vgl. *Rittstieg*, Alternativ-Kommentar zum Grundgesetz, 3. Aufl. 2001, Art. 14 Rn. 193; *ders.*, Festschrift für Thieme, 1993, S. 192; *Lege*, Zwangskontrakt und Güterdefinition, 1995, S. 73 ff.

Während die *vollständige* Entziehung keine besonderen Probleme   47 aufwerfen dürfte, fragt sich, was unter der *teilweisen* Entziehung zu verstehen ist. In sachlicher Hinsicht liegt ein Teilentzug vor, wenn nicht das ganze Grundstück, sondern ein Teil des Grundstücks (gemessen in Quadratmeter-Zahl) weggenommen wird. Entsprechendes gilt für (sachlich abtrennbare) Teile anderer Eigentumsobjekte. Die rechtliche Teilentziehung betrifft dagegen rechtlich selbständige oder nach objektivem Recht verselbständigungsfähige Teile der als Eigentum geschützten Rechtsposition. Aus dem Vollrecht wird ein Teil herausgelöst, was die rechtliche Abtrennbarkeit voraussetzt. Eine teilweise Entziehung liegt danach z. B. vor, wenn ein Grundstück mit einer Dienstbarkeit belastet wird. Weitere Beispiele finden sich in § 86 I BauGB. Dagegen fallen Nutzungs-

und Verfügungsbeschränkungen, etwa im Bereich des Bauplanungsrechts oder des Denkmalschutzrechts nicht darunter, sofern sie nicht rechtlich erstarkte und verselbständigte Positionen betreffen. Sie sind vielmehr als Konkretisierungen der Inhalts- und Schrankenbestimmung zu qualifizieren und ggf. nach den Grundsätzen der ausgleichspflichtigen Inhaltsbestimmung zu entschädigen.

Ebenso für Nutzungsbeschränkungen *Ehlers*, VVDStRL 51 (1992) S. 236 f.; *Burgi*, NVwZ 1994, 527 ff.; *Wieland*, in: Dreier, Grundgesetz, Bd. I, 2. Aufl. 2004, Art. 14 Rn. 79; *Pieroth/Schlink*, Grundrechte, Rn. 923; *Rozek*, aaO. Rn. 122, S. 201 ff. m.w.N.; ferner inzwischen die Rechtsprechung im Blick auf den Denkmal- und Naturschutz, vgl. *BVerwGE* 84, 361, 370 f.; 94, 1, 3 f.; *BGHZ* 121, 73, 78; 126, 379, 381 f. (näher dazu unten Rn. 83); str., vgl. z.B. *Schmidt-Aßmann*, JuS 1986, 836 f.; *Papier*, NWVBl. 1990, 398; *Pietzcker*, NVwZ 1991, 419 und JuS 1991, 371; *Osterloh*, DVBl. 1991, 912; *Lege*, JZ 1994, 342 f.; *Breuer*, NuR 1996, 546. – Ein teilweiser Entzug liegt dagegen z.B. vor, wenn eine Dienstbarkeit bestellt wird (*BVerfGE* 56, 249, 260; *BGHZ* 120, 38, 42) oder eine sonstige dingliche Belastung erfolgt (*BVerfGE* 45, 297, 339).

48   Bezieht sich sonach der Entzug nur auf die formale Rechtsinhaberschaft und die rechtliche Zuordnung, nicht auf die materiellen Eigentümerbefugnisse, so stellt sich doch noch die Frage, ob nicht wenigstens dann eine enteignungsrechtlich relevante Entziehung vorliegt, wenn zwar das rechtliche Zuordnungsverhältnis fortbesteht, aber schlechthin *alle* mit dem Eigentum typischerweise verbundenen Nutzungs- und Verfügungsbefugnisse beschnitten werden, so daß nur noch die leere Hülse des Eigentumsrechts übrig bleibt. Das ist zu bejahen. Die Totalentwertung ist dem Entzug gleichzusetzen.

Ebenso *Pieroth/Schlink*, Grundrechte, Rn. 923; a.A. *Rozek*, aaO. Rn. 122, S. 181, 207, der die hier vertretene Meinung für „inkonsequent" hält, dabei aber die Möglichkeit des Umschlags von der Quantität in die Qualität nicht hinreichend berücksichtigt; ferner wohl in diesem Sinn *BGHZ* 133, 265, 267. Zu dem hier vertretenen Ergebnis kommt, wenngleich etwas gewunden, auch *BVerfGE* 100, 226: Es stellt zunächst fest, daß eine Inhaltsbestimmung auch dann vorliege, wenn der Eigentumseingriff in seinen Auswirkungen einer Enteignung nahe- oder gleichkomme (S. 240), führt dann aber später aus, daß eine solche Inhaltsbestimmung verfassungsrechtlich unzulässig sei, so daß das mit dem Eingriff verfolgte Ziel (im konkreten Fall der Schutz eines Kulturdenkmals) „nur auf dem Weg der Enteignung erreicht werden" könne (S. 243).

c) Gezielter hoheitlicher Rechtsakt als Rechtsform der Enteignung

49

Schon die Kennzeichnung der Enteignung als „Entziehung" einer vermögenswerten Rechtsposition, die zudem rechtmäßig sein muß, um einen Entschädigungsanspruch auszulösen, besagt, daß die Enteignung durch einen gezielten hoheitlichen Rechtsakt erfolgen muß. Zur Verdeutlichung der Finalität wird häufig, insbesondere auch vom *BVerfG*, vom „Zugriff" auf das Eigentum gesprochen.

Rechtsakt bedeutet, daß es sich um eine rechtserhebliche und 50 verbindliche Maßnahme handeln muß (im Gegensatz zum Realakt); *hoheitlich* bedeutet, daß die Maßnahme dem öffentlichen Recht angehört (im Gegensatz zum privatrechtlichen Rechtsakt, falls ein solcher hier überhaupt in Betracht kommt); *gezielt* bedeutet, daß die Maßnahme bewußt und gewollt auf den Entzug der vermögenswerten Rechtsposition gerichtet ist (im Gegensatz zu Maßnahmen, die zufällig, möglicherweise sogar nur als Nebenfolge des Verwaltungshandelns zum Verlust einer vermögenswerten Rechtsposition führen).

Die Enteignung kann durch *Verwaltungsakt* aufgrund eines formellen Gesetzes (Administrativenteignung) oder *unmittelbar durch* 51 *formelles Gesetz* (Legislativenteignung) erfolgen. Dazwischen liegt noch die Enteignung durch Rechtsverordnung oder Satzung, also durch Verwaltungsnormen, die zwar als Verwaltungsmaßnahmen der Administrativenteignung zuzurechnen sind, aber wegen ihres normativen Charakters der Legislativenteignung nahe kommen und sich teilweise mit ihr decken. In der Praxis steht die Enteignung durch Verwaltungsakt im Vordergrund. Das ergibt sich schon aus dem exekutiven Charakter der Enteignung. Die Legislativenteignung bildet nicht nur tatsächlich die Ausnahme, sondern ist auch nur ausnahmsweise zulässig (vgl. dazu näher unten Rn. 56).

In der Literatur und Rechtsprechung wird die Enteignung unmittelbar durch Gesetz als „Legalenteignung" bezeichnet. Dieser Ausdruck ist jedoch verfehlt, da es nicht um eine legale Enteignung (im Gegensatz zur illegalen Enteignung), sondern um eine Enteignung durch die Legislative (im Gegensatz zur Enteignung durch die Administrative = Administrativenteignung) geht. Nicht nachvollziehbar ist auch die Auffassung des *BVerfG* (vgl. etwa *BVerfGE* 58, 300, 331), Legalenteignung und Administrativenteignung seien „jeweils

eigenständige Rechtsinstitute". Es handelt sich um die gleichen Rechtsvor-
gänge (Entzug von Eigentumspositionen); lediglich die Form und im Blick
darauf auch einige formale Anforderungen unterscheiden sich, was aber noch
nicht die Annahme unterschiedlicher Rechtsinstitute zu begründen vermag.
Die Argumentation des *BVerfG* mit dem Rechtsschutz ist ohnehin verfehlt
(vgl. dazu unten Rn. 56).

52   Keine Enteignung (Legislativenteignung) liegt vor, wenn im
Rahmen einer neuen, für die Zukunft geltenden Eigentumsregelung i. S. des Art. 14 I 2 GG auch bestehende vermögenswerte
Rechtspositionen, die aufgrund des bisher geltenden Rechts erworben worden sind, beseitigt oder beschränkt werden. Vielmehr
handelt es sich um ein Übergangsproblem, das nach den dafür
maßgeblichen Grundsätzen zu beurteilen ist.

> Vgl. dazu bereits *Maurer,* Festschrift für Dürig, 1990, S. 307 ff.; ebenso
> *BVerfGE* 83, 201, 211 ff.; anders noch *BVerfGE* 52, 1, 28; 58, 300, 331 f. Frü-
> her vertrat das *BVerfG* die Auffassung, daß die Beseitigung oder Beschränkung
> solcher Rechtspositionen eine Enteignung sein könne, aber nicht sein müsse.
> Das führte zu der Frage, wann das eine und wann das andere anzunehmen ist.
> In der Literatur wurde die Meinung vertreten, daß insoweit doch wieder die
> früheren Abgrenzungsschwierigkeiten auftauchten und auf wertende Gesichts-
> punkte (Schwere, Intensität, Zumutbarkeit des Eingriffs usw.) nicht verzichtet
> werden könne. Diese Annahme ist durch die neuere Rechtsprechung des
> *BVerfG* überholt. Es geht in diesem Zusammenhang überhaupt nicht um ein
> Enteignungsproblem, sondern um ein Übergangsproblem, das sich bei fast allen
> gesetzlichen Neuregelungen stellt, die auf bereits bestehende Sachverhalte oder
> Rechtsverhältnisse einwirken. Der Gesetzgeber muß bei einer Neuregelung
> des Eigentums gem. Art. 14 I 2 GG auch die Auswirkungen auf die Altfälle
> beachten und unzumutbare Belastungen durch Übergangsregelungen auffan-
> gen, etwa durch Übergangsfristen, durch stufenweisen Abbau der bisherigen
> Regelung für die Altfälle, durch Sonderregelungen für Härtefälle, durch Ge-
> währung von Anpassungshilfen oder – als weitere Möglichkeit – durch Ge-
> währung eines finanziellen Ausgleichs. Die Ausgleichszahlung ist in diesen Fäl-
> len keine Enteignungsentschädigung, sondern ein Ausgleich oder, wenn man
> so will, eine „Entschädigung", allerdings nicht gem. Art. 14 III GG, sondern
> im Rahmen des Art. 14 I 2 GG.

53   **d) Die Erfüllung öffentlicher Aufgaben als Enteignungszweck**

Die Enteignung wird ferner durch ihre Zweckrichtung bestimmt. Sie muß der Erfüllung öffentlicher Aufgaben und damit
dem Allgemeinwohl dienen. Daher ist z. B. die Baulandumlegung
nach §§ 45 ff. BauGB, die mit dem (teilweisen) Entzug von Grundstücken die Neuordnung eines Baugebietes und damit den Aus-

gleich privater Interessen beabsichtigt, keine Enteignung, sondern
eine Inhalts- und Schrankenbestimmung gem. Art. 14 I 2 GG (so
BVerfGE 104, 1, 9 f.). Maßgeblich für den Enteignungsbegriff ist
freilich nur, daß diese Zweckrichtung typischerweise dem Eingriff
zugrunde liegt. Ob die konkrete Maßnahme tatsächlich der Erfüllung öffentlicher Aufgaben dient und im Allgemeinwohl liegt, ist
keine Frage des Enteignungsbegriffs, sondern eine Frage der Zulässigkeit und Rechtmäßigkeit der Enteignung. Der Enteignungszweck dient vor allem auch der Abgrenzung gegenüber anderen
eigentumsentziehenden Maßnahmen, etwa gegenüber der Zwangsversteigerung und der Umlegung.

In der Regel dürfte das Eigentumsobjekt zur Durchführung öffentlicher
Vorhaben benötigt werden, etwa ein Grundstück zum Bau einer Straße. In
diesem Fall folgt dem Entzug die Übertragung auf einen neuen Rechtsträger. Denkbar ist aber auch, daß das Eigentumsobjekt nur der Verwirklichung öffentlicher Aufgaben entgegensteht und deshalb beseitigt werden muß.
Dementsprechend kann man zwischen einer „Übertragungsfunktion" und
einer „Überwindungsfunktion" unterscheiden, so *Steinberg/Lubberger*, aaO.,
S. 104.

e) Rechtmäßigkeit als Begriffsmerkmal der Enteignung?   54

Fraglich ist, ob zum Begriff der Enteignung auch die Rechtmäßigkeit des Eingriffs gehört. Das wird in der Literatur zum Teil angenommen, erweist sich aber bei näherer Betrachtung als unzutreffend oder zumindest mißverständlich. Das wird deutlich, wenn
man beachtet, daß Art. 14 III GG zwei Fragen regelt, nämlich
einmal die Voraussetzungen für die Zulässigkeit und damit Rechtmäßigkeit der Enteignung und zum anderen die Voraussetzungen
für die Enteignungsentschädigung. Die Entschädigung setzt in der
Tat eine rechtmäßige Enteignung voraus. Die Frage aber, ob die
als Enteignung zu qualifizierende Maßnahme rechtmäßig ist, kann
verständlicherweise nicht die Rechtmäßigkeit dieser Maßnahme
voraussetzen, wenn man sich nicht im Kreise drehen will. Enteignung i. S. des Art. 14 III GG ist somit, wie dargelegt, die Entziehung einer vermögenswerten Rechtsposition durch gezielten
hoheitlichen Rechtsakt zur Erfüllung öffentlicher Aufgaben (Ent-
eignungtatbestand oder Enteignungsbegriff). Die so beschriebene
Enteignung ist rechtmäßig, wenn sie den verfassungsrechtlichen

und gesetzlichen Voraussetzungen entspricht (etwa zum Wohle der Allgemeinheit erforderlich ist), und löst dann – als (rechtmäßige) Enteignung – einen Entschädigungsanspruch gem. Art. 14 III GG und der dazu ergangenen gesetzlichen Entschädigungsregelung aus.

Ebenso im Ergebnis *Jarass*, in: Jarass/Pieroth, Grundgesetz Art. 14 Rn. 53; dagegen für die Einbeziehung der Rechtmäßigkeit in den Enteignungsbegriff *Steinberg/Lubberger*, aaO. S. 132; *Papier*, Art. 14 GG Rn. 544 ff.; nicht eindeutig *Bryde*, aaO. Art 14 GG Rn. 58 und 72.

55   f) Abgrenzung

Der soeben näher dargelegte verfassungsrechtliche Enteignungsbegriff unterscheidet sich nicht nur von dem weiten Enteignungsbegriff der früheren *BGH*-Rechtsprechung, der, um nochmal daran zu erinnern, jede unmittelbare Beeinträchtigung des Eigentums erfaßte, die nicht mehr durch die Sozialbindung gem. Art. 14 I 2 GG gedeckt war und somit ein Sonderopfer darstellte, sondern auch vom klassischen Enteignungsbegriff (vgl. dazu oben Rn. 7). Wie jener ist er zwar formal, geht aber doch wesentlich über ihn hinaus, weil danach die Enteignung (1) nicht nur Grundstücke und ggf. bewegliche Sachen, sondern alle vermögenswerten Rechtspositionen erfassen kann, (2) nicht nur durch Verwaltungsakt aufgrund eines Gesetzes, sondern auch durch Gesetz erfolgen kann, (3) nicht nur in der Übertragung des Eigentums, sondern auch im bloßen Rechtsverlust bestehen kann und (4) nicht nur zugunsten eines bestimmten, im öffentlichen Interesse liegenden Unternehmens, sondern allgemein zur Erfüllung bestimmter öffentlicher Aufgaben erfolgen kann.

3. Die Zulässigkeitsvoraussetzungen der Enteignung

56   a) Gesetzliche Grundlage

Die Enteignung muß – wie jeder Eingriff in die Grundrechte – gesetzlich begründet sein. Sie kann unmittelbar durch Gesetz (Legislativenteignung) oder durch Verwaltungsakt oder einen sonstigen Rechtsakt der Verwaltung aufgrund eines Gesetzes (Administrativenteignung) erfolgen. Gesetz in diesem Sinne ist ausschließlich das formelle Gesetz, da entsprechend den Grundsätzen des Gesetzesvorbehalts der parlamentarische Gesetzgeber darüber zu ent-

scheiden hat, ob, unter welchen Voraussetzungen und in welchem
Umfang in das Eigentum eingegriffen werden darf. Die gesetzliche
Grundlage ist nicht nur für Verwaltungsakte, sondern auch für die
Rechtsnormen der Verwaltung erforderlich. Für die Rechtsver-
ordnungen ergibt sich das bereits aus Art. 80 I GG. Für die Satzun-
gen folgt das aus dem Grundsatz des Gesetzesvorbehaltes, wenn-
gleich zu beachten ist, daß insoweit die Anforderungen an die
gesetzliche Ermächtigung – zumal für die Gemeindesatzungen im
Blick auf Art. 28 II GG – nicht so stringent sind wie bei den
Rechtsverordnungen (vgl. dazu auch oben § 4 Rn. 17).

Die Legislativenteignung ist nur ausnahmsweise zulässig, vgl. *BVerfGE* 24,
367, 401 ff. (Deichgrundstücke); *BVerfGE* 45, 297, 330 ff. (Begründung einer
öffentlichen Last für den U-Bahn-Bau: verfassungswidrig); *BVerfGE* 95, 1,
22 ff. (Südumfahrung Stendal: Enteignung durch ein Planungsgesetz). Der Hinweis des *BVerfG* auf den beschränkten Rechtsschutz gegen Gesetze (*BVerfGE*
95, 1, 22) ist allerdings nicht entscheidend, weil, wenn dem so wäre, der
Rechtsschutz eben entsprechend erweitert werden müßte. Maßgebend ist vielmehr, daß die Enteignung als Entziehung vermögenswerter Rechtspositionen
eine typische Verwaltungsaufgabe ist, die der Gesetzgeber – schon im Blick auf
die Gewaltenteilung und das Rechtsstaatsprinzip – grundsätzlich der Exekutive
überlassen muß. Darauf stellt auch das *BVerfG* zusätzlich ab, vgl. *BVerfGE* 45,
297, 332; 95, 1, 22 f.; ferner *Maurer*, VVDStRL 43, 1985, S. 157 ff.).

b) Allgemeinwohlbedürfnis und Verhältnismäßigkeit   57

Die Enteignung ist gem. Art. 14 III 1 GG nur *zum Wohle der
Allgemeinheit* zulässig. Während es bei der Bestimmung des Enteignungsbegriffs insoweit nur um die Zielrichtung geht, ist im Rahmen der Rechtmäßigkeit zu prüfen, ob die enteignende Maßnahme
tatsächlich dem Allgemeinwohl dient. Fiskalische Interessen oder
„bloß" öffentliche Interessen genügen nicht, vielmehr muß ein
besonderes Gemeinwohlbedürfnis vorliegen und dargetan werden
können. Das Allgemeinwohl ist Grund und Grenze der Enteignung. Da der Begriff des „Allgemeinwohls" noch sehr weit und
unbestimmt ist, ist es Sache des Gesetzgebers, ihn im enteignenden
Gesetz näher zu bestimmen und zu begrenzen.

Ferner muß die Enteignung dem *Grundsatz der Verhältnismäßig-*   58
keit entsprechen. Das ist zwar in Art. 14 III GG nicht ausdrücklich
bestimmt, ergibt sich aber aus allgemeinen rechtsstaatlichen Grundsätzen. Eine Enteignung ist danach – generell und im konkreten

Fall – nur zulässig, wenn sie bezogen auf den legitimen Enteignungszweck geeignet, erforderlich und angemessen (verhältnismäßig i. e. S.) ist. Das Enteignungsgesetz muß diesen Anforderungen Rechnung tragen; der konkrete Enteignungsakt muß ihnen genügen.

Vgl. zum Grundsatz der Verhältnismäßigkeit näher oben § 10 Rn. 17. Die Erforderlichkeit ist z. B. zu verneinen, wenn der Enteignungszweck auf andere, weniger belastende Weise erreichbar ist, so etwa wenn das benötigte Grundstück aufgrund eines privatrechtlichen Kaufvertrages erworben werden kann oder wenn anstelle einer Entziehung des Eigentums eine dingliche Belastung oder an deren Stelle ein obligatorischer Vertrag ausreichend und zumutbar ist, vgl. *BVerwGE* 29, 248, 254 ff. (Verlegung von Versorgungsleitungen); ferner *BGHZ* 113, 139, 146 (eine Enteignung ist rechtswidrig, wenn der damit verfolgte Zweck auch durch eine städtebauliche Umlegung erreichbar ist); zum Allgemeinwohl etwa *BadWürttVGH* VBlBW 1989, 219 (Enteignung eines Grundstücksstreifens zur Sicherung einer Rundfunkanlage).

59   Die Voraussetzungen des Allgemeinwohls und der Verhältnismäßigkeit, insbesondere der Erforderlichkeit, werden ggf. durch *vorangehende Entscheidungen der Verwaltung* über die Durchführung bestimmter Projekte determiniert. Rechtliche Bindungen entstehen dadurch aber nicht, vielmehr sind, wenn zur Durchführung dieser Projekte Grundstücke benötigt werden und enteignet werden müssen, alle Enteignungsvoraussetzungen sorgfältig zu prüfen und festzustellen. Anders ist es nur, wenn durch die vorangehende Entscheidung die Zulässigkeit der Enteignung der Grundstücke, die für das Vorhaben benötigt werden, verbindlich festgestellt wird. In diesen Fällen der sog. *enteignungsrechtlichen Vorwirkung* müssen die allgemeinen Voraussetzungen der Enteignung – insbesondere das gegenüber dem planungsrechtlichen Allgemeinwohlbedürfnis stringentere enteignungsrechtliche Gemeinwohlbedürfnis – bereits im ersten Verfahren geprüft und über deren Vorliegen entschieden werden.

Beispiel: Durch Planfeststellungsbeschluß gem. § 17 FStrG, §§ 74, 75 VwVfG wird festgestellt, daß der Bau einer Bundesstraße zwischen X und Y zulässig ist. Der Planfeststellungsbeschluß ermächtigt die Straßenbaubehörde zum Bau der Bundesstraße, wirkt sich aber nicht unmittelbar auf die Rechtsverhältnisse an den Privatgrundstücken aus, die für den Straßenbau benötigt werden. Die Straßenbaubehörde hat vielmehr die erforderlichen Grundstücke zu beschaffen, zunächst im Wege des privatrechtlichen Kaufvertrages und, wenn das nicht zum Ziele führt, durch Enteignung. In dem dafür erforderlichen Enteignungsverfahren ist jedoch der Planfeststellungsbeschluß maßgeblich und verbindlich (§ 19 II FStrG). Der betroffene Grundeigentümer kann nicht mehr geltend machen, daß die Bundesstraße überhaupt nicht oder zumindest an dieser Stelle nicht erforderlich und daher unzulässig sei, sondern sich nur noch gegen die Modalitäten der Enteignung zur Wehr setzen. Das ist aber nur vertretbar, wenn und weil die grundsätzlichen enteignungsrechtlichen Einwendungen, insbesondere das fehlende Gemeinwohlbedürfnis gem. Art. 14 III 1 GG, bereits im Planfeststellungsverfahren vorgebracht werden können und dort geprüft und entschieden werden müssen. Vgl. zur enteignungsrechtlichen Vorwirkung *BVerwGE* 72, 282, 283 (Straßenbau); *BVerwGE* 85, 44, 50 ff. (Abfallentsorgungsanlage); *BVerfGE* 74, 264, 282 (städtebauliche Unternehmensflurbereinigung); *BVerfGE* 95, 1, 21 f. (Südumfahrung Stendal); ferner sehr anschaulich *Schmidt-Aßmann*, JuS 1986, 837 ff. m. w. N.; *Hoppe/Schlarmann/ Buchner*, Rechtsschutz bei der Planung von Straßen und anderen Verkehrsanlagen, 3. Aufl. 2001, Rn. 181 f. – Da der Bebauungsplan keine entsprechende Bindungswirkung entfaltet, entfällt insoweit auch eine enteignungsrechtliche Vorwirkung, vgl. *BVerwG* NVwZ 1991, 873.

c) Enteignung zugunsten Privater   60

Eine Enteignung kann auch zugunsten von Privatrechtssubjekten erfolgen. Entscheidend ist nicht die Person des Begünstigten (Verwaltungsträger oder Privatunternehmer), sondern das mit der Enteignung verfolgte Ziel (Enteignungszweck). Wenn das Allgemeinwohl eine Enteignung erfordert, dann ist sie auch dann zulässig, wenn sie zugunsten eines Privatunternehmens erfolgt. Das ist sicherlich dann anzunehmen, wenn sich der das Allgemeinwohl begründende Nutzen unmittelbar aus der Unternehmensbetätigung ergibt, wenn etwa zugunsten eines privatrechtlich organisierten Energieversorgungsunternehmens enteignet werden soll, das die Bevölkerung mit Strom versorgt und damit eine öffentliche Aufgabe erfüllt (vgl. *BVerfGE* 66, 248, 257 f.). Das kann aber auch dann noch der Fall sein, wenn der das Allgemeinwohl begründende Nutzen nur eine mittelbare Folge der Unternehmensbetätigung ist, wenn etwa die mit der Enteignung bezweckte Unternehmenserweiterung primär dem Interesse des Privaten dient, zugleich aber auch im öffentlichen Interesse liegt, z. B. der Verbesserung der regionalen Wirtschaftsstruktur oder der Schaffung von Arbeitsplätzen dient (vgl. *BVerfGE* 74, 264, 284 ff.: Daimler-Benz-Teststrecke). In diesem zweiten Fall muß das zur Enteignung ermächtigende Gesetz jedoch erhöhten Anforderungen entsprechen.

Der Gesetzgeber muß nach Auffassung des *BVerfG* (1) den Enteignungszweck genau umschreiben, (2) die Voraussetzungen der Enteignung und das
Verfahren zur ihrer Ermittlung selbst festlegen und (3) ausreichende Vorkeh-
rungen zur dauernden Sicherung des mit der Enteignung verfolgten Gemeinwohls treffen (*BVerfGE* 74, 264, 285 f.). Ob sich das durch ein generell-
abstraktes Gesetz immer erreichen läßt, erscheint fraglich. Das *BVerfG* selbst
erkennt dies und verweist abschließend auf die Möglichkeit eines auf das konkrete Projekt beschränkten Gesetzes, also eines enteignenden Einzelfallgesetzes
(S. 297), was jedoch deshalb wieder problematisch ist, weil nach der zutreffenden Auffassung des *BVerfG* die Legislativenteignung die Ausnahme bleiben
sollte (vgl. oben Rn. 56). Vgl. zu *BVerfGE* 74, 264: *Papier,* JZ 1987, 619 ff.;
Schmidt-Aßmann, NJW 1987, 1587 ff. sowie die Vorinstanz *BVerwGE* 71, 108,
124 ff. – Vgl. ferner zur Enteignung zugunsten Privater *BVerwGE* 87, 241
(bergrechtliche Grundabtretung zugunsten eines privaten Unternehmens zur
Gewinnung von Braunkohle für die Versorgung des Energiemarktes); *BGHZ*
105, 94 (Enteignung zugunsten einer Privatschule); *Bullinger,* Der Staat Bd. 1
(1962) S. 449 ff.; *Frenzel,* Das öffentliche Interesse als Voraussetzung der Enteignung, 1978, S. 71 ff.; *Schmidbauer,* Enteignung zugunsten Privater, 1989.

61   d) Entschädigungsregelung (Junktimklausel)

Das Grundgesetz fordert nicht nur, daß die Enteignung entschädigt wird, sondern verlangt darüber hinaus, daß das Gesetz, das die
Enteignung zuläßt oder bewirkt, *selbst* eine Regelung über Art und
Ausmaß der Entschädigung enthält (Art. 14 III 2 GG). Diese Forde-
rung nach Verknüpfung von Enteignungsregelung und Entschädigungsregelung in *einem* Gesetz wird üblicherweise als Junktimklausel bezeichnet. Fehlt eine Entschädigungsregelung im enteignenden
Gesetz oder entspricht sie nicht den Anforderungen des Art. 14 III
GG, dann dürfen die Verwaltungsbehörden und Gerichte nicht
„nachbessern" und unter direktem Rückgriff auf Art. 14 III GG
Entschädigung gewähren, sondern ist das Gesetz insgesamt wegen
Verstoßes gegen die Junktimklausel verfassungswidrig und nichtig
und damit keine ausreichende Grundlage für die Enteignung.

So bereits *BVerfGE* 4, 219, 228 ff.; st. Rspr., vgl. etwa *BVerfGE* 24, 367,
418; 58, 300, 319, 323.

62   Die Junktimklausel hat eine dreifache Funktion. Sie dient einmal
dem Schutz des Bürgers, indem sie die Entschädigung zur Voraussetzung der Enteignung macht und gesetzlich absichert (Schutzfunktion). Sie soll zum anderen – entsprechend dem Zitiergebot
des Art. 19 I 2 GG, der als lex generalis insoweit zurücktritt – dem
Gesetzgeber bewußt machen, daß der von ihm zugelassene oder

sogar vorgenommene Eingriff enteignenden Charakter hat und aus allgemeinen Haushaltsmitteln entschädigt werden muß (Warnfunktion). Und sie soll schließlich die Entscheidungskompetenz und die Haushaltshoheit des Parlaments sichern, indem sie selbständige Entschädigungsfestsetzungen der Verwaltungsbehörden und vor allem der Gerichte unter Berufung auf Art. 14 III GG ausschließt (Kompetenzfunktion). Im Vordergrund steht die Schutzfunktion. Sie würde in ihr Gegenteil verkehrt, wenn Verstöße gegen die Junktimklausel auf dem Rücken des Bürgers ausgetragen würden. Darauf ist bei der Erörterung des enteignungsgleichen Eingriffs noch zurückzukommen.

Die Junktimklausel verlangt Vorschriften, die sich auf typische **63** Eingriffe beziehen und deren Entschädigung hinreichend bestimmt regeln. Sog. *salvatorische Entschädigungsklauseln,* die vorsorglich für den Fall einer Enteignung eine allgemeine Entschädigungsregelung enthalten, werden der Junktimklausel nicht gerecht.

Solche salvatorische Entschädigungsklauseln kamen früher (und kommen z. T. auch heute noch) in Denkmalschutzgesetzen, Naturschutzgesetzen, Wassergesetzen usw. vor, die folgende Regelung enthielten bzw. noch enthalten: „Stellen Maßnahmen aufgrund dieses Gesetzes eine Enteignung dar, ist eine angemessene Entschädigung in Geld zu leisten."

Die salvatorischen Entschädigungsklauseln ergaben sich aus dem (früheren) weiten Enteignungsbegriff des *BGH.* Da danach die Enteignung von den Folgen her bestimmt wurde (jede unmittelbare Beeinträchtigung des Eigentums, die die Opfergrenze überschreitet), war es oft nicht oder nicht ohne weiteres möglich, im voraus einigermaßen sicher zu sagen, ob und wann eine Enteignung vorliegt und Entschädigung zu gewähren ist. Die salvatorische Entschädigungsklausel schien der Ausweg zwischen dem verfassungsrechtlichen Gebot und den praktischen Schwierigkeiten. In der Literatur stieß sie gleichwohl auf Widerspruch. Der enge und formale Enteignungsbegriff des *BVerfG* entgeht diesen Schwierigkeiten, da er auf den gezielten Eingriff in das Eigentum abstellt, der voraussehbar und damit bestimmbar ist. Die Problematik der Junktimklausel dürfte ein, wenn nicht sogar der wesentliche Grund für die Hinwendung des *BVerfG* zum engen und formalen Enteignungsbegriff gewesen sein. In der Tat bleibt nur die Alternative:

entweder formeller Enteignungsbegriff und strikte Anwendung der Junktimklausel oder weiter Enteignungsbegriff und Verzicht auf eine strikte Anwendung der Junktimklausel.

So bereits *Ipsen,* VVDStRL 10 (1952) S. 93 f.; *Dürig,* JZ 1954, 7 f.; ferner *Bryde,* Art. 14 Rn. 90; allgemein: *Weyreuther,* Über die Verfassungswidrigkeit salvatorischer Entschädigungsregelungen im Enteignungsrecht, 1980; *Leisner,* DVBl. 1981, 76 ff.; *Olivet,* DÖV 1985, 697 ff. – Der Streit um die salvatorische Entschädigungsklausel ist noch nicht ausgetragen. Der *BGH* hält daran fest, daß sie ausreichen, während das *BVerwG* dies ablehnt, vgl. *BGHZ* 99, 24, 27 f.; 105, 15, 16 ff.; 110, 12, 14; *BVerwGE* 84, 361, 364 ff.; ferner *OVG Koblenz* DVBl. 1992, 47 mit Anm. von *Lubberger.* Dieser Streit erhält sogar im Rahmen der ausgleichspflichtigen Inhaltsbestimmung eine neue Dimension, vgl. dazu unten Rn. 83.

64   e) Enteignungsverfahren

Schließlich darf die Enteignung nur aufgrund eines Verfahrens erfolgen, das gewährleistet, daß alle wesentlichen rechtlichen und sachlichen Gesichtspunkte, insbesondere auch die Interessen des betroffenen Bürgers, ausreichend berücksichtigt und gegeneinander abgewogen werden. Das ist zwar in Art. 14 III GG nicht ausdrücklich geregelt, ergibt sich aber aus der verfahrensrechtlichen Dimension der Grundrechte („Grundrechtsschutz durch Organisation und Verfahren"), die gerade auch im Zusammenhang mit Art. 14 GG vom *BVerfG* immer wieder hervorgehoben wird.

Vgl. dazu die Nachweise bei *Kimminich,* BK Art. 14 Rn. 108; ferner das Beispiel einer Verfahrensregelung unten Rn. 77; allgemein zur verfahrensrechtlichen Bedeutung der Grundrechte oben § 19 Rn. 9.

64 a   f) Rückenteignung

Wenn das Vorhaben, zu dessen Durchführung ein Grundstück enteignet worden ist, nicht verwirklicht wird oder das Grundstück dazu nicht (mehr) benötigt wird, wenn also der Zweck der Enteignung nicht erreicht wird, kann der Enteignete die Rückenteignung verlangen. Das ergibt sich bereits aus Art. 14 GG und wird im einzelnen durch die Enteignungsgesetze näher geregelt.

Vgl. zur verfassungsrechtlichen Grundlegung *BVerfGE* 38, 175, 179 ff.; zur gesetzlichen Regelung beispielhaft § 102 BauGB. Fraglich ist, ob das nicht nur bei der (ursprünglichen) Zweckverfehlung, sondern auch beim (späteren) Zweckwegfall gilt (das Vorhaben wurde verwirklicht, aber später wieder aufgegeben); das *BVerwG* hat dies für den Fall, daß das Vorhaben erst nach Jahrzehnten wieder aufgegeben wird (Bau einer Eisenbahnstrecke im Jahre 1884 und Betrieb bis in unsere Zeit), zu Recht verneint (*BVerwG* NJW 1994, 1749), dagegen für die Rückübereignung militärisch genutzter Grundstücke gem. § 57 I 1 LandbeschG bejaht (*BVerwGE* 107, 196; 112, 29). Vgl. ferner zu den Grenzen der Rückübertragung *BVerfG-K* NVwZ 1998, 724 (erhebliche Veränderung des Grundstücks). Wenn zur Abwendung der Enteignung ein Kaufvertrag geschlossen und das Grundstück veräußert wurde (vgl. oben Rn. 58), greift zwar § 102 BauGB nicht unmittelbar ein, kann sich aber auf der Grundlage einer ergänzenden Vertragsauslegung eine Verpflichtung zur Rückübertragung nach Wegfall des Enteignungszwecks ergeben, so *BGHZ* 135, 92, 95 ff.

4. Entschädigung

a) *Einordnung.* Die Enteignung muß entschädigt werden. Wenn **65** auch der Gesetzgeber Art und Ausmaß der Entschädigung zu regeln hat, so ergeben sich doch bereits aus Art. 14 III GG Direktiven, die nicht nur für den Gesetzgeber verbindlich sind, sondern auch das Wesen und die Bedeutung der Enteignung abschließend charakterisieren. Bei der Lösung konkreter Fälle ist, wie bereits dargelegt wurde, nicht Art. 14 III GG, sondern das jeweils einschlägige Enteignungsgesetz mit seiner Entschädigungsregelung heranzuziehen, allerdings ggf. auch an Art. 14 III GG zu prüfen.

Im juristischen Sprachgebrauch werden Entschädigung und Schadensersatz unterschieden. Entschädigung bedeutet Ersatz des durch den Eingriff in das Eigentum entstandenen Vermögensverlustes. Sie orientiert sich an der entzogenen Substanz und soll diese ausgleichen. Schadensersatz bedeutet dagegen, daß der Geschädigte so gestellt werden muß, wie er stehen würde, wenn das schädigende Ereignis nicht eingetreten wäre. Der Unterschied zeigt sich vor allem beim entgangenen Gewinn, der zwar beim Schadensersatz, nicht aber bei der Entschädigung ersetzt wird.

b) *Art und Ausmaß der Entschädigung.* Die Entschädigung wird in **66** der Regel *in Geld* erfolgen. In Betracht kommen aber auch *andere Ersatzmöglichkeiten,* so vor allem bei der Enteignung von Grundstücken die Stellung von Ersatzland, ferner etwa, wenngleich gegenwärtig nicht gerade aktuell, die Ausgabe von Wertpapieren.

Das *Ausmaß der Entschädigung* ist – wie die Art der Entschädigung – **67** „unter gerechter Abwägung der Interessen der Allgemeinheit und der Beteiligten zu bestimmen" (Art. 14 III 3 GG). Das ist allerdings eine noch sehr allgemeine und vage Formel. Um einen festen Ausgangspunkt zu erhalten, ist es zweckmäßig, zunächst nach der „vollen" Entschädigung zu fragen, d. h. danach, was zu gewähren ist, wenn keine Kürzungen vorgenommen oder angeordnet werden. Mit der Entschädigung soll der Vermögensverlust ausgeglichen werden. Sie orientiert sich also am Wert des entzogenen Gutes. Maßgebend ist dabei der Verkehrswert, der sich am Markt nach dessen Gesetzen der Preisbildung bestimmt (Marktwert). Bei der Enteignung von Grundstücken kommt es demnach darauf an, was bei einem freihändigen Verkauf üblicherweise bezahlt werden würde. Die Entschädigung soll, wie der *BGH* bildhaft ausdrückte, den Betroffenen in die Lage versetzen, eine Sache gleicher Art und Güte zu beschaffen und damit seinen Verlust auszugleichen (vgl. *BGHZ* 39, 198, 199 f.; 140, 200, 204 f.).

68   Die *Abwägung* dürfte in der Regel *zum vollen Wertersatz führen.* Das gilt vor allem, wenn man vom engen Enteignungsbegriff des *BVerfG* ausgeht, der im Entzug einer durch Art. 14 I 1 GG geschützten Rechtsposition besteht. Die Frage, ob im Falle des weiten Enteignungsbegriffes mit seinem gleitenden Übergang zur Sozialbindung eine andere Beurteilung geboten wäre, stellt sich jedenfalls bei Zugrundelegung des engeren Enteignungsbegriffes nicht mehr. Für die zumindest in der Regel volle Entschädigung spricht

- die *Eigentumsgarantie selbst,* die im Falle der Enteignung, d. h. der Durchbrechung der Eigentumsordnung durch einen gezielten hoheitlichen Rechtsakt, zur Eigentumswertgarantie wird und deshalb wenigstens die wertmäßige Erhaltung des Vermögensbestandes erfordert,
- *der Grundsatz der Lastengleichheit,* der eine gleichmäßige Belastung aller Bürger verlangt und daher zum vollen Ausgleich drängt,
- *die bestehende, am Markt- und Wettbewerbsprinzip ausgerichtete Wirtschaftsordnung,* die systemwidrig durchkreuzt würde, wenn das Sacheigentum und die sonstigen Vermögensrechte unterschiedlich bewertet würden, je nachdem, ob sie zwangsweise im Wege der Enteignung entzogen oder freiwillig im Wege des Verkaufs an den Staat oder andere Bürger veräußert werden.

Der Enteignung haftet – im Gegensatz zur Sozialbindung – etwas Zufälliges an. Es ist vom Eigentümer her gesehen ein Zufall, daß z. B. die Trasse einer neuen Straße hier und nicht dort geführt werden soll und daher *sein* Grundstück und nicht das seines Nachbarn benötigt wird. Alle drei Gesichtspunkte (Eigentumsgarantie, Gleichheitssatz und Marktgerechtigkeit) verlangen daher, daß der durch den Eingriff in das Eigentum verursachte Vermögensverlust voll entschädigt und damit gleichsam auf alle Bürger umgelegt wird.

Vgl. dazu bereits die Begründung zu den §§ 74, 75 Einl. ALR in der Kabinettsorder von 1831 (oben Rn. 6). – Die Enteignungsentschädigung eignet sich auch nicht dazu, die in der Tat teilweise enormen Preissteigerungen im Bodenverkehr aufzufangen und einzudämmen. Wenn – wofür einiges spricht, was aber ein rechtspolitisches Problem ist – die Bodenwertsteigerungen abgeschöpft werden sollen, dann darf dies nicht punktuell und reagierend im Anschluß an einzelne, mehr zufällige Enteignungsakte erfolgen, sondern muß eine alle Grundstücke gleichmäßig treffende Gesamtregelung erlassen werden.

Die volle Entschädigung ist freilich nur die Regel. In *begründeten* **69** *Ausnahmefällen* kann – unter Berücksichtigung der oben genannten Gesichtspunkte – nach unten abgewichen werden.

In diesem Sinne sind auch das *BVerfG* und der *BGH* zu verstehen, vgl. *BVerfGE* 24, 367, 421; 46, 268, 285; *BGHZ* 67, 190, 192. In den beiden Entscheidungen des *BVerfG* ging es um solche Sonderfälle (Enteignung von wirtschaftlich ziemlich wertlosen Deichgrundstücken unmittelbar durch Gesetz zum Schutze gegen Hochwasser und Überführung in öffentliches Eigentum; Entschädigung für eine nach 1945 in Bayern gesetzlich durchgeführte Bodenreform), die eine Pauschalierung und Reduzierung rechtfertigten, aber nicht verallgemeinert werden dürfen. Vgl. auch *BVerfGE* 100, 226, 245 f.: Anspruch des Eigentümers auf Übernahme durch die öffentliche Hand „zum Verkehrswert" (!); der Hinweis auf den (vollen) Verkehrswert ist keine „Ungereimtheit", wie *Hendler* (DVBl. 1999, 1504) meint, sondern fügt sich konsequent in die Rechtsprechung des *BVerfG* ein.

Wenig überzeugend ist auch die These vom „Sozialbindungs-Abzug", d.h. einer Beschränkung der Entschädigung im Blick auf die Sozialbindung des Eigentums gem. Art. 14 II GG (so *Papier,* Art. 14 Rn. 613; *Bryde,* Art. 14 Rn. 94). Diese These mag zwar früher unter der Herrschaft des weiten Enteignungsbegriffes einiges für sich gehabt haben, ist aber jedenfalls nach der strikten Trennung zwischen der (engen und formellen) Enteignung und der Sozialbindung nicht mehr vertretbar.

Die Enteignungsgesetze gewähren durchweg volle Entschädigung, vgl. etwa § 93 BauGB, § 17 I LandbeschG, § 20 II Bundesleistungsgesetz, ebenso die Landesenteignungsgesetze (vgl. dazu unten Rn. 75), etwa § 7 Bad.-Württ. Landesenteignungsgesetz.

70   c) *Die Bemessung der Entschädigung.* Die Entschädigung beschränkt sich, wie dargelegt wurde, grundsätzlich auf den Ersatz des Substanzverlustes entsprechend seinem Verkehrswert. Dabei ist zu beachten, daß nur das zur „Substanz" gehört und deswegen in enteignungsrechtlich relevanter Weise entzogen werden kann, was in den Schutzbereich des Eigentums fällt (vgl. oben Rn. 45). Im Einzelfall kann die Berechnung zu erheblichen Schwierigkeiten führen, was hier aber nicht weiter verfolgt werden soll.

Nach der Rechtsprechung des *BGH,* der der Gesetzgeber im wesentlichen folgte, werden darüber hinaus auch die sog. *Folgeschäden oder Folgekosten* ersetzt. Das sind Vermögensnachteile, die zwar nicht Teil des Substanzverlustes sind, aber unmittelbare Folgen der Enteignung darstellen und deshalb zum abverlangten Opfer gerechnet werden. Ob der Ersatz der Folgeschäden wirklich ein zwingendes verfassungsrechtliches Gebot ist, wie der *BGH* meint, ist zweifelhaft, aber für die Rechtspraxis wegen der gesetzlichen Regelungen unerheblich. Entschädigungspflichtig sind nur unmittelbare Folgekosten, z.B. die Wertminderung des Grundstücks bei Teilenteignung, die Umzugskosten, die Kosten für eine Betriebsverlegung, der Verlust eines bestimmten Kundenkreises oder die Aufwendungen für eine notwendige Rechtsberatung, *nicht* aber mittelbare Folgekosten, z.B. die Kosten für die Wiederbeschaffung eines Ersatzobjektes (z.B. Maklergebühren, Aufwendungen für den Neubau usw.).

Vgl. dazu *BGH* NJW 1966, 493 mit Anm. von *E. Schneider; BGHZ* 55, 294, 296 ff.; 95, 28, 30 f.; *Schmidt-Aßmann,* NJW 1974, 1265 ff.; *Ossenbühl,* Staatshaftungsrecht, S. 210 f.; ferner die gesetzlichen Regelungen in §§ 93 II Nr. 2, 96 BauGB, § 19 LandbeschG.

71   Andererseits können bestimmte Umstände den Entschädigungsbetrag *mindern.* So muß sich der Betroffene z.B. Vorteile, die in adäquatem Zusammenhang mit der Enteignung stehen, nach dem Grundsatz des *Vorteilsausgleichs* anrechnen lassen. Ferner kann der *Gedanke des Mitverschuldens (Mitverursachung)* entsprechend § 254 BGB zur Reduzierung der Entschädigung führen.

Vgl. zum Grundsatz des Vorteilsausgleichs *BGHZ* 62, 305 (Berücksichtigung von planungsbedingten Wertsteigerungen des verbleibenden Restgrundstückes); *Küppers,* Die Vorteilsausgleichung bei der Enteignung von Grund und

Boden, DVBl. 1978, 349 ff.; zur Mitverursachung *BGHZ* 45, 290, 294 ff. (zum vergleichbaren Aufopferungsanspruch wegen Impfschäden).

d) *Entschädigungsverpflichteter*. Entschädigungspflichtig ist derjenige   **72**
Verwaltungsträger, der durch die Enteignung begünstigt wird, dessen Aufgaben mit der Enteignung wahrgenommen werden. Wird zugunsten eines privaten Unternehmers enteignet, dann ist dieser begünstigt und damit entschädigungspflichtig. Wenn mehrere Verwaltungsträger und/oder Privatunternehmer begünstigt werden, dann haften sie als Gesamtschuldner.

e) *Verjährung*. Früher wurde die Auffassung vertreten, daß der   **72 a**
Enteignungsentschädigungsanspruch (ebenso wie die Ansprüche aus enteignungsgleichem Eingriff und enteignendem Eingriff) in entsprechender Anwendung der damaligen BGB-Vorschriften (§§ 195 ff. BGB) grundsätzlich erst nach 30 Jahren verjähren. Fraglich ist, ob nunmehr die neuen Verjährungsvorschriften des BGB i. d. F. des Schuldrechtsmodernisierungsgesetzes vom 26. 11. 2001 entsprechend Anwendung finden, die grundsätzlich nur eine dreijährige Verjährungsfrist vorsehen, oder ob die früheren Verjährungsvorschriften im Bereich des öffentlichen Rechts gewohnheitsrechtlich verfestigt weitergelten. Die erste Alternative ist anzunehmen, da die Voraussetzungen für die Entstehung von Gewohnheitsrecht nicht vorliegen dürften und die Verjährungsregelungen des BGB tendenziell auf allgemeine Beachtung zielen.

So zutr. mit eingehender Begründung *Kellner,* Die Auswirkungen der Schuldrechtsreform auf die Verjährung im Staatshaftungsrecht, NVwZ 2002, 395 ff.; *Geis,* Die Schuldrechtsreform und das Verwaltungsrecht, NVwZ 2002, 385, 390.

5. Gesetzliche Regelungen

a) Die *Gesetzgebungskompetenz* in Enteignungssachen liegt teil-   **73**
weise beim Bund und teilweise bei den Ländern. Der Bund besitzt gem. Art. 74 Nr. 14 GG die konkurrierende Gesetzgebungskompetenz für Enteignungen in Sachbereichen, die er nach Art. 73 und 74 GG gesetzlich regeln kann. Es handelt sich also um eine (bereits verfassungsrechtlich festgelegte) Annexkompetenz. Daher kann z. B. der Bund im Bereich des Bauplanungsrechts, das gem. Art. 74

Nr. 18 GG in seinen Kompetenzbereich fällt, auch Enteignungsregelungen erlassen. Im übrigen sind die Länder zuständig. Sie haben
vor allem die Befugnis zum Erlaß allgemeiner Enteignungsgesetze
(vgl. dazu Rn. 75).

74   b) *Einzelne Enteignungsgesetze.* In *bundesrechtlicher* Sicht sind z. B.
§§ 85 ff. BauGB für Enteignungen zur Verwirklichung des Bebauungsplanes (aufgrund des Art. 74 Nr. 14, 18 GG), §§ 10 ff. LandbeschG für Enteignungen zu militärischen Zwecken und § 19
FStrG für Enteignungen zur Durchführung von Straßenbauvorhaben
zu nennen. Das BauGB enthält eingehende und erschöpfende Regelungen, ebenso das LandbeschG, während das FStrG im wesentlichen auf die für die öffentlichen Straßen geltenden gesetzlichen
Regelungen der Länder verweist (§ 19 V FStrG).

75   In *landesrechtlicher* Sicht kommen vor allem die allgemeinen Landesenteignungsgesetze in Betracht, die – im Anschluß an die Enteignungsgesetze des 19. Jahrhunderts, insbesondere das Preuß. Enteignungsgesetz von 1874, das übrigens in Schleswig-Holstein und
im Saarland heute noch gilt, – die Zulässigkeit, das Verfahren und
die Entschädigung der Enteignung von Grundstücken und dinglichen Rechten regeln. Diese Gesetze gelten einmal für die Durchführung von Enteignungen, die schon nach spezialgesetzlichen Regelungen zulässig sind, und erklären zum anderen darüber hinaus
generell Enteignungen zur Verwirklichung von Vorhaben, die dem
Wohl der Allgemeinheit dienen, für zulässig, wobei in einigen
(nicht in allen) Ländern noch beispielhaft („insbesondere") eine
Reihe solcher Vorhaben aufgezählt werden (etwa Einrichtungen
der Jugendhilfe und der Gesundheitspflege, Sport- und Freizeitein-
richtungen, Schulen und Hochschulen, Einrichtungen für die öffentliche Versorgung und Entsorgung, Einrichtungen des Umweltschutzes und Verkehrseinrichtungen). Die lediglich das Allgemeinwohlbedürfnis des Art. 14 III 1 GG wiederholenden Formeln sind
jedoch zu unbestimmt. Der Gesetzgeber muß den Enteignungszweck selbst angeben und abgrenzen. Die lediglich auf das „Wohl
der Allgemeinheit" abstellenden und daher den Art. 14 III 1 GG
insoweit nicht näher konkretisierenden Enteignungsregelungen
sind daher verfassungswidrig.

Die Konsequenzen sind unterschiedlich. Wenn die allgemeinen Formeln durch einen Katalog von Beispielen ergänzt werden, dann kann durch Teil-nichtigerklärung – Streichung des Wortes „insbesondere" – erreicht werden, daß jedenfalls in den einzeln aufgeführten Fällen, aber auch nur in diesen Fällen, enteignet werden darf. Fehlt ein solcher Katalog, ist die Enteignungsrege-lung insgesamt verfassungswidrig und nichtig. Das gilt zumindest für Enteig-nungen zugunsten Privater, für die schärfere Anforderungen gelten. Vgl. dazu *BVerfGE* 74, 274, 285; *BVerwGE* 87, 241, 246 ff.; ferner *Mußgnug*, BWStVR, S. 163.

c) *Das Enteignungsverfahren* ist – schon aus verfassungsrechtlichen **76** Gründen (vgl. oben Rn. 64) – streng formalisiert. Es handelt sich der Sache nach um ein förmliches Verfahren i. S. der §§ 63 ff. Vw-VfG. Allerdings kommen diese Vorschriften nur zur Anwendung, wenn dies ausdrücklich angeordnet worden ist (so z. B. § 105 BBergG für die bergrechtliche Grundabtretung). In der Regel ent-halten die Enteignungsgesetze jedoch selbst detaillierte Verfahrens-regelungen oder verweisen auf die Verfahrensregelungen anderer Enteignungsgesetze.

Als Beispiel für ein gesetzlich geregeltes Enteignungsverfahren **77** soll im folgenden auf die §§ 104 ff. BauGB hingewiesen werden, die die Enteignung von Grundstücken und dinglichen Rechten zur Verwirklichung des Bebauungsplanes betreffen. Diese Vorschriften entsprechen dem üblichen Standard.

Enteignungsbehörde ist die höhere Verwaltungsbehörde, d. h. in der Regel das Regierungspräsidium (§ 104 I BauGB). Das Enteignungsverfahren wird auf Antrag desjenigen eingeleitet, der das Grundstück zur Verwirklichung eines enteignungsbegründenden Vorhabens gem. § 85 I BauGB benötigt. Als An-tragsteller kommen sonach vor allem Verwaltungsträger (Bund, Land, Ge-meinde), aber ausnahmsweise auch Privatrechtssubjekte (im Fall der Enteig-nung zugunsten Privater) in Betracht. Antragsgegner ist derjenige, dessen Grundstück oder Recht durch die Enteignung entzogen werden soll (vgl. zu den Beteiligten § 106 BauGB). Bemerkenswert ist, daß, wenn das Land als Antragsteller oder Antragsgegner beteiligt ist, sowohl in Gestalt der Enteig-nungsbehörde als auch in Gestalt eines der Beteiligten Landesbehörden auftre-ten. Die Enteignungsbehörde hat zunächst auf eine Einigung der Beteiligten hinzuwirken (vgl. § 110 BauGB). Die Einigung ist ein öffentlich-rechtlicher Vertrag zwischen den Beteiligten auf Veranlassung der Enteignungsbehörde, für den, soweit das BauGB nichts anderes bestimmt, die §§ 54 ff. VwVfG gel-ten. Kommt es nicht zur Einigung, dann entscheidet die Enteignungsbehörde aufgrund einer mündlichen Verhandlung durch Enteignungsbeschluß (§§ 112, 113 BauGB), der – als Verwaltungsakt – gerichtlich angefochten und überprüft werden kann, allerdings nicht vor den allgemeinen Verwaltungsgerichten, sondern vor den Kammern und Senaten für Baulandssachen beim Landgericht bzw. Oberlandesgericht als besonderen Gerichte i.S. des § 40 I S. 1 VwGO (vgl. §§ 217 ff. BauGB und den Hinweis auf die erforderliche Rechtsmittelbelehrung in § 113 I 2 BauGB). Er wird allerdings erst wirksam und vollziehbar, wenn die Enteignungsbehörde – nach Unanfechtbarkeit des Beschlusses und nach Zahlung der Entschädigung – seine Ausführung formell angeordnet hat (§ 117 BauGB). Entsprechendes gilt für die Einigung zwischen den Beteiligten, die dem unanfechtbaren Enteignungsbeschluß gleichsteht (so § 110 III 1 BauGB). Die Ausführungsanordnung führt zu dem dort angegebenen Zeitpunkt unmittelbar die vorgesehene Rechtsänderung herbei (§ 117 V 1 BauGB). In dringenden Fällen kann schon vorher eine sog. vorzeitige Besitzeinweisung erfolgen (§ 116 BauGB). Wird der Enteignungszweck aufgegeben oder nicht erreicht (etwa der Bebauungsplan geändert oder das enteignete Grundstück nicht für den beabsichtigten Zweck in Anspruch genommen), dann muß das dafür enteignete Grundstück wieder zurückgegeben werden (§§ 102, 103 BauGB).

78 d) *Entschädigung.* Neben den Bestimmungen über die Zulässigkeit der Enteignung und den Bestimmungen über das Enteignungsverfahren enthalten die Enteignungsgesetze als dritten Komplex Regelungen über die Entschädigung. Auch hier kann als typisches Beispiel auf die Vorschriften des BauGB (§§ 93 ff.) verwiesen werden.

Nach § 93 II BauGB wird 1. für den durch die Enteignung eintretenden Rechtsverlust und 2. für andere durch die Enteignung eintretende Vermögensnachteile Entschädigung gewährt. Die Einzelheiten, insbesondere auch die Wertposten, die nicht oder die zusätzlich zu berücksichtigen sind, werden in §§ 95 und 96 BauGB näher aufgeführt. Die „anderen Vermögensnachteile" betreffen vor allem Folgekosten (vgl. § 96 BauGB). Maßgebend ist der Verkehrswert zum Zeitpunkt der Entscheidung über die Enteignung, im Falle der vorzeitigen Besitzeinweisung zum Zeitpunkt der Entscheidung über diese. Dingliche oder obligatorische Rechte, die mit dem Grundstück verbunden waren, etwa Hypotheken, Dienstbarkeiten, Mietverhältnisse, erlöschen grundsätzlich mit der Enteignung, müssen aber ebenfalls entschädigt werden. Die Entschädigung besteht in Geld, möglicherweise aber auch in Ersatzland oder in der Gewährung anderer Rechte (§§ 99–101 BauGB). Im Falle der Rückenteignung muß der frühere Eigentümer dem durch die Rückenteignung Betroffenen Entschädigung leisten. Der Betrag bestimmt sich ebenfalls nach dem Verkehrswert, darf aber den bei der (ersten) Enteignung zugrunde gelegten Verkehrswert des Grundstücks nicht übersteigen (vgl. zu den Einzelheiten § 103 BauGB). Insgesamt bestätigen diese Regelungen die bereits oben festgestellten Folgerungen für die Entschädigung aus Art. 14 III GG. Sie zeigen im übrigen, daß solche Entschädigungsregelungen – ganz abgesehen von grundsätzlichen Erwägungen über Gesetzesvorbehalt, Abwägung und dgl. – für die praktische Durchführung der Enteignung sinnvoll und notwendig sind.

III. Die ausgleichspflichtige Inhaltsbestimmung

1. Grundlagen und Bedeutung

Die ausgleichspflichtige Inhaltsbestimmung bezieht sich auf die 79
gesetzliche Eigentumsregelung des Art. 14 I 2 GG. Beschränkungen, die sich aus solchen Gesetzen oder ihrem Vollzug ergeben, hat
der Eigentümer grundsätzlich entschädigungslos hinzunehmen. Das
gilt aber nicht ausnahmslos. Es ist möglich, daß eine gesetzliche
Regelung, die generell das Eigentum in verfassungsrechtlich vertretbarer Weise beschränkt, in atypischen Ausnahmefällen zu besonderen Belastungen führt, die mit dem Grundsatz der Verhältnismäßigkeit nicht mehr vereinbar und deshalb wegen Verstoßes gegen
die Eigentumsgarantie verfassungswidrig sind. In diesen Ausnahmefällen kommt die „ausgleichspflichtige Inhaltsbestimmung" zum
Zuge. Durch Gewährung eines (realen oder wenigstens finanziellen) Ausgleichs kann – bei Vorliegen der einzelnen Voraussetzungen – die übermäßige Belastung abgewendet oder aufgefangen
und damit die Verletzung der Eigentumsgarantie vermieden werden.

Vgl. *BVerfG*, Beschl. vom 2. 3. 1999, *BVerfGE* 100, 226 = DVBl. 1999, **80**
1498 mit Anm. von *Hendler* = JZ 1999, 895 mit Anm. *Ossenbühl;* dazu auch
Papier, DVBl. 2000, 1398, 1401 ff.; *Stüer/Thorand*, NJW 2000, 3737 ff.; *Roller*,
NJW 2001, 1003 ff.; *Külpmann*, JuS 2000, 646 ff.; zur Vorgängerentscheidung
BVerfGE 58, 137 bereits oben Rn. 32; ob sie ihrerseits Vorläufer in der
Rechtsprechung des *BVerfG* hatte, wie in der Literatur gelegentlich angenommen wird (vgl. etwa *Steinberg/Lubberger*, S. 213, *Schwabe*, JZ 1983, 276), soll
hier dahingestellt bleiben. – Aus der Rechtsprechung der Fachgerichte sind vor
allem folgende Entscheidungen zu nennen: *BVerwGE* 77, 295, 297 f.; 80, 184,
191 f. (Immissionen); *BVerwGE* 84, 361, 368 ff.; 94, 1, 3 ff. (Naturschutz);
BGHZ 102, 350, 359 f. (Waldschaden); *BGHZ* 110, 12, 16; 121, 73, 78 ff.;
BGH DVBl. 1996, 671 (Denkmalschutz); *BGHZ* 121, 328, 332 ff.; 123, 242,
244 ff.; 126, 379, 381 ff.; 128, 204 (Naturschutz); *BGHZ* 133, 271, 274 f.
(Wasserschutz); aus der Literatur etwa: *Schulze-Osterloh*, NJW 1981, 2543 ff.;
Hendler, DVBl. 1983, 880; *Krohn*, DVBl. 1986, 747; *Nüßgens/Boujong*, Rn. 339 f.;
Bryde, Art. 14 Rn. 63; *Kreft*, Festschrift für Geiger, S. 412 f.; *Wahl*, NVwZ
1990, 440; kritisch oder grundsätzlich ablehnend *Papier*, Art. 14 Rn. 343 ff.;
J. Ipsen, S. 143 ff.; *Schmitt-Kammler*, S. 837 ff.; *Breuer*, NuR 1995, 545 f.; *ders.,*
in: Schrödter, Baugesetzbuch, 6. Aufl. 1998, § 39 Rn. 16 ff.

Mit der ausgleichspflichtigen Inhaltsbestimmung wird die Ent- **81**
eignungsrechtsprechung des *BVerfG* ergänzt und komplettiert. Die

strikte Alternative zwischen der entschädigungspflichtigen Enteignung gem. Art. 14 III GG, die sich auf den Entzug vermögenswerter Rechtspositionen durch gezielten hoheitlichen Rechtsakt beschränkt, und der entschädigungslosen Inhalts- und Schrankenbestimmung gem. Art. 14 I 2 GG kann nicht alles sein. Die ausgleichspflichtige Inhaltsbestimmung bietet gleichsam den Ausweg, um einerseits eine im öffentlichen Interesse liegende Eigentumsbeschränkung zu erreichen, andererseits aber auch die sich daraus ergebenden besonderen Belastungen im Einzelfall auszugleichen. Kritisch mag man bemerken, daß damit der weite Enteignungsbegriff des *BGH* zwar formell aufgegeben worden ist, aber sachlich im Rahmen des Art. 14 I 2 GG wieder aufersteht. Denn die Frage, wann eine übermäßige Belastung vorliegt, bemißt sich letztlich doch wieder nach Kriterien, die früher zur Abgrenzung von Enteignung und Sozialbindung herangezogen wurden. Maßgebend ist, ob der Eingriff im Blick auf die Schwere, Intensität und Dauer für den Betroffenen unzumutbar ist. Ein wichtiges Indiz bildet auch der Vergleich mit den Fällen, auf die der Gesetzgeber typischerweise abstellt, so daß auch der Gleichheitssatz wieder ins Spiel gelangt. Kommt man damit doch wieder mehr oder weniger zum materiell orientierten „Sonderopfer", so bleibt andererseits als wesentlicher Unterschied, daß der Ausgleich *gesetzlich* geregelt und bestimmt sein muß (vgl. dazu auch unten Rn. 83). War z.B. die „Situationsgebundenheit" früher ein aus der Sache deduzierter Begrenzungstopos, so muß sie sich nunmehr aus den Gesetzen selbst ergeben. Fehlt die erforderliche Ausgleichsregelung, dann können nicht die Verwaltungsbehörden und die Gerichte von sich aus Entschädigung gewähren, sondern ist die das Eigentum begrenzende Regelung – allerdings nur insoweit, als die übermäßige Belastung reicht – verfassungswidrig. Dementsprechend hat auch das *BVerfG* in der Pflichtexemplarentscheidung keine Entschädigung zugesprochen, sondern das Gesetz für verfassungswidrig erklärt.

Zur Abgrenzung von anderen Entschädigungs- und Ausgleichsansprüchen wird der finanzielle Ausgleichsanspruch im Rahmen des Art. 14 I 2 GG im folgenden als „eigentumsrechtlicher Ausgleichsanspruch" bezeichnet.

2. Anwendungsbereich

Der eigentumsrechtliche Ausgleichsanspruch kommt vor allem **82** bei unverhältnismäßig starken Immissionen hoheitlich betriebener Anlagen oder Einrichtungen und bei unverhältnismäßig belastenden Nutzungsbeschränkungen im Bereich des Denkmalschutzes und des Naturschutzes in Betracht.

a) Für die *Immissionen* bestehen weitgehend gesetzliche Regelungen. Im übrigen fragt es sich, ob § 906 BGB, den der *BGH* schon seit langem für die Feststellung der Zumutbarkeits- und Entschädigungsgrenze in diesem Zusammenhang entsprechend heranzieht, als analog anzuwendende Rechtsgrundlage dienen kann.

Einen Ausgleichsanspruch („angemessene Entschädigung") gewähren z. B. § 8 a V FStrG, wenn durch Straßenbauarbeiten und die dadurch bedingten Zugangsbehinderungen die an der Straße liegenden Einzelhandelsgeschäfte und sonstigen Gewerbebetriebe in ihrer Existenz gefährdet werden, oder § 42 BImSchG, wenn der Verkehrslärm bestimmte Immissionsgrenzwerte überschreitet, oder § 74 II 3 VwVfG, wenn von planfestgestellten Anlagen „nachteilige Wirkungen" für benachbarte Grundstücke ausgehen. In allen diesen Fällen ist allerdings die Entschädigung das letzte Mittel; sie kommt nur in Betracht, wenn die Beeinträchtigungen nicht auf andere Weise, insbesondere durch Schutzvorrichtungen, abgewendet oder gemildert werden können. Ferner ist zu beachten, daß der Gesetzgeber mehr gewähren kann, als verfassungsrechtlich geboten ist. Das gilt z. B. für den Ausgleichsanspruch des § 74 II 3 VwVfG, der Lärmimmissionen erfaßt, die teils über und teils unter der eigentumsrechtlichen Belastungsgrenze liegen (vgl. *BVerwGE* 77, 295, 297; *BGHZ* 122, 76, 78 f.). Der Unterschied zeigt sich vor allem, wenn eine entsprechende Regelung fehlt: Fehlen Ausgleichsansprüche im ersten Fall, dann ist die beschränkende Regelung verfassungswidrig, fehlen sie im zweiten Fall, dann ist sie verfassungsrechtlich gleichwohl nicht zu beanstanden.

b) Im Bereich des *Denkmalschutz- und Naturschutzrechts* stellte sich **83** nach der „Entdeckung" des eigentumsrechtlichen Ausgleichsanspruchs die Frage, ob die früheren salvatorischen Entschädigungsklauseln, die bestimmten, daß eigentumsbeschränkende Maßnahmen dann zu entschädigen seien, wenn sie „enteignende Wirkung" haben (vgl. dazu oben Rn. 63), nunmehr als Rechtsgrundlage für die Entschädigung im Rahmen der ausgleichspflichtigen Inhaltsbestimmung herangezogen werden können, ob sie also nicht mehr eine Entschädigung für den Fall, daß die Nutzungsbeschränkung ausnahmsweise „enteignende Wirkung" hat, sondern einen Ausgleich für den Fall, daß die Nutzungsbeschränkung den Eigentümer ausnahmsweise unverhältnismäßig und gleichheitswidrig belastet, gewähren. Der *BGH* und – nach anfänglicher Zurückhaltung – das *BVerwG* bejahten dies, ebenso ein Teil der Literatur. Die Gegenmeinung lehnte dies vor allem mit dem Hinweis ab, daß diese Regelungen dem rechtsstaatlichen Bestimmtheitsgrundsatz nicht entsprächen.

Das *BVerwG* hatte zunächst die salvatorischen Klauseln nur für eine Übergangszeit und nur in restriktiver verfassungskonformer Auslegung als mögliche Ausgleichsregelungen anerkannt (*BVerwGE* 84, 361, 367 f.). Inzwischen werden sie aber sowohl vom *BVerwG* als auch vom *BGH* uneingeschränkt als tauglich bejaht (vgl. *BVerwGE* 94, 1, 10 f.; *BGHZ* 126, 379, 381 ff.; *BGHZ* 133, 271, 274 f.). Ebenso *Nüßgens/Boujong,* aaO. Rn. 340; *Kröner,* Festschrift für Geiger, 1989, S. 452; *Scherzberg,* DVBl. 1991, 91; *Rüfner,* Festschrift für Boujong, 1996, 646 f.; ablehnend *Pietzcker,* JuS 1991, 372; *Schink,* DVBl. 1990, 1385; *Detterbeck,* DÖV 1994, 273 ff.; *Schoch,* Festschrift für Boujong, 1996, S. 668 f. In einigen Landesgesetzen sind – wohl auch veranlaßt durch *BVerwGE* 84, 361 – die salvatorischen Klauseln durch detailliertere Vorschriften mit Regelbeispielen für Ausgleichszahlungen ersetzt worden, vgl. etwa § 39 I hess. Naturschutzgesetz, § 7 III NW Landschaftsschutzgesetz.

Für die Rechtsprechung konnte geltend gemacht werden, daß die salvatorischen Entschädigungsklauseln keine reine Lehrformel sind, da sie zumindest zum Ausdruck bringen, daß der Gesetzgeber in diesen Fällen den Eingriff mit Entschädigung und nicht den Verzicht auf den Eingriff als Alternative will, daß sie ferner an die Rechtsprechung des BGH und des BVerwG anknüpfen und diese gleichsam in Bezug nehmen und daß es kaum möglich oder auch nur sinnvoll sei, wenn der Gesetzgeber die „Härtefälle" bis ins Detail regeln müßte. Das *BVerfG* hat jedoch die salvatorische Entschädigungsklausel – jedenfalls in diesem Zusammenhang – endgültig verabschiedet. Es stellte im Blick auf den im konkreten Fall maßgeblichen § 31 I 2 Rhl.-Pf. DSchG fest, daß sie den Anforderungen an die Ausgleichsregelung i. S. des Art. 14 I 2 GG nicht genügt.

BVerfGE 100, 226, 243 ff., 246 f. (vgl. zu dieser Entscheidung und den dazu ergangenen Stellungnahmen bereits oben Rn. 80). Der *BGH* weist in seinem Urteil vom 7. 12. 2000 auf diese BVerfG-Entscheidung hin, erklärt aber sogleich, daß für die Beurteilung der vor jener Entscheidung liegenden Fälle die salvatorische Klausel im Sinne der bisherigen Rechtsprechung des *BGH* noch anzuwenden sei (*BGHZ* 146, 122, 137).

3. Voraussetzungen des eigentumsrechtlichen Ausgleichsanspruchs

Das Instrument des finanziellen Ausgleichs im Rahmen des **84** Art. 14 I 2 GG darf nicht beliebig eingesetzt werden. Es ist nur zulässig, wenn die Beschränkung des Eigentums bei Abwägung aller Gesichtspunkte überhaupt erforderlich ist und wenn, falls dies bejaht wird, auch die Einbeziehung der Härtefälle in die Gesamtregelung sachlich geboten ist. Es ist daher zuerst zu prüfen, ob eine Ausnahmeregelung für die Härtefälle möglich und vertretbar ist oder die unverhältnismäßige Belastung auf andere Art und Weise abgewendet werden kann. Erst wenn das verneint wird, kommt der finanzielle Ausgleich in Betracht. Das ergibt sich bereits aus dem vorrangigen Bestandsschutz. Dem entsprechen auch die oben genannten speziellen Ausgleichsregelungen.

> Vgl. dazu *BVerfGE* 100, 226, 244 ff.: Das Gericht fordert eine gesetzliche Regelung, die nicht nur die materiellen Voraussetzungen (Übergangsregelungen, Ausnahme- und Befreiungsvorschriften, Einsatz sonstiger administrativer oder technischer Vorkehrungen, finanzieller Ausgleich) festlegt, sondern auch Verfahrensvorschriften enthält, die sicherstellen, daß die Behörde mit dem eigentumsbeschränkenden Verwaltungsakt zugleich eine Entscheidung über den dem betroffenen Eigentümer ggf. zu gewährenden Ausgleich trifft. Diese „Junctim-Klausel", die an Art. 14 III 2 GG erinnert, dürfte in der Praxis auf erhebliche Schwierigkeiten stoßen. Kritisch dazu auch *Hendler* DVBl. 1999, 1503.

Im konkreten Fall ist ein finanzieller Ausgleich zu gewähren, **85** wenn (1) eine vermögenswerte Rechtsposition (2) im Rahmen der Inhalts- und Schrankenregelung (3) in besonderer und unzumutbarer Weise beeinträchtigt wird, (4) keine den Bestand des Eigentum sichernde Möglichkeiten bestehen und (5) eine daran anknüpfende gesetzliche Ausgleichsregelung vorliegt. Bei der Lösung einzelner Fälle genügt an sich die Anwendung der gesetzlichen Ausgleichsregelung, zumal sie auch dann im vollen Umfang eingreift, wenn sie mehr gewährt, als verfassungsrechtlich zu gewähren wäre. Gleichwohl ist es zweckmäßig und sinnvoll, sich die übrigen Voraussetzungen zu vergegenwärtigen, um den Anspruch richtig einzuordnen und zu werten.

4. Die Höhe des Ausgleichs

86   Der eigentumsrechtliche Ausgleichsanspruch bildet keine Billig-keitsentschädigung, sondern ist verfassungsrechtlich gefordert. Er darf daher nicht – auch nicht im Blick auf seine Höhe – nach billigem Ermessen festgesetzt werden. Maßgebend ist vielmehr die übermäßige Belastung, für die ein Äquivalent geboten werden soll und muß. Das dürfte in der Regel auf eine volle Entschädigung hinauslaufen.

Im übrigen gelten die Grundsätze für die Festsetzung und Bemessung der Enteignungsentschädigung entsprechend, vgl. dazu bereits oben Rn. 66 ff.

IV. Der enteignungsgleiche Eingriff

1. Grundlagen

87   Die Entschädigung für enteignungsgleiche Eingriffe knüpft an rechtswidrige Beeinträchtigungen des Eigentums an. Nach früherer Auffassung fiel der enteignungsgleiche Eingriff unter den weit verstandenen Enteignungsbegriff, der – als Beeinträchtigung des Eigentums mit Sonderopfercharakter – gerade auch rechtswidrige Maßnahmen erfaßte. Das Sonderopfer bestand in der Rechtswidrigkeit, so daß insoweit keine weiteren Prüfungen erforderlich waren. Nach dem Naßauskiesungsbeschluß des *BVerfG* vom 15. 7. 1981 (*BVerfGE* 58, 300) wurde die Entschädigung für enteignungsgleichen Eingriff mangels gesetzlicher Grundlage in Frage gestellt. Inzwischen hat sich jedoch herausgestellt, daß dieser Entschädigungsanspruch, wenn auch teilweise eingeschränkt und modifiziert, fortbestehen kann und fortbesteht (vgl. bereits oben Rn. 33 ff.). Wenn der BGH als Grundlage für die Entschädigung wegen enteignungsgleichen Eingriffs nicht mehr Art. 14 III GG oder allgemein Art. 14 GG, sondern den „allgemeinen Aufopferungsgedanken der §§ 74, 75 Einl. ALR in seiner richterrechtlich geprägten Ausformung" heranzieht, dann mag das insofern berechtigt sein, als der allgemeine Aufopferungsanspruch den Urgrund aller Entschädigungsansprüche in diesem Bereich bildet. Näher liegt jedoch Art. 14 I GG. Die Entschädigung wegen enteignungsgleichen Eingriffs bildet gleichsam die dritte Stufe des Eigentumsschutzes. Wenn der Abwehranspruch auf der ersten Stufe, der den Eingriff in das Eigentum verhindern soll, und der Folgenbeseitigungsanspruch auf der zweiten Stufe, der die Rückgabe des tatsächlich entzogenen Eigentumsobjekts zum Ziel hat, nicht oder nicht ausreichend greifen, dann kommt auf der dritten Stufe der Entschädigungsanspruch wegen enteignungsgleichen Eingriffs zum Zuge, der Ersatz für das Entzogene gewährt. Alle diese Anspruchsvarianten haben ihre Grundlage in Art. 14 I GG, werden aber auf der Ebene des einfachen Rechts, erforderlichenfalls durch die Rechtsprechung, konkretisiert und näher ausgestaltet. Durch die Stufenfolge wird zugleich der Grundsatz des Vorrangs des Primärrechtsschutzes (Abwehr) gegenüber dem Sekundärrechtsschutz (Entschädigung) erklärt und begrenzt. Auch der *BGH* hat letztlich diese Einordnung nicht aufgegeben, da er zwar die Entschädigung wegen enteignungsgleichen Eingriffs von Art. 14 GG „abgekoppelt" hat, sich aber bei der Bestimmung des Tatbestandsprofils und der Rechtsfolgen nach wie vor an Art. 14 GG orientiert.

Vgl. zum *BGH* bereits oben Rn. 36; zustimmend *Papier,* in: Maunz/Dürig, Art. 14 Rn. 714 ff.; *Nüßgens/Boujong,* aaO. Rn. 430; *Schenke,* NJW 1991, 1778 f.; *Lege,* NJW 1990, 869; *Scherzberg,* DVBl. 1991, 88 f.; ferner *Kimminich,* Art. 14 Rn. 238 ff. jeweils m. w. N.; für gewohnheitsrechtliche Fortgeltung (was jedoch kein Widerspruch zum *BGH* bedeuten muß, da ja auch der Aufopferungsanspruch gewohnheitsrechtlich fortgilt) *Ossenbühl,* Festschrift für Geiger, 1989, S. 476 f.; *ders.,* Staatshaftungsrecht, S. 225 f.; *J. Ipsen,* DVBl. 1983, 1036 f.; wie hier dagegen *Götz,* DVBl. 1984, 396; *Maurer,* Festschrift für Dürig, 1990, S. 314 ff.; *Ehlers,* VVDStRL 51 (1992) S. 243.

2. Begriff und Voraussetzungen des enteignungsgleichen Eingriffs

Der enteignungsgleiche Eingriff ist die durch eine hoheitliche **88** Maßnahme unmittelbar bewirkte rechtswidrige Beeinträchtigung einer als Eigentum geschützten Rechtsposition. Wie bereits dargelegt wurde, ist er im Laufe der Zeit in verschiedener Hinsicht erweitert worden. Nach dem derzeitigen Stand ergibt sich im einzelnen:

a) *Eigentum.* Wie bei der Enteignung und dem eigentumsrechtli- **89** chen Ausgleichsanspruch betrifft der enteignungsgleiche Eingriff alle vermögenswerte Rechtspositionen i. S. des Art. 14 I GG. Insoweit kann auf die Ausführungen zum Enteignungsbegriff verwiesen werden.

90   b) *Hoheitliche Maßnahme.* Als „Eingriff" kommen alle möglichen Maßnahmen in Betracht. Es kann sich um Rechtsakte, aber auch um Realakte handeln. Gerade die Realakte spielen hier eine erhebliche Rolle.

Beispiele: Beeinträchtigung von Gewerbebetrieben durch nicht ordnungsgemäß geplante oder durchgeführte Straßenbauarbeiten (*BGHZ* 57, 359, 362); Erschütterung der Standfestigkeit eines Gebäudes durch Ausschachtungsarbeiten an einer öffentlichen Straße (*BGHZ* 72, 289); Beschädigung eines Gasthauses durch einen von der Straße abkommenden Schützenpanzer der Bundeswehr (*BGH* NJW 1964, 104); Wasserschäden durch Anbringung von Hochwasserschutzanlagen (*BGHZ* 117, 240, 252 ff.); Geruchsimmissionen durch eine kommunale Kläranlage (*BGHZ* 91, 20); faktische Bausperre, d. h. tatsächliche Verhinderung einer nach dem Bau- und Bodenrecht an sich zulässigen Bebauung (*BGH* NVwZ 1992, 119); ferner als Rechtsakte etwa: Beeinträchtigung des Grundeigentums durch Baugenehmigung für Nachbargrundstück (*BGHZ* 86, 356, 358); Verzögerung eines Bauvorhabens wegen Versagung des Einvernehmens der Gemeinde nach § 36 BauGB (*BGHZ* 65, 182, 188 f.; 118, 253, 255); Verhinderung oder Verzögerung eines Grundstücksverkaufes durch Versagung einer Genehmigung nach dem Grundstücksverkehrsgesetz (*BGHZ* 136, 182 ff.); vgl. ferner die Beispiele in den folgenden Ausführungen.

Fraglich sind zwei Punkte, nämlich einmal, ob und inwieweit die Maßnahme auch Rechtsetzungsakte erfaßt, und zum anderen, ob die Maßnahme (der Eingriff) auch im Unterlassen bestehen kann.

91   aa) Was die *Rechtsetzung* anbetrifft, so gewährt der *BGH* Entschädigung für rechtswidrige untergesetzliche Rechtsnormen, insbesondere Rechtsverordnungen und Satzungen (sog. normatives Unrecht), nicht aber für verfassungswidrige formelle Gesetze (sog. legislatives Unrecht) und für die Vollzugsakte, deren Rechtswidrigkeit ausschließlich auf der Verfassungswidrigkeit eines Gesetzes beruht (sog. Beruhensakte). In der Literatur ist der Ausschluß der Haftung für verfassungswidrige Gesetze nicht unbestritten. Der *BGH* begründet ihn mit den möglicherweise weitreichenden Folgen für die Staatsfinanzen, der Haushaltsprärogative des Parlaments und den − rechtspolitisch betrachtet − unterschiedlichen Lösungsmöglichkeiten. Der Ausgleich für Schäden, die unmittelbar oder

mittelbar durch ein verfassungswidriges Gesetz herbeigeführt würden, halte sich nicht mehr im Rahmen des richterrechtlich geprägten und ausgestalteten Haftungsinstituts des enteignungsgleichen Eingriffs, sondern sei der Regelung durch den Gesetzgeber
vorbehalten. Letztlich geht es also um die funktionellen Grenzen
der Gerichtsbarkeit. Wenn dem aber so ist, dann darf der Gesetzgeber die Folgen verfassungswidriger Gesetze nicht einfach auf sich
beruhen lassen, sondern ist schon aufgrund des Art. 14 I GG verpflichtet, nach Möglichkeiten des Schadensausgleiches oder wenigstens der Schadensbegrenzung zu suchen. Der Hinweis des *BGH*
auf die finanziellen Auswirkungen vermag im übrigen so allgemein
nicht zu überzeugen, da es einerseits durchaus Gesetze, insbesondere Maßnahmegesetze, mit beschränktem Wirkungsbereich und
andererseits Rechtsverordnungen mit erheblicher Breitenwirkung
gibt. Indessen gibt die formelle Differenzierung zwischen Gesetzen
und untergesetzlichen Rechtsnormen doch griffige und wohl auch
den typischen Situationen entsprechende Abgrenzungskriterien.
Richtig ist auf jeden Fall, daß Rechtsverordnungen auf der unteren
Ebene und Satzungen in die Entschädigung wegen enteignungsgleichen Eingriffs einbezogen werden.

Vgl. zu den formellen Gesetzen *BGHZ* 100, 136, 145 ff. (Preisgesetz);
BGHZ 102, 350, 359 (Waldschäden); *BGHZ* 125, 27, 39 (Irak-Embargo); zu
den Rechtsverordnungen *BGHZ* 78, 41 (Verbot von Werbefahrten nach der
StVO); *BGHZ* 111, 349, 352 f. (Kakaoverordnung); *BGH* DVBl. 1993, 718
(Milch-Verordnung); zu den Bebauungsplänen als Satzungen *BGHZ* 78, 41,
43; 92, 34, 36; 110, 1; ferner zur *BGH*-Rechtsprechung *Boujong*, Festschrift für
Geiger, 1989, S. 430 ff.; *Dohnold*, DÖV 1991, 152 ff.; für die Einbeziehung der
formellen Gesetze etwa *Schenke*, NJW 1988, 857 ff. (insbesondere zu *BGHZ*
100, 136); *v. Arnim*, Die Haftung der Bundesrepublik Deutschland für das Investitionshilfegesetz, 1986; *Fetzer*, Die Haftung des Staates für legislatives Unrecht, 1994, S. 122 ff.; vgl. ferner zur Amtshaftung wegen legislativen und
normativen Unrechts oben § 25 Rn. 51 ff. m. w. N.

bb) Strittig ist ferner die Frage, ob die Entschädigung wegen **92**
enteignungsgleichen Eingriffs auch auf ein *Unterlassen der Verwaltung* gestützt werden kann. Der *BGH* verneint diese Frage beim
„einfachen Unterlassen", bejaht sie aber, wenn sich das Unterlassen „ausnahmsweise als ein in den Rechtskreis des Betroffenen
eingreifendes Handeln qualifizieren" läßt (sog. qualifiziertes Unterlassen).

Vgl. *BGHZ* 56, 40, 42 f.; 102, 350, 364 f.; 118, 253, 261; 125, 27, 39. Danach stellt zwar die Ablehnung eines Antrags auf Baugenehmigung als „qualifiziertes Unterlassen", nicht aber die Nichtbescheidung eines solchen Antrags als „einfaches Unterlassen" einen Eigentumseingriff dar (so *BGH* DVBl. 1971, 464 mit abl. Anm. von *Schrödter* und *Schmaltz*). Vgl. allerdings auch wohl großzügiger *BGH* NVwZ 1992, 1119, 1121.

Die Bewertung des *sog. qualifizierten Unterlassens* als Eigentumseingriff ist sicher richtig. Die Ablehnung einer Baugenehmigung stellt formell die Verweigerung eines begünstigenden Verwaltungsaktes, materiell aber einen echten Eingriff in Freiheit und Eigentum dar (vgl. bereits oben § 9 Rn. 52 f.). Die *Begrenzung* auf das qualifizierte Unterlassen ist aber *zu eng.* Die Auffassung des *BGH,* es gehöre zum Wesen des enteignenden Eingriffs, daß dem Eigentümer „etwas genommen" wird, was durch bloßes Unterlassen nicht möglich sei, ist in der Prämisse, nicht aber in der Schlußfolgerung zutreffend. Durch die verzögerliche Bescheidung eines Bauantrags wird dem Eigentümer sehr wohl etwas genommen, nämlich die Möglichkeit, sein Grundstück baulich zu nutzen. Das Verhalten der Baubehörde stellt also eine zeitweilige Nutzungsbeschränkung dar (die zwar nicht – mehr – bei der Enteignung, aber beim enteignungsgleichen Eingriff relevant ist). In der Literatur stößt die Rechtsprechung denn auch auf Kritik. Es wird die Meinung vertreten, daß ein Eingriff durch Unterlassen stets dann anzunehmen sei, wenn eine *Rechtspflicht zum Handeln* besteht. Ob das so allgemein haltbar ist, bedürfte noch näherer Prüfung. Das Kriterium der Substanzbeeinträchtigung („etwas genommen") sollte nicht vorschnell aufgegeben werden. Bei der säumigen Bearbeitung eines Antrags auf Erteilung einer Baugenehmigung oder einer gewerberechtlichen Genehmigung ist dieses Kriterium jedenfalls gegeben, so daß nur noch zu fragen ist, ab welchem Zeitpunkt die Nichtbescheidung rechtswidrig ist, was von den Umständen des Einzelfalls abhängt.

Vgl. zur Gegenmeinung („Eingriff" im Falle einer Rechtspflicht zum Handeln) *Ossenbühl,* Staatshaftungsrecht, S. 255 ff. m. w. N. Zutreffend weist *Schwabe* (NJW 1971, 1657) auch darauf hin, daß die Begriffe positives Tun und Unterlassen bis zu einem gewissen Grad austauschbar sind und deshalb zumindest dann eine rechtswidrige Unterlassung als „Eingriff" zu werten ist, wenn sie eine bestehende Eigentumsbeeinträchtigung aufrechterhält. Zum Gesichtspunkt der „Aufrechterhaltung" vgl. auch *BGHZ* 111, 349, 352 = JZ 1991, 36 mit Anm. von *Maurer.*

c) *Unmittelbarkeit des Eingriffs.* Die früher vertretene Auffassung, **93**
daß der Eingriff gewollt und gezielt sein müsse (Finalität des Eingriffs), ist vom *BGH* aufgegeben worden (so ausdrücklich zuerst in
BGHZ 37, 44, 47). Im Gegensatz zur Enteignung, die einen gezielten Eingriff in das Eigentum voraussetzt, genügt für den enteignungsgleichen Eingriff, daß die hoheitliche Maßnahme *unmittelbar*
die Beeinträchtigung des Eigentums bewirkt. Die Unmittelbarkeit
wird zum maßgeblichen Kriterium der Haftungsbegrenzung. Die
mit der Unmittelbarkeit üblicherweise verbundene Vorstellung,
daß sich zwischen den Eingriff und die Beeinträchtigung keine
weiteren Umstände schieben dürfen, ist freilich nicht entscheidend.
Es kommt vielmehr auf die wertende Zurechnung an. In neueren
Entscheidungen betont der *BGH,* daß die Unmittelbarkeit dann
vorliege, wenn der Eingriff zu schädigenden Auswirkungen führe,
die für die konkrete Betätigung der Hoheitsgewalt typisch seien und
aus der Eigenart der hoheitlichen Maßnahmen folgten. Es dürfte
ferner vor allem auch, wie sonst im Schadensersatz- und Entschädigungsrecht, auf den Schutzzweck der verletzten Norm ankommen.

Vgl. zur neueren Rechtsprechung *BGHZ* 92, 34, 41f.; 102, 350, 358. **Beispiel:** Bei einem militärischen Übungsschießen irren Geschosse ab, treffen im
Wald gelagertes Holz und vernichten dieses durch Brand. Der Eingriff ist in
diesem Fall sicher nicht gezielt, sondern geht in die Irre, vernichtete aber „unmittelbar" das Holz (vgl. *BGHZ* 37, 44). – Die Unmittelbarkeit wurde ferner
bejaht bei Beschädigungen eines Hauses infolge Kanalisationsarbeiten (*BGH*
NJW 1978, 1051), Beeinträchtigung einer Wohnung durch Verkehrslärm
(*BGHZ* 64, 220), Vernichtung einer Aussaat durch von einer städtischen Mülldeponie angelockte Vögel (*BGH* NJW 1980, 770), baurechtliche Beschränkungen durch Erlaß eines Bebauungsplanes (*BGHZ* 92, 34, 41f.); vgl. auch
BGHZ 131, 163, 166f. (Schäden durch in Wohnung eingewiesene Obdachlose); *verneint* dagegen bei Wasserschäden auf einem Grundstück infolge eines
Rohrbruchs der gemeindlichen Wasserleitung (*BGHZ* 55, 229, 231f.), Beschädigung eines von der Polizei sichergestellten Kraftfahrzeugs durch randa-
lierende Dritte (*BGHZ* 100, 335, 337f.); ferner wohl, wenn auch letztlich offen gelassen, bei Waldschäden (*BGHZ* 102, 350, 358); früher auch bei
Versagen einer Verkehrsampel (*BGHZ* 54, 332, 338: sog. feindliches Grün),
a.A. nunmehr *BGHZ* 99, 249, 254f. (näher dazu unten § 28 Rn. 18). Vgl.
näher dazu mit weiteren Beispielen *Ossenbühl,* Staatshaftungsrecht, S. 247ff.;
Steinberg/Lubberger, S. 362ff.; *Olivet,* NVwZ 1986, 431ff.

d) *Rechtswidrigkeit des Eingriffs.* Das wesentliche, den enteignungs- **94**
gleichen Eingriff von anderen Einwirkungen auf das Eigentum ab-

hebende Kriterium bildet die Rechtswidrigkeit der beeinträchtigenden Maßnahme. Das Sonderopfer, das ursprünglich wenigstens der Theorie nach zusätzlich vorliegen und dargetan werden mußte, liegt nun in der Rechtswidrigkeit.

Vgl. *BGHZ* 32, 208, 212; 58, 124, 127. Zur Begründung wird darauf hingewiesen, daß dem Betroffenen dadurch, daß der Eingriff rechtswidrig ist, ein besonderes, anderen nicht zugemutetes Opfer auferlegt wird.

Die Rechtswidrigkeit bezieht sich – wie das Sonderopfer allgemein – auf den Erfolg, wird aber in der Regel durch die Eingriffshandlung indiziert. Daraus ergibt sich auch, daß ein nur formellrechtswidriges Verwaltungshandeln unerheblich ist, wenn sich die Beeinträchtigung des Eigentums gleichwohl als materiell rechtmäßig erweist (vgl. dazu auch *BGHZ* 58, 124, 127 f.).

3. Einschränkung durch den Vorrang des Primärrechtsschutz

Liegen die soeben dargelegten positiven Tatbestandsmerkmale vor, dann ist noch – gleichsam als negatives Tatbestandsmerkmal – der Vorrang des Primärrechtsschutzes zu beachten.

95   a) *Die grundsätzliche Bedeutung des Primärrechtsschutzes* ist durch den Naßauskiesungsbeschluß des *BVerfG* (*BVerfGE* 58, 300) und die daran anschließende Literatur zu Recht hervorgehoben worden. Die Eigentumsgarantie zielt in erster Linie auf Bestandsschutz. Der Betroffene kann sich, wenn rechtswidrig in sein Eigentum eingegriffen wird, zur Wehr setzen und damit den Bestand seines Eigentums erhalten. Sollte jedoch im konkreten Fall die Abwehr nicht möglich oder nicht zumutbar sein und damit der Bestandsschutz bei rechtswidrigen Beeinträchtigungen des Eigentums nicht oder nicht ausreichend greifen, dann muß Entschädigung geleistet werden. Die Entschädigung wird also nicht ausgeschlossen, sondern gleichsam in die zweite Linie verwiesen, steht dort aber – durch Art. 14 I GG gefordert – als subsidiäres Auffangmittel bereit. Dem entspricht das Verhältnis von Primärrechtsschutz und Sekundärrechtsschutz.

96   Das gilt auch für rechtswidrige Enteignungen. Der vielzitierte Naßauskiesungsbeschluß des *BVerfG* (*BVerfGE* 58, 300) steht dem nicht entgegen. Zu Recht betont das *BVerfG* in jenem Beschluß,

daß eine Enteignungsentschädigung (!) nur aufgrund eines dem
Art. 14 III GG entsprechenden Enteignungsgesetzes mit Entschädigungsregelung gewährt werden kann. Fehlt eine solche Regelung
oder entspricht sie nicht den Anforderungen des Art. 14 III GG ist
die Enteignung rechtswidrig. Der Bürger braucht sich nicht mit
der Entschädigung zufrieden zu geben, sondern kann – und muß,
wenn er den Vermögensverlust nicht einfach hinnehmen will – die
Enteignung im Wege des Primärrechtsschutzes anfechten. Die Frage
ist jedoch, was geschieht, wenn der Primärrechtsschutz im konkreten Fall nicht greift. Das *BVerfG* meint im Naßauskiesungsbeschluß, „die Verweisung auf die Anfechtung des Verwaltungsaktes
(stelle) für den Betroffenen keine unzumutbare Belastung dar"
(S. 324). Das dürfte bei Enteignungen, zumal wenn sie durch Verwaltungsakt mit Rechtsmittelbelehrung erfolgen, in aller Regel zu-
treffen. In dem zum Naßauskiesungsbeschluß führenden Ausgangsfall hatte der Kläger auch zunächst Widerspruch eingelegt und
hätte ohne weiteres auf das gerichtliche Anfechtungsverfahren
übergehen können. Gleichwohl bleibt die Frage, was geschieht,
wenn die Anfechtung im konkreten Fall nicht möglich oder nicht
zumutbar sein sollte. Das *BVerfG* selbst gibt mit dem Hinweis auf
die „unzumutbare Belastung" den Schlüssel zur Lösung. Die Sperrwirkung des Primärrechtsschutzes entfällt, wenn die Zumutbar-
keitsgrenze überschritten ist. Der Betroffene erhält zwar in diesen
Fällen keine Enteignungsentschädigung nach Art. 14 III GG (denn
diese setzt in der Tat eine rechtmäßige Enteignung voraus), aber
der Weg für eine Entschädigung nach den Grundsätzen über die
Entschädigung wegen enteignungsgleichen Eingriffs wird damit
frei. Art. 14 III GG wird dadurch auch nicht unterlaufen. Denn er
regelt nur die Voraussetzungen der rechtmäßigen Enteignung,
nicht die Konsequenzen rechtswidriger Enteignungen. Der Gesetzesvorbehalt des Art. 14 III GG gilt offensichtlich nur für die Enteignungsentschädigung, schließt aber anderweitig begründete Entschädigungsansprüche nicht aus. Es wäre auch grotesk, wenn der
Gesetzesvorbehalt, der hier wie auch sonst in erster Linie dem
Schutze des Bürgers dient, nunmehr gegen den Bürger gewendet
würde, indem er den Staat gegen Entschädigungsforderungen des
Bürgers absichert.

Im übrigen ist das „Wahlrecht" nicht so abwegig, wie es gelegentlich erscheint. Der Bürger kann auf seine Rechte *verzichten,* beim Eigentum auch und gerade gegen entsprechende Zahlung. Das Enteignungsrecht fordert sogar in Konkretisierung des verfassungsrechtlichen Grundsatzes der Verhältnismäßigkeit, daß zunächst ein freihändiger Erwerb des Grundstücks versucht und daß auch später während des Enteignungsverfahrens noch eine gütliche Einigung zwischen den Beteiligten angestrebt wird (vgl. oben Rn. 58). Warum sollte es dem Bürger verwehrt sein, falls „die Sache gelaufen" und das Grundstück, wenn auch rechtswidrig, entzogen ist, sich mit den Tatsachen abzufinden und nunmehr dem Entzug gegen Entschädigung zuzustimmen? Es ist auch schwer vorstellbar, daß der Staat einen rechtswidrig erlangten Vermögensvorteil ohne Entgelt behalten darf, nur weil der Betroffene nicht rechtzeitig (innerhalb einer kurzen Frist) angefochten hat. Wenn man hier eigentumsrechtlich nicht weiterkommen sollte, wäre noch an den Erstattungsanspruch mit Wertersatzanspruch zu denken (vgl. §§ 812 ff. insbes. §§ 818 II, 819, 820 BGB).

97   Noch mehr muß das gelten, wenn es sich nicht um Enteignungen, also gezielte hoheitliche Rechtsakte mit Eigentumsentziehungswirkung, sondern um Eingriffe in das Eigentum durch Realakte oder nicht gezielte Rechtsakte handelt. Art. 14 III GG erfaßt diese Eingriffe überhaupt nicht, so daß er auch keine wie immer geartete Sperrwirkung entfalten kann. Maßgeblich ist aber wiederum der Vorrang des Primärrechtsschutzes gegenüber dem Sekundärrechtsschutz. Die Fälle, in denen die Abwehr des Eingriffs versagt, werden freilich in diesem Bereich viel häufiger sein. Es ist nur an den Verzögerungsschaden oder an den unmittelbaren Vollzug zu denken.

98   Insgesamt zeigt sich, daß es nicht weiterführt, wenn in der Literatur durch Bildung von Fallgruppen – etwa nach der Rechtsform des Eingriffs (Enteignungsakt, nicht gezielter Rechtsakt, Realakt) oder nach der Fehlerquelle (kein Enteignungsgesetz, verfassungswidriges Enteignungsgesetz, rechtswidrige Anwendung des Enteignungsgesetzes) – versucht wird, dem Naßauskiesungsbeschluß des *BVerfG* gerecht zu werden (vgl. etwa die Auflistung bei *Schoch,* Jura 1989, 535 f.). Es bestehen keine qualitative, sondern allenfalls graduelle Unterschiede. Bei Enteignungen durch Verwaltungsakt dürfte in der Regel der Primärrechtsschutz greifen, bei sofort vollzogenen Realakten dagegen in der Regel nicht. Entscheidend ist, ob der Betroffene die Beeinträchtigung seines Eigentums dulden muß, wobei es nicht nur auf das rechtliche, sondern auch auf das

faktische „Dulden-Müssen" ankommt, d. h. nicht nur darauf, ob die Abwehr rechtlich möglich, sondern auch darauf, ob sie tatsächlich in zumutbarer Weise realisierbar ist.

b) *Die Realisierung des Vorrangs des Primärrechtsschutzes* kann auf **99** verschiedene Weise erfolgen. In der Literatur wird z. T. die entsprechende Anwendung des § 839 III BGB vorgeschlagen. Die überwiegende Meinung und die Rechtsprechung ziehen jedoch den Rechtsgedanken des § 254 BGB (Mitverschulden) heran. Dem ist zuzustimmen. Der Bürger muß danach das ihm Mögliche und Zumutbare tun, um durch Anfechtung des eingreifenden Aktes oder Einlegung eines sonstigen Rechtsmittels den Schaden abzuwenden oder zu mildern. Im konkreten Fall ist dementsprechend zu prüfen, (1) ob überhaupt ein geeignetes Rechtsmittel zur Verfügung steht (was im Blick auf Art. 19 IV GG in aller Regel der Fall sein dürfte), (2) die Einlegung des Rechtsmittels objektiv zumutbar ist und (3) die Nichteinlegung dem Betroffenen subjektiv i. S. des Verschuldens in eigener Sache vorgeworfen werden kann. Bei der Bestimmung der Zumutbarkeit sind vor allem die jeweils angebrachten Zweifel an der Rechtmäßigkeit des Eingriffs, das mit der Primärklage verbundene Kostenrisiko, die Zeitdauer und die Effizienz des Primärrechtsschutzes zu berücksichtigen. Wenn den Betroffenen ein Mitverschulden in diesem Sinne trifft, dann soll nach Auffassung des *BGH* der Entschädigungsanspruch in der Regel nicht anteilig, sondern ganz entfallen. Das ist − zumal wenn man nicht § 839 III BGB, sondern den gerade auf Schadensteilung angelegten § 254 BGB entsprechend heranzieht − nicht überzeugend. Es darf auch nicht verkannt werden, daß der Staat in erster Linie für die Rechtmäßigkeit seines Verhaltens verantwortlich ist. Er kann sich nicht allein deshalb, weil sich der Betroffene dagegen wehren konnte, den Folgen seines rechtswidrigen Verhaltens ganz entziehen. Die uneingeschränkte Anwendung des § 254 BGB bietet daher nicht nur die konsequente, sondern auch die angemessene Rechtsgrundlage.

So im Ergebnis *BGHZ* 90, 17, 31 ff.; 91, 20, 24; 92, 34, 50; 110, 12, 14 ff.; 140, 285, 297; *BGH* NVwZ 1986, 76, 78; ebenso *Nüßgens/Boujong,* aaO. Rn. 434 ff.; *Kreft,* Ersatzleistungen, Rn. 52 ff.; *Ossenbühl,* Staatshaftungsrecht, S. 261, 266 f. − Für die entsprechende Anwendung des § 839 III BGB dagegen

Engelhardt, NVwZ 1985, 628; *Papier,* HStR VI (1989) S. 1383; *Ehlers,* VVD-StRL 51 (1992) S. 245. – Die Pflicht, den eingreifenden Akt auf seine Rechtmäßigkeit zu überprüfen und bei begründetem Zweifel Rechtsmittel einzulegen (so *BGHZ* 91, 17, 32; 110, 12, 14; *BVerfG-K* DVBl. 2000, 350), darf nicht überzogen werden. Sie darf nicht dazu führen, daß der Bürger praktisch gezwungen wird, gleichsam auf Verdacht ein Rechtsmittel einzulegen, um später dem Vorwurf zu entgehen, er habe ein mögliches Rechtsmittel versäumt. Wie auch sonst im Verwaltungsrecht sollte darauf abgestellt werden, ob er die Rechtswidrigkeit kannte oder kennen mußte (vgl. etwa im Blick auf die Rücknahme von Verwaltungsakten oben § 11 Rn. 31). Der Gedanke des Vorrangs des primären Rechtsschutzes hat auch mehr den Sinn, den Bürger auf diesen Weg zu verweisen (etwa wenn er auf Entschädigung klagen möchte, aber eine Klage auf Beseitigung der belastenden Maßnahme noch möglich wäre), als ihn dann, wenn es schief gelaufen ist, zugunsten des Staates auf seinem Schaden sitzen zu lassen.

4. Entschädigung

100   Liegen die Voraussetzungen des enteignungsgleichen Eingriffs vor und scheidet auch der Verweis auf den primären Rechtsschutz aus, dann hat der Betroffene einen Anspruch auf Entschädigung. Art und Umfang der Entschädigung bestimmen sich nach den allgemeinen Grundsätzen über die Enteignungsentschädigung (vgl. dazu bereits oben Rn. 66 ff.). Auch hier handelt es sich nicht um eine Billigkeitsentschädigung oder Entschädigung nach billigem Ermessen, sondern um eine rechtsstaatlich gebotene Entschädigung, die grundsätzlich zum vollen Ausgleich führen muß.

101   Fraglich ist nur noch, *wer* entschädigungspflichtig ist. Während bei der Enteignung folgerichtig der begünstigte Verwaltungsträger Entschädigung leisten muß, ist es beim enteignungsgleichen Eingriff offenbar komplizierter. Die h.M. und die Rspr. stellen ebenfalls auf den begünstigten Verwaltungsträger ab und, wenn keine Begünstigung vorliegt, auf den Verwaltungsträger, dessen Aufgaben wahrgenommen worden sind (vgl. *BGHZ* 134, 316, 321). Das kann nicht überzeugen, zumal Abgrenzungsschwierigkeiten entstehen können. Will man einen eindeutigen, einheitlichen und angemessenen Anknüpfungspunkt, dann ist derjenige Verwaltungsträger entschädigungspflichtig, dessen Organ den Eingriff vorgenommen hat und daher verantwortlich ist. Ist ein anderer Verwaltungsträger begünstigt worden, so kann und muß ggf. ein interner Ausgleich erfolgen.

5. Anspruchskonkurrenzen

a) *Die polizei- und ordnungsrechtliche Rechtswidrigkeitshaftung.* Die **102** Polizei- und Ordnungsgesetze der meisten Bundesländer enthalten – neben anderen Entschädigungsansprüchen – eine typische Rechtswidrigkeitshaftung. Danach ist Entschädigung zu gewähren, wenn jemand durch eine rechtswidrige Maßnahme einer Polizei- oder Ordnungsbehörde einen Schaden erleidet. Unerheblich ist, ob Verschulden vorliegt oder nicht.

So in Anlehnung an § 45 I 2 Musterentwurf eines einheitlichen Polizeigesetzes z. B. in Berlin (§ 59 II ASOG Bln.), in Hessen (§ 64 I 2 HSOG) und in Nordrhein-Westfalen (§ 35 I lit. b OBG); vgl. ferner die Nachweise bei *Götz*, PolR Rn. 290. Im einzelnen weisen diese Gesetze noch erhebliche Unterschiede auf, was bei der Lösung von Fällen zu beachten ist.

Der Begriff der Maßnahme wird in der Literatur und Rechtsprechung weit ausgelegt. Er erfaßt nicht nur polizeiliche Eingriffe i. e. S., sondern auch alle sonstigen Maßnahmen im Bereich des allgemeinen Polizeirechts und des Ordnungsrechts.

So etwa – nach der Rechtsprechung des *BGH* zu § 39 I lit. b OBG NRW – die Ablehnung einer Baugenehmigung (*BGHZ* 84, 292, 294), die Erteilung einer Baugenehmigung, was für einen entsprechenden Entschädigungsanspruch des Nachbarn bedeutsam werden kann (*BGHZ* 86, 356, 358), die Ablehnung eines Bauvorbescheids (*BGHZ* 125, 258, 262), die als Verwaltungsakt zu wertenden Lichtzeichen einer Verkehrsampelanlage (*BGHZ* 99, 249, 251 f.), ferner Realakte, etwa eine falsche Auskunft (*BGH* NJW 1978, 1522). Trotz der Bezeichnung Maßnahme kommt es nicht auf die Rechtswidrigkeit des polizeilichen Handelns, sondern auf die des Erfolges an. Daher wird auch Entschädigung gewährt, wenn ein Polizist im Falle einer Geiselnahme auf den Verbrecher schießen durfte (rechtmäßig), dabei aber versehentlich einen Unbeteiligten trifft (rechtswidrig).

Die polizei- und ordnungsrechtliche Rechtswidrigkeitshaftung **103** ist eine spezialgesetzliche Ausprägung des allgemeinen Anspruchs auf Entschädigung wegen enteignungsgleichen Eingriffs und – wie hier sogleich hinzuzufügen ist – wegen aufopferungsgleichen Eingriffs. Sie verdrängt als lex specialis jene Ansprüche. Das ist deshalb auch praktisch von Bedeutung, weil sich im Blick auf die Rechtsfolgen gewisse Unterschiede ergeben. Sie bestehen aber nicht mehr für die Verjährung, da seit der Schuldrechtsreform auch die Ansprüche auf Entschädigung wegen enteignungsgleichen Eingriffes nach 3 Jahren verjähren (vgl. oben Rn. 72 a). Sie gehen aber z. T. noch weiter, indem sie unter gewissen Voraussetzungen den Ersatz des entgangenen Gewinns oder (bei Körperschäden) Schmerzensgeld gewähren.

Im einzelnen kommt es auf die jeweiligen landesrechtlichen Gesetze an. Vgl. zur Regelung in Nordrhein-Westfalen *BGHZ* 72, 273 (Verjährung); zur Regelung in Berlin *BGH* VersR 1989, 594 (rechtswidrige Baugenehmigung); zur Regelung in Hessen *Rumpf,* NVwZ 1992, 250 ff.

104   b) *Amtshaftung.* Da beim enteignungsgleichen Eingriff die Frage des Verschuldens keine Rolle spielt, kommt er nicht nur bei rechtswidrig schuldlosen, sondern auch bei rechtswidrig schuldhaften Eingriffen in Betracht und greift dann in den Bereich der Amtshaftung über. Es stellt sich deshalb die Frage nach dem Verhältnis beider Ansprüche. Der *BGH* ist der Auffassung, daß beide Ansprüche „ganz verschieden gelagerten Rechtskreisen" angehörten und weder im Verhältnis der Spezialität noch der Subsidiarität zueinander stünden (*BGHZ* 13, 88, 93 ff.). Auch die Verweisungsklausel des § 839 I 2 BGB greift nicht ein, weil sie generell nicht gilt, wenn Adressat des „anderweitigen Ersatzanspruchs" wiederum die öffentliche Hand ist (vgl. bereits oben § 26 Rn. 31).

Der Betroffene kann daher den Entschädigungsanspruch wegen enteignungsgleichen Eingriffs *und* den Schadensersatzanspruch wegen Amtshaftung gem. Art. 34 GG/§ 839 BGB *nebeneinander* geltend machen.

So bereits die Grundsatzentscheidung *BGHZ* 13, 88: Die Behörde ließ ein Lagerhaus, dessen Dach und Zwischendecken durch Kriegseinwirkung zerstört waren, das im übrigen aber noch erhalten und wieder aufbaufähig war, bis auf die Grundmauern abreißen und das noch brauchbare Baumaterial entnehmen. Der Kläger verlangte Ersatz, da die Anordnung ohne rechtliche Grundlage ergangen sei und der zuständige Beamte fahrlässig gehandelt habe. Der *BGH* bejahte in diesem Fall sowohl Entschädigung wegen enteignungsgleichen Eingriffs als auch Schadensersatz nach Amtshaftungsgrundsätzen. Ebenso *BGHZ* 136, 182, 184; 146, 365, 371.

Macht der Kläger nur Amtshaftung geltend, dann sind die Gerichte nach Auffassung des *BGH* sogar verpflichtet, von sich aus auf der Grundlage des vorgetragenen Sachverhalts zu prüfen, ob (auch) ein Anspruch auf Entschädigung wegen enteignungsgleichen Eingriffs gegeben ist (vgl. *BGH* NVwZ 1992, 1119, 1121).

Die Anspruchskonkurrenz hat – wegen des unterschiedlichen **105**
Umfangs der zu gewährenden Ersatzleistung – auch *praktische Folgen:*

– Der Amtshaftungsanspruch gewährt *vollen* Schadensersatz, während die Entschädigung wegen enteignungsgleichen Eingriffs nur einen *Ausgleich für den Vermögensverlust* gewährt.
– Der Amtshaftungsanspruch unterliegt andererseits aber bestimmten *Haftungsbeschränkungen* (vgl. bereits oben § 26 Rn. 27 ff.), die für die Entschädigung nicht gelten.
– Die *Rechtsverfolgung* wird erleichtert, weil, wenn die Verschuldensfrage nicht – weder positiv noch negativ – geklärt werden kann, auf „Verurteilung aus wahlweisem Haftungsgrund" geklagt werden kann, soweit sich beide Ansprüche decken (*BGHZ* 57, 335, 336).

Dagegen dürften für die Verjährung der beiden Ansprüche nach der Schuldrechtsreform keine Unterschiede mehr bestehen (vgl. oben § 26 Rn. 44 und § 27 Rn. 72).

6. Ausdehnung der Entschädigung auf weitere Grundrechtsverletzungen?

Wenn man der Auffassung des *BGH* und der h. M. folgt, daß **106**
die Entschädigung für enteignungsgleiche Eingriffe ihre Grundlage
nicht mehr im (speziellen) Art. 14 GG, sondern im (allgemeinen)
Aufopferungsgrundsatz hat, dann liegt es nahe, sie auf weitere
Grundrechtsverletzungen auszudehnen. Tatsächlich wird auch
schon seit längerer Zeit unangefochten bei Verletzung der immateriellen Rechtsgüter des Art. 2 II GG (Leben, Gesundheit, Freiheit) Entschädigung nach Aufopferungsgrundsätzen gewährt. Eine
Erstreckung auf die Verletzung weiterer Grundrechte, etwa die
Verletzung der Berufs- und Gewerbefreiheit gem. Art. 12 I GG
oder die Verletzung des allgemeinen Persönlichkeitsrechts gem.
Art. 2 I GG (Ehre, Name, Datenschutz), wäre nur konsequent.
Aber auch dann, wenn man die Entschädigung für enteignungsgleiche Eingriffe nicht von Art. 14 GG „abkoppelt", sondern nach
wie vor ihre Grundlage in Art. 14 GG sieht, ist eine Erweiterung
geboten. Denn der Gesichtspunkt, daß die nicht oder nicht mehr
abwendbaren oder korrigierbaren Eingriffe in die Grundrechte
wenigstens entschädigungsrechtlich auszugleichen sind, gilt auch
hier.

Vgl. zum allgemeinen Aufopferungsanspruch sogleich § 28. Die Forderung nach Erweiterung wurde zunächst im Rahmen des allgemeinen Aufopferungsanspruches erhoben, vgl. im Blick auf das allgemeine Persönlichkeitsrecht *Dürig,* in: Maunz/Dürig, Art. 2 I Rn. 27 und im Blick auf die Berufsfreiheit *Battis,* Erwerbsschutz durch Aufopferungsentschädigung, 1969, S. 98 ff. Neuerdings wird die Entschädigung für enteignungsgleiche Eingriffe (Eigentumsunrechtshaftung) zum Anknüpfungspunkt genommen, allerdings z. T. indem diese als Staatsunrechtshaftung qualifiziert wird, vgl. etwa *Steinberg/Lubberger,* S. 352; *Schoch,* Jura 1989, 534; *Ehlers,* VVDStRL 51 (1992) S. 243 f.; ferner sehr eingehend unter Berufung auf den allgemeinen Aufopferungsanspruch *Schenke,* NJW 1991, 1777 ff.; für eine nur „vorsichtige" Erweiterung auf den „Erwerbsschutz" des Art. 12 GG *Ossenbühl,* Festschrift für Geiger, 1989, S. 496; *ders.,* Staatshaftungsrecht, S. 244 ff. – Der *BGH* lehnt eine Erweiterung auf Eingriffe in das Grundrecht des Art. 12 I GG nach wie vor ab, vgl. *BGHZ* 111, 349, 355 ff.; 132, 181, 188; bestätigt durch *BVerfG-K* NJW 1998, 271 (gewerbliche bzw. freiberufliche Tätigkeit); *BGH* NJW 1994, 1468 und 2229 (jeweils Prüfung); *Rinne/Schlick,* NVwZ 1997, 34, 41 f. – Schließlich sei noch daran erinnert, daß der Gesetzgeber in § 2 II StHG 1981 eine allgemeine „Grundrechtseingriffshaftung" vorsah, die allerdings wegen der Nichtigerklärung dieses Gesetzes nicht rechtswirksam wurde, vgl. dazu *Maurer,* DV 16 (1983) S. 54 ff.

V. Der enteignende Eingriff

1. Fortbestand des enteignenden Eingriffs?

107   Die vom *BGH* entwickelte Rechtsfigur des enteignenden Eingriffs betrifft, wie bereits dargelegt wurde, Beeinträchtigungen des Eigentums durch – meistens atypische und unvorhergesehene – Nebenfolgen rechtmäßigen Verwaltungshandelns, die die enteignungsrechtliche Opfergrenze überschreiten und daher zu entschädigen sind. Indessen ist auch der Fortbestand des enteignenden Eingriffs zweifelhaft geworden. Das liegt allerdings nicht am Naßauskiesungsbeschluß des *BVerfG* (*BVerfGE* 58, 300), wie zunächst weithin angenommen worden ist. Denn es hat sich bald gezeigt, daß es bei den dort behandelten Enteignungen um gezielte hoheitliche Rechtsakte, hier aber um nicht gezielte Realakte geht, so daß – zumindest unmittelbar – keine Kollision entsteht. Das liegt ferner nicht am Vorrang des Primärrechtsschutzes, da zumindest die überwiegende Zahl der im Rahmen des enteignenden Eingriffs aktuell werdenden Realakte ohnehin nicht im Wege der Abwehr- oder Unterlassungsklage verhindert oder aufgefangen werden kann.

Fraglich ist aber, ob der enteignende Eingriff in der *neuen Rechts-* **108** *figur der ausgleichspflichtigen Inhaltsbestimmung aufgegangen* ist. Diese Frage stellt sich sowohl bei einem dogmatischen Vergleich der beiden Rechtsfiguren als auch bei einer Betrachtung des anstehenden Fallmaterials. Vergleicht man beide Rechtsfiguren, dann zeigt sich, daß es beide Male um Beeinträchtigungen des Eigentums geht, die normalerweise als Inhaltsbeschränkungen entschädigungslos hinzunehmen sind, aber ausnahmsweise zu besonderen und unzumutbaren Belastungen führen und dann einen Ausgleich bzw. eine Entschädigung fordern. Auch die konkreten Fallkonstellationen decken sich zumindest weitgehend. Die Standardbeispiele, an denen der enteignende Eingriff seinerzeit vom *BGH* entwickelt worden ist, nämlich die übermäßigen Beeinträchtigungen von Anliegergrundstücken durch Straßenbauarbeiten oder durch Immissionen hoheitlich betriebener Einrichtungen, bilden gerade auch typische Fälle der ausgleichspflichtigen Inhaltsbestimmung. Die früher vertretene und früher wohl auch vertretbare These, daß diese Beeinträchtigungen nicht voraussehbar und deshalb nicht regelbar seien, trifft heute nicht mehr zu. Schon die Tatsache, daß inzwischen entsprechende gesetzliche Regelungen erlassen worden sind, zeigt, daß sie generell-abstrakt erfaßt und damit zum Gegenstand einer gesetzlichen Entschädigungsregelung gemacht werden können. Ihre Einbeziehung in die ausgleichspflichtige Inhaltsbestimmung ist daher durchaus folgerichtig. Sie entspricht auch dem sich aus Art. 14 I 2 GG ergebenden Gebot, Eingriffe in das Eigentum gesetzlich zu regeln und ggf. durch eine Entschädigungsregelung auszugleichen.

Die Frage kann daher nur noch sein, ob dem enteignenden Ein- **109** griff ein *Restbereich* verbleibt, der nicht vom eigentumsrechtlichen Ausgleichsanspruch erfaßt wird. Das kann, wenn überhaupt, für Zufall- oder Unfallschäden angenommen werden, d. h. für Beeinträchtigungen des Eigentums, die außerhalb der Spannbreite der typischen Entwicklung liegen und deshalb in der Tat nicht vorhersehbar sind. Das gilt nicht für die besonders nachhaltige Beeinträchtigung eines Gewerbebetriebs durch Straßenbauarbeiten, da sie, wenn auch nur ausnahmsweise, so doch typische Folge solcher Arbeiten ist, aber z. B. für die zufällige Beschädigung eines Gebäudes im Rahmen ordnungsgemäß durchgeführter Kanalisationsarbeiten.

So oder ähnlich *Schwerdtfeger*, Öffentliches Recht, Rn. 356 (unzumutbare Eigentumsbeeinträchtigungen atypischer Art); *Rüfner*, in: Erichsen, VerwR § 48 Rn. 78 (unvorhersehbare unfallartige unzumutbare Zufallsfolgen); *Schmitt-Kammler*, Festschrift für E. Wolf, 1985, S. 614; *ders.*, NJW 1990, 2519 f. (Unfallhaftung); *Rozek*, aaO. Rn. 122, S. 239 ff. m. w. N. – Darauf beschränken sich im wesentlichen auch die Fälle des enteignenden Eingriffs in der neueren Rechtsprechung des *BGH*, vgl. BGHZ 140, 200 (Beschädigung eines Privatgebäudes durch Straßenbauarbeiten).

110   Die fragliche Formulierung des *BGH* von den „Nebenfolgen *an sich rechtmäßigen* Verwaltungshandelns" klärt sich, wenn man zwischen dem Verwaltungshandeln und den Folgen des Verwaltungshandelns unterscheidet. Das Verwaltungshandeln ist rechtmäßig (etwa die ordnungsgemäß durchgeführten Kanalisationsarbeiten); es wird auch nicht dadurch rechtswidrig, daß es bei der Ausübung der Verwaltungstätigkeit zufällig und nebenbei zu einer Beeinträchtigung des Eigentums gekommen ist (etwa Beschädigung der Grundmauern eines Hauses). Aber die Beeinträchtigung selbst ist als Verletzung des Eigentums rechtswidrig. Sie wird auch nicht allein deshalb rechtmäßig, weil das zur Beeinträchtigung führende Verwaltungshandeln für sich betrachtet („an sich") rechtmäßig ist.

Diese Unterscheidung ist übrigens nicht neu. So wurde im Polizeirecht schon immer zwischen dem polizeilichen Handeln und dem polizeilichen Erfolg unterschieden. Wenn ein Polizist entsprechend den gesetzlichen Vorschriften von seiner Schußwaffe Gebrauch macht, dabei aber einen zufällig dazwischen tretenden Unbeteiligten trifft, ist das polizeiliche Handeln rechtmäßig, der zufällig eintretende Erfolg, der Irrläufer, rechtswidrig (vgl. bereits oben Rn. 102).

111   *Im Unterschied zum enteignungsgleichen Eingriff,* bei dem Eingriffshandlung und Eingriffserfolg gleichermaßen rechtswidrig sind, ist also beim enteignenden Eingriff – reduziert auf Zufallsschäden – die Eingriffshandlung rechtmäßig, aber der Eingriffserfolg rechtswidrig. Da es eigentumsrechtlich auf den Erfolg ankommt (ein rechtswidriges, aber nicht zur rechtswidrigen Beeinträchtigung des Eigentums führendes Verhalten ist eigentumsrechtlich unerheblich), ist es eine Frage untergeordneter Bedeutung, ob man den eigentumsrechtlichen Zufallschaden als Unterfall des enteignungsgleichen

Eingriffs oder als selbständiges Haftungsinstitut neben dem enteignungsgleichen Eingriff betrachtet.

2. Die Voraussetzungen des enteignenden Eingriffs

Wenn man von dem (wenigstens beschränkten) Fortbestand des **112** enteignenden Eingriffs ausgeht, dann ist Entschädigung zu gewähren, wenn (a) eine vermögenswerte Rechtsposition (b) durch Nebenfolgen an sich rechtmäßigen Verwaltungshandelns (c) unmittelbar beeinträchtigt wird und (d) dem Betroffenen dadurch ein Sonderopfer i. S. einer übermäßigen Belastung auferlegt wird.

a) *Gegenstand* des enteignenden Eingriffs kann jede Rechtsposition i. S. des Art. 14 I GG sein.

b) *Der Eingriff* besteht in einer unbeabsichtigten und atypischen Nebenfolge rechtmäßigen Verwaltungshandelns.

c) Diese Nebenfolge muß, wie beim enteignungsgleichen Eingriff, zu einer *unmittelbaren Beeinträchtigung* des Eigentums führen. Vgl. zur Unmittelbarkeit bereits oben Rn. 93. Als Beeinträchtigung kommen z. B. die Beschädigung eines Gebäudes, die Zerstörung eines Kraftfahrzeugs, die zeitweilige oder dauernde Nutzungsbeschränkung eines gewerblichen Betriebs in Betracht.

d) Die Beeinträchtigung muß zugleich eine *besondere Belastung* und damit ein *Sonderopfer* darstellen. Geht man vom engeren, auf den Zufallschaden reduzierten Begriff des enteignenden Eingriffs aus, dann besteht das Sonderopfer bereits in der Rechtswidrigkeit der erfolgten Beeinträchtigung.

3. Entschädigung

Für die Bestimmung und die Realisierung der Entschädigung **113** gilt dasselbe wie für die Enteignung und den enteignungsgleichen Eingriff (vgl. oben Rn. 66 ff., 86).

VI. Rechtswegfragen

1. Enteignungsentschädigung

Nach Art. 14 III 4 GG entscheiden die ordentlichen Gerichte **114** (Zivilgerichte) über die Höhe der Entschädigung. Da eine Entschädigung wegen Enteignung nur aufgrund eines Enteignungsgesetzes mit Entschädigungsregelung gewährt werden darf, beschränkt sich die Zuständigkeit der Zivilgerichte insoweit auf die Prüfung, ob eine gesetzliche Entschädigungsregelung vorliegt und ob sie im konkreten Fall zutreffend angewendet worden ist.

Hat der Kläger nicht das erhalten, was er nach der gesetzlichen Entschädigungsregelung beansprucht und beanspruchen kann, dann ist die Klage begründet. Verlangt er mehr, als ihm nach der gesetzlichen Entschädigungsregelung zusteht, dann ist die Klage unbegründet. Fehlt eine gesetzliche Entschädigungsregelung, dann ist die Klage insoweit ebenfalls unbegründet (der Kläger kann aber ggf. den Enteignungsakt vor den Verwaltungsgerichten anfechten und subsidiär Entschädigung wegen enteignungsgleichen Eingriffs verlangen). Liegt eine gesetzliche Entschädigungsregelung vor, ist sie aber nach Auffassung des Zivilgerichts mit Art. 14 III GG oder einer anderen Verfassungsnorm nicht vereinbar, dann hat das Gericht dem *BVerfG* gem. Art. 100 I GG vorzulegen, wenn die übrigen Voraussetzungen der Richtervorlage gegeben sind. Zu den Vorlagevoraussetzungen gehört auch die Entscheidungserheblichkeit. Sie ist zu verneinen, wenn dem Kläger so oder so – entweder nach der (verfassungsgemäßen) Entschädigungsregelung oder, im Falle deren Verfassungswidrigkeit und Nichtigkeit, nach anderen Vorschriften und Grundsätzen, etwa alternativ nach den Grundsätzen über den enteignungsgleichen Eingriff – Entschädigung zu gewähren ist.

2. Eigentumsrechtlicher Ausgleichsanspruch

115   Der Ausgleichsanspruch im Rahmen des Art. 14 I 2 GG ist unbestritten öffentlich-rechtlicher Natur. Daher ist gem. § 40 I VwGO der Verwaltungsrechtsweg gegeben, sofern keine gesetzliche Zuweisung an die ordentlichen Gerichte besteht. Art. 14 III 4 GG greift nicht ein, da der Ausgleich gerade keine Enteignungsentschädigung darstellt. Die früher in der Rechtsprechung und Literatur umstrittene Frage, ob der Ausgleichsanspruch unter die „vermögensrechtliche Ansprüche aus Aufopferung für das gemeine Wohl" i. S. des § 40 II 1 VwGO fällt und deshalb der ordentliche Rechtsweg gegeben ist, ist durch den Gesetzgeber zugunsten des Verwaltungsrechtswegs entschieden worden.

Vgl. § 40 II 1 VwGO i. d. F. vom 13. 12. 2001 (BGBl. I S. 3987): „... dies gilt nicht für Streitigkeiten über das Bestehen und die Höhe eines Ausgleichsanspruchs im Rahmen des Art. 14 Abs. 1 Satz 2 GG." Das *BVerwG* hatte den Verwaltungsrechtsweg, der *BGH* den ordentlichen Rechtsweg bejaht (*BVerwGE* 94, 1, 2 ff.; *BGHZ* 128, 204, 208 f.). Die Literatur war ebenfalls kontrovers, vgl. die Nachweise in der Vorauflage (§ 26 Rn. 116). Die Neuregelung ist ein weiterer Beweis dafür, wie einfach dogmatisch und praktisch umstrittene Fragen durch ein paar Worte des Gesetzgebers entschieden werden können.

3. Enteignungsgleicher Eingriff

Der Anspruch auf Entschädigung wegen enteignungsgleichen **116** Eingriffs ist ebenfalls öffentlich-rechtlicher Natur. Eine Zuständigkeit der Zivilgerichte gem. Art. 14 III 4 GG scheidet aus, da es sich um keine Enteignungsentschädigungen i.S. des Art. 14 III GG handelt. Dagegen dürfte die Zuständigkeit der Zivilgerichte gem. § 40 II 1 VwGO begründet sein. Das gilt jedenfalls dann, wenn man mit dem *BGH* der Auffassung ist, daß der enteignungsgleiche Eingriff seine Grundlage im allgemeinen Aufopferungsanspruch hat. Das gilt aber wohl auch dann noch, wenn man Art. 14 I GG als Grundlage annimmt, da in diesem Fall der Aufopferungsgrundsatz dahintersteht. Zudem kann man auf die „Schadensersatzansprüche aus der Verletzung öffentlich-rechtlicher Pflichten" gem. § 40 II 1 VwGO verweisen.

Die ursprüngliche Fassung des VwVfG enthielt im Anschluß an die Vorschriften über die Rücknahme von Verwaltungsakten eine Rechtswegregelung und verwies dabei u. a. die „Entschädigung wegen enteignungsgleichen Eingriffs" auf den ordentlichen Rechtsweg (§ 48 VI VwVfG a. F.). Diese Rechtswegregelung wurde durch das VwVfG-Änderungsgesetz vom 2. 5. 1996 (vgl. oben § 5 Rn. 5 a) gestrichen, da sie, wie es in der Regierungsbegründung heißt, entbehrlich sei; für die Entschädigung wegen enteignungsgleichen Eingriffs seien „ohnehin die ordentlichen Gerichte zuständig" (BT-Drs. 13/1534 S. 6).

4. Enteignender Eingriff

Die Frage nach dem Rechtsweg für Ansprüche auf Entschädigung **117** wegen „enteignenden Eingriffs" hängt von deren Einordnung ab. Soweit man der Auffassung ist, daß sie in dem eigentumsrechtlichen Ausgleichsanspruch aufgegangen sind, ist entsprechend den Ausführungen zu 2. der Verwaltungsrechtsweg anzunehmen. Für den evtl. bestehenden Restbereich, nämlich die Zufallschäden, ist dagegen der Zivilrechtsweg begründet, da diese Zufallschäden entweder einen Unterfall des enteignungsgleichen Eingriffs bilden oder aber zumindest diesem gleichzusetzen sind. Geht man mit dem *BGH* nach wie vor von einem weiteren Begriff des enteignenden Eingriffs aus, dann wird die Rechtswegfrage problematisch. Sicher ist, daß es sich um einen öffentlich-rechtlichen Anspruch handelt; sicher ist ferner daß Art. 14 III 4 GG nicht eingreift, da es nicht um eine Enteignungsentschädigung geht. Fraglich ist aber, ob § 40 II VwGO zur Anwendung kommt. Der *BGH* bejaht dies, da der Anspruch wegen enteignenden Eingriffs eine Ausprägung des allgemeinen Aufopferungsanspruches sei. In der Literatur wird dies z. T. verneint, da er seine Grundlage in Art. 14 I GG habe und daher der Hinweis auf den Aufopferungsanspruch nicht mehr tragfähig sei.

Vgl. *BGH* NJW 1993, 1700 (Fluglärm) m. w. N. aus der Rspr.; ferner *Papier*, in: Maunz/Dürig, Art. 14 Rn. 723; *Nüßgens/Boujong*, aaO. Rn. 448; a. A. *Schwerdtfeger*, JuS 1983, 110; vgl. auch *Maurer*, DVBl. 1991, 785.

VII. Hinweise zur Lösung von Fällen

118   Wenn eine Entschädigung für eine eigentumsbeeinträchtigende Maßnahme der Verwaltung geltend gemacht wird, so sind – je nach Fallage, zweckmäßigerweise in der angegebenen Reihenfolge – folgende Möglichkeiten zu untersuchen:

a) *Enteignung?* Zunächst ist zu prüfen, ob die Maßnahme den Tatbestand der Enteignung erfüllt, wobei folgende Tatbestandsmerkmale zu beachten sind: (1) vermögenswerte Rechtsposition i. S. des Art. 14 I 1 GG, (2) gezielter hoheitlicher Rechtsakt, (3) vollständiger oder teilweiser Entzug der betroffenen Rechtsposition, (4) zur Erfüllung bestimmter Aufgaben. Sind diese Tatbestandsmerkmale gegeben, dann ist weiter zu prüfen, ob sie auf ein die Enteignung zulassendes Gesetz gestützt werden kann, das seinerseits verfassungsgemäß ist, insbesondere den Anforderungen des Art. 14 III GG einschließlich der Junktimklausel entspricht. Ist das zu bejahen, dann besteht ein Anspruch auf Entschädigung entsprechend der gesetzlichen Entschädigungsregelung. Ist es dagegen zu verneinen, dann entfällt jedenfalls ein Anspruch auf Entschädigung wegen Enteignung.

119   b) *Ausgleichspflichtige Inhaltsbestimmung?* Sonstige Beeinträchtigungen des Eigentums sind entschädigungslos hinzunehmen, wenn sie

auf einem inhalts- und schrankenbestimmenden Gesetz i. S. des
Art. 14 I 2 GG beruhen. Voraussetzung ist jedoch, daß das Gesetz
selbst der Verfassung, insbesondere den Anforderungen des Art. 14
I 1, II GG entspricht. Ist das nicht der Fall, dann ist das Gesetz
verfassungswidrig und in der Regel nichtig und die darauf gestützte
Beeinträchtigung des Eigentums rechtswidrig. Der betroffene Bürger kann dann gegen die beeinträchtigende Maßnahme beim Verwaltungsgericht klagen und hilfsweise Entschädigung wegen enteignungsgleichen Eingriffs verlangen (vgl. unten c). Zu beachten ist
jedoch, daß der Gesetzgeber die Belastungen und Beeinträchtigungen des Eigentums, die der Betroffene wegen ihrer Schwere, Intensität oder Dauer auch unter Berücksichtigung der Sozialbindung
nicht mehr hinnehmen muß, ggf. durch Gewährung eines finanziellen Ausgleichs (Entschädigung) abmildern und auffangen kann
mit der Folge, daß die Regelung nunmehr dem Grundsatz der
Verhältnismäßigkeit entspricht und verfassungsgemäß ist. In diesen
Fällen sind die darauf beruhenden Maßnahmen rechtmäßig, lösen
aber – entsprechend der gesetzlichen Regelung – einen Anspruch
auf Ausgleich (Entschädigung) aus.

c) *Enteignungsgleicher Eingriff?* Tatbestandsvoraussetzungen sind: **120**
(1) Vermögenswerte Rechtsposition i. S. des Art. 14 I GG, (2) hoheitliche Maßnahme, (3) unmittelbare Beeinträchtigung der betroffenen Rechtsposition, (4) Rechtswidrigkeit der beeinträchtigenden Maßnahmen. Liegen diese Voraussetzungen vor, dann entfällt
gleichwohl der Entschädigungsanspruch, wenn (5) der Betroffene die
Abwendung des Schadens durch Einlegung eines (a) zulässigen und
(b) für ihn zumutbaren Rechtsmittels (c) schuldhaft versäumt hat.

d) *Enteignender Eingriff?* Wenn man dem enteignenden Eingriff **121**
neben der ausgleichspflichtigen Inhaltsbestimmung noch eine eigenständige Bedeutung zuerkennt, dann besteht bei Vorliegen der
folgenden Voraussetzungen ein Entschädigungsanspruch: (1) Vermögenswerte Rechtsposition i. S. des Art. 14 I GG, (2) Nebenfolge
einer an sich rechtmäßigen hoheitlichen Verwaltungstätigkeit,
(3) unmittelbare Beeinträchtigung der betroffenen Rechtsposition,
(4) Sonderopfer i. S. einer übermäßigen Belastung. Die Entschädigung selbst bemißt sich nach den allgemeinen Regeln.

122   Literatur zu § 27: Vgl. die allgemeinen Nachweise oben § 25. Ferner ist generell auf die Erläuterung des Art. 14 GG in den Grundgesetz-Kommentaren und auf die Darlegungen zur Enteignung in den Lehrbüchern zum Staatsrecht und zu den Grundrechten hinzuweisen.

W. Weber, Eigentum und Enteignung, in: Die Grundrechte, Bd. II, 1954, S. 331 ff.; *Reinhardt/Scheuner,* Verfassungsschutz des Eigentums, 1954; *Dürig,* Zurück zum klassischen Enteignungsbegriff, JZ 1954, 4 ff.; *ders.,* Der Staat und die vermögenswerten öffentlich-rechtlichen Berechtigungen seiner Bürger, Festschrift für Apelt, 1958, S. 13 ff.; *Leisner,* Sozialbindung des Eigentums, 1972; *Rüfner,* Die Berücksichtigung der Interessen der Allgemeinheit bei der Bemessung der Enteignungsentschädigung, Festschrift für Scheuner, 1973, S. 511 ff.; *Sendler,* Zum Wandel der Auffassung vom Eigentum, DÖV 1974, 73 ff.; *Rittstieg,* Das Eigentum als Verfassungsproblem, 1975; *Krumbiegel,* Der Sonderopferbegriff in der Rechtsprechung des Bundesgerichtshofes, 1975; *Schulte,* Zur Dogmatik des Art. 14 GG, 1979; *Weyreuther,* Die Situationsgebundenheit des Grundeigentums, 1983; *Schulze-Osterloh,* Das Prinzip der Eigentumsopferentschädigung im Zivilrecht und im öffentlichen Recht, 1980; *dies.,* Entschädigungspflichtige Inhalts- und Schrankenbestimmung des Eigentums und Enteignung, NJW 1981, 2537 ff.; *Schwerdtfeger,* Die dogmatische Struktur der Eigentumsgarantie, 1983; *Hendler,* Zur bundesverfassungsgerichtlichen Konzeption der grundgesetzlichen Eigentumsgarantie, DVBl. 1983, 873 ff.; *J. Ipsen,* Neuere Entwicklung der Eigentumsdogmatik, in: Recht und Wirtschaft (Osnabrücker Rechtswissenschaftliche Abhandlungen, Bd. 1), 1985, S. 129 ff.; *Papier,* Eigentumsgarantie des Grundgesetzes im Wandel, 1984; *Böhmer/Krohn/Leisner,* Referate mit Diskussion, Agrarrecht 1984, Heft 4, Beilage I; *Wendt,* Eigentum und Gesetzgebung, 1985; *Böhmer,* Die rechtsgeschichtlichen Grundlagen der Abgrenzungsproblematik von Sozialbindung und Enteignung, Der Staat Bd. 24 (1985) S. 157 ff.; *von Brünneck,* Das Wohl der Allgemeinheit als Voraussetzung der Enteignung, NVwZ 1986, 425 ff.; *Schmidt-Aßmann,* Formen der Enteignung, JuS 1986, 833 ff.; *Nüßgens/Boujong,* Eigentum, Sozialbindung, Enteignung, 1987; *R. Schmidt,* Staatshaftung für Waldschäden, ZRP 1987, 345 ff. (mit umfassenden Nachweisen); *Ossenbühl,* Enteignungsgleicher Eingriff im Wandel, JuS 1988, 193 ff.; *Böhmer,* Eigentum aus verfassungsrechtlicher Sicht, in: Baur (Hg.), Das Eigentum, 1989, S. 39 ff.; *Schmidbauer,* Enteignung zugunsten Privater, 1989; *Schoch,* Die Haftungsinstitute des enteignungsgleichen und enteignenden Eingriffs im System des Staatshaftungsrechts, Jura 1989, 529 ff.; *Lege,* Enteignung und „Enteignung", NJW 1990, 864 ff.; *Maurer,* Enteignungsbegriff und Eigentumsgarantie, Festschrift für Dürig, 1990, S. 293 ff.; *ders.,* Der enteignende Eingriff und die ausgleichspflichtige Inhaltsbestimmung des Eigentums, DVBl. 1991, 781 ff.; *Scherzberg,* Die Subsidiarität des „enteignungsgleichen Eingriffs", DVBl. 1991, 84 ff.; *Kleinlein,* Die ausgleichspflichtige Inhaltsbestimmung – eine Alternative zur Enteignung? DVBl. 1991, 365 ff.; *Pietzcker,* Die salvatorische Entschädigungsklausel, JuS 1991, 369 ff.; *Kempen,* Der Eingriff des Staates in das Eigentum, 1991; *Osterloh,* Eigentumsschutz, Sozialbindung und Enteignung bei der Nutzung von Boden und Umwelt, DVBl. 1991, 906 ff.; *Heinz/Schmitt,* Vorrang des Primärrechtsschutzes und ausgleichspflichtige Inhaltsbestimmung des Eigentums,

NVwZ 1992, 513 ff.; *Sass,* Art. 14 GG und das Entschädigungserfordernis, 1992; *Ehlers,* Eigentumsschutz, Sozialbindung und Enteignung bei der Nutzung von Boden und Umwelt, VVDStRL 51 (1992) S. 211 ff.; *Schwabe,* Die Misere des Enteignungsbegriffs, Festschrift für Thieme, 1993, S. 251 ff.; *ders.,* Entschädigung für Naturschutzmaßnahmen, Jura 1994, 529 ff.; *Melchinger,* Die Eigentumsdogmatik des Grundgesetzes und das Recht des Denkmalschutzes, 1994; *Detterbeck,* Salvatorische Entschädigungsklauseln vor dem Hintergrund der Enteignungsdogmatik des Bundesverfassungsgerichts, DÖV 1994, 273 ff.; *Burgi,* Die Enteignung durch „teilweisen" Rechtsentzug, NVwZ 1994, 527 ff.; *Lege,* Wohin mit den Schwellentheorien?, JZ 1994, 431 ff.; *ders.,* Zwangskontrakt und Güterdefinition. Zur Klärung der Begriffe „Enteignung" und „Inhalts- und Schrankenbestimmung des Eigentums", 1995; *Rennert,* Eigentumsbindung und Enteignung nach der höchstrichterlichen Rechtsprechung, VBl-BW 1995, 41 ff.; *Schmitt-Kammler,* Der Aufopferungsgedanke, JuS 1995, 473 ff.; *Lubberger,* Eigentumsdogmatik, 1995; *Ossenbühl,* Ausgleichspflichtige Inhaltsbestimmung des Eigentums, Festschrift für Friauf, 1996, S. 391 ff.; *Breuer,* Naturschutz, Eigentum und Entschädigung, NuR 1996, 537 ff.; *Schoch,* Rechtliche Konsequenzen der neuen Eigentumsdogmatik für die Entschädigungsrechtsprechung des BGH, Festschrift für Boujong, 1996, S. 655 ff.; *Aust/Jacobs,* Die Enteignungsentschädigung, 4. Aufl. 1997; *Leisner,* Eigentum. Schriften zu Eigentumsgrundrecht und Wirtschaftsverfassung, 1996; *Kreft,* Öffentlich-rechtliche Ersatzleistungen. Eigentum, Enteignung, Entschädigung, 2. Aufl. 1998; *Rozek,* Die Unterscheidung von Eigentumsbindung und Enteignung, 1998; *J.-R. Sieckmann,* Modelle des Eigentumsschutzes, 1998; *Ossenbühl,* Eigentumsschutz gegen Nutzungsbeschränkungen, Festschrift für Leisner, 1999, S. 689 ff.; *W. Schmidt,* Die Aufopferung vermögenswerter Rechte, NJW 1999, 2847 ff.; *Papier,* Eigentum in der Planung, Festschrift für Hoppe, 2000, S. 213 ff.; *ders.,* Die Weiterentwicklung der Rechtsprechung zur Eigentumsgarantie des Art. 14 GG, DVBl. 2000, 1398 ff.; *ders.,* Eigentum und Entschädigung, BGH-Festschrift, 2000, Bd. III S. 853 ff.; *Hösch,* Eigentum und Freiheit, 2000; *Jarass,* Inhalts- und Schrankenbestimmung oder Enteignung? NJW 2000, 2841 ff.; *Külpmann,* Der Schutz des Eigentumsbestandes durch Art. 14 GG (zu BVerfGE 100, 226), JuS 2000, 646 ff.; *Stüer/Thorand,* Abschied von salvatorischen Klauseln im Denkmal- und Naturschutzrecht, NJW 2000, 3737 ff.; *Wilhelm,* Zum Enteignungsbegriff des Bundesverfassungsgerichts, JZ 2000, 905 ff.; *Hendler,* Zur Inhalts- und Schrankenbestimmung des Eigentums, Festschrift für Maurer, 2001, 127 ff.; *Papier,* Die Zustandshaftung und die grundgesetzliche Eigentumsgarantie, ebenda, S. 255 ff.; *K. Vogel,* Eigentumsgarantie, Handlungsfreiheit und Steuerrecht, ebenda, S. 297 ff.; *Haas,* Die Baulandumlegung – Inhalt- und Schrankenbestimmung des Eigentums, NVwZ 2002, 272 ff.; *Stüer/Hönig,* Das Eigentum als Grundlage von Abwägung und Rechtsschutz, VerwArch. 93 (2002), S. 350; *von Arnauld,* Enteignender und enteignungsgleicher Eingriff heute, VerwArch. 93 (2002), S. 394 ff.; *Dolde,* Die Eigentumsdogmatik des Bundesverwaltungsgerichts im Spannungsverhältnis zur Rechtsprechung des Bundesverfassungsgerichts und des Bundesgerichtshofs, BVerwG-Festschrift 2003, S. 305 ff.; *Sellmann,* Die eigentumsrechtliche Inhalts- und Schrankenbestimmung – Entwicklungstendenzen, NVwZ 2003, 1417 ff.; *Kapsa,* Aus der neueren Rechtsprechung des BGH zur Enteignungsentschädigung, insbesondere bei Drittrechten, NVwZ 2003, 1423 ff.; *Klement*, Entschädigung für rechtswidrige Eingriffe und rechtswidrige Maßnahmen. Gegen eine Subjektivierung des Rechtswidrigkeitsbegriff im Staatshaftungsrecht, DV 37 (2004), S. 73 ff.

123   **Rechtsprechung zu § 27:** *BVerfGE* 4, 219 (Junktimklausel); *BVerfGE* 20, 351 (polizeiwidriges Eigentum); *BVerfGE* 24, 361 (Hamburger Deichordnungsgesetz, Enteignung); *BVerfGE* 31, 229 (Urheberrecht); *BVerfGE* 38, 175 (Rückenteignung); *BVerfGE* 45, 297 (Hamburger Enteignungsgesetz, Legislativenteignung); *BVerfGE* 49, 220 (verfahrensfehlerhafte Zwangsversteigerung); *BVerfGE* 50, 290, 339 ff. (Mitbestimmung); *BVerfGE* 52, 1 (Kleingartenrecht, Enteignung); *BVerfGE* 53, 257; 62, 272; 72, 9 (sozialversicherungsrechtliche Ansprüche und Anwartschaften); *BVerfGE* 58, 137 (Pflichtexemplare, ausgleichspflichtige Inhaltsbestimmung); *BVerfGE* 58, 300 (Naßauskiesung, Enteignung); *BVerfGE* 66, 248; 74, 264 (Enteignung zugunsten Privater); *BVerfGE* 68, 361; 79, 292; 89, 1 (Mieterschutz); *BVerfGE* 79, 174 (Schutz gegen Verkehrslärm); *BVerfGE* 83, 201 (Vorkaufsrecht, Enteignung und gesetzliche Neuregelung des Eigentums); *BVerfGE* 95, 1 (Fachplanung durch Gesetz); *BVerfGE* 100, 226 (ausgleichspflichtige Inhaltsbestimmung); *BVerfGE* 102, 1 (eigentumsverfassungsrechtliche Grenze der Zustandshaftung); *BVerfGE* 104, 1 (Baulandumlegung als Inhalts- und Schrankenbestimmung); *BVerfG-K* DVBl. 2000, 350 (enteignungsgleicher Eingriff, Vorrang des Primärrechtsschutzes); *BVerfG-K* NVwZ 2003, 197 (Flughafen Hamburg-Finkenwerder: Planfeststellung zugunsten eines privatnützigen Flughafens).

BGHZ 6, 270; 13, 88 und 32, 208 (Grundsatzentscheidungen zur Enteignung und zum enteignungsgleichen Eingriff); *BGHZ* 23, 30 (Grundflächenurteil, Situationsgebundenheit); *BGHZ* 37, 44 (Militärisches Übungsschießen, Unmittelbarkeit des Eingriffs); *BGHZ* 39, 198 (Bemessung der Entschädigung); *BGHZ* 40, 355 (Müllabfuhr-Unternehmen); *BGHZ* 45, 83 (Knäckebrot-Urteil, Herabsetzung eines Schutzzolls); *BGHZ* 54, 293; 77, 179 (Anschluß- und Benutzungszwang); *BGHZ* 57, 359 (Frankfurter U-Bahn-Bau, Straßenbauarbeiten und Anliegergewerbebetrieb); *BGHZ* 72, 211 (Denkmalschutz); *BGHZ* 76, 375 und 387 (enteignungsgleicher Eingriff in Grundstück bzw. Gewerbebetrieb einer ausländischen juristischen Person des Privatrechts); *BGHZ* 78, 41 (enteignungsgleicher Eingriff durch Rechtsverordnung); *BGHZ* 90, 17 (Fortbestand des enteignungsgleichen Eingriffs); *BGHZ* 91, 20 (Fortbestand des enteignenden Eingriffs); *BGHZ* 92, 34 (enteignungsgleicher Eingriff durch Bebauungsplan); *BGHZ* 94, 373 (zur enteignungsfähigen Rechtsposition, Fährbetrieb); *BGHZ* 99, 24 (Grundsätzlich; Denkmalschutz: Blüchermuseum); *BGHZ* 99, 249 (Ampelunfall); *BGHZ* 100, 136 (keine Entschädigung wegen enteignungsgleichen Eingriffs bei sog. legislativem Unrecht); *BGHZ* 102, 350 (Staatshaftung für Waldschäden); *BGHZ* 105, 94 (Enteignung zugunsten einer Privatschule); *BGHZ* 110, 12 (Subsidiarität des enteignungsgleichen Eingriffs); *BGHZ* 111, 349 (KakaoVO; enteignungsgleicher Eingriff und Berufsausübungsregelung); *BGHZ* 117, 240 (Überschwemmungsschäden, enteignungsgleicher Eingriff und enteignender Eingriff); *BGHZ* 118, 253 (Versagung des Einvernehmens gem. § 36 BauGB, enteignungsgleicher Eingriff); *BGHZ* 120, 38 (Enteignung durch Bestellung einer Dienstbarkeit, Rechtsposition); *BGHZ* 121, 73 (ausgleichspflichtige Inhaltsbestimmung, Denkmalschutz); *BGHZ* 121, 328; 123, 242; 126, 379; 146, 122, 136 f. (ausgleichspflichtige Inhaltsbestimmung, Naturschutz); *BGHZ* 122, 76; 129, 124 (enteignender Eingriff durch Fluglärm); *BGHZ* 125, 27 (Irak-Embargo, keine Haftung der Bundesrepublik für Durchführung einer rechtswidrigen EG-Verordnung); *BGHZ* 125, 258 (enteignungsgleicher Eingriff, rechtswidrige Ablehnung eines Bauvorbescheids); *BGHZ* 140, 285 (Entschädigung für Autobahnlärm: Verhältnis von Planfeststellung und Enteignung); *BGHZ* 146, 365, 371 (rechtswidrige Verzögerung einer Grundstücksveräußerung). − *BGH* DVBl. 1971, 464 (Versagung einer Baugenehmigung); *BGH* DVBl. 1972, 827 (Versagung einer Gewerbegenehmigung); *BGH* NJW 1976, 1312 und 1977, 1817 (Münchener S-Bahn, Straßenbauarbeiten und Anliegerwerbebetrieb); *BGH* NJW 1980, 770 (Immissionen durch städtische Mülldeponie); *BGH* NJW 1988, 900 (Verkehrslärm).

BVerwGE 5, 143 (Schweretheorie); *BVerwGE* 15, 1 = (ausführlicher) NJW 1962, 2171 (Deichgrundstücke, Schweretheorie); *BVerwGE* 51, 121 (baurechtliche Veränderungssperre); *BVerwGE* 62, 224 (Verlust der Kunden durch Anschluß- und Benutzungszwang für Abfallbeseitigungsanlage); *BVerwGE* 68, 143 (Enteignung und Eigentumsinhaltsbestimmung nach Weinbergaufbaugesetz); *BVerwGE* 71, 108 (Autoteststrecke, Enteignung zugunsten Privater); *BVerwGE* 74, 109 (Enteignung nach dem Landbeschaffungsgesetz); *BVerwGE* 77, 86 (Enteignung nach dem BBauG); *BVerwGE* 77, 295 (Verkehrslärm); *BVerwGE* 85, 44 (abfallrechtlicher Planfeststellungsbeschluß, enteignungsrechtliche Vorwirkung); *BVerwGE* 85, 96 (Umlegung: Rechtsnatur, Rückabwicklung); *BVerwGE* 87, 241 (bergrechtliche Grundabtretung, Enteignung); *BVerwGE* 87, 332, 376 ff. (Entschädigung für planbedingte Lärmeinwirkung gem. § 74 II 3 VwVfG); *BVerwGE* 94, 1 (ausgleichspflichtige Inhaltsbestimmung); *BVerwGE* 97, 143, 151 ff. (Gemeindeeigentum im Planfeststellungsverfahren); *BVerwGE* 107, 196 (Rückübereignung); *BVerwGE* 107, 350; 110, 81; 110, 370 (Eigentumsschutz gegen Verkehrslärm); *BVerwGE* 109, 246 (Lärmschutz gegen Sportanlagen); *BVerwGE* 112, 373, 376 ff. (Festsetzung eines Naturschutzgebietes, ausgleichspflichtige Inhaltsbestimmung); *BVerwGE* 117, 138 (Enteignung für eine Transitpipeline zur Versorgung Tschechiens mit Öl); *BVerwG* DÖV 1976, 389 (begünstigende Situationsgebundenheit).

§ 28 Der Aufopferungsanspruch

I. Grundlagen und Anwendungsbereich

1. Rechtsgrundlagen

Der Aufopferungsanspruch, der bereits in den §§ 74, 75 Einl.   1
ALR seinen positiv-rechtlichen Ausdruck gefunden hatte, hat eine wechselvolle Geschichte durchgemacht (vgl. bereits oben § 26

Rn. 4 ff.). Er wurde im Laufe der Zeit nicht nur beschränkt und erweitert, sondern auch durch spezielle Rechtsinstitute, die kamen und gingen, verdrängt. Der Grundgedanke, daß bei einem Konflikt zwischen dem Allgemeininteresse und einem Individualrecht das letztere weichen, der Rechtsverlust aber entschädigt werden muß, ist jedoch bis heute lebendig und maßgeblich geblieben. Der Aufopferungsanspruch gilt demnach als Gewohnheitsrecht – und zwar im Range von Verfassungsrecht – fort. Der einfache Gesetzgeber kann ihn daher zwar näher ausgestalten und begrenzen, aber nicht beseitigen oder wesentlich beschränken.

2   Allerdings greift der allgemeine Aufopferungsanspruch nur ein, wenn keine besonderen gesetzlichen Vorschriften oder Rechtsinstitute bestehen. Eine besondere Ausprägung des Aufopferungsanspruches bildet die Enteignungsregelung des Art. 14 III GG. Dasselbe gilt für die Ansprüche auf Entschädigung wegen enteignungsgleichen Eingriffs oder ggf. wegen enteignenden Eingriffs, gleichgültig, ob sie nun in Art. 14 GG oder, wie der *BGH* neuerdings annimmt, im „allgemeinen Aufopferungsgedanken in seiner richterrechtlich geprägten Ausformung" verankert sind. Der Anwendungsbereich des Aufopferungsanspruches beschränkt sich daher von vornherein auf nicht vermögenswerte Rechte. Dementsprechend kann man zwischen dem allgemeinen Aufopferungsanspruch, der latent den gesamten Konfliktsbereich abdeckt, und dem besonderen Aufopferungsanspruch, der bei nicht vermögenswerten Rechten aktuell wird, unterscheiden. Die folgenden Ausführungen beschränken sich auf den besonderen Aufopferungsanspruch.

Das Reichsgericht hatte gerade umgekehrt den Aufopferungsanspruch auf Eingriffe in vermögenswerte Rechte beschränkt und den Bereich der immateriellen Rechte schlechthin ausgeschlossen, so zuletzt im Blick auf Impfschäden *RGZ* 156, 305 (dort allerdings auch mit nationalsozialistisch infiltrierten Erwägungen, vgl. aaO. S. 313). Der *BGH* hat dagegen in seinem Grundsatzurteil vom 19. 2. 1953 (*BGHZ* 9, 83), das wieder einen Impffall betraf, mit der Judikatur des Reichsgerichts gebrochen und mit dem zutreffenden Hinweis, daß die in Art. 2 II GG gewährleisteten Rechtsgüter Leben und Gesundheit nicht weniger schutzwürdig seien als die vermögenswerten Rechte, den Aufopferungsanspruch auf diesen Bereich erstreckt. Da der *BGH* andererseits alle Eingriffe in das Eigentum entschädigungsrechtlich ausschließlich nach Art. 14 III GG oder zumindest nach Art. 14 GG beurteilte, beschränkte sich der Aufopferungsanspruch sogar auf immaterielle Rechte.

2. Anwendungsbereich

a) *Gegenstand des Aufopferungsanspruches.* Wie dargelegt wurde, **3** bezieht sich der Aufopferungsanspruch nur auf nicht vermögenswerte Rechte. Traditionell gilt er sogar nur für Eingriffe in Leben, Gesundheit und Freiheit i. S. des Art. 2 II GG. Ob die gelegentliche Bemerkung des *BGH,* daß „bei einem hoheitlichen Eingriff in nicht vermögenswerte Güter, insbesondere (!) Leben, Gesundheit und Freiheit, dem Betroffenen ein Aufopferungsanspruch" zustehe (*BGHZ* 65, 196, 205), den Schluß zuläßt, daß nach der Rechtsprechung der Kreis der immateriellen Rechtsgüter noch offen ist, wie *Ossenbühl* meint (Staatshaftungsrecht, S. 135), erscheint fraglich. Zumindest ist der *BGH* in keinem Fall darüber hinausgegangen, auch dort nicht, wo es durchaus angebracht gewesen wäre (so etwa in *BGHZ* 111, 349).

In der Literatur wird die Beschränkung auf die in Art. 2 II GG gewährleisteten Rechtsgüter zu Recht moniert, vgl. bereits oben § 26 Rn. 106. Es wäre durchaus folgerichtig, auch die Verletzung anderer Grundrechte, insbesondere des Persönlichkeitsrechtes (Art. 2 I GG) und der Gewerbefreiheit (Art. 12 I GG), einzubeziehen. Wenn noch Bedenken bestehen, eine Entschädigung unmittelbar, wenn auch nur subsidiär, aus den Grundrechten abzuleiten, könnte man sich gerade des Aufopferungsanspruchs als Brücke bedienen.

b) *Erweiterung auf rechtswidrige Eingriffe.* Der Aufopferungsan- **4** spruch knüpfte ursprünglich an *rechtmäßige* Eingriffe an. Er wurde jedoch im Laufe der Zeit auf *rechtswidrige* Eingriffe einschließlich *rechtswidriger schuldhafter* Eingriffe ausgedehnt. Ob der Aufopferungsanspruch im Falle des rechtswidrigen Eingriffs im Wege des Erst-recht-Schlusses entsprechend angewendet wird (aufopferungsgleicher Eingriff) oder ob das Merkmal der Rechtmäßigkeit aufgegeben worden ist, ist rechtsdogmatisch fraglich, spielt aber für die Rechtsanwendung keine Rolle. Der Grundsatz des Vorrangs des Primärrechtsschutzes gilt auch hier. Der Aufopferungsanspruch greift daher nur ein, wenn der Betroffene das besondere Opfer rechtlich oder wenigstens faktisch hinnehmen mußte.

c) *Spezielle Regelungen.* Der Aufopferungsanspruch wird – auch in **5** dem ihm verbliebenen Restbereich nicht vermögenswerter Rechte – durch eine ganze Reihe von Spezialvorschriften verdrängt, die überwiegend großzügiger sind.

Zu nennen sind z. B. die §§ 60 ff. IfSG (früher §§ 51 ff. BSeuchG) für Impfschäden, die §§ 1 ff. StrEG für Schäden durch Strafverfolgungsmaßnahmen, insbesondere durch unschuldig erlittene Untersuchungshaft, ferner die besonderen polizeirechtlichen Entschädigungsansprüche, vgl. dazu näher die Polizeirechtslehrbücher, etwa *Drews/Wacke/Vogel/Martens*, Gefahrenabwehr, S. 664 ff.; *Götz*, PolR, Rn. 427 ff.; *Schenke*, PolR, Rn. 679 ff.; *Ossenbühl*, Staatshaftungsrecht, S. 392 ff. – Zum StrEG vgl. den Bericht über die Rechtsprechung des *BGH* von *Galke*, DVBl. 1990, 145 ff.

6   d) *Der Aufopferungsanspruch gilt ferner nur subsidiär.* Er tritt auch gegenüber Ansprüchen zurück, die keine konkrete Ausprägung des allgemeinen Aufopferungsanspruchs bilden (also keine leges speciales sind), aber im konkreten Fall, wenn auch evtl. unter anderen rechtspolitischen Gesichtspunkten, einen Schadensausgleich gewähren. Das gilt vor allem für Leistungen der Sozialversicherung, Leistungen einer von der Gemeinde abgeschlossenen Versicherung gegen Dienstunfälle (*BGH* NJW-RR 1994, 213), Ansprüche nach dem Opferentschädigungsgesetz (vgl. dazu unten § 28 Rn. 34) und Schadensersatzansprüche nach Art. 5 V EMRK (vgl. dazu *BGHZ* 45, 58, 80 ff.). Die vom *BGH* entwickelte und von der Literatur gebilligte Subsidiarität ist indessen nicht bedenkenfrei. Die Begründung, bei anderweitig gegebenen Ansprüchen bestehe keine Sonderopferlage (so wohl *BGHZ* 45, 58, 81), münzt das anspruchsbegründende Tatbestandsmerkmal Sonderopfer in eine Konkurrenzregelung um.

Die Auffassung des *BGH* ist nicht nur rechtsdogmatisch, sondern auch rechtspolitisch äußerst zweifelhaft, wie *BGHZ* 45, 58, 80 ff. zeigt: Ein Aufopferungsanspruch für unschuldig erlittene Strafhaft wurde unter Hinweis auf den Schadensersatzanspruch gem. Art. 5 V EMRK verneint, obwohl damals dieser Anspruch wegen seiner kurzen Verjährungsfrist von 3 Jahren bereits verjährt war, der Aufopferungsanspruch, der erst nach 30 Jahren verjährt, aber an sich noch hätte geltend gemacht werden können. Art. 5 V MRK wird damit zur anspruchsbegrenzenden Norm, was sicherlich nicht seine ratio ist.

7   e) Dagegen können *Aufopferungsanspruch* und *Amtshaftungsanspruch* *nebeneinander* geltend gemacht werden. Das mag angesichts der sonstigen Eingrenzungen des Aufopferungsanspruchs durch die Rechtsprechung überraschen, entspricht aber dem Verhältnis der Entschädigung wegen enteignungsgleichem Eingriff zur Amtshaftung (vgl. dazu oben § 26 Rn. 104 und *BGHZ* 13, 88, 92).

II. Die Voraussetzungen des Aufopferungsanspruchs

Voraussetzung des Aufopferungsanspruchs ist (1) ein hoheitlicher **8** Eingriff in (2) nicht vermögenswerte Rechte, der (3) für den Betroffenen ein Sonderopfer in Gestalt eines Vermögensschadens darstellt.

Der Tatbestand des Aufopferungsanspruches entspricht im wesentlichen dem der Enteignung nach der früheren Rechtsprechung des *BGH*. Die Neuorientierung im Enteignungsrecht hatte offenbar noch keine Auswirkungen auf das Aufopferungsrecht, was möglicherweise einfach daran liegt, daß dieser Anspruch in den letzten Jahren in der *BGH*-Rechtsprechung nicht aktuell wurde.

1. Hoheitlicher Eingriff

Der Eingriff braucht nicht gezielt zu sein; es genügt – wie beim **9** enteignungsgleichen Eingriff – die unmittelbare Beeinträchtigung eines Rechts durch eine hoheitliche Maßnahme.

Vom Betroffenen aus betrachtet stellt sich der Eingriff als *hoheitlicher Zwang* dar, durch den ihm ein bestimmtes Verhalten (Dulden, evtl. auch Tun oder Unterlassen) abverlangt wird. Diese Sicht, die in der Literatur oft bevorzugt wird (vgl. *Ossenbühl*, Staatshaftungsrecht, S. 135 f.), ist geeignet, bestimmte Konstellationen zu veranschaulichen, darf aber nicht darüber hinwegtäuschen, daß die hoheitliche Beeinträchtigung (der Eingriff) den entscheidenden Ansatzpunkt bildet.

Ein Eingriff (hoheitlicher Zwang) ist zu verneinen, wenn sich **10** der Betroffene *freiwillig* in eine gewisse Gefahrensituation begibt, wenn er z. B. freiwillig der Polizei hilft (als sog. freiwilliger Polizeihelfer erhält er allerdings nach polizeirechtlichen Vorschriften oder nach § 2 I Nr. 11 a bzw. Nr. 13 a SGB VII Entschädigung, vgl. unten § 28 Rn. 33) oder sich freiwillig einer amtsärztlichen Untersuchung unterzieht. Entsprechendes gilt, wenn er sich zwar nicht freiwillig, aber *selbstverschuldet* in einer solchen Situation befindet.

Beispiel: Der Strafgefangene S, der sich in der Strafvollzugsanstalt X befindet, wird durch einen Mithäftling schwer verletzt. Da der Mithäftling mittellos ist, verlangt S – mangels anderer Anspruchsgrundlage – Entschädigung wegen Aufopferung. Ist der Anspruch begründet? Nach Auffassung des *BGH* hat sich der Strafgefangene durch sein strafbares Verhalten selbst in zurechenbarer Weise der Freiheitsentziehung und den damit verbundenen Folgen ausgesetzt, wird ihm „nichts abverlangt, dem er sich nicht hätte entziehen können" (so *BGHZ* 17, 172; 60, 302). Es fehlt somit bereits am Eingriff (in den genannten

Entscheidungen wird allerdings nicht ganz deutlich, ob auf den Eingriff oder das Sonderopfer oder auf beides abgestellt wird). Dasselbe ist bei der Verletzung eines „schuldigen", nicht aber eines „unschuldigen" Untersuchungsgefangenen anzunehmen, wobei sich das „schuldig" bzw. „unschuldig" danach bestimmt, ob er später verurteilt wird oder nicht (vgl. *BGHZ* 60, 302).

11　Andererseits ist zu beachten, daß der moderne Sozialstaat nicht nur durch rechtlich zwingende Regelungen, sondern – im Ergebnis oft nicht weniger effektiv – auch durch subtilere *indirekte Mittel* (gezielte Aufklärung, Anreize, Inaussichtstellen von Nachteilen) ein bestimmtes Verhalten der Bürger veranlassen kann (vgl. dazu bereits oben § 1 Rn. 21). Dem trägt die Rechtsprechung Rechnung, indem sie ggf. auch solche Einwirkungen als Eingriffe qualifiziert.

Beispiel: Eine bestimmte Schutzimpfung wird nicht gesetzlich verpflichtend eingeführt, aber durch öffentliche Werbung der Gesundheitsbehörden nachdrücklich empfohlen. Der *BGH* nimmt in diesem Fall ein „psychologisches Abfordern" (*BGHZ* 31, 187), einen „Gewissenszwang" (*BGHZ* 24, 45) an. Der Gesetzgeber hat diesen Fall inzwischen geregelt, vgl. § 51 I BSeuchG.

2. Nicht vermögenswerte Rechte

12　Dazu gehören nach der h. L. Leben, Gesundheit, körperliche Unversehrtheit und Freiheit (i. S. der körperlichen Bewegungsfreiheit), also die in Art. 2 II GG genannten und geschützten Rechtsgüter. Da diese der Rechtsordnung als natürliche Güter vorgegeben sind, bestehen – anders als beim Eigentum, das zwar an das tatsächliche Haben, Benutzen und Verfügen anknüpft, aber doch der rechtlichen Regelung und Gestaltung bedarf – keine Abgrenzungsschwierigkeiten.

Zur Problematik dieser Begrenzung vgl. bereits oben Rn. 3.

3. Sonderopfer

13　Das Sonderopfer ist – wie nach der früheren Rspr. des *BGH* zur Enteignung – dann anzunehmen, wenn der Betroffene im Vergleich zu anderen ungleich belastet wird, wenn er also eine anderen nicht zugemutete, die allgemeine Opfergrenze überschreitende besondere Belastung hinnehmen muß. Dabei ist nicht nur auf den Eingriffsakt selbst, sondern auch auf die damit unmittelbar verbundenen Folgen (Eingriffswirkung, Beeinträchtigung) abzustellen. Ein wesentliches Kriterium für die Bestimmung des Sonderopfers ist, ob die Folgen gesetzlich gewollt und gefordert sind, also vom *Normzweck* des jeweils verpflichtenden Gesetzes noch gedeckt sind.

Beispiel (*BGHZ* 9, 83): Das Kind K wird auf Grund eines Impfgesetzes, das eine generelle Pflicht zur Impfung gegen Pocken festlegt, durch einen Amtsarzt geimpft. Es erleidet durch die Impfung, die normalerweise allenfalls zu leichten und kurzfristigen Beschwerden führt, schwere und dauernde gesundheitliche Schädigungen. Kann K – unterstellt, es gäbe keine spezielle Entschädigungsregelung – Schadensersatz oder Entschädigung geltend machen? Ein Amtshaftungsanspruch ist gegeben, wenn der Amtsarzt rechtswidrig schuldhaft handelte, also etwa eine zu starke Dosis gegeben hat. Ferner ist ein Aufopferungsanspruch zu prüfen: Die Impfung trifft jeden gleich. Würde man allein darauf abstellen, dann wäre schon aus diesem Grund ein Sonderopfer zu verneinen (so noch *RGZ* 156, 305). Der *BGH* betrachtet jedoch zu Recht den Eingriff und seine Folgen als „einen einheitlichen Vorgang". Die entscheidende Frage ist daher, ob die Gesundheitsschäden des K noch durch den Normzweck des Impfgesetzes gedeckt sind. Nach dem Impfgesetz hat der Einzelne die Impfung selbst und die damit natürlicherweise und üblicherweise verbundenen Folgen, nicht aber erhebliche und außergewöhnliche Gesundheitsschäden hinzunehmen. Es liegt daher ein Sonderopfer vor, so *BGHZ* 9, 83, 87 f. Der Fall ist inzwischen durch § 51 BSeuchG bzw. (seit 1. 1. 2001) durch § 60 IfSG geregelt, die erwähnte *BGH*-Entscheidung behält aber ihre grundsätzliche Bedeutung. Vgl. ferner *BGHZ* 20, 61 (Wehrdienstbeschädigungen); *BGHZ* 25, 238 (Behandlung eines Geschlechtskranken); *BGHZ* 60, 302 (Verletzung eines Straf- bzw. Untersuchungsgefangenen durch Mithäftling).

Der für die Bestimmung des Sonderopfers maßgebliche *Normzweck* muß allerdings selbst *verfassungsrechtlich legitimiert* sein, wobei nicht nur die Grundrechte und sonstigen Verfassungsvorschriften, sondern auch der verfassungsgewohnheitsrechtlich verankerte Aufopferungsanspruch, der nicht auf diese Weise unterlaufen werden darf, zu beachten sind.

Ein Sonderopfer ist nach Auffassung des *BGH* ferner zu verneinen, wenn durch staatliche Maßnahmen lediglich das *allgemeine Lebensrisiko konkretisiert* wird.   **14**

Vgl. *BGHZ* 46, 327: Ein Schüler verletzte sich während des Turnunterrichts durch eine Übung, die in dieser oder ähnlicher Form auch beim Spielen außerhalb des Unterrichts häufig vorkommt. Der *BGH* meinte, die Schule übernehme nur die für das Kind ohnehin erforderliche Erziehung und Ausbildung und konkretisiere weitgehend nur das allgemeine Lebensrisiko, nämlich die Gefahren, die von der Umwelt ausgehen und in die das Kind naturgegeben hineingestellt werde, schaffe also insoweit keine neue Gefahren. Auch in diesem Fall ist die tatbestandsmäßige Zuordnung nicht ganz eindeutig (Sonderopfer, Eingriff oder zusätzliches Kriterium?). Vgl. dazu *Ossenbühl,* JuS 1970, 276 ff. m.w.N. Eine Entschädigung für derartige Fälle ist inzwischen durch § 2 I Nr. 8 b SGB VII gesetzlich gewährleistet.

III. Entschädigung

15   *Die Entschädigung* erfaßt nur den *Vermögensschaden,* der durch den Eingriff in die nicht vermögenswerten Rechte entstanden ist (z. B. Arztkosten, Pflegekosten, Verdienstausfall), nicht aber den immateriellen Schaden. § 847 BGB (Zahlung von Schmerzensgeld) kommt hier nicht zur Anwendung. „Immateriell" ist also nur das verletzte Recht, nicht der zu ersetzende Schaden.

Der Gesetzgeber kann allerdings weiter gehen und auch einen Ausgleich für immaterielle Schäden gewähren, so z. B. § 52 II BGSG.

16   Im einzelnen kann bezüglich der Entschädigung wieder auf die Ausführungen zur Enteignung verwiesen werden. Der Entschädigungsanspruch geht auf Ausgleich, nicht auf Schadensersatz. Mitwirkendes Verschulden ist zu berücksichtigen (*BGHZ* 45, 290, 294 ff.). Entschädigungspflichtig ist der Begünstigte bzw. der Verwaltungsträger, dessen Aufgaben erledigt worden sind, im Falle des rechtswidrigen Eingriffs der Verwaltungsträger, dessen Organe den Eingriff vorgenommen haben. Der Entschädigungsanspruch verjährt in der Regel nach 3 Jahren (vgl. oben § 27 Rn. 72 a). Nach § 40 II VwGO ist der ordentliche Rechtsweg gegeben (in dieser Vorschrift wird übrigens der Aufopferungsanspruch ausdrücklich genannt: „Ansprüche aus Aufopferung für das gemeine Wohl").

IV. Überblick über die allgemeinen Entschädigungs- und Schadensersatzansprüche

17   Die folgende Skizze soll einen zusammenfassenden Überblick über die allgemeinen Entschädigungs- und Schadensersatzansprüche bei staatlichen Eingriffen (unter Zugrundelegung des Naßauskiesungsbeschlusses des *BVerfG* und der Rechtsprechung des *BGH)* geben. Sie werden durch die in §§ 28, 29 erörterten speziellen Ansprüche ergänzt.

	Eingriffe in		
	vermögenswerte Rechte (Eigentum i. S. des Art. 14 GG)	immaterielle Rechte i. S. des Art. 2 II GG	sonstige immaterielle Rechte
rechtmäßige Eingriffe	Entschädigung wegen Enteignung (Art. 14 III GG) oder wegen besonders belastender Beschränkung des Eigentums (ausgleichspflichtige Inhaltsbestimmung im Rahmen des Art. 14 I 2 GG).	Entschädigung wegen Aufopferung	–
rechtswidrige schuldlose Eingriffe	Entschädigung wegen enteignungsgleichen Eingriffs oder enteignenden Eingriffs	Entschädigung wegen aufopferungsgleichen Eingriffs	–
rechtswidrige schuldhafte Eingriffe	wie oben	wie oben	–
	Schadensersatz wegen Amtspflichtverletzung gem. Art. 34 GG/§ 839 BGB		

Literatur zu § 28: *Ossenbühl,* Die Struktur des Aufopferungsanspruchs, JuS **18** 1970, 276 ff.; *Schiwy,* Impfung und Aufopferungsentschädigung, 1974; *Burmeister,* Aufopferungsrechtliche Entschädigungsansprüche staatlich geförderter Hochleistungssportler, NJW 1983, 2617 ff.; *K. Müller,* Der Aufopferungsanspruch im Zusammenhang mit der Gurtanlegepflicht, NJW 1983, 593 ff.; *Schwabe,* Aufopferungsansprüche bei Gurtschäden?, NJW 1983, 2370 f.; *Schenke,* Staatshaftung und Aufopferung – Der Anwendungsbereich des Aufopferungsanspruchs, NJW 1991, 1777 ff.; *Schmitt-Kammler,* Der Aufopferungsgedanke, JuS 1995, 473 ff.; *W. Schmidt,* Die Aufopferung vermögenswerter Rechte, NJW 1999, 2847 ff.; *Brüning,* Die Aufopferung im Spannungsfeld von verfassungsrechtlicher Eigentumsgarantie und richterrechtlicher Ausgestaltung, JuS 2003, 2 ff.

Rechtsprechung zu § 28: *BGHZ* 9, 83 (Impfschaden, Grundsatzurteil); **19** *BGHZ* 45, 1958 (rechtswidrige Strafhaft, Subsidiarität); *BGHZ* 46, 327 (Turnunterricht, „allgemeines Lebensrisiko"); *BGHZ* 60, 302 (Verletzung eines Straf- bzw. Untersuchungsgefangenen durch Mithäftling); *BGHZ* 65, 196 und 66, 118 (Wehrdienst).

§ 29 Weitere Anspruchsgrundlagen

1   Neben dem Amtshaftungsanspruch und den Enteignungs- und
Aufopferungsentschädigungsansprüchen gibt es noch eine ganze
Reihe weiterer, sehr unterschiedlicher Ersatz- und Erstattungsansprüche. Da sie – nach Voraussetzungen, Umfang oder Durchsetzbarkeit – für den betroffenen Bürger ggf. günstiger sind, sind sie im
konkreten Fall jeweils in Erwägung zu ziehen.

I. Schadensersatzansprüche aus verwaltungsrechtlichen
Schuldverhältnissen

1. Begriff

2   Verwaltungsrechtliche Schuldverhältnisse sind öffentlich-rechtliche Rechtsbeziehungen zwischen der Verwaltung und dem Bürger, die nach Struktur und Gegenstand den bürgerlich-rechtlichen
Schuldverhältnissen vergleichbar sind. Als Beispiele sind vor allem
die Leistungs- und Benutzungsverhältnisse im Bereich der Daseinsvorsorge zu nennen, etwa die Lieferung von Wasser durch die
Gemeinde (*BGHZ* 59, 303), der Anschluß an die kommunale Abwasserkanalisation (*BGHZ* 54, 299) oder die Benutzung eines städtischen Schlachthofes (*BGHZ* 61, 7). Der Begriff des verwaltungsrechtlichen Schuldverhältnisses ist eine Zweckschöpfung der Rechtsprechung und wird daher durch seine Funktion bestimmt. Die
Rechtsprechung ist der Auffassung, es bestehe ein „Bedürfnis" auf
solche „besondere, enge Verhältnisse zwischen Verwaltung und
Bürger" neben den *allgemeinen* öffentlich-rechtlichen Regelungen
die *besonderen Vorschriften des Schuldrechts des BGB,* insbesondere
dessen Haftungsvorschriften, analog anzuwenden. Das liegt schon
deshalb nahe, weil es weitgehend im Ermessen der Verwaltung
steht, ob sie diese Leistungs- und Benutzungsverhältnisse öffentlich-rechtlich oder privatrechtlich gestalten will (vgl. oben § 3
Rn. 9), eine verminderte Haftung im Falle der öffentlich-rechtlichen Ausgestaltung aber nicht gerechtfertigt erscheint. Immerhin
führt aber diese Rechtsprechung dazu, daß kraft Richterrechts die

öffentlich-rechtliche Haftung des Staates gegenüber dem Bürger in
diesen Fällen erweitert wird.

Die *Abgrenzung* des verwaltungsrechtlichen Schuldverhältnisses ist sowohl **3**
grundsätzlich als auch im einzelnen fraglich und strittig. Wenn die Rechtsprechung auf das „besondere, enge Verhältnis zwischen Verwaltung und Bürger"
hinweist, dann wird damit eine Erklärung für die Schaffung des verwaltungsrechtlichen Schuldverhältnisses, aber keine Begriffsbestimmung gegeben. Neben den bereits erwähnten Leistungs- und Benutzungsverhältnissen gehören
dazu das öffentlich-rechtliche Verwahrungsverhältnis (unbestritten, vgl. *BGHZ*
1, 369; 4, 192; *BGH* NJW 1990, 1230; *Maurer,* JuS 1994, 1017 m. w. N.), ferner die Geschäftsführung ohne Auftrag (vgl. unten Rn. 10 ff.), u. U. auch das
Subventionsverhältnis (*OVG Lüneburg* NJW 1977, 773). Zweifelhaft ist dagegen, ob und inwieweit die verwaltungsrechtlichen Schuldverhältnisse auch *personenbezogene* Rechtsbeziehungen erfassen (etwa das Beamtenverhältnis, Schulverhältnis, Strafgefangenenverhältnis, vgl. dazu *BGHZ* 21, 214). Allgemein
anerkannt ist nunmehr, daß der Beamte bei schuldhafter Verletzung der beamtenrechtlichen Fürsorgepflicht seines Dienstherrn (etwa rechtswidrige Entlassung, Verlust in Verwahrung gegebener Sachen, Verweigerung der Akteneinsicht) nicht nur (soweit realisierbar) einen Erfüllungsanspruch, sondern auch
öffentlich-rechtliche Schadensersatzansprüche in entsprechender Anwendung
der in §§ 276, 278, 618 III BGB zum Ausdruck kommenden Rechtsgrundsätze hat, vgl. *BVerwGE* 13, 17; 52, 247, 249 f.; 94, 163, 164; *BGHZ* 43, 178,
184. Nach der neueren Rechtsprechung (*BVerwGE* 80, 123; 107, 29, 31) ist
der Rückgriff auf die Rechtsfigur der Verletzung der Fürsorgepflicht nicht
mehr erforderlich; vielmehr ergeben sich bei der Verletzung beamtenrechtlicher Pflichten durch den Dienstherrn unmittelbar aus dem Beamtenverhältnis
Erfüllungs- bzw. Schadensersatzansprüche, etwa – so im konkreten Fall –
wenn bei der Besetzung einer Beförderungsstelle die Pflicht zur Beachtung des
Leistungsprinzips (Art. 33 II GG, § 7 BRRG) verletzt wird; vgl. dazu auch
Schnellenbach, NVwZ 1989, 435; *Wolf,* JA 1989, 468.

Nach der Rechtsprechung ergeben sich aus dem verwaltungsrechtlichen Schuldverhältnis nicht nur Schadensersatzansprüche des
Bürgers gegen den Staat, sondern auch umgekehrt Schadensersatzansprüche des Staates gegen den Bürger. Das erscheint konsequent,
ist aber gleichwohl nicht unproblematisch. Es fragt sich nämlich im
Blick auf den Gesetzesvorbehalt (vgl. dazu oben § 6 Rn. 3 ff.), ob
die in dem Schadenersatzanspruch des Staates liegende Geldleistungspflicht des Bürgers richterrechtlich im Wege der Analogie zu
den BGB-Vorschriften begründet werden kann oder ob eine formell-gesetzliche Grundlage erforderlich ist. Grundsätzlich dürfte
die Analogie ausreichen, jedenfalls dann, wenn die Verwaltung statt
des verwaltungsrechtlichen Schuldverhältnisses auch ein zivilrecht-

liches Schuldverhältnis hätte begründen können, da in diesem Fall der Bürger durch die Wahl der öffentlich-rechtlichen Form allein nicht schlechter gestellt wird. Im übrigen ist sorgfältig zu prüfen, ob die Voraussetzungen für eine Analogie wirklich vorliegen.

Vgl. zur Bürgerhaftung *BVerwG* NJW 1995, 2303 (Abwasserkanal-Benutzungsverhältnis); *BadWürttVGH* VBlBW 1982 369 (Wasserbenutzungsverhältnis); ferner differenzierend *BVerwGE* 101, 51, das im konkreten Fall eine Haftung wegen der unzureichenden Rechtsgrundlage ablehnte; wie hier *U. Stelkens,* DVBl. 1998, 303 f.; *de Wall,* S. 349 f.; *Meysen,* S. 295 f.; ablehnend *Bamberger,* KritV 2001, 214 ff. – Vgl. zum Analogieverbot bei hoheitlichen Eingriffen *BVerfG-K* DVBl. 1997, 350 mit Anm. von *Schwabe.*

2. Die maßgebenden Haftungsvorschriften

4   Das verwaltungsrechtliche Schuldverhältnis ist ein *öffentlich-rechtliches* Rechtsverhältnis und bestimmt sich daher nach öffentlichem Recht. Soweit öffentlich-rechtliche Rechtsvorschriften fehlen und die Eigenart des jeweiligen Rechtsverhältnisses dies zuläßt, sind die schuldrechtlichen Bestimmungen des BGB sinngemäß heranzuziehen, sei es im Wege der Analogie, sei es als Ausdruck allgemeiner Rechtsgrundsätze (vgl. dazu bereits oben § 3 Rn. 29 f.). In Betracht kommen vor allem die schuldrechtlichen Regelungen über die Haftung bei Leistungsstörungen (§§ 276 ff. BGB), ferner die im Bereich des bürgerlichen Rechts entwickelten Grundsätze über die positive Forderungsverletzung und über die culpa in contrahendo.

5   Vgl. dazu – noch zur früheren, vor dem 1. 1. 2002 geltenden Fassung des BGB – *BGH* NJW 1990, 1230 (Unmöglichkeit der Leistungserfüllung); *BGH* NJW 1974, 1816 (positive Forderungsverletzung); *BGHZ* 71, 386, 391 ff.; 76, 343, 348 f.; *BGH* DVBl. 1986, 409 (culpa in contrahendo). Nach *BGHZ* 59, 303 ist bei der Lieferung verunreinigten Wassers durch die Gemeinde sogar das bürgerlich-rechtliche Kaufvertragsrecht entsprechend anzuwenden (ebenso *BGH* DVBl. 1977, 893; zurückhaltender dagegen *BadWürttVGH* ESVGH 26, 155, 157: keine entsprechende Anwendung der Gewährleistungsansprüche in der damaligen Form der Wandlung und Minderung). Bei öffentlich-rechtlichen Verwahrungsverhältnissen sind die §§ 688 ff. BGB analog heranzuziehen; die Haftungserleichterung des § 690 BGB kann von der Verwaltung jedoch nicht in Anspruch genommen werden (so *BGHZ* 4, 192; offenlassend, weil im konkreten Fall unerheblich *BVerwGE* 52, 247, 254).

6   Die Haftung aus verwaltungsrechtlichem Schuldverhältnis setzt *Verschulden* voraus. Der Verwaltungsträger muß für das schuldhafte Verhalten seiner *„Erfüllungsgehilfen"* voll einstehen (§ 278 BGB).

Das gilt nicht nur für die öffentlichen Bediensteten, sondern auch für Privatunternehmer, die aufgrund eines privatrechtlichen Vertrages herangezogen wurden und für die der Verwaltungsträger nicht nach Art. 34 GG/§ 839 BGB haftet (vgl. oben § 26 Rn. 13).

Beispiel: Ein von der Gemeinde mit der Herstellung der Abwasserkanalisation beauftragter Bauunternehmer errichtet eine fehlerhafte Anlage; die Gemeinde haftet nicht nach Art. 34 GG/§ 839 BGB, aber in entsprechender Anwendung des § 278 BGB (vgl. *BGHZ* 54, 299).

3. Haftungsbeschränkungen

Die schuldrechtliche Haftung bei Leistungsstörungen kann – mit 7 Ausnahme der Haftung für Vorsatz – vertraglich beschränkt werden (§ 276 III BGB). Dies gilt auch bei nur entsprechender Anwendung der schuldrechtlichen Vorschriften im öffentlich-rechtlichen Bereich. Da die meisten der verwaltungsrechtlichen Schuldverhältnisse (etwa der Leistungs- und Benutzungsverhältnisse) nicht durch Vertrag, sondern durch Zulassung in Form eines Verwaltungsakts oder durch bloße Benutzung zustande kommen, erlangt die vertragliche Beschränkung keine große Bedeutung. Die entsprechende Anwendung führt jedoch zu der Frage, ob eine Haftungsbeschränkung auch durch *Satzung* (etwa durch eine in Form einer Satzung erlassene Benutzungsordnung) erfolgen kann. Die h.L. bejaht dies, obwohl es in diesen Fällen nicht mehr um eine vereinbarte, sondern um eine einseitig festgelegte Haftungsbeschränkung geht. Auch wenn man der h.L. folgt müssen jedenfalls bestimmte Voraussetzungen beachtet werden: Die Haftungsbeschränkung darf nicht zum Ausschluß der groben Fahrlässigkeit führen, sie muß ferner sachlich gerechtfertigt sein und den Grundsätzen der Erforderlichkeit und Verhältnismäßigkeit entsprechen.

Vgl. dazu *BGHZ* 61, 7, 12 f.; *Heintzen*, NVwZ 1992, 857 ff. Man kann insoweit auch eine Parallele zu den Allgemeinen Geschäftsbedingungen ziehen. – Die Haftungsbeschränkung erfaßt nur die schuldrechtliche Haftung, nicht aber die auf anderen Vorschriften beruhende Haftung (Amtshaftung, Enteignungsentschädigung), vgl. oben § 26 Rn. 39.

4. Verhältnis zur Amtshaftung

Die Haftung aus verwaltungsrechtlichem Schuldverhältnis und 8 die Amtshaftung können – ebenso wie im Zivilrecht die Haftung

aus Vertrag und aus unerlaubter Handlung – nebeneinander geltend gemacht werden. Das verwaltungsrechtliche Schuldverhältnis
hat ja gerade den Sinn, die allgemeine Amtshaftung durch speziellere Haftungsregelungen zu ergänzen.

Die schuldrechtliche Haftung hat für den anspruchsberechtigten
Bürger gegenüber der Amtshaftung eine Reihe von Vorteilen:

– ein *Verschuldensnachweis* ist nicht erforderlich, vielmehr muß der Staat im
  Streitfall nachweisen, daß sein Bediensteter nicht schuldhaft gehandelt hat
  (§§ 280 II, 286 IV BGB);
– die *Haftung für Hilfspersonen* gem. § 278 BGB erstreckt sich auch auf privatrechtlich herangezogene Unternehmer (vgl. oben Rn. 6);
– der *Schadensersatz* ist nicht auf Geld beschränkt, sondern kann auch in der
  Naturalrestitution bestehen;
– die *Subsidiaritätsklausel* des § 839 I 2 BGB greift nicht ein;
– das *Mitverschulden* des Geschädigten bestimmt sich nur nach § 254 BGB,
  nicht auch nach der schärferen Regelung des § 839 III BGB (anders
  BVerwGE 107, 29, 32 für beamtenrechtliche Klagen).

Andererseits kann zwar die schuldrechtliche Haftung, nicht aber
die Amtshaftung durch Satzung ausgeschlossen werden (vgl. oben
Rn. 7).

Einige Unterschiede sind durch die Schuldrechtsreform (ab 1. 1. 2002) und
die Schadensersatzrechtsreform (ab 1. 8. 2002) entfallen: Für die Verjährung
gelten nun dieselben Vorschriften (vorher betrug die Verjährungsfrist für Amtshaftungsansprüche drei Jahre und die Schadensersatzansprüche aus dem verwaltungsrechtlichen Schuldverhältnis in der Regel 30 Jahre); der immaterielle
Schaden wird nunmehr auch bei Ansprüchen aus dem verwaltungsrechtlichen
Schuldverhältnis ersetzt (früher nur bei Amtshaftungsansprüchen).

5. Rechtsweg

9   Nach überwiegender Meinung ist für Schadensersatzansprüche
aus verwaltungsrechtlichem Schuldverhältnis nicht der Verwaltungsrechtsweg, sondern der ordentliche Rechtsweg gem. § 40 II
VwGO gegeben (vgl. *BGH* DVBl. 1978, 108; *BVerwG* NVwZ
2003, 1383; *Kopp/Schenke,* VwGO, § 40 Rn. 72. Das ergibt sich
bereits aus dem Wortlaut des § 40 II 1 VwGO. Allerdings gilt das
nur, soweit die verwaltungsrechtlichen Schuldverhältnisse nicht auf
Vertrag beruhen, weil § 40 II 1 VwGO Streitigkeiten aus Verwaltungsvertrag nicht erfaßt, so daß für diese nach der allgemeinen
Regelung des § 40 I VwGO der Verwaltungsrechtsweg eröffnet ist.

Ob eine Differenzierung nach vertraglich und anderweitig begründeten verwaltungsrechtlichen Schuldverhältnissen sinnvoll ist, erscheint indessen fraglich.

Eindeutig geregelt ist, daß vermögensrechtliche Ansprüche aus öffentlich-rechtlicher Verwahrung vor den ordentlichen Gerichten (§ 40 II 1 VwGO) und Ersatzansprüche wegen Verletzung der Fürsorgepflicht des Dienstherrn vor den Verwaltungsgerichten geltend zu machen sind (§ 126 BRRG); ferner ist allgemein anerkannt, daß § 40 II 1 VwGO nur Ansprüche des Bürgers gegen den Staat, nicht auch Ansprüche des Staates gegen den Bürger erfaßt (vgl. *Maurer*, JuS 1981, 810 m. w. N.). In diesem Zusammenhang ist noch § 17 II GVG zu beachten, wonach das Gericht des zulässigen Rechtswegs den Rechtsstreit unter allen in Betracht kommenden rechtlichen Gesichtspunkten zu entscheiden hat (vgl. dazu bereits oben § 14 Rn. 57).

II. Ansprüche aus Geschäftsführung ohne Auftrag (GoA)

1. Der Anwendungsbereich der GoA

Die GoA ist ein im Privatrecht entwickeltes Rechtsinstitut. Sie 10 liegt dann vor, wenn jemand (der Geschäftsführer) ein Geschäft für einen anderen (den Geschäftsherrn) besorgt, ohne dazu beauftragt oder sonst dazu berechtigt zu sein. Die §§ 677 ff. BGB regeln zum einen die Voraussetzungen und zum anderen die Abwicklung der GoA. Sie ist zulässig („berechtigt"), wenn die Geschäftsbesorgung dem tatsächlichen oder mutmaßlichen Willen des Geschäftsherrn entspricht (§ 683 BGB) oder der Erfüllung einer im öffentlichen Interesse liegenden Pflicht dient (§ 679 BGB). Der Geschäftsführer hat in diesem Fall einen Anspruch auf Ersatz seiner Aufwendung (§ 683 BGB). Wenn die Voraussetzungen nicht vorliegen und die GoA daher unzulässig („unberechtigt") ist, haftet der Geschäftsführer dem Geschäftsherrn gem. § 678 BGB.

Nach der h.L. gibt es auch eine *öffentlich-rechtliche GoA*, d. h. öf- 11 fentlich-rechtliche Rechtsbeziehungen, die die Merkmale der bürgerlich-rechtlichen GoA (Geschäftsführung, für einen anderen, ohne Auftrag) aufweisen. Dabei sind nach der überwiegenden Auffassung drei Konstellationen denkbar: Eine Behörde wird für eine andere Behörde oder eine Behörde wird für einen Bürger oder ein Bürger wird für eine Behörde tätig. Mangels besonderer gesetzlicher Vorschriften bietet sich eine entsprechende Anwendung der bürgerlich-rechtlichen GoA-Vorschriften für diese Rechtsverhältnisse an. Bei genauerer Betrachtung muß jedoch differenziert werden. Unproblematisch ist in der Tat die entsprechende Anwendung der Abwicklungsvorschriften für eine nach öffentlichem Recht zulässige GoA.

Fraglich ist aber, ob auch die bürgerlich-rechtlichen Regelungen über die *Zulässigkeit* der GoA entsprechend herangezogen werden und eine Wahrnehmung „fremder Aufgaben" rechtfertigen können. Die bürgerlich-rechtlichen GoA-Vorschriften gehen – wie das bürgerliche Recht überhaupt – von der Privatautonomie des einzelnen aus und regeln die unterschiedlichen Interessen, wenn jemand freiwillig aus Hilfsbereitschaft für einen anderen tätig wird. Die Verwaltung wird dagegen entsprechend dem Grundsatz der Gesetzmäßigkeit der Verwaltung durch die Gesetze bestimmt und gebunden. Wenn sie auf Grund einer gesetzlichen Ermächtigung handelt, liegt schon deshalb keine GoA vor, weil sie nicht „ohne Auftrag" tätig wird. Andererseits schließt die Gesetzesbindung aus, daß die Verwaltung dort, wo gesetzliche Befugnisse und Zuständigkeiten fehlen, unter Berufung auf die GoA in den Rechtskreis des Bürgers oder die Zuständigkeit eines anderen Verwaltungsträgers übergreift. Daran ändert auch § 679 BGB nichts, der eine auftragslose Geschäftsführung für zulässig erklärt, wenn sie der Erfüllung einer im öffentlichen Interesse liegenden Pflicht des Geschäftsherrn dient. Denn sonst würde die gesetzliche Zuständigkeitsordnung durch eine paragesetzliche Generalklausel unterlaufen, zumal die Verwaltung ohnehin nur im öffentlichen Interesse tätig wird und tätig werden darf (vgl. auch oben § 6 Rn. 12). Das gilt auch dann, wenn man der einengenden Auffassung der Rechtsprechung folgt und verlangt, daß die Geschäftsführung selbst im öffentlichen Interesse liegen muß (so *BGH* NJW 1978, 1258; *BVerwGE* 80, 170, 173). In Betracht kommt daher eine GoA durch eine Behörde allenfalls in Notfällen sowie dann, wenn die Verwaltung im schlicht-hoheitlichen Bereich gesetzlich nicht determiniert ist.

Entsprechendes gilt für die GoA des Bürgers zugunsten der Verwaltung. Auch sie beschränkt sich auf Notfälle. Die weitergehende Auffassung des *BVerwG* (*BVerwGE* 80, 170), daß darüber

hinaus auch andere Gesichtspunkte, insbesondere der Schutz individueller Rechtsgüter, wie Gesundheit oder Eigentum eines Bürgers, eine GoA begründen können, vermag nicht zu überzeugen.
Das Gericht sieht sich denn auch wiederum zu Einschränkungen
veranlaßt (Abwägung; die „Geschäftsführung" ist grundsätzlich
nicht zulässig, wenn die Behörde einen Ermessensspielraum hat
oder wenn auf Tätigwerden der Behörde geklagt werden kann),
ganz abgesehen davon, daß die „anderen Gesichtspunkte" letztlich
wohl auch nur dann greifen, wenn eine „Notsituation" gegeben
ist, wie gerade auch der vom *BVerwG* entschiedene Fall zeigt.

Es ist auffällig, daß in der Rechtsprechung zwar immer wieder betont wird,
die bürgerlich-rechtlichen Vorschriften über die GoA seien auch im öffentlichen Recht entsprechend anwendbar (*BVerfGE* 18, 429, 436; *BVerwGE* 48,
279, 285), aber nur wenig Fälle zu finden sind, die zur Anwendung geführt
haben, vgl. *BadWürttVGH* ESVGH 27, 125 (Herstellung einer Erschließungsanlage durch einen Bauherrn anstelle der Gemeinde); *OVG Münster* NJW
1976, 1956 (Errichtung einer Stützmauer für eine andere Körperschaft). – Im
Fall des *BVerwG* DÖV 1986, 285 hat die Polizeibehörde aufgrund ihrer Eil-
kompetenz und damit nicht „ohne Auftrag" gehandelt, so daß – entgegen der
Auffassung des *BVerwG* – eine GoA ausscheidet; zutreffend in einem ähnlich
gelagerten Fall dagegen *OVG Münster* DVBl. 1986, 784.

Einen besonderen, allerdings sehr zweifelhaften Bereich hat der **12**
BGH der GoA erschlossen, indem er die hoheitliche Wahrneh-
mung bestimmter Aufgaben zugleich als Geschäftsführung ohne
Auftrag für den dadurch begünstigten Bürger qualifiziert. Diese
Auffassung ist zunächst am Fall des Einsatzes der Feuerwehr ent-
wickelt, später aber auch auf andere Bereiche ausgedehnt worden.

Den Ausgangsfall bildet *BGHZ* 40, 28: Die Feuerwehr löschte einige Wald-
brände, die durch den Funkenflug vorbeifahrender Lokomotiven der Bundesbahn entstanden sind; der *BGH* bejahte GoA der Feuerwehr für die damals
öffentlich-rechtlich organisierte Bundesbahn. Vgl. ferner *BGHZ* 63, 167 (technische Hilfe der Feuerwehr bei Ölunfall); *BGHZ* 65, 354 (Beseitigung einer
Straßenverschmutzung durch die Straßenbaubehörde); ferner *BGHZ* 65, 384
(Bergung von Schiffsteilen in einem Kanal, die eine Gefahr für den Schiffs-
verkehr darstellten; der *BGH* nimmt GoA an, obwohl die Gefahr auch durch
polizeiliches Vorgehen hätte beseitigt werden können und müssen); *BayVGH*
BayVBl. 1979, 621, 623 (Feuerwehr).

Der *BGH* geht von der Auffassung aus, daß eine GoA auch dann
vorliegt, wenn der Geschäftsführer mit der Verfolgung eigener In-

teressen *zugleich* ein Geschäft für einen anderen besorgt und besorgen will, und folgert daraus, daß die Verwaltung hoheitliche Aufgaben und *zugleich* Geschäfte eines Bürgers wahrnehmen könne. Daß der *BGH* in diesen Fällen keine öffentlich-rechtliche, sondern eine privatrechtliche GoA annimmt, mindert die Bedenken nicht, sondern zeigt die Fragwürdigkeit der Konstruktion besonders deutlich. Ein und dieselbe Tätigkeit einer Behörde wird danach nicht nur als gesetzlich gebotene Erfüllung einer hoheitlichen Aufgabe des eigenen Zuständigkeitsbereichs *und* als freiwillige Wahrnehmung von fremden Geschäften eines Bürgers qualifiziert, sondern auch dem öffentlichen Recht *und* dem Privatrecht zugeordnet.

Die Frage, ob und wann eine GoA im Verhältnis Verwaltung – Bürger bzw. Bürger – Verwaltung *öffentlich-rechtlicher* oder *privatrechtlicher* Natur ist, ist umstritten. Teils wird auf die Rechtsnatur der Tätigkeit des Geschäftsführers, teils auf die Rechtsnatur des Geschäfts abgestellt (vgl. dazu *Erichsen*, VerwR § 29 Rn. 16 m. w. N.). Folgt man mit der h. L. der letzteren Auffassung, dann wäre in den Feuerwehrfällen in der Tat eine privatrechtliche GoA anzunehmen. Die dargelegten Grenzen der GoA durch oder für die Verwaltung gelten jedoch auch, wenn die GoA im konkreten Fall privatrechtlich zu qualifizieren sein sollte. Die Verwaltung kann sich nicht privatrechtlich Befugnisse oder Ansprüche verschaffen, die ihr öffentlich-rechtlich vorenthalten sind.

2. Ersatzansprüche

Bejaht man eine GoA, dann ergeben sich folgende Ansprüche.

13   a) *Aufwendungsersatz.* Derjenige, der ein Geschäft für einen anderen besorgt hat (Geschäftsführer), kann von dem anderen (Geschäftsherrn) Ersatz seiner Aufwendungen verlangen (§ 683 BGB).

Beispiel: Im Feuerwehrfall des *BGH* (*BGHZ* 40, 28) hat die Gemeinde, die die Feuerwehr unterhält, einen Anspruch auf Ersatz der Kosten, die ihr durch den Einsatz der Feuerwehr entstanden sind. Zu den Aufwendungen gehören auch die Zinsen gem. § 256 BGB (vgl. *BVerwGE* 80, 170, 176).

Wenn ein Anspruch auf Ersatz der Aufwendungen entfällt, weil die Voraussetzungen der GoA nicht vorliegen, dann ist zu prüfen, ob ein Erstattungsanspruch in Betracht kommt, d. h. ob die Erstattung der ersparten Aufwendungen verlangt werden kann.

Vgl. dazu *BVerwGE* 80, 170, 177; *Blas*, BayVBl. 1989, 652 m. w. N.; zum Erstattungsanspruch näher unten Rn. 20 ff.

b) *Schadensersatz.* Der Geschäftsherr kann bei unzulässiger oder 14
fehlerhafter GoA Schadensersatz vom Geschäftsführer verlangen
(§§ 678 ff. BGB).

Beispiel (*BGHZ* 63, 167): Die Feuerwehr richtete einen infolge eines Ver-
kehrsunfalls umgestürzten Öltanklastwagen auf; dabei lief ein großer Teil des
noch im Tank befindlichen Öls aus und drang in den Boden ein, der daraufhin
abgehoben und weggefahren werden mußte. Die Gemeinde haftet für ihre
Feuerwehr gem. § 680 BGB, daneben ggf. nach Art. 34 GG/§ 839 BGB (vgl.
BGH aaO. S. 171 ff.).

c) *Rechtsweg.* Für Schadensersatzansprüche des Bürgers ist gem.
§ 40 II 1 VwGO der ordentliche Rechtsweg gegeben (vgl. bereits
oben Rn. 9). Im übrigen (für Aufwendungsersatzansprüche und für
Schadensersatzansprüche des Staates) sind nach § 40 I VwGO die
Verwaltungsgerichte zuständig.

III. Gefährdungshaftung

1. Allgemeine Gefährdungshaftungtatbestände

Die Gefährdungshaftung knüpft an typische Gefahrensituationen 15
an und begründet für denjenigen, der die Gefahrensituation geschaffen hat, eine verschuldensunabhängige Haftung hinsichtlich
der sich daraus ergebenden Schädigungen. Sie ist spezialgesetzlich
für die Unterhaltung oder den Betrieb bestimmter „gefährlicher"
Sachen vorgesehen.

So § 7 StVG (der Halter eines Kraftfahrzeugs hat Schadensersatz zu leisten,
wenn bei dem Betrieb seines Fahrzeugs Personen verletzt oder Sachen beschädigt werden); vgl. ferner §§ 1, 2 Haftpflichtgesetz (Haftung für den Betrieb einer Schienenbahn bzw. den Betrieb einer Elektrizitäts- und Gasanlage), § 833
BGB (Tierhalterhaftung), § 33 LuftVG (Haftung des Flugzeughalters), § 22
WHG (Haftung für die Einleitung von schädlichen Stoffen in Gewässer), § 25
AtomG (Haftung für Kernspaltungsanlagen), § 32 Gentechnikgesetz (Haftung
für gentechnologische Anlagen), § 1 Umwelthaftungsgesetz (Haftung für Um-
welteinwirkungen von Anlagen), § 1 Produkthaftungsgesetz (Haftung für Fehler eines Produkts); vgl. zu diesen, z.T. unterschiedlich ausgestalteten Haftungsregelungen, auf die hier nicht weiter eingegangen werden kann, *Deutsch,*
NJW 1992, 73 ff.; *Kluth,* in: Wolff/Bachof/Stober, VerwR II § 69 m.w.N.

Die Gefährdungshaftung trifft in diesen gesetzlich geregelten Fällen *jeden* Inhaber einer solchen Sache bzw. *jeden* Betreiber einer
solchen Anlage, *auch den Staat,* wobei es unerheblich ist, ob die

Unterhaltung oder der Betrieb durch den Staat öffentlich-rechtlich oder privatrechtlich zu qualifizieren ist.

16   Gefährdungshaftung und Amtshaftung können nebeneinander geltend gemacht werden. So kann z. B. derjenige, der durch ein verkehrswidrig fahrendes Dienstfahrzeug geschädigt wird, Schadensersatz gem. § 7 StVG *und* gem. Art. 34 GG/§ 839 BGB verlangen, sofern die jeweiligen Anspruchsvoraussetzungen gegeben sind (vgl. *BGHZ* 1, 388, 391; 50, 271, 273; 113, 164, 165; 121, 161, 168). Die Halterhaftung gem. § 7 StVG ist zwar verschuldensunabhängig, aber umfangmäßig beschränkt (bestimmte Höchstsätze), so daß der Amtshaftungsanspruch durchaus noch von Interesse sein kann. Vgl. ferner *BGHZ* 55, 180, 182 bezüglich § 22 WHG und allgemein zur Gefährdungshaftung.

2. Öffentlich-rechtliche Gefährdungshaftung

17   Die Frage nach der öffentlich-rechtlichen Gefährdungshaftung geht dahin, ob der Staat für Schädigungen, die sich aus besonderen, durch die Verwaltung geschaffenen Gefahrenlagen ergeben, dem Geschädigten Ersatz zu leisten hat. Diese Frage ist vor allem von *Forsthoff* gestellt und bejaht worden (VerwR S. 359 ff.). Er fordert eine Gefährdungshaftung z. B. dann, wenn ein Polizist bei der Verfolgung eines Verbrechers einen zufällig dazwischentretenden Dritten verletzt, wenn durch Funkenflug einer Lokomotive ein Waldbrand entsteht, wenn ein aus seuchenpolizeilichen Gründen zum Absperrdienst eingesetzter Feuerwehrmann infiziert wird. In diesen Fällen wird jedoch nach der Rechtsprechung und der h. L. bereits Enteignungs- und Aufopferungsentschädigung gewährt. Sie werden für *Forsthoff* nur deshalb aktuell, weil er diese Entschädigung auf zielgerichtete Eingriffe beschränkt und sich daher gezwungen sieht, die entstandenen Lücken durch eine Gefährdungshaftung zu schließen.

18   Die Ausdehnung der Enteignungs- und Aufopferungsentschädigung durch die Rechtsprechung deckt den Bereich einer möglichen Gefährdungshaftung weitgehend ab. Das gilt vor allem seit der Wendung der Rechtsprechung im Ampelfall.

Fall: Auf einer Straßenkreuzung kommt es zu einem Verkehrsunfall, weil infolge eines technischen Versagens alle Ampeln „grün" zeigen und somit den Verkehr für alle Richtungen freigeben (Stichwort: „feindliches Grün"). A, dessen Kraftfahrzeug beschädigt wird, verlangt Ersatz. – Ein Amtshaftungsanspruch greift nur ein, wenn die Ampelanlage von einem Bediensteten der Verkehrsbehörde falsch eingestellt worden ist und dieser zudem schuldhaft handelte. Das ist hier nicht anzunehmen. Ein Anspruch auf Entschädigung wegen enteignungsgleichen Eingriffs wurde früher vom *BGH* verneint, da es an der Unmittelbarkeit des Eingriffs fehle (so *BGHZ* 54, 332). Unter Aufgabe dieser Rechtsprechung bejaht nunmehr der *BGH* zu Recht einen enteignungsgleichen Eingriff (*BGHZ* 99, 249). Diese Entscheidung betrifft zwar nur § 39 Ib NRW Ordnungsbehördengesetz, gilt aber allgemein, weil jene Vorschrift „eine spezialgesetzliche Konkretisierung des aus dem allgemeinen Aufopferungsgedanken abgeleiteten Entschädigungsanspruchs wegen enteignungsgleichen Eingriffs" ist (*BGH* aaO. S. 255). Die einzelnen Voraussetzungen des enteignungsgleichen Eingriffs sind im vorliegenden Fall gegeben: Eine Eigentumsverletzung liegt vor; der Eingriff ist der Verkehrsbehörde, die die Ampelanlage für sich „arbeiten" läßt, zuzurechnen; er ist auch rechtswidrig, weil die durch sie getroffene Regelung sachlich falsch und damit rechtswidrig war; die Unmittelbarkeit läßt sich mit dem Hinweis darauf bejahen, daß das „Grün" die jeweiligen Verkehrsteilnehmer zum Überqueren der Kreuzung verpflichtet. Vgl. dazu auch *Ossenbühl*, JuS 1988, 193 ff.

Der Ampelfall läßt sich verallgemeinern. Wenn die Verwaltung **19** einen Computer oder sonstige technische Einrichtungen einsetzt, die anstelle eines Bediensteten Verwaltungsaufgaben erfüllen, dann muß sie für deren Versagen so einstehen und haften, wie wenn ein Bediensteter gehandelt hätte. Da sich ein Verschulden nicht substituieren läßt, kommt zwar keine Amtshaftung, aber eine Haftung nach den Grundsätzen über die Entschädigung für enteignungsgleiche und aufopferungsgleiche Eingriffe in Betracht, die sich damit zugleich als Computerhaftung erweist.

Eine entsprechende Regelung enthielt § 1 II StHG 1981, was sich allerdings schon aus der dort konzipierten Rechtswidrigkeitshaftung ergab.

Wenn noch Lücken bestehen sollten, muß eine an den Betrieb von Computern anknüpfende Gefährdungshaftung angenommen werden, und zwar nicht nur de lege ferenda, sondern de lege lata. Der Staat darf das Risiko, das sich aus den von ihm eingeführten, für ihn arbeitenden und von ihm zu kontrollierenden Computeranlagen ergibt, nicht auf den Bürger abwälzen, sondern muß es selbst tragen. Begründen läßt sich dieses Ergebnis auf verschiedene Weise, durch Ausweitung der traditionellen Gefährdungshaftungstatbestände, durch Hinweis auf die Haftungsverteilung entsprechend der jeweiligen Verantwortungs- und Einflußsphären oder durch Anknüpfung an den allgemeinen, auch und vor allem in

Art. 34 GG zum Ausdruck kommenden rechtsstaatlichen Grundsatz des sekundären Rechtsschutzes in Gestalt der Staatshaftung.

Vgl. dazu auch *Zeidler*, DVBl. 1959, 681, 685 ff.; *Popper*, DVBl. 1977, 509, 513 („Computergefährdungshaftung"); *Obermayer*, VerwR S. 162 ff.; *Ossenbühl*, Staatshaftungsrecht, S. 368 ff.

IV. Der öffentlich-rechtliche Erstattungsanspruch

1. Grundlagen

20   Der öffentlich-rechtliche Erstattungsanspruch ist auf die Rückgewährung rechtsgrundlos erlangter Leistungen gerichtet. Er bezweckt also nicht – wie die bislang erörterten Ansprüche – Ersatz der durch staatliche Maßnahmen herbeigeführten Vermögensschäden, sondern Rückgängigmachung einer ohne Rechtsgrund erfolgten Vermögensverschiebung.

Der Erstattungsanspruch ist im Verhältnis Staat – Bürger (etwa Rückforderung eines zu Unrecht gewährten Subventionsbetrages), im Verhältnis Bürger – Staat (etwa Rückforderung einer nicht begründeten Gebührenzahlung) sowie im Verhältnis der Verwaltungsträger untereinander (der Bund verlangt von einer Gemeinde Rückzahlung der irrtumlich übernommenen Versorgungsbeiträge für einen Gemeindebediensteten, *BVerwGE* 36, 108) möglich. Geldleistungen stehen zwar im Vordergrund, es kommen aber auch andere Leistungen (etwa Rückübereignung eines Grundstücks) in Betracht.

21   Der Erstattungsanspruch stellt ein *eigenständiges öffentlich-rechtliches Rechtsinstitut* dar. Er ergibt sich aus dem Grundsatz der Gesetzmäßigkeit der Verwaltung, der den Ausgleich einer mit dem Recht nicht (mehr) übereinstimmenden Vermögenslage fordert. Teilweise ist er gesetzlich geregelt.

So z. B. in § 49 a I 1 VwVfG (Erstattung der auf Grund eines Verwaltungsaktes bewilligten Leistung nach Rücknahme des Verwaltungsakts, vgl. oben § 11 Rn. 36), in § 37 II AO (Rückerstattung zu Unrecht gezahlter Steuern) oder in § 50 SGB X (Erstattung zu Unrecht erbrachter Sozialleistungen; vgl. dazu *BVerwGE* 78, 165, 169; *BVerwG* NJW 1993, 215).

Im übrigen gilt er als allgemeiner Grundsatz des Verwaltungsrechts (vgl. dazu *BVerwGE* 48, 279, 286). Wenn auch der Erstattungsanspruch ein eigenständiges öffentlich-rechtliches Rechtsinstitut darstellt, so läßt sich doch nicht verkennen, daß er nach Struktur und Zielrichtung den Ansprüchen aus ungerechtfertigter

Bereicherung des BGB (§§ 812 ff. BGB) entspricht. Daher bestehen auch keine Bedenken, sich bei der Anwendung des Erstattungsanspruchs an den bürgerlich-rechtlichen Bereicherungsansprüchen
zu orientieren.

In der Literatur und Rechtsprechung wird z. T. noch die Auffassung vertre- **22**
ten, daß der Erstattungsanspruch auf *einer entsprechenden Anwendung der* §§ 812 ff.
BGB beruhe. Auch der Gesetzgeber verweist gelegentlich direkt auf diese
Vorschriften, so § 53 II BRRG und die ihm entsprechenden Beamtengesetze
von Bund und Ländern bezüglich der Rückerstattung zu viel gezahlter Dienst-
und Versorgungsbezüge. Die unterschiedliche Begründung des Erstattungsanspruches (eigenständiges Rechtsinstitut oder Analogie) hat keine – mindestens
keine zwingenden – praktischen Konsequenzen, weil einerseits die Analogie
nur zu einer sinngemäßen, nicht zu einer uneingeschränkten Anwendung der
BGB-Vorschriften führt, andererseits bei der Ausgestaltung des eigenständigen
Erstattungsanspruchs durchaus Anleihen bei den BGB-Vorschriften gemacht
werden können. Das gilt für die umstrittene Frage der Anwendbarkeit des
§ 818 III BGB (Einwand des Wegfalls der Bereicherung, vgl. unten Rn. 25),
aber auch für andere Vorschriften, etwa die Anwendbarkeit des § 814 Alt. 1
BGB (Kenntnis des Leistenden von der Nichtschuld), verneint vom *OVG
Koblenz* NVwZ 1992, 796. – Die Begründung als eigenständiger öffentlich-
rechtlicher Anspruch entgeht jedoch den rechtsdogmatischen Bedenken, die
gegen analog begründete Eingriffsbefugnisse bestehen (vgl. dazu oben § 3
Rn. 30).

2. Die Voraussetzungen des Erstattungsanspruchs

a) *Vermögensverschiebung.* Der Erstattungsanspruch setzt eine un- **23**
mittelbare Vermögensverschiebung zwischen zwei Rechtssubjekten
voraus, also eine Entreicherung auf der einen und eine Bereicherung auf der anderen Seite.

b) *Fehlender Rechtsgrund.* Das entscheidende Merkmal des Erstat- **24**
tungsanspruchs ist, daß die Leistung ohne Rechtsgrund (sine causa)
erfolgte oder der Rechtsgrund später weggefallen ist. Maßgebend
ist die materiell-rechtliche Rechtslage. Zu beachten ist allerdings,
daß in den Fällen, in denen die Leistung durch Verwaltungsakt
festgesetzt wurde, auf den Verwaltungsakt und nicht auf das ihm
zugrunde liegende Gesetz abzustellen ist (vgl. oben § 9 Rn. 46).
Der Verwaltungsakt bildet den Rechtsgrund der Leistung, und
zwar auch dann, wenn er rechtswidrig sein sollte, da er trotz Rechtswidrigkeit rechtswirksam wird. Der Erstattungsanspruch greift daher bei Leistungen, die auf Grund eines Verwaltungsakts erbracht

wurden, nur durch, wenn der Verwaltungsakt – als causa – vorher aufgehoben worden ist oder wenn er von vornherein nichtig war.

25   c) *Wegfall der Bereicherung?* Die Frage, ob dem Erstattungsanspruch – entsprechend § 818 III BGB – der Wegfall der Bereicherung entgegengehalten werden kann, ist strittig. Sie ist, wie bereits erwähnt wurde, mit der Begründung des Erstattungsanspruchs noch nicht entschieden. Sie läßt sich auch nicht pauschal in dieser oder jener Richtung beantworten. Die früher strikt ablehnende Auffassung in der Literatur und Rechtsprechung lockert sich zu Recht zugunsten einer differenzierenden Betrachtung:

26   aa) *Der Staat* oder ein sonstiger Verwaltungsträger kann sich *nicht* auf den Wegfall der Bereicherung berufen. Abgesehen davon, daß die tatsächlichen Voraussetzungen hierfür nur selten vorliegen dürften, würde dies der Stellung und der finanziellen Leistungsfähigkeit der öffentlichen Hand widersprechen. Das gilt vor allem, wenn es sich um einen Rückforderungsanspruch eines Bürgers handelt.

> Vgl. dazu *BVerwGE* 36, 108, 113f. (Bund-Gemeinde); *OVG Koblenz* NVwZ 1988, 448 (Land-Gemeinde). Nach *BVerwGE* 112, 351, 358 kann aber eine Körperschaft dem Erstattungsanspruch einer anderen Körperschaft entgegenhalten, daß seine Geltendmachung gegen Treu und Glauben verstoße und deshalb rechtsmißbräuchlich sei.

27   bb) Soweit *der Bürger* staatliche Leistungen *auf Grund eines Verwaltungsakts* erhält, ist er durch die beschränkte Rücknahme rechtswidriger begünstigender Verwaltungsakte hinreichend geschützt. Der Vertrauensschutz übernimmt insoweit die Schutzfunktion der § 818 III und 819 BGB. Wenn kein schutzwürdiges Vertrauen besteht, dann dürfte in aller Regel auch der Einwand des Wegfalls der Bereicherung nicht mehr ziehen.

> Immerhin ist er offenbar nach Auffassung des Gesetzgebers nicht ganz ausgeschlossen (vgl. § 49 a II VwVfG und oben § 11 Rn. 36).

28   cc) Es bleiben somit im wesentlichen nur noch diejenigen Leistungen des Staates an *den Bürger,* die *ohne einen „dazwischengeschobenen" Verwaltungsakt* erfolgen. Das Vertrauen auf den Bestand solcher Leistungen ist oft nicht weniger schutzwürdig, zumal es häufig mehr oder weniger vom Zufall abhängt, ob entsprechende Lei-

stungsbescheide erlassen werden oder nicht. Da in diesen Fällen die
bei der Rücknahme von Verwaltungsakten maßgebenden Vertrauensschutzgrundsätze nicht eingreifen, muß dem begünstigten Bürger wenigstens der Einwand des Wegfalls der Bereicherung zugestanden werden.

Im Sozialrecht besteht dagegen die Tendenz, die für die Rücknahme von
Verwaltungsakten geltenden Vertrauensschutzgrundsätze auch bei der Rückforderung von Leistungen, die ohne Verwaltungsakt gewährt wurden, anzuwenden, vgl. *BSozGE* 32, 150, 154 ff.; *Maurer*, JuS 1979, 305; ferner jetzt
§ 50 II SGB X.

dd) Das *BVerwG* hat in einer Entscheidung vom 12. 3. 1985
grundsätzlich dazu Stellung genommen (*BVerwGE* 71, 85).

Es ging um folgenden Fall: Die im Ausland lebende Empfängerin einer Post-
anweisung erhielt den Betrag versehentlich zweimal ausbezahlt. Die Post-
verwaltung verlangte die Rückzahlung des zuviel bezahlten Betrages. Die
Empfängerin lehnte ab, sie habe das Geld für ihren Lebensunterhalt ersatzlos
verbraucht. Die Post klagte. Da das Postverhältnis seinerzeit noch öffentlich-
rechtlich ausgestaltet war, kam der öffentlich-rechtliche Erstattungsanspruch in
Betracht. Sonderregelungen bestanden nicht, so daß der allgemeine öffentlich-
rechtliche Erstattungsanspruch eingriff. Der Anspruch ist im Wege der Leistungsklage vor den Verwaltungsgerichten geltend zu machen. Die Frage ist im
konkreten Fall, ob sich die Beklagte auf den Wegfall der Bereicherung berufen
kann.

Nach Auffassung des *BVerwG* sind beim Erstattungsanspruch im
Verhältnis Staat–Bürger nicht die Vorschriften über den Wegfall
der Bereicherung (§§ 818 III, 819 I BGB) analog anzuwenden,
sondern der Grundsatz des Vertrauensschutzes heranzuziehen. Der
Bürger wird dadurch teils besser, teils ungünstiger gestellt (vgl.
BVerwG aaO. S. 90). Ein wesentlicher Unterschied ergibt sich,
wenn der Bürger das Fehlen des rechtlichen Grundes grob fahrlässig nicht kannte. Während § 819 I BGB den Einwand des Berei-
cherungswegfalles nur bei positiver Unkenntnis ausschließt, entfällt
die Schutzwürdigkeit des Vertrauens nach Auffassung des *BVerwG*
bereits bei grob fahrlässiger Unkenntnis des Fehlens des Rechts-
grunds. Dieser Unterschied dürfte die Entscheidung des *BVerwG*
– zumal im Blick auf den konkreten Fall – nicht unerheblich beeinflußt haben. Er beruht jedoch auf der „Fehlwertung des § 819
Abs. 1 BGB" (*Ossenbühl*, JZ 1985, 795), die schon im bürgerlich-
rechtlichen Bereich korrigiert werden sollte, jedenfalls aber nicht

im Wege der Analogie in das öffentliche Recht übernommen werden muß. Analogieschlüsse lassen durchaus Modifikationen zu,
wenn die jeweiligen Verhältnisse unterschiedlich zu werten sind.
Die Heranziehung des Vertrauensschutzprinzips stößt auf grundsätzliche Einwände. Der Vertrauensschutz setzt einen Vertrauenstatbestand voraus, an den das Vertrauen anknüpfen kann und darf,
etwa einen Verwaltungsakt, eine besondere Erklärung der Behörde
und dgl. Das Ergebnis einer bloßen Vermögensverschiebung – das
BVerwG spricht von einer „eingetretenen Vermögenslage" – bildet
noch keine Vertrauensbasis, wenn man diese Voraussetzung des
Vertrauensschutzes nicht völlig nivellieren will. Zumindest wäre
näher darzulegen, worauf die „Beständigkeit der eingetretenen
Vermögenslage" rechtlich beruhen soll. Ebenso bedenklich ist
es, wenn das *BVerwG* das „Vertrauen auf die Beständigkeit der
eingetretenen Vermögenslage" und die „Durchsetzung des Grundsatzes der Gesetzmäßigkeit" gegeneinander abwägt. Die Struktur
des Vertrauensschutzprinzips, die das *BVerwG* im Rahmen der
Rechtsprechung zur Rücknahme begünstigender Verwaltungsakte
vorbildlich entwickelt hat, wird damit aufgelöst und das „Vertrauensschutzprinzip" zur Chiffre einer bloßen Billigkeitsrechtspre-
chung.

Noch fragwürdiger ist es, wenn das *BVerwG* (*BVerwGE* 89, 345, 353) ganz
allgemein von der „erforderlichen Abwägung zwischen dem öffentlichen Interesse an der Rückerstattung der zu Unrecht gezahlten Beträge und dem Interesse der Klägerin an der Freistellung von der Verpflichtung" ausgeht, wenn
auch die folgenden Ausführungen darauf hindeuten, daß der Vertrauensschutz
maßgeblich sein soll („die Klägerin ist nicht schutzwürdig, weil …").

3. Geltendmachung des Erstattungsanspruchs

29   Die Verwaltung kann einen Erstattungsanspruch, der die Rück-
gewähr einer durch Verwaltungsakt festgesetzten Leistung an den
Bürger beinhaltet, ebenfalls wieder durch Verwaltungsakt geltend
machen, so die Kehrseitentheorie des *BVerwG* (vgl. *BVerwGE*
40, 88, 89, ferner § 49a I 2 VwVfG). Im übrigen ist der Erstattungsanspruch, wenn der Anspruchsgegner nicht freiwillig bezahlt,
im Wege der verwaltungsgerichtlichen Leistungsklage durchzusetzen.

4. Exkurs: Das Erstattungsverfahren nach dem Erstattungsgesetz

Der bislang erörterte (materiell-rechtliche) Erstattungsanspruch 30
hat mit dem Erstattungsgesetz des Bundes vom 18. 4. 1937 i. d. F.
vom 24. 1. 1951 (Sart. Nr. 215) nichts zu tun. Das Erstattungsgesetz ist ein reines Verfahrensgesetz. Es sieht ein vereinfachtes und
rasches Verfahren vor, wenn ein Beamter, Angestellter oder Arbeiter des Bundes oder ein Soldat „infolge schuldhaften Verhaltens
für einen Fehlbestand am öffentlichen Vermögen seiner Verwaltung haftet", wenn also z. B. ein Kassenbeamter Geld unterschlägt
oder fahrlässig zu viel Geld an Dritte ausbezahlt. Die materiell-
rechtliche Anspruchsgrundlage ergibt sich nicht aus dem Erstattungsgesetz, sondern den allgemeinen dienstrechtlichen Vorschriften, also aus dem Beamtengesetz, dem Soldatengesetz sowie den
für die Angestellten und Arbeiter geltenden zivilrechtlichen und
arbeitsrechtlichen Regelungen. Wenn z. B. ein Beamter materiell-
rechtlich haftet (vgl. § 78 BBG) und die besonderen Voraussetzungen der §§ 1, 2 Erstattungsgesetz vorliegen, dann kann das besondere Erstattungsverfahren durchgeführt und der von dem Beamten
zu leistende Schadensersatz durch Erstattungsbeschluß festgesetzt
werden.

Der den Angestellten und Arbeitern gegenüber ergehende Erstattungsbeschluß ist ein Kuriosum: Er ist ein *Verwaltungsakt,* der einen *privatrechtlichen
(arbeitsrechtlichen) Schadensersatzanspruch* feststellt. Fraglich ist, bei welchem Gericht er angefochten werden kann, – bei den *Verwaltungsgerichten,* weil es sich
formell um einen Verwaltungsakt handelt, oder bei den *Arbeitsgerichten,* weil
es materiell um einen privatrechtlichen (arbeitsrechtlichen) Anspruch geht?
Die letztere Auffassung hat sich in der Rechtsprechung durchgesetzt, vgl.
BAG NJW 1966, 2185; *BVerwGE* 38, 1 ff. Kritisch *Neumann,* JuS 1972,
573 ff. – Vgl. ferner zum Erstattungsverfahren *BVerwGE* 25, 280; 37, 192; 52,
255, 256.

V. Sozialstaatlich motivierte Entschädigungsansprüche

Es gibt eine ganze Anzahl von Einzelvorschriften, die Entschädi- 31
gungsansprüche festlegen. Sie konkretisieren überwiegend die allgemeine Enteignungs- und Aufopferungsentschädigung. Sie gewähren zum Teil aber auch Entschädigung, obwohl dies nach den

Grundsätzen der Enteignungs- und Aufopferungsentschädigung nicht gefordert ist. Das ist rechtlich unbedenklich. Der Gesetzgeber darf zwar die Enteignungs- und Aufopferungsentschädigung nicht beschränken, er kann aber über sie hinausgehen und in weiteren Fällen Entschädigungsansprüche einräumen. Das ist vornehmlich aus sozialstaatlichen Erwägungen in verschiedener Hinsicht geschehen. Durch § 5 SGB I wird die sozialstaatliche Entschädigung grundsätzlich anerkannt, allerdings ohne unmittelbare Rechtswirkung, da diese Vorschrift keine Ansprüche begründet, sondern auf anderwärts begründete Ansprüche verweist.

Im folgenden sollen einige Beispiele erwähnt werden:

1. Entschädigung für polizeirechtliche Störer

32   Der polizeirechtliche Störer wird durch polizeirechtliche Maßnahmen lediglich in seine Schranken verwiesen und daher nicht in enteignungs- oder aufopferungsrelevanter Weise beeinträchtigt. Gleichwohl wird in einigen besonderen Fällen Ersatz geleistet, wobei unterschiedliche Gründe eine Rolle spielen (etwa besondere Härte für den Betroffenen, seuchenpolizeiliche Erwägungen).

So etwa § 56 IfSG (Entschädigung für Berufsbeschränkungen für erkrankte Personen); §§ 66 ff. Tierseuchengesetz (Entschädigung für Tötung seuchenbefallener Tiere), dazu *BGH* DVBl. 1998, 521. – Die klare Unterscheidung Störer/keine Entschädigung – Nichtstörer/Entschädigung läßt sich ohnehin nicht strikt durchhalten. Das zeigen z.B. die polizeilichen Eingriffe bei Gefahrverdacht: Der Eigentümer einer Sache kann (auf der Primärebene) als Zustandsstörer in Anspruch genommen werden, erhält aber (auf der Sekundärebene) in entsprechender Anwendung der polizeirechtlichen Vorschriften über die Entschädigung für die Inanspruchnahme als Nichtstörer wie ein Nichtstörer Entschädigung, wenn (1) sich der Verdacht als unbegründet erweist und (2) die verdachtsbegründenden Umstände dem Eigentümer nicht zuzurechnen sind (vgl. *BGHZ* 117, 303 = DVBl. 1992, 1158 mit Anm. von *Götz* m.w.N.). Entsprechendes gilt, wenn der Gefahrverdacht nicht von einer Sache, sondern vom Verhalten einer Person ausgeht: Inanspruchnahme als Handlungsstörer, Entschädigung in entsprechender Anwendung der polizeirechtlichen Vorschrift über die Entschädigung für Nichtstörer (vgl. *BGHZ* 126, 279, 283 ff.). – Vgl. zur Problematik der polizeilichen Zustandshaftung in besonders gelagerten Fällen grundsätzlich *BVerfGE* 102, 1; *Papier*, Die Zustandshaftung und die grundgesetzliche Eigentumsgarantie, Festschrift für Maurer, 2001, S. 255 ff.

2. Entschädigung nach § 2 I Siebtes Buch Sozialgesetzbuch (SGB VII)

§ 2 I SGB VII zählt eine ganze Reihe von Personen auf, die **33** kraft Gesetzes in die Unfallversicherung einbezogen werden und in spezifischen Schadensfällen Entschädigung erhalten, so etwa Verwaltungshelfer, Entwicklungshelfer, Blutspender, Zeugen, Schüler, Studenten usw. Sie sind nicht Mitglieder der Unfallversicherung und zahlen auch keine Beiträge, werden aber nach den Grundsätzen der gesetzlichen Unfallversicherung entschädigt. Art und Höhe der Entschädigung bestimmt sich nach §§ 26 ff. SGB VII. Ersetzt werden grundsätzlich nur Personenschäden (Krankheitskosten, Rehabilitierungsmaßnahmen, evtl. auch Verdienstausfall), dagegen nicht Sachschäden oder entgangener Gewinn.

Eine entsprechende Regelung enthielt der frühere § 539 I Reichsversicherungsordnung, der durch § 2 des 7. Buches des Sozialgesetzbuches vom 7. 8. 1996 (BGBl. I S. 1254) ohne wesentliche Änderungen abgelöst wurde. Er stellt – wie seine Vorgängerregelung – eine Art Auffangtatbestand für solche Fälle dar, die entschädigungsbedürftig erscheinen, aber nicht von den sonst bestehenden Entschädigungstatbeständen erfaßt werden. So wurden z. B. die Schüler durch Gesetz vom 18. 3. 1971 einbezogen, nachdem der *BGH* eine Aufopferungsentschädigung für Turnunfälle unter Berufung auf das allgemeine Lebensrisiko ablehnte, zugleich aber auf die Notwendigkeit einer gesetzlichen Regelung verwies (vgl. *BGHZ* 46, 327, ferner oben § 28 Rn. 15).

3. Entschädigung für Opfer von Gewalttaten

Nach dem Gesetz über die Entschädigung für Opfer von Gewalt- **34** taten (OEG) vom 11. 5. 1976, i. d. F. vom 1. 9. 2004 (BGBl. I S. 1354) erhalten Personen, die einem Gewaltverbrechen zum Opfer fallen, bzw. deren Hinterbliebene unter gewissen Voraussetzungen Versorgung in entsprechender Anwendung der Vorschriften des Bundesversorgungsgesetzes.

Vgl. zum OEG: *Schulz-Lüke/Wolf,* Gewalttaten und Opferentschädigung, 1977; *Kunz/Zellner,* Opferentschädigungsgesetz, 4. Aufl. 1999; *St. Kunz,* Probleme der Opferentschädigung im deutschen Recht, 1995; *Otte,* Staatliche Entschädigung für Opfer von Gewalttaten in Österreich, Deutschland und der Schweiz, 1998; *BSozGE* 49, 98; 49, 104; 50, 95; 52, 281; 57, 168; 58, 214; 66,115; 72, 136; 81, 42; *BVerfG-K* NJW 2003, 3691 (Opferentschädigung bei nichtehelicher Lebensgemeinschaft).

Allgemein zur „sozialen Entschädigung": *Schulin*, Soziale Entschädigung als Teilsystem kollektiven Schadensausgleichs, 1981; *Schulin/Igl*, Sozialrecht, 7. Aufl. 2002, Rn. 84 ff., 830 ff.; *Gelhausen*, Soziales Entschädigungsrecht, 2. Aufl. 1998; *Wältermann*, Zur Änderung des Opferentschädigungsgesetzes und weiterer Gesetze, NJW 2001, 733 f.

VI. Der Plangewährleistungsanspruch

35   Der Plangewährleistungsanspruch zielt primär nicht auf die Entschädigung, sondern auf generellen Planfortbestand, auf Planbefolgung oder auf Übergangsregelungen und Anpassungshilfen bei Planänderungen (vgl. bereits oben § 16 Rn. 26 ff.). Eine Entschädigung kommt allenfalls subsidiär in Betracht, wenn durch Planänderungen oder Plandurchbrechungen Vermögenseinbußen entstehen. Ob und wie sich ein solcher Plan-Entschädigungsanspruch begründen läßt, ist äußerst fraglich und umstritten.

36   Die Rechtsprechung und die überwiegende Literatur versuchen die Frage im Rahmen des überkommenen Entschädigungsrechts zu lösen: Amtshaftung scheidet in der Regel schon mangels Verschuldens aus. Enteignungsentschädigung setzt voraus, daß unmittelbar in eine als Eigentum geschützte Vermögensposition eingegriffen wird. Eine solche, rechtlich geschützte Vermögensposition dürfte jedoch nur ausnahmsweise dann gegeben sein, wenn ein Vertrauenstatbestand besteht, der die Erwartung auf Planbestand und -verwirklichung zu einer enteignungsfähigen Rechtsposition erstarken läßt. Abgesehen davon ist auch die Unmittelbarkeit des Eingriffs zweifelhaft.

Die Rechtsprechung lehnte bislang im konkreten Fall eine Entschädigung ab, vgl. *BVerfGE* 30, 392 (Berlin-Hilfe), *BGHZ* 45, 83 (Knäckebrot-Fall: Aufhebung eines Schutzzolls), ferner die Nachweise bei *Ossenbühl*, Staatshaftungsrecht, S. 378 ff.

37   Ein Teil der Literatur versucht dagegen, eine eigenständige Anspruchsgrundlage für Planschäden zu entwickeln und mit Hilfe differenzierender Lösungen zu einem im Einzelfall angemessenen Ergebnis zu kommen. Anhaltspunkte bieten der Vertrauensschutz, die Grundsätze der Verhältnismäßigkeit und des Übermaßverbots, das Sozialstaatsprinzip, der Gedanke der Risikoverteilung und vertragsähnliche Lösungen.

Ein Konsens ist noch nicht in Sicht. Gesetzliche Regelungen, **38** die Anknüpfungspunkte geben könnten, sind selten, mit einiger Vorsicht könnten § 42 BauGB (Änderung von Bebauungsplänen) und § 21 IV BImSchG (Widerruf einer Anlagegenehmigung) genannt werden.

VII. Das in den neuen Bundesländern geltende Staatshaftungsgesetz

1. Die modifizierte Fortgeltung des Staatshaftungsgesetzes der DDR

Der Einigungsvertrag bestimmt in Anlage II Kapitel III Sachge- **39** biet B Abschnitt III Nr. 1 (*Stern/Schmidt-Bleibtreu*, Einigungsvertrag und Wahlvertrag, 1990, S. 751), daß das Staatshaftungsgesetz der ehemaligen DDR vom 12. 5. 1969 (GBl. I S. 34) – im folgenden: StHG-DDR – mit einer Reihe von Maßgaben in Kraft bleibt. Das StHG-DDR begründete eine unmittelbare, ausschließliche und verschuldensunabhängige Haftung des Staates für rechtswidriges hoheitliches Handeln seiner Bediensteten. Es erschien somit als Fortschritt gegenüber der verschuldensabhängigen, an die persönliche Haftung des Amtsträgers anknüpfende Amtshaftung, die allerdings schon seit langem durch die richterrechtlich entwickelten Haftungsinstitute des enteignungsgleichen und des aufopferungsgleichen Eingriffs ergänzt wurde. In der Tendenz entspricht es dem 1981 verabschiedeten Staatshaftungsgesetz der Bundesrepublik Deutschland (im folgenden: StHG 1981), das jedoch wegen der mangelnden Bundeskompetenz für nichtig erklärt wurde (*BVerfGE* 61, 149). Da weiterhin eine Reform des Staatshaftungsrechtes angestrebt wird, hielt man es für angemessen, die bereits in diese Richtung gehende Regelung der ehemaligen DDR beizubehalten, mußte allerdings erhebliche Maßgaben (Änderungen und Ergänzungen) vornehmen. In der Begründung zum Einigungsvertrag heißt es dazu:

„Der Wunsch der DDR, das dort Erreichte, das auch aus der Sicht der Bundesrepublik Deutschland rechtspolitisch wünschenswert scheint, bis zu der angestrebten Reform des Staatshaftungsrechts im geeinigten Deutschland zu bewahren, ist zu respektieren" (BT-Drs. 11/7817 S. 63; auch abgedruckt bei *Stern/Schmidt-Bleibtreu*, S. 752).

40   Der Anwendungsbereich des StHG-DDR von 1969 war – entsprechend der damaligen Staats- und Wirtschaftsordnung – in persönlicher und sachlicher Hinsicht beschränkt. Anspruchsberechtigt waren nur „Bürger", also nur natürliche Personen, nicht Gesellschaften oder sonstige juristische Personen; ferner erfaßte es nur Verletzungen der Person und Beeinträchtigungen des „persönlichen Eigentums", wobei sich der Begriff des persönlichen Eigentums gem. § 23 II ZGB-DDR im wesentlichen auf Gegenstände des persönlichen Bedarfs beschränkte und keineswegs mit dem umfassenden Eigentumsbegriff des BGB oder gar des Art. 14 I GG identisch war. Über den Grund und die Höhe des Schadensersatzanspruches entschied der Leiter des haftenden Organs; gegen dessen Entscheidung war lediglich die Beschwerde bei der nächsthöheren Instanz zulässig; der Rechtsweg wurde ausdrücklich ausgeschlossen. Erst durch die Änderung des StHG-DDR vom 14. 12. 1988 (GBl. I S. 329), die am 1. 7. 1989 in Kraft trat, wurde die gerichtliche Nachprüfbarkeit eröffnet. Was die Praxis anbetrifft, so dürfte auch hier das gelten, was sonst über das Verhältnis von Recht und Wirklichkeit in der ehemaligen DDR bekannt ist (vgl. dazu auch *Christoph*, NVwZ 1991, 537).

41   Durch die *„Maßgaben" des Einigungsvertrages* wurde der Haftungstatbestand erheblich ausgedehnt. Nach der Neufassung des § 1 sind *alle* natürlichen und juristischen Personen, uneingeschränkt auch die Ausländer, anspruchsberechtigt und erstreckt sich die Schadensersatzpflicht auf *alle* Schäden „hinsichtlich ihres Vermögens oder ihrer Rechte." Diese Ausdehnung ist um so bedeutsamer, als nicht nur Entschädigung, sondern voller Schadensersatz in Geld zu leisten ist (§ 3). Die Haftung reicht somit weiter als die nach den Grundsätzen des enteignungsgleichen und aufopferungsgleichen Eingriffs.

42   Das StHG-DDR gilt gem. Art. 9 I EV als *Landesrecht* fort, da das Staatshaftungsrecht zur Zeit der Wiedervereinigung in den ausschließlichen Kompetenzbereich des Landesgesetzgebers fiel (*BVerfGE* 61, 149, 176 ff.; nunmehr konkurrierende Gesetzgebung nach Art. 74 I Nr. 25 GG). Daraus folgt einmal, daß die Haftung nach diesem Gesetz nur für die Landesbehörden einschließlich der Kommunalbehörden, nicht aber für die Bundesbehörden gilt, und zum anderen, daß der Landesgesetzgeber in den neuen Bundesländern jederzeit das StHG-DDR für seinen Bereich ändern oder aufheben kann. Tatsächlich ist es auch in den neuen Bundesländern geändert oder sogar aufgehoben worden.

In Berlin wurde das ohnehin nur für den Ostteil geltende Gesetz 1995 und in Sachsen wurde es 1998 aufgehoben. In Sachsen-Anhalt wurde es wesentlich geändert und auf einen Anspruch auf Entschädigung wegen enteignungsgleichen Eingriffs reduziert, vgl. das Gesetz zur Änderung des Staatshaftungsgesetzes vom 24. 8. 1992 (GVBl. S. 655) und die Neubekanntmachung vom 1. 1. 1997 mit dem Titel „Gesetz zur Regelung von Entschädigungsansprüchen im Land Sachsen-Anhalt" (GVBl. S. 17). In Brandenburg und in Thüringen wurde das vorgeschaltete Verwaltungsverfahren teilweise bzw. ganz beseitigt. Ferner wird das Gesetz durch Spezialgesetze eingeschränkt. So bestimmt sich die Verletzung der Straßenverkehrssicherungspflicht nicht nach den Staatshaftungsgesetzen, sondern nach dem Amtshaftungsrecht. Vgl. dazu *Herbst/Lühmann,* aaO. S. 118 ff.; *Lühmann,* NJW 1998, 3002 f. – Die Bedenken, die *Ossenbühl* ursprünglich gegen die Kompetenz des Bundes zum Erlaß des Staatshaftungsgesetzes in den neuen Bundesländern geltend gemacht hat, sind inzwischen behoben, vgl. *Ossenbühl,* Staatshaftungsrecht, 4. Aufl. 1991, S. 392 und 5. Aufl. 1998, S. 472; ferner die 11. Aufl. dieses Buches § 28 Rn. 42.

2. Die Voraussetzungen der Staatshaftung

Im einzelnen ist noch manches zweifelhaft und unstimmig. Das **43** liegt einmal daran, daß Begriffe und Rechtsformen des ehemaligen DDR-Rechts verwendet werden, die sich nicht oder nicht recht in die Rechtsordnung der Bundesrepublik einfügen lassen (so etwa die Passivlegitimation der Organe, § 1), und zum anderen daran, daß die Konsequenzen der großzügigen Maßgaben wohl nicht durchweg bedacht worden sind. Jedenfalls darf die Übernahme des Gesetzes nicht dazu führen, überholte Rechtsvorstellungen der ehemaligen DDR zu tradieren. Vielmehr ist es erforderlich, das Gesetz im Rahmen der geltenden Verfassungs- und Rechtsordnung auszulegen und ggf. entsprechende Umdeutungen vorzunehmen. So trifft eben die Passivlegitimation nicht die „Organe" selbst, sondern deren Verwaltungsträger.

Voraussetzung des Anspruchs ist, daß ein öffentlicher Bediensteter **44** (1) im Rahmen seiner hoheitlichen Tätigkeit (2) durch ein bestimmtes Tun oder durch Unterlassen trotz Rechtspflicht zum Handeln (3) subjektive Rechte einer Person verletzt und (4) ihr

dadurch einen Schaden zufügt. Liegen diese (positiven) Voraussetzungen vor, dann entfällt oder reduziert sich der Schadensersatzanspruch gleichwohl, wenn und soweit es der Betroffene schuldhaft
unterlassen hat, die ihm möglichen und zumutbaren Maßnahmen
zur Verhinderung oder zur Minderung des Schadens zu treffen,
insbesondere die zur Verfügung stehenden Rechtsmittel einzulegen
(§ 2), oder wenn und soweit er auf andere Weise Ersatz zu erlangen vermag (§ 3 III). Diese Einschränkungen entsprechen dem
§ 254 BGB (nicht dem schärferen § 839 III BGB) und dem § 839
I 2 BGB im Amtshaftungsrecht. Weitere Haftungsbeschränkungen
bestehen nicht. Insbesondere ist ein Verschulden oder eine Sorg-
faltspflichtverletzung des Bediensteten nicht erforderlich. Ganz so
unbegrenzt wie gelegentlich behauptet wird, ist der Haftungtatbestand indessen nicht. Der Geschädigte muß die Verletzung eines
subjektiven Rechts geltend machen; das gilt auch für das „Vermögen", das im Sinne von vermögenswerten Rechtspositionen zu
verstehen ist. Nicht jede Verletzung einer objektiven Rechtspflicht, sondern nur einer „drittgerichteten Rechtspflicht" (= subjektives Recht) führt daher zur Schadenersatzpflicht. Ferner muß
noch die Kausalität im Sinne der Adäquanztheorie gegeben sein.

3. Schadensersatz (Rechtsfolge)

45   Ist der Haftungtatbestand erfüllt, erhält der Geschädigte Schadensersatz in Geld. Naturalrestitution kann, muß aber nicht gewährt
werden (§ 3 I). Maßgebend sind die „zivilrechtlichen Vorschriften", also nunmehr §§ 249 ff. BGB, einschließlich § 252 (entgangener Gewinn) und § 253 (Schmerzensgeld). Der Schadensersatz
geht also erheblich über die Entschädigung beim (ebenfalls verschuldensunabhängigen) enteignungsgleichen und aufopferungsgleichen Eingriff hinaus, die sich auf den Ausgleich dessen, was
entzogen worden ist, beschränkt (negatives Interesse). Die Verjährung ist mit einem Jahr vergleichsweise kurz angesetzt (§ 4 I).

4. Anspruchskonkurrenzen

46   Geht man davon aus, daß das StHG-DDR – ebenso wie das gescheiterte StHG 1981 – den Bereich der Staatshaftung auf eine

neue Grundlage stellen und umfassend und abschließend regeln sollte und wollte, dann ist es nur konsequent, wenn die bislang bestehenden Ansprüche, zumal wenn sie inhaltlich dahinter zurückbleiben, entfallen. Das muß auch für die Amtshaftung und den enteignungsgleichen und aufopferungsgleichen Eingriff gelten. Dementsprechend war es auch selbstverständlich, daß das StHG 1981 die die Amtshaftung betreffenden Regelungen aufhob und dem enteignungsgleichen und aufopferungsgleichen Eingriff den Boden entzog. Diese Konsequenz wird von der h. L. (falls eine solche bereits besteht) im Blick auf das StHG-DDR auch für den enteignungsgleichen und aufopferungsgleichen Eingriff gezogen. Das StHG-DDR ist zwar nicht das speziellere Gesetz, wie gelegentlich behauptet wird, sondern das umfassendere. Aber eben deshalb ersetzt es die Haftung für enteignungsgleiche und aufopferungsgleiche Eingriffe. Dagegen soll nach der h. L. die Amtshaftung neben der Staatshaftung des StHG-DDR fortbestehen.

Vgl. *BGH* NVwZ-RR 1997, 204 (Abriß eines Gebäudes); *Ossenbühl,* Staatshaftungsrecht, S. 487 m. w. N. Das ist indessen sehr zweifelhaft. Art. 34 GG zwingt dazu nicht, da das StHG-DDR seinen Anforderungen entspricht. Auch die Tatsache, daß die Amtshaftung bundesrechtlich festgelegt ist, zwingt dazu nicht, da das StHG-DDR durch den Einigungsvertrag und die Zustimmungsgesetze zum Einigungsvertrag bundesrechtlich bzw. DDR-rechtlich sanktioniert ist, ganz abgesehen davon, daß die Amtshaftung ohnehin eine, wenn auch zählebige Behelfskonstruktion ist. Auch der Hinweis, daß es sich um verschiedene Regelungsgegenstände handle (hier unmittelbare Staatshaftung, dort übergeleitete Beamtenhaftung), vermag nicht zu überzeugen, da es letztlich um dasselbe, nämlich die Haftung des Staates für Fehlverhalten seiner Bediensteten, geht. Ferner führen auch die Gründe, die für das Nebeneinander von Amtshaftung und Haftung wegen enteignungsgleichen Eingriffs sprechen, nicht weiter, weil die Entschädigung für enteignungsgleiche Eingriffe lückenausfüllenden Charakter hat, auch wenn sie dabei in den Bereich der Amtshaftung übergreift, während die Haftung nach dem StHG-DDR auf einer eigenen gesetzlichen Regelung mit derogierender Kraft beruht. Schließlich bietet die Amtshaftung, wenn man von der etwas längeren Verjährung (drei statt einem Jahr) absieht, gegenüber der Haftung nach dem StHG keine Vorteile, die ihre Aufrechterhaltung rechtfertigen würde, im Gegensatz zu jener, die sonst in jeder Beziehung großzügiger ist. Für die Anspruchskonkurrenz spricht eigentlich nur, daß die Vertragspartner bei den Verhandlungen über den Einigungsvertrag wohl davon ausgingen. In der Begründung wird die „Anspruchskonkurrenz zwischen Amtshaftungsansprüchen und Staatshaftungsansprüchen" ausdrücklich genannt (vgl. aaO. oben Rn. 39). Im Vertragswerk selbst erfolgt die in der Begründung erwähnte „Einführung" der Amtshaftung aber doch auf sehr vage Weise, indem Art. 232 EGBGB § 10 i. d. F. der Anlage I Kapitel III Sachgebiet B Abschnitt II Nr. 1 bestimmt, daß „die Bestimmungen der §§ 823 bis 853 BGB nur auf Handlungen anzuwenden (sind), die am Tag des Wirksamwerdens des Beitritts oder danach begangen werden" (auch abgedruckt bei *Stern/Schmidt-Bleibtreu*, S. 316).

Die Anspruchskonkurrenz der Ersatzansprüche nach dem StHG-DDR und der Amtshaftung nach Art. 34 GG/§ 839 BGB hat kaum praktische Bedeutung. Nach *BGHZ* 142, 259, 271 ff. gehen die Ersatzansprüche des StHG-DDR, abgesehen von dem nicht erforderlichen Verschuldensnachweis, nicht weiter als die konkurrierenden Schadensersatzforderungen der Amtshaftung, insbesondere stelle sich bei beiden Alternativen die Frage nach dem Schutzbereich der verletzten Norm in gleicher Weise. In *BGHZ* 143, 17, 23 ff. werden die jeweiligen Voraussetzungen der Amtshaftung und der Staatshaftung nebeneinander und mit gleichem Ergebnis geprüft; ebenso in *BGHZ* 153, 198, 201, nur kürzer!

5. Gesamtwürdigung

47   Ob es glücklich war, das StHG-DDR nicht nur zu übernehmen, sondern auch noch erheblich auszudehnen, muß bezweifelt werden. Die langjährige Diskussion und die Reformversuche zeigen, daß es sich um eine äußerst schwierige Materie handelt, die sich dem schnellen legislatorischen Zugriff entzieht. So hat denn auch der damalige Vorsitzende des für das Staatshaftungsrecht zuständigen Senats des *BGH* festgestellt, daß die Rechtsprechung – unter Beachtung der dem Richterrecht gezogenen Grenzen – „aufgerufen (erscheine), nötige Korrekturen zur Vermeidung einer ausufernden Haftung anzubringen" (*Krohn*, VersR 1991, 1093). Die derzeitige Lage, die das ohnehin schon diffuse Staatshaftungsrecht in der Bundesrepublik Deutschland (vgl. oben § 25 Rn. 1) noch diffuser macht, ist allenfalls für eine Übergangszeit akzeptabel. Immerhin bietet das StHG-DDR die Chance, weitere Erfahrungen in der Praxis zu gewinnen, um dann möglichst bald zu einem einheitlichen, modernen Anforderungen entsprechenden Staatshaftungsrecht für das gesamte Bundesgebiet zu gelangen.

In der *Praxis* hat das StHG-DDR offenbar keine große Bedeutung erlangt. Es sind nur relativ wenige Urteile veröffentlicht, die zudem teilweise Altfälle,

d. h. vor der Wiedervereinigung liegende Fälle, betreffen; vgl. *BGHZ* 142, 259, 271 ff. (Bebauungsplan und Baugenehmigung); *BGHZ* 143, 17, 23 ff. (unterlassene Information); *BGH* NJ 1997, 90 (Abbruch einer Lagerhalle); *OLG Brandenburg* NJ 1996, 590 (polizeiliche Maßnahme bei Hausbesetzung); *OVG Greifswald* NJ 1997, 273 (Verfahren); ferner zu Altfällen: *BGHZ* 127, 57 (Ausschluß aus dem Kollegium der Rechtsanwaltschaft in der DDR); *LG Cottbus* NJ 1995, 321 (Mißhandlung eines Strafgefangenen); *LG Rostock* NJ 1995, 489 (Verhinderung der „Republikflucht" durch einen Kapitän); *LG Gera* NJ 1995, 594 (Vermögensverwaltung); ferner die Übersicht bei *Herbst/Lühmann*, Rn. 62, S. 546 ff. und *Rinne/Schlick*, NVwZ 2000, Beilage II, S. 10.

Literatur: Zu I (Verwaltungsrechtliche Schuldverhältnisse): *Simons,*   **48** Leistungsstörungen verwaltungsrechtlicher Schuldverhältnisse, 1967; *Papier,* Die Forderungsverletzung im öffentlichen Recht, 1970; *Rüfner,* Haftungsbeschränkungen in verwaltungsrechtlichen Schuldverhältnissen, DÖV 1973, 808 ff.; *Stürner,* Die Haftung der Gemeinde für verunreinigtes Wasser, JuS 1973, 749 ff.; *Tiemann,* Grundfragen der Staats- und Benutzerhaftung in öffentlichrechtlichen Benutzungsverhältnissen, VerwArch. Bd. 65 (1974) S. 381 ff.; *Papier,* Staatshaftung kraft „Überlieferung", JZ 1975, 585 ff.; *Littbarski,* Die Haftung aus culpa in contrahendo im öffentlichen Recht, JuS 1979, 537 ff.; *Janson,* Verwaltungsrechtliches Schuldverhältnis, Verwaltungsverfahrensgesetz und Reform der Staatshaftung, DÖV 1979, 696 ff.; *Gries/Willebrand,* Entstehung und Beendigung der auf Leistung oder Nutzung gerichteten verwaltungsrechtlichen Schuldverhältnisse, JuS 1990, 103 ff., 193 ff.; *Jäckle,* Die Haftung der öffentlichen Verwaltung aus culpa in contrahendo im Licht der oberinstanzlichen Rechtsprechung, NJW 1990, 2520 ff.; *Maurer,* Schadensersatzansprüche des Lehrers gegen den Schulträger, JuS 1994, 1015 ff.; *Quaritsch,* Die öffentlichrechtliche Verwahrung in: Lüder (Hg.), Staat und Verwaltung, Fünfzig Jahre Hochschule für Verwaltungswissenschaften Speyer, 1997, S. 169 ff.; *U. Stelkens,* Schadensersatzansprüche des Staates gegenüber Privaten, DVBl. 1998, 300 ff.; *de Wall,* Die Anwendbarkeit privatrechtlicher Vorschriften im Verwaltungsrecht, 1999, insbes. S. 218 ff.; *Meysen,* Die Haftung aus Verwaltungsrechtsverhältnis, 2000; *Bamberger,* Staatsbürgerhaftung im Gewande des Staatshaftungsrechts, KritV 84 (2001) S. 211 ff.

Zu II (Geschäftsführung ohne Auftrag): *H. Klein,* „Auftrag" und „Ge-   **49** schäftsführung ohne Auftrag" im öffentlichen Recht, DVBl. 1968, 166 ff.; *Maurer,* Polizei und Geschäftsführung ohne Auftrag, JuS 1970, 561 ff.; *Freund,* Zur Rechtsproblematik einer Geschäftsführung ohne Auftrag im öffentlichen Recht, JZ 1975, 513 ff.; *Wollschläger,* Geschäftsführung ohne Auftrag im öffentlichen Recht und Erstattungsanspruch, 1977; *Schubert,* Grenzen der Geschäftsführung ohne Auftrag, NJW 1978, 687 ff.; *ders.,* Tatbestand der Geschäftsführung ohne Auftrag, AcP Bd. 178 (1978) S. 425 ff.; *Gusy,* Die Anwendung der Geschäftsführung ohne Auftrag im öffentlichen Recht, JA 1979, 69 ff.; *Schwark,* Der Fremdgeschäftsführungswille bei der Geschäftsführung ohne Auftrag, JuS 1984, 321 ff.; *Habermehl,* Die Geschäftsführung ohne Auftrag im öffentlichen Recht, Jura 1987, 199 ff.; *Oldiges,* Kostenerstattung einer Gemeinde für polizeiliche Gefahrabwehr, JuS 1989, 616 ff.; *Blas,* Die öffentlich-rechtliche Geschäftsführung ohne Auftrag eines Hoheitsträgers und eines Bürgers für einen Träger öffentlicher Gewalt, BayVBl. 1989, 648 ff.; *Schoch,* Geschäftsführung ohne Auftrag im Öffentlichen Recht, Jura 1994, 241 ff.; *Nedden,* Die Geschäftsführung ohne Auftrag im Öffentlichen Recht, 1994; *Bamberger,* Grundfälle zum Recht der Geschäftsführung ohne Auftrag im Öffentlichen Recht, JuS 1998, 707 ff.; *Kischel,* Handle und liquidiere? – Keine Geschäftsführung ohne Auftrag im öffentlichen Recht, VerwArch. 90 (1999) S. 391 ff.; *Schoch,* Geschäftsführung ohne Auftrag im öffentlichen Recht, DV 38 (2005), S. 91 ff.

50   **Zu III (Gefährdungshaftung):** *Forsthoff,* VerwR S. 359 ff.; *Zeidler,* „Verwaltungsfabrikat" und Gefährdungshaftung, DVBl. 1959, 681 ff.; *Jaenicke* und *Leisner,* Gefährdungshaftung im öffentlichen Recht, Referate mit Diskussion, VVDStRL 20 (1963) S. 135 ff.; *Zachert,* Gefährdungshaftung und Haftung aus vermutetem Verschulden im deutschen und französischen Recht, 1971; *Ossenbühl,* Enteignungsgleicher Eingriff und Gefährdungshaftung im öffentlichen Recht, JuS 1971, 575 ff.; *Popper,* Rechtsprobleme der automatisierten Verwaltung, DVBl. 1977, 505 (513 f.); *Deutsch,* Das neue System der Gefährdungshaftungen: Gefährdungshaftung, erweiterte Gefährdungshaftung und Kausal-Vermutungshaftung, NJW 1992, 73 ff.; *Treffer,* Zur Gefährdungshaftung der Sicherheitsbehörden, BayVBl. 1996, 200 ff.

51   **Zu IV (Erstattungsanspruch):** *Lassar,* Der Erstattungsanspruch im Verwaltungs- und Finanzrecht, 1921; *E. Weber,* Der Erstattungsanspruch, 1970; *Wallerath,* Das System der öffentlich-rechtlichen Erstattungsansprüche, DÖV 1972, 221 ff.; *H. Weber,* Der öffentlich-rechtliche Erstattungsanspruch, JuS 1986, 29 ff.; *Ossenbühl,* Der öffentlich-rechtliche Erstattungsanspruch, NVwZ 1991, 513 ff.; *Morlok,* Erstattung als Rechtmäßigkeitsrestitution, DV Bd. 25 (1992) S. 371; *Lorenz,* Verbindungslinien zwischen öffentlichrechtlichem Erstattungsanspruch und zivilrechtlichem Bereicherungsausgleich, Festschrift für Lerche, 1993, S. 929 ff.; *Schoch,* Der öffentlich-rechtliche Erstattungsanspruch, Jura 1994, 82 ff.

52   **Zu VI (Plangewährleistungsanspruch):** Vgl. dazu die Nachweise zu § 16 Rn. 26 ff.

53   **Zu VII (Das in den neuen Bundesländern geltende Staatshaftungsgesetz):** *Boujong,* Staatshaftungsrecht in der früheren DDR, Festschrift für Gelzer, 1991, S. 273 ff.; *Christoph,* Die Staatshaftung im beigetretenen Gebiet, NVwZ 1991, 536 ff.; *Krohn,* Zum Stand des Rechts der staatlichen Ersatzleistungen nach dem Scheitern des Staatshaftungsgesetzes, VersR 1991, 1085, 1091 ff.; *Lörler,* Die Staatshaftung in der DDR, NVwZ 1990, 830 ff.; *ders.,* Anwendungsprobleme des Staatshaftungsrechts in den neuen Bundesländern, dargestellt am Beispiel Brandenburgs, DtZ 1992, 135 ff.; *Lühmann,* Grundzüge des Staatshaftungsrechts in den fünf neuen Bundesländern, LKV 1991, 120 ff.; *Ossenbühl,* Das Staatshaftungsrecht in den neuen Bundesländern, NJW 1991, 1201 ff.; *Schlotter,* Das Gesetz zur Änderung des Staatshaftungsgesetzes in Sachsen-Anhalt, LKV 1993, 248 ff.; *Crome,* Staatshaftung der Kommunalaufsichts- und Fachaufsichtsbehörden gegenüber Gemeinden, DVBl. 1996, 1230 ff.; *Herbst/ Lühmann,* Die Staatshaftungsgesetze der neuen Länder – Kommentar, 1997;

Lühmann, Die staatshaftungsrechtlichen Besonderheiten in den neuen Ländern, NJW 1998, 3001 ff.; *E. Klein,* in: Soergel, BGB-Kommentar, Bd. 5/2, 12. Aufl. 1999, Anhang nach § 839, Rn. 259 ff.; *Komorowski,* Staatshaftung zwischen Verwaltungsträgern, NJ 2001, 337 ff. (zu § 1 StHG-DDR); *Cornils,* Schadensersatz oder Entschädigung?, LKV 2003, 206 ff.

Rechtsprechung: Zu I (Verwaltungsrechtliche Schuldverhältnisse): 54
BGHZ 21, 214, 218 ff. (grundsätzlich, Strafgefangenenverhältnis); *BGHZ* 54, 299 (Anschluß an Abwasserkanalisation); *BGHZ* 59, 303 (Wasserlieferung); *BGHZ* 61, 7 (Benutzung eines Schlachthofs); *BGHZ* 109, 8; 115, 141, 146 f. (gemeindliche Regenwasserkanalisation); *BGHZ* 135, 341 (Verhältnis zwischen dem Bund und einer privatrechtlich organisierten Beschäftigungsstelle des Zivildienstes gem. § 4 ZDG); *BGH* NVwZ 1983, 571 (Abwasserkanalisation). – *BVerwGE* 13, 17 (grundsätzlich zur Verletzung der beamtenrechtlichen Fürsorgepflicht); *BVerwGE* 52, 247 (beamtenrechtliche bzw. soldatenrechtliche Fürsorgepflicht, öffentlich-rechtliche Verwahrung); *BVerwGE* 101, 51 (Rechtsgrundlage); *BVerwGE* 112, 308 (beamtenrechtliche Fürsorgepflicht, Schadensersatzanspruch); *BVerwG* NJW 1995, 2303 (Kanalbenutzungsverhältnis); *OVG Lüneburg* NJW 1977, 773 (Subventionsverhältnis).

Zu II (Geschäftsführung ohne Auftrag): *BGHZ* 156, 394 (Polizei und 55
GoA); *BVerwGE* 80, 170 (grundsätzlich, Voraussetzungen der GoA eines Bürgers für die Verwaltung); *BVerwGE* 48, 279, 285 f. (Zu unrecht bezahlte Versorgungsbezüge: kein Anspruch auf GoA und kein Erstattungsanspruch); *BVerwGE* 110, 9 (Bilgenölentsorgung auf Bundeswasserstraße, Land-Bund); *BVerwGE* 110, 180, 186 ff. (S-Bahn Berlin); *BVerwG* NVwZ 1992, 264 (keine GoA, wenn die Bundesbahn wegen einer Verkehrsumleitung die Sicherungsmaßnahmen an einem Bahnübergang verstärken muß); *BVerwG* DÖV 1986, 285; *OVG Münster* DVBl. 1986, 784 (Tätigwerden einer Polizeibehörde für eine andere Behörde bei Gefahr im Verzuge: GoA?); *Bad-WürttVGH* ESVGH 27, 125 (Erschließungsanlage); *OVG Münster* NJW 1976, 1956 (Stützmauer); *OVG Münster* DÖV 1978, 59 (keine GoA bei rechtswidrigem Abschleppen eines KFZ); *HessVGH* NVwZ 1987, 822 (keine GoA im Verhältnis Gemeinde-Land hinsichtlich Versorgung von Asylbewerbern); *BayVGH* DÖV 1997, 76 (Erstattung des Schulaufwands einer Gemeinde durch das Land).

Zu III (Gefährdungshaftung): *BGHZ* 54, 332, 336 f.; 55, 229, 232 ff. 56
(keine Gefährdungshaftung im öffentlichen Recht: Versagen einer Verkehrsampel, Wasserrohrbruch); *BGHZ* 99, 249 (Versagen einer Verkehrsampel als enteignungsgleicher Eingriff); *BGHZ* 109, 8, 12 ff.; 114, 380, 381 f.; 115, 141, 142 f.; 159, 19, 21 ff. (Haftung gem. § 2 I Haftpflichtgesetz für Kanalisation, allerdings nur für typische Betriebsgefahr).

Zu IV (Erstattungsanspruch): *BVerwGE* 25, 72 (Einwand des Bereiche- 57
rungswegfalls?); *BVerwGE* 32, 279 (zum sog. Abwälzungsanspruch); *BVerwGE* 36, 108 (Bund-Gemeinde); *BVerwGE* 48, 279, 285 f. (vgl. oben II); *BVerwGE* 55, 337 (rechtsmißbräuchliche Geltendmachung, Revisibilität); *BVerwGE* 71, 48 (Verzinsung des Erstattungsanspruches gem. § 48 II 5 u. 6 VwVfG); *BVerwGE*

71, 85 (Grundlagen des Erstattungsanspruchs, Wegfall der Bereicherung, Vertrauensschutz); *BVerwGE* 89, 345, 353 f. (Wegfall der Bereicherung, Abwägung); *BVerwGE* 99, 101, 105 ff. (Verjährung); *BVerwGE* 107, 304, 307 ff. (Erstattung gezogener Nutzungen); *BVerwGE* 111, 162, 172 f. (Erstattungsanspruch wegen Nichtigkeit des Vertrags, Verstoß gegen Treu und Glauben verneint); *BVerwGE* 111, 213 (Erstattungsanspruch zwischen Sozialhilfeträgern); *BVerwGE* 112, 351, 358 (Erstattungsanspruch zwischen öffentlich-rechtlichen Körperschaften, Verstoß gegen Treu und Glauben bejaht); *BVerwG* NJW 1993, 215 (Erstattungsanspruch auch bei minderjährigem Sozialhilfeempfänger nur gegen diesen, nicht gegen dessen Eltern). – *BayVGH* BayVBl. 1971, 67 (Kostenerstattungsanspruch einer Stadt gegen den Bund wegen Beleuchtungsanlage an Bundesstraße?); *BadWürttVGH* NJW 1978, 2051 (Rückerstattung einer Subvention wegen Nichteintritt des bezweckten Erfolgs); *OVG Münster* NJW 1992, 2245 (Geltendmachung des Erstattungsanspruches verstößt gegen Treu und Glauben); *BayVGH* DÖV 1997, 76 (Erstattung des Schulaufwands einer Gemeinde durch das Land).

§ 30 Der Folgenbeseitigungsanspruch

I. Grundlagen

1. Begriff

1   Der Folgenbeseitigungsanspruch ist kein Schadensersatz- oder Entschädigungsanspruch, sondern ein *Wiederherstellungsanspruch*. Dem durch einen hoheitlichen Eingriff in seinen Rechten betroffenen Bürger geht es häufig nicht (nur) um Geldersatz, worauf die Amtshaftung und die Enteignungsentschädigung beschränkt sind, auch nicht (nur) um Naturalrestitution, die nach einigen besonderen Anspruchsgrundlagen gewährt wird, sondern einfach um Wiederherstellung des vor dem Eingriff bestehenden Zustands. Dem dient der Folgenbeseitigungsanspruch, der von der Literatur entwickelt und dann auch von der Rechtsprechung übernommen wurde. Er zielt auf die Beseitigung der tatsächlichen Folgen eines rechtswidrigen Eingriffs oder – anders betrachtet – auf Wiederherstellung des ursprünglichen, durch den rechtswidrigen Eingriff veränderten Zustandes.

2   Die Bedeutung des Folgenbeseitigungsanspruchs neben den Amtshaftungs-, Enteignungs- und Aufopferungsansprüchen liegt auf der Hand. Aber auch die – nur in besonderen Fällen bestehenden – Ansprüche auf Schadensersatz in Gestalt der Naturalrestitution (vgl. oben § 28) haben eine andere Zielrichtung:

Die Naturalrestitution orientiert sich hypothetisch an der Zukunft (der Geschädigte ist so zu stellen, wie er stehen würde, wenn das schädigende Ereignis nicht eingetreten wäre), die Beseitigung orientiert sich dagegen realiter an der Vergangenheit (der frühere Zustand ist wiederherzustellen). Eine gewisse Nähe besteht zum Erstattungsanspruch, der aber nicht nur ein Unterfall des Folgenbeseitigungsanspruchs ist, wie gelegentlich angenommen wird, da er – anders als dieser – keinen rechtswidrigen Eingriff voraussetzt.

Der Folgenbeseitigungsanspruch wurde zunächst im Blick auf 3 die Folgen eines sofort vollzogenen, aber rechtswidrigen und später auch aufgehobenen *Verwaltungsakts* entwickelt (sog. Vollzugs-Folgenbeseitigungsanspruch). Es ist aber inzwischen allgemein anerkannt, daß er sich nicht darauf beschränkt, sondern auch die Folgen *sonstigen rechtswidrigen hoheitlichen Verwaltungshandelns* (Realakte) erfaßt.

Beispiele: Anspruch auf Räumung einer Wohnung, in die Obdachlose eingewiesen worden sind, nach Aufhebung der Einweisungsverfügung (an diesem Standardfall der Nachkriegszeit wurde der Folgenbeseitigungsanspruch entwickelt; er ist jedoch nicht unbestritten, die Gegenmeinung nimmt in diesem Fall keinen Folgenbeseitigungsanspruch, sondern einen Anspruch auf polizeiliches Einschreiten an, vgl. dazu näher unten Rn. 12); Rückgabe einer beschlagnahmten Sache nach Aufhebung der Beschlagnahmeverfügung (vgl. *Hess VGH* DÖV 1963, 389: Führerschein). Der Vollzugs-Folgenbeseitigungsanspruch bietet heute weder grundsätzlich noch im Einzelfall Schwierigkeiten. Im Vordergrund des Interesses steht daher der Folgenbeseitigungsanspruch bei Realakten, so etwa bei rechtswidriger Einbeziehung eines Grundstücksstreifens in die Straßenverbreiterung (*BVerwG* DÖV 1971, 857), bei rechtswidriger Errichtung einer kommunalen Kläranlage auf einem Privatgrundstück (*BVerwG* DVBl. 1974, 239), bei rechtswidriger Veränderung eines Straßenzustandes (*OVG Hamburg* NJW 1978, 658), ferner als Widerrufsanspruch bei ehrverletzenden Äußerungen eines Beamten (*BVerwG* DVBl. 1970, 576; *BVerwGE* 59, 319, 325ff.; 75, 354, 355; 99, 56, 62ff.).

2. Begründung

Der Folgenbeseitigungsanspruch ist – wie alle Kompensations- 4 und Restitutionsansprüche – ein materiell-rechtlicher Anspruch. § 113 I 2 VwGO („Ist der Verwaltungsakt schon vollzogen, so kann das Gericht auf Antrag auch aussprechen, daß und wie die Verwaltungsbehörde die Vollziehung rückgängig zu machen hat.") begründet ihn nicht, sondern setzt ihn voraus und ermöglicht eine prozessual vereinfachte Geltendmachung des Vollzugs-Folgenbeseitigungsanspruchs.

5   In der Literatur und Rechtsprechung wurde und wird der Folgenbeseitigungsanspruch auf unterschiedliche Weise zu begründen versucht. Als Grundlagen werden genannt: Analogie zu §§ 1004, 12, 862 BGB, Gebot der Gerechtigkeit, das Rechtsstaatsprinzip, der Grundsatz der Gesetzmäßigkeit der Verwaltung, der Grundsatz des Gesetzesvorbehalts, die Freiheitsrechte, die Rechtsschutzgarantie des Art. 19 IV GG. Zunehmend setzt sich jedoch zu Recht die Auffassung durch, daß er seine Grundlage in dem jeweiligen Grundrecht hat und auf dieser Grundlage durch die Literatur und Rechtsprechung nach Tatbestand und Rechtsfolge näher ausgestaltet worden ist.

> Vgl. zur Fundierung in den Grundrechten: *BVerwGE* 82, 76, 95; *Schoch,* VerwArch. 79 (1988) S. 1 (34 f.); *Ossenbühl,* Staatshaftungsrecht, S. 293 ff. (dort auch jeweils zu den anderen Auffassungen). In *BVerwGE* 69, 366, 370 wird (noch) Art. 20 III GG als Rechtsgrundlage herangezogen. *BVerwGE* 94, 100, 103 verweist auf die „Grundsätze des materiellen Rechtsstaates, zu denen auch die Grundrechte gehören," und meint, daß bei seiner Ausgestaltung „zunehmend durch Richterrecht geprägte, gewohnheitsrechtliche Gesichtspunkte überwiegen."

6   Der Folgenbeseitigungsanspruch steht in engem Zusammenhang mit den grundrechtlichen Abwehr- und Entschädigungsansprüchen. Das gilt insbesondere für die Eigentumsgarantie. Art. 14 I GG gewährt zunächst einen Abwehranspruch (Unterlassungsanspruch) gegen Eingriffe in das Eigentum. Ist der Eingriff gleichwohl geschehen und das Eigentumsobjekt entzogen, dann kommt der Folgenbeseitigungsanspruch in Betracht, der auf Wiederherstellung des ursprünglichen Zustandes durch Rückgabe des Eigentumsobjekts gerichtet ist. Greift auch der Folgenbeseitigungsanspruch mangels Rückgabemöglichkeit nicht (mehr) ein, dann kann der Betroffene Entschädigung für das Entzogene nach den Grundsätzen über den enteignungsgleichen Eingriff geltend machen. Alle diese Ansprüche haben ihre Grundlage in Art. 14 I GG; der Abwehranspruch wandelt sich in einen Folgenbeseitigungsanspruch und schließlich in einen Entschädigungsanspruch. Der Betroffene hat allerdings kein Wahlrecht, sondern kann sich nur dann auf den nächsten Anspruch berufen, wenn der vorhergehende nicht eingreift. Zur Klarstellung sei noch bemerkt, daß auch die Anfechtungsklage entsprechend der ihr zugrunde liegenden materiell-rechtlichen Konzeption einen Abwehranspruch in diesem Sinne zum Ausdruck bringt.

II. Voraussetzungen und Inhalt

1. Tatbestand des Folgenbeseitigungsanspruchs

Der Anspruch setzt voraus, daß (a) durch hoheitlichen Eingriff **7** (b) in ein subjektives Recht, etwa das Eigentumsrecht, (c) ein rechtswidriger Zustand geschaffen wurde und (d) dieser Zustand noch andauert.

Im einzelnen ist noch zu bemerken:

a) Wenn der *Eingriff* nicht hoheitlich, sondern *privatrechtlich* zu **8** beurteilen ist (etwa Immissionen einer privatrechtlich betriebenen öffentlichen Einrichtung), dann greift der Folgenbeseitigungsanspruch nicht ein. Es kommt aber ein privatrechtlicher Beseitigungsanspruch gem. § 1004 BGB in Betracht (vgl. *BVerwG* DVBl. 1974, 239). Die Abgrenzung öffentliches Recht/Privatrecht wird also auch hier wieder aktuell (vgl. dazu bereits oben § 3 Rn. 14 ff., insbes. 22 f.).

b) Der rechtswidrige Zustand muß durch ein rechtswidriges **9** *Handeln der Verwaltung* (positives Tun) herbeigeführt worden sein. *Unterlassen* genügt schon deshalb nicht, weil es in diesem Fall nichts gibt, was wiederherzustellen wäre. Anders ist es nur, wenn ein von der Behörde geschaffener Zustand, der zunächst rechtmäßig war, infolge Fristablaufs oder Eintritts einer auflösenden Bedingung oder Wegfalls der materiellen Eingriffsvoraussetzungen rechtswidrig geworden ist. Dann kann an das vorangegangene Tun der Verwaltung angeknüpft werden. Beispiel: Die Behörde unterläßt es, eine rechtmäßig beschlagnahmte Sache nach Aufhebung der Beschlagnahmeverfügung zurückzugeben.

Vgl. *Schoch*, VerwArch. Bd. 79 (1988) S. 39 ff.; a. A. *Maaß*, BayVBl. 1987, 525 f. Das *BVerwG* spricht in *BVerwGE* 69, 366 (367, 371) von den „rechtswidrigen Folgen, die durch ein Tun oder ein Unterlassen der vollziehenden Gewalt eingetreten sind," läßt aber mangels näherer Bestimmung und Begründung offen, was mit dem „Unterlassen" gemeint ist und wann es erheblich sein soll.

10   c) *Der Vollzugs-Folgenbeseitigungsanspruch* (vgl. oben Rn. 3) setzt ferner voraus, daß der vollzogene Verwaltungsakt zwischenzeitlich *aufgehoben* worden ist oder von vornherein *nichtig* war. Wenn das nicht der Fall ist, dann bildet der Verwaltungsakt die Rechtsgrundlage des angeblich rechtswidrigen Zustandes und schließt entsprechende Einwendungen aus.

> Vgl. dazu *BVerwGE* 28, 155, 163. Das wird durch die befristete Anfechtbarkeit bestätigt. **Beispiel:** Das Kraftfahrzeug des K wird am 1. 2. durch Verwaltungsakt beschlagnahmt. Der dagegen erhobene Widerspruch wird am 1. 4. zurückgewiesen. Am 1. 8. klagt K – gestützt auf den Folgenbeseitigungsanspruch – auf Herausgabe des Fahrzeugs, da die Beschlagnahme rechtswidrig sei. Wie ist zu entscheiden? Die Klage ist unbegründet, denn die Beschlagnahme beruht auf einem rechtswirksamen Verwaltungsakt und ist damit rechtlich gedeckt.

2. Inhalt

11   Der Folgenbeseitigungsanspruch richtet sich auf die Wiederherstellung des ursprünglichen Zustandes durch Beseitigung der Folgen des rechtswidrigen Verwaltungshandelns. Orientierungspunkt ist also der frühere, vor dem rechtswidrigen Eingriff bestehende Zustand. Mehr oder anderes kann nicht verlangt werden. Der Folgenbeseitigungsanspruch ist kein allgemeiner Wiedergutmachungsanspruch.

> So *BVerwGE* 28, 155, 165 f.; 69, 366, 370 f.; *BVerwG* DVBl. 1979, 852, 854 f.; DVBl. 1984, 1178; BayVBl. 1987, 541; ebenso die übrige Rechtsprechung und die h. L., vgl. die Nachweise bei *Schoch*, VerwArch. Bd. 79 (1988) S. 23 f. – In der Literatur wird immer wieder für eine Ausweitung des Folgenbeseitigungsanspruchs auf einen allgemeinen Wiedergutmachungsanspruch plädiert, vgl. bereits *Menger*, Gedächtnisschrift für Jellinek, 1955, S. 347 ff.; *Haueisen*, DVBl. 1973, 739 ff.; ferner in neuerer Zeit *Rüfner*, in: Erichsen, VerwR § 49 Rn. 30; *Fiedler*, NVwZ 1986, 977; besonders nachdrücklich *M. Redeker*, DÖV 1987, 198 f.

12   Andererseits ist der Folgenbeseitigungsanspruch auch vom *bloßen Abwehranspruch* zu unterscheiden. Während der Abwehranspruch (actio negatoria) auf die Unterlassung von Störungen und Beeinträchtigungen, etwa die Einstellung von Immissionen durch eine öffentlich-rechtlich betriebene Anlage, zielt, verlangt der Folgenbeseitigungsanspruch ein *positives Tätigwerden,* um den früheren Zustand wieder herzustellen, etwa die Beseitigung der rechtswidrig auf einem Privatgrundstück errichteten Anlage oder den Widerruf einer ehrkränkenden Äußerung, evtl. auch, daß – im Rahmen des rechtlich Zulässigen – Dritte in Anspruch genommen werden.

Beispiel: Der Bürgermeister weist den Obdachlosen O durch eine befristete Verfügung in die Wohnung des W ein. Nach Fristablauf verlangt W, daß der Bürgermeister die Räumung der Wohnung durch O veranlaßt. W kann einen Folgenbeseitigungsanspruch geltend machen; der Bürgermeister ist (im Rahmen der Grenzen des Folgenbeseitigungsanspruchs, vgl. Rn. 10) verpflichtet, eine entsprechende Anordnung gegen O zu erlassen und ggf. zwangsweise durchzusetzen; als Ermächtigungsgrundlage für das Einschreiten gegen O kommt die polizeiliche Generalklausel in Betracht. Anders *BadWürttVGH* (NVwZ 1987, 1101 = VBlBW 1987, 423 mit abl. Anm. von *Götz;* ebenfalls ablehnend *Knemeyer,* JuS 1988, 696 ff.), der in diesem Falle einen Folgenbeseitigungsanspruch ablehnt und statt dessen einen Anspruch auf polizeiliches Einschreiten annimmt, dabei aber nicht hinreichend unterscheidet zwischen dem in der Tat nur zwischen der Behörde und dem Wohnungseigentümer bestehenden Folgenbeseitigungsanspruch und der Erfüllung dieses Anspruchs, der Folgenbeseitigungspflicht der Behörde, die auch zu Anordnungen gegenüber Dritten zwingen kann, sofern sie rechtlich möglich und zulässig sind.

In der Literatur und Rechtsprechung werden der negative Abwehranspruch und der Folgenbeseitigungsanspruch oft vermengt, **13** was nicht nur auf den unreflektierten Gebrauch des Wortes Beseitigung (Beseitigung der Störung, Beseitigung der Folgen der Störung), sondern auch darauf zurückzuführen ist, daß sie ineinander übergehen können (Unterlassung und Widerruf der ehrkränkenden Äußerung). Rechtsdogmatisch hängen beide Ansprüche ohnehin eng miteinander zusammen. Der Abwehranspruch beruht – neben evtl. einfach-gesetzlichen Regelungen – auf den Freiheitsgrundrechten (Art. 14 I GG, 2 I GG usw.). Wenn und soweit er nicht mehr greift, weil sich der Eingriff bereits realisiert hat, vermitteln die Grundrechte – die Abwehr gleichsam zur Korrektur erweiternd – einen Folgenbeseitigungsanspruch, der auf Beseitigung der durch den nicht oder nicht rechtzeitig abwehrbaren Eingriff geschaffenen Fakten zielt.

3. Grenzen des Folgenbeseitigungsanspruchs

Aus dem Inhalt des Folgenbeseitigungsanspruchs ergeben sich gewisse strukturelle Grenzen:

a) Der Folgenbeseitigungsanspruch führt nur zum Ziel, wenn die **14** *Wiederherstellung* des früheren Zustands (noch) *tatsächlich möglich,* *rechtlich zulässig* und für die Verwaltung *zumutbar* ist. Die Zumutbarkeit fehlt, wenn die Wiederherstellung einen unverhältnismäßig großen Aufwand erfordern würde (*BVerwG* DVBl. 2004, 1493). Denkbar ist, daß die Wiederherstellung zwar zunächst möglich, zulässig und zumutbar war, aber nach einer gewissen Zeit unmöglich, unzulässig oder unzumutbar wird. Das gilt unabhängig von dem auch hier geltenden Grundsatz der Verwirkung (vgl. *OVG Hamburg* NJW 1978, 658).

15   b) Der Folgenbeseitigungsanspruch entfällt, wenn der *rechtswidrige Zustand* inzwischen *legalisiert* worden ist, wenn z. B. der rechtswidrige und aufgehobene Verwaltungsakt durch einen neuen, rechtmäßigen Verwaltungsakt ersetzt wurde oder wenn der für die Straßenverbreiterung benötigte, aber rechtswidrig entzogene Grundstücksstreifen enteignet wurde.

Die bloße Möglichkeit der nachträglichen Legalisierung reicht nicht. Dem Betroffenen kann allenfalls dann der Einwand der unzulässigen Rechtsausübung entgegengehalten werden, wenn die Behörde nicht nur einen rechtmäßigen Zustand herbeiführen kann, sondern auch beabsichtigt, dies alsbald zu tun, da dann der Betroffene etwas fordern würde, was er doch nicht behalten dürfte. Vgl. dazu *BVerwGE* 80, 178; 94, 100, 111. Die (frühere) Auffassung des *BayVGH* DÖV 1978, 766, daß der Folgenbeseitigungsanspruch noch nicht „spruchreif" (i. S. des § 113 I 2 VwGO) sei, wenn noch ein rechtmäßiger Zustand geschaffen werden kann (es ging um den Ausbau einer Straße ohne die erforderliche, aber noch nachholbare Planfeststellung), ist in dieser Sicht nicht haltbar.

16   c) Der Folgenbeseitigungsanspruch erfaßt nur die *unmittelbaren* Folgen eines Eingriffs.

Beispiele: Im Obdachlosenfall (vgl. oben Rn. 12) kann nur die Räumung der Wohnung, nicht aber die Beseitigung der durch die eingewiesenen Personen verursachten Schäden verlangt werden. Das schließt aber nicht aus, daß die Verwaltung nach anderen Rechtsgrundlagen Ersatz zu leisten hat, etwa im Falle der polizeilichen Einweisung Obdachloser Entschädigung nach den polizeirechtlichen Vorschriften (vgl. *BGHZ* 131, 163, 165 ff. zu § 39 I NWOBG, der einen Anspruch für Eingriffe in das Eigentum begründet).

17   d) Greift der Folgenbeseitigungsanspruch nicht mehr durch, dann bleibt nur noch ein „Folgenentschädigungsanspruch", der aber kein selbständiger Anspruch ist, vor allem sich nicht aus dem Folgenbeseitigungsanspruch ergibt, sondern nur im Rahmen und nach Maßgabe der allgemeinen öffentlich-rechtlichen Entschädigungsan-

sprüche (Entschädigung wegen enteignungsgleichen Eingriffs, evtl.
auch Amtshaftung) verwirklicht werden kann.

4. Mitverschulden?

Strittig ist, ob der Rechtsgedanke des § 254 BGB zur Anwen-   **18**
dung kommt. Die h. M. bejaht dies, da die ratio dieser Vorschrift,
wonach ein Schaden zu teilen sei, wenn mehrere Personen am
schadensbegründenden Ereignis beteiligt sind, auch hier gelte. Ein
Teil der Literatur will dagegen § 254 BGB auf echte Schadenser-
satz- und Entschädigungsansprüche beschränken. Diese Beschränkung vermag jedoch nicht zu überzeugen. Folgt man der h. M.,
dann stellt sich freilich die Frage, wie zu verfahren ist, wenn der
Anspruch auf eine unteilbare Leistung gerichtet ist, etwa auf die
Wiedererrichtung einer abgebrochenen Stützmauer oder auf den
Widerruf einer abwertenden Erklärung.

Das *BVerwG* hat früher in diesen Fällen auf das Ausmaß des Mitverschuldens
abgestellt und „bei einer ins Gewicht fallenden Mitverantwortlichkeit" den
Folgenbeseitigungsanspruch ganz verneint, im übrigen aber voll gewährt
(*BVerwG* DÖV 1971, 857, 859). Davon ist es inzwischen abgerückt. Es vertritt
nunmehr die Auffassung, daß der Bürger bei unteilbaren Leistungen im Falle
der Mitverantwortlichkeit in entsprechender Anwendbarkeit des § 251 I BGB
einen anteilmäßigen Ausgleich zu zahlen habe (*BVerwGE* 82, 24). Das entspricht § 3 III des für nichtig erklärten StHG, der eine Kostenbeteiligung des
Betroffenen vorsah. Zu dem gleichen Ergebnis kommt man auch ohne ausdrückliche Regelung unter der Voraussetzung, daß der Bürger eine Kostenbeteiligung anbietet, da sich die Behörde rechtsmißbräuchlich verhielte, wenn sie
sich trotz dieses Angebots ihrer Verantwortung und Verpflichtung entziehen
würde. – Vgl. dazu auch *Schenke,* JuS 1990, 370 ff.

III. Geltendmachung

Der Folgenbeseitigungsanspruch ist als öffentlich-rechtlicher An-   **19**
spruch vor den Verwaltungsgerichten im Wege der allgemeinen
Leistungsklage geltend zu machen. Geht es um die Beseitigung des
Vollzugs eines angefochtenen Verwaltungsakts, dann besteht der
einfachere Weg des § 113 I 2 VwGO (Antrag im Zusammenhang
mit der Anfechtungsklage).

IV. Exkurs: Der sozialrechtliche Herstellungsanspruch

20   Der sozialrechtliche Herstellungsanspruch, der immer wieder im
Zusammenhang mit dem Folgenbeseitigungsanspruch genannt wird
und daher hier kurz erwähnt werden soll, ist vom Bundessozialge-
richt entwickelt und näher ausgebaut worden. Er soll die Verletzung behördlicher Pflichten im Sozialleistungsverhältnis, insbesondere die Verletzung von Beratungs- und Betreuungspflichten, ausgleichen, sofern sie nicht anderweitig aufgefangen werden kann.
Trotz gewisser Gemeinsamkeiten unterscheidet er sich sowohl
grundsätzlich als auch nach seiner konkreten Ausgestaltung vom
Folgenbeseitigungsanspruch. Während der Folgenbeseitigungsanspruch auf die Wiederherstellung des *früher* bestehenden *tatsächlichen*
Zustandes gerichtet ist, zielt der sozialrechtliche Herstellungsanspruch auf die Herstellung des *rechtlichen* Zustandes, der *jetzt* bestehen würde, wenn sich die Behörde rechtmäßig verhalten hätte.

21   Die Voraussetzungen des Herstellungsanspruches sind:
(1) Rechtswidriges Verhalten der Behörde, etwa falsche Auskunft;
(2) Fehldisposition des Bürgers, etwa verspätete Antragstellung;
(3) Schaden auf Seiten des Bürgers, etwa Verlust einer Sozialleis-
    stung wegen Nichteinhaltung der Antragsfrist;
(4) Kausalität zwischen der Rechtsverletzung der Behörde, der
    Fehldisposition des Bürgers und dem Schaden.

Verschulden ist nicht erforderlich (*BSozGE* 49, 76, 77 f.). Der Anspruch
kann auch dann geltend gemacht werden, wenn das rechtswidrige Verhalten,
etwa die falsche Auskunft, nicht der entscheidenden Behörde, sondern einer
anderen, allerdings kraft Gesetzes in das Verfahren eingeschalteten Behörde zuzurechnen ist, selbst wenn diese Behörde einem anderen Verwaltungsträger
angehört (*BSozGE* 51, 89, 94 ff.; 63, 112, 114 f.). Andererseits schließt grobes
Mitverschulden des betroffenen Bürgers den Herstellungsanspruch aus (*BSoz-
GE* 34, 124, 128 ff.).

22   Liegen diese Voraussetzungen vor, dann kann der Betroffene
verlangen, rechtlich so gestellt zu werden, wie er stehen würde,
wenn die Behörde rechtmäßig gehandelt hätte. Der Anspruch ist
also „auf Vornahme einer Rechtshandlung zur Herstellung desjenigen Zustandes gerichtet, der bestehen würde, wenn der Sozialleis-
stungsträger die ihm aus dem Sozialleistungsverhältnis erwachsenen
Nebenpflichten ordnungsgemäß wahrgenommen hätte" (*BSozGE*

65, 21, 26). Das gilt allerdings nur, wenn die begehrte Amtshandlung rechtlich überhaupt zulässig ist.

Beispiele: Wenn ein Bürger einen Antrag auf Gewährung einer Leistung wegen einer falschen Auskunft der Behörde zu spät gestellt hat, kann er verlangen, daß sein verspätet eingereichter Antrag so behandelt wird, wie wenn er rechtzeitig eingegangen wäre (*BSozGE* 32, 60; 62, 179, 182 ff.). Wenn infolge einer falschen Auskunft die monatlich bezahlten Rentenbeiträge zu niedrig waren, um in den Genuß der erstrebten Rente zu kommen, dann kann der Bürger verlangen, daß die von ihm nachgezahlten Rentenbeiträge als rechtzeitig geleistet anerkannt werden (*BSozGE* 41, 126). Wenn infolge einer fehlerhaften Beratung die entrichteten Beitragsleistungen für den Betroffenen ungünstig sind, kommt eine Umbuchung oder Erstattung in Betracht (*BSozGE* 60, 43, 48).

Die dogmatischen Grundlagen des sozialrechtlichen Herstellungsanspruchs sind noch umstritten, teils wird er als Weiterentwicklung des Folgenbeseitigungsanspruchs oder als Parallelerscheinung des Folgenbeseitigungsanspruchs im Bereich des Leistungsrechts betrachtet, teils als Nebenpflicht des sozialrechtlichen Leistungsverhältnisses begründet, teils aus dem Grundsatz von Treu und Glauben abgeleitet, teils als Sonderfall materiell-rechtlicher Wiedereinsetzung in den vorigen Stand bewertet, teils einfach als Rechtsinstitut sui generis qualifiziert. Wenn es lediglich um einen Fristablauf geht, genügt es, den Einwand der Fristversäumnis unter Berufung auf den Grundsatz von Treu und Glauben auszuschließen und die Einhaltung der Frist zu fingieren. Wenn dagegen eine Amtshandlung zur Herstellung erforderlich ist, bedarf es einer besonderen Anspruchsgrundlage. Da eine Anlehnung an sonst bestehende Ansprüche kaum möglich ist, liegt es nahe, den sozialrechtlichen Herstellungsanspruch als richterrechtlich entwickeltes und gewohnheitsrechtlich erstarktes Rechtsinstitut sui generis zu qualifizieren.   **23**

Eine Ausdehnung des (sozialrechtlichen) Herstellungsanspruchs auf weitere Rechtsbereiche ist durchaus diskutabel. Die allgemeine Verwaltungsgerichtsbarkeit ist zurückhaltend, allerdings nicht mehr ganz so ablehnend wie früher.   **24**

Das *BVerwG* erklärte in einem Subventionsfall, „dieser speziell dem Sozialrecht … entnommene Rechtsgedanke (könne) nicht verallgemeinert werden" (*BVerwGE* 79, 192, 194). In einem späteren Wohngeldfall lehnte das *BVerwG* den sozialrechtlichen Herstellungsanspruch nicht (mehr) grundsätzlich ab, forderte aber für seine Anwendung im konkreten Fall eine Regelungslücke und verneinte diese, da die (engeren) Vorschriften über die Wiedereinsetzung in den vorigen Stand eingreifen würden (*BVerwG* NJW 1997, 2966). Ebenso im Blick auf das maßgebliche Prozeßrecht *BVerwGE* 105, 288, 298 f. (Bewilligung von Förderungsmittel). Vgl. ferner – ablehnend – *OVG Koblenz* NVwZ 1995, 509 (Sozialhilfe); *BayVGH* BayVBl. 1995, 118 (Subvention). – Der Gedanke, daß es ggf. gegen den Grundsatz von Treu und Glauben verstößt, wenn sich die Behörde auf den Fristablauf beruft, obwohl sie ihn durch eine fehlerhafte Auskunft veranlaßt hat, in diesen Fällen also die Fristeinhaltung zu fingieren ist, taucht auch außerhalb des Sozialrechts verschiedentlich auf, vgl. etwa *BGH* NVwZ 1985, 938 (allerdings mit sehr restriktiver Tendenz).

25	Die Literatur zum allgemeinen Verwaltungsrecht hat den sozialrechtlichen Herstellungsanspruch lange Zeit nicht beachtet. Erst in der letzten Zeit ist er „entdeckt" und rasch zum beliebten Thema geworden. Dabei werden nicht nur seine Grundlagen und seine Ausgestaltung, sondern auch seine Ausdehnbarkeit auf weitere (von der Sozialgerichtsbarkeit nicht erfaßte) Bereiche oder seine Verallgemeinerungsfähigkeit erörtert. Es bleibt abzuwarten, ob und welche Entwicklungen sich insoweit anbahnen und durchsetzen.

Vgl. zum sozialrechtlichen Herstellungsanspruch *BSozGE* 41, 126; 49, 76; 51, 89, 92; 61, 175, 178 f.; 62, 179, 182 ff.; 63, 112, 114 f.; 71, 17; 83, 30; *BVerwG* NJW 1997, 2966, 2969 (im konkreten Fall ablehnend). BGHZ 103, 242, 245 (Verhältnis zur Amtshaftung); *Bieback,* Der sozialrechtliche Herstellungsanspruch als Institut staatlicher Haftung für rechtswidriges Verwaltungshandeln, DVBl. 1983, 179 ff.; *Ebsen,* Der sozialrechtliche Herstellungsanspruch – ein Beispiel geglückter richterlicher Rechtsfortbildung?, DVBl. 1987, 389 ff.; *Kreßel,* Zum sozialrechtlichen Herstellungsanspruch, SGb 1987, 313 ff.; *Brugger,* Der sozialrechtliche Herstellungsanspruch – Wildwuchs oder Baustein im System der Staatshaftung für rechtswidriges Verwaltungshandeln? AöR Bd. 112 (1987) S. 389 ff.; *Schoch,* Folgenbeseitigung und Wiedergutmachung im Öffentlichen Recht, VerwArch. Bd. 79 (1988) S. 1 (25 ff., 54 ff.); *Kreßel,* Öffentliches Haftungsrecht und sozialrechtlicher Herstellungsanspruch, 1990; *Ladage,* Der sozialrechtliche Herstellungsanspruch. Ein Sonderfall materiell-rechtlicher Wiedereinsetzung in den vorigen Stand. 1990; *Schmidt-De Caluwe,* Der sozialrechtliche Herstellungsanspruch, 1992; *Wallerath,* Der sozialrechtliche Herstellungsanspruch und die Herrschaft des Rechts, DÖV 1994, 757 ff.; *Pietzner/ Müller,* Herstellungsanspruch und Verwaltungsgerichtsbarkeit, VerwArch. 85 (1994), S. 603 ff.; Der sozialrechtliche Herstellungsanspruch, Schriftenreihe des Deutschen Sozialrechtsverbandes, Bd. 39, 1994 (Referate und Diskussion der 6. Sozialrechtslehrertagung 1994 in Bayreuth); *Olbertz,* Der sozialrechtliche Herstellungsanspruch im Verwaltungsrecht, 1995; *Hase,* Der Herstellungsanspruch bei pflichtwidrig unterlassener Beratung, SGb 2001, 593 ff.; *Rüfner,* in: Erichsen/Ehlers, VerwR § 49 Rn. 35 ff.; *Schulin/Igl,* Sozialrecht, 7. Aufl. 2002, Rn. 1068 ff.

Literatur zu § 30: *Bachof,* Die verwaltungsgerichtliche Klage auf Vornah- **26** me einer Amtshandlung, 1951, 2. Aufl. 1968, S. 98 ff.; *Bettermann,* Zur Lehre vom Folgenbeseitigungsanspruch, DÖV 1955, 528 ff.; *Weyreuther,* Empfiehlt es sich, die Folgen rechtswidrigen hoheitlichen Verwaltungshandelns gesetzlich zu regeln? Gutachten zum 47. DJT 1968, Bd. I B; *Rösslein,* Der Folgenbeseiti- gungsanspruch, 1968; *Haueisen,* Folgenbeseitigung und Amtshaftung, DVBl. 1973, 739 ff.; *Mangoldt,* Folgenbeseitigung und Störungsbeseitigung, DVBl. 1974, 825 ff.; *Bender,* Zum Recht der Folgenbeseitigung, VBlBW 1985, 201 ff.; *Broß,* Zum Anwendungsbereich des Anspruchs auf Folgenbeseitigung, Verw- Arch. 76 (1985) S. 217 ff.; *Fiedler,* Der Folgenbeseitigungsanspruch – die „kleine Münze" des Staatshaftungsrechts? NVwZ 1986, 969 ff.; *M. Redeker,* Was besei- tigt der Folgenbeseitigungsanspruch? DÖV 1987, 194 ff.; *Wallerath,* Herstellung und Folgenbeseitigung im Recht der Leistungsverwaltung, DÖV 1987, 505 ff.; *Maaß,* Zur Rechtsgrundlage des Folgenbeseitigungsanspruchs, BayVBl. 1987, 520 ff.; *Schoch,* Folgenbeseitigung und Wiedergutmachung im Öffentlichen Recht, VerwArch. Bd. 79 (1988) S. 1 ff.; *Fiedler/Fink,* Der Folgenbeseitigungs- anspruch zwischen Trägern öffentlicher Verwaltung in der kommunalen Selbstverwaltung, DÖV 1988, 317 ff.; *Schoch,* Der Folgenbeseitigungsanspruch, Jura 1993, 478; *T. Schneider,* Folgenbeseitigung im Verwaltungsrecht, 1994; *Ivo,* Die Folgenbeseitigungslast, 1996; *Roth,* Kein Folgenbeseitigungsanspruch bei Wiedereinweisung des Räumungsschuldners, DVBl. 1996, 1401 ff.; *Enders,* Die Exmittierung von Obdachlosen als Problem der Folgenbeseitigung?, DV 30 (1997) S. 29 ff.; *Zöller,* Die Tatbestandsstruktur des Folgenbeseitigungsan- spruchs, SächsVBl. 1997, 197 ff.; *Blanke/Peilert,* Die Folgenbeseitigungslast im System des Staatshaftungsrechts, DV 31 (1998) S. 29 ff.; *Brugger,* Gestalt und Begründung des Folgenbeseitigungsanspruchs, JuS 1999, 625 ff.; *M. Faber,* Fol- genbeseitigungsanspruch nach ehrverletzenden Meinungsäußerungen, NVwZ 2003, 159 ff.

Rechtsprechung zu § 30: *BVerwG* DÖV 1971, 857 mit Anm. *Bachof* **27** (grundsätzlich, rechtswidrige Inanspruchnahme eines Grundstücks für die Stra- ßenverbreiterung); *BVerwG* DVBl. 1974, 239 (Kläranlage, Abgrenzung zum privatrechtlichen Beseitigungsanspruch); *BVerwG* DÖV 1980, 516 (Folgenbe- seitigung bei ohne Planfeststellungsverfahren durchgeführtem Straßenbauvor- haben); *BVerwGE* 69, 366 (grundsätzlich zur Begründung und zum Inhalt, Zinserstattung als Folgenbeseitigung?); *BVerwGE* 80, 178 (Einwand unzulässi- ger Rechtsausübung; nachträgliche Legalisierung); *BVerwGE* 81, 197 (Abwehr- anspruch eines Nachbarn gegen Lärm von öffentlichem Sportplatz); *BVerwGE* 82, 24 (Mitverantwortung des betroffenen Bürgers); *BVerwGE* 82, 76, 94 ff. (Widerruf von Äußerungen); *BVerwGE* 94, 100 (Folgenbeseitigung nach Her- stellung einer Ortsstraße aufgrund eines rechtswidrigen Bebauungsplanes); *BGHZ* 130, 332 (Amtshaftung bei Verletzung des Folgenbeseitigungsan- spruchs); *BGH* NJW 1996, 315 (Schadensersatz für die durch Wohnungsein- weisung hervorgerufenen Schäden).

OVG Hamburg NJW 1978, 658 (Straßenausbau); *VG Köln* NJW 1980, 799 (kein Folgenbeseitigungsanspruch, wenn die rechtswidrig abgerissene Mauer nicht standsicher war); *BadWürttVGH* VBlBW 1982, 293 (kein Folgenbeseiti- gungsanspruch bei formell rechtswidriger Vollstreckung eines bestandskräftigen

Verwaltungsakts); *BadWürttVGH* VBlBW 1983, 141 (Anspruch nur auf Herstellung eines *gleichwertigen* Zustands); *OVG Münster* DÖV 1983, 1020 (Nachbarrechtlicher Abwehranspruch gegen städtischen Bauhof); *BadWürttVGH* VBlBW 1985, 65 (Mitverschulden); *OVG Münster* DVBl. 1987, 1227 (Folgenbeseitigung bei rechtswidriger Durchführung eines Auswahlgesprächs); *BadWürttVGH* NVwZ 1987, 1101 (Räumung einer beschlagnahmten Wohnung); *BayVGH* NVwZ 99, 1237 (Wandlung des Folgenbeseitigungsanspruchs in Anspruch auf Geldausgleich); *OVG Münster* NVwZ 2000, 217 (Umbettung bei Fehlbelegung einer Grabstätte).

§ 31 Haftung für Verstöße gegen Gemeinschaftsrecht

I. Haftung der Europäischen Gemeinschaft (EG)

1   Die EG muß sich die Rechtsverletzungen ihrer Organe und Bediensteten zurechnen lassen und deshalb auch dafür einstehen. Maßgeblich für den außervertraglichen Bereich ist Art. 288 II EGV, der die Parallele zur deutschen Amtshaftung bildet (allerdings nur im Ansatz und in der Zielrichtung, nicht in der Struktur und in der konkreten Ausgestaltung). Danach „ersetzt die Gemeinschaft den durch ihre Organe oder Bediensteten in Ausübung ihrer Amtstätigkeit verursachten Schaden nach den allgemeinen Rechtsgrundsätzen, die den Rechtsordnungen der Mitgliedsstaaten gemeinsam sind." Art. 288 II EGV ist keine abgeschlossene Haftungsnorm, sondern bedarf noch der Konkretisierung und Ergänzung. Die dabei leitenden „Grundsätze" sind nicht nur im Wege der Rechtsvergleichung, sondern auch und vor allem unter Berücksichtigung der Funktionen und der Eigenart der EG zu entfalten. Diese Aufgabe fällt in erster Linie dem EuGH zu, der inzwischen eine umfangreiche Rechtsprechung dazu entwickelt hat.

Vgl. näher dazu *v. Bogdandy,* in: Grabitz/Hilf (Hg.), Das Recht der Europäischen Union, Art. 288 (2001), Rn. 25 ff.; *Ruffert,* in: Calliess/Ruffert (Hg.), Kommentar zu EU-Vertrag und EG-Vertrag, 2. Aufl. 2002, Art. 288 EG-Vertrag, Rn. 3 ff. jeweils m. w. N.

2   Die Haftung der EG gem. Art. 288 II EGV setzt nach der Rechtsprechung des *EuGH* voraus: (1) ein amtsbezogenes Verhalten eines Organs oder Bediensteten der EG, (2) die Verletzung ei-

ner drittschützenden Rechtsnorm, (3) ein Schaden und (4) die Kausalität zwischen Verhalten, Rechtsverletzung und Schaden. Verschulden ist – jedenfalls nach dem derzeitigen Stand der Rechtsprechung – nicht erforderlich. Vergleicht man die Haftung gem.
Art. 288 II EGV mit der deutschen Amtshaftung, so ist festzustellen, daß sie unmittelbar (nicht über die persönliche Haftung des
Bediensteten vermittelt), primär (nicht subsidiär bei Fehlen einer
anderweitigen Ersatzmöglichkeit), ausschließlich (nicht mit dem
Vorbehalt von Ausnahmemöglichkeiten) und verschuldensunabhängig besteht.

Die Haftung des Art. 288 II EGV gilt nicht nur im Verwal-   **3**
tungsbereich (Einzelakte), sondern auch im normativen Bereich.
Daher können auch rechtswidrige Verordnungen des Rates gem.
Art. 249 II EGV einen Schadensersatzanspruch auslösen. Der
EuGH stellt dafür aber eine zusätzliche Anforderung auf. Er verlangt „eine hinreichend qualifizierte Verletzung einer höherrangigen, dem Schutz des einzelnen dienenden Rechtsnorm" (*EuGH*
Slg. 1971, 975, 984; seitdem st. Rspr.). Hinreichend qualifiziert ist
die Rechtsverletzung dann, wenn sie schwerwiegend und offenkundig ist, eine beschränkte Personenzahl betrifft und zu einem erheblichen Schaden führt. Ziel dieser einschränkenden Kriterien ist
es, den erforderlichen Gestaltungsspielraum des EG-Normgebers,
zumal bei wirtschaftspolitischen Entscheidungen, zu gewährleisten.

Vgl. dazu *EuGH* Slg. 1971, 975, 984 (Schöppenstedt); *EuGH* NVwZ 1992,
1077 (Mulder); *Herdegen,* Die Haftung der Europäischen Wirtschaftsgemeinschaft für fehlerhafte Rechtsetzungsakte, 1983; *v. Bogdandy,* Europa 1992 – Die
außervertragliche Haftung der Europäischen Gemeinschaften, JuS 1990, 872,
874 f.; *Grabitz,* Das Amtshaftungsrecht der Gemeinschaft, in: Schweitzer (Hg.),
Europäisches Verwaltungsrecht, 1991, S. 167, 186 ff.; *Ruffert* (oben Rn. 1),
Art. 288 EGV Rn. 11 ff.

Der Schadensersatz besteht grundsätzlich in Geld. Er erfaßt auch   **4**
den entgangenen Gewinn und ggf. den immateriellen Schaden.
Zuständig für Schadensersatzklagen gem. Art. 288 II EGV ist grundsätzlich der EuGH (Art. 235 EGV) bzw. das europäische „Gericht
erster Instanz".

II. Haftung der Mitgliedstaaten

1. Grundlagen

5 Der EG-Vertrag enthält keine ausdrückliche Regelung für den Fall, daß Organe oder Bedienstete der Mitgliedstaaten gegen unmittelbar verbindliche Vorschriften des Gemeinschaftsrechts verstoßen. Art. 288 II EGV bezieht sich ausdrücklich auf Organe und Bedienstete der EG und greift daher zumindest nicht unmittelbar ein. Auch sonst bestehen keine gemeinschaftsrechtlichen Haftungsnormen. Daher liegt es nahe, das nationale Haftungsrecht heranzuziehen, zumal auch sonst, etwa beim Vollzug von EG-Vorschriften, das nationale Recht anzuwenden ist, soweit gemeinschaftsrechtliche Regelungen fehlen (vgl. für die Rücknahme von Verwaltungsakten bereits oben § 11 Rn. 38 a ff.). Nach deutschem Recht kommen die Amtshaftung und die Entschädigung für enteignungsgleiche Eingriffe, ferner ggf. die weiteren Ersatzansprüche, die oben § 29 behandelt worden sind, in Betracht.

Voraussetzung der mitgliedsstaatlichen Haftung ist allerdings, daß die Rechtswidrigkeit eines Vollzugsaktes überhaupt den deutschen Organen angelastet werden kann. Das ist dann nicht der Fall, wenn die Verwaltungsbehörde zum Vollzug der EG-Norm verpflichtet ist und die Rechtswidrigkeit des Vollzugsaktes lediglich auf der Rechtswidrigkeit der EG-Norm beruht. So *EuGH* NVwZ 1992, 1077 (Mulder); *BGHZ* 125, 27, 37 f. (Irak-Embargo); *BGH* DVBl. 1973, 717 und 718; *Kadelbach,* Staatshaftung für Embargoschäden, JZ 1993, 1134 f.

6 Das deutsche Haftungsrecht wird jedoch auch hier durch das Gemeinschaftsrecht überlagert und modifiziert. Das EG-Recht verpflichtet – nach der Rechtsprechung des *EuGH* – die Mitgliedstaaten zum Ersatz der Schäden, die sie durch die Verletzung des Gemeinschaftsrechts einzelnen Personen zugefügt haben.

7 Die Haftungsrechtsprechung des *EuGH* setzte – nach einigen Vorläufern – mit dem viel diskutierten Francovich-Urteil vom 19. 11. 1991 ein (NJW 1992, 165 = DVBl. 1992, 1017). Der italienische Staat hatte die Konkursausfallrichtlinie des Rates 80/987/EWG vom 20. 10. 1980 nicht umgesetzt (vgl. zu den Richtlinien der EG bereits oben § 4 Rn. 51); daher verlangten Francovich und einige andere Arbeitnehmer, die nach der Zahlungsunfähigkeit ihres Arbeitgebers ihre rückständigen Lohnforderungen nicht mehr durchsetzen konnten, Schadensersatz vom italienischen Staat. Der *EuGH* bejahte grundsätzlich einen Schadensersatzanspruch wegen nicht fristgerechter Umsetzung von Richtlinien. – Durch das Dillenkofer-Urteil des *EuGH* vom 8. 10. 1996 (NJW 1996, 3141 = DVBl. 1997, 111) wurde diese Rechtsprechung bestätigt und ergänzt. Der *EuGH* bejahte einen Schadensersatzanspruch gegenüber der Bundesrepublik Deutschland, weil sie die Pauschalreiserichtlinie 90/314/EWG des Rates vom 13. 6. 1990, die den Insolvenzschutz der Reisenden bezweckte, nicht rechtzeitig umgesetzt hatte. – Im Urteil Brasserie du Pêcheur vom 5. 3. 1996 (NJW 1996, 1267) stellte der *EuGH* – in Fortsetzung und Präzisierung seiner durch die Francovich-Entscheidung eingeleiteten Rechtsprechung – fest, daß die Mitgliedstaaten auch bei *unmittelbaren* Verstößen gegen das Gemeinschaftsrecht haften. Im konkreten Fall hatte eine französische Bierbrauerei (Brasserie du Pêcheur) von der Bundesrepublik Deutschland Schadenersatz verlangt, weil diese das (deutsche) Biersteuergesetz nicht geändert und damit gegen Art. 30 EGV verstoßen habe, wodurch ihr Bierabsatz in Deutschland beeinträchtigt worden sei. Der *EuGH* hat die Haftung der Bundesrepublik grundsätzlich bejaht. Der *BGH* knüpfte in seiner Folgeentscheidung (Urteil vom 24. 10. 1996, *BGHZ* 134, 30) daran an, wies aber die Klage in diesem Fall trotzdem ab, weil die Amtshaftung und die Haftung aus enteignungsgleichem Eingriff legislatives Unrecht nicht erfaßten und ein gemeinschaftsrechtlicher Haftungsanspruch mangels hinreichend qualifizierten Rechtsverstoßes ausscheide. – Während es in der Rechtssache Brasserie du Pêcheur um gesetzliches Unterlassen (Nichtanpassung eines Gesetzes an Art. 30 a. F. EGV, jetzt Art. 28 EGV) ging, handelte es sich in der damit verbundenen Rechtssache „Factortame" um eine positive Regelung des englischen Gesetzgebers, die gegen Art. 52 a. F. EGV (jetzt Art. 43 EGV) verstieß und nach Ansicht des Gerichts ebenfalls einen Schadensersatzanspruch auslösen konnte (vgl. *EuGH* aaO.). In dem kurz darauf ergangenen Urteil Hedly Lohmas vom 23. 5. 1996 (EuZW 1996, 660) bejahte der *EuGH* die Haftung für eine gemeinschaftsrechtswidrige Verwaltungsmaßnahme, nämlich die Verweigerung einer Ausfuhrgenehmigung. – Einen gewissen Abschluß der Entwicklung bildete das Urteil Köbler vom 30. 9. 2003 (NJW 2003, 3559 = DVBl. 2003, 1516). Betrafen die bislang genannten Entscheidungen die Nichtumsetzung von Richtlinien (Francovich), das legislative Unrecht (Brasserie du Pêcheur) und das administrative Unrecht (Hedly Lohmas), so ging es nun um das judikative Unrecht. Der EuGH bejahte die Staatshaftung auch in dieser Hinsicht, beschränkte sie aber auf den Fall offenkundiger Rechtsverletzung, so daß sie im Ergebnis die Ausnahme bleibt.

Diese Grundsatzentscheidungen werden durch eine Reihe weiterer Entscheidungen ergänzt, durch die die Rechtsprechung zum gemeinschaftsrechtlichen Staatshaftungsrecht gefestigt und weiter ausgebaut wird. So befaßte sich der *EuGH* z. B. im Konle-Urteil (EuZW 1999, 635 = NVwZ 2000, 303) mit der Frage des Haftungssubjekts im Bundesstaat (Österreich) und im Haim II-Urteil (DVBl. 2000, 1272 = NVwZ 2001, 903) ebenfalls mit dem Haftungssubjekt und der Bestimmung des qualifizierten Rechtsverstoßes.

Die Haftung des Staates für Schäden, die sich aus einem Verstoß **8** seiner Organe gegen Gemeinschaftsrecht ergeben, folgt nach der

Rechtsprechung des *EuGH* „aus dem Wesen der mit dem Vertrag geschaffenen Rechtsordnung". Grundlage des Schadensersatzanspruches bilden der Grundsatz der vollen Wirksamkeit des Gemeinschaftsrechts (effet utile), der effektive Rechtsschutz der Gemeinschaftsbürger und die Pflicht der Mitgliedstaaten zur Gemeinschaftstreue gem. Art. 10 EGV. Ferner wird in neueren Entscheidungen Art. 288 II EGV entsprechend herangezogen, da eine unterschiedliche Behandlung der Verletzung von Gemeinschaftsrecht durch Gemeinschaftsorgane und durch nationale Organe nicht gerechtfertigt wäre. Voraussetzung des Schadenersatzanspruches ist (nur), daß (1) die eine Rechtsnorm verletzt wurde, die dem einzelnen EG-Bürger Rechte verleiht, (2) die Rechtsverletzung „hinreichend qualifiziert" ist und (3) ein Kausalzusammenhang zwischen der Rechtsverletzung und dem Schaden besteht. Im übrigen bestimmt sich die Ausgestaltung nach dem Recht der Mitgliedstaaten; sie darf allerdings nicht ungünstiger sein als die innerstaatlicher Schadenersatzansprüche (Diskriminierungsverbot) und die Erlangung des Schadensersatzes nicht unmöglich machen oder übermäßig erschweren (Effektivitätsprinzip).

9   Das Verhältnis zwischen der gemeinschaftsrechtlichen Staatshaftung und den mitgliedstaatlichen Haftungsregelungen ist fraglich und umstritten. Nach der einen Ansicht stehen beide eigenständig nebeneinander, – mit der Folge, daß im konkreten Fall sowohl der gemeinschaftsrechtliche Staatshaftungsanspruch als auch die Ansprüche aus Amtshaftung und enteignungsgleichem Eingriff zu prüfen sind (so *BGHZ* 134, 30, 32 ff.; vgl. auch *BGHZ* 146, 153, 158 ff.). Nach der anderen Ansicht kommen die mitgliedstaatlichen Haftungsansprüche zur Anwendung, müssen aber im Sinne der gemeinschaftsrechtlichen Vorgaben ausgelegt werden. Der EuGH hat dazu noch nicht abschließend Stellung genommen, aber doch – vor allem in neueren Entscheidungen – zu erkennen gegeben, daß er der zweiten Ansicht zuneigt. Sie verdient auch den Vorzug, da sie die Forderungen der gemeinschaftsrechtlichen Staatshaftung in das nationale Recht integriert, zugleich aber auch dem nationalen Gesetzgeber subsidiäre Regelungs- und Anpassungsmöglichkeiten beläßt.

2. Voraussetzungen der gemeinschaftsrechtlichen Staatshaftung im einzelnen

a) *Verletzung einer gemeinschaftsrechtlichen Rechtsnorm, die (auch) dem* **10** *Einzelnen subjektive Rechte verleiht.* Als gemeinschaftsrechtliche Rechtsnorm kommen sowohl die Regelungen des primären Gemeinschaftsrechts als auch Verordnungen und Richtlinien i. S. des Art. 249 EGV in Betracht. Die Verletzungshandlung kann bestehen in der Nichtumsetzung, der verspäteten Umsetzung oder der inhaltlich unzureichenden Umsetzung einer EG-Richtlinie, im Erlaß gemeinschaftsrechtswidriger oder Unterlassen gemeinschaftsrechtlich gebotener Gesetze (sog. normatives Unrecht), in der Vornahme gemeinschaftsrechtswidriger Verwaltungsmaßnahmen (sog. administratives Unrecht), in gemeinschaftrechtswidrigen gerichtlichen Urteilen (sog. judikatives Unrecht) oder aber auch in der gemeinschaftsrechtswidrigen Auslegung des EG-Rechts (so die Fälle in der Rechtsprechung des *EuGH*, vgl. bereits oben Rn. 7 und *Schoch*, Festschrift für Maurer, S. 762 mit weiteren Nachw.).

b) *Qualifizierter Rechtsverstoß.* Nach der Rechtsprechung des **11** *EuGH* genügt nicht jeder Rechtsverstoß, sondern muß ein „hinreichend qualifizierter Rechtsverstoß" vorliegen. Dieses Erfordernis dient der Haftungsbegrenzung, dürfte aber im Einzelfall immer wieder fraglich sein. Der *EuGH* hat deshalb eine Reihe von Gesichtspunkten genannt, die als Leitlinie dienen können: Maßgeblich sind u. a. „das Maß an Klarheit und Genauigkeit der verletzten Vorschriften, der Umfang des Ermessensspielraums, den die verletzte Vorschrift den nationalen oder Gemeinschaftsbehörden beläßt, die Frage, ob der Verstoß vorsätzlich oder nicht vorsätzlich begangen oder der Schaden vorsätzlich oder nicht vorsätzlich zugefügt wurde, die Entschuldbarkeit oder Unentschuldbarkeit eines etwaigen Rechtsirrtums und der Umstand, daß die Verhaltensweisen eines Gemeinschaftsorgans möglicherweise dazu beigetragen haben, daß nationale Maßnahmen oder Praktiken in gemeinschaftsrechtswidriger Weise unterlassen, eingeführt oder aufrechterhalten wurden" (*EuGH* NJW 1996, 1267 Nr. 56).

Der Begriff „qualifizierter Rechtsverstoß" gibt im übrigen die Möglichkeit zu Variationen und Einschränkungen. Besteht ein Ermessensspielraum, was vor allem im Bereich der Gesetzgebung der Fall ist, dann liegt ein qualifizierter Rechtsverstoß in der Regel nur dann vor, wenn die Ermessensgrenzen „offenkundig und erheblich überschritten" sind (so *EuGH* DVBl. 2000, 1272 m. w. N.). Dadurch soll verhindert werden, daß der Gesetzgeber – zumal im Bereich des Wirtschaftsrechts – zu sehr beengt wird. Im Falle des judikativen Unrechts muß, wie dargelegt wurde, das (letztinstanzliche) Gericht „offenkundig gegen das geltende Recht verstoßen" haben (*EuGH* DVBl. 2003, 1516 Nr. 53).

12   c) *Kausalität.* Der Rechtsverstoß muß für den Schadenseintritt unmittelbar ursächlich sein. Es gilt die sog. Adäquanztheorie.

13   d) *Verschulden* ist *nicht* erforderlich. Es ist aber, wie soeben dargelegt wurde, ggf. im Rahmen des „qualifizierter Rechtsverstoßes" zu prüfen.

3. Konsequenzen für das mitgliedstaatliche Staatshaftungsrecht

14   a) Wenn die soeben genannten Voraussetzungen der gemeinschaftsrechtlichen Staatshaftung vorliegen, muß Schadensersatz geleistet werden. Beschränkungen des mitgliedstaatlichen Staatshaftungsrechts sind unbeachtlich. Das gilt – im Hinblick auf das deutsche Amtshaftungsrecht – für das Erfordernis des Verschuldens und den Ausschluß der Haftung für legislatives Unrecht. Dagegen können typische oder sogar immanente Grenzen der Staatshaftung Berücksichtigung finden, so etwa der Vorrang des Primärrechtsschutzes gem. § 839 III BGB (vgl. *BGHZ* 156, 294), die Mitverantwortlichkeit des Geschädigten entsprechend § 254 BGB und die Verjährung (§ 195 BGB).

15   b) Die nähere Ausgestaltung der Staatshaftung kann nach mitgliedstaatlichem Recht erfolgen, sofern sie nicht zu materiellrechtlichen Verkürzungen führt. Es kann daher auch das Haftungssubjekt bestimmen, was vor allem für Bundesstaaten – Deutschland oder Österreich – von Bedeutung ist (*EuGH* DVBl. 2000, 1272: Haim II). Es muß aber mitgliedstaatlich sichergestellt sein, daß ein leistungsfähiges Haftungssubjekt zur Verfügung steht. Sollte das nicht der Fall sein, haftet subsidiär der Mitgliedstaat selbst.

c) Die *Ersatzleistung* muß den Schaden voll ausgleichen, auch **16** den entgangenen Gewinn ersetzen. Der Betroffene kann nicht nur Geldersatz, sondern – im Unterschied zur Amtshaftung – wohl auch Naturalrestitution verlangen (etwa Widerruf einer geschäftsschädigenden Äußerung).

d) *Zuständig* sind die ordentlichen Gerichte (Art. 34 S. 3 GG, **17** § 40 II 2 VwGO).

4. Schlußbemerkung

Die Anforderungen der gemeinschaftsrechtlichen Staatshaftung **18** führen – allerdings beschränkt auf den von ihr erfaßten Bereich – zu erheblichen Veränderungen der Amtshaftung und der Entschädigung für enteignungsgleiche Eingriffe, die sowohl deren gesetzliche Ausgestaltung als auch deren richterrechtliche Ausformung betreffen. Sie entsprechen aber sachlich – nicht nur rechtspolitisch, sondern auch rechtsdogmatisch – den zunehmenden Forderungen der Literatur. Vom Gemeinschaftsrecht könnte also ein kräftiger Schub in Richtung modernes Staatshaftungsrecht ausgehen. Das ist um so dringlicher, als der Gesetzgeber bislang keine ernsthaften Anstalten gezeigt hat, dem (zwar nicht ausdrücklichen, aber doch konkludenten) Gesetzgebungsauftrag des Art. 74 I Nr. 25 GG i. d. F. vom 1994 nachzukommen.

Literatur zu § 31: *Hailbronner,* Staatshaftung bei säumiger Umsetzung von EG-Richtlinien, JZ 1992, 284 ff.; *Nettesheim,* Gemeinschaftsrechtliche Vorgaben für das deutsche Staatshaftungsrecht, DÖV 1992, 999 ff.; *Streinz,* Staatshaftung für Verletzungen des primären Gemeinschaftsrechts durch die Bundesrepublik Deutschland, EuZW 1993, 599 ff.; *ders.,* Auswirkungen des vom EuGH „ausgelegten" Gemeinschaftsrechts auf der das deutsche Recht, Jura 1995, 6 ff.; *Jarass,* Haftung für die Verletzung von EU-Recht durch nationale Organe und Amtsträger, NJW 1994, 881 ff.; *Ossenbühl,* Staatshaftung zwischen Europarecht und nationalem Recht, Festschrift für Everling, 1995, S. 1031 ff.; *Maurer,* Staatshaftung im europäischen Kontext, Festschrift für Boujong, 1996, S. 591 ff.; *Ehlers,* Die Weiterentwicklung des Staatshaftungsrechts durch das europäische Gemeinschaftsrecht, JZ 1996, 776 ff.; *v. Danwitz,* Die gemeinschaftsrechtliche Staatshaftung der Mitgliedstaaten, DVBl. 1997, 1 ff.; *Seltenreich,* Die Francovich-Rechtsprechung des EuGH und ihre Auswirkungen auf das deutsche Staatshaftungsrecht, 1997; *Böhm,* Voraussetzungen einer Staatshaftung bei Verstößen gegen primäres Gemeinschaftsrecht, JZ 1997, 53 ff.; *Bröhmer,* Die Weiterentwicklung des europäischen Staatshaftungsrechts, JuS 1997, 117 ff.; *Herdegen/Rensmann,* Die neuen Konturen der gemeinschaftsrechtlichen Staatshaftung, ZHR Bd. 161 (1997) S. 522 ff.; *Hermes,* Der Grundsatz der Staatshaftung für Gemeinschaftsrechtsverletzungen, DV 31 (1998) S. 371 ff.; *Hidien,* Die gemeinschaftsrechtliche Staatshaftung der EU-Mitgliedstaaten, 1999; *Detterbeck,* Haftung der Europäischen Gemeinschaft und gemeinschaftsrechtlicher Staatshaftungsanspruch, AöR 125 (2000) S. 202 ff.; *Beljin,* Staatshaftung in Europa, 2000; *Baumeister,* Legislativ- und Exekutivunrecht im Fall Brasserie du Pêcheur, BayVBl. 2000, 225 ff.; *Gundel,* Die Bestimmung des richtigen Anspruchsgegners der Staatshaftung für Verstöße gegen Gemeinschaftsrecht, DVBl. 2001, 95 ff.; *Schoch,* Europäisierung des Staatshaftungsrechts, Festschrift für Maurer, 2001, S. 759 ff.; *Kluth,* Die Haftung der Mitgliedstaaten für gemeinschaftsrechtwidrige höchstrichterliche Entscheidungen – Schlußstein im System der gemeinschaftsrechtlichen Staatshaftung, DVBl. 2004, 393; *Wegener/Held,* Die Haftung der Mitgliedstaaten für die Verletzung von EG-Recht durch nationale Gerichte, Jura 2004, 479 ff.

Rechtsprechung zu § 31: Vgl. die Nachweise Rn. 7.

Organisationsplan für die Regierungspräsidien in Baden-Württemberg

vom 1. 7. 1998 abgedruckt im GABl. 1998, 368

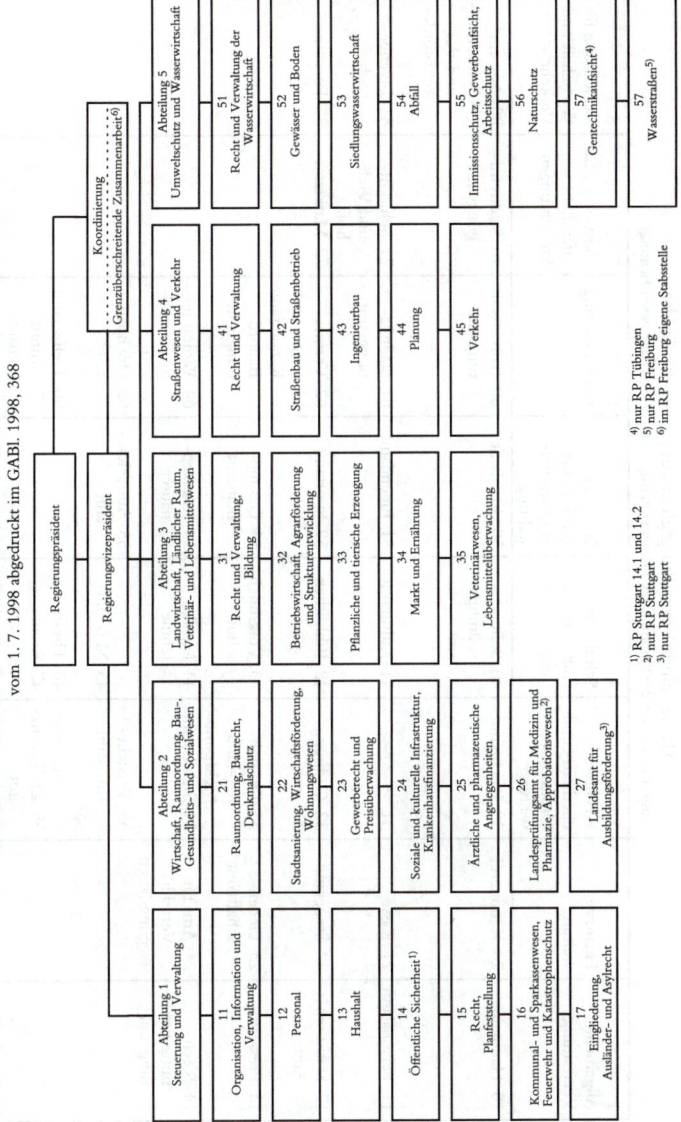

Muster eines Verwaltungsgliederungsplans für Städte
(ausgearbeitet von der kommunalen Gemeinschaftsstelle für Verwaltungsvereinfachung)

1 Allgemeine Verwaltung	2 Finanzverwaltung	3 Rechts-, Sicherheits- und Ordnungsverwaltung	4 Schul- und Kulturverwaltung	5 Sozial-, Jugend- u. Gesundheitsverwaltung	6 Bauverwaltung	7 Verwaltung für öffentliche Einrichtungen	8 Verwaltung für Wirtschaft und Verkehr
10 Hauptamt	20 Kämmerei	30 Rechtsamt	40 Schulverwaltungsamt	50 Sozialamt	60 Bauverwaltungsamt	70 Stadtreinigungsamt	80 Amt für Wirtschafts- und Verkehrsförderung
11 Personalamt	21 Kasse	31[1]	41 Kulturamt	51 Jugendamt	61 Stadtplanungsamt	71 Schlacht- und Viehhof	81 Eigenbetriebe
12 Statistisches Amt	22 Steueramt	32 Ordnungsamt	42 Bibliothek	52 Sportamt	62 Vermessungs- und Katasteramt	72 Marktamt	82 Forstamt
13 Presseamt	23 Liegenschaftsamt	33 Einwohner- und Meldeamt	43 Volkshochschule	53 Gesundheitsamt	63 Bauordnungsamt		
14 Rechnungsprüfungsamt	24 Amt für Verteidigungslasten	34 Standesamt	44 Musikschule	54 Krankenhäuser	64 Wohnungsförderungsamt		
		35 Versicherungsamt	45 Museum	55 Ausgleichsamt	65 Hochbauamt		
		36[1]	46 Theater		66 Tiefbauamt		
		37 Feuerwehr	47 Archiv		67 Grünflächenamt		
		38 Zivilschutzamt					

[1] nicht besetzt

Sachverzeichnis

Die Angaben beziehen sich auf die Paragraphen (fette Zahlen)
und Randnummern (magere Zahlen)